浙江文化和旅游年鉴 2021

《浙江文化和旅游年鉴》编纂委员会 编

浙江工商大学出版社
ZHEJIANG GONGSHANG UNIVERSITY PRESS
杭州

图书在版编目(CIP)数据

浙江文化和旅游年鉴. 2021 /《浙江文化和旅游年鉴》编纂委员会编. —杭州：浙江工商大学出版社，2022.12

ISBN 978-7-5178-5293-3

Ⅰ. ①浙… Ⅱ. ①浙… Ⅲ. ①地方文化－文化事业－浙江－2021－年鉴②地方旅游业－浙江－2021－年鉴 Ⅳ. ①G127.55－54②F592.755－54

中国版本图书馆 CIP 数据核字(2022)第 244000 号

浙江文化和旅游年鉴2021

ZHEJIANG WENHUA HE LYUYOU NIANJIAN 2021

《浙江文化和旅游年鉴》编纂委员会 编

责任编辑	沈　娴　孟令远
封面设计	林朦朦
责任校对	刘　颖　费一琛
责任印制	包建辉
出版发行	浙江工商大学出版社
	(杭州市教工路 198 号　邮政编码 310012)
	(E-mail：zjgsupress@163.com)
	(网址：http://www.zjgsupress.com)
	电话：0571－88904980,88831806(传真)
排　　版	杭州朝曦图文设计有限公司
印　　刷	浙江全能工艺美术印刷有限公司
开　　本	889mm×1194mm　1/16
印　　张	39.25
字　　数	1214 千
版 印 次	2022 年 12 月第 1 版　2022 年 12 月第 1 次印刷
书　　号	ISBN 978-7-5178-5293-3
定　　价	398.00 元

编 辑 说 明

一、"浙江文化和旅游年鉴"系列由浙江省文化和旅游厅主持编纂，是社会各界和国内外关心支持文化和旅游工作的人士了解和研究浙江文化和旅游的信息资料工具书，具有资政、存史、交流、宣传浙江文化和旅游的作用。

二、《浙江文化和旅游年鉴2021》主要记载浙江省在2020年1月1日至12月31日期间发生的主要文化和旅游事件。为便于读者了解事情始末，个别条目所记时间适当上溯或延伸。

三、《浙江文化和旅游年鉴2021》设图记，特载，特辑，概览，概况，大事记，厅属单位建设发展，市、县（市、区）文化和旅游工作，文献资料，统计资料，附录11个部类。

四、本年鉴设双重检索系统，书前有详细目录，书后备有主题索引，范围详及条目。为方便读者查阅和保存，配有光盘。

五、本年鉴所收内容（含图片）均由浙江省文化和旅游厅、省文物局各处（室）和厅属各单位，各市、县（市、区）文化和旅游主管部门提供并经各单位领导审核，涉及的全省性统计数字以省文化和旅游厅财务处及有关处（室）核准的数字为依据；厅直属各单位和市、县（市、区）的有关数字以本单位和本市、县（市、区）文化和旅游主管部门提供的为准。

六、本年鉴编纂出版工作得到浙江省文化和旅游厅、省文物局各处（室），厅直属各单位及全省各市、县（市、区）文化和旅游主管部门的高度重视和积极配合，在此谨表谢意。因编辑水平所限，书中难免有不足之处，敬请有关方面和广大读者批评指正。

《浙江文化和旅游年鉴》编辑部

2021年11月

◆9月3日,浙江省委书记袁家军(左三),省委副书记、省长郑栅洁(右三),省政协主席葛慧君(左二),以及省领导陈金彪(右二)、朱国贤(左一)、梁黎明(右一)等参观浙江省博物馆武林馆区"钱江潮"展览

◆10月10日,"2020全国非遗曲艺周"活动启动仪式暨开幕晚会在宁波文化广场大剧院举行,文化和旅游部党组成员、副部长李群(中),浙江省人民政府副省长成岳冲(右),宁波市委副书记、市长裘东耀(左)为本届曲艺周启幕

◆11月12日，文化和旅游部党组成员、副部长张旭（左二）赴浙江美术馆考察

◆9月18日，文化和旅游部党组成员王晓峰（前排中）调研缙云仙都景区

◆ 11月6日，浙江省委常委、宣传部部长朱国贤（右三），毛里求斯驻华大使王纯万（左三）等领导嘉宾参观"世界看见·诗画浙江"海外推广文旅金名片展示周活动现场

◆ 3月26日，副省长成岳冲（左一）出席在淳安举行的"春和景明·绿水青山健康行"浙江文旅消费季启动仪式，为医护人员和游客代表发放礼品

◆1月8日,2020年全国乡村春晚集中展示活动启动仪式在丽水举行

◆浙江婺剧艺术团赴尼日利亚、吉布提、坦桑尼亚开展"欢乐春节"巡演活动。当地时间1月9日晚,在尼日利亚首都阿布贾空军礼堂拉开巡演序幕,上演了《金猴闹春》

◆1月17日,金华市举行2020年金华过大年文旅发布会

◆1月18日，2020年浙江"侨乡中国年"启动仪式暨国际村晚大集在青田举行

◆3月，浙江京昆艺术中心(浙江京剧团)线上献演的抗疫情景京剧《夜空》广获赞誉

◆3月10日，浙江省文化和旅游重大项目集中开工。图为舟山分会场南洞艺谷文旅融合示范项目现场

◆ 3月28日，温州市2020"游千村住千宿"活动正式启动

◆4月8日，浙江省舞台艺术"1111"人才计划座谈会在杭州召开

◆4月17日，"中国天使——向浙江支援湖北医疗队的英雄致敬"纯公益主题慰问演出在安吉上演

◆4月27日,温州举行"塘河夜画"2020启航仪式暨中国百家旅行社南塘旅游参访活动

◆4月28日,临海市召开台州府城文化旅游区创AAAAA攻坚决胜大会

◆5月18日,第十七届(2019年度)全国博物馆十大陈列展览精品评选结果揭晓。浙江自然博物院安吉馆基本陈列荣获全国十大陈列展览精品奖。图为贝林馆陈列

◆6月13日，2020年"文化和自然遗产日"非遗购物节在杭州正式启动

◆6月17日，浙江小百花越剧院（浙江越剧团）传承复排版越剧《祥林嫂》在浙江胜利剧院首演

◆6月18日，浙江省文物鉴定站组织鉴定杭州市临安区锦城街道被盗墓葬一案涉案文物

◆6月18日，浙江音乐学院举行乐队学院、民族乐队学院、歌剧学院、室内乐学院和合唱学院等5个新型表演学科教学平台成立仪式

◆6月23日，2020江南民歌节——长三角田山歌展演暨嘉善县第二届全民文化艺术节在嘉善开幕

◆6月24日，"2020丝绸之路周"在浙江理工大学闭幕

◆6月25日晚，由沪、苏、浙、皖五大剧种（昆曲、京剧、黄梅戏、婺剧、锡剧）共同上演的《雷峰塔》在杭州剧院开场

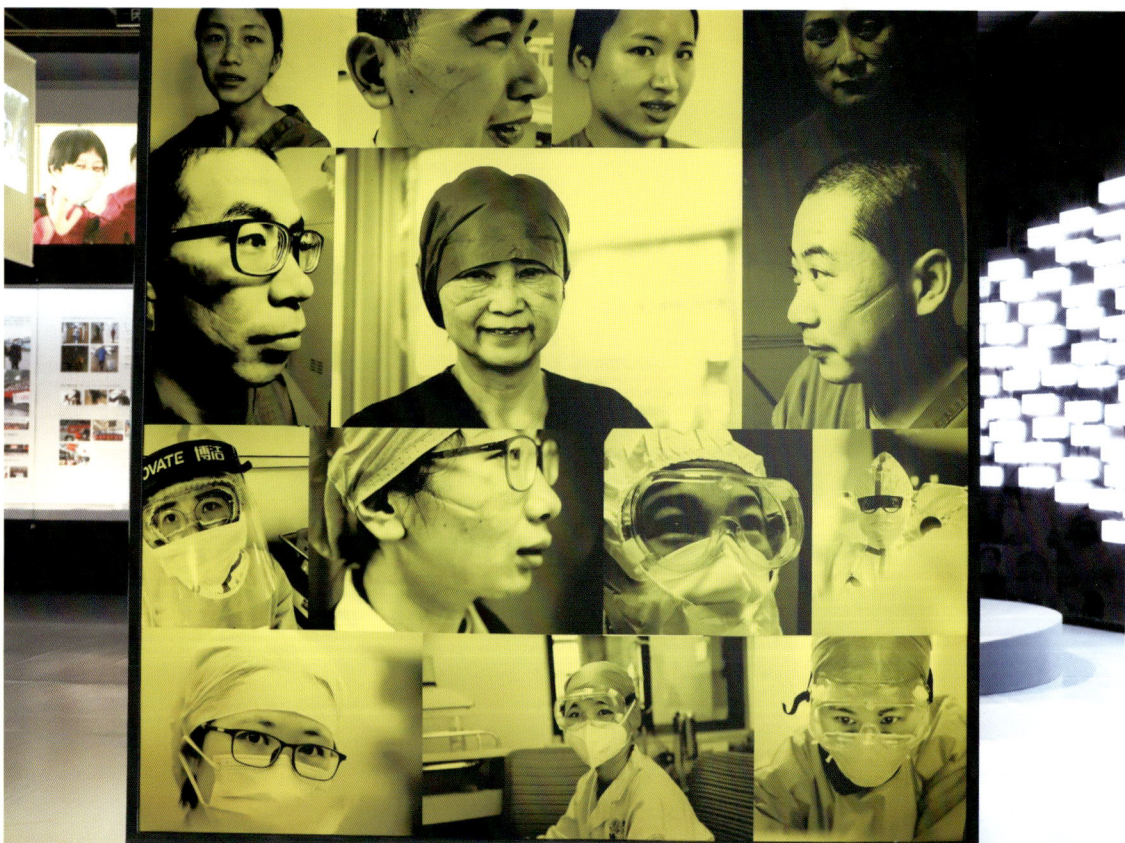

◆7月2日，"浙"里长城——浙江省抗击新冠肺炎疫情纪实展在浙江省博物馆孤山馆区西湖美术馆开展

◆7月3日,浙江省省级文化和旅游系统党的建设工作会议暨"七一"表彰大会在浙江音乐厅举行

◆7月22日,"诗画浙江"夏日文旅推广暨湖州文旅消费试点启动仪式在湖州南太湖山庄举办

◆7月27日至29日,"礼赞新时代 同心奔小康——2020年舟山市文艺创作作品展演"在舟山市艺术剧院举办

◆8月10日，首部反映温州抗疫故事的情景报告剧《温·暖》首场慰问演出在温州大剧院上演

◆8月12日，2020温州夜间文旅消费季启动仪式在温州瓯江路光影码头举行

◆8月20日，浙江省文物安全工作会议在杭州召开

◆8月24日，第二届东海五渔节"百县千碗·嵊泗渔味"食光宴在嵊泗五龙乡举办

◆8月25日，2020浙江·丽水（上海）文化旅游夜市集在上海长宁来福士广场开启

◆8月27日，浙江省文化和旅游厅与嘉善县就共促长三角生态绿色一体化发展示范区嘉善片区文化和旅游发展签署了合作协议

◆8月28日,"遇见画乡"第二届丽水巴比松国际研讨会暨2020古堰画乡小镇艺术节在丽水市莲都区启动

◆8月30日,歌剧《红船》在嘉兴大剧院进行了首次试演

◆9月12日,中国仙都祭祀轩辕黄帝大典规格提升专家论证会在杭州召开

◆9月14日至16日，浙江省文化传承生态保护区创建工作现场会在象山召开

◆9月17日，"百万上海市民游金华"暨第二届中国（金华）李渔戏剧汇发布会在上海国际会议中心举行

◆9月18日，全国全域旅游培训班暨首届全域旅游发展绿色对话在江山举行开班仪式

◆11月5日,丽水市第十三届乡村文化艺术节村歌大赛在遂昌举行

◆11月7日,浙江京昆艺术中心创演的中国戏曲艺术秀"国色天香·梅韵芬芳"参演第四届中国(潜江)曹禺文化周开幕式暨中国梅花奖艺术团曹禺故里行戏曲晚会

◆11月8日,"婺风遗韵·水墨金华"非遗一台戏在金华婺州古城景区首演

◆11月8日，第15届中国义乌文化和旅游产品交易博览会"浙江非遗生活馆"展览活动在义乌国际博览中心举办

◆11月9日，2020年丽水市第十五届原创歌曲大赛在景宁畲族自治县举办

◆11月9日，2020浙江（金华）中非文化合作交流周暨中非经贸论坛之中非文化旅游论坛在金华举行

◆12月8日至9日，浙江省市级文化和旅游系统改革工作培训班在嘉善举办

◆12月10日，"天下龙泉·匠心开物"第三届世界青瓷大会在龙泉开幕

◆12月11日，丽水瓯江山水诗路启动启航仪式在龙泉举行

◆12月11日，浙江省首家村级信阅服务点落户台州路桥螺洋街道水心草堂

◆12月15日，2020中国（温州）文化和旅游IP创新发展大会在温州召开

◆12月22日，"云上泽国——良渚文明线上主题展"海外传播发布会在杭州举行

◆12月22日,2020全省美术馆馆长培训班在杭州举办

◆12月22日,浙江省2020年全域旅游"比学赶超"现场会在新昌召开

◆12月28日,浙江美术馆与浙江大学艺术与考古学院的馆校合作签约仪式在浙江美术馆举行

◆12月29日，温州市"刘伯温故里"景区正式获评国家AAAAA级旅游景区

◆12月30日，"不负过往　逐梦远方"2020湖州文旅年度盛典在湖州喜来登温泉度假酒店举行

目　录

特　载

特　辑

市、县(市、区)文化和旅游工作

文献资料

统计资料

附　录

索　引

特　载

ZHEJIANG CULTURE AND TOURISM YEARBOOK

浙江省人民政府成立旅游专班

为统筹推进全省旅游产业扩消费、促投资、拓市场等工作,充分发挥旅游的综合带动效应,开拓形成新的旅游发展格局,助力全省经济社会高质量发展,浙江省政府决定成立旅游专班,由副省长成岳冲任组长,省人民政府副秘书长蔡晓春、省委宣传部副部长葛学斌、省文化和旅游厅厅长褚子育任副组长,成员由省发展改革委、省教育厅、省财政厅、省人力社保厅等19个部门分管领导组成。12月17日,省旅游专班召开第一次工作会议。副省长、旅游专班组长成岳冲主持会议并讲话。

会上,成岳冲针对"为什么要用专班化的方式推动旅游工作""旅游专班怎么运行""旅游专班干部怎么干"3个方面提出要求。他指出,成立旅游专班,一是疫情防控常态化背景下,推动我省旅游产业健康安全恢复性增长的需要;二是"十四五"背景下,适应后疫情时代国际化高质量旅游新需求的需要;三是持续放大旅游业的带动效应,做实富民强省文章的需要。旅游专班要结合浙江实际,做大全域旅游,大力推进"一纵四横两圈"(十大海岛公园、四条诗路及浙皖闽赣国家生态旅游圈和环太湖生态文化旅游圈)建设,加强景区景点精品建设,开展数字旅游创新。专班各小组要深入思考浙江旅游业发展的痛点、难点问题,打好组合拳,制定实施一系列消除瓶颈、推动发展的政策措施,并服务全省各地抓好政策落实,形成各地比学赶超、争先创优的局面。

省旅游专班副组长、省文化和旅游厅厅长褚子育汇报了近年来浙江旅游业发展的基本情况,并介绍了旅游专班工作方案及下一步将要解决的重点问题。

省委宣传部、省发展改革委、省财政厅、省交通运输厅、省文化和旅游厅及专班各成员单位代表围绕消费促进、投资推进、宣传营销、政策支持、交通保障、统计评价等内容分别发言。

会议强调,省委、省政府高度重视新时期旅游业高质量发展,旅游专班要切实树立"重要窗口"使命担当,充分发挥把方向、定政策、抓进度的职能作用,专班各成员单位要一如既往、同心合力,共同为做大做强省旅游万亿大产业献计出力,为推动"诗画浙江"建设迈上新台阶,加快打造中国最佳旅游目的地,高标准建设社会主义现代化先行省做出新的更大贡献。

(省旅游专班办公室)

浙江省诗路文化带建设暨浙东唐诗之路启动大会召开

10月12日,浙江省诗路文化带建设暨浙东唐诗之路启动大会在天台召开。省委书记袁家军做出批示,省长郑栅洁出席大会并讲话。

袁家军在批示中指出,高水平建设诗路文化带是全面展示浙江诗画山水、推进美丽浙江和文化浙江建设的内在要求,是忠实践行"八八战略"、奋力打造"重要窗口"的重要举措。浙东唐诗之路基础好、底蕴深,特色明显,希望各地各部门深入贯彻习近平总书记考察浙江重要讲话精神,深入践行"绿水青山就是金山银山"理念,深入实施浙江省诗路文化带发展规划和浙东唐诗之路三年行动计划,围绕"诗画""山水""佛道""名人"四大主题,凝练彰显"诗心自在"的文化内涵,推动浙东唐诗之路建设早出经验、多出成果。要坚持成熟一个、推出一个,有序启动其他三条诗路建设,串珠成链,文化赋能,美美与共,为在山水与诗情中绘就现代版《富春山居图》做出积极贡献。

郑栅洁指出,诗路文化带"一

文含四带，十地耀百珠"，串出了我省文化精华之"链"、山水之"链"、全域发展之"链"，具有从古至今走向未来的重大意义，是诗画浙江大花园的标志性工程和文化浙江建设的"金名片"。各地各部门要认真践行"绿水青山就是金山银山"理念，根据浙江省诗路文化带发展规划，建立工作专班，完善工作协同、要素保障和评价考核机制。各地要发挥特色优势，条件成熟的抓紧动起来，系统性推进浙东唐诗之路、大运河诗路、钱塘江诗路和瓯江山水诗路建设，进一步擦亮"珍珠"，串珠成链，努力把诗路文化带建设成为魅力人文带、黄金旅游带、美丽生态带、富民经济带、合作开放带，打造成为"重要窗口"标志性成果，把浙江大花园建设成为国内外游客向往之地。

郑栅洁强调，浙东唐诗之路是诗路文化带的领头羊，具有十分重要的历史积淀和文化底蕴，要围绕建成"幸福美好家园、绿色发展高地、健康养生福地、生态旅游目的地"目标，率先启动建设，重点抓好5方面工作。一要加快恢复浙东唐诗之"路"，把浙东唐诗的水路、山路和文化之路找出来、恢复好，高质量实施浙东运河至剡溪航道串联提升等重点工程。二要加快挖掘"诗画""山水""佛道""名人"等文化价值，保护再现诗画实景地，保护修复山水自然生态，挖掘提升佛道文化当代价值，高标准建设文化特色小镇。三要加快擦亮浙东唐诗之路的"珍珠"，不断挖掘和打造一批诗路文化名山、诗路人文水脉、诗意森林古道、文化遗址公园、诗路名城古镇和古村。四要加快推进串珠成链，做好文脉串"珠"、交通串"珠"、游线串"珠"、数字串"珠"的文章。五要加快做强做大文旅产业，创新文旅产业发展平台和载体，完善市场化投入机制，以政府投入撬动社会资本积极参与诗路项目建设。

（省文化和旅游厅资源开发处）

浙江省全面实现基本公共文化服务标准化

9月30日，浙江省全面实现基本公共文化服务标准化新闻发布会在杭召开。自2015年7月省委、省政府制定《浙江省基本公共文化服务标准（2015—2020）》以来，浙江以标准化建设促进均等化发展，高质量推进区域公共文化均衡发展，已全面实现全省基本公共文化服务标准化。

一、公共文化设施布局日趋完善

全省、市、县（市、区）、乡镇（街道）、村（社区）5级公共文化设施网络布局日臻成熟，"市有五馆、县有四馆、区有三馆"建设基本完成，乡镇（街道）综合文化站和村（社区）文化服务中心实现全覆盖。

2015年以来，全省共建成图书馆103家、文化馆101家、博物馆366家、综合文化站1365家，较2014年增幅明显。全省每万人享有图书馆、文化馆、博物馆的面积已达1371.4平方米，比2014年增加43.7%。随着浙江自然博物院、浙江小百花越剧中心、之江文化中心等一批重大文化和旅游服务设施的推进，越来越多的公共文化设施正成为城市的地标性建筑。

为促进区域平衡，让城乡群众享受同等的基本公共文化服务，我省从基础条件最差的县（市、区）、乡镇和村（社区）抓起，兜底式实施了公共文化服务"十百千"工程，在全省范围内遴选了21个薄弱县和107个薄弱乡镇、1228个薄弱村，集中财力物力重点提升。

我省还创新性实施了县级图书馆、文化馆总分馆制，推动优质公共文化资源向基层、向乡村延伸。同时，不断完善流动文化设施建设，丰富广大基层群众的文化生活；积极推进数字公共文化服务平台建设。

二、公共文化服务效能持续提升

5年来，我省以人民群众的文化需求为导向，通过建立公共文化服务体系协调机制，健全公共文化服务综合考核等，丰富公共文化服务数量，提升公共文化服务质量，让群众参与公共文化活动的热情持续高涨。据统计，2019年全省各级公共文化机构举办的展览、讲座、文艺演出等活动达 33.46 万场次,人民群众年人均参加活动达 5.71 次,比 2014 年增加 3.58 次。

我省着力通过打好组合拳的方式,提升公共文化服务效能。全省市、县两级文化馆每年组织各类品牌节庆活动 500 多个,参加观众超 1500 万人次;通过公共文化从业人员业务培训、开辟文化人才招聘绿色通道等,强化人才队伍建设;通过完善社会力量参与的政策体系,加大政府向社会力量和第三方专业团体购买公共文化服务的投入力度,满足群众多样化的文化需求。

三、公共文化服务品质更加凸显

全省文化供给实现从"有"向"优"的转变,成果丰硕。据 2019 年全国公共文化领域重点改革任务推进会上公布的情况,我省县级文化馆总分馆、县级图书馆总分馆、市级以上文化馆法人治理结构改革、市级以上图书馆法人治理结构改革、基层综合性文化服务中心,基本公共文化服务标准等 6 项指标均位居全国第一。此外,嘉兴图书馆总分馆制、温州城市书房、丽水乡村春晚等多个文化 IP 在全国推广。宁波鄞州区、嘉兴市、台州市成功创建国家公共文化服务示范区。

当前,我省积极优化公共文化机构治理结构,调动各方参与公共文化服务,扩大服务社会化。深化"以文惠民""创新为民",提升公共文化服务供给效能。强化文旅融合,助推我省建设全国文化高地、全国文化和旅游融和发展"样板地"。协同共建共享,破除地区壁垒,建设公共文化和旅游长三角区域一体化大市场。

(省文化和旅游厅公共服务处)

浙江省文物安全工作会议召开

8 月 20 日,浙江省文物安全工作会议在杭州召开。省委常委、宣传部部长朱国贤出席会议并讲话,副省长成岳冲主持,省文物安全联席会议单位有关负责人,各设区市和部分县(市、区)政府、党委宣传部有关负责人,各设区市文化广电旅游局(文物局)主要负责人参加。经省政府授权,浙江省文化和旅游厅与各设区市人民政府签订《浙江省文物安全责任书》。

(省文物局)

浙江省文化和旅游系统积极抗疫

2020 年,浙江省文化和旅游系统紧紧围绕省委、省政府"两手硬、两战赢"总体部署,统筹抓好疫情防控和复工复产工作,取得明显成效。

一、坚决阻断疫情传播感染

疫情发生后,按照 I 级应急响应要求,实行最严管控措施,第一时间暂时关闭所有图书馆、博物馆、美术馆等公共文化场馆;暂停所有网吧、娱乐场所、A 级旅游景区;停止公众聚集的文旅活动、文艺表演及营业性演出;全部暂停旅行社和专线旅游企业经营团队旅游及"机票+酒店"旅游产品。成立厅疫情防控领导小组,对全省文化和旅游系统建立完善疫情防控和安全责任制、完善应急预案、落实相关举措等做出部署,没有发生文化和旅游活动导致疫情传播现象。

二、统筹抓好疫情防控和复工复产

一方面坚持防控优先。按照"一图一码一指数"要求,强化疫情防控常态化下"精细化数字化""闭环式"管理。率先修订完善文化和旅游场所及活动有序开放 9 个工作指南共 190 条措施,严格落实验码、体温筛检、戴口罩、通风换气、清洁消毒、保持社交距离、公筷公勺等防控手段和文明习惯。健全精密智控机制，推出旅游应急指挥系统、分时预约预订系统和景区实时客流查询系统，全面落实景区"预约、限流、错峰"。另一方面，统筹抓好有序复工复产工作。围绕"六稳""六保"工作，指导各地用足各项纾困支持政策，建立驻企服务员机制，共派出驻企人员 4813 人次，驻企 7726 家，走访企业 29537 家，解决问题 3868 个。暂退旅行社保证金 3.9 亿元，退还率超 98%。开展为期 20 天的全省文物领域护航复工复产安全生产攻坚行动，对 9 月前的全省一般投资项目实行承诺制审批。

三、化解矛盾保障社会稳定

妥善做好春节出境受阻 19.8 万名游客 9.6 亿元"退团退费"处置工作，全省涉疫旅游达成 100%协议改签、100%和解退费，没有发生群体性上访等维稳事件。

四、促消费抓投资

省、市、县联动投放"10 亿元文旅消费券""1 亿元大红包"，联合省财政厅在 7 个网络平台发放总价 5 亿元的旅游消费券，不断激发消费活力；指导各地实施弹性休假制，进一步落实职工带薪休假和疗休养制度；自 9 月份开始，全省国内旅游已基本恢复到上一年同期水平，全年累计接待游客 5.7 亿人次，收入 8275.1 亿元，分别达到上年同期 78.5% 和 75.8%。实施"四十百千"工程成效显著，全省文化和旅游在建项目 2839 个，总投资 2.01 万亿元，实际完成 2584.7 亿元，完成年度计划的 129%。省长郑栅洁批示："特殊年份的特别成就，不容易，好！"

五、联动创新公共服务和主题宣传

实施"抗击疫情——文艺轻骑兵'云'行动"和文艺名家战"疫"行动，推出歌曲《为了相见在春天》、交响乐《中国天使》、京剧《夜空》等舞台艺术作品近 400 件和美术作品近 1000 件；创作抗疫主题非遗文艺作品和手工艺作品 2000 余件（个）、主题展览 10 余个。疫情防控期间，省文博系统组织全省 100 余家博物馆推出在线展览 300 余个；举办"浙江省抗击新冠肺炎疫情纪实展"，及时遴选 130 件实物、360 余件抗疫图片，得到省领导好评。

（省文化和旅游厅办公室综合）

《浙江省大运河世界文化遗产保护条例》通过审议

9 月 24 日，《浙江省大运河世界文化遗产保护条例》经省十三届人大常委会第二十四次会议审议通过，将于 2021 年 1 月 1 日起正式施行。这也是全国第一部关于大运河世界文化遗产保护的省级地方性立法，共 36 条。

（省文物局）

浙江 5 县创成第二批国家全域旅游示范区

12 月 17 日，文化和旅游部公布第二批国家全域旅游示范区名单，我省新昌、松阳、仙居、桐庐、嘉善等 5 县入选。至此，我省共创成 8 个国家全域旅游示范区，数量居全国并列第一。

（省文化和旅游厅资源开发处）

金华白沙溪三十六堰工程入选世界灌溉工程遗产名录

12月8日,国际灌排委员会第71届执行理事会公布第七批世界灌溉工程遗产名录,中国申报的4项遗产全部入选,我省金华白沙溪三十六堰工程名列其中。世界灌溉工程遗产名录2014年设立,旨在梳理世界灌溉文明发展脉络、促进灌溉工程遗产保护,总结传统灌溉工程优秀的治水智慧,为可持续灌溉发展提供历史经验和启示。

(金华市文化广电旅游局)

浙江12家单位获评全国服务农民、服务基层文化建设先进集体

11月27日,中宣部、文化和旅游部、国家广电总局公布第八届全国服务农民、服务基层文化建设先进集体表彰名单,我省12家单位上榜。其中,杭州市余杭区文化馆、海宁市盐官镇桃园村文化礼堂获评"县级文化馆、图书馆、乡镇(街道)综合文化站、村(社区)综合性文化服务中心先进集体";永嘉昆剧团(永嘉昆剧传习所)、嵊州市越剧团、泓影常山越剧团获评"基层文艺院团先进集体";宁波市鄞州区文化市场综合行政执法队、天台县文化市场综合行政执法队获评"基层文化市场综合执法队伍先进集体";桐庐县电影发行放映有限公司、安吉县电影发行放映公司获评"基层电影服务先进集体";华数传媒网络有限公司临安子公司龙岗广播电视服务站获评"基层广播电视传输覆盖机构先进集体";嘉兴市秀洲区洪合镇凤桥村农家书屋、台州市黄岩区屿头乡沙滩村农家书屋获评"农家书屋和基层图书发行单位先进集体"。

(省文化和旅游厅艺术处、厅公共服务处)

浙江省38个县(市、区)入围2020年全国县域旅游综合实力百强县

8月初,全国县域旅游研究课题组、北京华夏佰强旅游咨询公司联合发布2020年全国县域旅游综合实力百强县榜单,我省38个县市、区榜上有名,数量居全国首位。其中,安吉县位居榜首,排名前十的县(市、区)中,我省独占7席,分别是安吉县、长兴县、象山县、桐乡市、诸暨市、德清县和义乌市。该榜单从大陆地区1881个县(含县级市、自治县、旗、自治旗、特区、林区)中遴选,由旅游经济发展水平、政府推动作用、旅游产业综合带动功能、旅游开发与环境保护、旅游设施与服务功能、旅游质量监督与市场监管6个方面35个指标构建指标体系,得分居前100位的即为2020年全国县域旅游综合实力百强县。

(省文化和旅游厅办公室综合)

绍兴当选 2021 年"东亚文化之都"

12 月 21 日，绍兴市和敦煌市、日本的北九州市、韩国的顺天市共同当选为 2021 年"东亚文化之都"。"东亚文化之都"评选于 2013 年启动，是中日韩领导人机制下创建的中日韩 3 国文化领域的重要品牌。当选城市以"东亚文化之都"名义，开展形式多样的文化、旅游活动，带动城市和市民更积极地参与东亚区域文化和旅游合作，带动城市文化建设，激发城市活力，扩大城市的国际知名度、美誉度，实现"以文惠民，以文兴城"。

(绍兴市文化广电旅游局)

浙江省再获全国博物馆界最高奖

5 月 18 日，在 2020 年"5·18 国际博物馆日"中国主会场活动开幕式上，"第十七届(2019 年度)全国博物馆十大陈列展览精品推介活动"终评结果揭晓。浙江自然博物院安吉馆基本陈列、杭州工艺美术博物馆"海市蜃楼——17 至 20 世纪中国外销装饰艺术展"分获十大陈列展览精品奖和优胜奖。

(省文物局)

《西施别越》获中国舞蹈荷花奖古典舞奖

10 月 19 日，第十二届中国舞蹈荷花奖古典舞评奖结果公布，浙江艺术职业学院《西施别越》获荷花奖古典舞奖。中国舞蹈荷花奖由中国文学艺术节联合会、中国舞蹈家协会主办，是唯一的全国性舞蹈艺术专业奖项。本届荷花奖古典舞评奖共有 174 部作品报名参评，遴选出 16 部作品入围现场终评演出，最终产生 3 个古典舞奖。

(浙江艺术职业学院)

省文化和旅游厅获评 2019 年度美丽浙江建设工作考核优秀单位

8 月 15 日，省委、省政府通报 2019 年度美丽浙江建设(生态文明示范创建行动计划)工作考核优秀单位，省文化和旅游厅榜上有名。

(省文化和旅游厅政策法规处)

余姚井头山遗址取得重大考古发现

5月30日,宁波余姚举行井头山遗址考古成果新闻发布会,宣布井头山遗址第一阶段考古发掘取得突破性收获,发现中国东南沿海地区埋藏最深、年代最早的一处海岸贝丘遗址,将宁波地区人文历史在河姆渡文化基础上向前推进1000多年,还为早期人类适应海洋、开发海洋的生业模式研究和自然环境的演变进程研究提供重要依据,对中国沿海地区史前文化研究具有重大学术价值。这也是我省境内迄今发现的唯一史前贝丘遗址。

(省文物局)

2020全国非遗曲艺周在宁波举办

10月9日至14日,2020全国非遗曲艺周在宁波举办。活动以"融入现代生活、弘扬时代价值"为主题,通过"线上为主、线下为辅"形式开展,汇集127个曲艺类国家级非遗代表性项目的258个优秀节目线上同步展播,线下活动包括"曲艺传承发展论坛"、曲艺"四进"活动、非遗曲艺书场试点挂牌、第七届"阿拉非遗汇"活动等。这是全国非遗曲艺周首次在南方地区举办,旨在促进南北地区之间曲艺交流,让全国各类曲艺特色曲种传承有序、后继有人。

(省文化和旅游厅办公室综合)

2020港澳青少年游学推广活动暨内地游学联盟大会在宁波举行

10月27日,2020港澳青少年游学推广活动暨内地游学联盟大会在宁波举行。活动期间,港澳青少年内地游学联盟发布2020年度港澳青少年内地游学推荐产品,中国大运河历史遗产探索之旅、浙东寻根文化之旅等15个游学产品入选;联盟召开2020年度工作会议,24个省(区、市)文化和旅游厅(局)作为成员单位共同回顾总结上年度工作成果,交流工作经验,探讨下阶段工作重点,推进港澳青少年内地游学工作高质量发展。此外,还举办了2020港澳"美丽中国·心睇验"系列活动之"游学之旅"推广、"诗画浙江·宁波"文化旅游推介等活动。

(省文化和旅游厅对外合作交流处)

全国文化和旅游消费工作现场会在杭州召开

9月17日,由文化和旅游部产业发展司、国家发展改革委就业收入分配和消费司联合主办的文化和旅游消费现场会在杭州召开。会议深入分析当前文化和旅游消费面临的形势,就进一步促进常态化疫情防控下文化和旅游消费工作做了部署要求。上海、江苏、浙江、山东、安徽、江西、福建6省1市就促进文化和旅游消费做了经验交流,并在杭州多处重点文化和旅游场所参观考察。

(省文化和旅游厅产业发展处)

2020年全国全域旅游培训班暨首届全域旅游发展绿色对话在江山举办

9月17日至20日,文化和旅游部在江山举办2020年全国全域旅游培训班暨首届全域旅游发展绿色对话,旨在全面践行"绿水青山就是金山银山"理念,以发展全域旅游为抓手,推动旅游业高质量发展。此次培训班采取理论授课、现场观摩和交流研讨相结合的方式,集中学习习近平总书记关于文化和旅游工作的重要论述,交流国家全域旅游示范区再创建的做法经验和推动全域旅游发展的现实路径。培训中,长三角3省1市文化和旅游部门共同发布了《长三角全域旅游绿色发展宣言》。

(省文化和旅游厅资源开发处)

"2020丝绸之路周"活动成功举办

"2020丝绸之路周"活动由国家文物局、浙江省人民政府主办,中共浙江省委宣传部、浙江省文化和旅游厅、浙江省文物局承办,主题为"丝绸之路:互学互鉴促进未来合作"。6月19日至24日,由中国丝绸博物馆在杭州主场与浙江省及国内100余家文博机构共同参与,以主题展览、学术活动、线上直播互动等形式,通过线下线上联动的方式,将"2020丝绸之路周"活动逐步推向高潮。

"2020丝绸之路周"活动是首次在全球范围内举办,国家文物局和浙江省委、省政府高度重视,多次召开会议研究,精心策划活动方案,还成立了"丝绸之路周"学术委员会,负责学术定位、主题选定、主场选定等重大事项的指导。本次活动充分体现了文化遗产界的浙江实践和中国智慧,引发国内外文化遗产界的热烈反响。联合国教科文组织世界遗产中心、国际古迹遗址理事会、国际文化财产保护与修复研究中心、国际博物馆协会、联合国教科文组织丝绸之路网络平台等六大国际组织对活动进行了肯定与支持。来自14个国家的200余家文化机构参与各项线上活动,在社交媒体上的阅读量和观看量超5.6亿次。

(中国丝绸博物馆)

2020中国红色旅游推广联盟年会暨革命精神传承发展主题活动在台州举办

为大力传承弘扬中国革命精神,开创红色旅游合作新局面,10月25日至28日,由浙江省文化和旅游厅、中国红色旅游推广联盟秘书处、中共台州市委、台州市人民政府共同举办的2020中国红色旅游推广联盟年会暨革命精神传承发展现场会在台州举办。

活动期间,举行了2020"中国革命精神"传承发展高峰对话、中国红色旅游推广联盟年会、中国红色旅游主题推广活动、"红动中国·革命精神代代传"主题晚会等活动,发布了"中国革命精神"高峰对话台州共识。会上,青海省文化和旅游厅被吸纳为联盟新

成员,山东省文化和旅游厅被推选为2020—2021年度联盟轮值主席单位。在主题推广活动中,还发布了100条红色旅游精品线路,中国红色旅游推广联盟秘书处与景域驴妈妈集团签订旅游产品推广合作协议。

(省文化和旅游厅资源开发处)

"2020世界旅游联盟·湘湖对话"在杭州举办

11月12日,"2020世界旅游联盟·湘湖对话"在杭州举办。活动以"信心与变革·面向未来的旅游业"为主题,围绕"多边主义下全球旅游业合作及治理创新""信心与变革——全球旅游业发展趋势展望""面向未来——更

负责任的旅游业""新冠疫情的挑战与行业的变化"等7个环节深入探讨交流,24个国家和地区在线下或线上参会。活动期间,世界旅游联盟、世界银行、中国国际扶贫中心共同发布《2020世界旅游联盟旅游减贫案例》,进行旅游

扶贫案例展示;世界旅游联盟、中国旅游研究院共同发布《2020世界旅游发展报告——市场复苏的信心与产业变革的挑战》。

(省文化和旅游厅资源开发处)

浙江省入选"庆祝中国共产党成立100周年舞台艺术精品创作工程"重点扶持作品数量居全国前列

10月30日,文化和旅游部办公厅公布"庆祝中国共产党成立100周年舞台艺术精品创作工程"重点扶持作品名单,我省11个作品上榜。其中歌剧《红船》、婺剧《信仰的味道》2个作品入选

"百年百部"创作计划;昆剧《十五贯》、越剧《五女拜寿》、绍剧《孙悟空三打白骨精》、话剧《谁主沉浮》、歌剧《呦呦鹿鸣》5个作品入选"百年百部"传统精品复排计划;舞蹈《这里的黎明静悄悄》、民

乐《诗画浙江》2个作品入选"百年百项"小型作品扶持计划。另有话剧《雄关漫道》《此心光明》由于申报名额限制由合作方贵州省申报,均入选。

(省文化和旅游厅办公室综合)

浙江省 26 个村入选第二批全国乡村旅游重点村名单

8 月 26 日,文化和旅游部、国家发展改革委公布第二批全国乡村旅游重点村名单,湖州市德清县莫干山真劳岭村等 26 个村榜上有名。至此,我省共有 40 个村入选全国乡村旅游重点村名录,数量居全国首位。

（省文化和旅游厅资源开发处）

浙江省连续 4 年蝉联中国旅游特色商品大赛第一

9 月 25 日,2020 中国特色旅游商品大赛结果在四川乐山峨眉山揭晓,我省获 15 个金奖、20 个银奖、15 个铜奖,获奖总数、金奖数、银奖数均列全国第一,其中获奖总数、金奖数连续 4 年蝉联第一,成绩历年最佳。同时,省文化和旅游厅、省旅游协会分获最佳贡献奖、突出贡献奖。此次大赛是首次全国 31 个省（区、市）全部参评,从 8000 余套作品中遴选出 1588 套进入决赛,共设 100 个金奖、200 个银奖、200 个铜奖。

（省文化和旅游厅产业发展处、金华市文化广电旅游局）

"世界看见·诗画浙江"海外推广文旅金名片展示周在杭州举办

11 月 6 日至 13 日,由省政府新闻办公室、省文化和旅游厅主办,省文化艺术交流促进会协办的"世界看见·诗画浙江"海外推广文旅金名片展示周在杭州创意设计中心举办,线上展示区同步展出。本次展示周是浙江在特殊时期推进世界各地文化交流与互鉴的努力和尝试,力图通过现代时尚、国际化、科技化的创意手法,将浙江的山水人文精粹展示给世界。展示周设置"山水和章·风光体验馆""艺林芳华·风雅艺术馆""浙里繁花·生活美学馆""四海和芳·浙江主题国际艺术品""陌上花开·印象浙江馆"五大主题展区,开展艺术大师公开课、越剧表演、良渚文明研学等多个主题活动。

（省文化和旅游厅对外合作交流处）

浙江 3 个案例入选《世界旅游联盟旅游减贫案例 2020》

10 月 10 日,"世界旅游联盟旅游减贫案例 100"新闻发布会在北京举办,发布近 3 年全球 101 个旅游减贫案例,我省遂昌县龙洋乡茶园村"用'情境乡村'建设新路径破解乡村活化难题"、淳安县下姜村"打好脱贫攻坚战,旅游减贫成效明显"、杭州市萧山区"对口帮扶贵州从江,协作旅游扶贫"等3个案例入选。2018年以来,世界旅游联盟联合世界银行、中国国际扶贫中心连续3年征集旅游减贫案例,集中展示不同类型、不同地区的旅游减贫经验。

（省文化和旅游厅产业发展处、遂昌县文化和广电旅游体育局）

第三批省级考古遗址公园公布

12月25日,浙江省文物局公布第三批10家省级考古遗址公园名单,龙游荷花山遗址、义乌桥头遗址、桐乡谭家湾遗址、象山塔山遗址、余杭玉架山遗址、长兴台基山遗址、德清原始瓷窑址、上虞凤凰山遗址、黄岩沙埠窑遗址、绍兴宋六陵因重要历史、文化价值入选。

（省文物局）

温州出台地市级城市书房建设与管理办法

7月29日,温州市人民政府印发《温州市城市书房建设与管理办法》,在全国率先推出城市书房配套管理文件,为全国城市书房建设提供探索经验。该办法从城市书房规划建设、运行管理、服务提供、扶持补助等4个方面做出规范性要求,将进一步推动城市书房迈向精细化管理、高质量发展新阶段。

（温州市文化广电旅游局）

特　辑

ZHEJIANG CULTURE AND TOURISM YEARBOOK

全省文化和旅游局长会议

【概况】 1月20日,全省文化和旅游局长会议在杭州召开。会议全面贯彻党的十九大和十九届二中、三中、四中全会精神,认真落实省委十四届六次全会、《浙江省政府工作报告》、全省宣传工作会议以及全国文化和旅游厅局长会议精神,紧密结合实际,总结2019年工作,部署2020年重点任务,全面推进"文化浙江""诗画浙江"建设。会议强调,要以习近平新时代中国特色社会主义思想为指导,坚持和加强党的全面领导,坚持以人民为中心发展思想,以"'八八战略'再深化、改革开放再出发"为主线,聚焦治理能力和治理体系现代化,坚持高质量竞争力现代化,努力提供更多优秀文化产品和优质旅游产品,牢牢守住政治底线和安全底线,着力推进文化建设和旅游发展再上新台阶,加快建设全国文化高地、中国最佳旅游目的地、全国文化和旅游融合发展样板地。

省文化和旅游厅党组书记、厅长褚子育出席会议并做工作报告。厅党组成员、副厅长、一级巡视员许澎主持会议。厅领导柳河、杨建武、刁玉泉、叶菁参会并在主席台就座。

2019年,在省委、省政府的坚强领导下,全省文化和旅游工作紧紧围绕年初提出的"1+3+10+10"工作目标任务,勇于改革创新,奋力开拓进取,推动全省文化建设和旅游发展迈上新台阶。

主要体现在高质量推进长三角文化和旅游一体化、持续助力打好三大攻坚战、推进富民强省十大行动计划落实,主动服务中心工作有新作为;文化遗产保护利用和传承发展有新面貌、现代公共文化服务体系建设有新进展、艺术创作有新繁荣、文化产业高质量发展迈上新台阶、对外和对港澳台文化交流有新深化,文化高地建设取得新成绩;全域旅游品质有新提升、产业发展和市场拓展有新加强、特色平台和重大项目建设有新亮点、中国最佳旅游目的地建设取得新成效;机构职能融合、产业融合、市场融合、服务融合加快推进,全国文化和旅游融合发展样板地建设迈开新步伐;扎实推进党建工作、深化体制机制改革、推进文化和旅游人才队伍建设,政府履职能力全面加强。

会议明确,2020年,是高水平全面建成小康社会和"十三五"规划收官之年,也是促进文化和旅游高质量融合发展,为开启现代化建设新征程打好基础的关键之年。要坚持稳字当头、稳中求进,提升高水平全面小康成色,保持高质量发展战略定力。切实做好力推文化筑基工程,力促为新时代新发展凝心塑魂;力推资源开发,力促优秀文化产品和优质旅游产品供给丰富;力推强主体扩内需发展,力促产业转型升级;力推公共服务标准化,力促工作效能整体提升;力推交流合作开展,力促全方位多层次宽领域开放新格局构建;力推治理体系和治理能力现代化建设,力促发展环境全面优化;力推支撑体系建设,力促文化建设和旅游发展保障能力全面提升。

站在高水平全面建成小康社会、庆祝建党100周年的重要历史方位,浙江发展也将指向新的时代坐标、开启全面建设社会主义现代化强省新征程。会议指出,全省文化和旅游系统必须做到加强政治建设,坚定不移坚持党对文化和旅游工作的全面领导,切实把意识形态工作放在心上、扛在肩上、抓住手上;深化"三服务"活动,确保把"三服务"成果转化为治理成效,真正让企业轻装上阵、让群众收获满满、让基层活力迸发;重视"十四五"规划编制,优化本地本部门工作顶层设计,以一流规划引领今后两个高水平发展;强化任务落实,切实把省委、省政府关于文化和旅游工作的重大决策部署落到实处,用落实的力量提升发展的质量、靠落实的力度增进发展的加速度,以抓铁有痕的韧劲和舍我其谁的担当,奋力拼搏,为新时代"文化浙江"和"诗画浙江"建设续写新的篇章。

会上,省文化和旅游厅为杭州市余杭区鸬鸟镇等8家2019年省级乡村旅游产业集聚区,绍兴市柯桥区等6个浙江省首批4A级景区城、台州市天台县石梁镇等 3 个浙江省首批 5A 级景区镇，杭州西湖国宾馆等 37 家浙江省"金桂品质饭店"、嵊州宾馆等 43 家浙江省"银桂品质饭店"，恐龙化石保护研究与展示创新团队等 17 支浙江省文化和旅游创新团队，杜群等 19 名浙江省文化和旅游厅优秀专家予以颁牌表彰，并与 10 个市签署厅市培育文旅金名片共建合作协议；温州市、湖州市、金华市、象山县、新昌县、嵊泗县等 6 家单位做典型发言。

全省各市、县（市、区）文化和旅游局局长，省文物局副局长，省文化和旅游厅、省文物局机关各处室和厅属各单位主要负责人参加会议。

（省文化和旅游厅办公室）

在全省文化和旅游局长会议上的讲话

省文化和旅游厅党组书记、厅长　褚子育

（2020 年 1 月 20 日）

同志们：

这次会议的主要任务是，坚持以习近平新时代中国特色社会主义思想为指导，全面贯彻党的十九大和十九届二中、三中、四中全会精神，认真落实省委十四届六次全会、《浙江省政府工作报告》、全省宣传思想工作会议以及全国文化和旅游厅局长会议精神，紧密结合实际，总结 2019 年工作，部署 2020 年重点任务，全面推进"文化浙江""诗画浙江"建设。

下面，我代表省文化和旅游厅党组讲两点意见。

一、关于 2019 年工作总结

2019 年，在省委、省政府的坚强领导下，紧紧围绕年初提出的"1＋3＋10＋10"工作目标任务，勇于改革创新，奋力开拓进取，着力推动全省文化建设和旅游发展迈上新台阶。

（一）主动服务中心工作有新作为

坚持围绕中心、服务大局，主动把文化和旅游工作摆在全省经济和社会发展大局中去谋划推进。取得良渚古城遗址申遗成功等一批重大成果，全年全系统获得国家级、省级各类奖项、项目、称号达 173 个。一是高质量推进长三角文化和旅游一体化。签订 3 省 1 市文化和旅游合作协议，建立了正常性工作机制。正式签订浙皖闽赣国家生态旅游协作区 4 省合作协议，在衢州市设立了秘书处。甬舟等省内区域一体化启动推进。二是持续助力打好三大攻坚战。积极传承生态文化，推进生态旅游，助力打好污染防治攻坚战。发展文化和旅游产业，重点抓好基本公共文化服务和乡（镇）村旅游，助力高水平全面实现小康社会，全省民宿 1.8 万家，年收入 60 亿元，有力帮助百姓致富；淳安县下姜村等 14 个村入选全国第一批乡村旅游重点村名录，数量位居全国第一。高质量完成文化和旅游新一轮对口支援和扶贫工作。有序防范化解风险，全省文化和旅游系统全年无重大政治安全、生产安全事故。三是扎实推进富民强省十大行动计划的落实。积极推进"传承发展浙江优秀传统文化行动计划"等十大行动计划文化和旅游项目的实施，完成项目总投资的 25％；推进"四条诗路"建设，发展全域旅游，助力"大花园"建设。良渚古城遗址被正式列入《世界遗产名录》，成为实证中华 5000 年文明史圣地，进一步增添了浙江大地的厚重感和知名度；省文物考古所良渚团队入选 2019 年度"最美浙江人·浙江骄傲"；50 处文保单位入选第八批全国重点文物保护单位，总数晋位全国第四。

（二）文化高地建设取得新成绩

事业建设和产业发展双轮驱动，积极推进文化浙江建设。一是文化遗产保护利用和传承发展有新面貌。省委办公厅、省政府办公厅印发《关于加强文物保护利用改革的实施意见》《关于浙江省实施革命文物保护利用工程（2018—2022 年）的意见》。15 个县（市）列入全国第一批革命文物保护利用片区分县名单。"良渚遗址是实证中华五千年文明史的

圣地"和"越地宝藏——100件文物讲述浙江故事"展览分获第十六届全国博物馆十大陈列展览精品奖和优胜奖。坚守文物安全底线,督办12起文物违法案件和4起文保单位火灾事故。组织实施安吉八亩墩、绍兴宋六陵等考古发掘项目69项,考古调查勘探项目72项,义乌市桥头遗址发现了距今8000多年"最早浙江人"完整遗骸。以促进融合发展为抓手,推动我省非遗保护工作由数量规模型向质量效益型转变。倡导科学保护,入选全国非遗优秀实践案例3项,总数居全国第一(并列);海洋渔文化(象山)入选全国首批国家级文化生态保护区。实施传统戏剧发展"五个一"计划,组织开展曲艺保护系列活动。举办杭州工艺周等大型非遗展会,推进国际化品牌建设。组织开展"文化和自然遗产日"非遗保护宣传展示活动近200项。金华市入选文化建设军民融合发展试点城市。二是现代公共文化服务体系建设有新进展。有序推进基本公共文化服务标准化,9个重点县、107个重点乡镇和1228个村全部完成公共文化服务重点市县及薄弱乡镇建设提升任务,87个县(市、区)通过认定,占总量的97.8%。印发《农村文化礼堂管理与服务规范》。指导海宁市小品《父与子》获第十八届全国群星奖。全省公共图书馆和公共文化馆全部建立理事会制度,省文化馆和嘉兴市图书馆入选第二批全国法人治理结构改革试点。配合省委宣传部新建农村文化礼堂3282家,累计建成14341家。持续开展文化惠民活动,组织送文艺演出下乡2.49万场次,送书

下乡345.22万册。评定"浙江省文化强镇"30个、"浙江省文化示范村(社区)"94个。丽水乡村春晚成为全国品牌,首次集中开展展示活动。三是艺术创作有新繁荣。全省共创排大型舞台艺术作品52部,入选国家级各类奖项及扶持项目13部。歌剧《呦呦鹿鸣》入选第十五届精神文明建设"五个一工程"。歌剧《在希望的田野上》、越剧《枫叶如花》、京剧《生如夏花》等一批新创剧目先后亮相。与嘉兴、湖州等地协同打造歌剧《红船》、话剧《青青余村》等9部重点舞台剧目。推出14个年度舞台艺术创作重点题材,命名10个"文艺创作采风基地"。68个项目获国家艺术基金资助,位居全国第二。成功举办中华人民共和国成立70周年大型音乐舞蹈史诗晚会、省政协成立70周年演出等大型演出。争取中国越剧节永久落户绍兴,命名越剧之乡10个。与温州市、龙游县等市、县共同举办第十四届省戏剧节、龙游石窟国际音乐盛典等活动。《浙江省公共美术馆设置与服务规范》地方标准正式发布,评定杭州市富阳区龙门五村等94个美丽乡村美育村(社区)试点单位。获文化和旅游部美术优秀展览项目2项。深化院团改革,完成浙江小百花越剧院、浙江京昆艺术中心内部管理体制改革,组建成立浙江演艺集团,加快推进杭州剧院、胜利剧院等4家经营性事业单位改制工作。四是文化产业高质量发展迈上新台阶。同期举办第14届中国(义乌)文化产品交易会和第11届中国国际旅游商品博览会,第15届中国国际动漫节交易额达165.04亿元,

创历史新高。举办浙江省文旅惠民消费季活动,以宁波、杭州两个国家文化消费试点城市为示范,推动文旅消费转型提质扩面。指导推进浙江(金华)数字创意产业试验区建设,发展数字文化。协同推进之江文化带建设。宁波市获批创建首批国家文化与金融合作示范区。推进将浙江新远集团、浙江省古建筑设计研究院两家企业整体划归浙江省文化产业投资集团有限公司管理。2019年文化产业增加值4600亿元,增长10%。五是对外和对港澳台文化交流有新深化。实施对外和对港澳台交流项目1746起,开展推介活动41场。组派12个艺术团组,分赴捷克、智利等9个国家和中国台湾地区的23个城市,举办了61场"欢乐春节"文化交流活动。借助国家"16+1"合作机制开展交流互动,持续加强国际丝绸之路研究联盟、中国-中东欧国家音乐院校联盟、图书馆联盟等交流载体建设。中国丝绸博物馆牵头启动12国"世界丝绸互动地图"科技合作。承办文化和旅游部内地与港澳台文化旅游界大型交流活动"艺海流金",赴澳门举办庆祝澳门回归20周年"根与魂"非物质文化遗产展示活动,赴台举办第十三届"台湾·浙江文化旅游节"等活动,接待9批300余人次台湾青年来浙交流。

(三)中国最佳旅游目的地建设取得新成效

有效供给和扩大消费同步推动,努力推进中国最佳旅游目的地建设。一是全域旅游品质有新提升。大力推进全国首批全域旅游示范省创建,出台《浙江省全域旅游示范县评分细则》,安吉县、

江山市、宁海县入选第一批国家全域旅游示范区，总数位居全国第一（并列）；初步认定第二批省级全域旅游示范县（市、区）12家，国家级、省级示范县（市、区）覆盖率将达41.1%。完成3034家A级景区村庄认定，累计建成7236家，完成率达72.4%；认定19家A级景区城、135家A级景区镇。金华山风景区通过5A级景区资源评估，获准创建；丽水市缙云仙都景区被认定为国家5A级景区，总数达18家，排名全国第二，实现全省11个市5A级景区全覆盖。被文化和旅游部确定为第1个全国民宿等级评定试点省，全年评定等级民宿183家。制订旅游度假区管理办法，指导推进千岛湖、莫干山、鉴湖等创建国家级旅游度假区。实现厕所百度上线；新建改建旅游厕所1935座，完成率123.3%。建立"一张卡"体验诗画浙江，上线景区酒店78家、博物馆20余家。二是产业发展和市场拓展有新加强。预计2019年旅游产业增加值增长8%，旅游人次超7亿。大力推进"旅游＋"产业融合发展，新业态新产品不断丰富。推进精品旅游线路开发。新评定特色文化主题饭店31家，总数达108家，数量居全国第一。率先出台省级《品质饭店评价规范》地方标准，评定首批80家"品质饭店"。12个商品入选全国红色旅游优秀文创产品。出台《"诗画浙江·百县千碗"三年行动计划（2019—2021年）》，注册LOGO，遴选各地1088道名菜。举办"红动浙江"2019红色旅游季暨万人初心之旅等活动。重点围绕"欢乐春节"、中俄建交70周年、世界园艺

博览会等6个节点开展系列文旅交流和推介工作。组织开展"诗画浙江与狂野非洲的亲密接触——万人游非洲"活动。积极参与中国-老挝、柬埔寨、新西兰、太平洋岛国旅游年活动。举办各类活动350余场，赴京津冀地区开展"诗画浙江"主题营销。三是特色平台和重大项目建设有新亮点。浙东唐诗之路、钱塘江诗路、瓯江山水诗路、大运河（浙江段）文化带建设在完成规划的基础上全面启动。完成《浙江省十大海岛公园建设三年行动计划》。认定省级乡村旅游产业集聚区8个、省级中医药文化养生旅游基地12家、省级工业旅游示范基地23家、省级生态旅游区10家；认定省中小学生研学实践教育基地、营地63家。公布我省第三批旅游风情小镇培育创建单位31家。评定省级红色旅游教育基地9家。温州市入选全国首批智慧旅游试点城市，嘉兴市入选第一批全国红色旅游资源普查试点市。全省在建旅游项目2634个，总投资1.7万亿元，实际完成投资1705亿元。启动省之江文化中心、世界旅游联盟总部、新时代文化艺术创研基地等重大项目建设。

（四）全国文化和旅游融合发展样板地建设迈开新步伐

充分发挥文化灵魂作用和旅游载体作用，优势互补、协同共进，形成新的发展优势、新的增长点。一是加快推进机构职能融合。顺利完成行政机关合并后的融合工作。推进文化综合执法改革，组建统一执法队伍，厘清部门监管与统一执法关系。深入开展文化和旅游高质量融合发展调

研。启动文旅融合改革试点县（市、区）创建。成立浙江省文化和旅游发展研究院。二是加快推进产业融合。获批第一批全国文化和旅游资源普查试点省。清晰3个融合路径：首先，把文化资源转变成旅游产品，推进良渚古城、上山文化、河姆渡等考古遗址公园建设，推进古镇、古街、风情小镇、古村落建设，指导浙江音乐学院、中国丝绸博物馆启动创建4A级景区。推进文化文物单位文创产品开发试点工作。发布首批100项非遗旅游商品，命名第五批省级非遗旅游景区共50个。其次，将景区景点有机植入文化元素。拟订《关于促进旅游演艺发展的指导意见》，涌现出宋城千古情、沈园等一批特色鲜明的主题文化旅游景区景点、民宿等。再者，以文旅融合思路规划新项目建设。遴选推荐全国优选文化和旅游投融资项目30个。谋划工作平台抓手，启动省、市联合打造82个"金名片"；出台《关于加快推进文旅融合IP工程建设的实施意见》，全省已注册的IP超300个；指导浙江工商大学成立全国首个文旅IP研究中心。举办首届长三角乡村文旅创客大会。三是加快推进市场融合。继续深化文旅市场领域"放管服"改革，按"最多跑一次"理念，办理文旅类审批事项2900件。成立"网络表演"内容审核小组，建立营业性演出常态监管工作机制。率先制定"浙江省旅行社信用监管评价指标模型"，成为全省首批信用综合监管平台试点的8家单位之一；深入推广应用"全国旅游监管服务平台"。完善问题发现机制，组织体检式暗访，开展了对全省

高星级饭店、景区暗访检查工作；处理有问题景区 100 家，处理率 12.4%。利用大数据平台，加大口碑、文旅市场负面舆情监测，把问题解决在萌芽状态。加大文旅执法监督，开展扫黑除恶集中宣传 2749 家次、组织网络赌博专项整治网络远程集中执法 3 次；严厉打击"不合理低价游"，深入整治互联网上网服务营业场所，加强演出票务等新兴领域监管，打造放心消费的市场环境。获评全国文化市场综合执法优秀案卷、重大案件数量位居全国前列。四是加快推进服务融合。标准服务促融合，制定实施《浙江省文化和旅游标准化建设行动计划》，"文化和旅游融合发展标准化试点项目"被列入省标准化战略重大试点项目；承担 3 项国家文旅标准研究制订，12 项标准经立项列为省地方标准。制度服务促融合，《湖州市乡村旅游促进条例》正式公布，成为全国首部乡村旅游领域地方性法规。公共服务促融合，推动"最多跑一次"改革向公共服务延伸，有条件的农村文化礼堂赋能旅游公共服务。

（五）政府履职能力全面加强

持续推进全面从严治党，以党建水平提升引领履职能力。一是扎扎实实推进党建工作。按照中央和省委统一部署，全省文化和旅游系统分两批高质量开展"不忘初心、牢记使命"主题教育。聚焦主题、紧扣主线，学习教育、调查研究、检视问题、整改落实，深入学习践行习近平新时代中国特色社会主义思想，提高知信行合一能力，增强了守初心、担使命的思想自觉和行动自觉。以问题为导向，以目标为导向，以效果为

导向，建立系统"1＋10＋N"党风廉政建设制度体系，排查廉政风险点 489 个，制定防控措施 572 条。深入贯彻落实省委"大学习、大调研、大抓落实"部署；积极开展"三服务"活动，服务企业、服务群众、服务基层，省本级组织活动 192 次，收集问题 211 个，走访企业 290 家，办结问题 205 个。履行意识形态主体责任，立足文化和旅游，主动有为，弘扬优秀文化，唱响主旋律；加强底线阵地管理，保证意识形态安全。组建系统网评员队伍，组织开展培训 12 期，多次在全省宣传系统实战演练中取得第 1 名的好成绩。二是再接再厉深化体制机制改革。深化"最多跑一次"改革，颗粒化事项梳理、多部门联办"一件事"、"证照分离"改革全覆盖事项清单梳理等全面推进，实现承诺期限大幅压缩、网上办事全面实现、掌上办事全国领跑。完成省政府数字化转型重大项目——"诗画浙江·文化和旅游信息服务平台"项目全功能上线和省、市、县全领域贯通。建成全国首个文旅融合数据共享的大数据仓。建立文旅资源导航导览一张图，覆盖全省景区导游导览 341 家。全面对接"浙里办"、"浙政钉"、省统一执法、省经济运行监测等省级平台，实现年服务人次达 2000 万。建立部省共建、省市（县、区）共建机制，推动重大项目协同攻坚攻关；建立与高水平大学合作机制，与浙江大学签订战略合作协议；推动中国丝绸博物馆和浙江理工大学共建国际丝绸学院，浙江自然博物院与中国计量大学共建生态研究院。牵头省属国有旅游酒店资产重组整合；探索建立厅属事

业单位财务集中交叉会审制度。三是有声有色推进文化和旅游人才队伍建设。抢占人才制高点，开展文化和旅游领域领军人物遴选培育工作、浙江省舞台艺术"1111"（名编、名导、名角、名匠）人才计划。培养中青年骨干，实施青年艺术人才培养"新松计划"，文博人才"新鼎计划"。启动实施"未来艺术家计划"，深化人才培育模式改革，推动浙江音乐学院开展"3＋4"，浙江旅游职业学院、浙江艺术职业学院开展"3＋2"5 年一贯制艺术人才培养，推动厅属艺术高校就人才培养开展校校、校团合作。持续做好浙江艺术职业学院乡镇文化员定向培养工作，完成招生 65 名。在艺术、文博等专业，打破学历资历限制，率先建立优秀人才职称评审绿色通道制度。1 人获中国戏剧梅花奖；5 人入选文化和旅游部"名家传戏""名家传曲"工程人才库；新引入 3 名高层次艺术创作人才。浙江音乐学院 2 个专业入选国家级一流本科专业，浙江旅游职业学院、浙江艺术职业学院双双入选国家"双高"职业院校行列。

总的来说，2019 年工作推进有力，成果丰硕。这些成绩的取得，离不开全省文化和旅游工作者的辛勤付出。在此，我代表厅党组，向在座各位并通过你们向全省文化和旅游系统全体干部职工表示衷心感谢！

看到成绩的同时，我们也要清醒认识到，与推动文化和旅游高质量高水平发展、推进治理体系和治理能力现代化的要求相比，我们的工作还存在着一些不足。主要表现在：牵一发而动全身的改革项目有待精准谋划，促

进文化和旅游融合发展的方法、路径、手段有待进一步完善,各地对文化底数不清,艺术精品力作数量不足,公共文化服务效能不均衡,文物活化利用、安全保护和社会文物管理亟待加强,入境游下行压力加大,对外文化输出目的不够明确,旅游推介精准度亟须提高,统计及时性全面性科学性需要加强。所有这些,都需要在2020年及今后一个时期克难攻坚,逐步加以有效解决。

二、关于2020年工作思路

2020年,是高水平全面建成小康社会和"十三五"规划收官之年,既是决胜年也是攻坚年,是促进文化和旅游高质量融合发展,为开启现代化建设新征程打好基础的关键之年。做好全省文化和旅游工作的指导思想是:以习近平新时代中国特色社会主义思想为指导,全面贯彻党的十九大和十九届二中、三中、四中全会精神,增强"四个意识",坚定"四个自信",做到"两个维护",坚持和加强党的全面领导,坚持以人民为中心发展思想,以"'八八战略'再深化、改革开放再出发"为主线,聚焦治理能力和治理体系现代化,坚持高质量竞争力现代化,努力提供更多优秀文化产品和优质旅游产品,牢牢守住政治底线和安全底线,着力推进文化建设和旅游发展再上新台阶,加快建设全国文化高地、中国最佳旅游目的地、全国文化和旅游融合发展样板地。

实现2020年工作目标,要重点把握好3个原则:

一是坚持稳字当头、稳中求进。坚持"六稳"要求,加强"三服务",突出增强企业、事业单位和社团组织活力,突出保持文化和旅游市场稳定与活力,突出重大风险防范与日常安全工作,统筹推进文化和旅游领域稳增长、促改革、调结构、惠民生、防风险、保稳定。

二是提升高水平全面小康成色。坚持"长板拉长,短板补齐"。对标对表,认真梳理改革和发展中的不足、困难、矛盾,克难攻坚,全面提升供给能力和服务效率,切实发挥文化建设和旅游发展在拉动经济、乡村振兴、百姓致富、提高社会文明程度、推进美丽浙江建设等方面的功效。有序推动景区门票降低,切实提升人民群众满意度获得感幸福感,为全省完成高水平全面建设小康社会目标,贡献文化和旅游力量。

三是保持高质量发展战略定力。坚持创新、协调、绿色、开放、共享的新发展理念,坚决扛起"三个地"的政治担当,聚神文化和旅游融合;聚焦重大改革、重大平台、重大项目、重大政策突破;聚力治理体系和治理能力现代化建设;聚推"金名片"打造、标准化工程推进、人才队伍建设、市场和服务主体活力激发等关键措施,全面提升核心竞争力,推动文化建设和旅游业高质量发展。

(一)力推文化筑基工程,力促为新时代新发展凝心塑魂

深刻把握文化基础性、全面性和引领性的特质,充分发挥文化价值引导作用,全力为新时代浙江新发展凝心聚魂。接续实施《浙江省传承发展浙江优秀传统文化行动计划》,完成107个传统文化项目总投资的50%。一是实施文化基因解码工程。解答好"什么是文化,文化是什么"的问题,围绕优秀传统文化、革命文化、社会主义先进文化,从文化形态入手,以文物、非物质文化遗产、古典文献、艺术作品等为依据,挖掘、研究、阐释优质文化元素,抓住关键价值点,解码"文化基因",为推进当地文化和旅游融合、弘扬优秀文化奠定坚实基础。二是加强考古管理和文物保护。深化文物保护利用改革,争创国家文物保护利用示范区,贯彻落实《关于加强文物保护利用改革的实施意见》《关于浙江省实施革命文物保护利用工程(2018—2022年)的意见》。落实文物安全责任,启动"文物平安工程"(二期),以排除消防隐患为重点,启动实施古民居类文物建筑消防安全大检查五年专项行动。加强对世界文化遗产监测管理,夯实第八批全国重点文保单位保护基础。探索加强对社会文物有效管理办法,严厉打击文物犯罪。加大古籍保护工程实施力度。推进余姚井头山遗址、绍兴宋六陵、安吉八亩墩、临安天目窑遗址、台州章安古城等一批重点考古发掘项目。积极推动海上丝绸之路、江南水乡古镇、海宁海塘·潮文化景观等特色鲜明具有核心竞争力项目的申遗工作。提升博物馆办馆质量和水平,鼓励社会力量举办博物馆(展馆)。三是加大非遗保护传承力度。切实落实保护责任,在评估基础上对非遗代表性项目、代表性传承人实施动态管理,提升非遗保护传承质量。争取更多项目进入第五批国家非遗代表性项目,保持在全国的领先水平。继续实施非遗记录工程。实施《浙江省曲艺传承发展行动计划》,推进传统戏剧发展"五个一"计划落实。推动传统工艺、传统美食振兴。提升平台质量，续办"浙江好腔调"全省戏剧展演活动，举办第十二届浙江·中国非物质文化遗产博览会(杭州工艺周)，出台《关于浙江省省级文化生态保护区建设的意见》，打造10个省级文化生态保护区。四是深入实施社会主义文艺繁荣工程。推动艺术创作，以党的十八大以来浙江大地改革开放生动实践故事为鲜活题材，编制完成2020—2022年全省艺术创作题材计划，推出歌剧《红船》等3—5部文艺精品力作，孵化一批新的省地合作项目。实施当代歌曲创作精品工程，推出5首左右优美动听广泛传唱的优秀歌曲。支持各地开展艺术创作，高质量办好艺术活动载体。筹备庆祝建党100周年重大文艺活动，高质量完成省委、省政府重要创作演出任务。举办第11届浙江音乐舞蹈节、中国越剧艺术节、浙江省传统戏曲演出季、浙江省青年戏剧节、浙江戏曲北京周，精心组织美术馆馆藏精品展出活动。提高全省艺术专业化普及水平，推进设区市"专业乐队(团)"音乐厅、音乐学校""三位一体"建设，并搭建音乐展演平台。鼓励县(市、区)建设美术馆。

(二)力推资源开发，力促优秀文化产品和优质旅游产品供给丰富

坚持"以文塑旅、以旅彰文"，突出项目引领，深化供给侧改革，加快将文化和旅游资源优势转化为发展优势。一是积极推进国家全域旅游示范省创建。再创3—5家国家级、10—15家省级全域旅游示范县(市、区)，国家、省级全域旅游示范区覆盖率达到60%以上。首先，在"面"上下功夫。继续实施"百千万"工程，建成景区城20家、景区镇200家、景区村2000家、省级风情小镇20家；每个景区城、镇(乡)、行政村按"处处、时时、行行、人人"要求，认真规划，建出特色。"一手抓创建，一手抓提升"，建立省级全域旅游示范县跟踪评估机制，设立A、B、C 3档，优胜劣汰。其次，在"点上下功夫"。结合各地资源禀赋，立足山地旅游、海河(湖)旅游、研学旅游，以及红色旅游、古镇古村落旅游、民宿旅游、考古遗址旅游等彰显浙江优势的文化旅游业态，按照"吃住行游购娱、商养学闲情奇"要素，规划景区景点建设，使广大游客"高兴来，吃得好，住下来，愿花钱，意未尽"。再者，在"线"上下功夫。不仅打造"珍珠"，更要"串珠成链"，通过线路打造，突出文化主题塑造旅游品牌，推动特质资源要素聚集，促进区域间关联文化合成、优势互补。启动100条跨区域精品线路打造计划。二是积极推进文化资源转化为旅游产品。实施文化品牌闪亮工程，做好良渚古城遗址保护利用。完善考古遗址公园体系，争创国家考古遗址公园1—2家，省级考古遗址公园10家，打造精品考古旅游线路。实施"千年古城"复兴计划。实施文化场馆景区化计划，启动打造博物馆、美术馆4A级景区不少于10个；推进"非遗＋旅游""非遗＋产业"融合，通过抓设计推进文创产品生产质量，接续评选推广100项"浙江省优秀非遗旅游商品"，丰富市场供给。在推进旅游演艺上迈出步伐。推进音乐港、音乐城、音乐小镇建设，推动"最忆是杭州""印象普陀""印象山哈""醉美太湖"等旅游演艺项目办强办热闹。三是实施景区品质提升行动。推进"文化润景、四化五名、满意100%"工程，强化文化赋能、数字赋能，以A级景区检查复评为手段，试行以"亩产论英雄"建立评价制度，助推景区(点)向品牌化专业化方向发展，促进千万级景区培育有力有效。全年争创5A级景区1家，国家级旅游度假区2家，4A级景区10家。四是推进千亿投资工程。树立"项目为王"观念，搭建线性工程工作平台，加强重大项目攻坚服务，保障投资要素，加快项目落实落地。围绕浙东唐诗之路、钱塘江诗路、瓯江山水诗路、大运河文化带(文化公园)、生态海岸带、十大海岛公园、十大名山公园、之江文化中心等省委、省政府中心工作，加强千万级核心景区谋划招商引资建设，储备1批、开工1批、施工1批、竣工1批。全年文化和旅游总投资超过2万亿元以上，实际完成投资超过1500亿元。

(三)力推强主体扩内需，力促产业转型升级

稳企业增动能，扩内需促消费，强化数字赋能、科技赋能，实现文化和旅游产业增加值增速不低于全省生产总值增速，力争均达到8%左右。一是加强市场主体培育。实施文化和旅游企业梯度培育计划，研究制定《推动文化和旅游产业"凤凰行动""雄鹰行动""雏鹰行动"三年行动计划(2020—2022年)》，加大对龙头示范企业支持力度，启动培育1000家成长型文旅企业。大力

推介遴选优秀文化和旅游企业（含项目）申报国家系列扶持项目。加快高等级饭店和旅行社培育，评定浙江省"品质饭店"50家、4星级以上酒店5—8家、特色文化主题饭店20家、绿色旅游饭店20家、3星及以上品质旅行社30家。实施产业链协同创新工程，构筑产业链上下游企业共同体。二是加强产业平台建设。完成构建文旅产业投融资服务平台，加强供需见面，打通融资渠道。以突出协同创新，完善上下游企业链接，以打造产业集群为重点，提升能级，推进平台建设。重点推进10个省级文化产业示范基地创建，其中：申报创建国家级文化产业示范园区不少于1个。新增10个以上省级工业旅游示范基地、20个以上运动休闲旅游示范基地、10个以上省级中医药文化养生示范基地、2—3个省级乡村旅游产业集聚区。启动打造10个非遗体验集聚区、10个夜间文旅消费集聚区、5个乡村民宿发展集聚区、2个数字文旅产业集群等特色文化产业集聚区。加大对日韩等传统旅游市场的拓展，培育印度、尼泊尔等新兴市场，实施亚洲旅游促进计划，探索设立入境旅游奖励基金，提振入境旅游。三是激发文化和旅游消费潜力。出台《关于进一步加快激发文化和旅游消费潜力的实施意见》。加强消费平台建设，开展省级文化和旅游消费试点城市创建工作，其中：杭州、宁波创建国家级示范城市。加强市场推广，全力打造"浙里好玩"公共服务和推广平台，省地联合，形象宣传和产品推广结合，传统和新兴媒体统筹，线上和线下同步，实现

精准推介；高质量办好2020年中国义乌文化和旅游产品交易博览会、国际海岛旅游大会、中国国际网络文化博览会、第四届世界乡村旅游大会，积极参加2020年中国旅游商品大会、长三角文购会、金秋购物节等节会；举办浙江省文旅消费季、"浙江文旅嘉年华"等活动。推动"诗画浙江·百县千碗"进景区、进饭店、进院校、进机关食堂、进高速服务区等"五进"计划；建设3—5个"百县千碗"美食特色小镇、15个文旅美食园或美食商业街、200个特色美食店，每个县（市、区）要有当地"10碗"美食体验店。"文化搭台、旅游唱戏"，鼓励以歌星演唱、国际音乐比赛、支持马拉松比赛等为牵引，把人气带起来，带动旅游兴起来。推动邮轮旅游，提高国际旅游144小时过境免签、入境旅游购物退税政策覆盖面。深入实施放心消费行动。加强导游、讲解员队伍建设。推出和培育一批文旅IP，形成消费品牌。

（四）力推公共服务标准化，力促工作效能整体提升

不断完善服务体系，加大公共服务产品供给，优化资源配置，全面提升效能。一是推进公共文化和旅游服务标准化。全面实现基本公共文化服务标准化，组织对"十百千"项目跟踪管理，提高标准化工作水平。制订《关于高质量推进新时代公共文化服务体系建设的实施意见》，推进标准化水平迭代升级。完成第四批全国公共文化服务示范区（项目）验收，推广示范区（项目）经验，扩大创建成果。超额完成《浙江省旅游厕所建设管理三年行动计划（2018—2020年）》，新建旅游厕

所1100家，建立等级旅游厕所退出机制，提升旅游厕所的建管水平。推动游客服务中心等旅游公共服务转型升级。制订关于加强旅游公共服务的实施办法，推动将旅游公共服务纳入政府保障范畴。二是促进服务主体能力提升。组织实施《浙江省公共美术馆设置与服务规范》，修订《浙江省博物馆开放服务规范》，组织开展对博物馆、文化馆、美术馆评估定级工作。加强区域博物馆联盟、图书馆联盟、大运河（浙江段）美术馆联盟建设，继续抓好乡镇综合文化站及县级图书馆、文化馆总分馆制建设，新建农村文化礼堂3000家，积极拓展将公共文化服务机构更好融入新时代文明实践中心的有效途径。制订《关于推进未来社区文化空间建设的实施意见》。积极推进5G网络在各文化馆站、文化礼堂、游客服务中心的覆盖和应用。三是加强文化和旅游公共服务内涵建设。推广"乡村春晚"，鼓励打造新的文化品牌。联动开展关于文化下乡和文化进万家活动，全省送演出1万场、图书100万册、文化走亲500场、讲座展览600场。举办全省音乐新作大赛、群众舞蹈大赛、戏剧小品大赛、"三团三社"成果展演等示范性群众文化活动。大力推广城市书房、信阅服务等模式，推进全民阅读。完善"浙江智慧文化云"，打破时空限制，加大优质数字文化产品供给。在"送"文化的同时，还要立足"种"文化，通过文化基因解码，结合当地特色文化形态，通过培训辅导、师徒传承、乡村游客体验，通过需求拉动提升当地群众传承文化能力，弘扬优秀文化。

（五）力推交流合作，力促全方位多层次宽领域开放新格局构建

聚焦特色品牌，拓展交流渠道，用独具浙江特色的文化语言，讲好浙江故事。一是打造对外交流合作品牌。在义乌、平湖、柯桥、青田等地和高校，设立基地，为国际友人和留学生，提供浙江优秀文化服务。加强与"一带一路"沿线国家旅游战略合作，组织"诗画浙江与世界对话"等一系列重大文化和旅游交流推广活动。围绕"欢乐春节"、中外建交周年庆、中外文化旅游年等重大节点，借助省委、省政府重大出访计划、文化和旅游部重大文旅外事载体，在浙江举办的重大国际性活动等平台，开展交流推广活动。实施浙江文化和旅游"金名片"海外推广工程，打造一批浙江非遗、戏剧、音乐、文创等海外推广精品项目库，固定一批具有浙江特色的传播品牌。借助浙籍华人在外创办的电视台、报纸等媒体，拓展交流推介渠道。推动引导符合条件的社会机构对外开展文化交流合作。推进世界旅游联盟总部建设，充分发挥其互联互通、共享共治的国际旅游平台作用。二是加强与港澳台交流合作。认真完成文化和旅游部"华夏文明·薪火相传"活动，充分发挥展会优势，不断巩固港澳台重点市场；举办第十四届"台湾·浙江文化旅游节"、内地游学联盟大会等活动，深化对港澳台青年工作。三是加快构建完善区域合作平台。从制度、标准、合作、交流4个维度，提炼项目，持续推进长三角高质量一体化协同发展。指导生态绿色一体化发展示范区文化建设和旅游发展。与安徽共同推进杭黄世界级自然生态和文化旅游廊道；加快推动浙皖闽赣国家生态旅游协作区建设；与江苏共同创建环太湖旅游合作区。启动实施杭绍甬、甬舟、嘉湖、衢丽花园城市群文化和旅游一体化行动。

（六）力推治理体系和治理能力现代化建设，力促发展环境全面优化

将"最多跑一次"改革蕴含的理念方法作风，运用到各个方面各个环节，促进文化建设和旅游健康发展。一是进一步推进政府数字化转型。加大"诗画浙江·文化和旅游信息服务平台"扩能推广，实现数据资源100%全共享、网上办事100%全开通。建设风险防范预警一张图，完善文化和旅游行业防范风险预警功能。建立文化和旅游产品与旅游线路数据库，整合市场优质平台，提升游客获取资讯和游览服务便捷度，让游客再"多玩一天"；培育打造"信用游浙江""非遗传承""全域旅游综合治理""刷脸游浙江"等20个文旅应用场景；先行培育5个省级数字文旅先行区；主动对接长三角一体化文旅信息服务体系，方便广大游客，提升游客满意度。与浙江移动公司签订《浙江省"5G＋文旅"建设战略合作协议》，加快5G赋能，抢占制高点。二是进一步深化文化市场综合执法改革。完成执法队伍、执法服装、执法证件、执法文书、执法车辆及标识的统一。优化流程，规范综合执法行为。建立行政审批、行业管理、执法办案有序衔接的执法体制。完善全省文化市场综合执法工作考核评估细则，以评促建、以评促学、以评促干。全面推广旅游执法与法院、公安、市场监管、法律服务、人民调解协同监管模式，实现"最多跑一地"。加强对桐庐县分水镇等5个乡镇（街道）基层一支队伍管执法试点工作的指导。加强长三角地区文化市场综合行政执法协作。三是进一步加强市场监管。推进"证照分离"改革全覆盖试点在全省推广，精简审批环节，压缩审批时限，推进事中事后监管。完成涉外涉港澳台驻场演出受理窗口下移至各设区市，提高行政审批服务质量和效率。进一步完善第三方体检式暗访机制，建立"发现问题，整改规范，完善制度，提升水平"，以及再发现、再整改、再完善、再提升的闭环管理，并形成全覆盖、常态化。结合开展消防安全、反恐、禁毒、扫黑除恶等行业专项活动，加大对网络文化、网络旅游、演出市场、"不合理低价游"等监管执法力度。着力打造"全省文化和旅游行业信用监管平台"，构建"一网、一平台、三体系（指标、评价、应用体系）"管理新模式。加快推进文化和旅游信用体系建设，以信用评价为抓手，探索建立行业"精准管理"，着力提升文化和旅游市场治理能力。

（七）力推支撑体系建设，力促文化建设和旅游发展保障能力全面提升

贯彻落实新发展理念，加强要素保障，着力打造高能级"四梁八柱"，全力支撑文化和旅游领域质量变革、效率变革、动力变革。一是坚持改革促发展。推进"最多跑一次"改革向公共服务领域延伸扩面，重点做好全省图书馆和旅游景区服务优化提升。加快推进文旅融合改革，召开全省文

旅融合发展大会,出台《关于推进文化和旅游高质量融合发展的实施意见》。争取成为首批全国文化和旅游融合创新发展先行区,遴选25个省级文旅融合改革试点县(市、区)先行先试。持续深化体制机制改革,完成全省美术馆、博物馆等公共文化机构法人治理结构改革任务。推行建立省、市(县、区)共建机制,打破条块分割,启动培育100张文旅"金名片"项目实施工程。接续做好文物区域评估工作,保障工业标准地实现"净地"供应。推进省地联合开展文艺精品创作,有序下沉艺术节、艺术比赛举办主体和举办地。实施与浙江大学、浙江理工大学、浙江音乐学院等高等院校开展"文教结合、院团合作"协议,努力提高文博单位、艺术院团办馆办团水平。巩固事业单位改革成果,推动出台关于深化国有文艺院团改革的实施办法并抓好落实。实施融资畅通工程,主动切入温州金融综合改革、台州小微金融改革、宁波普惠金融改革等试点,推广宁波国家文化与金融合作示范区经验,探索建立旅游消费贷款制度。启动三门湾湾区旅游区域发展模式改革试点。探索推进乡(镇)文化站、农村文化礼堂社会化运营的路径和模式,充分发挥社团组织在文化和旅游领域治理的作用。以数字化助力厅属事业单位财务集中交叉会审制度。二是坚持标准提升促发展。树立以标准化推进高质量发展理念,推进浙江省标准化战略重大试点项目,力争出台全国第一个县域文旅融合指导性标准。制订10项文化和旅游行业标准,其中:《旅游民宿的基本要

求与评价》《公共图书馆中心馆-总分馆服务体系建设与服务通则》《城市书房服务规范》等3项力争上升为国家标准。制订《关于推进基层综合性文化中心社会化运营的实施意见》,推进乡镇(街道)文化站、农村文化礼堂效能提升。指导湖州市、嘉善县成功创建全国旅游标准化示范城市(县)。推进长三角文旅标准一体化工作,推动成立长三角文旅标准化联盟,共同制定、统一发布一批长三角通用的地方标准。三是坚持人才培育促发展。打造高能级人才发展平台,设立20家大师工作室。发挥浙江音乐学院、浙江旅游职业学院、浙江艺术职业学院人才"蓄水池"作用,力争引进5名左右"高精尖缺"紧缺人才。继续实施"浙江省文旅创新团队""浙江省文旅优秀专家"培育项目。接续实施舞台艺术"1111"人才计划,组建导师团和专家库,实施"一人一策"培养机制,培养40名左右名编名导名角名匠。重视旅游拔尖人才培育。继续实施"新松计划""新鼎计划",培育中青年艺术骨干人才。推进大中小学一体化特殊艺术人才培育体系建设,培养"未来艺术家"。重视文物干部人才队伍建设。四是坚持以法治促发展。推进文旅立法,建立《浙江省"十四五"时期文旅领域立法调研项目库》,配合省人大常委会出台《浙江省大运河世界文化遗产保护条例》,做好《浙江省文化产业促进条例》(立法)、《浙江省非物质文化遗产保护条例》(修订)等前期调研。强化依法行政,迎接公共文化服务保障法执法检查,开展全省文化和旅游市场行政许可效

能检查。发挥图书馆、文化馆、美术馆、A级旅游景区等阵地优势,创作一批法治文艺作品,加强法治文化建设。五是强化政策保障作用。完善统计制度,探索建立文旅融合发展评价指标体系和办法,晾晒擂台,比学赶超。研究建立博物馆美术馆等建设A级景区激励机制。争取出台文旅土地政策,将旅游、文化遗产作为国土空间规划体系中专项规划单独编制,推广实施"点状供地"政策。以未来社区公共文化建设为抓手,提高城市公共文化品质。推动旅游公共设施及公共服务项目纳入财政保障。出台《浙江省省级非物质文化遗产代表性传承人管理办法》。完善省文化和旅游厅科研制度建设,助推文旅科研和创作工作。

同志们,当前,我们站在高水平全面建成小康社会、庆祝建党100周年的重要历史方位,浙江发展也将指向新的时代坐标、开启全面建设社会主义现代化强省新征程。完成2020年工作目标任务,责任重大,使命光荣,我们还要再把握好以下几点:

第一,加强政治建设。要坚定不移坚持党对文化和旅游工作的全面领导,持续深化"不忘初心、牢记使命"主题教育成果,使其成为永恒课题、终身课题,增强"四个意识"、坚定"四个自信"、做到"两个维护"。全面贯彻《中国共产党宣传工作条例》及我省实施办法,落实系统意识形态工作责任制"一岗双责",切实把意识形态工作放在心上、扛在肩上、抓住手上;以艺术、旅游为载体,把习近平新时代中国特色社会主义思想传播出去、弘扬开来,使服务

对象入心入脑,固化成自觉的意识和行动。今年将开展落实主体责任专项述职试点,要制订意识形态工作计划,明确工作任务清单,把责任传递到每个部门每个岗位,抓细抓实抓出成效。要坚守阵地,有力有效开展舆论斗争,以互联网为重点,建好"瞭望哨",第一时间发现问题,分析研判,加强防控。强化用大概率思维应对小概率事件意识,健全负面舆情处置机制,把问题解决在萌芽状态初始阶段。建强文旅网军。全面加强系统党的组织建设,以提升党组织的组织力为重点,夯实党建工作基础。持续以"1+10+N"工作体系推进作风建设和廉政建设,强化纪律意识和规矩意识教育,力戒形式主义、官僚主义,持续推进"慵懒散慢"整治,构建"说一件干一件成一件"的良好氛围。

第二,深化"三服务"活动。以深化"三服务"开路,转变作风,真正让企业轻装上阵、让群众收获满满、让基层活力迸发。用脚步丈量大地;带着感情去,带着政策去,带着方式方法去,以问题为导向,以100张"金名片"为重点,以效果为目标,能解决的马上解决,不能解决的想办法解决。坚持一企一策、一事一议,建立全面的问题清单和精准的落实清单,加强对接协调,强化跟踪问效,确保把"三服务"成果转化为治理成效。

第三,重视"十四五"规划编制。"十四五"规划是全力推动高质量发展、开启全面建设社会主义现代化强省新征程的第一个五年规划。以"十四五"规划为牵引,优化本地本部门工作顶层设计。要加强统筹安排,认真研究"十四五"规划重点内容,研究谋划重大改革、重大平台、重大项目、重大政策,深化改革创新,加强要素保障,以一流规划引领"十四五"文化和旅游高质量高水平发展。

第四,强化任务落实。"一分部署,九分落实。"我们要立足新起点,适应新常态,推动新发展。要进一步强化责任意识、统筹意识、执行意识、效率意识和成果意识,集中心思抓落实、倾注精力抓落实,创新方法抓落实。我们要明确工作清单,制订时间表路线图,盯住不放,一抓到底,切切实实把省委、省政府关于文化和旅游工作的重大决策部署落到实处,用落实的力量提升发展的质量、靠落实的力度增进发展的加速度。

同志们,号角已经吹响,征途就在脚下。只有奋斗才是书写历史的最好方式,让我们高举习近平新时代中国特色社会主义思想伟大旗帜,只争朝夕、不负韶华,为新时代"文化浙江"和"诗画浙江"建设续写新的篇章!

2020 年省级文化和旅游系统干部大会暨党建工作会议

【概况】 3 月 13 日,2020 年省级文化和旅游系统干部大会暨党建工作会议在浙江图书馆召开。厅党组书记、厅长褚子育出席并讲话。厅党组成员、副厅长、一级巡视员许澎主持会议。厅领导柳河、杨建武参加会议。

会上,首先对 2019 年度考核被评定为"优秀"的单位、处室、工作专班和个人进行了表彰与颁奖。浙江艺术职业学院等 6 家单位获得 2019 年度考核"优秀"单位;严洪明等 4 位同志获得 2019 年度考核"优秀"等次党政主要负责人;厅办公室等 6 个处室(专班)获得厅局机关"优秀"处室、"优秀"工作专班。胡朝东等 16 名同志获得 2019 年度考核"优秀"等次公务员。

会议总结回顾了自新冠肺炎疫情发生以来,全省文化和旅游系统全体干部职工众志成城,变压力为动力、化危为机,在全面阻断疫情扩散渠道、统筹抓好疫情防控和复工复产、妥善应对矛盾和纠纷、积极开展线上文旅服务等方面的工作成效,为打赢这场"战疫"贡献文化和旅游力量。

会议全面总结了 2019 年省级文化和旅游系统取得的工作成绩。2019 年省级文化和旅游系统深入贯彻落实省委、省政府和厅党组的决策部署,深入开展"不忘初心、牢记使命"主题教育活动,紧紧围绕"1＋3＋10"目标任务,认真履职尽责,奋力实干担当,勇于开拓创新,圆满完成了各项目标任务,全省文化和旅游事业迈上新台阶,在6个方面取得重大成效:一是争先晋位成绩斐然,良渚古城遗址成功申遗,各项文化和旅游发展指标持续走在全国前列,全系统获得国家级、省级各类奖项、项目、称号达173个,6项工作名列"全国第一"。二是文旅融合开局顺利,机构职能融合顺利完成,产业融合快速推进,市场融合高效落地。三是事业产业全面繁荣,文艺事业、传统文化保护利用、对外合作交流、文旅产业发展势头良好。2019年文化产业增加值增长10％,预计旅游产业增加值增长8％。四是公共服务举措有力,大力实施公共服务标准化工程,服务水平不断提升,文化惠民活动不断丰富。五是改革创新不断深化,体制机制改革、

政府数字化转型、区域协作取得新进展、新突破、新成效。六是自身建设成效显著,党建工作、人才建设全面加强、不断深化。

会议从5个方面全面部署了2020年省级文化和旅游系统的重点工作。一是在推进文旅融合上谋良策,要加快推进"十四五"规划编制,将文旅资源优势转化为发展优势,统筹推进文旅深度融合。二是在打好"十三五"规划收官战上下功夫,补齐公共文化服务、艺术事业发展、入境游市场、优秀人才不足等短板。三是在落实省委、省政府中心工作上见成效,着力推进浙江优秀传统文化传承发展,深化文物保护利用改革,推进基本公共文化服务均等化、国家全域旅游示范省建设和双万亿产业转型升级,构建对外合作交流新格局,围绕重要节庆和重大活动组织好文旅活动。四是在推进治理体系和治理

能力现代化上求突破,推进"最多跑一次""最多跑一地"改革,并持续深化、纵深推进、保障改革。五是在加强系统党建和宣传工作上提水平,加强系统党建和宣传工作质量,推进党风廉政建设和反腐斗争。

会议强调,2020年是高水平全面建成小康社会与"十三五"规划收官之年,也是促进文化和旅游高质量融合发展,为开启现代化建设新征程打好基础的关键之年。全系统要从紧盯目标、强化担当、创新思路、保证安全等4个方面狠抓落实,为新起点上全面加强"文化浙江""诗画浙江"建设提供有力的组织保障。

省文化和旅游厅、省文物局机关全体工作人员,厅属单位领导班子成员近220人参加了本次会议。

(省文化和旅游厅人事处、
厅直属机关党委)

在 2020 年省级文化和旅游系统干部大会暨党建工作会议上的讲话

省文化和旅游厅党组书记、厅长　褚子育

(2020 年 3 月 13 日)

今年,我们经历了一个既难忘又不平凡的春节。全省文化和旅游系统全体干部职工,在新冠肺炎疫情这场中华人民共和国成立以来在我国发生的传播速度最快、感染范围最广、防控难度最大的重大突发公共卫生事件面前,众志成城,变压力为动力、化危为机,为打赢这场"战疫"贡献了自

己的力量。一是全面阻断疫情扩散渠道。第一时间成立疫情防控领导小组,召开新冠肺炎疫情防控工作会议,高标准落实"一级响应"。暂时关闭所有图书馆、博物馆、美术馆、非遗馆、剧场、音乐厅等公共文化场馆7589家;暂停所有网吧4974家、娱乐场所4090家、A级景区821家营业;停止一

切公众聚集的文化和旅游活动7572场、文艺表演2531场、营业性演出2667场;中止所有赴武汉地区的旅游和出境团组的出行,为全省实现"存量防扩散、增量防输入"做出积极贡献。二是统筹抓好疫情防控和复工复产工作。随着疫情趋稳向好,积极响应省委、省政府的号召,坚持"两手硬、

两战赢"。一方面根据"一图一码一指数",指导各地各单位精准施策。派出11个工作组,一级抓一级,层层抓落实,推动疫情防控履职到位。另一方面抢抓复工复产,除了列入政府"负面清单"的企业、单位之外,能复尽复、应复尽复。下发《关于做好文化和旅游企业复工和疫情防控工作的通知》《关于全力支持文化和旅游企业战胜疫情稳定发展的通知》等9个文件,指导省旅游协会率先发布旅游景区有序开放工作指南60条,指导各地用好用足国家和浙江省防控疫情有关支持政策,推动复工复产受控。3月10日,在安吉召开全省文化和旅游重大项目集中开工仪式。截至3月11日,全省星级饭店复工率94.43%,A级景区80.23%,旅游等级民宿72.82%,旅行社57%,文化和旅游项目77.6%。三是妥善应对矛盾和纠纷。暂停出境旅游涉及旅行社171家,团数9198个,游客数15.4万人,目的地国家(地区)近70个,实收团费9.4亿元。为妥善解决矛盾和纠纷,把问题解决在萌芽状态初始阶段,及时派出调研组分赴实地排摸情况、加强与文化和旅游部沟通联系、出台处理指导意见,建立省、市联动处理机制,按"摸底、研判、止损、退付、应对、清零"6环节实行闭环管理,细化量化工作,指导各地制订方案、帮助企业止损、完善应急预案、加强舆情监测等工作。截至3月11日,累计完成合同变更或合同解除游客数81080人,完成率52.7%。四是积极开展线上文旅服务。充分发挥系统优势,创作歌曲《为了相见在春天》等主题文艺作品300

余部(个);开展"抗击疫情——文艺轻骑兵'云'行动",创作25部优秀舞台艺术作品,网络总点击量突破100万次。省文物局整合全省文博机构数字展览资源,推出150个线上展览。省文化馆与17家文化馆联合开展9场乡村春晚云端春节展播,观看总人数达464.45万人次。浙江图书馆推出"无边界数字资源服务",数字资源访问量达350余万次,较往年同比增长约2.2倍。省文化和旅游宣传推广信息中心推出"云游浙江""心游浙江""近游浙江"行动。难能可贵的是,系统全体干部积极响应号召,主动作为,不等不靠,完善应急预案,加强信息沟通和值班值守工作;隔离在家的同志和老干部也积极发挥作用,主动参与到防疫工作中来;还有部分干部职工,热心服务,充分发挥个人渠道,切实保障防控物资有效供应。党员同志在危机面前,冲锋在前,充分彰显了共产党员的优秀品格。

今天,在这里召开系统干部会议,一是为了肯定近一段时期取得的新冠肺炎防疫工作成绩;二是为了全面回顾总结过去一年的工作,表彰奖励先进集体和先进个人,安排部署新年度党建和各项业务工作,以此动员和号召全体干部迅速进入工作状态,确保2020年工作目标的圆满实现;三是对年度厅班子考核做动员。刚才,我们表彰了一批2019年度表现突出的先进单位和先进个人,在此,我代表厅党组,向刚刚受到表彰的先进集体和先进个人表示热烈的祝贺!希望你们在新的一年里再接再厉、再创佳绩,也希望其他单位部门和同志向先进

看齐,拉高标杆,争先晋位,共同推动"文化浙江""诗画浙江"建设迈上新台阶。根据会议安排,下面,我讲3点意见:

一、真抓实干、开拓创新,回顾过去一年,文化建设和旅游发展成效明显

一年来,省级文化和旅游系统深入贯彻落实省委、省政府和厅党组的决策部署,深入开展"不忘初心、牢记使命"主题教育活动,紧紧围绕"1+3+10"目标任务,认真履职尽责,奋力实干担当,勇于开拓创新。良渚古城遗址被正式列入《世界遗产名录》。全省文化建设和旅游发展迈上新的台阶。

(一)捷报频传,争先晋位成绩斐然

全系统获得国家级、省级各类奖项、项目、称号达173个。从全国排位数据上看,全国首批国家全域旅游示范区、全国第一批乡村旅游重点村名录入围数、全国特色旅游商品大赛金牌数和奖牌数、新评定特色文化主题饭店数量、入选文化和旅游部剧本扶持项目和全国非遗优秀实践案例数量等6项名列全国第一,国家艺术基金资助项目数和国家5A级景区总数等2项名列全国第二。从开创性成果上看,据统计有"9个首次、3个率先",包括:省文物局成功完成良渚古城遗址申遗,使其首次被世界承认实证中华文明5000年古遗址;厅资源开发处成功争取我省列入首批全国文化和旅游资源普查试点省;厅产业发展处争取宁波首获国家文化与金融合作示范区两家单位之一;厅非物质文化遗产处争取海洋渔文化(象山)入选全国首批国

家级文化生态保护区;厅市场管理处率先出台省级《品质饭店评价规范》地方标准,等等。从对标争先成绩上看,数字化专班实现"最多跑一次"改革实现承诺期限大幅压缩、网上办事全面实现、掌上办事全国领跑的目标任务。浙江美术馆2个美术展览项目获文化和旅游部优秀展览项目;良渚博物院、省博物馆的2个展览分获第十六届全国博物馆十大陈列展览精品奖和优胜奖。中国丝绸博物馆获评2019年全国最具创新力博物馆;省文物考古所良渚团队入选2019年度"最美浙江人·浙江骄傲";省文物局争取了50处文保单位入选第八批全国重点文物保护单位,总数晋位全国第四。歌剧《呦呦鹿鸣》获中宣部第十五届"五个一工程"奖,省文化馆选送的小品《父与子》荣获第十八届全国群星奖。浙江小百花越剧团小生演员蔡浙飞获中国戏剧梅花奖。从工作质量上看,"文化和旅游融合发展标准化试点项目"被列入省标准化战略重大试点项目。承担3项国家标准研究制订,12项标准经立项列为省地方标准。厅艺术处指导全省共创排大型舞台艺术作品52部,入选国家级各类奖项及扶持项目13部。厅资源开发处指导实施全省在建旅游项目2634个,总投资1.7万亿元,实际完成投资1705亿元。厅科技与教育处服务浙江音乐学院2个专业入选国家级一流本科专业,浙江旅游职业学院、浙江艺术职业学院双双入选国家"双高"职业院校行列。

(二)蹄急步稳,文旅融合开局顺利

一是机构职能融合顺利完成。厅人事处在厅党组领导下,按照"三定"方案,顺利完成处室调整、职能优化,以及超编职数的消化,确保厅局机关按新体制新机制运行。二是产业融合快速推进。厅政策法规处牵头深入开展文化和旅游高质量融合发展调研。厅改革办启动文旅融合试验区创建。厅资源开发处积极组织开展文化和旅游资源普查,摸清家底,省市联合、启动打造"金名片"82张。省文物局文物保护与考古处推进良渚古城、上山文化、河姆渡等考古遗址公园建设和古镇、古街、风情小镇、古村落建设。厅产业发展处出台《关于加快推进文旅融合IP工程建设的实施意见》,目前全省已注册的IP超300个。厅艺术处拟订《关于促进旅游演艺发展的指导意见》,指导培育一批特色鲜明的主题文化旅游景区景点、民宿等。非物质文化遗产处发布首批100项非遗旅游商品,命名第五批省级非遗旅游景区共50个。基建专班有序推进省之江文化中心等重大文旅项目建设。省文物局博物馆与社会文物处推进文化文物单位文创产品开发试点。三是市场融合高效落地。持续深化文旅市场领域"放管服"改革。市场管理处深入推广应用"全国旅游监管服务平台"。厅执法指导监督处及时建立完善问题发现机制,组织体检式暗访,开展对全省高星级饭店、景区暗访检查工作,处理有问题景区100家,处理率12.4%。严厉打击"不合理低价游",深入整治互联网上网服务营业场所,加强演出票务等新兴领域监管,打造放心消费的市场环境。全年举办各类推介活动350场。

(三)齐头并进,事业产业全面繁荣

一是文艺事业欣欣向荣。厅艺术处牵头,圆满完成中华人民共和国成立70周年大型音乐舞蹈史诗晚会等大型演出任务。抓好重大题材建设,推出14个2019年度全省舞台艺术创作重点题材,命名"文艺创作采风基地"10个、越剧之乡10个,评定美丽乡村美育村(社区)试点单位94个。浙江京昆艺术中心创作的京剧《生如夏花》、浙江交响乐团的原创交响乐《祖国畅想曲》等一批新创重点剧目先后亮相。二是传统文化保护利用卓有成效。"富民强省十大行动计划"专班积极推进"传承发展浙江优秀传统文化行动计划"等十大行动计划文化和旅游项目的实施,完成项目总投资25%。省文物局文物保护与考古处组织实施考古发掘项目69项,考古调查勘探项目72项。坚守文物安全底线,省文物局文物安全与督查处督办12起文物违法案件,查处4起文保单位火灾事故。浙江自然博物院确保安吉馆顺利建成并正式对外开放。省文物鉴定站加强文物进出境、文物拍卖标的等工作。非遗保护工作由数量规模型向质量效益型转变,出台并实施传统戏剧发展"五个一"计划,组织开展曲艺保护系列活动。省非遗中心加快推进非遗数据库建设,成功举办第十一届浙江·中国非物质文化遗产博览会(杭州工艺周),推进国际化品牌建设。三是对外合作交流形势喜人。厅对外合作交流处牵头全年实施对外和对港澳台交流项目1746起,12823人次直接参与交流。借助国家"16+

1"合作机制开展交流互动,持续加强国际丝绸之路研究联盟、中国-中东欧国家音乐院校联盟等交流载体建设。重点围绕"欢乐春节"、中俄建交70周年等6个节点,精心筹划组织推介活动41场。中国丝绸博物馆牵头启动12国"世界丝绸互动地图"科技合作。四是文旅产业发展势头良好。2019年文化产业增加值增长10%;预计旅游产业增加值增长8%。厅资源开发处高质量推进国家全域旅游示范省建设,认定第二批省级全域旅游示范县(市、区)12家,国家级、省级示范县(市、区)覆盖率达到41.1%;认定A级景区村庄3034家、A级景区镇135家、A级景区城19家;厅乡村旅游专班牵头评定我省第三批旅游风情小镇培育创建单位31家。厅产业发展处与杭州银行、中国农业银行分别签订战略合作协议,累计投放贷款600多亿元;推动成立全国首家文旅支行——农行杭州文旅支行。积极推进之江文化产业带、大运河文化带(浙江)数字文化产业发展。出台《"诗画浙江·百县千碗"三年行动计划(2019—2021年)》,注册LOGO,遴选各地1088道菜,逐步打造浙江消费"金名片"。

(四)共建共享,公共服务举措有力

一是大力实施公共服务标准化工程。厅公共服务处有序推进基本公共文化服务标准化建设,9个重点县、107个重点乡镇和1228个村全部完成公共文化服务建设提升任务,87个县(市、区)通过标准化认定,占总量的97.8%。二是加快提升服务水平。加强乡镇

综合文化站建设。全年新建农村文化礼堂3282家,印发《农村文化礼堂管理与服务规范》,推动有条件的农村文化礼堂赋能旅游公共服务。新建改建旅游厕所1935座,完成率123.3%;实现厕所百度上线。评定"浙江省文化强镇"30个、"浙江省文化示范村(社区)"94个。省文化和旅游宣传推广信息中心推出"一张卡"体验"诗画浙江",上线景区酒店78家、博物馆20余家。三是积极开展文化惠民活动。组织送文艺演出下乡2.49万场次,送书下乡345.22万册,送讲座、送展览15042场,组织"文化走亲"活动2045场次。浙江图书馆推出"信阅"全省通借通还业务,成为国内首家线上借书通达全国范围的公共图书馆。

(五)激发活力,改革创新不断深化

一是体制机制改革取得新突破。厅执法指导监督处积极推进文化综合执法改革,完成执法队伍统一组建,厘清部门监管与统一执法关系。厅人事处、改革办牵头,基本完成厅属事业单位减少40%改革任务;按省政府统一要求,牵头推动浙江新远集团、浙江省古建筑设计研究院整体划转工作;完成浙江小百花越剧院、浙江京昆艺术中心内部管理体制改革,组建成立浙江演艺集团。原省文化艺术研究院、原省文化和旅游信息中心、宣传推广中心、浙江新远集团、浙江省古建筑设计研究院等单位讲政治、顾大局,主动做好人员分流等工作,确保改革平稳过渡、圆满顺利。厅财务处科学编制预算,提高预算执行率,被省财政厅评为先进集体;探

索建立厅属事业单位财务集中交叉会审制度,有效防范和控制财务风险。厅科技与教育处深化人才培育模式改革,推动浙江音乐学院开展"3+4"中本一体化,浙江旅游职业学院、浙江艺术职业学院开展"3+2"5年一贯制艺术人才培养,推动厅属艺术高校就人才培养开展校校、校团合作。建立与高水平大学合作机制,与浙江大学、浙江理工大学、中国计量大学等签订战略合作协议。探索产学研合作机制,指导帮助厅属单位提高办团办馆水平。二是政府数字化转型取得新进展。数字化工作专班完成"诗画浙江·文化和旅游信息服务平台"项目全功能上线和省、市、县贯通。完善"浙里好玩"文旅公共服务,建立文旅资源导航导览一张图,覆盖全省景区导游导览341家。全面对接"浙里办""浙政钉"等省级平台,实现年服务人次达2000万。依托"浙里办"建设"文化和旅游服务专区",构建了文化市场执法、文旅产业发展等5个掌上服务功能模块。三是区域协作取得新成效。签订3省1市文化和旅游合作协议、浙皖闽赣国家生态旅游协作区4省合作协议。启动谋划推进环太湖、杭黄世界级生态和文化旅游廊道等升级合作项目,以及杭绍甬、甬舟、嘉湖、衢丽花园城市群文化和旅游一体化行动。

(六)固本强基,自身建设成效显著

党建工作全面加强。直属机关党委认真组织开展"不忘初心、牢记使命"主题教育活动并高质量完成,提振了系统全体党员干部干事创业、担当作为的精气神,

强化了宗旨意识和为民情怀,推动了改革发展稳定各项工作。把党建工作作为统领,深入学习贯彻习近平新时代中国特色社会主义思想,认真落实管党治党主体责任和监督责任。坚决落实意识形态工作责任制,强化各类文化阵地管理,坚决守牢意识形态安全底线;组建系统网评员队伍,并多次在全省宣传系统实战演练中取得第 1 名。落实系统"1＋10＋N"党风廉政建设制度体系,排查廉政风险点 489 个,制定防控措施 572 条。办公室牵头汇总实施"三服务"活动 192 次,办结问题 205 个。人才建设全面提升。人才工作专班牵头抓好人才工作,认真开展文化和旅游领域领军人物培育遴选,深入实施青年艺术人才培养"新松计划";加快推进浙江省舞台艺术"1111"(名编、名导、名角、名匠)人才计划,有 5 人入选文化和旅游部"名家传戏""名家传曲"人才库;新引入 3 名高层次艺术创作人才;谋划"未来艺术家计划"。省文物局综合处积极抓好文博人才"新鼎计划"实施,保证培养质量。

回顾过去的一年,成绩来之不易。这归功于原省文化厅和原省旅游局历届领导班子与离退休老同志接续奋斗打下的坚实基础;归功于省级文化和旅游系统干部职工上下同欲开拓进取而付出的努力。厅办公室抓好统筹协调和综合服务,为厅机关厅属单位全年目标任务顺利完成付出了艰辛和努力。在此,我代表厅党组向大家,并通过大家向全体干部职工和背后默默支持奉献的职工家属表示衷心的感谢!

二、不忘初心、砥砺前行,以崭新的姿态推动文化和旅游高质量融合发展再上新台阶

2020 年,是高水平全面建成小康社会和"十三五"规划收官之年,既是决胜年也是攻坚年,也是促进文化和旅游高质量融合发展,为开启现代化建设新征程打好基础的关键之年。全省文化和旅游工作的指导思想与具体任务已经确定,我们在全省局长会议上做了全面部署,年度工作要点分工也已下发,今年,又是受新冠肺炎疫情影响的一年,我们要根据省委、省政府统一部署,统筹抓好疫情防控和文化建设旅游发展各项工作,这无疑是一场"大战""大考"。在这个特殊的年份,一定要加强党的领导,发挥党统揽全局协调各方的作用,各级党组织全体党员干部不忘初心、牢记使命,务必冲锋在前,务必苦干实干,务必夙夜在公,以我们艰苦努力和辛勤的汗水去夺取新的胜利。

(一)在推进文旅融合上谋良策

首先,加快推进"十四五"规划编制。"十四五"时期我省将处在文化和旅游融合发展的黄金机遇期,同时也是文化和旅游高质量发展的关键期。面对充满重大战略机遇和诸多严峻挑战的转型时代,必须强化前瞻意识和忧患意识,高标准谋划"十四五"规划,一方面从需求侧发力,激发需求潜力;另一方面从供给侧发力,提升供给质量,努力实现供求平衡,推进文化和旅游迈向更高水平。其次,加快推进将文旅资源优势转化为发展优势。着力抓好文化基因解码。解答好"什么是文化、文化是什么"的问题,围绕优秀传

统文化、革命文化、社会主义先进文化,从文化形态入手,挖掘、研究、阐释优质文化元素,抓住关键价值点,解码"文化基因"。利用全国文化和旅游资源普查工作试点,抓住契机,在摸清底数的基础上,加强项目谋划和建设,提升文旅融合水平。再者,先行先试,统筹推进文旅深度融合。加快推进文旅融合改革,适时召开全省文旅融合发展大会,出台《关于推进文化和旅游高质量融合发展的实施意见》。争取成为首批全国文化和旅游产业融合发展示范区,率先培育 26 个省级文化和旅游产业融合发展示范区。力争出台全国第一个县域文旅融合指导性标准。研究制定《浙江省文旅融合 IP 发展综合评价办法》,培育创建 100 个左右文旅融合 IP,以此牵动文旅融合。加大文旅融合产品供给,完善考古遗址公园体系,打造精品考古旅游线路,实施文化场馆景区化计划,启动打造博物馆、美术馆 4A 级景区不少于 10 个;推进"非遗＋旅游""非遗＋产业"融合。在推进旅游演艺上迈出步伐。推进音乐港、音乐城、音乐小镇建设,推动旅游演艺项目办强办热闹。

(二)在打好"十三五"规划收官战上下功夫

一是要补齐公共文化服务的短板。指导和督促各地加快推进公共文化设施建设,抓好"十百千"工程扫尾项目,确保实现"市有五馆""县有四馆"。大力培育社会化专业化基层公共文化服务组织,形成社会力量广泛参与的按市场化模式运作的公共文化服务机制。破解公共文化产品供给不足,供需匹配度不高难题,全面

提高服务精准度和效率,加强城市公共文化服务体系建设,着力抓好城市书房、城市文化驿站、城市文化街景、未来社区公共文化空间建设。二是要补齐艺术事业发展的短板。加强高质量艺术作品创作,实施浙江省舞台艺术创作重点题材扶持计划和浙江省当代舞台艺术精品创作扶持工程,面向全省每年选拔一批优秀现实题材文艺作品予以扶持。深化省地协同创作机制,推动地方出题材、资金,省属院团出创作、表演的省地合作模式。探索艺术创作与市场接轨工作机制,下决心提升文艺院团发展动力能力。坚持均衡化发展,形成"百花齐放"的良好局面,下决心发展听觉艺术,补上短板。三是要补齐入境游市场的短板。加大在重点入境客源国和地区的市场营销力度,实现精准营销。提升旅游饭店和景区服务国际化水平,增强接待能力。在杭州、宁波实施144小时过境免签政策的基础上,尽快提高国际旅游144小时过境免签政策覆盖率。推动实施境外旅客购物离境退税政策;推出全球名品、一线高端品牌购物的旅游专线;争取增设省内口岸免税店,服务境外旅客购物现场"即买即退"等便利化退税。创新开发文化创意产品和特色旅游商品。加强山地游、滨湖游、海洋游、文化游等浙江味道新产品的有效供给,增强吸引力。虽然目前市场复苏尚待时日,但体系要补起来。四是要补齐优秀人才不足的短板。构建拔尖人才、骨干人才、未来人才培养体系,分层分类施策。狠抓艺术人才"1111"人才计划,加大名编、名导、名角、艺术名匠培育力度,加快补上拔尖人才短板;提高"新松计划""新鼎计划"质量,加快中青年骨干人才培育;依托浙江音乐学院、浙江旅游职业学院、浙江艺术职业学院,优化人才培育模式,加快未来人才培育,确保文旅事业基业长青。

(三)在落实省委、省政府中心工作上见成效

一是着力推进浙江优秀传统文化传承发展。完成107个传统文化项目总投资的50%。深化文物保护利用改革,争创国家文物保护利用示范区。着力打造浙江省重大文化标识,高标准建设之江文化中心等文化地标,继续做好西湖、大运河、良渚古城等世界文化遗产的保护、研究和利用工程。出台《关于浙江省省级文化生态保护区建设的意见》,打造10个省级文化生态保护区。积极推进千年古城复兴行动。二是着力推进基本公共服务均等化。高质量实现基本公共文化服务标准化目标;在此基础上,研究新一轮公共文化服务标准,推进城镇和乡村均衡发展,形成"滚雪球"效应。要认真迎接全国人大《中华人民共和国公共文化服务保障法》执法检查。在超额完成《浙江省旅游厕所建设管理三年行动计划(2018—2020年)》,新建旅游厕所1100家基础上,着手研究制订旅游公共服务标准,系统提升旅游公共服务能力。三是着力推进国家全域旅游示范省建设。实现国家、省级全域旅游示范区覆盖率达到60%以上。坚持"一手抓创建,一手抓提升",建立省级全域旅游示范县跟踪评估机制,设立A、B、C 3档,优胜劣汰。按照时时可旅游,处处是风景,行行"旅游+",人人都参与和享有理念,继续实施"百千万"工程,积极培育景区城、景区镇、景区村,认真规划,建出特色。围绕"四条诗路"、生态海岸带、十大海岛公园、十大名山公园等省委、省政府中心工作,加强打造千万级核心景区谋划和项目招商引资工作,谋划一批,储备一批,开工一批,施工一批,竣工一批。全年文化和旅游总投资超2万亿元以上,实际完成投资超2000亿元。四是着力推进双万亿产业转型升级。实现文化和旅游产业增加值增速不低于全省生产总值增速,力争均达到8%左右。大力扶持培育市场主体,实施文化和旅游企业梯度培育计划;加快高等级饭店和旅行社培育;实施产业链协同创新工程,构筑产业链上下游企业共同体。推动产业平台提能升级,完成构建文旅产业投融资服务平台,打通融资渠道;以打造产业集群为重点,启动打造10个非遗体验集聚区、10个夜间文旅消费集聚区、5个乡村民宿发展集聚区、2个数字文旅产业集群等特色文化产业集聚区。有效激发消费潜力,出台《关于进一步加快激发文化和旅游消费潜力的实施意见》;开展省级文化和旅游消费试点城市创建工作,其中创建国家级示范城市2个;加强市场推广,全力打造"浙里好玩"公共服务和推广平台,实现精准推介和服务。五是着力构建对外合作交流新格局。重点围绕"一带一路"倡议和对港澳台,加大交流合作力度。在高校和义乌、平湖、柯桥、青田等地,完成交流基地布局,为国际友人和留学生,提供浙江优秀文化服务。实施浙江文化

和旅游"金名片"海外推广工程。借助浙籍华人在国外创办的电视台、报纸等媒体,拓展交流推介渠道。六是着力围绕重要节庆和重大活动组织好文旅活动。重点筹划好庆祝中国共产党成立100周年大型文艺创作,认真组织好浙江省庆祝中国人民抗日战争暨世界反法西斯战争胜利75周年及省委、省政府、省政协等重要文艺演出。实施"三个地"文艺精品创优工程,加大文艺精品创作力度,孵化一批新的省地合作文艺项目。

（四）在推进治理体系和治理能力现代化上求突破

一是以政府数字化转型为抓手推进"最多跑一次"改革。全省推广和迭代升级"诗画浙江·文化和旅游信息服务平台"。实现数据资源100%全共享、网上办事100%全开通。在巩固提升这一成果基础上,按照"整体、智治"理念,构建治理新体系。所谓整体:通过跨部门数据共享、流程再造和业务协同,使服务方式从"碎片化"转变为一体化;所谓"智治",就是建立基于大数据的智慧化治理。要更好地运用云计算、大数据、物联网、人工智能等数字技术,加快形成即时感知、科学决策、主动服务、高效运行、智能监管的新型治理形态。重点要在"掌上办事"、"掌上办公"、场景化的多业务协同应用、公共数据开放和应用,以及相应制度体系的构建方面取得新突破。二是以优化治理体系为抓手推进"最多跑一地"改革。进一步深化文化市场综合执法改革,完成执法队伍、执法服装、执法证件、执法文书、执法车辆及标识的统一;优化流

程,规范综合执法行为。推进"证照分离"改革全覆盖试点在全省推广,精简审批环节,压缩审批时限,推进事中事后监管。建立行政审批、行业管理、执法办案有序衔接的闭环管理体制。全面推广旅游执法与法院、公安、市场监管、法律服务、人民调解协同监管模式,实现"最多跑一地"。三是以提升治理能力为抓手持续深化改革。抓发展靠改革。推进改革需要治理能力支撑。对个人的能力要求,习近平总书记提出"八种本领"要求,我们要不断努力不断提高。对单位,我们要提上重要议事日程。一般来讲要从3个维度去发力,首先是班子领导力,其次是体制机制,即活力,再者是人才。领导是核心,一个单位也好一个部门也好,头带不好,就会死气沉沉,就会一盘散沙,就会碌碌无为。新时代,要学会集合各方面的智慧和资源,用以指导实践,不断提升认识和解决问题能力。一是确定正确目标。选择合适目标是领导力的体现。二是抓纲举目。围绕目标,计划好重大改革、重大项目、重大平台、重大政策。三是体系推进。就是平常经常讲的指标体系、工作体系、政策体系、评价体系,细化量化"做什么""谁来做""怎么做""怎样才算做好"。四是闭环管理。每个板块的工作都要按照逻辑关系,加强衔接,有始有终。在上述4点的基础上,再通过基层的最佳实践、迭代深化、政策激励等,不断提升水平。四是以完善区域协作为抓手纵深推进改革。加快构建区域合作平台,围绕制度、标准、合作、协同、项目建设等,持续推进长三角高质量一体化协同发展。在推

进杭黄世界级自然生态和文化旅游廊道、浙皖闽赣国家生态旅游协作区建设、创建环太湖旅游合作区上,落实主体,力争有实质性进展。认真完成东西部协作扶贫、对口支援、对口合作和省内山海协作对口帮扶任务,为高质量完成脱贫攻坚做出贡献。推进杭绍甬、嘉湖、甬舟、衢丽花园城市群文化和旅游一体化行动。五是以强化制度供给为抓手保障改革。完善统计制度,探索建立文旅融合发展评价指标体系和办法,晾晒擂台,比学赶超。研究建立博物馆美术馆等建设A级景区激励机制。争取出台文旅土地政策,推广实施"点状供地"政策。接续做好文物区域评估工作,保障工业标准地实现"净地"供应。实施融资畅通工程,打通金融进入文旅小微企业堵点难点,探索建立旅游消费贷款制度。

（五）在加强系统党建和宣传工作质量上提水平

一是切实加强党建工作。以习近平新时代中国特色社会主义思想为指引,作为文旅干部,以学通弄懂习近平总书记关于文化和旅游工作的重要论述为己任,切实增强"四个意识"、坚定"四个自信",做到"两个维护"。深入贯彻《中共中央关于加强党的政治建设的意见》及我省若干措施,将"不忘初心、牢记使命"作为加强党的建设的永恒课题和全体党员干部的终身课题常抓不懈,做一名信仰坚定、为民服务、勤政务实、清正廉洁、敢于担当的合格干部。深入学习贯彻《中国共产党党组工作条例》《中国共产党党和国家机关基层组织工作条例》,以提升党组织的组织力为重点,继

续推进"六强六规范"支部建设工作,全面加强系统党的组织建设。夯实党建工作基础,在"大战""大考"中充分发挥党组织的堡垒作用和党员的先锋作用。二是坚定不移做好新时代文旅系统的宣传工作。要把学习贯彻《中国共产党宣传工作条例》作为重要政治任务,统一思想认识,明确目标任务,落实主体责任,进一步提升宣传思想工作科学化、制度化、规范化水平。要在建设强大凝聚力、引领力的社会主义意识形态上彰显文旅担当。聚焦优秀传统文化、革命文化、社会主义先进文化建设,结合本职工作,全面落实"一岗双责",将意识形态工作任务落实到每个部门、每个岗位、每一位干部;在推进文旅融合、课程思政、文艺创作等日常工作中,加强传播手段和话语方式创新,在文化滋养和旅游体验中,以"春风化雨"的方式潜移默化地弘扬社会主义核心价值观和浙江"三个地"精神,为"立心""立魂"做出文旅人应有的贡献。加强文旅系统网评员队伍建设,以网络阵地为重点,坚决守好文化阵地意识形态安全。三是深入推进党风廉政建设和反腐败斗争。系统各级领导干部要按照"一岗双责"的要求,既抓廉政建设,又抓党风作风,既要抓好廉洁纪律,又要抓好政治纪律、干部纪律、工作纪律、群众纪律、生活纪律,做到业务工作管到哪里,党风廉政建设就深入到哪里。以完善系统"1+10+N"党风廉政建设制度体系为抓手,从严从细、抓常抓长,力戒形式主义、官僚主义。开展清廉机关建设、模范机关创建工作,打造清廉有为的文旅单位;深入开展"三服务"活动,推动"大学习、大调研、大抓落实"活动常态化。以数字化助力厅属事业单位财务集中交叉会审制度,做到防微杜渐,确保整个系统心齐气顺、风正劲足。

三、强化担当、狠抓落实,为新的起点上全面加强"文化浙江""诗画浙江"建设提供有力的组织保障

道虽迩,不行不至;事虽小,不为不成。社会主义是干出来的,新时代也是干出来的。奋进在新时代,浙江文化建设和旅游发展能否激荡新气象、成就新作为,关键取决于我们是否敢于担当、狠抓落实。2020年的工作任务很重,时间很紧,系统上下务必要把抓落实贯穿各项工作始终,体现到方方面面。

一要紧盯目标抓落实。紧紧围绕全国文化高地、中国最佳旅游目的地、全国文化和旅游融合发展样板地建设目标和年度工作计划分工,结合本单位本部门实际,细化目标任务分解,强化工作举措,一环扣一环抓落实,切实以目标引领推动工作的落实。

二要敢于担当抓落实。系统全体干部职工,特别是在座的各单位和部门负责人,要当战士,不当绅士,把事业放在首位,把任务抓在手上,把责任扛在肩上,等不起坐不住睡不着,面对矛盾敢于迎难而上,面对危机敢于挺身而出,面对失误敢于承担责任。既要摘"鲜活桃子",又要接"烫手山芋",既要严管又要厚爱,既要"暴风骤雨",又要"春风化雨",善于领而导之,整治和改变本单位本部门工作慢吞吞的问题,改变工作推诿扯皮、不负责任的问题,改变工作"一部分人干、一部分人看"的问题,彻底消除没事写匿名信瞎告状影响团结的问题。把全体干部职工的工作积极性调动起来,把合力积聚起来,切实增强战斗意识,保持战斗状态,提升战斗能力,既干活、又出活、出好活。

三要创新思路抓落实。大力破解制约发展的体制机制障碍,让改革激发活力,让创新增添动力。按照"最多跑一次"理念,面对发展中的卡点难点堵点问题,跳出传统思维,对施政理念、机制、工具、手段进行改革甚至重塑性变革,全面提高行政质量和效率。总之,要千方百计动脑筋想办法,敢啃硬骨头、敢涉险滩,奋力把各项工作做实做好做优。

四要保证安全抓落实。"改革""发展""稳定"始终是我们必须要弹好的"三部曲"。要改革要发展,稳定是前提。政治安全和生产安全是我们要坚守的底线,一刻都不能放松。光抓改革发展,不考虑稳定不行,瞻前顾后、不抓改革发展更不行,抓好改革发展又保持稳定大局才是真本事。当前,事业单位的改革,下功夫消化巩固,出境游的遗留问题,要积极稳妥处置好。新冠肺炎防控工作一刻都不能放松。消防安全、市场秩序的稳定接续抓好。各种风险要解决在萌芽状态,在安全稳定问题上守土有责、守土尽责、守土负责。

2020年省级文化和旅游系统党风廉政建设工作会议

【概况】 3月30日,省文化和旅游厅召开2020年省级文化和旅游系统党风廉政建设工作会议。厅党组书记、厅长褚子育作总结报告,回顾总结2019年工作,部署2020年度党风廉政建设工作任务。驻省委宣传部纪检监察组组长俞慧敏出席并讲话。厅党组成员、副厅长、一级巡视员许澎主持会议,厅领导柳河、刁玉泉、叶菁出席会议。

2019年,省级文化和旅游系统在省委宣传部归口领导下,在驻部纪检监察组有力监督指导下,深入学习贯彻习近平新时代中国特色社会主义思想,坚决落实全面从严治党主体责任,深入推进党风廉政建设和反腐败斗争,在政治生态建设、纪律建设、

作风建设、队伍建设等方面取得了新进展,有力保障文化建设和旅游发展,文化和旅游年度各项重点任务如期圆满完成。

褚子育强调,2020年是我省高水平全面建成小康社会和"十三五规划"收官之年,做好2020年省级文化和旅游系统党风廉政建设工作意义重大,责任重大。要提高政治站位,坚决扛起"两个责任";要加强机制建设,努力营造风清气正的政治生态;要强化执纪监督,惩前毖后治病救人,大力推进正风肃纪反腐精准性和有效性,为全省打造全国文化高地、中国最佳旅游目的地、全国文旅融合发展样板地提供坚强保障。

俞慧敏对2019年省级文化和旅游系统党风廉政建设工作表

示肯定,分析了省级文化和旅游系统存在的问题,指出要深入学习全会精神,进一步强化政治意识;要正视面对新情况,进一步强化责任担当;要准确把握新要求,进一步推进创新发展,将不敢腐不能腐不想腐一体推进,切实担负起管党治党的政治责任。

会上,褚子育与厅领导班子成员,厅领导班子成员与分管厅属单位主要负责人代表分别签署了2020年度党风廉政建设责任书。厅直属机关党委委员、厅直属机关纪委委员、厅属各单位党政领导班子成员、单位纪检干部、省文化和旅游厅、省文物局机关全体工作人员等参加会议。

(省文化和旅游厅直属机关党委)

在2020年省级文化和旅游系统党风廉政建设工作会议上的讲话

省文化和旅游厅党组书记、厅长　褚子育

(2020年3月30日)

今天,我们召开省级文化和旅游系统党风廉政建设工作会议,主要任务是贯彻落实省级宣传文化系统党风廉政建设工作会议精神,对2019年省级文化和旅游系统本级党风廉政建设做一总结,对2020年的工作做一部署。新冠肺炎疫情发生以来,省级文

化和旅游系统全体干部职工坚决贯彻省委、省政府的决策部署,众志成城、勇于担当,全力抓好疫情防控战。随着疫情趋稳向好,按照省委、省政府"两手都要硬""两战都要赢"的工作要求,正卯足劲恢复市场促消费抓投资稳经济,紧盯全年目标不放松,统筹抓好

疫情防控和复工复产复市多项工作。在这场突如其来的重大突发公共卫生事件面前,全系统的党员干部职工不忘初心、牢记使命,交出了一份满意的答卷。事实证明,我们的党风廉政建设经受住了考验。

回顾过去一年,省级文化和

旅游系统在省委宣传部归口领导下,在驻部纪检监察组有力监督指导下,深入学习贯彻习近平新时代中国特色社会主义思想,坚决落实全面从严治党主体责任,深入推进党风廉政建设和反腐败斗争,在政治生态建设、纪律建设、作风建设、队伍建设等方面各项工作取得了新进展,有力保障文化建设和旅游发展。良渚古城遗址申遗成功被中央指导组誉为"不忘初心、牢记使命"主题教育活动成功案例,文化和旅游年度各项重点任务如期圆满完成。

一、加强党的政治建设,自觉践行"两个维护"

省级文化和旅游系统坚持把加强党的政治建设放在首位,扎实开展"不忘初心、牢记使命"主题教育活动,切实增强"四个意识"、坚定"四个自信"、做到"两个维护",党员同志党性更加坚定,党组织战斗力更加强劲,推进党风廉政建设思想自觉行动自觉更加有力。

首先,全面加强理论武装。一年来,厅党组开展理论中心组专题学习党的十九届四中全会精神等12次,全年组织对上级党委、纪委有关党风廉政建设和反腐败工作中的决策部署、重要会议精神传达学习20余次。各支部认真组织"三会一课"活动,全面实施"四力"教育实践,全体党员干部职工以习近平新时代中国特色社会主义思想为核心的意识形态更加牢固。

其次,全面严肃党内政治生活。根据中央《关于新形势下党内政治生活的若干准则》,坚持班子成员过好"双重组织生活",坚持对半年度党员领导干部双重组织生活情况进行通报。召开厅党组民主生活会2次,认真开展批评和自我批评,共征求到针对厅党组领导班子意见10个方面36条意见建议,并逐条进行整改。结合《省级文化和旅游系统各单位党组织年度自我评估指标(试行)》,持续开展"六强六规范"党支部建设工作,提高省级文化和旅游系统党建工作水平。

再次,全面加强党规党纪宣传工作。2019年,省级文化和旅游系统分类举办"强化党性修养"培训班5期;组织警示教育月活动,分别召开了省级文化和旅游系统警示教育大会、警示教育月动员暨廉政集体谈话会;组织党员干部集中观看了《以案为鉴警钟长鸣》警示教育片;组织纪检干部21人参加省级宣传文化系统纪检干部业务培训;组织厅局机关副处级以上干部和厅属单位班子成员共100余人集中到省法纪教育基地参观警示教育展;27家单位1900多名党员参加了省级文化和旅游系统党史党务知识竞赛;300多名处级党员干部在庆祝建党98周年暨"铭记初心使命"主题党日活动中重温了入党誓词。通过以上形式多样的活动载体,增强了广大干部职工的政治纪律和规矩意识。

二、进一步夯实从严治党主体责任,制度笼子扎得更紧更牢

坚定不移推进全面从严治党,推动清廉文旅建设,结合省文化厅和省旅游局合并组建浙江省文化和旅游厅实际,印发《关于学习贯彻省委推进清廉浙江建设决定的通知》,构建"1+10+N"工作体系,积极完善党组主抓直管机制,规范权力运行,持之以恒推动清廉思想、清廉制度、清廉规则、清廉纪律、清廉文化融入文化和旅游事业发展全过程。

(一)把支部建到处室上

厅局机关18个党员处长全部担任党支部书记,进一步推动履行"一岗双责",夯实主体责任。

(二)加强财务监管

建立健全了省级文化和旅游系统单位财务集中交叉会审具体办法,对厅属20家单位采取会计集中会审,累计发现各类财务收支问题1081项,并逐条整改,把问题解决在萌芽状态、初始阶段。高度重视重大工程建设领域风险防范工作,建立浙江省之江文化中心建设全过程跟踪审计管理,提前发现工程质量管理、人员管理等6个方面17项具体问题,及时督促厅直属基建项目建设指挥部及时整改完善,堵塞漏洞。完善政府采购招投标试行"黑名单"式管理,平稳有序组织2019年厅本级政府集中采购67项,其中100万元以上项目26个。

(三)加强制度建设

研究出台《浙江省文化和旅游厅机关工作人员外出讲课评审等管理暂行办法》,进一步规范机关工作人员外出讲课、评审等行为。制订《浙江省文化和旅游厅编外聘用人员管理办法》,出台《关于进一步激励广大文旅干部新时代新担当新作为的实施办法》《关于干部担当作为容错免责的实施办法(试行)》,通过完善制度、规范程序、创新机制等举措,进一步激发干部在推进"文化浙江""诗画浙江"建设过程中担当作为的热情。

三、问题整治和风险防控更加扎实,政治生态建设成效明显

根据发现的问题,区分情况,

运用好"四种形态"分类处理,形成党风廉政建设工作闭环。

(一)从"小切口"入手,加强内部管理

组织开展廉政风险点排查工作,共排查出廉政风险点 489 个,制定防控措施 572 条,切实提高省级文化和旅游系统廉政风险防控的针对性和有效性。坚持把违反中央八项规定精神突出问题专项治理工作作为严肃的政治任务来抓,开展重点整治内容排查,特别是对党的十八大以来领导干部收送礼品礼金问题情况进行全面登记。严密组织开展领导干部利用名贵特产类特殊资源谋取私利问题自查工作,共签订领导干部严禁利用名贵特产类资源谋取私利个人承诺书 330 份。对十九届中央纪委三次全会以来领导干部个人出书、讲话汇编情况和领导干部家属经商办企业情况进行了全面自查和纠正。严格对照规范津贴补贴有关文件规定和纪律要求,对 2018 年度全系统(发放项目归属年度)津贴补贴、奖金、福利发放情况进行专项检查。机构改革后,整合原省文化厅和原省旅游局办公场地,严格按照国家公务员办公用房面积标准执行,并实行动态管理。整治领导干部违规参加各类研讨会、论坛和节庆活动,履行好清理和规范庆典研讨会论坛活动工作领导小组职能,严控活动冠名,严格内部审批程序。

(二)突出重点节庆管理,落实"四风"自纠

在重要节日和庆典之前,认真研究部署,抓住关键环节,严格执行中央八项规定和省委贯彻实施细则,实行由厅领导带队、厅局机关各处室赴联系厅属单位开展党建和党风廉政建设督查工作制度,对厅属单位节日期间风清气正情况进行全面明察暗访。广泛开展教育提醒,通过 OA 系统、"钉钉"工作群、廉政短信平台等渠道,转发各类通报、查处的违纪违法案例和廉言纪语提醒短信共 750 条次。针对形式主义、官僚主义新表现和信访举报、监督执纪中发现的"四风"问题先查先办、快查快处,突出在常和长、严和实、深和细上下功夫,共同营造风清气正的良好氛围。

(三)加强对形式主义问题整治,减轻基层负担

省委办公厅、省政府办公厅印发《整治形式主义突出问题切实减轻基层负担的若干意见》后,厅党组研究制定《省文化和旅游厅为基层减负六条举措》。通过大力精简文件会议、严格管理督查考核、统筹评比创建活动、严格控制"一票否决"和责任状签订、推进信息资源共享、完善联系基层制度,全年做到下发基层文件、开到县一级的会议、督查考核事项、评比创建活动各减少 30% 等 20 条具体减负内容,强化以解决问题、服务基层为导向的务实作风,深入落实"基层减负年"要求,推动中央和省委决策部署落地见效。

(四)强化协同配合,实践监督执纪"四种形态"

抓好主体责任和监督责任协同配合机制建设,认真执行纪检监察体制改革的决定,在派驻纪检监察机制两次调整过程中,厅党组都建立起与派驻纪检监察组之间的协调沟通配合机制,主动接受监督和指导,加强工作联动。

高度重视省级文化和旅游系统纪检监察工作人员配备,机构改革后厅机关设置专职厅直属机关纪委书记,配备相关工作人员,实现纪检工作相对独立运行。做到设置党委的厅属单位设置纪委,配备纪委书记;在职职工在 50 人以上的单位配备专职纪检监察委员;其他单位要明确 1 名党员领导班子成员分管纪检监察工作。

过去的一年,我们在党风廉政建设方面取得的进步和成绩,离不开省委宣传部归口领导、驻部纪检监察组的监督指导,离不开系统各级党组织、纪检监察组织和同志们的共同努力,在此,我代表厅党组向省委宣传部、驻部纪检监察组和系统各级党组织、纪检监察组织和同志们表示衷心感谢!

对照新形势下全面从严治党的工作要求,省级文化和旅游系统仍然存在不少的差距与问题:在政治纪律上,有的处室和单位在学习传达贯彻中央、省委有关精神和重大决策部署中存在"慢半拍""浮表面""一知半解"现象;在组织纪律上,有的处室和单位重业务轻党建,党的领导弱化、党建工作虚化、落实主体责任层层递减的现象还没有得到根本性改变;对督查和信访发现问题的整改落实力度上,还存在一定差距,以至于部分问题在多次督查中重复发现;在廉洁纪律上,省级文化和旅游系统并非净土,违法违纪案件尚未杜绝,教训也极为深刻;在群众纪律上,存在着依靠群众、集中"民智"解决文化和旅游发展中的困难不够;在工作纪律上,少数干部职工在工作中还存有惯性思维,创新精神不强,工作主动性不够，精神不振，暮气沉沉，有的甚至敷衍了事，"做一天和尚撞一天钟"；在生活纪律上，有个人私生活被放上网炒作的情况，更有发生违反国家生育政策并欺骗组织和醉酒驾车案件，等等。这些现象和问题，有的事实存在但视而不见，有的已经发生但责任单位藏着掖着，通过"出口转内销"才发现，有的大有的小，有的是"硬"问题有的是"软"问题等等，都需要在今后的工作中逐步加以解决。

2020年，是我省高水平全面建成小康社会和"十三五"规划收官之年，做好2020年省级文化和旅游系统党风廉政建设工作意义重大，责任重大。要以习近平新时代中国特色社会主义思想为指导，深入贯彻落实党的十九大和十九届二中、三中、四中全会精神，按照十九届中央纪委四次全会、省纪委十四届五次全会和省级宣传文化系统党风廉政建设工作会议的部署，切实增强"四个意识"，坚定"四个自信"，做到"两个维护"，坚持稳中求进工作总调，深化全面从严治党，强化思想作风引领，强化对权力运行的制约和监督，一体推进不敢腐不能腐不想腐，大力推进正风肃纪反腐精准性和有效性，助力高水平推进省域文化和旅游治理体系治理能力现代化建设，为全省打造全国文化高地、中国最佳旅游目的地、全国文旅融合发展样板地提供坚强保障。

一、提高政治站位，坚决扛起"两个责任"

坚持党要管党、全面从严治党，是以习近平同志为核心的党中央治国理政的鲜明特征，加强省级文化和旅游系统全面从严治党，是做好党风廉政建设的基本前提。要突出政治引领，坚决贯彻落实《中共中央关于加强党的政治建设的意见》和省委《贯彻落实〈中共中央关于加强党的政治建设的意见〉若干措施》，严明党的政治纪律和政治规矩，筑牢"两个维护"的政治忠诚。

（一）把政治建设高高立起来

要牢记浙江"三个地"的政治责任，推动学习贯彻习近平新时代中国特色社会主义思想往深里走往心里走往实里走。要把做到"两个维护"作为全系统党组织和党员干部最高的政治原则和最大的政治品德，认真践行习近平总书记赋予浙江的新使命新要求新期望，拉高标杆，砥砺奋进，以"干在实处、走在前列、勇立潮头"的实际成效体现到"两个维护"的政治责任和政治担当。系统学习领会贯彻习近平总书记关于文化自信、文化强国、文化软实力、文化事业、文化产业、文物保护等关于文化建设，以及旅游产业、文明旅游、厕所革命、全域旅游、红色旅游等关于旅游发展的系列重要讲话精神，真正做到入心入脑。要认真梳理汇总党的十八大以来习近平总书记对浙江做出的30次重要指示批示，习近平同志主政浙江时的具体指示批示中关于文化建设和旅游发展方面的精神内容，建立指示批示清单、工作清单、存在问题清单、整改落实清单"四张清单"，作为"两个维护"具体行动，盯住不放，一抓到底。抓紧制定2020年意识形态工作要点，分解落实到每个处室和每个单位，把意识形态工作主体责任落实到每一位班子成员和党员干部。把省委、省政府与文化和旅游部2020年改革发展稳定的中心工作中涉及文化和旅游的任务，逐一分解落实，抓细抓好。要对"不忘初心、牢记使命"主题教育明确要整改的问题，以及巡视反馈的问题，要按照整改清单，高质量落实到位；已经完成的，要组织"回头看"，防止边改边犯，做到标本兼治。总之，政治建设要具体化项目化清单化，做到落实落地，落到结果和成效上。

（二）要把主体责任坚决扛起来

认真贯彻中央关于《党委（党组）落实全面从严治党主体责任规定》，省委《关于进一步强化党风廉政建设党委主体责任和纪委监督责任的若干意见》等规定，推动建立省级文化和旅游系统"四责协同"机制，即落实党委（党组）主体责任、党委（党组）书记第一责任、班子成员"一岗双责"、纪委监督责任，并做到"四责协同"，不仅要体现在厅党组层面，各处室党支部、各厅属单位也都要建立"四责协同"。牢固树立抓党风廉政建设是本职，不抓党风廉政建设就是严重失职的理念，坚决落实"一岗双责"，做到守土有责、守土尽责、守土负责，把压力从党组到党委到党总支到党支部一级一级传下去。横向到边，纵向到底，业务工作到哪里，党风廉政建设就到哪里。基层组织主体责任和监督责任虚化弱化问题2020年要花力气解决，书记们都要强起来实起来，在发现问题分析原因的基础上，要目标清晰、措施有力；分管纪检监察工作的班子成员和纪委书记或纪检监察委员要硬起来谏起来。抓住"不发现问题就是最大问题"理念,履行好自己的职责。

(三)要把先锋作用真正树起来

省级文化和旅游系统党支部200个,在职党员比例40%,发挥好党支部"堡垒"作用和党员先锋模范作用,就能形成强大的政治力量。要将"不忘初心、牢记使命"作为党的建设永恒课题和党员的终身课题,2020年要抓出特色和亮点;强化党章党规党纪教育,推进"两学一做"学习教育常态化制度化,做一名合格党员,筑牢党员干部理想信念,自觉担负起举旗帜、聚民心、育新人、兴文化、展形象的使命任务。千方百计促进政治能力提升,深入推进"大学习、大调研、大抓落实""服务企业服务群众服务基层"活动,在实践中、在抓重点工作中、在破解急难险重任务中、在处理棘手问题中,提高辨别是非能力,提高斗争能力,提高分析问题解决问题能力。

二、加强机制建设,努力营造风清气正的政治生态

党风廉政建设,顾名思义就是既抓廉政又抓党风,风气就是生态。"浑水可以摸鱼",风气不好,腐败滋生。腐败是标,生态是本,要标本兼治。不管是厅党组还是基层党组织,都要在"治本"上下功夫,在制度建设上花力气,构建完善"三不"体制机制。绿水青山,才能风清气正。

首先,在强化不敢腐的机制上下功夫。一要坚持无禁区、全覆盖,天罗地网。新的一年,要将非中共人士、合同制人员、劳务派遣人员等,有效运用监察法,加强监督。要重视加强对学会协会、基金会、民非机构的监管。既管廉洁纪律,又要管政治纪律、组织纪律、群众纪律、工作纪律、生活纪律。二要突出重点。对党的十八大以来不收敛不收手,严重阻碍党的路线方针和省委、省政府中心工作贯彻执行、各种"四风"问题要从严从重查处;对在招投标中围标串标、评奖评优评先评标中吃拿卡要等腐败问题严惩不贷;对因失职渎职引发政治问题和重大舆情的毫不手软。三要"以小见大"。除了"大"之外,"小"也要管。"勿以恶小而为之",防止以"小"变"大"。因此,要对上下班迟到早退,提早用餐;对基层同志态度傲慢;工作中扯皮推诿;只讲"问题"不出"答案",只干活不出活等"阴气""湿气"要斤斤计较,要敢于说话,要早出中药方早喝苦汤早解决,否则,时间久了要得大病。

其次,在强化不能腐的机制上下功夫。要把建立工作闭环作为重要方法,加以完善,凡在制订规范性管理制度上,都要完善违规怎么处理的问题,不能"牛栏关猫",有空子可钻。加强对各级"一把手"权力的制约监督,同时,也要防止"小官大腐"的问题。严格落实一把手"五不直接分管"制度;完善任职回避、离任审计制度;要建立干部定期轮岗制度,防止"人情网""关系网"干扰;要创新方式方法,要着手研究契合文旅特点,运用大数据应用到党风廉政建设手段和方法,探索找到新的治理模式和路径。

再者,在强化不想腐的机制上下功夫。充分利用典型案例,深入开展党性教育、思想教育、纪法教育、警示教育。组织干部到廉政教育基地、法庭宣判现场接受警示教育。推进清廉文化建设,在挖掘文化资源基础上,有重点地规划建设清廉文化旅游景点和线路,创作或复排一批清廉文化为主题的舞台艺术作品;举办廉政文化展览、清廉微作品等各类赛事,让广大干部职工在文化体验中筑牢干部拒腐防变的思想道德防线,形成习惯自觉。要努力把厅机关和各单位建设成为干部职工的精神家园,党组织要关心群众、服务群众、依靠群众,积极营造相互团结、相互帮助、相互批评的有温度、有凝聚力的良好环境。氛围好了,正气就会弘扬,战斗力就坚强,正就能压邪。所以,书记们的龙头示范作用非常关键。

三、强化执纪监督,惩前毖后治病救人

执纪监督是党风廉政建设的重要一环,要切实把纪律和规矩挺在前面,强化执纪监督力度和刚性约束,以有效的执纪监督倒逼党风廉政主体责任落实。要用好"签字背书"、述责述廉、约谈问题、责任追究、"一案双查"等手段,坚定维护党的纪律的权威。要切实做到纪律面前人人平等,遵守纪律没有特权,执行纪律没有例外,真正让党员干部坚守底线,不越"红线",不碰"高压线"。

(一)要善于发现问题

畅通发现问题的渠道,深化部门协同,信息共享。深化落实单位财务集中交叉会审制度,在会计信息数字化上迈出步伐,建立发现问题、反馈整改、提升水平,以及再发现、再整改、再提升的工作闭环。加强信访渠道管理,严格执行《关于整治当前信访举报工作中的形式主义官僚主义问题的十条意见》和《浙江省纪检监察干部处理信访举报"十不准"》。认真梳理信访举报件,做到件件有交代、事事有回音。试行巡察制度重心下移,有计划地安排到处室、厅属单位,望闻问切,全面了解掌握情况,做到心中有数。发现了问题,就可以分析原因,就可以有针对性地加以解决。

(二)日常监督和专项监督结合

加强统筹,弹好钢琴,综合施监。日常监督突出"四风",围绕执行中央八项规定及其实施细则精神和我省"36 条"办法,紧盯主要时点、主要人员,对违规收送礼品礼金、电子红包、"烟票",违规吃喝、违规发放津贴补贴或者福利、违规领取评审费劳务费、违规兼职取酬、违规到高档娱乐场所消费等,以及"四风变异"、形式主义、官僚主义等突出问题,实行靶向监督,保持高压态势。专项监督突出省里重点安排和文旅系统特点,2020 年要围绕领导干部违规参与民间借贷行为、房产违规租赁等监督;对重大工程项目继续实行全过程跟踪审计;对少数干部"慵懒散慢"现象要抓作风整治。对每一项监督任务,要分析情况,把握规律,精准施策,确保效果。

(三)运用好"四种形态"

"四种形态"是我党纪检监察制度的创新,意义重大,作用显著。要精准把握好运用好这一利器,让每一名干部严守纪律,远离处分。对干部存在的问题,综合考量问题性质、情节轻重、当事人态度等,做到精准有效。要经常"咬耳扯袖""红脸出汗",做到敢抓敢管、严抓严管,小过即问、小错即纠,及时阻断从前一种形态向后一种形态发展的态势。要严格把握"三个区分开来"要求,保护好作风正派又敢作敢为、锐意进取的干部。

最后,我要强调一下纪检监察干部队伍的建设问题。省级文化和旅游系统纪检监察干部是从严治党的中坚力量。做一名优秀的纪检监察干部不容易,不仅政治素质要过硬、业务能力要强,斗争方式方法要高明,而且要面对误解,自我心理调节能力要特别强。所以,要对自己高标准、严要求、过得硬;加强政治、党建、纪律、法律、财会、金融、计算机等专业方面学习;加强实践磨炼和经验总结,努力做个"万事通",做个"智多星",成为"铁军""主力军"。同时,党组、党委、基层党组织要重视支持纪检监察干部工作,要把优秀的干部优先充实调配到纪检部门,在干部提拔使用时,优先考虑政治过硬、业务能力强、工作敬业负责的同志。要理解支持纪检监察干部,要为他们鼓劲撑腰,做好坚强后盾。

浙江省舞台艺术"1111"人才计划座谈会

【概况】 4 月 8 日,浙江省舞台艺术"1111"人才计划第一次座谈会在杭州举行,省文化和旅游厅党组书记、厅长褚子育,省文化和旅游厅党组成员、副厅长刁玉泉等领导与 36 名培育对象、项目执行工作组代表,就当下舞台艺术人才的需求、"1111"人才计划的培育目标等畅所欲言,共话浙江文化艺术新发展。

褚子育的重要讲话,为"1111"人才计划指明了方向、确定了目标,也对培育对象提出了殷切希望。他指出,浙江省舞台艺术"1111"人才计划是贯彻落实习近平总书记关于人才工作重要论述精神的有力举措,是繁荣浙江文艺事业的迫切要求,是优化浙江舞台艺术人才培养结构的创新之举。他表示,省文化和旅游厅制定了周密的培养方案,具体可以体现在"五个一":一人一导师,坚持名师挂帅;一人一协议,强调精准施策;一人一作品,强化舞台实践;一人一项目,增强研究能力;一人一团队,注重宣传推广。他特别强调,成为培育对象,不仅是一个荣誉,更多的是一份责任、是一种付出,并对培育对象提出了希望:坚持德才兼备,以德为先;聚焦时代脉搏,引领社会风尚;坚持以人民为中心,推出精品佳作;坚守艺术理想,勇攀艺术高峰。党的十八大以来,浙江大地每天都在上演生动的发展新故事,希望大家多创作属于浙江的作品,记录时代精彩,回报浙江观众和人民。

36 名培育对象纷纷表示幸运有之、压力有之、责任有之,要在文艺创作上精益求精,让文艺作品扎根人民,无愧于时代;要用优质作品讲好浙江故事,传播浙江声音、弘扬浙江文化,展现浙江文化的力量,不负使命再铸浙江精神。

(省文化和旅游厅艺术处)

在浙江省舞台艺术"1111"人才计划座谈会上的讲话

省文化和旅游厅党组书记、厅长　褚子育

(2020 年 4 月 8 日)

今天下午我们在这里举行浙江省舞台艺术"1111"人才计划座谈会。首先我代表省文化和旅游厅党组,对入选的 36 位同志表示衷心的祝贺! 刚才,各门类的艺术家代表围绕"1111"人才计划做了很好的发言,提出了自己下一步的努力方向,从各自的角度提了很多很好的意见,我觉得谈得都非常好。浙江艺术职业学院黄杭娟院长代表"1111"人才计划实施办公室做了很好的发言,我都同意。下面我讲 3 点意见,供大家参考。

一、正确认识我省艺术人才工作取得的成绩和存在的不足

浙江自古人杰地灵,文化底蕴丰厚,文艺人才辈出,曾经在全国独树一帜,培养了众多有影响力的舞台艺术名家。一大批巨匠、巨作奠定了浙江文艺在全国举足轻重的地位。艺术的繁荣、文化的发展,人才是关键,人才问题解决得好,就能基业长青,这一点大家都有体会。近年来,省文化和旅游厅对人才工作高度重视,根据省委、省政府的要求,出台了一系列举措,成效较为明显。

(一)成立了浙江音乐学院

浙江音乐学院的成立,弥补了历史上浙江高校布局上的空白。这项举措在全国影响非常大。

(二)进行了体制机制改革

成立了浙江演艺集团,打造我省演艺航母。集团内不同艺术品种之间的相互交叉,将催生新的艺术基因。推进了浙江小百花越剧院、浙江京昆艺术中心内部体制改革,目的就是理顺关系,激发活力,增强创新能力,为人才辈出营造良好的平台和环境。

(三)搭建了人才培养载体

连续 15 年坚持开展青年艺术人才培养"新松计划",累计发现、资助、培养青年创作表演人才 2000 余人次。积极探索大中小学一体化的艺术人才培养机制,浙江艺术职业学院创新开展了"3＋2"5 年一贯制、"3＋4"中本一体化培养模式,有利于生源不断向社会输入,做大艺术人才底盘。浙江音乐学院办学层次不断提高,今年博士生、研究生招生比例超过 10％。浙江艺术职业学院成为全国双高院校。这一系列举措,保证了我省文艺事业的持续繁荣发展。

我省艺术人才培养工作虽取得了一些成绩,但必须清醒地认识到,仍存在不少亟待解决的问题。文艺人才和文艺事业发展与浙江"三个地"的地位和要求相比,还不够适应;领军人才出现断层,中青年领军人才不足;表演人才相对实力较强,编剧、导演、作曲等创作人才薄弱,特别是编剧人才严重短缺等结构性矛盾比较突出,等等。舞台艺术"1111"人才计划的推出,正是省文化和旅游厅审时度势,着眼于文化和旅游事业发展全局推出的一项人才工程,是贯彻中央和省委、省政府关于人才工作战略部署的重要举措,是提高我省文艺事业竞争力和地位的迫切要求,具有十分重要和紧迫的意义。

二、准确把握舞台艺术"1111"人才计划实施的主要内容

在座各位通过资格审查、初审、复审,一层层过关斩将,在全省舞台艺术界脱颖而出,非常不容易。你们都是各自所在艺术领域的佼佼者,但进入舞台艺术"1111"人才计划这个培育平台,不仅仅是一份荣誉,更多的是一份责任,是一份付出。在未来3年的时间里,大家要一起共同努力,将舞台艺术"1111"人才计划打造成为我省人才培养的"金名片",使我省舞台艺术人才培养正式走上科学化、多元化、可持续的发展道路。这次"1111"人才计划,我们制定了周密的培养方案,大家要充分了解这项人才计划的内容,按照厅里每一个阶段的部署,主动作为、积极有为。内容具体体现在"一个目标""两个模块""五个一"培养方案。

（一）理性设定培育目标

如何理性设定目标,非常重要。目标定太高,难以实现;目标定太低,没有动力。所以这个目标要使大家跳起来能摘到桃子。各位的艺术造诣水平不一,有的在省内初出茅庐,有的在省内出类拔萃,有的在国内有一定知名度。如何通过3年培养,加上今后的努力,使自己在原来的基础上提高一大步,成长为具有国内一流、国际有一定影响力的艺术名家,这是实施"1111"人才计划的目的。目标定位至关重要。只有理性地设定目标,清晰地认识自身存在的短板、弱项和差距,才能找准可行的解决措施和正确的培养方式。

（二）科学制定教学计划

"1111"人才计划教学模式为"模块＋个性"。模块化教学由两项内容组成。一项是公共课。主要是认真学通弄懂习近平总书记关于文艺工作的重要论述精神。重点是要解决文艺为谁服务、如何服务的问题。这门公共课,人人都得学,人人都得懂。只有学通了,才能做实。另一项是专业基础课。新时代对艺术家有新的要求,不仅要业务精,专业能力强;还要具备较强的理论功底,要学习新的艺术思想,做到能说会写,甚至在著名的期刊上发表文章,在重要论坛上会演讲。要学习新媒体传播方式,掌握新媒体操作技能,学会运用各种宣传平台进行自我推广,从而强化自身的个性和辨识度,提升自己的大众热度和知名度。"个性"教学,要根据各自基础和专业,按目标定位,实行"一对一"教学和培养。请浙江艺术职业学院根据这一要求制订教学计划,设计好课程安排。

（三）精准实施个性化培养

一人一导师,坚持名师挂帅。组建"1111"人才计划导师团,与培养对象建立"一对一"指导关系。导师要参与培养全过程,积极创造条件让培养对象在创作、表演中的实践中去提升。导师团的组建可以采用统一安排与自主选择相结合的方式。

一人一协议,强调精准施策。省文化和旅游厅将结合个性化目标与需求,与培养对象及所在单位签订"一人一策"培养协议,明确培养目标、年度计划、业绩指标,各自职责及任务,实施精准有效的培养计划,确保培养效果。

一人一作品,强化舞台实践。所在单位每年要为培养对象打造主创（演）作品不少于1部。省文化和旅游厅将积极推荐培养对象参加省级重大艺术创作演出,并探索不同门类培养对象之间的协同实践。我们还将组织培养对象开展大师班、文艺采风、观摩学习等集中业务深造,并举办成果展示活动。我们还为培养对象开辟了绿色通道,培养对象主创（演）的优秀作品参评各类扶持项目、展演项目,不占规定名额,可单列报送。

一人一项目,加强学术研究。鼓励培养对象积极参与艺术基金项目申报、出版专著、申报课题、发表论文等,提升学术研究能力。注重成果转换,为艺术创作表演赋能。省文化和旅游厅将对优秀学术研究项目进行扶持。

一人一团队,注重宣传推广。省文化和旅游厅已与相关媒体合作,制定了培养对象的统一宣传方案。我们将通过报纸、电视、电台、互联网等各类平台,采取新闻发布、个人访谈、短视频等多种宣传方式和手段,多维度、全媒体、创新性进行"线上线下"综合推广。要求培养对象所在单位牵头组建1个专业团队,协同推进培养对象的艺术创作、艺术研究及宣传推广。

鼓励各地各单位在"1111"人才计划的框架下,发挥自身优势,通过体制、机制上的突破,拓宽培养对象的成长途径。制订严格的考核标准,达不到要求的将实行退出机制。我们希望看到,通过3年时间"一人一策"的立体化培养,大家都能顺利通过考核,成为德艺双馨的舞台艺术领军人才。

三、对"1111"人才计划培育对象的几点希望

2020年是我省高水平全面建成小康社会之年,也是为开启现代化建设新征程打好基础的关键之年,你们承担着构筑文化浙江建设四梁八柱的重任。在这里,我提几点希望:

（一）坚持德才兼备,以德为先

文艺工作者是灵魂的工程

师,承担着以文化人、以文育人的职责。文艺要塑造人心,艺术家首先要塑造自己。在座的已经是或者将来是文艺界知名人士,社会影响力不小。大家不仅要在艺术上追求卓越,更要在思想道德修养上追求卓越,要把为人、做事、从艺统一起来,努力做到"为人求正、做事求真、从艺求精"。

(二)聚焦时代脉搏,引领社会风尚

艺术家要成为时代风气的先觉者、先行者、先倡者。艺术可以放飞想象的翅膀,但一定要脚踩坚实的大地。要立足浙江本土,用艺术的笔触描摹浙江人民"干在实处永无止境,走在前列要谋新篇,勇立潮头方显担当"的奋斗精神,特别是党的十八大以后浙江大地发生的火热实践和生动故事,唱响时代主旋律,弘扬社会正能量。从历史上看,我省大凡有影响力的文艺作品,都是立足于浙江文化元素的创作,如《梁山伯与祝英台》《采茶舞曲》等。所以,大家的"根"要深深地扎在浙江这片土地上。

(三)坚持以人民为中心,推出精品佳作

舞台艺术"1111"人才计划成功与否,最终要看是否能创作出一批思想精深、艺术精湛、制作精良的文艺作品。作品是艺术家的立身之本。打造精品力作,要树立以人民为中心的导向,从人民大众的生产生活中发现闪光的智慧、汲取创造的元素。要用脚步丈量浙江的大地,深入生活、潜心创作,与人民群众手拉手、面对面、心贴心,要敢于创新,以全新的艺术发现、艺术表现,增强作品感染力、影响力。

(四)坚守艺术理想,勇攀艺术高峰

要虚心向老艺术家学习,找准风格和定位,并持之以恒地下功夫。要以问题为导向,找到自己的增长点,突出培养自己的竞争力。大家要静下心来,集中精力,不负韶华,通过舞台的不断磨炼使艺术水准日益精进,为自己赢得真才学、为浙江摘回新荣誉、为群众留下好口碑。

同志们,就在几天前,习近平总书记赴浙江考察,对我省的工作提出了殷切希望,希望浙江"努力成为新时代全面展示中国特色社会主义制度优越性的重要窗口",我们要全面贯彻落实习近平总书记的重要指示精神,加快改革和发展步伐。希望在座各位把握难得的历史机遇,干在实处、走在前列、勇立潮头,无愧组织的期望,以"一夫当关万夫莫开"的气魄,成为文化浙江脊梁支撑。

推动全省文化和旅游企业纾困与产业创新发展经验交流会

【概况】　为认真贯彻文化和旅游部"关于帮扶文旅企业纾困推动产业发展经验交流电视电话会议"精神,落实《文化和旅游部办公厅关于推进旅游企业扩大复工复业有关事项的通知》要求,8月1日,浙江省文化和旅游厅在衢州市召开推动全省文化和旅游产业纾困与创新发展经验交流会。浙江省文化和旅游厅党组书记、厅长褚子育,厅党组成员、副厅长王峻,衢州市市长汤飞帆,市委常委、市委宣传部部长钱伟刚,副市长徐利水等领导,全省11个设区市的文化和旅游部门及相关业务处室负责人、部分文旅企业代表、新闻媒体代表等参加了会议。

会议以推动全省文化和旅游产业纾困与创新发展经验为主题,学习借鉴衢州市"政府＋协会＋公司"的文旅抗疫复工新模式,在跨省团队游逐步复苏的形势下,多措并举推动我省"双万亿"产业高质量发展。

褚子育指出,在当前环境下,围绕推动全省文化和旅游企业纾困与产业创新发展,要紧盯企业主体,政企联动保市场稳定。企业是市场稳定和发展的主体,作为文化和旅游业务主管部门,重点要做好服务,全力纾困;作为相关行业协会,关键要当好参谋,抱团取暖;作为文旅企业主体,核心要自立自强,创新发展。还要抢抓发展机遇,全面助力全省经济复苏。要始终坚持疫情防控不放松,并积极研究新常态下发展新需求,努力抢抓未来发展的新机遇。他强调,今年是"十三五"收官之年,也是"十四五"编制之年,要瞄准"三地一窗口"的目标,做好文旅融合之后第一个五年规划,谋划好未来文旅融合高质量发展。

会上,来自11个设区市的文化和旅游部门负责人及阿里巴巴等与会企业就会议主题发言,就后疫情时代文旅产业如何复工复产,如何进一步发挥行业主管部门、行业协会在推进疫后文化和旅游产业扩大复工复业工作中的积极作用发言,分享了创新发展理念。

（省文化和旅游厅产业发展处）

在推动全省文化和旅游企业纾困与产业创新发展经验交流会上的讲话

省文化和旅游厅党组书记、厅长　褚子育

（2020年8月1日）

今天在衢州召开推动全省文化和旅游企业纾困与产业创新发展经验交流会,主要任务是贯彻落实文化和旅游部7月17日会议精神,总结交流疫情期间全省文化和旅游系统推进复工复产复游的经验做法,共同谋划下一阶段工作的思路,部署下一步的工作重点。这既是一次落实文化和旅游部会议精神的座谈会,也是一次总结经验、交流学习的会议,更是一次部署、谋划、引领发展的会议。

刚才8位同志做了很好的经验交流,我都认真听了,受益匪浅。文化和旅游工作面比较广,但是当前摆在我们文化和旅游系统干部面前,最为迫切的是企业的纾困和产业的发展。所以今天这个会议,要聚焦企业的纾困和产业的发展。下周我们还有一次综合性的半年度工作推进会。虽然疫情形势已整体好转,跨省游放开了,但目前景区还有50%流量的控制,演艺场馆还有30%总量的控制,所以说还没有全部放开,还是受控。同时,文化和旅游经济的发展还滞后于总体经济的发展。在省委、省政府正确领导下,我省的半年经济指标实现了"二季红、半年正",GDP已经从负增长变成正增长0.5个百分点,好于全国,领先东部。但当前的消费,省委、省政府在半年工作报告里用了"乏力"这两个字。省领导对我们旅游寄予厚望,旅游不上去,消费上不来。国内大循环主要是一个投资一个消费,投资是可预期的、稳定的,但消费是软的。消费靠什么?要靠旅游。旅游对经济的综合贡献率去年到18.7%,100元的GDP有18.7元是依靠旅游的,因为它对上下游30个左右的产业有带动力。所以我们的压力很大,任务很重。

我这里报告两组数据:一组就是全省旅游抽样调查数据,1—6月份,全省接待游客1.8亿次,同比下降45.7%,旅游收入只有2550亿元,同比下降45.8%。但是,6月份回升得比较快,回升到77%,住宿平均客房的出租率是31.7%,同期下降25%,平均房价280元,同比下降12.3%。旅行社接待国内游客205万人次,同比下降将近75%。

还有一组数据是衢州市的旅游数据。5月份,衢州市旅行社接待国内游客将近13万人次,同比增长15%,而全省同比是下降69%。5月份,衢州市组织游客将近4万人次,同比增长61%,而全省同比下降62%。衢州市实现了疫情以来首次当月同比正增长,也是全省唯一一个旅行社国内游客接待量实现正增长的地区。因此,这个会议一定要放在衢州开,把衢州经验向全省推广学习,我们不但要学习衢州的经验和做法,更要学习衢州危中寻机、不向困难低头的精神。

下面我再讲3点意见:

一、"政协企"三方联动,确保企业稳定

企业是市场稳定和发展的主体,保住了企业就是保住了就业,保住了民生,"六保""六稳"首先保企业。这里有3个层面要求:

第一个层面是作为政府主管部门,重点要做好服务,全力纾困。疫情发生以来,省、市、县3级文化和旅游部门主动作为,深入基层开展"三服务",广泛听取企业困难诉求,认真贯彻落实省委省政府决策部署,推动各类纾

困政策措施落地见效。6月1日，李克强总理在青岛召开的视频座谈会上提出新增两万亿财政资金"直达县市基层、直接惠企利民"，重点帮助小微企业和个体工商户纾困。文化和旅游系统大多数都是中小企业、个体工商户，作为省小微企业和个体工商户纾困专班成员，前期，我们积极争取文化和旅游系统的小微企业和个体工商户享受"两直"补助，第一时间下发通知要求各地主动对接，提前介入，力争最大限度地享受政策红利。根据进度要求，7月底各地都要完成兑现工作，下一步我们还要做好摸底统计，了解当地文旅企业享受政策补助的情况，持续做好纾困解难工作，帮助企业渡过难关，真正做好文旅企业的娘家人。厅消费专班在这个过程中发挥了积极的作用。同时，由省经信委牵头，推广企业码。我们已经取得企业码后台管理员的权责，接下来，就是要把文化和旅游企业单列出来，摸清底数，抓好精准帮扶。

第二个层面是作为相关行业协会，关键要当好参谋，抱团取暖。协会的宗旨是沟通、服务、自律、发展。面对突如其来的疫情，旅行社协会、饭店业协会、民宿业协会等行业协会本着服务为先的意识，努力为全省的文化和旅游企业走出困境、创新发展提供了全方位、立体化的服务。特别是衢州市旅行社协会，走企业化运营的道路，成立股份制实体公司，抱团取暖，形成合力，以资本为纽带，形成新模式。行业强则协会强，协会兴则行业兴。其他协会也要参照衢州市旅行社协会的做法，做"共享联盟"。我之所以称

之为"共享联盟"，就是要实现资源共享，分工合作，共同发展。同时，行业协会要切实发挥好双向传递的作用，积极协调沟通政府与企业、企业与企业之间的关系，紧扣行业发展大局，出点子、想对策、支高招、当参谋。文化和旅游行业面广量大，仅靠行政推动是不行的，发挥行业协会的作用非常重要。文化和旅游系统的行业协会数量不少，关键还是要在发挥作用上下功夫。

第三个层面是文旅企业主体，核心要自强自立，创新发展。疫情对全省文旅企业的影响和冲击巨大，损失惨重，但是广大文旅企业有大局，讲大爱，第一时间落实疫情防控响应，果断关停各类景区景点、酒店、旅行社、文化场馆。疫情进入常态化以后，又第一时间响应政府复工复产复游的号召，顶住压力开门营业。特别是广大企业自立自强，主动创新，谋求发展。事实证明，谁先主动行动，谁就掌握优先发展权。所以广大企业要迎接挑战，提高核心竞争力，努力适应疫情防控常态化的环境。会经营的企业卖瓶水都发财，不会经营的企业开金矿都会倒闭，今天做经验交流的几家企业都实现了逆势增长，值得肯定和学习借鉴。企业主体自身的努力很重要。因此，要政府层面、行业协会层面、企业层面共同努力，确保文旅企业稳下来。

二、坚持"两手硬，两战赢"

在疫情防控常态化情况下，要全力保持文化和旅游产业对经济贡献率不降低。年初确定的工作目标是文化产业和旅游产业均增长8％，要高于全省国民经济增长速度1.5个百分点。当前，

我省GDP已经实现了0.5％的正增长，但受疫情影响，文旅产业的恢复还比较乏力。下半年要后程发力，确保文化和旅游的增加值占GDP的比重不降低。文化和旅游产业是浙江两大"万亿"产业，发挥好文旅产业的作用，有利于全省经济发展的大局。

首先是坚持疫情防控不放松。虽然现在疫情总体稳定了，但是局部反弹的现象还存在，"外防输入内防反弹"的任务还很艰巨。凡是疫情重新反弹的地方，当地的旅游就要受影响。所以疫情防控非常重要，是前提。半年下来，我们已经形成了自己的一套比较成型的防控经验，比如：验码、戴口罩、保持社交距离、消毒通风、分餐制、公勺公筷等措施和要求。这些做法我们要一以贯之地坚持。当前，部分景区的防疫工作有所放松，这很要不得。因此疫情防控不能放松，要严格落实到位。

其次是积极探索疫情常态化条件下，创新投资和激活市场的新方法新模式。关于文旅投资，今年要实现2万亿元总投资规模和2000亿元的实际工作量。我们要按"七个一"工作机制，每月一例会强力推进。今天不赘述。关于文旅消费，通过这次疫情，文旅消费需求呈现新特点：比如高品质的消费需求不断提升，个性化的旅游、体验式的度假、自驾游成为新时尚，预约、错峰、限流成为新要求，直播带货、在线文化消费成为一个新的消费模式。刚才阿里介绍了，网上文旅消费逆势增长，增速较快。我们要结合新形势新特点，顺势而为，助推产业恢复和发展。旅游市场的恢复和激活，就是想方设法把人气聚起

来、把游客吸引过来。邓小平同志曾经说过："黄猫、黑猫，只要捉住老鼠就是好猫。"因此，现在首要的工作就是要把游客吸引到浙江，能把游客吸引到当地旅游的措施和办法都是好办法。市、县（市、区）文化和旅游主管部门，很多都涵盖文化、旅游、广电和体育行政主管部门。可以通过采用"旅游＋"方法，如举办大型体育比赛（马拉松）吸引人气，把奖金设置高一点，吸引几万人来跑，人山人海，然后留在当地"吃住行"；比如明星演唱会，衢州可邀请衢州籍的明星来当地开演唱会，可以吸引粉丝住在衢州。所有这些办法、路径各地都可以采用，文化、旅游、体育、广电相结合，这个路子更宽。文旅消费模式要创新要丰富，主要体现3个方面：一是夜间文旅消费。我们首推温州，下个月在温州还要开现场会。夜游、夜娱、夜读，这些活动各地都可以想办法办起来。二是跨界文旅消费，"旅游＋购物""旅游＋运动""旅游＋农业"等。三是智慧文旅消费。这3个模式是疫情常态化下，各地在探索中兴起的消费新业态。在千方百计激活市场过程中，要坚持"消费者就是上帝"的理念。要做好3件事：一是让游客放心。就是做好防疫工作，不接收中高风险地区的游客，不组团赴中高风险地区旅游，让游客放心。二是要让游客舒心。就是满足游客的新需求，比如说订制游、小包团等等。三是让游客开心。就是预约错峰，不要人山人海，人挤人、烦死人。

再者是强化目标导向。这个目标导向，就是文化和旅游产业增加值占GDP的比例不降低。

要把文化和旅游产业纳入晾晒台。文化产业可以设区市为单位晾晒。目前，文化产业占GDP比例最高的是杭州，达到13％—14％，有的地方比例较低，只有3％—4％，差距很大。旅游产业增加值占GDP的比重可以量化到县（市、区）。目的是促进当地党委、政府真正重视文化和旅游发展。今年是"两山"理念15周年，全国都在实践"两山"理念，就是通过文化和旅游产业把生态优势转变成发展优势。没有文化和旅游产业发展，生态优势怎么转化？转变得好不好就是看文化和旅游产业占GDP的比重。所以现在我们要强化文化和旅游产业占GDP增加值的晾晒。晾晒的目的，是要求各地把产业的工作好好抓起来。如何抓好抓实产业发展？一是抓业态。我们要厘清文旅行业的业态形势，包括数值、竞争力和发展趋势。浙江旅游有浙江旅游的特点，乡村游、高山游、海洋游、滨湖游、文化游等是浙江特点。这些业态怎么样？多少企业在做？多少从业人员？一年营收怎么样？成长型企业有哪些？下一步究竟如何发展？是促进投资，还是控制投资？要下决心弄清楚。二是抓平台。我们搭建的哪些平台和载体对促进文化和旅游产业的发展是有利的？今年推出了23个消费试点城市这个平台，效果如何还有待实践检验。工作就要有抓手，要有有效的平台载体。三是抓主体。就是企业主体，除了市场竞争以外，政府的扶持非常重要。支撑两个万亿产业，不能仅仅依靠个体工商户和小微企业。文旅企业的凤凰在哪里？雄鹰在哪里？雏鹰在

哪里？要有明确的支持对象。当前，文旅企业大多是小微企业，所以我们抓企业主体，就是要积极培育龙头企业。特别是23个试点城市，要抓好企业制度产业制度的科学化、体系化，然后慢慢总结，慢慢提炼，慢慢固化。为了促进产业的发展，今年我们提出的2.5天弹性休假制度争取到了省政府主要领导的重视，袁家军省长上周表态支持各地推行2.5天弹性休假，支持发行旅游券。所以文旅系统要带头。各市要争取当地党委、政府的支持，推动消费券转换成旅游券。100元消费券购买商品只能产生100元的消费，100元旅游券可以带动1000元的消费，发放旅游券有乘数效应。

三、推动转型升级，开创高质量发展的新局面

今年是"十三五"的收官之年，也是"十四五"规划的编制之年，形势和背景发生了明显的变化，下一轮怎么发展？要把这篇文章做好。一是旅游的结构随着疫情常态化发生了变化，同时出入境旅游当前还处于出不去进不来的停滞状态。二是要准确把握现代化背景。明年是建党100周年，今年要全面实现小康，从明年开始就要开启现代化建设的新征程。"十四五"规划要以现代化为特点。什么是现代化？各地各县都要去谋划，各个企业都要谋划。三是建设"重要窗口"。习近平总书记指出，浙江省不但要走在前列，勇立潮头，还要努力成为全面展示中国特色社会制度优越性的重要窗口。社会主义制度优越性"重要窗口"在浙江文化和旅游领域的彰显，就是我们的工作成果要领航或者示范全国，在国际上有影响力，所以

要有世界性、国际性的视野。大家要埋头苦干，抓紧谋划。

一是要在调查研究上下功夫。昨天省委宣传部召开的务虚会提出，全省宣传文化系统要打造5个窗口、11个标志性成果，这里面囊括了整个文化和旅游行业。会上传递了今年中央要召开旅游业发展大会的信息。接下来省里也要马上召开旅游发展大会，主要是谋划"十四五"和今后一个时期旅游发展的指导思想、目标、任务、举措。各地要带着课题调研，通过调研发现当前存在的困难和问题，切实找准发展的堵点和痛点。坚持问题导向，广泛听取行业专家、企业负责人、基层群众的意见建议，提出有针对性的政策、措施作为参考，力争形成一批具有指导性的调研成果。为编制好"十四五"规划、开好全省旅游业发展大会打好基础。

二是要在提高核心竞争力上下功夫。一个地区，一个企业，核心竞争力在哪里？这一点要去重点思考和谋划。破题的方法就是谋划文旅融合的文章。同样一个主题公园，同样一个景区，县与县之间要有区分度，让游客觉得不一样，最重要的就是文化的不同，否则的话就是类同，会导致同质竞争。所以这个方面大家要潜心研究：一方面，要解决思想上的问题。文旅融合要坚持"以文促旅、以旅彰文"总基调，用文化的理念发展旅游，要坚持"寓文于旅、以文促旅"，用文化来提升旅游的内涵，通过文化资源的利用、文化创意的引入，提升旅游的品位，丰富旅游的业态，增强产品的吸引力。另一方面，要用旅游的方式来传播文化，发挥到它的载体作用。

一个要抓项目文化设计。今年文旅项目投资额已经达到1.9万个亿了，年度完成实际投资2000亿的目标。在投资过程中，新的项目谋划有没有进行文化设计？老的景区如何植入文化元素？新的项目如何体现文化内涵？都要重视起来。不是说所有的景区都是文化景区，但是一定是要有文化的景区。第二个要弄清资源的问题。一是人文资源，二是自然资源。在资源普查过程当中，自然资源清晰明显，但人文资源有时就不知所云了。现在全省正在力推的文化基因解码工程，就是要挖掘文化资源，然后再推动文旅融合。利用3年时间完成文化基因解码工程1.0版。现在很多旅游景区，就是利用文化资源无中生有的。比如绍兴柯桥的鲁镇，这个项目就是一个无中生有的项目，200—300亩地，利用鲁迅《阿Q正传》开发建设，现在是人山人海。上个月我到慈溪的杭州湾新区调研，宁波方特东方神画开发了5000亩的主题公园，就讲文化的故事。所以有文化就有项目。第三是要解决行动上的融合。按照"宜融则融、能融则融"，找到文旅融合的最大公约数。如果说从工业这个角度，核心竞争力是科技，那么服务业的核心竞争就是文化。从地区上讲，特有的区域文化人家没法比，比如衢州的南孔文化、舟山的佛教文化、嘉兴的红色文化就是核心竞争力，所以说谁抓住了这个核心竞争力，谁就能成为"重要窗口"的标志性成果。

三是要在现代化上下功夫。现代化的核心是抓好数字文旅，新一轮的发展当中要更加重视凸

显数字文旅发展。"十四五"要解决全省"一朵云、一张网"的问题。主要实现3个功能：一个功能就是大数据，新时代没有数据说不了话。现在很多领域比如交通、水利的大数据工作远远地走在前面，我们要加紧跟上。第二个是服务功能，就是景区、场馆、民宿等要实行预约制度，方便游客，为游客提供服务。第三个就是政务系统，包括政务运转、政务公开等，政府制订的政策要及时让老百姓知晓。省、市、县3级都要推进，互相分工协同，然后数据集成共享。省厅成立了数字化专班，加快推进数字化政府转型和治理体系现代化建设，地市要齐头并进跟上。文化和旅游发展到现在，迫切需要有这么一个权威的大数据平台。省、市、县3级要协同推进，而不是"村村点火、户户冒烟"。

四是要在高质量发展上下功夫。我国经济已从高速增长阶段转向高质量发展阶段，正处在转变发展方式、优化经济结构、转换增长动力的攻关期。高质量高水平发展是省第十四次党代会提出的要求，下一步怎么来引领，关键要从标准化入手，用标准化来促进水平质量的提升，要打造一批"未来系列"，如未来景区、未来度假区、未来酒店、未来博物馆、未来美术馆、未来非遗馆，做一批以数字赋能、科技赋能、标准赋能、文化赋能的未来的、创新的单位，带动存量提升，推动增量按照新的发展要求进行规划设计。先推出未来1.0版，过5年再推出2.0版，慢慢迭代升级。通过培育一批引领全省乃至全国的市场主体，推动文化和旅游产业可持续发展，真正让浙江成为"重要窗口"。

2020年全省文化和旅游系统半年度工作推进电视电话会议

【概况】 8月5日,省文化和旅游厅召开2020年全省文化和旅游系统半年度工作推进电视电话会议,会议以习近平新时代中国特色社会主义思想为指引,深入学习贯彻十九届四中全会和省委十四届七次全会精神,总结2020年上半年工作,按照疫情防控常态化的新形势,部署下半年重点工作任务,谋划"十四五"规划,推进文旅市场复苏及文旅融合高质量发展。厅党组书记、厅长褚子育主持会议并做讲话,厅领导许澎、柳河、杨建武、刁玉泉、叶菁、王峻、朱海闵作工作部署。各市、县(市、区)文化和旅游部门主要负责人,省文物局副局长,厅属各单位,厅局机关各处室(专班)主要负责人参加会议。

2020年上半年,全省文化和旅游系统按照年初制定的工作要点,全力推进全省文化建设和旅游发展再上新台阶。半年工作呈现3个特点:一是疫情防控和复工复产工作"稳中有序";二是助力全省经济复苏有力有效;三是文化建设和旅游发展"稳中有进"。

会议强调,下半年,全省文化和旅游系统要以习近平新时代中国特色社会主义思想为指引,深入学习贯彻习近平总书记考察浙江重要讲话精神,全面落实省委十四届七次全会的决策部署,按照省委宣传部关于建设"五大窗口""11个标志性成果"要求,以高度的政治自觉坚决扛起"三地一窗口"的使命担当,确保完成年初制订的各项工作任务,统筹推进疫情防控常态化和经济社会发展,全力推进全省文化和旅游事业产业发展再提速,加快形成标志性成果,为建设"重要窗口"贡献力量。

会议指出,要以"计熟事定,举必有功"的战略思维运筹帷幄、总揽全局,树牢"重要窗口"建设的战略思维、"六稳""六保"的大局观念、"十四五"规划的前瞻意识;要以"终日乾乾,与时偕行"的创新精神大刀阔斧、改革攻坚,加快推进"最多跑一次"改革、政府数字化转型及文旅治理体系和治理能力现代化建设进程;要以"功崇惟志,业广惟勤"的奋斗态势强化执行、狠抓落实,聚焦主业、强化任务、落实责任抓落实;要以"覆篑而进,及于万仞"的持之以恒加强党建、夯实根基,加强政治建设,加强领导班子和人才队伍建设,守好意识形态主阵地,抓好党风廉政建设。

会上,湖州、绍兴、舟山等3个设区市文化和旅游部门负责人做了交流发言。

(厅办公室)

在2020年全省文化和旅游半年度工作推进电视电话会议上的讲话

省文化和旅游厅党组书记、厅长　褚子育

(2020年8月5日)

上半年,按照年初制定的工作要点,113项年度工作措施已启动98项,占比86.73%,完成度超过50%以上的41项,占比36.28%,其中5项措施已全部完成,占比4.42%。半年工作,体现了3个特点:

一、疫情防控和复工复产工作"稳中有序"

按照Ⅰ级应急响应要求,关闭所有文化和旅游场所,暂停所有大型文化和旅游活动,实行最大限度管制措施,坚决阻断疫情传播感染。按照"一图一码一指数"要求,率先修订完善文化和旅游场所及活动有序开放 9 个工作指南共 190 条措施,强化疫情防控常态化下"精细化数字化""闭环式"管理,统筹抓好有序复工复产。截至目前,所有文化和旅游场所都允许开放,跨省旅游"机票＋酒店"产品不受限制。

二、助力全省经济复苏有力有效

紧抓"消费"和"投资",为实现"二季红、半年正"做出文旅贡献。一方面,全力以赴促消费。联合省发改委等 10 部门出台激发文化和旅游消费潜力的实施意见;会同省总工会提前启动干部职工疗休养。联动发放浙江文旅"亿元大红包"和 10 亿元消费券,推出"八百八千"("百县千碗"美食游、"百县千景"生态游、"百县千村"乡村游、"百县千宿"安心游、"百县千品"购物游、"百县千节"欢乐游、"百县千馆"文化游、"百县千网"云上游)系列旅游产品;举办"走遍世界,'暑'浙里好玩"推荐会。积极引导直播带货、夜间消费、网上文旅等切合疫情防控常态化下的新兴业态发展。联合金融机构安排 400 亿信贷资金及时纾困文旅企业。另一方面,千方百计增投资。首推文旅项目投资"综合指数",全面实施"四十百千"工程(即"四条诗路"、"十大海岛公园"、百张"金名片"、完成两千亿元年度投资),建立"识别一张图、项目一个库、进度一张表、考核一指数、指挥一平台、工作一机制、一月一例会"的"七个一"工作机制,狠抓文化和旅游投资。上半年,全省累计接待游客 1.8 亿人次,实现旅游总收入 2552 亿元;全省在建文旅项目共 2655 个,总投资 1.94 万亿元,实际完成投资 1257.92 亿元,完成率 62.9%,实现"半年红"。

三、文化建设和旅游发展"稳中求进"

加快文旅融合进度,全面启动文化基因解码工程;遴选"浙江省文旅产业融合试验区"培育名单 26 个,通过 5 家博物馆景观质量初审;出台《浙江省文旅融合IP 发展综合评价办法》;与 11 个市签订厅市文旅"金名片"共建协议;乐清市图书馆等 6 家单位入选文化和旅游部文旅公共机构功能融合试点单位名单。上半年,文化遗产保护利用效能持续提升,文艺精品创作有声有色,公共服务标准化、规范化不断提高,"最多跑一次"改革向旅游景区和公共图书馆延伸,市场监管能力和水平不断优化,全域大美格局持续构建,政府数字化转型加快步伐,文化建设和旅游发展实现提质增效。

7 月 27 日,省委车俊书记在省直单位厅局长交流上做了《为建设"重要窗口"展现省直单位的更大担当独特风采》的重要讲话。他指出,上半年我们遇到的挑战非比寻常,我们肩负的使命非比寻常,我们取得的战果非比寻常。他要求省直单位认真履职,树牢战略思维,科学精准把握形势,增强大局观念,弘扬改革创新精神,压紧压实管党治党责任,建强班子、带好队伍、树立形象。车俊书记的讲话稿会上印发给大家。车俊书记的讲话,既是对省级部门单位要求,也是对各市、县(市、区)的要求,希望大家认真学习领会并积极贯彻落实。

上半年,在疫情的严重冲击下,全省文化和旅游系统全体干部职工,敢于担当、奋勇争先,克服了新冠肺炎带来的巨大影响,取得了不错的成绩。但是,在疫情防控常态化情况下,要全面完成年度工作任务,实现高质量打好"十三五"收官之战,高水平建设"重要窗口",高起点开启"十四五"良好开局,责任重大、任务艰巨。受疫情影响,年度工作完成度未超过 50% 的达 72 项,占比 63.72%,其中未启动的 15 项,占比 13.27%。确保年度工作任务实现"全年红",需要我们时不我待、夙夜在公,加大力度加快速度不折不扣高质量完成年度工作任务。

下半年,全省文化和旅游系统要以习近平新时代中国特色社会主义思想为指引,深入学习贯彻习近平总书记考察浙江重要讲话精神,全面落实省委十四届七次全会的决策部署,按照省委宣传部关于建设"五大窗口""11 个标志性成果"要求,以高度的政治自觉坚决扛起"三地一窗口"的使命担当,确保完成年初制订的各项工作任务,统筹推进疫情防控常态化和经济社会发展,全力推进全省文化和旅游事业产业发展再提速,加快形成标志性成果,为建设"重要窗口"贡献力量。

一、以"计熟事定,举必有功"的战略思维运筹帷幄、总揽全局

车俊书记在 7 月 27 日的讲话中强调,有强烈的方向意识、战略头脑、未来眼光,视野打得开、格局放得大、思路开得阔,那么战略判断就会更精准、努力方向就会更明确、工作谋划就会更科学,建设"重要窗口"的切入点和着力点就会找得更准。这种战略思维和判断体现在 3 个方面:

（一）树牢"重要窗口"建设的战略思维

就是把"窗口"意识、"窗口"标准、"窗口"担当贯穿文化和旅游工作全过程，积极培育和增强"重要窗口"文化自信，推出一批具有国际影响、中国气派、浙江辨识度的文化和旅游标志性成果。构建文化和旅游整体智治体系、弘扬中华优秀传统文化革命文化社会主义先进文化、加快文化和旅游深度融合发展、推进"诗画浙江"全域旅游高水平发展、完善现代文化和旅游公共服务体系、促进"两山"理念文旅转化、加强"世界看浙江"对外交流传播、增强文化和旅游创新活力等8个方面，加快形成特色与优势，为我省"努力成为新时代全面展示中国特色社会主义制度优越性的重要窗口"增添文化底色和旅游魅力。

（二）树牢"六稳""六保"的大局观念

做好"六稳"工作、落实"六保"任务，是实现建设"重要窗口"良好开局的重要前提。首先，要精准防控、帮扶纾困，做好"稳"的文章。健全疫情常态化防控机制，加强文旅场所网络智能监控设施建设；推动各级各类扶持政策落地见效，重点帮助受损企业减税减费减租减息减支；开展春节因疫情影响中止出境游后的"退团退费"攻坚专项行动；会同相关部门推动落实弹性休假制度，鼓励干部职工带薪休假。其次，要化危为机、促进发展，做好"进"的文章。要系统谋划文旅内容创新、业态创新、技术创业和组织形式创新，做好文旅产业化危为机的大文章，力争实现文化和旅游产业增加值增速不低于全省生产总值增速。要创新文旅消费模式，培育夜间消费、跨界文旅消费、智慧文旅消费等新模式。组织跨省旅游推介，加强省际合作，激活国内大循环市场。要狠抓项目投资，确保项目总投资2万亿元，实际完成投资2000亿元。再者，要点线面结合，做好"大美"的文章。要以"全域大景区、全省大花园"为发展目标，以"旅游＋"多产业融合为发展动力，以万村千镇百城景区化、旅游风情小镇建设、高品质景区打造等为抓手，形成"一户一处景、一村一幅画、一镇一天地、一城一风光"的全域旅游大美格局。通过推进"诗画浙江"建设，促进各地增强投资，拉动经济发展。下半年，以县域为单位建立文化和旅游增加值占GDP比重晾晒制度。

（三）树牢"十四五"规划的前瞻意识

"十四五"规划是开启全面建设社会主义现代化新征程、努力成为新时代全面展示中国特色社会主义制度优越性的重要窗口、是疫情常态化背景下编制的第一个五年规划。我们要以新思想、新理念、新方法去谋划和推动。以深化文化和旅游供给侧结构性改革为主线，聚焦高质量发展、竞争力提升、现代化建设，高标准谋划"十四五"规划。要坚持"以文促旅、以旅彰文"，积极探索文化和旅游深度融合的路径、方法和评价办法，把资源优势转化为发展优势，推动文化和旅游高质量融合。

二、以"终日乾乾，与时偕行"的创新精神大刀阔斧、改革攻坚

习近平总书记在主持召开中央全面深化改革委员会第十四次会议时指出，必须发挥好改革的突破和先导作用，依靠改革应对变局、开拓新局。车俊书记在省委十四届七次全体（扩大）会议等历次重要会议上都强调改革创新的问题。

（一）加快推进"最多跑一次"改革

要全面推进"最多跑一次"向公共文化和旅游服务领域提质扩面，抓好旅游景区和公共图书馆的改革试点。全面推广旅游执法与法院、公安、市场监管、法律服务、人民调解协同监管模式，实现"最多跑一地"。指导桐庐县分水镇等5个乡镇（街道）基层一支队伍管执法试点工作的落地见效。

（二）加快推进政府数字化转型

按照"整体智治、唯实惟先"理念，加快"诗画浙江·文化和旅游信息服务平台"迭代和应用。完成省政府下达的"912"工程、政务服务2.0信用体系、"互联网＋监管"、省域空间治理等重点工作，继续实现领跑。

（三）加快推进文旅治理体系和治理能力现代化建设进程

试行分领域以"协同、闭环"构建发展生态链。以文旅大数据为支撑，分旅游、产业、非遗保护、文物保护、艺术发展等领域板块，从顶层设计、项目建设、市场主体培育、运行维护、条件支撑、政策保障等环节，强链补链引链，完善体系，增强可持续发展能力和核心竞争力，再迭代升级，从而形成"整体智治"格局。从构建产业生态链入手，先行先试，率先启动：谋划业态发展思路，推进产业平台建设，服务企业发展，促进市场消费，完成企业赋码，加大数字和

科技赋能力度,完善统计监测机制;落实县(市、区)文化和旅游产业增加值占 GDP 比重不降低的责任;全面落实"证照分离"及各项改革任务,加快文旅信用体系建设,出台行业信用监管办法,打造全省文旅行业信用监管平台2.0版。加快形成现代文化和旅游产业治理体系。

三、以"功崇惟志,业广惟勤"的奋斗态势强化执行、狠抓落实

落实工作是否到位,从根本上决定了能否答好"在常态化疫情防控下如期完成全年目标任务"这道必答题。

(一)聚焦主业抓落实

当前我们最大的主业就是推动文化和旅游高质量融合发展,推进"重要窗口"建设。可考虑设立"重要窗口"建设领航计划,筛选一批全国领先、有世界影响力的"单打冠军"项目,集中攻坚。如瞄准文华奖、梅花奖、"五个一工程"奖的艺术创作,世界文化遗产项目、人类非遗代表作名录、5A级景区、国家级旅游度假区等评选,等等,在合力打造百张"金名片"的基础上,叠加推进,努力彰显标志性成果,落实落细"重要窗口"建设任务。

(二)强化任务抓落实

全力确保年度工作任务高质高效完成,特别是完成度未超过50%的72项年度工作任务,要后半程发力,实现弯道超车,保证"全年红"。

(三)落实责任抓落实

要进一步强化责任意识、统筹意识、执行意识、效率意识和成果意识,集中心思抓落实,倾注精

力抓落实,创新方法抓落实。我们要明确工作清单,制订时间表路线图,盯住不放,一抓到底,切切实实把省委、省政府关于文化和旅游工作的重大决策部署与各项工作任务落到实处。

四、以"覆篑而进,及于万仞"的持之以恒加强党建、夯实根基

全面加快文化建设和旅游发展,关键在于全面落实从严治党责任,把抓好党建作为最大政绩,以党建工作促进各项工作整体提升、全面进步。

(一)"固本培元",加强政治建设

要把政治建设摆在首位,突出对党忠诚教育加强党员干部教育,突出政治素质考核考察加强干部选用,突出政治监督加强党员管理监督,确保把"两个维护"贯穿全过程,构建政治统领的"灵魂"。认真学习贯彻习近平新时代中国特色社会主义思想,以"八八战略"为总纲,突出"三服务",重点谋划推行"堡垒指数""先锋指数",发挥党组织堡垒作用和党员先锋模范作用,传承优秀文化弘扬社会主义核心价值观和浙江精神,围绕省委、省政府中心工作,"既干活又出活",既抓党风又抓廉洁,打造风清气正的良好环境,把政治建设落地落实。

(二)"和衷共济",加强领导班子和人才队伍建设

我们要坚持和完善民主集中制,维护班子团结,规范权力运行,推动党的领导班子决策科学化、民主化、规范化,凝聚事业发展共识,充分发挥领导班子落实党中央和省委、省政府决策部署、

推动各项工作的"指挥部""战斗部"作用。坚持党管人才,将政治标准和政治要求贯穿干部选拔任用全过程,把好领导干部选用的政治关、廉洁关。强化干部人才队伍建设和艺术人才培育,建设一支与文化和旅游高质量融合发展相匹配的干部人才队伍,培育一批想干事,能干事的优秀拔尖人才。

(三)"激浊扬清",守好意识形态主阵地

我们要切实肩负起意识形态领域重要工作部门的主体责任,把意识形态工作落实到每个部门每个单位每个岗位,"一岗双责",同部署同落实同检查。既抓主动有为,利用艺术创演、文化宣传、文旅融合等载体,传播正能量;又守好阵地,牢牢把握意识形态工作领导权主动权。

(四)"立规明矩",抓好党风廉政建设

坚定不移推动清廉文旅建设,按照"1+10+N"工作体系,逐一抓好落实并督导推进。既抓廉政,又抓风气,推动清廉思想、清廉制度、清廉规则、清廉纪律、清廉文化融入文化和旅游事业发展全过程。

同志们,现在已经是八月初了,离 2020 年年终盘点剩下不到5个月了,推进文化建设和旅游发展,圆满完成年度工作计划,时间紧、任务重。希望各位参会代表回去以后,趁热打铁,认真制定任务书和时间表,以更加饱满的精神状态,强化责任,狠抓落实,确保按进度完成各项工作。

全省夜间文化和旅游消费工作推进会

【概况】 8月12日至13日，由浙江省文化和旅游厅、温州市人民政府主办的全省夜间文化和旅游消费工作推进会在温州召开。省文化和旅游厅党组书记、厅长褚子育出席会议并讲话，温州市委副书记、市长姚高员致辞，省发展改革委、省商务厅等省级相关部门应邀参会。会议由省文化和旅游厅党组成员、副厅长王峻主持。

会议指出，夜间文化和旅游消费要从供给侧和需求侧同时发力，提高夜间文旅消费供给能力和质量，丰富夜间文旅消费业态，培育夜间文旅消费新热点，抢滩夜间文旅消费"新蓝海"，加快形成夜间文旅消费新动能，着力提升夜间文旅消费在文旅消费中的贡献度，为我省文旅消费扩容提质打开一片新的天地。要充分认识夜间文化和旅游消费工作的必要性和重要性，准确研判形势、总结经验做法，找准当前制约夜间文化和旅游消费的短板。

会议强调，要持续推进文化和旅游深度融合，以供给侧结构性改革为主线，通过3年努力，在全省创建5个左右国家级夜间文旅消费集聚区、20个左右省级夜间文旅消费集聚区，建设一批以景区景点、文博场馆、特色小镇、商业街区等为依托的各具特色的夜间文旅消费集聚区，打造一批夜间文旅消费放心品牌，推动夜间文旅消费规模持续扩大，使我省夜间文旅经济发展走在全国前列，形成与高质量发展、高品质生活相匹配的夜间文旅消费新体系。

会议提出了下阶段抓好夜间文旅消费工作的目标任务，具体要做到"六重六抓"：一是要重规划，抓谋篇布局。将发展夜间文旅经济纳入本地文化和旅游"十四五"规划，与"千年古城"复兴计划、"四十百千"计划、全域旅游示范创建等中心工作结合起来。二是要重项目，抓设施配套。打造一批与区域商圈发展相融合、具有较强辐射带动功能的夜间文旅消费集聚区，推出一批夜间旅游演艺精品，优化一批夜游景区景点，打造一批具有文旅特色的高品质步行街。三是要重内容，抓业态融合。做深"文旅＋"融合文章，创新推出系列高质量夜间文旅产品。积极发展游船夜游、夜间演艺、城市灯光秀、24小时书店、特色风情街、美食网红店、非遗文创集市等夜间文旅业态，形成"一站式"的夜间文旅消费新体验。四是要重试点，抓示范带动。杭州、宁波2个国家文化消费试点城市要积极争创国家文化和旅游消费示范城市，为其他城市树立标杆，形成示范。23个省级文化和旅游消费试点城市要以高质量的产品和服务为广大群众提供精彩纷呈的文化和旅游"夜宴"。

五是要重特色，抓品牌打造。挖掘地方夜生活传统文化特色，将当地现代艺术创作融入夜间旅游场景中，形成独具风格的夜间文旅消费集聚区；要重视品牌培育和打造，形成一批夜间文旅消费网红打卡地（点），打造一批夜间文旅消费放心品牌。六是要重服务，抓品质提升。推进景区品质提升工程，围绕"预约、限流、错峰"，做好数字化智慧监管，健全行业监管体系，畅通消费者投诉渠道，加快夜游基础设施配套建设，营造良好的夜间场景购物体验。

会议还邀请了中国旅游研究院院长戴斌做了题为《小康旅游夜生活：为什么，做什么？》的专题演讲。会上，杭州、宁波、温州、绍兴柯桥区、西塘古镇、横店影视城、阿里巴巴等7家单位交流了夜间文化和旅游消费工作的经验做法。

全省各设区市、省级文化和旅游消费试点城市及相关县（市、区）文化和旅游部门负责人，省文化和旅游厅相关处室及厅属相关单位负责人90余人参加会议。会议期间，启动了2020温州夜间文旅消费季暨温润之州市集活动。与会代表调研并考察了温州的夜间文化和旅游消费业态，体验了夜游精品线路。

（省文化和旅游厅产业发展处）

在全省夜间文化和旅游消费工作推进会上的讲话

省文化和旅游厅党组书记、厅长　褚子育

（2020 年 8 月 13 日）

今天，我们在温州召开全省夜间文化和旅游消费工作推进会，主要任务是：贯彻落实《国务院办公厅关于进一步激发文化和旅游消费潜力的意见》和省委、省政府《关于完善促进消费体制机制　进一步激发居民消费潜力的实施意见》，以及我厅会同省发展改革委、省财政厅、省商务厅等 10 部门印发的《关于尽快恢复文化和旅游消费市场　进一步激发文化和旅游消费潜力的实施意见》等文件精神，总结交流促进夜间文化和旅游消费的经验做法，聚焦文化和旅游高质量融合发展，深化文化和旅游领域供给侧结构性改革，加快构建我省夜间文化和旅游消费的新业态、新模式、新体系，以高质量的夜间文化和旅游供给，推动我省文化和旅游双万亿产业高质量发展，不断增强人民群众的获得感、幸福感。

昨天晚上，与会代表实地调研考察了温州的夜间文化和旅游消费业态。今年"五一"期间，CCTV-4、CCTV-13 对"瓯江塘河夜游复工"进行了专题报道，宣传了温州的夜游经济。刚才，杭州市、宁波市、温州市、绍兴市柯桥区、嘉善西塘、横店影视城、阿里巴巴等 7 个单位结合各自实际，介绍了促进夜间文化和旅游消费的经验和做法，他们的发言都很好，听后很受启发。

借此机会，我就夜间文化和旅游消费工作谈 4 点意见。

一、充分认识夜间文化和旅游消费工作的必要性和重要性

（一）夜间消费是推动文化和旅游消费扩容升级的必然要求

消费对经济发展起着重要的基础性作用，是推动经济发展的"三驾马车"之一。文化和旅游消费作为新的消费热点，对推动消费升级、优化产业结构、促进经济增长具有十分重要的作用。夜间消费是文化和旅游消费的重要组成部分，蕴藏着巨大的发展潜力和增长空间。研究表明，夜间消费作为推动文化和旅游消费扩容升级的重要途径之一，在未来其规模将呈现爆发式增长。就旅游业而言，18：00—22：00 也是旅游消费的高峰期，随着文化和旅游消费的日益多元、旅游供给的挖潜提质，夜游为旅游产业的持续健康发展提供了新动能，92.4%的游客有过夜游的体验需求，关键在于能否为消费者提供适销对路的优质产品。因此，各地要因势利导，充分利用好这一"黄金 4 小时"，从供给侧和需求侧同时发力，提高夜间文化和旅游消费供给能力和质量，丰富夜间消费业态，培育夜间消费新热点，谋深做实夜间经济这篇大文章，抢滩夜间文化和旅游消费"新蓝海"，做大夜间消费新增量，着力提升夜

间文化和旅游消费在文化和旅游消费中的综合贡献度，为我省文化和旅游消费扩容提质打开一片新的天地。

（二）夜间消费是推动文化和旅游产业高质量发展的持久动力

近年来，夜间消费已被提到一个重要高度予以重视。去年 8 月，国务院办公厅《关于进一步激发文化和旅游消费潜力的意见》指出，要大力发展夜间文化和旅游经济。鼓励有条件的旅游景区在保证安全、避免扰民的情况下开展夜间游览服务。丰富夜间文化演出市场，优化文化和旅游场所的夜间餐饮、购物、演艺等服务，鼓励建设 24 小时书店。意见提出，到 2020 年，建设 200 个以上国家级夜间文化和旅游消费集聚区，夜间文化和旅游消费规模持续扩大。同年，国务院办公厅印发《关于加快发展流通促进商业消费的意见》指出，要活跃夜间商业和假日消费市场，鼓励主要商圈和特色商业街与文化、旅游、休闲等紧密结合，完善交通、安全、场地设施等配套措施。文化和旅游是促进夜间消费的重要领域。当下，促进夜间文化和旅游消费已成为文化和旅游产业转型升级的重要方向，是不断释放强大的消费潜力和培育新的消费动力的一个重要发力点，将为文化和旅游产业高质量发展起到重要

的推动作用。同时,发展夜间文化和旅游经济也是培育城市发展新动能、激发城市活力魅力、繁荣城市经济,提升城市品质和能级,增强城市竞争力和推动城市高质量发展的重要引擎。

(三)夜间文化和旅游消费是满足人民群众美好生活需要的重要内容

随着经济的快速发展,人们对美好生活的需要将更加注重品质的提升和精神的愉悦,文化和旅游产业作为人们喜闻乐见、参与度高的幸福产业,在为人们提供精神生活和品质生活需求方面有着独特作用。发展夜间文旅经济既是政之所向,也是民之所需。文化和旅游部在去年召开的全国文化和旅游消费工作推进会上指出,夜间经济不仅仅是娱乐消遣活动,更是人际交流与文化创造的时间和空间。要顺应人民群众对美好生活的现实需要,发展业态多元、体验丰富的夜间经济,扩展产业发展、居民消费的新时间、新空间,彰显城市品格魅力,增强城市发展活力。相对于白天走马观花式的景区打卡,夜间的文化和旅游活动更有助于游客对当地文化的深度感知和对生活方式的沉浸体验。推动文化和旅游高质量融合发展,提供更加丰富优质的夜间文化和旅游产品,大力发展夜间文化和旅游经济,才能满足大众多元化、个性化、高品质的消费选择,进而满足人们对美好生活的需要。

二、准确研判形势,总结经验做法,找准当前制约夜间文化和旅游消费的短板

从宏观经济形势看,当前,受全球疫情影响,国内消费、投资、出口下滑,就业压力显著加大,企业特别是中小微企业困难凸显,内需市场受到抑制。中央及时提出,要充分发挥我国超大规模市场优势和内需潜力,构建以国内大循环为主体、国内国际双循环相互促进的新发展格局。通过实施扩大内需战略,加快转变经济发展方式,把内生性市场培育盘活起来进而有效拉动内需,这其中一个重要方面,就是要提升大众的消费能级和水平,促进消费快速回补,推动经济发展。就我省而言,今年上半年,全省生产总值为29087亿元,按可比价格计算,同比增长0.5%,经济增长由负转正。但其中社会消费品零售总额119339亿元,同比下降6.3%,省政府提出"要打好提振消费的组合拳,加快促进消费回暖复苏"。这些都表明,促消费已成为当前推动经济发展的第一动力。从我省文化和旅游行业看,新冠疫情给旅游业带来了严重影响,抽样调查数据显示,今年上半年,全省共接待游客1.8亿人次,实现旅游总收入2552.3亿元,同比分别下降45.7%和45.8%;住宿平均客房的出租率31.72%,较上年同期下降24.95%;旅行社接待国内旅客204.8万人次,同比下降74.9%。文化和旅游双万亿产业要完成今年年初确定的目标,任务十分艰巨。我们要有强烈的忧患意识,在疫情防控常态化背景下,推出新招实招硬招,大力激发文化和旅游消费潜力,做大夜间消费增量,促进文化和旅游消费快速回补,推动产业复苏和转型升级。

经过多年的探索实践,我省在促进夜间文化和旅游消费、发展夜间文化和旅游经济方面已取得明显成效,形成了一批文化和旅游融合促进夜间消费的成功案例。比如,以"主题公园+旅游演艺"为代表的宋城和横店。宋城演艺从建设"大宋主题"公园,白天景区游玩,晚上看《宋城千古情》演出,到打造宋城"演艺谷",再到品牌输出、连锁扩张,宋城演艺已发展成为知名的旅游演艺企业。据相关统计显示,《宋城千古情》自1997年开演至今,已累计演出26000余场,接待游客7700多万人,票房收入超百亿元,单日演出最多达到18场。宋城演艺的千古情项目中,60%以上的游客是夜间去欣赏这台演出的,已形成了夜间文化和旅游消费的集聚效应和规模效益。横店影视城以旅游演艺秀为载体,打造沉浸式夜游主题公园。经过10余年探索,形成了游客白天在影视拍摄基地内体验影视文化,夜间在梦幻谷游乐、看秀的"二日游"成熟线路,每年为横店增加数百万人次的游客量,将横店4000多家酒店入住率从之前的20%提高到80%,夜游景区梦幻谷实现利润12亿元。又比如,以水上夜游为代表的温州瓯江夜游和塘河夜画,通过挖掘当地历史人文资源,提升植入夜游功能元素,积极打造旅游开发和文化传承有机统一的夜游项目,成为国内城市夜间经济发展的新标杆。瓯江夜游全部采用生态节能产品,实现联调联控智慧运营。再比如,以历史文化街区为依托,特色餐饮一条街的杭州河坊街夜游等,以古镇为依托的嘉善西塘和桐乡乌镇夜游等。各地还有不少好的经验和做法,在这里就不一一列举了。

这些经验和做法为促进夜间文旅消费提供了很好的借鉴。但同时，我们也应该看到，当前我省在发展夜间文化和旅游经济方面还存在着不少问题和短板，主要有：一是配套不足，缺乏交通、市政的整体、科学规划，影响市民和游客的出行及观光意愿。二是特色不显，低端、同质化问题突出。一些地方夜间消费业态存在明显相似之处，甚至景区、主题公园内销售的夜宵小吃、旅游纪念品都大同小异。三是融合不够，业态单一，局限于夜景灯光的打造，忽视了文化元素的植入，成了没有灵魂的"灯光秀"，人气聚不起来。四是活动不"常"，峰谷差现象明显，表现在集中于节假日开展主题夜市、文艺演出等活动，每到节假日城市和景区拥堵，平时"白天看景、晚上睡觉"的情况没有根本改变。

三、明确目标任务，推动落地见效，加快形成我省夜间文化和旅游消费新格局

在充分调研的基础上，今年3月我厅会同省发展改革委、省财政厅、省交通运输厅、省商务厅等10部门印发了《关于尽快恢复文化和旅游消费市场　进一步激发文化和旅游消费潜力的实施意见》，提出了促进文化和旅游消费的总体目标、主要任务、保障措施和评价体系，对"大力发展夜间文化和旅游经济"也提了明确要求，各地要结合实际，认真贯彻落实。我们要持续推进文化和旅游深度融合，以供给侧结构性改革为主线，大力激发夜间文化和旅游消费潜力，通过3年努力，在全省创建5个左右国家级夜间文化和旅游消费集聚区、20个左右省级夜间文化和旅游消费集聚区，建设

一批以景区景点、文博场馆、特色小镇、商业街区等为依托的各具特色的夜间文化和旅游消费集聚区，打造一批夜间文化和旅游消费放心品牌，推动夜间文化和旅游消费规模持续扩大，使我省夜间文化和旅游经济发展走在全国前列，形成与高质量发展、高品质生活相匹配的夜间文化和旅游消费新体系。具体要做到"六重六抓"。

（一）重规划，抓谋篇布局

近年来，我省一些城市对发展夜间经济做出了规划布局，如，温州市提出到2022年，构建"两线三片多点"的"月光经济"发展空间格局，3年建成10个特色型"月光经济"街区，重点发展特色餐饮、文化消费、夜间购物、体育健身、研学培训等五大夜间旅游业态，发展壮大城市夜间经济，打造"不夜温州"。杭州市制定出台了《提升发展夜间经济实施意见》。宁波市提出实施九大重点工程，创魅力夜甬城，重点发展夜间购物、夜间美食、夜间娱乐、夜间旅游、夜间文化和夜间体育六大消费领域。舟山打响"东海音乐节"品牌，聚人气促消费，普陀区将"十里东港公园"变成"十里东港外滩"，打造"不夜城"。当前，我们正处于"十四五"规划编制的重要时间点，各地要认真梳理当地的文化和旅游资源禀赋，将发展夜间经济纳入当地文化和旅游"十四五"规划，并作为一项重要工程。在规划编制过程中，要加强部门联动、系统谋划，要与"千年古城"复兴计划、"四十百千"计划、全域旅游示范创建等中心工作结合起来，与商务部门牵头的夜间经济试点城市创建、高品质步行街建设等结合起来，与

历史文化街区提升、特色商业街区打造、美丽乡村建设、旅游风情小镇创建等结合起来，在全省形成从城市到乡村，点、线、面结合，布局合理的促进夜间文化和旅游经济发展的新格局。

（二）重项目，抓设施配套

要树立"项目为王"的理念，积极争取发改、财政、自然资源、商务等部门的重视支持，发挥重大文化和旅游项目在推动夜间文化和旅游经济发展中的牵引和支撑作用，通过多业态互补互促，拉长夜间文化和旅游消费的产业链条，打造一批与区域商圈发展相融合、具有较强辐射带动功能的夜间文化和旅游消费集聚区。要以文化和旅游融合为依托，开发优质夜游项目，推出一批夜间旅游演艺精品，优化一批夜游景区景点。要推动传统商业综合体转型升级为"文化＋旅游＋商业"综合体，通过完善区域功能布局，打造具有鲜明特色的高品质步行街。要将夜间文化和旅游嵌入各类消费场所，以文创园、旧厂房等为依托，打造星空下的城市会客厅，通过引入音乐餐厅、风情酒吧、特色餐饮等，打造食客天堂，形成夜间文化和旅游消费新地标。要推动文化和旅游场所5G基站布点，用数字赋能文化和旅游消费各个环节，进一步提高消费便捷性。要推广"文化诚信消费体验柜""无人值守书店"等项目进景区、进酒店等夜间消费场所，为人们提供更加自主、便利的消费体验。

（三）重内容，抓业态融合

各地要按照"宜融则融、能融尽融，以文促旅，以旅彰文"的工作思路，做深"文旅＋"的融合文

章,创新推出系列夜间文化和旅游产品。要以聚人气为出发点,积极发展游船夜游、夜间演艺、城市灯光秀、24小时书店、特色风情街、美食网红店、非遗文创集市等夜间文旅业态,形成"夜游、夜购、夜演、夜娱、夜宵、夜读、夜展"等"一站式"的夜间文化和旅游消费新体验;要以创意和科技为驱动,将更多的文化资源和文化要素转化为游客喜爱的时尚夜间旅游产品;要借助AR或VR等技术,以江、河、湖、山等地方资源,结合地方特色历史人文,策划组织形式多样的主题文化活动,发展富有创意的沉浸式文化和旅游体验项目,打造多维度、高品质的夜间消费场景;要推动落实"诗画浙江·百县千碗"三年行动计划,让"百县千碗"特色美食体验店、示范店、旗舰店等全面融入夜间消费场所;要评选推广优秀非遗文创商品,提高夜间购物乐趣;要推动有条件的博物馆、图书馆、美术馆等文化场馆夜间有序开放,策划推出内容丰富的主题活动;要从主题灯会、音乐戏曲、非遗技艺展示等方面入手增加夜间旅游内涵品位,让市民走出来,让游客留下来,形成夜间消费新热点。要组织举办"夜生活文化消费季""夜间文旅嘉年华""文创夜市"等一批各具特色的夜间活动;要打造线上线下联动的营销推广模式,深化夜间的云直播、云旅游、云体验、云互动和云购物。

(四)重试点,抓示范带动

杭州、宁波两个国家文化消费试点城市要积极争创国家文化和旅游消费示范城市。杭州要加强大数据技术应用,依托阿里巴巴、蚂蚁金服等互联网平台,继续

探索深化"互联网+夜间文旅消费"的经验模式;宁波要以国家文化和金融合作示范区创建为契机,在金融助力夜间文化和旅游消费、与银行机构联合发行文化和旅游消费联名卡等方面探索创新,为其他城市树立标杆,形成示范。上个月,我厅公布了23个省级文化和旅游消费试点城市,这些试点城市要积极争取当地党委、政府的重视,把促进夜间文化和旅游消费、发展夜间经济作为一项重要的试点任务,精心组织、系统筹划,抓实抓好,力争出经验、可示范。要通过丰富产品供给、优化消费环境、创新消费方式等措施,以高质量的产品和服务为广大群众提供精彩纷呈的文化和旅游"夜宴",推动试点工作取得实实在在的成效。

(五)重特色,抓品牌打造

要以活化城市文化为出发点,挖掘地方夜生活传统文化特色,将当地现代艺术创作更多融入夜间旅游场景中,形成独具风格的夜间文化和旅游消费集聚区;要重视品牌的培育和打造,因地制宜,策划一批夜间消费品牌活动,形成一批夜间消费网红打卡地(点),打造一批夜间消费放心品牌;要结合资源禀赋,打造山地、海河(湖)、研学、红色、古镇古村落、民宿、考古遗址等各具特色的夜游产品,推动特色资源要素集聚,突出文化主题塑造一批夜游品牌;通过开展夜间文化和旅游消费品牌"十佳"评选等活动,推出一批夜间文化和旅游IP和"爆款产品",培育建设一批夜间消费行业标杆,引领夜间消费方向。

(六)重服务,抓品质提升

各地文化和旅游部门要推进

"文化润景、四化五名、满意100%"景区品质提升工程;要坚持标准化推进夜间文化和旅游经济高质量发展;要实施文化和旅游行业数字化转型,围绕"预约、限流、错峰",做好数字化智慧监管,做好疫情防范工作,精准化解夜游风险;要健全行业监管体系,畅通消费者投诉渠道;要加快通景道路建设,全面开展厕所革命,完善道路夜游标识;要积极打造优质文化和旅游产品体验展厅,营造良好的夜间场景购物体验;要培养一批高素质的夜间文旅导游,讲好当地文化和旅游故事。

四、加强统筹协调,形成工作合力,为促进夜间文化和旅游消费提供坚实保障

促进夜间文化和旅游消费、发展夜间经济是一项涉及规划建设、资源整合、场景营造、公共服务等内容的系统工程,各地文化和旅游部门要善于借势借力、主动作为,更要用数据思维、统计意识,评价和指导创新实践。

(一)加强组织领导,健全工作机制

各地文化和旅游部门要积极争取党委、政府的重视,将促进夜间文化和旅游消费作为重点工作任务,建立健全多部门协同推进的工作机制,形成上下联动、左右互动的工作格局,推动解决工作中的痛点、堵点、难点问题。各试点城市的文化和旅游部门要加强与发改、财政、商务、统计等部门的沟通,加强促进夜间文化和旅游消费的政策研究,及时出台相关政策措施,推动各项试点任务落到实处。要开展试点城市间的交流合作,共享经验做法,联办消费活动,合力打造区域性文化和

旅游消费城市群,实现成果共享。各地可借鉴外省的先进做法,探索建立"夜间区长"和"夜生活首席执行官"制度,加强对夜间文化和旅游消费活动的统筹管理。

(二)争取资金支持,用好政策叠加

要积极争取财政支持,设立文化和旅游消费专项资金,或发放文化和旅游消费券。杭州、宁波两个国家文化消费试点城市要发挥专项资金在促进夜间文旅消费中的引导作用,其他省级试点城市也要积极争取设立相应的专项资金,带动促进夜间文化和旅游消费。各地文化和旅游部门要加强与发改、财政、商务等部门的对接,积极争取相关资金配套,为促进夜间文化和旅游消费提供保障。要发挥政策支撑作用,解决好"如何实现目标路径"的问题。去年文化和旅游部出台了《关于促进旅游演艺发展的指导意见》,提出支持在旅游演艺领域推广政府和社会资本合作的PPP模式,符合高新技术企业认定条件的旅游演艺企业经认定后可依法享受税收优惠,企业发生的符合条件的创意和设计费用依法适用税前加计扣除等政策措施。对国家和省里近年来出台的扶持中小微企业、文创企业的政策,对部门出台的相关政策,要进行系统梳理,用足用好。鼓励各地对博物馆等一类事业单位如何引入市场机制,积极参与夜间消费工作进行创新。

(三)健全服务体系,优化消费环境

各地要进一步创新思路,积极吸引社会资本,完善社会力量参与机制,拓展夜间文化和旅游服务的新路径;要加快夜间文化和旅游大数据中心建设,完善智慧消费服务体系,利用高德地图一键智慧游精准指引特色文化和旅游消费,要开通游客一站式直达旅游目的地的精品旅游专线,实现"20秒入园""30秒入住"数字场景应用;要利用公共信用平台构建"全覆盖、无死角"文化和旅游行业信用体系;要加大与银联、银行等机构合作,推出夜间文化和旅游消费金融产品和保险服务;要健全行业监管体系,便捷畅通消费投诉渠道,制定夜间消费风险防控应急预案,为市民游客安心游、畅心游、便捷游营造良好的消费环境。推动有条件的地方和单位尽快落实2.5天弹性作息和灵活执行带薪休假制度,引导分段休假、错峰出行,为干部职工外出休闲度假创造条件。

(四)加大宣推力度,营造社会氛围

各地文化和旅游部门要从旅游宣传推广资金中拿出一部分用于促进夜间文旅消费的宣传推广,编制《夜间文化和旅游消费指南》,向广大游客提供丰富的夜间消费服务资讯,充分利用报刊、广播、电视等传统媒体,加大与各大门户网站、大型旅游网站、搜索引擎的合作,策划开展全方位、多层次、立体化的宣传营销;要建立代言人队伍,鼓励景区导游、民宿经营者、非遗传承人等运用微博、微信、抖音App等新媒体、新技术为家乡宣传代言,开展"短平快"智慧宣传;要引导市民和游客创新消费理念,形成夜间消费的习惯;要充分发挥消费者和社会各界的监督作用,为促进夜间文化和旅游消费营造良好的社会环境。

(五)完善评价机制,助力比学赶超

文化和旅游部门要在政策落地成效、举措实施成果等方面,结合政府工作的数字化转型,进一步树立数据思维和统计意识,分析、评价文化和旅游领域及夜间消费方面的相关数据,如夜间文化和旅游消费的业态种类、相关企业数量、从业人员多少、营收情况等,用数据和统计来反映、晾晒各地区的优势、不足以及实践成效,使我们的政策制定、措施落地符合宏观战略的同时,既有清晰、具体的路径和方法,更有信息时代数据研判、精准调整的依据,从而促进和形成全省各地基于客观数据、科学统计、精准施策、务求实效的比学赶超态势。

同志们,我们一定要认真领会中央和省促进消费的系列文件精神,聚力文化和旅游深度融合,以改革创新为动力,审时度势,主动作为,着力构建与我省"重要窗口"相适应的夜间文化和旅游消费新体系,不断开创夜间消费工作新局面,为实现"越夜越美丽、越夜越精彩、越夜越消费"的美好愿景,续写新时代"文化浙江"和"诗画浙江"建设新篇章,助推我省经济社会高质量发展,满足人民群众美好生活需要做出积极贡献!

全省市级文物局长座谈会

【概况】 9月17日，全省市级文物局长座谈会在杭州召开，深入学习贯彻习近平总书记关于文物工作的重要论述和重要指示批示精神，认真学习贯彻袁家军书记在省委党校2020年秋季学期开学典礼上的讲话精神，全面贯彻落实全省文物安全工作会议、2020年全省文化和旅游系统半年度工作推进会等重要会议精神。省文化和旅游厅党组书记、厅长褚子育出席会议并讲话，省文化和旅游厅党组成员、省文物局局长柳河做工作报告。全省各设区市及义乌市文物行政部门分管领导和业务处室负责人、省级各文博单位相关负责人、省文物局机关各处室负责人参加会议。

褚子育在讲话中充分肯定了上半年文物工作所取得的成绩，分析了当前的文物工作形势，并对下一阶段工作提出了具体要求。他指出，当前国际国内宏观环境发生深刻变化，文物工作机遇和挑战并存，文物工作的重要性更加凸显，文物与旅游融合前景广阔，但文物安全形势依然严峻，文物资源价值未完全激活，文物事业发展整体质量仍有待提升。他强调，今年是"十三五"规划和我省高水平全面建成小康社会的收官之年，全省文物系统要深入学习贯彻习近平总书记关于文物工作重要论述和重要指示批示精神，全面贯彻落实省委十四届七次全会决策部署，围绕我省"重要窗口"和"两个高水平"建设的主旋律、大逻辑，落实全省文物安全工作会议、全省文化和旅游系统半年度工作推进会等重要会议精神，在统筹推进疫情防控和经济社会发展中，高质量完成各项工作任务，推进全省文物事业发展再提速。

柳河传达了文化和旅游部、国家文物局近期召开的深入学习贯彻落实习近平总书记关于文物工作重要论述和重要指示批示座谈会精神，回顾了上半年工作亮点，部署了下半年重点工作。他指出，我省在文物安全、机构队伍建设、文物活化利用等方面存在着不少问题。各地各单位要强化政治建设、窗口建设和廉政建设，抓好跨界融合、民生融合和创新融合，在文物安全、数字化建设、机构和队伍建设上突围，着力抓好"十四五"规划编制、落实两个中央文件和省里实施意见、实施全省文物安全工作全面提升三年行动计划、抓好秋冬季疫情防控等15个方面的工作，全力打好文物安全保卫战、持久战，积极争取文物系统机构队伍建设再上新台阶，提早谋划庆祝建党100周年主题活动，全面深化文物保护利用改革，努力为"重要窗口"建设贡献文博力量。

会上，各设区市及义乌市文物行政部门分管领导、省级文博单位和省文物局机关各处室负责人进行了交流发言。与会人员还观看了文物安全警示片。

（省文物局）

在全省市级文物局长座谈会上的讲话

省文化和旅游厅党组书记、厅长 褚子育

（2020年9月17日）

同志们：

不久前，省委、省政府组织召开了全省文物安全工作会议，就全面落实文物安全责任，有效扭转我省文物安全事故、违法案件多发高发势头做出了一系列重要

部署。今天,省文物局组织召开全省市级文物局长座谈会,总结分析上半年工作情况,学习贯彻文化和旅游部、国家文物局深入学习贯彻落实习近平总书记关于文物工作重要论述和重要指示批示座谈会及全省文物安全工作会议等重要会议精神,研究部署下一阶段工作。这个会议开得很及时,也很重要,对于进一步提高认识、统一思想、振奋精神、开创我省文物工作新局面具有重要推动作用。下面,我谈3点意见:

一、关于上半年工作

今年上半年,受新冠肺炎疫情影响,各项工作的正常节奏一度被打乱。在省委、省政府的坚强领导下,在同志们的不懈努力下,全省文化和旅游系统疫情防控工作总体形势平稳,各项工作有序推进,且有许多方面取得了亮眼的成绩。在此,我谨代表省文化和旅游厅党组向在座各位并通过你们向全省文物战线的同志们致以崇高的敬意和诚挚的问候!

上半年,我也走访了不少文博单位、考古工地,与基层文物战线的同志们进行了深入交流。在走访交流过程中,有几项工作给我留下了特别深刻的印象:

(一)文博场馆疫情防控和恢复开放工作扎实有序

年初,我省启动疫情防控一级响应机制后,全省各级文博场馆在及时做好疫情防控工作的同时,筹划推出了在线展览300余个,极大丰富了疫情防控期间人民群众的精神文化生活。全省文博机构提早谋划开展了疫情防控工作影像图片资料和实物的收集,及时推出了"'浙'里长城——

浙江省抗击新冠肺炎疫情纪实展"等10多个抗疫主题展,全面展现了省委、省政府关于疫情防控的重大决策部署及全省人民参与疫情防控的生动实践,得到了省领导和社会各方面一致的好评。

(二)大运河立法工作加快推进

《浙江省大运河世界文化遗产保护条例(草案)》列入了我省2020年一类立法计划。上半年,在省人大教科文卫委的指导支持下,密集开展了立法工作调研、草案起草修改等工作,在5月份召开了立法工作"双组长"会议,7月底提交省人大常委会进行了初次审议,为大运河文化带和大运河国家文化公园建设中文化遗产保护利用法制化奠定了扎实基础。

(三)博物馆展陈工作佳绩频传

在第十七届全国博物馆十大陈列展览精品推介活动中,浙江自然博物院安吉馆基本陈列、杭州工艺美术馆"海市蜃楼——17至20世纪外销装饰艺术展"分别荣获了精品奖和优胜奖,至此我省连续5届获评全国博物馆十大陈列展览精品奖。中国丝绸博物馆成功承办了由国家文物局和省政府共同主办的首届"丝绸之路周"主场活动,两个月时间吸引了200多万观众线上线下参观,产生了良好的社会反响。省委、省政府主要领导先后到中国丝绸博物馆参观了展览,就围绕更好学习贯彻习近平总书记关于"一带一路"建设的重要论述精神,传承和弘扬丝路文化,以"一带一路"统领我省新一轮对外开放等工作提出了要求,强调要努力将中国丝绸博物馆打造成为浙江连接世

界的重要国际人文交流基地和"重要窗口"。

(四)考古工作成绩喜人

义乌桥头遗址、安吉龙山越国贵族墓园考古项目入围2019年度全国十大考古新发现终评。在余姚发现了中国东南沿海地区埋藏最深、年代最早的一处海岸贝丘遗址——井头山遗址,为研究揭示井头山遗址、河姆渡文化与海洋文明的关系提供了重要实证。全省文物考古部门大力推进文物区域评估和考古调查勘探项目,有力服务保障重大基本建设和"标准地"改革。

(五)文博单位与高校、企业合作走向纵深

省级文博系统按照省文化和旅游厅与浙江大学签订的战略合作协议,积极深化与浙江大学的合作:中国丝绸博物馆联合浙江大学成功申报国家重点研发计划项目,省文物考古研究所和浙江大学艺术与考古学院签订了全方位合作协议。中国丝绸博物馆与浙江理工大学、浙江自然博物馆与中国计量大学开展联合办学,积极探索提升研究能力和办馆水平的新路径。省文物局加强与阿里、腾讯等公司的合作,与腾讯公司合作启动了"博物官——浙江省博物馆聚落平台建设项目"。浙江省博物馆获陆镜清先生捐赠陈巨来"铭心绝品"田黄印,该印曾被吴湖帆钤印于黄公望《富春山居图》(剩山图)等多件名迹之上,在文化、艺术和收藏等方面都有重要价值。

二、关于当前的文物工作形势

当前,国际国内宏观环境发生深刻变化,"重要窗口"建设的新任务、人民对美好生活的新期

盼、疫情防控长期化的新常态等，使我省经济社会发展面临新机遇和新挑战。具体到文物工作，也同样是机遇与挑战并存，对文物工作提出了新的更高要求，主要体现在以下3个方面：

（一）文物工作重要性不断彰显，文物部门肩负的使命更加光荣

文物承载灿烂文明，维系民族精神，在经济社会发展中具有不可替代的作用。以习近平同志为核心的党中央高度重视文物工作，把文物工作摆到了前所未有的突出位置。从2019年8月19日在敦煌研究院座谈时发表重要讲话1年多以来，习近平总书记对文物工作做出的重要批示就达30余次、考察8省11处文物博物馆单位。今年，在统筹推进疫情防控和经济社会发展的特殊时期，习近平总书记到浙江考察调研，赋予浙江"努力建设新时代全面展示中国特色社会主义制度优越性的重要窗口"的新目标新定位。省委召开了十四届七次全会，审议通过了《中共浙江省委关于深入学习贯彻习近平总书记考察浙江重要讲话精神，努力建设新时代全面展示中国特色社会主义制度优越性重要窗口的决议》，明确了建设"重要窗口"的10个方面内容，提出要打造13项具有中国气派、浙江辨识度的重大标志性成果。其中，第7方面"努力建设展示坚持社会主义核心价值体系、弘扬中华优秀传统文化革命文化社会主义先进文化的重要窗口"和第10项"打造社会主义先进文化高地"，与我们文化和旅游部门、文物部门最为密切相关。里面提出的大力弘扬红船精神、

进一步擦亮世界文化遗产、挖掘优秀文化传统内涵、高水平建设大运河国家文化公园、促进文化旅游深度融合，以及打造大运河（浙江）文化带、"四条诗路"文化带等重要工作，都需要文物部门发挥主力军和重要支撑作用。可见，文物工作在我省建设"重要窗口"的新征程中，有很大的工作空间，省委、省政府寄予厚望。在当今世界面临百年未有之大变局下，国际形势风云变幻，使文物部门挖掘传播中华文明，彰显中华传统文化自信的重要性进一步凸显。今年我省将高水平全面建成小康社会，富裕起来的浙江人民，在即将开启的社会主义现代化建设新征程中，对高品质精神文化生活的需求将越来越迫切，社会对文物工作的要求和关注度也在不断提升，为文物事业发展提供的社会环境将越来越好。这些利好条件和重大任务的叠加，就要求全省文物系统要进一步提高政治站位，充分把握历史机遇，为建设"重要窗口"、坚定文化自信发挥不可替代的作用。

（二）文物安全形势严峻，文物部门面临的挑战不断加大

近年来，我省文物安全形势不容乐观，文物行政违法案件和文物安全事故发生率呈现明显反弹回升的势头。古建筑类文物消防安全、文物法人违法、重大盗掘文物犯罪成为当前我省文物安全工作亟须解决的突出问题。据统计，自2016年以来，我省立案查处的文物行政违法案件达134起，发生各类文物安全事故和犯罪案件45起。近10年来，我省民居类文物建筑火灾事故和文物法人违法案件发生数量在全国都

靠前。这些都从客观上反映出，我省文物安全工作在整体上存在不少问题，其中也包含了基层文物管理责任不落实不落地等问题。特别是今年上半年，又发生了永嘉县全国重点文物保护单位芙蓉村古建筑群之司马第大屋火灾事故，临安区全国重点文物保护单位钱镠墓被盗案件，再一次给我们敲响了警钟。国家文物局和省委、省政府高度重视我省的文物安全工作，国家文物局领导实地督导这两起文物安全事故和案件，我陪同成岳冲副省长赴事故和案件现场进行了考察调研，同柳河同志一起赴北京向国家文物局主要领导汇报，深切感受到我省文物安全形势的严峻及文物安全工作"一失万无"的责任和压力。近日，省委、省政府召开的全省文物安全工作会议，是机构改革后文化和旅游领域重要的专题会议，朱国贤部长和成岳冲副省长两位省领导出席会议并亲自对全省文物安全工作进行全面部署。会后，成岳冲副省长专程赴国家文物局汇报我省文物安全工作情况。经省委组织部同意，今年起，将文物安全工作纳入地方政府领导干部考核。由此可见，省委、省政府高度重视文物安全工作。文物安全形势逼人，任务重、责任大，全省文物系统要从讲政治和防范化解重大风险的高度，深刻把握文物安全工作的重要性，攻坚克难，坚决打好文物安全翻身仗。

（三）文物和旅游融前景广阔，文物资源的时代价值尚未完全激活

上半年，全省经济实现了"二季度红、半年正"，但是消费依然

"乏力",省领导对旅游给予厚望。特别是在构建以国内大循环为主体,国内国际双循环相互促进的新格局的大背景下,文化和旅游在刺激消费上将承担更大的任务。文物资源是发展旅游业的重要支撑,两者相生相依。文物部门在加快推进文物和旅游融合、助推旅游发展方面要发挥更大的作用。同时,加快推进文物和旅游融合也是实现文物资源"在保护中发展,在发展中保护"的内在要求。机构改革以来,我省文物和旅游的融合取得了一定成效,像良渚国家考古遗址公园、浙江自然博物院等成了全国著名的旅游"打卡"地,不少文物资源在与旅游的融合发展中得到了更好的保护利用。但是,总体而言,我省文物资源的挖掘还欠缺深度,名牌效应还不够强,还有大量的文物资源处于"沉睡"或"半苏醒"状态,特别是一些未定级不可移动文物因为得不到合理的利用而残损甚至消亡。这充分说明了我省文物和旅游的深融合、真融合做得还不够。比如,在参与"四条诗路"建设方面,我们一直说要推动沿线文物资源"串珠成链",但是文物部门之前谋划的保护利用项目实施进度还有待加快,目前真正称得上"明珠"的还不够多,如何"成链"还需要下更多实的功夫。我们正在大力推进文化基因解码工程,打造和合文化、阳明文化、南孔文化,良渚文化、上山文化、南宋文化等个多浙江文化标识,在这些方面我省丰富的文化遗产资源的潜力还有待充分挖掘和释放;尤其今年是上山文化遗址发现 20 周年,文物部门在如何依托上山考古遗址公园建设,助

力打造文化和旅游新地标,更好地贯彻落实习近平总书记关于上山文化重要批示方面,要有更大的动作、更好的成效。再如,革命文物与红色旅游、海洋考古与海洋旅游及海岛公园建设、传统村落与乡村旅游、博物馆文创产品与旅游消费融合发展,以及考古遗址公园旅游潜力释放、水乡古镇文化旅游特色化发展等,这些方面可以开发的空间还很大,在品质提升上还能做很大文章。另外,这次疫情给我们文旅产业转型升级带来了新的契机,像全省文物部门在疫情期间推出线上展览很受公众喜欢,接下来,全省文物系统要把握数字经济发展机遇,加快推进政府数字化转型,着力打造数字文化和旅游新增长极。

三、关于下半年重点工作

今年是"十三五"规划和我省高水平全面建成小康社会的收官之年。全省文物系统要坚持以习近平新时代中国特色社会主义思想为主导,深入学习习近平总书记考察浙江重要讲话精神,全面贯彻落实省委十四届七次全会的决策部署,围绕我省"重要窗口"和"两个高水平"建设的主旋律和大逻辑,按照文化和旅游部、国家文物局"深入学习贯彻落实习近平总书记关于文物工作重要论述和重要指示座谈会"及全省文物安全工作会议、2020 年全省文化和旅游半年度工作推进会精神,在统筹推进疫情防控和经济社会发展中,高质量完成各项工作任务,推进全省文物事业发展再提速。重点要做好以下 3 方面工作:

(一)全力以赴加强文物安全工作

全省文物系统要从讲政治的

高度,把文物安全工作摆在更加突出的位置,切实抓好贯彻落实全省文物安全工作会议精神这项"硬任务",尽快启动实施全省文物安全工作全面提升三年行动,全面加强我省文物安全工作。第一,抓好安全责任落实。要在系统内部补短板排阻力,用好警示提醒、督察、问责等手段,把各项基础性工作做足做实。在外部环境方面,最重要的是要推动地方党委、政府更好地履行文物安全主体责任。受省政府委托,我在全省文物安全工作会议上,与各设区市人民政府分管市长签订了文物安全责任书,大家要以此为契机,推动全省各级政府间层层签订文物安全责任书,并早日将文物安全工作纳入县级及以下党政领导班子和领导干部考核。对于地方政府文物保护主体责任落实不到位的情况,文物部门要扛起责任,敢于发声、勇于碰硬、善于协调,切实把地方政府文物安全主体责任压紧压实。第二,抓好源头治理。要建立"见之于未发、处之于未萌、防患于未然"的预防预警,构建多部门联合、社会参与的文物安全齐抓共管工作机制。在行动上,要坚持问题导向和目标导向,聚焦法人违法、盗掘盗挖、火灾事故等三大事故易发多发领域,以主体责任落实扼制法人违法,以精密智控防范盗掘盗挖,以产权使用权正向流转治理消防隐患,扭住"牛鼻子",纵深推进各类专项整治行动,形成工作闭环。特别是在文物建筑消防安全隐患排查整治、文物犯罪活动联合打击等方面,要拿出"硬核"招数。要把国家级、省级文物安全摆在更加突出的位置,优先

确保安全。第三,抓好创新技术应用。推动文物安全保护与现代科技应用融合,运用大数据对各类文物保护单位进行精准的动态管理,提升文物安全监管"智控度",解放文物安全监管"生产力"。要尽早谋划启动文物平安工程二期项目,推进文物领域安防消防设施建设,提升文物安全人防物防技防水平。

(二)在疫情防控常态化下,扎实推进各项文物工作

当前,国外疫情形势依然十分严峻,内防反弹、外防输入的压力依然很大。全省文物系统以要慎终如始的态度,做到疫情防控和推进文物工作"两手抓、两手硬"。一方面,要在"稳"字上下功夫。要持续做好各文博场馆及考古工地等的防疫工作,坚决防止疫情反弹。特别是博物馆等重点区域,要严格按照厅里印发的新冠肺炎疫情常态化防控指南,在内部管理、开放服务、公共卫生、应急措施等方面做实做细各项工作,推动疫情防控更加精密智控。目前,3家省级博物馆已经配备使用智能测温设施设备,全省其他博物馆要抓紧跟上,优化升级防疫的设施设备。另一方面,要在"进"字上下功夫。全省文物部门要围绕"十三五"期间和本年度的目标任务,倒排时间表,受疫情影响而放缓的工作要根据节点加快推进。要蹄疾步稳地推进省级以上平台文物保护区域评估,做好启动地方政府土地储备考古前置制度前期准备等工作,更好地参与我省"标准地"改革,服务保障基本建设。今年要推动《浙江省大运河世界文化遗产保护条例》顺利出台。要深化良渚遗址

保护研究利用,推进省考古与文物保护基地建设,打造良渚文化长廊的新地标。要探索好以研究型博物馆为标志的提升办馆质量水平的路径和方法,要以提升博物馆公共文化服务水平为重点,完善博物馆治理体系建设,扩大博物馆理事会覆盖面,激发文物博物馆单位创新创业活力。要做好与国家文物局的沟通汇报,力争国家文物保护利用示范区落户浙江。

(三)高质量推进各项文物和旅游融合重点项目

要坚持保护第一的原则不动摇,将推进文旅融合和贯彻落实省委办公厅、省政府办公厅《关于加强文物保护利用改革的实施意见》相结合,寻找文物保护利用与旅游开发、经济发展等的最大公约数。在此基础上,充分挖掘阐释浙江文化遗产价值资源价值,项目化推进各项工作。其一,要融入国家战略和省委、省政府中心工作,加快推进"四条诗路"文化带文物保护利用项目,做好大运河遗产保护展示利用项目的"选育",推进大运河国家文化公园馆场类建设项目,积极参与千年古城复兴计划,推进"拯救老屋行动"二期行动等在全省乃至全国都有影响力的项目,让各类文物利用保护项目在与旅游的融合发展中焕发生机和光彩。积极融入海洋战略,大力推进海洋考古工作,深入挖掘海洋文化遗产资源,为海洋旅游、生态海岸带和海岛公园建设提供支撑。其二,要深挖良渚文化、上山文化、海洋文化、青瓷文化、绍兴王陵文化等浙江代表性文物考古资源,做精做优考古旅游项目。要加强考古遗

址公园的考古研究和历史文化的阐释展示,将蕴含在古遗址中丰富的历史信息和文化内涵创造性地转化成人民群众喜闻乐见的、可玩可赏的形式,更好地实现向旅游产品的转化,以旅游为载体,传承弘扬优秀的传统文化。其三,明年我们将迎来建党100周年,全省文物部门要早谋划早筹备,要加快实施重大革命文物保护利用项目,在革命文物资源和红色旅游结合上多动脑筋,多下功夫,充分发挥革命文物资源在打造红色旅游景区和红色主题旅游线路方面的重要作用,并且通过旅游的载体,更好地弘扬"红船精神""浙西南革命精神"等。其四,要大力推进博物馆景区化建设工作,探索博物馆景区化的运行机制,将更多的博物馆打造成文化客厅和旅游目的地,充分发挥文物资源在助推遗产地创建国家A级景区中的作用。要加强博物馆文创产品开发,丰富旅游产品供给,抓住"后疫情时代"数字消费的新机遇,推进智慧博物馆建设。

(四)高质量编制文物保护"十四五"规划

文物保护"十四五"规划已列入省政府专项规划目录。今年是"十四五"规划的编制之年,全省文物部门要立足"重要窗口"建设,做好统筹谋划,要围绕"文化浙江"标识建设、文物领域整体智治、文旅融合、博物馆公共文化服务等方面,谋划提出更多创新性目标体系、工作体系、政策体系、评价体系,明确"十四五"期间干成点什么,如何保证实现目标,以及如何评价目标实现程度,确保高质量完成"十四五"规划编制工

作。特别强调的是,我们要围绕"既干活又出活"的要求,瞄准像良渚古城遗址申遗成功这样的"国内一流世界有影响"的"重要窗口"标志性成果,多思考、多谋划,下功夫、出精彩。

(五)做好未定级不移动文物妥善保护处理工作

未定级不可移动是我省不可移动文物资源的重要组成部分,是优秀传统文化和"乡愁"的重要载体。我省部分市、县擅自核销未定级不可移动文物事件,暴露出了在未定级不可移动文物保护管理领域存在的漏洞和短板。对此,全省文物系统要引起足够的重视,要坚持问题导向,切实做好未定级不可移动文物的妥善保护和处理工作。一要全面暂停未定级不可移动文物核销工作。已经核销过的地区要严格做好自查自纠工作,对核销过程中存在的不规范、不严谨等问题进行有效整改,对不符合核销底线且保存状况相对完好或通过修缮可恢复原貌的撤销点要予以恢复,对已遭拆除的文物构建要做好征集收藏。二要扎实做好未定级不可移动文物保存状况复核工作。要充分认识到这项工作对疏通未定级不可移动文物保护管理"堵点"的重要性,坚持事实就求的原则,切实排摸清楚全省未定级不可移动文物保护现状,切莫因思想认识不到位,而将"痛点"代际相传。省文物局要切实加强督促指导,确保这项工作在近期完成,为下一步破解"难点"奠定基础。三是要建立健全未定级不可移动文物保护及评估工作机制。在省级层面建立完善的评估指标体系,进一步规范有关核销工作流程,严

把审核关;同时,为各地未定级不可移动文物价值评估,进而开展分级分类保护提供标准和技术支撑。四要精准开展未定级不可移动文物分级分类保护管理工作。对真实性和完整性保存较好,且具有相应价值的未定级不可移动文物,依据有关标准,依法核定为文物保护单位和文物保护点;对保存比较完整,具有地方特色的,协调住建部门纳入历史建筑,加以保护。此外,要根据不同的价值分类和保护利用标准,对相应的未定级不可移动文物进行可逆化改造,与文化、旅游等业态进行融合,实现更加精准有效的保护利用,以利用促保护。

以上是下半年的重点任务。接下来,柳河同志还要做具体部署,这里我就不赘述了。总的来看,下半年的工作面临形势复杂多变,新旧问题交织叠加;任务非常饱和,时间十分紧迫。要完成好这些任务,确保各项工作扎实到位,还要注意把握好以下几点要求:

(一)强化政治建设

政治建设是党的根本性建设。抓好了政治建设,党的建设才有根本和灵魂,事业发展才能朝着正确方向前进。具体到文物领域,一是要进一步学习好、贯彻好习近平总书记关于文物保护利用工作的系列重要论述和重要指示批示精神,切实把习近平总书记的要求转化为抓好文物工作的理念、思路、方法和举措。二是要牢固树立围绕中心、服务中心的意识,练就善于从政治上把大局、看问题,善于从政治上谋划、部署、推动工作的能力。省文物局归口省委宣传部领导,把文物资

源挖掘出来保护好、研究好,把优秀传统文化蕴含的价值传承好、弘扬好,守住根和魂,这是文物人最大的意识形态工作。所以,我们文物工作者一定从政治高度弄明白文物工作怎么做、做什么,以及怎么做好的问题。三是要切实加强文物系统各级党组织建设,充分发挥各级党组织的堡垒作用和党员干部的先锋模范作用,形成良好的干事创业氛围,教育引领各级文物干部不忘初心,继续前进。

(二)强化党风廉政建设

近年来,随着"文化浙江"建设的推进,文旅融合的不断深入,各地普遍加大了对文物事业的投入,文物部门的廉政压力、廉政风险不断增大。今年上半年,我省个别地方就出现了文物干部违法违纪被查处的情况。为此,各地各单位要绷紧党风廉政建设这根弦,切实强化党风廉政制度建设、党风廉政警示教育、廉政风险防控等各项工作,努力做到党风廉政建设与业务工作同部署、同落实,坚决守住廉政底线、法律底线、纪律底线。要深入贯彻落实省委办公厅、省政府办公厅《关于持续解决形式主义突出问题为基层减负的若干措施》精神,坚决纠治"四风"反弹,加强"三服务"活动,更好地为基层松绑减负。在座的各位局长作为文物工作分管领导,也要切实履行好"一岗双责",承担起监督监管的责任,管好自己的"一亩三分地",决不当"老好人""和事佬",对于违反制度的人和事,要敢于纠偏改正。

(三)强化改革创新

当前,改革创新已经成了时代最强音。作为新时代的文物工

作者，一直把坚守古法、传承古意、保护古物作为职业准则。但坚守古法、传承古意并不意味着可以泥古不化。明代思想家王夫之曾用"新故相推，日生不滞"来概括事物发展运行的客观规律。文物事业发展也逃不开这一规律，只有在保留传统底色、坚持文化特色的同时，顺应历史规律、结合新的生活方式，通过"旅游＋""科技＋""创意＋"等各种文化创新，让各类文物资源实现创造性转化和创新性发展，文物事业发展才能赢得源头活水。因此，我省各级文物部门要大力推进观念创新、体制机制创新、科技创新、传播手段创新和保护传承方式创新，通过创新手段搭建起传统与现代的精神纽带，让传统文化变得鲜活生动，以一种更加润物细无声而又令人惊喜的方式走近我们，走进"寻常百姓家"，从而真正实现传统文化资源经济效益和文化价值的有机统一，为文物事业发展凝聚起强大合力。

（四）强化队伍建设

文物工作要加强，队伍是重要基础。在新一轮机构改革中，部分地方文物工作机构队伍有所削弱。习近平总书记在敦煌考察调研时，听取国家文物局有关情况的汇报后，明确提出地方机构改革完成后，要继续加强基层文物保护和研究队伍建设，保持队伍稳定。上半年，中央编办已经向各省级编办印发了关于加强地方文物管理机构编制的指导性文件。省委编办也已将该文件转发至各市委编办。希望各地文物部门要主动推进，积极争取地方党委领导支持，推动文物部门增机构、扩编制。同时，要在整合人员力量、政府购买服务、加强社会合作等方面多想办法，积极探索政府为主、全社会广泛参与的"文物共治"新路子；从推进"整体智治"上多动脑筋，以"电脑"代替"人脑"，节约人力资源成本。

同志们，今年"下半场"的"战役"已经剩下不到4个月了，推进文物事业改革发展时间紧、任务重。今年以来大家都很辛苦，希望大家再接再厉、趁热打铁、乘势而上，以"三地一窗口"的担当，狠抓工作落实，确保高质量完成各项工作任务，圆满收官"十三五"，为全省文化和旅游事业增光添彩。

我就讲这些，谢谢大家！

中共浙江省文化和旅游厅直属机关第一次代表大会

【概况】 10月17日，中共浙江省文化和旅游厅直属机关第一次代表大会在浙江音乐学院召开。大会审议通过了中共浙江省文化和旅游厅直属机关委员会工作报告，选举产生了中共浙江省文化和旅游厅直属机关第一届委员会和第一届纪律检查委员会。

省委直属机关工委常务副书记郑才法到会指导并做了讲话，厅党组书记、厅长褚子育出席会议并讲话，许澎、柳河、杨建武、刁玉泉、叶菁、王峻、朱海闵等厅领导，省委直属机关工委委员、组织部长韩璐，以及来自厅局机关、厅属各单位、离退休干部的213名党员代表和列席代表参加会议。

会议听取审议了朱海闵做的题为《推动全面从严治党向纵深发展　奋力在我省"重要窗口"建设中书写文化建设和旅游发展新篇章》的工作报告，并以无记名投票方式，差额选举产生了由王文龙、朱海闵、许林军、严洪明、杜群、吴莘超、周国忠、贾秀英、褚子育（以姓氏笔画为序）等9名同志组成的中共浙江省文化和旅游厅直属机关第一届委员会委员和由许林军、许常丰、李晖、吴燕琳、徐永盛（以姓氏笔画为序）等5名同志组成的中共浙江省文化和旅游厅直属机关第一届纪律检查委员会委员。

郑才法在讲话中充分肯定了省文化和旅游厅直属机关党委近年来的工作成绩。他指出，近年来，省文化和旅游厅直属机关党委突出政治统领、党建引领，将机关党建工作与机构改革工作同谋划、同部署、同推进，有力促进队伍融合，推动事业发展。特别是厅党组高度重视，认真落实机关党建主体责任，探索实践党建领导、责任落实、组织管理、督查通报、考核评估"五大工作机制",建立完善"四级责任清单"和"1＋10＋N"党风廉政建设体系,通盘谋划和推进直属机关党的建设。省文化和旅游厅被评为 2019 年度省直机关党建综合考评优秀单位,有关做法多次在省直机关做典型交流。就下一步机关党建工作,郑才法提出了 4 点意见:一要坚持政治领航、思想铸魂,忠实践行"两个维护"。二要强化窗口标准、窗口担当,倾力服务中心工作。三要推动全面进步、全面过硬,建设严密组织体系。四要坚持务实从严、守正创新,建设清廉机关模范机关。

褚子育在讲话中就进一步加强和改进省级文化和旅游系统党建工作,更大力度助推文化建设和旅游发展提出了明确要求:一要深刻领会全面从严治党新要求,切实增强做好系统党建工作的使命感、责任感和紧迫感。二

要以"四个坚持"为导向,推动省级文化和旅游系统党建工作走在前、做表率,努力交出政治建设、思想建设、组织建设和清廉建设4 份党建工作的高分报表。三要推动党建与业务"两手抓、两手硬",突出党建与业务融合的认识导向、时代导向和效果导向,以党建工作高标准落实引领文化和旅游工作高质量发展。

会议表决通过了《工作报告决议》。会议认为,工作报告内容丰富、数据翔实、实事求是、重点亮点突出。近年来,直属机关党委在省委直属机关工委和厅党组的坚强领导下,紧扣全面从严治党新要求和我省文化和旅游事业发展新定位,聚焦主责主业,做到7 个"始终坚持",系统党的领导和党的建设各个方面取得长足进步。会议同意报告关于今后一个时期的机关党建工作部署。确定今后几年省级文化和旅游系统

"四个新作为"的基本思路和目标任务。用党的创新理论为干部思想"铸魂",用党建和业务的深度融合为改革创新"赋能",用"支部建设提升工程"2.0 为责任落实"强基",用"严"的主基调为事业发展"护航",体现了新时代党的建设的新要求,符合系统党建工作实际和全体党员意愿。

会议号召,省级文化和旅游系统各级党组织、全体党员要忠诚践行习近平新时代中国特色社会主义思想,不断增强"三地一窗口"的使命担当,紧扣"十四五"文化建设和旅游发展新蓝图,以更自觉的政治站位、更有力的制度供给、更扎实的工作措施、更精准的考核体系,落实系统党建工作目标任务,努力为"文化浙江""诗画浙江"建设提供坚强保障,奋力书写"忠实践行'八八战略',奋力打造'重要窗口'文旅新篇章"。

(省文化和旅游厅直属机关党委)

在中共浙江省文化和旅游厅直属机关第一次代表大会上的讲话

省文化和旅游厅党组书记、厅长　褚子育

(2020 年 10 月 17 日)

本次大会,是在以习近平同志为核心的党中央团结带领全国各族人民抗击新冠肺炎疫情、决战脱贫攻坚、决胜全面建成小康社会的关键节点,在省级文化和旅游系统深入学习贯彻习近平总书记考察浙江重要讲话精神和省委十四届七次全会精神,按照袁家军书记在省委党校秋季学期开学典礼上的讲话精神和朱国贤部

长来厅调研座谈会的部署要求,建设"文化浙江""诗画浙江",书写"忠实践行'八八战略',奋力打造'重要窗口'文化和旅游新篇章"的重要时刻召开的一次重要会议,是省级文化和旅游系统全体党员政治生活中的一件大事,对于全面加强和改进系统党的建设工作,团结动员全体党员干部为我省"重要窗口"建设做出更大

贡献,具有十分重要的意义。

大会选举产生了第一届厅直属机关党委、纪委。目前各项议程已经圆满完成。

在这里,我首先代表厅党组,向大会选举产生的中共浙江省文化和旅游厅直属机关第一届委员会和纪律检查委员会表示热烈祝贺!向支持和指导我们工作的省委直属机关工委表示衷心感谢!

向各位代表并通过你们向系统内广大党员干部致以诚挚问候！向为大会的胜利召开付出辛勤努力的全体工作人员表示衷心感谢！

同时，我也代表第一届厅直属机关党委、纪委，对同志们的信任和支持表示衷心的感谢！组织和同志们的重托与期望，让我深感肩上的担子沉重。展望未来，任重道远，我将与新一届"两委"成员们一起，以强烈的责任感和使命感，以饱满的热情和务实的作风投入省级文化和旅游系统党的建设工作。

下面，我就如何进一步加强和改进省级文化和旅游系统党建工作，讲3点意见：

一、深刻领会全面从严治党新要求，切实增强做好系统党建工作的使命感、责任感和紧迫感

近年来，省级文化和旅游系统大力加强党建工作，取得了明显成效，但正如上午朱海闵同志在报告中讲的，我们的党建工作中依然存在一些问题和不足。问题的表现形式很多，但源头只有一个，就是党组织和党员干部能否正确认识到党建工作的极端重要性和党员身份的职责使命。党的十八大以来，以习近平同志为核心的党中央出台了一系列举措，部署构建了党的建设新的工作格局，确立了党建工作新的标准要求。习近平总书记指出，"机关党的建设是机关建设的根本保证""无论在哪个方面、哪个部门、哪个地方工作的党员干部，首先要明白自己的第一身份是共产党员，第一职责是为党工作"。按照"重要窗口"的要求，我们的党建工作面临的要求更高，责任也更重。今年4月，省委出台了基层组织工作条例实施意见，要求机关基层党组织承担起"走在全省基层党建的前列，走在全国机关党建的前列"的政治责任。省委十四届七次全会决议进一步指出，要努力建设展示中国共产党自觉践行初心使命、推动全面从严治党走向纵深的"重要窗口"。对标中央、省委的高标准，厅党组近期出台《浙江省文化和旅游厅关于推进治理现代化积极服务"重要窗口"建设的实施意见》，明确提出"落实全面从严治党要求，加强省级文化和旅游系统党的建设"。我们每一级党组织、每一位党员干部都要对标对表，寻找差距和不足，以问题为导向，认真思考、明确思路，努力赶上、加快建设。只有不断增强党组织战斗力，才能带领全体党员和干部群众，发挥"堡垒"作用；只有不断增强作为党员的荣誉感、归属感和责任感，建立起高度的身份认同、思想认同、感情认同，才能真正树立"抓党建是本职、不抓党建是失职、抓不好党建是渎职"的理念，才能理直气壮抓党建，才能将抓好党建工作作为本职工作和自觉行动，融入日常、抓在经常。

二、以"四个坚持"为导向，推动省级文化和旅游系统党建工作走在前、做表率，努力交出党建工作的高分报表

新时期，我们党建工作的使命任务是：以习近平新时代中国特色社会主义思想为指导，增强"四个意识"，坚定"四个自信"，做到"两个维护"，以党的政治建设为统领，着力深化理论武装，着力夯实基层基础，着力推进正风肃纪，全面提高省级文化和旅游系统党的建设质量，在深入学习贯彻新时代中国特色社会主义思想上做表率，在始终同党中央保持高度一致上走在前、做表率，在坚决贯彻落实党中央、省委、省政府各项决策部署上走在前、做表率，努力交出4张党建工作的高分报表：

（一）坚持做到"两个维护"，交出政治建设的高分报表

党的政治建设是党的根本性建设，决定党的建设方向和效果，事关统揽推进伟大斗争、伟大工程、伟大事业、伟大梦想。9月10日，袁家军书记在省委党校秋季学期开学典礼上发表了重要讲话，提出不管形势怎么变、任务怎么变，坚定不移沿着习近平总书记为浙江指引的路子走下去的战略定力不能变，续写"八八战略"这篇大文章的战略意志不能变，奋力打造"重要窗口"的战略目标不能变，就是要坚持一张蓝图绘到底，一任接着一任干，把我们对党的政治建设的认识提高到一个新的高度。全系统的党员干部，任何时候、任何情况下，都要不断增强"四个意识"、坚定"四个自信"、做到"两个维护"，自觉在思想上政治上行动上同以习近平同志为核心的党中央保持高度一致。政治建设不是抽象的，而是具体的，实实在在的。政治建设要体现在学懂弄通做实习近平新时代中国特色社会主义思想和党的十九大精神，用党的创新理论武装头脑、指导实践、推动工作；要体现在贯彻落实习近平总书记关于"重要窗口"、"八八战略"、"绿水青山就是金山银山"理念等对浙江省重要讲话和指示批示精神；要体现在贯彻落实省委、省政府的各项决策部署，以"高质量、

竞争力、现代化"为核心,以破题建立新发展格局为关键,紧紧围绕全国文化高地、中国最佳旅游目的地、全国文化和旅游融合发展样板地建设,用文化和旅游工作的担当尽责、实干实效来诠释初心、践行使命;要体现在严守党的政治纪律和政治规矩,切实做到"五个必须",坚决防止"七个有之",严格执行请示报告制度;要体现在落实意识形态工作责任制,加强意识形态底线管理和阵地建设,坚持用社会主义核心价值观引领文化建设,以优秀文化滋养并凝聚人们强大的精神力量,增强文化自信;要体现在以"整体智治"方法推进文化和旅游治理体系和理论能力现代化建设上。因此,政治工作是生命线,大家一定要牢牢把握住并抓实抓好。

（二）坚持追求"知行合一",交出思想建设的高分报表

我们党是用马克思主义武装起来的政党。近年来,我们深入开展中央统一部署的重大主题教育活动,紧密结合年度理论学习的重点,完善和坚持各项学习制度,依托和运用各种载体方法,不断推动系统学习贯彻习近平新时代中国特色社会主义思想往深处走、往实里走、往心里走。应该说,已经有了好的基础。下一步,我们要继续加强学习,在抓好理论武装上更上一层,通过学习领会思考,形成思路,提升贯彻落实习近平新时代中国特色社会主义思想的能力。我们要自觉主动学,增强学习内生动力,持之以恒,做到日积月累、融会贯通、水到渠成。我们要及时跟进学,中央和省委、省政府做出新的决策

部署、出台新的文件,都要第一时间学习领会,养成读时政报道和重要评论的习惯,用好"学习强国"平台,线上线下同步学习,做到学习跟进、认识跟进、行动跟进。我们要入脑入心学,掌握马克思主义立场观点方法,深入学习领会习近平总书记关于文化和旅游工作的重要论述,带着感情学习,带着使命思考,带着问题领悟,学出坚定信仰,学出使命担当,学出能力和干劲,把学习成果落实到干好本职工作、推动文化和旅游事业发展上。

（三）坚持夯实基层基础,交出组织建设的高分报表

"欲筑室者,先治其基。"全系统有255个基层党组织,3147名党员,这是我们宝贵的组织资源和组织优势。党的十九大报告指出,加强基层组织建设,要以提升组织力为重点。基层党建工作抓得好不好,最直观的反映就是基层党组织的组织力强不强。这些年来,我厅以提升组织力为重点,开展党支部标准化建设,取得了显著成效。下一步,系统各级党组织首先要牢固树立"抓好党建是最大政绩"的理念。严格落实组织工作条例和党支部工作条例,谋划实施"党支部建设提升工程"2.0版,大力推进"六强六规范"党支部建设,用好"抓两头带中间"有效方法,增加先进支部、提升中间支部、整顿后进支部,切实解决一些基层党组织党的领导弱化、党建工作虚化、责任落实软化等"灯下黑"问题。其次要坚持"党的一切工作到支部"的鲜明导向。严格党员教育管理监督,从按时缴纳党费等最基础的工作抓起,从落实"三会一课"等最基本

的制度抓起,从加强反腐倡廉等最紧要的纪律抓起,积极引导党员干部筑牢信仰之基、补足精神之钙、把稳思想之舵,使每名党员都成为一面鲜红的旗帜,每个支部都成为党旗高高飘扬的战斗堡垒。再者要加强分类指导。文化和旅游系统是个大系统,摊子大、类型多,不能搞"一刀切",要按照我们在系统党的建设工作会议上发布的"一指标两指数"要求,切实加强分类指导和考核,对党组织和党员实施精细化管理,推进标准化体系精准落地。要优化组织设置,实现党的组织和党的工作在厅管社会组织全覆盖。

（四）坚持扬清风树正气,交出清廉建设的高分报表

作风状况直接关系党的形象,是群众评价的晴雨表。全系统党员干部要弘扬党的优良传统和优良作风,聚焦宗旨意识、人民立场、使命担当,要让干部作风"实"起来,严格落实厅党组减轻基层负担的6项举措,把"三服务"活动和"一推两强"作为主要抓手,贯穿作风转变和问题解决的始终,坚决克服形式主义、官僚主义。要让制度笼子"密"起来,持续深入落实"1＋10＋N"党风廉政建设制度体系,深化廉政风险防控机制建设,运用好廉政风险点排查成果,突出强化评比评审评定、选人用人事项、公共资金资产管理、基本建设项目等重点领域、重点岗位、重点环节的防控机制建设。紧盯"关键少数",严格落实民主集中制、"三重一大"等制度,推进党务政务依法公开,加强权力运行的制约和监督,压减权力设租寻租空间。深化落实单位财务集中交叉会审制度,在

会计信息数字化上迈出步伐,建立发现问题、反馈整改、提升水平,以及再发现、再整改、再提升的工作闭环。要让纪律规矩"严"起来,深化运用监督执纪"四种形态",一体化推进"不敢腐、不能腐、不想腐",启动新一轮政治巡察。严格落实"一案双查",大力强化党委主体责任和纪委监督责任,突出重点问题,对违反党规党纪的人和事,发现一起查处一起,以严格的追责问责倒逼党员干部履职尽责,切实把政治纪律和政治规矩维护好、执行好。要扎实推进"建设清廉单位、创建模范单位"活动,推动党员干部进一步转作风、提效能、优服务,做忠诚、干净、担当、作为的模范,进一步展现"走在前、做表率"良好风貌。

三、推动党建与业务"两手抓、两手硬",以党建工作高标准落实引领文化和旅游工作高质量发展

只有围绕中心、建设队伍、服务群众,推动党建与业务深度融合,机关党建工作才能找准定位。党建工作关键要找准着力点,思考研究途径和方式,不断有效提高质量。

(一)突出党建与业务融合的认识导向

系统各级党组织和广大党员干部要牢固树立中心意识和大局意识,紧紧围绕中心抓党建,抓好党建促业务,强化党建和业务"一盘棋"的思想。要坚持文化和旅游工作做到哪里,党建就要跟进到哪里,党支部的作用就要体现在哪里,始终发挥党建对文化和旅游工作的引领作用。要坚决反对党建与业务"两张皮",既要防止虚化党建抓业务,也要杜绝脱

离中心抓党建,切实将党建与业务目标同向、部署同步、工作同力,实现党建与中心工作的有机融合、相互促进。

(二)突出党建与业务融合的时代导向

党建和业务的融合不是简单的"做加法",必须结合时代背景去考量。当前,我们正处在百年未有之大变局和"两个百年"历史交汇点,复杂多变的国际形势、新冠疫情、中西方意识形态较量冲击等"变量"加剧了文化和旅游工作的复杂性和严峻性,也对党建和业务融合提出了新的要求。在这样的历史背景下,我们一定要坚决扛起文旅人的历史使命,始终保持战略定力、坚定政治立场、保持清醒头脑,对标实施新时代"文化浙江"工程新要求,书写"重要窗口"文化和旅游新篇章。精心制定好文化建设和旅游发展"十四五"规划,突出以重大改革、重大平台、重大项目、重大政策为主抓手和着力点,建立完善目标体系、工作体系、政策体系、评价体系的工作闭环,奋力开创文化和旅游发展新局面,真正做到因事而新、因时而进、顺势而为,赋予文化和旅游党建新的时代内涵,更好地发挥党建对中心任务的引领作用。

(三)突出党建与业务融合的效果导向

党建和业务的深度融合,重在讲究实效、带强队伍。习近平总书记在中央党校(国家行政学院)中青年干部培训班开班式上指出,提高解决实际问题能力是应对当前复杂形势、完成艰巨任务的迫切需要,是年轻干部成长的必然要求。讲究实效,就是要

坚持问题导向,把解决实际问题作为打开工作局面的突破口;带强队伍,就是要提高干部职工,特别是年轻干部的各项能力,培养一批想干事、能干事、干成事的业务骨干。要以党建促中心任务,把文化建设和旅游发展的成果,作为检验党建工作成效的根本标准,下一步要看在完成文化和旅游年度目标任务和推进落实"十四五"规划中,引领作用好不好、监督作用强不强,切实树起党建为中心工作提供服务保障的鲜明导向。要以党建促队伍建设,把干部队伍的建设质量,干部政治能力、调查研究能力、科学决策能力、改革攻坚能力、应急处突能力、群众工作能力、抓落实能力等7项解决问题能力的培育成长,作为检验党建工作成效的关键指标,看一看面对当前复杂的疫情防控形势和多变的外部环境,我们的干部能不能在危机中育先机、于变局中开新局,看一看在落实"文化浙江""诗画浙江""六稳六保"等考验中,我们的干部能不能担起重大责任、沉着应对挑战,切实树起党建为队伍建设提供成长平台的鲜明导向。要以党建促制度创新,把深化创新实用管用的制度机制,找到"牵一发动全身的牛鼻子"作为检验党建工作成效的重要考量,看一看在高质量推动文化建设和旅游发展的实践中,能不能创新工作机制、有效破解难题,切实树起党建为事业发展提供动力的鲜明导向。

同志们,做好新形势下党建工作责任重大,任务艰巨,使命光荣。我将同新一届直属机关党委、纪委一起,团结带领广大党员干部,讲政治、转作风、强队伍、上

台阶,为书写"忠实践行'八八战略',奋力打造'重要窗口'文化和旅游新篇章"提供强有力的组织保障,向建党 100 周年交出一份优异的时代答卷!

全省"诗画浙江·百县千碗"视频工作推进会

【概况】 12 月 11 日,省文化和旅游厅组织召开全省"诗画浙江·百县千碗"视频工作推进会。

会上,省文化和旅游厅党组书记、厅长褚子育就省委书记袁家军关于"诗画浙江·百县千碗"工程的最新指示要求做具体贯彻部署。他系统总结回顾了"诗画浙江·百县千碗"工程自 2018 年 8 月启动以来的成绩、亮点,实事求是指出了"诗画浙江·百县千碗"工程推进中存在的问题、短板,并围绕"标准引领、质量提升、文化挖掘、技术传承"等关键环节,全力带动旅游消费升级,进一步擦亮"诗画浙江·百县千碗"金名片,促进旅游业高质量发展提出具体要求。

褚子育提出,要进一步统一思想,提高认识,把"诗画浙江·百县千碗"当作文化和旅游系统的重点工作来抓。要进一步强化标准引领,建立健全美食菜品、示范引领、统计评价的 3 个标准。要进一步扩大市场规模,按照"政府引导、市场运作、协会参与、企业主体、品质至上"的运营方式,创新商业模式,全面布局"诗画浙江·百县千碗"消费体验场所。重点打造一批以"城市厨房"为代表的美食旗舰店,把工作的着力点落实到每一道菜肴和每一个店上。要进一步做好技术传承,加强厨师队伍培养培训,并逐步培育一批善于表达的美食讲解员。要进一步扩大品牌影响力,促进

要素集成,注重统一品牌形象,持续做好宣传推广。要进一步加大政策支持力度,加强宏观政策调控,加大资金支持,同心协力,积极发动鼓励市场主体参与到"诗画浙江·百县千碗"工作中来。要进一步加强体系建设,抓好目标、工作、政策和评价 4 个体系,谋划好年度工作目标,做到工作有追求、有动力。他要求全系统进一步形成合力,把"诗画浙江·百县千碗"工作高质量向纵深推进。

会上,金华市、台州市、杭州市余杭区、新昌县、开化县和省"百县千碗"专营公司先后做交流发言。

(省文化和旅游厅产业发展处)

在全省"诗画浙江·百县千碗"视频工作推进会上的讲话

省文化和旅游厅党组书记、厅长　褚子育

(2020 年 12 月 11 日)

今天全省文化和旅游系统主要负责同志,省级相关厅局、行业协会的负责同志在一起,采取视频会议的形式,召开全省"诗画浙江·百县千碗"的工作推进会。目的就是第一时间贯彻落实袁家

军书记关于"诗画浙江·百县千碗"工程的最新批示要求,总结工作、交流经验,进一步统一思想,提高认识,形成合力,把"诗画浙江·百县千碗"工作高质量向纵深推进。刚才交流发言的单位讲

得很好,希望大家学习借鉴,有所收获。

"诗画浙江·百县千碗"工程自 2018 年 8 月启动以来,省委、省政府高度重视,连续两年写入《政府工作报告》,省委十四届八

次全会通过的《关于制定浙江省国民经济和社会发展第十四个五年规划和2035年远景目标的建议》中将其列入其中。11月19日，袁家军书记在我厅"诗画浙江·百县千碗"的报告上，批示："强化标准引领、质量提升、文化挖掘、技术传承，努力将'百县千碗'打造成'金名片'。"这是袁家军书记两年来第3次对"诗画浙江·百县千碗"工程做出重要批示。全省文化和旅游系统一定要高度重视、勇于担当、敢于创新，推动这项工程落地见效。

回顾工程启动以来的工作，主要有以下几个方面：

一、目标任务不断深化

由于这是一项全新的工作，工程启动初期，对"诗画浙江·百县千碗"工作怎么开展、如何推进，大家心里没底，都是摸着石头过河。随着工程不断推进，工作重点也从最初的品牌推广逐渐转变为文化和旅游产业业态相结合来推进落地。2019年，省文化和旅游厅、省商务厅、省市场监管局、省教育厅、省交通运输厅、省机关事务局联合印发《做实做好"诗画浙江·百县千碗"工程三年行动计划（2019—2021年）》，并召开了全省百县千碗现场推进会。2020年，省文化和旅游厅、省商务厅联合印发《关于做实打响"诗画浙江·百县千碗"的通知》，并召开了半年度工作会议，专题研究和部署。各市、县（市、区）工作思路和目标任务进一步清晰。

二、菜品体系不断丰富

经过两年多时间的挖掘、收集和整理，每个市、县都推荐精选了当地的"十大碗"菜品，全省共计1088道。按照每道菜品"一张图片、一套食材配比、一套工艺流程、一个文化故事"要求，形成"一菜一品"。台州市每个县（市、区）在10碗热菜的基础上，还配套评选出有代表性的冷盘和点心，形成可成席的菜谱。金华市首批体验店百老汇，根据不同顾客人数需求，推出A、B、C 3个系列套餐，让不同人群都能品尝到不一样的金华美食菜品。

三、市场规模不断扩大

全省布局"诗画浙江·百县千碗"美食小镇、美食街区、旗舰店、体验店。浙勤集团与省农发集团、省文投集团等合作，整体规划、品牌授权，共同推进农都集团旗舰店加"城市厨房""浙江文化大厦美食旗舰店"等项目落地，主打"诗画浙江·百县千碗"美食。今年5月认定了首批11家省级体验店，年底前还会再认定252家省级体验店。各地还主动做加法，推出了市、县级体验店，实现了体验店县（市、区）全覆盖。开化县除了本县之外，还把体验店开到杭州、衢州等地。各地积极开展厨师、技师和管理人员培训和技能大比武，衢州、嘉兴、湖州、舟山等地已经组织专项培训，共培训各类厨师和经营管理人员8000多人次。

四、文化内涵不断挖掘

坚持文化为魂，挖掘、讲好每一道菜品的美食故事，把"诗画浙江·百县千碗"打造成浙江文化"金名片"。杭州市拱墅区挖掘运河美食背后的人文典故，以菜为媒，拍摄了拱墅新"十大碗"宣传纪录片，并制作了《拱墅十碗头》"百县千碗"主题歌。新昌县、天台县将美食与唐诗有机结合，打造"唐诗宴"美食品牌，形成"一菜一唐诗"的独有美食文化。嘉兴市挖掘"百县千碗·嘉肴百碗"文化元素，原创歌曲《嘉肴百碗》成功进驻网易云音乐平台。我们还联合省餐饮行业协会开展编纂"诗画浙江·百县千碗"系列丛书和"赏美食、传美德"活动，传承勤俭节约优良传统。

五、品牌推广不断扩面

2019年完成了"诗画浙江·百县千碗"商标注册和LOGO设计。先后组织"舌尖上的相遇——中东欧美食与百县千碗人文交流"和舟山国际海岛大会"一家人·一桌菜"主题展示活动，让"诗画浙江·百县千碗"亮相中国义乌文化和旅游产品交易博览会、长三角文博会、金秋购物节等，分别走入京津冀、长三角地区，走进上海滩，赴南京、福建、海南、四川等地开展专场宣传。联合阿里、美团等OTA平台，发放浙江旅游消费券，设立"诗画浙江·百县千碗"消费专区。积极推动"五进"项目，温州市组织县（市、区）"十大碗"进机关食堂；嘉善县推动"佳膳十碗"进社区、进家庭；宁波市奉化区推动"奉化十碗"进高速服务区、学校和A级景区。各地纷纷编印"诗画浙江·百县千碗"美食图册，在官网推出"诗画浙江·百县千碗"美食链接。

六、工作合力不断增强

在工程推动过程中，我们与商务、市场监督管理、交通、教育、机关事务管理等部门形成合力。发挥省餐饮协会、省饭店业协会、省旅游协会等协会作用，加强行业自律。指导浙勤集团、浙江新远集团合股成立浙江百县千碗餐饮管理有限公司。金华市、杭州市余杭区率先出台扶持政策，对体验店、美食街区、美食小镇给予10万—50万不等的奖补。

在肯定成绩的同时，也要看到当前仍存在不少问题和不足。一是思想认识还不够到位。"诗画浙江·百县千碗"工作启动以来，有的地区对省政府这项重点工程重视程度不够，行动比较缓慢。二是标准制定相对滞后。基于标准的质量体系仍不健全。美食故事有的没有讲好。数据统计尚未破题，底数仍不清。三是辨识体系还不明显。LOGO还未普遍推广使用，有些地方接待餐饮看不到列入"诗画浙江·百县千碗"的菜品。四是品牌影响力和吸引力不强。"做亏了怎么办？"成为餐饮企业比较担心的问题。品牌对社会资本的吸引力、群众体验感有待增强。

"民以食为天，游以吃为先"。下一步，我们将认真贯彻省委十四届八次全会精神，按照袁家军书记的批示要求，从满足人民群众对美好生活的需要出发，以打造文化和旅游"金名片"为目标，围绕"标准引领、质量提升、文化挖掘、技术传承"等关键环节，进一步打响"诗画浙江·百县千碗"品牌，全力带动旅游消费升级，促进旅游业高质量发展。

这里需要强调的是，我们的工作定位就是受省政府安排，以旅游为手段，把"诗画浙江·百县千碗"的品牌打响，促进浙江餐饮业发展。我们不能替代商务部门去做行业管理的工作，文化和旅游部门一定要有所为有所不为。所以大家在工作中一定要注意把握。

一、进一步统一思想提高认识

前面已讲到"诗画浙江·百县千碗"已写入省委"十四五"规划建议重要内容。这件事从2018年开始，袁家军书记在全省大花园建设动员会上讲到"五养"工程的"养胃"工程时，谈到浙江全省各地都有当地特色的"八大碗""十大碗"，这些不仅是一道道美食，也是一缕缕乡愁，更是一种优秀传统文化，有些非遗技艺的地方美食正在面临失传的风险，需要不断传承和弘扬。因此，做好"诗画浙江·百县千碗"工程的初衷就是满足人们旅游的美好生活需要，也是传承和弘扬浙江传统美食文化，推动经济社会高质量发展的现实要求。

袁家军书记做出重要批示以后，省委办公厅已经将批示件转发各市、县（市、区）主要领导，希望大家高度重视，认真研究，抓好落实。各级文化和旅游部门的主要领导要高度重视，把"诗画浙江·百县千碗"当作文化和旅游系统的重点工作来抓，列入文化和旅游"十四五"规划，并抓好落实。要成立工作专班，统筹调动各类资源和力量，全力推动工作。同时还要争取各市、县党委、政府主要领导的重视。这次视频会之后，各级文化和旅游部门要将当地开展百县千碗工作的情况形成专题报告，向所在市、县的主要领导报告，力争获得更大的支持，使工作向纵深推进。

二、进一步强化标准引领

至少要建立健全3个标准：菜肴的标准、示范引领的标准、统计评价的标准。

（一）菜肴标准

要形成"一菜一品"。每一道菜都要有原材料、制作工艺等方面的标准。每个县（市、区）除了已经评出的10碗大菜，还要评出10碗名冷盘、10碗名点心，这样每个县（市、区）都要评出30个菜，形成"1＋2"的菜品体系。每道菜都要制定标准，有了标准才能保证质量。我多次讲过缙云烧饼的例子，同样的缙云烧饼，杭州有的摊位跟缙云味道不一样。产品不"正宗"了，原因是制作标准不一样。比如食材，缙云当地的烧饼都是五花肉带皮的猪肉馅，杭州做的烧饼大多用的都是精肉馅；比如做法，缙云当地多数是刀工剁的馅，杭州大多是机器绞的肉馅。所以，坚持菜肴标准非常重要，搞得不好要砸牌子。

（二）经营实体标准

我们已经制定了《"百县千碗"美食体验店（示范店）、旗舰店、美食街区、美食小镇认定标准》，2021年还要再做修订完善，根据标准，再认定一批。计划明年5月份前后召开全省"诗画浙江·百县千碗"现场推进会，所以从现在开始，哪个地方做得好，我们现场会就放在哪里去开。

（三）统计评价标准

强化数字赋能。建立"诗画浙江·百县千碗"数据库，健全统计评价标准。推动所有菜品上云，联合美团、口碑、大众点评、饿了么等美食OTA平台，开展菜品满意度统计和评价，每半年发布一次数据报告。考虑利用大数据启动"诗画浙江·百县千碗"示范县评定工作，通过示范引领，带动面上工作。

三、进一步扩大市场规模

打造"金名片"，没有市场的占有率是不行的。按照"政府引导、市场运作、协会参与、企业主体、品质至上"原则,创新商业模式,全面布局"诗画浙江·百县千碗"消费体验场所,形成"滚雪球"效应。

（一）重点打造一批以"中央厨房"为特征的美食旗舰店

在大中城市打造一批美食旗舰店。积极探索并推广新农都集团商业模式。在设计上,这个旗舰店能集成全省1088道菜,除了店以外,还要做好外卖,在城市里面做成"中央厨房"。各旗舰店除了在本店服务招徕顾客外,还要利用OTA平台,将"诗画浙江·百县千碗"辐射到宾馆、食堂、机场、高铁站餐厅餐车,推广到寻常百姓家。杭州的旗舰店能集成全省千碗名菜,各设区市起码要集成所辖县（市、区）所有名菜。希望各地加强谋划,出台相关扶持政策,扩大市场规模。

（二）把工作的着力点落实到每一道菜肴上

凡列入"诗画浙江·百县千碗"菜系的,都要立上"诗画浙江·百县千碗"的牌子和说明。省级机关事务管理局做出了示范,在西子国宾馆、西湖国宾馆等重要保障性宾馆都推出了"诗画浙江·百县千碗"名菜,而且每道菜肴都坚持标准、精心制作、保证质量,旁边立一个牌子,写上说明,大家称赞有加。所以各地要把工作的着力点落到每道菜上。在现有体验店、示范店的基础上,鼓励各县（市、区）根据当地实际,再推出一批更有当地特色、小而精、小而美的美食体验点,售卖"诗画浙江·百县千碗"名菜。

四、进一步做好技术传承

（一）加强厨师队伍培养培训

打造出一批专业的"诗画浙江·百县千碗"名师大厨。文化和技术传承的着力点要放在厨师工作上。

（二）重视经营管理服务人员培训

这项工作主要是依托烹饪学校、专业协会来培养。加强专家智库建设,在高校、科研院所、美食门店里挑选出一批专家,为"诗画浙江·百县千碗"工程建设提供帮助、发挥作用。

（三）培育一批善于表达的美食讲解员

采取多种形式,重点对餐厅服务员进行培训。使其讲好美食文化故事。局长们要带头成为"美食家"和"宣传员",带头讲好"诗画浙江·百县千碗"的美食故事。新昌的高雪军局长在这方面表现就很不错,他经常亲自讲解,而且非常生动。

五、进一步扩大品牌影响力

（一）促进要素集成提高影响力

"诗画浙江·百县千碗"工作实际上是集成文化挖掘传承、市场拓展、数字赋能、产业提升、形象塑造、对外交流等方面内容的一项综合改革。要集合原材料、技艺、标准、故事、厨师等要素,打造"诗画浙江·百县千碗"统一浙菜美食品牌,创新推出"诗画浙江·百县千碗"文旅IP。

（二）持续做好宣传推广提高影响力

一方面,要在重要的接待场所布点,让客人能吃上"千碗"名菜,每一道菜旁边立上"诗画浙江·百县千碗"的牌子并附简要说明。因为重要接待活动影响力大,能帮助有效宣传,一传十,十传百,就会迅速家喻户晓。另一

方面,要面向社会进行宣传推广,编制美食月刊。建立"百县千碗"融媒体宣传平台,在电视、广播、报纸、杂志上开设"百县千碗"专栏,推出"百县千碗"微博、微信公众号、手机报、抖音号、App,印制纸质、电子版美食地图,与美团、大众点评、饿了么等知名OTA平台合作,推出线上"百县千碗"美食专区。利用各类文旅宣传推介活动、大型展会,组织"百县千碗"专场推介会,不断扩大美食品牌影响力。

（三）注重统一品牌形象提高影响力

对外推介"诗画浙江·百县千碗",大家一定要统一口径。省、市、县3级的推荐一定要打"诗画浙江·百县千碗"的牌子。当然也可以叫"诸暨十碗""萧山十碗""嘉兴百碗",但前提是要讲一个完整的"诗画浙江·百县千碗",不然品牌就散掉了,一定要统一口径,有目的地推广。各地要想办法经营好本地的"十大碗",要走出去,同时吸收其他地区的"千碗"名菜来落地,形成产业。

六、进一步加大政策支持力度

（一）要加强宏观政策调控

把"诗画浙江·百县千碗"工程纳入全域旅游、风情小镇、A级景区、旅游度假区评定考核标准里面,成为必须打造的一项重点内容。今后凡是"百县千碗"做得不好的地方,全域旅游、风情小镇等各种称号评定、复核考核过程中要做必要调控。

（二）要加大资金支持

各地要及时调整和修订相关资金补助政策,把对"诗画浙

江·百县千碗"落地场所的补助提到很重要的高度上来,争取市、县级各类财政资金支持。四两拨千斤,吸引更多的餐饮企业参与百县千碗的建设中来,吸引更多的社会资本和社会力量参与兴办美食店、美食街区和美食小镇。

（三）要同心协力

"诗画浙江·百县千碗"涉及的食品安全、质量标准、诚信经营等工作要积极与市场监管、商务等部门和相关协会沟通,拓点扩面方面需要加强与教育、交通、机关事务管理局等部门合作,争取工作上的支持和配合,还要联合院校、协会等力量,努力形成合力。请各相关协会充分发挥行业自律作用,积极发动鼓励市场主体参与到"诗画浙江·百县千碗"工作中来。

七、进一步加强体系建设

（一）目标体系

要从量和质两个方面谋划好年度工作目标,"跳起来摘到桃子",使大家工作有追求、有动力。

（二）工作体系

围绕这工作目标,制定具体工作任务,保证目标的顺利实施。

（三）政策体系

研究完成目标和任务的条件和环境,保证目标和任务的顺利完成。"诗画浙江·百县千碗"已经注册成商标,注册的目的是加强知识产权保护,该如何授权经营要研究具体办法,来支撑品牌推广。

（四）评价体系

建立全省"百县千碗"数字化评价体系,打造"百县千碗"一站式综合大数据平台,精准掌握每道菜品的销量和热度排行,建立晾晒制度和优胜劣汰机制,动态调整美食菜品和体验店。各地要做好大数据采撷和统计。

上面"7个抓手"就是我们围绕袁家军书记重要批示提出的具体举措,请大家务必结合实际,抓实抓好。

同志们,"诗画浙江·百县千碗"上接省委、省政府重点工程,下联广大老百姓日常生活,左"拥"旅游消费,右"抱"经济发展,切口虽小但牵一发而动全身。我们要说一件、做一件、成一件,不能"说过了,就当做过了""做过了,就当做好了"。"一菜不扬名,何以兴文旅"。要以实实在在的工作、脚踏实地的努力,把"诗画浙江·百县千碗"真正打造成浙江的"金名片"。

概　览

ZHEJIANG CULTURE AND TOURISM YEARBOOK

浙江文化和旅游概览

浙江地处中国东南沿海、长江三角洲地区南翼,毗邻上海市和江苏、安徽、江西、福建等省,向有"鱼米之乡、丝茶之府、文物之邦、旅游胜地"之美誉。全省陆域面积 10.56 万平方公里,海域总面积 26 万平方公里,海岸线总长 6486.24 公里,居全国首位。境内有面积 500 平方米以上岛屿 2878 个,是中国岛屿最多的省份。

浙江的名称,最早见于《山海经·海内东经》。唐肃宗乾元元年(758),置浙江西道和东道两节度使,分辖浙江以西(长江以南)十州和以东八州,这是浙江作为行政区域名称之始。南宋(1127—1279)建都临安(今杭州)。元代丙午年(1366)置江浙行中书省,明初改元制为浙江承宣布政使司,辖 11 府 1 州 75 县,清康熙初年改称浙江省,省界区域基本定型,沿用至今。

浙江省有杭州、宁波两个副省级城市,温州、湖州、嘉兴、绍兴、金华、衢州、舟山、台州、丽水等 9 个地级市,下设 37 个市辖区、20 个县级市和 33 个县。2020 年,全省常住人口 6456 万人,比上年末增加 606 万人。浙江属少数民族散杂居省份,在浙江居住的人口中已包含全部 56 个民族,世居浙江的少数民族主要是畲族,设有中国唯一的畲族自治地方——景宁畲族自治县。

浙江自然资源丰厚,素有中国"东南植物宝库"之称,树种资源丰富。"活化石"银杏等 50 多种野生植物列入《中国珍稀濒危保护植物名录》。已知野生动物 1900 种,其中列入《国家重点保护野生动物名录》的有 120 多种。浙江矿产以非金属矿产为主。已发现的固体矿产 113 种,叶蜡石、明矾石探明资源储量居全国第一位,萤石、伊利石列第二位。东海大陆架蕴藏着丰富的石油和天然气资源,开发前景良好。浙江海域渔业资源丰富,舟山群岛是中国最大的海洋渔业基地。

改革开放以来,历届省委、省政府团结带领全省人民艰苦奋斗、开拓创新,走出了一条具有浙江特色的发展路子,浙江经济快速发展,社会全面进步,城乡面貌发生了巨大变化,实现了从资源小省向经济大省的历史性跨越,人民生活实现了由基本温饱向全面小康的历史性跨越。2020 年,全省生产总值 64613 亿元,稳居全国第 4 位,比上年增长 3.6%;全省人均生产总值超过 10.5 万元。财政总收入 12421 亿元,比上年增长 1.2%;财政一般公共预算收入 7248 亿元,同口径增长 2.8%。城乡居民生活继续改善,2020 年全省城镇居民人均可支配收入 62699 元,农村居民人均纯收入 31930 元,扣除价格因素,分别比上年实际增长 4.2% 和 6.9%。城乡居民收入比缩小到 1.96∶1。

浙江风光秀丽,旅游资源丰富。钱塘江是浙江第一大江,从南源头至杭州湾河口入海处全长 612 千米。钱塘江大潮与印度恒河潮、巴西亚马孙潮合称为世界自然奇观的三大涌潮。千岛湖是浙江最大的人工湖,因拥有 1078 座形态各异的翠岛而得名。拥有中国佛教四大名山之一的舟山普陀山、中国四大避暑胜地之一的湖州莫干山,以及世界自然遗产衢州江郎山。截至 2020 年末,全省共有 827 家国家 A 级旅游景区,其中 5A 级旅游景区 19 家,数量位居全国前列。国家级和省级风景名胜区、历史文化名城、自然保护区、森林公园、地质公园、湿地公园和重点文物保护单位等旅游资源的数量均居全国前列。

浙江历史悠久,是中国古代文明的发祥地之一。长兴七里亭旧石器早期遗址的考古发现表明,早在 100 万年前浙江就已出现了人类活动。境内已发现新石器时代遗址百余处,最著名的有距今 5300—4300 年的良渚文化、距今 7000—5000 年的河姆渡文化、距今 6000 多年的马家浜文化、距今 8000—7000 年的跨湖桥文化、距今 1 万年的上山文化,其中在良渚遗址还发现了 5000 年前中国最大的古城。

浙江文物古迹众多。全省有:世界文化遗产 3 处;国家级历史文化名城 10 座,省级历史文化名城 10 座;历史文化街区 96 片;

中国历史文化名镇 27 个,省级历史文化名镇 68 个;中国历史文化名村 44 个,省级历史文化名村 175 个,入选《中国传统村落名录》古村落 636 座。全省有全国重点文物保护单位 231 处,省级文物保护单位 624 处。第三次全国文物普查中全省共登录不可移动文物 73943 处,其中新发现 61728 处。全省现有各类博物馆 402 家,其中民办博物馆 129 家,国家一、二、三级博物馆 74 家。杭州西湖文化景观成为我国列入《世界遗产名录》独一无二的湖泊类文化遗产,填补了世界遗产中以“文化名湖”为主要价值特征的湖泊类遗产空白。

浙江的藏书之盛自古闻名。杭州文澜阁、宁波天一阁、瑞安玉海楼、湖州嘉业堂等著名藏书楼在保存与传播文献典籍、培养人才、促进学术研究等方面成就卓越。始建于明嘉靖四十年(1561)的天一阁是中国现存年代最早的私家藏书楼。同时,浙江也是中国兴办近代图书馆较早的省份之一,1902 年绍兴古越藏书楼的建立,标志着中国私立藏书楼向公共图书馆的过渡,而在原杭州藏书楼(1900 年建立)基础上扩充改建的浙江图书馆,则是中国最早建立的省级公共图书馆之一。截至 2020 年末,全省共有县级以上的公共图书馆 103 个,公共图书馆人均藏书量为 1.37 册。

浙江的戏剧艺术底蕴丰厚,是中国南曲戏文的诞生地,并拥有越、婺、绍、瓯、甬、姚、湖等多个剧种。越剧是中国主要剧种之一,20 世纪初发源于浙江嵊县(今嵊州市),曲调优美婉转,细腻抒情。早期越剧全部由女演员演出,中华人民共和国成立后,提倡男女合演,越剧得到迅速发展并日益成为国内最具影响的地方剧种之一。21 世纪以来,浙江创作生产了一大批优秀剧目,越剧《陆游与唐琬》、昆剧《公孙子都》、越剧《梁山伯与祝英台》、京剧《藏羚羊》、话剧《谁主沉浮》等先后入选国家舞台艺术精品工程重点资助剧目。越剧《五女拜寿》、昆剧《十五贯》荣获原文化部优秀保留剧目大奖。

浙江书画名家辈出,自成一派,影响深远。书画艺术成就在中国书画史上占有极其重要的地位。历史上曾出现王羲之、吴镇、赵孟頫、吴昌硕等浙籍书画大家,现当代又出现了黄宾虹、潘天寿、沙孟海等知名书画家。成立于 1928 年的中国美术学院(前身为国立艺术院),是中国最早的美术高等教育学校,如今已成为美术人才辈出的摇篮之一。创建于 1904 年的西泠印社是中国最早的以研究印学为主的学术团体和专业金石书画出版机构,在国内外享有很高的声誉。绍兴兰亭因东晋(317—420)大书法家王羲之曾在此作《兰亭集序》而成为中国的“书法圣地”。

浙江浓郁的乡土风情孕育了绚丽多姿的民间艺术。“三雕一塑”即东阳木雕、青田石雕、温州黄杨木雕和瓯塑蜚声中外;剪纸、刺绣、染织、编织和灯彩丰富多彩;而以嘉兴秀洲、宁波慈溪和舟山为代表的农民画和渔民画则充满了生活劳作气息。浙江民间的音乐、舞蹈、戏曲、曲艺独具浓郁的地域特色。浙江有 10 个项目入选联合国教科文组织公布的《人类非物质文化遗产代表作名录》,196 人被认定为国家级非遗代表性传承人;在国务院公布的 4 批国家级非物质文化遗产名录项目中,浙江共有 217 项入选,入选数量居全国第一。

浙江自古人文荟萃、文风鼎盛、代有人出。自东汉以来,载入史册的著名浙江籍文学家已逾千人,约占全国的六分之一。举凡思想家王充、王阳明、黄宗羲、龚自珍,诗人贺知章、骆宾王、孟郊、陆游,科学家沈括,戏剧家李渔、洪昇等都是杰出代表。20 世纪,中国文学巨匠鲁迅、茅盾,教育家蔡元培,著名科学家茅以升、竺可桢、钱学森、陈省身,以及李叔同、王国维、夏衍、艾青、徐志摩、陈望道、马寅初、金庸等一批名人均为浙江人。建国以来的全国“两院”院士(学部委员)中,浙江籍人士占近五分之一。

浙江省委、省政府高度重视文化建设和旅游发展,对文化和旅游发展做出了一系列重大部署。1978 年,第一次全省旅游工作会议召开。1996 年,省政府成立了省旅游发展领导小组,统筹领导全省旅游经济发展工作。1997 年,省政府召开了全省旅游工作会议,要求从经济发展全局的高度,提高对旅游业在国民经济中地位的认识,动员全社会的力量,加快推进旅游产业的发展。1998 年,省委、省政府召开全省旅游工作会议,首次提出浙江省“由旅游资源大省建设成旅游产业大省”的目标,在全国较早地提出旅游是国民经济的支柱产业,是第三产业龙头的战略思想,确立了浙江省旅游业在国民经济支柱产业的地位,并出台了《关于进一步加快旅游业发展若干意见的通知》。1999 年,提出了建设文化大省的战略目标。2000 年,颁布了《浙江省建设文化大省纲要(2001—2020 年)》。2001 年,出台了《关于建设文化大省的若干文化经济政策》。2002 年,将建设文化大省、发展文化经济写入省党代会报告,并召开全省文化工作会议;出台了《关于深化文化体制改革加快文化产业发展的若干意见》。2003 年,部署了文化体制改革综合试点工作。2004 年,省委、省政府召开全省旅游发展工作,习近平同志提出了建设旅游经济强省的目标和重要部署,省委、省政府随后出台了《关于建设旅游经济强省的若干意见》,提出"大旅游、大产业、大市场"的要求,勾画了全省旅游"三带十区"的布局。2005 年,省委做出了《关于加快建设文化大省的决定》,全面实施文化建设"八项工程"。2006 年,省政府出台《浙江省文化建设"四个一批"规划(2008—2012)》。2007 年,省政府召开全省农村文化工作会议,部署实施"新农村文化建设十项工程"。2008 年,省委召开工作会议,制订出台了《浙江省推动文化大发展大繁荣纲要(2008—2012)》。2009 年,省委、省政府召开全省旅游发展大会,明确提出"把旅游业培育成为服务业发展的龙头产业和国民经济发展的

重要支柱产业",对新时期加快建设旅游经济强省做出了总体部署,提出了"一强四化五转变八创新"的具体要求,省委、省政府出台了《关于推进旅游业转型升级,加快建设旅游经济强省的若干意见》。省政府办公厅印发《关于加快发展民营文艺表演团体的意见》。2010 年,省委专门成立了由省委书记任组长的文化建设小组。省政府出台了《关于进一步加快旅游业发展的实施意见》。2011 年,省委召开十二届十次全会专题研究部署文化强省建设,出台了《中共浙江省委关于认真贯彻党的十七届六中全会精神大力推进文化强省建设的决定》;省政府出台了《浙江省文化产业发展规划(2010—2015)》《浙江省文化服务业"十二五"发展规划》《浙江省旅游业发展十二五规划》。2012 年,省委召开第十三次党代会,将文化建设作为实现物质富裕精神富有的现代化浙江的重要目标。2013 年,省委、省政府召开全省文化产业发展大会,出台了《关于进一步加快发展文化产业的若干意见》。2014 年,省委、省政府召开全省旅游发展大会,省政府出台了《关于加快培育旅游业成为万亿产业的实施意见》。2015 年,省委办公厅、省政府办公厅印发《关于加快构建现代公共文化服务体系的实施意

见》。省人大常委会审议通过《浙江省旅游条例》,旅游法治建设迈上新台阶。2016 年,省政府调整升格省旅游发展领导小组并由省长任组长,建立"一事一议"机制研究解决旅游重大问题。省政府办公厅出台了《浙江省旅游业发展"十三五"规划》《浙江省旅游风情小镇创建工作实施办法》。省政府办公厅出台《关于推进基层综合性文化服务中心建设的实施意见》。2017 年,省委、省政府先后出台了《浙江省公共文化服务保障条例》《关于加快把文化产业打造成为万亿级产业的意见》《关于推进文化浙江建设的意见》。省第十四次党代会明确提出打造"诗画浙江"中国最佳旅游目的地。2018 年,省政府发布《浙江省传承发展浙江优秀传统文化行动计划》,并正式批复实施《浙江省全域旅游发展规划(2018—2022)》。2019 年,省委办公厅、省政府办公厅出台了《关于加强文物保护利用改革的实施意见》《关于浙江省实施革命文物保护利用工程(2018—2022 年)的意见》。2020 年,经省政府批准,成立省旅游专班,明确组织架构,建立工作机制。这些举措有力地推动了浙江省文化事业和旅游产业持续快速发展,多项工作走在全国前列。

(林 静)

概　况

ZHEJIANG CULTURE AND TOURISM YEARBOOK

2020年浙江省文化和旅游工作

2020年,全省文化和旅游系统坚持以习近平新时代中国特色社会主义思想为指导,全面贯彻党的十九届四中、五中全会和省委十四届七次、八次全会精神,忠实践行"八八战略",奋力打造"重要窗口",紧紧围绕省委、省政府"两手硬、两战赢"总体部署,统筹抓好疫情防控和复工复产工作,聚焦高质量竞争力现代化目标,全力推进全省文化建设和旅游发展再上新台阶。取得了3方面突出成果:

一、"两手硬、两战赢"交出高分报表

按照Ⅰ级应急响应要求,实行最严管控措施,没有发生文化和旅游活动导致疫情传播现象。坚持抓投资,实施"四十百千"工程成效显著,省长郑栅洁批示:"特殊年份的特别成就,不容易,好!"全年旅游人次和收入恢复率比全国平均水平分别高31和38.1个百分点,走在全国前列。

二、"窗口"性丰硕成果呈现

全年全系统获得国家级省级各类奖项、称号达209个。古典舞《西施别越》荣获第十二届中国舞蹈荷花奖,评书《一次心灵的对话》、杭州滩簧《淑英救弟》获中国曲艺牡丹奖。率先全面实现基本公共文化服务标准化。《浙江省大运河世界文化遗产保护条例》通过省级地方立法(国内首部)。24个项目入选第五批国家级非物质文化遗产代表性项目,数量居全国第一。新昌县、松阳县、仙居县、桐庐县、嘉善县被认定为全国第二批全域旅游示范区,总量居全国第一。温州文成刘伯温故里景区获评国家5A级旅游景区。德清莫干山国际旅游度假区、淳安千岛湖旅游度假区被新认定为国家级旅游度假区,数量全国第一。连续5年在全国旅游商品大赛中获奖数量居全国第一。

三、数字化改革迈出新步伐

"最多跑一次"改革持续深化,行政许可承诺时限压缩比、网办率、跑零次率、即办率等领跑全国。稳步推进"5G＋"建设,实现厅属5所场馆、3所院校和19家5A级景区的5G信号覆盖。完成"浙江智慧文化云"立项。升级"诗画浙江·文化和旅游信息服务系统",实现省、市、县3级推广应用,并入选全国文化和旅游信息化发展典型应用案例。首推"文旅绿码",实现与全国健康码数据打通。推进政务服务2.0工作,各项主要指标领跑全国。启动数字办公、数字党建等"现代机关"建设,协同推进一机游长三角、省域空间治理等项目。"诗画浙江文旅资讯"微信号常居全国文化和旅游系统公众号榜首。

具体表现为以下10个方面:

一、文化和旅游治理能力和水平不断提升

政治建设全面加强。学懂弄通做实习近平新时代中国特色社会主义思想,切实增强"四个意识",坚定"四个自信",做到"两个维护"。全系统上下从讲政治高度思考和推进文化和旅游工作,围绕中心服务大局,坚决贯彻落实省委、省政府的工作部署,实干担当,善作善成。深入学习贯彻《中国共产党宣传工作条例》和我省实施办法。健全负面舆情处置机制,全系统243名网军开展舆情处置15次。评选表彰2020年首届"最美浙江人·最美文旅人"20名。加强党风廉政建设。严格执行中央八项规定及其实施细则,坚决惩治腐败行为。压缩各类文件会议30%以上,公共财政开支进一步压缩。深入开展"三服务""大学习大调研大抓落实"活动,想方设法服务企业服务群众服务基层,帮助办实事解难事。大兴真抓实干作风,强化按"四个体系"闭环管理,克服官僚主义、形式主义。加强法治建设,自觉接受全国人大关于《中华人民共和国公共文化服务保障法》执法检查等人大监督、政协民主监督、审计监督。加强法治文化建设。省文化和旅游厅被评为法治工作年度先进单位。

二、疫情防控和复工复产统筹推进

疫情发生后,坚持人民至上、生命至上,第一时间暂时关闭所有图书馆、博物馆、美术馆等公共文化场馆7589家;暂停所有网吧4974家、娱乐场所4090家、A级旅游景区821家;停止公众聚集的文化和旅游活动7572场、文艺表演2531场、营业性演出2667场;全部暂停旅行社和专线旅游企业经营团队旅游及"机票＋酒店"旅游产品。印发《关于做好文化和旅游疫情防控工作的通知》等9个文件,率先修订完善文化和旅游场所及活动有序开放9个工作指南共190条措施。健全精密智控机制,推出旅游应急指挥系统、分时预约预订系统和景区实时客流查询系统,全面落实景

区"预约、限流、错峰"。围绕"六稳""六保"工作,指导各地用足各项纾困支持政策,建立驻企服务员机制,共派出驻企人员4813人次,驻企7726家,走访企业29537家,解决问题3868个。妥善做好春节出境受阻19.8万名游客9.6亿元"退团退费"处置工作,全省涉疫旅游达成100%协议改签、100%和解退费,没有发生群体性上访等维稳事件。实施"抗击疫情——文艺轻骑兵'云'行动"和文艺名家战"疫"行动,推出舞台艺术作品和美术作品近1400件、主题非遗文艺作品和手工艺作品2000余件(个)、主题展览10余个。促消费,省、市、县联动投放"10亿元文旅消费券""1亿元大红包",联合省财政厅在7个网络平台发放总价5亿元的旅游消费券,不断激发消费活力;指导各地实施弹性休假制,进一步落实职工带薪休假和疗休养制度;自9月开始,全省国内旅游已基本恢复到上一年同期水平,全年累计接待游客5.7亿人次,收入8275.1亿元,分别达到上年的78.5%和75.8%。抓投资,全省在建项目2839个,总投资2.01万亿元,实际完成2584.7亿元,完成年度计划的129%。

三、改革发展势头良好

加快推动"最多跑一次"改革成果向旅游景区、公共图书馆拓展延伸,评定放心消费景区77家,全省公共图书馆100%完成通借通还。经省政府批准,成立省旅游专班,明确组织架构,建立工作机制。在安吉设立新时代县域践行"绿水青山就是金山银山"理念综合改革创新试验区,推进长三角生态绿色一体化发展示范

区(嘉善)改革发展。推进事业单位改革,厅属事业单位由21家压减至16家,精简比例为27.27%。推进浙江演艺集团实质性运转,浙江交响乐团与浙江音乐学院达成战略合作。促进文化和旅游融合发展,率先制定《关于推进文化和旅游深度融合发展的意见》。开展文旅融合发展监测体系研究,设计文旅融合发展评价指标体系,建立文旅融合发展指数模型。加快推进系统集成改革,25个县(市、区)正式列入浙江省文旅产业融合试验区名单。完成《浙江省文旅融合IP发展综合评价办法(试行)》,构建"文旅IP"量化考核评价指标。印发《关于加快文旅金名片培育工作实施意见》,与11个设区市签订厅市共建100张"金名片"协议。推进浙江省交通强国建设试点任务,完成交通和旅游融合发展试点方案编制,将通景交通、码头、设备等纳入《浙江省建设高水平交通强省的实施意见》并推动实施。加强规划引领,组织开展3轮共38个课题的专题调研,形成了旅游业发展、文物博物馆事业发展、非物质文化遗产保护发展等3个"十四五"规划。标准化工作有新成效,省文化和旅游厅作为省级部门的唯一代表,在省部标准化工作联席会议上交流发言;出台4项文化和旅游地方标准;湖州市、嘉善县成功创建第四批全国旅游标准化示范市县。组建浙江省文化和旅游创新团队26支。持续推进高等教育改革,浙江音乐学院成功获批国家级、省级一流本科专业6个,一流本科专业占比达75%;创设"五大学院"新型表演实践教学平台,探

索"人才分类培养"模式创新;联合招收培养博士研究生。浙江旅游职业学院和浙江艺术职业学院双双进入全国、省"双高"建设序列。

四、文化遗产传承保护常抓不懈

深入实施传承发展浙江优秀传统文化行动计划,完成总投资的55%。全面实施文化基因解码工程,印发实施方案和工作导则,研发"文化基因解码工程信息管理系统"(1.0版)。统筹推进全省18处上山文化遗址的研究、保护和宣传,制订《阳明文化、和合文化、南孔文化研究、保护和文旅融合发展行动计划(2021—2023)》,明确宋韵文化研究保护利用的工作机构。组织实施考古调查勘探项目206项、考古发掘项目61项。发现了中国东南沿海地区埋藏最深、年代最早的一处海岸贝丘遗址——井头山遗址,迄今世界上面积最大、年代最早的古稻田遗址——施岙遗址,浙江地区西周时期规模最大、等级最高的墓葬——衢江区云溪乡孟姜村土墩墓。义乌桥头遗址、安吉龙山越国贵族墓园入围全国十大考古新发现终评。分获第十七届全国博物馆十大陈列精品奖和优胜奖各1项。形成首批浙江省革命文物名录。新增全国一级博物馆7家、二级博物馆11家、三级博物馆6家,等级博物馆总数达73家。新公布10处省级考古遗址公园。召开全省文物安全工作会议,落实文物安全工作责任制,推动文物安全工作纳入《浙江省高质量发展综合绩效评价指标体系》和省委组织部地方党政领导班子和领导干部年度考核。

与浙江大学、浙江理工大学、中国计量大学开展全面合作。督导各类文物安全事故、违法案件11起。印发《浙江省省级文化传承生态保护区建设的意见》，遴选17个创建地区。出台《浙江省省级非物质文化遗产代表性传承人管理办法》，制定浙江省省级非物质文化遗产代表性项目和代表性传承人评估实施细则并组织实施。加快浙江省非遗保护公共服务平台建设，发布浙江非遗数字地图"非遗GO"。开展"文化和自然遗产日"浙江主会场活动，举办全国非遗曲艺周和第十二届浙江·中国非遗博览会（杭州工艺周）。评选公布第二批省优秀非遗旅游商品100项。

五、文艺事业持续繁荣

11个作品入选文化和旅游部"庆祝中国共产党成立100周年舞台艺术精品创作工程"，数量居全国前列。开展"重要窗口"主题文艺精品创作，全省382个项目列入题材规划。5个项目获国家社会科学基金艺术学重大项目立项，26个项目获国家社会科学基金艺术学年度项目立项，均居全国前列。聚焦重大主题，完成歌剧《红船》首轮试演和婺剧《信仰的味道》、交响乐《诗路行·运河魂》等首演，推进舞蹈诗《良渚》等重点项目创作。评审推出2020年度全省舞台艺术创作重点题材项目11个、当代舞台艺术精品创作扶持项目5个。举办2020龙游石窟国际音乐盛典等大型旅游演艺演出。举办中国越剧艺术·绍兴有戏活动、浙江省传统戏曲演出季、"浙漾期待"大型惠民演出季等活动，完成援青、援疆20周年交流文艺演出。命

名第二批"浙江文艺创作采风基地"14个、浙江省戏曲之乡12个。举办各类美术展览30余个，分获全国美术馆优秀公共教育项目和优秀展览提名项目各1个。全面启动浙江省文化和旅游导师工作室培育创建工作和舞台艺术"1111"人才等各类人才培养计划。浙江音乐学院学生再次蝉联"中国好声音"总冠军。

六、公共服务提质增效

印发《县级文化馆总分馆制管理服务规范》。推进基层综合性文化中心社会化运营，提高基层文化场馆服务效能。会同省发改委制定印发《高质量打造未来社区公共文化空间的实施意见》，推动城市公共文化服务提档升级。启动新时代公共文化服务体系2.0版制订工作。新增农村文化礼堂3463个。持续开展文化惠民活动，全省送戏下乡21677场，送书下乡2904020册，送讲座、展览下乡16193场，"文化走亲"1592次；送教下乡115场，培训9200多人次。开展线上"全民阅读月"活动，举办活动2500余场，1000万读者参与。制订《关于高质量推进旅游公共服务的实施意见》，印发《旅游志愿者服务规范》。累计完成旅游厕所新建改建5638座，旅游厕所建设管理三年行动计划提前超额完成。完善"浙里好玩"公共服务平台，接入预约旅游企业1386家、讲解点4400个、文博非遗讲解内容100个和红色旅游线路13条。

七、文化和旅游资源开发优化升级

加快发展全域旅游，出台《浙江省全域旅游示范县（市、区）创建认定和复核评估管理办法（试

行）》和评分细则。除国家级示范区外，再认定第三批省级全域旅游示范县（市、区）16家。新增全国乡村旅游重点村26家。新创建5A级景区1家，丽水云和梯田通过国家5A级旅游景区景观质量评价，认定国家4A级旅游景区11家。推动文化场馆景区化建设，中国丝绸博物馆、浙江自然博物院安吉馆、北仑港口博物馆被评为4A级景区。推进"百城千镇万村"景区化，新认定A级景区村3392个，累计创成10083个，提前1年实现"万村景区化"，景区城覆盖率55.5%，景区镇覆盖率34.65%，景区村覆盖率49.4%。加快"四条诗路"千万级核心景区建设，启动42家千万级大景区培育。举办首届诗路文化带景区讲解员大赛，评选金牌讲解员10名。加快打造十大海岛公园，编制印发三年行动计划（2020—2022）并组织实施。认定第四批旅游风情小镇27家，评定等级民宿206家、第四批省级红色旅游教育基地10家。发布100条浙江文化和旅游精品线路。完成两个县（市）文化和旅游资源普查试点。率先完成全国红色旅游资源普查试点工作（嘉兴市）。推出未来景区改革试点10家、山地休闲度假发展试点16家和民宿（农家乐）助推乡村振兴改革试点15家。入选文化和旅游部"金牌导游"9名。世界旅游联盟总部完成土建工程，省之江文化中心建设按计划推进。

八、文化和旅游产业复苏强劲

建立文化和旅游企业"企业码"和信息库，筹建投融资服务平台，指导帮助企业做强办大。做

强产业平台,杭州白马湖生态创意城"国家级文化产业示范园区"、宁波"国家级文化与金融合作示范区"成功认定,创建国家级金华横店影视产业集聚区、衢州儒家文化产业园。创新拓展消费市场路径,联合省发改委等 10 部门下发《关于尽快恢复振兴文化和旅游消费市场　进一步激发文化和旅游消费潜力的实施意见》。举办文化和旅游消费季等系列活动 50 余场;推出"八百八千"文化和旅游精品线路。纵深推进"诗画浙江·百县千碗"工程,出台认定办法,认定两批 263 家美食体验店,公布 6 个美食小镇、22 个美食街区培育名单。推动杭州市入选国家文化和旅游消费示范城市,宁波市、温州市入选试点城市。确定省级文化和旅游消费试点城市 23 个,拟定省级夜间文化和旅游消费集聚区建设指导意见和认定办法。争取中国国际网络文化博览会永久落户浙江,成功举办第 15 届中国义乌文化和旅游产品交易博览会。联合中国人民银行浙江分行出台《关于做好全省文旅企业金融支持工作的通知》,联合中国农业银行浙江省分行、杭州银行出台"十条""九条",专项安排 400 亿元信贷资金解决受困企业资金难题。制定文化和旅游企业梯度培育计划并组织实施。

九、文化和旅游市场管理日趋规范

优化行政审批服务,涉及省文化和旅游厅的 16 项审批事项实现"一次也不用跑"。率先完成"游艺娱乐场所设立审批"等 4 个审批事项全面实施告知承诺、其他营业性演出"一件事"改革。完成涉外涉港澳台营业性驻场演出

受理窗口下放工作。建设信用监管平台 2.0 版,出台《浙江省文化和旅游行业信用评价管理办法(试行)》,修订完善《浙江省旅游黑名单管理工作流程》《浙江省旅行社信用评价指引》等 8 个工作制度,确定信用试点单位 10 个并启动实施。打造旅行社信用监管"浙江模式",被列为全省行业信用监管及全国文化和旅游信用体系建设典型案例,在 2020 年度全省信用监管晾晒考核中,总体推进率 100%,排名第一。在全国首创"信用绿码"并试点推行。新评定五星级饭店 2 家、五星品质旅行社 2 家、品质饭店 58 家、特色文化主题饭店 25 家、绿色饭店 22 家。深化文化执法改革,制定全省文化市场综合执法工作考核评估细则,指导各地完成"三定"方案确定和队伍合并组建。开展文化和旅游领域安全专项治理。共检查文化和旅游经营单位 260113 家次,查获违规 1436 家次,行政处罚立案 1421 件,办结案件 1408 件,警告 612 家次,罚款 662 万余元,停业整顿 30 家次,吊销许可证 4 家次,没收非法所得 424703.82 元。开展护航复工复产疫情防控专项督查行动,排查各类风险隐患 6503 个。浙江省以 7 件总数位居文化和旅游部 2019—2020 年度重大案件办理第一。加强社会组织监管,搭建"省文化和旅游类社会组织信息网",制订社会组织管理办法,依法依规开展登记管理工作。

十、合作交流打开新局面

整理完成包含 10 组 245 项内容的对外文化和旅游交流资源库,打造 18 项线上交流项目。线上线下同步,举办"世界看见:诗

画浙江海外推广文旅金名片展示周"和"云上泽国——良渚文明主题线上展"海外推广活动,据不完全统计,已覆盖 40 多个国家和地区 800 万人次;境内境外联动,启动"万名日本游客走进诗画浙江"和"相聚浙里"国际人文交流和旅游推广活动。深化浙港澳合作,承办 2020 港澳青少年游学推广活动暨内地游学联盟大会等旅游合作和推广活动。加强"云"传播,"云游浙江"英文文化和旅游宣传在涉外媒体社交账号集中发布,总访问量超 15 万次,覆盖人群超 75 万人次。建成 7 家国际人文交流基地。绍兴市获评"东亚文化之都"。加快推进长三角文化和旅游一体化发展,环太湖生态文化旅游圈、杭黄世界级自然生态和文化旅游廊道、浙皖闽赣生态旅游协作区建设积极推进。紧密围绕决战决胜脱贫攻坚,与贵州省、青海省海西州等 4 个地区签署对口支援工作框架协议,组织开展"文化润疆"系列援疆活动。省内对口扶贫任务高质量完成。

(吴明克)

2020 年浙江省文物工作

2020 年是全面建成小康社会和"十三五"规划的收官之年,也是全省文物事业改革发展的关键之年。浙江省文物局高举习近平新时代中国特色社会主义思想伟大旗帜,全面贯彻落实党的十九届四中、五中全会和省委十四届七次、八次全会精神,不断增强"四个意识"、坚定"四个自信"、做到"两个维护",紧扣党和国家工

作大局,按照"忠实践行'八八战略',奋力打造'重要窗口'"的总体要求,统筹推进新冠肺炎疫情防控和文物事业发展,坚决守住文物安全底线,深入推进文物保护利用改革,砥砺奋进、实干当担,全面完成工作要点任务,推动浙江文物工作再上新台阶。

一、务实高效抓党建,忠实践行全面从严治党

深入学习贯彻习近平总书记关于历史文化遗产保护利用的系列重要论述精神,全面落实党中央、国务院及省委、省政府重要决策部署,强化党建引领,增强政治担当。不断巩固"不忘初心、牢记使命"主题教育成果,努力推动主题教育成果转化为推动浙江文物事业发展的实际成效。全面开展对党忠诚教育,落实"四个一"学习制度,局党总支组织集体学习9次,局机关各支部组织开展集体学习50余次。加强党组织建设,完成局机关党总支及4个党支部的换届工作,配齐配强党总支及党支部班子。实施党建"四联"工作法,推动省级文博片党建和业务工作共建共享,省文物局机关党总支荣获2018—2019年度省级文化和旅游系统先进基层党组织,"四联"工作法入选省级文化和旅游系统十佳党建优秀案例。

二、稳妥有序抓防控,全面落实疫情防控和复工复产工作要求

打好文物系统疫情防控攻坚战,第一时间印发《关于继续做好新型冠状病毒感染肺炎疫情防控期间相关工作的通知》,就各地文物行政部门及文博单位建立完善疫情防控和文物安全责任制、完善应急预案、落实相关举措做出全面部署。在疫情防控攻坚战期间,做到了及时闭馆停工,并努力做到闭馆不闭展,组织全省100余家博物馆推出在线展览300余个,在特殊时期丰富了人民群众的精神文化生活。在统筹疫情防控与经济社会秩序恢复阶段,部署开展了为期20天的全省文物领域护航复工复产安全生产攻坚行动,对9月前的全省一般投资项目实行承诺制审批,在全国率先制定发布《浙江省新冠肺炎防控博物馆有序开放操作指引》;组织省内文博机构筹备举办"'浙'里长城——浙江省抗击新冠肺炎疫情纪实展"等抗疫主题展10余个,全面展现了省委、省政府关于疫情防控的重大决策部署及全省人民参与疫情防控的生动实践,得到了省领导的好评。

三、着眼长远抓谋划,不断增强文物事业发展后劲

加快推进《浙江省文物博物馆事业发展"十四五"规划》(以下简称《规划》)编制工作,推进《规划》纳入省级"十四五"专项规划编制目录备案类专项规划,完成《浙江省"十四五"时期文化遗产保护传承利用》《凸显浙江在中华文明中地位的文化标识体系建设》《浙江省海洋文化遗产调查》《我省文化资源转化为旅游产品的现状与对策》等专题研究,编制形成《规划》审议稿。认真贯彻落实习近平总书记在中央政治局第二十三次集体学习时的讲话精神和省委主要领导批示精神,由省委宣传部牵头成立专班,起草推进浙江考古事业发展的总体方案和工作意见。深入贯彻落实中央编办《关于加强地方文物管理机构编制的电话通知》精神,组织开展了全省基层文物管理机构设置情况调研,向省编委办提交了加强全省文物管理机构建设的意见。

四、聚焦重点抓改革,全力推进各项改革任务

深入推进文物保护利用改革,《浙江省大运河世界文化遗产保护条例》通过审议,于2021年1月1日起正式施行,成为全国第一部大运河文化遗产保护省级地方性法规。完成文物流通领域企业信用监管体系建设,有序推进浙江省不可移动文物地理信息系统(GIS)和浙江省可移动文物资源管理平台建设。杭州、宁波基本完成加强文物保护利用改革政策文件的研究制订工作。深入实施革命文物保护利用工作,开展革命文物资源梳理,整理形成了首批浙江省革命文物名录,完成革命类博物馆纪念馆专项调查,启动可移动革命文物调查登记。4市25县(市、区)被列入第二批革命文物保护利用片区分县名单,新四军浙东游击纵队司令部旧址(余姚市)、新四军苏浙军区旧址(长兴县)2处革命遗址列入国务院公布的第三批国家级抗战纪念设施、遗址名录。启动征集第三届不可移动文物保护利用优秀案例(革命文物专项),推进浙西南革命文物等保护利用重点项目,编制完成《浙西南革命文物保护利用专项方案》。大力推进石窟寺文物保护利用,启动开展已公布为省级以上文物保护单位的全省石窟寺(含摩崖造像)文物资源调查并形成调研报告。按照国务院统一部署,启动全省石窟寺专项调查工作。完成石窟寺类开放景区游客承载量公告工作。启动新昌大佛寺数字化保护利用工程。

五、着眼大局抓项目,有效助力重大战略、重点项目实施

积极助力"标准地"改革和重大项目建设。加快推进义乌经济技术开发区等29个省级以上开发区文物保护区域评估项目,累计完成任务总量的70.9%;加快推进杭绍甬高速公路等重大基建考古调查勘探项目。组织实施考古调查勘探项目179项,考古发掘项目52项。深入推进文物领域数字化转型和"最多跑一次"改革。推进"互联网＋政务服务2.0"建设、投资项目3.0平台建设、"证照分离"改革,制定《浙江省文物局行政审批告知承诺办法》,8个事项在全省范围内实行告知承诺制审批。积极推进诗路文化带建设行动相关任务,实施浙东唐诗之路三年建设行动,配合省发展改革委完成浙东唐诗之路36颗诗路珍珠的遴选,完成《浙东唐诗之路沿线历史文化遗产调查报告》,加快推进实施诗路文化遗产的保护和修缮。助力乡村振兴战略实施,推动实施松阳县"拯救老屋行动"二期项目,完成项目遴选和国家专项资金申请,安排专项资金1176万元,拟维修文物建筑67幢,已维修文物建筑37幢。积极参与做好"千年古城"复兴计划、古井水源保护等重点任务,对杭州市富阳区新登镇、建德市梅城镇、宁波市江北区慈城镇、海宁市盐官镇4座古城保护利用工作开展专业指导。配合省水利厅在全省范围内开展古井水源普查工作,汇总全省古井名录。

六、问题导向抓安全,坚决守牢文物安全底线

压紧压实文物安全主体责任。提请省委、省政府召开全省文物安全工作会议,省政府授权浙江省文化和旅游厅与各设区市人民政府签订了《浙江省文物安全责任书》。积极推动文物安全纳入了地方党政领导班子考核和领导干部政绩评价体系和平安浙江考核体系。部署开展文物安全专项整治行动。联合省公安厅部署开展全省打击文物犯罪专项行动。聚焦文物建筑消防安全重大风险,联合省消防救援总队启动全省民居类文物性建筑消防安全三年专项整治行动,并上线试运行文物消防安全"分色图"监管功能平台。围绕"三升三降"目标任务,启动实施全省文物安全工作全面提升三年行动计划,重点实施五大工程,推动全省文物安全形势根本性好转。加强文物安全重点督察。制定出台《文物安全工作约谈办法》《文物安全工作督察办法》。重点督导4起文物安全事故处置和7起文物违法案件查处工作,开展做好永嘉县全国重点文保单位芙蓉村古建筑群之司马第大屋"5·4"火灾事故和杭州市临安区钱镠墓被盗案督察及善后工作。完成11处被国家安委会和10处被省安委会挂牌督办的文物保护单位消防安全隐患整改督导和报请销号工作。强化文物安全日常监管。组织开展文物安全日常隐患排查,全省共出动3.9万余人次,检查文博单位2万余家次,发现文物安全隐患4253处,整改到位3993处;查处文物违法案件26起,配合公安侦办文物刑事案件5起,追缴文物1万余件。及时部署防疫期间、复工复产、汛期、冬春和节假日等重要时段的文物安全工作。提高

文物安全防范水平。全年共评审安防、消防和防雷项目设计方案39个,完成竣工验收项目17个,开展项目中期专项评估和监管29次。完成全省文物平安工程(一期)项目绩效评价,对2021—2023年文物平安工程实施计划和资金需求进行了测算,对接省财政厅追加6000万元文物平安工程专项资金,为文物平安工程(二期)项目启动实施打下了坚实基础。

七、突出质量优服务,大幅提升博物馆公共文化服务水平

博物馆展陈精品送出。有2个展览分别荣获第十七届全国博物馆十大陈列精品奖和优胜奖。组织开展第十四届全省博物馆陈列展览精品项目推介活动,评选出3个庆祝中华人民共和国成立70周年特别奖、2个国际合作精品奖和10个精品奖。博物馆质量稳步提升。在第四批全国博物馆定级评估中,新增全国一级博物馆7家,二级博物馆11家,三级博物馆6家,全省等级博物馆总数达73家,数量位居全国前列。开展了县级博物馆质量提升试点工作,在湖州、金华两市展开试点,探索县级博物馆质量提升的有效路径。博物馆发展活力有效激发。成功承办由国家文物局和省政府共同主办的首届"丝绸之路周"主场活动。组织开展第四届全省博物馆免费开放最佳做法推介活动,评选出18个免费开放最佳做法项目。积极探索智慧博物馆建设,与腾讯公司合作启动"博物官——浙江省博物馆聚落平台建设项目"。

八、提质增效强基础,扎实推进考古和文物保护利用工作

考古工作成果丰硕。实施主

动性考古发掘项目9项。发现了中国东南沿海地区埋藏最深、年代最早的一处海岸贝丘遗址——井头山遗址，发现了迄今世界上面积最大、年代最早、证据最充分的古稻田遗址——施岙遗址，发现了浙江地区西周时期规模最大、等级最高的墓葬——衢江区云溪乡孟姜村土墩墓。结合考古中国等重大课题，持续深化良渚古城遗址及外围水利系统的考古研究。评选产生2020年度10项浙江考古重要发现。举办上山遗址发现20周年学术研讨会，形成了关于上山文化考古研究的最新认识和成果，浙江成为世界稻作农业起源地、世界最早农业定居聚落、世界最早彩陶出土地。大遗址保护利用工作持续深入。启动《全国重点文物保护单位良渚遗址保护整体规划》修编工作，实施良渚古城外郭城遗址周边基础设施配套提升工程，启动《良渚》大型纪录片拍摄，推进浙江省考古与文物保护基地建设。推动安吉古城国家考古遗址公园环境整治及基础设施建设，完成安吉古城考古遗址博物馆土建及周边景观打造。安吉考古保护中心、浙东考古基地正式投入使用，建成马家浜考古遗址博物馆。公布第三批省级考古遗址公园10处。不可移动文物保护管理扎实推进。启动第八批全国重点文物保护单位记录档案编制及保护范围和建设控制地带调整划定工作。批复省级以上文保单位保护工程立项计划36项，审查省级以上文保单位保护工程设计方案105项，初审上报省级以上文保单位保护区划建设项目31项，组织审查省级以上文保单位保护规划9

项。完成浙江省不可移动文物地理信息系统中省级以上文保单位名录确认、"四有"档案整理入库、保护范围建设控制地带文件整理入库等工作。协同省建设厅做好历史文化名城、名镇、名村（街区）申报和保护工作。省政府公布第六批省级历史文化名镇名村街区共96处，至此，全省共有省级历史文化名镇名村街区301处，其中名镇87处，名村201处，街区13处（不含名城内街区）。

九、加强合作谋发展，全方位拓展文物工作格局

推进国家文化遗产保护科技区域创新联盟（浙江省）成员单位之间的合作研究。浙江大学、故宫博物院等成员单位成功申报国家科技部重点研发计划"不可移动本体劣化风险监测分析计划和装备研发"的两个课题。中国丝绸博物馆和浙江理工大学共同参与国家重点研发计划"可移动文物价值认知及关键技术研究（有机质类）"项目中的纺织品课题研究，联合共建的国家丝绸学院开始招收博士研究生和硕士研究生。中国丝绸博物馆联合浙江大学成功申报国家重点研发计划"世界丝绸互动地图关键技术研发和示范"项目。浙江省博物馆、浙江省文物考古研究所分别与浙江大学开展文物预防性保护关键技术研发、良渚遗址群石器鉴定及石源研究。浙江大学、浙江省文物考古研究所等单位参与2020年度国家重点研发计划"重大自然灾害监测预警与防范"重点专项。浙江省博物馆获赠陈巨来"铭心绝品"田黄印，该印曾被吴湖帆钤印于黄公望《富春山居图》前半卷《剩山图》等多件名迹

之上，在文化、艺术和收藏等方面都有重要价值。中国丝绸博物馆、良渚古城遗址入选首批浙江省国际人文交流基地，浙江省文物鉴定站首倡建立长三角文物鉴定机构协作机制。

十、内外发力树形象，着力加强自身建设

有效强化干部培养激励工作，积极推进良渚古城遗址申遗表彰工作，提请省委办公厅、省政府办公厅表彰良渚古城遗址申遗工作先进集体10个、先进个人45名。省级文博单位1人获评全国先进工作者，2人获评"最美浙江人·最美文旅人"。全省文物系统3人获评文化和旅游部优秀专家。组织开展第四届"最美浙江文物守望者"评选推介活动，评选产生"最美浙江文物守望者"29名，在杭州地铁媒体平台进行了宣传推介。深入实施"新鼎计划"，选拔并培养青年优秀文博人才10名。组织举办全省文保实训班、考古实训班、古陶瓷鉴定实训班、文物安全管理业务培训班等各类培训班，培训基层文博人才300余人次。加快推进局机关大楼装修项目，完成过渡搬迁、初步设计及施工图设计审核调整、项目招标等工作，施工进度已过半。着力讲好浙江文物故事，会同省文化和旅游厅、绍兴市人民政府在线举办了2020年"文化和自然遗产日"浙江省主场城市（绍兴）系列活动，累计点击观看量超660万次。线上线下联动开展2020年"5·18国际博物馆日"浙江主场活动，推出"浙里光影 云看文博"浙江系列直播活动，累计点击量超1000万次。加大文物安全警示教育工作力度，制作发

布全省文物安全工作警示片,编印《文物安全与执法工作手册》。认真做好日常宣传和政务信息公开等工作,浙江文物网、浙江文物微信服务号分别发布各类文博信息 2900 余条、280 余条;刊发《浙江文物》(双月刊)6 期;受理依申请公开事项 7 项,办理信访事项 152 项。

(省文物局)

政策法规

【概况】　2020 年,文化和旅游政策法规工作讲政治、重担当、强作风、聚合力,着力在谋划重要政策、牵头重大事项、强化法治保障上下功夫,取得显著成绩。获得 3 项省部级荣誉;浙江旅游发展经验《浙江激活生态资源形成旅游发展新优势》被中央文改办作为典型经验推广;"浙江省旅游业高质量发展专题研究"课题成为 2021 年省政府分管领导指定的唯一重点调研课题;起草了《浙江省旅游业发展"十四五"规划》《关于推进文化和旅游深度融合发展的意见》《关于推进治理现代化积极服务"重要窗口"建设的实施意见》等近 10 个重要政策性文件。

【荣获省部级荣誉】　法治政府考核获评"优秀"。省文化和旅游厅获评"美丽浙江建设优秀单位"。制定印发《浙江省文化和旅游厅关于加强生态文化建设和生态旅游发展的指导意见》,配合省美丽浙江领导小组办公室起草《深化生态文明示范创建　高水平建设新时代美丽浙江规划纲要(2020—2035 年)》等 21 个重要

文件,参与"率先构建共同富裕的体制机制　促进人与自然和谐共生擦亮共同富裕底色"等 3 个课题研究。省文化和旅游厅收到省生态环境厅感谢信,被省委、省政府评为"美丽浙江建设优秀单位"。调研报告得到文化和旅游部表扬。完成省委、省政府 4 批次近 20 个课题的研究任务,自主开展多轮厅级调研活动,2 篇调研报告被文化和旅游部评为二十佳调研报告,5 篇调研报告被评为优秀调研报告,获奖总数位居全国各省(区、市)第一。

【抓好专项规划】　2020 年是"十四五"规划的研究编制之年。组织开展 3 轮共 38 个课题的专题调研,形成《建设"重要窗口"背景下我省旅游高质量发展研究报告》等一系列研究成果。开展全省"十三五"文化和旅游发展评估,研究梳理"十三五"发展主要成就和存在的问题,形成评估分析报告。在前期课题研究的基础上,形成《浙江省旅游业发展"十四五"规划(征求意见稿)》。省文化和旅游厅厅长褚子育 2 次在全国会议上做"十四五"发展思路典型发言,得到了文化和旅游部部长胡和平的充分肯定。同时,配合省委宣传部编制好《浙江省文化发展改革"十四五"规划》,牵头开展 3 个课题研究,认真提供文化板块重点内容。

【谋划重要政策】　围绕贯彻落实习近平总书记考察浙江重要讲话精神,在省级部门中率先研究制订《浙江省文化和旅游厅关于推进治理现代化积极服务"重要窗口"建设的实施意见》。围绕贯彻

落实中央和省委、省政府关于文化和旅游融合的部署,积极开展全省文化和旅游高质量深度融合大会筹备工作,在全国文化和旅游系统中率先研究制定《浙江省文化和旅游厅关于推进文化和旅游深度融合发展的意见》,明确了文化和旅游融合的路径方法和工作重点,组织撰写了 28 个全省文化和旅游融合的典型案例并报省委宣传部。围绕疫情防控大局,疫情发生后第一时间梳理《中华人民共和国合同法》《中华人民共和国旅游法》《中华人民共和国消费者权益保护法》《浙江省旅游条例》等相关法律条文,在全国文化和旅游系统中第 1 个制定下发了《关于全力支持文化和旅游企业战胜疫情稳定发展的通知》,指导文化和旅游企业用好政策共渡难关。下发《关于妥善处置因新型冠状病毒感染肺炎疫情暂停出境旅游后引发纠纷的通知》,帮助指导省旅行社协会起草了《关于妥善处理因新型冠状病毒感染肺炎疫情暂停旅游经营后引发矛盾和纠纷的指导性意见》。围绕积极筹备全省旅游发展大会,组织省内专家开展专题调研,形成 6 个研究报告,研究起草了《关于推进旅游业高质量发展的若干意见》(代拟稿)。总结浙江旅游业发展经验,《浙江激活生态资源形成旅游发展新优势》被中央文改办作为典型经验推广。积极参与省旅游专班政策小组工作,梳理汇总近年来兄弟省市旅游业重点政策举措,向政策小组提出了政策建议。围绕习近平总书记对长三角一体化重大战略的重要部署,牵头制定了支持长三角生态绿色一体化发展示范区嘉善片区文化和

旅游发展的政策措施，与嘉善县委、县政府签订战略合作协议。省文化和旅游厅对长三角一体化支持举措被省委办公厅工作简报录用。围绕"绿水青山就是金山银山"理念提出15周年，制定了支持新时代浙江（安吉）县域践行"绿水青山就是金山银山"理念综合改革创新试验区的政策措施。

【推动法治建设】 2020年是基本建成法治政府的重要之年。立足文化和旅游系统实际，落实推进法治建设第一责任人职责，建立法治建设半年分析制度，扎实推进各项法治政府建设工作。推进文化和旅游系统立法有新突破。制定了《"十四五"时期浙江省文化和旅游地方性法规立法调研项目库》，落实《浙江省大运河世界文化遗产保护条例》立法双组长制度，《浙江省大运河世界文化遗产保护条例》顺利通过省人大常委会审议。法治制度建设有新的突破。研究制定《浙江省文化和旅游厅法律顾问和公职律师管理制度》，建立健全外聘法律顾问聘请、履职和考核机制，省文化和旅游厅公职律师实现了零的突破。研究绘制《省文化和旅游厅行政规范性文件制定流程图》，全面加强对行政规范性文件和合同的合法性审查，要求重大行政决策、重大行政合同、重大行政许可、重大行政处罚等材料均需经合法性审查后方可提交厅党组会或厅长办公会议讨论。对10件行政规范性文件、9份重大行政合同和5份重要文件进行合法性审查，确保内容合法合规。法律事务服务有新的突破。成立省文化和旅游厅法律事务服务组，成

员由省级文化和旅游系统熟悉法律的干部、高校法律研究人员和厅法律顾问等11人组成，聚焦重大决策、重大项目、重大事件等，发挥咨询、论证、审核作用，已为厅机关和厅属单位服务13次。依法处理改革事项有新的突破。协同相关处室坚持依法推进改革，整合省文化和旅游厅法律顾问团队及厅法律事务服务组专家力量，依法、妥善解决浙江新远集团与浙江舞台设计研究院历史遗留问题。积极有效应对2起诉讼，省文化和旅游厅均胜诉。法治宣传有新的突破。制定《浙江省文化和旅游厅2020年法治宣传教育工作要点》《省文化和旅游厅法治宣传教育个性工作清单》。疫情防控期间利用"钉钉"平台组织全厅领导干部学习《疫情期间法律问题指引》；组织全系统领导干部集中学习《中华人民共和国民法典》；与省司法厅联合作为指导单位，支持嘉兴市举办以"守法治·奔小康·庆百年"为主题的中国农民画法治主题作品展。

【落实服务保障】 草拟《"十四五"时期浙江省文化和旅游"领航"计划》，努力遴选培育一批国内领先、有国际影响力的"单打冠军"。细致抓好省文化和旅游厅征求意见稿审核办理工作，处理征求意见稿600余件。加强与省委政研室、省委宣传部、省发展改革委等部门的沟通，积极争取《省委关于制定国民经济和社会发展第十四个五年规划和二〇三五年远景目标的建议》《浙江省国民经济与社会发展"十四五"规划纲要》等重要材料增加文化和旅游内容。围绕浙江自贸区扩区，开

展了中国（浙江）自由贸易试验区文化和旅游改革发展的基础研究，组织召开了专题学习视频会。抓好乡村振兴相关工作。参加省"率先构建推进共同富裕的体制机制"专班工作，配合做好《浙江省乡村振兴促进条例（草案）》等重要材料起草和相关考核工作，主动将乡村文化和旅游发展工作与乡村振兴战略对接。开展补短板工作。印发《浙江省文化和旅游领域补短板工作清单》，努力为高质量全面建成小康社会做出文化和旅游贡献。注重加强与文旅智库力量的合作，发挥浙江图书馆的情报收集优势，坚持每天编撰推送《文旅快讯》，每月编辑推送《文旅纵览》，为领导决策提供政策参考。

【改革工作系统机制更加完善】 省文化和旅游厅改革工作的组织架构、运行机制、管理督查等制度进一步健全。根据《浙江省文化和旅游厅关于专班工作的若干规定（试行）》精神，印发了《浙江省文化和旅游厅深化体制机制改革工作制度》。制定了《浙江省文化和旅游厅2020年深化文化体制机制改革工作要点及主要任务分解分案》，确定省委改革办重大改革项目涉及省文化和旅游厅工作内容6项，省委改革办省域治理六大体系重点改革任务涉及省文化和旅游厅工作内容18项，列入2020年省领导领衔重点改革项目1大项（含多项具体任务），列入学习借鉴全国改革先进经验清单1项，列入省文化体制改革专项小组重点突破改革项目2项，列入省文化体制改革专项小组重点改革项目10项，列入省经济体

制改革专项小组重点改革项目 7 项,列入省社会事业领域改革专项小组重点改革项目 1 项,省委、省政府其他重点改革工作 2 项、厅重点改革项目 32 项,共 80 项。

全年召开省文化和旅游厅改革会议 3 次、改革专题会议 6 次,厅主要领导专门听取改革工作情况汇报 8 次,书面督查 2 次,印发相关会议纪要 6 份,累计收文 290 余件、发文 54 件。加强对基层改革工作指导,召开全省市级改革工作培训会议 1 次,举办专门培训班 2 次,在全省"最多跑一次改革"工作会议上典型交流 2 次,以会议发言形式交流改革方面先进典型经验近 20 次,以省文化和旅游厅《改革专刊》(简报)形式交流改革方面先进典型经验 9 次。向省委改革办《领跑者》刊物推荐基层文化和旅游改革工作案例 2 次。编辑各地市改革工作情况和思路汇编 2 本。

【年度改革工作统筹全面完成】
改革任务督办协同更加有力。每项工作明确责任处室和专班,按照工作例会和督查督办制度,每季度梳理改革工作进展情况,摸排下一阶段工作安排。各处室、专班对改革工作更加重视,截至 12 月底,53 项改革工作全部完成,26 项改革工作持续推进,其中大部分工作进入收尾阶段,1 项工作因上级部门未部署暂未开展。顺利完成省委全面深化改革委员会重大改革项目、省域治理六大体系重点改革任务涉及省文化和旅游厅工作,圆满完成列入 2020 年省领导领衔重点改革项目、列入学习借鉴全国改革先进经验清单项目的改革任务,牵头

或者配合完成列入省文化体制改革专项小组重点突破改革项目、重点改革项以及省经济体制改革专项小组重点改革项目、省社会事业领域改革专项小组重点改革项目的改革任务。全面推进并基本完成厅 32 项年度重点改革项目。

【牵头主抓改革工作成效明显】
省级文旅产业融合试验区创建结出硕果。此项工作被列入 2020 年省政府工作报告。遴选基础比较扎实、特色较为鲜明、创新活力较强的 26 个县(市、区)列入"浙江省文旅产业融合试验区"培育名单,克服疫情影响,积极跟进联系,加强工作指导,及时梳理并通报工作进展情况。编印《改革专刊》3 期,对亮点工作进行推介。组织召开全省文旅产业融合试验区创建工作培训班。制订完善试验区考核验收指标体系,由省文化和旅游厅领导带队,邀请省委宣传部相关处室负责人及专家参加,开展现场考核验收,25 个县(市、区)被正式命名为"浙江省文旅产业融合试验区"。整理编印《浙江省文旅产业融合试验区典型案例汇编》,对典型经验进行总结宣传。

"最多跑一次"改革继续领跑全国。省级层面完成 10 项"机关内部最多跑一次"事项配置工作和 195 项"省市县三统一"权力事项配置和动态调整。累计调整确认行政相对人性质、权力行使层级、事项要素等 6 次,依法申请删除权力事项 15 项。建立省级管控事项动态调整机制,依申请为地方调整省级管控事项 8 次,进一步激发地方个性事项办理活

力。加快推进政务服务 2.0 建设,做好事项上线和维护工作。全省文化旅游条线 110 个目录 4075 个事项全部上线,26 个子项事项及时取消,确保事项库中子项事项正常运转。加强事项指导,先后为各县(市、区)提供事项维护相关问题解答、技术指导 300 余次,确保政务服务平台切换过渡期正常运转。完成 164 个事项 4920 个数据的办事指南要素、单点登录和申报易用度自检工作。持续做好与上海、广东、江苏、贵州、安徽 5 个省份系统的竞对数据,确保全国领先。

文化和旅游公共服务优化提升成绩显著。与省委改革办(省跑改办)联合下发《全省公共图书馆贯彻落实"最多跑一次"改革理念优化提升服务行动方案(2020—2022)年》《以"最多跑一次"改革理念促进 A 级旅游景区服务质量提升方案(2020—2022年)》。各地市、县(市、区)积极启动"最多跑一次"向公共服务领域延伸扩面工作。11 个地市均已印发当地公共图书馆服务大提升行动方案,全省完成 130 余家主题图书馆、城市书房建设,完成全省图书文献资源通借通还服务系统建设,全省 90% 的公共图书馆开通微信公众号,推广"信阅"服务。11 个地市均已印发旅游景区服务大提升行动方案,重点 4A 级以上旅游景区全面建立预约制度,实现至少有 1 家 3A 级旅游厕所,98% 以上的 A 级旅游景区商户支持电子支付,重点 4A 级旅游景区实现语音导览或电子讲解全覆盖。实行特殊人群门票优惠政策,景区内部消费全部实行合理定价、明码标价。发文公布

放心景区名单。10月，浙江省公共图书馆、景区公共服务提升的好经验好做法被列入《国务院政府职能转变和"放管服"改革简报》（第48期），在全国宣传推广。《全省博物馆贯彻落实"最多跑一次"改革理念优化提升服务工作方案（2020—2022年）》完成两轮意见征求，即将定稿报送。

事业单位转企改制顺利完成。积极稳妥、全力推进经营类事业单位转企改制工作。与上级部门、相关单位进行了大量的沟通协调，向上争取最大利益、最佳路径，向下重视诉求、耐心解释，没有引起涉改人员到省文化和旅游厅上访诉求。对改制单位的涉改人员、资产和诉求等进行了3次摸底排查，到基层单位调研、参加涉改人员会议5次，接待来电、来访咨询30多次，答复涉改人员家属来信2次。建立专题例会和处室、单位碰头会等推进制度，挂图作战，跑表计时。省文化和旅游厅厅长褚子育牵头召开6次专题会议，印发6次会议纪要。改革办牵头召开碰头会议16次。杭州剧院、浙江胜利剧院、杭州电影拍摄基地、原省文化厅招待所已经完成事业单位注销。杭州剧院、浙江胜利剧院已注册新公司。杭州剧院、浙江胜利剧院公司划转浙江演艺集团。浙江新远集团和浙江省古建筑设计研究院划转至省文投集团。原各单位事业单位编制"中人"平稳转岗至浙江省自然博物院（安吉馆区）。整个改制工作平稳有序，受到省事改办的表扬。

持续推进法人治理结构改革。积极统筹、协调各条线，全面推进法人治理结构改革。全省103家县级以上公共图书馆和102家文化馆全部完成法人治理结构改革。全省77家博物馆有43家已完成法人治理结构改革，完成比例为55%。美术馆系统法人治理结构改革已完成1家，占比33%，浙江美术馆、温州美术馆抓紧推进。全省各级非遗馆（非遗中心）积极谋划开展相关改革工作。

（陈　蕾、骆　威）

专业艺术

【概况】　2020年，全省专业艺术工作紧紧围绕"出精品、出人才、出效益"的工作目标，努力推出优秀文艺作品，大力加强人才队伍建设，认真组织重大艺术活动，服务省委、省政府中心工作，深化省属文艺院团改革，不断满足人民文化需求，积极推动新时代文化浙江建设。

【服务中心工作积极有为】　创排防疫抗疫文艺作品。组织全省文艺工作者全心战"疫"，发扬文艺工作者的担当精神，第一时间以文艺的形式传递信心、爱心和决心。完成363项舞台艺术作品创作及近1000件美术作品创作。开展文艺轻骑兵"云"行动，涵盖戏曲、音乐、话剧、儿童剧、杂技等不同艺术形式的25部优秀文艺作品让群众手机一点就可以免费观看，网络点击量达50万次，有效满足了疫情防控期间群众的精神文化需求，获得了社会的广泛关注。组织开展文艺名家战"疫"行动，在微信、抖音、快手、西瓜视频、微视等平台上推送茅威涛、汪世瑜等11名艺术家短视频，点击量达250万次。同时，组织各艺术单位发挥自身优势，开展了"云上剧场""云上闹元宵""元宵戏剧灯谜等您猜"等线上文艺活动，丰富居家群众的文化生活。

积极推动复工复产。在疫情防控常态化情况下，精准帮扶国有文艺院团、剧院复工复产。推出"浙漾期待"演出季、传统戏曲演出季、交响乐团音乐季等演出活动，组织演出100多场，线上线下30.7万人次观看。参与"疫去春来·浙江文旅消费季"活动，打造"云上剧场"推介文艺作品和文艺院团，开通"浙演直播平台"组织线上展演，加速恢复全省演出市场。

举办重大文艺演出。组织创作演出团队赴青海海西州德令哈市举办"向祖国致敬·为援青礼赞"对口支援海西10周年文艺晚会。与浙江援疆指挥部、阿克苏地区文旅局深度合作，与塔里木歌舞团携手在阿克苏人民剧院精心呈现"浙阿十年　一路同行"浙江援阿十周年主题晚会。完成省委、省政府春节团拜会文艺演出、省老干部局春节团拜会。组织举办庆祝建军93周年"行进在人民的目光里"军地联合文艺晚会。启动浙江省庆祝中国共产党成立100周年大型文艺演出筹备工作。

文化惠民品牌彰显。开展浙江省传统戏曲演出季。全省46个院团（院校）上演78场经典剧目，以杭州为主会场，在宁波、温州、绍兴、金华4地开设分会场进行联动演出。演出季秉承"文化惠民、服务大众"的理念，通过演出票务惠民的举措，推出最低20元的"惠民票"。积极助力夜间消费,在上座率严格限制的情况下,票房总收入达到104.96万元。开展2021省属院团新年演出季。演出季于12月26日正式启幕,浙江音乐学院、浙江艺术职业学院、浙江小百花越剧院、浙江京昆艺术中心、浙江演艺集团、浙江交响乐团等的20场精彩演出,在杭城各大剧场集中上演。

【精品创作持续繁荣】　艺术创作生产态势良好。全省文化文艺战线紧扣时代脉搏,紧扣重要时间节点,推出歌剧《红船》、交响乐《诗路行·运河魂》、婺剧《信仰的味道》、抗疫情景报告剧《温·暖》、歌舞剧《畲山黎明》等一批优秀文艺作品。省文化和旅游厅荣获文化和旅游部戏曲百戏(昆山)盛典优秀组织单位。全省11个作品入选"庆祝中国共产党成立100周年舞台艺术精品创作工程"重点扶持作品,数量位居全国前列。评书《一次心灵的对话》获中国曲艺牡丹奖文学奖。舞蹈《西施别越》获中国舞蹈荷花奖古典舞奖,独舞《信仰的味道》、群舞《西施别越》《掌中流年》3个作品入选第十三届全国舞蹈展演。民族管弦乐《铸梦》入选2020—2021年度"时代交响——中国交响音乐作品创作扶持计划"。婺剧《忠义九江口》入选中宣部、文化和旅游部2020年全国基层院团戏曲会演。

加强文艺精品创作组织化程度。围绕习近平新时代中国特色社会主义思想、中华民族伟大复兴中国梦,聚焦全面建成小康社会、建党100周年等重大主题,组织重大题材创作,着力扶持现实题材作品,助推省地合作重大题材创作项目,推动和提升浙江舞台艺术精品创作。做好全省艺术创作题材规划工作,印发《关于组织开展"三个地"主题文艺精品创作的通知》,组织发动全省各级各类文艺院团、艺术院校、美术机构、文化馆(站)等文化机构广泛开展"三个地"主题文艺精品创作活动。全省11个设区市和省属艺术单位148家申报主体共申报项目382项。召开全省"重要窗口"艺术创作题材规划培训班,学习贯彻习近平总书记在教育卫生文化工作座谈会上的讲话、省委书记袁家军在浙江文化研究工程15周年座谈会上的讲话等系列重要讲话精神,研究部署如何进一步推动全省文艺精品创作,提升和加强艺术创作的组织化水平,推动供给侧改革。

着力开展重点项目攻坚。推动歌剧《红船》、婺剧《信仰的味道》等重点剧目的修改提高。推出民族管弦乐套曲《盛世华章》等11个2020年度全省舞台艺术创作重点题材和舞蹈专场《风从海上来》等5个2020年度浙江省当代舞台艺术精品创作扶持工程扶持项目。完成2018—2020年度16个舞台艺术创作重点题材扶持项目跟踪指导、验收。开展当代歌曲精品创作工程,组织省内外60名词曲作者开展3轮采风,完成歌词作品96首。对重点作品在策划选题、剧本创作、创排呈现等环节进行深度指导和审核把关。在抓好"面上扶持"的同时,抓好"点上突破",紧盯一批重点创作项目的实施进度,从项目签约、主创选择、前期采风、剧本论证、剧组组建、排练保障、首演安排、专家审看等各个环节,实行

"全流程跟踪、全方位服务"。配合省委宣传部做好浙江省文化艺术发展基金实施细则制定等相关工作,组织2020年国家艺术基金资助项目申报,全省共申报634个项目,88个项目进入复评。组织厅属艺校(艺术)单位93个项目申报浙江省文化艺术发展基金。

【多措并举锻造文艺人才】　搭建优秀文艺人才集聚平台。依托浙江文艺创研中心,完成8名特聘专家的续聘工作,通过签约特聘专家、委约创作等方式,引聚国内外高层次领军艺术人才。持续开展"深入生活、扎根人民"创作采风活动,命名萧山湘湖国家旅游度假区等14家单位第二批"浙江文艺创作采风基地"。组织中青年编剧、导演团队开展观摩、采风、研讨,力图在技术上辅导、在精神上培育、在作品中磨砺。

全面实施舞台艺术"1111"人才培养计划。制定个性化培养方案。召开"1111"人才培养对象座谈会,与所在单位签订"一人一策"培养协议,组建"1111"人才培养导师团,与培养对象建立"一对一"指导关系。同时,为培养对象提供一系列主题鲜明、层次高、特色强的培养项目和内容,包括集中培训、采风实践、艺术观摩等。组建宣传工作组,举行云端新闻发布会,开设项目专属微博话题,完成"浙江舞台新势力"系列人物专访,相关内容全网累计点击量超过500万。培养工作成效显著,36位培养对象主创、主演完成作品178部,其中43部作品获省级奖项;14部作品入选国家级、省级扶持项目。张琳、楼胜、鲍陈热、尚文波、高伟伟、刘乐、包

峥剡、郑培钦等8人入选第七批浙江省宣传文化系统"五个一批"人才、首批"浙江省宣传思想文化青年英才"、"最美浙江人·最美文旅人"、浙江省第三批"万人计划"人文社科领军人才、浙江省高校领军人才计划"高层次拔尖人才"等人才项目。

积极推出新人新作。举办浙江省第11届音乐舞蹈节、"新松计划"浙江省青年演奏员大赛。3年1届的浙江省音乐舞蹈节吸引了全省324件新作品报名参赛,参演人员近2000人。浙江省青年演奏员大赛报名人数将近600人,涵盖了专业院团及社会各个行业,历经初赛、复赛、决赛,123位青年演奏员脱颖而出。

【改革融合有力推进】 做好文旅融合文章。完成《浙江省文化和旅游厅关于促进旅游演艺发展的指导意见(征求意见稿)》。举办2020龙游石窟国际音乐盛典,持续打造浙江文化旅游"金名片"。在龙游石窟设立新媒体沉浸式剧场,推出"知音自得""琴韵朗音""光风霁月"3场汇集世界音乐特质的视听盛宴。国际级音乐大师郎朗等现场精彩演奏,并和身处美国、法国、俄罗斯、日本等国的顶级音乐大师团队"云合奏",为全世界乐迷献上音乐盛宴,全网点击量超过1000万次。人民网、新华网、《浙江日报》、浙江卫视等30余家主流媒体报道关注;400余万人观看了央视新闻、中国国际电视台、浙广直播等14个平台对开幕式、文艺演出、音乐节的实时直播;多家官方微信公众号、微博大V、抖音号推送200余条消息、话题阅读热度超过1500万。

举办中国越剧艺术·2020绍兴有戏活动,实施"2+4+N"活动,积极探索文旅融合的越剧发展新领域。开展越剧艺术进景区,推出"千人唱越剧"主题文旅活动,组织越剧寻根游,开展"云"活动,推出越缘"云展示、云直播、云擂台",感悟越剧根系的渊源,彰显文旅融合的魅力。来自海外11个国家的戏迷团参加了擂台赛,网上参与活动超过200万人次。

深化国有文艺院团改革。推进省属文艺院团"一团一策"改革,赴上海等地调研,起草完成实施方案并积极与相关部门进行沟通。推进浙江演艺集团实质性运转,完成浙江演艺集团财政拨款账户设置、对子公司实行股权投资资产处置方式等事项。浙江演艺集团班子建设进一步强化,集团公司整体架构初步形成,薪酬分配方案起草完成。与杭州市拱墅区委、区政府签订运河大剧院合作运营框架协议,探索省、区合作运营剧院的全新模式。深入调研浙江小百花越剧院、浙江京昆艺术中心改革存在的问题,并逐项予以协调解决,两家单位改革进一步深化、活力进一步激发。推进浙江交响乐团与浙江音乐学院深度合作并签订合作协议,浙江交响乐团团部搬迁至浙江音乐学院,双方在人才、项目等方面启动全方位合作。

推动民营文艺表演团体改革发展。开展全省民营文艺表演团体生存发展现状及对策调研,形成调研报告。积极帮扶民营文艺表演团体复工复产,安排420万元专项扶持资金,对列入省级扶持的文艺表演团体,给予每家10万元补助,并要求所在市、县分别

给予配套补助。为民营文艺院团争取小微企业和个体工商户"两直"补助资金,各地提前介入、主动对接,让民营文艺表演团体最大程度享受到政策红利。举办4期民营文艺表演团体业务骨干培训班,全面提升民营文艺表演团体业务能力。

【美术工作不断提升】 全面深化馆校合作。发挥并融合中国美术学院在人文、艺术领域的学科优势及浙江美术馆作为国内一流美术馆在艺术展览、典藏、学术研究、创作实践等方面的专业优势,双方达成战略合作框架协议,共同培养美术馆学人才,合作开展美术馆学和浙江美术研究,搭建重大主题性创作展示平台等。

积极推动乡村美育工作。联合中国美术学院、杭州大美术学院等社会力量组建美育村培育工作小组、专家库,对美育村试点单位进行指导。利用流动美术馆平台,组织策划展览,送展下乡,指导文创产品开发。召开浙江省美育村(社区)培育工作座谈会、培训班,下发《浙江省乡村美育计划——美育村(社区)试点工作指南》。

强化全省美术馆协同发展。举办全省美术馆馆长培训班,对全省美术馆工作进行部署指导。在全省新挂牌5家浙江美术馆流动美术馆,推动优质美术资源下沉。积极推动全省美术馆藏品数字管理,实现藏品资源共享。开发完成"浙江省美术馆藏品信息化管理平台",藏品共享数量达3万余件(组),进一步拓宽省内各类美术馆之间的交流合作渠道,推动全省美术馆事业高标准发展。

(汪 茜)

链接：

2020 年浙江省文化系统专业艺术门类在国际和全国性及华东区域性专业艺术评比中获奖情况

评比活动名称	获奖剧（节）目名称	获奖类别及等次	获奖单位或个人
庆祝中国共产党成立 100 周年舞台艺术精品创作工程	歌剧《红船》	重点扶持作品	浙江演艺集团有限公司
	民乐《诗画浙江》		
	昆剧《十五贯》	传统精品复排计划重点扶持剧目	浙江京昆艺术中心
	越剧《五女拜寿》		浙江小百花越剧院
	群舞《这里的黎明静悄悄》	"百年百项"小型作品创作计划重点扶持项目	浙江艺术职业学院
文化和旅游部全国话剧优秀新剧目展演	话剧《寻她芳踪·张爱玲》	入选作品	浙江演艺集团有限公司
第十一届中国曲艺牡丹奖	评书《一次心灵的对话》	文学奖	浙江音乐学院
第十二届中国舞蹈荷花奖	古典舞作品《西施别越》	古典舞奖	浙江艺术职业学院
	古典舞作品《桦卯》	入选古典舞终评	浙江音乐学院

（省文化和旅游厅艺术处）

公共服务

【概况】　截至 2020 年底，全省有公共图书馆 103 家，文化馆 101 家，城市书房 604 家，县级图书馆分馆 1067 家、文化馆分馆 957 家；完成旅游厕所革命三年行动计划，新改扩建旅游厕所 1395 个，累计建成 11160 个；新建农村文化礼堂 3463 个，累计建成 17804 个。

【全面实现全省基本公共文化服务标准化】　开展基本公共文化服务标准化完成情况认定。研究制定《浙江省基本公共文化服务标准完成情况认定办法》，组织编写《浙江省基本公共文化服务标准完成情况指标说明》，确保标准统一、认定具有可操作性。精心设计《浙江省基本公共文化服务标准认定申请书》《浙江省基本公共文化服务标准完成情况认定

书》，确保申报内容的真实性和结果的权威性。实地认定之前召开专家组组长会议，强调实地认定纪律，明确实地认定程序。动态编印《浙江省基本公共文化服务标准完成情况实地认定指南》，统一规范省、市两级认定专家组的工作程序、认定方式、认定内容、相关纪律等。会同广电、文物等部门成立指导组，开展前期调研；对 67 个个别指标自评不达标的县（市、区）进行走访，科学排定时间表路线图。组织研发基本公共文化服务标准完成情况认定系统，进一步提高认定的针对性和实效性。将认定平台对所有市、县（市、区）开放，全程接受公众监督。

全面实现全省基本公共文化服务标准化。公共文化设施布局更加合理。省、市、县（市、区）、乡镇（街道）、村（社区）5 级公共文化设施网络布局日臻成熟，"市有五馆、县有四馆、区有三馆"建设基本完成，乡镇（街道）综合文化

站和村（社区）文化服务中心实现全覆盖。2015 年以来，全省建成图书馆 103 家，总建筑面积 130.7 万平方米，比 2014 年增加了 44.8 万平方米，增幅 52%；建成文化馆 101 家，总建筑面积 75.04 万平方米，比 2014 年增加了 27.5 万平方米，增幅 47.3%；建成博物馆 366 家，总建筑面积 179.65 万平方米，比 2014 年增加了 82.5 万平方米，增幅 82.47%；建成综合文化站 1365 个，总建筑面积 416.91 万平方米，比 2014 年增加了 121.8 万平方米，增幅 41%。全省每万人享有图书馆、文化馆站、博物馆面积达到 1371.4 平方米，增加 43.7%。之江文化中心等一批重大公共文化设施建设稳步推进，浙江自然博物院、丽水市图书馆、安吉文化艺术中心等公共文化设施成为地标性文化建筑。

公共文化服务更加均衡。兜底式实施公共文化服务"十百千"工程。在全省范围内遴选 21 个

薄弱县和107个薄弱乡镇、1228个薄弱村,集中财力物力重点提升。5年来,省级财政专项转移支付2.5亿元,累计撬动市、县政府和社会资本投入69亿元,有效推动了区域均衡。创新实施县级图书馆、文化馆总分馆制,推动优质公共文化资源向基层、向乡村延伸,推动城乡均衡。建成遍布全省城乡的图书馆分馆956个、文化馆分馆762家、城市书房456家、农村文化礼堂14341家。2019年,全省文化事业费79.9亿元,人均文化事业费136.57元,分别比2014年增加了110.7%和98.36%,位列全国前列。

公共文化活动更加丰富。2019年,全省各级公共文化机构举办的展览、讲座、培训、文艺演出等活动达到33.46万场次,人民群众年人均参加活动达到了5.71次,比2014年增加了3.58次。遍布全省城乡的公共文化场馆使用率逐年攀升,成为人民群众流连忘返的文化休闲客厅。据统计,进入图书馆的读者人数从5年前的5479万人次跃升到了13935万人次,增长了154%;进入博物馆参观的人数从4121万人次跃升到了8029万人次,增长了94.8%;参加文化馆(站)活动的人数从3847万人次跃升到了9896万人次,增长了157.2%。

公共文化服务更加便民。成立省域范围内的图书馆联盟、美术馆联盟、博物馆联盟,推动文化资源共享和服务质量提升。全省1443名派驻文化员,活跃在各乡村、街道,对群众文化需求"有求必应"。不断创新"信阅借书""你选书我买单"机制和"点单式""订单式"等个性化服务模式,让人民群众享受更加高效便捷的公共文化服务。强化数字赋能,全力打造"浙江智慧文化云",使其成为全省统一的网上公共文化服务平台和大数据中心,打破时空界限,使广大群众享受优质文化服务零门槛、零距离。

公共文化服务品质更加凸显。县级文化馆总分馆、县级图书馆总分馆、市级以上文化馆法人治理结构改革、市级以上图书馆法人治理结构改革、基层综合性文化服务中心、基本公共文化服务标准等6项指标位列全国第一。温州图书馆改革经验入选大型政论专题片《将改革进行到底》。浙江省被文化和旅游部评为全国基本公共文化服务标准化建设和基层综合性文化服务中心建设示范地区。嘉兴图书馆总分馆制、温州城市书房、丽水乡村春晚等多个文化IP在全国范围内推广。宁波市鄞州区、嘉兴市、台州市成功创建国家公共文化服务示范区,文化馆总分馆制、文化下派员等创新实践被写入《浙江省公共文化服务保障条例》。

【开展国家级、省级公共文化服务体系示范区(项目)验收工作】下发《浙江省文化和旅游厅关于开展国家级、省级公共文化服务体系示范区(项目)验收工作的通知》,部署第四批浙江省公共文化服务体系示范区(项目)验收工作。经专家组实地验收、示范区创建城市现场答辩、专家集中评审等程序,海盐县、龙游县、温岭市等5个县(市、区)、杭州市余杭区"文旅融合背景下公共文化服务精准扶持的'余杭样本'"、路桥区农村文化礼堂"四Z"运营管理模式、宁波市鄞州区"数字文化馆总分馆体系"建设等10个项目通过验收评审。

【开展公共图书馆服务大提升行动】 根据《浙江省公共图书馆服务大提升行动方案》要求,全面启动全省公共图书馆服务大提升工作。开展全省调研,形成调研报告。发布《满意图书馆》服务标准。分阶段组织召开浙江省市级公共图书馆馆长联席会议、全省公共图书馆服务大提升工作协调推进会和专家研讨会、公共图书馆提升服务效能研讨会,对大提升工作进行统一部署、进度总结。

截至年底,全省各类主题图书馆和城市书房的数量达到900多家;全省已有34%的村级基层综合文化中心、农村文化礼堂纳入当地的公共图书馆业务管理系统,为读者提供图书借还服务;省馆、杭州市馆和13个县(区)实现流通文献的通借通还;进一步整合全省数字资源,共推荐33个数据库列入全省联合采购目录,省馆与各市级公共图书馆联合采购共享数据库累计142个;全面升级信用借阅服务,推出21个"信阅"线下新书借阅点,新建镇村信阅服务示范点两家。

【高质量打造未来社区公共文化空间】 印发《高质量打造未来社区公共文化空间的实施意见》,聚焦未来社区三维价值坐标和九大创新场景建设,充分挖掘梳理城市乡愁记忆和社区历史文化脉络,精心打造"记得住过去,看得见未来"的公共文化空间,使之成为弘扬主流价值、展示特色文化、凝聚社区居民、引领时代风尚的社区文化平台,助推未来社区试点高标准高质量建设。充分挖掘当地优秀传统和特色文化,组织开展丰富多元的社区文化活动,打造社区居民共享文化发展成果和交往交融交心的公共文化场所。整合未来社区内公共文化、社会教育、党群服务、体育健身、全域旅游等各类资源,共同谋划、共同建设、共同管理,构建集宣传教育、科学普及、文化娱乐、体育活动等于一体,"场景混合""跨界融合"的公共文化空间。结合各地实际,一区一策,以面积不少、功能不缺、服务不减为前提,实现公共文化空间一网多点,全面覆盖。鼓励和引导社会力量参与未来社区公共文化空间的建设、管理和运行,探索形成社区居民、第三方组织和产业联盟相互支撑的发展格局。

【开展线上公共文化服务工作】
召开全省文化馆馆长会议,专题部署数字文化服务工作。省文化馆发布培训、辅导等资源11425次,线上服务近2500万人次;新媒体平台发布抗疫信息342期,访问量1027万人次,跃升浙江省级政务微博影响力4月榜前15名。浙江图书馆以"信用借阅"方式开展"无接触"图书借阅服务,成为全国唯一一家在疫情防控期间正常开展借阅服务的省级图书馆,闭馆期间共计线上外借信阅新书1.1万余册、馆藏图书4232册,电子图书外借2.39万册次。据不完全统计,疫情期间开展包括送戏、讲座、展播展览等在内的线上文化活动共18907场,线上活动参与数达1.27亿人次。

【开展2020年乡镇文化员定向培养工作】　为着力解决当前我省基层文化队伍存在"不足、不专、不稳"状况,进一步全面加强基层公共文化服务队伍能力建设,加快构建现代公共文化服务体系,各级各部门高度重视开展2020年乡镇文化员定向培养工作。文化行政部门结合基层文化队伍建设需要,制定人才需求计划,加强与有关部门的沟通协调。教育部门通过多种形式加大宣传,鼓励和动员本地考生填报定向培养专业志愿,积极投身基层公共文化事业。人力社保、财政等相关部门积极支持,紧密配合,制定完善定向培养、定向就业的优惠政策和措施,确保定向培养各项工作落到实处。承办院校认真制定培养方案和教学计划,精心组织实施,确保教育质量,切实为各地基层文化单位培养文化专业人才,为文化强省建设贡献力量。全年完成48名新生招收任务。

【实施基层文化从业人员素质提升工程】　省级层面举办公共文化处(科)长等各类培训班10期,培训全省文化骨干1200余人次;市、县层面开展基层文化从业人员通识培训,年平均培训人次超过10万。广泛加强以"三团三社"为核心的乡村文艺团队建设,全省组建乡村文艺团队52487个,其中"三团三社"数量达到10210个,参与群众达到156万人。成立浙江省文化和旅游志愿者总队,组建12947支文化志愿者队伍,志愿者总数达到90万人以上。

【开展群众文化活动调研】　根据文化和旅游部公共服务司《关于开展群众文化活动调研工作的通知》要求,积极开展群众文化活动调研。坚持以需求为导向,深入了解各地群众文化活动的新情况、新特点,掌握广场舞、合唱等群众文化活动在参与人群、活动场地、重点喜好、存在问题等方面的情况,借鉴各地经验,健全支持开展群众文化活动机制,实现与人民群众文化需求精准有效对接,助力文化和旅游公共服务高质量发展。

【持续开展旅游公共服务】　深入开展旅游公共服务调研,制定出台《高质量推进旅游公共服务体系建设的若干意见》,为下一阶段旅游公共服务的全面实施明确了政策方向。开展A级景区旅游厕所地图标注工作,全年完成A级景区1436个旅游厕所的数据采集上报工作,标注率达到98%。深入推进旅游厕所建设,全年完成1395个旅游厕所新改扩建任务,超额26.8%。

【实施传承发展浙江优秀传统文化行动计划】　制定2020年度重点工作清单,做好重点工作关键性量化指标分解工作,持续开展对基层和有关部门的线上业务指导,推动《传承发展浙江优秀传统文化行动计划》107个子项目稳步实施,已有19个项目提前完成五年工作目标,完成项目总投资627亿元,占计划投资额的55.42%,超额完成年初确定的50%的投资目标。

全面展开馆藏古籍数字化工作,完成495种4551册古籍的数字化任务。做好2013—2018年数字化古籍善本标识码核对修改、完成影印古籍条形码的输入校核等工作。

配合省政府办公厅做好政府督查激励工作,对设区市2019年度传承发展浙江优秀传统文化工作开展督查,温州市、湖州市、丽水市被省政府办公厅认定为当年度工作积极主动、成效明显的设区市,列入政府激励名单。

开展传承发展浙江优秀传统文化行动计划中期评估工作,组织实地调研和抽查,收集汇总各设区市、有关单位项目推进情况和投资情况自查报告、汇总有关表格材料,科学评估分析行动计划项目的推进和落地情况并提出整改意见。

【开展文化基因解码工作】 各县(市、区)全面开展文化元素摸底调查工作,完成调查入库文化元素14080项。60余个县(市、区)完成区域重点文化元素清单的梳理工作。杭州上城、湖州南浔、嘉兴秀洲、嘉兴嘉善、温州苍南、湖州长兴、衢州开化等21个县(市、区)合计完成了74个文化基因的解码工作。

明确"文化基因解码工程"的任务目标和方法路径。4月,印发了《浙江省"文化基因解码工程"实施方案(试行)》《"文化基因解码工程"工作导则(试行)》。5月,召开全省重点工作推进电视电话会议,首次部署文化基因解码工作。9月,在东阳市召开全省"文化基因解码工程"推进会,全省各县(市、区)文化和旅游部门分管领导及文化基因解码工作具体负责人参加会议。

建立工作保障体系。研发"文化基因解码工程信息管理系统"(1.0版)并投入使用。该系统也是"浙江文化基因库"的初始形态。组建"文化基因解码工程"专家组,并前往全省各县(市、区)开展巡回指导,召开以设区市为单位的文化基因解码工作推进会12场。建立市、县两级的文化基因解码工作专班及市级专家组,各地有序推进文化基因解码工作。确定28个"文化基因解码工程"首批资助县,累计下达项目资金560万元。

打造浙江文化遗产重大标识。完成全省范围内南孔文化、阳明文化、和合文化相关文化元素、文化资源摸底调查,印制了调查报告。出台《阳明文化、和合文化、南孔文化研究、保护和文旅融合发展行动计划(2021—2023)》,明确了未来3年3项文化保护和发展的具体目标、手段举措和保障条件。

(孙诗颖)

图书馆事业

【概况】 截至2020年底,全省有县以上公共图书馆103家,其中省级馆1家、市级馆12家(包括市级少儿馆1家),县级馆90家。是年,全省公共图书馆财政拨款13.25亿元;总藏量9867万册;人均藏书1.53册;外借册次5546万册;总流通人次8461万人次;人均购书经费3.72元;全省公共图书馆总建筑面积132万平方米,平均建筑面积约12816平方米。全省各级文化行政部门和公共图书馆广泛开展文化惠民活动。全年全省送书下乡290万

册,送讲座、展览下乡1.6万场。

【完成公共图书馆服务大提升阶段性任务】 打造"家门口"的图书馆。推进基层服务网络建设,结合乡镇综合文化站、农村文化礼堂开展图书馆服务。将具有图书馆功能的其他各类阅读场所纳入图书馆服务体系。通过社会合作,以"图书馆+"模式打造一批特色鲜明、布点合理、群众爱去的主题图书馆、城市书房、书吧等多形式的阅读空间,扩大服务阵地。

实现全省通借通还。规划全省文献仓储库建设,突出特色,分工协作,形成具有浙江特色的整体馆藏体系。公共、高校和科研院所等图书馆系统间通过馆际互借实现文献互借,馆际互借渠道更加畅通。

完善数字服务。建立全省公共图书馆数字资源联合采购机制,扩大资源共享范围。搭建全省文献信息资源协同服务平台,建立元数据仓储,开发跨区域、跨行业、纸电融合的统一检索功能。与高校等系统开展统一身份认证,通过文献传递方式共享数字资源。升级"浙江文化通",整合全省移动数字阅读资源,打造"浙里阅"App,"云阅读"平台。推进地方文献和古籍数字化,并提供免费在线服务。

全面推广"信阅"服务。推动图书资源向基层和农村下沉。全省公共图书馆全部实现以信用积分取代押金的免押金注册服务,公共图书馆全面实行借阅服务零门槛,全面推行免逾期费。以县级图书馆、乡镇综合文化站和农村文化礼堂为重点,宣传推广"信阅"服务,"信阅"服务在县及县以

下区域的订单量年增长 20％以上。扩大"信阅"平台新书采购比重,增加可供快递借书的图书范围,不断丰富阅读资源供给。

深入开展阅读活动进基层工作。围绕世界读书日、全民读书月以及中华传统节日、重要节假日和重大节庆活动,开展"菜单式"服务活动。各地图书馆根据实际情况,结合当地风俗人情,推出群众欢迎的文化活动。利用信息技术和新媒体平台,以云直播、云展览、云讲座、云导读、云培训等形式,使基层群众享受更多形式新颖、互动性强、参与方便的阅读活动。

不断完善图书馆服务设施设备。进一步开放公共交流空间。面向社会组织和团队,开展多功能厅、读者交流区、研究室、视听室等场馆在线预约服务。全面推行自助服务。县级以上图书馆全部实现 RFID(射频识别)自助借还。实现馆内 Wi-Fi 全覆盖。县级以上图书馆全部提供免费Wi-Fi服务,积极打造新型基层公共电子阅览室,引入"扫码看书""扫码听书"等服务。加强便民生活设施建设,推动无障碍设施标准化建设。完善行李寄存、雨伞、开水、轮椅等便民服务。有条件的图书馆设置母婴室、AED(自动体外除颤器)设备等设施。规范馆内标识系统,消除缺、损、漏、挡现象。打通交通"最后一公里"。ETC(电子收费系统)支付或"先离场后缴费"等新型支付方式在图书馆停车场全覆盖。设置出租车、网约车上下客区域。

加强新冠疫情常态化防控。制定图书馆疫情防控导则并认真组织实施。结合疫情常态化防控要求,配备便民图书消毒设备和物资,加强图书借阅健康卫生管理,不断完善疫情防控应急预案和各项配套工作制度。

【拓展线上服务模式】　完善新媒体宣传平台建设。统筹馆官网,微信服务号、订阅号,新浪微博,抖音,知乎等宣传平台,打造"官网＋自媒体"的大型宣传平台。全年浙江图书馆官网浏览量达到4433.3 万次,微信两号粉丝量107.5 万人,阅读量 640.4 万次,官网和微信订阅号综合排名在全国公共图书馆中名列前茅。抖音号发布视频 148 条,粉丝 23.3 万人,播放量 1427.5 万次,点赞量187.1 万次,评论 47.6 万条,粉丝量、点赞量均位居全国公共图书馆前列。

创新文化服务和活动线上模式。新冠疫情防控期间开展"无接触"图书借阅服务,线上外借信阅新书 1.1 万余册、馆藏图书4232 册,电子图书外借 2.39 万册次,成为全国唯一一家在疫情防控期间未暂停图书借阅的省级图书馆。首次通过线上平台组织开展读书月、长三角有声阅读线上交流、百年老馆沉浸式直播等公共文化活动。

持续推动数字资源建设。完成知网、维普、万方等数据库的更新升级工作,推动《山水故园——浙江古村落》专题片二期数据库的开放。全年浙江图书馆数字资源访问量 6145.5 万次,下载量1393.7 万次,同比增长 73.4％和 9.5％。

【推进全民阅读工作延伸】　拓展社会力量合作参与度。进一步提升社会力量参与文化活动范围,广泛开展讲座、展览、培训及阅读推广活动,不断扩大公共图书馆服务的影响力。社会资金参与文化活动占比超过 80％,逐步探索依靠但不依赖政府的文化服务模式,打造具有公共媒介性质的图书馆服务。

广泛开展阅读推广活动。省馆组织开展世界读书日、"天籁浙江　印象诗路"朗诵大会等大型全省性主题阅读推广活动 9 场。全省 300 余家公共图书馆共同举办"我的战疫"阅读马拉松线上快闪赛,与 111 家长三角公共图书馆联合举办线下阅读马拉松大赛。与省人大常委会、省工商联、杭州西子智慧产业园等单位合作建设两家"书香浙江·文澜书屋",建成两家服务点。

推进图书馆文化服务均等化。开展浙江图书馆文旅志愿者赫章行文化交流活动。开展送展览下基层活动,将优质线上资源投入扶贫扶智社会合作项目。助力"文化援疆",省馆与阿克苏地区图书馆签订共建协议,设立阅读基地,开通数字分馆。

【深入推进学术研究】　参加国家图书馆和中国图书馆学会牵头开展的"全国公共图书馆事业发展战略研究"项目,开展项目子课题"公共图书馆事业发展环境及趋势"研究工作,提交研究报告。形成"十四五"时期重点项目建议及策划实施方案等阶段性研究成果,为浙江图书馆"十四五规划"研究做好准备。浙江图书馆主办刊物《图书馆研究与工作》被四大科教评价报告之一《中国学术期刊评价研究报告》(RCCSE)评为

"B+"等级(准核心期刊)。全年全馆职工发表学术论文 17 篇,参与完成国家哲学社会科学基金项目结题 1 项。

【做好古籍保护工作】 加强制度体系建设。形成《古籍数字化加工工作流程》《浙江省古籍数字化加工技术要求(试行)》《浙江省古籍元数据规范与著录规则及附录(试行)》《古籍数字化加工安全注意事项》及《浙江图书馆古籍数字化加工各岗位工作职责及注意事项》5 项操作实施意见。

做好文献编辑出版工作。完成《中国古籍珍本丛刊·浙江图书馆卷》经部 49 种及史部 125 种的出版排序及目录校订。

积极推进馆藏古籍整理及数字化工作。完成年度数字化工作任务,共计 495 种 4551 册,完成 2020 年古籍数字化项目验收。

(孙诗颖)

科技与教育

【概况】 2020 年,科技与教育工作着眼于为全省文化和旅游高质量发展提供人才支撑、强化数字赋能,应对疫情影响抓教育,聚焦精准规范抓统计,助力创新突破抓科研,守牢安全底线抓网络,各项业务工作取得新的进展和成效,为打造"重要窗口"文旅标志性成果做出了应有贡献。

【文旅教育实现新提升】 坚持疫情防控和返校复学统筹推进,文旅教育实现新提升。精准指导安全返校复学。对标对表省委、省政府疫情防控和复工复产大局要

求,与省文化和旅游厅属院校保持密切沟通,加强经常性指导,努力构建快速响应、精准施策、严密有序的机制体系,安全有序完成春季开学返校、暑假离校留校、秋季开学返校等重要节点工作,确保疫情防控和返校复学"两手硬、两战赢"。省文化和旅游厅领导带队,深入院校开展巡查督查,推动各项防控举措落细落实。各院校组织开展最大规模线上教学,顺利完成线上专业校考,学生和教师的满意度均在 90% 以上。浙江音乐学院成为全国唯一一所上半年返校复学的音乐学院,浙江旅游职业学院向 122 位困难学生发放"爱心基金"13.5 万元,浙江艺术职业学院青年教师联合艺术院团用歌声致敬逆行者。严格审核把关,指导院校按规定组织 26 名外籍教师专家返校复工。认真贯彻落实中央、省委和省文化和旅游厅党组有关疫情防控的部署要求,坚持第一时间学习、第一时间传达、第一时间贯彻,协同院校共同维护防控大局。厅属 3 所院校无一例确诊或疑似病例。

积极协助推进高质量办学治校。根据省委建设高等教育强省战略总体要求,建立健全厅属院校工作联系制度,指导院校增强政治意识、强化党的领导、提升办学水平、改进治理体系,为争创社会主义现代化先行省提供更多更强的智力支撑。牢牢揪住年度目标管理考核这个牛鼻子:年初与各院校签订责任书,对党建和意识形态、人才培养、师资队伍、科研与社会服务、学科专业建设、国际交流、校园安全等提出目标要求;年中定期或不定期跟踪了解、督促提醒;年底牵头组建目标管

理责任制考核工作领导小组对厅属 3 所院校进行年度工作考核。注重指导院校瞄准产业需求完善专业设置,加大旅游演艺、影视传媒、文创设计、乡镇文旅等领域人才培养力度,积极稳妥处置近 60 件涉校涉学信访件。厅属各院校学科设置、科研架构和工作机制进一步优化提升,"高水平一流"和"双高"建设与发展步伐明显加快。浙江音乐学院 2 个专业获批国家首轮"双万计划"一流本科专业建设点,4 个专业获批省级一流本科专业建设点,全校一流专业占比达 75%,招收博士研究生 2 名。浙江旅游职业学院、浙江艺术职业学院入选国家级"双高"校建设单位、浙江省高水平职业院校建设单位。组建多个二级学院,推动文旅专业融合,深化产教融合,校企合作实训基地达到 150 家。浙江音乐学院创设"五大学院"人才培养机制,浙江旅游职业学院实施"人文铸旅"工程获得省委宣传部领导批示肯定。3 所院校师生在众多国内外学科竞赛和重大专业赛事中取得佳绩,浙江音乐学院学生获《中国好声音》2020 年总冠军,浙江艺术职业学院舞蹈作品《西施别越》获第十二届中国舞蹈荷花奖古典舞奖(全国仅 3 个);浙江旅游职业学院教师团队获 2020 年全国职业院校教学能力大赛二等奖。

全力推动"文教结合、校团合作"提质增效。坚持有的放矢、务求实效,聚焦文旅发展需求推进高校办学,指导厅属高校走出去、引进来,加强厅校合作,推进文教融合,开展校团共建,深化校际交流,合作范围得到拓展、内容不断丰富、效果初步显现。省文化和

旅游厅与浙江大学签署战略合作协议,2020 年重点合作项目 26 项,已有 21 项正常开展,部分重点合作项目进展良好。同时,加强沟通指导,提供协调服务,积极推进浙江音乐学院与浙江交响乐团、浙江旅游职业学院与北京大学信息技术高等研究院、浙江艺术职业学院与 5 家艺术单位、中国丝绸博物馆与浙江理工大学、浙江自然博物院与中国计量大学、浙江美术馆与浙江大学及中国美术学院等达成战略合作,双方联合培养博(硕)士研究生、开展艺术创作等合作事项扎实顺利推进,取得初步成果。

【文旅统计迎来新规范】 坚持过程管理和成果运用双向发力,文旅统计迎来新规范。制定出台统计管理实施办法。根据《中华人民共和国统计法》及其实施条例、文化和旅游部《文化和旅游统计管理办法》,结合我省文化和旅游统计工作实际,出台《浙江省文化和旅游统计管理实施办法》(以下简称《实施办法》)。《实施办法》全面贯彻中央精神,突出浙江实际,体现实践性,注重操作性,重点就明确统计范围、理顺统计职责、明晰工作责任、突出法治思想、强调督促检查等方面做出统一规范,为实现文旅统计科学化管理提供法理支撑、扎紧制度笼子。

探索加强文旅统计体系研究。开展文旅融合发展监测体系研究,采用熵值法、耦合协调度建立发展指数模型,设置评价指标体系,完成 2019 年全省及各市文旅融合发展指数测算。组织开展"十四五"时期旅游业发展指数与

统计改革研究专题调研,构建旅游业高质量发展评价指标体系,完成 2025 年和 2035 年目标值预估。通过技术手段健全乡村旅游统计原始记录和统计台账,强化源头数据质量管控,加强统计数据全流程管理。

积极推动统计成果拓展运用。高质量完成 2020 年各月度旅游统计和各季度文化文物统计数据报表工作,分析春节黄金周、各季度文化事业和文化产业运行情况、旅游业经济运行情况,开展"五一"假期浙江城乡居民出游意愿情况调查,撰写各类分析报告 20 余篇,编撰《文化和旅游统计手册》《文化和旅游统计便览》《文化文物统计年鉴》《2020 文化和旅游发展统计分析报告》《浙江旅游业发展报告(2019)》等,为文化建设和旅游业创新发展提供决策参考。深入开展旅游产业调查,更新浙江省旅游产业名录库,认定旅游产业集聚区和特征企业,完成 2019 年度 11 个设区市和 54 个县(市、区)旅游产业测算工作。持续监测旅游业复苏进程,为疫情常态化背景下旅游业复苏发展提供数据支持。

【文旅科研创新取得新突破】 坚持立项申报和项目管理一体抓实,文旅科研创新取得新突破。国家级项目工作领跑全国。把功夫下在前期,主动对接文化和旅游部,加强调研、论证、评审,有针对性地开展项目规划、储备等工作,严密细致地做好项目收集整理、立项申报等工作,国家社科基金艺术学重大招标项目立项实现从零到全国前三的重大突破(仅次于北京和江苏)。国家社科基

金艺术学年度项目立项 26 个,也居全国前列。组织专家完成 3 个文化和旅游研究项目遴选推荐工作,高质量完成 42 个历年全国艺术科学规划项目结题和部分在研项目中期年检等相关工作。

厅级项目管理更趋规范。注重跳出项目抓项目,坚持以高质量的项目工作拉动全行业科研水平,为文旅科研力量梯队建设奠定基础。制定出台《浙江省文化和旅游厅科研与创作项目管理办法(试行)》,重点就项目申报、项目评审、项目中期管理、结项管理等做出明确规范,从机制制度上强化项目管理,着力提升全系统科研创作水平。面向全领域全行业广泛征集,首轮收到申报项目 200 多个,评审产生 70 个项目,其中重点项目 10 个。高质量完成 82 个历年厅级课题结题有关工作。

科技助力文旅发展取得突破。加强沟通协调,配合省委宣传部、省科技厅制定下发《浙江省关于促进文化和科技深度融合发展的实施意见》,对全省文化和科技深度融合发展提出目标要求、明确路径措施、做出远景规划,力求为新时代浙江文旅事业发展注入强劲科技动力。加强指导,第二批文化和旅游部重点实验室[丝绸文化传承与产品设计数字化设计技术文化和旅游部重点实验(浙江理工大学)]顺利通过评估验收。总结经验做法,自觉拉高标杆,主动对接文化和旅游部,邀请全国知名专家指导把关,择优遴选 3 个项目推荐上报,全力争创第三批文化和旅游部重点实验室。积极做好 1 项科技助力经济 2020 的重点专项、3 项国家文

化和旅游科技创新工程项目和 5 项文化艺术和旅游研究项目信息化发展专项推荐申报工作。

【文旅整体智治迈上新台阶】 坚持 5G 网络应用和网络安全协同推进，文旅整体智治迈向新台阶。深化推进"5G＋文旅"场景应用。与中国移动浙江分公司签署战略合作协议，率先探索"5G＋文旅"发展新模式，共同推动 5G 技术在文化和旅游各领域的推广应用，重点推进"5G＋文旅场所"建设、"5G＋智慧校园"建设等协议重点项目落地。建立常态化沟通交流机制，多次召开工作推进协调会协调研讨具体工作。全省 17 家 5A 级旅游景区、中国丝绸博物馆、浙江图书馆、浙江省博物馆全部或部分完成 5G 网络基础设施建设，实现 5G 网络信号覆盖。厅属 3 所院校已部分完成校园 5G 网络基础设施建设，部分公共教学区域实现 5G 网络信号覆盖。6 月 19 日，在中国丝绸博物馆开幕的"2020 丝绸之路周"通过移动 5G 网络高清直播，1100 万观众实时观看开幕盛况。研究探索区块链、大数据等新技术赋能文化和旅游产业，协同浙江大学区块链研究中心开展应用场景调研。

全面提升文旅网络安全防护水平。完成全省文化和旅游系统网络安全工作管理平台建设并投入运行，及时发布各类网络安全风险预警。举办全省文化和旅游系统网络安全工作培训班，提升网络安全工作人员专业素养。开展省级文化和旅游系统勒索病毒专项清理工作，确保关键信息基础设施、重要信息系统数据安全。

部署开展系统内信息系统网络安全专项整治行动，深入查找省级文化和旅游系统各单位政务信息系统漏洞风险，切实提升电子政务领域网络安全防护能力，做好迎检工作。加强重要时段的值班值守，落实重要时段 7×24 小时实时监测机制和网络安全"零报告"制度。

【文旅专业化建设取得新进展】 坚持人才培养和继续教育有机衔接，文旅专业化建设取得新进展。从严从细完成导游考试工作。省文化和旅游厅党组高度重视导游考试工作，厅长褚子育提出明确要求，副厅长刁玉泉担任考试领导小组和疫情防控应急管理领导小组组长。严格落实疫情常态化背景下考务工作要求，制定疫情防控工作方案和应急预案，确保考试平稳、安全进行。进一步突出文旅融合、加深文化内涵、体现发展成就，及时修订中英文版现场导游考试指南教材。总结 2019 年现场考试试点经验，在全国率先采用在线实时视频录制模式，全省 7241 人参加导游资格证考试，1811 人考试合格，合格率 25％。1764 人参加中高级导游等级考试。按要求实施国家"金牌导游"人才培养项目，浙江 9 名导游入选文化和旅游部"金牌导游"，并在文化和旅游部举办的 2020 年"金牌导游"培养对象专题培训班上做经验交流。

分层分类推进文旅队伍培养。贯彻乡村振兴战略，加强乡村旅游人才和基层文化艺术人才培养。精准对接基层需求，充分发挥省文化和旅游厅属院校教学资源优势，组织专家、学者、教

师等专业力量，深入基层送教下乡，整体推进基层文旅人才培养。疫情以来，及时调整课程设置，专门增排"疫情后文化旅游转型升级"课程，指导文旅行业适应新形势、抓住新机遇、开拓新市场。全年共开展不同层次培训 115 场次，接受培训近万人。扎实推进社会艺术水平考级机构管理，强化对全省 9 家考级机构的业务指导、评估、监管和服务，推进艺考规范化建设。不断优化审批服务，减少审批材料，压减审批时间。加强事中事后监管，开展考级机构评估，在此基础上暂停 2 家考级机构（浙江美术家协会和浙江歌舞剧院有限公司）的社会艺术水平考级活动，并监督指导其限期整改。

高质量完成文化和旅游部培训基地任务。省文化和旅游厅被授予文化和旅游部浙江培训基地，厅属 3 所院校为依托单位。省文化和旅游厅作为基地的管理部门，主动跟进，加强协调，指导厅属 2 家院校努力克服疫情影响，高质量落实各项培训任务。全年按要求开办各类培训班 98 期，培训人数 8897 人，其中部级培训班 5 期、省级 45 期。服务文旅干部人才培养战略，采用线上、线下相结合的方式，安排落实培训项目 227 期，培训 62892 人次。全年组织全省文化和旅游系统 762 人次专业人员参加中宣部、文化和旅游部主办的 8 批次 30 多个专题培训班。

此外，牵头落实好省政府知识产权强省联席会议、质量强省联席会议联系单位有关具体工作。按照省委、省政府《全面强化知识产权保护行动计划（2020—

2021)》,深入研究分析文旅知识产权保护工作现状,逐项分解细化工作任务,协同推进文旅服务质量提升,配合开展相关督查考核规划编制等工作。

（曹　靓）

非物质文化遗产保护

【概况】　2020年,全省深入学习贯彻习近平总书记关于非遗保护的重要指示精神和考察浙江重要讲话精神,认真落实文化和旅游部的工作部署,聚焦非遗高水平保护、高质量发展的要求,以"两个转变"为目标,加强制度建设,促进融合发展,努力构建新时代非遗传承发展新局面,取得了较好成效。至年底,全省有人类非遗项目10项、国家级非遗项目217个、保护单位233个、国家级非遗代表性传承人196名、省级非遗项目886个、省级非遗代表性传承人1215名。

【非遗在抗击疫情中发挥重要作用】　全省非遗保护单位、企业、传承人支援抗疫现金、口罩、体温枪等抗疫物资,以及中医药剂、中药材、传承人创作的非遗作品或作品拍卖后所得的给红十字会的捐款等,折合金额约3500万元。全省非遗传承人立足专业领域,聚焦主题,居家创作了一大批曲艺、剪纸、歌谣、戏曲唱段等传统文艺作品,传播防疫知识,宣传防控抗击疫情的感人事迹,为增强全省群众防疫意识,鼓舞一线的防疫工作者士气贡献积极力量。据不完全统计,全省用传统表演艺术创作的鼓舞抗疫斗志的非遗

文艺作品,以及用传统技艺、传统美术手法创作的宣传抗病防疫知识手工艺作品共有2000件。举办"安吉杯"疫情防控主题非遗优秀作品评选活动,共收到452人523件参赛作品,获奖作品在"文化和自然遗产日"浙江主场系列活动中线上集中展播。国家级非遗代表性项目"胡庆余堂中药文化""中医传统制剂方法(方回春堂传统膏方制作技艺)"、省级非遗代表性项目"万承志堂中医药养生文化""传统中医药文化(桐君传统中药文化)"等保护单位响应号召,积极向民众宣传科学疫情防控知识,用中医理论指导治疗病毒的临床实践,协助当地政府做好防病毒工作,参与新冠肺炎治疗,成为重要战"疫"力量。

【制度体系建设扎实推进】　制定实施《浙江省省级非物质文化遗产代表性传承人管理办法》《浙江省省级非物质文化遗产代表性项目评估实施细则》《浙江省省级非物质文化遗产代表性传承人评估实施细则》,健全非遗保护工作的管理制度体系。

开展传统技艺、传统美术和传统医药3类省级非遗项目(434个)和省级传承人(398名)的评估工作。与浙江大学合作开展"非遗馆服务与建设标准"课题研究,为筹建浙江省非遗馆打好学术基础。完成"国家级非物质文化遗产代表性项目记录工程(民俗类)操作指南"委托课题。印发《关于加强全省非物质文化遗产保护工作组织建设的通知》,推动建立完善职责明晰、配置合理、保障有力、运转顺畅的组织体系。浙江省非物质文化遗产保护中心

增挂浙江省非物质文化遗产馆牌子,重新明确"三定"方案,为省非遗馆建设奠定重要基础。

【项目分类保护力度加强】　深化传统戏剧保护。以"10+1"形式举办"浙江好腔调"全省传统戏剧展演活动,集中展示近年来浙江传统戏剧保护成果,促进全省传统戏剧发展"五个一"计划的全面实施。在绍兴市启动2020年"浙江好腔调"全省传统戏剧展演活动,在疫情常态化防控的背景下,演出采用"现场录制+线上播放"的形式举行。6月至11月,陆续在全省11个设区市推出专场展演。与"二更"平台合作,推出10个传统戏剧短视频。开展"浙江非遗看我的"浙江24个国家级传统戏剧项目抖音宣传。

传承发展非遗曲艺。以"融入现代生活　弘扬时代价值"为主题,10月,在宁波举办2020全国非遗曲艺周。曲艺周以"线上为主、线下为辅"的形式开展,127项国家级非遗曲艺代表性项目名录的258个优秀节目,在多家互联网平台进行线上展播,累计视频时长近8000小时,为期1个月;线下活动包括"曲艺传承发展论坛",曲艺进社区、进学校、进景区、进酒店(民宿)"四进"活动,非遗曲艺书场试点挂牌等。本届活动直播曝光达982万人次,开幕式观看472万人次,媒体发布稿件60余篇,点击量510万人次。

开展"非遗薪传"浙江传统美食展评活动,共收到全省各地118个非遗美食项目报名参加,经专家评审委员会评审,产生"薪传奖"10个、优秀展演奖20个、优秀组织奖10个。

【传播水平进一步提升】 非遗传播载体进一步丰富。制定出台《浙江省非物质文化遗产传播工程行动计划（2020—2022）》，提出8个方面的重点任务，努力推动浙江非遗传播工作向品牌活动效应凸显、平台载体丰富多元、全社会广泛参与的良好格局发展。完成浙江省非遗网改版，加快浙江省非遗保护公共服务平台建设，发布浙江非遗数字地图"非遗GO"，完成传统戏剧、曲艺、诗路文化带等3个专题模块建设。浙江非遗健康养生购、"非遗购物节·浙江消费季"非遗商品推介平台上线。推出"云上戏剧——浙江好腔调传统戏剧展播"、浙江非遗视频馆，积极分享非遗保护成果。"世界读书日"期间，开展"浙江非遗读书周"活动，进一步培育非遗读者群，持续扩大浙江非遗传播力与影响力。创新建立浙江非遗网络学院平台，促进学习培训与工作交流常态化开展。

组织"文化和自然遗产日"非遗宣传展示活动。围绕"非遗传承健康生活"主题，组织开展覆盖全省，省、市、区3级联动的"文化和自然遗产日"非遗宣传展示活动211项，大力营造全社会重视非遗保护的浓厚氛围。采取线上展播为主、线上线下相结合的方式，在绍兴柯桥举办主题为"赓续浙江文脉，共建美好生活"的2020年"文化和自然遗产日"浙江主场城市（绍兴）系列活动。据统计，主场城市活动开幕式在线观看114余万人次，各大板块累计观看485.9余万人次；全省现场参与遗产日活动的群众有70余万人次，线上云直播、云观展参与人数2000余万人次。

举办第十二届浙江·中国非物质文化遗产博览会（杭州工艺周）。首次举办"云上博览会"，开启"永不落幕"模式。以"享·美好生活"为主题，围绕"共筑文化高地，共享文化生活，共谋文旅融合，共促文化消费"展开，以"非遗＋扶贫""非遗＋旅游""非遗＋产业"为导向，形成新时期非遗博览会创新模式。9月10日至30日，分别在线上开展系列展览展播活动，在线下举办第五届"大匠至心"非遗传承发展杭州沙龙、"薪传奖"评审等活动。其中2020年"薪传奖"展评活动，共评出"薪传奖"传统工艺大展（竹木工艺）金奖2名、银奖3名、铜奖5名、优秀奖25名、优秀组织奖10个，国家级非遗代表性传承人"薪传奖"20名，"薪传奖"影响力进一步增强。本届博览会线上曝光量1523万次，浏览量372万次，开幕式直播浏览量387万次，促成交易金额1022万元。

举办中国义乌文化和旅游产品交易博览会浙江非遗生活馆。以"非遗新跨界"为主题，以文旅融合为契机，汇聚多方力量和资源，以跨界多元合作为突破口，创新展陈内容和模式。在"非遗＋扶贫"专题板块以传统工艺为重点，集中展示近年来浙江非遗扶贫成果及优秀案例，并邀请贵州、山东、甘肃及浙江4地非遗扶贫力量参展，为广大非遗传承人和非遗扶贫就业工坊搭建展示和推介平台。举办"非遗新跨界"主题沙龙，邀请文旅、文创、高校等多领域的代表及非遗传承人，围绕非遗赋能的时代价值，开展对话交流，共同探讨新时代非遗经济发展之路。展览首次采用布达赫特新型环保材料，成为非遗展会材料运用重要革新成果。

组织参加各类非遗展会活动。积极组织参加第六届中国非遗博览会，其中，绿茶制作技艺（西湖龙井）参加线下展馆"感悟习近平总书记的非遗情缘展"专题展板块，42个非遗项目参加线上"云展厅"，23家"非遗店铺"参加"非遗好物"云销售，21名传承人参加"匠心匠艺"云竞技。以"灵动浙江"为主题，组织全省25个非遗项目、29位传承人参加第三届中国国际进口商品博览会非遗展览活动，呈现浙江深厚的文化底蕴和非遗资源，成为讲述"浙江故事"的重要窗口。组织参加第二届大运河文化旅游博览会分会场暨第三届中国（淮安）大运河文化带城市非遗展，其中嘉善田歌参加传统民歌展演、3个项目参加非遗创新作品展。遴选杭罗织造技艺等10个非遗项目，在长三角城市非遗特展设"风雅浙江"展区，着力体现浙江地域非遗风采。

开展非遗保护优秀案例遴选。编印《2019年浙江省非物质文化遗产保护发展创新案例选编》。推荐"西湖龙井"制作技艺、畲族"三月三"、杨继洲针灸等3个国家级非遗项目参加全国非遗项目优秀实践案例评选。"景宁畲族自治县非遗进校园实践案例"入选第二届"非遗进校园"十大优秀实践案例。举办第三届"少年非遗说"传统故事讲述大赛，各地选拔报名人数达10159人。

【文旅融合发展不断深化】 启动省级文化传承生态保护区创建工作。贯彻落实文化和旅游部《国家级文化生态保护区管理办法》，经省政府同意,印发《关于浙江省省级文化传承生态保护区建设的意见》,部署启动创建工作,全省共有25个县(市、区)政府提出了创建申请。开展省级文化传承生态保护区创建申报地考察论证和遴选工作,公布17个省级文化传承生态保护区(创建)名单,覆盖浙江省诗路文化带建设的十大文化高地。在象山举办省级文化传承生态保护区创建工作现场会,交流创建思路,进一步统一思想、凝聚共识,研究下一步推进省级文化传承生态保护区建设的相关工作。

举办"非遗购物节·浙江消费季"活动。贯彻省委、省政府"两手都要硬,两战都要赢"决策部署,在"五一"、端午小长假期间组织举办"浙江非遗健康养生购"线上推广活动。优选省内适合线上销售的养生相关项目的非遗产品,集合有关购买链接,开辟线上推广宣传专区,提供菜单式服务,挖掘非遗资源消费潜力,有效地提振了文旅消费。在"五一"假日期间,近万人通过该平台选购商品,交易额达1229万元。以非遗项目保护单位、中华老字号、传承人为切入点,组织全省511家已开设网店的非遗企业、62279种非遗商品在各电商平台开展线上销售活动。同时,在确保疫情防控安全的前提下,各地利用非遗馆(展示馆)、图书馆、博物馆、非遗主题小镇、非遗体验基地(体验点)、历史文化街区、景区、酒店、民宿、商场等场所组织开展线下购物节活动。在遗产日当天协同阿里巴巴集团举办"非遗购物节"线下启动仪式。开展"非遗购物节·浙江消费季"展销活动,上线

相关平台,通过"非同凡响"系列短视频,以雅、着、食为主题,集中展示推荐浙江丰富多彩的非遗产品,全省上下联动,一起为传承人与大众文化消费搭建商品推介平台,共同助力非遗经济。全省371家非遗商户、719个非遗商品信息参与集中推荐。据统计,6月1日至13日期间,全省线上销售额6593.5万元、线下实体店销售额2948余万元。

加强"非遗+旅游"载体建设。组织开展第二批浙江省优秀非遗旅游商品评选活动,评定100项优秀非遗旅游商品。组织全国非遗旅游融合案例申报,绍兴"书圣故里历史街区复兴传统文化"入选"2020非遗与旅游融合发展优秀案例"。积极参加"全国非遗主题旅游线路征集宣传"活动,"浙西南畲乡非遗技艺体验游"入选首批全国非遗主题旅游线路。

【对外合作交流不断拓展】 承办大运河非物质文化遗产保护传承利用工作会商活动,积极承担大运河非遗保护传承利用协同机制秘书处工作,促进大运河非遗整体性、系统性保护。组团赴贵州、广西两省(区)开展"非遗走亲"文化交流活动,围绕"非遗+旅游""非遗+扶贫",以及非遗传承人群培养、文化生态保护区等开展了多维度的考察和交流,为推进浙江与中西部省份非遗保护成果交流合作搭建了重要平台。选派项目参加第三届长三角非遗节,参与成立"长三角非遗守护联盟",推进长三角区域非遗保护合作和传承发展。

链接:

2020年浙江省非物质文化遗产保护十件大事

1. 习近平总书记考察非物质文化遗产并做出重要指示。3月31日,习近平总书记在杭州西溪国家湿地公园察看湿地保护利用情况,观摩国家级非遗项目绿茶制作技艺(西湖龙井)省级非遗代表性传承人樊生华展示的手工炒制龙井茶技艺,和传承人亲切交谈,鼓励传承人把传统手工艺等非物质文化遗产传承好,彰显了党中央对传承发展非物质文化遗产的高度重视和对非遗传承人的关怀期望。10月,在第六届中国非遗博览会线下展馆——"感悟习近平总书记的非遗情缘"展中绿茶制作技艺(西湖龙井)得以展示。

2. 非遗在抗击新冠疫情中发挥积极作用。全省传统医药类非遗项目保护单位积极向民众宣传科学疫情防控知识,用中医理论指导治疗病毒的临床实践,协助当地政府做好防病毒。全省非遗保护单位、企业、传承人积极参与捐款捐物,据不完全统计,折合金额约3500万元。全省非遗传承人居家创作了一大批曲艺、剪纸、歌谣、戏曲唱段等传统文艺作品共2000余件,传播防疫抗疫正能量,为增强全省群众防疫意识、鼓舞一线的防疫工作者士气贡献积极力量。

3. 开展省级非遗代表性项目、代表性传承人评估。依据《浙江省省级非物质文化遗产代表性传承人管理办法》《浙江省省级非物质文化遗产代表性项目评估实施细则》《浙江省省级非物质文化遗产代表性传承人评估实施细则》,部署开展省级非物质文化遗

产代表性项目和省级非物质文化遗产代表性传承人评估工作，以促进浙江省非遗保护传承工作的科学化和规范化。根据统筹协调、分类推进、有序开展的工作原则，全年开展传统技艺、传统美术和传统医药3类省级非遗项目和省级传承人的评估工作。

4.举办全国非遗曲艺周。10月9日至14日，由文化和旅游部非物质文化遗产司、艺术司与浙江省文化和旅游厅、宁波市人民政府共同主办的2020全国非遗曲艺周在宁波举行。本次活动以"融入现代生活弘扬时代价值"为主题，以"线上为主、线下为辅"的形式开展，探索建立非遗曲艺展演传播新模式，办出了一届亮点纷呈、精品荟萃、名家云集的高水平曲艺盛会。活动汇集127个曲艺类国家级非遗代表性项目的258个优秀节目线上同步展播，线下活动包括"曲艺传承发展论坛"，曲艺进社区、进学校、进景区、进酒店（民宿）"四进"活动，非遗曲艺书场试点挂牌，曲艺公开课，第七届"阿拉非遗汇"活动等。

5.2020年"文化和自然遗产日"主场城市活动首次线上为主开展。6月13日，2020年"文化和自然遗产日"，全省各地围绕"非遗传承健康生活"主题组织开展非遗宣传展示活动211项，大力营造全社会重视非遗保护的浓厚氛围。在绍兴柯桥举办浙江主场城市（绍兴）系列活动，以"赓续浙江文脉，共建美好生活"为主题，首次采取线上展播为主、线上线下相结合的方式，线上活动包括"购·云端非遗集市""享·成果集锦show""赏·文博故事会""听·非遗'好声音'"四大板块。

据统计，主场城市活动开幕式在线观看114余万人次，各大板块累计观看485.9万人次；全省现场参与遗产日活动的群众有70余万人次，线上云直播、云观展参与人数2000余万人次。

6.启动省级文化传承生态保护区创建。贯彻落实文化和旅游部《国家级文化生态保护区管理办法》，经省政府同意，印发《关于浙江省省级文化传承生态保护区建设的意见》，部署启动省级文化传承生态保护区创建工作，全省共有25个县（市、区）政府提出了创建申请。经考察论证和遴选，"大运河文化传承生态保护区"等17个地区入选省级文化传承生态保护区（创建）名单，覆盖浙江省诗路文化带建设的十大文化高地。在象山举办省级文化传承生态保护区创建工作现场会，交流创建思路，进一步统一思想、凝聚共识，研究下一步推进省级文化传承生态保护区建设的相关工作。

7.举办"非遗购物节"浙江消费季活动。在"五一"假期推出"浙江非遗健康养生购"线上销售模式的基础上，在文化和自然遗产日期间开展"非遗购物节·浙江消费季"展销活动，以非遗项目保护单位、中华老字号、传承人为切入点，运用网络平台，结合各地非遗资源特点，以O2O线上、线下互动模式开展形式多样的非遗购物活动，通过消费端发力，助力非遗经济发展。据统计，6月1日至13日期间，全省511家非遗网店、62279种非遗商品在各电商平台开展线上销售活动，线上销售额6593.5万元，线下实体店销售额2948万余元。

8.大运河非遗保护传承利用工作统筹推进。10月，文化和旅游部非物质文化遗产司在杭州召开大运河非物质文化遗产保护传承利用工作会商活动，全面落实习近平总书记关于保护好、传承好、利用好大运河文化的重要批示指示精神，进一步统筹推进大运河非物质文化遗产保护传承利用工作，促进大运河非遗整体性、系统性保护，决定建立大运河非遗保护传承利用协同机制，并将大运河非遗保护传承利用协同机制秘书处设在浙江省文化和旅游厅。

9.非遗与旅游融合亮点频现。组织开展第二批浙江省优秀非遗旅游商品评选活动，评定100项优秀非遗旅游商品。省文化和旅游厅推荐的"浙西南畲乡非遗技艺体验游"入选首批全国非遗主题旅游线路；绍兴"书圣故里历史街区复兴传统文化"入选中国旅游报社主办的"2020非遗与旅游融合发展优秀案例"。在第十二届浙江·中国非物质文化遗产博览会（杭州工艺周）推出"非遗＋旅游"板块，集中推介浙江省非遗旅游主题小镇和非遗旅游景区景点。

10.非遗助力精准扶贫成效彰显。进一步发挥博览会的交流作用，助力贫困地区对接传统手工艺和商品市场，推动非遗传承发展与精准扶贫相结合。9月，在第十二届浙江·中国非物质文化遗产博览会（杭州工艺周）数字展馆开辟"非遗＋扶贫"板块，着重吸收来自桂、滇、黔、宁、新等脱贫攻坚督战省（区）的1000多项富有地方特色的非遗产品上线销售。11月，在中国义乌文化和旅游产品交易博览会浙江非遗生活馆"非遗＋扶贫"专题板块,集中展示近年来浙江非遗扶贫成果及优秀案例,为广大非遗传承人和非遗扶贫就业工坊搭建展示和推介平台,并邀请黔、鲁、陇、浙4地非遗扶贫力量参展,以传统工艺为重点,开展非遗扶贫就业工坊产品展示展销、文化创意产品及互动体验,向大众展现非遗魅力和"非遗＋扶贫"丰硕成果。

（薛　建）

资源开发

【概况】　2020年,资源开发工作围绕中心、迎难而上,坚持"两手硬、两战赢"总体要求,全力落实疫情防控和年初计划,工作推进有力有序,取得丰硕成果。

【疫情防控工作】　坚持"两手硬、两战赢",面对新冠肺炎疫情不等不靠,全力推动疫情防控和复工复产。第一时间实现全线关停。根据省委、省政府部署和省文化和旅游厅疫情防控小组有关要求,第一时间全面关停全省A级旅游景区、等级民宿等旅游场所。在全国率先出台《浙江省新冠肺炎防控旅游景区有序开放工作指南》《民宿应对疫情安全操作指南》等文件,指导景区、民宿落实防疫措施。第一时间推动复工复产。率先响应省委、省政府扩大有效投资号召,于3月10日举办全省文旅系统重大项目集中开工活动,全省287个项目同时开工,总投资达3078亿元。第一时间落实常态防控。在全国率先开展全国医护工作者免费游浙江活动,倡导白衣天使来浙江免费住民宿、游景区。顺应常态化防控形势,制定"景区有序开放新60条"。全面推行"预约、限流、错峰"出行,实现5A级景区预约制全覆盖。重点落实"五一"、端午、中秋国庆等假期出游有序可控,得到了文化和旅游部高度肯定。

【景区工作】　加快旅游景区创建,文成刘伯温故里成为浙江第19个5A级旅游景区,连续4年成功创建5A级景区。云和梯田通过国家5A级景区资源评估。完成2020年国家4A级景区景观质量价值申报,通过19家,全年认定4A级景区11家。大力推动文博场馆景区化,中国丝绸博物馆、浙江自然博物院安吉馆创成4A级旅游景区,将"最多跑一次"改革向旅游景区延伸,起草《以"最多跑一次"改革理念促进A级旅游景区服务质量提升方案（2020—2022年）》,并经省委改革办"最多跑一次"改革工作例会审议发布。

【度假区工作】　淳安千岛湖、德清莫干山成功创建国家级旅游度假区,全省累计创成6家,数量全国第一。省政府出台《浙江省省级旅游度假区管理办法》,完成省级旅游度假区考核并通报,其中优秀8家,良好15家,合格20家,不合格8家,对不合格单位进行警告和约谈。

【"百千万"工作】　正式发布《浙江省景区城建设指南》《浙江省景区镇建设指南》,召开全省县管干部培训班,指导基层做好景区城、景区镇创建工作。全年累计认定景区镇377家（其中5A级景区镇6家）,景区城35家（其中5A级景区城3家）,A级景区村3392个,累计认定A级景区村10083个（其中3A级景区村1597个）,提前1年完成万村景区化任务。

【"四条诗路"工作】　联合印发三条诗路黄金旅游带规划,发布并启动42家千万级大景区培育,新推出杭州—衢州、富春江、建德—兰溪、南浔—荻港等"四条诗路"水上游线。举办诗路讲解员大赛,培育"实力硬核、大众喜爱、潜力巨大"的金牌讲解员10位。

【全域旅游工作】　新昌、松阳、仙居、桐庐、嘉善5县创成第二批国家全域旅游示范区,示范区累计数量全国第一（并列）。认定第三批省级全域旅游示范县（市、区）16家,全省省级及以上示范县（市、区）覆盖率达59％。完成第一批22家省级全域旅游示范县复核评估,评出A、B、C3档,分别有5个、15个、2个县（市、区）列入A、B、C3档,对浦江、磐安两家C档单位进行约谈,形成优胜劣汰趋势。

9月17日至20日,承办全国全域旅游培训班暨首届中国全域旅游绿色发展对话,文化和旅游部党组成员王晓峰参加并授课,浙江省政协副主席吴晶参加并致辞,联合3省1市发表长三角全域旅游绿色宣言,全域旅游绿色发展进入崭新阶段。

11月13日至14日,举办"2020世界旅游联盟·湘湖对话",文化和旅游部党组成员、副部长张旭参会并发表主题演讲，省政协副主席张泽熙出席并致辞。联合国世界旅游组织秘书长祖拉布·波洛利卡什维利等部分国际组织、旅游界人士以线上方式参与会议。

12月22日，召开浙江省2020年全域旅游"比学赶超"现场会及国家全域旅游示范区"十四五"旅游业发展规划专题汇报会，通报省级全域旅游示范县（市、区）年度评估结果，听取省内8家国家全域旅游示范区关于"十四五"旅游业发展规划思路的汇报，进一步强化全域旅游省创建氛围，推动各地形成"互比互看互学"的良好氛围，加快打造"诗画浙江"大花园。

【海岛公园工作】 编制并印发海岛公园《浙江省十大海岛公园三年行动计划（2020—2022）》，建立省文化和旅游厅领导联系海岛公园制度，联合财政设立7000万元海岛公园建设激励支持资金。经省政府同意，以四大建设联席会议名义印发了十大海岛公园建设年度工作要点（清单）、重大项目计划。全年海岛公园总投资1940.71亿元，完成实际投资307.87亿元，超额完成年初目标。

【文化和旅游资源普查】 召开全省资源普查座谈会，推动嘉兴市、江山市、宁海县完成试点工作并形成经验总结，制定浙江省文化和旅游资源普查工作方案，通过公开招投标确定普查技术服务和实施单位，组建专家团队和工作团队，明确文化和旅游资源普查的方向、原则和大致范围，为出台

浙江省文化资源分类与评价方案（标准），开展全省资源普查打下坚实基础。

【文旅项目和投资工作】 全力推进文化和旅游项目建设，成立"四十百千"专项工作小组，印发"四十百千"项目投资计划，建立省文化和旅游厅领导联系项目制度，健全"识别一张图、项目一个库、进度一张表、考核一指数、指挥一平台、工作一机制、一月一例会、一年一表彰""八个一"工作体系，在全省形成各地"比学赶超"的良好氛围。截至12月底，全省共有在建文化和旅游项目2831个，总投资2.01万亿元，实际完成投资2584.7亿元，完成率达到129%，实现文旅项目投资"全年红"，得到省长郑栅洁高度肯定："特殊年份的特殊成效，不容易，好！"。

【乡村旅游和民宿工作】 启动省级乡村旅游重点村名录编制，26个村入选第二批全国乡村旅游重点村，两年累计总数40家，位列全国第一（并列）。举办乡村文旅运营专题研讨会，探索乡村文旅运营路径，创新提出"制定一个运营导则""培育一个运营团队""组建一支指导队伍""搭建一个合作平台""推出一批运营案例""开办一个大讲堂"的"六个一"工作机制。举办全省民宿伴手礼大赛，评选"浙宿好礼"53款。认定第四批省级旅游风情小镇27家，累计认定100个。全年评定等级民宿200家，总量突破1.98万家。

【红色旅游工作】 立足建党百年契机，印发红色旅游宣传画册，认定3名全国"五好"讲解员。编制

印发《红色旅游教育示范基地认定与管理办法》，认定红色旅游教育基地10家，加快全省红色旅游教育基地管理提升。起草《全国红色旅游融合发展示范区标准》。发布"红色精神"之旅、"烽火岁月"之旅、"山海垦荒"之旅、"红色信仰"之旅4条红色旅游精品线路。

10月25日至28日，举办中国红色旅游推广联盟年会，文化和旅游部资源开发司二级巡视员、国家文化公园办公室专职副主任白四座，原国家旅游局副局长吴文学参会并发表主旨演讲，省人大常委会副主任史济锡出席并致辞。

【改革试点工作】 完成交旅融合改革方案，启动交旅融合规划编制。指导三门县编制三门湾湾区旅游规划，争取将三门湾湾区旅游发展列入省重点改革任务。根据前瞻性、引领性和可复制性基本原则，遴选并发布横店、西塘等10家未来景区改革试点，云和梯田、余姚四明山等16家山地度假旅游试点，莫干山庙前村、天台寒山等15家民宿（农家乐）助推乡村振兴改革试点。联合省农业农村厅、省林业局举办全省文化和旅游资源开发专项改革试点推进会，推出一批扶持政策。

【长三角一体化建设】 根据《长江三角洲区域一体化发展规划纲要》《长三角生态绿色一体化发展示范区总体方案》，以及《2020年浙江省推进长三角一体化发展工作要点》《2020年长三角文化和旅游联盟重点工作计划》等相关文件精神，认真抓好落实，积极提

升长三角文化和旅游一体化合作水平。

5月26日，在江苏溧阳召开2020年长三角文化和旅游联盟联席会议，统筹推进长三角疫情防控和文化旅游市场复苏发展。成立长三角公共图书馆智库服务联盟，实现资源共享、优势互补，增强公共图书馆协同创新作用；发布长三角区域文物专家库，有效促进长三角区域高质量、高层次、高规格的文物专家人才集聚和流动。

5月至9月，浙江省文化和旅游厅组织专家团队，对长三角生态绿色一体化发展示范区范围内的古镇进行专题调查研究，编制完成《长三角生态绿色一体化发展示范区江南水乡古镇生态文化旅游圈建设方案》。

8月6日，在南京汤山温泉旅游度假区联合举办"畅游长三角·美好新感受"主题活动，发布了由浙江省文化和旅游厅牵头制作的长三角区域统一的旅游宣传片、形象标识、宣传口号；发布了长三角"高铁＋景区""高铁＋酒店"等"高铁＋"旅游系列产品。

8月27日，浙江省文化和旅游厅党组书记、厅长褚子育带队到嘉善开展文化和旅游工作调研，省文化和旅游厅与嘉善县就共同促进长三角生态绿色一体化发展示范区嘉善片区文化和旅游发展签署了《浙江省文化和旅游厅嘉善县人民政府共促长三角生态绿色一体化发展示范区嘉善片区文化和旅游发展合作协议》。

9月12日，3省1市文化和旅游行政管理部门于上海共同成立"长三角旅游推广联盟"，联合策划组织境内外文化旅游市场推广，促进区域文化旅游消费交流互动，推进形成文化和旅游消费国内、国际双循环、相互促进的新发展格局。

9月23日，在德清县举办2020年长三角乡村文旅创客大会，来自全国20多个城市的100多位创客参会，共话乡村文旅产业发展，提升长三角地区乡村创客创业创新活力。

9月24日，在西塘古镇景区召开以"美美与共，振'镇'有声"为主题的首届长三角古镇一体化发展大会，成立长三角古镇发展联盟，发布长三角古镇生态绿色发展保护《西塘倡议》。

9月28日，在桐庐县举办首届长三角（桐庐）森林康养和生态旅游宣传推广活动，发放了价值4000万元的"桐庐旅游消费券"。

9月至12月，浙江省文化和旅游厅组织专家团队，对杭黄廊道的文化旅游发展进行专题研究，形成《杭黄世界级自然生态和文化旅游廊道建设方案文化旅游专题研究》报告。

10月14日，在湖州举办"共饮太湖水·共唱太湖美"首届环太湖生态文化旅游圈合作共进推进会和第三届长三角三省一市旅游协会联席会议，签署"环太湖生态文化旅游圈合作共进备忘录"。

10月25日至28日，在台州举办中国红色旅游推广联盟年会暨革命精神传承发展主题活动，探索区域旅游合作新模式，推动长三角红色旅游共同发展。

11月23日至27日，在金华市金义新区（金东区）举办"光南故里·音乐盛典"首届长三角原创流行歌曲大赛，推动长三角音乐文化产业的融合发展。

12月17日，在浙江省博物馆举办"忆江南·长三角文创产品展"并开展优秀文创产品评选。

【基础设施建设】 浙江省之江文化中心工程全力做好疫情防控和复工复产工作，并根据实际情况，重新调整项目年度投资计划。全力推进工程建设，抢抓延误的工期，全年基本完成调整后的目标任务。省委常委、宣传部部长朱国贤，省住建厅厅长项永丹，省文化和旅游厅厅长褚子育，省文化和旅游厅副厅长杨建武、王峻，西湖区区长董毓民等先后到工地指导帮助并开展"三服务"工作，有效解决项目实际困难，确保工程进展趋于正常。3月18日，项目正式实施基坑大面积开挖。截至12月31日，文学馆区域已完成4层的梁板混凝土浇筑，开始柱、墙钢筋绑扎和5层的支模架搭设，超过地面以上结构的50％，土方回填基本完成，整体结顶未完成。图书馆区域已完成全部地下室结构施工，同步实施西侧1层的柱、墙钢筋绑扎，2层的梁板支模施工，土方回填完成约30％，完成调整后的年度目标。博物馆区域已完成全部地下室结构施工，同步实施西侧1层的柱、墙钢筋绑扎，2层的梁板支模施工，完成地下室外墙防水，完成调整后的年度目标。非遗馆区域已完成80％的基础底板浇筑，开始拆除支撑梁。公共服务中心自西向东推进，其中基础底板浇筑已完成43％，负2层结构完成约27％。

与工程形象进度同步推进完成了项目的施工图设计和确认、施工图预算编制和确认以及部分分项、设施设备的招标采购工作，全年实际累计外运出土120余万立方米,工程完成投资约5.2亿元,完成率92.8%,完成预算执行3.1亿元,执行率96.8%。

浙江省新时代文化艺术创研基地先后完成了初步设计及概算的审查会,于3月27日获得扩初及概算批复,随后着手完成了项目实施EPC总承包的招投标体系的确定、相关招投标文件审核、招标控制价的审定,并顺利完成招投标文件的备案审查,只是因建设用地交付事宜而暂时搁置。10月底,完成项目EPC总承包和工程监理招投标工作,着手开展地勘和基础施工图的设计,优化原扩初设计方案。主动协调西湖区、翠苑街道、省生态能源总站、省博物馆等建设用地涉及征迁安置相关事宜,通过国有资产置换的方式协调推进建设工程难点问题。

(金　鹏、罗永祥)

产业发展

【概况】 2020年,全省文化和旅游产业聚焦聚力高质量发展,发挥文化和旅游产业在"战新冠、促改革、增动能、惠民生"中的独特作用,充分挖掘消费潜力,全力助推市场复苏,强化产业各领域、多维度、全方位深度融合,确保全省文化和旅游产业各项指标走在全国前列。

【全力抗疫助企纾困】 一季度开展文化和旅游企业受损情况摸底调研,系统梳理《文化和旅游企业纾困政策汇编》,汇总各方数据,为制定纾困政策提供依据。下发《浙江省文化和旅游企业受新冠肺炎疫情冲击受损情况和纾困对策举措》《关于做好文旅小微企业和个体工商户纾困工作的通知》,出台《关于尽快恢复振兴文化和旅游消费市场进一步激发文化和旅游消费潜力的实施意见》等,积极对接省级部门落实扶持政策,助力全省文化和旅游企业复工复产。联合人民银行杭州中心支行下发《关于做好全省文旅企业金融支持工作的通知》,加大融资优惠力度,创新金融产品,深化金融合作,省、市、县(市、区)文化和旅游系统3级联动,梳理推荐各类文旅企业400余家。联手中国农业银行浙江省分行、杭州银行先后出台"十条""九条"专门针对文旅企业的金融服务条款。安排400亿元信贷资金,开发文旅企业专项信贷产品,帮助受损文旅企业解决资金难题。围绕"六稳""六保"工作,建立驻企服务员机制,全省文旅系统共派出驻企人员4813人次,驻企7726家,走访企业29537家,解决问题3868个,指导企业用好用足各项纾困支持政策。8月,在衢州召开全省文化和旅游企业纾困与产业创新发展经验交流会。省文化和旅游厅、杭州市、衢州市文化和旅游领域纾困惠企典型经验做法被文化和旅游部汇编推广。

【全面提振文旅消费】 指导文化和旅游消费市场,研究出台"五一"、端午小长假期间提振文旅消费"一揽子"举措。举办"春和景明·绿水青山健康行——浙江文旅消费季",推出"八百八千"系列文旅系列产品,发布100条涵盖山水、民俗、研学、海岛、运动、康养等12类的精品文化旅游线路。会同省总工会发出"浙江人游浙江"、省内疗休养倡议。省、市、县(市、区)联动投放"10亿元文旅消费券""1亿元大红包",紧紧抓住"五一"、端午、国庆、中秋等假期和契机,投放各类消费券和红包促进消费。省级财政拨出专款2000万元,带动携程、飞猪、去哪儿、美团等在文旅头部App上集中发放"浙江旅游消费券"近5亿元。指导杭州承办全国文化和旅游消费现场会。举办全省夜间文旅消费工作推进会,确定省级文旅消费试点城市23个,拟定省级夜间文旅消费集聚区建设指南和认定办法。举办2020长三角乡村文旅创客大会,开展"长三角'高铁＋景区门票''高铁＋酒店'旅游线路推荐活动",指导试点推行每周2.5天弹性休假制。助力激发后疫情时代长三角旅游消费。

【做实打响"诗画浙江·百县千碗"工程】 会同省商务厅联合下发《关于做实打响"诗画浙江·百县千碗"的通知》,并对2020年各市、县工作任务进行了分解。指导省餐饮行业协会、省旅游协会、省饭店业协会联合发布《浙江省"诗画浙江·百县千碗"特色美食体验(示范)店、旗舰店、美食街区、美食小镇认定办法(试行)》,积极推进省农都集团"城市厨房"、"浙江文化大厦美食旗舰店"、胜利河"锦鲤中心"等重点美食项目,各类"百县千碗"消费体验场所落地。认定两批263家美食体验店,公布了6个美食小镇、22个美食街区培育名单。启动编纂《诗画浙江·百县千碗特色美食丛书》。组织全省"百县千碗"参加金秋购物节湖滨步行街、各类展会和宣传推广展示活动。11月19日,省委书记袁家军在省文化和旅游厅"诗画浙江·百县千碗"的报告上做出批示:"强化标准引领、质量提升、文化挖掘、技术传承,努力将'百县千碗'打造成'金名片'。"这是袁家军两年来第3次对"诗画浙江·百县千碗"工程做出重要批示。组织召开全省"诗画浙江·百县千碗"视频推进会和重点工作部署会。

【创新推动文化和旅游IP】　出台《浙江省文化和旅游厅关于加快推进文旅融合IP工程建设的实施意见》《浙江省文化和旅游IP综合评价指南(试行)》,从独特性、应用性、价值性和传播性4个维度构建量化考核评价指标,将定量分析与定性分析相结合,对"文旅IP"进行全面系统地评价。推出一批优秀文旅IP名单。评选出良渚、《宋城千古情》、缙云烧饼等15个首批示范级文旅IP及78个培育类文化和旅游IP,倾力培育文旅"金名片"。指导温州召开全省文旅IP创新发展大会。推出一批数字博物馆、数字美术馆、数字景区等文旅线上新产品。围绕旅游演艺、水上夜游、美食体验等打造"瓯江夜游""塘河夜画""夜鲁镇"等一批夜间文旅IP以及"普陀潮生夜市""夜游楠溪"等爆款产品。推动文旅消费体验场景化生活化,培育沉浸式夜游、乡村田野游、森林康养游等新业态。

【加快文创和旅游商品研发与推介】　进一步协调财政、人社等部门,加快研究文创试点单位体制机制问题,探索搭建文创产品线上线下融合销售服务平台。建立全省重点文创旅游商品名录。着力开发高质量的动漫、网络音乐、数字艺术等新型文化产品,加大传统工艺品、非遗衍生品等文创产品开发力度,发挥茶叶、丝绸、黄酒、中药等十大历史经典产业的优势,扩大产品供给。组织浙江旅游商品企业积极参加2020年中国旅游商品大赛、金秋购物节等活动,定期推出一批优秀文创和旅游商品名录,在"浙里好玩"平台集中展示和销售,搭建立体式产业发展平台,让优秀旅游商品走进A级旅游景区、省级旅游度假区、星级饭店、品质旅行社、风情小镇、景区村(镇)、精品民宿等。有效发挥旅游商品协会、中国旅游商品研究所(义乌)及小商品市场集散基地的作用,研究开发具有地域文化特色、满足旅游消费需求、具有市场潜力的旅游商品。指导各地开展文创旅游商品、民宿伴手礼大赛活动,提升购物板块的带动力和竞争力。

【启动实施文化和旅游企业梯度培育计划】　推动省政府"凤凰行动""雄鹰行动""雏鹰行动"在文化产业领域落地实施,培育一批优质的领军型、骨干型、新锐型文旅企业,推动文化和旅游产业高质量发展,带动消费全面升级。联合省经信厅(省中小企业发展领导小组办公室)下发《浙江省文化和旅游企业梯度培育计划(2020—2022年)》,启动文旅领军型、骨干型、新锐型企业培育,加快培育高质量竞争力一流企业

和隐形冠军。细化文旅优秀企业遴选标准和准入门槛。积极推介遴选优秀文旅企业(含项目)申报国家系列扶持项目。计划到2022年培育100家左右领军型企业、300家左右骨干型企业、600家左右新锐型企业。

【加强"文化和旅游+"产业融合发展】　持续推进文化和旅游产业与第一、二、三产业的融合发展,加强文化和旅游产业与工业、农业、体育、卫生等产业的深度融合发展,大力培育文化和旅游产业发展新业态。积极推进"文旅+康养""文旅+体育""文旅+工业"等融合模式创新发展。全省已拥有各类"文旅+"产业融合示范基地800余家。新增认定省级乡村旅游产业集聚区8个、文化产业示范基地20个、工业旅游示范基地20个、中医药文化养生旅游示范基地16个,完成所有基地复核工作。联合省体育局,召开浙江省第九届运动休闲旅游节,并公布一批运动休闲旅游示范基地、精品线路和优秀项目。

【做优重大展会平台建设】　高水平办好中国义乌文化和旅游产品交易博览会、中国国际动漫节等重要展会。推进第15届中国义乌文化和旅游产品交易博览会更名并成功举办,创新线上线下同步办展模式,以"融·合文旅,创·新时代,美·好生活"为主题,置文旅融合主题馆、美丽中国馆、诗画浙江馆、匠心传承馆、电竞动漫馆等5个展馆。面积达到4.5万平方米以上,设国际标准展位2300个,共有境内17个省(区)(市)的641家企业和机构参

展,专业观众超过 1 万人以上。

推进中国国际网络文化博览会永久落户杭州余杭（良渚新城），召开中国国际网络文化博览会通气会暨数字文化产业高质量发展研讨会。指导天台办好第十五届浙江山水旅游节暨第三届唐诗之路文化旅游节。开展"5·19中国旅游日"活动，长三角文旅乡村创客大会及杭州文化创意产业博览会等大型展会和活动，联手打造金秋购物节、消费促进月、淘宝造物节等综合性品牌消费活动，省、市、县联合组织各类文旅集市达 400 多场。

此外，积极参加长三角文博会、深圳文博会（线上）、上海进博会等知名展会，省文化和旅游厅产业发展处荣获进博会先进集体称号。

【提升文化特色产业发展】 杭州白马湖文化创意园以全国第一的高分通过国家文化创意园区验收，成为国家文化创意园。宁波市跻身首批国家级文化与金融合作示范区，实施方案报批财政部、文化和旅游部。探索文创试点新机制，开展文化创意及商品大赛，连续 5 年获得全国商品大赛奖牌数第一名。推进产业标准化建设。积极研究制定研学旅行课程标准、省级生态旅游区标准、历史经典产业保护与传承等产业门类的省级地方标准。加强文化和旅游产业人才培养。推动全省文旅产业创新团队建设，培育若干名创新团队优秀专家。举办不同层面、不同培训方向的产业人才培训班，推荐 10 余名优秀企业家参加全国性产业专题培训。

（孙　坡）

市场管理

【概况】 2020 年，全省文化和旅游市场管理工作深入贯彻党的十九大和历次会议精神，省委、省政府重要会议精神和相关决策部署，紧紧围绕省文化和旅游厅党组年度工作思路和重点工作安排，以文化和旅游现代治理能力提升为方向，以"最多跑一次"改革为牵引，以文化和旅游市场信用监管为突破，按照系统集成、协同高效的要求，坚持"创新性举措、关键性抓手、长效性机制"一体抓落实，努力创造安全、文明、有序的市场环境，加快推动文化和旅游市场管理高质量发展。

【游客退团退费处置精准高效】 面对全国暂停团队游、出境游后的旅游市场风险和群体性矛盾隐患，以"保民生、促稳定"为方针，迎难而上、履职尽责，全力破解全省近 1 万个团组、19.8 万名游客的退团退费问题。截至 8 月 31 日，率先全国实现涉疫旅游"双百清零"，即达成 100% 协议改签、100% 和解退费，未发生重大旅游投诉、重大负面舆情。统一口径明导向。明晰工作路径，实施"摸底、研判、止损、退付、应对、清零"6 步工作法，聚焦杭、甬、温等游客密集地区，压实属地管理责任，切实抓好退团退费处置工作；统一操作口径，第一时间下发《退团退费工作处置导则》，着重采取"无损延后"模式，引导旅行社与游客变更合同，在保证资费不变、线路不改的基础上，将预付资金以抵用券形式先行退还，为游客提供延期消费服务，缓解旅行社资金退赔压力。统合力量抓处置。配合省疫情防控领导小组将退团退费社会矛盾纳入维稳重点工作清单，牵头建立部门联席会议机制，省、市联动处理机制，加强分析研判、协同处理。面商诺达航空、保利航空、星浩航空等省内 3 家最大的包机公司，并致函印尼、泰国、菲律宾等国的 11 家外航公司，要求最大限度落实对浙江旅行社的退改优惠措施。函商越南、泰国、菲律宾、印尼、马来西亚等国旅游部门，要求提供退费工作支持。统筹资源促清零。牵头联动各市、县派出 200 余个专业服务组，走访 500 多家旅行社，确定 150 多个帮扶重点，实行蹲点办公和专项指导。及时暂退全省 3.9 亿元旅行社服务质量保证金，退返率达 98% 以上，鼓励旅行社优先用于退赔，保障游客群体权益。积极推动各地出台补助政策，调动旅行社退费积极性，加快处置进度，其中杭州市共补助出境社旅游退费 650 万元，宁波市、县两级财政共安排 1600 万元专项退费资金。

【文化和旅游市场疫情防控抓早抓细】 加强全面管控，实现应停尽停。按文化和旅游部要求实现全省旅行社及在线旅游企业暂停经营团队旅游及"机票＋酒店"产品，出境旅游团组中止出行；督促星级饭店密切关注游客动态，加强全程管控。加强调研指导，帮助企业纾困。积极开展文化和旅游企业受疫情影响情况专题调研，发布《全省旅游饭店受疫情影响及复工复产情况调查分析》《文化市场相关行业疫情影响基本情况分析》，指导旅行社、星级饭店、网吧、演出单位等文化和旅游企业用好用足税费减免、金融社保支持，努力提振文化和旅游市场消费。加强精细管理，助推复工复产。根据文化和旅游部工作指南，结合浙江实际，制定出台演出场所、娱乐场所、互联网上网服务营业场所、星级饭店等5类场所常态化疫情防控指导性文件，落实分区分级防控要求，推进文化和旅游企业逐步恢复生产秩序。

【行政审批改革走实走深】 行政审批服务大幅优化。省文化和旅游厅文化和旅游市场16项审批事项全部在浙江政务服务网公布审批程序、受理条件、办理标准、实现网上申请、网上办理、进度公开，"一网通办"实现率100%；取消资金信用证明、无犯罪证明等相关证明类材料等10余项，审批时限按法定时限30%要求进行压减，行政许可承诺时限压缩比、即办率均领跑兄弟省市。进一步扩大告知承诺实施范围。在全国率先出台省级文化和旅游部门行政审批告知承诺办法，并对"内资投资旅行社业务许可""游艺娱乐场所设立审批"等5个审批事项由"优化审批服务"提升为"实施告知承诺"。审批权限下放快速推进。审批层级在省级的12项审批事项中，有6项以委托形式下放各设区市文化和旅游行政部门，其中舟山市获得省级全部审批事项权限。全国首创将涉外涉港澳台营业性驻场演出受理窗口全面下移至各设区市，得到文化和旅游部充分肯定。全年办理网络文化单位、演出经纪机构各类事项申请2252件，同比上年度增

长125%，办结684件；营业性演出申请1188件，因疫情同比上年度下降37%，办结603件。率先完成其他营业性演出"一件事"改革。会同省公安厅联合制定《浙江省举办其他营业性演出审批"一件事"改革实施方案（试行）》，围绕"减事项、减环节、减材料、减次数、减时间"，强化信息共享、优化业务流程、延伸服务触角，加快构建更加便捷、更为高效的部门联办模式，实现举办其他营业性演出审批（临时搭建舞台、看台的）"一件事"一站式联办、一体化服务，得到省委全面深化改革委员会办公室高度肯定。

【旅游市场高质量发展稳步推进】
大力实施浙江省旅游服务质量提升两年行动，在2019年度文化和旅游部旅游服务质量第三方评估中，浙江排名全国第三。加强引领带动。举办浙江省饭店业高质量发展暨饭店品质提升活动、浙江省旅行社品质提升暨疫情背景下旅行社创新发展活动，深入实施《品质饭店评价规范》地方标准，研究制定《品质旅行社评价规范》地方标准及实施细则，出台《浙江省旅游饭店业品质提升专项活动方案》，编制《浙江省旅游饭店评定复核工作指南》，发布《浙江省特色文化主题饭店发展报告》《浙江省旅行社业发展报告》，切实引领旅游服务提质升级。加强创评推动。鼓励饭店、旅行社企业参与星级评定，获批4家五星级酒店、2家五星品质旅行社，实施41家四星级饭店年度复核，进一步擦亮"金字招牌"。举办全省旅游饭店品质提升培训暨标准宣贯培训班，扎实开展浙

江省"品质饭店"创建，助推饭店提质增效。在饭店业文化和旅游融合发展上下功夫，大力推进特色文化主题饭店创建。举办"全省绿色饭店创建培训班"，深化绿色旅游饭店创建，推动饭店业节能低碳运营。全省共有星级饭店554家。其中五星级饭店87家，位列全国第二；绿色饭店362家，数量位列全国第一；特色文化主题饭店129家，旅行社2805家。数量均位列全国前三。

【行业信用监管示范引领】 以打造文化和旅游行业信用监管标杆、实现行业监管全覆盖为目标，以"旅行社"为突破口，积极推进"一平台三体系"（一平台指文化和旅游行业信用监管平台，三体系指行业信用评价体系、管理体系和应用体系）建设，率先打造旅行社信用监管"浙江模式"。浙江省文化和旅游厅在全省行业信用监管晾晒考核中，总体推进率100%，在33个省级部门37个领域中排名第一（并列）。

注重高位推动，优化"顶层设计"。强化组织领导，成立浙江省文化和旅游信用体系建设领导小组，构建"1+5"体系，责任处室、职能部门、试点市县、专业机构和高等院校多方共同参与，实行项目化推进。强化制度保障，形成以《浙江省文化和旅游行业信用评价管理办法（试行）》为核心，《浙江省旅行社信用评价指引》《浙江省旅游黑名单管理工作流程》《浙江省文化和旅游数据采集规范（试行）》等8项配套制度构成的制度体系，确保工作推进有章可循、合规有序。

注重科学评价，实现"精准画

像"。在旅行社信用评价指标设计上,以旅行社公共信用评价结果为基础,叠加旅行社规模、服务质量、运营能力、行政处罚、旅游安全和信用承诺6个维度,设立23个二级指标和48个数据项,其中公共信用评价权重为40%,行业信用评价权重为60%。行业信用指标中,突出"服务质量"和"运营能力",权重达到56.7%,有效提高区分度。制定《浙江省旅行社信用评价指引(2019版、2020版)》,明确信用评价定义、原则、方法、模型和操作口径,实现便捷操作、精准评价。

注重数字赋能,打破"信息孤岛"。迭代建设信用监管平台,持续升级信用评价模型,旅行社信用评价完成两轮迭代,导游、演艺经纪机构等评价模型逐步完善。深入整合政务数据资源,充分整合全国旅游监管服务平台、全国旅游投诉平台、省旅游统计系统、省旅行社业务管理系统、"诗画浙江·文化和旅游信息服务平台"等5个系统的行业数据资源,依托省公共信用信息平台、省大数据平台,打通企业年报、社会保险、执法监管等6个接口,集成10多项服务功能,归集行业有效数据50万余条,打造上下贯通、协同智治的文旅信用集成大平台。持续推进信用应用创新,将旅行社信用评价结果等级输送到"浙里好玩"平台,供社会公众查询,自2019年10月上线后累计访问超过80万次。充分运用信用评价结果,作为45家旅行社申请质量保证金减半、11个重点项目招投标、8项涉外重大活动、"省百强旅行社"评比等事项的重要依据。

注重精准监管,构建"管理闭环"。下发《浙江省文化和旅游行业信用监管工作实施方案》,确定10个试点市县、10大试点领域,着力构建覆盖省、市、县(市、区)3级的信用责任体系,进一步建立健全文旅行业信用监管工作机制。探索信用"精准监管"新模式,率先将旅行社信用等级信息和对应的抽查比例嵌入浙江"双随机、一公开"执法监管平台,部署2次全省信用监管专项执法行动,7次更新全省2726家旅行社信用评价结果,相关结果和等级成为全省各级文旅部门对旅行社开展精准监管的主要依据,基本形成"精准信用评价——精准分级分类——精准行业监管"的工作闭环,旅行社精准监管覆盖率达到100%,较传统"双随机"监管异常检出率提升超过25%。

【假日旅游平稳有序】 全力以赴做好疫情常态化背景下假日旅游工作,确保总体平稳有序,全省未收到重大旅游服务质量投诉,未出现群体性事件、人员伤亡,未发生重大负面舆情。国庆、中秋假日旅游工作获省长郑栅洁"抓得紧、抓得实、抓得好、有成效"批示肯定。健全机制,加强工作协同。牵头组织全省假日旅游工作协调会,及时启动假日旅游协同机制。横向与网信、发改、公安、市场监管、交通、建设、应急管理、林业、机场、铁路等14个部门协作,加强对景区景点、服务设施的消防设施、森林防火、交通安全、食品卫生、价格欺诈等有效监管;纵向协同建立省、市、县(市、区)3级文化和旅游部门假日旅游工作指挥平台,各市、县(市、区)文化和

旅游部门负责人与景区景点负责人建立"钉钉"群。关口前移,加强安全防范。印发节前文化和旅游假日市场文件和督查通知5个,召集全省各级文化和旅游行政部门主要负责人、重点旅游企业负责人召开疫情防控及国庆、中秋假日旅游工作会议7次,对中宣部、文化和旅游部的工作部署进行分解落实,就强化玻璃栈道、"网红"景点、森林防火等安全管理提出明确要求。严守阵地,加强值班值守。落实领导值班值岗制度,严格执行事故信息报告制度和工作动态"一日一报"制度,做好假日旅游阶段性工作总结,确保重要信息及时报送和信息渠道时刻畅通。

【文明旅游弘扬新风】 举办浙江省文明旅游主题宣传活动启动仪式,将疫情防控和文明旅游有机结合,营造文明旅游良好氛围。举办"浙江省坚决制止餐饮浪费集中启动分现场活动",下发《浙江省文化和旅游厅关于做好旅游餐饮行业厉行节约反对浪费工作的通知》,倡导推行分餐制、自助餐制、公筷公勺制,落实"光盘行动"。引导游客遵守旅游活动中的疫情防护要求、安全警示和文明旅游规定,树立文明旅游新风尚。积极改善景区环境,在文化和旅游场所全面推行垃圾分类和塑料垃圾治理工作,展现文明形象。

(丁 屹)

执法监督

【概况】 2020年,执法监督工作

认真贯彻落实中央和省委、省政府的决策部署,以围绕中心、服务大局为主线,在规范市场秩序、保障行业安全、深化执法改革、强化队伍建设等方面创造新业绩、取得新突破,多项工作走在全国前列。

【疫情防控平稳有序】　面对突如其来的新冠感染疫情,切实履行新成立的省文化和旅游厅疫情防控领导小组办公室职责。按照Ⅰ级应急响应要求,实行最严管控措施,坚决阻断病毒传播感染通道。暂时关闭所有图书馆、博物馆、美术馆、非遗馆、剧场、音乐厅等公共文化场馆7589家;暂停所有网吧4974家、娱乐场所4090家、A级景区821家营业;停止公众聚集的文化和旅游活动7572场、文艺表演2531场、营业性演出2667场;暂停所有旅行社经营团队旅游及"机票+酒店"旅游产品。中止所有赴武汉地区的旅游和出境团组的出行。率先组织修订完善文化和旅游场所及活动有序开放9个工作指南共191条措施,严格落实验码、体温筛检、戴口罩、通风换气、清洁消毒、保持社交距离、公筷公勺等常态化防控措施,巩固文化和旅游领域疫情防控成果。全省累计办理因疫情引发的旅游纠纷投诉5471起。文化场所、旅游景区未出现病毒传染的情况。

【执法改革稳步推进】　紧紧抓住文化市场综合行政执法改革契机,强化执法队伍建设。全省各地均已出台文化市场综合行政执法队伍"三定"方案,统一行使文化、文物、出版、广播电视、电影、旅游六大领域市场行政执法职责。市、区基本实现同城一支队伍执法,市级执法机构升格为副局级,机制运行情况、保障落实情况均列全国前列。全省文化市场综合行政执法队伍共有执法人员编制1817名,其中参公编制占总数的88%,县(市、区)一级执法人员占总数的83%。按照"整体智治、唯实惟先"的理念,组织开展全省文化市场综合行政执法队伍建设年活动。组建文化市场综合行政执法师资库,对执法队伍负责人进行业务培训。在宁波市召开执法规范化建设现场推进会,组织开展2020年文化和旅游法律法规知识竞赛,网络文化市场、演出市场以案施训等活动,全面推行"三项制度",动态调整"双随机、一公开"随机抽查事项清单,推广实施《文化市场综合行政执法文书格式》《文化市场综合行政执法案件证据规则》,不断提升综合行政执法法制化、规范化水平。积极参与文化和旅游部文化市场综合执法队伍规范化建设课题,推广杭州市旅游执法与公安、市场监管、法律服务、人民调解协同的监管模式,指导台州、宁波等地推行审慎包容柔性执法、非现场执法等创新模式。制定轻微违法经营行为告知承诺不予处罚清单等。省文化和旅游厅《率先推行文化市场综合执法"浙江模式"》入选省委全面依法治省委员会办公室《法治浙江"重要窗口"实践100例》。浙江6人入选文化和旅游部文化市场综合行政执法师资库,数量位居全国前列。

【执法监管扎实有力】　注重执法办案,将维护国家文化安全和意识形态安全作为文化市场综合行政执法的首要任务,对含有禁止内容的产品和服务,加大查办督办力度,保持高压态势。组织开展网络表演市场专项执法检查行动、文化市场经营场所专项整治行动、旅游市场专项整治行动。积极推进文化和旅游领域扫黑除恶、"扫黄打非"、打击侵权假冒等工作。全省文化市场综合行政执法队伍共出动检查369359人次,检查经营单位260354家次,查获违规1437家次,行政处罚立案1433件,办结案件1424件,办理重大案件11家次,停业整顿30家次,吊销许可证4家。在文化和旅游部通报表扬的2019—2020年度重大案件办案单位和办案人员中,浙江以7件总数位居全国第一。强化督查检查,注重发挥省文化和旅游厅领导督查示范引领作用,连续3轮由厅主要领导和班子成员全体出动带队赴一线督查检查。组织开展各市交叉执法检查,委托第三方机构对全省文化和旅游市场进行体检式暗访评估。全年共派出暗访小组87批次,调查人员184人次,覆盖全省11个地市的74个县(市、区),梳理各场所问题清单,通报属地部门立行立改,取得良好效果。加快数字赋能,全省文化和旅游系统掌上执法开通率99.10%,掌上执法激活率99.95%,监管事项入驻率100%,掌上执法检查次数163900家次,掌上执法率99.86%。"双随机、一公开"监管事项覆盖率100%,应用信用规则率83.34%,任务完成率99.94%。推广信用监管,健全执法监管与信用约束联动工作机制,按照市场管理部门设定的信用等级分别设置抽查比例,已实施了 2 次全省旅行社信用监管专项执法行动,旅行社精准监管覆盖率达到 100%,较传统"双随机"监管异常检出率提升超过 25%。

【安全生产履职到位】 落实安全生产责任,召开全省文化和旅游安全工作会议,省文化和旅游厅主要领导率先垂范,层层签订安全责任书,将安全责任压实到最末端。建立浙江省文化和旅游系统安全生产工作例会制度,使安全生产工作融入日常业务管理,做到安全与业务工作同部署、同落实、同检查。制定和发布了《浙江省文化和旅游系统安全生产专项整治三年行动计划实施方案》。与省消防救援总队共同拟定《浙江省文化和旅游系统消防安全标准化管理规定(试行)》。制订《浙江省旅游安全防汛防台应急工作指南》。在舟山举行全省文化和旅游系统防汛防台安全培训暨应急演练活动,举办全省文化市场综合行政执法队负责人安全实务培训班,进一步提升系统安全履职能力。组织开展护航复工复产安全专项督查行动、火灾防控专项整治、文化和旅游假日市场专项整治,每逢节假日或重大活动均坚持由省文化和旅游厅主要领导和班子成员全体出动深入市场一线巡查督查。开展以涉水 A 级景区和滨海旅游项目为重点的防汛防台检查暨隐患大排查工作。全省文化和旅游部门、文化市场综合行政执法队伍共访查各类文化和旅游单位、场所 30 余万人次,排查清理安全生产、疫情防控等各类风险隐患 6503 个。积极应对钱塘江流域防洪防汛、台风"黑格比"、防御低温雨雪冰冻灾害等险情,共关闭 A 级旅游景区或涉水项目 785 家次,劝退、取消旅行团 1119 个,疏散劝退游客 18.67 万人次。全年未发生一般以上安全生产责任事故、重大旅游服务质量投诉、群体性事件。

(王 华)

对外对港澳台合作交流

【概况】 2020 年,共实施对外及对港澳台文化旅游交流项目 624 起,2694 人次参与交流。对外文化交流项目 572 起,2519 人次参与交流;对台文化交流活动 27 起,128 人次参与交流;对港澳文化交流项目 25 起,47 人次参与交流。引进项目 619 起,2599 人次(主要为涉外及港澳台营业性演出项目);派出项目 5 起,95 人次。

【举办"云游浙江"境外线上推广活动】 4 月,积极联络文化和旅游部及各海外中国文化中心和旅游办事处,开展"云游浙江"境外线上推广活动。活动将文化和旅游宣传图片和视频短片内容在中国文化网国际媒体社交账号上线,连续 1 周主推浙江文旅信息,内容涵盖了全省 11 个地市的文旅资源。与此同时,尼泊尔、泰国、俄罗斯、瑞典、比利时、保加利亚、罗马尼亚等国的海外中国文化中心公众号专题发布浙江文旅宣传推介资源。在全球最著名的旅游杂志《孤独星球》的官方网站上发布了浙江文化和旅游宣传片。据不完全统计,相关帖文总访问量超出 15 万次,覆盖范围超过 75 万人次。

【举办"诗画浙江"文旅推介主题活动】 9 月 20 日,在上海仲盛世界商城举办"茶与酒之歌""风雅诗画祭"两大主题活动,面向在沪日籍人士举办了一场集茶、酒、瓯乐、游园会、越剧、杭绣、青瓷等元素的文旅推广活动。浙江省文化和旅游厅党组成员、副厅长、一级巡视员许澎,上海市文化和旅游局副局长程梅红,JTB 中国分公司总经理矢田部,HIS 中国分公司董事长安达及日本旅行总经理谷口等领导嘉宾出席了活动。在后疫情时期举办本次"诗画浙江"国际文旅推介活动,既是世界人民渴望美好生活的心之所向,也展示了浙江省排除万难推动旅游经济复苏的决心。

【举办首届海峡两岸影像文化周活动】 10 月 22 日,由海峡两岸影像文化周组委会主办、浙江省文化艺术交流促进会承办的首届海峡两岸影像文化周活动在浙江美术馆开幕。本次活动分为杭州主场活动和兰溪郎静山专场活动。杭州主场活动内容包括墨影·段岳衡摄影原作展、"光影瞬间·映像两岸"摄影作品展、"疫"路同行专题摄影展浙台交流合作图片展等,集中展出两岸摄影家的 300 余幅影像作品。浙江省政协副主席盛昌黎,省委宣传部副部长、省电影局局长葛学斌,首届海峡两岸影像文化周组委会主任委员、浙江省海峡两岸经济文化发展促进会会长、省台办主任庄跃成,上海市海峡两岸交流促进会名誉会长、上海市台办主任李文辉,浙江省文化和旅游厅党组成员、副厅长朱海闵等领导出席活动开幕式。

【配合完成"美丽中国·品味江南"踩线活动】 11月25日至12月2日,在浙江省文化和旅游厅支持及配合下,由文化和旅游部、亚洲旅游交流中心共同组织的24名澳门旅行商、香港旅行社驻广东省代表和港澳媒体代表在浙江开展的"美丽中国·品味江南"踩线活动圆满完成。团组由澳门中国国际旅行社、澳门万国旅游集团、澳门韩龙旅行社等9家澳门旅行社,香港中国旅行社、康泰国际旅行社、香港东瀛游旅行社等8家香港旅行社,香港商报、捷报、澳闻报等3家港澳媒体组成。

活动线路安排突出文化内涵和新型业态,注重实效。澳门日报、力报、澳闻报和香港商报等港澳媒体先后发表5篇全面深入的报道,充分肯定了此次踩线活动有助于港澳旅行商了解和发掘内地新的文化和旅游资源,助力内地与港澳业界合作。活动的开展进一步增加了港澳旅行商对浙江旅游产品的了解,促进3地文旅产品推广,深化了浙江与港澳旅行商合作。

【推进浙江省国际人文交流基地建设】 浙江省委宣传部、省文化和旅游厅共同启动年度"浙江省国际人文交流基地"申报建设工作,以国际交流合作、文化海外传播、国际形象塑造为重点,建设一批体现浙江特色、代表中国形象、具有国际影响的人文交流基地,使之成为"世界看浙江"的闪亮窗口,助推浙江省高水平建成"一带

一路"国际人文交流枢纽。

12月,中国丝绸博物馆、乌镇景区、浙江万里学院、义乌江东街道鸡鸣山社区、浙江师范大学、温州市海外传播中心和良渚古城遗址等7家单位被列为首批浙江省国际人文交流基地,并正式授牌。

【参加系列重要国际性旅游展览及论坛活动】 积极参与文化和旅游部牵头组织的系列重大国际性旅游展览及论坛活动。8月28日至30日,浙江省文化和旅游厅党组成员、副厅长、一级巡视员许澎带队赴厦门参加"第十六届海峡旅游博览会暨2020第六届中国(厦门)国际休闲旅游博览会",浙江展厅获得"最佳展台奖"和"最佳设计奖";11月16日至18日,带队赴上海参加"2020中国国际旅游交易会",浙江展馆获得"最佳组织奖""最佳展台奖"和"优秀广告奖"。12月2日,在线参加了以"中摩旅游合作,共享发展机遇"为主题的"中国-摩洛哥旅游论坛"暨"重返伊本·白图泰访华之路"旅游推介会。12月8日至10日,组团赴广西桂林参加"2020中国-东盟博览会旅游展",浙江展馆获得"最佳创意奖"和"最佳组展奖"。

【夯实完善浙江文旅推广资源】 组织编纂中英文版本的《2019浙江文旅对外交流合作荟萃》,并协助省委宣传部更新了《美丽浙江》宣传册。

全面梳理全省文旅对外交流资源,建立并完善全省文旅对外交流推广资源库,内容涵盖浙江文化印记、旅游目的地形象推广、

入境游精品线路、特色旅游产品、视觉艺术、听觉艺术、戏剧艺术、其他舞台艺术、民俗非遗文化、文博交流、地方美食等门类,共10组245项。

设计制作面向境外游客的浙江文旅最新宣传品和宣传视频,包括英语、法语、德语、西班牙语、日语等5个语种17类宣传品8万余份,繁体中文、英文、日文、德文、法文等5个语种浙江文旅地图3.5万份。制作"浙江文化印记"多语种宣传品4万余份。积极将宣传资料寄往海外中国文化中心和旅游办事处,扩大宣传力度。此外,还与国家汉办和孔子学院合作,设计制作孔子学院等海外中文教育培训教辅资料,大力推广介绍浙江文化和旅游资源。

【年度要闻】

海外"欢乐春节"系列交流活动 1月至2月,浙江省文化和旅游厅组派4批文艺团组共124人赴境外执行"欢乐春节"交流演出任务。其中,1月7日至21日,浙江婺剧艺术研究院(浙江婺剧团)34人赴尼日利亚、吉布提、坦桑尼亚执行"欢乐春节"演出任务,共演出7场;1月13日至20日,杭州艺术学校31人赴新加坡参加"春城洋溢华夏情暨欢乐春节"交流演出,共演出14场;1月21日至2月1日,浙江绍剧艺术研究院33人赴美国执行"欢乐春节"访演任务,共演出3场,参加艺术交流活动5场;1月23日至2月1日,由杭州江南丝竹南宋乐舞传习院、杭州杂技总团演艺有限公司组成的杭州艺术团共26人赴苏里南参加春节文艺晚

会演出,共演出 2 场。因新冠肺炎疫情原因,取消原计划执行的其余 6 批"欢乐春节"交流项目。出访的 4 个团组顺利完成任务回国,无人感染。

"相聚浙里"国际人文交流周活动 8 月,浙江省文化和旅游厅策划开展 2020"相聚浙里"国际人文交流周活动,通过浙江省国际人文交流基地和"诗画浙江"友好使者授牌颁证、在浙外国友人诗路体验、国际人文交流主题对话等系列活动,全面展示了浙江国际人文交流成果,搭建了让世界更好了解中国文化、了解诗画浙江的人文交流平台。12 月 4 日,"相聚浙里"国际人文交流周活动在绍兴举办启动仪式,来自五大洲 23 个国家和地区的 31 位国际友人被授予"诗画浙江"友好使者称号。其中,两位国际网红"大咖"社交账号上的浙江短视频分享在境内外全平台访问量达到 235.6 万次。浙江省委宣传部部务会议成员、省政府新闻办公室副主任骆莉莉,省文化和旅游厅党组成员、副厅长、一级巡视员许澎,省政府外事办公室党组成员、副主任、一级巡视员彭波等领导出席了启动仪式。各市党委宣传部、文化和旅游局、国际人文交流基地培育单位代表、"诗画浙江"友好使者代表和媒体代表等近 150 人参加活动。

"和风雅韵·山海相期"暨"万名日本游客走进诗画浙江"系列活动 10 月 17 日,由浙江省文化和旅游厅主办的"和风雅韵·山海相期"暨"万名日本游客走进诗画浙江"启动仪式在浙江

小百花越剧场举行。浙江省文化和旅游厅厅长褚子育及副厅长、一级巡视员许澎,浙江省人民政府外事办公室副主任陈江风,日本国驻上海总领事馆副总领事福田高干,JTB 驻中国分部代表矢田部总经理,HIS 驻中国分部代表安达董事长及日本旅行谷口总经理现场出席了这次活动。日本观光厅国际观光部部长金子知裕,日本参议院议员、金融部会会长松下新平等也为活动发来了录像贺词,预祝活动圆满成功,并对"国内日籍游客浙江行"这一创造性理念表示认同。逾 400 名日本人士作为"诗画浙江"首批体验官参与其中,现场反响热烈。为提振入境旅游,浙江与日本旅游业代表于活动中进行了现场签约及云签约。在未来疫情控制良好的条件下,浙日两地将在客源互送、市场互促、人才培养、文旅融合等方面达成长期合作。截至 12 月底,已有包括日本国驻上海总领事矶俣秋男在内的约 7000 名在沪日籍人士参加了"诗画浙江"体验之旅。

2020 港澳青少年游学推广活动暨内地游学联盟大会 10 月 26 日至 29 日,由文化和旅游部港澳台办公室指导,浙江省文化和旅游厅、港澳青少年内地游学联盟主办的"2020 港澳青少年游学推广活动暨内地游学联盟大会"在宁波举行。活动内容包括 2020 港澳青少年游学推广活动暨内地游学联盟大会、2020 港澳"美丽中国·心眸验"线上"游学之旅"推广活动、内地游学联盟专题会议、"诗画浙江·宁波"文化旅游推介会、"诗画浙江·百县千

碗·甬菜百碗·天一夜宴"品鉴会及踩线考察。同时,为克服新冠肺炎疫情影响,方便香港嘉宾参会,专门在香港设立分会场,全程连线直播、实现甬港两地在线互动。文化和旅游部党组成员、副部长张旭,国务院港澳办交流司司长吴炜,文化和旅游部港澳台办党委书记、一级巡视员洪宏卫,浙江省文化和旅游厅党组书记、厅长褚子育等领导,以及 24 个内地游学联盟成员代表、港澳游学机构和学校代表出席活动。参会人数达 350 余人,高于原设定的 150 人参会规模,刷新了 2019 年 7 月在河南洛阳举行的 2019 内地游学联盟大会 300 人规模的纪录。同时,"浙东寻根之旅"入选全国十佳内地游学线路。

"世界看见·诗画浙江"海外推广文旅金名片展示周 11 月 6 日至 13 日,由浙江省政府新闻办公室、省文化和旅游厅主办,浙江省文化艺术交流促进会协办的"世界看见·诗画浙江"海外推广文旅金名片展示周在杭州创意设计中心举办,线上展示区同步开启。浙江省委常委、宣传部部长朱国贤,毛里求斯驻华大使王纯万,浙江省文化和旅游厅厅长褚子育,浙江省政府外事办公室主任金永辉,以及近 100 名来自 51 个国家的驻华使节及外国友人出席展示周开幕仪式。展览分为"山水和章""艺林芳华""浙里繁花""四海和芳""陌上花开"五大主题展区,并设置多个主题日,通过艺术品展览、艺术大师现场讲解及互动、实验艺术空间与艺术表演等多种互动形式,为中外嘉宾呈现一个鲜活、立体、多元的浙

江,向世界展示了更有深度、更具特色的浙江风姿。本次展示周是浙江立足本土之上的世界发声,联动有影响力的国际友人及团体,宣传浙江体验,并借助外国人朋友圈宣传"诗画浙江"品牌,全面建设中国最佳旅游目的地。

"云上泽国——良渚文明线上主题展"海外传播　12月17日至23日,由浙江省文化和旅游厅策划设计的"云上泽国——良渚文明线上主题展"在意大利米兰和德国汉堡两地线上线下同步开展。12月22日,"云上泽国——良渚文明线上主题展"海外传播发布会在杭州举办。浙江省文化和旅游厅副厅长、一级巡视员许澎出席并发布了相关内容,来自汉堡、米兰的政要官员与学者代表也从不同角度,通过视频连线对线上展览的发布发表贺词。云展主要分为五大篇章、四大板块,展示了良渚的王城风貌、农业与手工业、水利工程、玉器等的辉煌成就,通过先进的交互技术和沉浸式沙盘动画及嵌入式视频,制造出让人身临其境的观展体验,向世界展现一幅5000年前的生活画卷。据不完全统计,展览在电视、线上媒体、线下纸媒的曝光量超过800万次。

（杨　惠）

文物保护

【概况】　2020年,继续以全面提升全省不可移动文物保护、利用和管理水平为目标,加大文物保护力度,推进文物保护与利用改革,助力重点项目,推进考古工作,取得成果。

【推进世界文化遗产保护与管理】启动《全国重点文物保护单位良渚遗址保护整体规划》修编,实施良渚古城外郭城遗址周边基础设施配套、遗址公园西入口综合提升改造、外围水利工程遗址及瑶山遗址基础设施提升、良渚古城遗址基础设施提升等工程。结合"考古中国"等重大课题,持续深化良渚古城遗址及外围水利系统考古研究,实施良渚古城钟家村遗址发掘、德清中初鸣制玉作坊遗址群发掘、良渚古城腹地范围区域系统调查,全面揭示良渚古城遗址功能结构及周边聚落布局。推进省考古与文物保护基地建设。全面启动大型纪录片《良渚》拍摄。

抓好浙江省大运河文化保护传承利用暨国家文化公园建设。提请省人大出台《浙江省大运河世界文化遗产保护条例》,编制完成《大运河（浙江）文化带建设遗产保护具体实施方案》,梳理5年内遗产保护整治、展示场馆建设、监测平台建设、基础研究等项目50余项,推动京杭运河杭州段三级航道整治工程、拱宸桥和广济桥专项监测、宁波西塘河运河公园、南浔古镇宜园和东园修复、崇德城旧址及横街综合整治、柯桥历史文化街区改造一期等重点项目,指导京杭大运河博物馆、浙东运河博物馆等场馆建设。

响应世界遗产大会决议,向联合国教科文组织世界遗产中心如期报送杭州西湖文化景观世界文化遗产保护管理状况报告。按国家文物局统一部署,启动浙江省世界文化遗产第3轮定期报告编制与提交。

【强化大遗址保护和考古管理】指导并推动安吉古城国家考古遗址公园环境整治及基础设施建设,完成安吉古城考古遗址博物馆场馆主体建设及周边环境整治。安吉考古保护中心正式投入使用。马家浜考古遗址公园博物馆建成。修订《浙江省省级考古遗址公园管理办法（试行）》。新公布第三批省级考古遗址公园10处,完成第一、二批省级遗址公园评估。

全年实施考古调查勘探项目217项,考古发掘项目61项。发现中国东南沿海地区埋藏最深、年代最早的海岸贝丘遗址余姚井头山遗址,迄今世界上面积最大、年代最早、证据最充分的古稻田遗址余姚施岙遗址,迄今浙江省规模最大、等级最高的西周时期高等级贵族墓衢江孟姜村土墩墓。良渚古城遗址等9个主动性考古发掘项目列入2020年国家文物局重点项目。义乌桥头遗址、安吉龙山越国贵族墓园入围2019年度全国十大考古新发现终评。评选产生余姚井头山遗址等10项2020年度浙江考古重要发现。举办上山遗址发现20周年学术研讨会,形成上山文化考古研究最新认识和成果,浙江成为世界稻作农业起源地、世界最早农业定居聚落、世界最早彩陶出土地。协调全省19处上山文化遗址所在地成立"上山文化遗址保护联盟",推进上山文化研究、保护和宣传。

提请省委宣传部牵头成立"提出浙江考古事业发展工作意见"工作专班。推动浙江文物考古事业发展建设调研,开展8项跨区域线路工程、杭州亚运会重大交通基础设施配套项目和省、市级公共交通工程等重点工程项目的考古调查勘探发掘。助力深化浙江省工业"标准地"改革,持续开展文物保护区域评估,快速推进义乌经济技术开发区等33个文物保护区域评估项目。至年底,全省已完成124处省级以上平台2706.7平方公里用地的文物保护区域评估,完成工作总量的70.9%。

【做好文物保护基础工作】 组织开展全省第三次全国不可移动文物普查登录文物复核,完成248处第七批省级文物保护单位记录档案审查备案,完成率达86.7%。启动第八批全国重点文物保护单位记录档案编制及保护范围、建设控制地带调整划定。获批全国重点文物保护单位保护工程立项计划21项、省级文物保护单位保护工程立项计划22项。审查全国重点文物保护单位保护工程设计方案40项、省级文物保护单位保护工程设计方案78项。审核上报全国重点文物保护单位保护区划建设项目45项,审查省级文物保护单位保护区划建设项目70项。形成全省国土空间规划文物保护专项规划初稿,组织审查全国重点文物保护单位保护规划12项,省级文物保护单位保护规划2项,组织审查以县域为单位的文物资源保护专项规划《龙游县文物保护规划》。

推进石窟寺文物保护利用,在全国率先开展省级以上文保单位石窟寺(含摩崖造像)文物资源调查并形成报告。按国务院统一部署启动全省石窟寺专题调查,完成全省石窟寺开放景区游客承载量公告制度有关工作。

协助做好诗路文化带建设。抓好《浙江省诗路文化带发展规划》实施,重点推动浙东唐诗之路三年建设行动。配合省委宣传部、省发改委开展大运河文化带、大运河国家文化公园相关工作。配合省发改委完成"浙东唐诗之路36颗诗路珍珠"遴选,完成《浙东唐诗之路沿线历史文化遗产调查报告》,继续推进诗路文化遗产保护和修缮,完成保俶塔、宁波府城隍庙、英国驻温领事馆旧址、白龙山石殿、种德桥、羊山造像及摩崖石刻(含石佛寺)等修缮工程,推进吴越国王陵(吴汉月墓)、舜王庙、延庆寺塔、玉海楼、云水渠、赵抃墓等处修缮,组织审查新昌大佛寺修缮工程设计方案,研讨飞来峰造像保护利用方向,启动相关准备工作。

加强文物保护工程资质规范管理。完成2018至2019年度文物保护工程资质年检。指导全省150余家单位完成全国文物保护工程资质单位数据库信息录入。全省范围内实施文物保护工程乙、二级及以下资质审批告知承诺制。全省全年新增乙级勘察设计资质单位1家、丙级施工资质单位1家。

推进浙江省不可移动文物地理信息系统(GIS)建设,完成省级以上文物保护单位名录确认、"四有"档案和保护范围、建设控制地带文件整理入库等工作。

配合省水利厅开展全省古井水源普查,汇总形成全省古井名录,下发《关于加强古井水源管理的通知》。会同全国白蚁防治中心启动全省文物建筑白蚁病害专项调查。

全年完成专题调研4项,形成《浙江省推进长三角区域联合开展考古研究专题报告》《凸显浙江在中华文明中地位的文化标识体系建设研究》《浙江省海洋文化遗产保护利用情况调研报告》《关于推动我省文物考古事业发展建设的调研报告》。

配合完成2020年度国家重点文物保护专项补助经费审核与上报。配合做好2021年度省级文物保护专项资金安排。全年独办省人大建议1件,主办省人大建议2件、省政协提案5件,会办省人大建议12件、省政协提案8件。应对行政诉讼及检察院抗诉2起。

【保护利用历史文化名城名镇名村及传统村落】 继续探索传统村落和乡土建筑保护利用新模式,开展传统村落风貌保护提升,持续推动"拯救老屋行动"二期项目,维修并验收老屋37幢,落实国家专项资金1176万元。

继续协同省住房和城乡建设厅做好历史文化名城、名镇、名村(街区)申报和保护工作。4月,省政府公布第六批省级历史文化名镇名村街区96处,至此全省共有省级历史文化名镇名村街区301处,其中名镇87处,名村201处,街区13处(不含名城内街区)。指导建德上吴方村、德清新市镇、舟山东沙镇等开展历史文化名城名镇名村保护规划编制,强化规划指导作用。根据住房和城乡建设部、国家文物局部署,会同省住房和城乡建设厅对省内10座国家历史文化名城和10座省级历史文化名城开展调研评估。

配合省发改委实施"千年古城"复兴计划,重点对杭州市富阳区新登镇、建德市梅城镇、宁波市江北区慈城镇、海宁市盐官镇4座古城开展专业指导。

（宋丹妮、徐竞之）

博物馆事业

【概况】 2020年,以防疫抗疫为契机,进一步推动全省博物馆高质量发展,在完善博物馆设施建设、提升陈列展览质量、创新博物馆公共文化服务举措、推动区域文化建设和文旅融合发展等方面取得成绩。据统计,全省登记备案博物馆406家（其中文物系统博物馆158家、行业博物馆36家、非国有博物馆212家）,藏品总数151万件（套）。受疫情影响,全年举办临时展览1164个、社会教育活动8524场,接待观众3076余万人次,参加活动259万余人次。

【推进全省博物馆建设】 联合浙江大学艺术与考古学院文博系启动全省现代化高水平博物馆建设中长期发展规划课题。组织第四批全国博物馆定级评估,西湖博物馆总馆等7家被评为国家一级博物馆,11家核定为二级,6家核定为三级,其中浙江中医药博物馆是省内首家定级的高校博物馆。全省一级博物馆达13家,等级博物馆73家,数量均列全国第三。开展2019年度全省未定级国有博物馆运行评估,69家国有博物馆参加申报。

推进基层博物馆建设。建德市博物馆、宁波市奉化博物馆、龙游县博物馆等建成开放。平湖市博物馆等6家博物馆、纪念馆完成陈列展览方案论证。湖州、金华开展县级公共博物馆质量提升试点,以市级博物馆为依托,引领、提升县级公共博物馆人才培养及各项业务工作。

推荐、指导9家博物馆开展4A级景区创建,中国丝绸博物馆、浙江自然博物院安吉馆、宁波中国港口博物馆创建4A级景区,嘉善县博物馆等6家单位通过资源评估。举办"长三角博物馆景区化建设和致力于平等的博物馆:开放与包容学术研讨会"。结合"三服务"工作开展调研指导,完成"新时期我省文物资源与旅游业深度融合发展的路径探索""我省文化资源转化为旅游产品的现状与对策"等调研课题。

【提升博物馆公共服务质量】 加强疫情防控与管理。第一时间发布通知,对各地文物行政部门及文博单位做出部署,1月24日起有序关停博物馆近400家。在全国率先编制《浙江省新冠肺炎防控博物馆有序开放操作指引》,依托浙江省博物馆公共服务综合平台开发线上实名参观预约等系统,改造升级测温等设备,实现博物馆有序复工开放。启动全省征集各类疫情相关见证物,指导推出10多个抗疫主题展览。

继续推进展览陈列精品项目,参加第十七届（2019年度）全国博物馆十大陈列展览精品推介活动和全国最具创新力博物馆评选,获精品奖、优胜奖各1项,全省历年精品获奖数达17项,单

项、优胜奖13项,获奖总数名列前茅。"'浙'里长城——浙江省抗击新冠肺炎纪实展"等6项展览入围国家文物局2020年度"弘扬优秀传统文化培育社会主义核心价值观"主题展览推介。组织13个展览项目参加"庆祝中国共产党成立100周年"陈列展览推介。开展第十四届（2019年度）全省博物馆陈列展览精品项目推介,评选"庆祝中华人民共和国成立70周年特别奖"3项、国际合作精品奖2项、精品奖、优秀奖各10项。举办第四届全省博物馆免费开放最佳做法推介活动,并新增"最佳文旅融合"项目,18家单位项目入围。承办国家文物局、省政府共同主办的首届"丝绸之路周"主场活动。

加强革命文物保护利用,开展中央革命文物的认定与管理,组织各地调查梳理革命文物、汇总红色场馆,上报可移动革命文物33433件（套）。

推动文创产业发展,组织全省45家博物馆组团参加第15届中国义乌文化和旅游产品交易博览会,举办2020年全省博物馆十佳文创产品推介活动。浙江省博物馆推出"忆江南——长三角文创博览"文创展,展出文创产品900余件,长三角联盟及文澜阁博物馆商店联盟成员参与。

创新社会教育,加强文物资源利用和传播。举办"讲好浙江故事——全省博物馆优秀讲解案例推介"活动。中国丝绸博物馆"丝路文化进校园"入选国家文物局第二批博物馆进校园示范项目。与省教育厅对接筹划,做好推进部署博物馆教育功能发挥的顶层规划。浙江自然博物院成立

"浙江省校园博物馆学习中心"并推出微型博物馆。浙江大学艺术与考古博物馆启动"游于艺"中小学实物教学及推广计划。

强化数字应用和数字化平台建设。全省博物馆公共服务综合平台板块"数字展览"升级为"云上博物馆",提升整合省内外展览活动资源与公众服务能力;推进浙江可移动文物数字资源管理平台建设,结合疫情防控常态化要求,依托数字网络和融媒技术发展博物馆"云展览",实现闭馆不闭展。合作启动"博物官——浙江省博物馆聚落平台建设项目",召开"博物馆的数字化建设——博物官产品解决方案"在线讲座,签署全省博物馆智慧导览体系建设战略合作协议,确定第一批 30 家纳入聚落平台建设项目的博物馆。

【提高文物保护科技水平】 加强国家文化遗产保护科技区域创新联盟(浙江省)成员单位的合作力度,依托省文物保护科技项目,在考古调查、文物保护修复、文物风险评估与预防、文物价值认知、文物传承利用等方面开展研究,浙江大学等成员单位成功申报国家科技部重点研发计划"不可移动本体劣化风险监测分析计划和装备研发"两个课题。浙江省博物馆、省文物考古研究所分别与浙江大学开展文物预防性保护关键技术研发、良渚遗址群石器鉴定及石源研究。

进行国家重点研发计划项目"世界丝绸互动地图关键技术研发和示范""纺织品文物价值认知及关键技术研究""石窟文物微生物/苔藓病害绿色防治技术研究"

"不可移动文物风险因素分析与预测方法研究"等课题。"传统村落保护适宜性技术和活态利用策略研究"列入国家重点研发计划项目,"大遗址元素智能提取理解及生成关键方法研究""石窟壁画多幅数字图像正射影像快速自动处理与图像融合质量评价方法""业务驱动的数字文化遗产可信共享与管理服务系统"等列入国家重点研发计划课题。

国家文物局重点科研基地建设与发展取得进展。纺织品文物保护国家文物局重点科研基地(中国丝绸博物馆)签署陕西工作站共建协议,指导郑州、甘肃、内蒙古、新疆、北高加索工作站及西藏联合工作站开展纺织品文物保护修复;继续加大标本库建设力度,全年收集蚕桑研究所保育春蚕茧壳标本 166 种,并辟出空间展示纺织材料标本,"一种痕量丝素蛋白富集方法"获发明专利授权。石窟寺文物数字化保护国家文物局重点科研基地(浙江大学)推进关键技术研究、开发和成果应用推广,制定 10 项行业标准,获授权发明专利 1 项,复制云冈石窟 12 窟,完成龙门石窟 5 座佛龛的高保真文物数字化采集和等比 3D 打印复制。

【做好社会文物监管】 完善社会文物管理机制,全年新增文物拍卖企业 4 家,文物拍卖企业法人变更备案 1 家,审核文物拍卖经营活动 66 场,审核文物拍卖标的 62453 件(套),对拍卖活动中发生的违规行为责令整改。加强社会文物流通领域行业信用监管,完成行业信用信息归集和信用监管系统(功能模块)建设,出台《浙

江省文物流通机构信用监督管理办法》。指导浙江省拍卖协会开发文物拍卖企业网络年检系统,完成 2018 至 2019 年度全省拍卖企业《文物拍卖许可证》年审。

(吴丝禾)

文物安全工作

【概况】 2020 年,贯彻落实关于疫情防控和文物安全的重要指示批示精神,坚守安全底线,推动文物安全与督察各项工作有序开展。

【落实安全责任】 提请省委、省政府组织召开全省文物安全工作会议。随后 10 个设区市相继召开全市文物安全工作会议,各级政府间《文物安全责任书》签订率超过 90%。与省委、省政府有关部门汇报沟通,推动文物安全纳入地方党政领导班子和领导干部年度政绩考核评价体系及"平安浙江"考核评价体系。

【加强安全监管】 督导各地开展文物安全检查,全年下发各类文物安全通知 8 个,部署防疫抗疫、复工复产、汛期、冬春和节假日等重要时段的文物安全监管工作。全省全年共出动 3.9 万余人次,检查文博单位 2 万余家次,发现文物安全隐患 4253 处,整改到位 3993 处;省文物局出动 138 人次,检查文博单位 62 处,发现安全隐患 160 处,发出督办函 12 份,隐患整改率达 100%。会同省消防救援总队部署开展全省民居类文物建筑消防安全三年专项整治行动,牵头研发、上线试运行

并推行文物消防安全"分色图"监管功能平台。联合省文化和旅游厅启动全省文物安全工作全面提升三年行动计划,重点实施文物安全精密智控、文物安全守护、以利用促保护、文物安全监管标准化、文物安全人才培训等五大工程。开展文物安全防护基础设施建设,评审安防、消防、防雷项目设计方案39个,完成竣工验收项目17项,对29处实施项目进行中期专项评估和监管。完成全省文物平安工程(第一期)实施项目绩效评估,调研测算2021至2023年文物平安工程实施计划和资金需求,主动对接省财政厅,追加文物平安工程专项资金6000多万元,为文物平安工程(二期)启动提供资金保障。

【强化执法督察】　出台《文物安全工作约谈办法》《文物安全工作督察办法》,指导各地加大文物违法案件查处和安全事故处置力度,规范执法督察和行政约谈行为。全年全省查处文物违法案件26起,罚款132万元;联合省公安厅开展全省打击文物犯罪专项行动,配合公安侦办文物刑事案件5起,追缴文物1万余件。完成被挂牌督办的文物保护单位(国务院安全生产委员会11处、省政府安全生产委员会10处)的消防安全隐患整改督导和报请销号工作。重点督导4起文物安全事故处置和7起文物违法案件查处,严格落实追责制度,做好重要事件的督察与善后。

【推动配套工作】　编制"互联网＋监管"系统中的监管事项与检查实施清单,完善"双随机、一

公开""两库一单"相关数据。组织开展全省文物行政处罚案卷评查,选送的宁波海曙区文物行政处罚案卷被评为2020年度全国文物行政处罚案卷评查优秀案卷。与上海、江苏、安徽文物行政部门共同签订《长三角区域文物行政执法合作协议》,组织20多名骨干参加长三角地区文物行政执法交流等活动。

(郑李潭)

队伍建设与人才培养

【概况】　2020年是"十三五"规划的收官之年,是全面落实文化和旅游深度融合发展的关键一年。浙江省文化和旅游厅深入贯彻党的十九大和十九届二中、三中、四中、五中全会精神和习近平总书记关于队伍建设与人才工作的系列重要讲话精神,以"优化提升、规范统一"为主线,紧盯人事人才工作重点任务,抓人员管控、谋制度建设、推机构改革、强队伍建设、促能力提升,为"文化浙江""诗画浙江"建设提供人才资源和智力保障。

【发挥优势全力服务保障疫情防控】　立足主责主业,转入"战时"状态,落实"战时"要求。严格贯彻落实"精密智控"要求,第一时间建立疫情每日健康情况制度,借助钉钉、微信等信息化手段,实行网格化管理,累计汇总各类表格和信息100余次,梳理排查机关人员近1万人次。根据省疫情防控领导小组统一部署和疫情发展态势,及时调整人员管控举措。及时建立与居家隔离人员住地社

区的联动机制,动态掌握居家隔离情况。结合工作安排,合理统筹疫情防控、业务工作的人员安排,分类指导异地人员返杭返岗,未发生漏管脱管失管现象,未出现确诊或疑似病例。关心关爱离退休老同志疫情防护,及时通报最新疫情形势,落实工作人员"24"小时在线紧急服务,动员机关全体干部与老同志结对联系150余次。

【全力推进系统人才培养工作】　不断加强人才队伍建设。一是认真做好各项人才基础性工作。出台《2020年全省文化和旅游系统人才工作要点》,召开人才工作领导小组工作例会。二是认真组织各类人才项目的申报和实施。开展首批浙江省宣传思想文化青年英才及浙江省"万人计划"人文社科领军人才、青年拔尖人才推荐选拔工作。完成文化和旅游部优秀专家12人推荐工作,有5人入选(全国各省区并列第一);成功推荐1人入选省特级专家,20人被评为文化和旅游部乡村文化和旅游能人,2人入选文化和旅游部海外高层次人才引进长期项目名单(全国共8人),1人被评为省"万人计划"人文社科领军人才,7人被评为省宣传思想文化青年人才。三是认真组织职称评价改革工作。做好主管系列职称评审相关工作,完成中、高级职称电子证书制作。继续推进"浙江省文旅创新团队""浙江省文旅优秀专家"相关工作,编印"浙江省文旅创新入围团队"材料汇编。四是开展全省乡村文化和旅游人才队伍专题调研工作。撰写《全省乡村文化和旅游人才队伍

建设情况调研报告》上报省委办公厅,《省文化和旅游厅紧抓"三度三量"建强乡村人才队伍》在浙江政务信息(专报)第651期刊发。

【从严从实抓好干部队伍建设】 严格执行职务职级并行政策。用足职务职级并行制度,坚持政治标准,突出实绩导向,严把条件程序,提拔任用处长1名、副处长7名;按照省文化和旅游厅公务员职务与职级并行制度实施方案和晋升操作办法,完成2名一级调研员、7名二级调研员、18名三级调研员、9名四级调研员和8名一级主任科员以下职级晋升工作。开展干部交流调整。坚持政治标准,注重实绩导向,开展年轻干部集中交流,1名优秀年轻副处长交流到天台县任副县长,1名基层敢担当的乡镇党委书记提任交流到省文化和旅游厅任资源开发处副处长;开展处级干部岗位交流,2名处长、6名副处长、5名厅属单位班子成员交流轮岗;30名试用期处级干部经考核按期转正。优化调整工作专班。印发《浙江省文化和旅游厅关于设立2个重要工作推进专项小组的通知》,设立2个工作专班("文化基因解码工程"领导小组、"四十百千"工作专项小组)。下发《浙江省文化和旅游厅关于调整部分重要工作推进领导(专项)小组组长的通知》,省文化和旅游厅成立的专班达13个。优化人力资源配置。调整优化厅属企事业单位班子,对浙江图书馆、省文化和旅游宣传推广信息中心、省文物考古研究所、省博物馆、省非遗保护中心等5家单位领导班子调整充实,厅属单位干部结构进一步优化。同时,围绕持续激发系统干部担当作为问题,深入开展调研,撰写《新时代持续激发全省文化和旅游系统干部担当作为的调查与思考》。

【精心谋划有序推进事业单位改革】 据全省事业单位清理规范整合工作部署,精心谋划省级系统事业单位机构改革,全程保持同省委编办、省事改办、改革专班等紧密联系,积极争取改革利益最大化。认真做好事业单位改革文章。完成了事业单位规范整合工作,厅属事业单位由21家减少至15家,精简比例为28.57%。高质量完成并印发13家厅属事业单位(不含3家高校)新的"三定"方案,着力抓配套工作,平稳有序、提前保质完成单位挂牌、班子调整、人员转隶、单位清算、法人登记变更或注销(杭州剧院、浙江胜利剧院除外)等工作,实现职能、人员、资产、业务有序对接。4家转企改制单位30名人员实现平稳转岗。根据机构改革情况,向省人力社保厅报送厅属事业单位岗位设置调整方案,经积极争取,已为7家单位提高了专业技术岗位高级岗比例。扎实推进历史遗留问题化解工作。牵头制定杭州剧院、胜利剧院改制后暂留人员方案,推进落实4家改制单位人员暂留工作。推进浙江舞台设计研究院改制前原事改企人员历史遗留问题解决工作。修订厅属单位年度工作目标考核办法。以事业单位改革为契机,制定了厅属事业单位年度目标责任制考核实施办法,明确考核内容、考核程序、考核结果运用等规定。制

定了厅属事业单位内设机构设置相关规定,明确内设机构数量和中层领导职数设定标准。同时,做好事业单位人员招聘、人员交流、岗位晋升等工作的审核和报送。全年共办理公开招聘、人员交流109人,其中:引进教授、外籍专家、博士学位获得者等高层次人才23人;办理岗位晋升290人。

【切实加强干部日常监督管理】 强化档案专项审核。按照《干部人事档案集中管理工作实施方案》,组织人员集中开展干部人事档案专项审核工作回头看,对厅属单位领导班子成员80卷、厅局机关132卷、死亡5年内8卷等干部人事档案纸质档案重新整理分类和数字化扫描,逐卷审核、自查、纠正,对222卷特别是在职的干部人事档案进行审查,收集、补充归档材料1000多份、照片60多张。对12名同志的"三龄两历"进行调查核实,对14名没有进行干部人事档案专项审核的同志进行专项审核,确保档案材料的完整、齐全、真实和信息准确无误。严格执行个人事项报告制度。购买《领导干部个人有关事项报告信息管理系统(安全兼容版)》,完成厅管处级干部143人次个人有关事项填报和录入工作。召开省级系统2020年领导干部报告个人有关事项工作会议,部署开展领导干部报告个人重大事项的补报工作,开展领导干部报告个人有关事项专项整治工作,个人填报基本"一致率"从71%提升到100%。开展领导干部兼职审批工作。严格按照省委组织部等有关上级部门的兼职规

定,审批办理各类领导干部兼职55人次。

【完成日常工作】 按照省委全面深化改革委员会和省委组织部的工作部署,以组织部门审批同意后的办事环节为起点,将录用、调任、转任、职务职级变动、调出等后续业务作为"一件事"来办理,实现"一张表单申请、一个平台联办、一次不跑办成"。配合省人力资源和社会保障厅,推进厅属事业单位"一件事"改革试点。完成机关人员工资调整,认真审核事业单位人员工资,指导做好横向劳务报酬分配备案。指导和审核完成《浙江音乐学院突出贡献人才和高层次人才绩效工资总量倾斜方案》,该方案已获省人力资源和社会保障厅同意并实施,极大地鼓舞了学院教职工干事创业的热情。指导7家厅属事业单位贯彻执行分类改革后绩效工资配套政策《浙江省人力资源和社会保障厅浙江省财政厅关于2020年度省属事业单位实施绩效工资的政策口径》。撰写完成事业单位绩效工资改革调研报告供领导决策参考。及时调整机构编制实名制库人员信息,按时报送月报表。建立机关各处室结对退休老干部,走访了系统内36名老高知、长期患病和生活有困难的老同志、中华人民共和国成立前入党的老党员及厅机关的老同志遗属。

（徐菁鸽）

党工团工作

【概况】 2020年,在省文化和旅游厅党组的坚强领导下,厅直属机关党委不断巩固主题教育成果,切实发挥"双建"总牵引总抓手作用,系统党的建设各项工作取得长足进步,持续走在省直机关党建工作前列。4月,省文化和旅游厅获评省直机关党建综合考评年度优秀单位。"五个机制建设"在长三角地区机关党建研讨会上做了典型交流;支部建设提升工程、艺术与党建互融互促等2项工作典型经验入选省直机关党建工作范式百例;《在疫情防控斗争中提高党的建设质量研究》课题报告获全省机关党建优秀课题研究成果二等奖。系统2个集体获评省直机关"先进基层党组织",3人获评省直机关"优秀共产党员",2人获评省直机关"优秀党务工作者",1人获评"浙江省抗击新冠肺炎疫情先进个人"。7人次(队次)在省直机关各类群团赛事中取得前三,10家工会组织获评省直机关先进"职工之家"和"职工小家",全省文化和旅游系统8家集体和7位个人分别获得"省级青年文明号"和"省级青年岗位能手"称号。

【强化政治统领,"两个维护"的政治忠诚更加坚定】 始终坚持把党的政治建设作为根本性建设,摆在重中之重位置,深入开展忠诚教育,强化理论武装,引导系统各级党组织和广大党员干部严守政治纪律和政治规矩,毫不动摇地坚持和加强党的全面领导,用贯彻落实重大决策部署的实绩来践行"两个维护"的政治忠诚。

以理论武装明政治方向。党组带头示范学。省文化和旅游厅党组建立健全"第一议题"学习制度,制订年度理论学习中心组学习计划,明确13项重点学习内容。厅党组理论中心组全年累计集体学习党建内容24次,对党的十九届五中全会精神、习近平总书记考察浙江重要讲话精神等内容开展专题研讨6次,党组成员平均出席率超过90%,示范引领全系统理论武装工作。抓住关键重点学。根据疫情防控实际,线上线下结合,组织开展十九届四中、五中全会精神处级干部轮训2期,邀请党的十九届五中全会精神省级专家宣讲团成员胡坚做宣讲,累计举办专题辅导讲座16场,培训4000余人次。系统336名处级以上干部均按时完成网络学习课程或参加本单位自行举办的培训班,做到系统处级干部培训全覆盖。全员覆盖深入学。建立理论学习"周提醒"制度,累计发布理论学习重点提醒32期,下发学习用书12个品类6010册,督促推动系统理论武装工作不断深化。实施青年理论学习提升工程,制定《系统青年理论宣讲工作三年实施方案》,通过遴选、单位推荐,选拔46名青年骨干组建系统首批青年理论宣讲团,举办第一期青年理论宣讲团集中培训,帮助指导宣讲员提升理论素养、完善宣讲技巧、创新宣讲形式、丰富实践案例,引导系统青年理论武装新风尚。

以忠诚教育强政治能力。明确年度重点任务清单,全面部署开展忠诚教育。认真组织系统党员学习贯彻习近平总书记在"不忘初心、牢记使命"主题教育总结大会上的重要讲话精神,以组织18家直属党组织开展主题教育整改落实"回头看"为重点任务,推动问题全面全效整改,巩固发展主题教育成果。加强长效机制课题研究,形成《省级文化和旅游系统对党忠诚教育长效机制建设研究》课题报告。

以落实成效实政治责任。深入贯彻落实党中央、省委关于加强党的政治建设的意见和措施,召开党的建设工作会议,以打造维护力、引领力、担当力、服务力、廉洁力"五强"领导班子为目标,出台加强厅属单位领导班子政治建设的实施意见,切实把政治统领体现在行动上。以贯彻落实习近平总书记考察浙江重要讲话精神为核心内容,深入组织开展专项调研,形成研究成果《以"三个建设"为重点,推动省级文化和旅游系统党建工作责任层层落实的实践与思考》,并推动引导厅属单位党建工作与业务工作相融共进,用贯彻落实重大决策部署的实绩来践行"两个维护"的政治忠诚。

【强化服务大局,务实担当的干事氛围更加浓厚】 推进党建工作与业务工作相融共进,突出"双建"示范、突出效能提升、突出正气引领,激励引导系统广大党员干部新时代新担当新作为,努力营造干事创业的良好氛围。

深入开展"双建"工作。按照"一年全面铺开、二年深化推进、三年巩固提升"的步骤组织实施,明确省文化和旅游厅"建设清廉机关、创建模范机关"年度目标任务19项,既抓机关本级,又向直属单位拓展延伸,切实发挥其总牵引总抓手作用。召开系统"双建"工作推进交流会,总结近两年工作情况,明确收官之年工作思路和重点任务,纵深推进浙江音乐学院、浙江旅游职业学院、浙江艺术职业学院、浙江图书馆、浙江美术馆、浙江自然博物院和浙江演艺集团有限责任公司等7家单位"双建"工作创建示范点建设。

大力弘扬新风正气。出台《关于进一步发挥党组织和党员作用为打赢疫情防控阻击战提供坚强政治保证的通知》,以"八个到位"的政治要求,动员系统各级党组织和广大党员干部在"两战"中立足本职本岗,高扬党旗、勇当先锋。组织全省文旅系统疫情防控一线先进典型选树,连续3个月发布月度"英雄榜",99个团队和262名个人成为全省文旅战线疫情防控中最具感召力的正能量。开展2018—2019年度的优秀共产党员、优秀党务工作者和先进基层党组织评选工作,在系统党的建设工作会议上表彰系统优秀共产党员40人,优秀党务干部16人,先进基层党组织13个,用典型的力量培养系统清风正气氛围。

扎实助推效能提升。持续深入组织"一推两强"作风专项行动,推动文旅领域"最多跑一次"改革向纵深发展。倡议系统党员做勤俭节约用餐的力行者、生活垃圾分类的实行者、公筷公勺使用的倡行者、服务社区的践行者,在民生关键小事中、在基层治理体系建设中发挥带头示范作用,积极探索"党员进社区、共建好家园"工作,发挥党员"8小时"外的管理监督和作用,推动居住在试点小区的30名党员干部认领服务项目、参加社区服务,全年完成志愿服务36人次。

【强化组织建设,保障事业发展的基层基础更加稳固】 贯彻落实《党和国家机关基层组织工作条例》和省委实施意见,召开直属机关第一次党员代表大会,发布"一指标两指数",创建培育系统首批十大先锋支部和十佳优秀党建案例,系统基层党组织的组织力战斗力得到增强。

强自身建设。历时近2个月筹备召开机关机构改革后的第一次党代会,从系统3000多名党员中产生的197名党代表,审定工作报告,明确未来5年系统党建目标任务,并选举产生了第一届厅直属机关党委、机关纪委,厅党组书记当选厅直属机关党委书记。紧扣系统实际,及时优化系统组织设置,新组建成立厅社会组织党委、浙江省文化和旅游宣传推广信息中心党总支等4家直属党组织,撤销浙江艺术研究院党支部等3家直属党组织,指导厅机关总支、文物局机关党总支等3家直属党组织完成换届。其中,新组建的社会组织党委,立足83家社会组织党的建设,创新制度机制,推进分类管理,实现党的组织和党的工作"两个全覆盖"。

严组织生活。严格党内制度落实,利用手机客户端在线开展系统干部思想状况问卷调查,全系统1356名干部职工参与调查,从政治建设、思想建设、工作作风和能力建设等4方面对系统党员思想状况、存在问题原因开展分析研判。坚持单位领导班子成员"双重组织生活"情况半年度通报制度,系统95名党员领导班子成员全年累计参加双重组织生活1517次,实现厅党组成员、各单位党组织书记、支部书记上党课全覆盖。同时,丰富组织生活形式,持续推行主题党日、政治生日活动,开展"我最喜爱的习近平总书记的一句话"微宣讲比赛、"我在之江学新语"征文活动、党员干部职工诗词创作比赛等。

重标准规范。在"六强六规范"的基础上，发布"一指标两指数"，明确102条直属单位党组织年度自我评估指标，建立起基层党支部"堡垒指数"和在职党员"先锋指数"，不断提档加速标准化规范化建设。引进第三方党建研究专业机构，经过为期1个多月的分批座谈、微信投票、路演评审、互动交流等环节，从23家基层党支部和22个党建工作品牌中评选出系统十大先锋支部和十佳优秀党建案例，持续深耕细作支部建设提升工程，并在《浙江共产党员》杂志刊发厅党组书记关于抓好党建工作的专题访问。对照标准指数，全面开展18家厅属单位党组织工作记录专项督查，"一对一"反馈问题清单，落细落小规范日常管理，让组织健全、制度落实、运行规范、活动经常、记录完整真正成为系统基层党建工作的常态。全年发展党员457名，省级文化和旅游系统共有党员3393名。

【强化正风肃纪，山清水秀的政治生态更有保证】 抓住关键少数和关键环节，突出廉政教育和权力监督，运用"四种形态"抓早抓小、防微杜渐，强化不敢腐的震慑、扎牢不能腐的笼子、提高不想腐的自觉。

驰而不息纠治"四风"。紧盯各种形式的"四风"反弹回潮、隐形变异新动向新表现，出台持续解决形式主义突出问题为基层减负38条措施，并分解任务压实责任。保持正风肃纪、明察暗访的高压态势，通过OA系统、"钉钉"工作群、廉政短信平台等渠道，及时转发省纪委、省监委通报和做好廉言纪语短信提醒节假日廉政提醒54期。坚持以解决实际问题为导向，全面完成省直机关2019年度机关作风建设专题民主评议中对省文化和旅游厅的8条反馈意见的整改，推进系统作风和行风建设。

强化权力运行监督。认真筹划开展系统内部巡察，推动政治监督重心下移、基层延伸。制定巡察工作实施办法和年度巡察工作方案，成立巡察工作领导小组，抽调人员组建巡察组，对浙江交响乐团、浙江省博物馆、浙江省文化和旅游宣传推广信息中心等3家厅属单位开展巡察。坚持问题导向，深入组织开展房产违规租赁使用、统计领域数据造假、制止餐饮浪费等专项整治。全年现场监督重大项目招标、重要奖项评审、重大资金使用等15次，开展节庆期间明察暗访9家次。

准确运用"四种形态"。严格分类处置问题线索，突出用好第一种形态。做实做细日常谈话教育，对苗头性倾向性问题，主动约谈相关人员，省文化和旅游厅领导累计开展各类提醒谈话100余次。畅通信访渠道，全年共收到信访32件，其中按照管理权限移交属地处理21件，本级处理11件，已办结25件。加强执纪问责，系统被立案1人，给予开除党籍处分1人，诚勉谈话1人，批评教育3人。

【强化责任落实，齐抓共管的党建工作格局更加完善】 不断完善和坚持责任制度体系和工作机制，凝聚共管合力，层层压实党建主体责任。

坚持责任落实机制。省文化和旅游厅党组加强管党治党的政治责任和系统党建的领导职责，不断完善"厅党组统一领导、机关党委直接负责、机关处室牵头联系、基层党组织具体落实"的"四级责任清单"，坚持系统基层党建工作联席会议制度，推动抓党建和抓业务同频共振，形成齐抓共管的良好局面。全年厅党组累计召开有关党建和党风廉政建设工作例会6次，33次党组会累计列入21项党建议题。

坚持责任督查机制。每半年开展厅党组成员带队、机关处室负责人参加的常规化督查，不定期组织项目式的跟踪检查和随机性的暗访抽查等，全年累计出动100余人次，检查督查抽查厅属单位33家次。见人见事通报督查情况，列出问题清单，提出整改建议，并逐一反馈厅属单位，建立起党建责任"督查——评估——反馈——整改——提升"的闭环管理。

坚持责任考评机制。将日常党建督查整改情况纳入年度党建责任制考核，推动厅属单位年度考核指标提升党建考核权重至20%、党组织星级评定结果前置运用等工作机制制度化。落实党组织负责人3级述职制度，召开2020年度系统党组织负责人述职会议，10名党组织负责人在会上做口头述职，其余单位党组织负责人全部完成书面述职。量化考核指标，细化考核环节，评出2019年度五星级党组织39个，四星级党组织195个，三星级党组织20个，坚持做到单位党组织五星级"控数量"，必须好中选优；

三星级"限评优",当年度不得参评厅先进单位,真抓深抓系统党建主体责任落地见效。

此外,强化党建带群建,激发系统干部使命担当。省文化和旅游厅工会在年初复工疫情最吃紧的关头,积极联络各方力量,前后采购口罩、消毒液、测温仪等防疫物资,做好后勤保障。突出关心关爱,系统各级工会累计开展高温慰问4764人次,下拨第6期职工大病医疗补助3620人次。优化提升"1+1"行动计划,开设书画、太极拳、瑜伽、声乐、游泳、篮球、时装、摄影、乒乓球、羽毛球、足球、舞蹈、茶道等13家系统工会文体兴趣小组。厅团委联合省卫生健康委团委举办"五四"主题宣讲会,以文艺宣讲形式展现出了文旅青年在抗疫一线的感人事迹;开展"跑小青"主题活动,在推进"重要窗口"和"两个高水平"建设中发挥全省文化和旅游系统"号手"的积极作用。

【年度要闻】

浙江省文化和旅游厅积极组织全省文旅系统疫情防控一线先进典型选树 2月至3月,浙江省文化和旅游厅下发《关于进一步发挥党组织和党员作用 为打赢疫情防控阻击战提供坚强政治保证的通知》,以"八个到位"的政治要求,动员系统各级党组织和广大党员干部在"两战"中立足本职本岗,高扬党旗、勇当先锋。连续3个月发布月度"英雄榜",99个团队和262名个人成为全省文旅战线疫情防控中最具感召力的正能量。林仁状同志荣获"浙江省抗击新冠肺炎疫情先进个人"荣誉称号,《在疫情防控斗争中提

高党的建设质量研究》课题研究报告获全省机关党建优秀课题研究成果二等奖。

浙江省文化和旅游厅获评省直机关党建综合考评年度优秀单位 4月,浙江省文化和旅游厅被评为2019年度省直机关党建综合考评优秀单位,有关做法多次在省直机关做典型交流。

浙江省文化和旅游厅开展先锋支部和优秀党建案例创评工作 4月至6月,浙江省文化和旅游厅积极开展先锋支部和优秀党建案例创评工作,经过专家指导、网络投票、专家初审等环节,从厅局机关和厅属单位的45个先锋支部和优秀党建案例申报对象中,评选出省级文化和旅游系统10家先锋支部和十佳优秀党建案例,厅艺术处党支部等10个党支部荣获系统首批10家"先锋支部"称号,浙江省文物局机关党总支"四联"工作法等10个党建案例荣获系统十佳党建优秀案例称号。此次创评工作,在系统内形成了比学赶超、创先争优的浓厚氛围,以评促建,努力为浙江建成"重要窗口"贡献出文旅智慧和力量。

浙江省文化和旅游厅开展厅属单位巡察工作 5月,浙江省文化和旅游厅认真筹划开展厅属单位巡察工作,修订出台《中共浙江省文化和旅游厅党组巡察工作实施办法(试行)》《2020年度省级文化和旅游系统巡察工作方案》,抽调选配厅局机关和厅属单位优秀党务纪检、组织人事、财务等部门的干部组成巡察组。2020

年9月21日至2021年2月8日,巡察组重点围绕10个方面内容,对浙江省博物馆、浙江交响乐团、浙江省文化和旅游宣传推广信息中心3家单位开展内部巡察。

浙江省文化和旅游系统多名同志和党组织荣获省直机关"两优一先"荣誉称号 曹明、刘建宽、孙国平等3名同志荣获2018—2019年度省直机关"优秀共产党员"称号;吴莘超、周鸣歧等2名同志荣获2018—2019年度省直机关"优秀党务工作者"称号;浙江艺术职业学院影视技术系党总支、浙江美术馆党总支等2家基层党组织荣获2018—2019年度省直机关"先进党组织"称号。

浙江省文化和旅游厅召开省级文化和旅游系统党的建设工作会议暨"七一"表彰大会 7月3日,省级文化和旅游系统党的建设工作会议暨"七一"表彰大会在浙江音乐厅举行。会上表彰表彰了2018—2019年度的优秀共产党员、优秀党务工作者和先进基层党组织,并为省级文化和旅游系统首批"先锋支部"和十佳优秀党建案例颁发奖牌,厅党组书记、厅长褚子育同志讲话。娄国建等37名同志荣获系统"优秀共产党员"称号,赖宋平等14名同志荣获系统"优秀党务工作者"称号,浙江省文物局党总支等11家基层党组织荣获系统"先进基层党组织"称号。

浙江省文化和旅游系统基层组织的组织力、战斗力不断增强 浙江省文化和旅游厅认真贯彻落

实《党和国家机关基层组织工作条例》和省委实施意见，召开直属机关第一次党员代表大会，发布"一指标两指数"，创建培育系统首批十大先锋支部和十佳优秀党建案例，系统基层组织的组织力战斗力得到增强。10月，省文化和旅游厅选送的《支部建设提升工程》《艺术与党建互融互促》被编入《省直机关党建工作范式百例》。10月12日至13日，2020年长三角地区机关党建工作研讨会在南京召开，浙江省文化和旅游厅"五个机制建设"在会上做了典型交流。

中共浙江省文化和旅游厅直属机关第一次代表大会胜利召开

10月17日，中共浙江省文化和旅游厅直属机关第一次代表大会在浙江音乐学院召开。大会审议通过了中共浙江省文化和旅游厅直属机关委员会工作报告，选举产生了中共浙江省文化和旅游厅直属机关第一届委员会和第一届纪律检查委员会。省委直属机关工委常务副书记郑才法到会指导并做了讲话。会议以无记名投票方式，差额选举产生了王文龙、朱海闵、许林军、严洪明、杜群、吴莘超、周国忠、贾秀英、褚子育(以姓氏笔画为序)等9名中共浙江省文化和旅游厅直属机关第一届委员会委员和许林军、许常丰、李晖、吴燕琳、徐永盛(按姓氏笔画为序)等5名中共浙江省文化和旅游厅直属机关第一届纪律检查委员会委员。

浙江省文化和旅游厅成立省级文化和旅游系统青年理论宣讲团　实施青年理论学习提升工程，制定《系统青年理论宣讲工作三年实施方案》，通过遴选、单位推荐，选拔46名青年骨干组建成了系统首批青年理论宣讲团。12月，举办第一期青年理论宣讲团集中培训，帮助指导宣讲员提升理论素养、完善宣讲技巧、创新宣讲形式、丰富实践案例，引导系统青年理论武装新风尚。

(黄　辉)

链接：

2020年第一届浙江省"最美浙江人·最美文旅人"名单(共10人，按姓氏笔画排序)

1. 杨小青(女)，浙江艺术职业学院特聘教授、一级导演

2. 余知音(女)，浙江省文化馆研究馆员、高级工艺美术师

3. 沈红梅(女)，嘉兴市图书馆馆长、党支部书记

4. 周　薇(女)，浙江横店影视城有限公司清明上河图分公司总经理

5. 郑培钦(女)，浙江音乐学院声乐歌剧系教授、一级演员

6. 施义亭(男)，浙江省博物馆保卫部副主任

7. 夏云龙(男)，海外海集团有限公司党委委员、执行总经理

8. 徐谷青(男)，衢州醉根艺品有限公司董事长

9. 梁樟军(男)，浙江新昌旅行社有限公司董事长

10. 蒋乐平(男)，浙江省文物考古研究所研究馆员

大事记

ZHEJIANG CULTURE AND TOURISM YEARBOOK

2020年浙江文化和旅游大事记

1月

2日 省文化和旅游厅厅长褚子育参加 2020 年全国文化和旅游厅局长会议（至 5 日）。副厅长、一级巡视员许澎接待省台办副主任章启华一行；参加浙江旅游职业学院"双代会"；赴绍兴开展"三服务"活动。厅党组成员、省文物局局长柳河参加文博系统高级职称评审委员会；赴嘉兴开展"三服务"活动。副厅长刁玉泉观看江南名调《三笑》。副厅长叶菁参加灵隐寺"腊八节习俗"文化沙龙活动。

3日 省文化和旅游厅副厅长、一级巡视员许澎在绍兴检查假日旅游安全工作；出席浙江省 2020 年海外"欢乐春节"工作会议。厅党组成员、省文物局局长柳河参加文艺界别委员会议。副厅长杨建武赴湖州开展"三服务"活动。副厅长刁玉泉参加 2019 年度申报艺术系列高级职务任职资格评审；参加 2019 年度申报美术系列高级职务任职资格评审。

6日 省文化和旅游厅厅长褚子育参加省委常委会第一百一十三次会议；参加省委全面依法治省委员会第二次全体会议。副厅长、一级巡视员许澎参加 2020 浙江省侨商会年会。厅党组成员、省文物局局长柳河主持召开局党政联席会议，局机关各处室负责人参加会议；看望慰问老同志。副厅长刁玉泉在宁波开展"三服务"活动。副厅长叶菁听取省非遗中心工作汇报。

7日 省文化和旅游厅厅长褚子育主持召开 2019 年度党建工作述职会，厅领导许澎、柳河等出席，厅局机关各处室负责人参加。厅长褚子育、副厅长杨建武参加浙江省文化和旅游宣传推广信息中心揭牌仪式。厅长褚子育参加"最美浙江人·浙江骄傲"人物评选揭晓仪式。副厅长、一级巡视员许澎参加全省扫黑除恶专项斗争视频会。副厅长杨建武参加 2020 年全省商务工作会议及进博会总结表扬暨"三会"动员会。副厅长刁玉泉在舟山开展"三服务"活动和调研。副厅长叶菁在丽水、衢州开展"三服务"活动（至 8 日）。

8日 省文化和旅游厅厅长褚子育参加中央"不忘初心、牢记使命"主题教育总结大会。副厅长、一级巡视员许澎接待省台办副主任章启华一行；与厅直属机关党委商议系统党建工作年度考核事宜。副厅长杨建武参加浙江省推进数字文化产业高质量发展活动；与世界旅游联盟秘书长商议 2020 年工作情况。副厅长叶菁参加 2020 全国乡村春晚集中展示启动仪式。

9日 省文化和旅游厅领导褚子育、柳河参加全省"不忘初心、牢记使命"主题教育总结大会。厅长褚子育参加浙江省慈善联合总会新春公益答谢晚会。副厅长、一级巡视员许澎对浙江音乐学院、浙江旅游职业学院、浙江艺术职业学院进行年度考核。厅党组成员、省文物局局长柳河参加省级文博单位考核会。副厅长杨建武对厅属单位进行考核，听取年度工作情况汇报；参加 2019 年浙江省旅游民宿区域协作大会暨第一届第二次会员代表大会。副厅长刁玉泉参加省精神文明建设委员会全体成员会议。副厅长叶菁参加图书资料高级职称评委会；参加群文系列高级职称评委会。

10日 省文化和旅游厅领导褚子育、柳河参加省委召开的"两会"党员代表、委员会议和中央文件精神传达会。厅长褚子育、副厅长叶菁等参加老同志团拜会。厅长褚子育接待中央人民广播电台领导。厅党组成员、省文物局局长柳河参加省政协十二届三次会议；参加省政协十二届三次会议召集人会议。副厅长杨建武在金华开展"三服务"活动。

11日 省文化和旅游厅厅长褚子育参加省政协十二届三次会议开幕式；参加十三届人大三次会议预备会议。

12日 省文化和旅游厅厅长褚子育参加十三届人大三次会议开幕式；参加十三届人大三次会议代表团全体会议。

13日 省文化和旅游厅厅长褚子育参加政协十二届浙江省

委员会第三次会议联组活动；参加十三届人大三次会议代表小组会议。副厅长、一级巡视员许澎赴温州开展"三服务"工作，督查春节假日文旅市场安全工作。副厅长刁玉泉参加厅属单位目标考核，听取年度工作情况汇报。副厅长叶菁参加浙江图书馆、浙江省文化馆、浙江省非遗保护中心年度考评会。

14日　省文化和旅游厅、省文物局机关处室考评述职大会在浙江图书馆举行，厅领导褚子育、许澎、刁玉泉、叶菁等出席会议，厅局机关各处室、专班负责人参加会议。厅长褚子育参加十三届人大三次会议第二次全体会议。副厅长、一级巡视员许澎参加全国打击治理电信网络新型违法犯罪工作电视电话会议。副厅长杨建武参加政协十二届三次会议联组讨论。副厅长刁玉泉慰问老干部。

15日　省文化和旅游厅厅长褚子育参加十三届人大三次会议代表团全体会议；参加省政协十二届三次会议闭幕式。厅长褚子育、副厅长刁玉泉参加省委、省政府春节团拜会第一次合成审查。副厅长、一级巡视员许澎参加文化和旅游部2020年春节全国文化和旅游假日市场工作电视电话会议；与文化和旅游部国际局副局长朱琦一同审查中国-摩洛哥旅游文化年开幕演出节目。副厅长刁玉泉、叶菁参加政协十二届三次会议联组讨论。副厅长刁玉泉在浙江京昆艺术中心审查昆剧《宛在水中央》。

16日　省文化和旅游厅党组书记、厅长褚子育主持召开2020年第1次厅党组会议、第1

次厅长办公会议，厅领导柳河、杨建武、刁玉泉、叶菁出席会议，厅局机关各处室、各工作专班负责人参加会议；参加十三届人大三次会议第三次全体会议和闭幕式；参加省安全生产委员会全体成员会议；参加风云浙商颁奖典礼。副厅长、一级巡视员许澎陪同文化和旅游部国际局副局长朱琦赴浙江省博物馆听取阿拉伯国家文博专家研修班筹备情况汇报；参加全省"扫黄打非"会议；参加省旅游协会、饭店协会和旅行社协会会长联席会议。

17日　省文化和旅游厅厅长褚子育参加全省宣传思想工作会议，厅领导柳河、杨建武等参加上午议程。副厅长、一级巡视员许澎参加全省贸促工作会议；参加全省新闻办主任会议。副厅长刁玉泉参加省委团拜会调整修改工作。副厅长叶菁参加厅属单位年度考评会议；参加中央政法工作视频会议；赴临安参加"我们的村晚"活动。

19日　省文化和旅游厅领导褚子育、许澎参加全省文化和旅游安全工作会议，厅局机关各处室、各工作专班负责人一同参加。厅领导褚子育、柳河参加省纪委十四届五次全会第一次大会；参加省委退役军人事务工作领导小组第二次全体会议；参加全省安全生产暨消防工作电视会议。副厅长、一级巡视员许澎参加全省统战部长会议。副厅长叶菁参加省直机关职务与职级并行制度配套政策相关工作部署会；赴浙江文投集团对接舞台院人员分流事宜。

20日　全省文化和旅游局长会议在杭召开。省文化和旅游

厅党组书记、厅长褚子育出席会议并做工作报告，厅党组成员、副厅长、一级巡视员许澎主持会议，厅领导柳河、杨建武、刁玉泉、叶菁出席会议。全省各市、县（市、区）文化和旅游局局长，省文物局副局长，省文化和旅游厅、省文物局机关各处室和厅属各单位主要负责人参加会议。厅党组成员、省文物局局长柳河参加2020年度省人大常委会教科文卫委重点工作协调推进会。

21日　省文化和旅游厅厅长褚子育向省委常委、宣传部部长朱国贤报告年度工作。厅领导褚子育、许澎、柳河、刁玉泉、叶菁等参加省级文化和旅游系统2020年新春团拜会。厅长褚子育、副厅长刁玉泉参加省委、省政府春节团拜会的第2次合成审查。厅长褚子育参加省新型冠状病毒肺炎防控工作会议。副厅长、一级巡视员许澎组织召开厅宣传工作专班会议。厅党组成员、省文物局局长柳河带队对省级文博单位进行安全检查。

22日　省文化和旅游厅党组书记、厅长褚子育主持召开2020年第2次厅党组会议、第2次厅长办公会议，厅领导许澎、柳河、刁玉泉、叶菁出席会议。厅局机关各处室、各工作专班负责人列席会议。厅领导褚子育、柳河、刁玉泉参加省委、省政府2020年春节团拜会。副厅长、一级巡视员许澎带队慰问离退休老同志。

23日　省文化和旅游厅厅长褚子育带队慰问老领导老同志；参加省新型冠状病毒肺炎疫情防控工作视频连线会议。

25日　省文化和旅游厅厅长褚子育参加省新型冠状病毒感

染的肺炎疫情防控领导小组工作例会。

26日　省文化和旅游厅厅长褚子育参加省新型冠状病毒感染的肺炎疫情防控领导小组工作例会。

27日　省文化和旅游厅厅长褚子育参加省新型冠状病毒感染的肺炎疫情防控领导小组工作例会。副厅长、一级巡视员许澎参加省新型冠状病毒感染的肺炎疫情防控领导小组工作例会。

28日　省文化和旅游厅厅长褚子育参加省新型冠状病毒感染的肺炎疫情防控领导小组工作例会;主持召开厅新型冠状病毒感染的肺炎疫情防控领导小组会议,厅领导许澎、刁玉泉出席。

29日　省文化和旅游厅厅长褚子育参加省新型冠状病毒感染的肺炎疫情防控领导小组工作例会;带队赴杭州市检查调研。副厅长、一级巡视员许澎带队赴宁波开展新型冠状病毒肺炎疫情防控工作调研(至30日)。副厅长刁玉泉带队赴绍兴开展新型冠状病毒肺炎疫情防控工作调研(至30日)。厅机关派出由厅局机关各处室负责人参加的11个工作组,分赴全省各设区市开展开展新型冠状病毒肺炎疫情防控工作调研。

30日　省文化和旅游厅厅长褚子育参加省新型冠状病毒感染的肺炎疫情防控领导小组工作例会;主持召开新型冠状病毒肺炎疫情防控工作调研情况汇报会,厅领导许澎、刁玉泉出席会议。

31日　省文化和旅游厅厅长褚子育参加省新型冠状病毒感染的肺炎疫情防控领导小组工作

例会;主持召开厅新型冠状病毒感染的肺炎疫情防控领导小组会议,厅领导许澎、刁玉泉出席。副厅长刁玉泉参加中宣部新型冠状病毒肺炎疫情防控宣传工作电视电话会议。

2月

1日　省文化和旅游厅厅长褚子育参加省新型冠状病毒感染的肺炎疫情防控领导小组工作例会;主持召开厅新型冠状病毒感染的肺炎疫情防控领导小组会议,厅领导许澎、刁玉泉出席。副厅长刁玉泉参加中宣部新型冠状病毒肺炎疫情防控宣传工作电视电话会议。

2日　省文化和旅游厅厅长褚子育参加省新型冠状病毒感染的肺炎疫情防控领导小组工作例会;主持召开厅新型冠状病毒感染的肺炎疫情防控领导小组会议,厅领导许澎、刁玉泉出席。副厅长刁玉泉参加中宣部新型冠状病毒肺炎疫情防控宣传工作电视电话会议。

3日　省文化和旅游厅厅长褚子育参加省新型冠状病毒感染的肺炎疫情防控领导小组工作例会;主持召开厅新型冠状病毒感染的肺炎疫情防控领导小组会议,厅领导许澎、刁玉泉出席。副厅长、一级巡视员许澎指导杭州、宁波、温州、绍兴等地市做好暂停出境团队及旅行社损失报送工作。

4日　省文化和旅游厅厅长褚子育参加省新型冠状病毒感染的肺炎疫情防控领导小组工作例会;主持召开厅新型冠状病毒感染的肺炎疫情防控领导小组会

议,厅领导许澎、刁玉泉出席。

5日　省文化和旅游厅厅长褚子育参加省新型冠状病毒感染的肺炎疫情防控领导小组工作例会。副厅长、一级巡视员许澎组织防控领导小组成员讨论扶持文旅行业恢复生产的政策建议。

6日　省文化和旅游厅厅长褚子育参加省新型冠状病毒感染的肺炎疫情防控领导小组工作例会;主持召开厅新型冠状病毒感染的肺炎疫情防控领导小组会议,听取各工作小组情况汇报,分析研判形势,部署疫情防控工作,厅领导许澎、刁玉泉出席会议。副厅长、一级巡视员许澎组织会商旅行社质量保证金退返工作事宜。

7日　省文化和旅游厅厅长褚子育参加省新型冠状病毒感染的肺炎疫情防控领导小组工作例会。副厅长、一级巡视员许澎组织业务处室落实旅行社行业防控及妥善应对回国团组相关服务的典型素材;组织省、市旅行社协会会长、部分市文旅局联合召开出境游组团社追偿理赔协调会。

8日　省文化和旅游厅厅长褚子育参加省新型冠状病毒感染的肺炎疫情防控领导小组工作例会;主持召开厅新型冠状病毒感染的肺炎疫情防控领导小组会议,传达省防控领导小组会议精神,研究《应对新型冠状病毒感染的肺炎疫情支持文化和旅游企业共渡难关的十九条措施》,部署元宵节期间疫情防控工作,厅领导许澎、刁玉泉出席会议。副厅长、一级巡视员许澎与政策法规处商议省文化和旅游厅关于财政税收的扶持政策建议。

9日　省文化和旅游厅厅长

褚子育参加省新型冠状病毒感染的肺炎疫情防控领导小组工作例会；参加省委常委会第一百一十七次会议。副厅长、一级巡视员许澎组织商议与包机公司和境外旅游供应商沟通协调团款退返事宜；与杭州市文化广电旅游局会商在杭部分出境游组团社复工事宜。

10日　省文化和旅游厅厅长褚子育参加省新型冠状病毒感染的肺炎疫情防控领导小组工作例会；主持召开厅新型冠状病毒感染的肺炎疫情防控领导小组（扩大）会议，厅领导许澎、杨建武、刁玉泉、叶菁出席。副厅长、一级巡视员许澎与厅疫情防控综合组会商各市文化和旅游系统有序复工事宜；组织召开航空包机公司追偿理赔工作协调会。

11日　省文化和旅游厅厅长褚子育参加省新型冠状病毒感染的肺炎疫情防控领导小组工作例会。副厅长、一级巡视员许澎与政策法规处商讨指导各地用好政策、稳定发展的具体措施；与厅疫情防控综合组研究指导相关市地骨干出境游组团理赔及旅行社复工事宜。

12日　省文化和旅游厅厅长褚子育参加省新型冠状病毒感染的肺炎疫情防控领导小组工作例会；主持召开厅疫情防控领导小组会议。副厅长、一级巡视员许澎与厅办公室商暂停组团旅游后引发理赔纠纷的应急处置方案。

13日　省文化和旅游厅厅长褚子育参加省新型冠状病毒感染的肺炎疫情防控领导小组工作例会；主持召开厅疫情防控领导小组（扩大）会议，厅领导许澎、杨

建武、刁玉泉、叶菁出席。副厅长、一级巡视员许澎分别与厅疫情防控协调组、宁波市文化广电旅游局、省旅行社协会会商理赔处置建议方案。

14日　省文化和旅游厅厅长褚子育参加省新型冠状病毒感染的肺炎疫情防控领导小组工作例会；主持召开厅疫情防控领导小组（扩大）会议，厅领导许彭、杨建武、刁玉泉、叶菁出席。副厅长、一级巡视员许澎与厅疫情防控协调组、政策法规处会商理赔纠纷处置方案修订意见；联系主要出境旅游组团社了解近期工作情况。

15日　省文化和旅游厅厅长褚子育参加省新型冠状病毒感染的肺炎疫情防控领导小组工作例会；主持召开厅疫情防控领导小组会议，副厅长、一级巡视员许澎出席。

16日　省文化和旅游厅厅长褚子育参加省新型冠状病毒感染的肺炎疫情防控领导小组工作例会；主持召开厅疫情防控领导小组会议，副厅长、一级巡视员许澎出席。

17日　省文化和旅游厅厅长褚子育参加省委常委会第一百一十八次会议；走访厅机关各处室。副厅长、一级巡视员许澎组织杭州市文化广电旅游局，省、市旅行社协会及在杭部分旅行社，宁波市文旅局及部分在甬旅行社召开理赔工作协调会。厅党组成员、省文物局局长柳河主持召开局长办公会议，局机关各处室负责人参加会议。

18日　省文化和旅游厅党组书记、厅长褚子育主持召开2020年第3次厅党组会议，厅领

导许澎、杨建武、刁玉泉、叶菁出席会议。省文物局副局长、厅局机关各处室、各工作专班负责人参加会议。厅长褚子育到省文物局机关走访。

19日　省文化和旅游厅厅长褚子育参加省防控领导小组会议；赴嘉兴市开展"三服务"活动。副厅长、一级巡视员许澎组织执法指导监督处和法律顾问会商理赔处置法律问题问答条文。副厅长刁玉泉参加厅艺术处党支部会议。

20日　省文化和旅游厅厅长褚子育赴嘉兴市、宁波市开展"三服务"活动调研（至21日）；接待省委宣传部副部长葛学斌一行，副厅长杨建武出席。副厅长、一级巡视员许澎在杭州市开展"三服务"工作。副厅长杨建武赴之江文化中心建设工程项目指导复工工作。副厅长刁玉泉赴舟山开展"三服务"工作（至21日）。

21日　省文化和旅游厅厅长褚子育参加省政府第36次常务会议；主持召开厅疫情防控领导小组会议，副厅长、一级巡视员许澎出席。副厅长、一级巡视员许澎在绍兴市开展"三服务"活动调研。副厅长杨建武赴杭州市西湖区对接相关工作。

23日　省文化和旅游厅厅长褚子育参加中央统筹推进新冠肺炎疫情防控和经济社会发展工作部署会议。

24日　省文化和旅游厅党组书记、厅长褚子育主持召开2020年第4次厅党组会、第3次厅长办公会，厅领导许澎、杨建武、刁玉泉、叶菁出席会议，省文物局副局长、厅局机关各处室、各工作专班负责人参加会议。厅长

褚子育参加省委常委会第一百一十九次会议;参加全省统筹推进新冠肺炎疫情防控和经济社会发展工作部署会议。副厅长、一级巡视员许澎与业务处室商议俄罗斯出境游组团社资质申报事宜。

25日　省文化和旅游厅厅长褚子育参加省新型冠状病毒感染的肺炎疫情防控领导小组会议;主持召开改革办专题会议,副厅长刁玉泉、叶菁出席会议;主持召开厅新型冠状病毒感染的肺炎疫情防控领导小组会议,副厅长、一级巡视员许澎出席。副厅长杨建武赴德清开展"三服务"活动调研。

26日　省文化和旅游厅厅长褚子育带队赴浙江京昆艺术中心调研,副厅长刁玉泉一同参加。副厅长、一级巡视员许澎与厅疫情防控综合组、协调组会商数据统计归口及部分国家入境游客进入旅游接待场所的防疫管理事宜。厅党组成员、省文物局局长柳河听取中国丝绸博物馆首届丝绸之路周工作方案汇报。副厅长杨建武赴台州开展"三服务"活动调研。副厅长叶菁赴衢州市、常山县开展"三服务"活动调研(至27日)。

27日　省文化和旅游厅厅长褚子育赴浙江小百花越剧院、浙江演艺集团调研,副厅长刁玉泉一同参加。副厅长、一级巡视员许澎赴浙江省高级法院对接相关工作。副厅长杨建武参加省促进中小企业发展工作领导小组第三次会议暨全省推进小微企业复工复产视频会议。

28日　省文化和旅游厅厅长褚子育、副厅长杨建武接待安吉县政府领导一行。厅长褚子育

参加浙江省推进长三角一体化发展工作领导小组会议。副厅长、一级巡视员许澎参加防范化解涉疫风险隐患任务交办会议。

3月

2日　省文化和旅游厅厅长褚子育参加省委常委会第一百二十次会议;参加省新型冠状病毒感染的肺炎疫情防控工作领导小组例会;主持召开厅新冠肺炎疫情防控工作领导小组会议,副厅长、一级巡视员许澎出席。副厅长、一级巡视员许澎协商旅游各协会联合发布致敬广大医务工作者倡议书事宜;听取浙江省中国旅行社集团出境游团组善后工作情况汇报。

3日　省文化和旅游厅厅长褚子育参加全省扩大有效投资重大项目集中开工仪式和浙江省推动建设长三角生态绿色一体化发展示范区大会;赴浙江图书馆调研"智慧文化云"等工作。副厅长、一级巡视员许澎主持召开厅办公用房协调布置会,厅机关各处室、专班负责人参加。副厅长杨建武、刁玉泉分别接待绍兴市、嵊州市文化广电旅游局局长一行。副厅长杨建武主持召开促进"五一"、端午小长假消费工作座谈会;听取德清县旅游度假区建设和文旅融合工作情况汇报。副厅长叶菁听取绍兴市文化广电旅游局关于"文化和自然遗产日"主场活动方案的汇报。

4日　省文化和旅游厅副厅长、一级巡视员许澎赴温州协调出境游旅行社追偿和退返工作及开展"三服务"工作(至5日)。厅党组成员、省文物局局长柳河赴

省级文博单位调研(至5日)。副厅长刁玉泉与浙江音乐学院和浙江交响乐团商议合作共建事宜。

5日　省文化和旅游厅厅长褚子育参加省政府第五次全体会议。副厅长杨建武赴中国农业银行浙江省分行对接相关工作。

6日　省文化和旅游厅厅长褚子育参加省委宣传部部务会议,汇报浙东唐诗之路、钱塘江诗路和瓯江山水诗路黄金旅游带规划情况;参加省政府第38次常务会议;召集浙江音乐学院、浙江交响乐团商议工作,副厅长刁玉泉出席。副厅长、一级巡视员许澎赴义乌参加暂停出境游组团善后处置工作协调会。副厅长杨建武赴杭州市钱塘新区对工业旅游进行调研。

9日　省文化和旅游厅厅长褚子育参加省委常委会第一百二十一次会议;参加省对口工作领导小组第十三次会议。副厅长、一级巡视员许澎参加省委农村工作会议。副厅长刁玉泉赴浙江音乐学院、浙江旅游职业学院、浙江艺术职业学院调研。

10日　省文化和旅游厅厅长褚子育、副厅长杨建武参加全省文化和旅游重大项目集中开工仪式。厅长褚子育参加省新型冠状病毒感染的肺炎疫情防控工作领导小组工作例会。副厅长、一级巡视员许澎参加全国森林草原防灭火工作电视电话会议;参加省委对台工作领导小组会议。

11日　省文化和旅游厅厅长褚子育、副厅长刁玉泉参加省文化和旅游厅与杭州市拱墅区人民政府共建运河大剧院合作协议签约仪式。厅长褚子育接待浙江大学原党委副书记一行。副厅

长、一级巡视员许澎参加专题研究"十四五"规划编制前期工作和省域空间治理数字化平台建设工作会议。副厅长杨建武参加浙江省人民政府新闻发布会。

12日 省文化和旅游厅党组书记、厅长褚子育主持召开2020年第5次厅党组会、第4次厅长办公会,厅领导许澎、柳河、杨建武、刁玉泉、叶菁出席会议,厅局机关各处室、各工作专班负责人参加会议。厅长褚子育参加省委全面深化改革委员会第八次会议。副厅长刁玉泉参加钱江浪花艺术团有限公司改革工作会议。

13日 召开省级文化和旅游系统干部大会,省文化和旅游厅领导褚子育、许澎、柳河、杨建武等出席会议,厅属单位党委班子成员和厅局机关全体干部参加会议。厅党组书记、厅长褚子育做重要讲话,厅党组成员、副厅长、一级巡视员许澎主持会议。厅长褚子育、副厅长杨建武陪同省住房和城乡建设厅党组书记、厅长项永丹调研之江文化中心建设工程。副厅长、一级巡视员许澎参加"十四五"时期宣传思想文化工作重点调研课题协调会;参加2020年"3·15国际消费者权益日"纪念活动。

16日 省文化和旅游厅厅长褚子育主持召开文化旅游产业复苏发展务虚会,副厅长杨建武出席。厅党组成员、省文物局局长柳河主持召开局党政联席会议,局机关各处室负责人参加会议。副厅长刁玉泉与浙江交响乐团讨论合作搬迁事宜。副厅长叶菁参加省文明办组织召开的深化疫情防控推进"公筷公勺"行动协

调会。

17日 省文化和旅游厅领导褚子育、许澎、柳河、杨建武、刁玉泉、叶菁参加省委组织部疫情防控工作专项考察。厅长褚子育、副厅长杨建武向副省长成岳冲汇报文旅产业疫情损失情况、采取的补救政策措施及下一步的考虑等。副厅长、一级巡视员许澎参加2020年省转型升级产业基金工作意见征求座谈会。

18日 省文化和旅游厅厅长褚子育陪同省委书记车俊赴淳安县考察调研(至19日)。副厅长、一级巡视员许澎陪同省政协主席葛慧君赴湖州长兴龙之梦项目调研;听取中国丝绸博物馆关于2020年首届丝绸之路周活动筹备工作汇报。副厅长杨建武陪同省委常委、宣传部部长朱国贤赴宋城演艺集团开展专题调研和"三服务"活动;参加国内旅游市场振兴与目的地高质量发展座谈会;赴杭州市拱墅区调研"百县千碗"工程进展情况。副厅长刁玉泉组织艺术院团和主创人员讨论重点艺术创作事宜。

19日 省文化和旅游厅厅长褚子育参加浙江省推进"一带一路"建设工作领导小组第三次(扩大)会议;接待东阳市市长楼琅坚一行。副厅长、一级巡视员许澎接待省直机关工委领导一行;参加省反恐怖工作领导小组会议暨全省反恐怖工作电视电话会议。副厅长杨建武主持召开浙江文化旅游消费季活动启动仪式协调会。副厅长刁玉泉与策划团队讨论重大活动及重大项目方案。副厅长叶菁参加省政府专题会议,研究新时代工匠培育工程和金蓝领技能提升行动有关

工作。

20日 省文化和旅游厅厅长褚子育听取事业单位改革专项汇报,副厅长杨建武、刁玉泉、叶菁等出席;参加省政府第39次常务会议;参加省级宣传文化系统党风廉政建设工作会议;接待金华市委常委、义乌市委书记林毅一行;接待阿里巴巴副总裁方建生一行。厅长褚子育、副厅长杨建武接待浙江省对口支援新疆阿克苏地区和兵团第一师指挥部指挥长朱林森一行。厅领导许澎、柳河、杨建武、刁玉泉、叶菁等参加省级宣传文化系统党风廉政建设工作会议。副厅长、一级巡视员许澎参加2020年省直机关党的工作会议暨基层党建述职评议会。厅党组成员、省文物局局长柳河与省人大商量大运河条例立法工作。副厅长叶菁参加省政协"完善乡村人才振兴的体制机制"专题调研座谈会。

23日 省文化和旅游厅党组书记、厅长褚子育主持召开2020年第6次厅党组会、第5次厅长办公会,厅领导许澎、柳河、杨建武、叶菁出席会议,厅局机关各处室、各工作专班负责人参加会议。厅长褚子育参加省委常委会第一百二十二次会议。副厅长、一级巡视员许澎组织召开旅游投诉情况及旅行社出境游团队团款退返情况分析会;参加厅直属机关党委第七次会议、直属机关纪委第一次会议。厅领导柳河、叶菁分别接待嘉兴文化广电旅游局局长一行。副厅长杨建武参加省政府研究省海塘安澜千亿工程工作专题会议。

24日 省文化和旅游厅厅长褚子育参加省委网络安全和信

息化委员会第二次全体会议;听取浙江旅游职业学院院长汇报工作;接待浙江旅游集团董事长方敬华一行。副厅长、一级巡视员许澎参加全省复工复产安全生产工作视频会议;参加省政府专题研究自然灾害风险防控和应急救援平台建设工作会议。副厅长杨建武参加《浙江省民营企业发展促进条例》宣传贯彻视频会议。

25日 省文化和旅游厅厅长褚子育陪同省委常委、宣传部部长朱国贤调研大运河国家文化公园建设。厅长褚子育、副厅长杨建武赴浙江广电集团签署战略合作协议备忘录。副厅长、一级巡视员许澎赴台州、宁波调研,走访旅游企业,调研复工复产安全生产、防汛防台及旅游投诉处置情况等。厅党组成员、省文物局局长柳河参加省政协常委会。副厅长刁玉泉赴杭州爱乐乐团调研。

26日 省文化和旅游厅厅长褚子育、副厅长杨建武在淳安参加全省文旅消费季启动仪式。厅长褚子育参加深化"最多跑一次"改革推进政府数字化转型第十次专题会议。副厅长、一级巡视员许澎调研宁波行政执法队伍建设及出境旅游团队款项退返工作;参加2020年全省对台工作会议。厅党组成员、省文物局局长柳河听取浙江省博物馆"抗疫展"筹备情况汇报;与局机关处室商量相关制度。

27日 省文化和旅游厅组织召开厅局机关干部大会,厅领导刁玉泉、叶菁等列席会议,厅局机关全体干部参加会议。厅长褚子育主持召开会议,专题听取事业单位改革工作进展情况汇报,

副厅长刁玉泉、叶菁列席会议;赴省财政厅对接相关工作。副厅长、一级巡视员许澎赴湖州参加"春和景明·绿水青山健康行"长三角旅行商大会;参加浙江省旅行社复工复产工作会议;组织召开"为复工复产保驾护航"安全生产专项行动工作部署会。副厅长杨建武参加江山市组织的"健康江山动起来"启动仪式。

28日 省文化和旅游厅副厅长杨建武在开化参加长三角国民休闲旅游节开幕暨"钱江源号"旅游专列开进春天的开化活动。

30日 省文化和旅游厅召开2020年省级文化和旅游系统党风廉政建设工作会议。厅党组书记、厅长褚子育做总结报告,回顾总结2019年工作,部署2020年度党风廉政建设工作任务。驻省委宣传部纪检监察组组长俞慧敏出席并讲话。厅党组成员、副厅长、一级巡视员许澎主持会议,厅领导柳河、刁玉泉、叶菁出席会议。厅直属机关党委委员、厅直属机关纪委委员、厅属各单位党政领导班子成员、单位纪检干部,厅机关全体工作人员等参加会议。副厅长、一级巡视员许澎组织召开会议,专题研究高质量推进"一带一路"建设文化和旅游工作方案。副厅长杨建武参加省政府新闻发布会。

31日 省文化和旅游厅厅长褚子育、副厅长杨建武听取长三角工作专班汇报。厅长褚子育听取社会组织工作专班汇报。副厅长、一级巡视员许澎组织召开第一届厅机关工会委员会第一次会议;参加国务院严防境外疫情输入工作电视电话会议。厅党组成员、省文物局局长柳河参加省

政协文史委会议。副厅长刁玉泉拍摄"1111"人才计划云发布会视频。

4月

1日 省文化和旅游厅厅长褚子育、副厅长杨建武听取促进消费工作专班专题汇报,专班全体组成人员参加会议。厅长褚子育、副厅长叶菁听取人才工作专班专题汇报,专班全体组成人员参加会议。副厅长、一级巡视员许澎组织召开第一届厅机关党总支委员会第一次会议;参加浙江省对重点国家交流合作联系会议办公室专题工作会议;参加全国禁毒工作电视电话会议。副厅长杨建武接待义乌市副市长骆小俊一行。

2日 省文化和旅游厅厅长褚子育参加省委常委会扩大会议;参加省委常委会第一百二十三次会议;参加省政府第40次常务会议。副厅长、一级巡视员许澎与宣传专班商议媒体座谈会及专题访谈事宜;组织召开旅行社疫后复工及暂停出境游涉及游客团费退还工作会议。厅党组成员、省文物局局长柳河向省人大常委会教科文卫委汇报大运河条例(草案)修改情况。副厅长杨建武参加全国防汛抗旱工作电视电话会议。

3日 省文化和旅游厅党组书记、厅长褚子育主持召开2020年第7次厅党组会、第6次厅长办公会,厅领导许澎、柳河、杨建武、刁玉泉、叶菁出席会议。厅局机关各处室、各工作专班负责人参加会议。厅长褚子育参加省政府自由贸易实验区工作联席会议

第六次全体会议。副厅长杨建武赴省建设厅对接美丽城镇建设事宜。副厅长叶菁参加2020年省政府残工委全体会议暨省残联主席团会议。

7日　省文化和旅游厅厅长褚子育参加省委理论学习中心组"深入学习贯彻习近平总书记在浙江视察时的重要讲话精神"专题学习会；参加省党政领导班子和领导干部年度考核测评会议。副厅长、一级巡视员许澎接待省委宣传部外宣办（新闻办）主任骆莉莉一行。厅党组成员、省文物局局长柳河接待省政协文史委主任冯水华一行。

8日　省文化和旅游厅厅长褚子育、副厅长杨建武听取对口帮扶专班工作汇报，专班全体组成人员参加会议。厅长褚子育、副厅长刁玉泉出席浙江省舞台艺术"1111"人才计划工作座谈会。厅长褚子育参加省委全委扩大会议；接待安吉县县长一行。副厅长、一级巡视员许澎参加媒体座谈会。厅党组成员、省文物局局长柳河参加中国水利博物馆座谈会；到省卫健委衔接相关工作。

9日　省文化和旅游厅厅长褚子育、副厅长杨建武听取基建工作专班工作汇报，专班全体组成人员参加会议。厅长褚子育、副厅长刁玉泉听取数字化转型工作专班工作汇报，专班全体组成人员参加会议。厅长褚子育参加改制事业单位协调会。副厅长、一级巡视员许澎在舟山调研行政执法队伍建设和文旅企业复工复产工作情况（至10日）。厅党组成员、省文物局局长柳河听取浙江省博物馆《徐谓礼文书》展方案汇报。副厅长杨建武参加第六届

国家级风景名胜区联席会议。副厅长刁玉泉参加长三角绿色一体化发展示范区理事会第二次全体会议。副厅长叶菁赴宁波调研非遗保护工作（至10日）。

10日　省文化和旅游厅厅长褚子育参加省长袁家军专题听取重大项目储备及"十四五"规划有关工作汇报；听取标准化专班工作汇报，专班全体组成人员参加会议；参加全国安全生产电视会议。厅党组成员、省文物局局长柳河主持召开大运河条例省级部门征求意见会。副厅长刁玉泉赴杭商传媒集团进行调研。

13日　省文化和旅游厅党组书记、厅长褚子育主持召开厅党组理论中心组学习和2020年第8次厅党组会、第7次厅长办公会，厅领导许澎、柳河、杨建武、刁玉泉、叶菁出席会议。省文物局副局长，厅局机关各处室、各工作专班负责人参加会议。厅长褚子育参加省委常委会第一百二十四次会议。

14日　省文化和旅游厅厅长褚子育参加全省建设平安浙江工作会议；接待宁波市委常委、宣传部部长李军一行；接待杭州市文化广电旅游局局长一行。副厅长、一级巡视员许澎参加浙江省大运河保护传承利用实施规划新闻发布会；参加省防指成员暨全省防汛工作视频会议。厅党组成员、省文物局局长柳河带队赴金华、绍兴等地督查文物安全和疫情防范工作。

15日　省文化和旅游厅厅长褚子育参加国家版本图书馆杭州分馆开工仪式；接待省政副主席协张泽熙一行到厅调研。副厅长、一级巡视员许澎参加厅直属

机关党委委员会议。副厅长刁玉泉赴杭州市余杭小百花越剧中心调研。

16日　省文化和旅游厅厅长褚子育主持召开厅属事业企业单位改制改革工作专题会议，副厅长刁玉泉、叶菁出席会议；听取改革专班工作汇报；参加浙江省"四大建设"联席会议第一次会议。副厅长、一级巡视员许澎参加全省宣传文化系统学习贯彻习近平总书记在浙江考察时的重要讲话精神视频会议。厅党组成员、省文物局局长柳河参加省人大《大运河条例》征求意见会。

17日　省文化和旅游厅厅长褚子育参加全面推进高水平交通强省建设动员大会；参加省政府第41次常务会议；接待杭州市拱墅区副区长一行，商量"百县千碗"一条街落地工作。副厅长、一级巡视员许澎参加深化宣传文化领域"最多跑一次"改革工作会议；参加"浙江人游湖州"杭州站首发仪式。

20日　省文化和旅游厅厅长褚子育参加省委常委会第125次会议；听取宣传专班工作情况汇报，专班全体组成人员参加会议。副厅长、一级巡视员许澎赴丽水等地开展疫情防控和"五一"文旅市场督查工作（至21日）。厅党组成员、省文物局局长柳河赴省卫健委对接有关工作；主持召开局机关总支会议。

21日　省文化和旅游厅厅长褚子育陪同省长袁家军在杭州市调研（至22日）。厅党组成员、省文物局局长柳河同省考古所班子商量工作。副厅长叶菁参加浙江省"4·26"知识产权宣传活动周启动仪式及知识产权强省建设

工作联席会议。

22日 省文化和旅游厅副厅长、一级巡视员许澎参加浙江经视《有请发言人》节目录制；参加浙江卫视《今日评说》栏目录制。副厅长杨建武参加全省地方政府专项债券政策培训班；听取宁波杭州湾新区开发建设管理委员会副书记、副主任关于省级旅游度假区申报设立范围调整和杭州湾新区滨海欢乐小镇创建国家4A级旅游景区情况汇报；参加美好生活浙播季启动仪式。副厅长刁玉泉赴湖州开展疫情防控和"五一"文旅市场督查工作（至23日）。副厅长叶菁赴台州开展疫情防控和"五一"文旅市场督查工作（至23日）。

23日 省文化和旅游厅厅长褚子育、副厅长杨建武参加浙江省旅游业发展"十四五"规划研究编制暨扩大有效投资座谈会。厅长褚子育与省文投集团研究商议新远集团划转相关事宜。副厅长、一级巡视员许澎参加全省国土空间规划工作电视电话会议；参加"最多跑一次"改革工作例会；参加省旅游协会会长会议。副厅长杨建武参加深入推进"诗画浙江"美丽大花园建设努力让绿色成为浙江发展最动人的色彩新闻通气会。副厅长叶菁参加省政府妇儿工委全体会议。

24日 省文化和旅游厅党组书记、厅长褚子育主持召开2020年第9次厅党组会、第8次厅长办公会，厅领导许澎、柳河、杨建武、刁玉泉、叶菁出席会议。省文物局副局长、厅局机关各处室、各工作专班负责人参加会议。厅长褚子育参加省政府第42次常务会议；接待宁海县滕安达县长一行。

长一行。副厅长、一级巡视员许澎参加省打击治理跨境赌博工作机制第一次全体会议。副厅长杨建武参加民族团结进步创建工作座谈会。副厅长刁玉泉赴浙江音乐学院商议有关工作方案。副厅长叶菁参加省就业工作领导小组全体（扩大）会议。

25日 省文化和旅游厅副厅长杨建武参加2020莫干山大型户外公益集体婚礼。

26日 省文化和旅游厅厅长褚子育参加省委常委会第一百二十六次会议；参加省新型冠状病毒感染的肺炎疫情防控工作领导小组工作例会；参加县（市、区）委书记工作交流会。副厅长、一级巡视员许澎参加文化和旅游部电视电话会议及省假日旅游协调会工作筹备碰头会。副厅长杨建武参加2019浙江文旅总评榜评审会；参加长三角生态绿色一体化发展示范区执委会专题调研。

27日 省文化和旅游厅领导褚子育、许澎、杨建武参加中宣部、文化和旅游部2020年"五一"假期旅游景区开放管理工作电视电话会议；召开全省假日旅游工作会议，各市文化和旅游行政部门、省文化和旅游厅相关处室主要负责人，全省40家重点旅游景区负责人参会。厅领导褚子育、许澎参加2020年"五一"假日旅游工作协调会。厅党组成员、省文物局局长柳河主持召开局党政联席会议；接待义乌市文化和广电旅游体育局局长一行。副厅长杨建武参加"健康修养、助力发展"2020年全省抗疫一线职工疗休养活动启动仪式；参加浙江省新冠肺炎疫情新闻发布会。副厅长刁玉泉参加全省扫黑除恶"十

大专项行动"暨挂牌督办案件推进会。

28日 省文化和旅游厅领导褚子育、柳河参加省人大大运河条例双组长会议。厅长褚子育参加省政府第10次专题学习会。副厅长、一级巡视员许澎参加近期安全稳定工作情报会商研判与视频连线会。副厅长杨建武陪同省委常委、宣传部部长朱国贤调研西湖景区；主持召开分管处室、分管厅属单位党风廉政建设分析。副厅长刁玉泉参加省委宣传部座谈会。副厅长叶菁参加"衢州有礼"诗画风光带产业项目签约仪式。

29日 省文化和旅游厅党组书记、厅长褚子育主持召开2020年第9次厅党组会、第8次厅长办公会，厅领导许澎、柳河、刁玉泉、叶菁出席会议。省文物局副局长，厅局机关各处室、各工作专班负责人参加会议。副厅长、一级巡视员许澎主持召开2020年一季度分管处室党风廉政建设分析会。副厅长杨建武参加2020中国旅游科学年会；参加海塘安澜千亿工程工作研究会。副厅长刁玉泉主持召开厅数字化转型专题会议，专班全体组成人员参加会议。

30日 省文化和旅游厅厅长褚子育、副厅长许澎参加文化和旅游部视频连线会议。厅长褚子育参加省二季度工作动员部署会；参加省疫情防控工作领导小组工作例会。副厅长、一级巡视员许澎与厅直属机关党委、社会组织管理专班专题研究党建工作；参加全省道路交通安全工作电视电话会议。厅党组成员、省文物局局长柳河参加省级文博单

位党风廉政建设和意识形态工作联席会议。副厅长杨建武赴台州等地督查"五一"假日旅游工作。副厅长刁玉泉主持召开分管处室、分管厅属单位党风廉政建设分析会。副厅长叶菁主持召开分管处室、分管厅属单位党风廉政建设分析会;赴金华、兰溪等地督查"五一"假日旅游工作。

5 月

1日 省文化和旅游厅厅长褚子育通过视频监控系统检查全省旅游景区假日旅游管控情况;参加文化和旅游部视频连线会议。副厅长、一级巡视员许澎赴绍兴督查"五一"假日旅游安全及景区开放管理工作。厅党组成员、省文物局局长柳河赴丽水督查"五一"假日旅游安全及景区开放管理工作(至3日)。副厅长叶菁赴金华、兰溪督查"五一"假日旅游安全及景区开放管理工作。

2日 省文化和旅游厅领导褚子育、许澎参加文化和旅游部视频连线会议。厅长褚子育赴杭州市督查"五一"假日旅游安全及景区开放管理工作。

3日 省文化和旅游厅厅长褚子育、副厅长杨建武参加文化和旅游部视频连线会议。

4日 省文化和旅游厅厅长褚子育参加文化和旅游部"五一"假期旅游管理视频会议。副厅长、一级巡视员许澎赴宁波督查"五一"假日旅游安全工作(至4日)。厅党组成员、省文物局局长柳河赴永嘉县调查司马第大屋火灾事故(至5日)。副厅长刁玉泉赴嘉善县督查"五一"假日旅游安全工作。

5日 省文化和旅游厅领导褚子育、许澎、杨建武、叶菁等出席文化和旅游部"五一"假期旅游管理视频会议。

6日 省文化和旅游厅领导褚子育、许澎、柳河听取省文物局关于永嘉国保单位火灾情况汇报。厅长褚子育陪同副省长成岳冲拜访李铁华先生。副厅长、一级巡视员许澎与直属机关党委、纪委商议工作。副厅长刁玉泉参加浙江小百花越剧团新剧目开排仪式。副厅长叶菁听取浙江音乐学院关于《2020年中层领导人员集中调整工作方案》的汇报。

7日 省文化和旅游厅厅长褚子育参加省"十四五"规划编制工作领导小组第一次(扩大)会议;参加2020年省部标准化工作联席会议。副厅长、一级巡视员许澎陪同省委常委、宣传部部长朱国贤到浙江旅游集团调研;召集人员专题研究旅行社理赔退返工作。厅党组成员、省文物局局长柳河与省消防救援总队一起赴杭州市富阳、建德督查文物安全工作。副厅长杨建武参加省促进消费工作领导小组之促进文旅消费小组会议;参加省山海协作领导小组第三次会议。副厅长刁玉泉赴歌剧《红船》排练现场指导工作。

8日 省文化和旅游厅厅长褚子育主持召开事业单位改革专题汇报会,副厅长刁玉泉、叶菁出席会议,事业单位改革工作相关处室、专班负责人一同参加;赴省文化和旅游宣传推广信息中心调研。副厅长杨建武接待良渚新城管委会党委书记一行。副厅长刁玉泉参加学习型基础党支部建设——"艺"见讲堂第1期活动。

副厅长叶菁参加年轻干部集中交流任职集体谈话会。

9日 省文化和旅游厅厅长褚子育带队赴嘉善调研长三角一体化工作。副厅长、一级巡视员许澎参加全省食品药品安全工作电视电话会议;参加2020年全国打击侵权假冒工作电视电话会议。副厅长杨建武分别接待杭州市文化广电旅游局局长、义乌市文化和广电旅游体育局局长一行。

11日 省文化和旅游厅领导褚子育、许澎、柳河、杨建武、刁玉泉、叶菁参加厅局干部大会。厅长褚子育参加省委常委会第一百二十七次会议;与副厅长、一级巡视员许澎一起向副省长成岳冲汇报工作。副厅长、一级巡视员许澎参加文化和旅游部推进文化经营场所开放管理工作电视电话会议。副厅长杨建武参加浙江自贸试验区扩区工作专班第一次会议。副厅长叶菁参加全面依法治省委员会执法协调小组第二次全体会议;接待省委老干部局副局长王晖玲一行。

12日 省文化和旅游厅厅长褚子育、副厅长杨建武接待宁海县委书记一行。厅长褚子育参加省委全面深化改革委员会第九次会议;主持召开"文化基因解码工程"领导小组第一次会议,领导小组组成人员一同参加;接待丽水市委组织部常务副部长何卫宁一行。副厅长杨建武参加交通强省建设暨重大项目推进会。

13日 省文化和旅游厅厅长褚子育陪同省委书记车俊赴衢州开化等地调研(至14日)。厅党组成员、省文物局局长柳河参加国际博物馆日主场活动(龙游）。副厅长杨建武送交流干部赴天台报到。

14日 省文化和旅游厅副厅长、一级巡视员许澎参加深化"最多跑一次"改革推进政府数字化转型第十一次专题会议；接待省直机关工委统战部部长蔡杰一行。厅党组成员、省文物局局长柳河与西泠印社拍卖有限公司商量工作；听取永嘉县政府关于火灾后续工作的汇报。副厅长杨建武参加浙江省出口专班、消费专班工作部署会议；接待省林业局副局长王章明一行。副厅长刁玉泉参加浙江文化艺术发展基金第一届理事会第一次会议；接待宁波文化广电旅游局副局长一行，听取省第11届音乐舞蹈节和青年演奏员大赛筹备情况汇报。副厅长叶菁参加首批"浙江文化印记"新闻发布会。

15日 省文化和旅游厅党组书记、厅长褚子育主持召开2020年第11次厅党组会、第10次厅长办公会，厅领导许澎、柳河、杨建武、刁玉泉、叶菁出席会议。省文物局副局长，厅局机关各处室、各工作专班负责人参加会议。厅长褚子育参加省新冠肺炎疫情防控工作领导小组工作例会；参加省政府第43次常务会议。副厅长、一级巡视员许澎接待《共产党员》杂志社主任一行。厅党组成员、省文物局局长柳河与浙江大学考古和艺术学院商量工作；参加"徐谓礼文书——南宋官制百科全书"特展开幕式（浙博武林馆区）。副厅长杨建武接待龙泉市副市长黄国勇一行。

16日 省文化和旅游厅厅长褚子育赴杭州滨江码头参加"衢州有礼号"游轮启航仪式；赴

良渚古城遗址公园参加浙江文化和旅游总评榜颁奖仪式。

18日 省文化和旅游厅厅长褚子育主持召开"最多跑一次"主题会议，改革专班组成人员一同参加；参加省争先创优行动月度工作例会。副厅长、一级巡视员许澎参加全省"文明旅游 健康出行 为中国加分"暨文明旅游主题宣传活动启动仪式。厅党组成员、省文物局局长柳河随省人大一起赴湖州进行大运河条例调研座谈（至20日）。副厅长刁玉泉参加杭衢钱塘江诗路之旅首航式。

19日 省文化和旅游厅厅长褚子育、副厅长杨建武参加宁海庆祝"中国旅游日"十周年浙江省主会场活动暨第十八届徐霞客开游节开幕式。副厅长、一级巡视员许澎参加浙江自贸试验区扩区工作专班第二次会议；参加省政策性融资担保体系建设工作领导小组会议暨"三减"联动和融资畅通工程等工作专题会。副厅长刁玉泉参加省政府会议，研究舟山海洋文化节有关事宜；参加建议提案座谈会。

20日 省文化和旅游厅厅长褚子育、副厅长刁玉泉接待北京大学副校长张国有一行。厅长褚子育赴杭州市拱墅区调研"百县千碗"美食一条街情况；与浙江艺术职业学院党委书记谈话。

21日 省文化和旅游厅厅长褚子育参加省大运河国家文化公园建设工作领导小组会议。副厅长、一级巡视员许澎与厅疫情防控综合组商议防控"指南"修订事宜；参加浙江省疫情防控工作第四十八场新闻发布会。副厅长杨建武参加浙江省消费专班第二

次会议；参加文化和旅游部推进全国旅游景区预约管理工作电视电话会议；参加中国国际网络文化博览会沟通会。副厅长刁玉泉参加浙江省推进新时代产业工人队伍建设改革工作协调小组成员单位第二次（扩大）会议。

22日 省文化和旅游厅厅长褚子育赴浦江参加中国浦江万年上山文化村项目开工仪式。副厅长杨建武赴绍兴嵊州越剧小镇陪同副省长陈奕君调研。副厅长刁玉泉参加京昆艺术中心进浙大一院慰问专场演出。

25日 省文化和旅游厅领导褚子育、许澎、杨建武、叶菁等参加重点工作推进电视电话会议，厅局机关各处室、各工作专班负责人参加会议。厅长褚子育、副厅长杨建武赴江苏溧阳参加长三角文化和旅游联盟联席会议（至26日）。副厅长、一级巡视员许澎参加文化和旅游部研究网吧疫情防控检测会议。副厅长叶菁参加省生态文明体制改革专项小组会议。

26日 省文化和旅游厅副厅长、一级巡视员许澎参加2020"全球免费游衢州"政策发布暨四省生态旅游协作区文旅产品采购签约大会。

27日 省文化和旅游厅厅长褚子育接待丽水市副市长卢彩柳一行；录制遗产日致辞视频；赴天台县调研。副厅长、一级巡视员许澎接待江苏省文化和旅游厅副厅长龚良一行，参加浙苏文旅座谈会；与厅直属机关党委专题研究厅系统"两优一先"评选和党员发展工作。厅党组成员、省文物局局长柳河赴仙居调研下汤遗址和南峰寺。副厅长杨建武参加

文旅消费促进小组第二次工作例会。副厅长刁玉泉赴中宣部、文化和旅游部汇报工作,并与歌剧《红船》主创人员商议相关事宜(至28日)。

28日 省文化和旅游厅厅长褚子育参加全省新时代文明实践中心暨农村文化礼堂建设推进会。副厅长、一级巡视员许澎参加全省企业码推广应用视频会;参加省级宣传文化系统房产租赁、使用自查自纠情况专项督查部署会;参加省政府专题会议,研究省级旅游资源重组整合相关工作。厅党组成员、省文物局局长柳河参加浙江省十大名山公园走进神仙居暨"五百"森林康养目的地宣传推介活动;在浙江美术馆参加李伏雨先生捐赠展。副厅长杨建武参加大运河文化保护传承利用省部际联席会议工作例会;在淳安千岛湖参加"2020千岛湖论坛·旅游峰会"。副厅长叶菁参加专题研究部署重要审计事项工作会议;参加进一步深化"证照分离"改革全覆盖试点工作交办会。

29日 省文化和旅游厅党组书记、厅长褚子育主持召开2020年第12次厅党组会、第11次厅长办公会,厅领导许澎、柳河、杨建武、刁玉泉、叶菁、王峻、朱海闵出席会议。省文物局副局长,厅局机关各处室、各工作专班负责人参加会议。厅领导褚子育、许澎、柳河、杨建武、刁玉泉、叶菁、王峻、朱海闵参加班子会议。厅领导褚子育、柳河参加省委召开的领导干部会议。副厅长杨建武参加"浙里红"红色教育与红色旅游主题活动启动仪式。

6月

1日 省文化和旅游厅厅长褚子育参加省委常委会第一百二十九次会议;参加省美丽浙江建设领导小组会议;参加省文资委会议。副厅长、一级巡视员许澎专题研究系统巡察和专项检查事宜;主持召开厅数字化视频信息系统建设工作协调会。副厅长杨建武参加十大海岛公园政策会商座谈会。

2日 省文化和旅游厅党组书记、厅长褚子育主持召开2020年第13次厅党组会、第12次厅长办公会,厅领导许澎、柳河、杨建武、刁玉泉、叶菁、王峻、朱海闵出席会议。省文物局副局长,厅局机关各处室、各工作专班负责人参加会议。厅长褚子育、副厅长王峻听取浙江新远集团、省古建筑设计研究院有关情况汇报。副厅长、一级巡视员许澎赴杭州市文化广电旅游局调研。副厅长杨建武赴嘉兴调研红色旅游工作(至3日)。副厅长刁玉泉听取绍兴市文化广电旅游局汇报中国越剧艺术节筹备工作情况汇报;赴省文联对接工作。

3日 省文化和旅游厅厅长褚子育、副厅长杨建武接待仙居县县长一行。厅长褚子育参加小微企业、个体工商户纾困座谈会。厅党组成员、省文物局局长柳河赴武义参加政协"六送下乡"活动(至3日)。副厅长刁玉泉听取浙江交响乐团工作情况汇报;赴浙江图书馆参加艺术展。副厅长叶菁参加全省文化馆视频会议。副厅长王峻参加浙江省出口专班、消费专班第三次会议。厅党组成

员、二级巡视员朱海闵参加全国普通高等学校毕业生就业创业工作电视电话会议。

4日 省文化和旅游厅厅长褚子育、副厅长王峻接待省移动公司副总经理张汉良一行。厅长褚子育参加省政府第44次常务会议。厅领导许澎、朱海闵陪同省直机关纪工委书记翁春光赴浙江省博物馆调研。副厅长杨建武参加新昌县创建省5A级景区动员大会。副厅长刁玉泉参加文旅发展研究院《浙江通志·舞台艺术卷》编委会会议;赴浙江演艺集团出席歌剧《红船》音乐创作论证会。

5日 省文化和旅游厅领导褚子育、柳河、朱海闵出席良渚古城遗址成功申遗表彰工作领导小组会议,领导小组组成人员参加会议。厅长褚子育、副厅长王峻参加文化和旅游体制改革工作汇报会,厅局机关各处室、各工作专班负责人参加会议。副厅长、一级巡视员许澎参加省委办公厅节庆论坛工作会议;参加浙江旅游职业学院在国(境)外学习研修学生回国事宜工作协调会。副厅长叶菁参加2020"浙江好腔调"全省传统戏剧展演活动启动仪式绍兴专场。副厅长王峻参加省委全面依法治省委员会守法普法协调小组第二次全体会议。

8日 省文化和旅游厅厅长褚子育参加省委常委会第一百三十次会议;接待杭州市上城区副区长一行;接待开化县委书记一行。副厅长、一级巡视员许澎接待嘉兴市文化广电旅游局局长一行。厅党组成员、省文物局局长柳河参加省政协常委会。副厅长杨建武赴萧山调研世界旅游联盟

总部建设情况，对接世界旅游联盟年会事宜。副厅长王峻赴省文化和旅游宣传推广信息中心调研。

9日　省文化和旅游厅领导褚子育、柳河向省委常委、宣传部部长朱国贤汇报文物安全相关工作；向副省长成岳冲汇报文物安全相关工作。副厅长、一级巡视员许澎参加全省禁毒工作电视电话会议；赴台州指导文化旅游行政执法建设工作（至10日）。副厅长杨建武参加省小微企业和个体工商户工作专班第一次会议。副厅长刁玉泉参加浙江省第二轮安全生产综合治理三年行动计划专题部署会。副厅长王峻参加第22届中国浙江投资贸易（网上）洽谈会开幕式。厅党组成员、二级巡视员朱海闵赴浙江新远集团调研。

10日　省文化和旅游厅党组书记、厅长褚子育主持召开2020年第14次厅党组会、第13次厅长办公会，厅领导柳河、杨建武、刁玉泉、叶菁、王峻、朱海闵出席会议。省文物局副局长，厅局机关各处室、各工作专班负责人参加会议。厅长褚子育、副厅长王峻分别赴新时代文化艺术创研基地和浙江之江文化中心调研。副厅长杨建武赴中新社对接文旅、媒体合作事宜。副厅长刁玉泉参加浙江音乐学院、浙江交响乐团全面合作工作推进会。副厅长叶菁参加全省安全生产和消防工作考核汇报会。

11日　省文化和旅游厅厅长褚子育参加全省生活垃圾治理攻坚大会；赴国家文物局汇报文物安全保护工作情况（至12日）。副厅长、一级巡视员许澎参加全省道路交通安全专项整治三年行

动动员部署视频会议；参加省级旅游板块资源重组整合专题研究会议。厅党组成员、省文物局局长柳河参加省人大常委会《浙江省大运河世界文化遗产保护条例》调研。副厅长杨建武参加新疆阿克苏地区兵团第一师阿拉尔市—浙江产业投资对接会。副厅长刁玉泉参加文化和旅游部统计督查工作通报视频会议。副厅长叶菁参加"文旅融合·非遗慈溪""2020非遗在我身边"展示展演活动。副厅长王峻听取义乌市文化广电旅游局关于义乌文交会工作情况汇报；接待湖州文化广电旅游局局长一行。厅党组成员、二级巡视员朱海闵赴中国丝绸博物馆指导工作。

12日　省文化和旅游厅副厅长叶菁参加2020年文化和自然遗产日"云游非遗·影像展""非遗购物节"启动仪式；陪同文化和旅游部非物质文化遗产司一级巡视员王晨阳调研杭州市拱墅区传统工艺工作站。副厅长王峻参加省"最多跑一次"改革工作例会；参加文旅消费促进小组第三次工作例会。

13日　省文化和旅游厅副厅长叶菁赴阿里巴巴总部出席全国"非遗购物节"线下启动仪式。

15日　省文化和旅游厅厅长褚子育参加省委常委会第一百三十一次会议。副厅长、一级巡视员许澎赴省委宣传部汇报工作。厅党组成员、省文物局局长柳河与省卫健委讨论浙江省防疫物证展文本。副厅长杨建武赴上海参加"创新杨浦·幸福台州"浙江台州文旅周启动仪式暨第五届上海杨浦非遗节系列活动。厅党组成员、二级巡视员朱海闵接待

浙江舞台设计研究院部分职工来访。

16日　省文化和旅游厅厅长褚子育接待苍南县委常委、常务副县长一行；接待普陀山-朱家尖管委会党委委员、副主任一行。副厅长、一级巡视员许澎参加2020年浙江省"安全生产月"宣传咨询日活动；参加浙江省对外文化交流协会理事会换届会议。厅党组成员、省文物局局长柳河接待中新社浙江分社社长江南一行。副厅长刁玉泉参加深化"最多跑一次"改革推进政府数字化转型工作例会。副厅长王峻参加省消费专班第4次会议。

17日　省文化和旅游厅厅长褚子育主持召开省级文化和旅游系统干部大会，厅领导许澎、柳河、杨建武、刁玉泉、叶菁、王峻、朱海闵等出席会议，厅局机关全体干部、厅属单位党政负责人等一同参加。厅领导褚子育、柳河参加省委十四届七次全体（扩大）会议（至18日上午）。副厅长、一级巡视员许澎赴长兴参加全省文化和旅游系统宣传员培训班开班仪式。副厅长杨建武参加国家旅游度假区审查会。副厅长王峻主持召开事业单位改革工作会议；参加省小微企业和个体工商户纾困专班第二次工作会议。

18日　省文化和旅游厅厅长褚子育参加浙江音乐学院五大学院成立仪式；参加省主要领导经济责任审计和自然资源资产离任（任中）审计工作专班会议。副厅长、一级巡视员许澎组织相关处室，专题商议省级文化和旅游系统安全生产专项整治三年行动计划。副厅长杨建武参加省全域旅游汇报答疑会；参加浙西南红

色旅游研讨会。

19日 省文化和旅游厅党组书记、厅长褚子育主持召开2020年第15次厅党组会、第14次厅长办公会，厅领导许澎、柳河、刁玉泉、叶菁、朱海闵出席会议，厅局机关各处室、各工作专班负责人参加会议。厅领导褚子育、柳河到中国丝绸博物馆参加"2020丝绸之路周"开幕式活动。厅长褚子育参加争先创优行动月度工作例会。副厅长杨建武参加台州市文化和旅游研究院成立仪式暨"十四五"台州文化和旅游业发展战略规划研讨会。

20日 省文化和旅游厅领导褚子育、柳河赴上海中华艺术宫参加鲍贤伦书法展。副厅长杨建武赴温州洞头参加海霞女子民兵连活动。副厅长刁玉泉赴湖州南浔参加湖州市第二届全民健身节暨第四届江南·民当端午民俗文化旅游节。

22日 省文化和旅游厅领导褚子育、许澎、杨建武、王峻参加文化和旅游部2020年端午节假日旅游暨景区开放管理工作电视电话会议。副厅长、一级巡视员许澎主持召开会议，专题部署端午节假日旅游暨景区开放安全管理及疫情防控工作。厅党组成员、省文物局局长柳河向副省长成岳冲汇报文物安全相关工作。副厅长杨建武赴嘉兴督查端午节文化和旅游假日市场工作。

23日 省文化和旅游厅领导褚子育、许澎参加端午节假日旅游暨景区开放管理工作协调会。厅长褚子育、副厅长刁玉泉听取浙江小百花越剧院工作汇报。厅长褚子育参加省政府第46次常务会议。副厅长、一级巡

视员许澎参加杭州2022年第19届亚运会音乐作品征集启动仪式。厅党组成员、省文物局局长柳河赴省政府督查室协商文物安全考核事宜。副厅长杨建武参加全省文化和旅游资源开发专题培训班。副厅长刁玉泉赴嘉善参加江南民歌节。副厅长王峻参加全国禁毒工作先进集体和先进个人表彰会议。厅党组成员、二级巡视员朱海闵参加省青年工作联席会议第二次全体会议。

24日 省文化和旅游厅领导褚子育、杨建武、刁玉泉、叶菁、王峻、朱海闵等在嘉兴参加厅机关党总支"七一"主题党日活动。厅长褚子育参加嘉兴端午民俗文化节开幕式；参加省长袁家军专题听取常态化疫情防控有关工作情况汇会报。副厅长、一级巡视员许澎参加"杭州西湖日"暨"西湖西溪一体化保护管理启动活动"；参加"2020丝绸之路周"闭幕式。副厅长叶菁赴建德参加第七届农村文化节开幕式。厅党组成员、二级巡视员朱海闵参加省委组织部对部分厅局2019年度干部个人事项报告核查情况通报会；赴台州督查端午文化和旅游假日市场工作（至25日）。

25日 省文化和旅游厅副厅长、一级巡视员许澎赴衢州开展2020年端午节文化和旅游假日市场工作督查。（至26日）

26日 省文化和旅游厅副厅长刁玉泉赴温州等地开展端午节文化和旅游假日市场工作督查。（至27日）

28日 省文化和旅游厅厅长褚子育参加省政府第十一次专题学习会。副厅长、一级巡视员许澎参加省防汛防台专题会议。

副厅长杨建武赴江苏吴江、上海青浦、浙江嘉善3地就江南水乡古镇文化和旅游发展开展专题调研（至7月2日）。

29日 省文化和旅游厅厅长褚子育、副厅长杨建武与杭州市政府签署培育文旅金名片共建合作协议。厅领导褚子育陪同副省长成岳冲赴杭州市临安调研考察工作；参加省财经委第十次会议。副厅长、一级巡视员许澎参加全省文旅系统审批工作窗口下移工作现场会。厅党组成员、省文物局局长柳河陪同省人大教科文卫委、法工委领导赴江苏调研大运河立法工作（至7月1日）。副厅长叶菁参加浙江省第六次民族团结进步表彰大会。副厅长王峻参加省小微企业和个体工商户纾困专题会议。

30日 省文化和旅游厅厅长褚子育、副厅长王峻接待省商务厅厅长盛秋平一行。厅长褚子育参加省管领导班子政治建设座谈会。副厅长刁玉泉与龙游县委、县政府领导共同研究石窟国际音乐节事宜。副厅长王峻参加省促进中小企业和民营企业发展工作领导小组第四次会议。厅党组成员、二级巡视员朱海闵在玉环参加全省美丽城镇建设工作现场会。

7月

1日 省文化和旅游厅厅长褚子育陪同省长袁家军赴丽水考察调研（至2日）。副厅长、一级巡视员许澎在天台县参加全省文旅系统网评员培训班开班式。副厅长刁玉泉参加"答卷·2020印记"浙江省抗疫文艺创作特展。

副厅长王峻参加浙江省出口专班、消费专班第五次工作会议；组织召开会议,研究浙江新远集团、浙江舞台设计研究院有关工作。

2日 省文化和旅游厅副厅长、一级巡视员许澎参加省融资畅通工程和"三减"联动专班第二次工作会议。副厅长刁玉泉接待省武警总队政治工作部副主任吴振宇一行；与《红船》主创研究创作事宜。副厅长王峻参加浙江省数字生活新服务行动新闻发布会。厅党组成员、二级巡视员朱海闵参加省直机关部门和省属企事业单位党组（党委）巡察工作座谈会。

3日 召开省级文化和旅游系统党的建设工作会议暨"七一"表彰大会,隆重庆祝中国共产党成立99周年。省文化和旅游厅领导褚子育、许澎、柳河、杨建武、刁玉泉、王峻、朱海闵出席会议。厅局机关全体在职党员,厅直属机关党委委员、纪委委员,系统各单位党组织领导班子成员和在职党支部书记,以及各单位非中共党员的领导班子成员等300余人参加了会议。厅长褚子育参加省委组织召开的调研汇报会；参加省政府专题会议。副厅长杨建武参加全国农村乱占耕地建房问题整治工作电视电话会议。副厅长叶菁参加"二二"工程杭州项目建设指挥部第一次全体会议。副厅长王峻参加省小微企业和个体工商户纾困专班第三次工作会议。

6日 省文化和旅游厅厅长褚子育参加省委常委会第一百三十二次会议；参加文化和旅游部旅行社企业开展省域内旅游经营活动经验交流电视电话会议,副厅长、一级巡视员许澎出席会议；

参加省委全面深化改革委员会第十次会议。厅领导褚子育、柳河参加良渚古城遗址申遗成功1周年庆祝活动。厅党组成员、省文物局局长柳河列席省委常委会第一百三十二次会议。副厅长杨建武带队赴杭州、湖州、嘉兴等地区开展第六批省级特色小镇创建对象实地初审。副厅长叶菁参加《浙江通志·公共文化卷》预终审会；参加八一军旅诗词朗诵会协调会。

7日 省文化和旅游厅党组书记、厅长褚子育主持召开2020年第16次厅党组会、第15次厅长办公会,厅领导许澎、柳河、刁玉泉、叶菁、王峻、朱海闵出席会议,省文物局副局长,厅局机关各处室、各工作专班负责人列席会议；参加省防指全体会议。副厅长、一级巡视员许澎组织召开厅办公室和合作交流处工作务虚会；召开厅市场管理处、执法指导监督处和社会组织专班工作务虚会。厅党组成员、省文物局局长柳河到省委组织部沟通文物安全纳入领导干部工作目标责任制考核工作事宜。副厅长叶菁带队赴温州调研(至10日)。

8日 省文化和旅游厅厅长褚子育、副厅长杨建武参加全省文化和旅游投资电视电话会议。厅长褚子育、副厅长王峻听取浙江舞台设计研究院股改推进工作情况汇报。厅长褚子育接待浙江省旅游协会会长陈妙林一行；赴省文物局商议工作。副厅长、一级巡视员许澎赴舟山参加全省文化和旅游系统防汛防台安全培训暨应急演练活动(至9日)。厅党组成员、省文物局局长柳河赴浙江大学西溪校区参加浙江省文物

考古研究所与浙江大学艺术与考古学院签约仪式；主持召开局党政联席会议。副厅长刁玉泉听取厅艺术处、科技与教育处、标准化工作专班下半年工作思路汇报。

9日 省文化和旅游厅厅长褚子育、副厅长刁玉泉参加浙江省文化和旅游标准化技术委员会成立大会暨全省标准工作推进大会。厅长褚子育接待浙江外国语学院校长、教授洪岗一行,商谈厅校战略合作相关事宜；接待衢州市文化广电旅游局局长一行。厅党组成员、省文物局局长柳河主持召开局机关下半年工作务虚会；与中新社商量工作。副厅长杨建武接待省纪委副秘书长夏建武一行,赴建德、桐庐指导景区防汛工作,调研风情小镇建设情况(至10日)。副厅长王峻听取分管处室下半年工作汇报。

10日 省文化和旅游厅厅长褚子育赴省财政厅对接工作；赴省委宣传部商议全省旅游高质量发展大会有关工作。副厅长、一级巡视员许澎召开专题研究会,商议文旅系统防汛防台智慧平台及数据库建设事宜；参加对台重点工作协调推进会。厅党组成员、省文物局局长柳河与省委宣传部副部长李杲商议"二二"工程相关工作；赴浙江自然博物院安吉馆调研。副厅长王峻参加省安可替代工程领导小组(扩大)会议。厅党组成员、二级巡视员朱海闵参加全国扩大农业农村有效投资电视电话会议。

13日 省文化和旅游厅厅长褚子育、副厅长王峻参加浙江新远集团股改推进会议。厅长褚子育参加省委理论学习中心组专题学习会、省委常委会第一百三

十三次会议。副厅长、一级巡视员许澎主持召开会议,专题研究2020第三届长三角旅游协会联席会议筹备工作;参加省扫黑除恶专项斗争领导小组第9次全体(扩大)会议。厅党组成员、省文物局局长柳河接待嵊州市文化广电旅游局局长一行。副厅长杨建武主持召开扶贫工作协调会;带队赴苍南、文成验收特色小镇(至15日)。

14日 省文化和旅游厅党组书记、厅长褚子育主持召开2020年第17次厅党组会、第16次厅长办公会,厅领导许澎、柳河、刁玉泉、叶菁、王峻、朱海闵出席会议。省文物局副局长,厅局机关各处室、各工作专班负责人参加会议。厅领导褚子育、柳河参加上山文化研究保护宣传工作协调会。副厅长、一级巡视员许澎参加全国防汛抗洪救灾工作专题视频会议。副厅长王峻参加政府网站工作视频会议。

15日 省文化和旅游厅厅长褚子育陪同省长袁家军调研中国丝绸博物馆;带队赴宁波、余姚调研(至16日)。副厅长、一级巡视员许澎带队赴省非物质文化遗产保护中心进行党建、党风廉政建设检查。厅党组成员、省文物局局长柳河赴浦江县商量上山文化研究和宣传工作。副厅长刁玉泉听取歌剧《红船》导演阐述。

16日 省文化和旅游厅副厅长、一级巡视员许澎带队赴浙江音乐学院开展党建和党风廉政建设检查;带队赴中国丝绸博物馆调研。厅党组成员、省文物局局长柳河带队赴省文化和旅游宣传推广中心开展党建和党风廉政建设工作检查。副厅长杨建武赴

泰顺考察乡村旅游并开展扶贫工作。副厅长叶菁赴省文化馆、省文物鉴定站开展党建和党风廉政建设工作检查;听取省非物质文化遗产保护中心工作情况汇报。副厅长王峻参加浙江省出口专班第六次会议暨浙江省参与第三届进博会工作动员会。厅党组成员、二级巡视员朱海闵带队赴浙江演艺集团开展党建和党风廉政建设检查。

17日 省文化和旅游厅领导褚子育、许澎、王峻参加文化和旅游部帮扶企业纾困推动产业发展经验交流电视电话会议。厅长褚子育参加省政府第48次常务会议。副厅长、一级巡视员许澎带队赴浙江图书馆进行党建和党风廉政建设检查。厅党组成员、省文物局局长柳河带队赴浙江旅游职业学院开展党建和党风廉政建设工作检查。副厅长杨建武参加浙江省生态海岸带建设新闻发布会;带队赴浙江艺术职业学院开展2020年上半年党建和党风廉政建设工作情况检查。副厅长刁玉泉带队赴浙江省博物馆开展2020年上半年党建和党风廉政建设工作情况检查。副厅长王峻带队赴省考古所开展2020年上半年党建和党风廉政建设工作情况检查。

20日 省文化和旅游厅党组书记、厅长褚子育主持召开2020年第18次厅党组会、第17次厅长办公会,厅领导许澎、柳河、杨建武、刁玉泉、叶菁、王峻、朱海闵出席会议。厅局机关各处室、各工作专班负责人列席会议。厅长褚子育参加省委常委会第一百三十四次会议。副厅长、一级巡视员许澎组织召开专题会议,

研究假日旅游协调机制事宜。厅党组成员、省文物局局长柳河赴浙江小百花越剧院进行2020年度上半年党建和党风廉政建设工作情况检查。副厅长刁玉泉赴浙江自然博物院进行2020年度上半年党建和党风廉政建设工作情况检查。厅党组成员、二级巡视员朱海闵赴龙游参加全省新时代青年理论宣讲工作现场会(至21日)。

21日 省文化和旅游厅厅长褚子育参加省政府第六次全体会议(争先创优工作部署会);赴浙江美术馆进行2020年党建和党风廉政建设工作情况检查。副厅长、一级巡视员许澎参加省政府专题会议,研究综合行政执法改革相关工作。厅党组成员、省文物局局长柳河与松阳县领导沟通工作;听取省考古所、省地理信息中心关于省文物资源GIS(地理信息系统)汇报。副厅长杨建武赴浙江音乐学院调研。副厅长王峻赴中国丝绸博物馆开展党建和党风廉政建设工作检查。

22日 省文化和旅游厅厅长褚子育、副厅长王峻在湖州参加夏日文旅推广活动启动仪式。厅长褚子育赴湖州调研;参加全省文旅房车带货直播活动。副厅长、一级巡视员许澎听取杭州市杭维会关于"爱情文化周"活动筹备情况。厅党组成员、省文物局局长柳河听取绍兴气象博物馆建设进展情况;接待宁波轨道交通董事长一行。副厅长杨建武赴杭州市富阳新登督查美丽浙江风情小镇建设;迎接东西部扶贫协作督查。

23日 省文化和旅游厅领导褚子育、柳河参加国务院第三

次廉政工作会议和省政府第三次廉政工作会议。厅长褚子育主持召开统计领域数据造假专项督查部署会,厅党组成员、二级巡视员朱海闵出席。副厅长、一级巡视员许澎专题研究旅游安全管理事宜。厅党组成员、省文物局局长柳河参加省政协文化文史和学习委员会党组会。副厅长刁玉泉参加浙江文化艺术发展基金第一届理事会第二次会议;参加第二批集中换届高校新任领导班子成员集体谈话会。副厅长叶菁赴台州参加公共文化服务体系示范区创新发展推进会(至24日)。副厅长王峻参加经济体制改革专项小组半年度工作推进会。厅党组成员、二级巡视员朱海闵参加系统党建工作联席会议。

24日 省文化和旅游厅厅长褚子育、副厅长王峻参加之江文化中心工程进度推进会。厅长褚子育参加袁家军省长专题听取综合行政执法改革工作汇报会;接待浦江县委书记一行。副厅长、一级巡视员许澎参加开放省际旅游组团业务及旅游安全专项工作部署会。厅党组成员、省文物局局长柳河接待国家白蚁所领导;参加上山文化研究宣传工作汇报会。副厅长杨建武赴海盐开展慰问活动;参加"十四五"期间实施长三角一体化发展国家战略交流座谈会。副厅长刁玉泉指导歌剧《红船》音乐连排。厅党组成员、二级巡视员朱海闵赴杭州市余杭区调研旅游业人才政策。

26日 省文化和旅游厅副厅长刁玉泉在建德考察旅游演艺项目。

27日 省文化和旅游厅厅长褚子育主持召开党组理论学习中心组专题学习会、党组会和厅长办公会,厅领导许澎、柳河、叶菁、王峻、朱海闵出席会议,省文物局副局长,厅局机关各处室、各工作专班负责人参加会议;参加省委常委会第一百三十五次会议;参加省委财经委第十一次会议;参加省直单位厅局长工作交流会。副厅长、一级巡视员许澎听取宁波市关于2020年内地游学联盟年会筹备情况汇报。副厅长杨建武参加全省低收入农户高水平全面小康攻坚推进会暨扶贫结对帮扶团组长会议。副厅长刁玉泉在淳安考察旅游演艺项目。副厅长叶菁出席全省文化馆长培训班开班仪式。副厅长王峻参加长三角·杭州都市圈旅游合作采购大会。

28日 省文化和旅游厅领导褚子育、柳河参加省十三届人大常委会第二十二次会议第一次全体会议。副厅长、一级巡视员许澎召集相关处室商议文旅系统社团组织党建管理工作;接待嘉兴市文化广电旅游局局长一行。副厅长杨建武赴浙江省博物馆调研。副厅长叶菁参加贯彻落实《关于加强新时代退役军人工作的意见》推进会;参加浙江省省级文化传承生态保护区创建评估会(至29日)。厅党组成员、二级巡视员朱海闵参加全省巡视巡察工作会议暨十四届省委第十轮巡视动员部署会。

29日 省文化和旅游厅领导褚子育、许澎、叶菁、王峻、朱海闵等接待杭州市市长刘忻一行。厅领导褚子育、柳河参加省十三届人大常委会第二十二次会议第二次全体会议。厅领导许澎、朱海闵接待省民政厅社团管理局局长张真一行。副厅长、一级巡视员许澎接待《中国日报》新闻发展中心主任杨春亚一行。副厅长杨建武赴湖州市开展"三服务",并就重点项目建设和金名片培育工作进行调研会商。副厅长刁玉泉参加庆祝建党百年小型组画展览方案专家论证会;赴舟山出席全省旅游统计培训班,并开展"三服务"工作(至31日)。

30日 省文化和旅游厅厅长褚子育参加全省宣传文化系统专题研讨班(至31日)。厅党组成员、省文物局局长柳河列席省十三届人大常委会第二十二次会议。副厅长杨建武为杭州市文化广电旅游局党组理论学习中心组(扩大)会议授课;赴武警浙江总队机关参加文化建设军地共建共享试点文艺创作成果展演。副厅长王峻参加深化"最多跑一次"改革推进政府数字化转型第十二次专题会议。厅党组成员、二级巡视员朱海闵赴省文化和旅游宣传推广信息中心调研。

31日 省文化和旅游厅领导褚子育、柳河参加省十三届人大常委会第二十二次会议第三次全体会议。厅长褚子育、副厅长叶菁等参加军魂颂军旅诗词朗诵会。副厅长、一级巡视员许澎参加全国安全生产电视电话会议;参加国务院联防联控机制严防聚集性疫情做好秋冬防控工作电视电话会议。副厅长杨建武赴三门县蛇蟠岛调研海岛公园建设情况。

8月

1日 省文化和旅游厅厅长褚子育、副厅长王峻参加衢州推动全省文化和旅游企业纾困与产业创新发展经验交流会。副厅长杨建武赴玉环市大鹿岛调研海岛公园建设情况。

2日 省文化和旅游厅厅长褚子育、副厅长王峻参加黔浙文化旅游产业对接座谈会。

3日 省文化和旅游厅厅长褚子育、副厅长杨建武参加贵州非遗展和旅游商品展,出席"山地公园省·多彩贵州风"2020避暑度假旅游主题推广活动。厅长褚子育参加第四次审计工作专题部署会议。副厅长、一级巡视员许澎参加厅对外合作交流处、市场管理处调研课题专题讨论会;参加省防台会议。

4日 省文化和旅游厅厅长褚子育陪同杭州市市长刘忻在浙江音乐学院调研。副厅长、一级巡视员许澎与中国丝绸博物馆馆长商议丝路文化周及二类中心申报事宜。副厅长杨建武赴省自然资源厅对接工作。

5日 省文化和旅游厅领导褚子育、许澎、柳河、杨建武、刁玉泉、叶菁、王峻、朱海闵参加2020年全省市级文化和旅游局长座谈会,厅局机关各处室、专班负责人参加会议。厅长褚子育赴象山、舟山开展海岛公园建设调研(至7日)。副厅长王峻参加旅游业发展"十四五"规划思想交流会。

6日 省文化和旅游厅副厅长、一级巡视员许澎陪同副省长成岳冲调研杭州艺创小镇;接待万豪国际集团大中华区副总裁申佳林一行。厅党组成员、省文物局局长柳河赴德清、良渚考古工地慰问工作人员。副厅长杨建武参加"畅游长三角·美好新感受"主题游活动启动仪式;赴江西对

接浙皖闽赣和红色旅游工作。副厅长叶菁赴浙江京昆艺术中心(浙江昆剧团)进行高温慰问;赴绍兴参加浙江省第三届女子体育节。副厅长王峻赴嘉兴开展旅游高质量发展和"十四五"规划专题调研(至7日)。厅党组成员、二级巡视员朱海闵赴甬台温开展旅游度假区现场检查(至9日)。

7日 省文化和旅游厅副厅长、一级巡视员许澎参加文化和旅游部做好暑期旅游安全工作保障旅游市场恢复发展电视电话会议。副厅长杨建武赴常山县开展度假区检查;赴江山对接全域旅游培训班相关事宜。副厅长刁玉泉在金华市艾青纪念馆参加"清风徐来——李岚清素描作品展"开幕式。

8日 省文化和旅游厅副厅长、一级巡视员许澎参加长三角产业合作区(一岭六县)文旅联合行动暨"绿水青山生态游"文旅产品采购大会。

10日 省文化和旅游厅党组书记、厅长褚子育主持召开2020年第20次厅党组会、第19次厅长办公会,厅领导许澎、柳河、叶菁、王峻、朱海闵出席会议。厅局机关各处室、各工作专班负责人参加会议。副厅长杨建武为广西文化和旅游厅2020年国家全域旅游示范区创建工作推进研修班授课;赴丽水市莲都区开展省级旅游度假区检查。副厅长刁玉泉赴温州出席观看情景报告剧《温·暖》。

11日 省文化和旅游厅厅长褚子育参加省委、省政府健康浙江建设领导小组暨医改联席会议;接待缙云县委书记一行;接待横店集团总裁徐文荣一行。副厅

长、一级巡视员许澎赴江苏南京、无锡等地开展"加大对外开放扩大浙江旅游国际影响力"专题调研(至12日)。厅党组成员、省文物局局长柳河组织讨论信息系统建设方案。副厅长杨建武赴遂昌开展省级旅游度假区检查。副厅长刁玉泉赴小百花越剧场调研。副厅长王峻参加省小微企业和个体工商户纾困专班第五次工作会议;参加省级旅游板块资源重组整合动员大会。

12日 省文化和旅游厅厅长褚子育、副厅长杨建武在宁海参加全域旅游再推进大会。厅长褚子育、副厅长王峻在温州参加全省夜间文旅消费推进会。厅长褚子育陪同省委书记车俊调研中国丝绸博物馆。副厅长、一级巡视员许澎参加捷克驻上海总领馆招待会。厅党组成员、省文物局局长柳河陪同副省长成岳冲赴永嘉调研文物工作。副厅长杨建武赴松阳开展国家全域旅游示范区现场检查。副厅长刁玉泉与浙江演艺集团商议歌剧《红船》首演事宜;赴浙江艺术职业学院、浙江旅游职业学院出席干部会议。副厅长叶菁在宁海出席2020全省群众舞蹈大赛现场决赛。

13日 省文化和旅游厅厅长褚子育、副厅长王峻参加全省夜间文旅消费推进会。厅长褚子育参加省委、省政府"十四五"规划建议重点课题调研成果汇报会。副厅长、一级巡视员许澎听取浙江省国际人文交流基地初步入围单位集中汇报。厅党组成员、省文物局局长柳河赴长兴县调研。副厅长杨建武赴杭州市临安区进行度假区检查。副厅长刁玉泉参加全省进一步深化"证照

分离"改革全面覆盖试点工作动员部署电视电话会议。厅党组成员、二级巡视员朱海闵赴文成进行旅游度假区现场检查（至14日）。

14日　省文化和旅游厅厅长褚子育参加省政府第49次常务会议；赴浙江演艺集团（浙江音乐厅）、浙江交响乐团进行高温慰问；参加杭州文旅市集启动仪式；接待《共产党员》杂志社人员来访。副厅长、一级巡视员许澎参加第4号台风"黑格比"复盘评估专题会议；听取台州市文化和广电旅游体育局行政执法工作汇报；参加2020年第三次"最多跑一次"改革工作例会。副厅长杨建武赴湘湖进行度假区检查；参加2020年文旅系统财务工作会议暨2021年预算布置会。副厅长刁玉泉与歌剧《红船》主创人员召开研讨会。副厅长王峻赴温州洞头实地考察调研并参加中国海岛旅游嘉年华暨温州多彩水文化旅游季开幕式。

15日　省文化和旅游厅厅长褚子育参加"绿水青山就是金山银山"理念提出十五周年理论研讨会；参加全省深入践行"两山"理念高水平建设美丽浙江推进大会。厅党组成员、二级巡视员朱海闵赴南京参加中国艺术职业教育学会年度工作推进会议（至16日）。

16日　省文化和旅游厅副厅长王峻参加内蒙古文化旅游推介会和宣传推广活动。

17日　省文化和旅游厅领导褚子育、柳河参加全省法治政府建设暨综合行政执法改革推进会。副厅长、一级巡视员许澎参加浙江省《旅行社品质等级划分

与评定》标准修订工作会议；与中国丝绸博物馆商议联合国教科文组织二类中心申报事宜。副厅长王峻参加建德新安江旅游节开幕式。厅党组成员、二级巡视员朱海闵参加厅机关党委委员和纪委委员会议，审议党代会方案。

18日　省文化和旅游厅厅长褚子育、副厅长杨建武参加第二批国家全域旅游示范区验收认定创建陈述电视电话会议。厅长褚子育参加浙江·贵州扶贫协作工作座谈会；与浙江旅游职业学院党委书记谈话。副厅长、一级巡视员许澎赴浙江旅游职业学院进行高温慰问。厅党组成员、省文物局局长柳河参加《浙江省大运河世界文化遗产保护条例（草案）》立法调研（至19日）。副厅长叶菁在绍兴上虞考察调研文化传承生态保护区创建工作。副厅长王峻在建德调研；听取长三角乡村文旅创客大会方案汇报。厅党组成员、二级巡视员朱海闵参加厅人事处党支部学习；参加全省意识形态领域形势分析研判会。

19日　省文化和旅游厅厅长褚子育、副厅长杨建武参加安吉县加快国家全域旅游示范区高质量发展大会。副厅长叶菁在宁波海曙区考察调研文化传承生态保护区创建工作。

20日　省文化和旅游厅领导褚子育、柳河参加全省文物安全工作会议。副厅长杨建武赴仙居开展全域旅游现场指导提升工作。副厅长刁玉泉参加歌剧《红船》合成联排；参加文艺晚会管理协调会。副厅长叶菁在宁波奉化考察调研文化传承生态保护区创建工作。副厅长王峻参加省"十

四五"规划纲要编制工作请汇报会会议。厅党组成员、二级巡视员朱海闵参加省农民工工作领导小组会议；出席厅机关党总支"建'重要窗口'，话党员担当"学习讨论会。

21日　省文化和旅游厅厅长褚子育、副厅长王峻参加浙江省旅游业高质量发展重点课题调研成果汇报会。厅长褚子育参加中央文件征求意见会。厅党组成员、省文物局局长柳河参加国家文物局学习座谈会。副厅长杨建武在新昌开展全域旅游现场指导提升工作。副厅长刁玉泉参加国务院克服疫情影响确保如期全面脱贫电视电话会议。厅党组成员、二级巡视员朱海闵参加省级宣传文化系统半年度党风廉政建设工作座谈会。

24日　省文化和旅游厅党组书记、厅长褚子育主持召开2020年第21次厅党组会、第20次厅长办公会，厅领导许澎、柳河、杨建武、刁玉泉、叶菁、朱海闵出席会议。省文物局副局长，厅局机关各处室、各工作专班负责人参加会议。厅长褚子育参加省委常委会第137次会议。副厅长、一级巡视员许澎专题研究入境游事宜。副厅长叶菁参加第六届全国文明城市综合测评网上申报材料部门评价工作协调会；参加浙江省未成年人读书节启动仪式；出席大运河文旅季暨第十二届浙江·中国非物质文化遗产博览会（杭州工艺周）新闻发布会。

25日　省文化和旅游厅领导褚子育、许澎参加2020中意爱情文化周开幕式。副厅长、一级巡视员许澎陪同文化和旅游部国际合作交流局副局长郑浩调研。

厅党组成员、省文物局局长柳河主持召开局党政联席会议,副局长,局机关各处处长和下属单位主要负责人参加会议。副厅长杨建武赴桐庐开展全域旅游现场指导工作。副厅长叶菁出席全省群星行草书法大展开幕式;参加杭州亚运会、亚残会开闭幕式导演团队遴选、创意方案等事宜研究会。副厅长王峻参加文旅融合IP发展综合评价办法专家论证会。

26日 省文化和旅游厅副厅长、一级巡视员许澎出席全省文化和旅游系统网络安全工作培训班开班仪式。厅党组成员、省文物局局长柳河陪同成岳冲副省长赴国家文物局汇报工作(至27日)。副厅长杨建武为浙江艺术职业学院中层干部暑期读书会授课。副厅长叶菁陪同文化和旅游部非物质文化遗产司领导指导全国曲艺周有关工作(至27日)。副厅长王峻考察白马湖生态创意城创建国家级文化产业示范园区。厅党组成员、二级巡视员朱海闵参加全国推进学雷锋志愿服务工作电视电话会议。

27日 省文化和旅游厅厅长褚子育赴嘉善调研,签订战略合作协议,调研推进和落实协议项目。副厅长、一级巡视员许澎组织会议,专题研究知识产权保护事宜和塑料制品管理事宜。副厅长杨建武在参加景宁5A级景区创建大会。副厅长王峻参加浙江省出口专班、消费专班第七次工作会议暨跨境电商专题协调推进会议。厅党组成员、二级巡视员朱海闵参加省双拥创建工作座谈会;参加干部个人有关事项报告检查情况碰头会。

28日 省文化和旅游厅厅长褚子育、副厅长王峻参加机关处室(专班)"四个重大"座谈会,厅机关各处室、专班负责人一同参加。厅长褚子育参加省政府第50次常务会议;陪同省审计厅厅长毛子荣赴浙江省博物馆调研。副厅长、一级巡视员许澎在福建厦门参加第十六届海峡旅游博览会和2020第六届中国(厦门)国际休闲旅游博览会。厅党组成员、省文物局局长柳河会同省人大领导赴省编委办沟通工作。副厅长杨建武在龙泉调研。副厅长叶菁参加《浙江通志》第十二次终审会。副厅长王峻参加"浙东唐诗之路"新昌天姥山旅游区总体规划发布会暨万人游新昌启动仪式。厅党组成员、二级巡视员朱海闵参加省农民工工作情况汇报暨全国农民工工作督察情况反馈会。

29日 省文化和旅游厅领导褚子育、许澎、刁玉泉、朱海闵等陪同文化和旅游部副部长李群审查歌剧《红船》联排。厅长褚子育陪同李群调研(至31日)。副厅长杨建武参加杭州市规划委员会第二次全体会议。

31日 省文化和旅游厅副厅长、一级巡视员许澎参加2020年浙江省饭店业高质量发展暨饭店品质提升活动;主持召开全省文化和旅游市场管理工作推进会。厅党组成员、省文物局局长柳河主持召开局机关党员大会;接待绍兴市委常委、宣传部部长丁如兴和副市长陶关锋一行。副厅长刁玉泉参加重点文艺创作推进会暨重点题材创作对接会。副厅长叶菁参加非遗金石篆刻实验基地揭牌仪式。厅党组成员、二

级巡视员朱海闵赴浙江图书馆商议工作。

9月

1日 省文化和旅游厅领导褚子育、许澎、杨建武、刁玉泉、叶菁、朱海闵参加全厅机关党员大会。厅长褚子育录制第十二届浙江·中国非遗博览会(杭州工艺周)开幕式致辞;参加全省领导干部会议;参加中央第三生态环境保护督察组督察浙江省工作动员会。副厅长、一级巡视员许澎主持召开社团组织建设专题会商会。厅党组成员、省文物局局长柳河参加考古培训班开班仪式。副厅长叶菁录制第十二届浙江·中国非遗博览会(杭州工艺周)开幕式主持词。

2日 省委常委、宣传部部长朱国贤一行到省文化和旅游厅调研座谈,厅领导褚子育、许澎、杨建武、刁玉泉、叶菁、朱海闵等出席,厅局机关相关处室负责人一同参加。厅长褚子育向副省长成岳冲汇报相关工作。副厅长、级巡视员许澎听取良渚文化欧洲推广工作筹备情况汇报。副厅长杨建武参加嘉善县文化与旅游发展大会。副厅长叶菁参加浙江自贸试验区工作专班第三次会议。厅党组成员、二级巡视员朱海闵走访慰问3位抗战老同志。

3日 省文化和旅游厅厅长褚子育陪同省委书记袁家军到浙江革命历史纪念馆观看浙江现代革命历史陈列展。副厅长、一级巡视员许澎参加《中华人民共和国香港特别行政区维护国家安全法》宣讲学习会。副厅长杨建武参加嘉善《长三角示范区暨江南

水乡古镇建设方案》讨论会。副厅长叶菁在嵊州调研文化生态保护区创建工作。

4日 省文化和旅游厅厅长褚子育、副厅长杨建武参加湖州市率先实现景区村庄全覆盖争创国家全域旅游示范市推进会。厅长褚子育参加十二届省政协常委会第十五次会议,听取大会协商发言;参加全省文化和旅游资源开发专项改革试点启动会。副厅长、一级巡视员许澎赴文化和旅游部相关司局汇报工作;参加"东亚文化之都"终审工作汇报会。副厅长刁玉泉参加建党百年大型文艺演出策划讨论会;参加"'寻找祖国三千里'——失落的台湾医界良心(1895—1950)"史料图文展开幕式。副厅长叶菁在天台调研文化生态保护区创建工作。

5日 省文化和旅游厅副厅长刁玉泉参加浙江省传统戏曲演出季(绍兴站)开幕演出。副厅长叶菁出席衢州南孔文化发展研讨会。

7日 省文化和旅游厅党组书记、厅长褚子育主持召开2020年第21次厅党组会、第20次厅长办公会,厅领导许澎、杨建武、刁玉泉、叶菁、朱海闵出席会议,省文物局副局长、厅局机关各处室、各工作专班负责人参加会议。副厅长、一级巡视员许澎接待宁波市委宣传部副部长魏祖明一行。厅党组成员、省文物局局长柳河参加省人大常委会《浙江省大运河世界文化遗产保护条例》省级部门协商会。副厅长叶菁在衢州市柯城区调研省级文化传承生态保护区创建工作(立春文化)。副厅长王峻陪同省人大常委会副主任姒健敏赴甘肃省调研文化、旅游发展及地方立法开展情况(至13日)。

8日 省文化和旅游厅厅长褚子育接待舟山文化和广电旅游体育局局长一行。厅党组成员、省文物局局长柳河参加省人大大运河条例调研(绍兴)(至9日)。副厅长杨建武参加丽水市全域旅游专题研讨班;到杭州市余杭区参加重点旅游乡镇资源开发培训班。

9日 省文化和旅游厅厅长褚子育参加省委常委会第一百三十九次会议;参加省政府第51次常务会议。副厅长、一级巡视员许澎参加全省深化文化市场综合行政执法改革暨执法规范化建设现场推进会;接待文化和旅游部市场管理司司长刘克智一行。副厅长杨建武对接世界旅游联盟"湘湖对话"有关事宜;参加省"十四五"规划专家咨询座谈会。副厅长刁玉泉陪同海南省委宣传部常务副部长、省电影局局长符宣国一行调研考察;参加浙江歌舞剧院审计整改会议。副厅长叶菁赴东阳参加全省"文化基因解码工程"工作推进会(至10日)。

10日 省文化和旅游厅领导褚子育、柳河参加省委党校2020年秋季学期开学典礼。副厅长、一级巡视员许澎参加长三角文化和旅游诚信体系建设工作座谈会;参加文化和旅游小微企业复工复产工作座谈会;接待缙云县副县长一行;陪同文化和旅游部市场管理司司长刘克智调研宋城演艺集团、开元旅业。厅党组成员、省文物局局长柳河参加省人大常委会法委全体会议。副厅长杨建武接待文成县文化和广电旅游体育局局长一行;赴杭州市临安参加新时代乡村文旅运营专题会(至11日)。

11日 省文化和旅游厅厅长褚子育赴甘肃参加2020年全国乡村旅游与民宿工作现场会,并参加文化和旅游部"十四五"规划座谈会(至12日)。副厅长、一级巡视员许澎向文化和旅游部市场管理司司长刘克智一行汇报浙江文化和旅游信用体系建设工作;参加宣传工作专题会议。厅领导柳河、刁玉泉参加全国深化"放管服"改革优化营商环境电视电话会议。副厅长刁玉泉参加嘉兴市文化和旅游标准化技术委员会成立大会;出席第五届"浙江舞蹈奖"颁奖盛典。副厅长叶菁出席"薪传奖"传统工艺大展活动。

12日 省文化和旅游厅副厅长、一级巡视员许澎参加中国仙都祭祀轩辕黄帝大典规格提升专家论证会。副厅长叶菁出席第五届"大匠至心"非遗传承发展杭州沙龙开幕式。

14日 省文化和旅游厅党组书记、厅长褚子育主持召开2020年第23次厅党组会、第22次厅长办公会,厅领导杨建武、刁玉泉、王峻、朱海闵出席会议,省文物局副局长、厅局机关各处室(专班)负责人参加会议。副厅长、一级巡视员许澎参加部分非洲国家驻华使节浙江行交流会;参加全省新闻发言人培训(至18日)。副厅长刁玉泉参加省政协座谈会。副厅长叶菁出席2020年度全省公共图书馆馆长培训班开班仪式。副厅长王峻参加文旅消费券发放项目开标评审;听取杭州市余杭区关于网络文化博览会情况汇报。

15日 省文化和旅游厅厅

长褚子育、副厅长叶菁参加浙江省文化传承生态保护区创建工作现场会。厅长褚子育参加省主要领导会见部分非洲国家驻华使节代表团活动。厅党组成员、省文物局局长柳河接待省文联领导；接待陕西省文物局局长罗文利一行。副厅长杨建武在安徽调研杭黄世界级旅游廊道建设情况（至16日）。副厅长刁玉泉参加浙江·四川扶贫协作和对口支援联席会议。副厅长叶菁赴宁波考察国家级海洋渔文化（象山）生态保护区建设成果。

16日　省文化和旅游厅领导褚子育、柳河陪同省委常委、宣传部部长朱国贤到清河坊街、德寿宫遗址调研南宋文化。厅长褚子育、副厅长王峻参加全国文化和旅游消费调研座谈会；参加中国国际网络文化博览会筹备工作协调会。厅党组成员、省文物局局长柳河陪同省人大常委会副主任赵光君调研大运河条例立法工作。副厅长刁玉泉参加浙江音乐学院音乐教育学院和高等音乐教育研究所成立揭牌仪式；参加浙江交响乐团与浙江音乐学院合作协议签约仪式及第一次理事会；观看昆剧《十五贯》。副厅长王峻听取海宁市关于2020年观潮节情况汇报。

17日　省文化和旅游厅领导褚子育、柳河参加省文物局局长会议。厅长褚子育、副厅长杨建武参加全省文化和旅游投资工作例会。厅长褚子育、副厅长叶菁接待省人大常委会教科文卫委主任委员金兴盛，商议公共文化服务保障法执法检查工作。副厅长、一级巡视员许澎参加省新冠疫情防控工作领导小组例会；参

加浙江省乡村文化振兴促进会成立大会。副厅长杨建武检查全国全域旅游培训班暨首届全域旅游发展绿色对话筹备工作。副厅长刁玉泉参加北京保利剧院管理有限公司与浙江小百花越剧院战略合作协议签订仪式并与浙江小百花越剧院班子座谈。副厅长王峻参加全国文化和旅游消费工作现场会（至18日）。厅党组成员、二级巡视员朱海闵参加全国休闲农业和乡村旅游大会。

18日　省文化和旅游厅厅长褚子育、副厅长杨建武在江山市参加全国第一期全域旅游培训班暨首届全域旅游发展绿色对话开幕式。副厅长、一级巡视员许澎参加省政府第52次常务会议。副厅长杨建武陪同文化和旅游部党组成员王晓峰赴缙云调研；为全国全域旅游培训班授课。副厅长刁玉泉观摩音乐剧《梦寻李叔同》；陪同文化和旅游部艺术司一级巡视员吕育忠观看昆剧《牡丹亭》。副厅长王峻听取义乌市政府关于中国义乌文化和旅游产品交易博览会有关情况汇报。

19日　省文化和旅游厅副厅长、一级巡视员许澎参加首届中国民宿酒店行业发展峰会暨"9·19"民宿酒店狂欢季启动仪式；参加第二十七届钱江（海宁）观潮节开幕式。副厅长杨建武陪同文化和旅游部党组成员王晓峰在台州调研。副厅长刁玉泉参加全国昆曲院团长会议并致辞。

20日　省文化和旅游厅副厅长、一级巡视员许澎参加"诗画浙江"日本驻沪领馆、商会、旅行办事处浙江旅游线路产品专题推广活动。

21日　省文化和旅游厅领

导褚子育、柳河参加浙江文化研究工程实施十五周年座谈会暨省文化研究工程指导委员会会议。厅长褚子育参加省委常委会第一百四十次会议。副厅长、一级巡视员许澎参加省十三届人大常委会第二十四次会议第一次全体会议；组织召开制止餐饮浪费工作协调会。副厅长杨建武参加一体化示范区嘉善片区重点规划专题对接会。副厅长刁玉泉赴湖州验收第四批全国旅游标准化试点单位。副厅长叶菁赴景宁参加浙江省民族乡村振兴示范建设推进现场会（至22日）。副厅长王峻参加第15届中国义乌文化和旅游产品交易博览会筹备工作会议。厅党组成员、二级巡视员朱海闵参加浙江省坚决制止餐饮浪费行动方案专题会议。

22日　省文化和旅游厅厅长褚子育参加浙江省代表团赴湖北学习考察并开展东西部扶贫协作工作（至23日）。副厅长、一级巡视员许澎参加中国仙都祭祀轩辕黄帝大典可行性公开听证会；组织召开制止餐饮浪费行动方案专题部署会；参加杭州亚运会倒计时两周年活动。厅党组成员、省文物局局长柳河列席省人大常委会会议（至23日）。副厅长杨建武参加三门县海岛公园建设推进会。副厅长刁玉泉赴北京与主创人员商议歌剧《红船》修改计划（至23日）。副厅长王峻赴北京参加"诗画浙江"文旅周（杭州日）暨2020浙江（北京）旅游交易会（至24日）。厅党组成员、二级巡视员朱海闵参加省打击治理跨境赌博工作机制第二次全体会议。

23日　省文化和旅游厅副厅长、一级巡视员许澎参加国家

医疗卫生行业综合监管督察见面会；参加 2020 年国庆节、中秋节文化和旅游假日市场工作电视电话会议。副厅长杨建武参加 2020 长三角乡村文旅创客大会。厅党组成员、二级巡视员朱海闵参加"妈妈的味道"浙江省第四届民间巧女秀开幕式。

24 日　省文化和旅游厅厅长褚子育参加中国（浙江）自由贸易试验区扩展区域挂牌仪式；参加 2020 年"国庆中秋"假日旅游工作协调会；参加全省未来社区建设工作推进电视电话会议。副厅长、一级巡视员许澎参加省十三届人大常委会第二十四次会议第三次全体会议；参加民革中央办公厅第三届莫干山会议。副厅长杨建武参加长三角示范区江南水乡古镇建设方案评审会；参加首届长三角古镇一体化发展大会。副厅长刁玉泉参加杭州现代音乐节发布会；参加杭州现代音乐节开幕音乐会。副厅长叶菁参加浙江好腔调东阳专场。厅党组成员、二级巡视员朱海闵参加"美好安徽·迎客长三角"2020 安徽（杭州）文化旅游推介会；参加审计报告反映问题整改工作电视电话会议。

25 日　省文化和旅游厅厅长褚子育参加全省质量大会；参加全省安全生产电视电话会议；参加南宋文化节。副厅长、一级巡视员许澎参加宁波 2020 长三角旅行商大会暨"诗画浙江"秋冬休闲旅游产品发布会。厅党组成员、省文物局局长柳河赴松阳考察扶贫工作情况。副厅长杨建武参加长三角示范区浙江片区（嘉善）文化旅游专项规划对接会。副厅长刁玉泉在舟山开展假日旅游市场督查（至 26 日）。副厅长叶菁赴温岭参加全省农村文化礼堂展演暨"三团三社"展演活动。副厅长王峻赴新疆阿克苏参加"心灵四季·美丽中国"全国秋冬季旅游暨"新疆是个好地方"宣传推广活动（至 28 日）。厅党组成员、二级巡视员朱海闵参加全省农村乱占耕地建房问题专项整治行动电视电话会议；参加全国扫黑除恶专项斗争第 3 次推进会。

26 日　省文化和旅游厅厅长褚子育参加 2020 浦江·第十三届中国书画节暨"万年浦江"全国中国画（手卷）作品展。副厅长叶菁参加首届浙江志愿服务展示交流活动开幕式。

27 日　省文化和旅游厅党组书记、厅长褚子育主持召开 2020 年第 24 次厅党组会、第 23 次厅长办公会，厅领导许澎、柳河、刁玉泉、叶菁、朱海闵出席会议，省文物局副局长、厅局机关各处室（专班）负责人参加会议。厅长褚子育、副厅长叶菁参加贯彻执行公共文化服务保障法情况汇报会。副厅长、一级巡视员许澎参加加强当前安全防范工作视频会议；参加全省"扫黄打非"工作座谈会。副厅长杨建武参加衢宁铁路开通仪式（丽水庆元）；参加首届长三角森林康养和生态旅游推介活动。副厅长刁玉泉参加省疫情防控领导小组工作例会。厅党组成员、二级巡视员朱海闵参加浙江省自然灾害综合风险普查试点工作推进会。

28 日　省文化和旅游厅厅长褚子育接待浙江旅游职业学院主要领导；参加浙江省第十三届人民代表大会第四次全体会议。厅领导许澎、刁玉泉参加坚决制止餐饮浪费行动集中启动活动。副厅长、一级巡视员许澎参加诗画山水·温润之州——艺术名家走进温州暨中国山水诗发祥地诗歌分享会。厅党组成员、省文物局局长柳河参加全国石窟寺保护会议。副厅长杨建武参加首届长三角森林康养和生态旅游推介活动。副厅长刁玉泉赴宁波参加鄞州区文化馆成立 70 周年活动。厅党组成员、二级巡视员朱海闵参加 2020 年浙江省文化和旅游创新团队评审会。副厅长王峻参加"心灵四季·美丽中国"全国秋冬季旅游暨"新疆是个好地方"宣传推广活动（至 29 日）。

29 日　省文化和旅游厅厅长褚子育、副厅长刁玉泉到浙江演艺集团调研。厅长褚子育参加浙江省第十三届人民代表大会第四次会议。副厅长、一级巡视员许澎检查温州假日旅游安全。厅党组成员、省文物局局长柳河参加全国文物"十四五"规划会议（至 30 日）。副厅长杨建武参加全省美丽城镇建设工作现场会；参加龙游红木小镇开园开幕仪式。副厅长叶菁参加四川省南江县光雾山文旅资源浙江推介活动；参加省属经营性国有资产集中统一监管工作推进会。厅党组成员、二级巡视员朱海闵在湖州、嘉兴开展假日旅游安全检查。

30 日　省文化和旅游厅领导褚子育、柳河向副省长成岳冲汇报"三普"登录点文化保护相关工作。厅长褚子育、副厅长叶菁参加浙江省全面实现基本公共文化服务标准化新闻发布会。厅长褚子育参加文化和旅游部视频会议。副厅长刁玉泉组织召开会议，商议省属文艺院团"一团一策"实施方案。厅党组成员、二级巡视员朱海闵参加首届"最美浙江人·最美文旅人"评选领导小组会议。

10 月

1 日　省文化和旅游厅领导褚子育、许澎等参加国庆节、中秋节文化和旅游假日市场工作视频调度会议。厅长褚子育到杭州市检查调研假日旅游安全工作。

2 日　省文化和旅游厅副厅长、一级巡视员许澎参加国务院安委会、应急管理部电视电话会议。

3 日　省文化和旅游厅副厅长、一级巡视员许澎接待文化和旅游部假日旅游安全督察组黄雅萍一行。

4 日　省文化和旅游厅副厅长、一级巡视员许澎向文化和旅游部督察组汇报全省假日旅游安全工作，并陪同检查杭州大剧院；赴萧山检查杭州海洋极地公园、跨湖桥遗址博物馆。

5 日　省文化和旅游厅副厅长、一级巡视员许澎陪同文化和旅游部督查组赴金华东阳检查横店影视城、中国木雕博物馆。

6 日　省文化和旅游厅副厅长、一级巡视员许澎陪同文化和旅游部领导督查组检查永康方岩景区、永康图书馆、义乌恒风旅行社、影剧院等文旅场所。

8 日　省文化和旅游厅领导褚子育、许澎主持召开厅假日市场工作小结会议。副厅长、一级巡视员许澎参加国务院安委会、应急管理部电视电话会议。

9 日　省文化和旅游厅厅长褚子育参加省"十四五"规划教科

文卫社会领域专家代表座谈会；赴义乌调研。副厅长、一级巡视员许澎听取宁波市文旅局关于内地游学联盟大会情况汇报。厅党组成员、二级巡视员朱海闵陪同省人大常委会委员、教科文卫委员会副主任委员田宇原赴衢州开展公共文化服务保障法执法检查（至 10 日）。

10 日　省文化和旅游厅厅长褚子育在义乌参加公共文化服务保障法执法检查座谈会；在宁波陪同文化和旅游部党组成员、副部长李群参加全国非遗曲艺周开幕式。副厅长、一级巡视员许澎参加全省扫黑除恶专项斗争视频推进会；参加国务院第七次大督查动员部署视频会议。副厅长杨建武参加省委常委会第一百四十二次会议。副厅长叶菁出席全国非遗曲艺周开幕活动。副厅长王峻参加永康方岩庙会开幕式。

11 日　省文化和旅游厅领导褚子育、柳河参加中央第四巡视组巡视浙江省工作动员会议。副厅长叶菁陪同文化和旅游部党组成员、副部长李群调研。

12 日　省文化和旅游厅领导褚子育、柳河参加浙江省诗路文化带建设暨浙东唐诗之路启动大会。厅长褚子育陪同省长郑栅洁赴天台县调研始丰湖公园。厅领导许澎、柳河参加巡视指导督导工作专题培训会议。副厅长、一级巡视员许澎参加第三届海峡两岸青年发展论坛会见活动。副厅长杨建武参加长三角示范区嘉善片区文旅专项规划汇报会。副厅长刁玉泉参加全省三地一窗口主题文艺创作培训班（至 13 日）。副厅长王峻参加第十六期全国地市文化和旅游局长培训班（至 16

日）。

13 日　省文化和旅游厅厅长褚子育参加第三届海峡两岸青年发展论坛开幕式暨主论坛；参加第三届海峡两岸青年发展论坛嘉年华活动。副厅长、一级巡视员许澎参加全省文化和旅游系统新闻发言人培训班开班仪式。副厅长杨建武参加省政府第 53 次常务会议；参加"世界旅游联盟·湘湖对话"协调会。副厅长叶菁参加省人大常委会教科文卫委组织的公共文化服务保障法执法检查和文旅融合发展情况调研（至 14 日）。厅党组成员、二级巡视员朱海闵参加全国语言文字会议。

14 日　省文化和旅游厅领导褚子育、许澎、杨建武参加首届环太湖生态文化旅游圈合作共进推进会。副厅长刁玉泉参加"龙游石窟国际音乐盛典"。

15 日　省文化和旅游厅领导褚子育、许澎参加第三届长三角三省一市旅游协会联席会议。副厅长、一级巡视员许澎参加丝绸之路文化研究大平台建设座谈会。副厅长杨建武参加省"十四五"规划文教卫体领域参事馆员座谈会。副厅长刁玉泉组织人员集中论证建党百年晚会方案（至 16 日）。副厅长叶菁出席大运河非遗保护传承利用八省协调机制工作联席会议。厅党组成员、二级巡视员朱海闵参加全省文化和旅游系统新闻发言人培训班结业仪式；参加浙江艺术职业学院规划研讨会。

16 日　省文化和旅游厅党组书记、厅长褚子育主持召开 2020 年第 25 次厅党组会，厅领导许澎、柳河、杨建武、刁玉泉、朱海闵出席会议，省文物局副局长、厅局机关各处室、专班负责人参加会议。厅长褚子育主持召开厅局机关干部大会,厅领导柳河、杨建武、朱海闵等出席会议,厅局机关全体干部参加;参加省政府专题研究我省前3季度经济形势会议;参加武义第十四届温泉节启动仪式。副厅长、一级巡视员许澎参加省政府第55次新闻发布会;接待省委副秘书长徐大可到厅检查信息化建设相关工作。副厅长杨建武参加"浙里来消费金秋嘉年华"2020浙江金秋购物节启动仪式。副厅长叶菁参加大运河非物质文化遗产保护传承利用工作会商活动;参加省新冠疫情防控工作领导小组工作例会。

17日 省文化和旅游厅领导褚子育、许澎、柳河、杨建武、刁玉泉、叶菁、王峻、朱海闵参加中共浙江省文化和旅游厅直属机关第一次党员代表大会第二次全体会议。厅领导褚子育、许澎参加"万名日本游客走进诗画浙江"启动仪式。厅长褚子育参加省政府第54次常务会议;参加国家知识产权局与省政府2020—2021年知识产权合作会商会议。副厅长杨建武参加2020年全国脱贫攻坚奖表彰大会暨脱贫攻坚先进事迹报告会。

19日 省文化和旅游厅厅长褚子育、副厅长刁玉泉接待省政协副主席张泽熙一行。副厅长、一级巡视员许澎接待省保密局保密工作检查组一行;召开厅信息化工程建设协调推进会。副厅长杨建武赴新疆阿克苏阿拉尔市开展对口文化和旅游交流活动(至25日)。副厅长叶菁分别赴贵州开展非遗扶贫工作、赴广西开展"非遗走亲"活动。副厅长王

峻接待杭州市钱塘新区管委会副主任和万事利董事长一行。厅党组成员、二级巡视员朱海闵参加《浙江日报》天目新闻周年庆活动暨全国短视频高峰论坛。

20日 省文化和旅游厅领导褚子育、许澎、柳河、王峻等参加自由贸易试验区文化和旅游改革发展专题学习视频会议,厅局机关相关处室、专班负责人一同参加。厅长褚子育参加省委全面深化改革委员会第十一次会议。副厅长、一级巡视员许澎听取"美丽中国·诗画浙江"文旅金名片主题展汇报;接待文化和旅游部市场管理司司长刘克智一行。副厅长刁玉泉赴浙江音乐学院进行工程验收工作对接;与浙江小百花越剧院领导班子座谈,商议发展与创作事项;组织有关人员商讨浙江省政协团拜会方案。厅党组成员、二级巡视员朱海闵参加全国双拥模范城(县)命名暨双拥模范单位和个人表彰大会。

21日 省文化和旅游厅厅长褚子育、副厅长刁玉泉与省委宣传部副部长葛学斌商议相关工作。厅长褚子育陪同省人大常委会副主任梁黎明考察调研中国丝绸博物馆、浙江图书馆。副厅长、一级巡视员许澎参加文化和旅游部全国旅游信用体系建设培训班。厅党组成员、省文物局局长柳河接待江西省文化和旅游厅厅长池红一行。副厅长刁玉泉参加省政协主席葛慧君主持召开的新年团拜会方案讨论会。厅党组成员、二级巡视员朱海闵出席2020年"春雨工程"内蒙古自治区文化和旅游志愿者浙江行文化交流活动启动仪式;出席观看2020年"春雨工程"内蒙古、自治区文化

和旅游志愿者浙江行文化交流活动——鄂尔多斯民族歌舞晚会。

22日 省文化和旅游厅厅长褚子育参加全省加快发展地区工作座谈会。副厅长、一级巡视员许澎陪同文化和旅游部市场管理司司长刘克智调研;参加"二二"工程杭州项目版本征集协调会议。厅党组成员、省文物局局长柳河陪同副省长成岳冲赴建德梅城调研。副厅长王峻参加杭州钱塘新区文化旅游周开幕式暨工业旅游高质量发展研讨会;参加省消费专班文旅消费促进小组第五次工作例会。厅党组成员、二级巡视员朱海闵听取旅游高质量发展人才政策调研汇报;参加首届海峡两岸影像文化周开幕式。

23日 省文化和旅游厅领导褚子育、柳河参加县(市、区)书记工作交流会。厅长褚子育参加全省扩大有效投资重大项目集中开工活动启动仪式;参加省委常委会第一百四十四次会议。副厅长、一级巡视员许澎听取义乌市文化广电旅游局局长工作情况汇报;参加2019年度省级政府考核巡查发现问题整改和中央32号文件完成情况督查汇报会。副厅长刁玉泉参加省乡村振兴投资基金管委会会议;观摩舟山市艺术剧院演出。副厅长王峻参加2020年全国脱贫攻坚先进事迹巡回报告会;参加"域见美好城市·浙江文旅峰会"活动。厅党组成员、二级巡视员朱海闵参加全省助力决战决胜脱贫攻坚推进会暨东西部扶贫协作奖表彰大会。

25日 省文化和旅游厅厅长褚子育参加"当非遗遇上旅游"台州分享会。副厅长、一级巡视员许澎接待文化和旅游部国际交

流与合作局党委书记、一级巡视员满宏卫一行。副厅长叶菁参加缙云庚子(2020)年中国仙都祭祀轩辕黄帝大典。

26日 省文化和旅游厅厅长褚子育、副厅长杨建武参加2020"中国革命精神"传承发展高峰对话。厅长褚子育接待文化和旅游部副部长张旭一行;参加宁波文化旅游推广活动。副厅长、一级巡视员许澎参加港澳青少年内地游学联盟工作会议。厅党组成员、省文物局局长柳河参加省政协"我在之江读'心语'"读书活动。副厅长杨建武参加2020中国红色旅游推广联盟年会和2020中国红色旅游主题推广活动;参加"红动中国·革命精神代代传"主题晚会。副厅长刁玉泉参加贯彻落实《关于加快推进媒体深度融合发展的意见》调研座谈会。副厅长王峻陪同副省长冯飞赴西藏调研(至28日)。厅党组成员、二级巡视员朱海闵参加浙江省博物馆巡察动员大会。

27日 省文化和旅游厅领导褚子育、许澎参加2020港澳青少年游学推广活动暨内地游学联盟大会。副厅长、一级巡视员许澎陪同文化和旅游部副部长张旭在宁波调研。厅领导柳河、叶菁参加深化机关内部"最多跑一次"改革推进会暨省政协十二届三次会议第29号重点提案办理会。副厅长杨建武参加台州红色旅游线路现场考察。副厅长叶菁参加宋韵文化研究传承和南宋文化品牌塑造工作座谈会。厅党组成员、二级巡视员朱海闵出席浙江广播电视集团与华为升级战略合作签约仪式。

28日 省文化和旅游厅厅长褚子育、副厅长杨建武出席浙江省旅游业高质量发展座谈会,厅机关相关处室负责人一同参加。副厅长、一级巡视员许澎参加全省文化市场综合行政执法培训班;参加中国服务之美"人文铸旅"工程启动仪式。厅党组成员、省文物局局长柳河参加省级文物单位党风廉政建设座谈会。副厅长刁玉泉参加上海市美术馆协会成立大会暨长三角地区美术馆发展合作框架协议签约仪式。副厅长叶菁出席文化和旅游公共服务机构功能融合试点培训班结业仪式;参加非物质文化遗产工作"十四五"规划务虚会。厅党组成员、二级巡视员朱海闵出席"我最喜爱的习总书记的一句话"青年微宣讲大赛。

29日 省文化和旅游厅厅长褚子育接待中国美术学院党委书记金一斌一行;参加省委宣传部电视电话会议。厅领导许澎、柳河参加全省秋冬季森林防灭火和消防工作电视电话会议。副厅长、一级巡视员许澎参加省新冠疫情防控工作领导小组工作例会;主持召开分管部门党风廉政建设分析会。副厅长杨建武在丽水参加"莲都论坛"——加快旅游业发展专题报告会;参加浙江省文旅产业融合发展培训班。副厅长刁玉泉组织召开厅属各院校、艺术单位第三季度党风廉政建设分析会;参加中国越剧艺术绍兴有戏闭幕式;参加浙江省文旅产业融合发展培训班。副厅长叶菁主持召开公共文化和旅游服务"十四五"规划务虚会。厅党组成员、二级巡视员朱海闵参加全省组织系统深入学习贯彻习近平总书记重要讲话精神贯彻落实新时

代党的组织路线视频部署会。

30日 省文化和旅游厅党组书记、厅长褚子育主持召开2020年第27次厅党组会、第25次厅长办公会,厅领导许澎、柳河、杨建武、刁玉泉、叶菁、王峻、朱海闵出席会议,省文物局副局长,厅局机关各处室、专班负责人参加会议。厅领导褚子育、柳河参加全省领导干部会议。厅长褚子育、副厅长刁玉泉参加庆祝浙江民革成立70周年活动。副厅长、一级巡视员许澎接待清华长三角研究院杭州分院院长赵忠伟一行;参加全国"扫黄打非"督查工作座谈会。副厅长叶菁听取玉环市关于大鹿海岛公园建设有关情况汇报;参加浙江省大学生艺术展演闭幕式颁奖晚会。

31日 省文化和旅游厅厅长褚子育参加浙江外国语学院建校65周年大会。副厅长、一级巡视员许澎参加长三角生态绿色一体化发展示范区建设工作现场会。副厅长杨建武参加第三届中国与"一带一路"国家旅游高等教育研讨会暨浙江省休闲学会2020年年会。

11月

1日 省文化和旅游厅厅长褚子育、副厅长刁玉泉在四川成都参加全国艺术创作会议。

2日 省文化和旅游厅厅长褚子育参加省委常委会第一百四十五次会议;参加省政府四季度工作(争先创优行动)部署会议。副厅长、一级巡视员许澎参加专题研究"双随机、一公开"相关工作;接待山东省文化和旅游厅厅长王磊一行。厅党组成员、省文

物局局长柳河参加全国政协读书会。副厅长杨建武参加长三角示范区嘉善片区文化和旅游发展专项规划评审会。

3日 省文化和旅游厅厅长褚子育参加省委宣传部学习宣传贯彻党的十九届五中全会精神视频会议;接待国家文物局局长刘玉珠一行。副厅长、一级巡视员许澎参加全国疫情防控工作电视电话会议;陪同山东省文化和旅游厅厅长王磊考察宋城演艺集团。厅党组成员、省文物局局长柳河参加中国世界文化遗产年会,陪同国家文物局局长刘玉珠在宁波调研(至5日)。副厅长杨建武参加部门预算执行约谈会;参加安徽省黄山市冬游产品推介暨旅游风景道主题画展开幕式。副厅长刁玉泉参加全国政协副主席马飚"文化领域知识产权保护"主题视察座谈会。副厅长王峻接待江苏省人大常委会委员、教科文卫委员会主任委员周琪一行,并参加旅游工作调研座谈会。

4日 省文化和旅游厅厅长褚子育分别接待衢州市副市长徐利水一行和云和县委书记一行和。副厅长、一级巡视员许澎组织召开世界看见·诗画浙江文化旅游展示活动筹备工作协调会;参加国际饭店"金钥匙"组织中国区会议;与省委宣传部副部长李杲商议相关工作。副厅长杨建武组织召开三季度党风廉政建设分析会。副厅长刁玉泉到省委宣传部与副部长葛学斌对接相关工作。副厅长叶菁听取厅公共服务处关于公共文化和旅游"十四五"规划汇报;参加"二二"工程杭州项目中华版本资源征集工作部署会。

5日 省文化和旅游厅厅长褚子育、副厅长刁玉泉与杭州市拱墅区政府领导商议运河大剧院运营工作。厅长褚子育参加省委"学习贯彻党的十九届五中全会精神"专题学习会。副厅长、一级巡视员许澎向省委副秘书长徐大可汇报工作;接待阿里飞猪总经理南天一行;接待丽水市委常委、统战部部长王小荣一行。副厅长杨建武参加长三角区域一体化文化赋能论坛;接待陕西省延安市文化和旅游体育局局长马东坡一行。副厅长刁玉泉参加浙江省音乐舞蹈节颁奖晚会。副厅长叶菁参加云南省文化和旅游厅组织召开的座谈会。副厅长王峻参加上海国际进口博览会。

6日 省文化和旅游厅党组书记、厅长褚子育主持召开2020年第28次厅党组会、第26次厅长办公会,厅领导许澎、柳河、杨建武、刁玉泉、叶菁、朱海闵出席会议,省文物局副局长、厅局机关各处室(专班)负责人参加会议。厅领导褚子育、许澎参加世界看见·诗画浙江海外推广文旅金名片展示周开幕式。厅长褚子育参加浙江·湖北东西部扶贫协作工作座谈会。副厅长叶菁参加杭州宋文化音乐会。副厅长王峻参加第15届中国义乌文化和旅游产品交易博览会。

7日 省文化和旅游厅厅长褚子育陪同文化和旅游部党组成员王晓峰在金华市、东阳市调研。副厅长、一级巡视员许澎参加浙江图书馆120周年馆庆特色文献展开展仪式。副厅长杨建武参加世界旅游联盟义乌对话活动。副厅长叶菁参加长三角书画展;在金华舞剧院参加第二届中国(金华)李渔戏剧汇开幕式。

8日 省文化和旅游厅领导褚子育、杨建武、王峻等参加第15届中国义乌文化和旅游产品交易博览会开幕式,陪同文化和旅游部党组成员王晓峰,省委常委、宣传部部长朱国贤巡馆。

9日 省文化和旅游厅领导褚子育、柳河参加党的十九届五中全会精神中央宣讲团报告会。厅长褚子育参加中央巡视组谈话;接待世界旅游联盟秘书长刘士军一行。副厅长、一级巡视员许澎陪同省委宣传部领导参观"世界看见"主题展。副厅长杨建武参加东西部扶贫协作和对口支援工作座谈会;赴苍南参加全省山海协作工程推进会。副厅长刁玉泉听取浙江美术馆工作汇报。副厅长叶菁参加新疆冬季旅游推广活动。厅党组成员、二级巡视员朱海闵在西藏拉萨参加全国文化和旅游系统对口援藏工作推进会。

10日 省文化和旅游厅厅长褚子育参加2020年《文化艺术研究》编委会会议。副厅长、一级巡视员许澎参加中日青少年修学旅行委员会中方协调会。副厅长杨建武参加全省山海协作工程推进会。副厅长刁玉泉参加浙江演艺集团与杭州大丰文化传媒有限公司战略合作框架协议签约仪式。厅党组成员、二级巡视员朱海闵参加"最美文旅人"建议人选审议会。

11日 省文化和旅游厅领导褚子育、柳河、刁玉泉向省委常委、宣传部部长朱国贤汇报文物考古工作和艺术工作情况。厅长褚子育接待阿克苏地委委员、宣传部部长常玉轩一行。厅党组成员、省文物局局长柳河参加省政协常委会（至12日）。副厅长杨建武参加"世界旅游联盟·湘湖对话"碰头会。副厅长刁玉泉与浙江歌舞剧院、浙江话剧团、浙江曲杂总团负责人商议工作。副厅长叶菁参加分管处室第三季度党风廉政建设分析会和党支部主题党日活动。厅党组成员、二级巡视员朱海闵参加浙江演艺集团党员大会；参加厅属单位巡察工作情况讨论会。

12日　省文化和旅游厅领导褚子育、许澎陪同文化和旅游部副部长张旭赴中国美术学院（南山校区）、浙江美术馆调研考察。厅长褚子育参加十二届省政协常委会第十六次全体会议。副厅长、一级巡视员许澎主持召开信息系统建设工作领导小组会议。副厅长杨建武听取浙江大学杭黄廊道文旅专题研究进展情况汇报；参加世界旅游联盟2020年年会。副厅长刁玉泉听取网络艺术创作情况汇报。副厅长叶菁陪同人大常委会副主任梁黎明开展公共文化服务保障法执法检查。副厅长王峻参加十大名山公园走进天目山暨"满贯跑"首发活动。厅党组成员、二级巡视员朱海闵参加重庆市文化和旅游发展委员会文化艺术人才队伍建设工作座谈会。

13日　省文化和旅游厅厅长褚子育、副厅长杨建武参加"2020世界旅游联盟·湘湖对话"开幕式，陪同文化和旅游部副部长张旭调研世界旅游联盟总部施工现场。厅长褚子育参加"世界旅游联盟·湘湖对话"主旨演讲。副厅长、一级巡视员许澎参加全省抗击新冠肺炎疫情总结表

彰大会；参加全省坚决制止餐饮浪费和进口冷链食品"物防"工作视频会议；参加全省打击治理电信网络新型违法犯罪工作联席会议。厅党组成员、省文物局局长柳河在河南洛阳参加国家文物局会议。副厅长叶菁在浦江参加上山文化命名20周年研讨会。副厅长王峻主持召开文旅产业季度经济运行分析联席会议。厅党组成员、二级巡视员朱海闵在浙江省文化馆调研。

14日　省文化和旅游厅厅长褚子育参加舟山观音文化园开园活动。副厅长杨建武在湖南长沙参加中国红色旅游博览会（至15日）。

15日　省文化和旅游厅厅长褚子育参加省委常委会第一百四十六次会议。副厅长、一级巡视员许澎参加湖州第十二届鱼文化节暨第三届鱼桑丰收节。

16日　省文化和旅游厅厅长褚子育陪同副省长郑栅洁赴丽水调研。副厅长、一级巡视员许澎参加中国国际旅游交易会开幕式（上海）；参加长三角文化旅游推介会。副厅长杨建武在衢州参加运动柯城文化旅游发展大会。副厅长刁玉泉参加杭州市新剧目会演闭幕演出。副厅长王峻参加国家文化和旅游试点消费示范城市专家评审会；参加第十六届深圳文博会开幕式暨线上考察调研活动。厅党组成员、二级巡视员朱海闵参加中央办公厅"八项规定"督查组访谈。

17日　省文化和旅游厅厅长褚子育参加省人大教科文卫工作座谈会。厅领导许澎、朱海闵参加2020年度省级文化和旅游系统意识形态工作专题学习

会，厅局机关全体干部和厅属单位主要负责人参加会议。副厅长、一级巡视员许澎参加长三角旅游推广联盟第一次联席会议；主持召开2020配合做好文旅部质量工作考核工作协调会。厅党组成员、省文物局局长柳河参加浙江省博物馆与浙江大学签约仪式。副厅长杨建武参加全省乡村产业高质量发展推进会。副厅长刁玉泉参加文化和旅游部公共服务司乡村"村晚"培训班开班仪式；参加浙江文化艺术发展基金第一届理事会第三次会议。副厅长叶菁参加省政协提案征集工作座谈会。副厅长王峻陪同民建中央企业委员会旅游组在建德考察调研。厅党组成员、二级巡视员朱海闵参加社会组织培训班开幕式。

18日　省文化和旅游厅领导褚子育、柳河参加省委十四届八次全体（扩大）会议（至19日）。副厅长、一级巡视员许澎在舟山开展省塑料污染治理督促检查联合专项行动现场检查（至19日）。副厅长杨建武参加浙江省首届诗路文化带讲解员大赛新闻发布会。副厅长刁玉泉赴浙江京昆艺术中心（浙江昆剧团）陪同广东省委宣传部调研；参加2020年度重点题材创作项目剧本朗诵会；赴永康陪同文化和旅游部艺术司民营剧团调研组调研。副厅长王峻听取夜间文旅经济规划调研汇报。厅党组成员、二级巡视员朱海闵参加第五届浙江戏剧奖——金桂表演奖颁奖活动。

19日　省文化和旅游厅党组书记、厅长褚子育主持召开厅党组理论学习中心组专题学习会和第20次党组会，厅领导许澎、

柳河、杨建武、叶菁、王峻、朱海闵等出席会议,省文物局副局长、厅局机关各处室(专班)负责人参加会议。副厅长杨建武参加文化和旅游部5A级旅游景区景观质量评审电视电话会议。副厅长叶菁参加中央一号文件贯彻落实情况汇报会。

20日 省文化和旅游厅厅长褚子育参加浙江·河南经济社会发展情况交流座谈会;分别接待台州市路桥区区长、文成县委书记、杭州市园林文物局领导一行。副厅长、一级巡视员许澎在绍兴组织开展秋冬季森林防灭火专项督查;参加副省长朱从玖会见香港特区政府驻上海经贸办事处主任活动。副厅长杨建武为台州全域旅游示范区建设专题研讨班授课;赴杭州市萧山区调研旅游风情小镇建设。副厅长刁玉泉赴兰溪调研,并参加第二届中国(金华)李渔戏剧汇闭幕式晚会。副厅长叶菁赴安徽合肥参加第十五届华东六省一市戏剧小品大赛颁奖晚会。副厅长王峻参加浙江中医药大学浙江中医药博物馆开馆仪式。厅党组成员、二级巡视员朱海闵参加浙江省文化和旅游宣传推广信息中心巡察动员大会。

21日 省文化和旅游厅厅长褚子育参加第三届长三角国际文博会主旨论坛,陪同省委常委、宣传部部长朱国贤考察展馆。厅长褚子育、副厅长叶菁在义乌参加浙江省群众文化展演展示活动。副厅长刁玉泉参加浙江音乐学院戏剧学研究所、越剧学研究中心揭牌仪式。厅党组成员、二级巡视员朱海闵参加浙江艺术职业学院第三届金鸽电影节。

22日 省文化和旅游厅副厅长、一级巡视员许澎接待文化和旅游部党组成员王晓峰一行。

23日 省文化和旅游厅厅长褚子育陪同文化和旅游部党组成员王晓峰在乌镇调研考察;参加世界互联网大会·互联网发展论坛开幕式。副厅长杨建武参加"我和我的民宿"全国民宿主人大会并发表讲话。副厅长刁玉泉陪同文化和旅游部歌曲创作团队在浙采风。副厅长王峻参加文化和旅游部深化国有文艺院团改革培训(至24日)。厅党组成员、二级巡视员朱海闵主持召开机关干部大会,厅局机关全体干部参加。

24日 省文化和旅游厅领导褚子育、柳河参加全省深化"千万工程"建设新时代美丽乡村现场会。厅长褚子育陪同省长郑栅洁在义乌调研。副厅长、一级巡视员许澎在江苏扬州参加中国"东亚文化之都"城市非遗作品展开幕式;参加"东亚文化之都"联盟工作研讨会(至25日)。副厅长杨建武参加省政协提案征集工作座谈会。副厅长刁玉泉参加全省舞台艺术"1111"人才计划第二期培训班开班仪式。副厅长叶菁陪同文化和旅游部党组成员王晓峰调研非物质文化遗产保护工作。厅党组成员、二级巡视员朱海闵在宁海参加全省宗教领域治理工作经验交流会。

25日 省文化和旅游厅厅长褚子育为2020全省地方党委宣传部长培训班授课;参加省政府第56次常务会议;会见坦桑尼亚大使一行;参加浙江音乐学院清音廉律晚会。副厅长、一级巡视员许澎参加扬州"东亚文化之都"、大运河文化带建设成果考

察。副厅长杨建武接待维京游轮中国区总经理唐博文一行。副厅长王峻参加第十五届浙江山水旅游节。厅党组成员、二级巡视员朱海闵陪同文化和旅游部科技与教育司领导开展文化和旅游领域科技创新"十四五"规划专题调研。

26日 省文化和旅游厅厅长褚子育列席省委常委会第一百四十七次会议;陪同副省长朱从玖会见中国光大集团股份公司党委副书记、副董事长、总经理吴利军一行;参加中国(浙江)自由贸易试验区建设推进大会。副厅长、一级巡视员许澎参加2020年全省文化和旅游法律法规知识竞赛决赛;赴衢州开展秋冬季森林防灭火专项督查(至27日)。厅党组成员、省文物局局长柳河在宁波参加省政协组织的专题调研(至27日)。副厅长杨建武为河南省文化旅游强省专题研讨班授课。副厅长刁玉泉陪同省委常委、宣传部部长朱国贤赴浙江音乐学院进行党的十九届五中全会精神宣讲。副厅长叶菁参加北京市文化和旅游局保障法调研座谈会;参加第四批国家公共文化服务体系示范区(项目)验收集中评审视频会议;参加长三角原创流行歌曲大赛颁奖晚会。厅党组成员、二级巡视员朱海闵参加省委宣传部"溯源新思想"高端论坛。

27日 省文化和旅游厅党组书记、厅长褚子育主持召开2020年第30次厅党组会,厅领导许澎、杨建武、刁玉泉、王峻、朱海闵出席会议。厅长褚子育参加省政府第七次全体会议;组织召开之江文化中心、浙江省新时代文化艺术创研基地建设工程专题

会,副厅长王峻出席;参加省委党的群团工作会议。副厅长、一级巡视员许澎参加杭州市第六届金牌导游大赛。副厅长叶菁在台州市黄岩调研公共文化工作,考察大鹿岛海岛公园建设情况。副厅长王峻参加第九届运动休闲旅游节开幕式。

28日 省文化和旅游厅副厅长、一级巡视员许澎参加徐霞客文化旅游发展大会暨金华山高峰论坛;接待文化和旅游部"美丽中国·品味江南"澳门旅行商考察团。厅党组成员、省文物局局长柳河参加沙孟海先生书法展。副厅长杨建武参加浙江旅游职业学院数字文旅产业发展高峰论坛。副厅长叶菁参加玉环文旦节;赴瑞安参加"木活字印刷术"世界非遗十周年座谈会;参加宁波"一人一艺"全民艺术普及五周年成果展演。

30日 省文化和旅游厅党组书记、厅长褚子育主持召开2020年第31次厅党组会、第27次厅长办公会,同步召开第三季度党风廉政建设分析会,驻省委宣传部纪检监察组组长俞慧敏和厅领导许澎、刁玉泉、叶菁、王峻、朱海闵出席,厅局机关各处室、各工作专班负责人参加会议。厅长褚子育参加2020宁波前湾新区文旅产业发展研讨会暨重大项目签约仪式。副厅长、一级巡视员许澎参加全省特色文化主题酒店集中评审会。厅党组成员、省文物局局长柳河在江苏常州参加长三角执法会议(至12月2日)。副厅长杨建武参加浙皖闽赣国家生态旅游协作区推进会(至12月1日)。副厅长叶菁参加浙江省非遗馆建设专家论证会。

12 月

1日 省文化和旅游厅厅长褚子育听取浙江图书馆馆长工作汇报。副厅长、一级巡视员许澎参加省委新时代文化浙江工程任务落实协调会。副厅长叶菁参加学习宣传贯彻《中华人民共和国退役军人保障法》电视电话会议。副厅长刁玉泉接待中央芭蕾舞团采风团。副厅长王峻参加社会保障卡居民服务"一卡通"专班会议;调研宋城演艺集团。厅党组成员、二级巡视员朱海闵参加第十六届杭州浙西旅游合作峰会暨文旅产业创新发展论坛。

2日 省文化和旅游厅厅长褚子育听取景区微改造及以旅游推动26个加快发展县发展的工作方案汇报。副厅长、一级巡视员许澎参加省委对台工作协调机制成员单位座谈会;参加2020线上"中国-摩洛哥旅游论坛"暨"重返伊本·白图泰访华之路"旅游推介会。副厅长杨建武在开化县调研全域旅游工作情况。副厅长刁玉泉组织召开艺术数媒平台论证会。副厅长叶菁参加浙江省非物质文化遗产保护中心干部大会。副厅长王峻赴余杭区调研文旅融合工作。厅党组成员、二级巡视员朱海闵参加驻省委宣传部纪检监察组召集的座谈会;参加省级文化和旅游系统"双建"工作推进交流会,厅局机关相关处室负责人和厅属单位主要负责人参加会议。

3日 省文化和旅游厅厅长褚子育、副厅长叶菁赴中国茶叶博物馆调研,并做专题工作动员。副厅长、一级巡视员许澎参加浙

江省旅游协会会长会议。厅党组成员、省文物局局长柳河参加浙江省文物鉴定站干部大会。副厅长刁玉泉听取《关于推进省属国有文艺院团深化改革加快发展的实施意见(征求意见稿)》情况汇报;参加2020年省文化和旅游标准化技术委员会年会。副厅长叶菁陪同国家公共文化发展中心主任白雪华一行调研。

4日 省文化和旅游厅厅长褚子育接待浙江省文投集团董事长姜军一行,副厅长王峻出席;参加浙江·云南经济社会发展情况交流座谈会。副厅长、一级巡视员许澎参加"相聚浙里"浙江国际人文交流周活动。副厅长杨建武为青年理论宣讲团培训班授课,厅党组成员、二级巡视员朱海闵主持。副厅长叶菁出席浙江省高端理论摄影研修班成果展开幕仪式;参加"二二"工程杭州项目建设指挥部第二次全体会议。副厅长王峻参加第七个国家宪法日活动暨"七五"普法成果展启动仪式。厅党组成员、二级巡视员朱海闵参加第三届国际智慧交通产业博览会。

5日 省文化和旅游厅副厅长、一级巡视员许澎参加台州市文化和旅游治理现代化创新实验城市启动仪式及工作座谈会。厅党组成员、省文物局局长柳河参加浙东运河萧山展示馆开馆仪式。

7日 省文化和旅游厅厅长褚子育赴北京参加文化和旅游部副部长李群主持召开的专题工作会议。副厅长、一级巡视员许澎主持召开厅信息化建设工作会商;参加全省旅行社品质提升暨创新发展大会。副厅长杨建武参

加副省长成岳冲主持召开的旅游专班方案讨论会。副厅长叶菁参加浙江省基层公共文化服务社会化发展培训班(至8日)。副厅长王峻与杭州市西湖区政府对接相关工作。厅党组成员、二级巡视员朱海闵与新任职干部谈话;参加全省双拥工作总结暨模范退役军人表彰大会。

8日 省文化和旅游厅厅长褚子育参加省管主要领导干部学习贯彻党的十九届五中全会精神集中轮训(至9日)。副厅长、一级巡视员许澎参加省文化和旅游厅与浙江广电集团网络文化传播业务学习班。副厅长杨建武参加杭州市临安区"两进两回"与乡村振兴交流会。副厅长王峻参加市级文旅系统改革工作座谈会。厅党组成员、二级巡视员朱海闵参加省委网信委网络综合治理体系建设工作汇报会;参加机关党委委员会议;接待"新蓝网"人员。

9日 召开省级文化和旅游系统党的十九届五中全会和省委十四届八次全会精神宣讲报告会,厅领导柳河、杨建武、王峻、朱海闵等出席,厅局机关全体干部和厅属单位部分干部参加。厅党组成员、省文物局局长柳河主持召开党政联席会议,副局长,局机关处室负责人和浙江博物馆等单位负责人参加会议。副厅长杨建武参加国土空间规划对接会。副厅长王峻赴嘉兴南湖调研红色研学旅游情况。

10日 省文化和旅游厅厅长褚子育参加省政府第58次常务会议;参加省大运河国家文化公园建设工作专题会议;参加省长郑栅洁专题听取长三角生态绿色一体化发展示范区建设情况汇报会。副厅长、一级巡视员许澎参加文化和旅游部中日青少年旅行交流研讨会(至11日)。厅领导柳河、朱海闵参加学习贯彻十九届五中全会精神集中轮训(至12日)。副厅长杨建武参加省大运河文化保护传承利用暨国家文化公园建设专家咨询委员会会议;参加莫干山民宿大会暨婚旅融合论坛。副厅长刁玉泉听取舞蹈诗《良渚》创作情况汇报;赴大丰集团调研。副厅长叶菁参加省政协"提升农民工文化素养和专业技能"课题调研座谈会。副厅长王峻参加2020文旅新业态发展对话暨独立旅行设计师节活动。

11日 省文化和旅游厅厅长褚子育主持召开全省"诗画浙江·百县千碗"工作推进视频会议,厅局机关相关处室负责人参加会议;参加干部谈话;接待台州市黄岩区委常委、宣传部部长一行。副厅长杨建武参加"文旅筑梦·见证飞跃"诗画浙江旅游帮扶宣传推广活动。副厅长刁玉泉参加全省关心下一代工作会议。副厅长叶菁参加第三届世界青瓷大会开幕式和"瓯江山水诗路启动启航仪式"。副厅长王峻参加省委秘书长陈金彪主持召开的数字化改革工作专题会议;参加省委宣传部文化领域数字化改革相关工作部署会。

13日 省文化和旅游厅领导许澎、杨建武参加学习贯彻党的十九届五中全会精神集中轮训(至15日)。

14日 省文化和旅游厅厅长褚子育参加省委常委会第一百五十次会议;参加省委全面依法治省委员会第三次会议;向副省长成岳冲汇报旅游专班筹备情况。厅党组成员、省文物局局长柳河参加文博系列高级职称评委会。

15日 省文化和旅游厅党组书记、厅长褚子育主持召开2020年第32次厅党组会、第28次厅长办公会,厅领导许澎、柳河、杨建武、叶菁、王峻、朱海闵出席会议,厅局机关各处室、各工作专班负责人参加会议。厅领导褚子育、许澎、柳河、杨建武、刁玉泉、叶菁、王峻、朱海闵参加"最美浙江人·最美文旅人"发布活动。厅长褚子育、副厅长叶菁参加省委宣传部关于申报工作的专题会议。厅长褚子育接待丽水莲都区区长一行。

16日 省文化和旅游厅副厅长、一级巡视员许澎参加2020全省"文明旅游健康出行·为中国加分"主题宣传现场会。副厅长杨建武、叶菁参加省委学习贯彻党的十九届五中全会精神集中轮训(至18日)。副厅长杨建武参加"和衷共济·同赢未来"2020长三角一体化(宁波)景区发展大会。副厅长王峻参加"率先构建推进共同富裕的体制机制"专班工作部署会;参加全省文旅IP项目评审会。

17日 省文化和旅游厅领导褚子育、许澎、王峻参加省旅游专班第一次全体会议。厅长褚子育参加省委宣传部"十四五"文化发展改革规划征求意见及明年工作思路调研座谈会;接待凤凰卫视上海代表处首席代表李红梅等人。副厅长、一级巡视员许澎组织召开厅安全工作协调小组第一次工作例会;参加中国和埃塞俄比亚建交50周年庆祝活动。厅党组成员、省文物局局长柳河参加省委审计会议。副厅长王峻参加余杭文旅融合指数和良渚 IP 研究报告评审会。厅党组成员、二级巡视员朱海闵参加浙江省–德国石荷州合作促进委员会线上第十一次会议。

18 日　省文化和旅游厅厅长褚子育、副厅长王峻参加中国国际网络文化博览会通气会暨数字产业发展研讨会。厅长褚子育参加省政府第 59 次常务会议。副厅长、一级巡视员许澎参加国务院安委会安全生产汇报会；听取绍兴"东亚文化之都"年活动筹备工作汇报和浙江入境旅游精品线路海外巡展项目汇报。副厅长刁玉泉参加浙江艺术职业学院越剧研究院成立大会暨长三角戏曲产教联盟筹备会；观看《诗路行吟》诗画浙江戏曲雅集。厅党组成员、二级巡视员朱海闵赴福州参加中国艺术职业教育学会第六届第七次常务理事会议（至 19日）。

19 日　省文化和旅游厅厅长褚子育参加歌剧《红船》剧本（修改后）论证会。副厅长王峻参加省委学习贯彻党的十九届五中全会精神集中轮训（至 21 日）。

21 日　省文化和旅游厅厅长褚子育参加全省领导干部会议；参加省委常委会第一百五十一次会议；参加省政府第 60 次常务会议。厅党组成员、省文物局局长柳河参加全国文物局长会议（至 22 日）。副厅长杨建武参加省旅游专班办公室第三次工作例会；参加杭州市"心潮·潮城市艺术空间"发布仪式。副厅长刁玉泉陪同省政协主席葛慧君审查政协各界人士茶话会文艺演出。

22 日　省文化和旅游厅厅长褚子育参加浙江论坛报告会；参加全省"十四五"综合交通重大项目开工活动；参加省委全面深化改革委员会第十二次会议。副厅长、一级巡视员许澎参加全国文化和旅游市场秩序整治电视电话会议；参加"云上泽国——良渚文明海外云展"线上新闻发布会。副厅长杨建武参加国家全域旅游示范区旅游业发展"十四五"规划专题汇报会；参加全域旅游"比学赶超"现场会；约谈部分省级全域旅游示范区（县）、省级旅游度假区。副厅长刁玉泉陪同青海省文化和旅游厅副厅长吕霞一行调研国有文艺院团深化改革工作。副厅长叶菁参加省十三届人大常委会第二十六次会议第一次全体会议。副厅长王峻、朱海闵等参加厅机关主题党日活动。副厅长王峻参加中央保密办、国家保密局专家保密专题讲座。

23 日　省文化和旅游厅厅长褚子育陪同省长郑栅洁在衢州调研。厅领导许澎、柳河参加省安委会巡查考核工作汇报会。副厅长、一级巡视员许澎赴江苏镇江参加华东六省一市综合执法工作联席会（至 24 日）。厅党组成员、省文物局局长柳河听取浙江省博物馆"浙里小康"展览筹备情况汇报。副厅杨建武参加浙江省世界级旅游景区建设暨全域旅游（新昌）高质量发展研讨会。副厅长刁玉泉参加浙江省歌唱家艺术团入驻浙江交响乐团仪式；参加全国创作剧目评审和百年建党晚会方案讨论会。副厅长叶菁参加图书系列高级职称评委会；参加2020 年浙江省未成年人保护委员会全体会议。副厅长王峻陪同

省政府副秘书长蔡晓春调研省文化和旅游宣传推广信息中心和杭州市文旅局旅游数据平台；参加浙江省与中国日报社签署国际传播战略合作框架协议暨浙江英文国际传播矩阵平台开通仪式。厅党组成员、二级巡视员朱海闵参加大运河核心监控区国土空间管控工作座谈会；参加中国民主同盟浙江省第十二届委员会第五次全体会议开幕式。

24 日　省文化和旅游厅领导褚子育、柳河参加全省新时代美丽城镇和特色小镇建设工作推进会。厅长褚子育参加省十三届人大常委会第二十六次会议第二次全体会议；参加全省国企改革三年行动动员推进电视电话会议。副厅长杨建武参加浙东唐诗之路核心区建设成果发布会。副厅长刁玉泉参加何占豪、周正平收徒拜师仪式；赴浙江绍剧团调研。副厅长叶菁参加群文系列高评委会。

25 日　省文化和旅游厅党组书记、厅长褚子育主持召开2020 年第 33 次厅党组会、第 29次厅长办公会，厅领导许澎、柳河、杨建武、刁玉泉、叶菁、王峻、朱海闵出席会议，厅局机关各处室、各工作专班负责人参加会议。厅领导褚子育、柳河参加省委经济工作会议。副厅长杨建武参加国家发改委农业农村基础设施建设领域推广以工代赈方式视频部署会议。副厅长刁玉泉参加美术、艺术系列高级职称评审会；接待省武警总队政治工作部副主任吴振宇一行。副厅长王峻参加深入推进"公筷公勺""反对浪费"宣传教育行动协调会。

26 日　省文化和旅游厅领

导褚子育、许澎参加浙江省旅游协会第六次会员代表大会。厅长褚子育参加"红船向未来"声乐专场音乐会。副厅长杨建武参加2020第三届中国匠人大会。

27日　省文化和旅游厅厅长褚子育参加唐诗之路艺术展。副厅长刁玉泉参加中国美术学院重大项目开题报告会。

28日　省文化和旅游厅厅长褚子育、副厅长杨建武参加全域旅游"微改造"、山区26县旅游业高质量发展等文件意见征求会。厅长褚子育、副厅长叶菁会见文化和旅游部非物质文化遗产保护司一级巡视员王晨阳一行。厅长褚子育参加省委常委会第一百五十二次会议。副厅长、一级巡视员许澎组织召开旅游专班市场营销小组第一次会议。厅领导柳河、叶菁参加德寿宫遗址保护展示工程暨南宋博物馆（一期）开工仪式。副厅长刁玉泉参加浙江省文联第九次代表大会（至30日）。

29日　省文化和旅游厅厅长褚子育、副厅长王峻参加文化和旅游部推动文旅产业高质量发展电视电话会议。厅长褚子育参加省文联第九次文代会开幕式；接待长龙航空董事长刘启宏一行。副厅长、一级巡视员许澎参加文化和旅游部澜沧江-湄公河旅游城市合作联盟交流活动。厅党组成员、省文物局局长柳河带队对石窟寺进行安全检查。副厅长杨建武参加浙江老年大学校务委员会会议；参加天目传媒成立大会。副厅长刁玉泉陪同省政协主席葛慧君审查2021年政协各界人士茶话会文艺演出。副厅长叶菁参加民进浙江省第十届委员会第五次全体会议。副厅长王峻赴农业农村厅对接新时代文化创研中心项目有关工作。厅党组成员、二级巡视员朱海闵赴仙居县看望慰问挂职干部。

30日　省文化和旅游厅厅长褚子育参加2020年度党委（党组）意识形态工作责任制落实情况重点检查工作动员部署会；参加2020淳安县旅游高质量发展大会；参加省新型冠状病毒感染的肺炎疫情防控工作领导小组例会。副厅长、一级巡视员许澎主持召开假日旅游安全工作会商会。副厅长杨建武赴省政府汇报旅游工作专班进展情况。副厅长叶菁参加文化和旅游部非物质文化遗产司专家改稿会。副厅长王峻在丽水调研。副厅长朱海闵赴松阳县看望慰问挂职干部。

31日　省文化和旅游厅领导褚子育、朱海闵出席省级文化和旅游系统2020年度党组织书记述职评议会，系统各党组织书记参加会议。厅长褚子育参加省"十四五"规划编制工作领导小组第二次会议。厅领导许澎、柳河参加全省中医药大会。副厅长杨建武参加乡村旅游文化发展研究中心挂牌仪式。副厅长叶菁参加第四批省级公共文化服务体系示范区（项目）评审会。副厅长王峻参加全省城市大脑推进大会。

（娄国建）

厅属单位建设发展

ZHEJIANG CULTURE AND TOURISM YEARBOOK

浙江音乐学院

【概况】 设有音乐与舞蹈学、艺术学理论、戏剧与影视学等3个一级学科,音乐与舞蹈学、戏剧与影视学等2个学科被列入省一流学科建设计划,其中音乐与舞蹈学为A类学科。拥有音乐与舞蹈学硕士学位授权点和艺术硕士专业学位授权点。设有作曲与作曲技术理论、音乐学、音乐表演、舞蹈学、舞蹈表演、舞蹈编导、表演、艺术与科技等8个专业。设立作曲与指挥系、音乐学系、音乐教育学院、钢琴系、声乐歌剧系、国乐系、管弦系、流行音乐系、舞蹈系、戏剧系、音乐工程系、人文社科部(马克思主义学院)等12个教学单位和附属中等音乐学院、继续教育学院、创业学院、国际教育学院、叔同学院。设有乐队学院、民族乐队学院、歌剧学院、室内乐学院和合唱学院5个新型表演学科教学平台(简称"五大学院")。建有交响乐团、国乐团、八秒合唱团、舞蹈团、室内乐团、歌舞团等高水平艺术实践团体,设有《音乐文化研究》编辑部。学院与奥地利莫扎特音乐学院、英国皇家音乐学院、英国皇家北方音乐学院、匈牙利李斯特音乐学院等多所国际著名音乐院校签订校际战略合作协议,并作为主席单位与15所中东欧国家音乐院校共同发起成立了"中国-中东欧国家音乐院校联盟",积极开展国际合作与交流。学院经教育部批准,具有独立设置本科艺术院校艺术类专业单独招生资格,面向全国招生。获国务院学位委员会批准,成为艺术硕士专业学位研究生培养单位。2020年末有本科生2629人(含港澳台学生17人、国际生6人);研究生413人(含港澳台学生1人、国际生2人);成人本科生66人;有教职工521人,其中专任教师354人(含具有正高级职称的54人,外籍教师16人)。

2020年是我国全面建成小康社会的收官之年,是浙江省高水平推进省域治理现代化的开局之年,也是浙江音乐学院进一步深化综合改革、强化内涵建设,收官"十三五",擘画"十四五",加快推进高水平一流发展的关键之年。是年,浙江音乐学院以习近平新时代中国特色社会主义思想为指引,紧盯"高水平一流"目标,以高度的政治自觉和使命担当,统筹疫情防控和事业发展"两手硬、两战赢",各项事业全面快速发展,并取得了一系列新的突破和标志性成果,在"重要窗口"建设中展现了浙音担当、浙音精神和浙音风采。

一、聚焦党建创新引领,推动全面从严治党向纵深发展

创新形式、创设载体,深入学习贯彻习近平新时代中国特色社会主义思想,取得预期成效。扎实推进各项疫情防控举措落实落细,全校师生无人被确诊为新冠肺炎感染病例或疑似病例。持续深入开展"不忘初心、牢记使命"主题教育,系统梳理"十抓十促"113个重点问题全部整改落实到位。深入实施基层党组织"标准化建设质量提升年"工程和"抓院促系、整校建强"铸魂行动。顺利完成基层党组织集中换届和中层领导人员集中调整工作。扎实做好"3+5"内部巡察,全面完成"清廉浙音"三年行动计划。举办第三届"清音廉律"主题汇报演出,演出宣传片获第二届"玉琼杯"清廉微电影、微视频大赛铜奖。

二、聚焦育人理念创新,全面提升人才培养质量

组建成立音乐教育学院。创设乐队学院、民族乐队学院、歌剧学院、室内乐学院和合唱学院等"五大学院",开启从"培养端"到"用人端"的直通车。试点启动"人才分类培养"改革,推出学生辅修第二专业(方向)制度,优化"叔同学院"拔尖人才培养机制。顺利完成硕士研究生扩招工作,并首次面向国际和中国港澳台地区招收硕士研究生;与知名院校开展博士研究生联合培养。成功获批2个国家一流本科专业建设点,2门国家级一流本科课程,以及4个省一流本科专业建设点和20门省级一流本科课程。1个思政名师工作室入选全省高校思政名师工作室项目。学生管理更加规范有序,创新创业教育体系不断完善,附属音乐学校办学成效逐步显现。

三、聚焦高水平一流,全面提升科研、创作与艺术实践能力和水平

召开首届学科、科研与艺术创作工作会议,相继组建成立高等音乐教育研究所、音乐学研究所、戏剧学研究所和越剧学研究中心等校级科研平台。"中国器乐表演艺术研究"获国家社科基金艺术学重大项目立项,实现学院国家级重大项目的历史性突破。获各级各类省部级纵向课题31项。在"2020软科中国最好学科排名"中,学院音乐与舞蹈学位列学科榜单第 9 名,在全国专业音乐院校中位列第 4 名。成立创作表演委员会,先后举办"艺创奖"国际管弦乐作曲比赛、"华音杯"作曲比赛、亚运歌曲征集等系列活动。举办首届杭州现代音乐节、第二届之江国际青年艺术周、国乐艺术周、国际室内乐艺术节等系列高端艺术品牌活动。学院教师创作的二胡协奏曲《铸梦》入选中国交响音乐作品创作扶持计划,评书《一次心灵的对话》、杭州滩簧《淑英救弟》分别荣获第十一届中国曲艺牡丹奖文学奖、节目奖。

四、聚焦开放办学,全面提升国际交流合作和社会服务能力

深化与国际知名院校的联系与对接,新引进外籍教师 16 名。承办第三届海峡两岸青年发展论坛嘉年华。先后与杭州亚组委、衢州市人民政府、浙江横店影视城有限公司、国家开放大学、人民音乐出版社和浙江大学人工智能创新协同中心等签署合作协议,在助力优秀传统文化传承发展的同时,深化推进政产学研一体化发展。积极参与"文化润疆"活动,助力提升浙江援疆工作新内涵。充分发挥文化和旅游部浙江培训基地依托单位品牌优势,承接全省基层文化队伍素质提升培训班等各类社会培养 24 个班次,培训 2700 余人次。学院社会音乐考级工作加速推进。

五、聚焦治理现代化,全面提升办学条件和管理水平

全面完成内设机构调整和校企改革工作。全面推进"制度建设年"工程,修订制定各类规章制度 60 余项。深化推进"最多跑一次"改革,学院"网上办事大厅"与"掌上浙音"App 正式上线运行,

首批校务服务事项全部实现网上办、掌上办。召开学院首次人才工作会议,制定出台浙音版"人才新政 20 条"以及人才预聘制、学术假等 18 项重要人事人才配套政策,全年全职引进专任教师 27 人。顺利召开第二届教职工代表大会暨工会会员代表大会。支持成立民革浙音支部,完成致公党浙音支部换届工作。顺利完成校园建设工程资金支付和决算审计等工作。

【年度要闻】

"五大学院"成立仪式举行 6 月 18 日,学院举行了乐队学院、民族乐队学院、歌剧学院、室内乐学院和合唱学院等"五大学院"成立仪式,标志着学院在国内率先推动表演学科教学改革,开启音乐表演人才"培养端"到行业"用人端"的直通车。成立仪式上,省文化和旅游厅党组书记、厅长褚子育,省音乐家协会主席翁持更等人共同为"五大学院"揭牌。

与亚运会组委会签订战略合作 6 月 23 日,"亚运好声音·杭州亚运会音乐作品全球征集启动仪式"在浙江国际影视中心举行。根据学院与杭州亚组委签订的战略合作协议,双方将围绕亚运会音乐板块建设与音乐品牌打造开展系列合作。是年,双方重点在亚运音乐作品全球征集(高校赛区)、亚运音乐推广传播等方面开展了深度合作。

省委决定应达伟任学院党委委员、纪委书记 8 月 14 日,学院召开党政班子会议,宣布省委

干部任免文件:应达伟同志任浙江音乐学院党委委员、纪委书记。省委组织部干部三处、省纪委省监委组织部、省委宣传部干部处、省教育厅组织处、省文化和旅游厅人事处负责人出席会议。学院全体党政班子成员、相关处室负责人参加会议。

古典舞《樿卯》入围第十二届中国舞蹈荷花奖终评 8 月 14 日,学院舞蹈系创排的古典舞作品《樿卯》入围第十二届中国舞蹈荷花奖古典舞终评,并于 10 月 16 日在河南省洛阳市展演,主创人员还参加了由中国舞蹈家协会举办的第 2 次"作品创作引导交流会"。

成立音乐教育学院、高等音乐教育研究所 9 月 16 日,学院举行音乐教育学院、高等音乐教育研究所成立揭牌仪式。揭牌仪式上,省文化和旅游厅党组成员、副厅长刁玉泉等为音乐教育学院、高等音乐教育研究所揭牌。中国教育学会音乐教育分会理事长尹爱青、上海音乐学院音乐教育系主任唐哲分别致辞。

与浙江交响乐团签署战略合作协议 9 月 16 日,学院与浙江交响乐团战略合作协议签约仪式举行。双方签署《浙江音乐学院、浙江交响乐团战略合作协议》。浙江省文化和旅游厅党组成员、副厅长刁玉泉出席会议。签约仪式结束后,还举行了双方战略合作理事会第一次会议,审议通过了《浙江音乐学院、浙江交响乐团战略合作理事会议事规则》,并就合作重点项目与乐团搬迁等工作

进行了研究和部署。

首届杭州现代音乐节 9月24日,2020杭州现代音乐节在西湖艺创小镇正式拉开帷幕。在为期5天的时间里,举办了8场原创作品音乐会、5场专题讲座、1场大师班公开课、1场现代舞专场、1场"艺创奖"国际管弦乐作曲比赛。此外,还为2020杭州现代音乐节驻节作曲家叶小纲、许舒亚、秦文琛、郭文景颁发证书;与缪凌蓉签订"艺创国际音乐中心"战略合作协议,并为"艺创国际音乐中心"青年艺术家颁发聘书。

学院教师在第十一届中国曲艺牡丹奖中荣获佳绩 10月15日,第十一届中国曲艺牡丹奖颁奖仪式在江苏苏州举行。学院教师蒋巍创作的评书《一次心灵的对话》,荣获第十一届中国曲艺牡丹奖文学奖;冯小娟表演的杭州滩簧《淑英救弟》,荣获节目奖。

与新疆阿克苏地区开展"文化润疆"战略合作 10月20日,由浙江省文化和旅游厅联合中共阿克苏地委、阿克苏地区行署、浙江省援疆指挥部共同举办的"浙阿文化交流合作"工程启动仪式在新疆阿克苏地区文博院举行。学院与阿克苏地区文化体育广播电视和旅游局签署战略合作共建协议,并授牌阿克苏地区塔里木歌舞团"韵律浙疆工作室""创作采风基地"。双方商定将重点在艺术人才培养、爱心乐器捐赠、艺术采风基地建设和人才柔性援疆等领域开展深入合作。

学院教师作品《铸梦》入选"时代交响——中国交响音乐作品创作扶持计划" 10月30日,文化和旅游部发布《关于公示2020—2021年度"时代交响——中国交响音乐作品创作扶持计划"扶持作品名单的公告》,学院作曲与指挥系副教授王云飞创作的二胡协奏曲《铸梦》入选。这是王云飞继《大潮》后入选该扶持计划的第2部作品,学院成为连续2届均有作品入选"时代交响"的创作单位。

成立戏剧学研究所、越剧学研究中心 11月21日,学院成立戏剧学研究所和越剧学研究中心。揭牌仪式后,还举办了戏曲戏剧学术座谈会。

与横店影视城签署校企战略合作协议 11月23日,学院与浙江横店影视城有限公司校企战略合作协议签约暨基地授牌仪式在横店举行。双方代表签署校企战略合作协议,并共同为"数字影视音乐创作制作基地""影视音乐产教融合协同育人基地""浙江音乐学院实习基地"揭牌。签约结束后,双方举办校企战略合作推进座谈会。

学院教师郑培钦获浙江省"最美文旅人"称号 12月15日晚,由中共浙江省委宣传部、浙江省文化和旅游厅联合主办的2020年浙江省首届"最美浙江人·最美文旅人"发布会在浙江音乐厅举行。学院声乐歌剧系教师郑培钦荣获首届"最美浙江人·最美文旅人"称号。

（蒋 楠）

浙江旅游职业学院

【概况】 内设机构36个,2020年末人员665人（其中具有高级技术职务资格的193人,中级277人）。

2020年,面对突如其来的新冠肺炎疫情,浙江旅游职业学院高举习近平新时代中国特色社会主义思想伟大旗帜,全面贯彻落实党的十九大和十九届历次全会、省委十四届历次全会精神,紧紧围绕学校第二次党代会奋斗目标,坚持"两手硬、两战赢",紧扣"一条主线",围绕"两大任务",突出"三个关键",全面落实"双十"举措,取得了疫情防控和事业发展的良好局面。

一、党建引领作用不断突出

高标准实施第三轮基层党建"先锋工程",获全省高校"双带头人"教师党支部书记工作室1个,省直机关"先锋支部"1个,第五届全省高校"最受师生喜爱的书记"提名奖1人。建立政治理论学习的巡听、旁听制度,巡听做到党总支全覆盖,旁听做到支部书记全覆盖。建立学校政治监督"四清单""两档案"和"两报告",完成对4个二级学院党总支的校内巡察。与中国建设银行浙江省分行签署党建共建暨战略合作协议,开创了校企党建共建的先河。全年在《人民日报》《中国教育报》等主流媒体刊发报道230余篇,学校官微获评第二届全国高校官微"50强"。

二、"双高"建设坚实起步

先后组织召开国家"双高计划"建设项目启动大会和推进会,

明确建设任务书和方案,制定"双高"建设项目实施管理办法和专项资金管理办法。推进导游、酒店管理、烹饪、规划与设计四大专业群建设,组织制定3年建设规划。导游专业群揭牌成立全国导游专业群开放式职教联盟,首批理事单位60余家。全面启动导游专业群开放共享教学资源库和景区开发与管理专业国家级教学资源库建设,景区专业教学资源库已建成网络课程90门,注册用户76680人,访问日志数近110000次/天。学校入选省教育厅、省财政厅高水平职业院校建设单位。

三、治理能力加速提升

完成"以群建院",共设有酒店管理学院、旅行服务与管理学院等8个二级学院和马克思主义学院、徐霞客创新创业学院、国际教育学院、继续教育学院和公共教学部,共计13个教学单位。运行内部质量保证体系诊断与改进平台,实现内部运行网上监控。改革考核和评价制度,修订《学校部门目标管理年度考核办法》《教师工作综合业绩年度考核办法》。完善奖助体系,修订奖学金评定办法、学费减免管理办法。全面升级办事大厅、学工系统、办公OA三大平台,上线"浙旅院钉"移动门户,实现服务事项100%网上办,核心业务100%掌上办。

四、人才培养再上台阶

录取新生5170名,报到5043名,单独考试招生5个类别录取分数线高出省线100分以上。2020届毕业生初次就业4326人,初次就业率达98.28%,在全省乃至全国高职院校中名列前茅。在2021届全国高校毕业生就业工作推进会上,学校作为全国唯一的高职院校做典型发言。与浙江工商大学联合举办首个旅游管理本科专业(专升本),招收首批本科生45名。全面推进"三全育人"综合改革,完善"五育并举人才培养体系",启动"人文铸旅"工程和"红色之旅"思政仿真实训中心建设。首获浙江省国际"互联网+"大学生创新创业大赛金奖,并晋级国赛获入围奖;在第二十二届FHC中国国际烹饪艺术大赛上斩获10金3银6铜;"阳光工程"荣获世界职业院校与技术大学联盟(WFCP)2020年"学生支持服务卓越奖"。

五、师资建设卓有成效

以"星光计划"为载体,分类培育教学型、科研型、社会服务型教师名师。制定《校企师资发展共同体建设实施方案》,建成校企师资发展共同体10家。制定出台《教学创新团队建设实施意见》,明确教学创新团队遴选与建设标准,遴选校级教师教学创新团队27个。教师团队获2020年全国职业院校教学能力大赛二等奖1个。1人获文化和旅游部优秀专家称号,2人获第二届"旅游教育人物"荣誉,1人入选2020年度省旅游拔尖人才培育项目。全年引进高层次人才13名,其中"高精尖缺"人才7人,特聘教授6人。

六、教学科研成绩喜人

推进"四融"人才培养模式实施,开展教学标准体系"三对接"等课堂教学改革创新项目。制定专业群内专业辅修方案和学分银行试点方案。与浙江音乐学院、浙江艺术职业学院成立文旅课程联盟,建立跨校选修课程库,开展学分互认。组建课程思政教学创新团队16支,获评全国"课程思政"课堂教学优秀案例3个,建设课程思政精品课程10门,初步建成了课程思政教学案例库,实现课程思政全覆盖。作为组长单位牵头修(制)订国家职业教育(中职、高职、本科一体化)文化、艺术、旅游类专业目录。"互联网+"混合式教学覆盖率达100%,教师空间智慧化管理100%覆盖。导游、研学旅行与管理等7个专业成功申报8项"1+X"职业技能等级证书。入选"十三五"职业教育国家规划教材9部,获浙江省"十三五"新形态教材立项3部。获得国家社科基金艺术学项目3项,省哲社课题2项,软科学课题2项,省部级项目质量明显提升。

七、交流合作成果丰硕

牵头组建的省旅游产业产教融合联盟入选首批省产教融合联盟,是唯一一个高职院校牵头组建的省产教融合联盟。与浙江省北大信息技术高等研究院共建浙江北大数字文化和旅游联合中心实验室,为产业发展提供智力支持。与阿里巴巴集团旗下"飞猪旅行"平台、杭州麦扑文化创意有限公司、蜗牛景区管理集团共建3个产业学院。与温州市洞头区等6家地方政府及龙头企业签订战略合作协议,不断拓展校政行企合作。与阿里巴巴(中国)教育科技有限公司合作建立"阿里巴巴人才孵化基地"。与中国建设银行签订战略合作协议,中国建设银行投入1000余万元校企合作资金,支持"双高计划"和""智慧校园"项目建设,通过共同开展人才培养、智慧校园建设、金融综合服务等全方位的合作,实现协同创新、融合共赢。

八、社会服务能力明显增强

持续开展"师生团队助力全省万村景区化建设""暑期送教下乡"等活动,共选派66名教师和138名学生组成师生团队,为46个县(市、区)免费培训91场次,累计培训各类人员超6500人次。围绕全域旅游、"文化基因解码工程"等重大文化和旅游发展战略,精准服务地方产业发展,全年横向课题到款额超2500万元。完成长三角旅游公共服务体系建设、全省文化和旅游"十四五"规划编制思路和建议等重大课题研究,得到省委、省政府主要领导批示。运用公益免费直播课、文旅智慧职教平台、共建社区学院等方式,扎实推进旅游行业企业培训,全年开设各类培训班54期,培训人数5345人,较2019年增长32.7%。学校获"文化和旅游部浙江培训基地依托单位"称号。

九、国际化办学水平稳步提升

成功创建浙江省国际化特色校。成立学校的第3个境外办学机构——中意厨艺学院。正式加入世界旅游联盟,成为世界旅游联盟成员中唯一一所高职院校。成立"旅游汉语名师工作室",搭建国际学生旅游汉语教学交流的平台。编制全国首个《旅游汉语课程设置规范》团体标准,进一步规范来华留学教育,为下一步实现"中国标准"输出打下坚实基础。通过全球餐饮权威——世界厨师联合会(WACS)"优质烹饪教育"认证,成为中国境内第一所获得此项资质的高校。

十、"幸福工程"深入实施

启动第二轮"幸福工程",先后组织开展线上防疫知识问答、云上健身走、线上六一亲子趣味知识问答以及"品味旅院"沙龙等活动。与浙江艺术职业学院共建文化和旅游教师发展中心,建立青年教师促进会。实现"5G＋Wi-Fi"校园网络覆盖,开办教职工晚餐,提升师生幸福感。高标准建设完成酒店烹饪一体化实训大楼,启动虚拟仿真实训中心建设。完成景区游客中心、3A级旅游厕所、标识导览系统建设,顺利通过4A级景区复核验收。

十一、疫情防控扎实到位

学校先后9次召开疫情防控工作领导小组专题会议,制定20余个疫情防控方案、预案,并根据要求及时调整防控措施,稳妥推进线上线下授课衔接,抓好校园常态化疫情防控。建立全校师生"健康通行码"和师生请假、出省网上审批制度,实现师生入校"一人一码"、出省审批"一人一表"。针对困难学生,学校设立疫情期间专项"爱心基金",累计向122位困难学生发放爱心基金13.5万元。同时,及时组建疫情防控心理援助队伍,开通心理健康热线,关注师生心理健康。全校实现"零感染"目标。

【年度要闻】

获世界厨师联合会(WACS)"优质烹饪教育"资格认证　9月,学校正式通过世界厨师联合会(WACS)"优质烹饪教育"资格认证,成为中国境内第一所获得此项资质的高校。

获国家社科基金艺术学项目立项

10月10日,文化和旅游部公布了2020年度国家社科基金艺术学项目立项名单,学校首次同时立项国家社科基金艺术学重点项目和一般项目,且喜获3项。立项数量位列全国高等职业院校第一,取得历史性突破。

加入世界旅游联盟　11月12日,世界旅游联盟2020年年会在杭州萧山召开。会上宣布了世界旅游联盟第一届理事会第四次会议通过的14家新会员名单,浙江旅游职业学院正式加入世界旅游联盟。至此,世界旅游联盟共有来自全球40个国家和地区的211个会员,浙江旅游职业学院是世界旅游联盟唯一一所高职院校会员单位。

成立中意厨艺学院　11月20日,由中意美食新丝路烹饪教育联盟成员单位共建的中意厨艺学院"云揭牌"仪式顺利举行。中意厨艺学院是中意两国在中国烹饪教育领域的首个合作办学机构,是学校继中俄旅游学院、中塞旅游学院成功办学后的第三个"走出去"办学项目,也是学校响应国家"一带一路"倡议、深化国际旅游教育合作的新平台。

"阳光工程"荣获世界职业院校与技术大学联盟(WFCP)2020年"学生支持服务卓越奖"　11月27日,世界职业院校与技术大学联盟(WFCP)2020年全球大会在加拿大温哥华召开,会上宣布了2020年度世界职教卓越奖获奖名单,中国高职院校共获得14个奖项,本校"阳光工程——浙江旅游职业学院助力学生成长成才"项目名列其中,荣获"学生支持服务卓越奖"。

举办浙江省旅游产业产教融合联盟成立大会、浙江北大数字文化和旅游联合中心实验室成立大会及数字文旅产业发展高峰论坛 11月28日,学校举办浙江省旅游产业产教融合联盟成立大会、浙江北大数字文化和旅游联合中心实验室成立大会及数字文旅产业发展高峰论坛。会上,揭牌成立了浙江省旅游产业产教融合联盟、浙江北大数字文化和旅游联合中心实验室。学校牵头组建的浙江省旅游产业产教融合联盟,是唯一一个高职院校牵头组建的省产教融合联盟。学校4类项目入围省产教融合"五个一批",是入围项目类别最多的高职院校。与北京大学信息技术高等研究院共建浙江北大数字文化和旅游联合中心实验室,为开展数字文旅研究搭建了平台。2020首届浙江北大数字文旅产业发展高峰论坛举行,北京大学原副校长张国有发表主旨演讲。浙江北大数字文化和旅游联合中心实验室主任向勇、凤凰科技集团总裁王晓东、北京大学艺术学院助理教授高峰等围绕数字技术与文旅融合开展圆桌对话。论坛现场还围绕数字技术在文旅产业中的十大应用场景主题发布了各项研究成果。

荣获"全国旅游标准化工作优秀组织"称号 12月16日,全国旅游标准化技术委员会公布了旅游标准化工作优秀组织遴选结果,学校成为全国10个获此殊荣的组织中唯一的高职院校。作为浙江省文化和旅游标准化技术委员会秘书处承担单位,学校积极整合中国旅游研究院旅游标准化研究基地、省文化和旅游标准化研究所等平台资源,组成一支高水平的专家团队开展文化和旅游标准化工作。截至年底,学校主导制修订国家标准1项、行业标准4项、省级地方标准10项,连续2次在省级专业标准化技术委员会考核中获优秀等次。

入选浙江省教育厅、省财政厅高水平职业院校建设单位 12月,浙江省教育厅、省财政厅公布了浙江省高水平职业院校和专业(群)建设名单,学校成功入选并在15所高职院校中名列前茅。

2020届毕业生就业率逆势增长 在旅游行业受新冠肺炎疫情冲击下,学校应届毕业生就业率逆势而上,达到了98.28%,位居全省乃至全国前列。学校在2021届全国高校毕业生就业工作推进会上,作为全国唯一的高职院校做典型发言。

牵头修(制)订国家职业教育(中职、高职、本科一体化)文化、艺术、旅游类专业目录 学校作为组长单位牵头修(制)订国家职业教育(中职、高职、本科一体化)文化、艺术、旅游类专业目录。

(凌素梅)

浙江艺术职业学院

【概况】 设有戏曲学院、戏剧、音乐、舞蹈、美术、影视技术、文化管理7个教学院系和附属中专(浙江艺术学校)、基础教学部(公共体育部)、社会科学部、继续教育学院等教学单位,共29个专业。内设机构27个。2020年教职工435人(其中具有高级技术职务资格的142人,中级221人)。全日制在校生近4600人,其中中专学生1000余人。

一、坚持党建引领,推动全面从严治党向纵深发展

巩固深化"不忘初心、牢记使命"主题教育成果,开展"艺心向党"红色文化月活动,推进"忠诚教育",开展"百年望道"——纪念《共产党宣言》中文首译本出版100周年主题展等15项活动。探索"互联网+党建"新模式,积极开发"浙艺党建指数"网络平台,深化推进党组织"堡垒指数"和党员"先锋指数"考评。聚焦主题教育整改落实、"8+1"专项整治后续整改等,推进监督工作项目化管理,加强重点领域环节监管,开展"清廉浙艺"建设自查,全面评价"清廉浙艺"阶段性建设成效。

二、严格疫情引控,确保学校运行安全平稳有序

成立新冠肺炎疫情防控工作领导小组,下设"一办五组",成立开学工作专班、来华留学生和外籍教师疫情防控工作专班,严格校内人员离杭行前报批,实行闭环管理。落实防疫经费108.8万元,组织开展疫情防控专项检查11次,启动应急预案127次。学校全年运行安全有序,3个部门、6位教职工获浙江省文化和旅游系统"抗疫英雄榜"先进团队、先进个人。

三、注重"双高"引路,助力学校整体水平迈上新台阶

国家"双高"建设学校方案和

戏曲表演专业群建设方案与任务书一次性通过教育部组织的评审。正式挂牌成立浙江艺术职业学院戏曲学院，聘请浙江省首届"最美浙江人·最美文旅人"、著名导演杨小青为名誉院长。国控高职专业"学前教育"获批。顺利通过浙江省第一批省级现代学徒制试点单位验收，完成教育部现代学徒制试点验收。成功申请数字创意建模、界面设计"1＋X"证书试点院校，覆盖舞台艺术设计与制作等5个专业。

四、驱动创新引擎，促进科研创作能力全面提升

加强科研后备与中坚力量培养，新建9个青年教师科研团队。立项浙江省教育科学规划课题"疫情与教育"专项、中国艺术职业教育学会"防疫与教育"项目及校级"防疫与复学"项目共9项。《浙江艺术职业学院学报》办刊质量提高，38篇刊载论文收入"人大复印资料索引目录"。舞蹈作品《西施别越》获第十二届中国舞蹈荷花奖古典舞奖、入围第十三届全国舞蹈展演活动。越剧《幽兰逢春》、创作展"戏曲元素艺术装置系列作品创作交流"等4个项目入选首届浙江文化艺术发展基金项目。越剧《许仙》、扬琴与乐队组曲《拱宸》入选2020—2021年度浙江省文化和旅游厅科研与创作立项。开展"建党百年""三地一窗口"主题创作活动，扶持12个原创舞台作品、9个美术和微电影作品。

五、探索全新机制，深化产教融合协同育人

创新职业教育产教融合、校企合作办学模式，成立覆盖长三角乃至全国越剧艺术的专门研究机构——越剧研究院，搭建保护传承越剧艺术的重要平台。吸收上海越剧院、安徽省黄梅戏剧院、扬州市扬剧研究所、南京市越剧团等7家单位作为长三角联盟发起单位，共同筹建长三角戏曲产教联盟，建立定期会商机制，联合开展本源人才培养。成立乡村文旅融合研究中心，充分利用学校资源，助推乡村文化和旅游产业发展。第一届宋城舞蹈班顺利完成校企考核，并开展第二届"宋城班"招生工作。按计划输送"龙之梦"班学生进入企业顶岗实习。推进与横店集团、长兴文旅集团、浙江演艺集团、浙江小百花越剧院等的战略合作。

六、打造过硬队伍，夯实内涵发展基础

聘请特聘教授27名，引进第十一届文华表演奖获得者章小敏、浙江省高职高专院校中青年专业带头人（服装设计专业）项敢等5名人才。建立教师在线学习网络平台，提供300余门课程供教师选择学习。获浙江省高职院校教师教学能力大赛二等奖2个、三等奖2个，3位教师被评为"文化和旅游部百名优秀戏曲专业教师"。新增浙江省文化和旅游创新团队3个、浙江省特级专家1名。

七、提高就业水平，筑牢学校发展"生命线"

完成高职提前招生、高考统招、单独考试和高职扩招等多样化考试的实施管理，共招收新生1299人。完善毕业生动态就业跟踪监测服务，提高就业指导与服务工作质量。2020届毕业生共有1164人，其中首届定向文化员班的39名学生顺利毕业，正式走上乡镇文化员工作岗位。毕业生初次就业率为97.34％，高出浙江省平均就业率4.34个百分点。加强学生创新创业教育实践力度，积极参与各类创新创业大赛，获第十二届浙江省"挑战杯"大学生创业计划竞赛一等奖，第二十六届中国模特之星大赛总决赛全国季军、首届中国长三角（大纵湖）微电影大赛优秀作品奖。

八、完善制度体系，全面优化学校内部治理

牢固树立以师生为中心的发展理念，持续推进网上办事大厅"最多跑一次"业务流程建设，自主建设校内请示、上级来文（批办性文件）、校内二级经费预算内部调剂、校外人员临时申请进校审批、每月主题党日活动备案等业务流程。完成"今日校园"App采购。促进"三服务"活动提质增效，共开展"三服务"活动158次。

【年度要闻】

开展线上教学　2月17日至5月5日，根据教育部"离校不离教、停课不停学"要求，全面启动线上教学。489名校内外教师开设487门线上课程（占应开设课程的87％），3190名学生参与线上教学。

参加全国第六届大学生艺术展演现场展演　5月6日至13日，学校选送戏剧类作品——越剧《珍珠塔·失塔》和舞蹈类作品——群舞《东流山上杜鹃红》2个节目代表浙江省参加全国第六届大学生艺术展演活动。

开展"以艺抗疫"活动　开展"抗疫情"主题文艺作品评选活

动,共收到 204 个作品,评出 63 个入围作品,并于 6 月 30 日举办评选活动颁奖典礼,部分作品在"学习强国"、浙江省舞台艺术小型剧(节)目库等网络平台播出。《致敬逆行者》获得浙江省高校"寻找身边的感动"活动"十佳书画作品奖"。

承办 2020"新松计划"浙江省青年演奏员大赛 7 月 4 日至 5 日,2020"新松计划"浙江省青年演奏员大赛决赛在宁波举办,学校学生荣获 3 个一等奖、3 个三等奖。

承办浙江省第十一届音乐舞蹈节 8 月 11 日至 10 月 30 日,学校承办浙江省第十一届音乐舞蹈节。在该届音乐舞蹈节中,学校学生共揽获 1 个金奖、2 个银奖、5 个铜奖、5 个优秀奖。

举办第十三届综合展演季
举办以"彰显文旅融合魅力,讲好山水课堂故事"为主题的第十三届(2020—2021 学年)综合展演季,先后推出以表演艺术类专业为主的 18 场剧(节)目专场和以文化科技与艺术设计、民族文化和文化服务类专业为主的 11 场毕业展览、展映。整个展演季从 10 月 13 日开始,历时 102 天,共举办 60 场校内外展演活动,其中校外 25 场,校内 35 场,直播观众人数超 100 万。

参加 2020 年浙江省大学生艺术节演出 10 月 27 日至 30 日,由浙江省教育厅、浙江省文化和旅游厅、共青团浙江省委、浙江省财政厅、浙江广播电视集团共同主办的 2020 年浙江省大学生艺术节在杭州师范大学举行,学校有 12 个艺术表演类节目入围艺术节演出。

承办"高雅艺术进校园"活动
11 月 10 日至 12 月 1 日,由浙江省教育厅、浙江省文化和旅游厅、浙江省财政厅等部门共同组织实施的"高雅艺术进校园"活动举办。2020 年度"高雅艺术进校园"活动由浙江青年实验艺术团有限公司代表学校与浙江省教育厅签订 10 场综合歌舞演出合同,走进宁波大学等大学校园演出。

成立越剧研究院 12 月 18 日,越剧研究院成立大会暨浙江戏曲产教联盟 2020 年度系列活动在杭州举办。研究院下设"一院""两馆""五中心",通过加强顶层设计,搭建学术平台与创作孵化平台等方式,促进"产教联动""校团合作",深度挖掘、整理、研究越剧教育资源,为浙江省打造"中国越剧之乡"做出重要贡献。

成立乡村文旅融合研究中心
12 月 31 日,浙江艺术职业学院乡村文旅融合研究中心挂牌仪式暨美术系 2021 届毕业设计展在浙江赛丽美术馆举办。研究中心以"宜融则融、能融尽融,以文促旅、以旅彰文"为总体思路,立足乡村旅游文化新发展阶段、践行乡村旅游文化新发展理念,集"科学研究、开发设计、应用服务"于一体,面向乡村开展专项研究和项目服务。

开启表演专业全日制专升本教育 联合浙江音乐学院、浙江传媒学院分别开展越剧音乐伴奏和戏剧影视表演专业全日制专升本教育,首届表演专业(越剧音乐伴奏)专升本班招生 15 人,首届表演专业(戏剧影视表演)专升本班招生 30 人;越剧中本一体化班招生 21 人,音乐剧中本一体化班两届分别招生 27 人、28 人。

(汪仕龙)

中国丝绸博物馆

【概况】 内设机构 5 个。2020 年末人员 47 人(其中具有高级技术职务资格的 14 人,中级 18 人)。

2020 年,中国丝绸博物馆全馆干部职工不懈努力,团结协作,有序推进各项工作,亮点纷呈。一是坚持以习近平新时代中国特色社会主义思想为指导,全面贯彻落实党的十九大精神,认真贯彻落实中央和省委的决策部署和指示精神,坚定不移地推进党建、党风廉政建设和意识形态工作,推出了"精彩国丝,党员先行——每季党员标兵""国丝新青年"活动,党建品牌"格桑花"被评为省级文化和旅游系统十佳党建优秀案例。二是持续推出一系列影响力广泛、特色鲜明的主题展览,充分发挥社会教育职能,展现了浙江的文化软实力,丰富了展陈体系。三是举办"2020 丝绸之路周"活动,活动由国家文物局、浙江省人民政府主办,中共浙江省委宣传部、浙江省文化和旅游厅、浙江省文物局承办,联动国内外 100 余家文博机构,在社交媒体上的阅读量和观看量超 5.6 亿次。四是加大文博宣教工作力度,拓展业务范畴,提升服务水平,举办第三届"国丝汉服节·宋之雅韵"活动,疫情闭馆期间推出"国丝五个一"系列推文,以及各类线上展览、直播活动。五是推进文物保护科研进度,纺织品文物保护国家文物局重点科研基地新增陕西工作站,启动国家重点研发课题"纺织品文物价值认知及关键技术研究",稳步推进国家重点研发计划项目"世界丝绸互动地图"。

一、机制建设

加强理事会建设。1月11日,召开首届理事会第四次会议。

开展4A级景区建设。作为省属博物馆文旅融合的试点单位,按照《浙江省4A级旅游景区管理办法》要求,对照《旅游景区质量》国家标准和评定细则,增设游客中心、全面更换标识导览系统、提升改造公厕及停车场生态化铺装,全面改善硬件服务质量。同时,在软件方面加大服务管理、礼仪接待、导览解说等培训力度。

二、安全保卫

与各部门及协作单位签订2020年度社会治安综合治理目标管理责任书。每季度召开1次综合治理领导小组会议。

开展"文物安全"专项整治工作。每月组织1次全馆文物安全排查,每天开展4次全馆安全巡查,及时消除安全隐患。每月召开1次安全工作例会。举办消防知识讲座以及消防、反恐防暴演练。研究制定严格、可行的安全防范措施,确保全年文物安全进出无事故。

三、藏品征集与管理

完成年度文物征集专项经费的征集任务。全年新增藏品128件(套),其中捐赠68件(套),征购60件(套)。全馆藏品总量达到67994件(套),其中一、二、三级文物总计4652件(套)。

继续丰富和完善文物收藏体系,重点征集元代袍服、裤子等一批丝绸文物,有助于进一步加强馆藏元代服饰体系研究,并用于"锦程:中国丝绸与丝绸之路"基本陈列更换展品。

配合杭州"全球旗袍日"活动,邀请全球多个国家及地区的设计师制作旗袍,并择优征集了其中17件(套)作为馆藏。以举办"中国时尚回顾大展2011—2020"为契机,以无偿捐赠的形式收藏了数十位国内知名设计师的时装精品。此外,还征购了部分当代纺织服装精品。

加强藏品管理,严格按照《藏品管理办法》开展库房管理工作,确保库房藏品安全,完成2020年度新增藏品的登记、入库、拍照及制档的初步信息。根据临时展览、境外引进展览等相关工作安排,及时完成馆藏文物及借展文物的安全提取、点交等。

全面启用新建藏品库房,根据藏品特点,科学制定规划,整理完成西方时装藏品28721件(套)、现代纺织时装藏品2023件(套)、借藏汉帛作品327套(1118件)等的拆包上架、登记、编目等系列工作。截至12月底,基本完成所有馆藏文物及中西方藏品的上架工作。

四、陈列展览

除基本成列外,全年举办各类临展23个,其中馆内临展18个,馆外临展5个。

4个基本陈列为"锦程:中国丝绸与丝绸之路""天蚕灵机:中国蚕桑丝织技艺非物质文化遗产""从田园到城市:四百年的西方时装""更衣记:中国时装艺术(1920s—2010s)",以中国丝绸为核心、丝绸之路概念为亮点、融古今中外于一体。

馆内临展中有4个大型重点展览,分别是时尚主题的"初·新:2019年度时尚回顾展",配合"丝绸之路周"进行以丝绸之路为主题的"众望同归:丝绸之路的前世今生""一花一世界:丝绸之路上的互学互鉴",以及境外引进的时尚展览"巴黎世家:型风塑尚"。此外,还有"如诗:2020全球旗袍邀请展""'疫'路逆行:抗击新冠肺炎医护特展""国际丝绸精品展之丝路锦绣"等临时展览。

在修复展示馆举办4个中型临展,分别是"岛夷卉服:东南亚帽子""雅韵湘传:湖南省博物馆藏宋元服饰""后宫遗珍:清东陵慈禧及容妃服饰修复成果展""燕尔柔白:19—20世纪西方婚纱展",集中展示了本馆在保护修复项目实施、藏品整理研究等方面的工作成果。

在新猷资料馆举办4个小型文献展,配合"丝绸之路周"活动,策划了"出塞与归汉:中国古代绘画中的丝绸之路"文献展和"众望同归:丝绸之路前世今生"文献展,此外还推出了"集锦众芳:余月虹女士捐赠纺织面料展"和"影留双璧辉:近现代结婚照及相关文献展"。

馆外临展以本馆原创文物展、图片展或文献展为主,包括在广西民族博物馆举办的"锦绣世界:国际丝绸艺术展"、在杭州市卖鱼桥小学举办的"天上取样:历代丝绸纹样展"、在中共浙江省委党校图书馆举办的"中华文明高校行:'丝绸之路与丝路之绸'展"，在深圳海上世界文化艺术中心举办的"源于自然的时尚"及展中展"衣从万物：中国今昔时尚"、在上海市历史博物馆举办的"东织西造　锦绣生活：中西丝织文物展"。

五、文物保护与基地建设

全年共编制纺织品文物保护修复方案 5 项，其中马山楚墓锦面绵袍项目已获批立项。为布达拉宫管理处和罗布林卡管理处分别编制"十四五"期间唐卡修复立项申请，共 2 项。接受文博机构委托，全年保护修复文物共 11 批次 146 件（套），其中结项 6 个，启动 3 个，推进 2 个。

纺织品文物保护国家文物局重点科研基地新增陕西工作站，全国共设有 7 个工作站。

六、学术研究

全年课题结项 1 项，即北京市文物局科研课题"北京艺术博物馆藏明清织绣染色材料分析及色源探究"子课题；完成 4 项，包括国家文物局文物保护行业标准课题"古代植物染料鉴别技术规范　光纤光谱法"等 2 项、浙江省文物保护科技项目"基于显微形貌与红外光谱在古代毛皮文物中的应用"等 2 项；在研 8 项，包括国家重点研发计划项目"世界丝绸互动地图关键技术研发和示范"1 项、国家重点研发计划课题"丝绸文物的精细鉴别与产地溯源"等 2 项、国家自然科学基金青年项目"基于免疫磁珠富集的荧光快速检测出土文物中痕迹蚕丝蛋白的方法研究"1 项、国家社会科学基金青年项目"南方地区原始纺织机具的考古发现与研究"1 项、浙江省文物保护科技项目"南宋丝绸服饰研究与复原：以黄岩

赵伯沄墓为例"等 3 项；立项 1 项，即浙江省文物保护科技项目"胶粘剂在丝绸文物修复中的应用"。出版专著 10 本，发表中英文期刊论文 21 篇（4 篇 SCI 收录），授权发明专利 1 项，申请发明专利 4 项。

七、文博宣传

积极探索新的宣传报道方式，做好传统大众媒体宣传报道的同时，通过微信、微博、抖音等自媒体，进一步搭建媒体矩阵以及线上、线下互通互联的聚合平台，网站和各大媒体客户端报道共计 337 篇。与新浪微博、字节跳动、新华网等深度合作，针对"丝绸之路周"等重大活动实行全方位联动宣传，央视及省、市各大电视台、电台持续做了大量报道，"丝绸之路周"期间的宣传荣获微博优秀政务案例。"后宫遗珍：清东陵慈禧及容妃服饰修复成果展"受到媒体重点关注。举办第三届"国丝汉服节·宋之雅韵"，全程线上直播，各平台总观看量近 100 万次。

八、文博教育与培训

新冠肺炎疫情期间，以互联网为主要宣传阵地，满足观众参观和学习需求。开馆后，以线上为主，线下为辅，结合重大展览、国丝汉服节、丝绸之路周等重点工作，积极尝试创新，第三届"国丝汉服节·宋之雅韵"全程线上直播，引起广泛关注。

全年共接待观众 40 余万人次，其中学生观众近 10 万人次，提供讲解服务 510 次。讲解员钟红桑参加"国宝讲述人（云讲国宝）——全国文博在线讲解直播推介活动"，荣获"十佳国宝讲述人"称号。

女红传习馆增设线上课程，通过馆官网、官微和《钱江晚报》"小时新闻"App 等媒体平台进行传播，同时开展线下女红工坊体验活动、女红传习馆校园基地活动。全年共开设课程及体验活动 358 场次，参与人数 77167 人。

继续深化文化志愿者队伍建设，对志愿者进行专业指导和培训，"2020 丝绸之路周"期间推出"一花一世界"——志愿者线上系列视频讲解活动。

九、交流与合作

11 月 12 日，中国蚕桑丝织技艺保护联盟在四川成都召开第二届联盟会议，由轮值主席所在的成都蜀江锦院·成都蜀锦织绣博物馆和联盟秘书处所在的中国丝绸博物馆承办。"丝绸之路周"期间，联盟在微博开展♯发现中国蚕桑丝织非遗之美♯活动。编印《中国蚕桑丝织技艺保护联盟通讯》第 1 辑（10 年回顾特刊）。

【年度要闻】

2020 丝绸之路周　活动由国家文物局、浙江省人民政府主办，中共浙江省委宣传部、浙江省文化和旅游厅、浙江省文物局承办，主题为："丝绸之路：互学互鉴促进未来合作"。活动于 5 月 13 日新闻发布会后开始预热，6 月 19 日至 24 日，由中国丝绸博物馆及国内其他 100 余家文博机构共同参与，以主题展览、学术活动、线上直播互动等形式，通过线下线上联动的方式，将"2020 丝绸之路周"活动逐步推向高潮。"2020 丝绸之路周"活动是首次在全球举办，国家文物局和浙江省委、省政府高度重视，多次召开会议研究，精心策划活动方案，还

成立了"丝绸之路周"学术委员会,负责学术定位、主题选定、主场选定等重大事项的指导。本次活动充分体现了文化遗产界的浙江实践和中国智慧,引发国内外文化遗产界的热烈反响。联合国教科文组织世界遗产中心、国际古迹遗址理事会、国际文化财产保护与修复研究中心、国际博物馆协会、联合国教科文组织丝绸之路网络平台等六大国际组织对活动进行了肯定与支持。来自14个国家的200余家文化机构参与各项线上活动,在社交媒体上的阅读量和观看量超5.6亿次。

"国丝五个一"系列推文

1月24日至3月30日新冠肺炎疫情闭馆期间,线上推出"一文、一问、一例、一技、一物""国丝五个一"系列推文,丰富疫情期间民众的文化生活。"一物"是讲述一件文物;"一例"是一件保护修复或复制案例;"一文"通常是对已发表的论文的缩写;"一技"是一堂手工课,教一门手艺,学一门绝技;"一问"是针对读者提出的问题进行解答。开馆后,"国丝五个一"系列推文保持更新,成为本馆的宣传品牌,全年发布推文63条。该活动广受关注,《中国文物报》在头版做报道,并登上"学习强国"平台。

第三届"国丝汉服节·宋之雅韵" 5月23日,第三届"国丝汉服节·宋之雅韵"在中国丝绸博物馆举办。受疫情影响,本届"国丝汉服节"全程采取线上直播的形式,在中国丝绸博物馆官方微博、抖音以及哔哩哔哩平台与全国观众一起聚焦宋代服饰,感悟典雅宋韵。此次汉服节由展厅导览、银瀚论道、文物鉴赏、汉服之夜等内容组成,各自媒体平台总观看量近100万次。配合本届"国丝汉服节"主题,还在微博发起了"#我的宋潮style#"穿搭大赛,获得了全国各地汉服爱好者的热烈响应。

国家重点研发计划项目"世界丝绸互动地图"启动 6月19日,国家重点研发计划项目"世界丝绸互动地图"启动,其中包括"丝绸文物的精细鉴别与产地溯源"和"示范应用"两个重点研发课题,中国丝绸博物馆与东华大学、浙江大学、浙江理工大学、中国计量大学等多家学校、科研机构、科技企业共同参与。研发检测技术,收集相关信息,搭建锦绣平台,构建丝绸知识模型,探索世界丝绸起源、传播和交流的时空规律。

教科文组织丝绸之路项目30周年活动 7月20日,为庆祝联合国教科文组织丝绸之路项目实施30周年,中国丝绸博物馆与联合国教科文组织世界遗产中心、丝绸之路项目共同举办了视频座谈会,相关组织机构和参与过丝绸之路考察活动的众多专家参加了会议。会上,中国丝绸博物馆馆长提出为丝绸之路项目建立电子档案的动议,得到了与会机构、专家的大力支持,联合国教科文组织世界遗产中心决定,以中国丝绸博物馆为依托、由馆长牵头的教科文组织丝绸之路项目数字档案正式启动。

和商务印书馆举行战略合作签约仪式 8月24日,中国丝绸博物馆和商务印书馆战略合作签约仪式在中国丝绸博物馆举行。浙江省委宣传部副部长李杲、商务印书馆总经理李平等出席签约仪式。双方现场签署了未来5年的战略合作协议,同时"丝绸之路出版策划中心"在中国丝绸博物馆挂牌成立。双方将围绕丝路文化主题展、丝路考古研究、中国丝绸文化的海外传播等方面进行学术、出版领域的深度合作。

浙江省博物馆学会文化创意专业委员会成立 为加强浙江省文博机构间的合作与交流,提高全省博物馆文化创意研发水平,11月8日,浙江省博物馆学会文化创意专业委员会在义乌成立。文创专委会设主任委员1名、副主任委员4名,委员6名,由来自中国丝绸博物馆、宁波博物院、杭州博物馆、中国茶叶博物馆、湖州市博物馆、浙江大学艺术与考古学院、宁波中国港口博物馆、温州博物馆、衢州市博物馆和丽水市博物馆的专家组成,秘书处设在中国丝绸博物馆。成立仪式后,专委会举行了第一次全体委员会议,审议通过了《浙江省博物馆学会文化创意专委会管理办法》,讨论了2021年工作计划。

入选首批浙江国际人文交流基地 12月4日,中国丝绸博物馆从42家申请单位中脱颖而出,被列为首批省级国际人文交流基地,同时正式授牌。

(梁严艺)

浙江图书馆

【概况】 内设机构 16 个。2020 年末人员 239 人(其中具有高级技术职务资格的 45 人,中级 127 人)。

2020 年,浙江图书馆牵头全省各级公共图书馆全面开启全省公共图书馆服务大提升工作,创新服务方式、提升服务效能、推进全民阅读,取得显著的社会效益。

一、全面开展服务大提升工作

牵头全省各级公共图书馆全面启动服务大提升工作,开展年度工作的分解部署、标准制定与督查促进。根据服务大提升行动方案和各项细化工作要求开展全省调研,形成调研报告,为开展服务大提升工作科学决策提供参考。组织开展《满意图书馆》服务标准的制定工作,广泛征集专家和各级公共图书馆的意见和建议。6 月,在安吉组织召开浙江省市级公共图书馆馆长联席会议,就服务大提升工作做动员部署,确定大提升工作方案和组织机构。7 月,在杭州召开全省公共图书馆服务大提升工作协调推进会和专家研讨会,充分讨论服务大提升工作的进度安排。10 月,在丽水召开公共图书馆提升服务效能研讨会,总结第 1 阶段工作并部署下阶段工作重点。至年底,全省各类主题图书馆和城市书房有 900 多家;全省已有 34% 的村级基层综合文化中心、农村文化礼堂纳入当地的公共图书馆业务管理系统,为读者提供图书借还服务;浙江图书馆与杭州地区 13 家公共图书馆率先实现了流通文献通借通还等。

二、积极拓展线上服务模式

根据疫情防控常态化实际,深入拓展线上服务新模式、新方法,取得了积极的社会成效。首次将全民读书月所有活动转移线上,参与人次破 100 万,专题活动直播观众达 47 万。首次开展长三角有声阅读线上交流,合作推出诗文朗诵会。全方位创新打造"文澜读书岛""文澜讲坛"等活动品牌的线上服务模式,提升品牌社会影响力。与万方、中国知网等数字资源平台合作,推出新冠肺炎防控文献专题栏目。推出"战'疫'线上阅读""战'疫'不停学""防控新冠肺炎知识竞赛"等抗疫线上系列活动,举办抗疫主题线上讲座、展览,以多样的形式开展疫情防控普及教育。持续推动数字资源建设,完成中国知网、维普、万方等数据库的更新升级,推动《山水故园——浙江古村落》专题片二期数据库开放。全年数字资源访问量 6145.5 万次,下载量 1393.7 万次,同比分别增长 73.4%、9.5%。

三、推进全省资源共建共享

根据服务大提升工作要求,立足"一张网一朵云",进一步整合全省数字资源,推进全省公共图书馆数字资源共建共享。推荐 33 个数据库列入全省联合采购目录,与各市级公共图书馆联合采购共享数据库累计 142 个,其中浙江图书馆采购的资源库 44 个,杭州、宁波、温州、嘉兴、绍兴和台州实现地区共享资源 98 个。加强全省数字资源建设,推进浙学文献中心总库、浙江历史文献数字资源总库、浙江省地方文献缩微资源总库、"浙图记忆"口述史专题资源等项目建设。浙江地方戏曲多媒体资源库(二期)、浙江传统美术与技艺多媒体资源库等 11 个国家发展中心项目、"金华市民间曲艺数据库"等 3 项浙江省文化信息资源共享工程地方特色资源建设项目完成验收。推动全省文献资源的全球共建共享,文献采编中心全年新增馆藏记录近 23 万条,将上年度馆藏数据 90234 条批量上传至联机计算机图书馆中心书目数据库。

四、提升服务效能

强化"信阅"品牌,建设"信阅"书店,延伸"信阅"网借平台的服务范围。联合舟山、台州、金华地区图书馆、浙江省新华书店集团和杭州单向空间,推出 21 个"信阅"书店借阅点,开启"馆店融合""阅读空间+"的良性互动,开辟了读者阅读零成本、图书馆服务均等化的新阵地。12 月,在台州市路桥区水滨村和丽水市莲都区碧湖镇建成 2 家"信阅"服务乡镇示范点,以"信阅"服务为载体缩小城乡阅读资源供给差距,消除地域限制。"信阅"网借平台全年新开通用户 11.2 万余人,年外借图书 25.4 万册次,外借 19.6 万人次。截至年底,"信阅"用户已覆盖除港澳台以外全国 31 个省(区、市)的 211 个地级市,共计有 43.6 万读者通过"信阅"网借平台借阅图书 50.4 万余册次。

根据疫情防控工作的实际情况,不断加强线上服务的同时,逐步恢复线下服务。全年新注册读者 64.1 万人,文献外借 115.8 万册次,总流通人次 828.2 万人次,到馆读者 119.4 万人次,官网访问量 4433.3 万次,无线网利用 13 万次。

五、进一步推进全民阅读

联动长三角300余家公共图书馆共同举办"我的战'疫'"阅读马拉松线上快闪赛,其中浙江省97家公共图书馆组织5400余人参赛。联合长三角111家公共图书馆开展线下阅读马拉松大赛,其中浙江省47家公共图书馆1450名读者参赛。主办"天籁浙江·印象诗路"朗诵大会(决赛)暨"云游兰亭"直播推广活动,通过12个平台在线直播,210万人同时在线观看,成为公共文化服务与旅游宣传推广有机融合的实践案例。重视特殊群体的阅读服务工作,举办2020年浙江省"国际盲人节"活动,完善馆内盲道、无障碍停车位、轮椅等无障碍设施标准化建设。组织文化送福活动,为就地过年的外来务工人员和民工子弟送去关怀。主办第十六届浙江省未成年人读书节,以"阅读榜样人物 铸就中国力量"为主题,通过讲述弘扬当今各领域的领军人物事迹,特别是在抗疫一线工作中涌现出的先进人物及平凡英雄,让青少年树立正确的世界观、人生观和价值观。全年共举办各类读者活动730余场次,参与读者637.5万人次,同比增长42.3%。

六、提升学术研究水平

开展"十四五"规划研究,深入推进学术研究。参加国家图书馆和中国图书馆学会牵头开展的"全国公共图书馆事业发展战略研究"项目,开展项目子课题"公共图书馆事业发展环境及趋势"研究工作,提交研究报告。形成"十四五"时期重点项目建议及策划实施方案等阶段性研究成果,为浙江图书馆"十四五"规划研究

做好准备。加强对全省公共图书馆学术研究的引领,持续提升办刊能力和学术质量,《图书馆研究与工作》被四大科教评价报告之一RCCSE《中国学术期刊评价研究报告》评为"B+"等级(准核心期刊)。推出"疫情期的图书馆应急服务"专题,在国内图情领域首开公共文化服务专栏,开设"图书馆与社会教育"暨浙江图书馆120周年馆庆专栏,推出浙江地方经验专栏。全年全馆职工发表学术论文17篇,参与完成国家哲学社会科学基金项目结题1项。

七、推进基础设施建设

扎实做好基础建设各项工作,确保新馆建设有力有序推进。新馆施工现场完成所有25万土方外运工作,累计完成工程桩667根,完成负二层结顶,图书馆1/3区域出土。针对新馆内部功能和平面布置、智能化系统及设施设备、装修设计、灯光、色彩、标识系统等设计问题,更新《浙江图书馆新馆室内设计方案》。

嘉业堂馆舍增加附房室内设计、公共卫生间改造和水电、暖通等设计内容,完成所有新增设计内容的施工图纸,安防改造工程通过浙江省文物局初步验收。大学路馆舍开展修缮工程的前期各项工作,形成相关修缮报告、社会风险评估咨询服务合同等书面材料。孤山路馆舍完成多次现场勘查,整体修缮、环境整治工程、陈列展示立项请示获国家文物局批复。

八、继续加强古籍保护利用工作

发挥浙江省古籍保护中心统筹协调作用,统一标准规范,深化

浙江省古籍保护工作。形成《古籍数字化加工工作流程》《浙江省古籍数字化加工技术要求(试行)》《浙江省古籍元数据规范与著录规则及附录(试行)》《古籍数字化加工安全注意事项》及《浙江图书馆古籍数字化加工各岗位工作职责及注意事项》。开展浙江图书馆孤山馆区白楼书库期刊编目、浙江图书馆善本特藏信札目录整理工作。做好文献编辑出版工作,完成《中国古籍珍本丛刊·浙江图书馆卷》经部49种及史部125种的出版排序及目录校订。继续开展馆藏古籍数字化工作,完成年度数字化工作共计495种4551册,完成2020年古籍数字化项目验收工作。

九、积极推动国际交流

2020年浙江图书馆建馆120周年。以建馆120周年为契机,积极推动国际交流。举办"匠韵·华章——中国当代名家古琴暨浙图百廿年典藏"展览,推出"浙江图书馆120周年馆庆"线上线下馆庆系列活动,出版《浙图影像——浙江图书馆120周年纪念文集》。依托微信推文、公众号专栏、抖音视频等新媒体平台推送"百廿浙图 典蕴华章——浙江图书馆120周年"馆庆相关活动40余篇,全面展示浙江图书馆的历史积淀和馆藏特色。积极参与国际交流,从7月开始在《图书馆研究与工作》刊物推出以介绍国际图情领域前沿信息的微信公众号"看世界"专栏。与国际图联(IFLA)和联机计算机图书馆中心(OCLC)持续对接,参加IFLA治理审查评估亚太地区虚拟圆桌会议、2020年国际图联大会线上会议、OCLC亚太地区管理委员

会视频工作会议等多个线上会议,组织员工参加 2020 年中英图书馆论坛线上会议等。

十、优化人才培养体系

加强干部选拔梯队建设,通过交流任用和民主推荐方式,选拔任用 7 名中层干部。根据新冠疫情调整培训方式,围绕服务提升、基础业务和疫情防控等工作丰富培训学习内容,增加网络培训学时,推出"防疫知识与健康管理"培训,开展多平台多内容培训。组织职工参与图书馆员业务能力提升专题讲座,全年共有 13 名职工在不同专业领域为市(县、区)图书馆授课。承办浙江省公共图书馆拔尖人才培训班,推荐 3 人申报"浙江省人力资源和社会保障厅高层次人才项目评审专家",推荐 4 人申报"浙江省科技奖评审管理专家"等。

(钱冰洁)

浙江省文化馆

【概况】 内设机构 10 个。2020 年末人员 51 人(其中具有高级技术职务资格的 27 人,中级 17 人)。

2020 年,浙江省文化馆深入学习贯彻党的十九届五中全会精神,紧扣"重要窗口"建设相关要求,奋力推进"文化浙江"建设。在党建引领、深度融合发展上做文章;在活动整合、精准对接需求上下功夫;在部门互通、系统资源共享上求突破,围绕中心、服务大局、团结进取,较为圆满地完成了年度任务。

一、扎实推进党建工作

根据省文化和旅游厅党组、厅直属机关党委的部署,深入开展"五个一"党建工作,推动全年党建工作再上新台阶。馆党总支荣获 2020 年省级文化和旅游系统"先进基层党组织"称号,社区党建共建"五联工作法"获评省级文化和旅游系统十佳党建优秀案例。

二、完善机制建设

发挥省馆对全省各级文化馆工作的导向作用,完成《浙江省文化馆"十四五"时期群众文化发展规划》。创新"基层联络服务机制",构建全省文化馆"线上一张网、线下一盘棋"的公共文化服务新格局。

三、组织群众文化活动

主办、承办群文活动 83 次(项),其中"群星璀璨 共谱时代华章"浙江省群众文化展演展示系列活动、浙江省农村文化礼堂建设成果展暨"三团三社"成果展演、2020 首届长三角原创流行歌曲大赛等活动取得较大影响。

四、推进全民艺术普及

开展面向基层的线上线下培训 448 班次,培训 532 万人次(线下 169 个班次,培训 35646 人次;线上 279 个班次,培训 529 万人次)。其中"耕山播海"基层行、"圆梦青苗 以艺育美"百名文艺志愿者美育课堂等品牌培训广受群众欢迎。

五、打造群众文化精品

通过全省性赛事,发掘优秀作品加以辅导提高。本馆业务干部辅导全省群众文化表演艺术类优秀作品 100 余个,视觉艺术、民间工艺类优秀作品 400 余件。辅导的优秀作品获得省级以上奖项 18 个,选送的 12 篇公共文化论文在中国文化馆年会征文中获奖。

六、开展对外文化交流

配合文化和旅游部、省文化和旅游厅工作,完成 2021"中国彩灯点亮索非亚"对保加利亚国家美术学院线上授课。"中国传统文化轻课堂"入选文化和旅游部海外项目库。"丝路心语爱心桥"浙江省文旅国际志愿服务系列活动项目获 2020 年全国文化和旅游志愿服务项目线上大赛一等奖。

七、推进数字文化馆建设

完成全省文化馆数字文化服务总平台建设,实现国家、省、地市联通。编制《全省文化馆数字化建设指南》《全省文化馆数字化建设三年规划》。

八、提升内部管理水平

结合机构改革,定位公益一类职能,进一步完善全馆各部门的功能布局、工作理念、工作职责,优化内部管理制度,建立相对完善的内控体系,有序提升单位内部管理水平。

【年度要闻】

2020 丝路国家青少年国际摄影竞赛(浙江分赛区) 2020 丝路国家青少年国际摄影竞赛浙江分赛区活动由浙江省文化馆、杭州市江干区文化和广电旅游体育局主办,杭州市江干区文化馆、杭州市江干区丁兰街道办事处承办。1 月发布竞赛征稿启事,7 月 15 日投稿截止,大赛共收到 1000 余名青少年摄影爱好者的摄影、短视频作品 5376 幅(组),评出金、银、铜奖及优秀奖 144 件。浙江分赛区作品获得 4 金、2 银、1 铜以及 18 个优秀奖的好成绩,选送作品的金牌数和获奖总数位居全国第一,蝉联全国总决赛"三连冠"。

2020 浙江省新农村建设题材小戏会演 6月29日至7月2日,2020浙江省新农村建设题材小戏会演在湖州南浔举行。会演由浙江省文化和旅游厅主办,浙江省文化馆承办,湖州市文化馆、湖州市南浔区文化和旅游体育局执行承办。越剧、绍剧、婺剧、甬剧、睦剧、西安高腔、鹦哥戏、莲花落小戏、诸暨西路乱弹等9个剧种的15个小戏精彩上演,展现了浙江省当代新农村发展的新面貌。

全省数字文化馆服务总平台建设 6月,全省数字文化馆服务总平台上线,全面推进全省"线上一张网"的服务布局,目标是整合全省资源,强化省级文化馆信息枢纽功能,逐步搭建起同标准、多媒体、跨平台、多终端的群众文化数字文化服务体系,建立并完善基础标准规范、资源服务配送、互动服务推广等各项联动机制,实现全省范围公共文化资源的共建共享,提升全省数字文化服务效能。9月,浙江省文化馆扩建新媒体矩阵,拓展抖音、今日头条、哔哩哔哩等平台,开启新媒体平台精细化推广。11月,《浙江省数字文化馆建设工作指南》制定完成,为全省各级文化馆提供统一的建设标准与规范。全年线上开展数字服务活动152场,其中大型专题活动14场,全年数字文化服务总人次超5300万,同比增长9倍。全年新媒体发布916期,数字服务10276381人次,其中疫情期间开展七大系列线上活动,自制、征集、购置、推广资源共2808个,新媒体发布177期。馆官方微博在省级政务微博影响力4月榜进入前15名。

"艺游浙江·文化馆的VLOG"浙江省手机微视频大赛 "艺游浙江·文化馆的VLOG"浙江省手机微视频大赛由浙江省文化馆主办,7月15日至8月15日期间面向全省征集反映浙江省实现"中国梦"、全面建成小康社会、建设美好生活、"文旅融合"等主题,体现浙江人民优秀精神风貌的手机视频作品。活动得到全省广大群众文化工作者、艺术爱好者的积极响应,征集到主题多样、内容丰富的原创微视频。通过网络投票、专家评审,评出优秀内容奖、优秀拍摄奖、优秀构思奖、优秀剪辑奖各5件,优秀作品20件,以及网络人气作品、网络活力作品、网络魅力作品各10件,优秀组织单位11家。

"塑青年"——青年艺术系列展 "塑青年"系列展是浙江省文化馆关注当代青年团体,聚焦前沿艺术动态,为青年艺术搭建的与公众互动交流的平台,旨在以当代青年艺术内容丰富群众文化,用规模小、精致化、频次高的展陈模式,带动更多年轻人参与群文活动。8月7日,推出该艺术项目的第2季,通过"青年考工记""生生之塑"两大主题,把热忱、坚持以及理性等当代极具代表性的青年力量传达给公众。其中,"青年考工记"通过4位青年艺术家的创作与思考,打开对生活美学的多维认知空间;"生生之塑"当代青年团体雕塑邀请展,通过7位在雕塑领域至少有10年实践经历的艺术家,展现生活与艺术理想的巧妙结合,凸显了当代青年雕塑艺术家独特的审美视角和较高的技艺水准。

2020 浙江省群众舞蹈大赛 8月12日,2020浙江省群众舞蹈大赛决赛在宁海举行。大赛由浙江省文化和旅游厅主办,浙江省文化馆、宁海县人民政府承办,宁波市文化馆、宁海县文化和广电旅游体育局执行承办。经初赛筛选出60个作品入围复赛。最终32个作品参加决赛,800余名群众舞蹈演员同台竞技,角逐浙江群众舞蹈的最高荣誉。

浙江省群星行草书法大展 8月25日,浙江省群星行草书法大展在杭州富阳展出。展览由浙江省文化和旅游厅主办,浙江省文化馆承办,杭州市富阳区文化和广电旅游体育局执行承办。展出的100多件行草书法作品内容以古今诗词、楹联、文、赋等为主,立足当下、彰显正气、植根传统、推陈出新,生动反映了浙江省改革开放特别是党的十九大以来取得的伟大成就。

浙江省第二十二届公共文化论坛 8月26日至28日,浙江省第二十二届公共文化论坛在金华市婺城区举办。论坛由浙江省群众文化学会、浙江省文化馆、金华市文化广电旅游局主办,金华市文化馆、金华市婺城区文化和旅游体育局承办,金华市婺城区文化馆执行承办。论坛以"新时代文化馆公共文化服务创新、创意、创造"为主题,共收到征文

278 篇,来自全省各地的 70 多位论文作者参加了论坛现场研讨,推出了一批具有实践意义的理论成果,为提高公共文化理论水平和服务能力发挥了积极作用。

"礼遇南孔·美好生活"2020 第四届全国手机摄影大赛 "礼遇南孔·美好生活"2020 第四届全国手机摄影大赛于 9 月至 10 月举办。大赛由浙江省文化馆、衢州市文化广电旅游局主办,衢州市文化馆、衢州市摄影家协会承办,旨在推进全民艺术普及,提升全民审美素质,让百姓享受手机摄影带来的快乐。大赛共收到来自全国 20 多个省(区、市)1215 位摄影爱好者投送的 10134 幅作品,评出佳作奖作品 50 幅,优秀奖作品 40 幅,网络人气奖作品 10 幅。参赛优秀作品取材于各个国家或地区的百姓日常生活、民风民俗、社会变迁、自然风光、建设成就等,体现了"美好生活"的主题。

2020 年长三角民间艺术文创产品邀请展 2020 年长三角民间艺术文创产品邀请展由浙江省文化馆主办,上海市群众艺术馆、江苏省文化馆、安徽省文化馆支持,浙江省民间艺术研究会协办,于 9 月 15 日在浙江省文化馆程允贤雕塑馆开幕。100 余项来自长三角地区既有创意又接地气的民间艺术文创产品集中亮相,呈现当代设计与实用概念主导下的民间艺术文创产品面貌,充分发挥当代文创产品的实用价值、审美价值,体现了"艺术生活化"与"生活艺术化"和谐相融。展览期间,相关专家围绕"生态·文创·设计"主题开展研讨。

浙江省群星美术二十家展 9 月 22 日,浙江省群星美术二十家展在丽水市美术馆开展。展览由浙江省文化馆、丽水市文化和广电旅游体育局主办,丽水市文化馆、丽水市美术馆承办。展览汇聚了全省各地群文美术最新力作,作品囊括中国画、油画、漆画、水彩画、版画等不同类型。展览还特邀老一辈群文美术工作者寄语。部分老一辈群文美术工作者莅临开幕式现场,并参加学术研讨会。

浙江省农村文化礼堂建设成果展演暨"三团三社"成果展演展示系列活动 9 月 25 日,浙江省农村文化礼堂建设成果展演暨"三团三社"成果展演活动在温岭市石塘镇举行。活动由浙江省文化和旅游厅主办,省文化馆、中共台州市委宣传部、台州市文化和广电旅游体育局、温岭市人民政府承办。来自全省 20 个乡村文艺团队近 600 名基层群众参加舞台展演。此外,35 个社团的 171 件书法、美术、摄影作品参加视觉展览,并对优秀文学作品结集出版。现场展演活动得到新华网浙江、文旅中国、国家公共文化云、浙江融媒体等多家媒体报道和推广,累计访问量达 403.4 万。

浙江省第十九届音乐新作演唱(演奏)大赛 10 月 13 日至 15 日,浙江省第十九届音乐新作演唱(演奏)大赛在杭州桐庐剧院举行。大赛由浙江省文化和旅游厅主办,浙江省文化馆、桐庐县人民政府承办,桐庐县文化和旅游局执行承办,桐庐县文化发展中心协办。来自全省各地的 71 部原创音乐作品,分 3 个场次展开精彩角逐。

浙江省第三十一届戏剧小品邀请赛 10 月 27 日至 28 日,浙江省第三十一届戏剧小品邀请赛在文成举行。邀请赛由浙江省文化和旅游厅主办,浙江省文化馆、温州市文化广电旅游局承办,温州市文化馆、文成县文化和广电旅游体育局执行承办。23 个原创新作品在内容上弘扬主旋律,风格上追求多样化,注重时代感,强调艺术性,在创新基础上融合了多元的舞台表演艺术形式,具有较强的感染力。

"群星璀璨 共谱时代华章"浙江省群众文化展演展示系列活动 11 月 21 日,"群星璀璨 共谱时代华章"浙江省群众文化展演展示系列活动在义乌举办。活动由浙江省文化和旅游厅主办,浙江省文化馆、义乌市人民政府承办。省文化和旅游厅党组书记、厅长褚子育出席活动。活动当天举行的浙江省群众文化舞台艺术精品展汇聚了全省各地的优秀群文舞台艺术节目,具有鲜明的地域特色。浙江群文建设综合成果展、浙江省群众文艺精品视觉艺术作品展精彩呈现了近年来浙江群众文化建设所取得的优秀成果,以及全省各地群众文化的特色工作,在总结成绩的基础上,进一步凝聚人心、鼓舞斗志、振奋精神,为全省文化繁荣发展营造良好环境,积极书写"忠实践行'八八战略'、奋力打造'重要窗口'"的文化新篇章。

2020 首届长三角原创流行歌曲大赛 11 月 23 日至 27 日，2020 首届长三角原创流行歌曲大赛在金华市中国婺剧院举行。大赛由浙江省文化和旅游厅、上海市文化和旅游局、江苏省文化和旅游厅、安徽省文化和旅游厅主办，浙江省文化馆、上海市群众艺术馆、江苏省文化馆、安徽省文化馆、金华市金东区人民政府承办。大赛在参赛曲目、创作内容、办赛模式、宣传推广、成果运用的各个环节，都突出了长三角一体化的概念。赛事及颁奖晚会直播观看总人次达 1552.6 万。

"以文致敬 同心战'疫'"长三角文学作品联展 新冠肺炎疫情期间，浙江省文化馆集结长三角地区群众抗击疫情主题优秀文学作品，举办"以文致敬 同心战'疫'"长三角文学作品联展，在浙江省文化馆数字服务平台进行集中展示推介，向工作在一线的英雄致敬，为抗击疫情加油鼓劲，也增强了长三角地区群众的文化交流。

2020"圆梦青苗·以艺育美"美育课堂项目 浙江省文化馆推出的 2020"圆梦青苗·以艺育美"浙江省百名文艺志愿者面向农村未成年人开设美育课堂项目，是省文明办 2020 年全省"未成年人思想道德建设十件实事"之一。该项目将目光投向农村未成年人群体，将线下公益音乐课堂办到农村文化礼堂，得到全省各级文化馆、乡镇文化站和农村文化礼堂的大力支持，形成了文

化阵地 5 级联动的工作模式。200 多位群文人组成的志愿者队伍，深入到各地乡村，为近万人次的未成年人提供了 500 节线下公益声乐课，线上课程访问量达 107 万次。《浙江日报》以《我省百名志愿者走进乡村，为未成年人开设美育课堂——让跳动的音符伴随成长路》为题进行整版报道，引发社会热议。

2020"耕山播海"基层行活动 "耕山播海"基层行活动是浙江省文化馆为加强基层公共文化队伍建设，有针对性地提高基层文艺骨干专业技能水平的文艺培训活动，通过各级文化馆传、帮、带的形式，培养一批群众文艺创作骨干。全年开设 11 门课程，164 个课时，培训学员 1000 多人，满意度 100%。

"丝路心语爱心桥"浙江省文旅国际志愿服务系列活动 新冠肺炎疫情期间，国际志愿者们纷纷通过"云端"，以不同形式讲述他们眼中的中国故事，支持抗疫。来自加纳的温州医科大学博士生珀西，疫情期间留守温州，为出入居民测量体温并向身边的留学生传播防控知识，同时自己作词，为抗疫奉献歌声，鼓励身边的人群。商务汉语专业的乌克兰志愿者艾妮，疫情期间通过网络，为留在中国的外国小朋友教授中文。"丝路心语爱心桥"项目荣获"2020 年全国文化和旅游志愿服务项目线上大赛"一等奖，也是浙江省唯一一个一等奖。

（金 笑、钱彬欣）

浙江美术馆

【概况】 内设机构 10 个。2020 年末人员 45 人（其中具有高级技术职务资格的 12 人，中级 26 人）。

2020 年，浙江美术馆全年对外开放 249 天，举办各类展览 33 个，学术活动 50 余场，公教活动 127 场，新增藏品 454 件（组），观众达 30 万余人次。党总支荣获 2018—2019 年度省直机关先进基层党组织称号；党建品牌"红色流动美术馆"入选 2020 年省级文化和旅游系统十佳党建优秀案例；第二党支部获 2019 年度省级文化和旅游系统先锋支部。"无界之归——杭州纤维艺术三年展"系列公共教育活动获文化和旅游部 2019 年度全国美术馆优秀公教项目；"纸上谈缤——中华纸文化当代艺术展"获文化和旅游部 2019 年度全国美术馆优秀展览提名；"红船女儿——庆祝中国共产党成立 100 周年艺术特展"列为 2019 年度浙江省文化艺术基金项目；"平板向度：从纸面到虚拟的视觉艺术"入选文化和旅游部 2020 年"全国美术馆青年策展人扶持计划"；"仙华双甲——吴茀之、张书旂诞辰 120 周年特展"获文化和旅游部 2020 年度全国美术馆馆藏精品展出季优秀项目；场馆创建 4A 级旅游景区通过国家 4A 级旅游景区景观质量评价。

一、围绕学术专业提升，夯实事业发展基础

（一）融合馆校专业优势，项目合作稳步推进

全面深化馆校合作，融合省

内高校在人文、艺术领域的学科优势及本馆在艺术展览、典藏、学术研究、创作实践、资源整合等方面的专业优势,与浙江大学艺术与考古学院、中国美术学院等达成战略合作框架协议,包括共同培养美术馆学人才、合作开展美术馆学和浙江美术研究、重大主题性创作展示平台等。

(二)努力营造学术氛围,科研工作再获佳绩

"国家艺术基金促进美术发展成效评估"入选国家艺术基金委托课题;"公共美术馆服务规范"入选 2020 年文化和旅游行业标准化项目;"大地史诗"入选省文化和旅游厅创作重点项目;"山海新经"入选省文化和旅游厅创作项目。出版各类画册 20 余本、《浙江美术馆年鉴》1 期,在学术刊物发表文章 10 余篇。

(三)线上直播突破局限,学术论坛成果丰硕

全年策划组织学术讲座和研讨会 40 余场,运用新技术新手段与中国美术学院艺术人文学院共同发起线上"艺术人文之旅系列讲座"博士讲座 5 场。举办"观物:中国花鸟画的创作与研究"系列学术讲坛,邀请 33 位专家共同探讨中国美术史个案研究,并出版相关论文集。

二、围绕馆藏体系建设,活化整合藏品资源

(一)拓展藏品征集渠道,扩大征集成果

实施"百年书画""百年版画"等典藏体系建设,关注当代优秀美术创作征集,实施佟振国、潘飞仑、李伏雨等艺术作品捐赠项目 23 宗,新增藏品 454 件(组)。组织邬继德、陈海燕等 12 宗藏品征集项目评估并申报。接收王流秋油画、尹舒拉藏品寄存代管 500 余件。

(二)提高藏品利用效率,发挥社会效益

策划举办"仙华双甲——吴茀之、张书旂诞辰 120 周年特展";举办俞启慧、柳村、竺庆有、潘飞仑、李伏雨等艺术家捐赠作品展;策划实施"解衣磅礴——钱瘦铁、桥本关雪交流回顾展""岭上多白云——汪曾祺百年书画展"等学术捐赠展览。

(三)强化藏品数字管理,实现资源共享

推进"浙江省美术馆藏品信息化管理平台"建设,全省共有 29 家美术馆加入藏品资源共享平台,实现藏品共享数量达 8 万余件(组),拓宽省内各类美术馆之间交流合作渠道,推动全省美术馆事业高标准发展。

三、围绕观众核心需求,打造优质品牌展览

(一)全面落实中心工作,发挥宣传阵地作用

围绕建党百年重大主题,做好"星驰潮涌"和"红船女儿"的组织、创作等工作。策划并组织实施"浙江风采——决胜全面小康"全省巡展。贯彻落实第三次中央新疆工作座谈会精神,策划"我爱浙疆"之"书画浙疆——天山抒怀"展赴阿克苏展出,并与阿克苏地区美术馆签订共建协议。

(二)突出学术研究高度,践行深度策展理念

推出"山海新经——中华神话元典当代艺术展"、"南山138"之"张晓雪:节律的抽离"、"林科:维度的边界"、"曹欧:熵在绝对零度时消失"、"朱昶全×李明:狂草狂草"、"向史而新——浙江百年水彩画作品展"、"秋蕊香——齐白石、黄宾虹花鸟画展"等展览。

(三)注重交流合作广度,拓宽渠道提升内涵

全年共组织实施 20 余场交流展览。"走出去",组织"丹心育美"展赴青海美术馆巡展;与国家博物馆联合举办"纪念张书旂诞辰 120 周年展览";与浦江县政府联合举办"仙华双甲"展;组织"春风又绿"馆藏当代浙江国画名家作品、"家山写照"馆藏浙江现当代山水画作品、李震坚作品等共 14 次"流动美术馆"展览。"引进来",举办"绝学之路·中国壁画艺术展""大国脊梁·圣境峰光——高原雪山画派作品展"。

四、围绕公共服务品质,打造社会美育课堂

(一)整合优势展览资源,积极探索数字美育

新冠肺炎疫情闭馆期间,推出"其耘陌上——耕织图艺术特展"等 6 个线上展并邀请策展人直播导览,推出"艺术的诗情与劳作的画意"等多场线上讲坛。重新开放后,调整公教活动策划方向,结合"仙华双甲"展等,与艺术家合作推出系列"盒子里的美术馆",升级浙江美术馆之友会员平台线上注册积分,让观众把美术馆"打包带回家"。

(二)整合优势藏品资源,深化美育合作模式

与浙江大学城市学院合作藏品季展览公教项目,开设数字与媒体设计课程,利用高校技术力量,以全景 VR 拍摄、大屏剧场等手段,给观众提供沉浸式观展体验。与杭州市卖鱼桥小学深入合作吴冠中美育教室。梳理儿童美育成果,与浙江摄影出版社合作出版《齐白石美育教室》《黄宾虹美育教室》。

(三)整合优势美术资源,积极开展乡村美育

联合中国美术学院、杭州师范大学美术学院等组建美育村培育工作小组,赴建德千鹤村、淳安杜井村、桐庐石舍村开展调研并形成报告。召开浙江省美育村(社区)培育工作座谈会。完成《美育村(社区)试点工作指南》《美育村(社区)评定管理办法》编制工作。举办全省美育村(社区)美育骨干培训班和全省美术馆馆长培训班。

五、围绕信息创新融合,提升宣传社会影响

(一)强化自媒运行,提升运营管理质量

微信公众号推文近200篇,阅读量690864次,新增用户83490个,粉丝量167263人。"浙江美术馆之友"推文21篇,阅读量130828次,新增粉丝27422人,粉丝量268642人,粉丝量增长了11%。"浙美先锋"推文37篇,阅读量3000余次。微博推文114条,阅读量2852426人次,新增粉丝6020人。

(二)强化数字管理,提升信息管理水准

在信息化发展规划管理上,完成"藏品信息化管理平台""公共服务智慧化提升项目""浙江省乡村美育公共服务平台""数字艺术美术馆(未来展厅)项目"等4个电子政务项目申报。在线上和线下的数字互动管理上,完成8个重点展览线上全景虚拟展厅的拍摄制作、协调和发布。完成"南

山盈藏"系列吴茀之、张书旂、周轻鼎3位艺术家专题数字美术馆的设计制作和发布。

(三)整合平台优势,扩大对外宣传力度

传统纸媒兼线上以《中国美术报》《中国文化报》《浙江日报》等为主;电视媒体以浙江卫视等为主;网络媒体以"新华社浙江分社""浙江在线"等为主,并与国内首家海外账号的省级媒体——印象浙江英文网初步洽谈合作事宜。

六、围绕内部管理提升,强化工作效能水准

(一)统筹谋划安排,提高科学管理水平

根据年初制定的目标责任和部门职责,紧跟全馆各阶段重点任务和中心工作,充分发挥参谋助手、协调配合、文稿服务职能。按时完成美术系列职称评审工作。完成内部机构设置调整,增设综合信息部、美术创作中心等部门。按照法人治理结构改革工作实施要求,推进本馆事业单位法人治理结构改革工作进程。

(二)规范财务管理,确保资金使用安全

严格控制"三公"经费支出,做好财政支付管理系统支付,全年共完成财政业务1200多笔,使用财政资金3300多万元,政府采购资金1800多万元,预算执行进度达95%。审查共1800余份报销原始凭证,认真执行用友财务软件,做好软件系统的记账凭证1500余张。做好资产管理,完成政府采购,做好"资产云系统"操作和政府采购"政采云"操作。做好出纳报销工作,完成税务统计上报工作。

(三)抓好安全生产,营造稳定发展环境

定期召开安全专题会议,与各部门、各项目人、各合作单位、施工单位分别签订年度安全责任书和项目安全责任书。定期组织员工和物业多次进行反恐及灭火疏散演练,做好应急预案。严格执行每日防火巡查、每月及重要节假日安全大检查,每月上报安全月报。加强对外来临时工作人员和车辆出入管理。

【年度要闻】

"看见·她们的面容"艺术绘像活动 6月8日,浙江美术馆联合浙江省妇女联合会、中国美术学院绘画艺术学院、浙江大学医学院附属邵逸夫医院,特别策划"看见·她们的面容"艺术绘像活动,组织近100位艺术家为40位邵逸夫医院抗疫一线女性医护人员现场画像,并向她们赠送肖像作品,通过"以艺抗疫"的方式,向最美逆行者致敬。活动被人民网报道,阅读量达1600万人次。

浙江省美育村(社区)培育工作座谈会 7月14日,浙江省美育村(社区)培育工作座谈会在杭州召开。座谈会主要针对《浙江省乡村美育计划——美育村(社区)试点工作指南(草拟稿)》听取实施意见和建议。

与阿克苏地区美术馆签订共建协议 10月20日,"我爱浙疆——浙阿文化交流合作"工程启动仪式在新疆阿克苏举行,浙江美术馆组织"书画浙疆·天山抒怀"美术展及"文创浙疆"农民画文创产品展,并与阿克苏地区

美术馆签订共建协议。

和浙江大学艺术与考古学院签署战略合作协议 12月28日,浙江美术馆和浙江大学艺术与考古学院战略合作协议签约仪式在浙江美术馆举行。双方签署了《浙江美术馆与浙江大学艺术与考古学院馆校战略合作协议》,正式开启2家单位的合作共建工作。

(胡 超)

浙江省博物馆

【概况】 内设机构18个。2020年末人员151人(其中具有高级技术职务资格的55人,中级43人)。

2020年,浙江省博物馆干部职工勠力同心、勇担使命,在新冠肺炎疫情背景下克服困难、努力创新博物馆工作新模式,全馆各项工作有序开展,事业发展稳步推进,圆满完成年度工作任务。

一、领导视察

9月3日,中共浙江省委书记袁家军、省委副书记郑栅洁、省政协主席葛慧君,以及省领导陈金彪、朱国贤、梁黎明等参观浙江省博物馆武林馆区"钱江潮"展览,回顾浙江革命历史,缅怀革命先烈,纪念中国人民抗日战争胜利75周年。

二、文物征集

制定新的藏品征集工作实施细则,藏品征集由各专业部门负责。全年使用文物征集经费749.9万元,征集购买27件(组)。接受无偿捐赠121件(组),接收浙江省文物考古研究所移交26件(组)。

三、文物保管

严格执行人员及藏品进出库、藏品档案、档案数据库管理等制度,确保藏品安全。总账登记接收各类文物及资料入藏共计20批次476件(组),其中浙江省机关事务管理局移交302件(组)。全年提供展览、建档、鉴赏调阅、扫描拍摄等藏品出库数为2330件次。

为馆内9个临时展览及固定陈列提供藏品。为上海书画出版社、西泠印社出版社、中国人民抗日战争纪念馆、中国美术学院等21家单位、个人提供馆藏文物的图片使用授权或仿制服务。

四、文物保护

根据需求完成藏品修复与维护。完成馆内文物保护修复17件(组),馆内文物技术维护70件(组)。进行茅山独木舟遗址木质构件的真空冷冻脱水定型。同时,指导完成独木舟的整形修复工作。

针对浙江省文物收藏单位的文物预防性保护实际需求,为瑞安市博物馆、长兴博物馆、武义县博物馆、杭州工艺美术博物馆和嘉兴博物馆编制文物预防性保护方案或文物保护修复方案。

五、学术研究

共有4个文物保护类课题。"功能性离子液体的制备及在文物脱盐保护中的应用""聚乙二醇(PEG)吸湿性改性及其在饱水木质文物技术保护中的应用研究""木质文物及其埋藏环境中铁含量快速检测纸芯片的研制"等3个课题在研。新增"海洋出水木质文物保护关键技术研发"1个课题。

14个社科类课题结项或在

研。"红船从'浙里'起航""杭州市社区对博物馆教育资源的利用情况及需求调查研究"等3个课题结项,新增"博物馆'无障碍服务'定向受众研究与实践""博物馆数字陈展的应用创新和探索""博物馆口述历史"等7个课题,"浙江出土历史时期玉器调查与研究""博物馆展览智慧导览关键技术研究及应用示范"等4个课题在研。

全馆业务人员积极开展学术研究,在各类专业刊物上发表学术论文和专业文章共38篇,并获得"一种饱水漆木器文物的脱水定型方法"专利。

六、学术研讨

积极组织学术研讨会,举办浙江省古代漆器研究中心漆器学术研讨会暨2020杭州·中国文物学会漆器珐琅器专委会年会、丝绸之路金银货币专题研讨会、"策展2:物与叙事"及中国博物馆协会博物馆学专业委员会"博物馆与中国特色话语体系构建"学术研讨会等4个学术研讨会。

选派业务人员参加各类学术活动,参加"2020年智慧博物馆创新论坛"、第十八届全国文物修复技术研讨会等研讨活动,并在"博物馆与中国特色话语体系构建"学术研讨会、"纪念沙孟海诞辰120周年"等研讨会上发言。

七、图书出版

《东方博物》编辑出版4辑(第74—77辑),刊登文章60篇,计80余万字。出版《"浙"里长城——浙江省抗击新冠肺炎疫情纪实展》《金石书画》(第4卷)等8本展览图录,及《中国博物馆协会博物馆学专业委员会2019年"新时代博物馆专业能力建设"学术研讨会论文集》和《丝路流金——丝绸之路金银货币精华与研究》等2本论文集。

八、信息化工作

进一步加强博物馆智能化建设。完成本馆固定陈列数字化工作。完成展厅文物微环境精准监测。完成展厅客流计数和多媒体参观导引。完成官网改版工作。完成浙江省博物馆数字资产管理平台的日常管理和系统升级，并与湖州、宁波、金华等地博物馆签订文物数字资源共享协议。

全年更新官网及微信、微博内容共1336条，官网有效浏览次数88万余次，微信服务号总访问量101万余次，微博阅读总数7451万余次；微信服务号新增粉丝16万，累计粉丝总数50.3万；微博新增粉丝19万，累计粉丝总数93.33万，被评为"文博十大创新力官微"。

九、陈列展览

积极整合馆内外文物资源，注重展览学术性及普及性相结合。全年举办各类展览15个，其中原创性展览13个，合作办展与引进展览2个。全年外借展览或展品32批（次），其中省内21批（次），省外11批（次）。"'浙'里长城——浙江省抗击新冠肺炎疫情纪实展"入选国家文物局向社会推介100项2020年度"弘扬优秀传统文化、培育社会主义核心价值观"主题展览。

十、对外交流

派遣1批2人次赴国外进行学术交流，合作举办涉外展览1个，接待境外来访人员1批3人次。

十一、宣传教育

树立创新意识，丰富宣教内容，提高服务质量，拓展传播渠道，提升博物馆影响力，吸引更多观众。全年进馆观众110万余人次。由于新冠肺炎疫情原因，1月24日闭馆，3月26日逐步恢复对外开放，10月1日恢复对外讲解服务，全年讲解共388场（其中免费讲解284场）。

立足馆内文物资源，结合特展及重要节假日，针对不同人群，为观众提供丰富多样的社教活动。国际博物馆日期间，与"喜马拉雅"合作开启"声音博物馆"，推出"把国宝讲给你听"系列节目，荣获国家广电总局2020年第2季度优秀音频作品，"浙博特辑"收听量突破100万次。

全年接受电视广播报道30余次，纸刊媒体20余次，新媒体60余次。应疫情防控的新形势，创新文化传播形式，延伸探索线上教育平台，组织筹办开展线上线下教育活动共计172场，约6万人次参与活动，其中未成年人约3万人次。志愿者服务时间9531.2小时。"'从浙博出发'志愿文化践行者"项目荣获2020年全国文化和旅游志愿服务项目线上大赛二等奖；"全民争当文化践行者"项目在首届浙江志愿服务展示交流会及项目大赛中荣获铜奖；"我在浙博讲文物"微视频志愿者项目荣获杭州市志愿者项目大赛二等奖。

十二、经营服务

参加上海旅游节、深圳文博会、中国文交会、上海长三角文博会并获得"十佳文创产品奖""最佳展示奖"等4个奖项。全年总收入1651385.61元。全新推出"十里红妆"文创系列，种类包括丝绸服饰、餐具、团扇等生活用品。"十里红妆"系列获2020长三角文创联盟"文澜杯"十佳文化创意奖，良渚玉琮王系列产品荣获第15届中国义乌文化和旅游产品交易博览会十佳文创产品奖。

十三、示范引领

作为央地共建国家级博物馆，积极发挥示范引领作用。为省内博物馆提供免费巡展或展品；对外提供文物鉴定、藏品管理、展览策划、文博讲座、文物修复等服务。

升级后的"浙江博物馆公共服务综合平台"发布全省展览、活动信息，提供展品、展览、教育资源。全年共推送消息149篇，总访问量10万余次；发布临时展览省内345个，省外5个；发布数字展览省内36个，省外278个。

借"浙江省文澜阁博物馆商店联盟"，加强各博物馆间文创工作联动及资源整合，推动博物馆文创产业发展。

服务"文化润疆"工作，"江南生活美学展"赴新疆3地巡展，与阿克苏地区文博院（博物馆）、三五九旅屯垦纪念馆、拜城县博物馆等单位签订战略合作协议。

十四、人才队伍建设

通过公开招聘，录取硕士研究生10人，本科生7人；接收转业士官2人；调出1人；辞职2人；退休6人。

十五、之江新馆建设

调整之江馆区建设指挥部人员组成、内设机构及工作职责，组建了综合部、工程部、纪检组、财务保障组、展品征集组、展品修复组、智慧工程组、展览推进组、历史组、党史组、书画组、陶瓷组、工艺组、宣传教育组、开馆规划组、后勤保障组、安全保卫组17个新馆建设工作机构。通过统筹协调,基本完成年度计划任务,并启动展陈项目立项。

【年度要闻】

"江南生活美学展"赴江苏、新疆等地巡展　4月28日至6月14日在南通博物苑、9月15日至10月19日在阿克苏地区文博院(博物馆)、10月24日至11月8日在阿拉尔三五九旅屯垦纪念馆、11月20日至12月6日在拜城县博物馆等4地巡展,展现浙江丰富历史人文与深厚文化底蕴对当今生活的影响力和江南古典美学精神的时代流变。

徐谓礼文书——南宋官制百科全书　5月15日至6月30日在武林馆区展出。展览由浙江省文化和旅游厅、浙江省文物局主办,武义县人民政府与浙江省博物馆承办。共展出文物43套(61件),其中珍贵文物25套。这是自徐谓礼文书发现以来,最系统全面的一次展示。配合此展,浙江省博物馆首次大幅展出馆藏一级品南宋《忠义堂帖》。该帖收录的颜真卿告身,作为唐代告身的典型,与徐谓礼告身所代表的南宋中晚期告身形成对比,反映出唐宋告身在文书制度上的变化。

同舟风雨——金城家属为纪念金城同志捐赠书画文物展　7月1日至8月2日在武林馆区展出。2019年9月,中央统战部原副部长金城同志夫人陈复君教授及家属将金城同志生前收藏的12件书画作品无偿捐赠给浙江省博物馆,以此表达对金城同志的怀念和对浙江文化事业发展的支持。为表纪念和感谢,举办此展。

"浙"里长城——浙江省抗击新冠肺炎疫情纪实展　7月2日至10月7日在浙江西湖美术馆展出。展览由浙江省文化和旅游厅、省卫健委主办,浙江省博物馆承办。展出130件实物、360余件图片,分"浙"里担当、"浙"里力量、"浙"里温暖、"浙"里智慧、"浙"里春天5个板块,真实展现全省各界在抗疫中的科学决策、防控救治、支援湖北、科技支撑、复工复产等重大主题场景。该展入选2020年度国家文物局向社会推介100项"弘扬优秀传统文化、培育社会主义核心价值观"主题展览。

古物影——黄宾虹书法收藏展　7月24日至8月30日在武林馆区展出。展览分晋唐写经、明清翰墨、乡贤手迹、赝本4个单元,展出黄宾虹旧藏书法67件,年代跨度从晋朝至近代。展览意在将鉴藏活动放入其艺术成长史中,追寻艺术创作与收藏之间的相互作用及其潜藏的精神追求。

丝路流金——丝绸之路上的金银货币精华展　9月15日至11月29日在孤山馆区展出。共展出从公元前7世纪到公元19世纪的金银货币628枚,丝路货币反映了丝绸之路沿线国家的贸易发展与文化融合。

丝绸之路金银货币专题研讨会　9月18日,"丝绸之路金银货币专题研讨会"在杭州举办。研讨会由浙江省博物馆主办,中国钱币学会金银货币专委会协办。出席研讨会的有中国钱币学会的领导,中国钱币博物馆等10余家各省、市博物馆同行,华东师范大学等3所大学的学者,中国钱币学会金银币专委会会员、各地钱币学会会员,以及来自中国澳门特区、新加坡的代表,共计60余人。本次会议共发表海内外学者论文20余篇,涉及丝绸之路货币的大部分门类。

中国博物馆协会博物馆学专业委员会"博物馆与中国特色话语体系构建"学术研讨会　10月21日至24日,由中国博物馆协会博物馆学专业委员会主办、茅山新四军纪念馆和浙江省博物馆共同承办的"中国博物馆协会博物馆学专业委员会2020年年会暨'博物馆与中国特色话语体系构建'学术研讨会"在镇江召开。本次研讨会共有来自全国22个省(自治区、直辖市)的38家博物馆、纪念馆、高校以及文博界的知名专家学者50余人参加。研讨会围绕"博物馆与中国特色话语体系构建"这一主题,深入探讨、交流和借鉴博物馆参与中国特色话语体系构建的理论认识和实践操作,以期使博物馆树立推动和创新中国话语体系建构的自觉意识,为增强中华民族及其优秀文化的全球影响力发挥独特作用。

金相椎痕——百年金石学发展及青铜器传拓精品展　11月3日至12月2日在武林馆区展出,由西泠印社和浙江省博物馆主办。展览分"青铜器全形拓菁华"

与"金石学传拓推广"2个部分，展出来自国家图书馆、西泠印社、洛阳市文物考古研究院等机构的藏品164件（组）。

忆江南——长三角文创博览
12月1日至12月14日在浙江西湖美术馆展出，由浙江省博物馆主办，"长三角三省一市博物馆文创联盟"和"浙江省文澜阁博物馆商店联盟"承办，共展出联盟成员的文创产品900余件，包括生活家居、文房用品、服装饰品、工艺陶瓷类、丝织刺绣类、饮品类等，是一场江南传统文化在新时代语境下的展览盛会。

若榴花屋忆故人——纪念沙孟海先生诞辰120周年展览 12月30日在武林馆区开展。2020年是沙孟海先生诞辰120周年，故撷取沙孟海先生家属捐赠文物精品159件（组）举办此展，从"受业良师、翰墨千秋、治印遣兴、挚友高朋、情系文博"5个方面回顾先生的求学历程、卓然成就、友朋交谊和文博点滴。

与多家文博机构、高校签订战略合作协议 积极加强横向合作交流，以展览、活动为契机，与浙江大学艺术与考古学院、北京画院、浙江中医药大学、新疆阿克苏地区文博院（博物馆）、新疆三五九旅屯垦纪念馆、温州市援疆指挥部、新疆拜城县博物馆等7家单位签订战略合作协议，加入古都博物馆联盟、大运河博物馆联盟，实现优势互补、资源共享的新格局。

（张松丽）

浙江自然博物院

【概况】 内设机构16个。2020年末人员215人（其中具有高级技术职务资格的45人，中级21人）。

2020年，浙江自然博物院全院上下齐心协力战疫情，奋力拼搏保目标，较好地完成了年度目标任务。利用闭馆间隙，开展内部设施改造和完善，积极开设"云展览"和86个线上展览服务，做到闭馆不闭展。自下而上，广泛征询各方意见，完成"十四五"规划编制，拟定未来5年发展指标和方向。安吉馆基本陈列荣获2019年度全国十大陈列展览精品奖，安吉馆完成国家4A级景区创建，建设工程荣获"2020—2021年度第一批中国建设工程鲁班奖"。为表彰在生态省建设中做出突出贡献的集体，浙江省人民政府给予浙江自然博物院记集体三等功。省人大常委会副主任、党组书记梁黎明，民政部副部长王爱文，省政协副主席陈铁雄，省政协副主席周国辉，省委宣传部常务副部长来颖杰等先后实地考察浙江自然博物院安吉馆。

一、内部建设

加强内部管理和制度建设，促进规范化水平提高。发挥理事会作用。召开浙江自然博物院首届理事会2020年度第一次和第二次会议，审议上半年工作总结、2020年重点亮点工作和《浙江自然博物院事业发展"十四五"（2021—2025）规划》。加强制度建设。制订修订总值班、夜间值班、印章管理、机房安全等26项

制度，定期检查制度执行情况。强化固定资产管理。制定详细工作方案，开展全院固定资产清查盘点工作，完成700余项固定资产的建卡及数据录入，完成资产云平台6039项资产卡片信息调整及条码打印，完成160余件固定资产的报废申报及实物处置。优化物业管理服务。开展馆区设备设施的基础性摸排工作，注重节能减排，优化后勤服务，完成新一轮物业服务招标工作，建立物业服务日常考核和定期考评机制。严格遵守国家财经法规开展财务工作。完成2018年经济责任审计的沟通和整改工作，完成2019年浙江青艺服务有限公司和浙江省博物馆学会的年报审计及交叉会审相关工作。强化预算编制刚性，进一步提高预算执行力度，预算执行率达93.56%，全年申报政府采购确认书662张，发出财政支付令1582笔，录入会计凭证2708笔。

二、安全保卫

一院两馆异地同步运营，安全工作面临更多挑战。年初面对新冠肺炎疫情，第一时间成立疫情防控领导小组，坚决贯彻上级部署，及时关闭杭州馆和安吉馆。全院上下牢固树立"安全工作每天从零开始"的管理理念，不断强化职工安全意识，细化分解安全责任，与各部门负责人、重点岗位责任人层层签订安全目标管理责任书，将安全职责落实到单位各项工作中。全年组织召开安全工作会议16次，及时传达上级主管部门关于疫情防控、文物安全、文博场馆开放安全、消防安全等通知和文件精神，分析讨论单位安全工作形势，研究部署安全管控

措施。加强日常安全巡查检查，及时做好设备设施维修保养，消除设备故障和安全隐患。积极开展职工安全宣传教育与培训，每周组织一线服务人员开展消防灭火、逃生疏散及反恐等演练，提高突发应急处置能力。全年各项安全管理工作稳步推进，疫情防控常态化，两馆区开放服务安全有序，切实保障博物馆藏品和观众参观安全，实现全年安全无事故，荣获省级"平安单位""智安单位""反恐先进单位"等荣誉。

三、科普教育

全年接待观众 110 余万人次。完成讲解 6867 场次，开展教育活动 778 场次，提供便民服务 3222 次，其中杭州馆年观众量 60 余万人次，完成讲解 1428 场次，开展教育活动 418 场次，提供便民服务 1775 次；安吉馆年观众量 50 余万人次，完成讲解 5439 场次，开展教育活动 360 场次，提供便民服务 1447 次，服务满意率达 98％。"穿越白垩纪——恐龙化石探秘研学之旅"获得"2015—2019 年度博物馆研学课程及线路推介活动"优秀线路。"博物馆奇妙夜之自然探索亲子课程"荣获"2015—2019 年度博物馆研学课程及线路推介活动"最佳课程（红色类、艺术类）。举办 2020 年"环球自然日——青少年自然科学知识挑战赛"，代表浙江赛区参赛全球总决赛，荣获 17 个一等奖，16 个二等奖和 11 个三等奖。拓展疫情常态下的线上活动，"云直播"、"云课堂"等教育活动模式，推出云视频 31 个，线上小课堂 33 期，组织 9 个"云讲解"。组织国宝讲述人"云讲国宝"浙江自然博物院在线讲解直播推介活动。

推出儿童教育体验展"大自然的跷跷板"。

四、陈列展览

全年举办各类展览 28 个。推出"玉鼠探头迎新春——庚子鼠年贺岁展""秘境生灵——安吉小鲵科研成果展""保护野生动物，保卫生命家园——抗击疫情、保护野生动物特展"等原创展览 13 个；合作推出"浙东石城尚石风——新昌县观赏石精品展""牦牛走进浙江——高原牦牛文化展"'舞动的幽灵——新冠启示录'病毒科普展""第五十五届国际野生生物摄影年赛获奖作品巡展·中国站"等 4 个展览；推出"飞羽之美——鸟类科学艺术展""海洋瑰宝——珊瑚特展""龙行浙江——浙江出土恐龙化石展"等境内巡回展览 6 个；举办未成年人生态教育展、社区及文化礼堂展 5 个，共展出 131 场次。安吉馆基本陈列荣获 2019 年度全国十大陈列展览精品奖；自然陈列展示团队获得"浙江省文化和旅游创新团队"称号；率先开展校园微型博物馆建设，与杭州师范大学第一附属小学共同策划"贝类王国——校园微型博物馆"。

五、藏品管理

全年接收新增藏品 2246 件，其中地球科学类 288 件、生命科学类 1851 件、其他类 107 件。办理入藏手续 960 件，累计入藏藏品 208572 件。完成 2020 年度藏品统计工作，累计入院藏品 276900 件，其中生命科学类 213438 件、地球科学类 18897 件、藏画 177 件、其他类 44388 件。借展庆元百山祖国家级自然保护区管理局百山祖管理处 7 件动物标本。完成仿制建德人牙 6

枚，原件借展建德博物馆并赠送 2 枚仿制件，赠送杭州博物馆仿制件 1 枚。为陈列展览提供藏品 812 件；为研究、科普讲座等提供藏品 25 件。院内研究人员入库查询、鉴定、藏品 390 批 498 人次，馆外研究人员入库查询、研究和参观 75 批次 121 人次。

六、学术研究

研究课题 34 项，新增 6 项，结题 8 项，其中国家基金 4 项、省基金 11 项；发表学术论文 18 篇，其中 SCI 收录 8 篇。对义乌观音塘村整改现场进行为期 2 个月多的古生物化石跟踪调查，首次发现恐龙骨骼化石、恐龙蛋化石。建设浙江珍稀植物园，与百山祖国家级自然保护区管理局百山祖管理处合作并签订协议，移栽 3 株百山祖冷杉嫁接树子代树苗到安吉馆进行迁地保护及研究。连续 8 年开展国家二级重点保护动物中华凤头燕鸥的招引保护工作，荣获"2020 野生动植物卫士行动暨第七届野生动植物卫士奖"专业成就奖项中的"前沿卫士奖"。发挥浙江省博物馆学会行业引领作用，着力实施"4543 工作"，助推"重要窗口"建设，举办"2020 文旅融合与博物馆创新发展研讨会""长三角博物馆景区化建设和致力于平等的博物馆：多元和包容学术研讨会"等 4 次学术研讨会，助力提升全省博物馆学术研究水平。

七、队伍建设与培训

完成厅属 4 家改制单位 30 名员工调动、培训、岗位分配以及思想政治教育工作。完成编内 12 名公开招聘人员的政审、公示、报批、入职等相关工作。组织人员参加各类专业培训 44 次

176 人次。联合中国计量大学成立的浙江生态研究院完成 5 名联合培养硕士研究生招生工作。

杭州馆有注册个人志愿者 185 人,全年开展公益服务时数 10432 小时,其中个人 3692 小时,团队 6740 小时,开展公益讲解 350 场次,开展"海洋大调查""聆听叶的声音""动物狂欢节"等公益科普活动 35 场次。安吉馆有注册个人志愿者 150 人,全年开展公益服务时数 1550 小时。两馆共建合作单位 28 个(其中高校 22 个,企业 1 个,事业单位 1 个)。

八、文博宣传

全年开展报纸、刊物、电视电台、网站等公众媒体报道 200 余篇次。发起制作的视频"神秘的江南精灵——安吉小鲵"荣获第四届浙江省纪录片"丹桂奖"优秀短纪录片奖。与百度合作举办"博物馆好奇之旅之大自然的跷跷板"直播活动,当天观看量达 18 万人次。网站全年点击量近 270 万人次,发布院务新闻及各类信息 400 余条,微信公众号发布推送 310 篇,关注量达 30 万余人次。

九、文创活动

立足自然生态主题和观众需求,注重运用自然类藏品的审美特色和陈列展示的文化元素,共开发系列文创产品 6 个品类 15 种。其中矿物系列产品标本相框和矿晶五彩小夜灯,产品运用独有的馆藏资源优势,运用黑碧玺、磷灰石、青金石等自然元素,设计组合成兼具观赏性和实用性的特色文创产品。

配合省博物馆学会完成"2020 年度全省博物馆十佳文创产品推介"评选工作。完成第 15 届中国义乌文化和旅游产品交易博览会及第三届长三角国际文化产业博览会 2 个展会专项资金招标工作。汇总第 15 届中国义乌文化和旅游产品交易博览会浙江文博展区各单位报名表,完成对 1170 平方米展区的设计及布展工作,组织全省 45 家文博单位参展。浙江自然博物院荣获第 15 届中国义乌文化和旅游产品交易博览会"展会组织一等奖"和"优秀参展企业(单位)奖",展区荣获第 15 届中国义乌文化和旅游产品交易博览会"优秀展台奖"和第三届长三角国际文化产业博览会"优秀展示奖"。

(庞吟萱)

浙江省文物考古研究所

【概况】 内设机构 12 个。2020 年末人员 56 人(其中具有高级技术职务资格的 30 人,中级 19 人)。

2020 年是"十三五"规划的收官之年,浙江省文物考古研究所以深化新时期文物保护利用改革为统领,全面贯彻落实省文化和旅游厅、省文物局的决策部署,大力传承发展浙江优秀传统文化,不断推进文物考古和文化遗产保护事业的可持续发展,迎难而上、奋发有为,较好地完成年度各项工作目标任务,努力为"文化浙江""诗画浙江"建设和奋力打造"重要窗口"文化样板做出贡献。

一、全面做实做细做好各项保障工作,为高质量发展提供坚强组织保障

(一)强化内控管理,提升行政办事效能

依托"浙政钉"实施公文流转、财经审批、国资管理等 11 项核心业务全程无纸化,全年共收发文件 865 件,完成了 2016 年至 2019 年积压文书档案的整理归档。全年发布"浙江考古"微信公众号 71 期,省文物网投稿刊登 16 篇,3 篇入选省文化和旅游厅工作简报。全面完成 10 万多册馆藏书刊、5000 余盒档案、144 筒图纸、250 本相册、4.5 万多张底片的整理上架、开放查阅。接收 600 册赠书,完成 1701 种约 3500 册图书、600 册期刊、3000 份报纸的采购。完成 2504 件档案归档、290 件文物标本调(借)用、收回送还文物标本 661 件(组)。出台《车辆与驾驶员管理办法》,加强车辆和驾驶员日常管理。完成假山新村原办公用房的整体移交和教工路办公楼物业招标。完成固定资产盘点和标签张贴工作。

(二)狠抓队伍建设,持续提升干部职工凝聚力、战斗力

完成 4 个周转编制使用许可和编外用工数量扩增。严格落实《浙江省事业单位公开招聘人员暂行办法》相关规定,完成 12 名专业人员招录调动工作,其中考录编内 5 名、编外 6 名、调出 1 名,刘斌、郑嘉利、仲召兵、蒋乐平、刘建安等 5 名同志获评全国先进工作者、文化和旅游部优秀专家、首批浙江省宣传思想文化青年英才、"最美浙江人·最美文旅人""新鼎计划"优秀青年人才培养对象等国家、省级荣誉,完成 28 名专技和管理人员的岗位调整,切实做好职工因私出国(境)证照集中登记保管、做好离退休人员管理和服务。研究制订《浙江省文物考古研究所薪酬管理办法(试行)》,重新调整综合目标绩

效奖。举办 2020 年度全省文物保护实训班、全省田野考古实训班,持续为全省培养文物保护、田野考古技能型人才 30 名。

(三)紧盯任务目标,扎实有序开展安全生产各项工作

紧紧围绕以文物标本安全为中心,保障文物考古科研工作正常秩序为目标的要求,深入贯彻落实社会治安综合管理目标管理责任制,按照"谁主管、谁负责"的原则,签订《社会治安综合治理工作目标安全责任书》,层层压实安全责任。认真履行消防工作职责,定期开展消防器材检查,全年开展 3 次消防演练,考古工地安全检查 30 多次。

(四)优化资金绩效,全力打造高效能财务工作

模范遵守和执行财经制度,加强"三公经费"监管,认真做好预算编制和执行工作,深入贯彻落实"过紧日子"精神,切实提高财政资金使用效益,全年预算执行进度达 99.28%。完成项目支出绩效抽评审计、公款竞争性存放专项核查审计、绩效工资审计及单位法人经济责任审计结果整改,修订完善《浙江省文物考古研究所财务管理制度》《考古工地报销规定》。研究制订项目年度绩效目标和部门整体绩效中与本单位职责相关的绩效指标,较好地完成 2019 年度项目绩效自评、中央对地方专项转移支付预算执行情况绩效自评。

(五)加强组织协调,努力推进浙江省考古与文物保护基地建设

加强对项目建设咨询、招标代理、设计等前期工作的组织协调,委托实施了建筑结构安全及抗震鉴定、结构图纸恢复、原建筑平立剖面测绘、勘测定界、土壤污染状况调查、地质勘查、交通影响评估、节能评估等。完成了可行性研究报告批复、初步设计方案及预概算文本编制和报批工作,并获省发展改革委批复。

二、持续发挥考古业务传统优势,努力打造全面展示"中国特色中国风格中国气派"考古学的"重要窗口"

(一)做好习近平总书记在中央政治局第二十三次集体学习时重要讲话精神宣传贯彻工作

及时组织传达学习习近平总书记在中央政治局第二十三次集体学习时的重要讲话精神,要求从坚定文化自信、传承中华文明的战略高度,进一步提高对做好考古和文物保护工作重要性的认识,强化做好浙江文物保护相关工作的高度责任感,对当前面临的突出问题深入开展研讨,配合起草了《全面加强浙江省文物考古事业发展建设的实施方案(2021—2025)(建议稿)》,以为省文化和旅游厅党组理论学习中心组做专题汇报、刊发专题文章等形式,宣传贯彻习近平总书记讲话精神。

(二)做好主动性考古项目

全年开展主动性考古项目 9 项,发掘面积 6400 平方米,出土器物近 2000 件(组),其中井头山遗址考古发掘,发现我国沿海埋藏最深、年代最早的典型海岸贝丘遗址,为浙江沿海地区是中国海洋文化的重要源头区域提供重要依据。成立"上山文化遗址联盟",发布《上山文化遗址联盟章程》《上山文化遗址联盟浦江宣言》,积极推进"上山文化"研究和宣传工作。继续开展义乌桥头遗址考古发掘,深化对遗址演变和文化面貌的认识。深耕"后申遗"时代良渚古城遗址和外围水利系统的发掘研究,发现城内多处良渚文化晚期玉石器作坊遗址,以及水利系统多次加筑并延续使用的有力证据,全面深化对良渚文化的认识和理解。深化中初鸣遗址群考古发掘,进一步明确其为良渚文化晚期专门生产玉锥形器、玉管的制玉作坊遗址群,为史前制玉工艺研究和玉器生产模式研究提供了重要的资料和依据。扩大余杭小古城遗址考古发掘规模,进一步厘清聚落格局与功能分区,丰富了对商代文化谱系、分期断代的研究。推进安吉古城遗址考古发掘,进一步明确城墙始建年代,建立城内堆积文化序列。细化黄岩沙埠凤凰山窑址考古发掘,丰富了北宋中早期青瓷窑年代序列,完善窑业生产历史,为遗址公园建设提供学术支撑。做深宋六陵遗址考古发掘,进一步厘清陵园整体建筑布局,为揭示南宋帝陵制度打下坚实基础。

(三)做好配合基本建设考古工作

完成配合基本建设考古调查勘探发掘 191 项,涉及调查面积超过 32.9 平方千米,调查线路长度超过 928.2 千米;完成文物区域评估 38 项,涉及调查面积超过 1978.8 平方千米。发现余姚施岙遗址,是迄今考古发现的规模最大、最为完备的新石器时代古稻田,入选中央广播电视总台 2020 年度国内十大考古新闻;发现衢州市衢江区孟姜村墓葬高等级大型土墩墓 3 座,为该地区是西周早中期越文化的区域中心及

越文化的重要源头提供实证。开展绍兴王阳明新建伯府遗址发掘,明确了王阳明故居的核心建筑基址,揭示了阳明心学传播地的真实面貌,为后续保护利用、发扬阳明心学文化遗产价值提供了学术支撑。

(四)做好考古学术研究与交流

持续推进"考古中国:长江下游区域文明模式研究——从崧泽到良渚"等国家级、省级文保专项经费补助考古课题项目7项,结合考古发掘进度安排,及进推进出土器物的拍摄和资料整理,相继完成了湖州毗山遗址、长兴碧岩寺土墩遗存墓葬等近20个考古发掘项目的发掘资料及出土文物进行整理和研究。继续推进"浙江中西部早期新石器时代文化遗存考古调查研究""浙西钱塘江中游地区史前文化遗存考古调查研究"等课题研究,完成和发表论文和考古简报50余篇,积极组织参加国内外学术会议、学术研讨、合作发掘、讲座近100场次,及时整理出版考古著作10本。

(五)做好公共考古工作

举办2020年度浙江考古重要发现汇报会,余姚井头山遗址、余姚施岙遗址古稻田、衢州孟姜村墓葬、绍兴宋六陵二号陵园、绍兴王阳明新建伯府遗址等5个项目入选2020年度浙江考古十大重要发现。与钱江晚报联合出版《看见5000年——良渚王国记事》,记录良渚考古的一路艰辛和不懈探索。举办第一届"考古人和他们眼中的世界"摄影大赛,来自海外8地及全国27个省、市的678幅作品参赛,评选产生了特等奖1名、一等奖6名、二等奖

10名、三等奖29名、优秀奖35名,并对相关作品进行展览展出。

(六)做好浙江考古省地共建共享协同体系建设

按"一主五中心十个工作站"的框架布局,完成安吉考古保护中心及安吉考古工作站、黄岩沙埠窑考古工作站、浙东考古基地建设。及时向萧山博物馆、浙江省博物馆移交萧山跨湖桥遗址、下孙遗址出土文物960件(组)。与上海博物馆、浙江大学签署合作协议,开展全方位、宽领域的合作,实现资源共享、优势互补,大力推进考古事业向前发展。

三、立足实际求突破,凝心聚力推动文物保护工作取得新成效

(一)贯彻落实好习近平总书记关于石窟寺保护利用工作的重要批示精神

完成全省石窟寺调查实施方案的制订、拟调查对象的遴选与意见征集、项目申报与预算编制,正式启动全省石窟寺专项调查。

(二)充分发挥专业技术优势,切实做好文物保护技术咨询与审查验收

全年受省文物局委托或地方文物部门邀请,完成文物保护相关设计文件集中审查、现场审查或函审156项次,完成文物保护工程竣工验收或阶段性验收54项次。完成省级以上文保单位"四有"档案20余处,配合完成全省乙二级以上的文物保护工程勘察设计、施工、监理单位的资质年检资料审核。积极参与《杭州市钱塘江综合保护与发展条例(征求意见稿)》《浙江文化标识体系建设》《文物保护工程管理办法(修订稿)修订报告》《浙江省历史文化名城名镇名村保护"十四五"

规划(征求意见稿)》等文物保护领域重要文件的修订起草。完成仙居下汤遗址、武义吕祖谦家族墓、遂昌好川遗址、龙游荷花山遗址、义乌桥头遗址、浦江上山遗址等考古遗址公园的保护情况评估。完成国家文物局综合行政管理平台分配的及其他省、市委托的文物保护相关设计文件审查24项。积极参与传统村落和名城名镇名村的保护利用工作,完成《龙游县文物保护规划》《新市历史文化名镇保护规划》等9个专项规划审查论证以及相关检查评估,积极为大运河文化遗产保护、诗路文化带发展规划建言献策,并引起省级有关部门的重视,予以采纳。

(三)强化涉建项目评估咨询,切实加强世界遗产监测保护

积极配合做好各地涉及大运河遗产专项文保工程项目与涉及世界文化遗产或预备名单遗产建设工程项目实施前技术咨询服务110项次,完成杭申线(嘉兴段)三级航道改造工程、白鹤滩高压8000kV直流输电工程、曹娥江水厂深度处理工程等咨询任务73项次,参与评审论证《大运河规划》《浙江省大运河核心监控区国土空间管控通则》《大运河生态保护修复专项规划(送审稿)》等保护规划8项,接受相关部门委托参与审批《2019年度大运河监测年报》《杭州市钱塘江综合保护与发展条例(征求意见稿)》《省域空间治理数字化平台一张图清单》《浙江省大运河世界文化遗产保护条例》等遗产保护项目127项次。开展大运河遗产省级巡查47项次,完成2019—2020年度大运河(浙江段)、杭州西湖文化

景观、良渚古城遗址地表覆盖数据采集,图斑采集覆盖率达98%以上,完成地表覆盖数据比对测试研究和《2018—2019年大运河(嘉兴段)地表覆盖变化图斑》试点,并录入 GIS 系统平台提供线上查询服务。完成疫情对大运河浙江段影响情况的调研报告。

(四)扎实开展课题研究,努力提升科研水平

完成"基于视频建模的古建构件 3D 数字化关键技术研发与应用""木拱廊桥安全评估及修缮加固关键技术研究""第七批省保单位文物本体构成专题研究""全省石窟寺及石刻类文物健康状况调研评估"等课题项目。完成《大运河(浙江段)文化遗产丛书》的编纂工作。完成《诗路遗珍:浙江诗路沿线文物资源调研评估报告》二审,积极谋划 2021 年文物保护相关课题,成功申报"紫薇山民居彩画数字化采集及传统工艺研究""桐庐江南地区古代供水系统与传统村落"2 个省级文物保护专项。在国内外期刊或论文集正式发表(含合作发表)学术论文 9 篇。

(五)充分运用信息技术,切实加快 GIS 系统平台开发运用进度

持续加快 GIS 系统基础数据收集,全面梳理完成省级以上1150 处文物保护单位的构成要素 3156 个;收录省级以上文物保护单位电子版"四有"档案 403份、"两划"范围矢量数据 1139组。按照"边建设、边利用"原则,逐步向省、市相关单位开放不可移动文物信息的整理、查询、数据发布等服务,相继开展了浙江大运河遗产、全省范围古井水源,全

省水域范围省级以上文物保护单位、杭州宦塘河不可移动文物等专题文物精细化整理工作;为省大数据局、省文化和旅游厅、省水利厅等机构提供文物专题信息服务;为全省的文物区域评估提供文物资源查询检索服务 61 项次,其中有效成果 50 项次,有效率达 82%。

(林邦凯)

浙江省非物质文化遗产保护中心
(浙江省非物质文化遗产馆)

【概况】 内设机构 5 个。2020年末人员 12 人(其中具有高级技术职务资格的 6 人,中级 4 人)。

2020 年,浙江省非物质文化遗产保护中心(浙江省非物质文化遗产馆)坚持以习近平新时代中国特色社会主义思想为指引,深入学习贯彻党的十九大和十九届二中、三中、四中、五中全会精神,省委十四届八次全体(扩大)会议精神,根据省文化和旅游厅部署,围绕"科学保护,提高能力,弘扬价值,发展振兴"宗旨,着力推进浙江非遗保护从数量向质量转变,努力提升新时期全省非遗传承发展水平。在省文化和旅游厅坚强领导下,围绕中心服务大局,抗击、防控新冠肺炎疫情,复工复产,积极拓展思路,提高工作效能。取得国家级非遗代表性传承人记录成果优秀项目数量、完成总量 2 个全国第一;在全国率先建立浙江非遗网络学院平台,在全国首次举办"云上非遗博览会",非遗活动结合"非遗+扶贫"助力小康生活,销售额超 10 亿

元;承办"全国非遗曲艺周"活动,承担了 2 项非遗记录全国试点,并圆满完成验收,承接了 2 项国家级课题;完成一系列研究项目。大力推进浙江省非物质文化遗产馆建设,管理机制更为高效,项目保护工作引领全国,传承传播水平创新高度,基础工作务实有效,非遗信息化成果凸显。

一、观往知来,强化资源调查研究,建立有效工作机制

通过理论研究、阵地建设、调查研究、学术论坛、编纂出版等,推动非遗保护形成"理论付诸实践、实践上升到理论、理论再付诸实践"的迭代深化和提升,为科学保护机制提供理论保障。

(一)创建学术阵地

扎实推进调查研究,开展学术阵地创建与理论研究。《浙江非遗》内部刊物正式创刊,我省非遗传播交流得到拓展。承担并开展教育部重点课题"非遗传承人与教育在基础教育中的理论与实践研究"工作。完成省文化和旅游厅《"十四五"时期我省非遗保护传承利用研究报告》及"浙江省民俗类项目存续状态及当代价值调研"等课题,为新时期非遗保护政策制定和规划提供重要参考。

(二)举办学术沙龙

组织举办第五届"大匠至心"非遗传承发展杭州沙龙。本届沙龙以线下为主、线上为辅,视频连线国际专家,扩大学术研讨"朋友圈"。紧扣非遗工作动态和社会热点,结合疫情防控,凸显人文关怀,围绕人类生命健康与自然生态(传统医药)、生产生活品质与工艺智慧(传统工艺)、运河活态保护与生活方式等三大议题,探讨人类文化可持续发展、文化自

信和非遗当代价值体现。研讨成果通过"浙江非遗"公众号向社会推送分享,并以中英文形式结集出版。

（三）出版系列图书

开展2019"薪传奖"、非遗馆捐赠、中东欧论坛、非遗博览会、"浙江好腔调"、"非遗薪传"等6项非遗保护成果的编纂出版工作,开展35本《传承人口述史》编纂出版工作。"世界读书日"期间,开展"浙江非遗读书周"活动,进一步培育非遗读者群,持续扩大浙江省非遗影响力。

二、深根固柢,夯实基础工作提升能力,持续领跑全国

非遗传承人记录工程成果丰硕,传承人记录工作成绩优异,非遗项目记录成功探索,为引领全国作出重要贡献。

（一）优秀项目数量位居全国前列

浙江省开展99位国家级非遗人记录工作,已有40位国家级非遗传承人记录成果通过文化和旅游部验收,记录完成数量位居全国第一。2020年记录工程项目全部通过验收,浙江省6位国家级非遗传承人记录成果入选优秀项目,数量位列全国第一。全国"云游非遗·影像展"影像展播,浙江50多件作品入选,数量位居全国前列。

（二）记录工作先试先行为全国树立新样板

完成"国家级非物质文化遗产代表性项目记录工程（民俗类）操作指南"委托课题,为我国非遗项目记录工作作出重要探索。在财政部调研组专项资金绩效调研中,浙江省国家级非遗代表性传承人记录工作资金绩效得到充分

肯定,成为全国样板。浙江省"西施传说""石浦—富岗如意信俗"作为全国首批非遗项目记录工作试点课题,经过1年多探索实践,顺利通过国家课题组验收,为非遗项目记录工作做出成功探索。

（三）"两四"浙江模式成效明显

"两四"浙江模式,即"四加一",影像记录加文献档案、实物征集、口述史出版、短视频发布;"四合一",省中心、各地中心、学术专员、传承人的工作模式。第三批（2017年度）共20位国家级传承人记录工作通过国家层面验收,开展第四批（2018年度）共12位国家级传承人自评估,开展第三批1位省级传承人、1位非遗专家记录成果验收,开展第五批（2019年度）27位国家级传承人记录工作,推进第六批（2020年度）20位国家级传承人记录工作,完成第七批（2021年度）共20位国家级传承人记录经费申报。

三、数字赋能,拓展非遗传承传播路径,推进保护成果人民共享

通过信息化建设,转变传播推广新思路,搭建非遗传承新渠道,促进非遗进一步融入生活、回归社会、服务人民。

（一）危机中育新机,开创传播推广新局面

在疫情防控中,主动转变,科学应对,化为机,危中寻机,打开浙江非遗传播推广新局面。创立"线上为主、线下为辅"非遗传播新模式。举办全国非遗曲艺周,创立曲艺展演传播新模式,为促进我国曲艺传承传播和保护发展发挥重要作用。首次举办"云

上非遗博览会",设立"云开幕、云展览、云沙龙、云视听、云电商"等"五朵云"非遗博览会新样板。中国文交会非遗生活馆成功改版,成为"网红地",受到上级领导充分肯定和多方面普遍赞赏。开展"云上戏剧——浙江好腔调传统戏剧展播",成为传统戏剧展演的创新亮点。

（二）推出线上新样态,打造传承传播新品牌

创立"浙江非遗GO"导览工具,成为"非遗购物节·浙江消费季"非遗商品推介平台,万人通过平台购买产品,销售额达1290余万元。系列活动充分结合"非遗+扶贫"与非遗赋能小康生活,线上浏览曝光达1亿人次,销售额超10亿元,实现社会与经济效益双赢。

（三）加强媒体报道,取得非遗宣传新成效

与抖音平台合作,开展"浙江非遗看我的"传统戏剧宣传活动;与"学习强国"、二更等平台合作,加大传承人记录成果宣传;组织开展"央媒浙江行"采访活动,发布报道40余篇。加强自媒体建设,"浙江非遗"微信公众号粉丝数增长至25651人,全年共发布稿件834篇,阅读量871445人次;浙江非遗网发布信息2465篇;"浙江非遗"官方抖音号上线,发布短视频72条,浏览量达1.2亿人次,宣传效果持续扩大。

（四）推进信息化建设,凸显数字资源社会化效应

建立"浙江非遗网络学院"平台,成为全国创新案例。实现设区市非遗数据库全覆盖;开展"一台五库"建设,录入数据9.8万条。

四、兼收并蓄,探索非遗馆机制模式,有效推进场馆高水平建设

牢固树立"克难攻坚,只争朝夕"意识,干在实处,走在前列,抓好总体布局,聚焦重点任务,推动非遗馆建设不断走深走实。

(一)省非遗馆正式挂牌

经省委机制编制委员会办公室批准,省非物质文化遗产保护中心增挂省非物质文化遗产馆牌子,重新明确"三定"方案,在原3个内设机构基础上,新增展示规划部、调查研究部,进一步明确省非物质文化遗产馆建设总体安排,制定重点工作时间表,为建设工作奠定重要基础。

(二)有序开展前期工作

启动项目建议书编制,推进人员增编、经费规划。编制《浙江省非遗馆机构编制设置可行性研究报告》《浙江省非遗馆经费使用计划》。与之江文化中心建设工程指挥部密切对接,全方位做好管理工作。

(三)稳步推进方案制订及论证

举办展陈规划系列论证会,邀请博物馆学、信息化建设、民俗学等方面专家学者开展论证,基本确定展陈大纲和概念方案。完成《浙江省非遗馆展陈可行性方案》,完成施工图和任务书比对,进一步优化场馆建设配置。

(四)积极开展非遗场馆调查研究

赴江苏、湖南、四川等地调研,面向全国开展问卷调查,高质量完成文化和旅游部非物质文化遗产司课题"非遗场馆建设与服务标准研究"。与浙江大学合作,完成厅级课题"浙江省非遗场馆建设与服务标准研究",为省非遗馆建设提供扎实有力的理论支撑。

(五)顺利完成年度藏品征集

制定《浙江省非遗馆藏品征集计划(2020—2022年)》,启动舟山木船制作技艺纪录片摄制,开展仿古戏台招标和民俗类和民间文学类项目视频征集,完成13件(套)"薪传奖"传统工艺大展(竹木工艺)获奖作品征集,落实藏品暂存库房,为展陈实施奠定扎实基础。

五、建章立制,严格规范规章制度,助推管理机制高效运行

以目标管理、日常管理、财务管理为载体,建立健全规章制度,强化管理机制建设,形成系统完善、科学规范、运行高效的管理体系与效能。

(一)强化目标管理

统筹实施年度工作计划,建立"部室工作目标管理责任"机制,将综合建设、安全生产、业务工作、经费管理、档案工作、政务信息等纳入部室目标管理,做到年初有计划、其间有督促、年终有考核的闭环管理。

(二)提升日常管理

建立健全规章制度,修订13项规章制度,收录18种工作材料,形成汇编,做到有章可循、有规可查。继续完善内控管理制度,在廉政风险、安全生产、意识形态、账务管理等方面修订制度"补丁",提升内控管理。健全合同管理制度,设立财务审核、盖章审核环节,环环把握合同信息填写不完整问题;实施采购与管理分开,规范物品管理。建立工作人员年终测评考核机制,不断提升干部职工管理水平。

(三)严格财务管理

严格遵守财经法规、财务制度,无财务违纪情况。加强内部控制。落实交叉会审,推进审计整改。根据年度经费压缩要求,调整经费结构,确保各项工作顺利开展。强化预算执行,年度预算执行率94.26%,年度和预算内暂存执行率92.98%。

【年度要闻】

浙江省非物质文化遗产馆正式挂牌 3月27日,经省委机构编制委员会办公室批准,省非物质文化遗产保护中心增挂省非物质文化遗产馆牌子,重新明确"三定"方案,在原3个内设机构基础上,新增展示规划部、调查研究部,进一步明确省非物质文化遗产馆建设总体安排,制定重点工作时间表,为建设工作奠定重要基础。启动项目建议书编制,推进人员增编、经费规划。编制《浙江省非遗馆机构编制设置可行性研究报告》《浙江省非遗馆经费使用计划》。举办展陈规划系列论证会,邀请博物馆学、信息化建设、民俗学等方面专家学者开展论证,基本确定展陈大纲和概念方案。高质量完成文化和旅游部非物质文化遗产司课题"非遗场馆建设与服务标准研究"。与浙江大学合作,完成厅级课题"浙江省非遗场馆建设与服务标准研究"。制定《浙江省非遗馆藏品征集计划(2020—2022年)》,启动舟山木船制作技艺纪录片摄制,开展仿古戏台招标和民俗类和民间文学类项目视频征集,完成13件(套)"薪传奖"传统工艺大展(竹木工艺)获奖作品征集。

习近平总书记考察非物质文化遗产并做出重要指示 3月31日,习近平总书记在杭州西溪国家湿地公园察看湿地保护利用情况时,观摩了国家级非遗项目绿茶制作技艺(西湖龙井)省级非遗代表性传承人樊生华展示的手工炒制龙井茶技艺,和传承人亲切交谈,鼓励传承人把传统手工艺等非物质文化遗产传承好,彰显了党中央对传承发展非物质文化遗产的高度重视和对非遗传承人的关怀期望。10月,绿茶制作技艺(西湖龙井)应邀参加第六届中国非遗博览会"感悟习近平总书记的非遗情缘"邀请展。

"非遗购物节"浙江消费季活动 在"五一"假期推出"浙江非遗健康养生购"线上销售模式的基础上,于"文化和自然遗产日"期间开展"非遗购物节·浙江消费季"展销活动,以非遗项目保护单位、中华老字号、传承人为切入点,运用网络平台,结合各地非遗资源特点,以O2O线上线下互动模式开展形式多样的非遗购物活动,通过消费端发力,助力非遗经济发展。据统计,6月1日—6月13日期间,全省511家非遗网店、62279种非遗商品在各电商平台开展线上销售活动,线上销售额6593.5万元,线下实体店销售额2948余万元。

2020年"文化和自然遗产日"主场城市(绍兴)活动 6月13日为我国2020年"文化和自然遗产日",全省各地围绕"非遗传承健康生活"主题组织开展非遗宣传展示活动211项,大力营造全社会重视非遗保护的浓厚氛围。在绍兴柯桥举办浙江主场城市(绍兴)系列活动,以"赓续浙江文脉,共建美好生活"为主题,首次采取线上展播为主、线上线下相结合的方式,线上活动包括"购·云端非遗集市""享·成果集锦Show""赏·文博故事会""听·非遗'好声音'"四大板块。据统计,主场城市活动开幕式在线观看114余万人次,各大板块累计观看485.9余万人次;全省现场参与遗产日活动的群众有70余万人次,线上"云直播""云观展"参与人数2000余万人次。

非遗助力精准扶贫成效彰显 进一步发挥博览会的交流作用,助力贫困地区对接传统手工艺和商品市场,推动非遗传承发展与精准扶贫相结合。9月,在第十二届浙江·中国非物质文化遗产博览会(杭州工艺周)数字展馆开辟"非遗+扶贫"板块,着重吸收来自桂、滇、黔、宁、新等脱贫攻坚督战省(区)1000多项富有地方特色的非遗产品上线销售。11月,在中国义乌文化和旅游产品交易博览会浙江非遗生活馆"非遗+扶贫"专题板块集中展示近年来浙江非遗扶贫成果及优秀案例,为广大非遗传承人和非遗扶贫就业工坊搭建展示和推介平台,并邀请黔、鲁、陇、浙4地非遗扶贫力量参展,以传统工艺为重点,开展非遗扶贫就业工坊产品展示展销、文化创意产品及互动体验,向大众展现非遗魅力和"非遗+扶贫"丰硕成果。

全国非遗曲艺周 10月9日至14日,由文化和旅游部非物质文化遗产司、艺术司与浙江省文化和旅游厅、宁波市人民政府共同主办的2020全国非遗曲艺周在宁波市举行。本次活动以"融入现代生活 弘扬时代价值"为主题、以线上为主,线下为辅的形式开展,探索建立非遗曲艺展演传播新模式,办出了一届亮点纷呈、精品荟萃、名家云集的高水平曲艺盛会。活动汇集127个曲艺类国家级非遗代表性项目的258个优秀节目线上同步展播,线下活动包括"曲艺传承发展论坛",曲艺进社区、进学校、进景区、进酒店(民宿)"四进"活动,非遗曲艺书场试点挂牌,曲艺公开课,第七届"阿拉非遗汇"活动等。

非遗在抗击新冠疫情中发挥积极作用 面对突如其来的新冠肺炎疫情,浙江省传统医药类非遗项目保护单位积极向民众宣传科学疫情防控知识,用中医理论指导治疗病毒的临床实践,协助当地政府做好防病毒。全省非遗保护单位、企业、传承人积极参与捐款捐物,据不完全统计,折合金额约3500万元。全省非遗传承人居家创作了一大批曲艺、剪纸、歌谣、戏曲唱段等传统文艺作品共2000余件,传播防疫抗疫正能量,为增强浙江省群众防疫意识、鼓舞一线的防疫工作者士气贡献积极力量。

(薛益泉)

浙江京昆艺术中心

【概况】 内设机构12个。2020年末人员154人(其中具有高级技术职务资格的76人,中级34人)。

2020 年是全面建成小康社会和"十三五"规划收官之年,是实现第一个百年奋斗目标、为"十四五"规划发展和实现第二个百年奋斗目标打好基础的关键之年。浙江京昆艺术中心以习近平新时代中国特色社会主义思想为指导,贯彻党的文艺工作方针、省委及省文化和旅游厅党组的决策部署,围绕培育践行社会主义核心价值观,坚持以人民为中心的创作导向,着力推出更多优秀舞台作品,在艺术精品创作、演出市场开拓、京剧和昆曲推广普及、艺术人才培养、中心规范管理等各个方面取得了明显成效。

一、强化党建引领,做好中心党建工作

在上半年的抗疫期间,积极参加各项抗击疫情、宣传抗疫英雄的文艺活动,受到浙江省文化和旅游厅的多次表彰。其中,两个"艺术创新团队"3 次获得了浙江省文化和旅游系统评选的"抗疫英雄榜"先进团队,并有多人获评"抗疫英雄榜"先进个人。

积极开展党建结对、艺术帮扶的党建活动。浙江昆剧团党总支与巴城镇党委签约了 3 个党建共建单位,荣获 2020 年浙江省省级文化和旅游系统先锋党支部;浙江京剧团党总支分别和淳安县屏门乡党委、长兴县小浦镇党委、青海省演艺集团开展了"党建结对"活动,以党建工作作为艺术实践的龙头,以党员、团员作为艺术创演的先锋,取得了诸多党建工作和艺术创演"双赢"的新硕果。

二、优化组织结构,提升管理水平

充实和加强中心干部队伍,优化中心干部队伍结构,面向社会公开招聘昆剧专业人员 19 名,京剧专业人员 7 名,进一步完善了京昆剧团的人员配备,提高了工作效能。

三、凝聚抗疫力量,创新展演形式

(一)文艺作品"云欣赏"

通过打造线上抗疫"云上剧院",上线大型现代京剧《东极英雄》、传统京剧《飞虎峪》《请神降妖》、抗疫情景京剧《夜空》、京剧情景朗诵诗《多希望有一支神奇的孔雀翎》《披着白色战袍的白衣战士》、京歌《英雄尽显宵旰间》、抗疫歌曲《心灯》、经典优秀昆曲剧目《十五贯》《雷峰塔》《牡丹亭》及"传世盛秀——百折昆剧经典折子戏"和"幽兰讲堂——昆曲来了"(48 期)等京昆作品和活动,用线上平台为观众提供优秀作品欣赏、用抗疫作品宣扬抗疫英雄们的奉献精神。

(二)基训传承练"内功"

疫情发生以来,通过网上授课形式,将京昆两团演员和演奏员的基本功训练与剧目彩排教学相结合,为后期抗疫情景剧《夜空》云上首演奠定了坚实基础,同时陆续完成昆曲《长生殿·闻铃》《铁冠图·刺虎》《蘩海记·思凡》《牡丹亭·寻梦》《雅观楼》,京剧《夜巡》《挂画》《打焦赞》《春闺梦》《女杀四门》《四杰村》《洗浮山》《滑油山》等京剧、昆剧折子戏的传承学习和内部彩排、剧场汇报演出。

(三)抗疫讲座入人心

为提高防控成效,学习抗疫奉献精神,从身边医疗界"抗疫英雄"感人的抗疫故事着手,京剧团和昆剧团分别邀请了浙江中医药大学附属第三医院呼吸科副主任医师徐慧连和浙江大学附属第一医院副院长陈作兵进行专题讲座,分享他们的抗疫故事,获得了良好的思想教育成效。

四、传承经典曲目,创排新编剧目

(一)传承经典,复排传承多部折子戏

以保护和传承京剧与昆曲艺术为己任,京剧团顺利完成京剧《夜巡》《挂画》《打焦赞》《春闺梦》《女杀四门》《四杰村》《洗浮山》《滑油山》《洗浮山》《文昭关》的传承学习和对外汇报演出;昆剧团完成《长生殿·闻铃》《义侠记·游街》《雅观楼》《浣纱记·打围》《铁冠图·刺虎》《蘩海记·思凡》《牡丹亭·寻梦》和《醉菩提·当酒》等折子戏"万代"两辈人的传承教学。

中心党委副书记、主任翁国生作为浙江省属戏曲院团唯一入选文化和旅游部 2020 年度全国"名家传戏"重点项目工程的京昆戏曲名家,倾心向年轻演员传授了京剧南派武戏经典剧目《飞虎峪》和《问探》。

(二)结合时代精神,积极创排新剧目

正式启动开排大型现代京剧《战士》,为建党百年献礼。该剧被列入 2020 年浙江省文化和旅游厅"全省舞台艺术创作重点题材扶持项目"、2021 年"庆祝建党百年"浙江省重点献礼剧目及衢州市"舞台艺术创作重点题材扶持项目",定于 2021 年 3 月完成首演,并在全国范围内进行 100 场巡演。为庆祝良渚古城遗址申遗成功,创排昆曲《意象良渚·宛在水中央》,并入选 2020 年"浙江省舞台艺术创作重点题材扶持项目"。9月5日,该剧目在杭州剧院试演。开排新编昆剧《浣纱记·春秋吴越》,在昆山举行了开排仪式,将于 2021 年上半年公演。

五、加强文化交流,狠抓品牌建设

(一)承办 2020 年浙江省传统戏曲演出季

受省文化和旅游厅委托,分别在杭州、宁波、温州、绍兴、金华5地承办 2020 年浙江省传统戏曲演出季展演。本次展演涵盖46 个院团(院校)78 场演出。

(二)加强与地方合作

4月起,与长兴县文化和广电旅游体育局联手,先后在长兴"八都岕"举办了7场著名旅游风景区室外山水实景旅游驻场演出,取得了社会效应和演出经济效益的"双赢"。6月,在杭州剧院举办"三省一市五大剧种共演《雷峰塔》"演出活动,获得了良好的社会影响。

(三)上演新生代艺术专场

在浙江胜利剧院推出"菊苑芬芳六月红——浙京经典传统京剧折子戏专场"及"雏鹰展翅——浙京优秀青年演员传承国粹演出专场",由剧团内的优秀青年演员汇报演出了多部京剧传统经典折子戏,展示了传承学习传统京剧新的收获。9月,举办2场"新松计划"个人昆剧艺术专场,成功推出了2位优秀青年演员。

(四)提升商演品牌影响力

大型戏曲主题晚会"国色天香"参演第四届(中国)潜江曹禺文化周,大型神话京剧《宝莲灯》参演第八届"深圳市戏曲名剧名家展演"和温岭文化艺术节展演,5地合演《雷峰塔》参加无锡举办的戏曲展演,昆曲《牡丹亭》《西园记》赴四川成都参加"天府戏剧节"优秀剧目展演等,收获了良好的经济效益和热烈的社会反响,进一步提升了京昆戏曲品牌影响力。

六、强化创新意识,拓宽传播渠道

(一)持续开办"跟我学"昆曲公益培训班

中心昆剧团"跟我学"公益昆剧培训班第6期的教学内容在表演教学的基础上新增乐器教学,进一步拓宽了传播范围,丰富了教学课程,提高了教学体验。

(二)继续推进京剧艺术进校园

陆续完成 125 场"京剧名家进校园主题讲座"校园系列演出及"京剧导赏"名家主题讲座,开办"京韵工作坊"进行京剧辅导教学,全年在京剧小班实施培养计划,开排校园版京剧《哪吒闹海》《赤桑镇》《国色天香》等戏,取得了传承京剧、推广国粹的良好社会效应。昆剧团文化创新团队与杭州胜利小学联合出品首套昆曲广播体操,让戏曲文化教育实现"活态化"。

(三)开辟线上传播新途径

在京剧和昆剧演出周中,通过现场演绎和"云端演出"的形式,拓宽观众的观戏途径。同时,推出一批惠民票,让更多群众走近京昆艺术舞台。

(四)开展京剧下乡惠民演出

6月起,正式启动"2020 年送戏下乡"演出活动,在湖州铺开主题巡演,连续 60 多场的新编剧目巡演广受农村基层观众的好评。

(徐 静)

浙江小百花越剧院

【概况】 下辖浙江小百花越剧团和浙江越剧团两个演出实体,内设机构 16 个。2020 年末人员196 人(其中具有高级技术职务资格的86 人,中级45 人)。

2020 年初新冠肺炎疫情肆虐,浙江小百花越剧院在院领导班子带领下,致力于自身业务建设和社会责任担当。下半年,随着市场启动,各项工作进入正轨。在做好疫情防控的同时,根据省文化和旅游厅党组的总体工作部署,结合目标管理责任书要求,在党建、业务工作、行政综合等方面工作成果斐然。

一、党建工作有特色

(一)结对共建有作为

5月 20 日,致力"以党建促发展",创新党建结对共建模式,助力"诗画浙江大花园"与"文化浙江"建设,中共浙江小百花越剧团总支部委员会与中共江山市文化馆支部委员会、中共大陈乡大陈村总支部委员会、中共江山市萃文小学支部委员会签订党建跨领域结对共建框架约定。7月 18日,结对中共浙江电视台影视娱乐频道支部委员会,5 家支部跨领域共同创建"越游越有礼"戏曲郊游品牌。

(二)文旅宣传有措施

9月,中共浙江越剧团总支部委员会与浙江日报集团共建合作,赴德清参加"长三角创客大会"。9月 11 日至9月 18 日,青年党员和团员代表在上海朱家角、浙江西塘、安徽古城、江苏周庄4地,录制视频或直播推荐长三角文旅特色。9月23日,参加国内首个长三角文旅IP直播间6小时互动,重点推介长三角知名文旅IP产品。

（三）创先争优有成效

浙江小百花越剧团服务先锋党支部荣获省级文化和旅游系统先锋党支部称号。刘建宽同志荣获2018—2019年度省直机关优秀共产党员;钱可同志荣获2018—2019年度省级文化和旅游系统优秀共产党员;魏春芳同志荣获2018—2019年度省级文化和旅游系统优秀党务工作者。

二、业务工作有成绩

（一）剧目创作

积极开展重点剧目创作。大型原创历史题材越剧《胡庆余堂》、新编传统越剧《红玉》等正式开排落地。2月,创作"疫情防控阻击战""越歌三部曲"（《白衣战士颂》《一旦今生》和《逆行千里》）,先后在央视11套、武汉新闻综合频道、浙江娱乐频道及"学习强国"等平台播出。重大题材成功立项。挖掘温州"龙港奇迹"的故事,立项《龙港的故事》;越剧《伪装者》入选2019年度浙江艺术发展基金资助项目。

主题演出市场回归。1月,浙江小百花越剧团与百越文化创意有限公司合作打造的江南民调新版《三笑》首演,并在小百花越剧场完成首轮驻场16场演出;浙江越剧团《珍珠塔》《天之骄女》参加2020省属院团新年演出季,在浙江胜利剧院演出。5月,越剧《枫叶如花》入选"2020年全国舞台艺术优秀剧目网络展演"。6月,浙江小百花越剧团"青春三部曲"（《何文秀》《碧玉簪》《白兔记》）在杭州剧院演出;浙江越剧

团传承复排版越剧《祥林嫂》在浙江胜利剧院正式首演。8月,越剧院疫情后首次跨省演出,浙江小百花越剧团《五女拜寿》和《西厢记》一路向南,先后到3省4市巡演,历时13天完成9场演出。9月,越剧《祥林嫂》在绍兴大剧院参加"2020浙江省传统戏曲演出季暨（中国·绍兴）第十八届越剧大展演"。10月,浙江小百花越剧团的新版《梁祝》参加浙江省传统演出季,在杭州剧院演出;浙江越剧团与三门县文化和广电旅游体育局合作推出"以文兴旅·越美三门"演出活动,《祥林嫂》《风雪寒梅李三娘》《花中君子》在三门大剧院演出;齐聚省内众多曾获"中国戏剧奖·梅花表演奖""浙江戏剧奖·金桂表演奖"的演员及高级职称演员与优秀青年演员的《越华如水》在义乌演出。11月,小百花越剧团的《五女拜寿》完成国家艺术基金传播与交流项目成都地区的巡演,并与《西厢记》一同参加了由成都市文化广电旅游局主办的第三届天府戏剧节;浙江越剧团联合新昌调腔剧团推出《越·调唱唐诗》,在新昌县文化中心演出。

受疫情对演出市场的影响,从6月中旬至年底,全院全年实际完成演出场次163场,其中小百花越剧团102场,浙江越剧团61场。

（二）人才培养

培养领军人才。王滨梅获得"文化和旅游部优秀专家"荣誉称号。蔡浙飞、钱可、章益清、杨浩平入选浙江省舞台艺术"1111"人才培养计划。推荐章益清参选第三十届"中国戏剧奖·梅花表演奖",推荐马誉嘉参加第五届"浙

江戏剧奖·金桂表演奖"评选。传承复排经典剧目《白兔记》《祥林嫂》《花中君子》,发挥人才的传帮带作用。

选送优秀人才参加比赛。推选2名优秀青年演员李云霄和陈丽君参加湖北卫视"戏码头"青年戏曲挑战赛,1人荣获银奖,1人荣获优秀演员奖。推选20名青年演奏员参加2020"新松计划"全省青年演奏员大赛,2人获民族乐器A组三等奖,2人荣获民族乐器B组二等奖;推选施楠作曲、杨锦铭演奏的《归来》参加第十一届浙江省音乐舞蹈节,获"银奖"第1名,是全省戏曲院团中唯一获奖的曲目。

培养越剧新人。组织举办"越学越有戏"第2季"打卡排练厅"小百花夏季学员班、浙江越剧团暑期少儿越剧夏令营和越剧大师体验课等。浙艺戏剧系2016越剧班（浙越定向委培班）于12月完成毕业汇报演出,并选择了红色题材越剧《红色浪漫》作为传承汇报的开篇大戏。

（三）思路创新

积极拓展思路,研究制定"十四五"艺术工作规划。发挥越剧院的引领聚合和"重要窗口"作用。与上虞区文化广电旅游局、江山文化馆、保利剧院华东分公司、嵊州市越剧艺术保护传承中心等地方院团及地方文化单位,搭建战略共建框架。

推进传统戏曲文化数媒平台建设。开发线上市场,组织数媒平台架设与运营方案招商会议,并将此议题作为"两会"议案由人大代表、院长王滨梅提出,积极推进传统戏曲文化数媒平台的创建。

探索"一团一策"。针对传统艺术院团的实际困难,结合省文化和旅游厅文化体制改革工作,探索实施"一团一策"。制定浙江小百花越剧院"一团一策"工作方案并逐步落实。

三、综合工作有提升

(一)提升行政工作

积极做好防疫抗疫。及时成立疫情防控工作领导小组,制定各项防疫制度,精准做好人员流动统计与管理,确保返岗期间院部工作开展与职工身体健康。全院无确诊及疑似病例。完成资产清查。成立资产清查工作小组,完成原浙江越剧团、浙江小百花越剧团固定资产全面清查工作,进行重新登记,并完成审计工作。做好浙江小百花越剧团团部搬迁工作,从浙江音乐学院音乐厅搬至艺术综合楼。组织开展相关房产的梳理和排查工作。制定党委委员及院部领导班子权力清单,完成中层及以上干部《个人岗位廉政风险防控登记表》填写相关工作。

(二)加强人事工作

深化人事管理和制度改革。重新整合制订浙江小百花越剧院岗位竞聘细则、医药费报销制度、子女保险缴费报销制度、考勤制度等。合理设置岗位,完成31人职称申报、128人岗位变动申报以及专业技术二级岗申报工作。完成21位优秀青年演职员正式进编以及2位人员人事调动工作。完成两团人员及工资数据库、社保等一系列合并工作。

(三)做好财务工作

完善报销审批等财务制度,组织院部相关人员进行财务报销及流程培训。配合接受各项审计工作,针对审计提出的问题积极整改落实。认真执行国有资产管理制度和政府采购制度,确保国有资产安全完整、使用高效。认真总结预算编报经验,完成浙江小百花越剧院2021年的预算编报工作。是年,全院预算执行进度为96.56%,超额完成省文化和旅游厅、省财政厅规定91%的要求。

(陈含笑)

浙江交响乐团

【概况】 内设机构9个。2020年末人员64人(其中具有高级技术职务资格的25人,中级30人)。

2020年,浙江交响乐团以习近平新时代中国特色社会主义思想为指引,紧紧围绕"讲政治、守规矩、敢担当、有作为"的总体目标,根据疫情防控形势和业务工作实际情况,认真遵循省文化和旅游厅工作部署,紧扣"以作品立团、以人才兴团、以业务强团"的办团宗旨,以实际作为推动乐团发展,在新时代文艺发展大潮中发挥积极作用。

一、严格做好疫情防控工作

成立疫情防控领导小组,出台《浙江交响乐团新型冠状病毒防疫期间返岗人员管理工作方案》《浙江交响乐团新型冠状病毒感染肺炎疫情防控应急预案》等文件,迅速、全面开展疫情防控工作,将工作要求和动态传达至每一位演职员工。对在职演职员进行全面摸底排查,第一时间掌握全团人员的身体状况、行程去向。利用微信群、微信公众号等宣传载体及时宣传疫情防控知识10余次,提升演职员防控意识。全年全团演职员身体状况良好,未出现异常情况。乐团"艺"心抑"疫"团队获评省级文化和旅游系统抗击疫情工作先进团队,4人获评先进个人。

二、高效开启抗疫音乐展演服务

(一)定期推出线上展演

在文艺战线上为抗击疫情积极行动,乐团微信公众号定期推出浙交"云上"音乐季,致敬奋战在抗疫前线的英雄,也在疫情期间让百姓足不出户畅听交响乐,全年共计发布12期"云上"音乐会。青少年交响乐团、青少年管乐团也发布了5期云音乐会、线上公益讲堂。

(二)创作抗"疫"主题作品

春节期间,创作1首高质量的抗"疫"音乐MV。MV上线后在全国上下反响热烈,新华社、"学习强国"浙江平台、今日头条、中国新闻网、《音乐周报》、浙江电视台钱江频道、央视综艺频道等主流媒体进行报道。4月17日,赴安吉举行"《中国天使》——向浙江支援湖北医疗队的英雄致敬"纯公益主题慰问演出。

(三)举行专场主题音乐会

举行两场"致敬医护工作者"专场音乐季音乐会。5月22日,举办了1场包含原创抗疫作品《中国天使》等中国音乐作品及德沃夏克《e小调第九交响曲》的音乐会。这既是乐团自疫情以来举行的第1场音乐季演出,也是为省内医护工作者们举行的专场音乐会。5月29日,乐团举行了慰问医护人员第2场专场音乐会,邀请了浙江大学医学院附属邵逸夫医院及浙江大学医学院附属第二医院的医护人员免费观看演出。

三、紧抓艺术创作，奏响时代主旋律

（一）创排"全面建成小康社会"题材作品

以"全面建成小康社会"为主题，结合自身艺术特色与"四条诗路"的融合点，打造大型原创系列交响乐《诗路行》第1部《运河魂》，旨在畅叙浙江运河故事，激扬文化自信，讴歌新时代风貌。推出的原创中小型作品《满庭芳》等反响不俗。12月11日晚，《诗路行·运河魂》在浙江音乐厅首演，这也是献礼"全面建成小康社会"，响应"浙江省诗路文化带"建设的专场交响乐音乐会。

（二）创作浙江"三地一窗口"主题作品。

特邀国内知名作曲家奚其明、于阳、王丹红，精心创作以浙江"三地一窗口"发展风貌为主题的交响乐《大潮之上》，献礼建党百年，计划于2021年3月首演。

四、紧扣重点项目，推广精品力作

（一）联合制作演出民族歌剧《红船》

民族歌剧《红船》举行首轮试演。《红船》是庆祝中国共产党成立100周年的献礼作品，由中共浙江省委宣传部、浙江省文化和旅游厅、中共嘉兴市委、嘉兴市人民政府共同出品，浙江交响乐团和浙江演艺集团等单位联合制作。该作品恢宏再现中国共产党人开天辟地、出征起航和"红船精神"凝聚升华的光辉历史，入选"2019中国民族歌剧传承发展工程"重点扶持剧目、"庆祝中国共产党成立100周年舞台艺术精品创作工程"重点扶持作品。8月30日、31日晚，乐团参与联合演出，民族歌剧《红船》成功举行了首轮试演。

（二）举行"中国梦"主题歌曲创作专场演出

12月4日，由浙江音乐学院主办，浙江交响乐团、浙江音乐学院作曲与指挥系承办的"中国梦"主题歌曲创作专场音乐会在浙江音乐学院音乐厅圆满落幕。该项目入选浙江省文化精品扶持工程第十三批扶持项目。

五、加强合作共建，拓宽发展空间

（一）加强合作共建工作

浙江交响乐团与浙江音乐学院签署《浙江音乐学院、浙江交响乐团战略合作协议》，两家单位合作共建正式开启。加强文旅融合研究，把乐团具有地域特色的优秀作品、优秀演出团队与省内的旅游项目融合，和衢州市文化广电旅游局达成交响乐基地共建计划，帮助衢州成立艺术培训基地，共同组建衢州管弦乐团。浙江省歌唱家艺术团正式入驻乐团，两团将开展合作共建。积极响应长三角一体化发展，建立青少年长三角交响乐联盟，成立工作对接小组。

（二）开展合作推广活动

在中央广播电视总台"云端艺术季"为期10天的"云直播"中，乐团作为浙江省文艺院团的代表之一，于8月17日进行了约40分钟的云直播活动，进一步加强了对乐团的宣传推介。

六、紧抓核心业务，着力打造演出品牌

1月10日，携手知名指挥家简柏坚上演了诠释圣·桑、舒曼、西贝柳斯3位大师经典的交响盛宴，开启了2020年音乐季演出。

5月22日，在浙江音乐厅上演了自疫情以来举行的第1场音乐季演出。全年举行12场音乐季演出，在与艺术总监张艺、旅德指挥家程晔、指挥家张国勇、钢琴家宋思衡等知名音乐家的合作中，既提升了业务水准，也扩大了艺术影响力。

儿童节动漫交响音乐会、弦乐四重奏等品牌音乐会持续开展。参与2020杭州现代音乐节演出。举行了"好听衢州"礼乐·草原音乐会、中国溧阳首届稻田音乐节暨中国溧阳第二届"四美"丰收节等近20场商演音乐会。

七、紧抓社会服务，持续推出惠民音乐会

11月5日至12月1日期间，赶赴嘉兴学院平湖校区、浙江警察学院等7所院校举行了"高雅艺术进校园"演出，为5000余人带去了7场精彩演出。演出曲目囊括了西方古典与本土原创经典，受到广大师生们的好评。8月22日，在杭州剧院举行了"久石让·宫崎骏作品视听音乐会"，已连续4年参与此项惠民音乐会系列；12月，赴苍南举行了两场下乡惠民演出。

浙江青少年交响乐团、浙江青少年管乐团和浙江青少年单簧管乐团举行了招新活动，从参与报名的240余名考生中筛选出了约90名新团员，进一步壮大了队伍。

八、紧抓人才队伍建设，打造担当有为的艺术主力军

积极筹备、组织浙江省青年演奏员大赛和音舞节比赛并喜获佳绩。在2020"新松计划"浙江省青年演奏员大赛决赛中，乐团共有9名选手入选，并获得西洋

乐类的弦乐组最高分、钢琴(竖琴)组最高分、打击乐组最高分、木管组总分第 2 名的好成绩,3 人获得一等奖,2 人获得二等奖,4 人获得三等奖。在浙江省第十一届音乐舞蹈节上,乐团有 4 组作品获得"浙江舞台艺术兰花奖·优秀作品奖"、一组作品获得"浙江舞台艺术兰花奖·银奖"。

和指挥家张艺续约,由他继续担任艺术总监;聘请指挥欧阳汪剑担任驻团指挥;聘请法国籍小提琴演奏家 Guillaume Molko 担任乐团客座首席,进一步充实了乐团的演奏队伍和艺术实力。为业务骨干举行个人音乐会,乐团小提琴演奏家朱帆携手留美青年钢琴演奏家刘泽锴在杭州剧院上演了"琴韵飞声·小提琴 & 钢琴独奏音乐会"。驻团作曲邬娜入选省舞台艺术"1111"人才培养对象。7 月 19 日至 20 日,举行了一年一度的业务考核,演奏员业务水平进一步提高。根据乐团发展规划和人才需求,全年招聘 14 人。

(张 翀)

浙江省文化和旅游宣传推广信息中心

【概况】 内设机构 5 个。2020 年末人员 17 人(其中具有高级技术职务资格的 3 人,中级 3 人)。

2020 年,浙江省文化和旅游宣传推广信息中心以习近平新时代中国特色社会主义思想为指导,按照省委、省政府"两手硬、两战赢"的部署,深入推进文化和旅游新系统政府数字化转型,全面打响"诗画浙江"品牌,不断加强规范化制度化建设,取得明显成效。

一、数字化转型成效明显,继续保持领先优势

(一)平台迭代升级助力公共服务

充分利用政府数字化转型成果,不断迭代升级"诗画浙江·文化和旅游信息服务平台",助力疫情"精密型智控",推动文旅消费"精准型施策"。建立全省文旅统一预约平台。按照"限流、预约、错峰"的要求,开发以"浙里好玩"为统一入口的预约预订系统,实现全省文旅资源产品(包括景区、酒店、民宿、博物馆、演艺剧场等)预约预订等在线服务功能,并与全国健康码数据打通,生成"文旅绿码",实现一站式预约服务。已接入景区 669 家(其中 4A 级及以上 202 家),民宿 576 家,酒店 237 家,文博场馆 234 家。"文旅绿码"实名制分时预约系统全国推广,已服务全国 33 个省、市的 1500 家旅游景区和博物馆,服务人次超过 1800 万。完善全省文旅导览一张图服务。接入景区 341 个,新增导览讲解点 400 个,累计完成导览讲解点 4400 个。完成红色旅游专题 13 条红色旅游线路导览、海洋专题、"百县千碗"专题导览服务。完成全省非遗、博物馆等 100 个文化资源特色讲解内容与展示。建设"四条数字诗路"文化。挖掘出涉浙唐诗、宋诗近 3 万首,涉浙诗歌作者近 8000 位,并与浙东唐诗之路、大运河诗路、钱塘江诗路和瓯江山水诗路关联,打造"诗画浙江"的"四条数字诗路"。构建"非遗大脑"。建立失传风险项目清单,为非遗项目管理、保护和传承奠定基础,实现全省非遗资源的数字化管理。

(二)数字赋能文旅行业监管

基于"诗画浙江·文化和旅游信息服务平台",通过数字化手段为文旅行业监管提供支撑。特别是清明、五一、端午 3 个假期,为全省文旅系统的应急指挥、精准防控、"线上云游"出力助阵,为旅游市场安全提供重要保障。强化景区客流监测精密智控。通过"钉钉"消息协同预警消息和一键视频连线功能,实现上下应急联动,为假日旅游安全提供保障。完成全省重点景区预约数据和视频监控接入文化和旅游部监管平台工作。五一假期,新上线"旅游综合监测与应急指挥系统"推送限流预警信息 101 次;新上线的"实时客流查询系统"服务游客近 4 万人次。持续加强视频监控运维及接入,已接入 231 家 4A 级及以上景区视频,接入率 97.1%。建立文旅行业风险预警系统。建设文旅行业风险预警中心,自动生成预警信息并联动全省统一执法平台和行业信用信息平台,实现"预警—执法—信用"的闭环监管。建立"旅游风险预警五色图",与气象等部门共享数据,建立"一团一档",对团队旅行进行风险预警。对全省 2726 家旅行社定期开展旅游行业主体信用分级评价,实现信用预警。建设提升"浙江省智慧文化云"。编制"浙江省智慧文化云"可行性研究报告,完成"浙江省智慧文化云"项目立项。建成动态数据采集系统,形成艺术、群文、图书、文博、非遗等数据目录体系。制订统一的文旅数据采集和管理维护标准。构建省、市、县一体化的智慧文化云 SAAS 服务模式。探索

大数据挖掘和关联分析,疫情发生以来,定期提供全省旅游市场复苏情况报告,为省政府领导及有关部门提供决策参考。

(三)政务服务指标领跑全国

组织专班,落实专人,持续发力推进"政务服务2.0"和"互联网+监管"工作,各项指标继续领跑全国。"政务服务2.0"建设卓有成效。完成全省文旅条线110个目录、4075个事项的"政务服务2.0"实施改造与事项维护工作。迎接国家政务服务评估,完成164个事项的办事指南要素、单点登录和申报易用度自检及数据要素填报,持续做好与上海、广东等5个省的竞对工作,各项指标领跑全国。"互联网+监管"工作全面推进。全面认领国家库监管事项240个,做到应领尽领,无一事项缺漏。在省库中增补监管事项17个,共完成257个事项认领和实施清单编制工作。全省文旅条线启用"掌上执法"系统,实现文化、旅游、新闻出版、广电、电影、文物和体育检查等数据回流,处理回流检查数据12万余条。全面对接省统一执法平台,累计上报行政处罚案件431件。数字项目建设全力推进。完成年度数字项目建设整体目标的90%。启动厅政务管理服务系统、全省文旅产业投融资服务系统、"E游浙江"平台等重要系统建设。建设文化和旅游产业投融资服务平台,促进产业高质量发展。"浙里好玩"数字电视上线。数据动态管理系统完成整体功能开发,为全省文旅基础资源精准、动态管理奠定基础。推广"浙里好玩"文旅公共服务平台在支付宝、微信小程序端的应用,提升文旅闭环服务能力。

(四)运作机制建设不断健全

数字化转型的顶层设计更加完善,工作体系、运行机制建设不断健全。细化工作体系。制定下发《2020年浙江省文化和旅游厅政府数字化转型工作方案》,提出22项建设目标任务,明确责任分工和月度计划。推进数字文旅标准化建设,组织编写地方标准《浙江省文化和旅游数据采集标准》。强化文旅晾晒评价机制。持续完善文旅数字化转型考核指标,升级晾晒评价应用,并接入"浙政钉",阶段性晾晒通报各市、县(市、区)工作情况。积极打造行业特色应用场景。在全省文旅系统征集了22个多业务协同创新应用案例,其中图书信阅、"文旅绿码"、畅游浙江3个系统已纳入"观星台"项目(省政府优秀应用场景),入选案例数省级部门排名第二;"信用游"、兰溪文物监管入选省级应用案例库。大力推进数据开放共享。探索政府数据向社会开放,"诗画浙江"团队的"畅游中枢系统"应用案例进入决赛。开放全国健康码至全省文旅资源预约平台,实现预约、核销绿码通行。加快推进行业信用体系建设。在全国率先实施全省文旅行业统一信用体系建设,在正式发布旅游信用信息的基础上,加快研究演艺经纪公司的信用评价指标,并形成大数据采集和分析模型。加强横向和对外业务协同。推进省域空间治理平台文化专题建设,协同省信访局、省市场监管局积极推进统一互动平台信访案件协同统一执法闭环应用。协同上海文旅局推出长三角PASS卡,积极推进相关审批事项证照

分离数据归集,推进长三角一体化建设。加大网络信息安全技术保障。做好网络信息安全维护,共下发漏洞预警69起,安全隐患通报17起,抵挡网络攻击170万余次。做好省文化和旅游厅机关信息系统的运维,全年维修、维护900余台次;配合完成视频会议室迁移工作;配合省文化和旅游厅机关召开部、省、设市区等各类视频会议50余次。

二、宣传推广亮点纷呈,"诗画浙江"品牌全面打响

(一)政务宣传有声有色

新冠肺炎疫情发生后,坚决落实省文化和旅游厅党组的部署要求,加强宣传引导和舆情管控,在政务信息、新闻宣传方面做了大量富有成效的工作。政务信息宣传正面引导。1月底至4月初,在官网推出"抗击疫情·浙江文旅人在行动"、浙江文旅系统"抗疫英雄榜"专题页面,编发各类稿件300余篇。同时,在"浙江省文化和旅游厅"微信公众号中推出"抗击疫情·浙江文旅人在行动"主题宣传21期,文旅系统"抗疫英雄榜"主题宣传21期,融媒体科获得省文化和旅游厅"抗疫英雄榜先进集体"称号。新闻通讯稿件量大质优。紧紧围绕全省文旅系统在疫情防控和复工复产上的做法、经验与成果,先后在《中国旅游报》头版刊发《浙江:智慧文旅助抗疫 三大行动促复产》《浙江文旅产业稳稳按下"重启键"》《民宿虽小爱无疆 此心安处是吾乡》等稿件,得到重点媒体积极转发,受到省文化和旅游厅领导的高度肯定。五一期间,浙江文旅务实创新的做法得到了各级媒体的关注和肯定。央视

《新闻联播》连续4天播报浙江智慧旅游、古镇旅游、夜间旅游等信息。在《中国旅游报》头版刊发稿件43篇（浙江专稿19篇），较去年涨幅超3倍。舆情报告及时全面。执行落实舆情报告日报制度，上报浙江省文旅系统舆情报告（常规）130余期，上报旅行社退费情况、"浙江文旅消费季"启动仪式、清明假期等重点事件、时间节点舆情报告14期，为科学决策提供重要参考。积极配合做好全省文旅系统抗疫宣传数据统计汇总、《春风化雨——浙江文旅人抗疫实录》编写、"最美文旅人"评选等其他宣传工作。加强上网信息审核，做到"先审核后公开"和"一事一审"原则，确保省文化和旅游厅官网、微信公众号、微博等安全运行。

（二）线上线下活动出新出彩

面对疫情下的特殊形势，文旅营销推广精准谋划，创意创新，采取各种方法引流、聚焦、助力，取得了一定成绩。新媒体营销全面发力。不断壮大原有全网流量矩阵阵容，官方微信号"诗画浙江文旅资讯"全年发稿820篇，粉丝量57.1万，累计阅读数626万以上，居全国文旅系统排行榜榜首。官方微博粉丝增加到374万，在全省微博政务排行榜中多次位列前十。积极与网络热点形成互动，"诗画浙江邀请丁真"的微博单条阅读量达1314万，点赞1.45万，评论3859条，均为账号之最。"浙里好玩""百县千碗"的抖音号与小红书号，原创发布60余个短视频、20余篇笔记。与FM 93浙江交通之声联合举办"百城局长带你游浙江"访谈节目，已播出20期，在华数电视端、

杭州公交车车身以及12306订票平台、马蜂窝、携程等投放广告。全年编发手机报政务版134期、专刊114期。线上推广热潮涌动。受疫情影响，及时转变思路，注重线上发力，创新形式，联合新浪微博、美团、抖音、快手等平台，设计策划线上推广活动，"云旅游""云直播""云推介""云带货"引爆全网，有效提升了"诗画浙江"的旅游热度。联动全省十三大景区，打造全国首个云旅游直播日，总浏览量超过1971万次，累计直播观看量超过951万次，"云游浙江春暖花开"话题冲上新浪微博热搜榜前3名，在全省乃至全国行业内引领了疫情期间文旅行业宣传推广的风向。协助市、县2级文旅部门进行专场"云推介""云带货"，举办"云活动"近20场。开展"云导浙江"活动，举办"云导游"大赛，制造"金牌导游带你游浙江"事件营销，活动话题阅读量达到8270万，讨论量达到4.6万。线下活动高潮迭起。3月26日，在淳安举办了"春和景明·绿水青山健康行"文旅消费季启动仪式，省委书记车俊做出重要批示。抢抓"跨省游"放开和暑期旺季机会，举办"中国旅游日"10周年主会场活动、"诗画浙江"夏日文旅推广系列活动，掀起夏季文旅消费热潮。在"京杭对话"期间，举办了"诗画浙江"文旅周暨2020浙江（北京）旅游交易会，传播展示浙江文化和旅游精粹。此外，在湖畔大学举行2020文旅新业态发展对话暨第四届独立旅行设计师节，探讨疫后文旅行业新业态。

（三）助力市场复苏可圈可点

积极维持"诗画浙江"品牌热度，及时推出"云游浙江""心游浙江""近游浙江"组合拳，采取多种形式，助力文旅市场产业复苏。及时开展宅家服务。春节期间，推出数量众多、形式多样、品质较高的线上"云游浙江"产品，为广大人民群众提供居家线上"文旅大餐"。精心制作了一批短视频，仅19个"百县千碗"专题原创短视频，全网浏览量就超过2179万次。推出"艺术战'疫'"系列，推出省属文艺院团优秀剧目及浙江美术馆艺术作品等资源内容5篇；推出"浙里云看展"系列推文13篇。积极助力文旅消费。每日发布全省文旅复工大数据报告。从3月23日开始，对1月15日以来全省重点景区客流、全域旅游人次、酒店住宿等维度进行实时监测，并进行数据分析，全方位、全时段掌握全省旅游产业复苏情况。联合省卫健委等部门在"浙里办"App推出"最美战'疫'人"身份认证专区，为"最美战'疫'人"畅游浙江景区专属权益赋能。推出文旅惠民大礼包。省、市、县3级联动，组织文旅企业向疫后来浙游客发放价值近10亿元的各类消费券。"5·19中国旅游日"10周年主会场活动中，"浙里好玩"文旅公共服务平台发放"浙江文旅消费红包"总价值超过2.2亿元，联合飞猪旅行、携程、美团、"去哪儿"、"浙里好玩"、好易购、浙报集团"周柚"七大平台，面向全网推出总价值达5亿元的项目优惠。联合美团、饿了么等平台设置抢券活动，针对"百县千碗"推出1亿元的旅游美食消费券。"浙里好玩"文旅公共服务平台相继推出"5·19浙里民宿酒店特卖会"活动，单项曝

光流量达 2150122 次,销售额超 700 万元;"粽意你——6·16 浙里粽子节",首次由员工以"浙游君"的身份参与直播;"夏日童玩节"吸引 1000 余名亲子游客参与。配合做好技术支撑。配合制作文旅企业受损情况调查系统,共收集全省 2000 余家文旅企业疫情受损情况。配合完成浙江省防疫作品库建设,共收集浙江省防疫艺术作品视频 300 余部,视频存量 100G,视频播放总量达 50 万余次。配合制作全省旅游饭店受疫情影响及复工复产情况调查系统,收集完成全省 650 余家四星、五星级旅游饭店的企业复产情况。

三、党建引领凝聚合力,规范化制度化建设不断加强

(一)党建工作主动履责

始终坚持以习近平新时代中国特色社会主义思想为指引,始终坚持把落实主体责任作为关键,进一步推进全面从严治党。持续改进作风,破解发展难题,通过开发"云游产品"、派驻省文化和旅游厅值守、研制应急指挥系统等,以人力和技术支撑全省文旅系统防疫抗议、复工复产。坚决落实全面从严治党的各项要求。作为省文化和旅游系统财务电子报销试点单位,先试先行,做好试点总结。

(二)机构改革高效完成

及时完成人员转隶和内设机构设置,高效平稳地完成机构改革任务。1 月 7 日,浙江省文化和旅游宣传推广信息中心挂牌成立。2 月 5 日,浙编办函〔2020〕46 号文件印发了中心的"三定"方案。共有编制 20 个,下设综合科、市场推广科、大数据发展科、

融媒体科、技术运维科等 5 个科室。2 月 26 日,完成办公地点调整,原石函路办公人员全部迁至西溪商务大厦集中办公。大力协调解决改革中产生的房产企业所得税问题,共减免企业所得税 3863.92 万元。

(三)内部巡察全力配合

11 月,按照省文化和旅游厅党组安排,厅巡察组对中心进行了内部巡察。中心高度重视、支持配合、服从服务于巡察,领导班子带头、各科室和全体党员干部职工按照巡察工作要求,全方位、全过程、无条件地配合。对于巡察组指出和反馈的意见和问题,将专题研究,做好整改落实。

(四)内部管理不断规范

首次承担 2000 多万元的宣传推广经费,及时制定《浙江省文化和旅游宣传推广专项资金管理暂行办法》,确保经费使用科学规范有序。建立健全财务管理制度与流程,年度的预(决)算编报和内控自查更严格更有效。强化安全生产责任制,并修订了公章使用、公车使用、请销假、办公用品采购等管理制度。加强对所属公司的考核,出台绩效考核办法。加大对干部职工的教育管理监督力度,严格规范干部选拔任用,营造了风清气正、干事创业的良好氛围。全年除因机构改革对科室负责人进行了任免外,没有人员调动情况。

(杨 玲)

浙江省文物鉴定站
(国家文物进出境审核浙江管理处)

【概况】 内设机构 2 个。2020

年末人员 12 人(其中有高级技术职务资格的 6 人,中级 3 人)。

2020 年,浙江省文物鉴定站(国家文物进出境审核浙江管理处)以习近平新时代中国特色社会主义思想为指导,积极贯彻落实各项文物保护政策,狠抓综合管理,突出做好文物进出境审核、涉案文物鉴定、文物拍卖标的审核等重点工作,各项工作稳步推进。

一、综合管理

按照浙江省文化和旅游厅、省文物局相关部署和安排,根据疫情防控常态化的要求,认真履职,克服困难采购防疫物资,顺利完成抗疫防灾工作。配合省文物局大楼节能改造工作,协调单位全体周转办公各类有关事项。顺利完成单位转隶相关变更法人和业务范围等收尾手续。落实周转编制使用,按照公开招聘实施方案,完成公示招录 4 名优秀人才。全面施行单位内控管理制度,进一步完善综合治理工作,加强政务管理,保证政令畅通,公文、信息报送规范有序,重视保密工作程序,保障无差错、不泄密。严格履行岗位职责,做好日常财务管理,配合完成绩效、工资审计,做好单位预、决算以及政府采购、财务交叉会审报销工作等。配合做好相关专项整治自查工作,制定《浙江省文物鉴定站安全应急预案》。规范人事档案手续、网络安全应急处置,切实加强劳动纪律管理。严格加强国有资产管理,不设"小金库"。严格审核财务报销流程,严控"三公"经费使用,加强管理决策的事前财务规划与事后绩效评估。

二、文物进出境审核

受国家文物局委托,全年办

理各类文物进出境审核事项多起：核发文物出境许可证 2 起，共 6 件。受理私人携运文物出境（复出境）申请 4 起，核发文物出境许可证 39 件。受疫情影响，个人携运文物进出境和文物展览进出境均无法如期开展，多起临时进境文物在境内滞留时间超过法律法规规定的 6 个月时限，按国家文物局要求为相关单位和个人办理文物复出境延期手续。

办理文物复仿制品证明 1 起，共 5 件。从第 2 季度开始，进出境工作稍有恢复，7 月 1 日赴宁波博物馆为"曼妙丝语——诺丁汉蕾丝及蕾丝制造"展英国入境的 80 件展品办理文物展览临时进境手续。继续秉持上门服务企业的宗旨，受理旧家具（新仿制品）出境审核 2 起，共计 102 件。

三、涉案文物鉴定

依照《涉案文物鉴定评估管理办法》等法规，积极配合公安、海关、海警、纪检、监察和文化文物行政执法等部门，坚决打击盗窃、盗掘、走私和违纪等涉及文物的犯罪活动。虽受新冠疫情影响，涉案文物鉴定批次相比去年反而有所增加，且涉及的文物级别高。全年办理各类涉案文物鉴定 48 起，鉴定各类器物 594 件，其中认定一级珍贵文物 152 件，二级珍贵文物 49 件，三级珍贵文物 38 件，一般文物 318 件，非文物 29 件，待定 8 件。认定不可移动文物 12 起共 39 处。为海关库存疑似文物鉴定、移交文物鉴定各 1 批，共 567 件。其中，临安锦城街道被盗墓葬一案性质严重，接到警方鉴定申请后，省文物鉴定站高度重视，第一时间商定方案。鉴定全程由省文物局领导主

持，加班加点完成鉴定。经鉴定，该案被盗文物包括越窑秘色瓷、玉腰带、金银器等高等级文物，确认一级珍贵文物 138 件、二级珍贵文物 28 件、三级珍贵文物 14 件，文物等级之高，珍贵文物数量之多为国内涉案文物鉴定所罕见。此后，与此案相关案件又经过 7 批次鉴定，涉案器物 56 件，包括一级珍贵文物 8 件、二级珍贵文物 16 件、三级珍贵文物 10 件。此外，还有安吉县公安局送鉴的涉嫌盗墓案相关器物，追缴的被盗文物有南宋金器、银器、铜镜等，鉴定确认二级珍贵文物 2 件，三级珍贵文物 3 件。

四、文物拍卖标的审核

严格按照法规要求，配合省文物局做好文物拍卖标的审核工作。全年共受理文物拍卖申请 65 场次，审核拍卖标的 57684 件，其中允许拍卖的文物标的 57037 件（包括书画 26208 件、陶瓷器 3567 件、玉器 3380 件、金属器 930 件、杂件 22952 件），撤拍国家禁止流通文物 647 件。拍卖市场随着疫情变化而相应波动，拍卖活动在上半年不足 20 场，下半年迎来爆发式反弹，春拍和秋拍前后几乎相连举行，最终全年拍卖场次和数量与 2019 年基本持平。拍卖形式呈现以网拍为主导的新变化，全年近 70 场拍卖中，43 场以网拍形式进行。

五、国有馆藏文物定级鉴定及培训教学

配合省文物局做好全省国有博物馆馆藏文物的定级鉴定工作，规范文物藏品保管与利用，推进全省各地博物馆藏品规范化建设。为浙商博物馆、浙江金融职业技术学院、常山县文物管理委

员会办公室、武义博物馆、上虞博物馆等 5 家单位开展馆藏文物定级鉴定 5 次，计 3444 件，其中确认一级珍贵文物 4 件、二级珍贵文物 14 件、三级珍贵文物 278 件，并更正部分藏品年代和定名，为相关博物馆的文物藏品管理、展览利用等奠定基础。

承办全省第 3 期古陶瓷鉴定培训班。作为"新鼎计划"系列培训，按循序渐进原则，优化课程设置，强调课程方向延续性，严把学员学养素质关，在前两期浙江青瓷的基础上，本期培训以明清景德镇青花和彩瓷为重点，邀请省内外知名专家讲授鉴定知识。从考察窑址，到参观博物馆，上手御窑瓷器标本，培训得到江西省和景德镇方面的大力支持，为提高学员的鉴定和辨伪水平打下基础。连续 3 期的古陶瓷培训为各地学员提供了鉴定学习的交流平台，为文物鉴定工作的深入开展提供了有利条件，达到了预期效果。

六、待征集文物鉴定评估及公益鉴定服务

充分发挥专业优势，做好待征集文物初鉴。本站专家多次应邀为丽水市博物馆、永嘉文物馆、义乌市博物馆、宁波中国港口博物馆、海宁博物馆、金华市博物馆等多家省内外国有博物馆甄选待征集文物和捐赠文物，为藏品征集把好质量关。应省内外文博单位邀请，单位专家多次参加各类文物鉴定、评审和论证等工作。

践行党的群众路线和上级工作要求，持续发挥本站以专业知识服务基层、服务群众的优良传统，努力实践"文化惠民"，积极开展"三服务"，为市、县的相关活动

提供技术支持,应邀赴余姚、桐庐、路桥等地提供文化惠民服务,开展公益性鉴定咨询。配合博物馆日活动,党员专家录制课程视频供平台播放。按照国家文标委要求,2名党员认真录制文物出境审核标准相关专题的视频课程,积极助力文物保护宣传。

七、人才队伍建设和学术业务交流

加强专业人才培养和咨询服务。本站专家多次应邀参与国家层面的文物鉴定。首席专家柴眩华、副站长梁秀华应国家文物局文物信息咨询中心邀请参加责任鉴定员内部考核阅卷工作;研究馆员周刃、周永良应国家文物信息咨询中心邀请,先后赴沈阳国家文物局书画鉴定培训班、南京博物院责任鉴定员实训基地授课。

国家文物出境审核标准名家名单制订项目启动,本站承接了织绣名家名单制订子项目,和广东鉴定站联合制订玺印名家名单子项目并按时保质保量在年底前完成了任务。首席专家柴眩华、研究员周刃作为评审专家参加了其他子项目的评审。

各类鉴定工作过程中,老专家对照实物讲解,年轻同志上手观摩,以此培养锻炼年轻队伍。加强业务人员层次化培养,推荐业务骨干申报并入选"新鼎人才培养计划"。常抓不懈基本业务能力学习,每年组织参观专题展览、业务学习交流等活动,组织业务人员赴上海博物馆、苏州博物馆观摩"金石篆笺——金西厓竹刻艺术特展""须静观止——清代苏州潘氏的收藏"等展览;赴宁波中国港口博物馆参观"白银芳华——从外销银器看晚清民初社会和商贸变迁"展,充实相关门类的鉴定知识。

为响应国家长三角区域一体化发展战略,加强长三角地区在文化遗产保护领域的合作交流,促进文物鉴定审核业务更好发展,12月1日,由省文物鉴定站发起,联合上海市文物保护研究中心、国家文物进出境审核江苏管理处、安徽省文物鉴定站等省(市)级文物鉴定审核机构,在杭州进行业务交流并签署深化合作协议。4省(市)文物鉴定审核机构将保持定期交流,紧跟文物鉴定行业及流通领域的新形势和新变化,进一步深化合作,把文物鉴定审核事业向前推进。

八、其他业务工作

完成《浙江馆藏文物大典》编校出版工作。浙江省文物局主编,省文物鉴定站承办(编)的《浙江馆藏文物大典》是浙江省第一套系统代表浙江文物水平、反映浙江文物水准、表现浙江社会历史发展视野高度的文物图典。作为单位的一项重点工作,经过几年的紧张筹备,已经正式提交出版社校稿出版。

继续《浙江通志》编撰工作。修订《浙江通志》之《文物志》不可移动文物、社会文物相关章节以及《运河专志》文化遗产相关章节。

【年度要闻】

和余姚博物馆联合开展"文化和自然遗产日"特色活动 为丰富文化和自然遗产日活动,更好地服务行业、服务社会,和余姚博物馆联合开展国有公司收藏文物转拨过程中的鉴定活动。6月

15日,本站全体专家赴余姚博物馆(余姚市文物保护所),对余姚舜奇公司捐赠的1000余件藏品进行鉴定,器物包括陶瓷器、金属器、玉石器、书画扇面、古旧家居、古建筑构件等,其中不乏珍品。专家们帮助余姚博物馆拣选优质藏品,向文博工作者宣传推介文物鉴定与保养知识,引导博物馆藏品收藏朝着"合法、科学、理性"的方向健康发展。余姚博物馆也向鉴定站专家展示了余姚巍星路窖藏文物研究保护的最新成果等。

举办第3期全省古陶瓷鉴定培训班 10月18日至27日,由浙江省文物局主办、省文物鉴定站承办的2020年度浙江省文物鉴定研修班"第3期全省古陶瓷鉴定培训班"在杭州市、景德镇市举办。本期培训班以元明清瓷器鉴识为重点,来自省直及各市、县的37名学员参加。培训班通过课堂讲授、实地考察、标本辨识、博物馆及古窑址教学参观、师生互动交流等多样化教学手段,强调培训课程的体系合理、内容深入,突出理论与实践的结合,切实提高了学员在陶瓷器鉴定、辨伪等方面的专业水平。本次培训是为期3年的古陶瓷鉴定系列培训的最后1期,古陶瓷培训为各地学员提供了鉴定学习的交流平台,为鉴定工作的深入开展提供了有利条件,达到了预期效果。

长三角地区省级文物鉴定审核机构举行业务交流并合作签约 为响应国家长三角区域一体化发展战略,加强长三角地区在文化遗产保护领域的合作交流,促进

文物鉴定审核业务更好发展，12月1日，沪苏浙皖4省（市）级文物鉴定审核机构在杭州进行业务交流并签署深化合作协议。活动由浙江省文物局指导，浙江省文物鉴定站主办。根据合作协议，4省（市）鉴定审核机构将从4个方面探索深化业务合作：一是促进文物进出境审核、涉案鉴定评估等鉴定审核领域中经验、成果等信息共享；二是以长三角区域文物专家库、国家文物局专家库为助力，在4机构间共享专家队伍，共同开展业务合作与课题攻关；三是培养优势人才队伍，重点结合各地日常业务、专项事务和形势需求，合作单位之间交流人员、合作开展培训；四是定期举行交流研讨等活动，共同探讨文物鉴定审核业务，在信息收集交换、文物鉴定技能、工作运行制度等方面相互借鉴，优势互补，共同发展。

（吴婧芸）

浙江演艺集团有限责任公司

【概况】　内设机构8个。2020年末集团班子成员共10人（其中具有高级技术职务资格的9人，中级1人）。

2020年，受疫情影响，演出市场停摆不前。浙江演艺集团有限责任公司积极践行习近平总书记"干在实处、走在前列、勇立潮头"的新使命和新要求，精准落实疫情防控和复工复产各项举措，以艺战"疫"，发挥了文艺团体的重要作用。其中，浙江歌舞剧院全年演出331场次，演出总收入3587万元；浙江话剧团全年演出726场次，演出总收入854.75万元；浙江曲艺杂技总团全年演出866场次，演出收入236万元（纯商演收入）；浙江胜利剧院全年收入782.83万元；杭州剧院全年收入1976.11万元。

一、推动艺术门类百花齐放，浙演战绩硕果累累

（一）精品创作情况

5部作品入选文化和旅游部"庆祝中国共产党成立100周年舞台艺术精品创作工程"重点扶持作品，其中歌剧《红船》、话剧《雄关漫道》入选100部"百年百部"创作计划，话剧《谁主沉浮》《此心光明》入选100部"百年百部"传统精品复排计划，民乐《诗画浙江》入选"百年百项"小型作品创作计划。歌剧《红船》作为浙江省迎接中国共产党成立100周年的重点献礼作品，还入选中宣部"建党百年"主题重点跟踪项目、2019年度"中国民族歌剧传承发展工程"重点扶持剧目。浙江歌舞剧院与景宁县县委宣传部合作打造了民族歌剧《畲山黎明》，入选第六届全国少数民族文艺汇演参赛剧目。

（二）各类演出情况

1.复产复工后的商业活动

5月8日，浙江歌舞剧院亮相南昌市2019年度"兴家风　淳民风　正社风"榜样人物发布会演出，正式拉开了复工复产的序幕。为响应集团疫情后首次大型演出季计划，各子公司从6月6日至6月27日，分别组织了舞蹈专场"风从海上来""生命舞迹"、声乐专场"放歌新时代"、彩蝶女乐专场"蝶舞翩跹"、民族音乐会"云想花想"、杂技主题晚会"美猴王"、曲艺专场"浙里的笑声"、话剧《李叔同·最后的情书》《寻她芳踪·张爱玲》、儿童剧《哪吒"闹"海》、"浙漾期待"演出季综合文艺晚会"浙演风采盛夏绽放"等多场不同形式的演出，为公司全面复产复工，振兴演出市场做出最大贡献。"彩蝶翩跹"彩蝶女乐专场音乐会、人文系列话剧《再见徽因》《志摩有约》《郁达夫·天真之笔》展开了全国巡演。

浙江歌舞剧院执行承办了"精心铸梦，众行致远"2020京新30周年庆典、"红动中国·革命精神代代传"大型主题晚会、"第十七届浙皖闽赣四省四市民间艺术节"开幕式等各类晚会及庆典活动。浙江话剧团在杭州、宁波、嘉兴等地举办观众见面会、剧本朗读会，推介演出剧目、演员；优秀剧目《哪吒"闹"海》《宇宙蛋》《七色花》等积极参与北京、深圳、西安等地"云中剧场"，提高了演出票房和演员关注度。曲艺团、杂技团也先后赴舟山、台州、金华、嘉兴、宁波等地进行商业演出，承办策划并参加省直机关"浙江省女干部健身队成立二十周年"演出、省直机关事务管理局"喜迎重阳节，欢聚乐陶陶"演出、"浙江省能源集团第一届运动会闭幕式文艺演出"活动等。杂技《蹬伞》分别于10月、12月参加了广东卫视《技惊四座》杂技真人秀。

与杭州市拱墅区城中村改造指挥部、杭州市拱墅区文化和广电旅游体育局签订合作共建协议，由浙江演艺集团承接运河大剧院的管理与运营。本次合作共建是浙江演艺集团第一次整体承担重大文化设施的运营管理，也

是大运河文化带浙江段建设中第一个省、区协作的亿元级重大文化项目，是省、区资源共享、优势互补、联手打造大运河"文化旅游金名片"的重要举措，是促进文旅融合、发展文化产业，打造大运河文化新地标的创新实践。此外，还先后与阿克苏地区塔里木歌舞团、杭州大丰文化传媒有限公司、湖州大剧院签订战略合作协议。

2.指令性、公益类演出情况

组织创作演出团队远赴青海海西蒙古族藏族自治州德令哈市，参加"向祖国致敬·为援青礼赞"对口支援海西10周年文艺晚会。受浙江省文化和旅游厅指派，与浙江援疆指挥部、阿克苏地区文化体育广播电视和旅游局深度合作，与塔里木歌舞团携手在阿克苏人民剧院精心呈现浙江援阿10周年主题晚会。

浙江歌舞剧院走进桐庐开展"放歌新时代 文化进万家"拥军慰问晚会；走进武警浙江省总队，参演文化建设军地共建共享文艺创作成果展演；承担浙江省庆祝"5·12国际护士节"暨抗击新冠肺炎护理先进事迹报告会演出任务；助演新昌原创行进式文旅演出"诗路芳菲·梦游天姥"，展现了文旅融合的新模式。浙江话剧团选送代表参加由省直机关团工委主办的"青春战'疫'、有你有我"主题演讲比赛，获二等奖；小品《隔空的拥抱》在"抗击疫情 青春担当"五四主题宣讲会上演出；《哪吒"闹"海》剧组参加由中国儿童艺术剧院与中央电视台少儿频道共同策划推出的"爱心汇'剧' 云中送福"——欢庆"六一"线上嘉年华直播活动，探索"演出＋直播"的整合发展新模

式。浙江曲艺杂技总团参加了"我的中国梦"文化进万家演出活动、省直属院团下部队慰问演出、浙江省文联新春联欢会等，大型原创滑稽戏《南湖人家》参加新春演出季。魏小燕、张楚君受邀参加"第七届全国道德模范故事汇"全国巡演，并与莲花落表演艺术家翁仁康搭档表演绍兴莲花落《让我来》，全国巡演近30场。

各团均参加了浙江省"雏鹰计划万里行"送戏演出活动，将优秀文艺作品送到最基层，演出达549场次。

（三）抗疫作品创作及演出情况

疫情发生后，各下属子公司第一时间投入到抗疫作品的创作中。考虑到"后疫情"时期观演的特殊性，演艺集团"6·12大型文艺晚会"、浙江歌舞剧院"云想花想"民族音乐会，为广大观众开通了"浙演直播平台"，观众可以线上实时观看演出，网络直播实时关注量达20万人次。

浙江歌舞剧院组建了"抗击疫情——浙歌'青春战歌'团队"，争分夺秒创作完成了抗疫歌曲《天使》《战·疫》，并制作原创歌曲视频，用文艺作品向抗疫一线工作者表达崇高敬意。这些公益作品上线后，就有50多万的点击量，并被"北京头条"等媒体报道。浙江话剧团青年编剧林巧思创作了诗朗诵《2020年，中国的眼睛》，经微信公众号推送后广泛流传，中国网、《杭州日报》皆转载报道，并在中国网上被推为视频热搜；制作的视频被省直机关工会"共克时艰·感动故事"短视频和手机摄影比赛评为短视频类优秀奖；作品多次被"学习强国"平台

推荐。浙江曲艺杂技总团中篇评弹《最熟悉的陌生人》、杂技"战役——对手技巧"、魔术"钢琴幻想曲"等新创作品，受到大众喜爱。

二、积极拓展剧场业务，演出品牌效应持续提升

杭州剧院、浙江胜利剧院完成编内人员调动、清产核资和各项审计工作，完成事业单位改制安置费用提留测算，编制内退休人员提留资金筹措方案以及新公司的注册和事业注销工作。

受疫情影响，国外演出一律取消，国内演出也因上座率等原因无法正常举办，4家剧院群策群力、攻坚克难。剧院主推线上无接触购票服务。大力推广手机微信、App等互联网购票模式，利用剧院微信公众号及时发布演出信息并提供在线购票服务，观众可凭电子票二维码、手机短信、手机号码、闸机等多种方式入场观看。同时，借助线上票务系统，分析研究演出数据、会员资源和营销渠道，通过大数据分析上座率、票档划分、受众喜好等重要信息，提高营销的精准度和有效性。

三、加强人才队伍建设，优秀人才脱颖而出

统筹规划，加强人才引进和培养力度，提升各类人才的能力素质，切实推进人才队伍建设。各子公司通过社会公开招聘、剧组签约等方式充实了人才队伍。

积极推荐优秀人才参评浙江省"万人计划"人文社科领军人才、浙江省"万人计划"青年拔尖人才人选、文化和旅游部优秀专家推荐人选等，为优秀人才创造更多更好的发展空间。共有7人入选2020年度浙江省舞台艺术

"1111"人才计划,并为每个人制定了培养方案,通过课堂学习、座谈交流、参观学习等形式提高理论水平、拓展艺术视域。

（许佳韵）

【浙江歌舞剧院有限公司】 2020年末在职员工217人（其中具有高级技术职务资格的78人,中级76人）。

2020年,浙江歌舞剧院有限公司抓精品创作,抓人才培养,抓市场开拓,取得成效。一是精品创作成果丰硕。创排歌剧《红船》。为迎接中国共产党成立100周年,中共浙江省委宣传部、浙江省文化和旅游厅、中共嘉兴市委、嘉兴市人民政府共同出品,浙江演艺集团（浙江歌舞剧院有限公司）、浙江交响乐团、浙江音乐学院、中共嘉兴市委宣传部、嘉兴市文化广电旅游局联合演出制作,历时4年共同打造了歌剧《红船》。该剧以中共一大13位党代表为点,重点切入毛泽东、陈独秀、李大钊的视角,以点带面,恢宏再现中国共产党人开天辟地、革命起航的光辉历程,大力弘扬中国革命精神之源"红船精神"。作为浙江省迎接中国共产党成立100周年的重点献礼作品,该项目入选中共中央宣传部"建党百年"主题重点跟踪项目,在17部入选作品中排名第一,同时入选文化和旅游部"庆祝中国共产党成立100周年舞台艺术精品创作工程"重点扶持作品名单、2019年度"中国民族歌剧传承发展工程"重点扶持剧目。8月30日、31日,歌剧《红船》在嘉兴大剧院正式开启首轮试演,获得了领导和专家的一致好评。创排民族歌剧《畲山黎明》。与景宁县委宣传部合作打造,入选第六届全国少数民族文艺汇演参赛剧目。10月13日、14日,歌剧《畲山黎明》在丽水大剧院上演。创排舞集《良渚》,已签订主创协议,制定了排练计划。创排民乐专场"浙里有乐"。以传统民乐与丝竹雅乐为基础,加入钱王射潮、竹林七贤、西湖景魁星点斗等民间传说故事,精心打造动人民乐小作品曲目,打造1台有故事的民族管弦音乐会。创作抗疫作品歌曲《天使》《战"疫"》。用文艺作品向各行各业的抗疫一线工作者们表达崇高敬意,一上线就有50多万的点击量,并被"北京头条"等媒体报道。二是人才培养百花齐放。疫情期间,公司"停演不停学、停演不停练",先后开展民乐中心、声乐中心和舞蹈中心的业务考核,以考促练,推动各团业务水平再上新台阶。复产复工后,招聘歌剧《红船》剧组协议演员10人,正式演员2人;民乐演奏员2人,舞蹈演员7人,财务工作人员2人,驾驶员1人,党务工作人员1人,文案策划人员1人。积极组织演员参加各项艺术赛事,在2020"新松计划"全省青年演奏员大赛中,民乐团喜获1金4银2铜的好成绩;在浙江省第十一届音乐舞蹈节中,喜获4金2银6铜7个优秀奖;在"2020首届长三角原创流行歌曲大赛"中,摘得金奖;舞蹈团"江南舞侠"组合荣获深圳卫视《起舞吧！齐舞》第2季总冠军;民乐团1人荣获广东卫视《国乐大典》第3季总亚军;独舞《信仰的味道》参演文化和旅游部第十三届全国舞蹈展演。鼓励和支持优秀艺术人才开展在职学习。5人入选浙江省舞台艺术"1111"人才计划培养对象名单,1人参加由文化和旅游部主办的旅游演艺内容创作人才培训班,1人参加由文化和旅游部主办的声乐表演重点人才培训班。三是演出市场开拓创新。上半年,受疫情影响演出停摆,面对困境,科学研判,抓住契机准确识变。5月8日,亮相"情聚三凤温暖洪城"南昌市2019年度"兴家风 淳民风 正社风"榜样人物发布会演出,成为公司和集团的"破冰"之行,也是全国疫情之后的首场商业演出,引起国内演出业界的关注。5月12日,策划承担2020年度浙江省庆祝"5·12国际护士节"暨抗击新冠肺炎护理先进事迹报告会演出。6月,参加集团"浙漾期待"大型惠民演出季演出5场,参与集团策划承办的"浙演风采盛夏绽放"大型文艺晚会,为公司全面复产复工,振兴演出市场做出了贡献。圆满完成歌剧《红船》的首轮试演和歌剧《畲山黎明》首演的同时,出色完成了"彩蝶翩跹"彩蝶女乐专场音乐会全国巡演、"精心铸梦,众行致远"2020京新30周年庆典晚会、"红动中国·革命精神代代传"大型主题晚会等众多商业演出。始终将社会效益放在首位,积极承担主阵地职责。组织创作演出团队远赴青海海西蒙古族藏族自治州德令哈市,参加"向祖国致敬·为援青礼赞"对口支援海西10周年文艺晚会;与浙江援疆指挥部、阿克苏地区文化体育广播电视和旅游局深度合作,与塔里木歌舞团携手在阿克苏人民剧院精心呈现"浙阿十年 一路同行"浙江援阿10周年主题晚会;走进桐庐,举办"放歌新时代文化进万家"拥军慰问晚会;走进武警浙江省总队,参演"行进在人民目光中"——文化建设军地共建共享文艺创作成果展演。全年完成"最忆是杭州"驻场演出239场;国庆假期助演新昌原创行进式文旅演出"诗路芳菲·梦游天姥"。疫情期间,停演不停创,停演不停练,踏实修炼内功,积极提升自我,推出《天使》《战"疫"》等多部抗击疫情主题作品。

(金 鑫)

【浙江话剧团有限公司】 内设机构7个。2020年末人员82人(其中具有高级技术职务资格的28人,中级18人)。

2020年,浙江话剧团有限公司疫情防控不松懈,运营演出不懈怠,精益求精磨精品,剧团影响力进一步扩大。一是疫情防控不松懈。积极贯彻落实新冠肺炎疫情防控工作决策部署,成立应急防控领导小组,积极做好复工预案和疫情应急防控预案,按规定申报并分期复工,落实疫情防控的各项措施,做好防疫物资储备和工作场所管理,确保防疫工作常态化,确保演职员和观众安全。二是抗击疫情有行动。在"诗画浙江文旅资讯"中推出好戏连台免费看话剧、儿童剧篇,推出话剧《赤子》《秋水山庄》《志摩有约》、2018年度中国十大优秀儿童剧《国学小戏班》,让观众足不出户就能欣赏到好剧目。推出自创诗歌朗诵《2020年,中国的眼睛》,微信阅读量1700余次,被中国网推荐为热搜,制作的视频推送获浙江省直属机关工会"共克时艰·感动故事"短视频和手机摄影比赛短视频类优秀奖。推出歌曲《因为我们是一家人》、散文诗朗诵《致敬逆行英雄》、"听见剧场"新单元——为你读信系列、"小耳朵剧场"新单元——儿童剧片段赏析、"纪录片推荐"系列等。优秀剧目《哪吒"闹"海》《宇宙蛋》《七色花》等积极参与北京、深圳、西安等地"云中剧场"。三是运营演出不懈怠。积极主动应对疫情影响,拓展思路,整合资源,运用互联网发展主业,在内容生产、剧目制作、作品推广等关键环节运用数字化技术,面向市场开发新型文化业态,打造符合市场规律的新型商业模式。积极探索多种形式的线上演出活动,与文化公司合作录制广播剧《等我回家》,与出版社联合创作有声读物等,创立喜马拉雅、抖音账号等推广剧团、演员和作品。积极开拓营销手段,多次在杭州、宁波、嘉兴等地举办观众见面会、剧本朗读会,介绍演出剧目、演员,演绎剧目经典片段,反响良好。由晶英文化运营组织的人文系列话剧《再见徽因》《志摩有约》《郁达夫·天真之笔》开展全国巡演,赴江西、江苏、广东等地演出近20场;《李叔同·最后的情书》《寻她芳踪·张爱玲》《再见徽因》等剧目多次赴上海演出。儿童剧《语文课》《国学小戏班》《神秘的牛奶瓶》等多部作品参加浙江省"雏鹰计划万里行"送戏演出活动,将优秀文艺作品送到最基层,演出达465场次。四是打磨精品出成效。继续打造"人文戏剧,江南特色,浙话风格"系列作品,推出话剧《寻她芳踪·张爱玲》。该剧1月试演后,在疫情期间继续打磨修改,6月再次演出,并开展巡演,已演出17场,获得专家与观众的一致好评。与导演郭洪波合作推出儿童剧力作《哪吒"闹"海》,6月在浙话艺术剧院首演。该剧与话剧《李叔同·最后的情书》、小剧场戏剧《接触》均入选2019年度浙江文化艺术发展基金资助项目。儿童剧《小吉普变变变》将戏剧的启蒙和艺术的感染渗透在欢快的故事当中,让孩子的想象力和创造力在欢笑声中插上翅膀。演出队伍精干灵活,在深入基层学校演出方面发挥了重要作用。3部作品入选"庆祝中国共产党成立100周年舞台艺术精品创作工程"重点扶持作品名单,其中与贵州省话剧团联合出品的话剧《雄关漫道》入选"百年百部"创作计划重点扶持作品,本团独立出品的话剧《谁主沉浮》、与贵州省话剧团联合出品的话剧《此心光明》入选"百年百部"传统精品复排计划重点扶持作品。重新打造话剧《谁主沉浮》,献礼党的百年华诞。五是队伍建设育品牌。持续打造"浙话新势力"品牌,疫情期间青年编剧林巧思创作了诗朗诵《2020年,中国的眼睛》,经微信公众号推送后广泛流传,中国网、《杭州日报》皆转载报道,并在中国网上被推为视频热搜;创作了广播剧《等我回家》,诗朗诵《追光者》等,获得好评,并签约定制新作品。年轻的舞美人员在新剧中担任舞美设计、道具设计、灯光设计等职,圆满完成创作任务,签约优秀演艺新人17名。推荐1人参加文化和旅游部舞美设计重点人才培训班,1人参加全国戏剧管理人才2020年线上培训班。1入选浙江省舞台艺术"1111"人才、首批浙江省宣传思想文化青年英才，1人荣获第五届"浙江戏剧奖·金桂表演奖"，扩大了浙话新势力青年人才的影响力。"浙话新势力"品牌还获评省级文化和旅游系统十佳党建优秀案例。1人代表省文化和旅游厅参加由省直机关团工委主办的"青春战'疫'、有你有我"主题演讲比赛，获二等奖；2人在省级文化系统"我最喜爱的习总书记的一句话"青年微宣讲大赛中荣获二等奖。

（胡海芬）

【浙江曲艺杂技总团有限公司】
内设机构7个。2020年末演职员100人（其中具有高级技术职务资格的31人，中级23人）。

2020年，浙江曲艺杂技总团有限公司深入贯彻落实习近平总书记对疫情防控工作的重要指示精神和党中央、国务院以及省委、省政府的决策部署，切实防范疫情传播，确保干部职工身体健康和生命安全。在防控疫情的同时做到停工不停产，停工不停练，积极投入艺术创作和防控工作。创作抗击疫情文艺作品，助力打赢疫情防控阻击战，开展"抗击疫情——文艺轻骑兵'云'行动"，让群众足不出户免费欣赏优秀文艺作品。保护和发展地方戏曲剧种，复排演国家艺术基金资助项目大型滑稽戏《南湖人家》。积极参加（或承办）全国和全省艺术大赛、展演活动及重要的外事文化交流活动，努力完成省文化和旅游厅下达的各项工作任务。全年完成演出866场次，演出收入236万元（纯商演收入）。一是加强舞台艺术生产。钱江说唱《都是我儿子》参加第十届中国曲艺

节获证书，杂技节目赴海西蒙古族藏族自治州参加"向祖国致敬为援青礼赞"对口支援海西10周年慰问演出、浙江援阿10周年慰问演出等。绍兴莲花落《让我来》和群口评书《我爱祖国的蓝天》参演第七届全国道德模范故事会首演和全国巡演近30场，荣获中国曲艺家协会证书。持续开展多项"文艺下基层"公益慰问演出和文化惠民活动。完成送戏下乡52场，"雏鹰计划"116场，评弹团常年在江浙沪3地的基层演出，文艺志愿者多次参加各类义务演出。参加2020省属院团新年演出季演出，在浙江胜利剧院演出国家艺术基金2019年度大型舞台艺术作品资助项目滑稽戏《南湖人家》。参加2020年元旦春节期间下基层文化文艺小分队演出。二是积极拓展演出市场。响应浙江演艺集团疫情后首次大型演出季"浙漾期待"演出计划，积极接洽和承办各类演出活动，努力开拓市场。在杭州、绍兴、舟山、台州等地演出滑稽戏《南湖人家》，参加第七届全国道德模范故事汇基层巡演启动仪式暨首场演出及全国巡演、2020全国非遗曲艺周开幕式网上直播演出、省属文艺院团走进武警总队迎新春文艺演出等，承办浙江省税务局新春团拜会演出、浙江省直机关女领导干部健身队成立25周年联欢会演出、浙能集团第一届职工运动会闭幕式活动演出等。创作抗疫作品词开篇《万众一心战"疫"情》《战役！战医！》、绍兴莲花落《大爱浙江人》、快板《浙江战"疫"》等节目上传云播；启动创作庆祝建党百年作品中篇弹词《最熟悉的陌生人》，12月在苏州彩

排演出，并在杭州、嘉兴演出。国家艺术基金2018年度小型剧（节）目和作品资助项目杂技《文明记忆——脖子造型》结项。送戏下乡到椒江、临海、三门、仙居等地，并开展"雏鹰计划"演出。三是积极开展对外文化交流活动。2019年12月1日至2020年1月11日，应法国凤凰马戏公司、摩纳哥格里马尔迪馆和德国艺术家演艺公司的邀请，杂技剧《猴王》赴法国、摩纳哥和德国参加圣诞节和新年演出季杂技剧演出。完成省文化和旅游厅关于启动对外文化交流和境外旅游推广资源库申报工作，报送了9个剧（节）目。四是加强人才培养。注重班子建设，夯实党建责任。做好结对社区疫情期间疫情防控工作，党支部获省级文化和旅游系统2020年4月"抗疫英雄榜"优秀团队，获评省文化和旅游厅2018—2019年度"先进基层党组织"及文化系统首批"六强"先锋支部荣誉称号。党支部与结对社区的党建共建工作获评朝晖街道"优秀党建共建单位"，1人获评2018—2019年度省级文化和旅游系统优秀共产党员。1人获评2019年度省文化和旅游厅优秀工会干部。2人荣登文化和旅游厅2、3月抗疫"英雄榜"。发现和培养崇德尚艺、富有潜质的青年艺术人才和高素质的青年文博人才。推荐1人申报浙江省万人计划。落实好入选浙江省舞台艺术"1111"人才中青年骨干人员的培养，为青年人才成长搭建平台、创造条件、提供机会。完善排练厅各项设施，改善练功房条件，为演员提供优质的工作环境。加强业务考核工作，对演职人员进行2

次业务考核。安排时政、综合和业务知识学习,注重提高演员的艺术水平和综合素质。

(杨　惟)

【浙江胜利剧院有限责任公司】
内设机构3个。2020年末人员29人(其中具有高级技术职务资格的1人,中级1人)。

2020年,浙江胜利剧院有限责任公司全年收入782.83万元;确认收缴房租292.22万元,房屋租金实际收取率为100%;场租收入198.64万元,电影票房累计77.74万元;缴纳税费145.95万元,同比增加3.33万元。正式挂牌成为"杭州市历史建筑",并被认定为城市文化功能区核心。积极响应国家号召,完成"事改企"改制工作,实有在编人员13人,除1人退休、1人买断工龄外,剩余11人全部分流至浙江自然博物院(安吉馆)。改制完成后,浙江胜利剧院由事业单位变更为国有企业浙江胜利剧院有限责任公司,并划归浙江演艺集团有限公司管理。10月,集团公司顺利接手剧院并开展工作。受疫情影响,剧院演出业务上半年处于停滞状态,于6月正式恢复营业,全年共演出97场;电影放映时间于1月23日停止,8月1日恢复放映。后因消防问题,10月23日至年底影院电影又停止放映。全年放映电影1261场次,观众25252人次。演出项目中,上海开心麻花演出63场,"小伢儿金舞台"6场,2020年省属剧团新年演出季4场,周末戏剧金舞台系列7场,浙江省传统戏剧演出季5场,杭州相声大会4场。参加演出的专业剧院有浙江曲艺杂技总团有限公司、浙江京昆艺术中心、浙江小百花越剧院(浙江越剧团)、杭州越剧团等。继续加强"戏剧金舞台"及"小伢儿金舞台"文化惠民演出品牌的推广工作,积极利用官方微博、戏迷会员平台、官方网站、微信公众号等新媒体平台,加大特色品牌宣传力度。继续与《钱江晚报》《杭州日报》、浙江老年报社合作,推出演出抢票等活动,扩大宣传效果。更新升级剧院戏迷卡,新增会员数百人,有效地稳定了客源,并开通了微信线上售票功能,拓展购票渠道,全面升级线下票务体统。升级剧院硬件设施设备,对场务工作人员进行业务培训,进一步提升观众服务质量,提高剧院的市场竞争力。

(朱璧鍫)

【杭州剧院有限责任公司】　内设机构3个。2020年末有劳务派遣人员43人。

2020年,杭州剧院在做好疫情防控工作的基础上,配合省文化和旅游厅、浙江演艺集团完成经营类事业单位转企改制等相关工作,成立杭州剧院有限责任公司。在新冠疫情严重影响演出剧场行业的大背景下,全年演出票房收入293.03万元,演出场租收入401.54万元,全年用场119天,会议4场,演出93场,观众8.7万余人。同时,因新冠疫情影响,剧院1月21日至5月28日全部停业,6至8月因50%的上座率限制,只有少数公益演出,所有涉外演出全部取消,商业演出基本取消或延期,10余场高质量的演唱会、戏曲、话剧等演出取消,场租损失200余万元。一是强化内部管理,进一步提升剧院规范化管理水平。在做好疫情防控工作的基础上,加强剧院人事管理和制度建设,配合省文化和旅游厅、浙江演艺集团完成剧院编内人员调动、事业单位改制安置费用提留测算、改制后新公司的注册和事业注销等各项经营类事业单位转企改制相关工作。严格按照相关房产管理规定和流程处理房产租赁到期等相关事项,妥善处理大屏租赁诉讼事宜,并完成新一轮劳务派遣人员全员聘用工作,进一步加强内部管理,提升规范化管理水平。二是发展主营业务,举办高水平演出活动。继续与省属院团合作,浙江交响乐团"久石让·宫崎骏作品音乐会"成为固定的品牌性项目,实现"低成本、高票房、好口碑";与浙江交响乐团共同打造新年音乐会品牌,让更多更好的交响乐作品走进剧院,实现双方共赢发展。及时收集各家卫视综艺节目资讯,承接谢欣舞蹈剧场作品舞剧《未·知》,市场销售2场,取得收益和影响"双丰收"。音乐剧《第一次约会》《魔女宅急便》由电视综艺《声入人心》中涌现出来的一批"新生代"明星参演,也以新的艺术形式吸引了一批固定的受众人群。全年主办盈利项目共10个。三是严格落实防控,降低新冠疫情影响。5月复演以后,严格落实防控相关要求,积极开展全体人员防疫排查工作,严格按要求对剧院的每个区域进行消杀,包括空调管道等关键区域。在特定区域设置临时隔离点,落实隔座措施。观众入场需要先经过剧院大门外的"测温、看码"岗;再进入大厅,进行身份证登记,再进入正常的检票程序。全院多个检票口同时开放，多项应急措施提前准备，各个环节均有专人负责，为观众提供安全高质量的服务，确保每一场演出顺利进行。

（胡　捷）

浙江省古建筑设计研究院

【概况】　内设部门12个。2020年末员工95人（其中具有高级技术职务资格的20人，中级36人）。

2020年是"十三五"规划的收官之年，浙江省古建筑设计研究院扎根于浙江，立足于文物保护，拓展文化建筑市场，学习借鉴国际先进理念和技术，探索地方文化遗产保护方法，秉持企业做事业的理念，在具有专业特色的可持续发展道路上不断壮大，完成了近100项文化遗产相关的设计任务，业务面涵盖世界文化遗产申报和监测管理、文物保护维修利用、历史街区城镇保护、传统村落保护发展、传统建筑文化传承、近现代建筑及工业遗产保护等多个领域，成绩斐然，成为一家在国内同行业中具有一定影响力的专业设计院。

一、强应急管理，提高应对突发事件能力

在浙江省政府启动重大公共突发卫生事件一级响应后，根据上级布置，立即成立了疫情防控领导小组，指导全院开展各项防控工作，编制针对性防控方案，统筹疫情防控及复工复产工作。复工前，采用网络手段组织全院职工，开展技术培训提升专业水平。复工后，根据在岗办公和居家办公情况，通过动态调整项目人员安排、定期检查进度、召开网络会议等形式提高工作效率，总体达到预期效果。第2季度以来，通过压实部门责任等措施，提高生产率，努力弥补第1季度所受影响，经过全体员工共同努力，院本级全年营收利润基本完成年初任务。

二、立足文化遗产保护利用，巩固行业领军地位

进一步做好文化遗产保护利用基础工作，完成100余项涉及世界文化遗产、文物保护单位、考古遗址公园、传统村落、传统文化景观建筑、历史城镇街区、监测评估检查等的设计咨询项目。

受浙江省文物局委托，开展了第一、第二批省级考古遗址公园评估和第三批省级考古遗址公园评定工作，完成现场评估工作和各省级考古遗址公园的评定、评估报告，考古遗址公园设计包含保护、科研、教育和休憩四大目标，加强考古遗址公园与社会的关联性。承担嘉兴子城遗址公园建设，已进入遗址展陈分项工程施工阶段，涵盖遗址展示、室内陈列展示、智慧导览系统等多类型展示方式，充分运用现代声光电技术手段，结合遗址在地优势，让公众更加深入地走近考古遗址、了解嘉兴历史、领会当代文物价值，进一步提升考古遗址公园展示内涵。

积极推进革命文物保护利用，完成浙西南革命文物保护利用规划、浙西南革命文物保护利用研究。经过地方文保部门访谈、革命文物逐一调研评估，深度研究以丽水为代表的浙西南地区革命文物的保护利用现状，分析浙西南革命文物保护工作中面临的认定标准模糊、修缮标准不一、缺乏利用引导等重点问题的解决策略，提出以点串线、以线带面的保护规划框架，整合红绿资源，谋划浙西南革命文物保护利用项目，制定年度工作计划，为浙西南革命文物的保护利用工作提供指导依据。

三、促进文旅融合，拓展产业链

充分融入"文化浙江"建设、乡村振兴建设、大运河文化带建设，全力关注"一带一路"、"四条诗路"建设，谋划布局文旅融合背景下的产业发展。

持续开展历史城镇、历史街区提升工作。宁波慈城古县城的保护利用工作重点逐渐从单体建筑的维修扩展到区域景观的整治和已有景点的串联、整合。项目着重于保护古城历史格局和街巷肌理，营造与慈城本地传统风貌相协调的水街景观，引入现代商业、文化、服务业态，形成特色旅游商业街区。

积极参与绍兴阳明故里建设，恢复阳明故居，修缮吕府，打造阳明文化为主题的旅游综合体。以阳明故居遗迹作为文化原点，打造阳明心学圣境，形成开放式文商旅一体化街区，提升环境、提升业态、挖掘文化、培育产业，引领绍兴从观光旅游向产业联动转型。

四、增强科研能力，提高团队专业素养

承接多项国家、省级课题研究任务，积极开展中国风景园林、历史文化街区消防等行业技术文件、标准的编制工作，完成《老屋新语》等书稿编写工作。

争取到"十三五"国家重点研

发计划"重大自然灾害监测预警与防范"重点专项 2020 年度研究项目"传统村落保护适宜性技术和活态利用策略研究"。该项目由浙江省古建筑设计研究院牵头,汇聚中国建筑设计研究院、东南大学等单位形成的联合申报团队,从复旦大学、华南理工大学、北京清华同衡规划设计研究院有限公司等 8 家申报队伍中胜出。项目分 5 个课题、10 余个子任务,以整体保护、活态利用、文化传承、动态发展、适宜技术、内生驱动为理念,从传统村落价值认知与评价、乡土建筑保护修复与改造利用、现代设施植入、文化传承与创造性转化等方面,开展理论方法研究、关键技术研发、技术准则制定、综合应用示范,以期建立传统村落保护适宜性技术和活态利用策略的理论和技术体系,推动传统村落科学保护、可持续发展,实现乡村振兴。

坚持"人才为上、专业为本、技术为先"的理念,开展技术人员发展意愿调查,努力为技术人员创造好的发展环境。通过技术输出、参与课题等方法,提升骨干人员的行业影响力。选派技术人员参加各类业务培训,通过企业内训、专家授业、项目展示提高专业技术人员的专业水平。发扬"向专业倾斜、向人才倾斜"的传统,激励人才成长,培养专业氛围,弘扬传帮带,增强凝聚力。

五、坚持以企业做事业的理念,主动承担社会责任

深化体制机制改革。贯彻落实省委、省政府关于政企分开的决策部署和要求,全力支持、配合资产划转工作。按照省文化和旅游厅、浙江文投集团的工作部署,积极推进体制机制改革,以打基础、强主业、补短板、上台阶为目标,加快形成公司法人治理体系。

积极推进行业规范化建设。参与文物保护责任师考试试题和《文物保护工程专业人员学习资料》等教材编制工作。完成浙江省文物保护工程修缮定额研究。协助浙江省文物局开办文物保护实训班,提供师资力量,把技术留在基层。加入浙江省文化产业促进会,被选为浙江省服务设计联盟副秘书长单位。部分业务骨干人员被省人民政府国有资产监督管理委员会遴选为省属企业"五个一"人才工程杰出创新创业人才、长三角区域文物专家库成员、东南大学和天津大学专业硕士企业指导教师。坚持以企业做事业的理念,主动承担社会责任,扩大社会影响力。

(王晶焱)

市、县(市、区)文化和旅游工作

ZHEJIANG CULTURE AND TOURISM YEARBOOK

杭州市文化广电旅游局

【概况】 内设职能处室 15 个,直属单位 7 个,2020 年末人员 525 人(其中:机关 86 人,事业 439 人;具有高级技术职务资格的 60 人,中级 136 人)。

2020 年,受疫情影响,杭州市全年接待境内外游客 17573.1 万人次,同比下降 15.6%;旅游总收入 3335.36 亿元,同比下降 16.7%,其中国内旅游收入 3331 亿元,恢复至去年的 84.3%。旅游休闲产业增加值 999 亿元,同比下降 16.3%,占全市 GDP 比重的 6.2%。全市文化产业增加值实现 2285 亿元,同比增长 8.2%,占 GDP 比重为 14.2%。杭州入选首批"全国文化和旅游消费示范城市",数字赋能提升文旅新消费的做法全国瞩目,重大文旅项目投资综合指数、非物质文化遗产传承保护综合指数位列全省第一,在国内首推"数字经济旅游十景",首创文旅夜经济 IP "杭州奇妙夜","一键借阅"改革攻坚项目收获各方点赞,杭州艺校迁扩建项目正式立项,桐庐县、千岛湖旅游度假区、滨江区白马湖生态创意城、西湖区艺创小镇分别成功创建国家全域旅游示范区、国家级旅游度假区、国家级文化产业示范园区、国家级视听创新创业基地。

一、疫情防控

疫情发生后,全市文旅系统坚决贯彻落实中央、省、市决策部署,迅速形成文旅行业疫情防控新格局,依法妥善处置涉疫旅游停团退费纠纷,实现问题和解率、办结率 100%;在国内率先推行文化旅游场所"预约、限流、分时"举措,把流量管控关口前移,避免游客瞬间集聚,初步实现"收放自如"的管理,得到国家、省文化和旅游主管部门主要领导的高度肯定,央视《新闻联播》等主流媒体对杭州市通过"数智赋能"提升景区治理、假期管控有序有力等做法给予了多次报道、点赞。出台"旅八条"助企纾困政策,兑现资金 1596 万元,为全市 637 家旅行社暂退质量保证金 18591 万元。

二、文化旅游促消费

组织"欢乐游杭州"十大类别 100 项健康旅游特色产品线路和 240 余项文旅惠民举措,吸引线上线下参与人数超过 3500 万人次。开启全国首场文旅直播,4 小时销售景区门票、旅行社线路等文旅产品 2500 万元。用文化和旅游的力量点燃"夜经济","2020 文旅市集·杭州奇妙夜"3 晚拉动文旅消费 3008 万元,带动周边商圈消费上涨 30%。实施"文旅消费季",推出五大板块 56 个促消费项目。跨省组团游恢复之际,第一时间邀请上海、南京、苏州等 9 城市文旅部门到杭举行"长三角·杭州都市圈旅游合作采购大会",并联动县(市、区)赴郑州、济南、青岛、西安等城市开展文化旅游促销推广。举办"新经济会议目的地产业交易会"、世界旅游联盟"杭州之夜"及"全球旗袍日"、"苏东坡文化旅游节"等,提振行业信心。12 月 29 日,文化和旅游部召开推动文化产业高质量发展座谈会,宣布杭州入选首批"全国文化和旅游消费示范城市",杭州作为唯一城市代表在会上做典型发言。

三、文化旅游资源开发

杭州市纳入文化和旅游项目库的文化旅游在建项目 295 个,项目总投资 2329.6 亿元,实际完成投资 356.23 亿元,完成年度计划的 118.74%。杭州市文化和旅游投资综合评价指数位列全省第一。在全市遴选推出京杭大运河(杭州段)国家文化公园、良渚古城遗址保护利用工程、新登古城保护利用、梅城古城保护利用等 18 张文旅"金名片",省文化和旅游厅与市政府签署共建合作协议,总投资额达到 881 亿元。全市共创建浙江省 A 级景区村庄 317 个,其中 3A 级景区村庄 59 个。桐庐县成功创建第二批国家级全域旅游示范县,西湖区、临安区成功创建浙江省全域旅游示范区。创新推出"文旅赋能乡村 6+X"计划,在为乡村景区引进投资运营主体的同时,积极引导旅行社通过聚焦乡村旅游、与镇(街)村落景区"一对一"战略签约,实现转型发展。7 月 27 日,举行首批 10 个乡村旅游项目合作签约仪式,促成 42 家文旅企业与 38 家乡村旅游项目单位达成合作意向。

四、文旅数字化场景应用

围绕"多游一小时"目标，做深做细"10秒找空房""20秒景点入园""30秒酒店入住""数字旅游专线"等应用场景建设。全年"20秒入园"覆盖景点和文化场馆206家，累计使用人数超过1517万人次；"30秒入住"设备覆盖酒店515家，累计使用人数448万人次；文旅系统累计服务近2000万人次。数字赋能提升文旅新消费的做法全国瞩目，国家发改委、文化和旅游部来杭召开文化和旅游消费工作现场会，杭州市文化和广电旅游局做了题为《"互联网＋文旅新消费"的杭州实践》的典型发言。

五、公共文化服务

为贯彻省、市关于"加快'最多跑一次'改革延伸覆盖，推动公共场所服务大提升"的决策部署，以杭州图书馆为核心，实施"一键借阅·满城书香"全市公共图书馆服务大提升行动，通过"一键借还""双免一降""数字扩容""悦读服务""省市互通"五大举措，全面升级线上图书馆和线下图书馆两大场景，实现从"信用借阅"到"一键借阅"、从"公共阅读"到"文化家园"、从"市区通借通还"到"省市通借通还"三大突破，为读者提供"借阅服务直达""送书上门直达"和"数字内容直达"的现代图书馆新服务，更好地满足新时期市民精神文化需求。在2019年试点的基础上，全市新建杭州书房36家，累计建成47家，建筑总面积达到2.64万平方米，实现市域范围基本全覆盖，全年共组织开展各类主题活动近1000场，实现图书流转55万余册次，吸引市

民到馆20万余人次，致力于打造"家门口"的图书馆。出台《关于推进杭州书房建设的实施意见》《杭州书房建设标准》和《杭州书房服务规范》。至年末，杭州市有公共图书馆14个，县（市、区）图书馆13个，乡镇（街道）图书馆181个，村（社区）图书馆（室）2769个，其中纳入通借通还系统的街道（乡镇）图书馆181个，村（社区）图书馆（室）2327个。9月15日，杭州图书馆发布《杭州地区公共图书馆外借文献污损、遗失赔偿规则》，推出"降低遗失文献赔偿费率"新规，各县（市、区）公共图书馆统一执行。

六、群众文化活动

全年开展送戏下乡3765场，送书下乡613581册，送讲座、展览下乡5439场，开展"文化走亲"1215场次，开展线上文化服务活动4658场次，其中线上参与达26481367人次。元旦至春节期间，举办了"欢乐新春文化行"活动，将15台越剧演出分别送到富阳、临安、建德、淳安等地的15个偏僻乡村。持续实施"你点我演"群众文化预约配送工作，并纳入2020年市政府民生实事项目，全年市、县（市、区）2级累计为1812个文化礼堂送出文化活动2531场，文化礼堂覆盖率为100%。举办"最艺杭州——2020新剧目会演"、第十届"风雅颂"民间舞蹈展演等文化活动，结合对口帮扶、对口合作和"山海协作"工作，赴丽水市、衢州市、湖州市、吉林省长春市、贵州省黔东南苗族侗族自治州、广东省广州市开展文化交流活动。疫情期间组织全市艺术创作生产单位，相继开展"请您看戏，一起战'疫'"经典剧目"云

播"、"文艺助力，一起战'疫'"主题作品"云创"、"大爱无垠，一起战'疫'"书画创作"云展"等"三云"系列活动。

七、非遗保护传承利用

至年底，杭州市列入联合国教科文组织人类非物质文化遗产代表作名录4项；列入国家级非物质文化遗产代表性项目名录48项；列入省级非物质文化遗产代表性项目名录184项，入选数量居全省第一；列入杭州市级非物质文化遗产代表性项目名录368项。杭州市有国家级非遗代表性项目代表性传承人34人；省级非遗代表性项目代表性传承人204人；市级非遗代表性项目代表性传承人388人。发布《第一批杭州市传统工艺振兴目录》，收录54项传统工艺。新增杭州市非物质文化遗产旅游景区（民俗文化村）20家，杭州非遗保护发展指数位列全省第一。举办2020年杭州市戏曲展评展演活动，设杭州市中小学生戏曲大赛、杭州市民间戏曲大赛、2020年杭州市戏曲展演"二赛一演"3项子活动；举办2020年杭州市"文化和自然遗产日"系列活动暨非遗进景区活动，各县（市、区）的30多个优秀非遗项目参展，13名"网红"走进直播间，讲述非遗历史，解析传统工艺，在线推广非遗产品，2小时直播点击量2万多人次。

八、文化旅游市场监管

以"减法"促"简政"，推进行政审批服务改革，建立健全审批回访机制，回访率100%，满意度100%；落实落细"管行业、管安全"要求，全力推进局系统平安建设。实行日常监管与集中整治相

结合、专项执法与综合治理相结合,强化文旅市场综合监管和旅游目的地联合整治,共出动检查3万余人次,检查经营场所5.94万家次,行政处罚立案284件。

九、文化市场综合行政执法改革

5月29日,市文旅局做好文化市场综合行政执法改革"后半篇文章",第一时间完成文化和旅游两支执法队伍合署办公、"三定"方案、班子配备、人员转隶、人员适岗调配等,联合市新闻出版局、市园文局、市体育局出台《杭州市文化市场综合行政执法工作机制》等文件,理顺执法机构与业务主管部门的职责边界,明确6个主城区执法大队权责权限,整合全市文化旅游执法力量,综合配备文化、旅游、出版、电影电视、网络文化、文物等专业执法大队及6个城区执法大队,实现了文化旅游领域"一支队伍管执法"格局。

十、党建工作

把学习贯彻习近平新时代中国特色社会主义思想作为首要政治任务,贯彻落实中央和省委、市委决策,部署坚决、有力、及时。加强行业舆情监测与引导,对产品、项目、活动、内容的政治把关、价值把关、导向把关更加严格。高标准开展法治政府建设,大力推进文旅治理体系和治理能力现代化。文化市场综合行政执法体制改革和事业单位改革圆满完成,基层党建和党风廉政建设扎实推进。创新实施文旅惠民进党群服务中心,举办"筑牢初心"党员红色之旅,开展新年送福送春联活动,市文旅局被市委组织部授予"年度最美共建单位"。组织

开展全市文旅行业"党员先锋示范岗"选树暨"红色社团"创建活动,在行业树立"最美典型"。举办杭州市金牌导游大赛、杭州文旅人才"云招聘会",推出高层次人才"杭州人才码"文旅专项服务,推荐认定2020杭州市文旅行业"能工巧匠",协同做好首届杭州大学生"双创日"活动,承办了"双创日"吉祥物、"我的创业故事"和"唱响杭州"抖音短视频征集大赛。

【大事记】

1月

4日 杭州都市圈文化旅游新春惠民大联展活动在西湖文化广场举行。6地市共推出230多项全新的旅游产品线路及226项惠民优惠举措。

13日至20日 杭州艺术学校赴新加坡参加第二十七届"春城洋溢华夏情暨欢乐春节"文化、艺术、旅游展活动。

2月

是月至3月 组织"请您看戏,一起战'疫'"经典剧目"云播"、"文艺助力,一起战'疫'"主题作品"云创"、"大爱无垠,一起战'疫'"书画创作"云展"等"三云"系列活动。

3月

19日 杭州图书馆在国际图书馆协会联合会发布的2020年"绿色图书馆"奖项名单中获得亚军。在其获奖评语中,国际图联指出,"杭州图书馆在应对当地环境问题挑战时独辟蹊径,建立环保分馆,其所做的实践和努力具有全球意义"。

23日 启动"家门口的健康

游——欢乐游杭州"系列活动,发布了全市十大类别100项健康游特色产品线路和240余项文旅惠民举措。直接参加游客累计近4万人次。

4月

15日 "家门口的健康游——欢乐游杭州"系列活动之一,"牵手青春"爱情之都体验游启动仪式在万松书院举行。

是月 省文化和旅游厅发布《浙江省非物质文化遗产保护发展指数评估指标数据(2019年度)》,杭州市在全省11个设区市中排名第一,余杭区在全省89个县(市、区)中排名第一。

5月

12日 国际大会与会议协会(ICCA)发布2019年度全球城市国际会议排行榜,杭州在全球5214个城市排名中位居第74位,创造了历史最好成绩;在亚太地区870个城市排名中位居第17位,在中国大陆城市排名中一直保持第3位。

14日 邀请淘宝主播开启全国首场城市文旅产品直播活动,4小时直播观看量超过2100万,成交额突破2500万元。

18日 金牌导游联合工作室挂牌成立。是年,先后开展了"跟着金牌导游学外语"、"金牌导游带您游浙江"、"约'惠'杭州·精彩一夏"文旅直播等活动,参与人数达150万余人次。

19日 以"欢乐游杭州"为主题的2020"中国旅游日"(旅游服务进社区)暨法制宣传活动启动仪式在萧山文化广场举行。

29日 杭州市文化市场综合行政执法队成立。6个专业领

域执法工作正常开展。市执法队与其他4区3县（市）的职责任务基本明确。

6月

12日　2020年杭州市"文化和自然遗产日"系列活动暨非遗进景区活动开幕式在桐庐县荻浦花海景区举行。第二批杭州市非遗旅游景区（民俗文化村）、第二批杭州市非遗传承教学基地授牌。

是月至6月　开展"我的家乡我代言"系列推广活动，发动市民游客上传杭州主题短视频和图片分享杭州美好生活，活动页面浏览量超过180万次。

是月起　杭州非遗宣传片《蝶恋杭州》登陆"学习强国"全国平台，在央视网、杭州发布、爱奇艺、腾讯视频、杭州电视台生活频道等主流媒体播放，进一步宣传了杭州非物质文化遗产。

7月

6日　结合"杭州良渚日"活动，正式推出10条杭州三大世界遗产精品旅游线路。

8日　"约'惠'杭州·精彩一夏"文旅产品直播活动在湖上直播间和淳安县两地顺利举行，引导成交额达到25万元。

27日　联合杭州都市圈6城市和上海、南京、苏州等长三角城市，在杭州国博中心举办了"长三角·杭州都市圈旅游合作采购大会暨2020杭州文旅消费季启动仪式"。会上，采购酒店、民宿3万人次，预定景区景点5.3万人次，达成意向组团2450个，互动游客超过10万人次。

是月　实施"一键借阅·满城书香"全市公共图书馆服务大

提升行动。通过"一键借还""双免一降""数字扩容""悦读服务""省市互通"五大举措，实现从"信用借阅"到"一键借阅"、从"公共阅读"到"文化家园"、从"市区通借通还"到"省市通借通还"的三大突破。

是月、9月　分别在宁波和上海开展杭州文化旅游营销推广活动和组团参加宁波文化旅游博览会，近500人参加。

是月至9月　开展第三届文化和旅游消费季活动，发挥"互联网＋文旅消费"的优势，推出五大系列板块、56项文旅促消费活动，拉动相关文旅消费近16亿元。

是月至10月　第二届"西湖杯"中国硬笔书法大赛在杭州举办。共收到有效稿件17287件。评选出少儿组金奖50名、银奖100名、铜奖300名，以及成人组金奖20名、银奖80名、铜奖200名以及优秀奖若干，并对部分优秀作品结集成册。

8月

14日至16日　举办首届"文旅市集·杭州奇妙夜"，现场设置"杭派国潮""文旅超市""爱情博物馆"等10个单元200个摊位，共吸引游客11.8万人次，拉动消费3008万元，40家海内外媒体予以报道，总曝光量超1.5亿次。

24日　全省首家少儿红色书房在杭州图书馆少儿分馆落成，首期投入少儿红色书籍3000余册、数字资源796集，并与中国少年儿童新闻出版总社、浙江少年儿童出版社合作，授予馆社合作教育基地。

25日至30日　组织大型促

销团赴郑州、济南、青岛开展"最忆是杭州"大型文化旅游推广活动，洽谈达成意向合作团队1175个，意向计划向杭输送游客超过5万人次。

9月

10日至27日　举办"众志成城·圆梦中华"杭州市书法美术主题创作暨纪念中国人民抗日战争胜利75周年优秀作品展。从600余位书画名家的723幅书画作品中遴选出200幅作品，分别在杭州图书馆艺术博览中心以及江干区文化中心展出。

15日　杭州图书馆发布《杭州地区公共图书馆外借文献污损、遗失赔偿规则》，推出"降低遗失文献赔偿费率"新规，各县（市、区）公共图书馆统一执行。

17日　在全国首推包括阿里巴巴、海康威视、杭州城市大脑等在内的"杭州数字经济旅游十景"，跨界融合挖掘文旅新IP。

同日至18日　举办"2020杭州文旅峰会·新经济会议目的地产业交易会"，初步达成引进会议合作意向300余个。

23日　第二届"中国大运河文化带京杭对话系列活动"在北京颐和园举行，"诗画浙江"文旅周（杭州日）暨2020浙江（北京）旅游交易会也同期拉开帷幕。杭州将三大世界遗产西湖、京杭大运河、良渚古城遗址元素植入展厅，展示了江南丝竹、越（杭）剧表演、王星记制扇等杭州非遗文化。

25日　"2020中国杭州大学生旅游节"在富阳区桐洲岛开幕。先后开展了"探索文旅·我为杭州代言"抖音传播大赛、"传承文化·共筑未来"城市记忆之旅、"我当导游——杭州旅游攻略大赛"等系列活动,媒体总曝光量达3.1亿余次。

29日　举办第十届"风雅颂"民间舞蹈展演活动。"风雅颂"民间艺术展演活动创办于1999年,每两年举办一届,20多年来,共推出了122个优秀的原创节目,培育了100余支民间艺术演出队伍。

10月

15日至16日　开展"诗画浙江·百万千碗"专场美食直播,总时长达5小时,观看人数达到10万余人次,共带动商户套餐销售近11万元。

16日至11月11日　"2020杭州全球旗袍日"活动通过六大"旗"遇板块15项活动,推出北山旗袍旅拍、清河坊"旗"妙夜、"杭州旗袍云上展"等旗袍主题新产品。活动总参与38.65万人次,总销售额3850万元,媒体总曝光量3.2亿次。"杭州旗袍"入选杭州市文旅"金名片"工程和浙江省文化和旅游IP库。

23日至11月16日　举办"最'艺'是杭州——2020年杭州新剧(节)目会演"。经综合评审,《黎明新娘》等5部作品获"优秀剧目奖",《流星》等5部作品获"剧目奖",谢丽泓等100人获单项奖。

26日至30日　组团赴贵阳、桂林、南宁开展杭州文旅休闲产品促销活动。

28日至11月18日　举办"2020年杭州市第六届金牌导游大赛"。大赛顺应疫情防控新常态,创新设置"云游杭州"、直播带货、网络投票等环节,评选出15名"杭州市金牌导游员"、15名优秀导游。授予3人"杭州市技术

能手"荣誉称号,授予1人"杭州市杰出青年岗位能手"荣誉称号,授予4人"杭州市优秀青年岗位能手"荣誉称号。

11月

6日至10日　杭州、嘉兴、湖州、绍兴、衢州、黄山等6地市文化和旅游部门分别赴西安、开封进行文化旅游联合推介活动,进一步打响"江南绝色、吴越经典"文化旅游品牌。

12日至14日　第三届"2020世界旅游联盟·湘湖对话"在萧山召开,来自24个国家和地区约450名嘉宾参与了对话。其间,市文旅局举办"2020世界旅游联盟·杭州之夜"文化旅游专题推介会。

17日至12月18日　组织开展了丰富多彩的"城市记忆工坊"杭州县(市、区)推广季活动。推出"城市记忆工坊"89堂免费手工体验课程,全国首推10条"城市记忆"主题文旅线路产品,活动总宣传阅读量达1亿余人次。

22日　举办"戏曲芬芳·非遗传承"——2020年杭州市戏曲展评展演活动。

24日至28日　赴广州开展"最忆是杭州"秋季文化旅游推广活动。以"韵味杭州""文化杭州""数字杭州"3个篇章着力呈现杭州"独特韵味,别样精彩"的城市形象。

27日　举办"新·心·向荣"新时代杭州市优秀导游风采展暨2020年杭州市第六届金牌导游大赛颁奖典礼,宣传展示杭州金牌导游良好形象。

12月

10日　中国(杭州)苏东坡

文化旅游节开幕式暨苏东坡文化论坛在杭州花家山庄开幕。相继组织苏东坡文化论坛、中国苏东坡品牌文化研讨会、苏东坡主题文化书画作品展等系列活动,并成立中国苏东坡品牌文化联盟。

25日　杭州网易云音乐科技有限公司、杭州瑞德设计股份有限公司(滨江区)、杭州水秀文化集团有限公司(西湖区)、匠铜实业(杭州)有限公司(建德市)、杭州最忆文化发展有限公司(萧山区)被认定为2020年浙江省文化产业示范基地。

28日　举办"流光溢彩·艺杭州"第三届中国浙江(杭州西湖)国际摄影大展,累计收到836位摄影人共计10286幅参赛作品。决出"一般彩色组""一般黑白组""自然组""旅游组"以及"西湖专题组"等5个组别217个奖项。

29日　杭州白马湖生态创意城被文化和旅游部正式命名为"国家级文化产业示范园区"。

是月　文化和旅游部正式批复了淳安千岛湖旅游度假区为国家级旅游度假区。

是月　举办2020杭州文旅消费品牌推广暨"百县千碗"美味杭州体验活动。全年评选认定市级"百县千碗"美食示范店22家、体验店29家、特色美食旗舰店25家,获评省级特色美食体验店47家。

(孙豪建)

杭州市县(市、区)文化和旅游工作概况

【上城区文化和广电旅游体育局】内设职能科室6个,直属单位5个。2020年末人员56人(其中:公务员16人,参公12人,事业

28 人；具有高级技术职务资格的 4 人，中级 4 人）。

2020 年，上城区文化和广电旅游体育局深入学习贯彻习近平新时代中国特色社会主义思想及习近平总书记考察浙江时的重要讲话精神，重点围绕"两手抓、两手硬、两战赢"，探索和实践文化、旅游事业发展新路径，高质量推进一流的国际化现代化城区建设。一是阵地建设推进有力。上城区通过市基本公共文化服务标准认定。区非遗展示中心、刘江艺术馆于 9 月 25 日南宋文化节开幕式当天精彩亮相。根据民生实事项目和区政府重点工作要求，打造杭州书房·望江分馆、杭州书房·湖滨商圈书房、杭州书房·上城区图书馆清波分馆。区文化馆惠民路分馆提升改造工程进场施工。全区有区文化馆（含龚自珍纪念馆）、区图书馆、区非物质文化遗产保护中心、刘江艺术馆、大华书场及 6 个街道文化站和 54 个社区文化室。基层文化活动室（站）设备配置完善，有特级文化站 1 个、一级文化站 5 个。全区共创建全国示范文化社区 1 个，省级示范文化社区 7 个，市级综合示范文化站 4 个、示范文化街道 6 个、示范文化社区 38 个、示范文化户 125 户；有智慧文化免费 Wi-Fi 服务点 52 个。推进"文化基因解码工程"。成立领导小组办公室，研究制定上城区"文化基因解码工程"工作方案和项目工作方案，成立"文化基因解码"研究团队。完成对上城区文化元素的全面普查、整理和遴选，提取约 20 条重点"文化基因"的关键信息点，将全区"文化基因"编码入库。二是文旅产业提质增

效。全区文旅产业持续发力，进一步完善全域旅游发展规划，推进全域旅游示范区创建。聚力抓重点。专班化运作、采取倒计时方法推进"城市大脑"建设，超额完成首期双月攻坚任务，二期建设有序推进，"30 秒入住"场景覆盖至 50 家酒店，"20 秒入园"场景覆盖至 13 家，智慧文旅大数据平台完成验收并全面上线运行。着力促融合。贯彻宜融则融、能融尽融要求，编制文旅融合发展规划和全域旅游建设发展规划。积极推进"南宋文化遗址保护和利用"文旅"金名片"项目建设，清河坊高品质步行街一期于 9 月 25 日晚精彩亮相。以清河坊步行街被列入省级高品质步行街试点为契机，推进南宋皇城小镇建设，落实文化旅游推介。紧盯 11 个文旅重点项目建设，完成"百县千碗"体验（示范）店和旗舰店认定与申报，协调浙勤集团推进高银街、中山南路至利星 1157 综合体省级示范街打造；做优"钱塘江水上游"项目，国庆中秋假日期间钱塘江豪华游轮"梦航号"全新起航，游客量超 6000 人次。借力谋创新。主动适应疫情常态化要求，聚合区内 220 余家文旅企事业单位组建红色联盟体，在产业振兴进程中推动人才、信息、资源整合集聚。探索营销宣推新模式，推出"文旅有礼·上城约你"系列直播活动，主要领导带头主办直播活动 8 场次，指导文旅企业开展直播带货活动 600 余场次，依托湖滨商业特色街区联动组织"非遗有约"集市空间活动，直播带货全平台阅读量超 4000 万人次，网站成交金额达 5900 万元。牵线搭桥推动区内文旅龙头

企业与商业综合体跨界合作，省中旅集团 31 名导游加入西湖银泰导购队伍，4 名导游成为新一代"网红主播"。推出"山地徒步游——循迹南宋千年"体验线、"农事体验游——八卦田农事体验活动"、"原野赏花游——八卦田赏春"等 5 项健康游项目，旅行社线路、酒店住宿、餐饮等 35 项文旅优惠产品，设计"湖滨·怀旧之旅""清波·民国风情线""小营·名人故居线"等 5 条"漫游上城历史建筑"旅游线并进行宣传推广。三是品牌活动魅力彰显。创新文化惠民方式，加强"云"服务。紧紧扭住省、市、区考核任务指标，通过重点突破带动整体推进。抓实文化惠民民生实事项目落地，"文化走亲"和送书下基层、惠民演出、戏剧下乡任务全部超额完成。结合疫情常态化的背景，首次创新使用"线上模式"进行调研，根据群众需求，推出 50 个"云培训"免费课程及"全民艺术培训大讲堂"，点击量达 17000 人次。区文化馆歌曲作品《思念已花开成海》获 2020 首届长三角原创流行歌曲大赛金奖。打响品牌活动知名度，提振文旅消费。围绕"赛、会、剧、秀、展"五大板块，举办 2020 南宋文化节，"大道传薪——刘江书法篆刻艺术特展"、百姓大戏台、上城区非遗博览会等 25 个大项 100 个小项文商旅特色活动在清河坊历史文化街区亮相。整合清河坊历史文化街区、大华书场、湖滨序集、吴山夜市、湖上直播间等特色文旅地标，抓好文旅夜间消费集聚区建设，打造承办 2020 年"杭州全球旗袍日·清河坊旗妙夜"活动，参与人数达 24.39 万人次，拉动消

费总额 3850 万元。推出文旅融合新型惠民方式"走读上城"系列活动,集人文、休闲、健身、体验于一体,设计走读线路 7 条,组织活动 20 多场。举办 2020"非遗大观园"——上城区非遗博览会,全面展现上城区非遗保护成果。举办第 4 个"文化和自然遗产日"活动。四是安全监管保障务实。守牢疫情防控底线。新冠疫情发生后,全局上下严格落实各级疫情防控指挥部要求,第一时间建立健全落地落实"四个一"工作机制(成立一个工作小组、建立一套网络信息、强化一批重点管控、健全一套流程机制)。局领导带头,党员干部全员分批下沉挂包社区,对辖区内文旅企业进行地毯式排摸,指导监督行业企业 5200 余家次,组建一支"红色代办"驻企服务员队伍,帮助解决困难 200 余个,坚决打赢疫情防控阻击战、攻坚战。守牢文旅环境秩序底线。出动日常执法巡查 1945 人次,非法出版物行政处罚立案调查 6 件次。开发建设文旅智慧监管系统,全区文化娱乐场所及网吧覆盖率和实时监控率达 90%以上。狠抓旅游目的地联合整治,累计驱赶"野导"1246 人次、"黑车"129 辆次,走访教育 273 人次,罚款约 1.1 万元。守牢安全生产底线。牢固树立底线思维。高度重视文化、旅游市场的行业安全,紧盯五一、国庆黄金周等重要节点,扎实开展文化、旅游行业安全检查,每季组织安全生产形势分析和讲评通报,对发现的 15 起安全隐患全部跟踪整改到位,切实守牢文化旅游市场监管底线。

(陈丽艳)

【下城区文化和广电旅游体育局】内设职能科室 5 个,下属单位 5 个。2020 年末人员 52 人(其中:机关 25 人,事业 27 人;具有高级技术职务资格的 5 人,中级 7 人)。

2020 年,下城区文化和广电旅游体育局聚焦"两手硬、两战赢",坚持文化引领,开展文化艺术创作,促进文旅融合,加强文旅市场监管,努力在"重要窗口"建设中展现更大担当作为。成功创建国家公共文化服务体系示范项目——"社区公共文化服务动态评估体系",基层公共文化服务绩效评估排名全省第四、非遗保护发展名列全省第七,下城区打造新天地中央活力区成为省、市共育文旅融合"金名片"。战疫情、促发展工作交出高分答卷。一是坚决打赢行业疫情防控攻坚战。抗疫一级响应期间,紧急关停文旅场所 300 余家,暂停 115 家旅行社经营团队游产品,取消旅游团队 540 个,涉及人员 11460 人次。受理涉疫旅游投诉 136 起,处置率 100%。迅速助力企业有序复工复产,新世界国旅作为全市首家复工旅行社,成为全市旅行社复工样板。全区 82 家旅行社暂退质量保证金 2818 万元,49 家宾馆、旅行社获扶持资金 68 万元。举办"情暖战疫英雄"、"三省一市五大剧种共演《雷峰塔》"等公益慰问演出助力抗疫。《共同的信念》《同心守望》《公筷公勺狂想曲》等原创抗疫歌曲全市首发。二是提升文化惠民服务工程。公共文化服务绩效评估位列全省第四、非遗保护发展位列全省第七。"社区公共文化服务动态评估体系建设"项目高分通过文化和旅

游部验收,顺利创建第四批国家级公共文化服务示范项目,《杭州下城区完善评估机制社区公共文化服务瞄准精细需求》被《人民日报》、新华社专稿报道。启动"文化基因解码工程",推出全省首个区级"公共文化服务数字资源云平台",文化惠民实现"个性化定制服务"。整合省、市、区 3 级公共文化资源和社会力量,成立武林艺术商圈联盟,实现主流群体公共文化服务全覆盖。建立"文化云"平台,推出"艺术云"课堂 400 余门,举办线上"文化云走亲"、非遗直播带货等活动近 100 场。全年文化惠民服务 890 场,服务群众 20 万人次以上。建成 5 家城市书房、2 个城市书吧,总面积 2700 平方米,藏书 3.5 万册,覆盖辖区全域,惠及 38 万市民。区文化馆、区图书馆成功复评国家一级馆。举办"文化和自然遗产日"下城区非遗乐购嘉年华、"非遗匠心"市集活动等,将非遗与"夜间经济"相结合,以全新的融合形式集中展示非遗项目成果。强化武林艺术商圈联盟合力办文化,举办全区首届武林艺术商圈联盟惠民展演活动、第三十三届社区文化月星级团队精品展演、首届社区之歌精品展演等,精心擦亮文化名片。三是加强文化艺术创作。围绕"全面建成小康社会"、"武林文化"系列品牌活动 2 项中心工作,持续抓好特色文化活动、文艺精品创作等工作,取得较好成绩。全年文艺作品获市级以上奖项 30 余项,原创歌曲《无悔的青春》荣获第十一届浙江省音乐舞蹈节(声乐类)浙江舞台艺术兰花奖银奖,并入选 2020 年度浙江省十佳优秀歌曲。文艺作

品获市级以上奖项 30 余项,在新冠肺炎疫情期间,带头投入抗击疫情原创文艺作品创作,精心打造原创歌曲《同心守望》《共同的信念》。在全区开展"文明用餐"主题宣传实践活动中,下城区文化馆围绕"文明用餐健康生活"主题,创作歌曲《公筷公勺狂想曲》,在"下城区 611 公筷公勺主题宣传活动"创意作品比赛中荣获视频类作品特等奖,并拍摄歌曲 MV,走进杭州嘉里中心首演,被《杭州日报》、中国蓝新闻等 7 家新闻媒体报道。在"诗画江南·百县千碗"——用歌曲弘扬美食文化活动中,精心创作下城区"百县千碗"主题歌《名不虚传》并在杭州嘉里中心举行新歌发布会。在省文化和旅游厅发布的《浙江省非物质文化遗产保护发展指数评估指标数据》中,下城区总得分位列全省县(市、区)评估数据第 7 名,首次进入全省前十行列。非遗题材的原创舞蹈《剪彩芳菲》参加第十届杭州市风雅颂民间艺术展演活动荣获优秀表演奖。选送的 2 名小选手在杭州市文化馆(杭州市非物质文化遗产保护中心)举办的 2020 年杭州市少儿故事演讲大赛中荣获银奖。主办"武林翰墨·缤纷下城"2020 下城区少儿书画大赛,评选出一等奖 21 名、二等奖 31 名、三等奖 39 名、优秀奖 19 名,优秀辅导奖 14 名、优秀组织奖 4 名。下城区文化馆选送的 5 篇论文参加 2020 年杭州市第二十七届群文论文比赛,获 1 个一等奖、1 个二等奖和 3 个三等奖。组织国家级非遗项目制扇技艺(王星记扇)和木版水印技艺的 5 位代表性传承人的作品,参加第六届中国非物质文化遗产博览会"云展厅"。选送杭州武林新星越剧联谊会的《祥林嫂·洞房》和吴阳春的《牡丹亭·游园》参加"戏曲芬芳·非遗传承"——2020 年杭州市民间戏曲大赛,获得 1 金 1 铜的佳绩。四是全新推出都市旅游精品线路。按照现代人的旅游理念和需求,围绕核心景点景区,进一步挖掘资源,跨界整合博物馆、文保建筑、美丽街巷、非物质文化遗产等独具下城特色的文旅产品,全新推出"夜游武林""活力新天地""街巷探古"等 8 条独具特色的旅游精品线路,同时联合区委组织部精心打造"武林红韵"专线,联合区纪委精心打造"清廉润心"专线,将下城文化旅游资源串珠成链。6 月,举办"遇见下城·乐游武林"都市旅游精品线路发布会暨武林艺术商圈联盟成立仪式,不断扩大下城旅游影响力。五是推进文旅深度融合。深入推进新天地、武林之星 2 个文旅融合活力区以及武林文化长廊、武林艺术商圈"两区一廊一圈"建设。成立武林艺术商圈联盟,整合 18 家省、市文化单位及商圈企业,助力商旅文融合发展。新天地中央活力区入选省、市共育"金名片"项目。全新推出夜游武林、活力新天地等旅游精品线路,借力"诗画浙江·百县千碗"工程,推出下城十大特色美食店。围绕全区经济大局,整合文旅资源,助力十大夜间经济示范项目发展,"城中里巷"文旅市集成为国家文旅消费现场会示范点,太阳马戏、ONE THIRD 酒吧等成为杭城夜间消费知名品牌。全年完成文旅项目投资 10 多亿元,完成年度计划的 155.85%。跨贸小镇开展旅游景区服务大提升,"旅游厕所三年行动计划"总完成率 200%。全区 56 家酒店实现"30 秒入住""10 秒退房";4 家文旅场所实现"20 秒扫码入园"。全年下达重大旅游建设类项目、特潜行业项目和特色休闲示范点创建等补助资金 150 余万元。

(李春俊)

【江干区文化和广电旅游体育局】内设职能科室 5 个,直属单位 4 个。2020 年末人员 54 人(其中:公务员 8 人,参公 12 人,事业 34 人;具有高级技术职务资格的 6 人,中级 11 人)。

2020 年,江干区文化和广电旅游体育局紧紧遵循"民生为先、文化引领、融合发展、系统推进"的工作理念,坚持以钱塘江文化建设为牵引,聚焦"以文化人、以文兴业、以文惠民、以文铸城",着力构建"优质、普惠、智慧"的公共文旅服务体系,各项工作有力推进。一是"文化硬核"地位突显。全省基层公共文化服务评估进位 12 名,位列全省 89 个县(市、区)第 13 位。区"文化基因解码工程"全面实施,被列为全省试点。区公共文化服务水平顺利通过杭州市认定验收。杭州书房建设超额完成,有关做法在全市现场会交流。全国首个海塘遗址博物馆知名度有力提升,成为文旅融合、清廉教育、科普宣传"新阵地","海塘文化挖掘和保护利用"列入"杭州市文旅金名片"培育项目(全市 18 个),受到上级批示肯定。二是"窗口示范"奋勇争先。"20 秒入园"覆盖率、使用率位居全市第一。在笕桥街道试点打造架空层"城市文化客厅",有关做法得到副市长陈国妹批示肯定。"文化基因解码工程"推进。江干区作为全省"文化基因解码工程"试点之一,以"专项小组＋本土专家团队＋高校研究团队"的"三合一"阵容持续推进解码工程。围绕中华优秀传统文化、革命文化、社会主义先进文化3个方面,对江干行政区域内历史文化资源、文化资源、非物质文化遗产、旅游资源等进行普查,梳理出全区候选文化元素清单214个,从中甄选出重点文化元素清单20个,形成江干区"文化基因"数据库,并对夏衍、海塘、皋亭等5个重点"文化元素"进行"基因解码",形成5份《江干区文化基因解码报告》,为文旅产业融合发展提供基础保障。三是"三大品牌"日趋成型。"钱江""弄潮""夏衍"品牌矩阵初步形成。持续办好第四届钱塘江文化节,举办夏衍120周年系列纪念活动等重点活动。原创民乐《海塘谣》、舞蹈《筑塘时节》、小品《老铁》等精品力作省、市获奖,歌曲《拥抱你,钱塘江》申报市文艺精品工程扶持项目。连续10年举办钱塘读书节,全年举办文化惠民巡演、公益培训等文化惠民活动2000余场。推进文化消费"政府买单",惠及群众1万余人次。举办杭州(江干)第六届皋亭登皋节,把体育与旅游完美结合,充分展现山水皋亭、文化皋亭、孝爱皋亭之美。四是"事业产业"同向发力。先后以政策退还、平台补助、申请下拨等方式,为文化、体育、旅游企业纾困解难,累计达2000多万元。举办文体旅消费月、"旅游进社区"、杭州国际潮玩吃货节等活动,掀起全民消费新高潮。海塘文创精彩亮相中

国第15届中国义乌文化和旅游产品交易博览会。公布第二批区级非物质文化遗产传承基地8家,全区非物质文化遗产传承基地增至14家。城市大脑"双月攻坚"提前完成全年任务指标,省、市、区民生实事全面完成。优化行政审批服务,稳步推进"最多跑一次"改革,完成政务服务网47个总项,117个子项的认领及完善工作,完成率100%。所有群众办事事项网上办、掌上办、跑零次、即办件、承诺期限压缩比、材料电子化率均达100%。全年接待来访来电5063人次,办理事项1363件,审批件222件,其他事项1141件,勘察场所45处,均在当日办结。区文旅局的服务窗口获评金牌窗口、服务之星各1次、年度最暖"D小二"1次,获群众赠送锦旗5面、表扬信8封。加强文化市场安全监管。调整完善《杭州市江干区文化市场经营单位安全生产管理制度》台账,印发到文化市场经营单位落实。坚持每月18日的"江干区文化市场安全生产固定日"活动,各责任主体开展安全生产培训、隐患排查、消防疏散演练及灭火演练,全年开展培训演练活动1000多次,从业人员参与40000多人。与区公安分局、区消防救援大队、区应急管理局等部门建立联动制度,全年开展联合检查6次,3处较严重问题抄告消防部门查处到位。宣传、引导、落实全区59家网吧和38家娱乐场所购买安全生产责任保险。行业监管平稳有序,连续15年实现"零事故"。智慧旅游建设扎实开展。对照杭州城市大脑文旅系统建设指标要求,扎实开展江干区智慧旅游建设。71

家酒店安装"30秒自助入住系统";江干区数字文旅子系统建设项目完成终验,进入运行阶段。成功创建5A级旅行社1家,4A级旅行社两家,其中5A级旅行社获得"零的突破"。至年末,江干区有旅行社89家,全年组织和接待游客70.08万人次。其中,国内游客68.15万人次,同比下降65.38%;出境游客1.93万人次,同比下降86.81%。旅行社全年营业收入4.8亿元,同比下降74.13%。

(陶艳磊)

【**拱墅区文化和广电旅游体育局**】内设职能处室5个,直属单位5个。2020年末人员68人(其中:机关12人,事业56人;具有高级技术职务资格的8人,中级15人)。

2020年,拱墅区文化和广电旅游体育局认真抓好文化项目建设,区文化规划馆、民俗迹忆馆正式对外开放,大运河紫檀博物馆签约落地,运河大剧院和运河亚运公园建设如期推进,上塘古运河风景区项目加快建设。改版官方微信公众号"运河南",发布"千年大运河,南望是拱墅"旅游宣传口号和4个主题16条旅游线路。12月23日,拱墅区入选浙江省省级文化传承生态保护区(创建)名单,并入选首批"浙江省文旅产业融合试验区"培育名单。全区共有旅行社87家,纳入统计监测的80家旅行社接待国内旅游者14.08万人次,同比下降69.15%;国内组织出游人数15.55万人次,同比下降44.33%;实现经营总收入52509.69万元,同比下降

72.96%。运河景区接待国内外游客954.5万人次,同比下降85.53%。纳入统计的27家宾馆饭店,全年实现营业收入69994.33万元,同比下降31.64%;接待总人数60.07万人次,同比下降43.98%,其中客房出租率43.08%,同比下降35.46%。一是文化艺术。创作《运河十碗头》《寻味运河·香》两首音乐作品,提升加工《捻河泥》《河埠头》等舞蹈作品,创作包括散文、童谣、诗歌、论文等多种形式的文学作品近30篇,创作戏曲作品《回家》,收集"麦秆画"、"天下手工"折纸等作品参加民间美术作品展。开设线上春季公益培训、线下秋季公益培训共13个门类、112个班次。其中,《厉害了,我的国》参加2020年长三角排舞邀请赛,获得"团体银奖";《捻河泥》参加长三角舞林大会"首届江南舞蹈节"比赛,获得"最强王者"奖;《河埠头》参加"拥抱亚运 艺术先行"杭州市第三届女性艺术节,获优秀作品奖;《寻味运河·香》联合KK直播及大运河文化旅游交流中心于6月23日首发,并获浙江省第十九届音乐新作大赛入围作品奖;作品《乡村画卷》在浙江省第十一届"中国梦·故乡情"乡村诗歌大赛中获一等奖,《康桥花海》获二等奖,《踏莎行·乡村道中》获三等奖;作品《帮个小忙》《山村》在浙江省第十四届新故事作品征文大赛中获二等奖,《夜幕下的恐惧》获三等奖。启动"大运河戏曲驿站廊道"建设,完成南戏楼、老开心茶馆、九剧院、大关百姓戏园、小河国际昆曲馆等大运河戏曲驿站的挂牌。戏曲廊道成员单位与浙江艺术职

业学院、浙江音乐学院共建"教学实践基地"挂牌。二是非物质文化遗产保护。与余杭区联合申报的省级"大运河文化传承生态保护区"列入浙江省省级文化传承生态保护区(创建)名单;张小泉剪刀和天竺筷入选省级第二批优秀非遗旅游商品名单;"张小泉剪刀锻制技艺""天竺筷制作技艺""叠镶铜建筑技艺""传统陶瓷柴烧技艺""铜饰工艺"5个项目入选杭州市传统工艺振兴目录。开展区级保护基地新一轮的申报与认定,区级非遗保护基地数量更新为42家。承办"非遗贺新年"、"半山立夏节"、"文化和自然遗产日"、大运河非物质文化遗产保护传承利用工作会议、第三届"少年非遗说"浙江传说故事大赛、第七届一河串百艺创新设计营等活动。与杭州师范大学、拱墅区教育局合作,开展了小学教育阶段相关非遗系列课程的编写开发工作。三是文化市场管理。全区有文化市场实体经营单位792家,其中娱乐消费性场所215家,新兴文化企业541家,旅行社分支机构和服务网点36家。与65家单位签订经营场所安全生产承诺书。开展"最多跑一次"改革深化工作,推进数字资源共享工作,行政许可事项实施电子归档,归档率达100%。全年无重大安全事故发生。四是公共文化服务。全年开展公益文化培训140课时,大运河戏曲驿站惠民演出100场,送演出下基层83场,"文化走亲"42场,送讲座、展览40场,送书48000册,开展各类文化服务505场,累计参与人数53万人次。中国京杭大运河博物馆新增参观预约系统,开展各种活动

163场次,举办线下临时展览18场,线上展览11场。通过书店、孔夫子旧书网、馆际交流等途径,收集普通运河文献资料200余种。新挂牌杭州书房(蓝孔雀社区)、杭州书房(云锦社区),新建运河书房(北软点)、运河书房(湖墅绿地红盟点),新辟"书香悦读"实体书店借阅服务,拓展"你选书我买单"线下借阅方式,开通浙江省图书馆信阅平台图书归还服务。落实浙江省内图书文献资源通借通还服务。全年开展各类阅读推广活动322场。五是旅游项目建设。实施上塘河与沈半路沿线提升改建工程,进一步激活申遗点段的文化魅力,打造"一秀一街一廊"为特色的上塘古运河景区,计划2021年7月建成开放。积极推进"诗画浙江·百县千碗"工程,拱墅区被评为"诗画浙江·百县千碗"工程示范区。持续推进城市数字化工作,完成"630""930"和"1230"3次攻坚任务,"30秒入住"酒店达到40家,"20秒入园"文化场馆累计接入数达16个。拱墅数字文旅服务平台全面建成,百度拱墅文旅城市名片和拱墅文旅程序上线,拱墅数字文旅管理信息平台完成数据对接。六是抗疫复工复产。帮助区内旅游饭店、旅行社申报纾困扶持资金。其中,区内10家旅游饭店参与半价优惠,获得补助25.72万元;区内7家出境社申报纾困资金,完成对5258人的资料审核及52.58万元补助资金的兑付。积极开展"好运拱墅"文旅消费券发放,"浙江人游拱墅"商企见面活动,鼓励辖区旅行社承接区内职工疗休养业务和申报现代服务业(全域化推进)及特潜行

业重点项目补助。制作《南望拱墅》旅游指南,拍摄拱墅文旅宣传片,组织参加第二届大运河文化旅游博览会、2020 中国旅游产业博览会"最忆是杭州"2020 杭州文化旅游促销和高校新生文旅宣介等活动。

(杨于佳)

【西湖区文化和广电旅游体育局】内设职能科室 6 个,直属单位 3 个。2020 年末人员 59 人(其中:公务员 15 人,参公 23 人,事业 21 人;具有高级技术职务资格的 4 人,中级 9 人)。

2020 年,西湖区获评浙江省第三批全域旅游示范区、浙江省文旅产业融合试验区、浙江省 3A 级景区城;艺创小镇成功创建国家 3A 级景区,上城埭村被评为国家第二批乡村旅游重点村。龙坞茶镇成功创建浙江省乡村旅游产业集聚区,打造云栖小镇"云游云栖"平台,入选"杭州数字经济旅游十景"。成立西湖区文化旅游协会。全区 A 级景区达到 7 家,其中国家 4A 级景区 3 家,3A 级景区 4 家。星级饭店 12 家,其中五星级 3 家,四星级 2 家,三星级 6 家,二星级 1 家;等级民宿 15 家,其中金宿级 1 家,银宿级 14 家;特色文化主题酒店 6 家,其中金鼎级 3 家,银鼎级 3 家;旅行社 147 家,其中出境社 27 家,中国旅行社品牌 20 强 1 家,省五星旅行社 4 家,四星级 5 家,三星级 4 家。全区旅游总收入 296.8995 亿元,同比下降 13.06%;接待游客 1557.69 万人次,同比下降 17.82%。开展 2020 年度公共文化服务第三方评估,采用现场数据采集、满意度

问卷调查、现场访谈等方法,对全区所有镇街公共文化服务效能的 25 个指标进行评估。北山街道和绕城村被评为省级文化示范强镇和省级文化示范村。通过《杭州市基本公共文化服务标准(2015—2020 年)》认定,2020 年度全省公共文化评估排名中位列全省第七、杭州市第二。大力推进公共文化基础设施建设,三墩文体中心主体完工,之江文体中心加快施工,完成 17 个社区文化家园建设,建成开放北山、文新、三墩 3 家西湖书房,挂牌 2 家杭州书房。上线"掌上西湖非遗馆"小程序。实现图书服务"上云",提供电子书、慕课、有声读物等 13 种数字阅读内容 10 万余册(集)。开展抗击新冠肺炎疫情、全面建成小康社会等重大主题活动,文艺创作 170 余期(件),全年举办各类群众性文化活动 376 场次。一是文旅企业复工复产。建立区管干部联系企业制度,采取"1＋1＋N"结对走访的形式,累计走访 1717 家次,解决难点问题 47 个,满意率 100%。上门发放《文旅企业扶持政策汇编》并指导申报,为 79 家文旅企业提前兑现旅游产业扶持资金 374.35 万元,为 24 家出境社和星级饭店争取省、市纾困资金 350.81 万元,为 51 家宾馆饭店和旅行社争取"非接触服务场景""半价优惠活动""客源奖励"等各类补贴 46.65 万元,指导 98 家旅行社退还质量保证金 3626 万元。在全市任务最重的情况下,率先完成 10.2 万名游客因疫情退款退费工作,涉及金额 5.73 亿元。完成 A 级景区最大承载量、瞬时承载量核算和公示,4A 级景区开通预定系统、

4A 级景区视频接入省文化和旅游厅平台。二是举办文旅体嘉年华活动。5 月 19 日中国旅游日,2020"云上西湖"之文旅体嘉年华暨"欢乐游杭州"——"自在西湖外 悦享欣生活"活动在西溪湿地举行。仪式现场作为直播总会场的同时,也在龙坞茶镇、云栖小镇、兰里景区设置了分直播点。通过"云游园""云探访"等多重形式,线上线下联动,展现西湖区文旅体的"乐游、探美、寻味、研学、健体"五大系列活动。同时,"自在西湖外"形象 IP、新歌《自在西湖外》等也在启动仪式上发布。现场集合了杭州文化广播电视集团明星主持、杭州体育界名人等担任"星推官",共 200 余人参与,并在"央视新闻＋"、"新华社现场云"、杭州之家、淘宝直播、抖音、爱奇艺、微博等主流直播平台直播,线上观看量达 600 万余人次。三是文物保护。开展"让文物活起来"十佳案例评选活动,评选出的可移动文物有贝壳、蝴蝶标本、唐颜真卿楷书《西亭记》残碑、《乾隆平定准噶尔回部得胜图》(版画)、浙江图书馆馆藏国家珍贵古籍、朱德视察外桐坞的历史资料;不可移动文物有弥陀寺摩崖石刻、弥陀寺文化公园、广济医院松木场分院旧址、浙江大学玉泉校区建筑群、风水洞摩崖题记。全区不可移动文物全部被列入各级文物保护单位(点)名录,其中有全国重点文物保护单位 1 处,省级文物保护单位 4 处,市级文物保护单位 10 处,市级文物保护点 19 处。在第一次全国可移动文物普查中,共调查文物收藏的国有单位 6 家,反馈藏品数量 129 万余件(套),为杭州地区最多,占

全省藏品普查总数的 1/3。四是非遗传承发展。3 月 31 日，西湖龙井茶炒制技艺、西溪小花篮编织技艺参加习近平总书记考察调研西溪湿地非遗项目展示，得到充分肯定。赴山东省梁山县参加梁山县水浒文化旅游节。举办"游园今梦""文化和自然遗产日"系列活动。参加第三届"少年非遗说"浙江传说故事讲述大赛，故事视频被"学习强国"平台录用。双浦镇双灵村入选第三批杭州市非物质文化遗产旅游景区民俗文化村。非遗节目《红梅赞》等获得"戏曲芬芳·非遗传承"杭州市中小学生戏曲大赛金奖 1 个、银奖 3 个。越窑青瓷、西湖龙井、九曲红梅 3 个非遗项目入选第二批浙江省优秀非遗旅游商品；西湖龙井茶炒制技艺、细木制作技艺、雕版印刷技艺、越窑青瓷烧制技艺等 8 个非遗项目入选浙江省传统工艺振兴目录。公布第六批西湖区非物质文化遗产代表性项目和第二批西湖区非物质文化遗产代表性传承人名录。发布"掌上西湖非遗馆"小程序，推动非遗传承走上智慧化展示、数字化服务之路。通过提供云端导览、VR 体验、定期向市民推介非遗信息、推送活动信息等服务，实现文化服务的大众智慧化，让非遗深入生活、融入日常。开发"漫享龙坞茶园之旅""寻梦北山文化之旅""乐趣灵山田园之旅" 3 条非遗旅游线路，精选旅游线路中的经典场景拍摄旅游线路视频，让非遗之美走近"驴友"、融入当代生活，让旅行更有深度、更有情怀。5 月至 11 月，以"自在西湖外　非遗匠心传"为主题，推出 2020 年美丽非遗进农村文化礼堂（社区文化家园）系列活动，精选适合培训的 20 余个非遗项目，通过村社自助点单的形式，开展非物质文化遗产普及活动，全年共举办活动 87 场次。

（赵志军）

【滨江区社会发展局】　内设职能科室 1 个，综合执法机构 1 个，直属单位 2 个。2020 年末人员 8 人（其中：机关 6 人，事业 2 人；具有中级技术职务资格 1 人）。

2020 年，滨江区以提升文化旅游融合整体效益为目标，切实推进全区文化旅游建设，完成全年各项工作。一是落实疫情防控常态化，助力文旅企业复工复产。根据疫情发展情况，逐步推进公共文化场馆、30 家网吧、18 家娱乐场所、15 家印刷企业复工复产。开展十大特色潜力行业资金补助项目申报工作。天街"深山集市"、"汉服文化沉浸式定向运动嘉年华"、"乐动杭州荧光酷跑"等 3 个项目共计 44.9 万元申报市级资金补助，推动社会力量参与旅游服务和特色旅游发展。二是多渠道扩展公共文化空间，多举措开展公共服务大提升。创建网易蜗牛读书馆、拾光图书馆 2 家杭州书房。12 月 4 日，杭州书房工作推进会在网易蜗牛读书馆召开。实施与浙江中医药博物馆的共建协议，推进吴牧野音乐工作室落地滨江。根据省、市公共图书馆服务提升方案，区图书馆实现 RFID 自助借还，馆内 Wi-Fi 全覆盖，建有母婴室，增设盲文阅读、AED 设备服务。互联网小镇、白马湖景区被授予国家 3A 级旅游景区称号，结合全区旅游景区提升方案，完善智慧停车、标识标牌引导、免费 Wi-Fi 等服务项目。三是扎实高效推进重点工作，保质完成考核任务。完成"30 秒自助入住"场景应用指标。根据市文旅局"30 秒入住"工作任务分解，全区"930"目标覆盖酒店 25 家，"1230"目标覆盖酒店 29 家。已实现覆盖 38 家酒店，超额完成目标。推进"诗画浙江·百县千碗"工程。西陵饭店、新街坊大酒店、银壶食府 3 家饭店分别被评定为"诗画浙江·百县千碗"体验店、示范店、旗舰店。评选出"百县千碗"滨江十碗菜，并在机关食堂、高校、饭店宣传展示。8 月，滨江区通过《杭州市基本公共文化服务标准（2015—2020 年）》认定。四是扎实推进文化惠民，保障服务多姿多彩。开展"翰墨滨江　金鼠送瑞"送春联活动 70 场次，赠送春联、福字超 1.5 万对。元宵期间开展新春灯笼展，营造祥和喜庆氛围。开展"携手同心，文化惠民"送戏进基层活动，将歌舞、戏曲、小品等不同文艺节目送入基层，共计 52 场次。开展艺术普及培训工作。区文化馆依托杭州市文化馆平台开展公益培训，共开课 16 班次，学员 400 余人。做好阅读普及工作。区图书馆全年文献外借 180280 册次，读者外借 62879 人次，到馆量 180076 人次。开展读者活动 128 场次。五是优化文旅品牌项目，品牌建设亮点纷呈。开展"滨江四季"系列活动，开展了"新春送欢乐　文化进万家"新春文艺晚会、"声如夏花"音乐会、"守护生命远航"医师节文艺晚会；创作情景剧《妈妈你是谁》《一张没有返程的车票》。开展"文化走亲"交流活动。赴桐庐、临安、富阳等地开展6场"文化走亲"活动,增强地区间文化交流。举办"诗画浙江——为地球朗读"活动、第四届杭州市创客节、"诗画滨江 最美逆行者"书画作品展等品牌活动,受到广泛好评。打造"人文河道 诗画滨江"品牌。将人文历史与水文化有效结合,收集整理河道历史典故,通过景墙、碑文、诗文等载体植入文化元素,完成北塘河、十甲河、建设河、小砾山输水河文化景观设计方案。六是加强制度保障,提升团队能力。对全区文化团队进行摸底排查,草拟《滨江区文化团队扶持与管理办法》,为提升文化团队质量给予政策上的支持与引导。开展"千堂万艺"课程培训,坚持需求导向,将优质文化艺术课程送到基层,共送出2250课时,培训人员超2万人次,并开展年度群众文化团队成果汇报演出。七是以传统文化保护为契机,做好非遗传承保护工作。推进非遗教学传承基地建设工作,在闻涛小学、创意城小学开展非遗传承课程;西兴灯笼传承教学基地丹枫小学的灯笼展示馆完成设计建造。开展非遗系列活动。举办"滨江区少年非遗说"选拔赛,参加省、市比赛获得3金4银的好成绩。举办"文化和自然遗产日"系列活动。推出"看非遗 游滨江"系列公众号推文。将非遗项目"挑花带"改编为大型舞蹈参加市第十届"风雅颂"民间舞蹈大赛获银奖。加大对西兴灯笼、蓝印花布等非遗项目衍生旅游商品的开发力度,葫芦刻绘、传统养生香、丝绸画绘等文创产品初入市场。八是优化审批流程,提升服务效能。按照"最多跑一次"要求,对浙江政务

服务网83个事项信息进行修改。全年受理行政许可案件77件,变更案件14件。开展执法检查。全年共开展检查2059次,出动4152人次,检查经营场所9012家次,受理举报投诉1725件,立案查处8件,没收非法出版物123件,罚款2.05万元。开展中级职称申报受理工作。审查群众文化类申报材料1份,1人获三级舞美设计师职称。

（来佳萍）

【萧山区文化和广电旅游体育局】内设职能科室17个,下属单位7个。2020年末人员210人(其中:机关56人,事业154人;具有高级技术职务资格的18人,中级45人)。

2020年,萧山区文化和广电旅游体育局各项工作稳步推进。一是党建引领。基层党组织战斗力持续提升。启动"一支部一品牌"建设,指导各党支部进行标准化和规范化建设。打造"文旅红·云集市"研学平台,被列为区党建重点创新项目。铁军担当不断凝聚力量。提拔科级干部14名,开展干部平级交流。以文旅系统核心价值讨论、专题调研成果展示为主题开展专场比学,举办干部学习论坛,党员干部精神状态有效提升。引育并重释放人才红利。引进双一流高校硕士生3名,完成绍剧新人20个周转用编8个编制的招聘工作。首次与湖南大学、厦门大学合作开展文旅专题培训班,举办高层次人才座谈会。二是战疫情、助纾困。用心护航疫情防控。先后组织230名党员干部、累计出动1400人次,组建11支文旅先锋队,参加所前、蜀山、瓜沥、宁围等4个

镇街防疫支援和防疫督查。用智助推复工复产。顺应疫情形势发展变化,积极主动按下文旅经济"复苏键",发放700万元文旅消费券,加快文旅企业复工达产。对企业疫情补助做到应补尽补,其中线上兑现210家企业,兑现金额87.63万元;线下兑现83家企业,兑现金额341万元。贯彻落实文化和旅游部暂退质量保证金政策,暂退34家旅行社836万元质量保证金。用情集结文艺力量。群众文化工作者创作了《写在背后的名字》等14个原创抗疫作品,被"学习强国"平台录用并受到央视报道。萧山博物馆举办"'风景旧曾谙'致敬强国,致敬抗疫凡人英雄作品展",展示疫情时期实物、文学作品、影像及艺术家作品。三是公共服务体系。示范项目成效显著。顺利通过文化和旅游部第四批国家级公共文化服务体系示范项目的验收,构建具有萧山特色的文化馆总分馆服务体系。创新"文化管家"服务模式,"文化管家"项目受到市委宣传部部长批示肯定,先后被市委宣传部、省文化和旅游厅作为创新示范项目进行现场推广,文化管家服务规范被作为市地方标准立项发布。群众文化工作稳步推进。超额完成文化活动进文化礼堂活动派送任务,"潮文化Park"项目首批8家入驻并运营,永兴书房全年新建10家。放映数字公益电影8060场,完成率居杭州第一。文艺作品精益求精。着力推动文艺繁荣,锻造一批国家级、省级获奖文艺精品,小品《我干的》荣获华东六省一市戏剧小品大赛特等奖,其中舞蹈《墨梅》荣获长三角地区排舞邀请赛"团体

金奖"，戏剧小品《山谷回声》荣获省第三十一届戏剧小品邀请赛金奖，群舞《与你同在》荣获省群众舞蹈大赛金奖。场馆建设有序推进。合理利用各类文物资源，开设一批名人馆、纪念馆传承萧山历史文脉，全年开放沈佩兰故居纪念馆、楼塔抗战纪念馆等8处展馆，接待观众近100万人次，受到省、市文物部门肯定，并举行全市现场会。智慧文旅高效建设。建设并上线萧山智慧文旅系统，确立"四大板块，七大应用场景"的平台架构。推进杭州城市大脑"多游一小时"场景推广，实现49家"30秒入住"酒店和11个"20秒入园"景区场馆。四是文旅资源供给。乡村旅游发展提档升级。楼塔古镇、古韵欢潭、河上店景区成功创建为国家3A级景区。楼塔镇被命名为省级旅游风情小镇，河上镇、衙前镇被认定为省级4A级景区镇。结合美丽乡村建设，创建省级3A级景区村庄3个，1A、2A级景区村庄29个。深挖乡村旅游资源，打造多条精品乡村旅游路线。重大活动赛事精彩不断。整合全区乡村文化、旅游和节庆活动资源，举办首届乡村文化旅游节、"2020世界旅游联盟·湘湖对话"、"我和我的家乡"亲子体验等。对外推介宣传亮点频出。电视剧《大江奔流》已完成故事大纲分集创作，配合央视《探索·发现》栏目"家乡至味"系列纪录片拍摄，通过展现萧山美食扩大地域文化影响力。举办萧山文旅"云推介""主播带你游萧山"等线上推介活动，赴郑州、青岛等国内重点客源地营销推介萧山区文旅资源和绍剧、花边等非物质文化遗产项目，参加

中国国际旅游交易会、重庆国际文化旅游产业博览会等。五是文旅深度融合。科学谋划顶层设计。《萧山区文化和旅游"十四五"发展规划》完成中间成果稿，《萧山区文化和旅游产业发展总体规划》完成初稿，《萧山区全域旅游发展规划》基本定稿，研究制定《杭州市萧山区加快推进文旅融合和全域旅游发展专项扶持政策实施细则》。扎实推进机构改革。撤销2家事业单位，筹建区文化市场综合执法队，实行"局队合一"体制，新组建1家副处级事业单位，完成机构改革阶段性任务。生动开展创新实践。图书馆做好全区"最多跑一次"改革工作向公共场所延伸示范点建设，实现公共图书馆服务大提升，得到杭州市委改革办肯定。应用网上办理，实现"跑零次"1387次，实现率84.73%，"最多跑一次"实现率、群众满意率均达到100%。六是文旅产业发展。项目建设如火如荼。牢牢扭住项目建设龙头，全年列入全国文旅项目系统的重点项目共7个，总投资约102亿元，其中列入省文旅"四十百千"项目的6个。临浦文化体育中心项目、瓜沥文化体育中心项目均按照时间节点顺利完成上级任务。完成世界旅游联盟总部、世界旅游博物馆项目主体建设，跨湖桥遗址博物馆陈列提升改造工程，启动实施萧山城市文化公园、茅湾里印纹陶博物馆等项目。产业发展动能澎湃。以湘湖为重点激活文旅"夜间经济"，打造夜游、水景秀、夜市等特色项目。积极培育新兴文旅产业，建成戴村三清园户外运动公园、杭州花海卡丁车、戴村滑翔伞等运

动休闲新业态项目。项目申报硕果累累。"湘湖国家旅游度假区提质升级"被列入省文化和旅游厅文旅"金名片"重点项目。入围全省17个省级文化传承生态保护区创建名单，将用2年时间建设全流域唯一的"钱塘潮涌文化传承生态保护区"。推进"诗画浙江·百县千碗"工程，获评省级美食体验店1家，市级特色美食旗舰店1家，市级特色美食体验店3家。七是文遗保护利用。做实文物发掘保护。开展20个重要基建项目考古勘探和发掘工作，发现新石器时代文化遗址2处，勘探面积160万平方米，发掘面积约3000平方米，出土各类文物248件，完成文物修缮、养护项目28个，总投资2700余万元，安装"智慧消防"133处，完成萧绍海塘（荣星段）遗址公园建设。做深文化挖掘研究。推进"让文物活起来"工作，线上推出"云展览"79篇、"云课堂"72篇、"云文物"179期，线下送展63个，举办"汤寿潜和他的时代暨辛亥革命110周年学术研讨会"等活动。开展"文化基因解码"工作，完成全区300多个文化元素的梳理和系统填报，筛选出萧山印纹陶文化、衙前农民运动文化、围垦文化等20个重点解码元素。完成首批"美丽乡村口述历史"调查，出版《汉时萧山》《萧山东蜀汉六朝墓》。对10项省级非遗代表性项目进行抢救性记录，萧山花边入围国家级非遗代表性项目。做细运河保护利用。浙东运河萧山展示馆开馆，成为全省首个浙东运河综合展示馆，全面启动萧山运河文化带建设。开展浙东运河萧山城区段口述历史调查，实施老岳庙修缮、城

河古桥保养修缮工程,制定老岳庙文化公园概念性设计方案,大运河萧山火车西站段列入杭州市历史文化街区。八是文旅市场监管。做法治宣传教育的"先进标兵"。顺利完成2020年度政府工作部门向区人大常委会述法工作,并以此次述法为契机,提升法治工作水平。顺利完成78件"两会"建议提案办理,在区人大常委会代表建议办理工作绩效评估中获得"满意"等级。做文旅市场监管的"忠诚卫士"。全年共出动检查9660次,出动执法人员33808人次,检查各类场所19478家次,查缴文化市场违法经营物品1431件;受理各类文化市场举报投诉信访近300件,均已按时办结;立案72起,办结70起,罚款总额21.65万元。开展安全生产专项检查25次,年覆盖率达83%。

(许翡佳)

【余杭区文化和广电旅游体育局】内设职能科室9个,直属事业单位1个,下属事业单位6个。2020年末人员190人(其中:公务员含参公60人,事业128人,行政工勤2人;具有高级技术职务资格的19人,中级68人)。

2020年,余杭区文化和广电旅游体育局积极响应防疫要求,以融合发展为主线,深化"三个全域"建设,凝心聚力开创文旅融合高质量发展新局面。一是贯穿"双线作战",文旅市场全面复苏。出台政策,企业扶持有力度。第一时间出台《余杭区关于疫情防控期间支持旅游行业共渡难关的补充意见》,完成第一批文旅专项资金政策给付合计1250万元。响应号召,志愿服务有亮点。调

配局系统近200人的志愿服务团队,开展执勤服务14157人次,覆盖22个卡口,检查文旅场所4100余家次,指导企业复工200余家。主动下沉,有序复工有保障。通过实地走访、数据统计等,开展文旅企业损失情况摸底调查,指导全区文旅企业申领退税420余万元,协调出境社与顾客退费和解率达100%。积极对照国家、省、市文旅市场有序开放和常态化防控工作要求,指导景区、星级酒店、网吧、娱乐场所、电影院等做好应急预案,安全有序复工。积极作为,市场潜力得激发。发放优惠门票3.5万张,全区A级景区开展免门票优惠活动,部分旅游饭店推出五折优惠。全区32家民宿提供3600间优惠房间,A级景区年内向全国医护人员免票开放,有效激发市场复苏潜能。抢抓风口,市场复苏有活力。率先举办2020余杭文旅长三角"云推介会"、"飞猪局长"直播、新浪"大V"直播等活动,首次开启48小时不间断直播,单条直播博文阅读量957万人次,直播观看量超过283万人次,话题阅读量达到4600万人次。十一节假日期间,全区接待旅游人数共计134.55万人次,实现旅游收入15.98亿元,分别同比增长1.06%、0.68%,实现疫后首次双正增长。二是围绕"示范创建",营商环境逐步优化。推进文旅"1010"工程。成立区级文旅"1010"项目协调推进机制,排摸全区重大文旅项目,形成"十大文旅综合体+十大高端酒店"项目库,在艺尚小镇瑞丽商街项目现场举办浙江省2020年文化和旅游重点项目集中开工仪式杭州分

会场活动,推进重大文旅项目开工,撬动文旅产业发展。是年,余杭区项目投资综合指数评价名列全省第一。径山"陆羽与茶小僧"IP入选浙江省文化和旅游IP。稳步推进文博场馆建设。实施杭州市余杭博物馆(中国江南水乡文化博物馆)改扩建项目,新馆区建筑外观建设基本完工;展陈大纲编制及展陈深化设计施工的采购招标完成。余杭良渚文化玉架山考古遗址公园(博物馆)项目设计方案论证、规划指标及土地指标复核已完成。推进先进示范创建。创造性地提出国内首个"文化和旅游融合指数"、文化和旅游IP标准,刻画出文化和旅游融合精准评价的全景图,提出文旅IP规范化发展的新路径。成功创建省级文化和旅游消费试点城市,通过文旅品牌工程、夜间经济工程,让文化和旅游消费"火"起来。三是深化"基因解码",文化魅力日渐凸显。深挖内涵,寻找文化传承核心推力。启动良渚文化、大运河文化、径山文化"基因解码"前期筹备工作。编制《环良渚旅游手册》,整合推出"食住行游购娱"一体的环良渚古城遗址风情旅游特色线路、"良渚—南湖"红色旅游、"非遗悠游"等线路。余杭区获评"2019浙江文化和旅游产业融合发展十佳县区",良渚古城遗址申遗成功获评2019浙江文化和旅游十大新闻事件,良渚古城遗址公园获2019浙江十佳研学旅游目的地。打造品牌,延展文旅发展重要成果。以"一镇一品"为载体探索文旅融合新路径,创新制定《余杭区文旅融合一镇一品工作指南》,首批推出良渚、瓶窑、塘栖等9个镇街,构建

"一镇一品""九个一"发展体系。围绕"百县千碗·余杭至味"讲好美食故事，形成"一张地图、一个视频、一本画册、一系列活动"，培育"百县千碗"美食示范店（体验店）、旗舰店5家。以美食为突破口，以文旅微业态为特色亮点，推广越夜越塘"嬉"、"鸬鸟七点半"等夜间文旅消费产品和活动，展现出夜经济的独特魅力。创新渠道，提升文旅形象影响力。举办余杭文旅融合"一镇一品"发布会，吸引398.2万人次"云游"余杭。杭州"双千直播"余杭文旅"一镇一品"专场，127万人次收看。为进一步刺激文化旅游消费市场，举办"家门口的健康游——欢乐游杭州"余杭区分会场活动、欢乐自驾余杭行活动、2020杭州都市圈旅行商走进余杭等线下活动20场，众多活动、文旅市场复苏情况获央视、人民网、中国新闻网、浙江新闻等主流媒体报道。四是致力"民生提档"，民生福祉不断增进。基础设施日渐完善。开展"最多跑一次"全区公共图书馆服务大提升工作，完成杭州书房建设3家，临平图书馆正式开馆。余杭区在浙江省基层公共文化服务评估体系连续7年位列第一。区文化馆入选中宣部评选的第八届全国服务农民、服务基层文化建设先进集体，为浙江唯一入选的基层文化馆。惠民活动亮点纷呈。举办"余杭之夜"新年音乐会、中国诗歌春晚余杭专场、元宵灯会、"活力余杭"等系列活动30余场；开展"相约"系列、"美丽洲"系列品牌文化活动417场；组织承办第十一届中国曲艺牡丹奖全国曲艺大赛（余杭赛区），中国曲艺家协会授予余杭区文旅局突

出贡献单位；9家景区向本地户籍市民免费开放门禁系统，实现刷卡入园9.5万人次，进一步打造"游居共享"的城市氛围。文艺精品层出不穷。杭摊曲艺作品《淑英救弟》荣获第十一届中国曲艺牡丹奖全国曲艺大赛节目奖；小戏《一张化验单》荣获2020年浙江省新农村建设题材小戏会演金奖；歌曲《在一起》荣获浙江省第十一届音乐舞蹈节声乐类金奖；小品《小村新事》荣获纪念夏衍诞辰120周年暨2020"杭州有戏"戏剧大赛创作金奖、表演金奖、最佳编剧奖；民间艺术《大陆花灯》参加"在灿烂的阳光下"浙江省农村文化礼堂建设成果展演暨"三团三社"成果展演。非遗传承走进生活。组织开展"吉鼠贺岁迎新禧、非遗陪你过大年"活动、"非遗悠游"系列活动、"文化和自然遗产日"暨余杭区第十五个"非遗保护月"系列活动。"O+O（online线上＋offline线下）余杭非遗智慧生活馆"揭牌，成为省内首个集线上购物与线下体验相结合的非遗衍生品宣传展示、自助售卖、培训研学等于一体的多功能非遗智慧生活馆，助力传统工艺振兴和文化消费提振。6月，余杭区非遗体验基地授牌暨瓶窑老街非遗馆群正式开馆。余杭纸伞馆、瓶窑玉雕馆、瓶窑风筝灯彩馆、瓶窑陶艺馆、瓶窑蚕桑文化馆等非遗馆群展现余杭文旅融合的丰硕成果，余杭区非物质文化遗产保护发展指数4次居全省第一。五是加快"服务升级"，市场环境深刻变化。围绕"数智立新"，建设智慧化平台。推进余杭文旅大数据中心二期项目升级建设，于12月初上线试运行。推进

"30秒入住酒店""20秒扫码入园"等场景应用，使用率分别达88.66％、100％，均已超额完成市级目标。围绕乡村文化振兴加快推进余杭区景区村庄智慧旅游导览系统建设，完成对余杭区107个景区村庄的数据采集与实地拍摄，以智慧虚拟旅游全方位展示各村庄的风貌，撬动乡村旅游发展。围绕"信息共享"，打造综合系统。围绕浙江省"交通强国"建设，推进"畅行文旅圈，多游一小时"交通与旅游融合发展工程，打通文旅大数据中心与交通信息指挥中心，打造基于移动智能终端技术的服务系统、径山景区智慧交通监管系统与区内重大综合交通枢纽旅游数据共享网络三大应用场景。"探索交旅融合，提升数字化文旅公共服务"场景设计在市文旅系统2020年度"数字先锋"青工技能比武活动中荣获一等奖。围绕"品质服务"，指导创建提升。推进景区创A和"万村千镇百城景区化"工程，指导鸬鸟镇、百丈镇创省级风情小镇，指导人工智能小镇创建3A级景区并做好旅游规划和资源评估，指导径山镇、瓶窑镇创建浙江省5A级景区镇，鸬鸟镇、百丈镇、五杭集镇创建浙江省4A级景区镇。围绕省、市景区公共服务大提升行动，召开全区景区品质提升会议，推进全区旅游景区品质提升工作。围绕"从严执法"，净化市场环境。深入推进"平安余杭"建设，积极开展"扫黄打非"等工作。全年共出动执法人员6258人次，检查文旅市场12444家次，开展淘宝网网上巡查1200余次，删除非法商品链接5.6万余个。高效落实政府数字化转型，更新完善

政务服务事项清单106项,认领监管事项357项,主项覆盖率达99.20%,清单编制完成率达100%。六是聚焦"内招外引",人才队伍更加壮大。引进紧缺专业文化人才。从浙江大学、四川大学、香港中文大学等重点高校招聘引进声乐、文学创作、旅游管理、考古等紧缺专业的全日制研究生10名,本科生6名。开展高层次人才认定。认定杭州市B类人才2名,C类22名,D类17名,E类17名,余杭区E类人才17名,涉及体制内外的各类文旅人才。做好文旅人才引育。径山镇文旅"一镇一品"代言人获评"2020年新时代脱贫攻坚浙江优秀青年网络主播"。1人在杭州市文旅局,共青团杭州市委共同举办的"数字生活 青春有我"技能比武大赛中获第一名,获杭州市"职工经济技术创新能手"、杭州市"杰出青年岗位能手"荣誉称号。以"柔性引才"方式引进著名导演杨允金,并在余杭区文化馆设立"杨允金导演工作室",发挥文化名人在文化领域的引领、示范作用。高质量服务人才。参与制定2020年度高层次人才"旅游券"发放使用管理办法,主动联系雷迪森等"人才旅游券"使用企业,缩短企业兑现周期,免除企业使用顾虑,优化人才"旅游券"使用体验感。高质量服务3批院士、专家疗休养,牵头做好参观准备、景区对接、路线安排等。开展校地合作,引进优秀师资,培训文化、旅游市场企业主,培养精品酒店(民宿)管理人才、金牌导游员、金牌讲解员等。

（师　晨）

【富阳区文化和广电旅游体育局】内设职能科室14个,直属事业单位7个。2020年末人员136人(其中:机关44人,事业92人;具有高级技术职务资格的32人,中级22人)。

2020年,富阳区文化和广电旅游体育局积极提高公共服务水平,加强文化遗产保护,保障文旅市场安全,促进文旅产业发展,取得了一定成效。一是公共文化服务形式多样。完善文化设施。东洲街道黄公望村文化礼堂成为全省6家文旅公共服务机构功能融合试点单位之一。富阳区数字文化馆建成投用。新建小隐书屋、中国球拍文化图书馆2家城市书房。乡镇(街道)图书分馆、文化馆分馆实现全覆盖。完成武警中队、人民医院2家富阳图书馆分馆建设。新建图书流通点16家。全年共流通图书26000余册、配置农家书屋图书24000余册。富阳博物馆、抗日战争胜利浙江受降纪念馆、郁达夫故居全年共接待参观6.5万余人次。开展文化活动。不断扩大"家在富春江上"品牌影响力,全区组织举办各类文化活动5486场。承办首届全国文化馆百县(市、区)馆长论坛、浙江省群星行草书法大展、长三角地区排舞邀请赛、杭州市第十届"风雅颂"民间舞蹈展演暨2020年龙门庙会开幕式等重大活动。富阳图书馆全年举办各类读者活动205次,参加人员6.4万余人次。富阳博物馆全年举办各类临展9个,开展"第二课堂"活动60余场次,策划组织社科活动10场。文化馆创编的排舞《无价之姐》和大型民间舞蹈《山乡馒头》分获2020长三角地区排舞邀请赛金奖、杭州市第十届"风雅颂"民间舞蹈展演金奖。原创越剧现代戏《生命之光》入选杭州市文化精品工程扶持项目并获"五个一工程"奖和2020年度杭州市新剧(节)目会演优秀剧目奖、优秀演奏奖。二是文化遗产保护卓有成效。加强文物保护管理。修缮各类农村乡土建筑21处。实现全区文保单位(点)智慧消防系统建设全覆盖,共计安装智慧用电系统149套,无线烟感1031个。配合做好大源瓦窑里、新登古城墙考古发掘和阳陂湖生态修复治理项目。完成博物馆库房藏品清点登记和新老库管员工作移交,完善库房保管各项规章管理制度。全年共收到社会各界捐赠文物20件(套),包括瓷器、钱币、铜器、玺印符牌等。富阳博物馆文创商店正式上线。加强非遗项目传承。富阳区、桐庐县、建德市3地联合申报"钱塘江诗路(富春山水)文化传承生态保护区",列入省级文化传承生态保护区创建名单;大源镇蒋家村、洞桥镇文村村成功申报为第三批杭州市非物质文化遗产旅游景区(民俗文化村);竹藤编织技艺、竹纸制作技艺、湖笔制作技艺、传统装帧技艺、杭州雕版印刷术、富阳纸伞制作技艺6个非遗项目被列为杭州市第一批传统工艺振兴项目;草木染竹纸礼盒包装入选第二批浙江省优秀非遗旅游商品。举办"我在富春山居 游学文化遗产"2020年"文化和自然遗产日"活动。挖掘整理富阳民歌,举办"家在富春江上"富阳本土民歌演唱会。三是有效提振复苏文旅市场。完善促旅政策措施。出台各项扶持政策和优惠措施促进旅游消费，对宾馆特惠补助、A 级景区免费开放、非接触式场景应用、旅行社客源引进 4 项内容进行补助，涉旅企业 14 家补助资金 46.69 万元。出台富阳区拓宽市场扩大旅游消费 4 条政策，鼓励区内外旅行社组织区外团队到富阳游览或住宿，对会议团队引入、研学团队引入给予奖励，对旅游企业广告宣传费用给予补助。兑现区本级产业政策资金 307.4906 万元，惠及 61 家文旅企业，有效缓解企业经营压力。面向富阳援鄂医护人员及家属、全国医护人员出台富阳 4A 级旅游景区免门票政策。出台"山海协作"优惠政策，结对县（市、区）游客全年免费游览部分旅游景区。策划活动引流。启动欢乐游杭州"家门口的健康游"，全区共接待"家门口的健康游"游客 5574 人次。举办"走百村 品百味 赏百花"富阳旅游达人自驾采风及旅行社踩线活动、2020"中国旅游日"富阳旅游服务进社区暨法制宣传活动、富春山居疗休养暨暑期纳凉产品推介会等。在新桐乡桐洲岛亚联飞行营地举行 2020 中国杭州大学生旅游节，300 余名在校大学生、来华留学生参加；在杭州举办 2020 富阳文旅（杭州）宣传推广活动，发布扩大旅游消费政策；在上海开展"富春山居实景游"旅游推介会，提升"富春山居·味道山乡"产品的美誉度和影响力。组织富阳文旅企业参加杭州市"城市记忆"体验周活动，通过富阳竹纸、纸伞技艺展示、体验和农产品展销等形式展现富阳文旅形象。建设智慧平台。建成富阳区智慧旅游大数据平台，通过客流、消费、评价多维

度的数据监测分析，提升行业管理水平。落地杭州城市大脑"多游一小时"，启动"20 秒入园""30 秒入住"两大应用场景建设，实现 18 家酒店自助入住功能、11 个景区（点）扫码入园。临江花园度假酒店获评杭州市智慧酒店。四是促进旅游产业融合发展。推进项目建设。启动富阳区文化旅游体育发展总体规划、区文化旅游体育发展"十四五"规划及区文化旅游体育公共设施建设布点专项规划编制。新登千年古城保护和开发利用、打造"现代版富春山居图"2 个文旅项目入选杭州 18 个文旅"金名片"培育项目，切实推进项目实施。指导推进富春小叠空梦想田园综合体、天钟山景区项目提升改造，协调推进坑西村西岩温泉文化旅游度假区、杭州小六石欢乐园 2 个文旅产业项目建设，牵头完成壶源溪流域联动发展项目。积极开展项目招商引资工作，协调组织有关部门及乡镇（街道）接待北京华熙鑫隆科技产业发展有限公司、北京中农国发集团有限公司等客商 10 余批次，招商成效逐步显现。强化示范引领。新登镇获得"浙江省戏曲之乡"称号，渔山乡获得"浙江省诗词之乡"称号，富春街道蒋家桥社区获评"浙江省文化示范村（社区）"。成功创建新沙村、大溪村等省 A 级景区村庄 44 个，其中 3A 级 13 个，2A 级 30 个，A 级 1 个；成功创建湖源乡、洞桥镇、龙门镇为省 4A 级景区镇。培育亚联飞行"国际飞行艺术节"、龙门墨庄精品文房休闲墨疗体验点等 4 个特色潜力行业项目。永安山滑翔基地获评杭州市最佳特色休闲示范点，油盐酱醋

小餐厅、春江茶苑、海岸线皮划艇桐洲岛基地获评杭州市优秀特色休闲示范点，大隐健身、丰受堂墨庄、爱丽芬城堡元素时尚工厂等 7 家单位获评杭州市文旅消费特色示范点。中国兵器集团杭州疗养院（临江花园度假酒店）创建为浙江省银桂品质饭店。宣传文旅形象。完成味道山乡六大组团网上直播活动，对富阳 24 个乡镇、乡村旅游资源进行全方位现场直播。完成杭州市区户外广告项目，在杭州市区 100 个社区出入口道闸、806 个社区电梯、100 个社区广告栏、1 个户外显示大屏进行富阳文旅宣传。统一汇编"我在富春山居"宣传折页和《富阳旅游指南》，内容包括"吃、住、行、游、购、娱"6 要素及精品旅游线路、民宿等优质旅游产品。五是保障文旅市场安全稳定。落实疫情防控。疫情防控阶段，第一时间关停全区 157 家文旅体企业和公共文化场馆，同时加强监管，确保所有相关企业"应关则关、应停则停"。积极开展人员信息摸排和卡口执勤工作。复工复产阶段，抽调专员成立专班，重点对酒店宾馆、旅行社以及景区等文旅企业，采用"一对一"模式开展服务和监管，助力企业及时复工复产。疫情稳控阶段，实行旅游景区、公共展览馆预约制度，落实做细各项防控措施，定期对重点场所开展全面督查，确保"外防输入，内防反弹"防控策略和"四个确保"要求有效落实。加强文化市场监管。开展文化旅游行业"双随机、一公开"抽查监管工作，优化营商环境。结合"扫黄打非"专项行动，部署开展文化市场专项整治行动。优化旅游环境。组

织开展旅游目的地环境秩序整治。组织开展消防安全执法专项行动。组织开展富阳区水上旅游项目、星级饭店、A级旅游景区等行业的安全生产和反恐怖防范工作专项检查,以及节假日期间的安全生产联合大检查。组织开展A级景区、星级饭店、旅行社品质提升活动,全面推广实行垃圾分类、使用"公勺公筷"。

(夏　晨)

【临安区文化和广电旅游体育局】内设职能科室13个,下属单位6个。2020年末人员111人(其中:机关37人,事业74人;具有高级技术职务资格的8人,中级31人)。

2020年,临安区出台《关于应对疫情防控常态化背景下支持旅游行业抗击疫情复兴市场实施意见》,通过"亲清在线"下拨资金431.9984万元扶持文旅企业,旅游接待量达1784万人次,旅游总收入214.6亿元。全区有旅游景区(点)35家,其中,4A级景区4家,分别为大明山景区、天目山景区、浙西大峡谷景区、太湖源景区;星级饭店2家,其中五星级酒店1家、三星级酒店1家;旅行社25家,其中四星级旅行社4家。发放"陌上花开"临安文化旅游卡97380张、发售半价民宿券10000张。一是加强旅游宣传推介。开展"陌上花开·春享临安"系列活动,举办"欢乐游杭州"临安分会场暨"陌上花开·春享临安"活动启动仪式,拉开"家门口的健康游"序幕,组织杭州百名医护人员"致敬之旅"公益体验游临安,组织"全国百家名茶馆馆主走进临安",举办"第九届临安年俗风情

旅游节暨湍口索面文化节"。充分用好"云平台"推介旅游资源,举办"天目村落""陌上花开"系列直播推广活动14场;联合杭州市文旅局将临安旅游产品推送至淘宝直播间,1秒销售额达23万元;组织杭小囡直播卖东坑茶、直播非遗大师郎利方炒东坑云雾茶、全民饮茶日暨天目茶宴等多场茶主题直播活动。邀请区外30余家旅行社和疗休养组团社到临安考察,开展临安文旅长三角旅行社推介交流会。7月18日省际组团游开放后,先后赴上海、江苏等长三角重点客源城市,青岛、济南、郑州等9个中远程主要客源城市,推广临安文旅游资源。赴开化、涪陵展开"山海协作"、对口帮扶工作。推出杭州主城区直达临安景区的数字文旅公交专线10条,全年接待游客超6万人次。建设"码上游临安"电商平台和文旅小程序等旅游信息平台。推进景区"20秒入园"、酒店"30秒入住"应用。二是加强全域旅游示范区建设。完成"十三五"旅游产业终期评定,启动"十四五"文旅产业规划纲要编制,制定《临安区A级旅游景区服务大提升行动方案》。建成投用旅游厕所7座,开展A级旅游厕所评定19座,其中3A级旅游厕所6座,2A级旅游厕所8座,A级旅游厕所5座。8家A级景区通过复核复评,临安博物馆批准为国家3A级旅游景区,青山湖景区通过4A级旅游景区景观质量评审。成功创建4家景区镇,其中昌化镇、河桥镇、湍口镇为4A级,於潜镇为3A级。临安区河桥镇入围第四批浙江省旅游风情小镇。清凉峰山地旅游列入全省

首批山地旅游度假试点和杭州市首批文旅"金名片"培育工程。完成创建浙江省全域旅游示范区。青山湖水上运动中心、云起坞露营基地等一批招商引资项目签约落地,全年完成固定资产1.5亿元。三是加强市场管理。行政审批事项实现网上办、掌上办、零跑率、承诺法定时限压缩4个100%,全年办件34项。组织景区、酒店、旅行社开展"文明旅游""文明餐桌""公勺公筷""六小件"限塑、厉行节约等工作。变更5家旅行社经营许可证。4家饭店创成"百县千碗·天目暖锅"旗舰店或示范体验店。组织文旅企业开展各类业务培训,培训710人次。全年开展日常执法巡查1392次,出动执法人员2744人次,检查场所2613家次。处理各类投诉72件,行政处罚立案调查27件,办结25件,其中移交区公安分局1件,罚款18万元,没收违法物品175件。开展"双随机"抽查28次,其中跨部门"双随机"检查8次,检查场所98家,抽查事项18项,抽查事项覆盖率100%。四是发展民宿经济。完成民宿经济调查摸底,形成《临安民宿经济高质量发展三年行动计划》送审稿。有民宿(农家乐)1708家,房间21719间,床位41269张,餐位73214个,其中特色民宿187家,房间2000间,床位3278张,餐位6279个。全区乡村旅游接待总量达到1135.06万人次,实现旅游综合收入9.42亿元,其中特色民宿接待38万人次,住宿25.5万人,经营收入9257.8万元。完成乡村旅游统计上报单位名录库更新工作,入库32个特色村,25个抽样村。

出版《山野民宿》书籍。全年共组织12期民宿培训，其中疫情期间举办3期"文旅讲学堂"线上培训。潭心谷（白金宿）、鱼乐山房（金宿）、天目留岩（银宿）、棋盘山居（银宿）4家民宿入围浙江省级等级民宿。五是发展乡村旅游。牵头耕织故里、云上白牛、古韵河桥、湍口暖泉"新四景"示范型村落景区建设运营，其运营商全部签约到位。指导策划2020首届"七彩金秋"临安乡村来嬉节，举办第三届临安区十大乡村家宴和2020年临安区民宿文创伴手礼展评活动。完成71个A级景区村庄创建，其中A级35个、2A级29个、3A级7个；天目山镇武山村、龙岗镇五星村、河桥镇河桥村、太湖源镇临目村、天目山镇西游村、清凉峰镇白果村等6个村通过省级农家乐集聚村验收，月亮桥民宿入选浙江省首批民宿（农家乐）助力乡村振兴改革试点，高虹镇石门村成功创建全国乡村旅游重点村。村落景区市场化运营工作得到副省长成岳冲的批示肯定，并在2个省级会议上做经验交流。六是提升公共文化服务水平。完成《杭州市基本公共文化服务标准（2015—2020年）》达标认定验收。建成农村文化礼堂264个，在建6个；文化惠民活动进文化礼堂264场，送戏下乡108场，"文化走亲"8场。组织免费艺术培训33个班285课次，进社区进村免费培训64次，受益群众10200余人次。"文化战'疫'——临安文化人在行动"文艺宣传共收到各类文艺作品106件，选送书法、篆刻、绘画作品10余件参加杭州市抗疫主题书画展。群众文化精品获国家

级奖项4件、省级奖项36件、杭州市级奖项50余件。《小寒孵笋忙》入选"决胜全面小康"第二届全国农民画展览，陈立强书法作品获2020年第二届"青田印石杯"全国篆刻大赛三等奖，《钱王背娘》获杭州市民间戏曲大赛金奖。新建2个杭州书房、2个图书馆分馆、3个图书流通点。临安区图书馆全年外借图书41万册次，借阅11万人次，到馆36万人次，数字资源点击量314.3万次；新增注册读者2295人，累计有效读者6.3万人。收集地方文献246种计861册、报刊36种、家谱7种11册；投入购书经费189.6万元，采购新书5.9万册，订购报刊935种，馆藏总量90万册；开展读者活动313场次，参与读者4万人次。送书下乡1.8万册，联合新华书店推出"临安·悦读"书店信用借书服务，与杭州市图书馆合作共建家谱数字化平台。"杭州市临安区图书馆"微信公众号在全国公共图书馆服务号中排名第八，临安区图书馆在杭州地区公共图书馆服务大提升中名列前茅。实施"云课堂""云评选""云培训"等数字文化惠民工程，数字文化馆上线民俗故事等文化资源，App注册用户3371人，累计进馆4868人次。区图书馆免费开放数字阅读资源，推出"书香临安·云享阅读"世界读书日线上直播等文化服务170余场，累计39212人次参与。七是加强非物质文化遗产保护。全区有国家级非物质文化遗产2项、省级非物质文化遗产19项、杭州市非物质文化遗产34项、临安区非物质文化遗产93项、镇级非物质文化遗产130项。鸡血石雕、

钱王文化2项被列入浙江省"文化基因解码工程"。鸡血石雕、千洪桃花纸与宣纸制作技艺成功申报杭州市传统工艺振兴项目。杨洪村、上田村被列为杭州市第二批民俗文化村。竹盐制作技艺、千洪桃花纸与宣纸制作技艺被列入浙江省第二批非遗旅游商品目录。组织非遗项目交流展览13场、"走亲"活动5次，参加比赛4次。钱高潮作品获安吉杯防疫艺术大赛最高荣誉奖，江红星作品获浙江省传统工艺大赛"非遗薪传"工艺大奖铜奖。

（骆芳敏）

【建德市文化和广电旅游体育局】内设职能科室7个，直属单位6个。2020年末人员89人（其中：机关25，事业64；具有高级技术职务资格的10人，中级25人）。

2020年，面对疫情冲击和泄洪影响，建德市文化和广电旅游体育局围绕"两手抓、两战赢"的目标，积极应对、综合施策，统筹推进疫情防控和文旅事业发展，着力为市场复苏聚力、为产业发展聚能、为公共服务提质、为行业治理增效。全年接待游客1319.4万人次，同比增长1.01%；实现旅游总收入137.7亿元，同比增长2.35%。完成各类演出、讲座、展览等文化惠民活动263场，覆盖231家文化礼堂；全年送书下乡近3万册；送培训讲座、展览活动100余场次；组织"文化走亲"14场；开展2020年"漫步云端 书香抗疫"线上读书月、线上"天籁浙江·印象诗路"朗诵大赛等活动。一是文旅服务阵地提升。开展乡镇综合文化站改造提升工程，寿昌镇综合文化

站、新安江街道综合文化站已完成装修。完成梅城千鹤、乾潭幸福2家杭州书房建设。二是精品创作。编排现代婺剧《千鹤女人》，并入选杭州市文艺精品创作扶持项目。举办建德市首届新年音乐节。获评浙江省首批戏曲之乡。三是数字赋能。开通灵栖洞、江南大冰洞等5家景区"浙里好玩"文旅公共服务平台景点预约功能。依托"城市大脑"，全力攻坚应用场景的"提质扩面"。"30秒入住"已覆盖17家酒店，使用达标率为116.52％；"20秒入园"覆盖景点（文博场馆）14家，使用率100％。四是营销推广。在"17℃建德新安江"旅游品牌基础上，提炼推出"爱在17"品牌，召开品牌发布会，推出3条爱情旅游线路，作为杭州唯一县市亮相"中意"爱情文化周。邀请浙江卫视《还有诗和远方》栏目进驻拍摄，播出后相关话题阅读量达3亿次，"一苇渡江"视频登上抖音热搜，播放量近3000万次，点赞量突破100万次。在全省县市层面率先推出了2万套价值1000万元的建德旅游消费券。复工之初即推出了"全国游客免门票游建德新安江"政策，累计惠民近6万人次，带动消费近1000万元。省际游开放后，举办浙江在江苏的首场推介会以及上海文化旅游暨投资环境推介会。面向江苏、上海等市场推出"爱在17——建德爱情旅游日"政策。推出1000万元疗休养专项消费券，积极与江干、萧山、临安、余杭等县（市、区）开展职工疗休养结对互送。截至12月底，累计接待杭州职工疗休养团队1765批次约5.43万人。着力发展夜间演

绎、灯光秀场、"网红美食"、文创集市等夜间经济，梅城"严滋味夜宵"和寿昌"909夜街"等夜间美食，"十一"期间吸引游客近20万人次。五是重大项目建设。共梳理重点文旅项目40个，计划投资21.27亿元，实际完成投资额23.66亿元。景澜·新安江宿度假酒店、建德富春方外西溪畈酒店、千鹤妇女精神教育基地等项目建成开业。灵栖洞丛林探索、三都渔村水滑道等老景区改造提升项目完成。建德图书馆新馆、野马岭运动度假项目、杨村桥"桃园渔歌"、三都渔村一期提升工程等项目有序推进。六是重大创建。加快严州古城创建国家4A级景区，已通过景观资源评估；寿昌镇创成浙江省5A级景区镇；梅城镇和乾潭镇创成4A级景区镇；大洋镇和莲花镇创成3A级景区镇。三都镇春江源村、杨村桥镇十里埠村、下涯镇之江村等10个村被评为2020年浙江省3A级景区村。新叶村入选第二批全国重点旅游乡村；严州古城获批未来景区改革试点单位，乾潭镇获批省山地旅游度假改革试点单位。建德市入围2020年全国县域旅游综合实力百强县。七是各类试点。严州府大酒店获评首批全省"百县千碗"特色体验店；杭州九仙生物科技有限公司获评2020年浙江省中医药文化养生旅游示范基地；匠铜实业（杭州）有限公司获评2020年度浙江省文化产业示范基地；千鹤妇女精神教育基地被授予第四批浙江省红色旅游教育基地；梅庄、金源昌等5家民宿培育成为精品民宿；建德航空极限运动基地获评浙江省运动休闲旅游示范基地；

杭州新安雷迪森酒店荣获杭州市第六批"智慧旅游"示范企业（单位）；"江清月近人"实景演艺获得2020杭州·浙西文旅融合示范项目；梅城严州古城步行街、寿昌古镇中山路步行街荣获2020杭州·浙西文旅消费示范点。八是非遗事业。积极推进国家级非遗项目申报，严东关五加皮酿酒技艺入选第五批国家级非物质文化遗产代表性项目名录。推进非遗名录体系建设，完成4个省级非遗代表性项目和4位非遗代表性传承人的省级自评。公布第八批建德市级非遗代表性项目。开展第三批非遗传承教学基地的申报评审。钱塘江诗路（富春山水）文化传承生态保护区纳入省级文化传承生态保护区创建名单；入选首批全省"文化基因解码工程"重点支持县（市）。九是文物保护。完成2019年16处历史建筑重点维修，争取2020年历史建筑重点修缮项目13个，争取杭州农村历史建筑保护专项经费280万元。全力推进5万平方米以上出让土地考古前置工作。完成恒大温泉三期等考古勘探共30余万平方米，发现古代墓葬8座，出土青瓷盏、盘口壶等文物20余件。结合美丽城镇建设，协助大同镇做好古新昌县及古寿昌县的考古勘探；逐步推进寿昌经济开发区区域评估工作。十是建德博物馆开馆。博物馆9月30日建成开馆，累计参观人数6.1万人次，接待团队327批，接待学生团体131批；举办第二课堂及其他活动59场，累计参加活动约3280人次。十一是大型活动。以"爱在17幸福共享"为主题，举办了建德市第二届武林大会、第十二届荷花节、

第八届建德 7017 新安江青岛啤酒节、2020 中国·建德 17℃新安江"夏日冬泳"百城挑战赛、航空小镇啤酒节暨北极光嘉年华、首届"爱在 17"脱单生活节、第十九届中国·17℃建德新安江旅游节开幕式（闭幕式）、第三届建德新安江万人徒步大会、第十六届杭州·浙西旅游合作峰会、Wynca新安·2020 建德 17℃新安江马拉松赛等大型活动。十二是行业管理。全年检查 3839 家次，行政处罚立案调查 10 件，办结案件 10 件；没收违法物品 555 件（册）；受理投诉 105 件，办结率 100%。开展"双随机"检查 45次，整改隐患问题 216 个。在全省县（市、区）层面率先出台《有效应对疫情支持全域旅游发展的十条意见》，设立应急专项扶持资金，累计兑现补助资金 1170 万元。对宾馆、景区、旅行社等企业开展"一对一"服务，形成"日日有汇总、周周有研判、企企有组团、事事有答复"的工作机制，累计走访企业 650 余家次，解决问题 300 余个。宾馆酒店、景区、旅行社已全面复工；开展防疫专项检查 28 次，联合督查 5 次，约谈防疫工作不到位企业 8 家，关停经营场所 3 家，累计整改问题隐患 75 个。

（吴京攀）

【桐庐县文化和广电旅游体育局】内设职能科室 9 个，直属单位 9 个。2020 年末人员 117 人（其中：公务员 15 人，参公 13 人，事业 60 人，保留事业身份 29 人）；具有高级技术职务资格的 35 人，中级 34 人）。

2020 年，桐庐县文化和广电旅游体育局不断深入推进文旅融合，促进文旅事业产业长远发展。全年旅游接待人数 2049.64 万人次，同比下降 0.65%；旅游业总收入 235.79 亿元，同比增长 0.37%。其中，乡村旅游接待人数 1520.82 万人次，乡村旅游收入 15.04 亿元，同比分别增长 8.99%和 25.05%。创成第二批国家全域旅游示范区。入选美国《国家地理》杂志公布的 2021 年 25 个全球最佳旅行目的地。一是不断推进文化阵地建设。完成各场馆无障碍设施提升改造工程，全面达成杭州市基本公共文化服务保障 60 条标准，大力提升县图书馆、县文化馆等文化场馆服务功能。其中，县图书馆设置母婴室 1 间，新建桐庐悦空间漫书咖生活馆、荻浦乡村图书馆 2 家杭州书房。二是不断开展文旅全民活动。举办"桐庐印记"第二届全民艺术节、全民旅游节、桐庐百姓日、百江田园音乐节、"越剧与桐庐"论坛暨杭州越剧艺术研究会落户桐庐签约仪式、首届富春江渔获节暨"百县千碗·桐庐味道"江南美食体验季、"好嬉桐庐·有礼相伴"2020 年文旅伴手礼创意设计大赛等近 100 场文旅活动。开展美术、书法、乐器、剪纸等培训 216 场次，培训 4040 余人次；组织开展排舞、腰鼓等培训活动 121 场，培训文艺骨干 973人次；开展线上线下相结合的展览、讲座 9 场，参加人员 1630 人次；组织开展越剧惠民演出、越剧商演、下乡演出等文化活动 274场。三是不断开展文化遗产保护工作。开展国家级非遗代表性项目申报工作，桐君传统中药文化列入第五批国家级非遗代表性项目公示名单。开展省级文化传承生态保护区创建工作，由桐庐、富阳、建德共同申报的钱塘江诗路（富春山水）文化传承生态保护区入选浙江省省级文化传承生态保护区创建名单。组织开展第二批浙江省优秀非遗旅游商品申报工作，新增省级优秀非遗旅游商品 2 个（畲乡红曲酒、桐君堂破壁灵芝孢子粉）；参加浙江省传统美食展评活动，省级非遗项目"十六回切家宴"荣获"薪传奖"。新增第一批杭州市传统工艺振兴目录项目 6 个，杭州市非物质文化旅游景区（民俗文化村）3 个，县级非物质文化遗产代表性项目 27 项。开展桐庐县首批非遗旅游体验点、非遗主题民宿、非遗生产性保护示范基地的申报评审，评选出桐庐十大非遗旅游体验点，县非遗主题民宿 5 个，县非遗生产性保护示范基地 5 个。开展荻浦村咸和堂、深澳建筑群孝思堂、余庆堂等 9 个文物建筑维修保护工程，维修面积 5200 余平方米，总投资 700 余万元。联合杭州市文物考古研究所对横村镇城东行政村双湖自然村马山、方埠行政村上店自然村庙山被盗墓进行抢救性发掘清理，共清理东汉至南宋墓葬 4 座，发现残存随葬品 15 件（组）。配合县公安部门，对横村镇柳岩村黄泥山南坡被盗墓进行抢救性发掘清理，清理两晋时期砖室墓 1 座。四是不断刺激全域文旅消费。出台《桐庐县支持旅游行业共渡难关的七条意见》和《关于进一步拓宽市场激发旅游消费潜力四条政策》。2 月至 9月期间，推出全球医护工作者免景区门票、全国健康码（绿码）免费游、A 级景区免费开放等活动。发放各类文旅消费券，发放

"爱上桐庐"消费嘉年华景点景区、宾馆酒店消费券7万张；开展"好嬉桐庐文旅体拉手卡"促销活动，线上线下发放价值5500万元的旅游促销券；面向3省1市发放价值4000万元的桐庐旅游消费券；组织旅游企业搭建携程线上旅游促销满减券。借力淘宝、飞猪、一直播等多个平台，组织"春江水暖·好嬉桐庐"分享会、"城市活力周"飞猪直播、叶璇带货直播等6场直播活动，推介桐庐山水风光，带货桐庐农文旅产品，共产生50余万次的点播量，40余万次的点赞量，带货销售农文旅产品成交额40余万元。五是不断推进文艺精品创作。编辑出版"潇洒桐庐·富春山居文旅丛书"第一辑《诗说桐庐》。完成复排越剧大戏《梁祝》。创作《不惧风雨迎新年》《我来守护你》等战"疫"歌曲。拍摄原创歌曲《爱上桐庐爱上你》童声版MV。创编舞蹈《请到我家来坐坐》，参加浙江省农村文化礼堂建设成果展演暨"三团三社"成果展演展示，荣获2020年浙江省群众舞蹈大赛银奖；男声独唱《泰山压顶不弯腰》获浙江省第十九届音乐新作大赛金奖；原创故事《意外的选择》获浙江省委宣传部、浙江省农业农村厅举办的"老乡说小康"农民故事演讲大赛银奖；小品《铁窗寄语》获杭州市纪念夏衍诞辰120周年暨"杭州有戏"戏剧大赛创作金奖、表演银奖。六是不断深化数字旅游建设。指导宾馆酒店进行数字化改造，完成18家酒店自助入住设备安装。完成4A级以上景区的智能导览。成立中国首个数字团建示范城市，完成"旧县·向往的生活""江南镇·

江南手艺村""合村·逐彩竹溪""横村·白云之上""富春江镇·笑傲江湖"5个乡村的数字团建目的地主题化打造。七是不断实施"百千万"工程。桐庐县城区创成浙江省4A级景区城。富春江镇、莪山畲族乡创成浙江省4A级景区镇，分水镇、瑶琳镇创成浙江省3A级景区镇；茆坪村、武盛村等5个行政村创成浙江省3A级景区村庄，仁智村、阆苑村等11个行政村创成浙江省2A级景区村庄。至年底，累计创成3A级景区村庄34个，2A级景区村庄33个，景区村庄覆盖面62%。八是不断规范文旅市场管理。全县共有文化、广电、旅行社、体育经营单位190家。受理、办结行政审批、备案21件。出动检查6255人次，检查3971家次，查处违规4家次；举报（督查）受理1件，属实案件1件；行政处罚立案调查12件，办结案件17件，警告10家次，收缴罚款60000元，停业整顿1家次，没收非法所得257844.89元，没收违法物品172个，查处重大案件1家次。开展旅游质量监督联合检查6次；开展例行检查165次，约谈旅游企业3家，下发责令整改通知书2份。接到旅游诉求786件，全部办结。开展安全检查200余次，联合检查12次，排查隐患40余处，整改率100%。组织漂流企业护漂人员、水上救生员、消防安全等培训6场，参训500余人次。全县未发生旅游安全责任事故。

（王　洁）

【淳安县文化和广电旅游体育局】内设职能科室8个，直属单位4个，挂淳安县文化市场综合行政

执法队牌子。2020年末人员137人（其中：机关30人，事业107人；具有高级技术职务资格的13人，中级34人）。

2020年，淳安县接待国内外游客1928.52万人次，实现旅游经济总收入232.04亿元，分别同比增长2.34%和0.05%。其中，乡村旅游接待1679.56万人次，实现乡村旅游收入16.86亿元，分别同比增长15.07%和17.08%。一是文化传承。加强非物质文化遗产保护。《亲子种麻籽　开启非遗文化学习之旅》图文报道在"学习强国"杭州学习平台推出。开展"骑龙有戏"——第二届非遗纳凉月系列活动，将睦剧、三吹三打等非遗节目融入骑龙夜市，带动旅游人气。组织八都麻绣工艺、富文麦秆扇制作技艺参加"民间民俗　多彩浙江"周雄孝文化节非遗展示活动，进一步宣传展示淳安非遗文化。开展"服务传承人月"活动，对非遗传承人开展走访慰问。积极开展文化活动。受疫情影响，县图书馆、县博物馆积极开展线上活动，以微信公众号推文等形式发布"一日一讲座""线上快闪""线上百科"等活动；首次采用"云直播"方式，组织开展"国际博物馆日"系列宣传活动。开展"文化惠民送戏下乡"演出。举办2020年"文化和自然遗产日"系列活动、端午节系列文化活动、"睦剧进校园"巡演活动、民间睦剧大赛暨第三届屏门乡睦剧文化旅游节等。实施"文化抗疫"。千岛湖文旅体发布、县文化馆微信公众号开设"战地黄花"专栏，陆续发表关于新冠疫情联防联控相关作品共9期12件。选送的作品《逆行者》

《向英雄致敬》入选"文艺抗疫"杭州市群众文艺作品展播"民间美术"篇。开展2020"我的战'疫'"阅读马拉松线上快闪赛，启动魅力声音·抗击疫情——青少年儿童音频征集大赛活动。二是旅游资源。召开2020淳安县旅游高质量发展大会，明确未来5年旅游发展的目标、方向和重点，动员全县抢抓生态特区建设、长三角一体化等机遇，全力争创国家级全域旅游示范区，推动旅游业实现新突破，为全县经济社会实现跨越式发展提供支撑。加强全域旅游示范县建设。通过2020年浙江省全域旅游示范县（市、区）复核，位列A档，全省仅5家。出台《淳安县人民政府关于进一步推进全域旅游发展的若干意见》《关于推进全域旅游高质量发展的指导意见（2021—2025年）》。编制完成千岛湖全新旅游画册，制作全域旅游最新宣传片。参加浙江省2020年全域旅游"比学赶超"现场会并做交流发言。发布新版千岛湖全域旅游宣传片《千岛湖，不止于湖》。发展乡村旅游。枫树岭镇下姜村、富文乡青田村、姜家镇姜家村被列为省级乡村旅游重点村名录。推动民宿发展。截至年底，全县共有民宿（农家乐）1092家，拥有床位1.9万个，其中精品民宿58家；新增民宿（农家乐）31家，其中精品民宿10家。是年，全县民宿接待过夜游客280.11万人次，实现营业收入4.61亿元。鱼儿的家民宿被评定为白金宿等级。玄山·云居、果儿熟了民宿、云上菊庐、民之宿获评银宿等级。雅谷风林、云水松涧被杭州市民宿行业协会评定为五花民宿，千岛湖

漫曲民宿、峪涧山房被评定为四花民宿。成立淳安县第一家村级民宿党支部——中共淳安县文昌镇西阳村民宿行业支部委员会。云里雾里的威酱、赋溪人家民宿的石林日晒面和水岛花海民宿的淳夫园香脆花生分别获得首届民宿伴手礼大赛综合奖、销量奖。发布淳安县首部民宿专题宣传片。下姜景区、千岛湖石林景区被评定为国家4A级旅游景区。淳安县被命名为首批省5A级景区城。威坪镇获评浙江省4A级景区镇。整合疗休养资源。首次提出"职工疗休养，首选在县内"的号召，梳理整合全县景区、酒店、民宿、休闲运动场所等优惠资源，编制《2020年千岛湖疗休养手册》。枫树岭镇下姜村与千岛湖龙川湾景区入选首批浙江省职工疗休养基地。召开淳安特别生态功能区疗休养专场推介会，全省各级工会系统100余人参会并实地考察千岛湖疗休养资源。三是旅游服务。发展智慧旅游。发布2019年度千岛湖旅游大数据报告。淳安县文旅系统"30秒入住"和"20秒入园"在"杭州城市大脑630攻坚考核"中分别取得了全市第二、全市9个并列第一的成绩。滨江希尔顿度假酒店、绿城喜来登度假酒店、姜家镇通过杭州市第二批智慧旅游示范单位复评。千岛湖吃喝玩乐地图和千岛湖旅游舆情口碑项目通过验收。啤酒小镇获得杭州市智慧景区荣誉。加强疫情防控。根据上级统一部署，全面落实文化市场经营场所停业要求；博物馆、图书馆（含新安书屋）、文化馆、23个乡镇综合文化站、8个乡镇民俗文化展示馆全部闭馆，所有民俗

文化类活动取消；全县所有景区暂停对外开放；发布《关于淳安县民宿（农家乐）暂停营业的倡议书》《关于全县宾馆饭店企业暂停营业的倡议书》。实现复工达产。根据杭州市人民政府"可逐步恢复正常"的指示精神，部分文化市场经营场所逐步复工复产。出台《关于有效应对疫情帮助文旅体企业共渡难关的若干政策措施》。3月18日，省委书记车俊到淳安考察，对淳安旅游业复工达产提出了"率先突围、走在前面"的期望。3月24日，县文化馆、县博物馆（含科技馆、规划展览馆）、县图书馆正式对外有限开放；4月20日，百姓课堂公益性培训和场所对外开放全面恢复；5月18日，淳安县与全省11个自新冠肺炎疫情发生以来保持"0确诊""0疑似"记录的县（区、市）共同成立2020浙江安心游"零零联盟"，共推生态游、健康游、安心游；7月20日，在上海举办千岛湖旅游推介会暨旅游渠道复兴计划启动仪式，成为跨省游恢复后全国首个赴上海举办推介活动的地区。落实优惠政策。在全国首次提出对援助武汉医务工作者3年免千岛湖景区门票优惠政策，推出"迎凯旋·敬英雄"千万康养礼包赠送活动。在全国率先出台跨省游优惠政策。生态旅游上市。千岛湖旅游集团制定3年上市推进方案，确定主板上市路径，被省国资委列入全省拟上市储备企业名单。推动产业转型升级。龙川湾景区成功创建国家首批森林康养基地，云上石林推出系列体验项目，秀水街千岛湖奇幻视界、西南湖区探秘水下古城体验项目建设推进顺利，首艘300客位的多功

能、特色化休闲船启动建造。启动千岛湖景区品质提升3年规划。四是旅游活动。3月18日，"湖上春来万物新"千岛湖春游春品推介季在骑龙巷慢生活街区正式启动，省委书记车俊到现场考察指导，浙江新闻客户端等传媒平台全程直播，并在浙江卫视《浙江新闻联播》中播出。3月26日，举行春和景明·绿水青山健康行——浙江文旅消费季启动仪式，省委常委、宣传部部长朱国贤，杭州市副省长成岳冲，省委宣传部副部长葛学斌，杭州市副市长陈国妹，省文化和旅游厅党组书记、厅长褚子育等省、市领导出席，活动在浙江卫视、《浙江日报》、中国新闻网、凤凰新闻、网易新闻等媒体宣传报道。3月23日，家门口的健康游——欢乐游杭州启动仪式在千岛湖秀水广场举行，杭州市委常委、宣传部部长戚哮虎，市人大副主任罗卫红，副市长陈国妹等市领导出席，活动在央视综合频道《晚间新闻》报道播出。3月27日，举办2020千岛湖旅游奖励政策发布会暨"百团万人游千岛"启动仪式，长三角主要旅行社负责人、主流媒体120余人考察千岛湖"春风之旅"线路产品；发布2020淳安县全域旅游营销奖励政策和"百团万人游千岛"门票奖励政策；与3省1市主要旅行社签署战略合作协议。举办2020千岛湖新春旅游（杭州）推介会、千岛湖"春风之

旅"活动、"欢乐游杭州，自驾淳安行"活动等。推出千岛湖旅游消费券，通过支付宝发放政府资金215万元，核销121.087万元，核销率56.32%，直接带动交易额约600万元，带动消费近3000万元。以电影《我和我的家乡》上映为契机，以故事"最后一课"为核心，推出"体育课""文化课""政治课"等5条主题旅游线路。五是景区管理。加强未来景区建设。支付宝启动打造"数字景区"，千岛湖景区成为全国首个"无接触"数字景区试点，建设内容包括自主入园、电子导游、VR全景、分时预约等功能，受到央视、浙江卫视、中国新闻网等媒体宣传报道。千岛湖景区还入选省文化和旅游厅首批未来景区改革试点名单。创新疫情防控举措。在全国率先推出"景区安全官"制度，获央视《新闻联播》《经济信息联播》、人民网、光明日报客户端等平台和媒体广泛报道，总曝光量超1.2亿人次。千岛湖景区全面推进"购票零接触、线下少接触"入园方案，通过线上预约、实名购票、分时入园，结合"景区＋杭州健康码"应用，依照疫情形势变化调整卡口，简化入园流程。联合支付宝在全省率先推出"景区＋健康码"应用场景，进行"绿码下单、绿码入园"实时校验，快速入园。发布《千岛湖景区口罩佩戴指南》，是全国首个景区版口罩佩戴指南。加强景区整治提升。开展春

节节前大检查、旅游市场秩序联合整治、旅游环境专项整治行动等。六是市场管理。强化市场监管。全年开展导游检查93次，旅游团队检查223次，纠正导游违规行为12件，办理各类信访投诉244起，接110社会应急联动平台任务55起，均按时完成任务并反馈。开展春节前乡镇文化市场安全生产大检查行动、文化市场经营场所复工复产联合检查行动、校园周边文化市场专项检查等。提升从业人员能力。组织开展景区讲解员培训，52人考试及格取得景区讲解员证书。积极组织导游参加杭州市、浙江省讲解员大赛以及全国中、高级导游员等级考试。组织开展电视导游技能大赛。组织星级旅行社参加杭州市旅行社行业业务培训会。优化行业审批。认领维护文化、旅游、文物等事项122条，已全部纳入政务2.0系统。深化"证照分离"改革，将"游艺娱乐场所设立审批""文艺表演团体设立审批"等4个审批事项调整为告知承诺。推进无证明化，通过数据共享减少申请材料181份，实现"数据多跑路""群众少跑腿"，全年共办理事项115件，受理群众来访来电100余人次。指导和审核全县旅行社变更事项审批12家，新设立旅行社经营许可审批3家，旅行社注销1家，质量保证金备案和提取47家。

（葛蔡铭）

宁波市文化广电旅游局

【概况】 内设职能处室14个,直属单位10个。2020年末人员616人(其中:机关113人,事业503人;具有高级技术职务资格的159人,中级208人。

2020年,宁波市文旅系统坚持以习近平新时代中国特色社会主义思想为指导,全面贯彻党的十九大和十九届二中、三中、四中、五中全会精神,学习贯彻习近平总书记考察浙江重要讲话精神。坚持新发展理念,把握新发展格局,聚力"六争攻坚、三年攀高"行动,着力打造优秀文化精品,加大优质旅游产品供给,统筹推进疫情防控和文旅行业复苏,扎实推动文化旅游高质量发展。全市接待游客1.25亿人次,实现旅游总收入1999.46亿元,分别恢复到去年的89.4%和85.8%。

一、统筹疫情防控和经济发展,促进文旅行业复苏

(一)坚决打赢疫情防控阻击战

疫情防控"一级响应"后,立即关闭全市949家文化场馆、916家网吧、584家娱乐场所、52家演出场所、63家A级景区,累计取消文旅活动1445场次,200多家旅行社取消团组10249个,妥善做好劝返、劝退事宜。

(二)率先完成"退团退费"

创新"五步工作法",全力化解旅游纠纷矛盾。截至3月底,23.52万人次游客100%与旅行社签订和解协议,选择退费的游客100%完成退费,实际退费2.93亿元,率先在全国实现旅游退团退订"双百清零",为同类城市破局解困提供了"宁波解法"。

(三)稳步推进复工复游

出台金融、保险、财政、消费、减费降负等文旅行业纾困解难10条政策。公布192家重点文旅企业白名单,协调中国建设银行共为35家文旅企业授信贷款16.5亿元。退还271家旅行社质量保证金5277万元,统筹6400万元纾困帮扶专项资金,获支持企业超过1200家次。开展"宁波人游宁波"活动,组织乡村旅游季、换个星家享宁波、"疫去春来·悦甬游心"惠民文旅消费季、宁波旅游节等系列惠民文旅活动。充分发挥假日市场效益,十一假期全市接待游客及旅游总收入均恢复至去年的85%以上。

二、艺术创作推陈出新,公共文化服务体系不断完善

(一)推进抗疫题材作品创作

全市文艺院团推出歌曲《照亮生命》、甬歌《送行》等近40个抗疫文艺作品。市演艺集团、宁波剧院等线上免费提供了《呦呦鹿鸣》等12部原创精品剧目和35台传统戏曲剧目。全市文化馆系统共创作作品2273件。联合市卫健委举办"人民的战役——宁波市慰问抗疫勇士专场云演出",全市40余位非遗传承人创作抗疫作品74件,《钟南山院士》等10余件作品荣获省疫情防控主题非遗作品优秀奖。全市各级文化部门累计举办各类线上文化活动、培训380多期(次),惠及群众80多万人次。

(二)稳步推进文艺精品创作

民族歌剧《呦呦鹿鸣》入选文化和旅游部"建党100周年舞台艺术精品创作工程"重点扶持作品,甬剧《红杜鹃》、儿童剧《三字传奇》、宁海平调《葛洪》入选浙江文化艺术发展基金。慈溪入选中国曲艺之乡,余姚、宁海入选浙江省戏曲之乡(县级)。全国首次上演贝多芬9部交响曲全曲。

(三)精心组织文艺赛事

承办全省青年演奏员大赛和浙江省第十一届音乐舞蹈节,宁海县承办浙江省群众舞蹈大赛,宁波市第十三届音乐舞蹈节在镇海举行。民族歌剧《呦呦鹿鸣》受邀赴延安参加第二届中央音乐学院·延安"10·15"艺术节开幕式演出,舞剧《花木兰》赴全国巡演。

(四)夯实公共文化服务基础

全面总结"一人一艺"全民艺术普及工程实施5年来的成果,举办"一人一艺"全民艺术普及5周年系列活动,编撰出版了《2020年全民艺术普及发展报告》,全市综合参与率达82.93%,成为全国唯一全民艺术普及推广示范中心。开展第五批宁波市公共文化示范区(项目)创建工作。全市6城区社区文化中心全部建成图书室,并实现和市级图书馆的通借通还。通过省人大常委会的公共文化服务保障法执法检查。

（五）突出全民阅读品牌建设

完成乡镇（街道）图书馆星级评定工作，全市有 132 个乡镇（街道）图书馆达到了一星级以上的标准。"世界读书日"和"书香宁波日"期间，开展 2020 长三角阅读马拉松线上快闪赛（宁波站）、"一本书的诞生"展览等活动。在全省率先推动"最多跑一次"向全市公共图书馆延伸。"天一约书"项目被纳入市政府征信平台，并在国际图书馆协会联合会的国际营销奖中入选"十个最富创意项目"。

（六）提高文旅公共服务水平

探索实施乡村文旅中心模式，在象山 3 个乡镇 12 个村进行试点。宁海前童镇文化站成为全省 6 个文化和旅游部公共文化机构与旅游功能融合试点单位之一。建立旅游厕所建设进度月报机制，开展 3A 级旅游厕所评定和复核验收工作。建设旅游厕所 196 座，完成投资 6714 万元，超额完成省、市任务指标。

三、强化文化遗产管理，保护和传承水平不断提高

（一）加强文保基础性工作

编制完成镇海口海防遗址等13 处省级以上文保单位保护规划，完善余姚通济桥等 2 处新晋级国保单位和 27 处文保单位"四有"档案，海曙等 4 区 2 市入选国家革命文物保护利用片区分县名单。推进"宁波市文化遗产信息化管理云平台"建设，实现全市文保单位（点）的智慧化管理。

（二）高标准推进文保工程项目

完成天一阁博物院东扩建筑修缮项目、西园修缮工程和天一阁藏书楼南北区域地下管道铺设工程，推进天一阁新馆建设项目，基本完成塘河文化展示馆内部展陈设计、装修等开馆准备工作。

（三）加强世界遗产保护利用工作

持续推进大运河遗产影响评估和反应性监测工作，重点对接轨道交通三期建设等项目。协同做好大运河文化带建设，协助央视 4 套完成《大运河》系列纪录片拍摄，完成《宁波市"海上丝绸之路"史迹保护立法研究》和河海博物馆建设前期研究，开展"宁波市'海上丝绸之路'史迹保护立法研究"调研。

（四）推进博物馆事业建设发展

天一阁博物院、宁波中国港口博物馆获评国家一级馆。整合 11 座博物馆、纪念馆和 23 家文保单位、文物旅游点等数字资源，为市民游客提供高品质数字文博公共服务。天一阁博物院"公如砥柱——天一阁创始人范钦线上特展"覆盖线上 800 余万人次。

（五）推动考古研究和科技保护

与省考古所等合作开展余姚井头山遗址考古发掘国家科研项目，联合举办井头山、明州罗城（望京门段）遗址考古成果发布会，为探索宁波地域文明起源和早期城市发展演变等问题提供了重大实物证据和学术支撑。指导余姚市推进河姆渡国家考古遗址公园申报工作。完成省级以上平台文物保护区域评估任务 10 项，超额完成省、市目标。全省年度重要考古发现宁波占一半。

（六）加强非遗保护和实践能力

举办 2020 全国非遗曲艺周。

推进《宁波市非物质文化遗产保护条例》制订工作。宁波海洋渔文化（象山）生态保护区上榜文化和旅游部首批国家级文化生态保护区名单。奉化区雪窦山文化传承生态保护区、海曙区中医药文化生态保护区列入首批省级文化传承生态保护区创建名单。举办非遗购物节，销售额达 6500 万元。

四、坚持以点带面，产业发展和资源开发成果丰硕

（一）文旅消费提质增效

成功创建首批国家文化和旅游消费试点城市。举办文旅惠民消费季活动。指导做好"推动宁波动漫行业提质增效"项目。举办宁波文化旅游商品创意设计大赛活动，推出一批具有宁波特质的文化旅游商品。

（二）文化金融示范提升

推进创建国家文化与金融合作示范区，成立示范区协同创新研究基地，形成覆盖全市的文化与旅游企业 2 个创建数据库。开展文旅企业上市培育工程，推动资本市场主动对接支持文旅产业，做好"甬易办"平台政策上线工作。

（三）全域旅游稳步推进

余姚、慈溪获评省全域旅游示范区；横溪镇、招宝山街道、深甽镇获评省级旅游风情小镇；宁海获评省 4A 级景区城、前童镇获评省 5A 级景区镇，新增 4 个省 3A 级景区城、45 个省 4A 级和 3A 级景区镇、425 个 A 级景区村庄（其中 3A 级 67 个）；慈溪海通食品、余姚领克汽车获评省工业旅游示范基地，慈城古县城景区获评省中医药文化养生旅游示范基地，张人亚党章学堂获评省红色旅游教育基地。

（四）乡村旅游和景区扩量提质

象山方家岙村、宁海双林村和葛家村列入全国乡村旅游重点村名录；宁海双林村列入省民宿助推乡村振兴改革试点；前童镇、萧王庙街道、大碶街道获评市乡村全域旅游示范区。举办首届全国民宿主人大会、首届"甬乡伴"乡村旅游伴手礼大赛和宁波民宿（苏州）推介会。象山半边山和杭州湾旅游度假区通过省级资源评估，宁波中国港口博物馆、鸣鹤古镇获评 4A 级景区，余姚智能光电小镇等 6 个景区获评 3A 级景区；象山影视城列入省首批未来景区改革试点，四明山旅游度假区列入省首批山地休闲度假发展试点；完成宁波植物园等 6 家省放心景区创建。

（五）项目建设再攀新高

全市共实施文旅项目 293个，实际完成投资 428.51 亿元。对接全省"四十百千"重大投资工程，举行全市文旅重大建设项目集中开工（复工）仪式。扎实推进象山影视城三期、鄞州横溪农旅小镇、宁海大庄温泉小镇、象山星光影视小镇、奉化时光小镇、杭州湾滨海小镇 6 个重大项目建设。

（六）智慧旅游能级提升

完善文旅大数据中心，新增OTA 数据分析等 5 个模块数据，新增接入 100 余处视频监控点位。推进智慧文旅系统建设，完善民宿"云管理"平台，推出医护预约系统和景区客流管控系统。提升旅游咨询服务品质，新增 11家咨询点；栎社机场 T2 航站楼宁波旅游服务中心和轨道交通鼓楼站咨询点正式投用；持续开展

"旅游 E 点通"流动旅游咨询服务。

五、坚持管服并举，全市文旅市场不断规范

（一）行政审批服务有新举措

推进"证照分离"改革全覆盖，强化行政许可事项清单化管理，率先全省文旅系统制定《行政审批告知承诺办法》，8 个许可事项实行告知承诺审批。推进无接触审批，共办理政务服务事项6543 件，全流程网上办理率达100%。实施政务服务 2.0 平台升级改造，133 个政务服务事项整体迁移省统建系统运行。聚焦"无证明"办事，梳理出 34 个事项90 件证明材料，实行电子证明共享核查替代证明材料。推进省级事项涉外、涉港澳台营业性演出审批审核权下放先行先试，全省工作现场会在宁波召开。聚焦"智能秒办"，实现导游证核发"跑零次"。

（二）市场监管水平有新提高

开展文旅市场整治，推进平安建设、扫黑除恶、防溺水、"122"机制等专项行动。深入实施省级旅游行业信用体系建设试点项目。召开全市文明旅游联席（扩大）会议暨文明旅游推进会，发布宁波市地方标准《文明旅游"金字招牌"要求与评价》；制订《宁波市旅游饭店行业"文明用餐，杜绝浪费"专项行动方案》；推进扩大文旅消费"1＋1＋5"宁波做法；高标准落实文明旅游各项工作，助力本市高分获得文明城市"六连冠"。

（三）文旅市场质量有新提升

新增省品质饭店、特色文化主题酒店、绿色饭店 12 家，花级酒店 15 家，品质旅行社 12 家。

推进星级饭店垃圾分类和"限塑"工作示范创建，开展"放心网吧""放心旅行社"创建。联合市总工会等部门联合举办 2020 宁波市旅游饭店服务技能大赛，其中 4名获奖选手分别荣获 2020 年度宁波市首席工人和技术能手。新增国家级、省级"金牌导游"及省旅游管理精英人才培育对象各1 名。

（四）市场执法有新力度

在全省率先建立"吹哨报到"联合执法、旅游纠纷调解诉源治理和轻微违法告知承诺制，宁波市被文化和旅游部列为全国文化市场综合执法队伍规范化建设 6个试点单位之一，全省执法改革暨执法规范化建设推进会在宁波召开。处理有效旅游投诉 1074起，为游客挽回经济损失 951.56万元，办理案件 250 起，数量居全省首位。旅游纠纷调解获市十佳以案释法典型案例，市执法队获全国文化市场重大案件、全国查处侵权盗版有功单位、省文化和旅游系统 2020 抗疫"英雄榜"和市"六争攻坚"先锋榜。

六、强化精准思维，宣传推广和互动交流创新发展

（一）创新宣传方式，强化品牌打造

以短视频和线上直播推动城市形象塑造，全新推出"宁波气质""宁波欢迎你"城市宣传片和"顺着运河来看海"产品线路短视频。"海丝古港 微笑宁波"旅游主题形象亮相宁波栎社机场新航站楼。"疫去春来好时光"活动评选产生 20 条宁波旅游精品线路。开展海外社交媒体推广，在海外平台推出"海丝宁波"主题世界名城"云巡展"，覆盖海外受众超 95

万人次;创作天童寺、老外滩等主题视频38个,海外受众达286万余人次。

(二)做好精准营销,强化市场推广

策划2020宁波文旅(长三角)推广季活动,推出长三角地区宣传推广"组合拳",举办9项重点活动,做热4条主题线路,打响"顺着运河来看海"旅游品牌。做好国内重点城市推广,举办"顺着运河来看海 跟着东航游宁波"成都市场分享会和中国旅游日浙江主会场活动。全市举办七大类280项文旅节事活动,"市民旅游日"接待游客9.3万人次,恢复到去年的80%。

(三)推动区域合作,强化互动交流

开展宁波人互游活动,推出169条线路和系列惠民政策,招徕疗休养游客20多万人次;推进"山海协作",深化两山(雪窦山和普陀山)合作,宁波雪窦山—舟山普陀山旅游专线正式开通。举办长三角旅行商大会,在上海、合肥、无锡等重点客源城市推出惠民产品。以"文旅融合 甬延'黔'行"为主题开展延边和黔西南州文旅产品宣传,带动2万游客赴两地旅游。

(四)搭建展会平台,提升城市知名度

2020海丝之路(中国·宁波)文化和旅游博览会与长三角旅行商大会吸引100多家全国百强社和长三角重点旅行商,活动亮相央视《朝闻天下》《中国新闻》等栏目。举行2020港澳青少年游学推广活动暨内地游学联盟大会,推出"甬菜百碗 天一夜宴"品鉴会,运用互联网云技术,保障

香港分会场连线直播、"云签约"顺利进行,天一阁博物院、宁波大学等文旅景点和教育场所纳入全国15个游学产品目录。

(五)加强文旅合作,推动国际交流

围绕"海丝活化石"品牌、"东亚文化之都"名片建设,建立涉外文旅资源库,开展国际人文交流基地建设,参展中国国际旅游交易会中国"东亚文化之都"主题馆。发挥索非亚中心阵地作用,推进中国-中东欧人文交流示范区建设。宁波交响乐团组织线上演绎法国经典名曲《玫瑰人生》和《卡门》片段,宁波博物馆线上推出"双城十五年——宁波与诺丁汉的文化对话"系列文化活动。

七、注重顶层设计管理,综合保障水平持续提升

(一)扎实开展文旅发展规划和课题研究

总结评估"十三五"规划实施情况,研究提出"十四五"期间文化和旅游发展的思路建议。开展各级专题调研,入选文化和旅游部课题2个,省文化和旅游厅课题1个,市级宣传思想文化系统课题2个。统筹推进国家、省、市文化体制改革试点,总结报送获批国家部委改革试点成效及2项省级以上改革试点项目创新成果,指导宁海县、象山县获评省文旅产业融合试验区。

(二)全面推进文化旅游依法治理工作

推进《宁波市非物质文化遗产保护条例》《宁波市民宿发展促进条例》立法调研。制发《局行政执法公示制度》《局公职律师管理办法》,规范执法公示和公职律师管理。加强合法性审查,全年完

成4个规范性文件和206件合同的合法性审查。加强法治能力建设,组织《中华人民共和国民法典》专题学习等。强化行政执法监督,未发生涉诉涉议案件。建立2020年普法责任清单,做好"七五"普法总结。

(三)全面强化系统财务内审工作

合理编制预算,强化绩效管理,做好财政事权和支出责任梳理以及专项资金清理工作,全面修订公共文化服务专项、遗产保护专项、文旅产业融合发展专项资金管理办法,修订《局机关财务管理规定》等5项财务制度,开展政策和项目绩效自评。全年审核采购项目44个,合同206个。加强系统资产管理,配合做好2020年房地产清查和资产调拨工作。优化内部审计,实施审计发现问题整改落实情况"回头看"。梳理2019年局内部审计发现问题,采用以案代训方式,对全系统财务相关人员进行培训。

(四)持续加强干部和人才队伍建设

局机关干部岗位轮岗交流3名,完成3名局机关中层副职和5名执法队中层正职选拔,9批次71人次的公务员及参公人员职级晋升,审核批准4批15名局属单位中层干部选拔任用;选派10名干部参与东西部扶贫、重大项目、农村指导员等省、市重点工作。事业单位清理规范整合全面完成,局属事业单位由15家精简至10家,稳妥开展涉改局属事业单位领导班子选配。完成国务院政府特殊津贴专家、文化和旅游部优秀专家等15个人才培养工程、扶持项目的申报,局系统入选

国家"万人计划"青年拔尖人才1名，文化和旅游部优秀专家1名，全国乡村文化和旅游能人支持项目2名，省宣传文化系统"五个一批"人才1名，市杰出人才1名，新增特优人才2名，领军人才1名。

【大事记】

1月

3日　宁波市文化市场综合行政执法队从原宁波市文化市场行政执法总队、原宁波市旅游质量监督管理所转隶接收人员共37名，均为参公人员，其中：副局长1名，正处长1名，副处长4名，四级调研员兼正科长1名，正科长7名，副科长3名。

10日至12日　中央电视台"我们的中国梦——2020东西南北贺新春"在宁波进行分会场节目录制。

11日　由宁波市文化广电旅游局主办，宁波市文化馆承办的阿拉音乐节"阿拉宁波欢迎您"大型文艺晚会在宁波奥体中心开幕。

19日　宁波市文化广电旅游局公布2019年度考核结果，宁波市天一阁博物馆、宁波市文化市场综合行政执法队、宁波市文物考古研究所、宁波图书馆、宁波交响乐团、宁波市电影集团有限责任公司等6家为考核优秀单位，另有10家为考核良好单位。

23日至24日　局系统紧急暂停1月至3月的春节及节后演出，所有已开票、未开票剧目，均取消或延期。

29日　宁波市演艺集团积极策划创作歌曲《照亮生命》、甬歌《送行》、越歌《送瘟神》、诗歌

《纸飞机》、情景朗诵《出征》、儿童剧《博物馆奇遇记》等一批战"疫"文艺作品，为抗击疫情凝聚力量。

2月

5日　组织局系统128名党员干部身穿文旅志愿者"红马甲"，下沉至海曙区白云街道一线，为抗疫斗争保驾护航。同时，系统还有120人主动向社区报到，参与社区联防联控志愿服务。

6日　宁波图书馆与宁波阅读联盟、甬派App联合发布《书香战"疫"　你我同行》倡议书，获得56万人次的"倡议接力"。

3月

4日　宁波交响乐团组织分布在世界各地的50多位宁波交响乐团的演奏员举办了一次"云合奏"，以贝多芬的《第三交响曲》（《英雄交响曲》）致敬战"疫"英雄。

6日　宁波市文化艺术研究院、宁波市演艺集团各1人入选浙江省舞台艺术"1111"人才计划培养对象。

9日　浙江省文化和旅游系统2020抗疫"二月英雄榜"公布，宁波市文化市场综合行政执法队文化市场联防联控突击分队、宁波市宁海暖阳防疫志愿队2个团队，以及6个个人上榜。

10日　宁波市文化和旅游重大项目集中开工（复工）仪式在宁海大庄温泉乡根小镇项目现场举行，并同时作为全省文化和旅游重大项目集中开工宁波分会场。市委常委、宣传部部长李军参加活动。

18日　在马蜂窝发布的《2020年春季旅游回暖趋势报告》和携程发布的"国内景区复兴

指数"中，宁波均位居全国热门目的地第3位。

19日　宁波市召开全市推进乡村全域旅游示范区建设现场会，宁波市乡村全域旅游示范区、浙江省旅游风情小镇及各县（市、区）文旅部门、局机关相关处（室）、宁波旅游信息咨询中心相关人员和宁波日报社、甬派媒体记者等70余人参加会议。

23日　宁波图书馆部分服务恢复开放。读者通过线上平台实名预约，提交用户健康承诺，佩戴口罩接受测温后便可入馆。馆内依照"一人一座"、间隔错位原则指导读者就座，对开放区域进行一日3次全面消毒。

24日　宁波市事业单位改革领导小组办公室收回宁波市文化广电旅游局属有关事业单位空编21名，其中：宁波市文化馆8名，宁波市天一阁博物馆5名，宁波市文物保护管理所3名，宁波市文物考古研究所1名，宁波市文化艺术研究院4名。全部调剂给宁波图书馆，调整后，宁波图书馆编制94名。

27日　宁波市文物考古研究所林国聪入选第七批浙江省宣传文化系统"五个一批"人才。

28日　举办"宁波人游宁波"百万职工健步走启动仪式暨宁波职工疗休养产品发布会，联合市总工会推出169条线路产品和系列惠民政策，在马蜂窝等OTA平台发布首批精华线路，开启"宁波人游宁波"区域串线互游模式。据统计，各县（市、区）招徕疗休养游客20多万人次，疗休养消费达4.5亿元。

4月

2日　宁波交响乐团受鲁昂

宁波委员会邀请原定赴法的文化交流因疫情取消。原定演出当天,组织原班人马演绎一曲法国经典名曲《玫瑰人生》,隔空"声援",为鲁昂民众加油鼓劲,鲁昂方专门致信表达感谢,央视和《人民日报》给予报道。

8日 印发《宁波市文化广电旅游局2020年思想政治和组织人事工作要点》(甬文广旅党〔2020〕12号)。

10日 汇总发布年度280项文化旅游节事,包括采摘类、康养类、运动休闲类等七大类节事活动。

12日 推出"十大宁波旅游精品线路""十大乡村旅游特色线路",配套《暖冬阳春之美》和《盛夏晚秋之美》四季精品旅游线路手册,包含了100余条精品旅游线路、覆盖186家四星级以上酒店、四花以上酒店、银宿以上民宿、四叶以上客栈和旅游咨询服务中心等窗口单位,为市民和游客提供出游参考服务。

15日 宁波市慰问抗疫勇士专场晚会"人民的战役"在天然舞台无观众演出,致敬最美"逆行者"。

19日至5月24日 2020抗疫国际公益海报设计邀请展·宁波首展在宁波图书馆新馆开展,通过线上、线下联展的方式展示国内外设计师的80余幅精选作品。

23日至6月29日 宁波市举行2020乡村旅游季活动,浙江省委副书记、宁波市委书记郑栅洁,宁波市委常委、宣传部部长李军,宁波市副市长卞吉安出席活动。活动现场正式发布了2020宁波乡村旅游季主题活动、精品线路、最美田园和农家特色小吃等榜单。乡村旅游季活动包括都市田园、缤纷四明、斑斓海岸和古镇风情等4个板块,串联起全市24个重点旅游乡镇100多项特色农事民俗活动,推出236项"美食""美宿""美购""美道"特色产品和60个特惠旅游套餐,形成"镇镇有品牌、周周有活动"的乡村旅游系列活动。活动期间,全市24个重点旅游乡镇(街道)累计接待游客395.02万人次,旅游综合收益4.34亿元,其中农副产品销售收益2815.8万元,乡村民宿住宿收益8375.5万元,精品民宿入住率达到了60%以上。

28日 中共宁波市文化广电旅游局党组关于市委巡察组反馈意见整改落实情况的通报:2019年6月至8月,市委第五巡察组对市文化广电旅游局党组开展了巡察。2019年10月,巡察组向市文化广电旅游局党组反馈了巡察意见。按照党务公开原则和巡察工作有关要求,市文化广电旅游局党组将巡察整改情况进行党内通报,整改工作结束。

同日 根据市属事业单位清理规范整合要求,宁波市事业单位改革领导小组办公室明确宁波市文化广电旅游局所属事业单位机构编制框架。清理规范整合以后,宁波市文化广电旅游局所属事业单位共9家(不含宁波市文化市场综合行政执法队),核定事业编制417名。

30日 中共宁波市机构编制委员会办公室印发《宁波市文广旅游局所属宁波市文化馆等9家事业单位职能配置、内设机构和人员编制规定》。

5月

14日 浙江省文史研究馆秘书综合处处长徐有鸿一行到宁波图书馆开展"馆藏书籍进百家图书馆"赠书活动。

15日至6月21日 "风雨担当——宁波市援鄂抗击疫情纪实图片展"共征集到2300余件摄影作品,20多个短视频,吸引了多家社会团体观展。

31日 宁波市第十六届未成年人读书节、第二届阿拉童话节启动仪式暨第十届"小小讲书先生"决赛在宁波图书馆举行。

是月 "2019浙江文化和旅游总评榜"揭晓,"海丝古港 微笑宁波"宁波旅游品牌形象系列推广被评为2019浙江文化和旅游品牌推广创新优秀案例,宁波市奉化区被评为2019"诗画浙江·百县千碗"工程示范县区。

6月

6日 原宁波市文化艺术研究院主办的"台前幕后——甬剧名角沃幸康老师的舞台心路"研讨会暨新书发布会在枫林晚书店举行。

8日至27日 "天然舞台演出季"重启,8场演出全部实行惠民低价票,先后约3000名观众走进剧场,舞剧《花木兰》还达到防疫限额50%的饱和上座率。

9日 根据事业单位清理规范整合工作要求,共转隶事业人员329名。

11日 局系统党的建设暨党风廉政建设工作大会召开。市文化广电旅游局机关全体干部、机关离退休支部书记、局属各单位领导班子成员参会,市纪委市监委驻市政协机关纪检监察组受邀出席。

13日　宁波交响乐团在宁波大剧院开启疫情发生以来首场线下音乐会，全面吹响复工"集结号"。

是月　梳理投资项目行政审批中介服务事项和拟应用信用产品审批事项清单。完善中介服务机构入驻中介服务超市，确认投资项目行政审批中介服务事项，修订《中介服务事项办理指南》。

是月　印发《宁波市文化广电旅游局2020年法治建设工作要点》《宁波市文化广电旅游局公职律师管理办法》《宁波市文化广电旅游局行政执法公示办法》。

7月

6日至15日　2020宁波市"一人一艺"暑期儿童剧公益展演在宁波剧院举办，《神秘的牛奶瓶》《渡江侦察记》2部儿童剧共上演32场，惠及3000余名中小学生。

15日至16日　浙江省文化和旅游厅赴宁波开展建设"重要窗口"背景下旅游业高质量发展专项调研，宁波市文化广电旅游局进行主题汇报。

22日　国际图书馆协会联合会（IFLA）公布2020年图书馆营销奖获奖名单，宁波图书馆"天一约书"项目凭借原创性和创新性脱颖而出，被评为10个最富创意的项目之一。这也是宁波图书馆获得的第一个有影响力的国际奖项。

同日　向市纪委报送关于"三交底"廉政谈话整改落实情况的报告。

29日　召开宁波市文保点澄怀学堂修缮工程设计方案重要内容变更方案评审会。

8月

1日　"决胜小康，奋斗有我；共享小康，幸福有我"——宁波市送文化进农村文化礼堂巡演在周公宅村启动。

12日　启动舞剧《花木兰》全国巡演，先后巡演至广州、江门、海南、珠海、上海、成都、厦门、苏州、北京、青岛、张家港等11个城市，并二度进入国家大剧院，21场演出场场爆满，一票难求。在充分展示宁波舞台艺术精品的同时，也大力助推了全国演艺市场的复苏步伐。

13日至14日　宁波市乡村全域旅欧示范区建设工作现场会在象山县墙头镇召开。宁波市文化广电旅游局、浙江大学宁波理工学院工商管理系、宁波全域旅游发展研究院相关负责人，和各县（市、区）文旅局分管局长、23家单位党政主要领导、分管领导等70人参加会议。

22日　"慈城之夜——2020宁波消夏音乐会"在慈城古县城上演，2000多名乐迷观看。

25日　赴上海组织举办"顺着运河来看海"2020宁波文旅长三角推广季启动仪式，发布针对长三角市场的"9941"政策。

是月　会同市委改革办联合印发全市旅游景区、公共图书馆服务大提升行动方案。

是月　制定印发《关于公布2020年度重大行政决策事项录清单的通知》

9月

7日　甬剧艺术博物馆内举行了沉浸式"乡音雅集"专场演出，上演了宁波地方剧种甬剧、姚剧、宁海平调等。

16日至17日　第七届全国省、自治区、直辖市、副省级城市文化（群艺）馆馆长联席会暨中国文化馆协会二届一次常务理事会在宁波召开。此次活动由文化和旅游部全国公共文化发展中心主办、中国文化馆协会和宁波市文化广电旅游局支持、宁波市文化馆承办。全国副省级以上文化馆馆长、文化馆发展研究院学术委员、协会常务理事和各专业委员会相关负责人共150人与会。

19日至20日　宁波市第十三届音乐舞蹈节在镇海大剧院正式落下帷幕。本届音乐舞蹈节期间，共有来自10个县（市、区）及1个单独组队单位的41个原创音乐舞蹈节目上演。

21日　根据甬国资函〔2020〕33号文件，同意将宁波市文化广电旅游局持有的宁波市电影集团有限责任公司100%股权无偿划转至宁波市文化旅游投资集团有限公司。

22日　宁波市天一阁博物院1人入选2020年浙江省"新鼎计划"优秀青年文博人才培养对象。

同日　联手东方航空浙江公司共同举办"2020顺着运河来看海　跟着东航游浙江——京津冀万人游浙东南"旅游推介会，组织参加浙东南（西安、成都）旅游推广活动，拓展远程客源市场。

23日　青年指挥家俞潞执棒宁波交响乐团，在上海东方艺术中心奏响了"贝多芬·命运与希望"交响音乐会，上演了贝多芬《第二交响曲》和《第五交响曲》。

同日　根据市属从事生产经营活动事业单位改革工作要求，原宁波剧院12名在职人员分流挂靠到宁波市甬剧研究传习中心。

25日 2020海丝之路（中国·宁波）文化和旅游博览会启幕。博览会吸引了100多家全国旅行社和长三角重点旅行商，宁波都市圈、杭州都市圈、金丽温衢联合体城市全面推介文旅资源及优质旅游产品，发布优惠旅游政策，央视《朝闻天下》《中国新闻》等栏目给予报道。

28日 公布全市文化广电旅游行政审批案卷评查结果。其中，"宁波鄞州林林芭陆文化传播有限公司申请歌舞娱乐场所设立审批"等10份案卷被评为2020年度宁波市"十佳"文化广电旅游行政许可案卷。

是月 推出海丝宁波"世界名城云上巡展"。锁定保加利亚索非亚、英国伦敦、美国纽约、韩国首尔、日本东京等大都市，以活动、攻略、线上直播等不同形式开展"云营销"，在"一带一路"名城大力推广宁波。巡展活动海外直播观看量破27万人次，覆盖海外受众超过95万人次。

是月至10月 举办2020宁波旅游节，共设计安排10项主体活动，分为"产品提升、惠民利民、市场拓展"三大板块。活动期间，吸引了全国24个省市高校代表、游学联盟企业代表，长三角百名旅行商，还有国内外千万游客到宁波。其中，"市民旅游日"当天，59家惠民景区（点）共接待游客9.3万人次，累计优惠额度达416.05万元，游客量达到去年同期的80%，收到了良好成效。

10月

1日 宁波市演艺集团在国庆中秋长假期间特别推出18场沉浸式表演，连续8天在江北老外滩、三联书店、鄞州万达广场、北仑富邦城、宁波博物馆及月湖大方岳第6地分别开展了甬剧、儿童剧、越剧、舞剧等多种形式的表演。

12日 正式开通两山旅游专线。联合春秋航空组织来自西安、郑州、银川等20多个城市分社负责人到两山踩线，推出一批"机＋酒""机＋景"等自由行产品，创新两山营销模式。

13日 组织宁波文旅（四川）推广活动，展示宁波特色"四海四韵"文旅资源和自由行产品，其中，与东方航空公司联合推出的"随心飞"自由行产品，让利金额达到500万元。

15日 宁波交响乐团受邀参加第二届中央音乐学院·延安"10·15"艺术节，歌剧《呦呦鹿鸣》在本届艺术节的开幕式上演。

20日至21日 26名甬剧第九代传人经过4年培养正式登台亮相，在天然舞台上演毕业大戏《半把剪刀》《天要落雨娘要嫁》。

22日 由宁波市文化广电旅游局主办，宁波市民宿经济促进会承办的"相邻相亲，乡约吾宿"宁波民宿（苏州）推介活动在苏州吴宫泛太平洋大酒店举办。会上，宁波市文化广电旅游局与凤凰网宁波、宁波市民宿经济促进会与苏州市旅游创新研究会、象山县民宿经济促进会与吴中太湖民宿联盟分别签订了战略合作框架协议，为今后两地在旅游、民宿等方面的全方位合作奠定了坚实基础。

23日 宁波市文化遗产管理研究院王结华入选2020年度文化和旅游部优秀专家。

26日至29日 宁波市文化馆执行承办浙江省第11届音舞节音乐类决赛。歌曲《守望》荣获浙江省第11届音乐舞蹈节兰花金奖。

27日 由文化和旅游部港澳台办公室指导，浙江省文化和旅游厅、港澳青少年内地游学联盟主办的内地游学联盟大会在宁波举行。大会期间，联盟发布了15个游学产品，其中，"宁波寻根文化之旅——打造同根同源文化"入选。此外，还举办了"诗画浙江·宁波"文化旅游推介活动及宁波游学资源线路考察等活动；推出"甬菜百碗·天一夜宴"品鉴会。

27日 文化和旅游部公布全国文化和旅游系统2019年度优秀调研成果，宁波市文化广电旅游局局长王程领衔主持、市执法队承担并完成的"文化市场综合执法运行机制研究——以宁波市文化市场综合执法实践探索为例"的调研课题获"全国二十佳调研报告"。

30日 聂文华、黄雍入选文化和旅游部2020年度乡村文化和旅游能人支持项目。

10月 组织市本级及10个县（市、区）梳理申报全省文化和旅游系统全面深化改革优秀典型案例并全部入选优秀典型案例集。

11月

5日 浙江省第十一届音乐舞蹈节暨2020"新松计划"全省青年演奏员大赛颁奖盛典在宁波圆满落幕，宁波市演艺集团获得了2金、1银、5铜、2优秀的优异成绩。

18日 第五届浙江戏剧

奖·金桂表演奖颁奖典礼在浙江小百花越剧场举行。宁波市甬剧团优秀青年演员苏醒榜上有名，这是宁波市甬剧团史上首次获此殊荣。

同日　宁波市演艺集团艺术创新团队入选2020年"浙江省文化和旅游创新团队"，屠靖南入选2020年"浙江省文化和旅游厅优秀专家"。

23日　和浙江省旅游民宿产业联合会主办的"我和我的民宿"首届全国民宿主人大会在宁波召开。中国城镇化促进会副主席、中国城镇化促进会民宿专委会会长王志发，浙江省文化和旅游厅党组成员、副厅长杨建武等领导和嘉宾出席大会并发表讲话。来自全国30个省（区、市）的100余名民宿主人代表参会，分享主人故事，共话民宿发展。

24日至26日　2020年度全省文化和旅游法律法规知识竞赛活动中，宁波市取得团体总分全省第一的好成绩，同时还荣获执法文书制作一等奖、网上业务知识考试二等奖和现场抢答决赛二等奖。

27日至29日　举办宁波"一人一艺"全民艺术普及5周年系列活动，推出了"一人一艺"全民艺术普及5周年展演、"一人一艺"全民艺术普及五周年展览、"一人一艺"全民艺术普及5周年天然大舞台等活动。

28日　文化蓝皮书——《宁波"一人一艺"全民艺术普及发展报告（2020）》正式发布，为全国开展全民艺术普及、探索现代公共文化服务体系建设和实践公共文化服务保障法提供更多可以借鉴的经验。

12月

3日　宁波市第三届"十佳以案释法典型案例"举行颁奖典礼。经市直各单位推荐、审核初选、公众投票、评委会评审，市文化市场综合行政执法队圆满处理疫情旅游投诉案被评为"十佳以案释法典型案例"。

5日　在第十三届中国会议产业大会上，宁波市荣获2020会奖之星"中国最具特色会奖目的地"。

7日　3人入选浙江省2020年度旅游拔尖人才培育资助名单，分别入选浙江省"金牌"导游、浙江省乡村旅游带头人、浙江省旅游管理精英人才。

8日至9日　2020全国少儿阅读峰会在成都召开，峰会期间举行"图书馆报2020年度影响力绘本馆"颁奖典礼，宁波图书馆永丰馆等25家单位获此荣誉。

9日　中共宁波市机构编制委员会办公室批准宁波市甬剧研究传习中心增加"协助做好宁波剧院和民乐剧场的日常管理服务工作"职责；核定宁波图书馆党组织专职书记职数1名；核减宁波市文化旅游研究院用于安置原宁波市艺术剧院转制人员的事业编制7名，调整后宁波市文化旅游研究院用于安置原宁波市艺术剧院转制人员的事业编制为165名。

同日　参加全省市级文化和旅游系统改革工作座谈会，在大会上交流宁波市"一人一艺"全民艺术普及典型案例。

19日　2021宁波新年合唱音乐会在宁波大剧院举行。

21日至25日　在中共湖州市委党校举办全市文化广电旅游

系统领导干部能力素质提升研修班，市文化广电旅游局机关干部，县（市、区）文化和广电旅游体育局、广播电视台（中心）领导班子成员，局属单位领导班子成员、中层干部共计80人参训。

31日　由中国宝武出品，宁波市演艺集团制作演出的大型现实主义话剧《铸梦》在中共宝山区委党校会议中心首演。

同日　中央音乐学院院长、宁波交响乐团艺术指导兼首席指挥俞峰执棒宁波交响乐团在宁波文化广场大剧院奏响了线上"2021宁波市新年音乐会"。

是月　组织编印《文化广电旅游法规汇编》，下发至各县（市、区）和相关单位。

（董艳琳）

宁波市县（市、区）文化和旅游工作概况

【海曙区文化和广电旅游体育局】内设职能科室6个，下属单位7个。2020年末人员69人（其中：公务员11人，参公21人，事业37人；具有高级技术职务资格的4人，中级11人）。

2020年是"十三五"规划收官之年、"十四五"规划布局之年，同时也是受疫情影响的特殊之年，海曙区文化和广电旅游体育局深入学习领会习近平总书记考察浙江重要讲话精神，落实疫情防控，深化文旅融合，谋划发展亮点，打造特色品牌，在宁波当好建设"重要窗口"模范生的进程中争当排头兵。一是狠抓疫情防控。深化场所闭环管控。疫情发生后，全面关停辖区文化旅游场所313家，累计取消文化旅游体育

活动85场。建立防控动态日报制度。深化小周期滚动排查。落实常态化防控机制，加强五一、国庆假期行业排查，按照"限量、预约、错峰"要求，牢牢控住风险源。发挥优势主动履责。配合区政府引导旅游饭店做好疫情隔离人员接待工作，协调确定12家饭店作为隔离保障饭店。稳妥处理春秋旅行社宁波分社曼谷涉武汉7日游团队游客分流处置、青岛赴舟山旅游团密切接触人员排查等突发事件。做好驰援基层工作。打造防疫文艺精品，创作原创歌曲《只盼你凯旋》《守门的我们》等战"疫"作品，被"学习强国"、凤凰网等多家媒体报道。复工复产共渡难关。简化复工流程，落实"负面清单＋备案"制，分类制定文化旅游企业《恢复开放通知》和《复工营业工作指南》，3月14日起逐步推进文化和旅游企业有序复工。成立企业复工领导小组，持续做好行业防控。二是深化融合发展。打造融合地标。强化宁波府城隍庙、海曙区非物质文化遗产馆两大IP叠加效应，完成宁波府城隍庙展陈工作，建成并开放海曙区非遗馆。打造"文化旅游网红打卡地"，区第一家由文物保护建筑改建的城市书房"岭·读"城市书房开馆，打造区级文物保护单位活化利用、文化和旅游融合示范品牌。打造旅游体育融合休闲地标，指导伴山伴水度假村推出星空露营、素质拓展等特色项目，申报体育旅游精品景区。打磨融合品牌。打磨"美好生活"品牌，借力全国非遗曲艺周，开展海曙区第二届"美好生活节"，文化和旅游部非物质文化遗产司副司长钟建波等领导出席开幕式，

非遗市集累计吸引客流180万人次。强化"书香酒店"品牌建设，在全区推广2019年"书香酒店"创建经验，启动6家"书香酒店"创建工作，举办"文化之旅书香酒店朗读赛"等特色活动，打造文旅融合新样本。设计融合线路。强化文旅体融合特色线路设计，将自然风光、红色阵地、非遗民俗等海曙旅游资源"串珠成链"，设计推出文旅融合精品旅游线路近90条。启动海曙乡村旅游季，推出10条2020海曙区精品线路。设计推出海曙游学十大精品研学线路，展现海曙特色文旅资源，并在"港澳文化旅游融合青少年游学推广活动暨内地游学联盟大会"上开展专场推介。加强6条登山（健身）步道建设，串联步道沿途文化古迹、景区景点等文化旅游资源，拉动沿线文旅体消费。三是提振文旅经济。受新冠肺炎疫情影响，海曙区文化旅游行业受到较大影响，经济数据收窄明显，前3季度全区接待游客1090.07万人次，同比下降17.75%；实现旅游总收入143.68亿元，同比下降22.70%。随着国内疫情防控进入常态化，积极盘活旅游资源，深化惠企帮扶，全区文旅产业呈整体回暖态势，截至9月底，全区旅游总收入、游客接待量、星级饭店客房收入较半年度降幅均有较大缩小。纾困帮扶，共克时艰保稳定。实施《海曙区关于进一步加大旅游业扶持力度的意见》等一系列文化旅游惠企政策，安排奖励资金上限200万元扶持旅游业；推动旅行社质量保证金暂退工作，退回80%旅游质量保证金1800万元。加快推进文化旅游产业兑

现，面向133家文旅企业共计兑付1078.38万元政策资金；强化金融帮扶，帮助海曙区文化旅游企业取得1.55亿元政策性贷款和19.91万利息补助。做好涉疫情旅游退团退款相关工作，引导旅行社创新"退改签"产品，推行"巡回法庭"调解旅游纠纷，在全市率先做到旅游退团退款任务和旅游信访投诉"双清零"；实施《海曙区旅行社（分社）受疫情影响退团退订工作奖励资金实施办法》，下达宁波市、区两级财政奖励资金450万元。激活文旅市场活力促消费。强化政策激励，促进旅游住宿业恢复，推进文旅市场多元化发展。用好宁波文旅消费券，累计核销近190万元；推介辖区旅游企业共享4000万元工会疗休养"蛋糕"，旅游住宿业营业额指标恢复进度不断推进。打造"月光经济"新场景，引导1844和义艺术生活中心等商圈开放夜市促进消费。推进乡村旅游复苏，设计特色项目提振消费。项目落地拉动发展谋突破。强化重大文旅项目招引，上海春秋旅行社宁波分社全市首家旅游旗舰店落户月湖金汇小镇，开启宁波首条北疆航线宁波—兰州—克拉玛依航线，同时引进浙江春秋国际旅行社，增强海曙区旅游出境能力；国际一线五星级酒店品牌朗廷康得思酒店落户海曙区；鄞江镇晴江岸"田旅综合体"项目启动；推进总投资约5亿元的康养杖锡共享新乡村项目，打造共享型新乡村休闲康养综合体。四是做强公共文化。拓展文化阵地。敢为人先创新特色公共文化空间，建成"岭·读"城市书房，首家共建性质地方文献馆、首家社区数字阅

读书房、首家村镇数字阅读体验馆等相继开业，已打造阅读书房85个、社区阅览室64个、城市书房5家、24小时自助图书馆4个，海曙区公共文化设施总面积达到48万平方米，村落30分钟文化圈和社区15分钟文化圈基本形成。开展惠民活动。持续举办海曙区"百川工程""天然舞台"等文化惠民活动，开展"海曙区阅读嘉年华"等特色活动约1600场，送演出下乡约170场、阅读推广活动约630场，受惠群众30万余人次，图书馆流通110万余人次。开展"一人一艺·百姓文化课堂"公益艺术普及课程34个，受惠24480人次；疫情期间推出"一人一艺全民艺术普及'百姓讲坛'"云课程，点击播放量5万余次。打造阅读品牌。区图书馆打造"小鲁班""小牛顿"等"小"字号亲子阅读品牌，获评2020年全国第二批家庭亲子阅读体验基地。推出"读者点单再配送"图书调拨品牌惠民服务，已开展图书配送105000册次，吸引潜在读者27600多人次。深化便民服务，集士港镇文体中心设置农村首台"天一约书"信用借阅柜，海曙区图书馆与市新华书店协作开展"海图闪借"服务，打通全民"悦"读"最后一公里"。创新文艺精品。针对全面建成小康社会、建党100周年等时间节点，打造体现时代特征、彰显城市精神的文艺精品力作，海曙区文化馆百姓艺术团获评全市唯一一个五星级艺术团，海曙区文化馆天一丝竹社获评三星级文艺团队。在宁波市第十三届音乐舞蹈节中获得团体总分第一，女声表演唱《伴山伴水伴着你》、群舞《弄潮儿》荣获金

奖。建设文化平台。搭建"海书馆""海曙App书香板块"等数字阅读平台，创建"海听馆"等网络阅读品牌。强化"一人一艺"社会招募，新增成员机构4家，召开"一人一艺"全民艺术普及社会联盟现场签约仪式，乡镇（街道）现场购买73个课程、1091课时的服务。完成"云点单"业余文艺团队视频拍摄，利用"互联网＋"大数据平台，供乡镇街道进行点单式采购。五是加强文博活态传承。夯实非遗传承基础。启动浙江省中医药文化传承生态保护区创建、宁波市中医药特色街区打造。强化非遗载体建设，在宁波府城隍庙设立中医药非遗展示专区。做好市级非遗项目"陆氏伤科"代表性传承人抢救性记录拍摄，完成四明南词国家级传承人抢救性记录整理工作。特色展示扩大影响。参加"甬上风华"2020中国宁波非遗精品节目展演，四明南词、跑马灯等精品非遗项目亮相；参加第七届宁波"阿拉非遗汇"，配合完成全国曲艺周城隍庙"非遗薪传"师徒展示活动，组织4个传统技艺类项目进行展示。强化非遗智慧展示，全国文旅系统文艺骨干培训班期间，海曙区非遗馆借助"5G＋VR"技术展示海曙区非遗，实行全景直播现场教学。举办革命文物红色教育、文保研学之旅等活动，与宁海、象山等地文化部门联合开展纪念张苍水诞辰400周年史迹寻踪活动，传承民族精神。文物保护有序推进。根据2019年度浙江省文博事业发展水平评估报告，海曙区位列全省第五，首次跻身前十强。做好文物保护基础工作，完成600多处不可移动文物登录

点田野调查工作，形成田野文物3级联动巡防体系，全省率先应用"文物保险＋动态监测"模式。做好文物修缮工作，完成长春门文化公园一期地块3个市级文保点等的修缮工程。做好文物安全检查，配合浙江省文物局对全国重点文物保护单位林宅进行文物安全督查。六是实现旅游全面提升。强化标准建设。积极创建浙江省4A级景区城，指导创建A级景区村庄18个，其中3A级景区村庄7个；提升景区基础设施建设和管理品质，新改建旅游厕所20座，指导梁祝文化园做好游客服务中心改造提升工作。指导做好A级景区、星级饭店、等级民宿和星级旅行社等申评工作。强化营销推广。旅游节庆激活市场，开展"乡约宁波·春满海曙"海曙区乡村旅游季活动，发布海曙区十大精品线路和龙观乡全域旅游产品；举办竹农下山文旅节、梁祝文化节等节庆活动。主题营销强化推介，组织企业参加"2020海丝之路（中国宁波）文化旅游博览会""2020宁波旅游节'市民旅游日'"，开展"跟着春秋游宁波·自由行产品采购上线仪式暨宁波海曙文旅对洽会"、"互联网＋"带货有力活动，借助抖音、快手等平台开展营销，农旅带货激活美丽经济。强化多元合作。以海曙区与上海长宁区签署合作框架协议为契机，在文旅产业布局、市场交流互动、龙头企业引进等方面深度合作。强化校企合作，与浙江工商职业技术学院举办战略合作启动仪式，围绕全域旅游创建、高等级景区创建、旅游品质提升等开展深度合作，增强海曙旅游发展后劲。七是优化文旅市场管

理。强化安全管理。建立安全生产责任机制，与307家文旅企业签订安全生产责任书，部署安全生产消防演练任务；落实安全生产巡查，每月定期开展安全生产大检查。强化文旅全行业演练，提升行业人员消防实操和应急处置能力，文旅体融合演练规模为全市之最，打造文旅体全行业消防安全比武大赛品牌。深化市场检查。做好专项整治，开展校园周边文化市场环境整治、文化市场"僵尸企业"清理、网吧禁烟等专项整治活动，出动检查3094人次，检查文旅等各类经营单位3700余家次，维护文旅市场经营秩序。强化重点检查，加强对五龙潭玻璃栈道、大竹海滑道等安全运营项目管理，开展青云峡漂流安全生产检查、文保建筑安全巡查、涉森林景区违法用火专项检查，切实排除安全隐患。落实文明创建。建立文明创建常态化检查机制，开展文明城市创建专项整治。开展网吧禁烟专项整治，与全区95家网吧签订《网吧常态化禁烟承诺书》，强化禁烟公益宣传。做好文明旅游宣传推广，举办"5·19中国旅游日"文明旅游宣传活动，发放文明旅游宣传折页60000份。推动星级饭店购置公筷公勺，制作3500份公筷公勺桌牌和600份文明餐桌牌，全面发起"倡导文明用餐、制止餐饮浪费"倡议，落实"舌尖上的文明"。文明城市省测和国测期间，海曙区宁波大酒店、嘉和大酒店承担全市宾馆饭店点位实地检查，完成文明城市省测和国测任务。

（林愉淳）

【江北区文化广电旅游局】 内设职能科室6个，下属单位6个。2020年末人员54人（其中：公务员8人，参公22人，机关工勤1人，事业23人；具有高级技术职务资格的1人，中级3人）。

2020年是高水平全面建成小康社会和"十三五"规划收官之年；是促进文化和旅游高质量融合发展、为开启现代化建设打好基础的关键之年。江北区文化广电旅游局以习近平新时代中国特色社会主义思想为指导，全面学习贯彻落实党的十九届四中全会精神，坚持"以文塑旅、以旅彰文"，紧紧围绕区委、区政府中心工作，以高质量发展为目标，以文化旅游融合为主线，以改革创新为动力，提供优质文化旅游产品和服务，守住政治安全和生产安全底线，着力推进江北区文化建设和旅游发展再上新台阶。一是坚持疫情防控和复工复产两手齐抓，有序复苏回暖效果明显。有序关停文化旅游企业。在严格各项防控要求的基础上，进一步落实属地管理和企业防控责任，辖区内文化旅游企业有序关停，维持稳定，共关停景区9家，星花级酒店14家，精品民宿10家，网吧43家，游艺娱乐场所3家，歌舞娱乐场所12家。指导企业"防控"措施。制定《江北区文化和旅游行业复工复产期间疫情防控和安全生产指南》，确保文化旅游企业疫情防控机制、员工排查管理、内部防控管理、防控设施物资、安全生产防范、员工岗前教育六到位，为复工复产企业提供宣传服务200余次、口罩25000个、红外线测温仪200只。集中破解难点重点。针对受损严重的旅行社，

建立部门联席和集中办公工作机制，通过开展一对一上门服务、成立工作专班等方式，全力以赴加速涉疫旅游投诉办理及退团退费工作，共受理各类旅游投诉105起，为游客挽回损失31.29万元，满意度达100%；完成退团总人数39024人，其中出境游退团人数7694人，国内游退团人数31330人，退订完成率达100%，退订金额达4227.15万元，退团退费工作进度位列宁波市第一。精准疏通复产堵点。作为江北区首个创新实行预拨付措施单位，联合区财政局，对2020年的文化旅游行业政策兑现实行预拨付制度，兑现下达预拨付资金300多万元。抓好对文化旅游企业的金融扶持工作，帮扶相关文化旅游企业融资新增贷款近1.5亿元，并落实新增贷款贴息补助申报工作，兑现补助资金24万元。联系金融企业加强信贷支持，提前兑现宁波市旅游局专业支付资金186.99万元，江北区休闲旅游业发展专项资金124.5万元和江北区第一批助推文化旅游行业疫后重振专项资金6.1296万元。做好隔离酒店保障。对接江北区疾控中心，制定疫情防控指南，指导江北区隔离酒店接收隔离人员4300多人次，为隔离酒店做好后勤保障，其中隔离酒店工作组还被列入江北区第三批战"疫"先锋团队。拉动文化旅游消费动力。联合中国银联宁波分公司、江北区内九大商圈、星花级饭店、旅游景区等300多家商户开展"消费在江北、免费游景区"专项活动，发放总价值近2000万元的景区套票，配合浙江省文化和旅游厅做好"千万红包游浙江"活动，在

"浙里好玩"文旅公共服务平台推出价值近 700 万元的江北旅游消费券，额度位列各县（市、区）前列。配合宁波市文化广电旅游局、宁波市商务局在银联、支付宝、甬派等平台推出各种旅游消费券。与美团合作推出 99 元游江北景区电子券。二是坚持理论研究和实践探索有机结合，文化旅游融合发展趋势向好。做好文化旅游融合相关专项规划，成功创建浙江省第二批全域旅游示范区，为宁波市唯一入选的县（市、区）。按照文化旅游融合要求，启动修改《关于加快江北区文化和旅游产业发展的若干意见》；完成《江北区"十四五"文化和旅游发展规划》立项并启动编制；完成江北区标识导览系统制作安装；对接浙江省茗苑旅游规划院和宁波市规划设计研究院 2 家规划编制单位，进一步抓实抓好《江北区全域旅游发展总体规划》及《江北区农旅融合发展专项规划》项目落地；完成省级全域旅游示范区暗访验收，会同区人大常委会开展"以慈城古县城保护开发为龙头，推进乡村全域旅游发展"调研，召开专题询问工作座谈会，邀请各界专家共同谋划江北乡村全域旅游发展；指导阿狸田野农场编制完善 3A 景区创建专项规划，批复《慈城镇全域旅游发展规划》。发挥慈城古县城核心带动作用，打响慈城古县城文化旅游品牌。全面对接浙江省"千年古城复兴行动"，对标国家 5A 级旅游景区创建，开展古县衙、孔庙、校士馆三大核心景点的人文主题提升，举办系列演艺活动；完成孔庙、古县衙、校士馆等 8 个重点历史文化景点建设，建成开放太阳殿路、

太湖路、民权路等历史文化街区，招引了一批文创设计、住宿餐饮、非遗手作等文化旅游、度假、休闲业态。重点配合做好"古城复兴在浙出发"研讨会接待工作，邀请国内外资深专家学者，探索慈城人文资源转化为文化产业的有效路径。三是坚持以标准化均等化促进质量提升，文化旅游公共服务建设加快。全面排摸江北区公共文化服务体系建设现状。深入剖析公共文化存在的短板问题，主动对接江北区人大，将公共文化服务"一法一条例"执法检查列为人大议题，健全公共文化服务体系，推进公共文化服务标准化、均等化建设。完成江北区 2019 年度基层公共文化服务评估工作。积极培育、指导庄桥街道"樟香文化"建设工作申报宁波市第五批公共文化示范项目。抓好文艺作品创排。创排两个舞蹈作品和两个音乐作品参加省、市音舞节，其中大型成人群舞《呦呦青蒿情》、男生表演唱《中华老字号》均获银奖。全力提升《家有喜事》作品质量，备战浙江省新农村建设题材会演。策划承办江北区"融合·合力"——浙江省"三个地"主题视觉艺术邀请展。开展各类线上线下阅读活动 50 余场，开通电子书免费阅读，活动参与超过 9000 人次，完成送书下乡 13000 余册，把江北区图书馆阅读品牌"北岸童读"专柜植入各基层网点，为低龄段儿童做好书籍配送与阅读推广，将品牌的根基延伸至基层，促进公共资源全域流通。四是坚持项目引领和品牌打造齐头并进，文化旅游产品供给不断丰富。加大宣传推广力度。以宁波栎社国际机场三期投入使用为

契机，在宁波机场 T2 航站楼投放以慈城"千年历史千年美"为主题的机场广告。新媒体平台官方账号运营效果显著，拥有粉丝近 7 万人，共发布推文 200 余篇，开展线上线下活动 20 余场，在宁波市文化旅游管理部门微信公众号月排名中名列前茅。打造江北特色品牌。推出"点亮江北"系列宣传推广活动，与辖区的老外滩、达人村、火车来斯等合作，以灯光、音乐、魔术等新颖的方式，点亮江北的街区和景点。与宁波广电集团合作，在宁波经济广播、宁波交通广播等平台推出"童画江北"暑期亲子旅游专题品牌推广活动。建设江北特色项目。完成乡村振兴毛岙示范点提升改造 10 余个项目，加快乡村文化旅游产业振兴。开展江北特色活动。开展江北赏花、踏青、采摘等各类节事活动，重点开展达人谷赏樱花、慈城杨陈和甬江北郊赏油菜花、姚江农业公园踏青等活动。开展"百县千碗"相关活动。动员景区参加首届"这宿好礼"乡村民宿伴手礼大赛，其中慈城美学民宿的慈城年糕获综合奖，归心园"古渡人家感恩有爱"获故事奖。五是坚持抓保护和抓传承并举，文化遗产保护亮点纷呈。抓好文化遗产保护与利用工作。坚持把隐患排查放在首位，日常巡查与整改同步，市、区联合检查 2 次，江北区消防公安联合检查 1 次，日常安全检查 26 次，共涉及 137 处文物保护单位（点），下发整改通知书 67 处，同时为 87 处居民类文保点配备 400 个灭火器。加强文物保护基础性工作，完成朱贵祠保养维护方案市级审核；完成抱珠楼装修方案专家会审；完成慈城

古建筑群保护规划编制文本意见征询及修改工作;完成大运河周边遗产保护及维修工作。开展"守护文化遗存,构建和谐社会"2020江北区文化遗产日活动,协助办好"古城复兴,在浙出发"相关活动。抓好非遗保护传承工作。组织开展第六批区级非遗名录项目和代表性传承人的评定工作,新增3个名录项目和4家传承基地、4个代表性传承人。组织非遗保护单位参加浙江省第二批优秀非遗旅游商品评选、浙江省2020年"薪传奖"传统工艺大展、"浙江省非遗健康养生购"线上推广活动等。完成骨木镶嵌"薪火计划"中青年传承人群培养考核验收工作。组织发动江北区非遗代表性传承人开展疫情防控主题作品创作和物品捐赠。木雕作品"钟南山院士"、骨木镶嵌作品"中国!加油!"分别荣获省"安吉杯"疫情防控主题非遗作品优秀奖和入围奖;玉成窑紫砂、冯恒大年糕、万木春泥金彩漆等传承基地捐赠相关非遗作品驰援抗疫工作。六是坚持抓规范和抓安全高度重视,文化旅游市场监管更加有力。开展节前文化市场安全生产大检查、"2020护苗行动"、网络文化经营单位专项排查整治等相关专项行动。推进"互联网+监管"执法监督工作。应用"浙政钉"行政执法监管平台,进一步完善日常行政检查工作机制,不断完善企业信用体系建设,做到监管事项全覆盖,共计开展"双随机"执法检查26次、跨部门"双随机"执法检查3次,联合执法检查20余次,检查文物21家、文化场所136家。做好品质提升工作。做好文明城市测评、未成年人精神文明测评及文明城市提升专项工作。推动"最多跑一次"改革提速,推行"窗口人员走出来、审批之前看起来、不熟业务学起来""三来服务"活动。完成优途旅行社四星级旅行社创建,指导开元曼居酒店、绿地康养酒店、绿地铂骊酒店开展四花级酒店创建,指导开元美途酒店做好四星级饭店创建。

(李若瞳)

【镇海区文化和广电旅游体育局】内设职能科室5个,区文化市场综合行政执法队与局机关"局队合一",下设3个执法中队,下属事业单位7个。2020年末人员78人(其中:公务员9人,参公含机关工人1人共15人,事业54人;具有高级技术职务资格的5人,中级17人)。

2020年,镇海区文化和广电旅游体育局紧紧围绕上级决策部署,锚定展现"重要窗口"模范生,有为担当这一目标,抓住融合发展这个关键,统筹把握疫情防控和文化旅游事业产业高质量发展两大任务,紧扣优化公共服务供给、提振产业发展动能、增强市场治理效能、加强人才队伍建设四大中心环节,扎实推进年度各项重点目标任务,镇海区文化旅游工作取得新成绩。一是聚焦精准有效,文化事业得到新发展。文化抗疫凝聚人心。紧扣疫情防控主题,创作一批振奋人心的文艺作品。策划"共战'疫'·镇行动"抖音视频征集活动,收到各类文艺视频445个,点击量100.7万余次;创作《我们携手同行》《战疫路上》《四小抗喊你来"战"疫》等原创歌曲,被"学习强国"等主流媒体平台广泛传播。创新线上服务,推出"镇图展览宅家看""'四小抗'和你抗疫情",线上"雄镇展厅"等"云栏目"。"一人一艺"全面覆盖。参与浙江省新农村建设题材小戏会演,甬剧小戏《情》获金奖;承办市第十三届音乐舞蹈节,获3银1铜。精心组织品牌活动,举办"雄镇大舞台·我们秀出来"镇海区优秀原创节目展赛、镇海区第七届市民文化节。擦亮"艺韵追梦"品牌,深入基层巡演,线下参与群众5000余人次,线上观看人数10余万人次。加大文化培训力度,举办公共文化队伍培训班,130名文艺骨干参训;依托"雄镇"系列品牌,开展舞全民艺术普及公益培训,覆盖群众5000人次。"书香镇海"建设深入推进。精心策划主题活动,世界读书日期间举办文化活动100余场,参与群众5000余人次。举办品牌阅读活动,开展镇海区第四届古诗文阅读大赛,参与近4000人次。深入推进"你选书,我买单"活动,点单1350册。拓宽"图书馆+空间",将服务延伸至酒店、展览场馆、部队等,累计配送图书4000余册。开展送书下乡,累计送书25899册。谋划推出"全民荐书"活动,全年共完成8期。持续开展"书香镇海"系列评选活动。全年新设图书室11个。二是聚焦文博保护,传统文化焕发新活力。加强文物常态保护。开展民居类文物建筑消防安全三年专项整治行动,编制完成省级文保单位包玉刚故居、叶氏义庄记录档案。做好"三普"已登录但未定级的不可移动文物预保护工作,实现"三普"登录文物"零"消失。实施《2020年度镇海区文物修缮计划》，推进《镇海口海防遗址保护规划》编制和评审工作。与68处各级文物保护单位、文物保护点的责任单位（人）签订2020年度安全责任书和消防责任书。联合多部门开展文物实地巡查检查，切实做好文物预保护工作。深化文博研究宣传。出版"浙江海防文献集成"第二辑、《镇海兵事本末》《镇海区庋藏古籍图目》，古籍数字化、历代招宝山诗词和碑文考订整理工作继续开展。挖掘海防海丝文化文史资料，《海防馆工作人员找到首部记载宁波潮汐的古文献〈海防纂要〉》《宁波故事：镇海为"海丝"起碇港再添史实》《发现百年前宁波彩版旅游地图》等研究成果被《人民日报》、新华社、"学习强国"等重要媒体刊登转载。海防馆获省博物馆免费开放最佳做法推介"最佳公众参与奖"，当选省博物馆学会纪念馆专业委员会副主任委员单位。推动非遗活态传承。筹划推进镇海区非遗馆建设工作。推进镇海区第七批非遗项目的评定公布工作。举办"情系山海间——龙游镇海非遗交流"展示活动。组织参加"全国非遗曲艺周""第七届宁波'阿拉非遗汇'"及省、市非遗购物节等。编印出版《镇海非遗留珍，镇海口抗敌故事》连环画。完成《镇海区第一批非物质文化遗产体验点》公布和省级非遗项目传承人补助发放。仿清嘉庆御制砚台盒入选第二批浙江省优秀非遗旅游商品。澥浦郑氏十七房景区获市级非遗体验基地。三是聚焦融合发展，文化产业形成新亮点。保障体系不断健全。完善产业扶持政策，制定出台《镇海区旅游业发展专

项资金管理办法》。夯实产业统计基础，推进旅游产业增加值测算，开展浙江省乡村旅游大数据统计试点工作。完善文化旅游产业名录库和重点企业名录库。旅游产业新增7家限上住宿企业和1家3A级旅游景区。扶持激励务实有效。推动企业复工复产。拨付政策性扶持资金891.3万元，发放市级文化旅游企业纾困资金34万元，文化旅游企业贷款利息补贴7.82万元，补贴区内限上住宿酒店14万元。开展镇海区文化旅游体育小微企业及个体工商户纾困资金审核补助工作。促进银企交流合作，落实贷款1230万元。组织企业参加上海（中国）体博会、宁波体博会、宁波市文化旅游博览会等。促进扩大综合消费，举办农文化旅游消费季，安排财政资金480万元，发放农文化旅游消费券7万张，实际支出经费264万元，吸引10余万市民游客，直接拉动消费2000余万元。融合程度更加深入。以文体活动助力旅游经济。推进"节庆活动、非遗文化、体育赛事"进景区，为景区带来人气、导入流量。在郑氏十七房举行"美丽乡村健身行"活动，400余人参与；举办镇海首届帐篷文化节，600余名户外运动爱好者参与。博通文创的仿清嘉庆御制砚台盒获第九届中国（浙江）工艺美术精品博览会金奖，漆陶大漆日用品获2020中国特色旅游商品大赛银奖，"四小抗"人偶手办获浙江省博物馆十佳文创产品。四是聚焦品质提升，文化旅游景区质量全面优化。项目建设全面推进。加大项目投资力度，15个项目纳入国家文化旅游项目库系统，全年

完成文化旅游项目投资32.46亿元（年度任务30亿元），其中有6个入选浙江省文化和旅游厅"四十百千"类文化旅游项目建设名录、十七房景区二期项目入选浙江省文化旅游标杆项目。推进景区提质升级，有序推进省级全域旅游示范区创建，包玉刚故居创建为国家3A级景区，至此镇海区拥有国家A级景区7家，位列宁波市前列；镇海口海防历史纪念馆通过国家3A级景区景观质量评定；招宝山街道创建浙江省级风情旅游小镇；镇海区创建3A级景区城，招宝山街道、庄市街道创建4A级景区镇，九龙湖艇酷皮艇球创建省级运动休闲旅游项目。有序推进九龙湖旅游度假区创建国家旅游精品景区，九龙湖镇创建省级运动休闲小镇和国家体育旅游目的地，走运智能健身产业园和缸鸭狗工业旅游示范点建设。旅游厕所提质升级，完成11座旅游厕所新改建、A级景区旅游厕所和新改建厕所百度定位工作。乡村旅游稳步发展。全年新增A级景区村2个，提升A级景区村3个，至此镇海区A级景区村数至22个，景区村庄创建比例稳居宁波市前列。以九龙湖澥浦组团为核心，打造浙江省乡村旅游产业聚居区。进一步规范民宿发展，全年新增6家民宿，培育等级民宿4家。组织镇海区内民宿企业参加"2020年度宁波民宿（苏州）推介会"和"2020年度中国民宿产业宁波博览会"，联合区农业农村局举办农家乐（民宿）专题培训班，进一步提升镇海区民宿经营水平。营销宣传稳步推进。策划推出"绿色乡趣游""红色海防游""蓝色海丝游""古色文

化游""金色研学游"5条彩色精品线路,开展"镇High超级目的地"旅游直通车活动。国庆期间,招宝山、九龙湖两个景区入列宁波市十大"必打卡"景区。统筹谋划节事活动,疫情期间推出"云游镇海"系列直播活动,吸引数十万网民观赏互动。宣传推广旅游美食,评选发布"镇海十大碗",3家餐饮企业获评省"百县千碗"体验店(示范店),5家企业入选市级"百县千碗"体验店(示范店)。拓宽镇海文化旅游发展空间。策划举办宁波镇海(上海)文化旅游推介会、镇海文化旅游(宁波)推介座谈会、宁波镇海(无锡滨湖)文化旅游推介会。组织旅游区内企业参加第二届大运河文化旅游博览会等10余个大型文化旅游展会和推介会。促进文化旅游交流合作,加强同普安、龙游等对口扶贫、协作地区的文化旅游资源、客源市场合作交流。五是聚焦平安创建,市场监管取得新成效。执法检查有力推进。强化疫情防控监管,开展复工复产专项检查,做好各场所"小门"管理工作。开展扫黑除恶、"扫黄打非"、网吧禁烟等专项整治,出动检查3197人次,检查2609家次,违规35家次,举报(督查)受理21件,行政处罚立案调查26件,办结案件25件,警告16家次,罚款55500元,没收非法所得134.50元,没收违法物品13538个。常态化开展行业监管单位、文化场馆、旅游景区消防安全检查,组织开展防汛防台、防溺水专项安全检查。文明创建取得实效。开展文明旅游"白手套"行动,提升公益广告品质,有效落实文创测评点位领导包干责任制,包干点位在省测、

国测中均未失分。事项审批提质增效。深化"最多跑一次"改革,梳理明确涉及本单位的22个办事事项的证明材料。推行内资投资旅行社业务许可(初审)告知承诺制审批,对符合申请条件、核心要件齐全的依申请类审批事项,实行"容缺"审批。进一步提升服务效能,实现群众办事跑零次,全年实现群众办事互联网申报率100%。"宁波福佑娱乐有限公司申请歌舞娱乐场所设立审批"获市"十佳"行政许可案卷。法治建设深入推进。成立"闪闪亮"法治宣传队伍,开展文化旅游相关法律宣传活动,联合多部门开展普法进校园活动,结合各专项整治工作进行法治宣传。打造镇海区"镇E侠"网络文化普法咨询平台,完善"三项制度"、外聘法律顾问和单位公职律师制度,充分发挥其普法宣讲、案件指导、决策咨询作用。执法工作水平再创新高。区文化市场综合行政执法工作获得宁波市考评第1名,行政处罚案卷"宁波九州荣兴文化传媒有限公司未在网页醒目位置公开《出版物经营许可证》登载的有关信息案"获2020年度宁波市文化市场综合行政处罚"优秀案卷"第1名,2名执法队员成为宁波市文化市场综合执法培训师资库第1批专业师资。六是聚焦素质过硬,人才队伍展现新作为。党的建设全面加强。加强党的政治建设。在镇海区首创"双随机、一公开"纪律检查制度,划分纪检片区,建立兼职纪检员队伍。固定廉政教育宣传月,率先开展廉政教育"八个一"活动。在镇海区率先制定党员绩效管理考核办法,将党员实绩量化公示。3名党员

获区战"疫"先进个人,"闪闪亮"党员志愿服务队入列省文化和旅游系统4月"抗疫英雄榜"。志愿团队故事入选省文化旅游厅主编的《春风化雨》书籍。干部队伍融合奋进。修订7家局属事业单位"三定"方案,完成局(队)中层干部续聘、职务职级晋升等相关工作。组织"85后"年轻干部培训班等,提升年轻干部综合素质。组织参加微型党课比赛,获省级微型党课比赛三等奖、区级微型党课比赛三等奖。参加"我在宁波学新语"主题征文活动,1篇文章被择优推荐至《宁波日报》并参与线下分享。人才队伍发展壮大。完成区级文艺名家、文化新秀、高层次人才推荐工作。搭建人才平台载体,积极引进专业、领军人才。系统排摸镇海区基层文艺团队和镇(街道)"三团三社"建设情况,重点培育乡村文艺骨干,落实人才优待政策。

(位梦蕊)

【北仑区文化和广电旅游体育局】内设职能科室5个,直属事业单位5个。2020年末人员88人(其中:机关33人,事业55人;具有高级技术职务资格的7人,中级16人)。

2020年,北仑区文化和广电旅游体育局围绕"打好危中抢机主动仗,干出一流强区新样子"目标定位,对标"重要窗口"模范生建设,积极改革创新,主动担当作为,在做好疫情常态化防控的前提下,推动文化旅游事业取得新发展。宁波中国港口博物馆获评国家4A级旅游景区,晋级国家一级博物馆。国家水下文化遗产保护宁波基地北仑工作站挂牌。

北仑区被列入第二批全国革命文物保护利用浙东片区,创建浙江省3A级景区城。新增浙江省4A级景区街道1个,3A级景区街道2个、A级景区村庄29个。"张人亚党章学堂"获评浙江省红色旅游教育基地,贝发集团获评浙江省级文化产业示范基地。宁波中国港口博物馆馆长冯毅获评浙江省"最美文旅人"提名奖。北仑区引进的"海上丝绸之路文化遗产创新性研究和传承"项目团队入选宁波市"泛3315计划"文化和教育卫生体育领域创新团队。一是抓好疫情防控和复工复产,行业企业平稳有序。严控疫情传播途径。严防期间,动员全局开展防疫巡查,累计出动600余人次,检查单位2000余家次,确保企业关停。精细服务复工复产。协调落实北仑区定点隔离酒店、复工人员酒店、核酸检测站,服务指导文化旅游企业500余家次,帮助解决防疫物资6000余件,下达纾困帮扶资金48万元,协调落实贷款3090万元,减轻企业复工压力。多措并举推动行业复苏。完善《北仑区扶持旅游产业发展实施细则》,扩大政策覆盖面,全年兑现各级旅游产业扶持资金超300万元,汇聚融合发展新动能。实施4月至5月国有景区免费开放,新推出一批乡村旅游、非遗旅游等精品线路和业态,出台《北仑职工疗休养旅行社团队专项补助办法》,组团赴外开展旅游推介7场,吸引招揽市外客源。发放惠民休闲千万大礼包,派送文化和旅游体育通用消费券6万份,派送专项文化旅游消费券7000份,带动消费超1000万元,惠及商家60余户,带动行业

复苏。二是对标"重要窗口"建设,发展势头更加强劲。顶层设计清晰明确。完成《北仑区文旅事业"十四五"发展规划》及《2020—2035文旅专项规划》《北仑区历史文化资源保护利用研究》,完成编制《北仑九峰山旅游区发展总体规划》《北仑九峰山旅游区门户景观提升概念方案》《北仑现代农业园旅游项目策划》,明确文化旅游发展思路。项目建设加速推进。在建项目13个,其中新建7个,续建6个,总投资49.4亿元,年内完成投资33.5亿元。梅山湾冰雪大世界全部竣工开放,海天文体中心主体完工。北仑区文化中心项目进入实质性阶段,海军装备园启动筹建。引进上海复星集团签订战略合作协议,首期计划投资50亿元。浙江省文化旅游项目管理培训会在北仑区举行。对标创建提升。完成北仑区文化馆国家一级馆复评;完成浙江省公共文化服务评估、浙江省文博事业发展水平评估,分别排名第五、第二十三。完成11座旅游公厕对标建设,并实现百度地图标注率100%。建设旅游市场规范化建设标准机制,做好酒店、旅行社新标准的对标工作。创建银鼎级酒店(丽筠)、银宿级民宿(松哥小院)、花级酒店(康桥小镇)、四叶级客栈(心沐兰宿)各1家。构建文化旅游市场常态化管理机制,发放文明宣传资料11000余份,行业文明水平进一步提升。三是深挖文化旅游融合亮点,品牌建设更加凸显。核心板块初露峥嵘。建成梅山湾旅游度假区游客服务中心,依托十里蓝湾等优质资源,举办"魅力北仑·蓝海开游"中国旅游日、

"海上威尼斯之夜"等活动,并通过2场直播活动,展示沙滩公园、冰雪大世界、万博鱼度假区三大景点,全年接待游客60万人次。梅山湾万博鱼度假区建设案例入编文化和旅游部《中国度假休闲旅游发展示范案例精选》。品牌地标破圈。宁波中国港口博物馆以"参与式"理念打造"海丝"主题文化旅游融合博物馆样板,相关做法获浙江省文化旅游融合奖项,并获评浙江省国际人文交流优秀单位,成为浙江省文化旅游融合排头兵。《文化旅游融合背景下的"参与式"博物馆建设》调研论文入编文化和旅游部的《文化和旅游调研》。彰显"青年北仑"文化品牌。北仑区举办第二届"青年才俊北仑行",推出"青年音乐现场""青年阅读现场"等第二届北仑青年文化节系列活动15场,并将"青年文化"品牌打造与服务临港企业青年有机结合起来,将演唱会等活动搬进厂区车间,让企业青年在"厂门口"享受时尚文化服务,活动线上关注量超200万人次。"书香北仑"阅读气息浓厚。北仑区率先在宁波市成立全民阅读指导委员会,设立10家阅读基地,让北仑区特色书吧、书屋成为"书香北仑"的名片。新增"图书馆"公共阅读空间8个,举办阅读活动120余场,全民阅读参与率进一步提升。四是提质服务强化管理,事业发展更加全面。优化场地提升公共服务。完成北仑区文化馆搬迁,完成"最多跑一次"改革延伸服务项目北仑图书馆智慧化改造,完成北仑区旅游咨询中心搬迁并与九峰山景区游客中心联合办公,实现公共文化旅游场馆服务提升。优化

服务提升审批效率。实现证照分离全覆盖,窗口进驻率、签批率100%,电子证明共享核查率90%以上。全年受理行政审批63件,接受审批咨询近500人次。优化活动提升惠民质量。创编北仑区元素文艺精品,启动"文化基因解码工程",承办浙江省"文化基因解码工程"首轮巡回调研指导、宁波市"文化基因解码工程"指导推进培训会。引进社会力量参与文化服务,打造"特色文化空间"。在做好疫情防控的前提下,举办"文化走亲"活动,举办"我们的中国梦文化进万家""艺术为人民""一人一艺"等各类文化旅游活动680余期。强化保护推动传承发展。完成北仑区非遗数据库建设,实施"浙江省级非遗穿山造跋、蛟川走书记录工程",开发梅山舞狮公筷公勺助推文明创建活动,造跋文创参加"长三角民间艺术文创产品邀请展"获优秀产品奖。完成镇远、靖远、平远、宏远炮台应急抢险加固及文物修复,出台《关于进一步加强北仑区历史资源保护的通知》,构建城乡建设中历史资源保护机制。建成钟观光纪念馆,"钟观光先生生平展"入选2020年度"弘扬中华优秀传统文化、培育社会主义核心价值观"主题展览。强化监管确保行业稳定。举办法制及安全生产培训,开展文明城市、扫黑除恶、跨境赌博、"平安北仑"等专项检查,出动执法人员1300余人次,检查场所1800余家次,处理举报及旅游投诉94单,行政处罚立案8宗,收缴罚没款20000元,收缴罚没物品3000余件,挽回游客经济损失50000余元,确保市场健康

规范。

（郑　亮）

【鄞州区文化和广电旅游体育局】内设职能科室8个,下属事业单位5个。2020年末人员131人(其中:机关48人,事业83人;具有高级技术职务资格的174人,中级40人)。

2020年,鄞州区文化和广电旅游体育局坚持以习近平新时代中国特色社会主义思想为指导,全面贯彻党的十九届四中、五中全会精神,围绕鄞州区在宁波当好浙江建设"重要窗口"模范生中当标兵、攀新高的要求,文化旅游各项工作取得了一定成绩。在公共文化服务综合评估、文博事业发展水平评估指数和非物质文化遗产保护发展指数评估中位列全省第二;入选中宣部第八届全国服务农民、服务基层文化建设先进集体名单,是宁波市唯一;获评"省级文化和旅游消费试点城市""全国市辖区旅游综合实力百强区""中国乡村振兴发展示范区""中国最具魅力文化旅游名区""中国建设最美乡村旅游示范区""中国最美文化休闲旅游名区"。一是变中谋稳。面对突如其来的新冠肺炎疫情,踩下文化旅游活动"急刹车",做好"保稳"文章。建立"八条专线、八个专班"疫情防控应急处置制度,对鄞州区文化旅游企业进行地毯式核查、点位式排摸、区块化统计。开展"技防+人防"督导,充分运用"视频监控平台"和"清网卫士"等互联网监管平台和技术,及时关停23家博物馆、2家图书馆、100家娱乐场所、111家网吧;21个镇(街道)353个村社区的180余场基

层公共文化活动全面取消,确保所辖行业人员密集型场所关停措施切实落实到位。实行最严格管控措施,加大对关停场所的明察暗访,严查明关暗开,确保全部关停叫停到位,为鄞州区实现"存量防扩散、增量防输入"做出积极贡献。打响涉疫旅游退团退订"攻坚战"。建立涉疫投诉和退团退订专班,定期与旅行社集中办公,按照"明、延、改、退、奖"5字工作方针和"政府补一点、企业担一点、个人损一点""三个一点"方案,创新引入第三方审核模式,在宁波市率先完成辖区旅行社涉疫退团退费损失奖补兑现工作,涉及旅行团3571个、游客6.24万人、团费1.54亿元。争取市、区两级财政资金为23家受损严重的旅行社共计发放629.59万元,及时高效化解社会矛盾纠纷,助力平安鄞州建设。完成鄞州区退团退费旅游纠纷215件,涉及投诉人1032人、金额653万元,在宁波市率先取得"国内游、出境游、投诉处理"100%完成和"零投诉""零上访"的优异成效,获得省、市、区相关领导和部门高度认可。把好平安建设"方向盘"。动态开展市场监管,严格落实验码、测温、戴口罩、通风换气、公筷公勺等防控手段。力争平安金鼎,助力文明城市创建,专题部署安全生产专项整治三年行动计划,节假日、安全生产月等重要节点安全排查,共出动执法检查1960人次,检查文化市场经营场所2531家次,办结文化行政处罚案件16起。制订出台宁波市首个跨部门《网吧禁烟工作计分管理实施办法》,检查场所948家次。办结行政审批类事项499件,现

场办结 30 件,网上办结 469 件,网上办结率达 94%;深入推进"扫黄打非"、扫黑除恶系列行动,开展网络文化企业、校园周边等各类专项整治行动。加强平安旅游建设,有效解决天童寺黑导游历史遗留问题。二是稳中向好。加强监测,指导复工。当好企业的"店小二",及时建立 8 个网格化企业复工指导专班,多渠道推广政策信息、解答企业疑惑,指导做好安全防疫工作。引导酒店、旅行社等企业生产自救,到各复工企业开展"三服务"活动,送上紧缺防疫物资。全省首推为期 1 个月的"旅游企业线上公益培训",15 堂"行业大咖"培训课程探讨危中寻机、变中求新的路径和渠道,首播当日即吸引 500 余人在线观看,全程覆盖 200 余家企业、3 万余名从业人员。形成《2020 年新冠肺炎疫情旅游业调研报告》《鄞州区景区有序开放工作指南》等相关调研和指导方案,对重点企业、场馆进行监测,严把防疫关口。首创住宿业"三张日报"监测法,对住宿业进行精密智控,有力推动住宿业触底反弹、强势提升。多策并举,助力复产。制订《鄞州文化旅游产业疫后振兴行动计划》、印制《鄞州区关于应对疫情支持文旅体企业共渡难关的相关惠企政策汇编》、出台《鄞州区支持文旅体企业达产提能专项资金管理办法》,用足用好各项纾困支持政策。针对疫情特殊情况,修订出台《关于进一步促进鄞州区非国有博物馆发展的意见》和《鄞州区非国有博物馆专项资金管理办法》,在补助方向上向提高办馆、办展质量倾斜。出台《鄞州区文物保护专项资金管理

办法》。在宁波市率先召开政银企对接会,帮助近 20 家文化旅游企业争取到约 8 亿元的专项贷款。举办文化旅游资源对接会,为本年度"最难"行业搭台开路,打通文化旅游行业"内循环"。扩大内需,提振复苏。围绕"六稳""六保"工作,精准把脉为企业"开方子"。联合区委组织部开展疫情防控一线医务工作者和村(社区)干部疗休养活动。联合区总工会推出"鄞州人游鄞州"疗休养精品路线。配合宁波市文化广电旅游局开展"换个星家享宁波"活动,开展旅游饭店健康生活消费季、文化旅游消费季活动。联合区商务局开展"万张消费券促回暖"活动,分期发放酒店、民宿、景区消费券。入选省级文化和旅游消费试点城市,成为宁波市唯一入选的县(市、区),推出一系列文旅体惠民消费季活动,累计发放各类文旅体消费券超 750 万元。联合"去哪儿网"开展文化和旅游惠民消费电子券发放促销活动,合聚多方势能打响"游宁波,住鄞州"的旅游宣传口号。疫情相对平稳时期,拉动举办城区、镇街各类文化和旅游节庆活动 80 余场,助推乡村游、周边游市场逐步回暖;将国庆、中秋长假作为推动文旅体消费的强劲抓手,鄞州区(不含东钱湖)长假期间共接待游客 79.22 万人次,与去年基本持平,实现旅游总收入 7.35 亿元,同比增长 22.34%。三是好中求进。"三个率先"启动。率宁波市之先启动 2020 鄞州"季"节活动。向游客发出"春之约",开幕式创新"1+5"主、分会场同步网络直播"云"模式,打造"茶香、渔香、墨香"等 7 条鄞州乡村游特色线路,

持续推出"一周一次"乡村主题节庆活动,全年共举办各类旅游节庆活动 120 余场次,吸引游客 150 余万人。率宁波市之先在沪举办首场旅游推介会。打出"文化和旅游推介+项目招商"组合拳,发放 6 万份鄞州景区对折门票,撬动 6000 万元旅游消费,并开通"上海—鄞州东钱湖旅游直通车"。率宁波市之先赴延吉市组织开展宁波千人团。中国国旅(宁波)国际旅行社有限公司与延吉文化国际旅行社签署战略合作协议。3 次"率先"共吸引全国各级新闻媒体 92 家发布 130 余篇集中报道。推动提质增效。鄞州区规上文创产业提升较快,增加值总量 118.59 亿元,增速 9%,超过市、区政府工作报告设定的预期目标,总量排名宁波市第三,增速较去年提升 5 名,位于宁波市第四;规上文特产业增加值总量 74.53 亿元,鄞州区本级增速达 18.3%,总量排名宁波市第二,增速较去年提升 12.9 个百分点,位于宁波市第五。宁波文化广场投资发展有限公司获评省级文化产业示范基地,音王电声、卡酷动画、酷乐潮玩 3 家企业获评浙江省重点文化企业,宁波国家广告产业园、集合文创园和丰创意广场获评浙江省重点文化产业园。全年实现限上住宿业营业额 17.7 亿元,增速-4.8%,比 1 月至 11 月提升 4.7 个百分点,排名宁波市第四,比半年度提升 3 名。产业发展扭负转正,7 月首次实现正增长,12 月增幅最高。新增文化和旅游产业投资 11.5 亿元,新增各类文化和旅游企业超 300 家,注册资金合计约 14 亿元,全年接待客商 20 余批次,优化营商

环境,强化市场主体。撬动服务惠民。开展全面深化改革工作,在旅游景区类、文化场馆类等重点公共场所领域进行服务大提升。"艺起来"全民艺术普及平台全年采购涵盖音乐、舞蹈、戏曲等2666次课程(其中60%面向农村文化礼堂);深入挖掘、整合鄞州区文化演艺资源,在9个镇30个村文化礼堂举办2020年"艺起来"鄞州区基层文艺团队综艺巡演60场;空中"中央课堂"创建为省级样板,推出甬剧、越剧、摄影等直播讲座,播出课程80余期,首播观看量达3000余人,单次最高观看量达4000余人,线上直播课堂累计实时观看人数总量达10万余人次,互动量达30万余人次;526公里的"鄞州千里云道"将鄞州区体育设施、旅游景区、美丽乡村等串珠成链。四是进中突破。品牌活动方兴未艾不落下。"立德树人美育启智"云端音乐课在鄞州区录制,第二次登上央视。文化馆建馆70周年系列活动圆满落幕;王应麟读书节开启"2.0时代",首秀"悦读鄞领y计划"。全新推出"鄞州晚七点"和"美育进楼宇"活动。举办鄞州正在唱——"爱我家园"全民歌会。开展两季诗词大会。执行承办鄞州·和龙2020年"喜联鄞和满目春"迎新春文艺晚会鄞州录制工作。评选鄞州区首批"诗画浙江·百县千碗·鄞州十碗"特色美食体验(示范)店、旗舰店。专题拍摄旅游短视频"带你走进鄞州和东钱湖的十二时辰——果小桃",曝光量超过160万次,并荣获浙江省"V眼看家乡·这里有点潮"创新"大V"奖、"美丽浙江"国际短视频大赛一等奖。设

计"疗休养""会奖旅游""自驾游""乡村旅游"四大主题特色旅游线路。推出"三金一嵌"和"渔棉民俗"非遗研学游线路。推出"新鄞州新发现——2016年以来鄞州区考古成果展",成为宁波(鄞州)博物馆有史以来最大规模的一次本地文化遗产展示。各类创建活动马不停蹄不止步。逐步推进省级全域旅游示范区创建步伐。横溪镇、咸祥镇创建省4A级景区镇,姜山镇创建省3A级景区镇。"席地而坐"示范景区全覆盖、16个村庄景区化创建和20个新建改建旅游厕所建设目标顺利完成;横溪镇创建第四批浙江省旅游风情小镇;千工甬式家具博物馆创建市级休闲旅游基地,雪菜博物馆、千工甬式家具博物馆、易中禾仙草园创建为市级研学基地;慈舍集合里获评浙江省金宿,"乡叙|大乐之野·勤勇小学"民宿成为宁波市五叶级特色客栈;12家企业入选"诗画浙江·百县千碗"省、市级特色美食体验店名单,入选数量宁波市最多;数字文化馆总分馆体系建设入选浙江省第四批公共文化示范项目;邱隘镇回龙村成为省文化示范村(社区);姜山镇、五乡镇通过市第四批公共文化示范区验收,咸祥镇和区图书馆王应麟读书节入选第五批宁波市公共文化示范区(项目);创作的文艺舞蹈精品《逆行》《农家书屋》等参加宁波市音舞节比赛获得1金3铜;咸祥镇创建宁波市非遗小镇;区非遗馆、金银彩绣艺术馆等8家单位创建市级非遗体验基地;千工甬式家具博物馆创建为市二星级非国有博物馆;朱金漆木雕、金银彩绣等3个项目在市非遗项目"三位一体"评

估中获示范项目,灰雕、竹编等4个项目获优秀项目;巴丽假日酒店评定为四花;万达旅行社晋级五星,新航道、扬名国际旅行社获评四星级;荣获宁波市饭店技能大赛团体二等奖,7人获得个人单项前3名,包揽礼仪操大赛前2名。项目推进紧锣密鼓不停顿。牢固树立"项目为王"理念,旅游在建项目16个,其中年内竣工项目2个,实际完成投资30.76亿元,完成年度投资计划的101.52%。新增石里花岛生态科创小镇、十方牧云小镇、天童康养小镇、天宫庄园城郊十园等超亿元文化旅游产业项目4个。凰山岙农旅小镇项目、南苑假日酒店项目建设工程进展顺利,爱珂演艺广场项目、金银彩绣艺术馆(新馆)项目相继启动。指导完成周尧昆虫博物馆新馆建设,推进吴永良美术馆项目建设。

(徐　琼)

【奉化区文化和广电旅游体育局】内设职能科室8个,下属企事业单位6个。2020年末人员105人(其中:机关14人,事业91人;具有高级技术职务资格的5人,中级6人)。

2020年,奉化区文化和广电旅游体育系统深入学习贯彻习近平总书记在浙江考察时的重要讲话精神,紧紧围绕区委"5+5"工作部署,以"后来居上、最美最好"为总目标,持续深化文化和旅游融合发展,积极打造特色业态新亮点,在推进文化和旅游各领域工作上取得了新的进展。一是围绕提升群众幸福感和获得感,着力提高公共服务覆盖面和实效性。加强群众性文化活动供给。

积极开展"一人一艺"全民艺术普及系列活动，"一人一艺"全民艺术培训53次，797课时，共计12000人次参与。奉化区图书馆作用发挥日益显现，新增图书采编到库141628册，累计达到63.7万册，文献借还559709册次，读者借还87236人次，实现奉化区人均1.2册。依托巴人读书节、凤麓讲堂等平台载体，举办阅读推广活动157场次。着力推进服务下沉工作。完备乡镇文化工作考核机制，制订完善《2020年度镇（街道）文化工作目标管理考核实施细则》，确保考核工作透明化。加大基层阅读资源配送，积极推进"乡村书吧"创建。送书进社区共4600册次。新增图书流通点7个，锦屏街道、岳林街道共23个社区实现通借通还。开展镇（街道）图书馆星级评定工作，确保年底前一星级乡镇图书馆分馆建成率达到80%。抓好特色文化活动。举办热烈庆祝中国共产党建党99周年"防救魂·深蓝情"主题文艺会演、奉化区第二届礼堂文化节启动仪式暨"礼堂走亲"文艺会演活动、"喜迎国庆·欢度中秋"奉化区各镇（街道）群众文艺会演等。提高精品艺术创作成绩。奉化区选送的4个原创节目获宁波市第十三届音乐舞蹈节铜奖。农民画《美丽的家园》获宁波市第二届农民画创作大展银奖。征集100幅作品并选拔60幅报送至宁波文化馆参加"小康社会·幸福家园"摄影比赛。音乐作品《我的桃花源》获省级金奖，《奉化区"一人一艺"全民艺术普及实践研究》编入宁波文化蓝皮书。二是围绕传承弘扬优秀传统文化，着力推进文化遗产创造

性转化、创新性发展。推进博物馆筹建工作。完成3个常设展览，举办9个临时展览，打造"寻宝探秘"夜宿博物馆等系列活动，开展"传拓"主题研学活动、"文化和自然遗产日"等活动68场次，获评"奉化区首批中小学生研学实践教育基地"称号。做好文物保护工作。完成经济开发区文物区域、方桥双马遗址评估发掘工作，对44宗地块进行前置出让调查。完成5处第七批省保单位"四有"档案完善提升工作，上交浙江省文物局备案，启动宁波市各级文物保护单位数据库录入工作，完成浙江省保单位以上数据库输入工作。做好非遗传承工作。全力推进"薪火计划"中青年奉化吹打传承人培育工程，开启送龙送教下乡活动，促进"奉化布龙"民间队伍传承壮大。红帮裁缝技艺申报国家级非遗项目，并参加2020年海丝之路（中国·宁波）文化和旅游博览会；奉化牛肉干面制作技艺等亮相2020全国曲艺周第七届宁波"阿拉非遗汇"。三是围绕加强资源开发利用，着力提供优质文化产品和优秀旅游产品。深入推进全域型文化旅游融合发展。编制《"十四五"文化旅游体育融合发展规划》，大力推进理念融合、职能融合、产业融合、市场融合、服务融合、交流融合，为"十四五"期间文化旅游产业发展指明方向。完成《奉化区旅游交通标牌系统规划及点位布局方案》，完善旅游交通标识系统建设。开展浙江省全域旅游示范区复核工作。对标汇编7本高质量发展台账，高质量推进全域旅游发展，受到浙江省文化和旅游厅领导和专家组肯定，

并在浙江省复核评比中名列第6位，通过浙江省全域旅游示范区复核。全力推进"百千万"工程。以"百千万"工程为基础，加快全域旅游建设。推进奉化4A级景区城创建工作，创建景区镇7个（4A级景区镇2个，3A级5个），景区村76个（3A级11个，A和2A级65个），宁波市乡村全域旅游示范区1个。奉化区获评中国特色研学旅游目的地、全域旅游优质康养度假区，全域旅游信用体系入选宁波十大信用案例，以"城乡双修"理念推进全域旅游发展模式成为"诗画浙江"建设的独特样本。加速优化旅游产品结构。新增国家3A级旅游景区2个，国家级休闲业态1个，通过A级旅游景区景观质量评价3个（4A级1个，3A级2个）。积极推进等级品质饭店、旅行社创建工作。补齐乡村民宿发展短板。出台《宁波市奉化区促进民宿发展实施办法》和《宁波市奉化区促进民宿发展政策实施细则》。推进"民宿一件事"办理，简化民宿审批流程。开展"一对一"蹲点服务引导农居房开办民宿，社会旅馆改造为民宿，实现民宿提质增量。新增民宿65家，累计达121家，其中等级民宿、客栈15家，白金宿1家（张家大院）、银宿1家，吾居吾宿、心沐滕院获评市级五叶级客栈和四叶级客栈。推进文化旅游项目建设。全区共有文化旅游项目44个，总投资10亿元以上项目11个，50亿元以上项目3个，年度完成计划投资46.22亿元，宁波市排名第三。持续开展"厕所革命"。新改建旅游厕所17座（3A级4座，2A级5座），完成40座A级厕所复核

工作,对不达标旅游厕所进行通报并限期整改。四是围绕执法监管与服务引导并重,着力保障文化和旅游市场繁荣有序。文化和旅游信用体系建设纵深推进。统筹抓好制度设计,修订完善《奉化区全域旅游信用指数模型指标体系》等7个标准体系,初步形成文化旅游信用标准化体系。大力推进试点示范,全国首创文化旅游"信用五色码"、浙江省首创文化旅游"信用商圈",打造奉化区文化旅游信用平台2.0版,真正将文化旅游主体纳入行业信用体系建设,助推文化旅游行业从业主体复工复产。高效落实信用监管,打通信用档案、信用评价、红黑名单等信用产品与审批端和执法端的应用。加大宣传力度,促进市场稳定。组织开展"应急宣传进万家"系列活动,强化日常排查与联合执法相结合,加强文化旅游密集场所安全隐患排查,累计向文化旅游企业发放文明安全宣传册5000余份,网吧、娱乐场所制度牌200套。加强执法力度,规范市场秩序。开展"奉化区营业性演出市场集中执法月"行动,共出动执法人员28人次,检查各场所23家次。推进文化旅游行业扫黑除恶专项整治工作,累计出动执法人员1962人次,检查各类经营单位1653家次,发现违规7家次;行政处罚立案调查17起,办结案件17件,警告4家次,罚款6500元,停业整顿1家次,没收违法物品23件,重大案件1家次。全年共受理有效投诉93起,均在规定时限内完成调查处理,结案率100%,确保文化旅游市场经营规范有序。推进平台应用,压实责任主体。高质量推

进"互联网+监管"执法平台的各项数据应用,全年掌上执法检查828家次,掌上执法率98.45%,掌上执法账号激活率100%,进一步推动执法检查规范化、无纸化,跨部门联合检查高效化。持续推进"双随机、一公开"执法检查工作,合理确定、动态调整抽查比例、频次和抽查概率,做到一般场所"双随机"抽查,重点场所"全覆盖"排查。全年开展"双随机"检查工作36次,其中本单位31次,跨单位5次,检查各类经营单位70家次,任务完成率和权力事项覆盖率均达100%。有序推进审批服务。全年受理审批办件76件,办结76件,办结率100%。做好政务服务2.0平台学习和调整维护。做好权力事项库维护,共有依申请审批事项98项,公共服务事项51项。做好"好差评"系统闭环流程操作。完成"互联网+政务服务"考核指标任务,网上办结率为90.24%,承诺时间压缩比为97%。常态开展"僵尸企业"清理工作,已累计注销"僵尸企业"20家。五是多措并举激活文化旅游行业,形成文化传播和旅游推广合力。多头并进,有序开展旅游活动。引导企业在做好疫情防控工作的基础上,逐步开展旅游促销活动。依托甬派平台推出溪口、滕头、商量岗、徐凫岩四大景区福利月活动,举办"云游浙江"和"云赏花"、奉化宁海互游、"最美风景在身边·奉化人游奉化"等特色活动,蜜桃文化节、2020年国庆金秋文化旅游季、2020年弥勒文化节等节庆活动。整合奉化区旅游企业相关资源,将64家旅游企业纳入消费合作单位,安排财政资金350万元,用

于发放奉化旅游消费券,以政府补贴形式鼓励商家集体大降价,带动文化旅游企业消费复苏。推出奉化智慧旅游年卡,已有100多人申请办理。开通上海、南京、杭州等长三角地区17个城市至奉化的旅游直通车和宁波至奉化的乡村旅游直通车,15家组团社已开通1000余批次,共组织32872人次。乡村旅游直通车4家宁波组团社共开通200批次,接待10000多人次。扩大品牌形象宣传。建立"诗画浙江·百县千碗·奉化十碗"质量评价标准,开展"奉化十碗"制作标准化培训,评定美食名匠。推进"奉化十碗"进景区、饭店、高速服务区等,评定首批"奉化十碗"6家体验店,布置"奉化十碗"大型户外宣传广告,拍摄"奉化十碗"美食宣传片和一菜一品短视频,营造美食美景氛围。扩大媒体宣传推广。加大宣传推广力度,覆盖宁波各级新媒体。完成《上海旅游时报》秋冬季和弥勒文化节期间专题宣传报道。与马蜂窝合作,把奉化的旅游资源由点串线,形成自由行攻略,发布在马蜂窝网站首页并重点在宁波区域推广。邀请抖音达人拍摄弥勒文化节相关短视频,扩大自媒体的宣传力度。做好奉化文化旅游公众号和奉化融媒体的专题报道工作。在宁波机场、宁波高铁站、宁波地铁站等旅客重要集散地宣传奉化全域旅游产品。做好宁波户外显示屏广告、加油站广告、浙江气象广告的监督执行工作。开拓客源市场。组织辖区旅游企业赴长三角地区(苏州、南京)举行奉化秋冬季旅游产品线路推广座谈会。加强和长三角一体化旅游合作联盟

的合作，开设 2 趟江苏至甬台（奉化）的 400 人高铁旅游专列。做好雪窦山—普陀山（以下简称"两山"）旅游合作，赴舟山开展两山旅游合作对接会议，撰写两山合作宣传推广建议方案，协调区交通局制定两山旅游专线方案。制订"山海协作"工作方案和东西扶贫工作计划，组织旅游企业赴杭州上城区旅游交流推介会，组织文化旅游企业赴缙云举行两地文化旅游交流推广会，并签订合作协议。六是开展疫情补助，多举措提升城乡居民文化消费水平。全力支持文化旅游企业战"疫"情，稳发展。出台《宁波市奉化区人民政府关于应对新冠肺炎疫情支持商贸文化旅游交通运输业发展的实施意见》，安排专项资金用于扶持文化旅游产业。深入文化和旅游企业调查研究，宣传防控疫情期间的支持政策。开展文化旅游金融服务工作，疫情期间文化旅游企业共计贷款 9446 万元，贷款贴息补助 226061.12 元。加速推进文化旅游经济复苏。帮助企业协调解决防疫物资短缺、招工用工难、资金紧张等问题，共计服务企业 150 余家。建立文化旅游企业白名单和优选文化旅游项目库，多渠道发布招聘信息，满足企业用工需求。开展 2020 奉化文化旅游惠民消费活动。线上线下消费联动，以"文化旅游＋惠民＋消费"模式，开展"2020 奉化文化旅游惠民消费活动"，共计发放价值近 500 万元的文化旅游消费券，助力文化旅游市场消费恢复。开展招商引资工作。对接文化IP 知识产权交易平台，引进文化及相关企业。七是围绕人才建设，着力打造"文化和旅游铁军"。

分层次提升人才队伍素质。通过培养省级以上非遗传承人、聘用专家、调整系统内副高以上岗位设置等举措，补齐文化旅游体高端人才引进难、引领作用发挥难的"短板"。强化中层次中坚人才队伍建设，利用辖区内各种文化设施和人才，开展系列群众文化活动。推行文化使者制度，深入开展"种文化"活动。开启"乡村变景区、田园变公园、民居变民宿、农副产品变旅游产品"的新探索，溪口蔓涝居民宿全职引进香港大学会计学博士 1 名，华侨豪生大酒店全职引进"金钥匙"2 人。提升本土人才综合能力，依托文化馆的师资力量和教育培训场地，举办各类基层文化使者培训班；积极开展"奉化一人一艺全民艺术普及工程"，试点网络直播培训，线上抖音培训 3850 人次，线下社会联盟机构培训 12600 人次；制定《业余文艺团队等级评定奖励办法》，组织开展"优秀文艺团队""优秀文艺人才""优秀村落（社区）文化员""三优"的评选、表彰、奖励，激励基层业余文艺队伍和文化员更好地开展工作。

（王璐婷）

【余姚市文化和广电旅游体育局】
内设职能科室 8 个，直属企事单位 11 个。2020 年末人员 243 人（其中：机关 43 人，事业 200 人；具有高级技术职务资格的 36 人，中级 88 人）。

2020 年，余姚市文化和广电旅游体育局以习近平新时代中国特色社会主义思想为指导，深入学习贯彻党的十九大和十九届二中、三中、四中全会及全国"两会"精神，统筹推进文化旅游系统疫

情防控和复工复产，开拓创新、真抓实干，有力地推动文化、文物、旅游等各项事业的发展。一是完善服务体系，公共文化蓬勃发展。启动"文化基因解码工程"，深入贯彻实施浙江省"文化基因解码工程"方案，成立余姚市"文化基因解码工程"工作机构，编制《余姚市"文化基因解码工程"实施方案（草案）》。梳理阳明文化等 20 个重点元素清单，稳步推进公共文化服务建设。余姚市公共文化中心项目建设稳步推进，完成投资额 3.3 亿元（含土地 9481 万元）。不断提升文化场馆服务效能，推进文化馆分馆建设，巩固提升图书馆分馆建设；推进"满意图书馆"建设，新建 7 家图书驿站"书循环"示范点，推进"书香余姚"数字图书馆建设，推出"书香余姚——阅荐精品"微信平台。推进公共文化示范区（项目）、示范村、示范性业余文艺团队建设，河姆渡镇、余姚市图书馆"以图书驿站为抓手，推进全民阅读"列入第四批宁波市公共文化示范区（项目）名单；凤山街道"阳明古镇"城市共享舞台文化项目列入第五批宁波市公共文化示范项目创建单位名单；阳明街道西街村等 16 个村列入 2020 年度余姚市文化示范村名单；"最美凤山"文学社等 19 支团队列入 2020 年余姚市示范性业余文艺团队名单。显著提升公共文化服务品质。实施"一人一艺"全民艺术普及工程，开展联盟机构交流访问活动，继续打造"艺路同心"公益文化品牌，开展进企业、进学校、进社区、进军营、进礼堂等周末课堂 65 场，公益性展览 34 场。图书馆接待读者 38.98 万人次，图书借阅

75.07万多册次,公共文化配送演出385场。完成农村公益电影放映目标任务3050场次,观众41.6万人次。举办第十届全民读书节、第二十六届四明山电影节、第五届姚剧文化周等品牌活动。精品文艺创作日益繁荣。余姚入选"浙江省戏曲之乡",围绕"以艺战'疫'"创作优秀文艺作品103件,余姚姚剧保护传承中心推出8首抗疫文艺作品。做好浙江省"三个地"主题文艺精品创作题材规划。姚剧《浪漫村庄》入选全国脱贫攻坚题材舞台艺术优秀剧目展演,复排传承剧目姚剧《强盗与尼姑》,完成姚剧讽刺喜剧《墙头记》的排练和首演。原创舞蹈作品《新娘》《飘扬》,音乐作品《红村的年轻人》《雨落山村》获宁波市第十三届音乐舞蹈节铜奖。保护传承发展非物质文化遗产。陆埠佛雕被评为宁波市非遗"三位一体"传统美术类示范性项目,余姚剪纸、大隐石雕被评为优秀项目。完成余姚土布制作技艺、精武拳(械)技代表性传承人抢救性记录工作。"薪火计划"大隐石雕中青年非遗传承人群培养工作通过验收;梁弄大糕获"非遗薪传"浙江传统美食展评活动优秀展演奖;余姚草编入选第二批浙江省优秀非遗旅游商品;阳明古镇匠心馆、河姆渡越瓷坊、泗门成之庄申报宁波市非遗体验基地。探索"非遗+互联网"模式,余姚市非遗保护数据库建成使用,非遗课堂在"云端"开设,非遗产业多元发展。加强非遗交流互动,余姚小选手获宁波市非遗少儿故事大赛二等奖。二是强化保护利用,文博事业开创新局。推进河姆渡国家考古遗址公园建设。河

姆渡遗址、田螺山遗址、鲻山遗址和井头山遗址整体纳入国家考古遗址公园申报范畴。完成河姆渡考古遗址公园考古勘探报告的评审验收、生态园生物多样性调查初步报告、考古遗址公园规划文物影响评估项目编制单位的招标。提交河姆渡考古遗址公园总体规划(第二阶段)成果汇报。落实宁波专题会议精神和考古公园创建工作。河姆渡遗址顺利通过省级考古遗址公园运行管理情况评估,评估等级达到A级。做好考古发掘工作。推动考古前置和区域评估工作。全力实施井头山遗址、施岙遗址古水稻田、花园新村地块汉六朝遗址等考古发掘,其中井头山遗址第一阶段野外考古工作取得重大突破。在中共中央政治局举行的考古专题集体学习会上,井头山遗址被作为重要内容向习近平总书记等中央最高领导汇报。井头山遗址先后入选国家文物局重大研究工程"考古中国"项目5项考古工作重要新成果和中国社科院2020中国六大考古新发现,入围全国十大考古新发现初评候选项目。井头山遗址、施岙古稻田遗址和花园新村汉六朝遗址入选2020年度浙江考古重要发现。充分发挥文博宣教功能。各文物开放单位共接待游客近58万人次。余姚博物馆完成基本陈列局部升级改造,省级文物保护单位舜江楼重新开放。通过微信公众号推出丰富多彩的线上文物宣传活动。推出庆祝"国际博物馆日""文化和自然遗产日"系列线上宣传活动。"梨洲文献馆"古籍文献掌上阅览系统上线。"像"由心生——阳明像背后的故事研学活动荣获2019

年度浙江省社科普及创新示范推介提名项目。选送的3位选手全部入选浙江省博物馆优秀讲解案例推介活动"十佳"。扎实开展文物保护工作。新四军浙东游击纵队司令部旧址被列入第三批国家级抗战纪念设施、遗址名录;余姚市文物保护管理所入选第六批全国古籍重点保护单位。编制完成第八批国保单位余姚通济桥、浙江省保单位姚江水利航运设施及相关遗产群陆埠浦口闸的"四有"档案。完成不可移动文物提升保护级别、消失和撤销核对统计。规范实施文物保护工程,完成市级文保工程立项3批次,涉及9处文物建筑。浙东抗日根据地政治部旧址、四明山重建革命武装旧址、戚少保祠等5项文保工程完工并通过验收。对10多处文物保护单位(点)实施抢救性修缮或维护保养。依法审批文物事项,完成3个项目和5个文物保护工程的余姚市级专家审核。持续加强运河管理。抓牢抓实文物安全,推进余姚市文物安全责任体系建设。编制完成《余姚市文化和广电旅游体育局文物安全突发事件应急预案》和《余姚市文物建筑消防安全三年专项整治行动方案》。累计实施安全检查次数52次,检查文物单位数量315处,发现隐患11处,整改11处。大力推进国有文博单位"三防"工程,切实守好文物安全底线。三是着力提质增效,旅游发展争先进位。推进全域旅游发展。全市共接待国内外游客1821.7万人次;实现旅游总收入167.7亿元。完成《余姚市"十四五"文化旅游体育发展规划》初稿。指导推进《浙东红村·横坎头景区旅游专

项规划》《余姚四明山省级旅游度假区总体规划（2019至2035）》等的编制工作。完成浙江省全域旅游示范市创建工作。智能光电小镇、鹿亭中村、机器人小镇创建国家3A级景区，河姆渡遗址博物馆通过4A级景区景观质量评审。指导开展"浙江省级旅游风情小镇"创建工作，鹿亭乡列入培育名单；指导开展"宁波市乡村全域旅游示范区"申报工作，梁弄镇列入培育名单；余姚领克汽车部件有限公司被认定为"浙江省工业旅游示范基地"。部署开展"万千百"景区化专项工作，余姚市创建3A景区城，大岚镇等8个乡镇创建景区镇，冯村村等69个村庄申报或提档升级景区村庄。超额完成"厕所革命"建设计划，新建、改（扩）建旅游厕所18座。推进重大项目招引。着力推进"招商引资一号工程"，促成重大项目落地；对接阳明古镇、新希望营地项目、"鹿山亭"精品民宿等重大项目，做好跟踪服务工作。全年接待旅游考察客商20余批次。实施旅游项目带动战略，加快建设旅游精品项目，全力构筑以重点旅游项目为支撑的旅游产业体系。余姚市共有在建文化旅游项目30个，投资总额506.34亿元。全年实际完成投资49.64亿元，投资推进综合评价指数位列浙江省第二。推进乡村旅游发展，着力推进乡村旅游发展，三间月民宿被评为省级"银宿"，余姚市四明山书画院被评为四叶级特色客栈，临山九里湾生态休闲农庄和裘皮村被评为宁波市休闲旅游基地。举办"民宿特色打造研讨"培训班，组织民宿业主赴民宿发展先行区考察学习。余姚乡村旅游

共接待游客466.89万人次，同比增长5.97％；乡村旅游经营总收入6.57亿元，同比增长7.26％。推进市场营销工作。出台《提振信心促进疫后文化旅游体行业消费的实施方案》，策划实施"赠百万红包启千万消费——余姚文化旅游体'春风送暖计划'"，发放消费券、优惠券，振兴余姚文化旅游消费市场。推出"致敬白衣天使"活动，号召旅游企业为抗疫英雄提供免费服务和优惠措施，打造消费新热点。遵循"谨慎办节"的原则，举办"春归大地 乡约宁波"2020宁波乡村旅游季暨寻味梁弄游、"美丽乡村健身行"余姚鹿亭站登山活动、2020中国余姚杨梅节等大型节庆活动，指导参与了"四明山中国红"旅游节、大岚茶文化节、第十五届四明山红枫樱花节、"我在白鹿登花海"徒步活动等，通过"云直播"、发布会、宣传推介、现场互动等方式吸引市民参与，进一步扩大了余姚特色节庆的影响力。推进"百县千碗"工程，推出余姚"十大碗"。加快推进余姚文化旅游数字化建设项目，对余姚旅游地图进行了改版提升。继续开展"幸福家乡欢乐游"活动，景区累计接待市民、外来务工人员38372人次。四是加强监督管理，行业秩序持续向好。强化惠企帮扶，统筹复工复产。疫情趋于稳定后，着力统筹推进企业复工复产，向企业输送各类惠企政策。指导旅行社提前完成疫情期间旅游退团退费清零工作，指导企业申报融资贷款和贷款贴息补助，8家获批贷款2800万元。对余姚旅行社暂退80％质量保证金，17家旅行社申请，涉及金额368万元。下发

旅行社纾困帮扶专项资金，给予18家旅行社62.96万元资金补助。开展2020年余姚市全域旅游发展政策性补助工作。鼓励引导旅游企业推出"共享员工"，有效解决了招工和就业的两难问题。全面深化改革，推进行政审批，开展文艺表演团体延续（换证）集中换证及整治工作。推动"证照电子化"，全面实现100％政务服务事项"网上办""掌上办"。细化梳理办事事项颗粒度，实现全流程"最多跑一次"。助推"无差别综合服务"改革，推进政务2.0工作平台的学习和应用，新设立文化经营单位17家，共受理各类审批服务事项102件，承诺件34件，即办件68件，承诺提前率92.56％，实际提前率100％。加强品牌创建，提升行业品质。进一步强化酒店、旅行社品牌创建。瑞盛酒店创建五花级酒店，驿江南酒店创建四花级酒店，星程酒店创建三花级酒店；宁波伯瑞特酒店创建省金桂级品质饭店；宁波太平洋大酒店创建省特色主题文化酒店；寰球国旅和大世界国旅创建四星级旅行社，悠途国旅创建三星级旅行社。加强行业监管，规范市场秩序。印发《余姚市文化和广电旅游局诚信"红黑榜"发布制度（试行）》《余姚市旅游行业失信联合惩戒工作方案》，进一步强化信用建设，规范市场秩序。完善文明旅游推进机制，指导做好"公筷公勺"、复评创建和人员培训等工作。认真落实执法建设年各项活动，共应用"互联网＋监管"平台完成执法检查1586次，掌上执法率100％。结合阶段重点任务，全力推进"双随机、一公开"工作和各类专项整

治。全年共出动执法人员 3371 人次,检查各类文化旅游经营单位 2694 家次,开展联合检查 30 次,查处立案 19 件,警告 14 家次,罚款 61300 元,没收违法物品 64 件,同时受理各类文化旅游投诉举报 123 件,交办件、有效举报件查处率 100%,办结率 100%。强化安全生产,确保行业稳定。印发《关于全面落实安全生产"党政同责,一岗双责"责任制的通知》,层层签订安全生产责任书。在重要时间节点分组进行安全生产检查,累计出动检查人员 224 人次,检查场所 289 家次,查改隐患 59 条。加强灾害性天气安全风险联防联控,做好旅游目的地风险提示。聚焦学习教育、互动体验、排查整治等重点内容,组织开展富有专业性、文艺性、实效性的宣传教育活动。重新修订《余姚市文化和广电旅游体育局防汛防台抗旱应急预案》。做好"平安三率"宣传工作及平安旅游、平安文化经营场所创建。

(方其军)

【慈溪市文化和广电旅游体育局】内设职能科室 8 个,下属单位 8 个。2020 年末人员 135 人(其中:机关 38 人,事业 97 人;具有高级技术职务资格的 11 人,中级 37 人)。

2020 年,慈溪市文化和广电旅游体育局坚持"两手硬、两战赢",疫情防控和复工复产复业实现"双推进",公共文化事业发展水平持续提升,全域旅游发展实现历史性突破。一是坚持"两手硬、两战赢",疫情防控和复工复产复业实现"双推进"。紧盯涉疫纠纷热点,创新"娘舅说事"调处

机制,组建退团退订等工作专班,为旅行社复工复产解压松绑。受疫情影响,慈溪市 30 家旅行社(分社)共取消团队 437 个,涉及游客总数 5601 人,实收团费总额 2000 余万元,退团人数与退费总额在宁波各县(市、区)名列前茅。面对退团退费时间紧、任务重的压力,靠前服务、挂图作战,在各旅行社的配合下,实现退团退费"全清零"、涉旅纠纷"零上访",较上级规定时限提前 60% 完成。紧抓疫后市场转型机遇,完善产业发展政策,落实扶持资金和疫情贴息贷款补助 310 余万元,安排财政资金 500 余万元,在宁波率先启动文化旅游消费惠民季活动,发放消费券近 10 万张,拉动消费近 2000 万元。深挖本地内潜,创新旅行社运营模式,组建"游慈溪"团队操作中心,实现风险共担、利益共赢,推出"游慈溪"特色线路 10 余条,全年共组团 471 个、1.8 万人次,促进文化旅游消费 600 余万元。推动地接服务提质,开展导游讲解等实务培训 20 余场次,参训 1000 余人次,培育研学旅游导师 131 人,新世纪旅行社荣膺浙江省百强旅行社,慈溪代表队获宁波市旅游饭店服务技能大赛团体一等奖。二是坚持"补短板、惠民生",公共文化事业发展水平取得全面提升。基层服务体系更加完善,慈溪市 18 个镇(街道)实现文化馆总分馆全覆盖。公共服务载体更加多元,在疫情防控常态化形势下,创新"云享艺"等"云服务"平台,创设"暴走慈溪"等"云游览"载体,线上线下实现双向联动,全年开展"一人一艺"全民艺术嘉年华等大型活动 10 余项。艺术精品创

作更加繁荣,瓯乐《听瓷》入选 2020 年浙江省当代舞台艺术精品创作扶持工程。非遗保护传承路径更加多元,创新以会引才载体,举办慈溪越窑秘色瓷国际研讨会等高规格学术活动,培育非遗展示展演项目 36 个,发布非遗旅游线路 3 条,创建宁波市级非遗体验基地 8 家,数量居宁波首位。文化交流合作更加多彩,开展"钱塘江水连双城·大湾区情牵四地"杭甬 4 地"文化走亲"活动,与嘉兴秀洲区等 10 个地区组建"运河画乡联盟",积极推动秘色文化"走出去"。赴京与北京工美集团联合主办"秘回唐宋·慈乡有礼"唐宋秘色贡瓷作品展,签订战略合作协议,共同推进秘色瓷"国礼"品牌开发与运营。浙江省公共文化服务评估排名提升 19 位,浙江省文博指数位列 14 位。三是坚持创品牌、提品质,全域旅游发展实现历史性突破。要素保障全方位加强,出台《关于进一步推进全域旅游产业发展的若干政策》,设立旅游发展专项资金 1700 万元,建成市旅游集散中心、文化旅游大数据中心。高等级品牌创建大力度推进,全年创建总数为历年之最,鸣鹤古镇创建 4A 级景区,上林湖越窑国家考古遗址公园等 4 家单位通过 3A 级景区景观资源评估。"旅游＋"融合业态更加多元,评定首批市级特色"旅游＋"产业融合基地 11 家,正大现代农业生态产业园、胜山镇红菱基地创建宁波市级专项休闲旅游基地,海通有限公司创建省级工业旅游融合示范基地;培育民宿 27 家,其中省级银宿 1 家(观海卫听润民宿)、宁波星级客栈 2 家(达蓬山湖岸雅

院、枕湖人家）。"百千万"工程实现后发赶超，慈溪城区创建成为3A级景区城，创建景区镇6个、景区村101个，数量超历年总数的2倍，其中匡堰镇、掌起镇等地实现景区村全覆盖，慈溪市景区镇总量达到11个，占比达到61%，景区村142个，占比达到51%，提前1年完成浙江省"百千万"工程景区村覆盖率达到50%的目标。全域营销多渠道铺开，推出"千年福地·秘色慈溪"全域旅游形象口号、LOGO，设立"网易网红直播基地"；"诗画浙江·百县千碗"工程持续推进，培育"慈溪味道"体验（示范）店16家，其中宁波市级以上8家，各乡镇（街道）因地取材，以杨梅、红菱、泥螺等当地食材形成18道"一镇一味"特色菜系；节庆活动亮点纷呈，首办2020阿拉慈溪文化旅游节，推出杨梅节开幕式、全民健身季等10余项"＋旅游"活动，形成新浦葡萄节、胜山红菱节、鸣鹤年糕节等"一地一节"田园农旅节庆，创新地域节庆特色，与浙江FM 93联合打造品牌音乐节庆氧气森林音乐节，夜间消费活力进一步释放。项目招商工作成效显著，创新"走出去"招商载体，举办首个慈溪文化旅游项目（上海）招商推介会，现场签约上㮾湖农耕湿地康养乐园等项目7个，总额逾50亿元。重点项目建设进展顺利，全年列入国家项目库20个，总投资498.41亿元，实际完成投资43.9亿元，投资推进综合评价指数排名宁波第二、浙江省第六。旅游经济实现稳步回升，慈溪市共接待游客1687.35万人次，实现旅游总收入153.9亿元，基本恢复至去年的85%。四是

坚持强服务、提效能，综合管理水平实现系统性提升。打造政务服务2.0版本，深化"最多跑一次"改革成效，推动"最多跑一次"向镇（街道）、村（社区）拓展延伸，网上办实现率100%、好评满意率100%。优化各镇（街道）市场管理绩效考核体系，扎实推进文化旅游行业平安建设、全国文明城市创建等中心工作。深化文化市场综合行政执法体制改革，执法队被列为宁波两家规范化建设实践试点单位之一，改革成效在浙江省文化市场综合行政执法改革推进会上得到交流推广。

（舒　蕲）

【宁海县文化和广电旅游体育局】内设职能科室8个，直属单位6个。2020年末人员111人（其中：机关39人，事业72人；具有高级技术职务资格的12人，中级34人）。

2020年，宁海县文化和广电旅游体育局以"全域旅游再出发"为引领，推进文化旅游融合发展，各项中心工作取得新进展，获评长三角最佳文化旅游融合城市、浙江省文化旅游产业融合试验区、省戏曲之乡、市"六争攻坚"先进集体；引进文化类创业团队并入选宁波市"泛3315计划"创业团队。一是疫情防控取得成效。紧守疫情防控关。做好疫情防控工作，暖阳防疫志愿队入选浙江省文化和旅游系统防疫"二月英雄榜"。精品创作聚能量。平调《众志成城》、歌曲《宁海红》等防疫主题作品凝聚了正能量，"云上百姓大舞台""网上博物馆""博看微刊"等线上平台满足了市民日常文化需求。精准纾困助复工。

出台专项扶持办法，为15家旅行社申退质量保证金158万元，19家文化旅游企业共获中国建设银行、农村商业银行等新增贷款50650万元，为116家企业争取中央、市、县纾困专项资金310余万元。二是改革创新实现突破。承担国家级、省级、县级改革项目各2项。启动"全域旅游再出发"专项行动。全域旅游绿色发展经验在全国交流，全省率先开展厅、县合作，共建全域旅游高质量发展实验区。推动"文化旅游资源普查"全国试点，已初步完成标准建设。推动"文化旅游功能融合"全国试点。前童镇综合文化站以"一站六馆"运行模式入选国家文化和旅游公共服务机构功能融合试点，"前童书驿"动工建设，童衍方艺术馆二期开馆。推动"民宿集聚助力乡村振兴"省级试点。依托汶溪翠谷民宿集聚区，打造"宁宿·双林"民宿公共品牌。推动"文化基因解码工程"，列入浙江省"文化基因解码"重点县。三是重大项目建设持续推进。打造龙头景区。创成宁波市唯一的4A级景区城、5A级景区镇，森林温泉度假区获省级考核优秀，前童古镇创5A级景区、十里红妆小镇和宁海湾海岛休闲度假项目列入浙东唐诗之路建设重点。重大项目有序推进。全力推动63个文化旅游项目，实际投资37亿元，建成城市奥特莱斯商业综合体、桥头胡至深甽段慢行系统等8个项目。招商引资成效显著。十里红妆小镇、汶溪翠谷文化旅游整体开发、一市大坪山森林度假区等10个项目签约，总金额68.6亿元，引进上海驴妈妈、日本新日屋株式会社等知名投资

商运营商。乡村旅游提质增效。葛家村、双林村获评全国乡村旅游重点村,创成 A 级景区村庄 46 个,其中 3A 级 8 个。建成安茱·心宿等民宿 20 家,全年民宿营业额 1.8 亿元,带动农副产品销售 6.5 亿元。大力培育乡村旅游伴手礼,入围市级大赛作品 27 件,获得省级大赛奖项 4 个。四是文化旅游市场稳步复苏。强化办节实效。举办第十八届徐霞客开游节暨"中国旅游日"十周年浙江省主会场活动,全域旅游暨非遗成果展、文化旅游招商推介会等 10 项活动,集中展示了宁波市形象。借助"云游""云购",开展"淘宝有好货·县长来直播"等活动,携程直播销售安岚酒店客房,两小时售出 10538 间,金额达 1991 万元。强化产品包装。突出"疗休养"市场,推出 9 条精品线路,联合上海、台州等地旅行社,引进疗休养团队 1017 个。突出"美食"旅游,提升"霞客宴"品质,8 家餐饮企业成为首批体验店,霞客食府成为宁波市唯一的"百县千碗"特色美食店。强化文化旅游惠民。开展全域旅游春季游、跨省游上海首发团等活动,抢占周边市场。精准投放 3000 万元惠民消费券,带动文化旅游消费近 6000 万元,大观文化园、新华书店列入市级文化旅游消费合作单位。举办非遗购物节等惠民活动 14 场次,推出坐高铁免费游宁海、"山河无恙·宁宿有礼"等活动,刺激文化游旅市场复苏。五是公共文化供给逐步丰富。文化阵地建设持续强化。前童镇获评宁波市唯一的省文艺创作采风基地,成功创建市星级图书分馆 12 家,新建城市书房 2 家、"书循

环"捐赠点和流动图书站 36 个。群众文化活动精彩纷呈。全年开展戏曲纳凉晚会 500 场次、"百姓大舞台"300 场次,举办群众文化艺术节、"五王"才艺大赛等文化活动;开展"正学讲堂"等阅读推广活动 50 余场,受惠 3000 余人。文艺精品创作佳作频出。完成浙江省"三地一窗口"主题创作活动。承办浙江省群众舞蹈大赛,《桥畔人家》获金奖。歌曲《幸福海》、村歌《仙人流连不思乡》、村舞《丝绸之路》分获市十佳歌曲、村歌、村舞。创新推进艺术普及工作。开展县"一人一艺"艺术普及公益培训 216 课时,受训达 73656 人次。新增温泉艺术村等 3 家"一人一艺"社会联盟机构。六是文博非遗工作有序开展。推进文物保护工作。争取到国家文物局资金 1800 万元,并安排 559 万元用于 4 个国宝级文物修缮。宁海县传统村落保护和活化利用案例入围全国县域优秀案例。发展博物馆事业。得心坊艺术馆获评宁波市二星级博物馆。争取到市非国有博物馆专项扶持资金 25 万元,支持各馆开展临时展览。出台《宁海县非国有博物馆扶持资金管理办法》。推动非遗传承。完成第六批县级非遗项目名录、代表性传承人、传承基地认定工作,分别新增 18 项、26 个、36 人。强化非遗传承基地建设,新建乱弹艺术、竹木根雕等传承基地。宁海县非遗工作在全省综合排名第 39 名。七是文化旅游市场监管力度升级。投诉处理制度化。健全举报投诉"吹哨报到"快速反应机制,全年受理投诉举报 85 起。市场监管日常化。累计出动执法 1196 次,检查各类场

所 2496 家次,发现各类违规行为 67 次,立案调查 29 起,办结案件 30 起。平安建设网络化。累计出动 453 人次,检查各类场所 1402 家,发现安全隐患 102 起,现场整改 97 处,下发责令改正通知书 5 份,移交相关部门 1 起。

(邵颖玢)

【象山县文化和广电旅游体育局】内设职能科室 5 个,下属参公事业单位 1 个,全额事业单位 6 个,自收自支事业单位 1 个,国有企业 1 家。2020 年末人员 88 人(其中:公务员 8 人,参公 8 人,行政工人 2 人,全额事业 62 人,自收自支事业 8 人;具有高级技术职务资格的 12 人,中级 22 人)。

2020 年,象山县文化和广电旅游体育局认真贯彻习近平新时代中国特色社会主义思想,不断巩固"不忘初心、牢记使命"主题教育成果,弘扬防疫抗疫精神,践行"聚力一二五,奋力上台阶"要求,抢抓亚运机遇,完善现代公共文化服务体系,做深文化生态保护和文化旅游融合文章,深入推进象山县文化旅游事业繁荣发展。一是注重顶层设计,细编规划深谋项目。委托宁波市专业研究机构,编制文化体育事业发展"十四五"规划、文化和体育设施专项规划(2020—2035)等。推进象山县图书馆新馆迁建地块政策处理。谋划象山县博物馆、文化艺术中心、塔山文化展示馆等重点文化设施项目,争取列入象山县"十四五"期间重点建设项目。二是凸显惠民理念,不断深化文化服务内涵。立足群众精神文化需求,举办第二十三届中国(象山)开渔节文化系列活动、第四届

群众文化艺术节、第十四届陈汉章读书节等重大文化节庆活动；引进艺术演出22场次；"送戏送文艺"进文化礼堂300余场，播放农村公益电影2240场次；组织党的十九届五中全会精神宣讲巡演5场，"象村音乐季"主题演出4场、"唱着渔歌奔小康"象山北纬30°最美海岸线风情渔歌展演20余期；开展公益培训累计800余课时，培训6.5万人次，"一人一艺"全民艺术普及不断深化。创成爵溪省级文化强镇、溪里方省级公共文化示范村、西周镇第四批市级公共文化示范项目，县图书馆创建第五批市级公共文化示范项目、爵溪街道创建第五批市级公共文化示范区均通过资格评审。在旭拱岙等7个村推广"艺+堂"项目并形成蓝皮书，新建4个乡村文化旅游周末剧场、1个乡村文化旅游中心。动员社会力量志愿参与周末剧场及各类公益活动，组建"群英荟"艺术团，展演42场；整合20家音乐、舞蹈、美术等社会培训机构组建"艺家人"社会公益联盟。坚持"百花齐放、百家争鸣"方针，创作并线上发布防疫抗疫主题作品400余件；打造以《打鱼归来》等10支原创作品为核心的"渔歌组歌"，并被列入省委宣传部文化艺术发展基金资助项目；选送《老街鱼灯》等4个精品参赛市音乐舞蹈节，斩获2金1银1铜；《情满果园》等7幅农民画入选"决胜全面小康"全国农民画创作展。推进"书香象山"建设，新建成城市书房（乡镇书吧）5家，武警分馆、民宿阅读角、图书流动站等16家。提升"塔山讲堂""月读""暖·象"等阅读品牌栏目，开展"庆丰收·迎小

康"农民演讲比赛、阅读马拉松等阅读推广活动累计213场，吸引读者达14.5万人次。象山县图书馆共借还图书60.6万册次，接待读者50万人次，收集地方文献154种197册，开展图书流动10万册，88%乡镇（街道）图书分馆达到一星级以上标准。三是坚持多管齐下，不断深化文化生态保护。贯彻落实海洋渔文化（象山）生态保护区建设总体规划，出台《海洋渔文化（象山）生态保护区管理办法（试行）》，拟定《海洋渔文化（象山）生态保护区建设方案（2021—2025）》。象山竹根雕入选第五批国家级非遗项目名录公示名单。刻板牒印等5个项目全部通过宁波市"三位一体"考评，象山竹根雕、象山剪纸获评示范项目，船模艺术、宁波农民画获评优秀项目。完成国家级非遗项目"石浦——富岗如意信俗"及谢才华、张德和2位省级非遗代表性传承人记录工程。完成非遗基础数据梳理归档，整理文字30余万字，图片2000余张，视频29个，书籍17本。建成并开放象山县非遗馆，全方位展示象山县161个县级非遗项目，累计接待访客1万余人次，举办非遗技艺培训等活动30余次。创建首批浙江省文化旅游产业融合试验区，推出以非遗传承人与民宿"联姻"的非遗民宿创建试点13家，创建非遗体验基地17个，其中5个获评宁波市首批非遗体验基地。绘制"43个非遗点位＋旅游景区"的象山县非遗手绘地图。鼓励非遗传承人开展非遗伴手礼研发，推出非遗文创产品15项，并通过首届非遗年味集市、非遗购物节等渠道展销，其中淘宝"6·18"活动

累计销售额达25万元。开展非遗半岛行系列活动，以自主点单方式为各乡镇（街道）配送传统戏剧73场、曲艺144场、非遗课堂216课。出版长篇唱新闻《西湖三杰——张苍水》。举办象山县首届非遗少儿故事大赛，并同步报送参加浙江传说故事讲述大赛，荣获特等奖1名、一等奖2名、二等奖1名。承办浙江省文化传承生态保护区创建工作现场会，输出象山文化生态保护经验。四是突出地域特色，不断巩固文物保护实效。响应浙江省十大海岛公园建设行动，编制《花岙兵营遗址保护和利用工程计划书》，并争取浙江省文化和旅游厅立项。实施镇潮庙、溪口粮站、何恭房祠堂等10余处文物保护单位（点）修缮工程。强化文化安全管理，出动检查人员700余人次，新更换灭火器近500个，并启动宁波市首个木结构文物保护单位线路改造试点工作，已编制22处建筑物电气线路改造方案，力争打造"象山模式"。立足"文物＋旅游"，修缮殷夫故居、贺威圣故居、王家谟故居等革命文物，打造突出党史教育的"初心"线路；建成推广鹤浦文物精品旅游线路，吸引游客2万人次；改造提升茅洋溪口粮站，吸引民间资本打造竹文化展示馆。推进横湾沉船考古发掘与展示利用前期准备工作。全力支持城市建设，创建塔山遗址省级考古遗址公园；协同相关部门推进老城区汤家大屋、后翁民宅迁移保护工程；与旅游集团共同策划鱼师庙等历史文化名镇、名村保护开发；新桥"中国文物保护基金会文物签约拍卖项目"签约。启动省级平台浙台（象

山)石浦经贸合作区文物保护区域评估工作，协助大唐浙江象山完成大唐乌沙发电厂二期、长大涂光伏项目考古调查工作，推进考古前置，助力经济园区建设。完成古井普查工作，普查古井60余处。推进博物馆藏品数字化建设，完成2000余件藏品数字化登录。发挥博物馆社会教育功能，举办纪念殷夫诞辰110周年书法作品展等惠民展览6次，开展博物馆进社区、进学校、进企业等宣传教育活动11次，接待参观团队92支、9600余人次。五是强化规范管理，不断加强文化环境治理。加强让群众"最多跑一次""最多跑零次"的服务意识，梳理行政权力办理事项153项，推进4级通办、政府数字化转型、政务服务2.0等一系列文化行政许可便民服务改革。共受理许可项目84件，办结84件，所有审批事项掌上办、网上办、跑零次、承诺期限压缩比、即办件、网办深度、网上受理率、网上办件率及群众满意度均达到100%。加强文化市场监管，规范实施"双随机、一公开"执法制度，开展扫黑除恶、"扫黄打非"、暑期网吧整治等各类专项行动。全年出动检查3893人次，检查经营单位2610家次，行政处罚立案调查37件，办结37件。建立文化体育专业安全生产(消防安全)委员会，开展"安全生产百日大战回头看""安全生产月""安全生产万里行"等工作，对象山县文化经营单位、文博单位、历史建筑等进行了全面排查整治，共排查整治1416家，排查问题隐患500多个。完成象山县文化活动中心、象山剧院、象山县非遗馆等场馆消防整改工程。六是优化

惠企服务，不断推动文化产业发展。疫情期间，动员系统干部发扬奋战精神，承担489家商贸企业复工指导任务，选派25名干部进企业一线指导，1名干部赴安徽招工。参与象山县政策专班、消费专班、小微企业个体工商户纾困专班等工作，排摸统计文化旅游企业受损情况，梳理和落实纾困惠企政策，推广企业码500余家，发放中小微企业(个体工商户)"两直"资金13家。联合象山县金融专班及相关银行、保险机构，推出"金贝壳"文化旅游个性贷，文化旅游专项贷款授信总额4.21亿元，累计发放1.79亿元。开展文旅体消费季活动，累计发放文旅体消费券54万元，推出"1元、5元看电影"、50元量贩消费券，"你消费我补贴20%"等惠民消费政策，累计带动消费559万元。举办象山县第一届"吉祥东海·象山游礼"旅游商品大赛，吸引90套、300余件作品参赛，产生金、银、铜奖36项和单项奖3件。推荐特色作品参加中国旅游商品大赛，获1金1银1铜。海洋渔文化茶道系列文创品入选浙江省优秀非遗旅游商品。建成市级产业园1个(37度湾)。云朵网凭借"浙江省文化产业大数据服务平台"入选浙江省软件产业高质量发展重点项目。天海风东旦时尚运动沙滩获批省运动休闲旅游优秀项目。七是提高发展品质，推动旅游市场复苏振兴和旅游业高质量发展。围绕国家全域旅游示范区创建，根据常态化疫情防控新形势，认真研判、精准施策，产旅融合、突破发展，努力推动旅游市场复苏振兴和旅游业高质量发展，荣获"首批浙江省文旅

产业融合试验区""长三角自驾游示范目的地""2020中国县域旅游综合竞争力百强县"等称号。全年共接待游客2532.79万人次，旅游总收入273.79亿元，同比分别下降13.11%和16.02%。强化融合，推进产业提档升级。完成《象山县"十四五"时期旅游业高质量发展规划》《象山县花岙海岛公园建设规划》初稿，启动《象山县北纬30度旅游项目策划》编制，牵头泗洲头龙溪峡谷漂流、新桥南山建设农场、西周柴溪阿拉乐园等6个旅游项目规划联审。推进象山花岙海岛公园创建，出台实施《象山县花岙海岛公园建设实施方案》。加快省文旅产业融合试验区创建，制定出台《象山县创建省文旅产业融合试验区实施方案》，新增省3A级以上景区镇(乡)6个、市级休闲基地3个、市级研学基地2个，新桥镇入选省级风情小镇培育名单。全县旅游项目和旅游相关项目共75个，总投资573.2亿元，全年完成旅游项目投资46.12亿元。完成五彩渔镇、青草巷特色街区、石浦一冷文化创意园等项目23个，开工建设松兰山游客中心及停车场、半边山亚运沙滩排球、宁波爱琴丽旋酒店等项目12个。深化营销，提升旅游品牌形象。开展"去象山深呼吸"千万旅游消费券免费送暨自由行产品在线直播活动、2020长三角"网红自媒体"象山采风行、全国白衣天使免费游象山洗肺疗养计划等宣传推广活动。推出旅游市场疫后提振6条措施及2020游客招揽奖励补充政策。与抖音合作举办"象山北纬30度最美海岸线"IP发布会，推出全民短视频大赛等活

动。研发疗休养精品线路 10 条、特色体验游线路 3 条、乡村一日游线路 12 条,推出节庆节事活动 46 个、体验特色项目 40 个。点面结合,打造乡村旅游升级版。开展镇乡(街道)乡村旅游运行公司排摸,茅洋、新桥、墙头等 11 个乡镇成立并实体运行旅游公司。建设乡村旅游人才队伍,朝山暮海民宿主聂文华入选 2020 年度全国乡村文化和旅游能人,招聘 20 位大学毕业生充实乡村旅游人才队伍。全县乡村旅游共接待游客 722.51 万人次,同比增长 14.14%;实现乡村旅游经营总收入 6.98 亿元,同比增长 13.43%。全县共有民宿(农家乐)1156 家,床位数突破 2 万张,占宁波市的 65%;精品民宿 103 家,省银宿级以上民宿 31 家;宁波市乡村全域旅游示范区 4 家;

墙头方家岙村入选全国乡村旅游重点村。争先创优,提高行业发展品质。指导半边山度假酒店创成国家银树叶级绿色饭店和浙江省银桂级品质酒店,象山金元名都大酒店创建市四花级酒店,县内酒店斩获 12 项市旅游金茶花奖项。出台《象山县旅游专业人才自主评价工作实施方案》,构建旅游专业人才自主评价机制。象山黄金海岸旅行社赖章刚入选 2020 年全国金牌导游培养项目(宁波市唯一)。举办第一届"吉祥东海,象山游礼"旅游商品大赛,评选金、银、铜奖 36 项。参加全国特色旅游商品大赛,斩获 1 金 1 银 1 铜。深化"百县千碗"工程,5 家企业 9 个菜品入选"健康养生新甬菜"金牌菜。强化保障,提升旅游发展环境。上线"文旅一张网",涉及景区、非遗馆、红色

文化、酒店等 1300 多个点位,配备导览导游、语音讲解、购票等功能。打造多元化"象山伴旅"公共服务平台,服务县内旅游相关企业 100 余家,在线服务游客 10 余万人次,为旅游企业带来旅游收入 1500 余万元。搭建"1 个中心+36 个咨询点"的旅游咨询服务体系,整合象山县旅游活动、旅游节庆、时令旅游产品等信息,提供及时、实用的旅游资讯。推进旅游(影视)专安委实体化运作,开展安全生产、旺季涉海涉水旅游项目及旅游市场秩序等各类专项治理,新增旅游消费维权站 4 个、"放心消费单位"8 家,受理涉旅投诉 260 余起,其中有效投诉 40 起,协助游客理赔 2148 元,结案率达 100%。

(刘灵灵)

温州市文化广电旅游局

【概况】 内设职能处室13个,下属单位10个。2020年末人员576人(其中:公务员、参公126人,工勤8人,事业442人;具有高级技术职务资格的96人,中级141人)。

2020年,温州市文化广电旅游局积极推动国家公共文化服务体系示范区建设,文化事业繁荣发展,文化遗产传承稳步推进,旅游发展优化提升,文旅融合态势强劲,市场管理开创新局,文化和旅游事业再上新台阶。

一、文化事业繁荣发展

(一)示范区创建高分通过验收

国家公共文化服务体系示范区高分通过创建验收。牵头组建"全国城市书房联盟机制",城市书房标准化服务作为全省公共文化领域唯一项目入选国家试点,温州援建格尔木首家城市书房正式对外开放。指导4个镇(街道)入选浙江省文化强镇,10个村入选浙江省文化示范村。

(二)群文艺术持续推陈出新

精心打造抗疫题材情景报告剧《温·暖》,以文艺形式展现温州抗疫感人事迹和城市大爱形象,入选全国抗疫题材重点舞台作品;策划导演的"海上花园·海霞故乡"洞头先锋女子民兵连建连60周年展演,引发社会各界热烈反响。立足打响"南戏故里"品牌,积极开展"南戏经典·回望故里"古典戏曲展演活动,承办

2020省传统戏曲展演季。群众文化创作再登"高峰",在省三大示范性群众文化赛事中荣获8金12银,3项赛事的作品入选数量均居全省各地市之首。

(三)文化交流迈开大步

高质量完成2022年"东亚文化之都"申报工作,全球首次集中亮相展出永嘉大师玄觉著作《证道歌》《永嘉集》中日韩等国100余种版本,高水平举办"碧天芳草——李叔同与温州"专题展。

二、文化遗产传承稳步推进

(一)非遗保护传承创新发展

创新打造非遗"进民宿、进景点、进社区"系列品牌,其中非遗民宿列入省级试点工作,全市4A级以上景区实现"非遗在景区"全覆盖,温州成为全省唯一入选"非遗在社区"全国试点的城市,非遗体验基地被列为省级公共文化服务创新项目。

(二)文博工作强化提升

深入挖掘"永嘉学派"文化内涵,推出瓯江山水诗路十大线路,温州博物馆策划的"山水清音——瓯江诗路特展"入选国家文物局核心价值观主题展推介项目,永嘉马鞍山元代龙泉窑遗址入选2020年度浙江考古十大重要发现。全国首创文物安全分色分级动态管理办法,获省领导批示肯定,要求全省学习推广。

三、旅游发展优化提升

(一)旅游品质取得新跨越

文成刘伯温故里景区荣升国

家5A级旅游景区,时隔13年,为温州市再添一张"国字号金名片"。高标准推进"千村百镇十城景区化"工程,建成3A级以上景区城5个、景区镇53个、景区村39个,其中鹿城、平阳创成4A级景区城,苍南霞关镇创成5A级景区镇;文成武阳村、永嘉苍坡村被评为第二批全国乡村旅游重点村;泰顺竹里村等14家单位列入浙江省乡村旅游重点村名录。强化全域旅游品牌创建,苍南、平阳创成省级全域旅游示范县;泰顺廊氡国家级旅游度假区列入省政府向文化和旅游部推荐名单;洞头海洋旅游度假区、永嘉云岭山地温泉创省级旅游度假区已报省政府待批复;泰顺东溪乡、永嘉大若岩镇创成省级旅游风情小镇。提升A级旅游景区品质,文成刘伯温故里景区列入全省首批未来景区改革试点;永嘉云岭列入全省山地休闲旅游发展试点;苍南渔寮景区创成国家4A级旅游景区;乐清聚优品文化园(铁定溜溜)等8个景区创成放心景区。深化旅游厕所革命,全年新改建旅游厕所154座,完成率达120.3%。

(二)客源市场得到新拓展

紧抓重启跨省旅游时机,第一时间赴江苏、福建、江西、安徽等地开展营销推广活动,成功预约大型旅游团队和旅游专列到温州旅游。积极主动融入长三角一体化发展,上线长三角PASS(沪温版)应用,加入长三角红色文化

旅游区域联盟，并借力上海旅游节大平台，送出"长三角餐桌计划"等近 30 场温州特色"文旅大餐"，全面掀起"温州游"热潮，入选"长三角最佳文旅融合城市"。强化县域联动、"山海协作"抱团促销，举办"诗画浙江·揽山看海"温州·瓯海/平阳/泰顺文化旅游（宁波、台州）推介会等，共享区域特色，共拓客源市场。加大温州文旅国际宣传，打响"遇见温州""邂逅温州"品牌，举办"当伦敦遇上温州"——中英艺术家云上对话暨纪录片首发式，制作《诗画山水·温润之州》中英文版宣传手册。串珠成链设计旅游精品线路，温州"烽火岁月"之旅入选"百条全国红色旅游经典线路"，文成伯温故里乡村休闲二日游入选 300 条全国乡村旅游精品线路。

（三）文旅消费激发新动能

新冠肺炎疫情期间，第一时间组织开展乡村旅游"提振发展"等五大行动，推出"文旅振兴 11条"，主攻"美丽乡村提振、都市商务兴旺"两大计划。坚持借力平台借势营销，市、县联动开展"游千村·住千宿"等 100 多场市场营销活动，并举办 2020 全国百家旅行商温州旅游采购大会，吸引省内外近 100 家旅行商代表，现场预约近 50 个千人团、近 100 个大团（300 人以上）、10 趟动车旅游专列到温州旅游，实现"十城联动、百景力推、千村体验、万人分销、亿元销量"。在政策、营销、消费"三驾马车"的强势推动下，全市旅游市场快速强劲复苏回暖，全年接待国内游客 1.19 亿人次，实现国内旅游收入 1293.11 亿元，分别恢复至上年的 87.3%、

84.6%，恢复程度居全省第二。温州入选首批国家文化和旅游消费试点城市；瓯海、平阳入选省级文化和旅游消费试点城市。

四、文旅融合态势强劲

（一）文旅产业焕发新活力

鹿城、文成、苍南入选省级文旅产业融合试验区。树立"项目为王"观念，抓好旅游项目梳理、深化项目挂钩服务机制，全年引进培育 33 个文旅农旅项目、11个投资 10 亿元以上重大旅游项目；全市实际完成投资 303.94 亿元，完成省下达年度任务的 151.97%，项目推进综合指数居全省第三。坚持民宿产业精品化集群化发展，全面推进瓯海山根小镇、洞头东岙顶村、瑞安新瑶村等一批民宿特色集聚村（群）建设。精心打造"百县千碗"美食IP，借力各大展会平台推介"百县千碗·瓯味百碗"美食品牌，推出"品味鹿城"等地方特色瓯菜。行业整体品质不断提升，创成 1 家四星旅游饭店、5 家四星品质旅行社、5 家省品质饭店、2 家特色文化主题酒店、2 家绿色饭店。

（二）文旅融合引领新风尚

精心培育"两线三片"文旅业态，指导江心屿、公园路历史街区等改造提升并如期开放。积极践行"全域夜游"新模式，在温举办全省首个夜间文旅消费现场会，印象南塘获评长三角夜间文化和消费样板街区。全面发力"文旅IP＋"新业态，举办 2020 中国（温州）文化和旅游 IP 创新发展大会，培育并推出"侨家乐""铁定溜溜"等一批温州特色文旅 IP，其中"侨家乐"民宿品牌被列为三大浙江民宿区域品牌之一。深入实施文化场馆景区化工程，温州博

物馆携手 29 家本土优秀文创品牌、"网红店铺"举办"伴月来·温博夜市"系列"夜开放"活动，全年吸引市民 2.6 万余人次；乐清图书馆"读万卷书、行万里路"入选文化和旅游部公共文化场馆文旅融合试点项目。

（三）数字文旅成为新引擎

正式上线温州智慧文旅数据中心，全面形成温州文旅一体化监管、一站式服务、一中心决策的智慧文旅服务体系。完成"云游温州"全域导览系统上线推广，进一步提升"一部手机游温州"功能应用。积极构建城市大脑"全域旅游监测精品场景"，实现一屏监控全域旅游运行，同步启动"公共文化服务精品场景"建设。搭建温州文旅统一预约预订入口，全市 76 个 3A 级及以上旅游景区（子景区）和 7 个重点文博场馆已入驻，实现分时预约错峰旅游和在线订票。持续深化行政审批数字化服务，推行所有事项 100%网上办、掌上办等不见面审批方式，实现从"最多跑一次"到"跑零次"。

（四）市场管理开创新局

疫情防控工作迅速妥善。新冠肺炎疫情发生后，立足"从早、从快、从准、从严、从稳"，第一时间采取措施关停文化和旅游设施、中止各项集聚性活动，全面落实景区"预约、限流、错峰"。围绕"六稳""六保"工作，建立驻企服务员机制，指导用足各项纾困支持政策，迅速稳妥处置全部 1000多批次 5923 人旅游退团纠纷，助力企业纾危解困。疫情期间文化服务不停歇，开展线上线下各类文化活动 4800 余场次，为全市人民抗击疫情注入了强大精神力

量。行业管理改革持续深化。全面实施"证照分离",在永嘉启动其他营业性演出审批"一件事"改革试点,文成和永嘉分别被列为全省文旅行业信用体系建设试点单位和全市便民利企"一件事"改革试点单位。法治建设逐步加强。获评 2020 年度法治温州(法治政府)建设示范单位。推进全域执法联动治理机制建设,市执法队被评为市抗击新冠肺炎疫情先进党组织和先进集体。

【大事记】

1月

3日 由温州市文化广电旅游局主办,浙江广播电视集团城市之声承办的"诗画山水 温润之州"长三角文化旅游推广季在杭州开幕。

11日至13日 "悦动瓯江"2020温州文旅贺岁嘉年华在瓯江光影码头观景平台举行,助力打响"不夜温州"月光经济品牌和为温州市民及来温游客提供更丰富的年味温州体验。副市长汤筱疏出席了活动开幕仪式。

19日 位于瓯海潘桥街道的全国首个流行音乐纪念馆正式对外开放。同时,中国音协流行音乐学会 2015 年授牌温州的"中国流行音乐发展基地"也落户于此。

23日 国家标准化委员会公布第六批国家社会治理和公共服务综合标准化试点项目。其中,温州城市书房标准化服务项目入选,是全省入选的唯一一个公共文化领域项目。

3月

4日 浙江省文化和旅游厅党组成员、副厅长、一级巡视员许澎一行赴本局开展新冠肺炎疫情防控和复工复产工作调研并召开座谈会。

10日 全省文化和旅游重大建设项目集中开工仪式温州分会场在永嘉岩头镇江南宋村举行,全市40个文化和旅游重大项目正式启动。温州市委常委、宣传部部长胡剑谨,副市长汤筱疏出席开工仪式。

12日 省委常委、市委书记陈伟俊主持召开专题会议,研究推进美丽田园创建、文旅市场恢复工作。

27日 下发《关于印发以"文化驿站"为重点高质量推进文化馆总分馆制建设实施方案的通知》,推出了"2.0版本"的文化驿站模式,努力构建和完善多类型文化场馆融合、资源共享、互联互通、有效覆盖、特色鲜明的文化馆总分馆服务网络。

28日 温州市 2020"游千村住千宿"云发布会活动在温州广电中心举办。在强化疫情精密智控的前提下,大力推介温州乡村游,带动温州文旅消费强劲复苏。省委常委、温州市委书记陈伟俊,市委常委、宣传部部长胡剑谨,市委常委、秘书长王军,副市长娄绍光、汤筱疏出席发布会并共同为活动启幕。

4月

7日 温州市文化广电旅游局、温州市财政局联合出台包括财政资金补助、税收减免、旅游惠民等在内的11条具体措施,积极应对疫情影响,全面振兴文旅消费市场,为全方位提升文旅消费"保驾护航"。

8日 温州文化创新品牌"文化驿站"的专题论坛在国家"公共文化云"上在线直播,温州市文化广电旅游局做题为《文化驿站——把总分馆建成市民精神文化的加油站》的讲座,15万人次观看。

12日 "十城联动·村游温州"活动正式启动。活动由温州市文化广电旅游局、温州市农业农村局主办,温州市旅行社行业协会、温州市休闲农业与乡村旅游协会承办。来自宁波、台州、绍兴等省内10城的5000多名游客组成的多批千人团前往温州各旅游景区游玩。

19日 乐清市乐成街道、文成县南田镇、瓯海区泽雅镇、瑞安市湖岭镇获评"浙江省文化强镇"。鹿城区松台街道庆年坊社区、瓯海区新桥街道新瓯社区等10个社区获"浙江省文化示范村(社区)"称号。

20日 "自然山水 自由呼吸"2020文成(温州)旅游·疗休养推介会暨"侨家乐"品牌发布会举行,进一步拉动疫后文化旅游消费,打响"侨家乐"民宿品牌,启动疗休养市场。

24日 温州市文化广电旅游局、温州市财政局联合印发《温州市城市书房扶持补助办法》,明确了城市书房建设及免费开放过程中的补助资金与标准,并就资金申报审批及资金管理监督做出具体规定,为规范和加强城市书房建设提供了政策指引和扶持。

27日 温州举行"塘河夜画"2020启航仪式。"塘河夜画"是温州继 2019 年推出"瓯江夜游"后,打造的又一个夜游重磅项目,是中国首例城市大型行进式夜游实景演出项目。

28日　温州抗疫题材情景报告剧《温·暖》列入全国抗疫题材重点舞台作品。

29日　"诗画山水·温润之州"2020全国百家旅行商温州旅游采购大会在温州召开。副市长汤筱疏出席。本次活动以"共促旅游市场"为主题，吸引了浙江11个地市旅行社协会、长三角旅游联盟组织、中国八方旅游联合体等近100家旅行商代表。

5月

1日　浙江省文化和旅游厅副厅长杨建武赴永嘉督查假期疫情防控和旅游安全工作，强调要严格落实国家和省委、省政府工作要求，慎终如始抓好疫情防控，落实好安全管理、游客流量控制、应急处置等各项措施，努力营造安全、稳定的旅游市场环境。

5日　"五一"小长假全市实现旅游总收入15.792亿元，旅游市场回暖势头明显。

19日　召开"激扬新时代温州人精神"——全市文化市场综合行政执法队伍党风廉政暨队伍建设誓师大会。

同日　2020年瑞安市乡村旅游嘉年华——中国·瑞安风筝邀请赛开幕。来自全省8个地级市21支代表队的近200名运动员参赛。瑞安曹村镇被授予"省级风筝休闲旅游基地"。

22日　召开2020年全市文物工作视频会议。全面总结2019年温州市文物工作，重点研究部署下步全市文物保护利用改革与文物安全工作。副市长汤筱疏出席会议。

26日　浙江省人民政府办公厅下发《关于对2019年落实有关重大政策措施真抓实干成效明显地方予以督查激励表扬的通报》，温州市传承发展浙江优秀传统文化工作积极主动、成效明显，获省政府嘉奖与激励。

29日　温州市第八届市民文化节"云上"启幕。本届文化节以"幸福小康路文化惠万家"为主题，通过"云回顾""云合唱""云签约"等系列"云上"活动，营造全市巩固疫情防控阶段性胜利、迎接经济社会秩序全面恢复、丰富群众精神文化生活的良好氛围。

30日　启动2020温州市"文明旅游　健康出行　为中国加分"暨文明旅游主题宣传活动。活动由市委宣传部、市文明办、市文化广电旅游局联合举办，强化文明旅游意识，确保疫情期间旅游安全。

同日　疫后首趟高铁旅游专列抵达温州南站，拉开了自"诗画山水·温润之州"2020全国百家旅行商温州旅游采购大会后，省内各地市组团到温州旅游的序幕。

6月

9日　市委副书记、市长姚高员率队赴泰顺县调研旅游工作。他强调，要以习近平总书记生态文明思想为遵循，把"生态立县、旅游兴县"作为根本立足点，拓宽"绿水青山就是金山银山"理念转化路径，着力推动绿色崛起，努力打造"山区最美县城"。

16日　浙江省文化和旅游厅公布全省首批未来景区改革试点名单，文成县刘伯温故里景区入选。

19日　长三角PASS文化旅游年卡沪温版正式上线，首次实现上海、温州两地"异地同享、一卡通玩"，市民仅需支付199元，即可全年畅游两地54个景点。

同日　"红动瓯越"温州市首届红色（研学）旅游推广大会暨2020年平阳县红色文化旅游节在平阳县拉开帷幕。本次活动发布了11条红色（研学）旅游线路并推出一系列红色文化旅游活动。

20日　2020年中国·洞头"海霞旅游·生态消费"日活动启动仪式暨"海上花园·百岛洞头"旅行商大会举办。浙江省文化和旅游厅副厅长杨建武，温州市委常委、宣传部部长胡剑谨出席本次活动。活动以"游海霞故乡赏海上花园"为主题，旨在纪念洞头先锋女子民兵连建连60周年，打响海霞红色旅游品牌。

26日至27日　浙江省文化和旅游厅副厅长刁玉泉率队到温州督查端午节假日旅游暨景区开放管理和文化市场监管工作。

7月

2日　温州融入"长三角红色文化旅游区域联盟"合作备忘录签订仪式暨沪—嘉—温（平阳）红色旅游发展分享会举行。

7日至10日　浙江省文化和旅游厅副厅长叶菁一行到温州督查国家公共文化服务体系示范区创建工作，先后深入市本级、平阳、龙港、苍南等地，采用沿途走访、现场查看、座谈交流等方式，深入了解全市创建工作情况。

8日　省委常委、市委书记陈伟俊赴瓯海督导"三强两促"工作。他指出，瓯海旅游开发提升要狠抓重大项目，突出地域特色，实现差异发展，打造区域休闲旅游度假目的地。

15日　省委常委、宣传部部

长朱国贤视察温州博物馆。市委常委、宣传部部长胡剑谨一同调研。

29日 温州市人民政府印发《温州市城市书房建设与管理办法》。该《办法》是国内首个由地市级人民政府推出的城市书房配套管理文件，在温州创建国家公共文化服务体系示范区和推进全市公共文化服务高质量发展战略背景下，总结了温州城市书房建设管理的成功经验，引领城市公共阅读空间优化升级，为城市书房的可持续发展指引了方向，为全国提供了可复制、可推广的示范经验。

8月

10日 温州首部抗疫情景报告剧《温·暖》在温州大剧院上演。该剧的排演由浙江省文化和旅游厅、温州市人民政府主办，中共温州市委宣传部、温州市文化广电旅游局承办。来自温州市瓯剧艺术研究院、温州市民星剧社和温州市话剧表演艺术协会的30余位青年演员参演，向海内外温州人和各行各业抗疫英雄们致以最崇高的敬意。

12日 2020温州夜间文旅消费季启幕。活动以"我爱夜温州"为主题，涵盖夜游、夜市、夜食、夜娱4个元素，满足市民消费升级和消费多元化需求。省委常委、市委书记陈伟俊，省文化和旅游厅党组书记、厅长褚子育，市领导胡剑谨、王军等出席启动仪式。

13日 全省夜间文化和旅游消费工作推进会在温州召开。浙江省文化和旅游厅党组书记、厅长褚子育出席会议并讲话，温州市委副书记、市长姚高员致辞，省发展改革委、省商务厅等省级

相关部门应邀参会。会议由省文化和旅游厅党组成员、副厅长王峻主持。会议就促进夜间文化和消费业态进行探讨交流，研究部署下阶段夜间旅游和旅游消费工作。

同日 全省文化和旅游产业发展工作会议在温州召开。省文化和旅游厅党组成员、副厅长王峻出席会议并讲话。会议对当前浙江文化和旅游产业发展情况做了汇报和分析，研究部署了下一步文旅产业重点工作。各地市文旅部门分管领导及相关处室负责人参加会议。

14日 浙江省文化和旅游厅副厅长王峻一行考察洞头文旅工作，并出席中国·洞头海岛旅游嘉年华暨温州多彩水文化旅游季系列活动启动仪式。

26日 文成县武阳村、永嘉苍坡村被评为第二批全国乡村旅游重点村。

同日 格尔木昆仑文化旅游节开幕式暨温州格尔木对口支援10周年综艺晚会在格尔木市体育场举办，并以此拉开2020格尔木昆仑文化旅游节的帷幕。此次活动由中共温州市委、温州市人民政府、中共格尔木市委、格尔木市人民政府主办，温州市文化广电旅游局、格尔木市文体旅游广电局承办，温州市文化馆、格尔木市歌舞团执行承办。

27日 由温州市援建的格尔木首家城市书房正式对外开放。该城市书房面积230平方米，藏书近9000册，面向格尔木市民开放，是24小时不打烊的自助式公共图书馆。

28日 温州市教育局、温州市文化广电旅游局联合出台《关

于推进温州市公共图书馆和学校图书馆"馆校通"工程的实施意见》，计划到2023年底之前，实现公共图书馆与中小学图书馆互联互通、互借互还。

9月

10日 浙江省文化和旅游厅召开《浙江民宿蓝皮书2018—2019》发布会，文成"侨家乐"列入三大浙江民宿区域品牌之一。

12日 2020上海旅游节温州分会场活动暨温州自驾旅游文化节在洞头国际放生台正式拉开序幕，并同时推出跨区域的优质产品、精品线路和品质服务。

同日 韧性城市国际研讨会暨长三角一体化地下空间高质量发展论坛——矾山矿硐地下空间保护与利用咨询会在矾山镇举行。中国工程院院士卢耀如、中国科学院院士金振民等10多位学术"大咖"相聚矾山，实地考察，交流地下空间高质量发展先进理念与技术，共同探讨未来矿硐发展新方向。

19日 "书香温州 全民阅读"——2020温州市金秋读书季启幕。启动仪式上发布了《2019年温州市全民阅读状况调查报告》，举行2020年温州市优秀特色书店授牌仪式、2019年十佳城市书房授牌仪式和中国寓言文学馆建设三方合作框架协议签约仪式。

21日 2020年上海旅游节长三角餐桌温州专场活动在上海举办。活动由温州市文化广电旅游局、温州市商务局和温州市政府驻上海联络处主办，通过线上线下相结合的方式呈现"温州瓯菜"。

23日 温州市人民政府办

公室发布《关于推进公共文化服务高质量发展的实施意见》：力争到 2025 年，规划建设温州美术馆等一批标志性公共文化设施；将科技馆、工人文化宫等纳入全市公共文化一体化服务体系；建立市剧本中心、艺术创研基地；全面改造形成一批城市书房等特色分馆；探索推出 24 小时美术馆、深夜书店、实景演出、街头艺术表演等文化娱乐项目，丰富文化元素，涵养城市文化气息。

26 日　温州市喜获"长三角最佳文旅融合城市"荣誉称号。

27 日　由温州市人民政府和中国图书馆学会主办、温州市文化广电旅游局承办的 2020 图书馆总分馆制建设与城乡公共文化空间创新发展论坛暨"全国城市书房合作共享机制"成立仪式在市人民大会堂举行。国家公共文化和旅游服务体系专家委员会专家、各城市代表等 70 余人参加了会议，与会领导和嘉宾深入探讨了温州"城市书房""文化驿站"建设经验。

同日至 28 日　"诗画山水温润之州——艺术名家走进温州暨中国山水诗发祥地诗词分享会"在温州举行。浙江省文化和旅游厅副厅长、一级巡视员许澎出席分享会并致辞。

28 日　"当伦敦遇上温州"——中英艺术家云上对话暨纪录片首发式活动在永嘉楠溪书院举行。安·布洛克丽（Ann Blockley）、玛格丽特·霍纳（Marguerite Horner）、可莱尔·弗里德（Claire Fried）、耐尔·亚当斯（Nial Adams）、陆羽、周刚、朱沙、庄重、周建朋等中英艺术家通过现场直播连线，引发了一次

云端的文化艺术思想碰撞。

10 月

8 日　中秋国庆长假期间全市接待国内游客 443.04 万人次，按可比口径同比增长 11.44％；实现国内旅游收入 43.56 亿元，按可比口径同比下降 3.62％。截至 10 月 8 日，全市纳入监测的 196 家（按可比口径）重要景区景点累计接待游客 637.99 万次，门票收入 4618.2 万元，按可比口径同比分别增长 17.97％、1.58％；旅游市场回暖势头明显，恢复程度居全省前列。

13 日　温州召开全市"千村百镇十城景区化"工程培训班暨"侨家乐"推广发展会议，深入学习贯彻习近平总书记考察浙江重要讲话精神、袁家军书记在 2020 省委党校秋季开学典礼上的讲话精神和市委十二届十次全会精神，开展"千村百镇十城景区化"工程建设、国家 A 级旅游景区评定暗访业务等相关培训，大力推进"千百十"工程、推动"侨家乐"推广发展。

19 日　温州市入选"非遗在社区"全国试点城市。

23 日　2020"浙江好腔调·东瓯韵致"全省传统戏剧展演温州专场在鸣山村上演。

同日至 25 日　浙江省文化和旅游厅、省财政厅组织检查组到温州，开展第四批国家公共文化服务体系示范区创建工作验收实地检查。检查组实地考察了温州市图书馆、市文化馆、南塘街城市书房等公共文化场馆的设施建设、免费开放和活动开展情况，查阅了示范区创建的工作材料，逐一对照标准核查了全部创建指标，听取了温州市政府关于示范

区创建的工作汇报，并与温州市人民政府、创建成员单位负责人，部分基层文化工作者及群众进行了现场沟通、交流。

26 日　温州"烽火岁月"之旅作为浙江省 4 条入选线路之一，列入百条全国红色旅游经典线路。

29 日　温州文旅市集暨瓯海文旅消费之青灯市集开幕。此次活动汇集了来自全国各地的生活美学摊主 400 家，品牌 1200 余个，并含主题活动 20 余场次。

11 月

2 日　"书传天下——永嘉大师著作国际版本展暨东亚文化交流活动"在温州市图书馆举行，全球首次集中亮相展出永嘉大师玄觉著作《证道歌》《永嘉集》中日韩等国 100 余种版本，受到线上线下与会的中日韩 3 国专家学者的高度肯定。中共温州市委常委、宣传部部长胡剑谨出席开幕式并致辞。

5 日　温州市文化广电旅游局举办"非遗在社区"试点工作启动仪式暨"非遗在社区"工作现场会，在全市层面全面实施开展"非遗在社区"试点工作。

20 日至 22 日　文化和旅游部艺术司文艺院团指导处处长张宜、艺术司文艺院团指导处主任赵媚媚、艺术司综合处主任吕锋一行莅临温州，深入基层，先后在文成、永嘉就民营院团的发展现状进行了调研。

23 日　2020 年度"浙江省文化和旅游创新团队"和"浙江省文化和旅游厅优秀专家"正式发布，温州市文化驿站创新团队、温州市文保单位合理利用创新团队、蓝夹缬技艺保护与研究创新团队

等 3 支团队和仇杨坪、杨思好 2 位专家名列榜首。

24 日　温州作为代表城市之一参加 TPO 中国区域会议并发言。

25 日至 27 日　2020 年浙江省文物安全业务培训班暨全省文物安全工作现场推进会在温州瓯海举行。会议分析了当前文物安全形势及突出问题,研究部署今后一个时期文物安全重点工作。

26 日　温州市创建国家公共文化服务体系示范区以 999 分的优异成绩通过国家创建办验收(满分 1000 分)。

同日　浙江省数字诗路 e 站永嘉体验中心正式揭牌。省委宣传部副部长、省电影局局长葛学斌,市委常委、宣传部部长胡剑谨参加揭牌仪式,共同为"数字诗路 e 站"和"永嘉诗路文化体验馆"揭牌。永嘉作为"浙江省数字诗路 e 站"的首发地,率先成为全省第一个正式建成的"数字诗路 e 站"。

28 日至 29 日　"中国活字印刷术"入选联合国教科文组织急需保护的非物质文化遗产名录履约实践 10 周年系列活动在瑞安举行。活动通过举办纪念大会、研讨会、成果展等形式,集中展示了"中国活字印刷术"履行联合国教科文组织《保护非物质文化遗产公约》10 年的保护实践成果。

12 月

1 日至 2 日　2020"中国木拱桥传统营造技艺"保护传承研讨会在中国廊桥之乡泰顺召开。

8 日　中国(温州)国际摄影大展揭晓仪式举办,推出"传奇温州"国际摄影大展画册,同时还举行了"摄影让旅行更美好"主题对话。

15 日　2020 中国(温州)文化和旅游 IP 创新发展大会举办。省委常委、温州市委书记陈伟俊莅临大会。大会推出了"诗画山水温润之州"瓯江山水诗路温州文旅新标识评选活动,推介了瓯江山水诗十大线路,演绎了塘河夜画、侨家乐、青灯等夜游、民宿、文创等有代表性的温州文化和旅游 IP,并公布了温州文化和旅游 IP 培育名单。

22 日　2020 年度浙江十大考古重要发现揭晓,永嘉马鞍山元代龙泉窑遗址入选。

25 日　温州市入选首批国家文化和旅游消费试点城市。

同日　平阳县、苍南县入选浙江省第三批全域旅游示范县(市、区)。

27 日　"碧天芳草——李叔同与温州""碧天芳草——护生画集特展"两场专题展览在温州博物馆启幕,以此纪念弘一法师 140 周年诞辰。

29 日　文成刘伯温故里景区正式入列国家 5A 级旅游景区,是浙江省本年度唯一创成的景区。

(毛诗漫)

温州市县(市、区)文化和旅游工作概况

【鹿城区文化和广电旅游体育局】内设职能科室 6 个,下属单位 4 个。2020 年末人员 58 人(其中:机关 10 人,事业 48 人;具有高级技术职务资格的 7 人,中级 14 人)。

2020 年,鹿城区文化和广电旅游体育局坚持"两战赢"总体部署,重点完成了创建国家公共文化服务体系示范区、创建省 4A 级景区城暨全域旅游示范区、创建省文旅产业融合试验区等工作,新增非遗创艺坊示范点 2 家、城市书房 2 个、文化驿站 18 家。全区接待总人次 1602.5 万人次,同比下降 18.6%,其中国内旅游人数 1600.3 万人次,同比下降 18%;实现旅游总收入 214.35 亿元,同比下降 19.4%,其中国内旅游收入 213.44 亿元,同比下降 17.6%。一是社会文化。全年开展群众文化活动 309 场,定期举办文化驿站各类主题活动 147 次,受惠群众 6 万余人次;开办各类免费公益培训班 206 个班次,受益群众 7870 人次。全年派出业务干部深入社区辅导 600 余次,指导上百支业余文艺团队,受益群众达千人。完成送戏下乡 19 场、区域性"文化走亲"12 场,举办讲座、展览 47 场次。创作声乐作品 4 首、舞蹈作品 2 个、视觉艺术类作品 100 余件。群舞作品《天路行》参加 2020 年浙江省群众舞蹈大赛获大赛银奖,表演唱《蒲公英的梦》获浙江省第十九届音乐新作演唱(演奏)大赛决赛银奖,视觉艺术类作品获国家级奖项 5 个(优秀奖),省级奖项 48 个(其中金奖 2 个,银奖 9 个,铜奖 12 个,优秀奖 26 个)。二是非遗工作。出版鹿城省级非遗项目名录书籍,拍摄口述史,建立数据库平台与省、市联网,瓯越文化传承生态保护区创建入选省级生态保护区创建名单,举办"大美鹿城"抗击新冠疫情纪实图片展,启动"非遗在社区"工作,开展曲艺演出 81 场。全年开展"非遗创艺

坊"品牌体验活动 1136 场次，覆盖全区 14 个街镇、89 个城市社区，培养非遗志愿者 203 人，受众人数 25240 人次，新建 2 家非遗创艺坊，分别位于五马街道广信大厦和藤桥小岙村。紫光檀彩石镶嵌如鱼得水文房收纳盒和叶同仁雪梨膏入选第二批浙江省优秀非遗旅游商品。3 人作品参与2020 年"薪传奖"传统工艺大展。组织编撰《盲词村鼓唱娘娘》投稿浙江省非物质文化遗产丛书《浙江好腔调：49 个曲艺项目集萃》。协助中央广播总台社教节目中心科教频道"探索·发现"栏目进行大型纪录片《匠人匠心》拍摄，涉及本区的项目有瓯塑、温州石雕、温州发绣、彩石镶嵌、竹丝镶嵌。参与温州市饮食类非遗项目及代表性传承人评估活动。三是图书馆工作。鹿城区图书馆馆舍面积0.55 万平方米，阅览座席 0.041万个。是年，鹿城区图书馆经费投入 0.0767 亿元，文献总量55.7 万册（件），累计发放有效借书证 4.48 万张，外借文献 14.39万册，图书馆网站访问量 0.96 万人次，全年总流通人次 48.2 万人次，举办读者活动 209 场次，线上线下参加人数 65.55 万人次。微信公众号推送文章 621 篇；累计关注人数 19785 人，推文阅读量152387 次。全年举办展览 8 场，讲座 30 场，阅读推广活动 100场，培训 71 场。四是文化市场管理。全年出动执法队员 1260 余人次，常态化督察各类文旅场所疫情防控 3700 余家次；指导网吧、KTV、旅行社等文旅企业复工复产 420 余家次。扎实推进文旅市场整治，"专人专办"妥善处理疫情引发退团退费纠纷 1600

余起，涉及游客 3.5 万人次、金额7000 余万元；即时处置文旅市场举报线索 168 起；开展"双随机"抽查工作 32 起。强力推进重点行业领域扫黑除恶专项整治及各类文旅市场专项整治行动，全年共依法办理行政处罚案件 40 起。助力本区通过"全国文明城市""全国卫生城市"复评工作。五是项目建设。围绕休闲度假旅游目的地和瓯江山水诗路黄金旅游带的要求，规划建设 42 个文旅项目，累计落地 10 亿元以上文旅产业项目 7 个、1 亿元以上项目 17个，累计完成投资额 143.49 亿元。继续推进江心屿改造提升、历史街区改造提升等重大文旅项目建设，引进小坝坊、药王谷、浙里耘谷等重大文农旅融合项目，推出印象塘河、诗话孤屿、桃花岛冰雪中心等打卡鹿城六大文旅地标，展示欣欣向荣的城市风貌。全力助推全省"大花园"、"百城千镇万村"景区化建设，以 4A 级景区城、A 级景区街镇及 A 级景区村庄创建为重点，完成鹿城区 4A级景区城创建，9 个 4A 级景区镇（街道）创建，14 个 A 级景区村庄创建，其中 4 个 3A 级景区村庄，10 个 A 级景区村庄。在"厕所革命"方面，建成 4 座旅游厕所，2座 3A 级旅游厕所。六是景区建设。江心屿东园改造提升工程完成两塔一寺、海淀朝霞、榕林诗径、湖心禅居、禅意慧园、山水诗路、春江秋水、荷风柳月等八大区块建设。清辉浴光区块完成60% 的工程量，完成投资 6906 万元。江心屿码头提升改造完成前期审批工作，码头建设单位招投标工作有序推进。江心屿东园二期项目总投资 7292 万元。出版

《温州江心屿》大型画册，计划出版《江心屿诗集》等书籍，同步开发主题文创产品。印象南塘景区进行了旅游基础设施再提升，其中包括 A 级厕所提升（工程造价200 万元）、景区标识标牌重新制作（提升金额 168 万元）、游客服务中心改造提升等，景区着力打造的"塘河夜游"（工程总投资1.9 亿元）、"光影秀"（工程总投资 6467 万元）、"南塘夜肆"（工程总投资 300 万元）等项目相继投入使用。印象南塘景区共开展活动 54 场。9 月，南塘夜肆正式对外营业。南塘夜肆作为温州市首个综合性休闲夜市，首个 365 天营业的餐车市集，以餐车巴士为载体，一车一景，一车一品牌，商业业态包括非遗产品展示、文创相关产业、体验式玩乐、舞台及"网红直播间"、"网红美食"、本地特色小吃。开街活动持续 5 天，据统计，人流量超过 5 万人次，营收达到 100 余万元。七是行业建设和管理。全区旅行社数量 115家（不含分社）。新增 3 家四星级品质旅行社。全区已有 20 家品质旅行社，其中五星 3 家，四星14 家，三星 3 家。指导 1 家三星级饭店、1 家四星级旅游饭店开展复核工作，均顺利通过；指导 1家星级酒店评定为品质饭店。完善区文广旅体专业安全生产委员会组织架构，明确成员单位及安全生产工作职责，下设办公室，专班化推进旅游领域安全生产工作。深入开展安全生产督导检查，加强重点时段安全检查工作，开展节前安全检查及应急救援演练等，努力营造良好的消防安全环境。八是宣传促销。整合优质鹿城文旅特色旅游资源，针对不

同区域、不同群体、不同层次的消费需求，加大对文旅融合发展的宣传力度，强化线上线下宣传，积极引导市民转变消费观念和消费习惯，培育和壮大夜间消费群体。通过发放消费券、打造"网红打卡点"等方式，多渠道扩大月光经济的知名度。举办"2020温州夜间文旅消费季"，研发红色研学路线，推出"行走的党课"和"行走的少年党课"149场。推出"夜景网红打卡地"、夜间旅游美食、文旅休闲夜娱点等夜间文旅项目。推出鹿城十大精品旅游线路手册，强化鹿城旅游线路的宣传推广。面向社会公开招募志愿讲解员，搭建由专业导游、兼职导游和志愿讲解员等组成的综合型导游人才公共资源库。

（马凤丽）

【龙湾区文化和广电旅游体育局】
内设职能科室6个，下属单位4个。2020年末人员73人（其中：机关22人，事业51人；具有高级技术职务资格的3人，中级10人）。

2020年，龙湾区文化和广电旅游体育局在疫情防控常态化形势下，全系统上下同心协力，共克时艰，各项工作有序推进。按照"目标不变、任务不减"的要求，坚定信心，抢抓机遇，担当作为，争先创优，坚决打好疫情防控阻击战和文旅发展总体战，高分通过国家公共文化服务体系示范区创建，圆满完成年度各项目标任务。一是文化行政工作。组织开展"文化和自然遗产日"活动，以"非遗五进"为内容，以线上线下联动、展览展示齐动、体验购物互动为形式，举办首次非遗购物节，单

日现场总销售额达6.8万元。积极探索实践社会力量办文化，引导社会力量参与建设"爱乐未来·城市书房"，对城市书房补助资金69.4万元。完成街道文化驿站分站授牌，实现文化驿站街道级分站全覆盖。区图书馆通过一级馆验收，被评为区级最满意单位。全区各级基层文化阵地开展系列文化惠民活动600余场，参与群众2万余人次。二是文物保护管理。区博物馆举办锡福——传统锡器匠艺文化展，"廉政清风"全国剪纸艺术邀请展，记得乡愁——文成、龙湾传统民居建筑构件联展，流年足迹——活字印刷展，瓯窑古陶瓷系列展之"彩烟初凝"等5场馆内临时展和馆外"大拆大整文物保护成果"流动展、文物法规宣传，同步推出线上展览及活动。共推出展品630件，接待人数6万多人次。12月21日，区文博馆通过第四批国家三级博物馆评定。加强古建筑保护。配合"大建大美"，集中迁建历史建筑14座，古门台6座，打造龙湾古建筑群。探索拓宽社会力量参与未定级不可移动文物保护路子，推动古建筑社会认领，龙庆寺认领1座民居建筑，吉祥寺认领民居建筑、门台各1座，龙岗寺认领门台2座。加强古建筑活化利用，利用钟秀园一期迁建的4座民居建筑打造非遗体验基地，多家非遗工作室进驻，已正式对外开放；将钟秀园一期迁建的3座"品"字形建筑群打造成为"贞义书院"，建成一期并对外开放；以全国重点文物保护单位——永昌堡中已收归国有的"上仓1号"建筑为核心，结合周边非遗传承基地、文化驿站、王氏

大宗等设施，以廉政教育为主题，着力打造"古堡·城市会客厅"特色品牌。加强文物保护与管理。启动区文博馆临时库房改造工程，完成庙上路1号修缮工程主体修复、王绍志故居修缮、凝秀桥栏杆维修，张璁祖祠屋面抢修工程报省文物局批复。开展文物消防安全检查行动，编制全区文保单位消防安全整改方案。共出动文物执法巡查280人次，检查文物单位89家次，制止违法违规行为70起，责令整改70次。三是公共文化。创成国家公共文化服务体系示范区。2020年是龙湾区公共文化服务体系示范区创建的攻坚冲刺之年。将示范区创建列为全局"一号工程"，创建办"1+1"联系街道、部门"1+1"结对村社、区领导"一对一"约谈落后街道等举措，抓好7类34项指标查缺补漏。创新开展"文艺轻骑兵"百场演出进社区活动，共送戏下乡199场，掀起示范区创建新高潮，切实提升百姓的参与率、知晓率、满意率，争取创建质量最优。广泛开展文艺活动。群舞《活到头发比盐白》、歌曲《妈妈酒》分获浙江省舞台舞蹈、歌曲大赛金奖。顺应抗疫需要，创作一批讴歌时代的文艺精品，其中抗疫音乐作品《铭记这个春天》先后发布在"学习强国"、浙江在线等24家官方平台。2020年龙湾区抗疫系列美术书法摄影作品展先后在市、区巡展，反响热烈，并列入上海菊园"文化走亲"活动内容。培育"储备一批、推出一批"的文艺人才培养机制，组建区表演艺术类培训机构公益大联盟，全年新增8家会员单位。丰富后疫情时期文化"云资源"。疫情期

间，推出关爱返工员工及子女的"文体培训大礼包"。开展线上"文物云鉴赏""图书云阅读""相约周六九点半·龙湾文化云慕课"等活动，策划"防疫——'罩'顾自己"专题活动26期。区图书馆开通"书香门递"服务，实现手机下单、送书上门，为广大城乡群众提供了丰富的线上文化资源。四是文化市场。做好文化、文物、旅游等综合执法工作。率全市之先启动线上"云办案"模式，办理"无接触"案件1起。全年共出动日常巡查检查1082人次、检查801家次，立案15件，其中1件移交公安追究刑事责任，没收违法物品460件。扎实开展安全生产专项整治，组织开展护航复工复产安全生产攻坚、"黑网吧"整治等专项行动，共排查安全隐患60处、挂牌督办不放心区域1处，制定安全公益广告并在全区33处视频播放点滚动播放。启动"证照分离"改革试点工作，调整权力清单12项，机关内部"最多跑一次"网办率实现100%。五是旅游工作。区本级共接待境内外旅游者520.6万人次，受疫情影响，比上年下降3.5%。其中，接待国内游客520.6万人次，比上年下降3.5%；接待境外入境游客0.0617万人次，比上年下降80.63%。全年旅游总收入57.4286亿元，比上年增长3.0%。培育文旅品牌。挖掘龙湾本地特色美食，盘活永强海鲜、八盘八、王鱼粉干等美食资源，举办"'鱼'你共享'梅'好时光"王鱼杨梅节、"书记带你去旅游"、龙湾区首届宁城夜市等活动，通过美食联姻打响龙湾美食IP品牌。特别是宁城夜市活动期间，营业

额达120万元，迎客10万余人次，较好地打响了龙湾夜间文旅产品，促进本地消费升级。结合"5·19中国旅游日"，发布3条家庭研学旅游精品线路，联合苍南"山海协作"赴绍兴开展龙湾旅游推介活动。加强旅游项目引进与建设。谋划黄石山雕塑公园景区化改造、郑宅岙美人瀑复流、宁村街区改造等项目，启动文化古街寺前街改造前期工作，提升瑶溪旅游风情小镇。全区共有文旅农旅项目13个（含1个前期项目）。12个在建项目总投资56.11亿元，完成投资8.90亿元，投资完成率111%。瑶溪景区入口改造提升项目、吾悦广场（商业区块）项目、东篱下多肉植物园项目等4个项目竣工并通过验收。引进农旅文旅融合特色项目3项。加强旅游景区设施建设。结合乡村振兴，围绕景区村、景区镇创建提升，指导做好旅游基础配套设施建设，全年共完成3个A级景区村和1个景区镇建设，其中含宁村村3A级景区村和瑶溪街道3A级景区镇。深化旅游厕所革命，新改建旅游厕所3座，其中含3A级旅游厕所1座，南洋公园南大门厕所是全区首家智慧旅游厕所。加强文旅品牌宣传推广。全年举办文旅活动12个，累计媒体报道189篇，其中国家级媒体87篇，省级媒体26篇，市级43篇，区级18篇，其他新媒体15篇。借助展会营销。参加2020苏州国际旅游博览会、2020中国国际旅游博览会、成都旅游展等重点旅游展会以及2019苍南-龙湾"山海协作"走进绍兴文旅推介会等，推介和宣传龙湾旅游产品、精品线路、旅游资

源。依托龙湾区文旅资源特色，梳理整合各类旅游资源和业态，重点推出龙湾瑶溪山水游、龙湾永嘉场文化游、龙湾亲子研学游等3条旅游精品线路，并在龙湾区首个家庭教育宣传周启动仪式暨家庭研学游线路发布会上发布3条家庭研学游线路，直播观看人数10万余人，并发放了价值10万余元的餐饮消费券等。策划旅游节庆，举办龙湾首场5G直播新闻发布会推广"'鱼'你共享·'梅'好时光"第二届龙湾状元王鱼杨梅节，在线观看人数近4万人次，活动被新华网、凤凰网等国家级和省、市各级媒体报道，使餐饮企业和农户经营状况得到改善。8月28日至30日，举办"宁城夜市"首届宁村所"八盘八"美食节，累计销售额超120万元，打卡10万余人次。

（陈淑蒂）

【瓯海区文化和广电旅游体育局】内设职能科室5个，下属事业单位4个。2020年末人员63人（其中：公务员16人，参公19人，事业28人；具有高级技术职务资格的4人，中级12人）。

2020年，瓯海区新成立区文化和旅游发展协调委员会，全年共梳理文旅项目64个，总投资560亿元。瓯海区首次获评"2020年全国市辖区旅游发展潜力百家区"，位列第38位。瓯海公共文化服务评估指标位列全省各县（市、区）第16位，全市第一。3月，瓯海区图书馆荣获"2019阅读推广星级单位"。9月，瓯海区图书馆组织的"我们都是高个子"队喜获2020长三角地区阅读马拉松大赛团队冠军。瓯海区文化

馆原创声乐作品《家有多远》斩获浙江省第十九届音乐新作演唱（演奏）大赛金奖第1名；音乐作品《一点点》获2020温州市第九届音乐新作演唱（演奏）大赛表演金奖；小品《全村的希望》获得2020温州市第六届戏剧小品大赛银奖、文化礼堂"乡村才艺大展演"戏剧专场金奖；原创乡村艺术团舞蹈《晨光曲》、编排小组唱《走在乡间的小路上》分别获文化礼堂"乡村才艺大展演"舞蹈专场金奖、声乐专场金奖；瓯海区乡村艺术团获市优秀乡村艺术团评比第1名，并成立了瓯海乡村艺术团联合会党支部。瓯海区博物馆荣获浙江省博物馆免费开放"最佳社会教育"、温州市中小学生研学实践教育基地等荣誉，成功晋级国家三级博物馆。11月，瓯海区文物安全"三色图"在浙江省文物安全管理业务培训班会上做经验交流与推广，得到副省长成岳冲、省文物局局长柳河等领导的批示、肯定。一是文化设施建设方面。建成流行音乐纪念馆中国流行音乐发展基地。新建百姓舞台5个，城市书房1个。举办全区各镇街文化驿站授牌仪式，已开设文化驿站21家。在茶山山根音乐小村、新桥美食街、大学城开展"瓯嗨街头微舞台"试点。泽雅镇获省级文化强镇荣誉称号，新桥街道新瓯社区获省级文化示范社区荣誉称号。瓯海区图书馆新建的仙岩城市书房通过市级验收并开放。11月，原有12家城市书房在全市城市书房年度评星定级中全部获评四星级以上，其中五星书房4家。出台《瓯海区城市书房（百姓书屋）管理办法（试行）》，结合公共图书馆服务大提

升行动创建浙江省"满意图书馆"。瓯海区文化馆建设公共文化服务网络，打造数字文化馆——瓯海"文化掌厅"。二是群众文化活动方面。瓯海区图书馆开展读书会联盟活动、新乡式主题宣讲等活动；举办瓯越讲坛、纸山故事体验等各类体验式阅读活动，开展少儿阅读推广活动519场，参与人数5.5万余人次；开展云上阅读活动168场，参与人数达4.38万人次。瓯海区文化馆共承办演出赛事177场，其中乡村艺术团系列主题文艺演出90场，镇街"文化走亲"26场、"瓯嗨街头微舞台"演出26场、文艺小分队演出30场、大型演出5场。数字文化馆推出多场线上直播活动，累计观看22万余人次。瓯海区文化站开展驿站活动242场，受益群众2万余人次。瓯海区博物馆举办展览5个，累计参观人数8.5万余人次；开展社会教育活动75场，参与活动人数3750人次，其中未成年人数2820人次。三是文旅融合发展方面。1月，瓯海十大精品旅游线路发布暨瓯海区首届婚旅文化节影像大赛开幕式在瓯海全球商品贸易港举行。2月，启动"答防疫、复工知识，抢景区门票、酒店民宿免费住"活动，送出旅游产品2000余份。4月，参加2020全国百家旅行商温州旅游采购大会并进行旅游推介。5月，推出"书记带你去旅游——瓯海篇"媒体直播活动，直播点击率达253228人次，8541人次参与留言互动。7月，组织召开2020年度瓯海文旅宣传暨引流监管平台培训会。10月，开展以"多彩瓯海"为主题的金秋购物节"夜享嘉年华"，举办温州文

旅市集暨瓯海文旅消费之青灯市集活动。瓯海联合泰顺、平阳在宁波、台州两地举办了"诗画浙江·揽山看海"文旅推介会。全城联动开展"文化走亲"活动10场，参与观看人数3000余人次。12月，瓯海首次公演原创越剧《四连碓》。8月至12月，开展瓯海区文化和旅游主题形象宣传口号·IP形象设计创意征集活动。四是旅游事业发展方面。编制完成《瓯海区十大精品旅游线路策划》《温州铁路南站区域、瓯海区龙舟基地及绿轴、行政中心绿化带雕塑规划设计方案》《温州市瓯海区寓言小镇前期概念策划》《瓯海区泽雅镇全域旅游发展规划》《温州市瓯海区泽雅镇琦君研学园前期概念策划》等。制定出台《瓯海区乡村旅游统计员管理办法》，加强全区乡村旅游统计管理工作。创成泽雅景区、梦多多小镇、瓯歌农林观光园、吹台山生态农庄4个A级旅游景区，创成温州极地海洋世界、温州熊世界2个国家2A级旅游景区，创成温州全球商品贸易港1个国家3A级旅游景区，创成瓯海区泽雅镇1个浙江省4A级旅游景区镇。8月，和区教育局联合申报的6家景区入选温州市中小学生研学实践教育基地、营地。9月，瓯海文旅项目"多彩瓯海 不夜之城"新桥街道金虹东街美食街正式开街，塘河沿岸非国有博物馆群2号馆温州珐琅彩艺术博物馆开馆。五是文旅产业发展方面。4月，组织22家特色文旅企业入驻"瓯嗨GO直播平台"，并开展区文旅局局长线上直播带货活动，直播观看超35万人次，点赞量超3万次。4月，打造首张"瓯嗨

GO乐游卡"。5月，组织开展十佳创意餐厅、十佳示范酒店、十佳精品民宿的优质服务商评选工作。6月，推动瓯海区入选首批省级文旅消费试点城市名单。8月，和浙工贸现代管理学院签订政校"红色联盟"合作共建协议。11月，组织开展"瓯嗨GO·2020瓯海区文旅消费精品系列"评选活动。12月，温州华美达广场酒店成功创建金树叶级绿色旅游饭店；罗山恋·云畔山舍民宿获评2020年银宿级民宿；浙江四目文化发展有限公司荣获2020年浙江省文化产业示范基地。4月至12月，共征集到60余场公益主题沙龙活动。6月至12月，完成1家星级酒店租赁补助，补助资金共计185300元。全年在惠企政策直通车平台系统完成奖励补助资金共计154.4万元。六是文化市场监管方面。瓯海区文化市场综合行政执法队荣获省文化和旅游厅颁发的全省文旅系统疫情防控英雄团体称号。深入101家网吧、25家娱乐场所、10家旅行社、8家景区景点、135家印刷企业开展"三服务"工作。全年出动执法人员816人次，检查1543家次，行政处罚立案调查20件，办结案件20件，罚款113500元。七是文物征集整理方面。瓯海区图书馆新增文献10万册，馆藏总量117.5万册（包括各基层分馆），图书配送下乡10.9万册次。瓯海区博物馆馆藏文物共计3433件（套），其中一级文物5件（套）、二级文物15件（套）、三级文物190件（套）。是年，征集购买陶瓷器、民俗器物、书画、古籍、契约档案、票据、青铜器、铜镜等92件（套）；接受民俗器物、化石

标本、近现代经济社会发展见证物、近现代革命文物等捐赠37件（套）。6月，完成《博课——瓯地寻宝》"初心"册的编撰。八是文化遗产保护利用方面。瓯海区创新实施"三色图"文物智慧监管新模式。全面推进文物修缮工程，完成四连碓造纸作坊石桥保护区维护工程等3处文物修缮及保护工程，完成区级文保单位姜立纲墓和"三普"登录点休凉寺修缮工程的设计方案，完成四连碓造纸作坊安防工程设计方案并获批复。完成区级文保单位陈岙瓷窑址标志说明碑等14座标志说明碑安装。持续开展仙岩山摩崖题刻拓片工作。配合完成瓯海区古井调查工作。完成瓯海时尚智造小镇项目区域文物调查。

（李　祝）

【洞头区文化和广电旅游体育局】内设职能科室5个，下属单位9个。2020年末人员80人（其中：机关6人，事业74人；具有高级技术职务资格的5人，中级16人）。

2020年，洞头区文化和广电旅游体育局紧紧围绕打造"国际旅游岛"战略目标，坚持新冠肺炎疫情冲击下"目标不变、任务不减"，强化谋划、勇于担当、主动作为，全力推进洞头区文旅体融合工作向前发展。全区接待游客713.57万人次，同比增长22.08%；实现旅游综合收入66.19亿元，同比增长25.89%。一是抓品牌促转型，实施文旅创建升级工程。推进国家全域旅游示范区创建。组织召开全域旅游示范区领导小组工作会议，完成国家全域旅游示范区创建工作领

导小组调整和创建实施方案。同时，完成省级全域旅游示范区复核，并做好复核相关问题整改。推进国家公共文化服务体系示范区建设。组织召开创建迎检部署会、汇报会、推进会，强化"三个一"督查活动，及时发现整改问题。进村入户开展创建宣传工作，满意度、知晓率有较大提升。推进海岛公园建设。编制《洞头区海岛公园建设三年行动计划（2020—2022）》《洞头区海岛公园建设规划》，筹备召开海岛公园建设推进大会。完成国家4A级旅游景区更名。综合研究洞头区旅游资源、景区管理、客源市场及接待规模等因素，对洞头国家4A级旅游景区进行重新划定更名，更名为洞头半屏山—仙叠岩（同心旅游小镇）景区。二是抓项目强建设，实施顶层设计支撑工程。精心谋划顶层设计。出台《建设洞头国际旅游岛的实施意见》，编制全域旅游产业、铁三运动小镇、文化旅游业"十四五"发展规划，完成洞头文旅品牌策划研究，用规划引领文旅体融合发展。加快建设重大项目。牵头服务项目13个，总投资达33亿元。重点项目中南洋国际大酒店建成并试营业，伴·精选民宿计划于2021年元旦试营业；预备项目中星空之城·星空岛已启动土地招拍挂及停机坪、停车场建设；名品广场开工建设。深化开展"三服务"，全年共开展"三服务"80余次，解决项目办证、优惠政策兑现等问题20余个。改造提升传统景区。针对洞头部分景区由社会方开发、品质差、投诉多等问题，启动大门马岙潭景区、大沙岙国润公司回购谈判，注重谈判策略，破解

规划、用地审批等20多年的历史遗留问题，成功收回马岙潭景区，顺利完成大沙岙景区回购谈判。开展半屏旅游交通一体化运营试点，引进景区旅游观光车、共享单车，于7月正式试运营。三是抓产品创精品，实施产业融合发展工程。聚焦业态融合发展。出台《关于促进文化体育旅游产业融合发展的若干政策意见（试行）》，兑现政策资金143万元。常态化运营海上观光游，建成帆板帆船、沙滩排球等基地，引进水上飞板、热气球、直升机低空观光等海洋运动产品，开发海霞有礼系列伴手礼，环中心渔港海鲜街区、音乐夜市引爆星光经济。获评2019浙江文化和旅游产业融合发展十佳县区。培育民宿产业。组建区民宿联盟，发布民宿联盟十大优惠政策，推动民宿行业合作发展。出台《洞头区海岛民宿等级评定办法（试行）》，开展海岛星级民宿评选，评选出海岛三星级以上民宿19家。全区新增民宿73家、床位804张；隔头村入选省首批民宿（农家乐）助力乡村振兴改革试点名单，玖栖海上桃源里、静舒心居2家民宿入选2020年温州十大市级示范性精品民宿。塑造优质文化精品。文艺精品硕果累累，创作舞台艺术类原创作品5个、战'疫'文艺精品60余个、视觉类艺术作品123幅。举办首届中国（洞头）渔民画大展，获评"中国（洞头）渔民画之乡"和"浙江省美术写生创作基地"；原创小品《请叫我海霞》获浙江省第三十一届戏剧小品邀请赛银奖。四是抓服务重体验，实施民生保障优化工程。优化提升基础设施。完善景区基础建设，高品质完成半屏

山生态廊道延伸段、望海楼内部展示提升工程。加快景区城、镇、村创建，推进北岙4A级景区城，大门、东屏、元觉、鹿西等4个3A级景区镇创建；新增A级景区村12个，其中3A级景区村2个。推进旅游厕所革命，改扩建旅游厕所10个。落实民生实事项目，新增城市文化客厅3个，区文化馆新馆建成投用，东屏街道获评浙江省文化示范村。推进洞头智慧文旅数字化转型项目建设，各系统已启动试运行。积极开展文化惠民工作。完成洞头先锋女子民兵连建连60周年文艺展演活动，开展迎新春送文化下乡演出活动10场、春节送祝福活动10场、阅读活动25场、文化驿站113场，受众2万余人次。组织线上文化馆、图书馆培训，展览、阅读等活动100余场，参与5万余人次。新增图书流通点12个，送书下乡15970册。培养建设人才队伍。举办红色旅游导游（讲解员）、洞头先锋女子民兵连建连60周年红色讲解员、乡村旅游统计系统业务、乡村文旅融合及品质提升等培训班，培训涉旅从业人员近300人次。出台《洞头区文化派驻员评估办法（试行）》《洞头区社会文艺团队扶持补助办法（试行）》，规范基层文化工作标准，壮大文化队伍。规范管理行业秩序。常态化开展文旅市场安全巡查和疫情防控，持续推进"扫黄打非"、扫黑除恶工作。全年出动检查358次，检查521家次，纠正执业不规范行为32次，文化旅游市场无重大安全事故发生。五是抓宣传拓市场，实施海岛品牌营销工程。优化机制政策。制定《"面朝大海·春暖花开"洞头文

旅消费季实施方案》，实施提振文旅市场消费五大行动，出台系列A级景区免费游、大团奖励、"红七月"等优惠政策，发放10万张半屏山景区VIP套票，促进旅游市场消费。以节造势兴旅。举办"踏浪百岛尽享海味"、中国·洞头"海霞旅游·生态消费"日、中国·洞头海岛旅游嘉年华等节庆活动，温州·洞头（杭州）文旅推介会、温州洞头文化旅游江苏推广周等推介活动，获得《人民日报》、新华社等权威媒体转载宣传。精准高效营销。强化区域合作，积极参加省、市各类旅游推介会，推出百岛清肺之旅、红色研学游等6条精品旅游线路，邀请马蜂窝旅游达人、温州微联盟和长三角百家旅行商代表到洞头实地踩线。强化与小红书、抖音、飞猪等新媒体平台合作，推出洞头百度城市名片。提升文旅品牌形象，推出"海上花园百岛洞头"主题宣传口号和洞头文旅品牌LOGO、吉祥物，创作发布洞头城市民谣，拍摄中英文宣传片，编撰《洞头区风景旅游志》。发展直播经济，邀请区委书记、区长、"网红"直播带货，邀请最美旅行探险家直播洞头旅游资源。六是抓传承谋活化，实施文遗生机焕发工程。强化非遗保护传承创新。开展"文化和自然遗产日"系列活动，配合做好国家级非遗项目妈祖祭奠、海洋动物故事及省级非遗项目东岙普渡节濒危抢救性记录拍摄工作。推进市非遗体验基地建设，5个非遗民宿被列为市非遗民宿创建单位，完成10个非遗业态布点。组织参加省、市非遗产品大赛，"鸡母狗粿"获"非遗薪传"浙江传统美食展评优秀展

演奖，"贝雕螺钿漆器系列产品"入选中国国际进口博览会非遗和老字号联名款衍生品，古船木雕被评为第二批浙江省优秀非遗旅游商品。夯实文物安全管理体系。积极落实属地管理，构建文物安全3级责任体系，分级签订文物安全目标管理责任书，召开全区文物安全工作会议。开展全区文保单位巡查全覆盖，全年日常巡查文保单位288家次，"三普"登录点205家次。推进文保单位修缮工程。启动修缮存在安全隐患的文保单位，消除结构性安全隐患，完成区级文保单位东岙顶陈银珍故居修缮工程验收，基本完成省级文保单位岙内叶宅、区级文保单位东沙陈进宅整体修缮工程，开展省级文保单位东沙妈祖宫屋面、区级文保单位叶永源宅屋面及梁柱维护工程。七是抓作风促廉洁，实施全面从严治党工程。责任落实更加有力。加强责任层层分解，研究制定党组、班子成员、科室负责人（下属单位负责人）季度工作"三张个性清单"。完成局党总支、机关党支部、局属单位党支部委员届中调整，优化支部队伍建设。开展"作风建设强化年"活动，深入落实五大行动16项具体举措。抓好正风肃纪督查。优化干部队伍结构，提任6名年轻中层干部。强化干部队伍轮岗交流，上派1名中层干部到省文化和旅游厅挂职锻炼，部门内轮岗交流中层干部2人、外部乡村振兴指导员挂职2人。开展廉政文化建设，配送党风廉政书籍到全区各文化礼堂、城市书房、百姓书屋等700余册；创作渔民画、国画等廉政主题艺术作品10余件。

（王施施）

【乐清市文化和广电旅游体育局】内设职能科室8个，下属单位5个。2020年末人员251人（其中：机关55人，事业196人；具有高级技术职务资格的33人，中级50人）。

2020年，乐清市文化和广电旅游体育局以公共文化服务体系示范区创建为抓手，大力提升公共文化服务水平，加强文化遗产保护利用，实施文旅融合创新项目，文化和旅游各项工作稳步推进。一是公共文化服务体系示范区创建。4月2日，举行国家公共文化服务体系示范区创建台账整理培训会；5月25日，召开全市宣传思想工作会议暨创建国家公共文化服务体系示范区推进会，委托第三方对基层文化设施开放服务进行暗访，由市委常委、宣传部部长牵头，组成5个督导组，对乡镇（街道）和村级文化设施进行督导。紧盯不达标乡镇（街道）综合文化站建设，建成开放6个乡镇综合文化站。在公共文化场馆植入宣传内容，在40个公交廊点粘贴宣传广告，100辆公交车车载电视循环播放宣传片，与腾讯公司合作在手机用户微信朋友圈投放宣传广告，每周6万次，联合乐清日报社开展有奖问答，1.5万人参与。12月30日，顺利通过国家检查组验收。二是公共文化服务水平提升。新建柳市镇城市书房、柳市镇象阳社区百姓书屋、虹桥镇建强百姓书屋、城东街道百姓书屋、石帆街道湖西百姓书屋等5个城市书房（百姓书屋）和25个乡镇（街道）文化驿站，均已建成投用，活动常态化。开展送文化下乡活动。结合城市书房（百姓书屋）建设，全

年送书12.9万册。开展百场文艺演出进文化礼堂活动，由戏曲中心和优秀文艺团队承担演出任务，共送戏274场。改变文艺活动方式，在实地送展览、讲座基础上，加入"云看展""云讲座"，线上线下送展览、讲座225场。举办阅读推广活动525场、公益课堂448场（包括线上线下）、公益大联盟40期、文化进景区6场，"文化走亲"5场。三是文化遗产保护利用。推出以东晋瓯窑青瓷卧羊为主题创作的马克杯、笔记本和以周昌谷《芙蓉花下》为主题创作的雨伞等文博衍生品。"5·18国际博物馆日"期间，以线上答题的形式开展《博物馆条例》和乐清文物知识宣传，"文化和自然遗产日"期间，精选具有代表性的馆藏瓷器，举办"云看展"活动。联合上海嘉定、江苏太仓举办"时代经典——陆俨少、宋文治、周昌谷艺术作品展"上海嘉定区站和乐清站活动。召开全市文物工作会议，市政府与各乡镇签订文物安全责任书。完成王十朋墓、林氏宗祠等文保单位抢修和国保单位雁荡山龙鼻洞摩崖题记"四有"档案的编制，以及乐清历代古窑址调查的整理和总结工作。省保单位白龙山石殿、乐清碉楼之黄月秋碉楼、四座厂碉楼通过温州市级初验；完成省保单位乐清碉楼之孙存銮碉楼、定头碉楼维修；启动乐清碉楼之钦旌孝行坊、发祥岭栈道等文保单位的抢修工作。启动低级别不可移动文物修缮保护，黄塘村周焕西古民居修缮工程完成并通过验收，交付村集体开放利用；仙溪章纶故居正屋和西厢房修复完成；虹桥红巾军起义旧址修缮工程基本完成。全

开展"迎新春　剪窗花"、非遗学堂、"抗击疫情　乐清非遗人在行动"等活动31场,举办"非遗魅景区　文旅新体验"乐清非遗在景区系列活动,于"文化和自然遗产日"期间在雁荡山举办开幕式,共53个非遗项目参加,集"游园""市集""表演"为一体,参与人数达18万人次,央广网、网易新闻、文旅中国等多家主流媒体给予报道。西铁新天地非遗美食街17家店铺元旦对外营业,在端午等传统节假日举办非遗展演体验活动。组织乐清黄杨木雕、细纹刻纸等非遗项目参加展销、展演,推出炒粉干、芙蓉麦饼等多种传统美食体验活动。四是文旅融合创新项目实施。全年共接待游客2276.36万人次,同比恢复98.63%;实现旅游收入299.96亿元,同比恢复93.24%。做好A级景区镇、景区村和旅游厕所创建工作,结合美丽乡村建设,完成柳市、虹桥、北白象3个3A级景区镇,清江镇江沿村、芙蓉镇西塍村2个3A级景区村,31个1A、2A级景区村,7座1A、2A级旅游厕所、3座3A级旅游厕所建设。完成乐清湾科技小镇创建国家3A级旅游景区全部初评工作;"铁定溜溜"扩容升级申报4A级旅游景区,已完成前期工作。中雁荡山玉禾庄园被评为省中医药文化养生旅游示范基地。推荐温州三榆开元名都大酒店为五星级旅游饭店,浙江仙乐国际旅行社为五星级品质旅行社。乐清市长运国际旅行社被评为四星级品质旅行社。散水阁、隐于流世等2家民宿被评为省级银宿。出台《乐清市招徕外地游客奖励办法》。开展以"读万卷书·行万里路"为主题的品牌创建活动。以创新阅读推广活动为发展模式,拓展图书馆服务功能,提高图书馆阅读推广的服务质量。以读者成长积分为引线,以"图书馆＋社会力量"的模式,与旅行社、民宿、影院等社会组织广泛合作,以读者为中心,通过挖掘、整合当地基础性资源,构建符合地方文化发展特色的阅读推广活动创新品牌,推动文化和旅游融合发展。该项目已被文化和旅游部选为国家试点工作。同时,开展文化进景区、乐清非遗在景区、乐清非遗在民宿等活动,深入加强文旅融合。开展非遗主题民宿调研,8家民宿入选温州市级非遗民宿创建单位;组织推荐"铁定溜溜"申报第三批温州市级非遗体验基地;组织推荐万山草堂申报温州市级非遗体验基地示范点。推进3A级以上景区常设非遗体验、展示展演等业态,全市6个3A级(含)以上景区已设有非遗业态。五是市场复苏和安全生产两手抓。及时指导文旅企业开展复工复产和旅行社退团退款等工作,共退还92个国内团108.8960万元团款、17个出境团103.3315万元团款。积极帮扶旅企降低受疫情影响的损失,出台一系列惠民举措或促销举措。联合商务局做好"春暖瓯越　温享生活"消费券发放活动,第二阶段发放文旅、餐饮专用券共计2750万元,加快文旅市场复苏,提振消费信心。联动承办"十城联动　村游温州"首批"千人团"乐清分会场联动仪式、第四届"中雁荡山杯"全国大书法作品大赛、"5·19中国旅游日"线上庆祝活动、"我爱夜温州"路之遥奥特莱斯夜市文旅嘉年华等活动。主动联合雁荡、鹿城、洞头开展"温润山海城融动江苏圈"文化旅游江苏推广周活动,以室内推介会、交流座谈会及室外推介会等形式,充分展示4地的旅游资源、非遗文化及美食等。高速服务区、中石化加油站上墙乐清形象宣传广告。坚决贯彻落实"外防输入、内防扩散"的整体防控策略,继续指导公共文化场馆和经营场所疫情防控工作。全年出动执法人员7437人次,检查文旅经营单位4077家次,全队人均出动检查371次,比去年增加83%。立案42起,取缔无证经营18家次,对未有效落实防疫措施的企业立刻责令整改,对性质严重的12家企业责令停业整顿,有效维护了文旅市场安全。召开安全生产和消防安全工作会议,与全市娱乐场所、网吧等160家企业签订了安全生产和消防工作目标管理责任书,开展消防知识培训,提高企业负责人的安全生产意识和安全生产管理能力。召开文旅系统秋冬季疫情防控推进会,全市网吧、娱乐场所、电影院、旅行社及星级饭店负责人共200余人参加会议,对各场所防控任务和要求进行再明确,对各场所防控工作进行再动员、再部署,同时部署落实秋冬季节消防安全生产工作。

(池卢莹)

【瑞安市文化和广电旅游体育局】内设职能科室9个,下辖参公单位1家,事业单位6家。2020年末人员152人(其中:公务员30人,参公26人,事业96人;具有高级技术职务资格的9人,中级29人)。

2020年,瑞安市文化和广电

旅游体育局以创建第四批国家公共文化服务体系示范区、打造"长三角一流的休闲旅游目的地"为目标,聚焦重点项目、助力重要创建、深化重要改革、举办重要活动、落实重要政策,各项工作取得了显著成效。一是文旅市场发展。打好疫情防控持久战。新冠肺炎疫情期间,严格排摸星级酒店,关闭文场旅馆、A级景区,暂停文艺演出、团队旅游,出动执法人员395人次,检查文旅体场所3687家次,织牢织密文旅市场疫情防控网。做好疫情常态化防控,首创"四员一坛"工作机制,聘任文旅网络巡查员、镇街信息员、企业内控员、市场义务监督员共计254名,推进文旅市场协同监管。开设5期"如山讲坛",全面提升执法人员业务水平。推行"三色"管理机制,对全市526家文旅体场所实行"红、橙、绿"3色等级管理,全年出动执法人员1852人次,检查场所1356家次;行政处罚立案调查21件,办结案件21件;举报(督查)受理79件,已全部办结。推动市场提档升级。深入推进"最多跑一次"改革,为群众提供"提前跑一次""上门收件"等个性化服务21次,实现100%材料电子化,审批总体提速93.8%。加强行业品牌培育,壮大文旅市场主体,提升行业服务水平和品质。全年共创建三星级品质旅行社、浙江省节水标杆单位、浙江省品质饭店各1家,指导4家三星级、1家四星级旅游饭店通过复核。瑞安市新都大酒店获评"浙江省银桂品质饭店"。瑞安市麀海心踪民宿获浙江省"银宿级"民宿称号,实现瑞安品级民宿"零的突破"。持续提

供线上服务。开通瑞安首个线上"企业疫情防控承诺书"平台,并升级为"三返"人员防控登记系统,得到"文旅中国"App等媒体宣传报道。开展导游业务线上教学,指导20家旅游企业建立信用承诺制。疫情期间,让文物展览、数字图书、文化慕课、景区360°全景虚拟游等云端服务惠及千家万户。举办数场线上文艺演出,相继开设"艺术云教学"等5个栏目,线上指导创作音乐、书法、鼓词等多种形式的文艺作品600余件,网络点播量100万余次。大力提振文旅消费。推出一揽子扶持政策,实施"春暖瑞安"纾困助企等六大行动,发放500万元的文旅消费券,联合市总工会推出本地疗休养政策。消费券共核销超370万元,带动旅游收入超2000万元,文旅市场复苏工作先后登上央视《经济半小时》、浙江省新闻联播等重量级媒体。新增住宿单位5家,新增床位3588张,接待游客966.13万人次,旅游总收入达117亿元,节假日旅游经济同比增长142%,旅游经济总体已经恢复70%以上。二是三大创建项目。助力温州成功创建国家公共文化服务体系示范区。谋划推进图书馆新馆建设,玉海美术馆(艺术工坊)、寓言馆建成开馆。打造智慧图书馆,在温州地区率先上线远程办证、图书转借等功能。开展系列专题活动,举办瑞安市第五届硬笔书法大赛、书法摄影主题作品展等赛事展览,开展10余场县域间"文化走亲"活动。潜心创作文艺精品,作品《红船谣》和《转眼之间》分别荣获浙江省第11届音乐舞蹈节声乐类铜奖和优秀奖,温州

地区仅瑞安2件作品入围决赛并获奖。原创作品《西门街的时光》荣获首届长三角原创流行歌曲大赛金奖,《源·启》荣获浙江省第十九届音乐新作大赛金奖。成功创建首个省级文化强镇。补齐基层公共文化设施短板,推进乡镇(街道)综合文化站建设。动员社会力量参与基层文化建设,建成并对外开放5家城市书房、20家文化驿站,文化驿站开展活动近100场。开展文化惠民活动,全年送戏下乡近900场、送书下乡近10万册、送展览50余场、开展线上各类文化活动300余场,参与人数达20余万人。湖岭镇成功创建"浙江省文化强镇",马屿镇儒阳村成功创建"浙江省文化强村"。稳步推进旅游景区(镇、村)创建。完善旅游基础设施,规范旅游交通标识,在全市高速出口、旅游景区重要交通路口设置导览标识,新改建旅游厕所14座,新建停车场20个,提供安全化、便利化、舒适化的旅游体验。提升景区品质,圣井山成功创建3A级旅游景区,玉海历史文化街区稳步推进4A级景区创建。加快"千村百镇十城景区化"工程,曹村镇创成4A级景区镇,塘下镇、平阳坑镇、北麂乡成功创建3A级景区镇。全年创成30个景区村,其中圣井村、丁凤村成功创建3A级景区村庄。三是重大项目建设。首次成功申报地方专项债。加强项目谋划包装,把握项目实施要求,对接相关部门机构,持续跟踪协同合作,文旅项目首次成功申报地方专项债。湖岭温泉小镇一期工程、寨寮湖景区建设工程等4个项目共下达国债资金2.4亿元。其中,湖岭温泉度

假区项目被列入实施类省重大产业项目,实现了本市文旅类省重大产业项目零的突破。"南戏故里"文化项目率温州之先将公共文化设施建设包装申报国债项目,加快补齐了镇、村2级公共文化设施短板。出台"全省最优惠"民宿扶持政策。完成《瑞安市民宿产业战略规划》和11个乡镇(街道)25个村民宿产业策划,出台全省优惠力度最大的《瑞安市支持民宿产业发展新政策(十条)》,召开民宿产业发展招商大会,签约17个精品民宿项目。成立市级、乡镇两级工作专班,挂图作战推进项目落地建设,共签订流转意向协议房屋1022间,开工10个民宿特色村,新增床位854个。建立涉及76个项目的基础配套设施建设项目库,总投资近1.3亿元。文旅项目投资位居温州首位、全省第二。以"云江悠境"和"陶泉福地"南北2条旅游精品带为着力点,挖掘全市文旅资源,谋划69个旅游项目,通过整合包装、加大招引力度,促进项目落地。已建设湖岭温泉展示馆、东源游客中心等29个项目。全年完成文旅项目投资61.06亿元,新落地亿元以上旅游融合类项目3个,完成投资量居于温州首位、全省第二。四是文旅品牌打造。打造历史文化品牌。推进玉海楼、许松年故居、虞廷恺故居等文保单位修缮工程,恢复玉海楼原有的藏书功能,打造一批特色展示馆、故居博物馆。打造网络虚拟博物馆、AR智慧博物馆,推广"云观博"App之"瑞安博物馆"等数字化展览展示,推出系列线上学习活动,构建智慧博物馆教育体系。举办"中国活字印刷

术"入选联合国急需保护的非物质文化遗产名录履约实践10周年系列活动,打造瑞安市级非遗资源数据库,"智慧非遗"建设走在温州前列。打造全域旅游品牌。举办全国风筝邀请赛等10余场主题文旅节庆活动,吸引游客超50万人次;举办"山海协作·区域联动"百家旅行商走进瑞安·文成文旅推介交流大会,促成8个地区旅游联盟启动瑞安·文成联合旅游线路;在瑞安动车站出站口等城市入口投放宣传广告,邀请马蜂窝"蜂首"达人到瑞安体验乡村亲子游,向总工会推荐超180家的点位名录及10条以上疗休养线路,加强全域旅游营销。打造瑞安十大精品旅游线路,制作一批具有瑞安特色的宣传品,组织瑞安十大特色旅游商品积极参加各级评选,将"瑞安十碗""一镇一宴"融入各大旅游节庆,打响"游在瑞安"全域旅游品牌。打造文旅融合品牌。推动非遗与旅游有机融合,擦亮木活字小镇省级文旅"金名片",引入社会资本打造木活字体验馆,发展体验型研学项目。开工建设以木活字体验为主题的东梨宿集非遗民宿。鼓励引导"旅游+"融合产品创建,曹村镇列入第五批省级风情小镇培育名单,瑞安市百好乳业有限公司、利济医学堂分别获得工业旅游示范基地和浙江省中医药文化养生旅游示范基地称号。推进景区Wi-Fi覆盖、景区监控等一批智慧化硬件项目,完善文旅信息服务"融"平台、智游瑞安、文旅一张图等平台软服务,实现"一部手机游瑞安""一张地图看资源""一个平台管文旅"。

(吴晓媚)

【永嘉县文化和广电旅游体育局】内设职能科室6个,下属单位9个。2020年末人员272人(其中:公务员16人,参公19人,事业236人,工勤1人;具有高级技术职务资格的31人,中级67人)。

2020年,永嘉县文化和广电旅游体育局统筹抓好新冠肺炎疫情常态化防控和文旅高质量发展,聚力国家公共文化服务体系示范区联动创建,深入践行"12310"旅游发展路径,坚持以"永嘉SONG"为统揽,推动文旅融合发展,不断丰富优秀文旅产品供给,全县文旅消费"疫后"快速回升,全年全县共接待游客1862万人次,同比增长19.61%;景区门票收入10991.24万元,同比增长4.98%,再度上榜"中国县域旅游综合竞争力百强县市",文旅融合发展工作获市委、市政府专项工作特别奖。一是提升公共服务水平。高质量完成国家公共文化服务体系示范区联动创建,公共文化设施规范化建设成效显著,图书新馆结顶,新建图书分馆(城市书房)4家,改造提升景区健身步道4条共8公里,创新推出全市首批10家民宿有声图书馆,探索"1+10+N+X"模式建成文化驿站22家,获评5家全市星级服务城市书房。坚持文化战"疫"服务不打烊,"云上+线下"开展农民文化节、全民阅读节系列活动,惠及群众40万余人次,打响文艺红旗小分队、乡村艺术团展演、群星计划公益培训等惠民品牌,承办全省群文书法工作会议,获评市优秀乡村艺术团36支。永昆创排剧目《红拂记》《疫中情》,《红拂记》获2020年浙

江文化艺术发展基金扶持，昆剧《牡丹亭》全国巡演走进赣闽粤3地，荣获第八届全国"双服务"先进集体称号。深入实施楠溪江景区服务大提升行动，建成楠溪江智慧旅游一期工程，全面实施楠溪江智慧旅游二期项目建设，加快实现导览全景化、停车智能化、管理精准化，完成永嘉书院、过路滩、石门台等智能停车场建设，搭建楠溪江智慧管控平台和旅游大数据中心。完善通景道路标识标牌，覆盖重点景区及20多个A级景区村。深化旅游厕所革命，新建改建景区旅游厕所12座。二是筑牢文物安全防线。围绕文物安全隐患整治和消防能力提升，督办整改文物安全隐患285处，建成微型消防站53个，安装智慧用电105处，隐患整改率100%。直击文物领域深层矛盾创新系列刚性举措，制定《永嘉县人民政府关于进一步加强文物工作的实施意见》，推动民居类文物建筑规范化管理，率全省之先出台《永嘉县文物房屋征收和流转补偿实施办法（试行）》。建立文物安全智慧管理系统，搭建永嘉县文物资源和安全数据库，实施文物"五色"风险等级管理。深入实施文物消防安防工程"百日攻坚"专项行动，投入资金3000余万元，实现国保、省保单位文物平安工程全覆盖，有力扭转全县文物安全形势。马鞍山元代龙泉窑遗址入选浙江省2020年度重要考古发现。推动古建筑活化利用，实施艺术家驻村计划，建立文化艺术名家工作室。举办首届永嘉学派高峰论坛和第二届楠溪江宋文化高峰论坛，编撰出版《永嘉古代全诗》。紧抓非遗保护传承，

新增市级非遗项目4个、县级非遗项目7个，县级非遗体验基地11家；瓯窑小镇获评市级优秀体验基地；温州鼓词《二手口罩》获省疫情防控非遗主题作品一等奖。组织开展"2020文化和自然遗产日"活动，推出"秀美楠溪多彩非遗"等非遗进景区系列活动，完成永嘉非遗数据库平台建设。三是丰富优质文旅产品。围绕提升岩头—枫林、石桅岩—龙湾潭、永嘉书院—大若岩三大核心板块，文旅融合赋能旅游发展，实施"文化基因解码工程"，以"SONG"文化为统领，推进瓯江山水诗路建设，建成全省首个"数字诗路e站"，成功创建"中华诗词之县"，培育江南宋村、音乐慢都2张全省文旅"金名片"。打响"夜游楠溪"品牌，相继举办东海音乐节、COART艺术营、星巢音乐节，推出电竞造物节、雅克音乐季、雅宋文博会等节庆活动，永嘉昆剧团实景版《游园惊梦》在丽水街开演。深入开展"非遗在景区"活动，打造楠戏琴山、曲艺书场、非遗集市等融合品牌，建成景区非遗体验点11处，4家民宿入选"温州市非遗民宿创建单位"。不断丰富旅游新产品，推出龙湾潭魔鬼秋千、永嘉书院直升机空中游览，水岩灵运仙境、乐享观光园等对外开放，推出"永受嘉福"系列文创产品。推动体旅融合发展，推出十二峰飞拉达、石桅岩漂流、兑垟村滑翔伞、楠溪江航空飞行营地等"网红打卡旅游产品"，楠溪江国际户外休闲嘉年华获2020温州唯一的长三角地区体旅精品项目，"航空运动"入选省运动休闲旅游优秀项目。坚持以节造势、以节促游，举办星巢音乐

嘉年华、中国山水诗雅集、"流动的山水诗"竹筏漂流节等特色节庆活动30多场次，"一镇一品"培育茗岙梯田开犁节、楠溪江首届桐花节、永嘉耕读文化节等地方文旅节庆活动品牌。借助抖音、腾讯直播、楠溪行等平台，开展线上营销"云旅游"。四是推进全域旅游建设。稳步推进国家全域旅游示范县和5A级景区创建基础性工作，扎实做好省级全域旅游示范县复核评估，完成石桅岩景区、滩地音乐公园（南）游客中心等硬件建设。全力推进项目建设，完成江南宋村一期建设，建成雁楠公路到自然岛连接线绿道等子项目，"两岛两村"成效初显，永嘉书院通景公路、云鹤公路等通景公路开工建设，云岚松风水月等20个旅游产业项目加快推进，成为全省文旅重大项目集中开工仪式温州分会场。联动推进景区城、镇、村3级联创，永嘉县城创成3A级景区城，创成4A级景区镇2个、3A级景区镇7个，创成A级景区村46个（其中3A级景区村6个），大若岩镇创成省级风情旅游小镇，全域旅游迈入"村"时代。云岭乡入选温州市唯一的浙江省山地休闲旅游发展试点单位，楠溪诗画小镇在2019年度省级特色小镇考核中获培育类优秀等次。创成四星旅行社1家、金桂品质饭店2家、等级民宿1家，锦里湖西乡野民宿入选市级示范性精品民宿，获评温州西部生态休闲产业带精品名单十大精品民宿、醉美田园、旅游样板路线大满贯，苍坡村入选第二批全国乡村旅游重点村。统筹疫情防控和旅游安全，年初退换旅行社质量保证金208万元，兑现全域旅游扶

持资金159万元,有序推动旅游行业复工复产,推进旅游景区预约常态化,不断加强文明旅游宣传,全方位培训旅游从业人员500余人次。大力推广疗休养线路,楠溪江成为省内疗休养市场的首选地。开通杭州、宁波和台州等重点客源地的10多条楠溪江旅游散客班线路。投放近2000万元旅游消费券,旅游市场强力复苏。五是优化文旅发展环境。深入推进"最多跑一次"改革,落实"证照分离"改革,166个政务服务事项100%开通网上办、掌上办、跑零次,办件群众满意度达到100%,营业性演出审批"一件事"改革经验获全省推广。创新人才培养模式,深入实践校团合作订单培养模式,与浙江艺术职业学院共同开办2020级永昆班。持续推进"百里楠溪特色民宿带"建设,本土民宿品牌培育初见成效,建成锦里·湖西、青栗山房、谷原稻田等一批"网红民宿",加快打造岩上、塘家埠、江枫等民宿村,新增床位1500多个,推进民宿经营权抵押贷款试点,为县域内20家精品民宿发放质押贷款284万元。围绕疫情防控,严格落实景区、网吧、KTV等文旅场所疫情防控举措,扎实推进楠溪江沿溪环境整治,全力保障文旅市场平安繁荣,查办"谷某某等发行非法出版物案"获得全国文化市场综合执法重大案件表彰,荣获省"扫黄打非"先进集体、第四届"最美浙江文物守望者"等荣誉。

(胡冬冬)

【文成县文化和广电旅游体育局】内设职能科室7个,下属单位8个。2020年末人员95人(其中:机关23人,事业72人;具有高级技术职务资格的5人,中级19人)。

2020年,文成县文化和广电旅游体育局各项工作稳步推进。一是公共文化服务提升。建成综合文化站5个、城市书房(百姓书屋)2个,乡镇文化驿站实现全覆盖。开展5轮创建暗访和满意度调查,指导督促县文化馆、县图书馆、17个乡镇综合文化站、244个行政村文化活动室等文化设施标准化建设。指导53个乡镇"三团三社"、123支乡村艺术团进驻乡镇文化站、文化礼堂,全县行政村年文化活动场次均在12场以上。南田镇获评浙江省文化强镇。拓展服务领域。疫情期间打造"云端文化站",推出文艺"云快递""云培训""云活动"30课时,受益人群约3000人次;开设抗疫专栏19期,创作30多件文艺作品,推出免费慕课400多门,向隔离点内的华侨推送500多本典藏名著电子读物。开展第九届"伯温读书节",创新推出线上阅读等80余场活动,13000多名读者参与活动。县图书馆"乘风破浪队"连续2年冲进长三角阅读马拉松前3名。创新文化品牌。推出文旅融合品牌"山水舞台",走进景区、民宿、街头巷尾,受到省文化和旅游厅领导的关注和肯定。国庆期间,在百丈漈景区实景演绎"山水奇缘"42场,吸引近2万人次驻足观看、体验。开展"红色文艺小分队"文化进万家活动,举办送戏下乡300余场,送书下乡2万余册,"文化走亲"8场。二是文化遗产传承。加强技防建设,投入资金420多万元,基本完成第一批24个点上项目,积极推进第二批15个点上项目,建立健全文物消防预防、预警、扑救、安防设备体系。落实精准管理,对12个民居类建筑,县、镇逐个组织入户培训,参与演练人数约250人次,确保住户全部、周边群众大部分懂得基本消防知识,能熟练使用灭火器、消防栓等消防器材,会报警、会扑救初起火灾、会疏散逃生自救。提升博物服务水平。以创建国家二级博物馆为契机,不断规范管理、提升服务,推动博物馆服务标准化、精细化。精心策划"真理的味道——陈望道首译《共产党宣言》"等临时展览6个。试行博物馆晚间开放,举办活动10场,通过观展、讲座、雅集等方式提升博物馆服务。开展"国际博物馆日""文化与自然遗产日"等惠民活动,宣传本县文物保护成果。组织古井调查,开展古井文物故事征文。指导成立文成收藏协会,并举办文成县首届民间藏品展。推进非遗传承利用。推进非遗进景区工作,14个3A级以上景区实现非遗全覆盖。推进非遗基地建设,累计创成西坑"悦慢小院"等市级非遗体验基地3个、黄坦培头畲歌畲语等市级传承基地9个,有野舍武阳等市级非遗民宿创建单位6家。完成省级非遗项目南田民居营造技艺评估资料整理工作,建成南田民居营造技艺展厅。推进"文化基因解码工程",完成资源普查、数据建库等工作。三是文旅产业融合发展。刘伯温故里5A级景区创成。以"关键之年、决战决胜"的紧迫感,牵头落实刘伯温故里景区5A创建任务,实施"专班、专题、专干、专业"等"四专"工程,采用"战报督办"的工作机制，全体系整体化排查对标漏项和失分重项，高质量完成环境再造、文化赋能、智慧融合、服务提升等整改提升任务 500 余项，促使景区保持运营服务的最佳状态、最佳水平。被正式命名为浙江省文旅产业融合试验区。全面升级刘伯温文化"＋景区""＋乡村""＋产业"等三大融合，"伯温山水情""太公祭"实景演出、刘伯温传说堂会等演艺节目火爆景区。"伯温家宴"荣获全省"百县千碗"金奖。"刘伯温文化研学旅行"入选市域最热门研学旅行线路。举办浙江省首届生态运动会，天鹅堡室内滑雪项目被认定为浙江省运动休闲旅游优秀项目。积极推进"侨家乐"民宿培育和品牌创建。跻身全省三大民宿品牌之一，平均入住率高达 95.62%，平均预订率超过 82.32%，累计接待游客 5.23 万人次，接待过夜游客 2.98 万人次，实现综合收入 5000 万元以上，各项指标均高于全县民宿产业相对指标的 80% 以上。四是综合市场安全管理。坚持常态监管与专项行动相结合，积极开展文化、旅游市场隐患排查，深入推进文旅市场"扫黄打非"、扫黑除恶专项整治工作，日常巡查出动 704 人次，检查 487 家次，行政处罚立案调查 7 件，办结案件 7 件，警告 2 家次，罚款 2150 元，没收非法所得 173.50 元，没收违法物品 680 个。规范旅游市场秩序。开展节假日旅游市场大排查，加强景区基础设施建设安全管理，加强星级饭店、A 级旅游景区（点）旅游行业特种设备及旅游包车的安全检查，加强文旅节庆活动、文旅经营场所、大型文化活动场所、大型游乐设施、缆车索道等的安全隐患排查整改，加强对导游、领队人员的安全教育，提升安全意识和应急处置能力。提升智慧监管执法水平。启动全域文旅产业 5G 智慧监管执法系统建设，结合国家文化市场数字化网络监管系统和"浙政钉"掌上执法监管的运用，实现多级实时联动、分层存储预警、全终端接入，有效提高监管执法处置的实效性和精准性，被列为市级文化执法系统创新项目。五是加强党的建设。推进模范机关清廉机关建设。相继推出"见证初心"分享会、"初心之旅"红色游线，推动党建融入文旅项目。落实科室"三色"管理，按规定落实定期提醒、检查措施。组织干部清廉承诺活动，全体干部结合岗位提出"清廉一句话"。党建引领打造文旅铁军取得新突破。局"侨家乐"团队被作为"两战赢"典型获省级通报表扬，局党员冲锋队登上温州市文化广电旅游局和全县疫情防控英雄榜。

（王灵华）

【平阳县文化和广电旅游体育局】内设职能科室 12 个，下属单位 10 个。2020 年末人员 185 人（其中：公务员、参公人员 39 人，工勤 3 人，事业 143 人；具有高级技术职务资格的 25 人，中级 50 人）。

2020 年是"十三五"的收官之年。平阳县文化和广电旅游体育局坚定文化自信，以国家公共文化服务体系示范区、省级全域旅游示范县创建为抓手，围绕中心、服务大局，扎实推动平阳文旅事业前行，取得了一定成效。一是旅游经济呈现向上向好态势。旅游品牌创建和项目建设取得明显进步。全年创建力度和创建成效走在前列，举全县之力，创成省级全域旅游示范县，创成 4A 级景区城。入选全省文化旅游消费试点城市，创成南雁省级乡村旅游产业集聚区，加入长三角红色文化旅游联盟。红色旅游工作专报获得副省长成岳冲批示肯定。创成 1 家白金宿（平阳县霖野民宿）、1 家金鼎级文化主题酒店（平阳县会文谷文化艺术度假村）、5 个 4A 级景区镇（鳌江、山门、顺溪、青街、南麂）、5 个 3A 级景区村（青街村、周垟村、上村垟村、南阳村、雁前村）、42 个 1A 级和 2A 级景区村，新增 5 亿元以上文化旅游大项目 5 个（拓奇国防教育综合体项目、城东温德姆大酒店建设项目、青湾文化创意园、鳌江镇滨江中心五星级酒店、平阳县南麂岛海洋资源保护开发项目），全年完成投资超 30 亿元。旅游指标稳步增长。各项旅游指标呈现较好态势，上榜 2020 年全国县域旅游综合实力百强县，列第 53 位。26 县考核旅游指标列全省第 3 位。全县接待旅游人数和旅游总收入已经恢复到去年水平。旅游影响力不断提升。举办"红动瓯越""沐浴春光、乡约平阳"等系列活动，央视 2 次播报平阳旅游。抓好"百县千碗"工程，做好平阳文化旅游培育和推广工作，平阳县吴垟山饭糍获国家年度臻选特色文旅商品。2 家美食店上榜省示范体验店。先后在福建、上海、西安、成都、宁波、台州等地开展旅游推介，平阳旅游知名度、美誉度不断提高。二是公共文化服务交出高分报表。示范区创建走在前列。建成投用县文化馆等文化设施，图书馆、博物馆、木偶生态园完成主体工程,新增城市书房4个、文化驿站17个,文化场馆建设力度全市最大。公共文化服务指数列全省第17位。通过浙江省公共文化服务示范项目"乡村文艺一村一团大联动"实地检查验收。被省、市确定为唯一县(市、区)代表温州接受国家示范区验收,获得高度肯定。公共文化服务供给持续优化。全年累计送戏下乡220场,送展览、讲座41场,送书32387册,送电影6000场,跨县"文化走亲"5场。县图书馆每周免费开放时间69小时,县文化馆62小时、博物馆56小时、乡镇综合文化站42小时。持续打造乡村艺术团、艺苑星空、市民文化节、艺路同行、会文讲坛、"一镇一品"等文化活动品牌,为群众提供优质的文化服务,着力实现从"送文化"到"种文化"的转变。文艺精品创作不断取得突破。以"抗击疫情""红色平阳""中国共产党成立100周年"等为主题,创作各类文艺作品314件,获省级以上奖项17项。原创舞蹈《掌中流年》荣获全国舞蹈奖,打磨提升歌舞剧《浙·一抹中国红》。木偶戏《高机与吴三春》首演成功,并获省级立项扶持。三是文化遗产保护传承取得丰硕成果。深挖传统文化资源。入选省"文化基因解码工程"重点县,文物文博指数列全省第19位,非遗指数列全省第16位。时隔94年,对民国《平阳县志》重新整理,出版发行。获评浙江省戏曲之乡。梳理南拳的起源及演进历程,整理了26期平阳南拳的资料和视频,促进武术文化的保护和传承。扎实推进革命文物保护工作。4处革命文物保护利用工

程列入省级文物保护项目库,完成5处省保单位保护修缮工程方案设计,中共浙江省一大会址等23处革命文物被列入浙江省第一批不可移动革命文物名录,省保单位红军挺进师驻地(平阳)旧址保护修缮工程有序推进。加强文物修缮保护。累计出动检查1000余人次,检查各级文保单位520多处,发现文物安全隐患近50处,全部完成整改,未发生文物保护单位安全责任事件和文物修缮性破坏事件。完成县保单位金仲英宅、大雅山房、学宫遗址牌坊保护修缮方案编制。四是机关部门、服务窗口服务效能大提升。全过程优化审批服务。局159项事项网上办率和掌上办率均达到100%,即办率达94.3%,平均承诺时限压缩比达98%,所有办理事项提前办结率达100%,无违规许可现象发生。全方位改进日常执法。强化事中事后监管,提升行政执法公信力,共实施"双随机"抽查24次,已完成全部"双随机"抽查结果的通报及公示,实现本局"双随机"17项抽查事项表单全覆盖。全年出动执法人员2289人次,检查各类场所7527家次,出具各类行政告知和处罚34件次,没有行政复议和行政诉讼案件。

(杨 银)

【泰顺县文化和广电旅游体育局】内设职能科室7个,下属单位11个。2020年末人员108人(其中:公务员10人,参公13人,事业85人;具有高级技术职务资格的5人,中级30人)。

2020年,泰顺县文化和广电旅游体育局紧紧围绕"走走泰顺

一切都顺"的旅游IP形象,积极推进"生态立县旅游兴县"战略,进一步深化文旅融合,拓展市场开发,强化行业管理。县文化馆、文博馆、图书馆、美术馆、乡镇综合文化站等公益性文化场所免费对外开放,全年组织开展公益培训、送戏下乡、展播展览等活动1436次,线上线下受益群众85万人次。全县接待游客750万人次,实现旅游综合产值48.5亿元。一是品牌创建。制定实施泰顺县全域旅游总体规划、乌岩板块旅游规划及三年行动计划(2020—2022),全力攻坚廊氡旅游度假区国家级创建等十大文旅品牌创建,创成省级全域旅游示范县,全面开展廊桥文化园等3家4A级及云岚牧场等4家3A级旅游景区品质提升工程,东溪乡创成省级旅游风情小镇,莲云谷创成4星级饭店。全力推进"百千万"工程,创成景区镇6家、景区村38家(3A级6家),累计创成A级景区村庄145家,其中3A级景区村庄25家,完成A级旅游厕所创建28个。二是产业打造。实施《泰顺县民宿管理办法》,成立县民宿协会,累计建成各式民宿136家,床位1700多张,创成白金宿及金宿各1家、银宿2家,沐云、山行、伴山云居等5家民宿被列为温州市工会疗休养基地。新增旅行社2家。新建1家气象城市书房,融入人文、非遗气象等元素,书房内部设置气象科普互动体验区。结合泰顺本土自然景观特色及历史人文景观特色,提升改造1家旅游主题湖滨城市书房。三是项目提升。开展招商引资攻坚行动,浙南蝴蝶谷度假山庄、隐南山农旅综合开

发等项目签约，矿坑冰城等项目顺利开工，筱村公社、蝴蝶谷景区等项目开放运营。实施交垟土楼文旅项目等"十大历史文化项目"，华东大峡谷氡泉旅游度假区等在建项目加快推进。全年完成文旅项目总投资 33.18 亿元，其中华东大峡谷项目完成投资 13.04 亿元。引入超星数字移动图书馆、博看网数字资源、中华诗词数据库等网上数字资源，提供 300 万种电子图书获取，110 万种电子图书下载，涵盖 30000 种 EPUB 格式电子书。四是营销推广。积极推进旅游营销，全面发放 2000 万元旅游消费券，完善实施《2020 年泰顺县游客招徕奖励办法》，举办"浙南闽北泰顺旅游推介会"、"泰顺旅游长三角推介会"、"惬意温州　康氧泰顺"温州市职工疗休养专场推介会等活动，创新实施"我在廊桥等你"、"好玩民宿在泰顺"、"跟着 24 节气游乡村"，温州家庭旅游月、《小康村 24 小时》首站走进泗溪镇下桥村节目、"走走泰顺、一切都顺"文化旅游季等营销活动，线上宣传推广总曝光量超过 9000 万次，3 次登上微博热搜前三。创新成立县旅投营销策划有限公司，全力推进泰顺旅游智慧营销平台"好玩泰顺"小程序、旅行社管理系统等建设。五是群众文化。完成国家公共文化服务体系示范区创建各项目标任务，全力提升中华传统诗词创作基地等四大音创基地影响力。新建城市书房 1 家、文化驿站 19 家，进一步完善图书馆、文化馆总分馆服务体系。全力深化"蚂蚁联盟""我想我享"创新项目，共开展送戏下乡 691 场，送书下乡 3.86 万册，送展览、

讲座下乡 299 场，开展展览、展播等线上活动 446 场，让活动惠及更多普通市民。文艺作品入选省、市视觉艺术类赛事 26 件，选送省、市参赛作品 217 件，群舞《走山》获 2020 浙江省群众舞蹈大赛金奖，小品《落地生根》获 2020 温州市第六届戏剧小品大赛创作、表演双金奖，文学作品《石井村》《老屋》参加浙江省乡村诗歌大赛分获一、二等奖。开展非遗进景区活动，全县 3A 级以上景区融入了非遗表演和体验项目，3 家县内民宿成为温州市非遗民宿创建单位。六是文化事业。泰顺县文博馆开发了青磁匜、文博袋子等文创产品。开展百家宴，雅阳镇氡泉文化旅游节九九重阳节活动、筱村镇六月六文化旅游节、泗溪镇七一红色旅游节等文旅节庆系列活动。文化和自然遗产日期间，泰顺国家级非遗项目提线木偶戏亮相阿里巴巴集团 2020 文化和自然遗产日"非遗购物节"启动仪式。组织提线木偶戏、木偶头雕刻、三杯香炒制技艺及其传承人参加"诗画浙江"文旅周（杭州日）暨 2020 浙江（北京）旅游交易会开幕式。组织泰顺马灯舞参加 2020"浙江好腔调·东瓯韵致"全省传统戏剧展演活动。组织非遗项目参加第三届中国国际进口博览会、第 15 届中国义乌文化和旅游产品交易博览会。泰顺县文博馆提供 24 件馆藏文物参加温州博物馆举办的"东瓯厚土——温州考古'十三五'成果特展"。七是市场监管。共梳理行政审批事项 140 项，其中许可类 87 项，备案类 42 项，行政确认 8 项，奖励 2 项，给付 1 项。疫情防控期间，对全县娱乐

场所、网吧等公共文化经营场所实行执法监督，排查企业在县外、市外的员工 14 人，开展疫情防控监管。开展"安全生产月"专项行动，出动执法人员 90 人次，检查文旅企业 99 家次，文物 25 处，开展入企普法宣传 3 次，发放宣传资料 80 余份。联合县消防救援大队开展文化市场安全生产培训演练 1 次。开展印刷企业、网吧禁烟、旅游市场等 10 余个专项整治行动。联合县委宣传部、县委政法委等部门开展校园周边专项整治，开展"护苗 2020·绿书签行动""世界读书日"宣传活动。八是文博工作。泰顺县文物保护单位共 89 处，其中全国重点文物保护单位 5 处，省级文物保护单位 9 处，县级文物保护单位 75 处，文保点 48 处。泰顺县文博馆馆藏藏品 893 件，其中馆藏珍贵文物 65 件（套）。制定出台《泰顺县汛期文物安全应急预案》《泰顺县民居类文物建筑消防安全三年专项整治行动方案》，组织起草《温州市泰顺廊桥保护条例（草案）》，上报省人大常委会审核。开展登云桥、三条桥、北涧桥等各级文物保护单位的修复保护，完成全国重点文物保护单位 23 个单体消防工程建设。深化文物"三色"分类管理工作，完成国保单位 16 处单体的文物消防工程，积极协助开展泰顺古窑址考古研究工作。九是非遗工作。完成木拱桥传统营造技艺、木偶头雕刻、红曲传统制作技艺、青田石雕、车木玩具制作技艺等 5 个省级非遗项目及季天渊、曾家快、张月员、潘成松、郑昌贵、吴行稔等 6 位省级非遗传承人的考核申报工作。泰顺县安能农业专业合作社（大

安乡大丘坪土陶文化村手工制陶体验基地)创成 2020 年度省公共文化服务创新项目——温州市非遗体验基地示范点。泰顺县廊桥模型入选第二批浙江省优秀非遗旅游商品;泰顺县国家级非遗项目木偶头雕刻作品入围浙江省 2020 年"薪传奖"传统工艺大展;"车木玩具民族娃娃""石镇纸""三杯香绿茶黄腹角雉"等 3 件省非遗项目产品入选 2020 年温州市特色产品伴手礼;省级非遗传承人徐细娇获 2020 年北京文化创意大赛"网络戏剧秀赛区"优秀作品奖。完成木偶戏文艺精品《火焰山》等剧目创排工作,深化"带薪学徒"制,学生连续 3 年考入上海戏剧学院木偶专业。

(李成财)

【苍南县文化和广电旅游体育局】内设职能科室 7 个,直属单位 6 个。2020 年末人员 123 人(其中:公务员 11 人,参公 26 人,事业 86 人;具有高级技术职务资格的 13 人,中级 28 人)。

2020 年,苍南县文化和广电旅游体育局紧紧围绕县委"1+5"工作目标,以"1+10"重点工作行动计划为主要抓手,紧紧锚定"三大创建"工作目标,真抓实干,努力推动各项工作取得显著成效。本年度在全县县直单位绩效考核中被评为优秀等次,文化市场综合行政执法队在全县"三级联评"监督管理类科室排名第二,图书馆在经济民生类科室排名第二,行政审批科在同类审批服务类科室排名第一。一是抓创建,促全域发展,整体提高。国家公共文化服务体系示范区创建近 3 年,顺利通过终期验收。全县公共文化设施日趋完善,乡镇文化中心提档升级,村(社区)综合性文化活动中心实现全覆盖,基层文化阵地短板得到明显改善。文化服务效能大幅提升。全县人均年增新书量创"十三五"新高。全年创作各类文艺作品 625 个,荣获省级以上奖项 20 个。本县首个原创大型本土话剧《诚信老爹》公演,获高度肯定。省级全域旅游示范县创建 4 年,牵头协调旅体中心、旅投等部门有序推进文旅大数据中心、旅游重大项目建设、配套设施提升、"百千万"工程等创建工作。引进一批重大旅游产业项目落地建设,景区城、景区镇、景区村和风情小镇创建数量居全市前列,成效明显。先后涌现出茶书院、苍农一品、肉燕产业园等多个文旅、农旅品牌,旅游业态更加丰富。创成省级全域旅游示范县。二是抓惠民,促文化繁荣,群众满意。文化馆、博物馆、图书馆全年举办多场视觉艺术精品展、高水准剧场演出、临时展览等,其中博物馆"见证——2020苍南战'疫'之路"是全省首个抗击新冠肺炎疫情见证物展,累计参观人数近 10000 人,获各级领导肯定。抢红、卫城等文化驿站全年举办各类高品质文化分享活动 44 场。全年全县组织文艺演出下基层活动 254 场,送书下乡44781 册,"文化走亲"8 场。疫情期间依托微信公众号和抖音平台,推出文化馆掌上课堂,免费提供 400 余门艺术慕课,举办 55 期抖音直播课堂,丰富群众宅家精神文化生活。文艺精品创作成果喜人。歌曲《高铁开进畲山来》获得温州市"五个一工程"奖,歌曲《啊衣呀》《满江红·战"疫"》在省级舞台上大放异彩。全年创作各类文艺作品 625 个,荣获省级以上奖项 20 个,市级奖项 91 个。苍南书城建成投用。县图书馆开展首届苍南读书月走进苍南书城系列活动 27 场。成立全县第一个乡镇全民阅读联盟——金乡镇全民阅读联盟。全年全县图书借阅量 28.5 万册次,到馆人次约 85 万人次。三是抓创新,促文旅融合,传承发展。自 2019 年初被列入浙江省文旅产业融合试验区培育试点县以来,苍南县紧紧锚定"文化进景区"标准化建设主攻方向,以矾山福德湾景区为试点培育单位,主抓"文化设施、文化遗产、文化产业、文化元素、文化服务""五进"景区,立足当地文化特色,深度解码"矾文化基因",推进文旅融合发展,被省文化和旅游厅命名为"浙江省文旅产业融合试验区"。积极开展海防、制瓷、炼矾三大体系及黄金海岸线沿线文物资源研究及提炼工作,被列为全省"文化基因解码"工作重点县。全面布局非遗进景区,全县 3A 级景区非遗业态覆盖率达 100%,常设非遗体验、展示展演 21 处。四是抓监管,促行业有序,平安运行。强化执法监管。落实执法数字化监管,深入推进"扫黄打非"、网络文学等专项整治行动。高度重视安全生产。扎实推进文旅市场安全隐患清剿,开展 A 级景区安全生产专项督查。强化行业管理。实施旅游行业"红黑榜"制度,建立定期抽查督查通报机制,积极开展"平安旅行社"创建活动,促进行业水平整体提升。加强疫情防控。及时研究部署文旅市场疫情防控工作,第一时间关停全县 67 家娱乐场所经营单位;对旅行社发布安全警示;督促 A 级景区、文化场馆等按要求落实防控措施,打赢疫情防控攻坚战。

(姜雪寒)

【中共龙港市委宣传统战部】 下设文化旅游科,2020 年末人员 6 人(其中:机关 1 人,事业 5 人;具有高级技术职务资格的 1 人,中级 1 人)。

2020 年,龙港市委宣传统战部文化旅游科围绕"十四五"规划任务目标,扎实抓好各项工作落实,在公共文化服务、旅游和非遗等领域齐头并进,以有力的工作举措取得了显著的工作成效。一是疫情期间护航文化产业平稳发展。帮助文旅企业转型自救和复工复产。立足"从早、从快、从准、从严、从稳",打响疫情防控阻击战,在防控常态化形势下,及时制定文化和旅游市场复工复产工作指南,组织人员上门为 30 余家文旅企业提供复工复产现场指导。组织 10 辆车发往安徽等地,接回员工 162 人,惠及 49 家企业,并为 62 家文化企业提供 3.5 万只口罩,帮助企业快速有序复工复产。同时,加大旅游企业扶持力度,为全市旅行社退回质量保证金 50 万元。激活文旅市场消费潜力。联合景区、旅行社、星级饭店等文旅企业,发放价值 160 万元的龙港本地文旅消费券。对龙港市内所有旅行社接待游客到龙港游玩和过夜的,给予旅行社一定补助,让"过路游"变"过夜游",促进"过夜游"消费,盘活旅游市场。利用网联会、龙港大叔等龙港本地关注度高的自媒体平台,开展龙港文化旅游消费市场推介

活动,累计宣传推介 52 家龙港当地美食特色店和旅游消费点。二是逐步提升公共文化服务水平。文化设施建设投入空前。龙港市文化中心建设工程投入 8700 万元,其中龙港文化展厅建成完工。龙港城市书房、文化驿站、河底高未来社区图书分馆(沿江图书馆)等建设基本完工。总投资 1.3 亿元的龙港图书馆(博物馆)建设有序推进。文化惠民活动异彩纷呈。举办"喜迎城市元年,续写改革新篇"龙港市第一个春节文艺晚会。精心举办"筑梦卅伍载,砥砺再出发"书画精品邀请赛和新春非遗展演活动。开展文化下乡演出、送春联、公益讲座培训等活动 30 多场。组织开展阅读、书写、竞猜等多种形式的 2020 年龙港市"世界读书日"线上阅读活动,参与人数达 5 万人。疫情期间,创作龙港市抗击疫情原创歌曲《决胜在春天》《最美逆行者》等各类文艺作品 20 多件,凝聚广大群众众志成城抗击疫情的强大力量。三是不断增强文旅融合发展动力。主动谋划文旅重点建设项目。做好"名人文章",推进姜立夫故居修缮工程,建设姜立夫纪念馆,整体建筑完工并投入使用。做好"渔字文章",在乾头村以"渔夫传奇"为主题,引进"三味"书坛、围棋基地等,通过建设民宿、民俗馆、龙舟训练基地等,打造乡村文化休闲和乡村旅游风景区。做好"文创文章",省成长型文化企业浙江晴耕雨读实业有限公司新厂房完工并投入使用,建成幽兰剪纸展示厅,展出独具龙港特色的文化创意产品 100 余件,充分展示全市在传统产业和创意设计深入融合方面取得的成果。同

时,整合地下商场现有资源,打造以传统文化、文化产业、"网红"直播等为核心,以城市书房、文化驿站、儿童乐园等为辅营的龙港文化创意街区,引领全市文创产业新风向。已引进 14 家文化机构和企业。积极开展 A 级景区村庄和省级特色印艺小镇创建。以 3A 级景区创建和市级研学基地创建为目标,实施梦江南生态园景区改造提升工程,积极推动梦江南生态园 3A 级景区创建。编制鲸头文化旅游风景区建设规划,开展鲸头村 A 级村庄创建。继续推进省级特色印艺小镇建设,完成小镇客厅规划设计,集众创空间、印刷新产品展示共享平台等多项功能。加大文旅宣传推介力度。开展"风味龙港、美食人间"龙港十大碗、十大名小吃评选活动,通过线上线下征集、网友投票和专家评审,评选出具有龙港当地特色的龙港十大碗、十大名小吃。举办梦江南生态园"全民网红节",集亲自互动、游乐嘉年华、"网红美食"的全民盛宴累计吸引游客 2 万人次。举办"聚势直播·共赢未来"龙港市"双千计划"启动仪式暨直播电商高峰论坛,打造龙港直播电商基地,推进"温州南部网红城市"建设,宣传推介龙港千种好货。积极开展国家公共文化服务体系示范区联动创建。进一步加大示范区联动创建工作的宣传力度。在全市主要位置摆放广告桁架,在公交站牌粘贴创建广告,在人员集中社区悬挂横幅标语,在单位(部门)LED 屏幕上滚动播放创建标语 200 余幅。在全市移动客服中普发示范区创建宣传短信 20 万条。发放纸质有奖问卷调查 8 万余

份,发放宣传品10000余份。开展微信有奖抽奖活动,参与答题并抽奖人数达2万人次,投放微信朋友圈广告8万人次。全方位、多视角、高密度开展宣传活动,努力营造全民了解创建、支持创建、参与创建的浓厚氛围。四是持续做好文化遗产保护传承工作。加强非遗保护与传承。开展龙港市级非遗项目、基地、传承人3项评审工作,评审出非遗基地6个、非遗项目11项、非遗传承人26人。着力推动"非遗在社区"、"五进"活动,将夹纻漆艺和太平龙迎新春作为年度主要推进项目,发挥非遗在维系邻里情感、促进社区和谐方面的重要作用。以

"多彩非遗,美好生活"为主题,开展一系列非物质文化遗产宣传展示活动,2批次开展非遗进学校、进机关、进广场、进社区、进乡村活动。组织专家开展"非遗口述史"编纂工作。推动文物修缮工作和公示公告牌制度落实。完成对张家堡双牌坊(省级文保单位)和瓦窑头2处文物的修缮工作。投入4.5万元完成龙港市区域内所有文物单位及场所的文物公示公告牌制作工作。五是切实加强市场监管力度。加强法治学习教育。把增强法律意识和能力作为推进监管工作的重要抓手,有效提高了负责人依法行政业务素质。加强执法工作。强化依法治

理,规范旅游市场,将旅游市场日常监管和节假日巡查工作常态化。联合龙港市综合执法局,展开相关旅游市场综合巡查31次。加强网吧、娱乐场所监管,通过专项行动与定期巡查相结合,重点时段与重点区域相结合,联合综合执法局、消防志愿团队等,共巡查63次,出动人员221人次,巡查行动共查封10家网吧、4家KTV。加强文物安全监管,针对重点文物保护单位制定相应的应急预案,出台一系列动态巡查管理制度,落实文保员责任。开展文物安全巡查18次,出动120余人次,发现安全隐患47处。

(叶德文)

湖州市文化广电旅游局

【概况】 内设职能处室 11 个，下属事业单位 8 个。2020 年末人员 175 人（其中：机关 34 人，事业 141 人；具有高级技术职务资格的 25 人，中级 64 人）。

2020 年，湖州市文化广电旅游局坚持新发展理念，统筹推进疫情防控和文化旅游发展，在危机中育先机，于变局中开新局，文旅融合深层次推进，文化和旅游综合实力跃上新台阶，圆满完成年初确定的各项目标任务。湖州市获批全国唯一的文化和旅游公共服务机构功能融合试点。德清莫干山获批国家级旅游度假区，吴兴区创成省级全域旅游示范区，安吉、长兴、德清分列 2020 年全国县域旅游综合实力第 1、第 3 和第 9 位。全市接待游客 1.12 亿人次，同比恢复 84.8%；实现旅游收入 1284.62 亿元，同比恢复 84%；其中过夜游客 4431 万人次，同比恢复 92.2%，恢复率居全省第一。

一、加快实现文旅市场复苏

统筹打好新冠肺炎疫情防控和文化旅游发展"总体战""组合拳"，开创文化和旅游发展新局面。

（一）疫情防控科学务实

全省率先关闭全市公共文化场馆（场所）1100 家、文化娱乐场所 540 家、A 级景区 75 家，暂停文旅活动 78 场、劝退旅游团队 374 个。抓实抓新疫情防控和复工复产，首创《星级饭店、民宿前台防疫操作五步法》，出台 12 类文旅场所防控指南，全市文旅企业未发生因疫情引发的安全事故。完善假日市场保障机制，建立领导带班检查、多部门联动检查、市场督查整改、景区工作联络、文旅市场日报"五项制度"，4A 级以上景区严格落实"预约、限量、错峰"措施，全部实现线上预约、实时监管和远程引导。图书馆、文化馆、博物馆（美术馆）、大剧院等文旅场所守牢守好"小门"。

（二）"稳企业 保主体"精准有效

全省率先发布行业重振"十项举措"，实施文旅产业"黄金抢救期"行动。文旅服务专员"一对一"进企业现场摸实情，以"全程代跑"方式累计兑现奖补资金、旅行社质量保证金暂退、贷款贴息等各类资金 7000 余万元。化解涉疫出境旅游退团退费难题，全市 361 个团组、2664 人 100% 达成和解退费 1552.37 万元。通过"文旅绿贷通"，推出"战'疫'贷""民宿贷""景区贷"等 17 种金融信贷产品、"相约民宿"等 19 个保险产品，惠及文旅企业近 2000 家。全市文旅项目在全省率先实现应复尽复。组织开展文旅"云课堂"线上教学，累计组织培训 15 批次，培训学员 3689 人次，助力文旅企业转型复苏。

（三）复工复市先声夺人

全国首个启动疫后旅游复苏专项行动，市委书记、市长联名发布"春天，我和湖州有个约会"旅游邀请函。全国首发"健康之旅"精品旅游线路，全国首创市长与董事长携手直播带货模式，全省率先成立安心游"零零联盟"，开通携程旅游湖州旗舰店，全国首个民宿目的地官方旗舰店在飞猪平台上线，实施小红书"网红城市"行动计划，首发总价值超过 1.98 亿元的旅游消费券 56.5 万张，发放招揽奖励 805.24 万元，累计预订房间数达 16.5 万间，招揽游客 40262 人。暖心接待 5 个批次 1347 名全省援鄂医护人员到湖州疗休养。6 月起，旅游业单月接待指标"转正"，是全省第 1 个实现单季度正增长的地级市，南浔古镇、太湖龙之梦、安吉余村等成为央视、新华社等主流媒体报道对象和"网红打卡地"。

二、增强文旅发展新动能

拓展"绿水青山"向"金山银山"转化通道，打造全域"美丽大花园"，文旅行业高质量发展新动能持续显现。

（一）区域协调发展内外发力

滨湖旅游城市建设进程加快，召开争创国家全域旅游示范市暨村庄景区化全覆盖推进会，"城、镇、村"景区化加速，全市新增 4A 级旅游景区 5 个，3A 级以上景区城 4 个、景区镇 24 个，新入选全国乡村旅游重点村 4 个，打造党建引领示范景区村庄 10 个，A 级景区村庄达到 727 个

（3A级154个），在全省率先实现宜创景区村庄全覆盖。全面融入长三角一体化，创新实施长三角产业合作区（1地6县）文旅联合行动，举办第二届长三角乡村文旅创客大会、环太湖生态文化旅游圈合作共建推进会，发布"从苕溪到黄浦江"精品旅游线路，湖州成为上海"周边游"首选地。加快区域合作共进，积极参与杭州都市圈、G60科技走廊9城市、京杭大运河沿河城市合作，组团参加江苏大运河无锡展、苏州国际旅游展等系列活动。深化"文化走亲"品牌，与上海、丽水、宣城等周边城市和市域内县（区）开展"诗行远方""文旅走亲"活动365场次。

（二）文旅项目攻坚扎实推进

深化推进"领导联系、季度例会、督查通报、项目预评、专题会商、专项考核"6项制度，推广应用"六个一批"项目库管理机制和"文旅项目数字地图"，安吉县承办全省文化和旅游重大项目集中开工仪式主会场活动。全市230个文旅项目年度完成投入203.2亿元，完成年度任务的122.7%。项目招引力度加大，全市共招引签约文旅大项目71个，投资总额达674.4亿元。德清中国文旅城项目总投资超100亿元，吴兴区泊心湾等8个项目列入全省服务业重大项目。

（三）文旅深度融合全面落实

"文化基因解码工程"持续推进，推出"丝韵、笔韵、茶韵、水韵、古韵、红韵"六大特色线路，高质量建设10张省级文旅"金名片"，重点培育60个文旅IP，南浔大象酒店、德清新市小镇等文旅融合项目进展顺利。文化和旅游产业融合发展不断深化，长兴县、安吉县入选首批"浙江省文旅产业融合改革试验区"。全市成功创建省级高等级民宿28家、高品质旅游饭店13家，安吉县山川乡创成省级乡村旅游产业集聚区、报福镇创成省级旅游风情小镇，德华集团控股、织里国际童装城创成省级工业旅游示范基地，湖州王一品斋笔庄创成省文化产业示范基地，安吉牛牸坞农业创成省中医药文化养生旅游示范基地，长兴县吕山农村产业融合发展示范园创成省级农村产业融合发展示范园。举办第二届创意设计美宿和风尚民宿之星"双十"选树活动、首届非遗·乡村旅游"牵手"活动、首届"湖宿手信"乡村民宿伴手礼大赛。文旅消费体验持续升级，"闲步苕雪"湖州文旅市集、"水晶晶南浔"夜集市、龙之梦乐园太湖古镇水秀演艺及南太湖"五彩之夜"等新消费人气火热，"百县千碗·湖州味道"美食品牌进一步打响。举办"诗画浙江"夏日推广季暨湖州文旅消费季活动，湖州市、德清县、长兴县、安吉县成功创建省级文化和旅游消费试点城市。

三、稳步提升文化软实力

持续推进优秀文化传承发展，繁荣文艺精品和公共文化产品，文化赋能旅游走向深入。

（一）传统文化保护利用创新开展

传承发展优秀传统文化积极主动、成效明显，获省政府激励。加强文物与遗址保护，公布全市首批市级考古遗址公园，安吉县八亩墩龙山大墓考古发掘入围"全国十大考古新发现"初选项目，长兴县新四军苏浙军区旧址被纳入第三批国家级抗战纪念设施、遗址名录，湖州三跳入选第五批国家级非物质文化遗产项目公示名单。加快文化遗产活化利用，创新实施文物认养计划，全省首家文物活化利用城市书房开馆运行。天宫羽毛扇、诸老大粽子、绫绢册页等商品入选浙江省第二批非遗旅游商品。开通"水晶晶南浔"水上游线，成立京杭大运河古镇联盟，举办陆羽茶文化节、新市蚕花庙会等活动。德清县蚕桑丝织文化传承生态保护区成功创建省级文化传承生态保护区，长兴县小浦镇入选"浙江省戏曲之乡"。

（二）文艺精品创作持续繁荣

组织发动广大文化工作者新创作湖剧《人间有情春满园》、湖州三跳《爱心接力捐善款》、歌曲《等你回来》及书法、美术等抗疫文艺精品300余件。越剧小戏《抱金猪》获全省新农村建设题材小戏会演金奖，小品《飞驰人生》《民宿有约》获全省第31届戏剧小品邀请赛银奖，舞蹈《蚕一生息》《迎着朝霞说晚安》获全省群众舞蹈大赛银奖，《戴叔伦诗一首》《归有光文五则》获省群星行草书法大展金奖。文艺活动精彩纷呈，圆满完成湖州市第九届南太湖艺术节各类赛事活动，南浔区推出"水晶晶女孩"全国选拔赛，打造全国首档"网综＋微综"青春偶像竞演综艺节目。德清县新市镇和安吉县孝丰镇赋石村入选第二批浙江省文艺创作采风基地名单。

（三）公共文化供给力度加大

公共文化设施建设进一步完善，南浔区非遗馆建成开馆，安吉县博物馆、长兴县（太湖）博物馆获评国家二级博物馆，长兴县、德清县图书馆荣获"全民阅读示范基地"。文化艺术惠民力度加大，全年送戏下乡 660 场，送书 89620 册，送讲座、展览 835 场次，线上线下联动举办"全民阅读节""世界博物馆日""美术馆之夜""艺术大师进校园""宅艺起"等系列惠民活动，累计免费提供电子书籍 40 万余册、有声读物 56.2 万集、视频 7.4 万个，组织抗击新冠肺炎疫情等各类主题展览 200 余场次、表演艺术作品展示等 50 余期，"空中剧场"等系列线上观演剧目 85 期。主题品牌打造有序推进，举办"绿水青山就是金山银山"理念提出 15 周年系列文化文艺活动，联合全国 22 家公共图书馆成立全国生态文明示范市图书馆联盟，举办"印画绿水青山"全国名家湖州绘画写生邀请展、"书怀绿水青山"全国美术馆界第二届书法邀请展等主题活动，"湖州之远"特展走进上海历史博物馆，文博和美育品牌进一步打响。

四、文旅服务主客共享

全面提升文旅公共服务品质，创新智慧服务和标准化建设，全方位、多角度增加服务供给、提升服务水平。

（一）文旅公共服务融合全面推进

打造"线上资源互通、线下主客共享"文旅公共服务体系，获批全国唯一的文旅公共服务综合性试点，全国文旅公共服务机构功能融合试点培训班在湖州召开。加快打造主客共享文旅空间，新建城市书房 13 家，利用综合文化站、农村文化礼堂、旅游服务中心等改造具有当地文化印记的文旅

驿站 6 家，完成新建扩建旅游厕所 172 座，百度上线率 98%。通景道路"四建四化"建设提速，新增旅游景区标识标牌 20 块。南太湖新区打造多功能旅游巴士换乘中心，加快游客服务品质化提升。

（二）智慧文旅建设创新开展

启动"智慧文旅数据治理项目"，完成"云游湖州"支付平台、AI 服务和 VR 游内容建设，4A 级以上景区全部实现线上预约、实时监管和远程引导。整合 36 个景区和 9 个电影院推出"惠游卡"，面向市外游客推出 24 小时和 48 小时"转转卡"，实现"一卡在手，玩转湖州"。主动适应"限量、预约、错峰"新要求，线上整合旅游景区、酒店与文旅公共服务设施资源，将涉旅数据接入"政务云"体系和支付宝、飞猪、携程等第三方数据平台，满足游客"吃住行、游购娱"一站式服务需求。

（三）标准化示范样本全面形成

制定发布《示范景区村庄服务质量指南》《乡村酒店基本要求与评价》等地方标准 3 项，以德清县乡村民宿地方标准为蓝本的《乡村民宿服务质量规范》国家标准发布实施，填补了全国乡村民宿标准的空白。安吉县大力发展全域旅游，畅通"绿水青山"向"金山银山"的转换通道，长兴县"九个一"机制推动民宿高质量发展先后刊登在省《领跑者》刊物上，获省委书记、省长批示肯定。

五、文旅治理全面推进

深化改革创新，加快构建文旅现代化治理体系，创新文旅事业和行业治理方式，治理能力和水平不断提高。

（一）持续深化市场管理体制改革

探索文旅安全"无隐患"管理，推进安全隐患"洗楼式"排查见底专项行动和文旅行业隐患排查专项行动，督促指导公共文化场馆、娱乐场所、星级饭店和 A 级旅游景区等重点场所完成排查整改。实施旅游新业态监管启航行动，制定出台《湖州市旅游新业态安全监督管理办法》，持续强化对部分无行业标准、无运营规范、无监管主体的旅游新业态项目监督管理。完善文化市场综合行政执法运行机制，实施"五环"监管模式，以"一图一表一机制"推动多部门全过程联合监管，全年累计出动执法人员 6000 余人次，检查各类场所 9601 家次，监管演出 50 余场次，文旅市场国内投诉同比下降 63.6%，办结率、满意率均达到 100%。

（二）加快完善机构单位改革

完成文化市场综合行政执法体制改革和局属事业单位机构改革，整合组建市文化市场综合行政执法队、市博物馆（市美术馆）、市旅游公共服务中心（市乡村旅游事业发展中心）等 8 个事业单位，机构设置、单位职责、人员编制进一步优化，形成全新的事业单位组织保障、管理体制和运行机制。

（三）高效推进人才管理体制创新

加快人才选树和提升，扎实推进"六个一百"领军人才培养工程，与浙江大学合作举办湖州市推动文旅融合发展专题研讨班。实施文化市场综合行政执法队伍"启航计划"，湖州代表队获全省文化和旅游市场法律法规知识竞

赛团体一等奖。局系统受省以上表彰100多项。市图书馆获评浙江省巾帼建功先进集体,市文化馆青年歌唱家刘若颖入选南太湖高端文化B类人才。德清缦田酒店管理有限公司徐萍、湖州云鹤双林绫绢有限公司郑小华入选2020年度全国乡村文化和旅游能人支持项目名单,湖州新国际旅行社徐陈琦获评2020年"全国金牌导游",天煌大酒店姚国兴获首届"最美浙江人·最美文旅人"提名奖。

六、强化文旅党建品牌

坚持党建与业务两手抓、两促进,为文化和旅游融合发展夯实基石。

(一)党的政治建设不断深化

坚持把政治建设放在首位,严格执行《关于加强局党委自身建设的决定》。基层组织建设得到加强,在参与城市精细化管理路长制考核中连续5次名列前十。行业党建持续深化,联合市委组织部出台《全市党建引领景区村庄建设三年行动计划》,举办党建引领景区村庄建设工作现场会暨营运培训班。

(二)党风廉政建设不断加强

突出清廉机关建设,制定出台《湖州市文化广电旅游局清廉机关(单位)建设标准》,针对市巡回督导意见,开展集中整改,排查局系统廉政风险点。注重日常监督管理,出台《党员干部谈心谈话制度》等内控制度30余项。注重廉政警示教育,党员干部拒腐防变和抵御风险的能力进一步提高。

(三)干部队伍建设不断优化

加强干部监督管理,出台《局管干部重大事项报告制度》《科级领导干部兼职管理规定》等,动态管理局系统科级干部廉政档案。发挥干部模范作用,发动党员志愿者8000余人次参与疫情防控、路长制巡查、文明城市创建等中心工作,选树表彰疫情防控和复工复产"双十双百"典型。加大干部培养力度,出台《关于加强年轻干部队伍建设的实施意见》,举办青年干部培训班,通过教育培训、导师帮带、轮岗交流、上挂锻炼和一线磨炼等"六个一批"举措,提升年轻干部综合素质。全年新招录高层次人次7人、交流调入4人,提拔科级领导干部7人次、晋升职级15人次。

【大事记】

1月

28日 莫干山民宿协会在全国首发《致敬一线医务工作者的倡议书》,全省援鄂浙江医疗队5个批次1347名医护人员先后到湖州疗休养。

2月

7日 全省率先发布《关于应对疫情支持旅游企业共渡难关的十条举措》。市四套班子领导先后赴文旅企业开展"三服务"活动,累计为56家旅行社暂退质量保证金1178.5万元,为文旅企业争取贷款121.62亿元、提供保额36.95亿元。

3月

4日 "春天,我和湖州有个约会"旅游复苏专项行动在沪启动。湖州先后与携程、澎湃新闻、小红书、支付宝等达成战略合作,市委、市政府主要领导联名发布"春天里,我们相约湖州"旅游邀请函,发放56万张、价值1.98亿元的旅游券。

10日 全省2020年文旅重大项目集中开工仪式在安吉举行。湖州41个亿元以上项目参加集中开工,所有文旅项目率先实现应复尽复。

27日 "春和景明,绿水青山健康行"长三角旅行商大会在湖州举行,来自长三角25个城市的旅游行业协会、重点旅行商负责人共商疫情企稳后重振旅游业。

4月

25日 "2020莫干山大型户外公益集体婚礼"在莫干山举行,中国工程院院士钟南山和李兰娟分别通过语音和视频为所有新人送上新婚祝福,新浪微博阅读量超1.3亿人次。

5月

1日至3日 湖州成为长三角区域游客选择住酒店去度假的第一目的地。湖州成为携程、驴妈妈、美团等OTA平台上海"周边游"首选地,长三角度假旅游热门目的地。五一期间,全市精品民宿、高端度假酒店预定呈现"一房难求",德清裸心谷、吴兴慧心谷、南太湖月亮酒店、长兴开元芳草地等热门民宿、酒店平均入住率95%以上。

6月

8日 湖州成为全国唯一文旅公共服务综合性试点。湖州全市域打造城乡文旅公共服务圈,推动文旅公共服务"线上资源互通、线下主客共享"。

7月

22日 "走遍世界'暑'浙里好玩"——"诗画浙江"夏日文旅推广暨湖州文旅消费试点启动。

湖州成为全省唯一实现省级文旅消费试点市、县 2 级全覆盖的地级市，推出"闲步苕雪"文旅市集、非遗直播带货、千万级云闪付促消费活动和面向市内外游客的"惠游卡""转转卡"，旅游业从 6 月开始在全省率先实现正增长。

8 月

7 日至 8 日　由浙江省文化和旅游厅、湖州市人民政府、清华长三角研究院指导，湖州市文化广电旅游局、安吉县人民政府、携程集团联合"一岭六县"文旅部门共推举办的长三角产业合作区（一岭六县）文旅联合行动暨"生态旅游"文旅产品采购大会在安吉召开。

14 日　写意·美丽中国——"绿水青山就是金山银山"理念提出 15 周年创作系列活动开幕。活动中，邀请全国具有影响力的 15 位艺术家和 35 位书法家创作具有湖州特色的精品力作，发起成立"全国生态文明示范市公共图书馆联合体"，上线"生态文明文献资源平台"，举办"白＋黑""线上＋线下"不打烊生态文明展览展示活动，全面展示湖州的"生态之美""精致之美"和"全域之美"。

9 月

23 日　第二届长三角乡村文旅创客大会在德清举行。"长三角乡村文旅创客行动"成为全省唯一入选的全国文旅创客项目。

10 月

1 日至 8 日　太湖龙之梦乐园、南浔古镇、德清县钟管曲溪村、长兴百叶龙等先后亮相央视《新闻联播》、浙江卫视《新闻联播》等，湖州成为市民游客"网红打卡地"，"在湖州看见美丽中国"品牌全面打响。

14 日　"同饮太湖水·共唱太湖美"环太湖生态文化旅游圈合作共进会上，知名主持人、学者白岩松通过视频的方式讲述他和湖州多年的缘分。

15 日　2020 第三届长三角 3 省 1 市旅游协会联席会议在湖举行。浙江、江苏、上海旅游协会及安徽泾县文化和旅游局负责人先后做了主旨发言；3 省 1 市旅游协会签署了打造长三角文旅融合高质量发展旅游目的地框架协议；举行了 2020 长三角文化和旅游融合发展总评榜颁奖典礼、"长三角旅游协会自驾与房车露营联盟"授牌授旗仪式、"生态旅游长三角，绿水青山再出发"启动仪式。安吉县余村获"2020 长三角红色旅游示范基地"奖项，南太湖新区获颁"长三角一体化工作突出贡献奖"。

24 日至 28 日　承办全国文化和旅游公共服务机构功能融合试点工作培训班，作为全国唯一一文旅公共服务融合综合性试点单位，向全国各个省（区、市）介绍并实地展示"湖州经验"。

11 月

26 日　湖州市获全省文化和旅游市场法律法规知识竞赛第一。湖州全面实施文化市场综合执法队伍"启航计划"，在全省率先出台《旅游新业态安全监督管理办法》，多部门全过程联合监管的经验做法获省文化和旅游厅和省安委办肯定和推广。文旅市场国内投诉同比下降 63.6%，办结率、满意率均达到 100%。

12 月

15 日　德清莫干山国际旅游度假区成功创建国家级旅游度假区。湖州成为全国唯一拥有 3 个国家级旅游度假区的地级市，总数占全省一半。

17 日　湖州市成功创建"全国旅游标准化示范城市"，全省首家文物活化利用城市书房正式开馆。湖州在全省率先制定实施示范民宿和示范景区村庄服务质量指南等 10 项地方标准，德清民宿标准上升为国家标准。全市累计建成城市书房 35 家，高等级民宿达到 97 家，A 级景区村庄达到 727 个，在全省率先实现宜创景区村庄全覆盖。

（潘　瑾）

湖州市县（市、区）文化和旅游工作概况

【吴兴区文化和广电旅游体育局】内设机构 7 个，下属事业单位 5 个。2020 年末人员 34 人（其中：公务员 8 人，参公 10 人，事业 16 人；具有高级技术职务资格的 0 人，中级 0 人）。

2020 年，吴兴霞幕山山地度假旅游被列为全省首批山地度假发展试点，承办"省文化和旅游资源开发专项改革试点"工作推进会、省文化市场综合行政执法工作推进会。一是疫后帮扶工作精准到位。根据全区旅游企业自身特点和实际困难，迅速研究《关于支持帮扶旅游企业疫后渡过难关的十条举措》的操作细则，从金融支持、运营帮扶和宣传推广等方面拨付各类扶持资金 1700 多万元。结合深化"三服务"活动，共走访企业（项目）65 家次，解决问

题58个,实现惠企政策快速兑现,帮助企业共渡难关、全力复工复产。区主要领导带队赴上海等城市开展长三角文旅推介营销,举办长三角26个城市旅游协会推介会。开展第六届菰城文化旅游节等"春来游吴兴"系列活动20余场,率先促进旅游消费返潮。联合携程、小红书、驴妈妈等多个OTA平台进行推广,多种形式派发旅游消费券,开展线上义卖直播。二是第四届世界乡村旅游大会筹备工作有序推进。按照"明确责任,高标准筹备;打造亮点,高质量办会;放大效益,高水平呈现"的总要求,扎实推进各项筹备工作。与携程集团、巅峰智业等国内知名文旅企业多次会商,就大会整体策划、产品衍生、亮点打造及营销推广等方面进行深入研究,初步形成大会整体策划方案。通过开展"五个一"活动,在大会期间穿插吴兴乡村旅游元素,展示品牌特色。结合"在湖州看见美丽中国"品牌打造,精心谋划,启动全区文旅宣传片拍摄工作,努力以乡旅大会为契机,集中展示吴兴文旅资源。区领导牵头召开例会15次,成立工作专班集中推进会址建设,潞村运营、乡旅学堂等工作取得明显成效。三是文旅项目双进成效明显。全年线上线下共接洽文旅业客商212批次,在谈项目23个,已引进文旅项目8个,总投资140亿元,5亿元以上项目5个。精准把控项目准入门槛,积极推进项目预评估机制,发挥项目推进周例会制度,强化跟踪服务,及时协调解决项目推进中的问题和困难,已召开例会12次,解决问题18个。项目实行动态管理,截至

10月已完成年度计划投资的101.5%,43个重点文旅项目完成投资额26.88亿元,其中已竣工运营项目9个。围绕建设高品质国家级旅游度假区总目标,编制西塞山国家级旅游度假区创建实施方案,加快基础设施建设和提升,不断夯实国家级旅游度假区创建基础。持续夯实钱山漾省级旅游度假区创建基础,协助做好丝绸小镇、美妆小镇、原乡蝴蝶小镇考评,深入做好特色旅游小镇文章。四是文化发展水平显著提高。区图书馆、区文化馆、区非遗馆装修基本完成。新建城市书房、振兴书栈各1个。组织申报浙江文艺创作采风基地。以全国文明城市复评为契机,加强对乡镇街道综合文化站和社区文化活动中心建设,实现文化共享清单进农村文化礼堂全覆盖。开展"菰城讲堂""阅读Ta力量"等系列特色活动12期,组织"同建美丽乡村·共享美好生活"等公益性文化演出40场,开展艺术战"疫"吴兴区抗疫美术作品集《云上展》等10场公益展览。承办湖州市"文化和自然遗产日"活动,组织"寻梦下菰城"等民俗活动。新创作舞台类和视觉类作品68件,参加市第九届南太湖艺术节六大类赛事,获4金7银16铜,金牌数位列第二。新创编景区演绎舞台剧《吴兴赋》《太湖白》《湖泊女儿情》等,代表湖州市参加2020年省级文艺精品赛事。五是旅游业态加快提档升级。大力推动"百城千镇万村"景区化工作,成功创建3A级景区城1个、景区镇4个,3A级景区村庄5个。82个宜创村全部创成A级景区村庄,实现A级景区村庄全

覆盖。开展"A级景区提档升级暨安全管理攻坚月"行动,促进全区A级景区品质提档升级。持续推进太湖溇港创建工作,培育湖州三街、灵粮农场等创建3A级景区。成立吴兴区民宿协会,出台协会管理条例,完善《吴兴区民宿管理办法》,编印《吴兴区民宿审批指南》,规范行业发展。觅麓、罗德岛等4家民宿获评湖州市十大创意设计民宿和湖州市十佳风尚民宿之星。全面推行行业信用承诺制,指导各星级酒店做好垃圾精准分类、践行"光盘"行动等工作。创建"百县千碗·湖州味道"旗舰店2家、示范店4家。六是文旅市场安全规范。全局70项行政服务事项始终以"一次办结"为目标,确保走在前列。共完成填录互联网上网服务营业场所47家,娱乐场所经营单位40家,文艺表演团体4家,游艺娱乐场所2家,演出场所经营单位1家。基本实现在突发公共事件发生前后城乡居民能及时获得政令、信息等服务,切实有效地起到了宣传预警和舆论引导作用。涉疫旅游纠纷处置成效突出,全年共处理有效旅游投诉178起,投诉办结率100%,未发生群访群诉和网络舆情负面事件。在统筹推进市场疫情防控和复工复产的同时,共出动文化市场执法检查527次,检查场所2758家次,执法办案9件。责令改正违法违规行为175起,收缴非法、盗版出版物2143册,向网吧、娱乐场所分发防疫台账资料、宣传标识600余份,及时受理并有效化解各类投诉及纠纷200余件。严格监管旅游新业态,严防安全事故的发生。

(程建国)

【南浔区文化和广电旅游体育局】 内设职能科室 7 个，下属单位 6 个。2020 年末人员 43 人（其中：公务员 8 人，参公 10 人，事业 25 人；具有高级技术职务资格的 2 人，中级 8 人）。

2020 年，南浔区文化和广电旅游体育局紧紧围绕区委、区政府工作部署，秉承"文化乐民、旅游富民"宗旨，在文化文艺、旅游开发、产业发展、市场管理等方面主动发力、创新破难，顺利完成全年各项工作目标任务。一是文化事业繁荣发展。区图书新馆进入装修设计阶段，菱湖镇文体中心建设推进有序，练市文化站完成搬迁，双林镇文化站完成改造。新建城市书房 1 家、城镇书房 1 家，乡镇文化驿站实现全覆盖。善琏镇入选全国文旅公共服务机构功能融合试点建设。提升《永不褪色的红军被》大型歌舞剧等 5 个作品，完成 3 个省、市重点文艺项目申报。入选浙江省群星行草书法大展作品 1 件、第二届群星书法小品展作品 1 件，《抱金猪》荣获浙江省新农村建设题材小戏会演金奖。在湖州市第九届南太湖艺术节上获得 5 金 8 银 15 铜佳绩，奖牌数量居全市第一。承办 2020 年浙江省新农村题材小戏会演及第九届南太湖艺术节音乐专场暨开幕式等大型文艺活动 3 场次，举办"水晶晶南浔"品牌文艺活动和"文化走亲""文化下乡"等系列基层文化活动 480 余场次，配送图书 2 万册。完成小莲庄东升阁等 7 处不可移动文物修缮工程，审核报批 22 处各级不可移动文物修缮方案。启动 45 座古桥"一图一库一清单"个性化保护和修缮方案制订。出台非遗代表性项目和代表性传承人管理办法。举办"水晶晶南浔"非遗系列活动 30 余次，拍摄抢救性保护纪录片 2 部，开发非遗文创产品 10 余种，其中 2 件入选省优秀非遗旅游商品推荐名单。二是资源开发提档加速。制定出台《南浔区创建浙江省全域旅游示范区实施方案》《南浔区创建浙江省 4A 级景区城实施方案》，启动《南浔区全域旅游发展规划》修编，全面推进全域旅游示范区创建。启动菱湖古镇国家 3A 级旅游景区创建、石淙旅游风情小镇创建及千金旅游风情小镇培育工作，南浔古镇景区作为湖州市全国旅游标准化示范城市试点完成国家级实地验收，创建 1 个 4A 级景区城、1 个全国旅游重点村、3 个省 3A 级以上景区镇、70 个 A 级以上景区村庄（其中 13 个 3A 级景区村）、2 家省级精品民宿、11 家市级休闲农场、2 家区级二星级农场，完成荻港渔庄、丽菁大酒店等 6 家美食企业"百县千碗·湖州味道"第一批消费体验场所认定，荻港渔庄入选"诗画浙江·百县千碗"首批特色美食体验店。举办"会诗南浔 走运湖州"京杭大运河（浙江）诗路走运之旅暨"水晶晶南浔"水上游线开通仪式、南浔古镇"虾客大会"等重大文旅活动。举办善琏湖笔文化节、石淙花海龙虾节等特色文旅节庆活动 10 场次。推出线上虚拟体验旅游、"南浔人游南浔"等活动，吸引游客 5 万余人次。推出"全国医护人员免费游南浔""夜宿南浔"等活动，致敬逆行者。制定南浔区"文化基因解码工程"实施方案，完成 20 个重点文化元素清单梳理和 5 个重点文化元素解码，形成"一表一文一库"，编撰"浔迹丛书"第二辑 5 册，出版"浔根丛书"第七辑 2 册，实现"文化基因解码"的转化利用。三是文旅产业持续壮大。全区 38 个建设类文旅项目全年完成总投资 33.8 亿元，完成年度计划投资总额的 112.7%，大象酒店、太阳酒店·渔人码头、"漫南浔"走运之旅等重点文旅项目稳步推进。全年招引文旅项目 3 个。出台《南浔区旅游发展专项资金奖励补助办法》，加大文旅项目奖补力度。建成南浔古镇北部主出入口游客中心，建立"一图一码一程序"智慧导览系统，集成"吃住行游购娱"一站式智能化旅游服务总入口，提供智慧讲解、"码上查询"便捷服务。完成新改建旅游厕所 27 座，新增标识标牌 8 个。开通"水晶晶南浔"水上游线，建成荻港美食街区、湖笔创意街区等 2 个特色街区，完成"百县千碗·四象八牛"之"刘氏嘉宴"开发和南浔美食手绘地图。加大区域合作力度，制定《南浔区与青浦区旅游合作方案》，发布"风雅桐乡－水晶晶南浔"精品旅游线路。参加各类文旅推介会 10 场，新增 5 家市级职工疗休养基地，成立京杭大运河古镇联盟，首发《大运河诗路》专题片。加大市场营销力度，打造全新南浔文旅品牌宣传口号，南浔古镇与小红书签订入驻战略合作协议，南浔 190 余家旅游企业全市率先在携程平台上线，南浔区和南浔古镇荣获全域旅游优质目的地；开展"水晶晶南浔"文旅消费季活动和"水晶晶南浔"夜集市活动，派发优惠券 2 万张，累计带动消费 4000 万元。四是市场管理不断加强。疫情发生后，及时关闭文旅场所 300 余家，取消春节期间旅游人数1232人,妥善处理涉疫旅游投诉40余件,办结率和满意率均达100%。疫情常态化防控期间,严格督促文旅行业企业落实各项防疫措施,特别是景区落实"预约、错峰、限流"措施,全区文旅行业系统新冠肺炎疫情"零发生"。完善工作机制,与全区文旅企业面对面签订安全责任书144份,制定《湖州市南浔区旅游新业态项目多部门全过程联合监管实施办法》《关于进一步加强全区文化广电旅游体育(文物)安全管理工作的通知》。加大执法力度,开展各类专项行动11个,累计出动执法人员2410人次,检查文化市场经营单位2459家次,立案查处案件20起。制定《湖州市南浔区文化旅游行业信用信息管理及分级分类监管指导意见》,推进信用查询和不良惩戒制度。推进文旅行业"最多跑一次"改革,进一步简化审批手续,缩短承诺时限,累计办件53件,即审即办率100%。配合推进基层一支队伍管执法试点工作,下放30项行政处罚事项到练市镇。每月进行130家次以上掌上执法,开展2次文化市场"双随机"抽查。南浔博阳开元名庭酒店成功创建金鼎级特色文化主题饭店,完成四星品质旅行社复核2家、三星级饭店复核1家。建立首批南浔旅游饭店志愿讲解员队伍40余人,开展"文明餐桌""公勺公筷""光盘""垃圾分类"行动,严格落实星级饭店限制一次性消费用品行动,推动落实小份菜、分餐制。举办文化礼堂管理员、乡村旅游人才等各类培训班8期,培训3000余人次。

(申宗民)

【德清县文化和广电旅游体育局】内设机构11个,下属事业单位6个。2020年末人员100人(其中:机关19人,事业81人;具有高级技术职务资格的8人,中级29人)。

2020年,德清县文化和广电旅游体育局围绕中心服务大局,不断深化优质公共文化服务向基层延伸,公共文化服务效能不断提升,全县艺术与公共服务工作取得明显成效。在公布的浙江省基层公共文化服务评估指标数据中,德清县位居全省第13名。小品《民宿有约》获第九届南太湖艺术节创作金奖、《带班与跟班》获省新农村建设题材小戏会演银奖,舞蹈《山里的书房》入选省农村文化礼堂建设成果展演暨"三团三社"成果展演。一是文旅市场复苏。全县共接待游客2214.7万人次,同比增长0.2%;旅游总收入330.54亿元,同比增长4.9%;过夜游客1058.8万人次,同比增长16.4%。面对疫情,及时制定出台《应对疫情支持文化旅游体育企业平稳发展的十条意见》《应对疫情支持民宿产业发展政策意见实施细则》,创全国之先,助民宿复苏;修订《关于促进全域旅游产业发展的十条意见》《民宿发展管理办法》《德清旅游套票奖励实施办法》《外地旅行社组团来德清旅游奖励实施办法》等4个"硬核"政策,提振旅游市场信心,激励旅游企业发展;出台《落实湖州市乡村促进条例工作方案》和《旅游新业态安全监督管理实施办法》,加快推动文旅产业高质量发展。《跨省团队游重启利好我省旅游业发展,但行业全面复苏仍需加大帮扶力度》获

省委书记袁家军批示;《德清县"四融合"推动国家级旅游度假区平台升级和消费提质》获副省长成岳冲批示;德清县被评为2020年度中国文旅融合发展名县(区)案例,入围中国文旅融合发展名县;获评浙江文化和旅游产业融合发展十佳县区(全市唯一);入选首批浙江省文旅消费城市试点。二是文化公共服务。新市镇成功创建浙江文艺创作采风基地、省级文化强镇,钟管镇曲溪村成功创建省级文化示范村。德清县图书馆被评为全国全民阅读示范基地。基层文化设施项目改造提升,新建两家城市书房,累计建成5家。高质量打造新市镇"文旅生态圈"项目。建成新市古镇游客中心、新市文史馆、西安社区3个文旅驿站。全年开展惠民演出活动下乡416场次,送讲座、展览下乡540场次,送书下乡16389册次。大力推进全民阅读,开展"驻馆作家""一座城、一个人、一本书""春晖讲堂"等优质品牌服务,吸引读者100万人次;继续推行"德清人免费游德清""工大师生优惠游德清景区活动"等惠民活动。开展镇(街道)年度文化重点工作思路调研摸底,"三服务"指导各镇(街道)开展关于属地文化元素梳理等工作,制定"一镇一策"文化考核。根据下沉式走访服务和调研,印发《关于做好2020年德清县镇(街道)基本公共文化服务绩效评估的通知》《2020年德清县农村文化礼堂管理使用实施方案》《德清县2020年"送戏下乡""文化走亲"活动实施方案》,建立《德清县"文化走亲"舞台演出项目分类表(库)》《德清县非遗展示团队名单》等。

开展"走基层、结对子、种文化"活动，发挥文化馆总分馆机制作用，文化馆干部每人结对 1—2 个镇街和民间文艺团队，实现"送文化"与"种文化"并重。全年图书流通 40832 册，数字资源访问量 19904076 次，开展活动 229 场。德清县图书馆获评全国全民阅读示范基地，德清县图书馆乾元国学分馆获浙江省"发现图书馆阅读推广特色人文空间"一等奖。三是文化市场监管。开展文化和旅游市场经营秩序规范行动，全年出动检查 1890 人次，检查经营单位 2361 家次，查处违规 31 起，立案查处 10 起违法违规经营行为，排查出安全隐患 21 个，收缴各类非法出版物 4500 余册（张）。深化"最多跑一次"改革，梳理、修改和调整涉证明事项 22 项，并全部予以公布实施，涉审事项 100％达到"无证明"的基本要求。办理各类审批服务业务 77 件次，按时办结率 100％。四是文物遗产保护。"瓷之源"遗址公园成为第三批省级考古遗址公园，召开中初鸣良渚文化制玉作坊遗址群考古成果和保护利用论证会，继续开展拯救老桥行动，对乾元清河桥、洛舍千秋桥、新安康福桥制定维修方案。协助武康街道做好气象局前沈长圩河拓宽过程中长生桥、钟管镇青墩村云宗桥保护工作。与省自然资源规划局、省古建筑设计研究院、阜溪街道、高新区砂村区块规划部门进一步校对《全国重点文物保护单位德清原始瓷窑址文物保护规划》修改稿，核定保护区、建控区、协调区面积。积极谋划考古遗址公园规划的编制、亭子桥窑址保护展示工程、瓷之源研学中心建设等工作。继续配合省考古所对雷甸中初鸣良渚文化制玉作坊遗址群进行发掘，发掘面积 1800 平方米，出土玉料、玉器半成品等遗物 800 余件。因基本建设需要对阜溪街道宋代成年坞窑址进行抢救性考古发掘，发掘面积 2000 平方米，出土大量罐、瓶等粗瓷遗物。完成省级文物保护单位云岫寺屋面保养工程。五是规划和项目建设。"搭建大平台，探索高质量服务乡村文旅创客新路径"案例获县"三进三服务"担当破难案例。全力引进、推进一批"大好高"文化旅游项目，36 个在建旅游项目完成旅游投入 35.34 亿元，完成年度计划的 133.35％。实现新开工项目 7 个，竣工项目 9 个。新引进文旅项目 12 个，其中迪拜 IMG 集团中国文旅城项目总投资超 100 亿元。承办长三角乡村文旅创客大会，成功签约欧诗漫故宫国潮新品牌等 8 个文旅项目。六是文旅市场开发。积极做好限上住宿餐饮营业额增幅统计工作，细化分解目标任务，分解 30 家头部限上住餐企业营业额增幅目标，指导乡镇（街道、平台）做好相关数据统计填报。全年全县限上住宿企业营业额完成 7.78 亿元，同比增长 13.4％，全市排名第二；限上餐饮企业营业额完成 2.88 亿元，同比增长 4.2％，全市排名第二。持续做好拟新增入库企业情况排摸和入库流程指导。全年新入库住宿 7 家，餐饮 13 家。创新"云上"办节，展示乾龙灯会、蚕花庙会等独特的文化魅力，支持鼓励乡镇开展"一镇一节"、民宿主题活动。莫干山大型户外集体婚礼 1.5 亿次的微博热搜让莫干山"爱情胜地""蜜月首选地"的形象深入人心，省文化和旅游厅"百城局长谈文旅"专题采访、"你侬我侬 5·20 心心相印莫干山"云上推广、"5·19 中国旅游日 你侬我侬莫干山"云直播等推广活动，进一步提升了莫干山的知名度和影响力。举办 2020 长三角旅行商大会暨德清文化旅游推介会、"浙江人游湖州"杭州首发仪式和 5 场"绿水青山莫干行"跨省游推介活动。七是乡村旅游。修订完善《民宿发展管理办法》，完善文旅融合示范乡镇、文旅融合示范村、主题文化民宿村 3 级创建体系，推进湖州市首个民宿行业实训基地建设，建成民宿管家学院，举办 2 期民宿服务培训，推动民宿产业不断提档升级。新培育省金宿级以上民宿 2 家，银宿级民宿 6 家；湖州市票选 20 强民宿，德清县创意设计美宿占 11 家，风尚民宿之星占 4 家。全县洋（农）家乐共有 800 余家，床位 11300 余张，餐位 25000 席，从业人员 6000 余人。全县乡村旅游接待游客 962.3 万人次，同比增长 8.7％；实现直接营业收入 39.4 亿元，同比增长 6.3％。

（龚 田）

【长兴县文化和广电旅游体育局】 内设职能科室 12 个，下属文化市场综合行政执法队及 6 家单位。2020 年末人员 110 人（其中：机关 28 人，事业 82 人；具有高级技术职务资格的 14 人，中级 33 人）。

2020 年，长兴县文化和广电旅游体育局多方面促进文旅产业融合发展，打造长兴文旅品牌体系，推进全域旅游，实干争先，开启了文旅高质量改革发展新局面。累计接待游客2382.8万人次,同比增长3.8%;实现旅游收入321.4亿元,同比增长2.8%。累计限上住宿收入4.4亿元,同比增长22.6%;累计限上餐饮收入3.9亿元,同比增长42.2%。住宿餐饮收入8.3亿元,同比增长31.1%。一是特色亮点。成功创建首批"浙江省文旅产业融合试验区",入选省文化和旅游信用体系建设试点县。入选"2019年全国旅游综合实力百强县""2020中国县域旅游竞争力百强县""2020中国夜经济繁荣百佳县市",纳入"浙江省文化和旅游消费试点城市培育名单""浙江省夜间经济试点城市名单",龙之梦太湖古镇、东鱼坊历史文化街区、水口大唐不夜街纳入浙江省夜间经济试点(培育)城市重点建设的夜坐标。通过浙江省全域旅游示范县复核验收。文化礼堂志愿者项目列入第四批浙江省公共文化服务体系示范项目。《快速审批 智慧监管 多元服务 长兴县"九个一"机制推动民宿高质量发展》被省委《领跑者》改革专刊录用。新四军苏浙军区旧址被纳入第三批国家级抗战纪念设施、遗址名录;博物馆临展"太湖远古文明"获省精品陈列展览优秀奖,长兴文博志愿服务品牌作为湖州市唯一省级精品项目在全省志愿服务项目交流会上展示推介;县图书馆荣获2019年度"全民阅读示范基地"。二是抗疫救市。全系统派出志愿者6000余人次开展一线防疫工作。研究制定《长兴县支持文旅企业渡过难关九项举措》,加大资金支持力度,兑现拨付2020年中央补助旅游专项资金80万元、2020年省级旅游专项资金264万元、2019年度旅游业政策资金兑现480万元,落实13家旅行社170余万元质量保证金支取。开展线上销售奖补活动,活动期间酒店项目订单总量达4500余间,政府累计发放补贴162万元,直接拉动消费317.6万元。举办专项宣传推广活动12场。三是项目引推。突出抓好项目引进与建设,扩大有效投资,夯实文旅产业高质量发展基础。重点建设文旅项目45个,全年计划完成投资26亿元,实际完成投资34.55亿元,完成年度投资计划的132.9%。太湖龙之梦乐园、大唐贡茶养生小镇2个项目列入省"大花园"建设行动计划重大项目,龙之梦太湖演艺小镇被纳入"浙江优秀传统文化行动计划"项目;太湖龙之梦乐园、龙之梦养老综合体2个项目列入省"4+1"重大项目建设计划;太湖龙之梦乐园、大唐贡茶养生小镇等16个项目列入省"四十百千"重大文旅项目;龙之梦太湖图影国际马拉松赛列入省"人人成园丁处处成花园"行动2020年重大活动。龙之梦养老综合体项目列入市服务业"大好高"项目,12个项目列入2020年湖州市乡村振兴战略规划重大项目。赴上海、南昌、石家庄等城市开展以龙之梦为核心的营销推广行动12场;重点服务龙之梦项目恢复建设和运营,持续推进龙之梦大型歌舞秀《醉美太湖》等节目。对接龙之梦涉外演出审批,完成"梦幻钻石""动物世界演艺秀""嬉水世界DJ演出"共88人次1800场涉外营业性演出备案。四是全域旅游。启动旅游业发展总体规划修编、旅游业"十四五"规划编制,完成公共文化设施专项规划、乡村旅游业态提升规划等。深入实施"百城千镇万村"景区化工程,完成3A级景区城创建工作;完成6个乡镇创建省级景区镇(3个4A级,3个3A级),改造提升煤山景区镇游客中心,指导煤山、龙山、吕山旅游风情小镇培育工作。创建省3A级景区村庄11个,研究出台《3A级景区村庄推进创办民俗风情馆实施意见》,打造民俗风情博物馆8家。进一步深化完善全域旅游公共服务配套,启动文旅驿站(景区城客中心)改造,深化旅游厕所革命,重新修订《长兴县旅游厕所积分制管理办法(修订)》,改造提升厕所2座;新建、改建旅游厕所15座,完成年度任务目标。深入实施《长兴县A级旅游景区品质提升专项活动方案》。指导太湖博物馆、城山沟、小浦八都岕等景区培育国家4A级景区,指导飞鸿滑草场成功创建3A级景区。五是文旅融合。推进文旅产业融合试验区项目试点,制定《长兴县关于加快文旅产业融合发展的实施意见》。加快推进文旅产业融合发展,认定"百县千碗·湖州味道"特色美食旗舰店、体验(示范)店等6家创建单位;以文旅夜消费为突破口,推进省文化和旅游消费城市试点工作,指导夜间文旅消费集聚区建设提升,持续拉动文旅夜间消费。以小浦镇、水口乡为试点推进"文化基因解码工程",形成"一文一谱一库",基本完成小浦镇"文化基因解码""八个一",建立"文化基因"数据库。推出《长兴县非物质文化遗产项目点单扶持办法(试行)》,推动"非遗点单""非遗进景区"，实现非遗融入旅游、走入生活。加快文旅产业与工业、农业、养生等产业融合，培育省级运动休闲小镇 2 个（泗安、煤山），创成市级中小学生研学实践教育基地 2 家，指导超威集团省级工业旅游示范基地和大唐贡茶院省级中医药文化养生旅游示范基地做好复核工作。六是乡村旅游。持续推进乡村旅游提质增效攻坚，培优育强乡村民宿经济，加快农旅融合发展。持续提升水口、小浦两个乡村旅游集聚区品质。引导民宿转型升级，打造长兴民宿品牌，塑造全新地标性形象 LOGO——长兴民宿区域品牌"兴宿"，并在杭州钟书阁举办"兴宿"品牌发布活动。指导民宿优化提升，云栖舍民宿获评首批省级非遗主题民宿，左尚云获评省金宿级民宿，另有 7 家获评省银宿级民宿，1 家获评市"十大创意设计美宿"，3 家获评市"十佳风尚民宿之星"，小浦八都岕民宿集聚区获评省级民宿助推乡村振兴改革试点。3 个省采摘体验旅游基地完成验收，对上争取和平镇、水口乡顾渚村 2 个省级休闲乡村项目，煤山镇五通山村、和平镇磻琊村、太湖图影小沉渎村、龙山街道渚山村 4 个省级农家乐集聚村项目，争取省级乡村振兴绩效提升奖补资金 480 万元。七是公共文化。推进公共文化场馆融入旅游服务需求，开展文旅融合、数字化建设等。县文化馆迎接第五次全国文化馆评估定级（国家一级文化馆）、推进数字馆和总分馆建设，图书馆打造公共旅游咨询点，博物馆打造 4A 级景区。开展以"茶文化"和"红色文化"为主题的

特色文旅驿站建设，打造茶文化主题书房。新建城市书房 2 家，建设民宿书房 10 家。组织策划"遇见·长兴""文化走亲"暨旅游推介活动，全年开展文化惠民活动 6275 场、乡村村晚 152 场、文旅演艺点单和非遗点单 500 余场。全面推进"书香长兴"建设，举办阅读推广活动 500 余场，送书下乡 2 万册次。修订《长兴县文旅演艺点单"积分制"管理办法》，规范群众文艺团队开展文旅演艺点单"五进"行动（进景区、进企业、进村庄、进社区、进文化礼堂）。统筹做好文化礼堂"管用育"文章，修订《长兴县农村文化礼堂"积分制"管理评定标准》，完成《农村文化礼堂志愿者管理规范》地方标准发布。整合数字文化馆、图书馆、博物馆等线上资源，实现公共文化大餐"云服务"。积极组织文艺抗疫行动，创作抗疫作品 16 件，35 件作品参加省、市抗疫展览，歌曲《爱满中华》、花鼓滩簧《抗疫十字歌》被"学习强国"等多个平台转载报道。创作 69 件文艺作品参加湖州市第九届南太湖艺术节，获得 5 金 10 银 18 铜，奖项总数和金奖数量 3 县 2 区排名第一。完成"绿水青山就是金山银山"理念主题原创作品规划，创作完成曲艺《蟹状元》、舞蹈《当银杏飘落的时候》。八是文化传承。实施《不可移动文物保护利用三年计划》，梳理 2020 年全县文物保护、维修、展览项目 22 个（其中乡镇 9 个），完成四大工业平台野外调查及调查报告和全县文物点重新统计工作。积极对上争取资金和各项荣誉，对上争取资金 538 万元，争取省级项目 1 个（新四军旧址安防工程），

新四军苏浙军区纪念馆获评首批浙江省青少年红色基因传承基地、博物馆获评国家二级博物馆、台基山考古遗址公园入选浙江省第三批考古遗址公园名单、周凤平获浙江省最美文物守望者、车模博物馆获批省非国有博物馆。以"长兴解放日""国际博物馆日""文化和自然遗产日"为契机，做好主题宣传。制定《长兴县非遗融合发展三年行动计划》，出台《长兴县县级非物质文化遗产项目管理办法（试行）》《长兴县县级非物质文化遗产项目代表性传承人管理办法（试行）》，公布长兴县第六批非物质文化遗产代表作名录，完成湖州市第八批非物质文化遗产代表性项目申报工作。开展长兴县第二次非物质文化遗产普查工作，整理项目 5394 项，每个乡镇（街道、园区）形成一张非遗地图、一本普查汇编、一个数字资料库。推进"非遗进校园"，积极组织非遗作品参赛，花鼓滩簧《抗疫十字歌》入选省疫情防控主题非遗优秀作品。配合推进徐阶墓考古遗址公园建设，积极申报市级第一批、省级第三批考古遗址公园。打造红色品牌，加强革命旧址保护，稳步推进江南银行旧址、苏浙公学旧址、苏浙军区司令部旧址、粟裕宿舍和办公室旧址 4 处旧址陈列展示工程，开展研学活动 160 余场。制定出台《长兴县 3A 级景区村庄民俗风情博物馆扶持办法》。九是市场推广。开展线上"云推广"和奖补，销售酒店房价 6000 多间、门票 7000 多张，发动旅行社组团到长兴，政府补贴发放量及累计拉动消费金额均列全市第一。联合小红书举行"长兴旅游云端秀"直

播,最高实时在线 10 万余人,吸引 80 多家长三角旅行商参与线上互动。联合文旅企业对外发放消费抵用券总价值超过 1200 万元。在杭州、嘉兴、湖州及江苏宜兴各地的中高端社区及商务楼投放 5000 多个点位的电梯广告。策划推出"长小兴"长兴文旅 IP 形象并获省级全域旅游十佳文旅 IP。打造长兴"六美"产品,开展"北纬 30 度的美"抖音微信小红书新媒体系列推广活动,专题开展长兴(宁波)文旅推介会暨美景美食美宿美购美线美文"六美"产品发布会。"请进来"开展"上海村"过大年、环太湖文旅产业合作大会、长三角旅行商长兴采风等活动 6 场,"走出去"赴上海、宁波、合肥等城市开展专题推介活动 16 场次,完成各类宣传报道 380 多篇。十是市场治理。加强行业规范提升、优化文旅市场环境,不断促进全县文旅市场繁荣稳定。深化"最多跑一次"改革,下发《长兴县文化和广电旅游体育局关于印发"最多跑一次"改革文化场馆、公共体育场馆公共服务大提升的通知(2020 年)》。开展"守初心百日攻坚、担使命质量提升"文化旅游市场专项整治行动。开展安全生产集中攻坚暨"洗楼"专项行动,共出动检查组 55 个、巡查场所 820 家次,会同其他部门开展联合检查 5 次,发现隐患问题 35 个。创建金鼎级特色文化主题酒店 1 家、金叶级绿色旅游饭店 1 家、金桂级品质饭店 1 家、银桂级品质饭店 1 家、四星级品质旅行社 3 家。有效推进"公筷"宣传,县内星级旅游饭店、等级民宿检查全覆盖。

(王 叶)

【安吉县文化和广电旅游体育局】内设机构 10 个,下属事业单位 9 个。2020 年末人员 129 人(其中:公务员 20 人,参公 17 人,老人老办法 1 人,机关工勤 2 人,事业 89 人;具有高级技术职务资格的 11 人,中级 32 人。)

2020 年,安吉县文化和广电旅游体育局快速响应、精准施策,各项工作高水平通过了历史考验。3 月 30 日,习近平总书记时隔 15 年再临安吉视察,26 名党员代表现场近距离感受到了伟大鼓舞。全系统干部围绕习近平总书记"再接再厉、顺势而为、乘胜前进"重要指示,凝聚力量,迎难而上,切实把习近平总书记的重要指示精神转化到推动全域旅游高质量发展中来,在"重要窗口"县域样本、新时代美丽中国县域窗口建设中做出了新的贡献,再次成为中国旅游百强县综合实力榜单第 1 名。一是特色亮点工作。全力推动文旅企业复工复产,"两手硬、两战赢"取得显著成效。强化精密智控,在全市率先形成行业联防联控体系、率先落实旅客入店疾控防疫五步操作法等"五个率先"紧急措施,启动"一图一码一指数"精密智控网。策划热点修复,推动旅游产业复苏,在全国率先推出"2020 全国医护战士安吉游大型公益行动",并获省委领导批示表扬。设立 1000 万元市场恢复营销推广专项资金,并联合携程集团快速发放旅游消费券。协调设立 10 亿元旅游企业信用"战'疫'贷"。成功争取浙江省交通与旅游融合发展综合改革试点单位、浙江省文化和旅游消费试点城市等 4 项省级试点,入选首批"浙江省文旅产业融合改革试验区"培育名单。策划组织国际文化交流考察团安吉文化之旅,邀请法国、克罗地亚驻华大使等外交官和叶大鹰、程昕东等艺术家(知名人士)访问考察安吉,并向安吉图书馆捐赠价值 1500 万元的作品。举办文化和旅游部文化和旅游公共服务机构功能融合现场教学活动。省委深改委《领跑者》介绍安吉全域旅游工作经验(全省唯一),获省委书记、副省长、宣传部部长等省领导批示肯定。八亩墩龙山大墓考古发掘入围"全国十大考古新发现"初选项目,古城考古遗址公园建设运营模式获文化和旅游部《文化月刊》专文推荐,建设者代表获中国遗址公园建设十大杰出人物。二是文旅项目建设。突出抓好项目建设,扩大有效投资,加快布局一批具有乘数效应的标志性重大文旅项目,为文旅产业高质量发展和现代化建设增添强劲动力。全力推进新时代"绿水青山就是金山银山"理念试验区建设,进一步优化旅游休闲项目评估体系,全链条抓好项目预评估、考核督查及招商引资工作。坚持牵头抓总、科学预审、合理布局总要求,全年牵头会审评估新旅游项目 24 个(否决 2 个),直接参与一批重点项目招商洽谈工作。灵峰街道试点探索旅游"标准地",出让全国首块旅游"标准地",总面积 8.96 亩,成交价格 1051 万元。争取承办浙江省重大文旅项目集中开工主会场活动。全县产业类文旅体项目达 73 个(数量位居全市第一),其中 10 亿元以上 11 个,协议总投资 482.8 亿元,完成 54 个在建项目实际投资 27 亿元。灵峰运动旅游综合体、红石崖景区项目等重大项目签约落地。英迪格度假村、中国白茶小镇等项目开工建设。荣耀天空之城、年年有余研学中心、树屋酒店等项目相继竣工投运。中国白茶小镇、云上草原二期、中南百草原二期等在建重大文旅项目加速推进。成立智慧旅游建设工作专班,定期召开工作推进例会。编制完成智慧旅游三年初步方案,梳理完成一期项目建设清单。启动"一中心三平台"项目,实施"安吉县文旅项目数字地图"系统,并受到市、县主要领导批示表扬。全县A级景区和酒店100%纳入"诗画浙江"数据采集平台。评选全域旅游信息化运营方案,打造县域文旅优质资源库,提高资源要素配置效率。三是事业产业发展。坚持把群众的文旅消费需求和文旅产业发展趋势结合起来,推动文旅事业与产业互促共进、双轮驱动、繁荣向好。防疫期间,全县公共文化场馆积极整合各类文化资源,提供丰富的线上文化精品,让群众足不出户享受公共文化服务"宅急送",受到文化和旅游部表扬。创作艺术作品300余件,激励全县人民群众坚决打赢防御阻击战。文旅产业日益繁荣,稳步推进"文化基因解码工程",推进文旅融合"三级联创",加快空间全域化布局。引导民宿集群建设、抱团经营,打造有影响力的民宿集中展示区块。县政府出台关于民宿(农家乐)产业高质量发展的意见,推进一批农家乐集聚区改造提升试点工作,全县民宿统一品牌初步打响。围绕乡村振兴战略不断推进景区村庄创建,全县3A级景区村庄达39个,在全市率先实现县域A级景

区村庄全覆盖。四是公共服务供给。探索公共文旅服务"智慧+"建设,改进公共场馆智能服务系统。完成县图书馆等馆所智慧化建设工程,启动博物馆安防系统改造工程,新文化馆项目稳步推进。"美丽乡村文化集群"建设持续推进,构建了中心城市"4家图文博纪场馆+14个乡镇(街道)综合文化中心+142家文化礼堂+12家城市书房+7个乡镇图书分馆"的基本公共文化网络设施。全县新建成旅游公共服务基础设施69项,完成59家旅游厕所建设及百度地图标注。开发线上文化精品资源,图书馆、博物馆等一批下属馆所创新开展"云阅读""云展览"等线上云服务,累计实现点击量100万余次。组织开展各类文艺演出264场,争取文艺精品进乡村、进校园340场。县图书馆接待到馆读者和图书借还流通量均达60万余人次;全县首家智能化图书分馆余村书房建成开放。组织开展"美丽文化"惠民公益培训。文艺创作精品迭出,《守护》等多首抗疫歌曲进入"学习强国"平台,《竹凤凰》参加2020文明出行全省巡回宣传月大型公益活动并受到中央文明办函电表扬。五是文化遗产保护。组织编制安吉永安寺塔(灵芝塔)、安城城墙、安吉古城遗址等3处国保单位的项目计划书,积极争取2021年中央文物专项经费。大力支持示范区平台建设,协调配合省考古所全面启动6个项目的考古工作。联合水利局共同推进西苕溪"清水入湖"提升工程,指导安城城墙、安吉永安寺塔环境整治项目,编制技术方案。加大博物馆、纪念馆、野外文物的

安全检查,充分利用业余文保员、平安工程等人防、技防资源,联合公安抓获2个盗墓团伙共计8人,收缴金簪、陶瓷器等20多件。联合乡镇(街道)村(社区)开展文物建筑"洗楼式"安全隐患大排查,排查安全隐患2个,督促责任单位完成整改。开展非遗进景区、进民宿活动,借助第四届"年味在安吉"活动、2020浙江安心游"零零联盟"活动,开展安吉白茶手工炒制技艺、竹编、竹刻等技艺类非遗项目及吴均汤包、孝子糕、管城糕点等美食非遗项目展示展卖活动。通过高端民宿内开设非遗小课堂,打造体验式非遗文旅项目。组织非遗旅游商品"安吉瑞良白茶"参加2020中国特色旅游商品大赛,荣膺银奖(全市唯一)。推荐郭吴竹扇"玉竹乌木"入围"薪传奖"传统工艺大展(全市唯一)。央视《消费主张》栏目播出安吉夜市,集中展示吴均汤包、安吉竹编等安吉非遗项目。央视纪录片《传承》栏目拍摄溪龙立体竹编传承人祝和春的从艺一生。六是交流拓展。以长三角为核心,辐射周边市场,持之以恒开展安吉"中国亲子旅游第一县、国际乡村生活示范地"目的地品牌形象宣传。带领全县重点乡镇、旅游企业赴长三角各重点城市,开展近20场推广活动。抢抓商合杭高铁全线贯通和长三角一体化建设发展战略机遇,深耕苏、沪、皖,全力推进河南、北京、山东、江西等中远程市场,逐步改善安吉旅游"短途游、假日游"及周末价格偏高的市场短板。持续放大安吉各类节庆活动影响,举办"中国亲子旅游节""中国·安吉玩水节""年味在安吉"等重大文

旅节庆活动,点亮县域文旅品牌。整合乡镇企业活动资源,开展"中国美丽乡村嘉年华"系列活动30余场。针对线下旅游停滞现象,利用融媒体做好营销,打响疫后旅游推介第一炮。邀请政府部门、行业主管、旅游企业和国家级旅游度假区共同出镜,为全县旅游资源宣传吆喝,录制"县长请你来安吉"邀请视频,"县长请你来安吉"话题连续3次登上热搜。与以携程为代表的在线旅游平台达成战略合作,同步开展"万人自驾游浙江"携程复兴"V计划",推出携程"浙江安心游零零联盟线上专区"平台(PC及App双端同步),在携程网上派发总价值

307万元的旅游消费券。疫情期间,开展线上直播、抖音大赛等活动近30场,线上销售1.5亿元,有效帮助文旅企业从疫情影响中快速恢复。七是规范文旅市场。加强行业规范提升、把好项目入门评审、优化文旅市场环境,不断促进全县文旅市场繁荣稳定。开展实施安吉县发展全域旅游"五百行动"。分年度并下达了2020年度85项任务清单。继续做好倡导全县旅游饭店取消"六小件",限制使用一次性塑料用品工作。全县酒店全面推行分餐制,倡导绿色消费,反对铺张浪费。严格落实垃圾分类及文明创建工作要求。加强对非假日旅游招徕

系统申报企业的审核、监管工作。配合统计办对全县乡镇住宿餐饮入库企业进行摸底,确保完成服务业考核相关指标。根据政府数字化转型服务有关要求,完成"最多跑一次"办事事项颗粒度细化工作,实现政务事项要素统一,优化完善事项办事指南,共维护部门事项202项,实现其他事务"一窗通办"。全力助推"互联网＋监管"平台,减少监管盲区,提升工作效能。通过"互联网＋监管"平台,认领监管事项188项,认领率及标准化率均为100％,事项覆盖率为73.40％。

(夏　琛)

嘉兴市文化广电旅游局

【概况】 内设机构 11 个,下属单位 11 个。2020 年末人员 188 人(其中:公务员 33 人,参公 27 人,事业 128 人;具有高级技术职务资格的 40 人,中级 64 人)。

2020 年,嘉兴市文化广电旅游系统抢抓三大历史机遇,以嘉兴市图书馆团队为标杆,锻造"唯实惟先、善作善成"文旅队伍,积极应对疫情考验,迎接建党百年,公共服务、文物保护、产业发展等各项工作均取得实效,为助力嘉兴市打造"重要窗口"最精彩板块交出精彩文旅答卷。

一、弘扬红船精神,推进品牌建设

(一)打造精品工程

着力推进南湖湖滨区域项目建设,嘉绢印象、南堰新景等地块完成建筑结构施工,南湖书院启动施工。牵头推进新时代"重走一大路"工程,嘉兴火车站广场、宣公弄、狮子汇渡口等 5 个项目按计划实施,完成兰溪会馆及周边地块城市更新研究项目,初步完成鸳湖旅馆及汤家弄 3 号和"重走一大路"风貌特征研究及实施项目设计方案。

(二)推动精品创作

加强与中国歌剧舞剧院、浙江歌舞剧院等专业院团(院校)合作,歌剧《红船》于 8 月 30 日完成首次试演并受到高度评价,电视剧《大浪淘沙:启航》等完成前期制作,舞剧《秀水泱泱——王会悟》进入创排阶段。红色群众文艺创作结出硕果,双人舞《带你去远方》和群舞《早春的飞燕》分获浙江省第十一届音乐舞蹈节舞蹈类金奖、铜奖。

(三)提升精品游线

南湖景区从 7 月 1 日起向全社会免费开放,南湖旅游区入选全国红色旅游发展典型案例。推出《嘉兴红色旅游》2.0 版宣传册,囊括 70 个重点红色旅游景区(点)及 12 条精品游线。同时,积极参与上海、湘潭韶山、延安、台州等红色旅游活动。

二、彰显风范,复兴禾城文化

(一)规划引领,构建江南水乡文化名城格局

出台《禾城文化复兴三年行动计划》,布局红色文化、运河文化等禾城文化复兴六大片区,倾力打造没有围墙的江南水乡城市博物馆。出台《江南水乡古镇保护办法》,以水乡古镇历史文化街区、传统桥梁等具有突出普遍价值的构成要素为保护对象,实现分区域保护和活态保护。编制《嘉兴历史文化遗存保护传承利用专项规划》,公布第四批嘉兴市历史建筑名单。

(二)凸显特色,打响"五彩嘉兴"文化品牌

推动"江南慢享古城"工程,配合相关部门做好马家浜遗址公园(马家浜遗址保护大棚)建设、子城遗址公园建设及天主堂修缮工作,完成东门区域调查勘探,发现瓮城城墙及河岸遗迹,并做好东塔、真如塔地下考古调查工作。推进大运河文化带建设,继续实施"一核十镇百项千亿"重大项目,推进子城历史地段、"月芦文杉"片区等重点工程建设。活态传承民俗文化,携手嘉兴职业技术学院成立全省首家非遗学院,推出 9 条非遗旅游线路及首张非遗旅游手绘地图,新增市级非遗项目 65 项、市级首批非遗主题小镇 8 个、民俗文化村 18 个、非遗体验点 27 个。

(三)项目带动,文旅融合焕发城市新活力

落实浙江省"四十百千"、省文旅 IP"金名片"、"品质嘉兴大会战"、嘉兴"百年百项"等重大文旅项目建设,全年实际完成投资 224.63 亿元,完成率为 125%,在全省文旅项目投资综合指数中位列第四。其中,融创中国与海盐县共同开发建设海盐滨海国际度假区——杭州湾融创文旅城项目;伟光汇通集团投资 106 亿元在王江泾镇嘉兴运河文化省级旅游度假区建设嘉兴市闻川运河古城项目;核心区块总投资达 71 亿元的濮院古镇有机更新项目基本建成。

三、创新提升,公共服务继续领跑全国

(一)公共文化建设取得新突破

国家公共文化服务体系示范区创新研究中心进入实体化运行,嘉兴市南湖旅游服务中心入

选国家级文旅公共服务机构功能融合试点；出台《关于文化馆企业分馆建设的指导意见》，建成企业分馆45家。标准化水平进一步提升，成立全省首家文旅标准化技术委员会，浙江省市场监管局以文化馆总分馆制的"嘉兴模式"为基础，正式发布《县级文化馆总分馆制管理服务规范》。重大文化设施建设推进有力，嘉兴市文化艺术中心及博物馆二期建设稳步推进；市图书馆二期正式对外开放，市委书记张兵出席开馆仪式。

（二）基层公共服务上新台阶

嘉兴市基层公共文化服务评估蝉联全省"七连冠"，文化机构、文化活动、文化享受等3项综合指标位列全省第一。一批镇村获省级荣誉，嘉善县西塘镇等5个镇被命名为"浙江省文化强镇"，南湖区大桥镇天香社区等9个村（社区）被命名为"浙江省文化示范村（社区）"。全年投入近500万元，持续加大基础设施建设、文艺团队扶持、人员薪资等各方面的资金投入力度。广泛开展群众文化活动，先后举办第四届市民文化艺术节、第十四届乡村文化艺术周，推出全民阅读品牌系列活动。

（三）数字化转型工作迎来新高潮

完善智慧文旅综合管控平台，对接第三方客流数据源、高速卡口车流等数据，实现全市4A级以上景区和县级图书馆客流全监控，形成全市文旅数据自主资产。完善全市文旅导航导览系统，设计制作嘉兴手绘电子导览图，涵盖3A级以上景区、旅游度假区等重点旅游目的地，建成线

上全景展馆23家，推出导游导览电子地图48张。丰富线上文化活动，市图书馆提供海量线上数字资源，受到《人民日报》《光明日报》点赞。

四、转化危机，推动文旅产业融入区域发展

（一）出台政策，应对疫情

出台《应对疫情支持文化和旅游企业渡难关的十二条措施》《关于支持文化企业战胜疫情和平稳发展的八条措施》《应对疫情支持旅游企业稳定健康发展资金补助细则》等多项政策。全市兑现7621万元旅游业补助资金，暂退全市152家旅行社4368万元旅游服务质量保证金，发放价值8128万元的旅游消费券。协调嘉兴银行和中国农业银行嘉兴分行提供文旅企业专项信贷支持。全年共接待游客10108.79万人次，实现旅游收入1172.6亿元，分别恢复至上一年的84.04%和82.41%。

（二）品牌先行，推进全域旅游发展

推进景区城、景区镇建设。桐乡、海宁、嘉善、平湖等4地入选2020年全国县域旅游综合实力百强县；嘉善县成功创建国家级全域旅游示范区，南湖区、桐乡市创建省4A级景区城；濮院等17个镇成功创建为景区镇。推进景区村庄建设。平原地区村庄景区化建设成为全省深化村庄景区建设发展试点，新丰镇民丰村等17个村庄创建为3A级景区村庄，新仓村（梁家墩）入选全国乡村旅游重点村名单。

（三）拉动消费，不断拓展客源市场

入选省级文化和旅游消费试

点城市名单。举办2020年嘉兴市生态文化旅游节及生态健康旅游季长三角云推介活动，嘉兴市委书记张兵亲自代言引发关注。通过"嘉品汇云购物节"及各县（市、区）促消费平台，发放文旅消费券近亿元；通过开展特色美食体验（示范）店、旗舰店评定及举办"嘉乡有礼"嘉兴市乡村旅游商品大赛等活动，推出优质产品，在2020年中国特色旅游商品大赛上取得历史最优成绩。先后推出各类精品旅游线路79条，并赴北京、合肥、福州等地举办、参与各类文旅推介会。

五、坚守底线，维护文旅发展环境安全清朗

（一）落实落细常态化防控措施

反应迅速，自1月24日起全市1000余个公共文化场馆暂停开放，1100多家文旅企业全部暂停营业，所有大型群众性文化活动全部取消，同时根据形势变化，全力启动复工，并科学调整、健全文旅行业疫情防控措施指南、防控策略，加强节假日文旅市场流量控制。组织执法力量加强防控工作监督指导，共出动防控检查933人次，检查各类文化和旅游市场经营单位3560家次。

（二）严格抓好重点领域安全生产

紧扣重要节点，在各大节日期间针对A级景区、文保单位、文化娱乐场所、旅游饭店等场所，深入开展风险隐患排查整治，以各县（市、区）自查、互查及执法巡查、市局抽查、市领导督查等"五查"为主要方式，创造良好的文旅市场环境。开展专项行动，分时点、分重点、分领域组织开展网络

远程集中排查活动、中小学教辅教材专项治理等系列专项检查，深入推进文旅市场扫黑除恶专项整治，进一步规范文旅市场经营秩序。

【大事记】

1 月

7 日 第五届"红船颂"全国美术作品展签约仪式在中国美术家协会举行。中国文联美术艺术中心副主任李伟，艺委会工作处处长咸艺、副处长贺绚绚，嘉兴市委常委、宣传部部长祝亚伟等参加签约仪式。第五届"红船颂"全国美术作品展由中国美术家协会、浙江省委宣传部、浙江省文联、嘉兴市委市政府主办，浙江省美协、嘉兴市委宣传部、嘉兴市文联、嘉兴市文化广电旅游局承办，嘉兴市秀洲区委、区政府协办。展览拟于 2021 年 6 月在嘉兴开幕。

8 日 公布 2019 年度嘉兴市公共文化服务创新奖名单，海宁市"非遗传承'三课一忆'机制"和"'阅读公开课'——全民阅读分享平台实践"2 个项目获 2019 年度嘉兴市公共文化服务创新奖。

9 日 浙江省民宿等级评定管理委员会发文公布，桐乡乌镇谭家栖巷被评定为白金宿级民宿，另有 9 家民宿被评定为银宿级。至此，全市有等级民宿 31 家，其中白金宿 2 家，金宿 6 家，银宿 23 家。

同日 由嘉兴博物馆和萧山博物馆联合举办的"陶瓷之间——萧山博物馆藏古陶瓷精品展"在嘉兴博物馆开展，展览持续至 3 月 8 日。

15 日 由嘉兴博物馆和甘肃省文物商店举办的"陶魂彩韵——甘肃彩陶展"在嘉兴博物馆开展，共展出 80 件彩陶器。展览持续至 4 月 23 日。

2 月

19 日 浙江省文化和旅游厅党组书记、厅长褚子育赴嘉兴开展"三服务"活动，就嘉兴市文旅行业疫情防控和企业稳定发展工作进行专题调研。嘉兴市委常委、宣传部部长祝亚伟一同调研。

22 日 嘉兴市委书记张兵赴桐乡乌镇调研旅游业复工复产，开展"三服务"活动。

3 月

1 日 2019 年度嘉兴市文化市场统计工作全面完成。至 2019 年底，全市共有文化市场经营单位 1246 家，其中互联网上网服务营业场所 565 家，歌舞娱乐场所 437 家，游艺娱乐场所 92 家，文艺表演团体 29 个，演出场所 32 家，演出经纪机构 29 家，互联网文化经营单位 62 家。

4 日 嘉兴市 K 歌之王电视大赛暨第十八届嘉兴市"社区之声"——百姓 K 歌大赛正式开始。至 8 月，全市有 400 多个选手参与 171 场线上比赛，15 位歌手晋级线下决赛。本次决赛由禾点点平台同步直播。

10 日 嘉兴作为全省文化和旅游重大项目集中开工仪式的分会场，在嘉兴经济技术开发区（国际商务区）举行马家浜遗址公园开工仪式。嘉兴马家浜遗址公园规划面积 23 公顷，分为马家浜文化博物馆区、遗址发掘现场展示区和文化休闲服务区等功能区，项目总投资 1.7 亿元。

同日至 26 日 嘉兴市文化广电旅游局组成调研组赴各县（市、区）调研文艺精品创作及相关艺术人才、剧院场馆和艺术院团等方面情况，并形成专题调研报告，相关工作建议分别纳入各年度工作计划。

11 日 嘉兴市政协主席高玲慧赴嘉兴市文化广电旅游局调研。

同日 与中国人寿保险有限公司嘉兴分公司举行签约仪式，正式推出外来游客"安心来嘉"旅游防疫综合保险，嘉兴市委常委、宣传部部长祝亚伟出席签约仪式。

17 日 嘉兴市副市长邢海华带领市文化广电旅游局、财政局、人社局、税务局等相关部门赴酒店和景区开展"三服务"活动，落实兑现惠企政策，帮助企业战胜疫情，恢复正常生产经营秩序。

25 日至 27 日 联合市财政局开展 2019 年度市本级基层文化设施建设补助验收工作。此次验收共涉及南湖区、秀洲区和经开区的镇、村两级公共文化设施 14 个，其中镇（街道）级 3 个，村（社区）级 11 个，合计建筑面积 20726 平方米。

28 日 2020 嘉兴市生态健康旅游季长三角云推介活动在梅花洲景区举行，率先在全国推出"云上＋线下"同步宣传推介模式。嘉兴市委书记张兵客串主播，为嘉兴文旅产品代言，活动登上微博热搜榜实时第 3 位，在线总观看人数突破 1000 万；发布南湖江南养心游、秀洲运河美食游、嘉善水乡温泉游、平湖休闲野趣游等 10 条生态健康游线路；大批"网红达人"为嘉兴文旅直播带货,"主播带你云游嘉兴"活动走进嘉兴12家景区,累计观看人数达1400多万。

4月

7日 嘉兴市委宣传部、嘉兴市文化广电旅游局组成专项检查组,由市委常委、宣传部部长祝亚伟等带队,分7组赴各县(市、区)集中开展旅游景区安全检查。

9日 浙江省委宣传部副部长葛学斌一行到嘉兴考察大运河保护与管理工作,先后对桐乡崇福旧址及横街历史街区、嘉兴环城运河、王江泾长虹桥进行考察。嘉兴市委常委、宣传部部长祝亚伟一同考察。

11日 嘉兴博物馆、淮南市博物馆"淮土遗珍——淮南市博物馆藏寿州窑瓷器展"专题陈列展在嘉兴博物馆开展。展览展出90件各个时期的寿州窑文物精品和20件标本及若干辅助展板,展示了淮南地区寿州窑基本情况和瓷器工艺成就。

16日 嘉兴市文化广电旅游局、嘉兴市财政局召开2019年度嘉兴市优秀业余文艺团队集中评审会议,"渔里小品剧社"等18支业余文艺社团获评2019年度嘉兴市优秀业余文艺团队。

17日 嘉兴市南湖旅游服务中心被文化和旅游部列入国家级文旅公共服务机构功能融合试点名单,全国共172个,全省6家入选。

同日 召开全体干部会议,专题学习习近平总书记在浙江考察时的重要讲话精神及在4月8日中共中央政治局常务委员会会议上的重要讲话精神,并对全市文化广电旅游系统贯彻落实习近平总书记重要讲话精神做具体安排部署。

20日 嘉善县西塘镇、秀洲区油车港镇、平湖市独山港镇、南湖区余新镇、桐乡市洲泉镇5个镇被命名为"浙江省文化强镇",南湖区大桥镇天香社区、秀洲区洪合镇凤桥村、嘉善县罗星街道鑫锋村、平湖市钟埭街道钟埭社区、海盐县西塘街道西塘社区、海宁市长安镇陆泽村及马桥街道利众村、桐乡市崇福镇店街塘村、嘉兴市经济开发区乍浦镇染店桥村9个村(社区)被命名为"浙江省文化示范村(社区)"。嘉兴市省级文化强镇数累计22个,省级文化示范村(社区)数累计86个。

23日 世界图书与版权日,浙江省文史研究馆向嘉兴市图书馆捐赠《马一浮全集》《张宗祥文集》《中国地域文化通览(浙江卷)》等文史类图书,共计22种39册。

29日 首期"非遗客厅"节目在禾点点App正式上线,平湖钹子书国家级非遗代表性传承人徐文珠及其弟子做客直播间,收看量突破7.6万次。

同日 "青铜之路——宁夏固原春秋战国时期北方青铜文化特展"在嘉兴博物馆开展。展览持续至6月19日。

5月

4日 浙江省文化和旅游厅副厅长刁玉泉一行赴嘉兴开展专题督查。嘉兴市委常委、宣传部部长祝亚伟,市政府副市长邢海华一同督查。

7日 局机关党委举办市属文化系统微党课比赛,评出一等奖1名,二等奖2名、三等奖5名。

9日 浙江省文化和旅游厅党组书记、厅长褚子育带领厅相关处室负责人赴嘉善县开展调研,通过实地考察和交流座谈,为推进嘉善"双示范"建设、文旅工作高质量发展提供指导和帮助。嘉兴市委常委、宣传部部长祝亚伟,副市长邢海华等领导一同调研。

16日 来自长三角城市的新媒体代表到嘉善开展采风活动。此次活动由浙江省文化和旅游发展研究院、上海报业集团《新民晚报》指导,嘉善县文化和广电旅游体育局、浙江省自驾车旅游协会主办,嘉善在线、中旅策划承办。

18日 马家浜文化博物馆对公众试开放。马家浜文化博物馆是一座以马家浜遗址为依托的考古遗址博物馆,也是一座以环太湖地区马家浜文化为主题的考古学文化博物馆。该馆位于马家浜遗址东北侧,占地面积1.53万平方米(23亩),博物馆展厅"江南文化之源"基本陈列面积共1800平方米,展示1959年和2009年2次考古发掘的陶器、玉器等110余件(组)文物。整个展览分为"花开嘉禾""纯真年代""活力四射""薪火相传"4部分。

同日 国际博物馆日,主题是"致力于平等的博物馆:多元和包容",嘉兴全市文博场馆组织开展"云看马家浜"直播、"文化寻宝"打卡参观及展览进社区、进景区、进校园等活动,推出"微微汉风——小平山汉墓考古发掘成果展""以书抗疫 以艺凝心——许士中先生书法作品展""海盐历史文化图片展"等专题展览。

同日 由嘉兴市文化广电旅游局、嘉兴日报报业传媒集团、嘉兴市广电集团主办的非遗练习生训练营正式启动。活动投入1000万元非遗文化创业扶持基金，通过网络招募非遗练习生，并为入选者提供专业指导和资金支持。训练营以"传承匠心·创业同行"为主题，借助互联网，培养网络时代的端午文化传承者，用创新的形式将嘉兴的非物质文化遗产传承下去。来自全国各地的32名练习生成为首期训练营学员。

27日　中国歌剧《红船》座谈会在北京梅兰芳大剧院召开。文化和旅游部艺术司二级巡视员、音乐舞蹈杂技处处长黄小驹和副处长赵琳宇就歌剧《红船》创作发表意见。浙江省文化和旅游厅副厅长刁玉泉汇报歌剧《红船》前期创作情况。嘉兴市副市长邢海华汇报有关情况。

28日　由嘉兴市文化广电旅游局、市文学艺术界联合会主办，市文化馆承办的嘉兴市第四届市民文化艺术节开幕式暨嘉兴市抗击"新冠肺炎"舞台艺术新作专场演出通过"云舞台"的方式与广大市民见面，来自各县（市、区）的15个原创精品节目、抗疫文艺作品亮相开幕式展演。艺术节以"城乡一体　共奔小康"为主题，分开幕式、"唱响社会主义好"共奔小康生活主题活动、市民才艺大展演和阅读活动、特色艺术品牌活动、接轨上海联动长三角系列活动5个板块，推出16项主要活动，持续至12月。

29日至6月3日　歌曲《啊，红船》音乐视频MV的拍摄团队到嘉兴市采风取景。

30日　召开党风廉政建设暨重点工作推进会，局机关中层以上干部及局属单位班子成员参加会议。

是月　嘉兴文物部门配合水利部门，对第三次全国文物普查中登记的古井再次启动全面调查工作，嘉兴全市共登记94处古井，其中市本级4处，嘉善县6处，平湖市16处，海盐县10处，海宁市56处，桐乡市2处。

6月

3日　浙江省文化和旅游厅副厅长杨建武等一行到秀洲区潘家浜3A级景区村庄进行实地调研和指导。

11日　浙江省文化和旅游厅公布14家第二批浙江文艺创作采风基地名单，嘉善县西塘镇入选。

15日　嘉兴美术馆召开第一届理事会成立大会，经组织推荐和社会公开招募产生理事会理事9位，监事1位，并经理事会议推选产生管理层人选2位。嘉兴美术馆法人治理结构改革工作全省率先完成。

16日　沈曾植长兄沈曾棨的曾外孙女谢岩向嘉兴市文物保护所捐赠两册词稿《听松阁》。该词稿是武蕴如（沈曾棨之外孙女）在少女时代所写的词稿习作，词稿里有沈曾植的批注内容，为充实沈曾植史料提供了实物资料。

20日　桐乡市崇福镇运河文化街区举办民俗风情活动，现场组织龙舟竞渡、舞龙舞狮、提灯走桥民俗游艺、美食雅集、运河灯展等系列乡村端午习俗展示互动活动。

22日　海宁市长安镇举办古运河龙舟赛。

23日　嘉善县姚庄镇举办江南民歌展演，邀请沪浙苏皖4地团队参与，促进长三角地区传统文化交流。

24日　2020嘉兴端午民俗文化节开幕式暨"五芳斋杯"龙舟竞渡和踏白船表演赛在姚家荡举行。浙江省文化和旅游厅党组书记、厅长褚子育，嘉兴市领导张兵、毛宏芳、刘冬生、高玲慧、马永良、王涛等出席并共同为龙舟点睛。褚子育和嘉兴市委书记张兵共同为2020嘉兴端午民俗文化节鸣锣开幕。本届端午民俗文化节延续主题"嘉兴端午·中国味道"，由11项活动构成。活动呈现3个特点：活动精彩，共筑百姓端午；区域联动，展现多彩端午；多维互动，建设"云上端午"。

同日　浙江省文化和旅游厅机关党总支组织厅机关党员赴南湖革命纪念馆开展"七一"主题党日活动。褚子育、杨建武、刁玉泉、叶菁、王峻、朱海闵等厅领导参加，嘉兴市委常委、宣传部部长祝亚伟等陪同。

同日至25日　举办"五芳斋杯"裹粽大赛决赛，外国友人、台湾同胞、市民群众、专业选手等参与其中，展示嘉兴裹粽技艺传承和开放融合的城市品质。

25日　海盐县举办鸳鸯岛游园会、庄柴湖赛龙舟和"我爱经典"诗词会。

同日至27日　"风俗画的20世纪"2020嘉兴端午全国学术研讨会举行，来自上海、江苏、安徽等省（市）的专家学者、嘉兴民俗文化专家共60余人参会，探讨20世纪风俗画的历史演进、表现形式、审美特征和精神内涵。受疫情影响，学术研讨会采用现场会议和云端会议相结合的形式，论文集辑后于2021年出版。

27日　平湖市东湖举办浙

沪龙舟邀请赛。

30日　嘉兴市庆祝中国共产党成立99周年报告会在嘉兴大剧院举办。市委书记张兵做重要讲话,市委副书记、市长毛宏芳主持,市领导刘冬生、高玲慧、王涛等出席。

是月　嘉兴市文联原党组书记、副主席王福基2次向嘉兴市图书馆捐赠个人藏书,合计580种1228册。

是月　嘉兴市文化广电旅游局、嘉兴市总工会联合出台《关于推进文化馆企业分馆建设的指导意见》,明确指出到2022年在全市建成100家内涵丰富、资源融通、特色鲜明、形式新颖的企业分馆。

7月

1日　南湖景区正式免费开放(保留20元渡船费),景区内伍相祠(濠股塔)等景点同步免费。这是本年首个实施的民生实事项目。景区免费后,游客可通过"南湖旅游区"官方微信公众号或授权网络平台进行实名分时预约(旅游团队通过智游宝平台)购渡船票。

同日至20日　"追逐梦想畅想未来"嘉兴市少儿书画大赛获奖的180幅作品在嘉兴市文化馆展出,其中一等奖作品40幅,二等奖作品60幅,三等奖作品80幅。

2日至3日　杭州都市圈旅游和文化专委会2020年度工作会议在湖州召开。杭州、湖州、嘉兴、绍兴、衢州、黄山文化和旅游部门主要领导、分管领导和职能处室(部分基层单位)负责人出席会议。

5日　在庆祝中国共产党成立99周年之际,重大历史题材歌剧《红船》在嘉兴举办开排仪式暨媒体见面会。省、市相关领导及主创团队、演职人员、新闻媒体记者约80人出席活动。浙江省文化和旅游厅厅长褚子育,嘉兴市委书记张兵,省文化和旅游厅副厅长刁玉泉,嘉兴市委常委、宣传部部长祝亚伟,嘉兴市副市长邢海华,歌剧《红船》总导演黄定山等共同为开排启幕。

同日　浙江省文化和旅游厅党组书记、厅长褚子育到海盐滨海国际度假区——杭州湾融创文旅城调研项目建设情况。

7日　嘉兴东门瓮城遗址考古勘探成果发布会举行。经考古勘探,新发现有宋代夯土基础、水井,明清条石基础等遗迹,并出土陶瓷器、铜镜、铭文砖、钱币等一批重要遗物。此次考古勘探确定了瓮城的位置、形状(方形)和年代(元末明初)。

9日　"追逐梦想唱响未来"嘉兴市中小学生声乐大赛经专家评委评比,评出一等奖9名,二等奖16名,三等奖25名,优秀辅导奖8名。

18日至19日　嘉兴市文化广电旅游局代表团6人赴青海省都兰县就对口援建智慧书房工作开展实地考察。

21日　嘉兴市入围省级文化和旅游消费试点城市名单。

23日　"金山如画,南湖似锦"金山、嘉兴2地摄影联展在嘉兴市文化馆开幕。

24日　嘉兴文旅消费试点启动暨文旅夜市开市在嘉兴八佰伴购物中心外广场举行,副市长邢海华出席仪式。

26日　嘉兴市委宣传部、市文化广电旅游局组织市文产协会、南湖景区及鸣华船艺、南湖菱画、璟禾文化、烟雨楼前等红色文创商品生产企业参展2020年湖南省红色旅游文化节暨湘潭市首届红色文化产业博览会。

是月　文化和旅游部、国家发展改革委联合开展第二批全国乡村旅游重点村遴选工作,海宁市丁桥镇新仓村(梁家墩)入选第二批全国乡村旅游重点村名单。

8月

2日　嘉兴赛区在2020"环球自然日——青少年自然科学知识挑战赛"浙江省赛中获一等奖8组,二等奖9组,三等奖9组,有17组选手入围全球总决赛。

3日　新时代"重走一大路"建党百年砖南湖取土仪式在嘉兴南湖湖心岛举行。6位取土代表向"品质嘉兴"大会战指挥部、嘉兴市文化广电旅游局、南湖革命纪念馆、嘉服集团、嘉城集团和建党百年纪念砖设计者代表转交南湖湖泥。副市长邢海华为取土代表和接土代表颁发纪念证书。

5日至7日　浙江省文化和旅游厅副厅长王峻一行先后走访月河街区、杭州湾融创文旅城、子城城市客厅及马家浜文化博物馆、海宁市等,听取各地近期文化旅游工作汇报。嘉兴市委常委、宣传部部长祝亚伟参加调研座谈。

12日　2020年上海书展开幕。海盐张元济图书馆成为首批"陈伯吹国际儿童文学奖作品专架"公共图书馆,江浙沪共有6家图书馆挂牌。

13日　"鸟向花间语——嘉兴博物馆藏花鸟画精品展"在兰溪市博物馆开展,展出嘉兴博物馆馆藏书画作品 65 件。

17 日至 21 日　嘉兴市文化交流团赴青海都兰县"文化走亲"，参加第三届锦绣都兰露营文化旅游节暨百名嘉兴市民游都兰活动及文艺演出，展现江南特色、嘉兴风采和"红船精神"。

20 日　嘉兴市组织全市文化和旅游市场执法业务培训，全市执法人员参加。

21 日　嘉兴市人民政府与中国歌剧舞剧院、浙江传媒学院签署全面战略合作框架协议和"王会悟"项目合作协议。该剧由嘉兴市委、嘉兴市人民政府、桐乡市委、桐乡市人民政府、中国歌剧舞剧院、浙江传媒学院共同出品，是嘉兴市庆祝中国共产党成立100 周年的献礼作品。年底，舞剧《秀水泱泱——王会悟》进入创排阶段。

27 日　浙江省文化和旅游厅党组书记、厅长褚子育带队到嘉善开展文化旅游工作调研。省文化和旅游厅与嘉善就共促长三角生态绿色一体化发展示范区嘉善片区文化和旅游发展签署合作协议。嘉兴市委常委、宣传部部长祝亚伟一同调研。

同日　嘉兴高家洋房修缮及环境整治工程入围（2019 年度）全国优秀古迹遗址保护项目评选，国家文物局委托中国古迹遗址保护协会、浙江省文物局组织专家组对高家洋房进行现场复核。

28 日　农业农村部乡村产业发展司公布《2020 中国美丽休闲乡村名单》，海宁丁桥镇新仓村榜上有名，也是嘉兴唯一上榜的村。

同日至 10 月 15 日　"海上风——嘉兴博物馆藏海派书画展"在淮南市博物馆开展，展出海派书画精品 34 件（套），包括"海派四杰"、任熊、张熊、沈曾植、文鼎、王礼等名家藏品多件。

29 日至 30 日　大型民族歌剧《红船》在嘉兴大剧院成功试演。《红船》展现中国共产党人开天辟地、出征起航和"红船精神"凝聚升华的光辉历史。首次试演获得国家、省、市各级领导和文艺专家的广泛好评。

是月　浙江省文化和旅游厅正式发布《浙江省基层公共文化服务评估指标数据（2019 年度）》白皮书。嘉兴以总得分 68.16 的成绩，再次获得全省第 1 名的殊荣。2013 年以来，嘉兴市连续 7 年位列第一，实现"七连冠"。在评估的县（市、区）总排名中，海宁市和桐乡市进入全省前 10 名，海宁市名列第三、桐乡市名列第六。海宁市连续 7 年位居全省前 5 名。秀洲区较上一年有大幅度提升。

9 月

3 日　嘉兴市子城遗址公园改造工程（含营房、连廊、谯楼及城墙维修）竣工验收。

同日　由嘉兴博物馆与海盐县博物馆联合举办的"玩·味十足——海盐博物馆藏中国民间玩具展"在嘉兴博物馆举办，展出展品 297 件。

7 日至 9 日　2020"讲好浙江故事——全省博物馆优秀讲解案例推介活动"终评会在嘉兴举行，嘉兴博物馆 1 名讲解员、1 名志愿讲解员（学生组）分别以专业组第 1 名、非专业组第 1 名的成绩进入全省"双十佳"。

11 日　嘉兴市文化和旅游

标准化技术委员会成立暨文化和旅游标准化工作推进会举行。这是全省首家在地市成立的文旅标准化技术委员会，由 35 位来自嘉兴全市教育、科研、文化事业、旅游业等各行业的委员组成。

12 日至 11 月 15 日　嘉兴博物馆推出"嘉·年华——嘉兴市民生活变迁物证展"，展出近 1000 件（套）展品。该展览入选国家文物局推介的 100 项 2020 年度"弘扬优秀传统文化、培育社会主义核心价值观"主题展览。

18 日　嘉兴市第八届广场舞（排舞）大赛在海宁市文化馆剧场举行，经评选，8 支队伍获金奖，12 支队伍获银奖。

19 日　在第二十七届钱江（海宁）观潮节开幕式上正式发布"南湖·漫步老城厢""秀洲·流淌的食光""嘉善·桃源渔歌乐"等 9 条非遗主题旅游路线，串联起全市 20 余个非遗展示馆和体验点。同时，以 9 条非遗旅游路线为基础，首次推出嘉兴市非遗电子导览图，融合视频介绍、实地打卡等，进一步增强市民游客非遗旅游的体验感、获得感，展示嘉兴地域文化的独特魅力及"非遗+旅游"传承发展的"嘉兴实践"。

22 日　嘉兴市旅游协会三届一次会员大会召开，130 多家会员单位参会。大会开展第三届换届选举工作，选举产生第三届理事会理事、监事。

同日至 28 日　2020 中国特色旅游商品大赛暨中国特色旅游商品展在四川乐山峨眉山举办，嘉兴获 2 金 3 银 3 铜。其中，浙江万木云文化创意有限公司的《风·雅·颂·月》《生命》系列装饰画和嘉兴市金龙制伞股份有限公司的风扇喷雾伞拐杖伞获金奖。

23日 上海市副市长陈通召集上海、安徽、南京、苏州、宁波、嘉兴6地文旅部门负责人,共同商讨如何更好地促进文旅行业一体化高质量发展。嘉兴市以建党百年为契机,深度挖掘整合红色旅游资源,将红船精神主题游线扩展至100个点15条线,并策划长三角"红色走亲"系列活动,与长三角城市携手做好红色旅游的传播与联动。

10月

1日 《禾城文化复兴三年行动计划》(以下简称《行动计划》)正式出台并实施。《行动计划》围绕建设嘉兴国家历史文化名城,进一步打响红色文化、运河文化、古城文化、史前文化、名人文化、民俗文化等六大文化品牌,形成禾城文化复兴六大片区。

3日 在禾兴路与姚家埭路口发现嘉兴市区范围内第1口四眼井,具有重要的历史、科学、艺术价值。

10日 嘉兴市公共服务工作暨文化馆企业分馆建设推进会在海宁召开。全市各地积极推进,年底全市建成企业分馆36家。

12日 嘉兴市西曹墩遗址考古发掘工作正式启动。此次考古发掘,共清理良渚文化灰坑、灰沟等10多处,出土小件器物400多件,采集石片100多件,并发掘出土70余件带有刻画符号的陶器和陶片标本。

19日 《槜李诗文合集》在北京举办的"浙江文化研究工程新成果发布暨出版座谈会"上正式发布。《槜李诗文合集》是嘉兴历代诗、文的集大成之作,由《槜李文系》《槜李诗系》《续槜李诗系》《再续槜李诗系》等组成。本出版项目所使用的历史文献底本收藏于上海图书馆,经嘉兴市图书馆、上海图书馆、国家图书馆出版社3方友好协商,共同合作,由国家图书馆出版社正式影印出版,共72大册,16开本。

22日至27日 嘉兴市"文化旅游走亲团"赴新疆沙雅,通过召开座谈会、组织培训讲座、举办系列文艺演出活动及展览等方式开展"文化润疆"工作。

23日至30日 嘉兴市第十四届乡村文化艺术周举行。本届艺术周以"城乡一体 共奔小康"为主题,开展村级民间精品文艺节目展演、农民画创作大赛、农民摄影创作大赛等活动。艺术周共评出奖项68个,其中金奖12个,银奖22个,铜奖34个。

24日 由嘉兴市委宣传部、市文明办、市文化广电旅游局、市教育局、市治堵办、嘉报集团主办的"嘉禾印象@时光留影"绘画大赛颁奖晚会在嘉兴博物馆广场举行。此次大赛共收到48所学校的650余件作品,评出一等奖10件,二等奖20件,三等奖50件,优秀奖120件,优秀辅导老师10名。

26日至27日,组织开展全市行政处罚案卷评析活动,进一步提高全市行政处罚案件的办案水平和办理质量。

30日 嘉兴市选送的双人舞《带你去远方》和群舞《早春的飞燕》分获浙江省第十一届音乐舞蹈节舞蹈类金奖、铜奖,两个节目的表演团队是所有获奖团队中仅有的业余团队。

11月

1日 市委书记张兵专程到嘉兴市图书馆调研,听取图书馆公共文化服务体系建设情况,并了解图书馆二期项目进展情况。张兵对嘉兴市图书馆创新服务理念、完善城乡一体化总分馆服务体系的做法给予充分肯定。张兵指出,嘉兴市图书馆要进一步完善公共文化服务体系建设,在公共文化服务社会化运行、数字阅读和智慧化建设、图书馆服务与心理健康服务结合等方面做出新的探索,更好地满足人民群众对精神文化的新需求,为建设书香嘉兴、文化高地做出更大的贡献。

3日至4日 举办全市文化和旅游市场法律法规知识竞赛活动。各地选拔3名队员组队参加,并在此基础上挑选优秀队员参加全省竞赛。

4日 浙江省文物局组织专家对嘉兴子城考古遗址公园开展现场评估工作。最终考评结果获全省第3名。

7日 由马家浜文化博物馆和陕西半坡博物馆举办的"远古回声——半坡遗址和半坡文化展"在马家浜文化博物馆推出。此次展览以1名学生与考古学家的对话为脉络,介绍半坡遗址的发现与发掘过程、半坡先民的衣食住行、半坡文化的基本特征等基础性知识,配合展出文物99件(套)。

8日 中国·嘉兴国际漫画双年展巡展在北京798艺术中心美仑美术馆·圣之空间开幕,展出历届漫画精品60件。第九届中国文联副主席、书记处书记杨承志,中国美协漫画艺委会名誉主任徐鹏飞等领导和嘉宾应邀出席开幕式。该展览项目被列入"2020年全国美术馆馆藏精品展出季活动目录"。

12日 由长三角城市文化馆联盟主办,上海市浦东新区文化艺术指导中心、嘉兴市文化馆、南通市文化馆、马鞍山市文化馆联合承办的"魅力长三角 美好新生活"长三角地区美术、书法、摄影作品联展首站在嘉兴市文化馆举行,2020年度长三角公共文化联展一站通项目正式启动,展出美术、书法、摄影作品140余件。

13日 以"山海情深 心游嘉兴"为主题的2020嘉兴·丽水"山海协作"文化旅游交流会在丽水举行。两地各县(市、区)文旅部门主要负责人及重点文旅企业齐聚一堂,共商"山海协作"大计,共谋文化旅游发展。

16日 举办家风家训专题讲座和观看警示教育专题片活动。局党委班子成员和局机关全体党员干部职工及局属单位党员干部参加教育活动。

17日 由中国美术家协会和桐乡市人民政府联合主办的"子恺杯"第十三届中国漫画大展暨桐乡市第六届丰子恺漫画艺术节在桐乡市文化馆开幕,来自全国各地的漫画名家及相关人士参加开幕式。

同日 由嘉兴市文化广电旅游局、丽水市文化和广电旅游体育局主办,嘉兴市文化馆、丽水市文化馆、平湖市文化和广电旅游体育局承办的嘉兴·丽水"2020山海协作 文化走亲"平湖专场在平湖市文化馆上演,向嘉兴观众展示丽水丰富多彩的文化魅力和积极向上的精神风貌。

20日 浙江省文化和旅游厅公布浙江省第三十一届戏剧小品邀请赛获奖名单,海宁市文化馆的小品《渡》获金奖。

26日 嘉兴市代表队在2020年浙江省文化和旅游法律法规知识竞赛中获团体三等奖。

27日 嘉兴市召开2020年度全市文物工作会议。会议由副市长邢海华主持。各县(市、区)委宣传部部长、人民政府分管领导,市及各县(市、区)文化广电旅游局局长、分管局长和相关科室负责人,市级有关部门(单位)分管领导和有关文博单位同志及文保志愿者代表近80人参加会议。

28日 嘉兴市图书馆二期(古籍善本藏书楼)正式开馆,国家公共文化服务体系示范区(项目)文献信息中心、健心客厅——'嘉心在线'线下服务站、"创之源"沪嘉科技信息服务站3个项目正式揭牌落户。二期总面积1.1万平方米,与原馆舍互联融通,升级和增设科技图书馆、古籍典藏与阅览空间、少年儿童服务部、多元文化主题区、国家公共文化服务体系示范区(项目)文献信息中心、智慧生活馆等创意空间。

30日 组织召开全市艺术创作题材规划会议,37个列入全市艺术创作题材规划的舞台艺术创作项目做了交流,其中外请委托或合作创作的作品8件,本地文化艺术骨干自创的作品29件,涉及舞剧、歌剧、话剧等多个艺术门类。

同日 嘉兴市委常委、组织部部长龚和艳,副部长梁晓英一行赴嘉兴市图书馆调研。

12月

2日 文化和旅游部公布《第二批国家全域旅游示范区名单》,嘉善县成功创建为国家全域旅游示范区,成为嘉兴市首个国家全域旅游示范县。

同日 公布第四批嘉兴市非物质文化遗产代表性项目代表性传承人名单,海盐钱氏传说钱张建等95位代表性传承人入选,全市总数达282人。

同日 "勤善和美守初心·勇猛精进铸忠诚"嘉兴市直机关第五届文化节闭幕式暨文艺汇演在嘉兴大剧院星光剧场举行。

同日至3日 浙江省文化和旅游厅党组成员、副厅长王峻带队赴嘉善县考核验收省级文旅产业融合试验区创建命名工作。

4日 召开党的十九届五中全会精神宣讲会,局党委领导班子成员,局机关(执法队)全体干部,局属各单位班子成员、全体党员参加。

6日 举行纪念王蘧常先生120周年诞辰座谈会。王蘧常后代等30人参加座谈会。

8日至9日 浙江省文化和旅游厅在嘉善举办全省市级文化和旅游系统改革工作培训班。11个设区市文化和旅游部门分管局长、改革归口处室负责人,省文化和旅游厅相关处室(专班)、单位负责人参加。厅党组成员、副厅长、厅深化体制机制改革专项领导小组组长王峻出席并讲话。培训班上通报全省文化和旅游系统改革工作情况,各地就改革典型案例进行交流学习。

9日 召开全系统重点工作动员部署会。市委常委、宣传部部长祝亚伟出席会议并做重要讲话。市文化广电旅游局领导班子成员,局机关(执法队)全体人员,各县、市(区)文旅部门负责人,局属各单位班子成员、支委成员参加会议。驻市委宣传部纪检监察组、市文联有关负责人应邀出席会议。

15日 2020年浙江省首届"最美浙江人·最美文旅人"发布会举行,嘉兴图书馆馆长沈红梅获评"最美文旅人"。

21日 嘉兴市人民政府公布第七批嘉兴市非物质文化遗产代表性项目名录,嘉善县木刻版画等65个项目入选,全市总数达293个。

(潘筱凤)

嘉兴市县(市、区)文化和旅游工作概况

【南湖区文化和旅游局】 内设职能科室3个,下属事业单位4个。2020年末人员24人(其中:机关8人,事业16人;具有高级技术职务资格的6人,中级4人)。

2020年,南湖区文化和旅游局按照"两手都要硬""两战都要赢"的工作要求,统筹抓好疫情防控和复工复产复市多项工作,扎实推进南湖区文化旅游事业高质量融合发展。一是紧抓品牌项目,积极深化文旅惠民服务。在疫情防控期间,积极开启线上文化惠民服务新形式,推出《红船旁的文艺力量》抗疫作品展播、南湖文化公益课堂等线上文化服务活动72场,联合中国诗歌春晚组委会举办"勇担使命·共克时艰"第六届中国诗歌春晚南湖会场抗击疫情网络(直播)"云诗会"。以"南湖艺启"项目为抓手,以"百场文化庆小康""百场戏曲进乡村""我们的节日百村(社区)同庆"为

主题,全年完成"幸福南湖·365天天欢乐大舞台"各类演出246场,开展文化公益课堂培训16期,文化主题展览12期。依托城乡文体十大联赛和"一镇(街道)一品"的特色文化品牌,全年开展"我们的节日"传统礼仪展演、"我们的传统"文艺精品展演、"我们的家风"故事品读会、"我们的民星"精品团队展示及"渔里文化节"等,彰显了南湖特色文化内涵,提升了文化品牌的影响力。以"百难问题"破解和"百项实事"惠民两项中心工作为抓手,建成智慧书房8个,礼堂书屋10个,乡村文化名师工作室4个。策划南湖区文化旅游形象设计大赛,打造鲜明的全域旅游品牌、形象口号、标识,评选出"小小少年诗画江南""嘉禾红韵红色革命之源"等有代表性和影响力的全域旅游线路。挖掘研学、摄影、亲子、拓展等"旅游+"元素,组织"惠游南湖"景区直通车活动。根据《应对疫情支持旅游企业稳定健康发展资金补助细则》等相关政策,为55家旅游企业发放598.1万元纾困资金。主动对接企业开展"红色代办"精准服务,在线为全区44家旅行社退还服务质量保证金1195万元,落实惠企减负工作,助力旅游企业复苏。积极开展"文化走亲"与文艺巡演。签订2020年度嘉兴市南湖区·丽水市遂昌县文化合作交流协议书,举办"山海协作 文化同行"2020遂昌·南湖两地"文化走亲"文艺演出。与西藏那曲市色尼区文化和旅游局联合举办"雪域高原魅力藏腔"2020色尼·南湖"文化走亲"文艺巡演4场。南湖区文化馆的男女声二重

唱《走过长长的路》、配乐诗朗诵《因为有你》参加"吴根越角·古韵流芳——金山嘉兴江南文化传承"立功竞赛活动演出。二是紧跟时代步伐,积极推进文旅融合发展。主动协调对接南湖旅游区做好文化和旅游公共服务机构功能融合试点工作,打造文旅会客厅,丰富文旅服务内容,加快文创产品和研学线路研发,开设"艺术党课",创新文旅融合载体。推进南湖湖滨片区开发建设。南湖旅游区湖滨区域改造提升项目完成投资额71716.4万元,超过年度计划投资额的104.90%。推进全域旅游示范区创建。编制《南湖区"十四五"文旅规划暨全域旅游规划》,出台《南湖区创建浙江省景区城实施方案》,通过4A级景区城的创建,实现"城是一个景、景是一座城,城在景中,景在城中"的全域旅游大格局。打造乡村旅游品牌。指导大桥由桥村、新丰民丰村、凤桥新民村完成3A级景区村庄创建。出台《南湖区民宿管理办法(试行)》。组织区内5家规上旅行社分别与5家3A级景区签订战略合作协议,通过打包精品项目加强景区村庄的运营、宣传推广力量,保证乡村旅游的良性发展。推进文旅数字化建设。搭建南湖数字文旅应用服务平台,通过大数据和云计算实现智慧文旅管理。开发"云游南湖"智慧文旅平台及"文旅南湖"官方微信,积累旅游消费群体,拉动旅游消费。推进旅游企业品质提升。开展2020南湖区导游技能大赛,评选出12家第一批"南湖十八碗"特色美食示范店和25件2020年"南湖嘉品"文旅商品,提升旅游从业人员水平,

延伸文旅消费产业链。嘉兴烟雨楼国际旅行社和嘉兴禾城国际旅行社分别成功创建省级四星级和三星级品质旅行社。举办旅游推介活动。开展"红船百年 粽意南湖"——2020嘉兴南湖文化旅游（马鞍山、合肥）推介会，南湖区旅游行业协会、南湖区自驾游协会与两地旅游行业协会就客源互送、资源共享签订了战略协议。"红船百年自驾南湖"长三角自驾游专线正式启动。积极开展2020嘉兴生态文化旅游节暨南湖桃花节、2020南湖文旅金十月等活动，助力旅游市场复苏。三是紧把政治方向，确保文化领域安全。围绕迎接建党百年，开展第三届"红船颂·南湖情"全国原创歌词征集和"红船杯"全国红色诗歌征稿大赛，收到原创歌词、诗歌近4000首。打造原创合唱作品《因为信仰》、小品《菱灯情缘》、舞蹈《初心》等。举办"建党迎百年 联袂颂初心"长三角美术书法作品展。围绕大运河诗路文化带建设，成立南湖区大运河文化学会，开展第八届"月河·月老杯"全国爱情诗大赛，组织创作《大运河诗丛》、组歌《运河颂》等，其中歌曲《秀水悠悠》获得浙江省第十九届音乐新作演唱（演奏）大赛金奖，歌曲《走过长长的路》获得浙江省第十九届新作演唱（演奏）大赛"重要窗口"专场银奖。围绕禾城文化复兴，积极推进文化遗产保护和利用。制定禾城文化复兴南湖方案和南湖区"文化基因解码工程"工作方案，稳步落实文化创造性转化和创新性发展。完成115处市级文保点及以上文保单位数据归集工作，明确各文物保护的责任落实。加强非

遗保护和传承。嘉兴市冯氏竹景陶韵工艺品有限公司的"中国南湖"竹刻留青插风入选第二批浙江省优秀非遗旅游商品名单。样刀、新丰农民画、七星雪菜腌制技艺等7个非遗项目入选第七批嘉兴市非物质文化遗产代表性项目名录。深入开展扫黑除恶专项斗争工作。制定南湖区防止旅游跨境赌博工作方案，协同公安、外办等部门查处旅游行业组织参与境外赌博情况，对涉赌企业实行"黑名单"管理。通过旅游监管网络企业平台、微信平台深入宣传戒赌禁赌工作。积极开展"扫黄打非"行动。启动"护苗"等"扫黄打非"专项行动，有效删除不良网络信息。集中整治图书报刊市场，查获4起擅自从事出版物发行案，1起擅自兼营出版物印刷案，查扣涉案出版物254册、印刷品半成品200余张、罚款11600元。开展"清源""固边"专项行动，严厉打击出版、印刷、发行有害出版物等各类非法出版物行为。守好安全生产工作底线。坚持"双随机"执法检查，出动执法检查1449人次，检查经营单位1847家次，行政立案并结案9件，罚款11600元，停业整顿1家次，没收非法物品458件。

（脊 颖）

【秀洲区文化和旅游局】 内设职能科室3个，下属单位5个。2020年末人员35人（其中：公务员7人，参公3人，事业25人；其有高级技术职务资格的8人，中级13人）。

2020年，秀洲区文化和旅游局高举习近平新时代中国特色社会主义伟大旗帜，以"红船精神"

为引领，以"八八战略"再深化、改革开放再出发为主题，紧扣高质量全面发展总要求，推进公共文化服务、文化遗产保护、全域旅游发展，促进文旅市场繁荣有序，在"重要窗口"建设中贡献文旅力量。一是完善公共文化服务体系。公共文化服务评估位列全省31位，较上一年度提升了30位。提升公共文化设施品质。嘉兴市文化艺术中心项目顺利推进，图书馆、非遗馆、农民画艺术馆"三馆融合"运行及音乐厅运营实施社会化服务模式。全区新建智慧书房3家、礼堂书屋12个、乡村文化名师工作室4个，提升改造文化礼堂6家，创建企业文化分馆和校园文化分馆7家。图书分馆、智慧书房实现各乡镇（街道）全覆盖。王江泾镇图书分馆、洪合镇图书分馆、油车港镇图书分馆、高照街道图书分馆和新城街道图书分馆被嘉兴市图书馆评为一级图书分馆。二是提升公共服务质量。秀洲区文化馆全年下基层353天，培训1300课时，干部人均下基层20天；秀洲区文化馆驻镇工作室全年完成下乡指导210次。启动"文化管家"项目，聘用文化下派员7名。开展"三百"（"百人百艺、百团百花、百村联动"）服务行动，组织114名村文化专职管理员参加培训4场，新建文艺团队442支，组织百村联动活动56场。全年组织开展村（社区）活动1805场次、区镇（街道）大型活动55场次、送戏下乡246场次、"文化走亲"31场次。创新推出各类"云培训""云展览""云走亲"等活动，开设"我的艺术梦"公益培训2243学时，开展各级各类培训展览活动

1413场次,线上线下各类活动惠及群众40余万人次。其中,"我要上村晚"网络海选活动收到节目827个,累计投票120余万次,平台访问量680余万人次。继续打造"竹垞有约"特色阅读品牌,开展以"竹垞有约·书香秀洲"为主题的2020秀洲区全民阅读活动。洪合镇凤桥村农家书屋获评全国"双服务"先进集体。是年,全区乡镇图书分馆到馆读者累计54.4万人次,书刊外借39.4万册次,举办各类阅读活动1694场次。打造大运河文化品牌,开展"我家住在运河边"、"舞动秀洲"2020年秀洲区广场舞(排舞)大赛等大运河文化系列活动。三是加大艺术精品创作力度。秀洲区美术作品参加全国性展览6次,获奖及入选38件;参加省级美术作品展览3次,获奖及入选17幅。其他视觉类作品国家级获奖及入选4件,省级获奖及入选9件。《泱泱秀水》大型音乐舞蹈诗启动创编。排舞《孔雀飞来》获长三角排舞大赛金奖、嘉兴市广场舞(排舞)大赛金奖;《绒花》《咱们工人有力量》获嘉兴市排舞大赛银奖。舞蹈《带你去远方》在浙江省第十一届音乐舞蹈节、浙江省群众舞蹈大赛上均获得金奖,在长三角首届江南舞蹈节上获得至尊荣耀称号,并获评2020年嘉兴市文化精品工程重点项目。歌曲《家乡菜》获浙江省第十九届音乐新作大赛银赛。期刊《文化秀洲》获2020年度浙江省群众文化报刊评比铜奖。四是加强画乡建设。秀洲农民画参加全国性美术作品展览6次,获奖及入选38件。朱建芬作品《小康家园》发表于人民网,周美宝作品《复工之

翼》发表于《光明日报》。农民画作者朱琴华入选浙江省群星美术20家,其作品入展浙江群星美术20家展。6名秀洲农民画家首获"嘉兴市工艺美术大师"称号。"喜迎'建党百年'精品农民画创作展览"获嘉兴市文化精品工程重点项目。举办"奔小康·庆百年"——中国农民画小镇绘画作品邀请展系列活动,展览吸引了全国12个省(区、市)的23个农民画小镇参加,共收到作品200余幅,展览100幅,30幅作品获优秀奖。活动期间,发布了《中国农民画小镇绘画邀请展作品集》和《油车港农民画作品集》;发起成立了"中国农民画小镇联盟",吉林省桦甸市公吉乡、天津市北辰区双口镇、山东省日照市东港区卧龙山街道、江苏省淮安市淮安区博里镇等17个农民画小镇响应,共同促进小镇农民画作者的交流和进步。发起成立"运河画乡联盟",联盟对象包括浙江秀洲、天津北辰、河北辛集、山东日照、河南舞阳、江苏邳州、江苏淮安、浙江临安、浙江慈溪、浙江象山等10个画乡,为加强合作交流奠定了基础。五是加强文物保护利用。完成秀洲区文博事业发展水平(2019年度)评估和秀洲经济开发区(王店物流园小镇)文物区域评估工作。完成长虹桥、龚宝铨故居、新力村礼堂、王洪合李乐楼烈士墓修缮,投入维修资金72.5508万元。5月7日、9月16日,嘉兴市副市长邢海华主持召开专题会议,研究加强长虹桥保护管理等事宜。是年,下达上一年度文物维修保护工程补助资金16.63万元。开展全区文物安全联合检查3次,查勘不可移动文

物55处,发现并消除安全隐患40处。六是提高非物质文化遗产保护传承水平。区级非遗数据库建成。区、镇、村非遗阵地进一步扩大,完善区非遗馆的展陈设计方案,洪合镇刺绣非遗馆、油车港镇胜丰村糖糕馆、造船技艺展示馆等镇村非遗馆和徐珍斋非遗美食馆、张萃丰蜜饯非遗馆等民办非遗馆建设顺利推进。启动创作《嘉禾万事兴》非遗沉浸式演出剧目。举办第四个"文化和自然遗产日"主题活动——"秀文创潮非遗"2020秀洲区文化遗产之旅系列活动开幕式暨秀洲·中国农民画文创设计大赛颁奖典礼、全国农民画小镇绘画作品邀请展活动等,参加省级非遗旅游商品、"安吉杯"疫情防控主题非遗优秀作品等20多项评选、展览活动。新塍糕点被评为省级优秀旅游商品。王店镇建林村和王江泾镇古塘村被评为嘉兴市非遗体验点。5个非遗项目入选嘉兴市第七批非物质文化遗产项目名录,3名传承人入选嘉兴市第四批非物质文化遗产代表性传承人名录,新增区级非遗项目17项。七是推进全域旅游目的地建设。建立秀洲区全域旅游工作领导小组,召开秀洲区现代服务业高质量发展暨全域旅游推进大会,聘请全域旅游发展专家顾问4名,启动全域旅游创建工作。推出"运河秀水·画语江南"旅游宣传画册,发布"运河秀水·画语江南"全域旅游宣传片。成立秀洲区旅游行业协会,首批会员单位共有48家。发布《嘉兴市秀洲区全域旅游发展总体规划(2020—2030年)》《秀洲区全域旅游发展三年行动计划(2020—2022年)》,明确围绕

"运河文化""温泉古镇""湖荡湿地""田园乡村"四大特色，打造国际运河田园旅游目的地。组建秀洲区全域旅游发展智库，与嘉兴技师学院开展校地合作，秀洲区乡村旅游人才培训基地正式启用。全年推进 15 个文旅项目，重点推进"嘉兴运河文化省级旅游度假区"及"农民画小镇"两大文旅平台建设，总投资 35.84 亿元。开通嘉兴市首条水上巴士"悠游秀洲"线；"悠游秀洲"陆上巴士发车 105 班次，接待游客 3500 人次。举办"食尚秀洲·四季有味"秀洲区 2020 大运河文化旅游美食节暨长三角美食文化峰会论坛活动等"食尚秀洲·四季有味"系列推广活动。积极推进旅游品牌创建。新增 4A 级景区镇 2 个（王江泾镇、新塍镇），新增 3A 级景区镇 1 个（王店镇），新增省级 3A 级景区村庄 2 个（胜丰村、建北村），新增旅行社 10 家。清池温泉景区获评国家 3A 级旅游景区和全省放心景区。受疫情影响，秀洲区旅游业遭遇阶段性困境，全区接待国内游客 340.75 万人次，同比下降 20%；国内旅游收入 48.77 亿元，同比下降 5.96%。推动长三角文旅合作。中游联盟 2020 年第十届二次会长会议、长三角一体化旅游高峰论坛暨旅游联盟成立大会筹备会议在秀洲区召开。嘉兴清池温泉酒店成为长三角一体化旅游联盟战略伙伴。加快"山海协作"步伐。和龙泉市再度携手念好文旅"山海经"，实现山海并利、山海共赢。八是营造安全有序的文化和旅游市场发展环境。围绕"两手都要硬、两战都要赢"的目标，坚持疫情防控与执法监管两手抓，

先后组织了岁末年初安全生产联合检查、护航复工复产安全生产攻坚行动、"两会"期间消防安全专项检查行动等专项行动和春节、劳动节、国庆节等节假日联合执法大检查，保障文旅市场平安稳定。全年共出动检查 412 人次，检查场所 672 家次，受理举报 10 件、旅游投诉 15 起，行政约谈 17 家，行政处罚立案调查 7 件，办结案件 7 件，没收非法财物 3 件，罚款人民币 20.06 万元。

（陈　琳）

【嘉善县文化和广电旅游体育局】
内设职能科室 7 个，下属单位 11 个，国有企业 1 个。2020 年末人员 141 人（其中：公务员 15 人，参公 17 人，事业 103 人，国企 6 人；具有高级技术职务资格的 5 人，中级 42 人。）

2020 年是"真抓实干、攻坚克难"工作落实年。嘉善县文化和广电旅游体育局全面贯彻落实习近平总书记考察浙江的重要讲话精神，统筹推进常态化疫情防控和经济社会发展的决策部署，对照"双示范"建设要求，高标谋划、争高攀先、接续奋进，文化旅游事业的各项工作取得长足进步。一是重点工作任务靶向施策，全力推进各个击破。三大创建夺取胜利。圆满完成全国文明城市各项创建任务，部门荣获嘉善县全国文明城市创建集体三等功。入选第二批国家全域旅游示范区名单，嘉善成为全市唯一一家创成国家全域旅游示范区的县。顺利通过文化和旅游部的实地验收，入选第四批全国旅游标准化示范单位名单，也成为全市首家全国旅游标准化示范县。市

场复苏渐入佳境。疫情防控和复工复产两手抓两促进，出台《嘉善县应对突发疫情支持文化旅游企业稳定发展的若干政策意见》，及时暂退全县 13 家旅行社 424 万元旅游服务质量保证金。修订新一轮《嘉善县推进全域旅游发展奖励办法》扶持政策，兑付推进全域旅游发展奖励资金 2288.75 万元（含疫情补助资金 387.29 万元）。牵头开展 2020"嘉游乐享·善气迎人"嘉善消费节启动仪式，发放 5 轮共价值 150 万元的旅游电子消费券，实际拉动本地文旅消费 600 万元。启动文旅消费试点，举办线上文旅直播等 10 余场文旅宣传推广活动。西塘古镇景区和大云巧克力甜蜜小镇入选首批"浙江省职工疗休养基地"。二是文化事业发展全面提升，充分发挥文化效能。以"江南水乡"为主题，启动省级文化传承生态保护区创建工作，入选省级创建名单（全省 17 家入围）。嘉善被列为省级"文化基因解码"重点建设县。强化保障，重点抓住"机制"这一重要导向。及时制定乡村非物质文化遗产馆、文化馆企业分馆、非遗体验点、乡村文化名师工作室等的建设实施意见，编制《2020 年嘉善县第二届全民文化艺术节实施方案》《嘉善县优秀"三团三社"扶持奖励办法（试行）》等文件。西塘镇获评浙江省文化强镇，罗星街道鑫锋村获评省级文化示范村（社区）。提升空间，始终依托"阵地"这一重要平台。不断提升公共文化服务空间，建成 7 家善城智慧书房、10 家礼堂书屋、11 家乡村文化名师工作室、9 家非遗体验点和 9 家文化馆企业分馆。县文化馆云澜

湾分馆建设项目荣获嘉兴市公共文化服务创新奖。图博两馆荣获2020年度浙江省建设工程项目"钱江杯"优质工程奖。图书馆启动推广电子借书证,博物馆"地嘉人善——嘉善历史文化陈列"获评浙江省第十四届全省博物馆陈列展览精品项目优秀奖。博物馆被县委统战部命名为嘉善县乡贤文化传承基地。常态惠民,坚定把握"活动"这一重要环节。举办第四届中国嘉善·善文化节系列活动之纪念吴镇740周年诞辰,嘉善县博物馆与天津博物馆签订交流合作协议,举办"寻善归乡"吴镇真迹回嘉、中国画百家学术邀请展等活动。深化"三馆融合",重点举办"天上掉下个林妹妹"系列活动。开展第二届全民文化艺术节,举办百场文艺下村进社区巡演176场,"校园的笑声"文艺进校园巡演30场。交流合作成效显著。举办"江南年味"2020长三角非遗嘉年华,现场展示、互动、售卖30项本地特色非遗美食。举办2020江南民歌节暨长三角田山歌展演,青吴嘉(上海市青浦区、苏州市吴江区、嘉兴市嘉善县)3地联手打造首部国遗题材田山歌剧《田哥＆山妹》。开展"好戏在嘉善"2020年嘉善县全民艺术节长三角地方戏曲展演周,吸引了2800多名长三角周边戏迷。建立长三角首个跨区域的文艺联盟,青吴嘉文艺联盟微信公众号"湖海边"启动运行。服务模式创新。疫情期间,图书馆、博物馆、文化馆推出线上文化活动202场次,受益群众6.01万人次。县图书馆提供免费畅听图书资源服务,图书馆"一卡通"打破了省与省之间图书系统的壁垒,

逐渐实现"通借通还"功能。文化馆推出线上"文化走亲云端悦展",创新开设"善艺汇线上课堂",招募了16支合作志愿团队,开设培训32期,参与人数近3200人次。丰富作品,持续梳理"文艺"这一重要脉络。嘉善宣卷《寻碑》获第十一届中国曲艺牡丹奖表演新人奖提名和文学奖入围,获"中华颂"第十一届全国小戏小品曲艺大展曲艺类最佳节目奖。启动2020年度嘉善县文化精品扶持项目,16件作品被列为年度扶持项目。保护传承,协同推进"文博"这一重要事业。开展"文化基因解码"工作,持续对老城客厅梅花坊传统文化展示项目和东门老街城市记忆保护与活化项目进行文脉梳理。新增市级非遗项目10项,代表性传承人13名。大云镇被认定为市级非遗主题小镇,3个村被认定为市级民俗文化村,2个非遗体验点被认定为市级非遗展示体验点。嘉善·桃源渔歌乐入选嘉兴市非遗主题旅游线路。沈家窑凭借"京砖烧制技艺"被确定为"建党百年"砖烧制单位,烧制的"建党百年"砖已顺利出窑。干窑"京砖练字砖"获评第二批浙江省优秀非遗旅游商品。嘉善代表队获2020嘉兴端午民俗文化节龙舟竞渡、踏白船表演赛双冠军,姚庄镇踏白船蝉联十一连冠。调整下发《嘉善县文物保护专项资金补助实施办法》,成立"嘉善县文物保护工程管理专家库"。完善智慧文保体系。持续推进不可移动文物保护工作,编制《嘉善县不可移动文物维修评估报告》,完成多项县级文物保护单位修缮工程。复核第三次全国不可移动文物普查

成果283处文物现状。积极开展汛期等重要时间节点的文保单位、文保点安全检查。省级以上文物保护评估完成率为100%。三是文旅融合发展后劲十足,统筹谋划多管齐下。嘉善入选省级文旅消费试点城市创建名单,并被成功命名为首批省文旅产业融合试验区。西塘古镇入选浙江省首批未来景区改革试点名单。在国家级和省级文旅总评榜中,嘉善分别荣获"2019中国有影响力的全域旅游示范区"和"2019浙江文化和旅游产业融合发展十佳县区"等荣誉。大云云宝、西塘汉服文化周入选浙江省文化和旅游IP库,大云云宝IP入选全省首批示范级文化和旅游IP库。是年,全县累计接待国内外游客1844.19万人次,实现国内外旅游总收入227.53亿元,同比恢复84.61%。嘉善继2019年后再次上榜中国县域旅游综合竞争力百强县市名单。规划引领,构建"十四五"发展布局。牵头长三角一体化示范区国土空间规划体系之《长三角生态绿色一体化发展示范区嘉善片区文化和旅游发展专项规划(2020—2035年)》编制,形成较高质量的规划成果,顺利通过省文化和旅游厅组织的专家评审。与省文化和旅游厅签署《共促长三角生态绿色一体化发展示范区嘉善片区文化和旅游发展合作协议》,为嘉善文旅发展指明高质量发展新路径。根据长三角生态绿色一体化发展示范区建设总体部署,从文旅创建攻坚、项目招引、品质提升等方面着手,制定《关于加快推进嘉善县文化和旅游高质量发展的实施意见(2020—2025)》。宣传推广,做强

"精准化"市场营销。主动联合青浦、吴江实施旅游公共服务平台合作共享机制，推进建设示范区旅游图片库、旅游网、旅游小程序、旅游微信运营、旅游识别符号LOGO征集和旅游一卡通"六个一"工程。启动嘉善数字文旅应用服务平台（智慧旅游二期项目）建设。加快文旅公共服务领域数字化转型，该项工作位列全市第一、全省前列。积极创建"诗画浙江·百县千碗"美食体验店，2家星级饭店入选省"诗画浙江·百县千碗"美食体验店名单，2家入选市首批"百县千碗·嘉肴百碗"美食示范店名单。文旅产品走进第15届中国义乌文化和旅游产品交易博览会，获博览会工艺美术银奖2件，铜奖3件，博物馆"岁朝清供、小园晴雪"系列文创产品荣获"文创产品优秀奖"，并在长三角文创联盟"文澜杯"文创作品评选中获"入围创意奖"。项目建设，筑牢"高品质"发展根基。加快推进西塘宋城演艺谷、西塘八九间东区、恒天祥符荡等文旅项目建设。总投资80亿元的智林良渚大云综合体和五彩姚庄项目及总投资14.2亿元的梅花坊已开工。8个总投资近120亿元的高端文旅合作项目签约。推进图博中心创4A级旅游景区，已顺利通过资源价值评估省级评审。加快推进嘉善越里创4A级。持续推进省"百城千镇万村"景区化工程，创成省3A级景区城，姚庄、干窑创成省3A级景区镇，创成省级景区村庄17家（其中3A级2家）。完成旅游厕所新（改）建16座。四是全面夯实安全工作基础，规范管理成效显著。3名职工取得浙江省行政执

法证，所办理的行政许可和行政执法案卷分别荣获县级优秀行政执法案卷一等奖和三等奖。持续开展文化市场执法检查。围绕扫黑除恶专项斗争、"扫黄打非"专项行动、平安建设等工作，开展行业整治专项行动。推进"互联网＋监管"工作，落实"双随机、一公开"监管机制。开展"双随机"检查92家次，其中开展跨部门检查8次，开展各类应急安全检查，严厉打击文旅市场各类违法违规行为。共出动检查各类经营场所2624家次，立案15件，行政处罚罚款1.33万元，取缔"黑网吧"2家，没收电脑器材56件，收缴无证销售字典类图书45册，其他图书66册，非法音频卡163个。高效推进旅游行业安全管理。牵头防范化解退团退费问题，成立嘉善县旅行社退团退费问题工作领导小组，县域旅行社累计退团58个，涉及人数1281人，涉及退费金额288.8万元，协调处理涉疫情退团退费投诉6个，涉及退费金额7.5万元。组织开展安全生产检查20余次，联合职能部门开展检查4次，累计检查旅游企业30余家次。

（曹　琦）

【平湖市文化和广电旅游体育局】
内设职能科室7个，下属单位10个。2020年末人员106人（其中：机关26人，事业80人；具有高级技术职务资格的9人，中级52人）。

2020年，平湖市文化和广电旅游体育局以打造"文化平湖、动感平湖、尽兴平湖"为抓手，整合文旅资源、加强文旅事业、发展文旅产业、激发市场活力，全力推进

文化旅游融合发展。全市4项文化指标列全省第一、7项文化指标列嘉兴第一；新增3家省4A级景区镇、1家省3A级景区镇、3家3A级景区村庄；获评"全国围棋之乡"，有力助推金平湖新崛起。一是紧抓项目，搭好文旅发展舞台。全市文旅体产业入库项目31个，总投资104.72亿元，涵盖休闲观光、古镇开发、酒店住宿等类型。统筹政府投资项目。全市文体场馆完成投资1.3亿元，博物馆新馆完成主体结构工程，进入内部展陈装修；玺印篆刻博物馆建成开放；非遗中心完成改造提升，吴一峰艺术馆新馆、平湖李叔同纪念馆改陈有序推进。推进文旅产业项目。全年文旅产业项目完成固定投资28亿元，占嘉兴年度目标任务的127％。林埭文旅创意产业园、新埭进口美妆"网红"基地、中国少年棒球队训练基地等项目落户平湖。东郁园林、美郁花园、赛艇小镇等一批文旅项目建成投入使用。民宿建设实现零突破，当湖满亭芳、林埭吾庐等6家民宿建成运营。铂尔曼酒店、华侨饭店、泛华酒店等一批高星级酒店建设有序推进，逐步形成酒店集群。南河头历史文化街区二期、东方公园等大型文旅项目启动规划，逐步丰富旅游业态。二是靶向施策，扶持文旅企业发展。受新冠肺炎疫情影响，全市文旅行业受到严重冲击，多措并举纾解文旅企业困境。全年旅游接待量1035.54万人，旅游综合收入117.71亿元，同比分别恢复81.86％、79.94％，新增文旅市场主体23家。强化政策支持。提前兑现服务业发展旅游专项资金147.7万元；设立应对疫

情专项帮扶资金,对星级宾馆、星级旅行社、A级景区等文旅企业进行专项资金补助121万元;暂退旅行社旅游服务质量保证金476万元。开展攻坚破难。全年开展"三服务"项目141个,解决实际问题110余个。对旅游大巴停车难问题,成立攻坚破难专班,制定实施方案,多次现场办公,协调解决难题,在平善大道停车场协调出100个停车位,有效破解了城区旅游巴士"停车难"困境;领衔林埭镇"文旅产业融资帮扶"破难项目,联系林埭镇9家规上企业,参与驻企指导员工作,有效推进文旅产业融资工作。联合推出本地疗休养举措。制定年度疗休养计划和中小学生研学计划,推出山海休闲、美丽乡村、工业购物等19条精品疗休养线路,全市参与疗休养人数突破3万人次,拉动直接消费5100多万元。借力线上力量促消费。组织全市星级饭店、旅行社、景区景点参与嘉品汇云购物节。开设嘉兴首个文旅部门可直播抖音号"金平湖文旅",粉丝近万人,在线举办"中国旅游日""文化和自然遗产日"等主题直播,获得社会各界的好评。三是借势借力,创新文旅融合机制。深化文体场所机制改革。深化公共场馆服务体系改革,"新型基层公共电子阅览室"项目列入2020全省公共场馆重点改革试点项目,其中平湖市农民读书会被命名为省公共文化服务示范项目和创新团队,平湖市图书馆获全国古籍重点保护单位;实施数字图书馆建设,推出"线上+线下"阅读推广新模式,开展"全民阅读节云启动""听书不打烊""风暴实验室"等服务,参与人数突破

10万人次。A级旅游景区完成全域旅游大数据平台建设,推进分时预约、规范标识咨询体系、优化线路设计等工作,新改扩建旅游厕所11座,补助5家民营旅游厕所12万元。联袂构建长三角文旅合作机制。与上海市闵行区签订文旅战略合作,拓宽与沪好友圈;推进"金平果"文化品牌,举办两地"文化走亲"、戏曲进校园等活动80余场。丰富青田"山海协作"内涵,为平湖、青田2地干部交流活动提供文体设施。加强推介"走出去",增加与长三角区域城市互动,组织金山文化与遗产日活动、闵行旅游节、青田对口交流等12批次,创作首支平湖文旅主题曲MV《心泊平湖》,并在上海、杭州等地宣传播出。与《人民日报》、《钱江晚报》、《环球人物》杂志等媒体合作,宣传推广平湖市文旅特色亮点。重大活动"引进来",举办"当湖十局杯"CCTV电视围棋快棋赛、浙沪乡村欢乐跑、丽水"山海协作""文化走亲"等10多项重大活动,吸引长三角游客、提升城市知名度。四是实干惠民,打造文旅惠民盛宴。抓精品,保供给。全年举办文艺下基层500多场,"文化走亲"50场,参与数量突破100万人次。出版《陆陇其全集》,创作钹子书《战胜病魔意志坚》、短视频《不放弃》、诗歌《她,就是中国》等作品,其中《走在乡村振兴的大道上》《打菜油》入围省"三团三社"成果展示范性群众活动名录,《莲舞丰年》获长三角莲湘邀请赛最佳传承保护奖,《中国南北派琵琶十三大套曲研究汇编》列入"中华国乐经典文献库",《中国平湖糟蛋文化志》列入"中国记忆文

库",广场舞"东田社鼓"获嘉兴市广场舞大赛金奖,"文化'金平果'——长三角公共文化服务一体化"等3个项目获评嘉兴市公共文化服务创新奖。续办"金平湖惠民剧场",引进上海滑稽戏《悬空八只脚》,吸引大批市民观看。挖掘非遗产业,平湖糟蛋入选第二批浙江省优秀非遗旅游商品,成功创建嘉兴市级非遗主题小镇2个,民俗文化村3个,非遗体验点4个,开设7个非遗项目线上销售,助力企业,方便群众。抓品牌,优环境。全市已成功创建4A级景区城、14家国家A级景区、4家省4A级景区镇、4家省工业旅游示范基地、10家3A级景区村庄。推动旅行社提质工作,新增2家三星级旅行社,全市3A级以上旅行社7家。强基础,惠民生。加快数字化转型,"文旅云"功能实现提升,简化操作流程,提升服务效能。持续打造"书房、书屋、书吧"品牌,完成5家智慧书房、10家礼堂书屋、6家乡村书吧,巧用社会资本,建成"徒之漫"书局房和职工书院。新建6家乡村文化名师工作室,发挥文化名家大师对乡村振兴的人才支撑作用。五是强化执法,净化文旅发展环境。全年开展"双随机"检查32次,办理行政处罚案件45件。做好信访维稳工作,全年有效处置市长电话、百姓事马上办件78件,实现信访处理回复率100%、办结率100%。开展"扫黄打非"、旅游市场专项整治、艺术类培训考级监管等专项行动,全力确保意识形态安全和文化旅游市场安全,净化市场环境。

(严玉锋)

【海盐县文化和广电旅游体育局】
内设职能科室 7 个,下属单位 9 个。2020 年末人员 111 人(其中:机关 11 人,机关工勤 1 人,参公 11 人,事业 88 人;具有高级技术职务资格的 8 人,中级 39 人)。

2020 年,海盐以第 1 名的成绩创建第四批浙江省公共文化服务体系示范区,成功创建浙江省第三批全域旅游示范县。全县全年接待游客 842.1 万人次,实现旅游总收入 79.2 亿元。一是围绕中心工作,积极做好复工复产。积极做好疫情防控工作。面对突如其来的新冠肺炎疫情,坚持"两手硬、两战赢",积极组织、参加疫情防控工作,引导公共文化场馆有序恢复开放。检查指导星级酒店开展人员排摸,启动县域内旅行社暂退部分质量保证金工作,累计暂退质量保证金总金额 388 万元。高质量融入长三角一体化发展。与闵行区开展文化旅游合作,组织参加 2020 上海美食节之"江南吃货节"活动,与黄浦、闵行、苏州、黄山等 14 个城市成立"江南吃货节联盟",签订 14 城战略合作备忘录,推动景区游客互送合作,加强文旅合作交流,深度推介海盐资源。二是推进文化建设,完善公共文化服务体系。全面打造公共文化服务体系示范区。打造文化礼堂服务联盟。制定出台《高质量打造农村文化礼堂"升级版"实施方案》,多角度、多方位谋求文化礼堂与其他元素的融合,创新推动文化礼堂运营新动力。开展文化馆企业分馆建设。实施"一馆六员"运行机制,参考海盐县文化总分馆的机制运行形式,设立文化馆企业总馆,统筹安排大型文化活动、专业辅导、

场地设备等。各企业分馆在镇街分馆的协助下配合总馆的活动安排,组建各类文艺团队,满足企业职工、周边群众的文化服务需求。加快各级文化阵地设施建设,启动海盐县文化艺术中心项目建设,整个项目投资约 4.8 亿元,建筑面积约 40693 平方米。以沈荡镇、于城镇综合文化中心提升为重点,不断提升硬件水平。全年实现全县各镇(街道)智慧书房全覆盖。做强做优文化品牌。继续开展"一人一艺"公益大培训,完善"菜单式"预约,增加"订单式"服务,丰富项目内容。开展文化惠民"六送六下"活动,深化农村文化活动"158"计划。全年送书下乡 83600 册,张元济图书馆人均新增藏书 0.055 册,县文化馆组织开展群众文化活动 63 次、人均下基层辅导 38 天。进一步做优"南北湖文化旅游节""欢乐四季·优雅海盐"系列文化活动,承办 2020 中国长三角·海盐南北湖文化旅游节开幕式晚会等活动。加强文艺精品创作,群舞《早春的飞燕》入围浙江省音舞节决赛并获铜奖,实现海盐舞蹈节目历史性突破。加强基层人才队伍建设。实施基层文化队伍素质提升工程,扎实开展"青蓝工程",注重岗位业务培训,共开展基层文化队伍集中培训 5 期。争取多方重视,县、镇、村 3 级文化队伍建设列入县政协主席会议重点协商内容。出台《关于调整海盐县村(社区)专职文化管理员工作指导意见的通知》,考核分为基层性抽样指标和提高性抽样指标,更加科学全面、直观体现村级人才能力素质。三是推进文旅融合加快全域旅游发展。加强文旅融合,

挖掘"千年古县"地方文化。3 家餐饮企业列入嘉兴市第一批"百县千碗·嘉肴百碗"特色美食示范店名单;法狮龙家居建材股份有限公司等 8 家企业被确定为 2020 年度第一批嘉兴市工业旅游购物推荐企业(工厂店)。推出文旅商品,猪猪星球、沈荡酿造特色旅游商品获上海市江南吃货节特色美食奖;盐田织彩系列文创产品荣获国家级特色旅游商品称号。优化文旅形象推广,将海盐自然优势、庭院文化、红色旅游等元素融入嘉兴最新发布的 9 条旅游推荐线路。加强特色小镇与 A 级景区(村庄)建设。海盐集成家居时尚小镇(海盐百步时尚家居小镇)入选省级特色小镇第五批创建名单,获评国家 3A 级景区。澉浦镇获评省 4A 级景区镇,百步镇、西塘桥街道获评省 3A 级景区镇,西塘社区获评省文化示范村。全县成功创建 28 个省 A、2A 级景区村庄,2 个 3A 级景区村庄,3A 级景区村庄运营考核排名全市第二。通过 A 级旅游景区、景区城、景区镇、景区村的创建提升,基本实现点上有故事、线上有体验、面上有风景的县域大景区,全县形成"一地、两核、三线、多点"的发展新格局。四是促进文旅消费,确保市场发展安全有序。坚持"两手抓,两手硬,两战赢",积极策划提振文旅消费计划。发动 30 家文体企业参加嘉品会"云购物"线上优惠促销活动,组织 136 家文旅体相关企业参与嘉兴市"云购物节"消费活动。与"盐津豆"平台合作,开展 A 级景区门票免费消费券发放、疗休养支付通发放、300 万元文旅消费券和南北湖金秋湖畔消费

券发放工作,累计拉动消费714.35万元。发展夜间经济,举办第二届"稻田龙虾文化节"、绮园景区"穿古通今"、南北湖景区"水岸夜市"等活动。积极推广"百县千碗·海盐食味",3家饭店创建省、市级"百县千碗"特色美食示范店。推进品质民宿发展,成功创建3家浙江省银宿级民宿。落实常态化疫情防控措施,围绕全国文明城市创建工作要求,着力加强星级宾馆酒店管理提升、网吧管理提升、景区景点管理提升等各项工作。在全市率先实行跨部门"双随机"检查,最大程度方便企业主体,实现联合执法"最多跑一次"。全年共计检查985次,出动执法人员1968人次,检查市场经营单位1441家次。有序完成各项依申请事项审批,全年共办理依申请事项179件。五是加强文化遗产保护,文物保护利用工作不断拓展。加强文物安全监管和检查力度。组织开展安全检查15次,检查文保单位(点)167家,实现文物保护项目监督管理覆盖率100%。加强可移动文物保护,实施县博物馆馆藏珍贵文物预防性保护项目。开展通元葛山遗址和杨家甸复垦工地抢救性考古发掘工作,出土一批良渚晚期至汉代的石器、玉器、青铜器等文物。开展鱼鳞海塘申遗工作,编制可行性研究报告和申报世界文化遗产工作方案。丰富文博宣传活动,举办"美意延年画满乾坤——馆藏木版年画展""玩味十足——奇趣的民间玩具展""嘉兴画派书画名家邀请展"等展览。加强非遗保护和传承。海盐非遗发展指数在嘉兴市排名第二,其中组织体系指标列

全市第一。《滚灯烟火映江南》在《今日浙江》发表;"长三角滚灯联谊会的创新实践"入选2019年省非遗保护发展创新案例选编。澉浦镇澉东村、商玉客栈获评市首批非物质文化遗产体验点;商玉客栈荣获市非物质文化遗产客厅称号;"盐味滚灯"真丝文创产品和灶头画文创产品入选第二批省优秀非遗旅游商品名录;澉浦红烧羊肉制作技艺获评"非遗薪传"浙江传统美食展评活动"优秀展演奖",县非物质文化遗产保护中心荣获"优秀组织奖"。滚灯节目《嬉戏·灯》亮相第三届中国国际进口博览会。

(黄彩霞)

【海宁市文化和广电旅游体育局】内设职能科室7个,下属单位9个。2020年末人员167人(其中:机关15人,参公18,事业134人;具有高级技术职务资格的23人,中级65人)。

2020年,海宁市文化和旅游工作以"重要窗口"的使命担当,统筹疫情防控,各项工作高质量发展。海宁市基层公共文化服务评估连续第4年全省排名第三、嘉兴排名第一。"阅读推广人"制度实践探索团队获"浙江省文化和旅游创新团队"。新仓村获评全国乡村旅游重点村、中国美丽休闲乡村。文化馆企业分馆建设、文物保护工作经验分别在浙江省、嘉兴市有关会议上做交流。一是提品质、拓阵地,设施建设出新形象。超前谋定设施布局。开展"海宁城区文体设施布局及功能研究"专题调研,统筹谋划重大文体设施布局和定位,提出了"四角一核一环"的布局思路,谋划伊

嘉塘国际文体中心项目、鹃湖新青年中心、博物馆新馆建设等项目。非遗馆陈列布展进场施工,文化馆主体维修完成。持续推进片状设施建设布局,建成16个礼堂书屋。继续开展厕所革命,建成33个A级旅游厕所。创新理念提升品质。探索"馆店合一"管理模式,静安智慧书房(鹃湖)与新华书店有机融合,提升公共阅读空间的使用效能,实现资源共享、服务互通。新建7个镇(街道)静安智慧书房,实现了静安智慧书房镇(街道)全覆盖。认真贯彻全面深化改革精神,加快'最多跑一次'向公共服务领域延伸,全面完成公共图书馆、旅游景区领域服务提升年度任务。做好浙江省综合文化站评估定级自评工作,自评省特级文化站10个。二是抓统筹、出精品,文旅品牌做大做强。依托创建出精品。实施"浙江省全域旅游示范市"创建,召开海宁市创建省级全域旅游示范市动员大会,出台《关于推进全域旅游高质量发展的若干意见》及实施细则,指导推进"百千万"工程,创建4A级景区镇1个、3A级旅游景区1个、A级景区村庄25个(其中3A级3个)。创建嘉兴非遗主题小镇1个、民俗文化村1个、文化名师工作室6个。3家饭店列为嘉兴市首批特色美食示范店,其中2家列为省第二批"诗画浙江·百县千碗"美食体验店。引育并重出精品。深入开展"文化基因解码",着力开展文化挖掘弘扬行动,完成3个文旅体课题调研,制定出台《海宁市"文化基因解码工程"实施方案》,制订17项重点"文化基因解码"任务清单,完成5项重点"文化基因

解码"工作。《阅读推广人服务与管理规范》地方标准正式发布,以顶层设计推动"书香城市"建设。提升活动品质,全年共引进高端讲座12场次、高品质演出6场次。编创文艺精品7个,创作以"艺"战"疫"作品1000余件。音乐小品《渡》荣获浙江省第三十一届戏剧小品邀请赛金奖。遗产保护出精品。完成第八批全国文保单位海宁海塘的保护范围和建控地带划定。完成全国、省级文保单位档案编制工作。公布海宁市第五批文保点15个。完成邱氏民宅等4处文保建筑保护维修工作。启动非遗数据库建设。新增嘉兴市级非遗项目11个、非遗传承人13名。新创排海宁皮影戏剧目5个。完成《硖石灯彩纹样》书籍初稿,启动《海宁皮影戏抢救性记录十年成果汇编(唱腔卷)》编撰。全年举办"我们的节日""三课一忆"民俗文化体验展示活动231场次,开展文化交流活动11次。三是优服务、拓外延,文化权益有效保障。拓展外延健全体系。持续推进文化惠民,全年开展文艺展演35场,举办主题展览47场、文化下乡活动236场,送书下乡6万余册,"文化走亲"260余场。探索实施文化馆企业分馆建设,制定出台《关于推进海宁市文化馆企业分馆建设的实施意见》,以点带面全市推开,建成文化馆企业分馆17个,进一步健全文化馆总分馆体系,延伸公共文化服务链。服务中心助推项目。坚持文物保护与合理利用相结合,全力服务盐官音乐小镇、长安国际丝绸小镇、硖石景区等项目建设,积极与省文物局等上级部门对接沟通,上门服务与指导

30余次。对在盐官、长安开发中发现的文物遗存,结合项目开发和博物馆展陈予以利用。全面完成"山海协作"、东西部扶贫工作,举办海宁、黑水文化旅游合作主题活动和"文体走亲"交流活动3次,深入推进海宁、武义机关疗休养工作,互推2地旅游产业发展。智慧升级数字赋能。推进文旅公共服务领域数字化转型,建成智慧文旅服务监管平台,完成数据归集、全景展馆、文旅一张图等建设,实现文旅视频实时监控。完成7个镇(街道)文化活动中心智慧化提升。应对疫情,转变公共文化服务供给模式,推出"云舞台""云展厅""云讲座""云培训""云竞赛"等系列线上活动400余场。四是促融合、兴产业,文旅发展活力倍增。提振产业促进消费。应对疫情,出台《海宁市关于应对疫情影响促进文旅市场复苏的若干意见》《海宁市文旅惠民活动方案》,推出文旅复苏"9条"、文旅惠民活动14项,兑现奖励资金1096.414万元,发放消费券价值922.7万元。国庆黄金周游客量、旅游总收入与去年同期基本持平。受疫情影响,全年接待游客总数1867.58万人次,实现旅游总收入229.56亿元,同比分别下降15.48%、17.44%。限额以上住宿业企业营业额31984.9万元,同比增长7.07%。招商引资开拓市场。推进旅游目的地打造,开展旅游宣传推广活动,与浙江卫视合作拍摄《还有诗和远方》海宁行文旅探寻节目。与新浪、同程等平台合作,举办长三角地区旅游推介会、产业招商会各2次。与抖音、微信合作,长三角地区定点推送海宁旅游达255万人

次。推进文旅产业项目投资,盐官古城保护及旅游开发项目、硖石景区、皮革时尚小镇核心区等13个文旅项目累计完成投资23亿元。多元融合激发活力。"旅游+文化"深度融合,"旅游+体育"做大做强。推出"志摩IP旅游项目","志摩如梦令"全球发布,举办"志摩会客厅"活动6场次。依托2020"中国旅游日"嘉兴主会场(海宁)活动、第二十七届观潮节,举办了全国旅游城市定向赛(海宁站)、浙江省首届"百里钱塘"自行车骑行大赛、2020中国钱江国际越野赛等新型体育赛事,扩大旅游活动的联动规模效应。尖山高尔夫和盐官芳草青青房车营地获评浙江省运动休闲旅游优秀项目。成功申办2021年第十届浙江省运动休闲旅游节。五是强监管、守底线,文旅市场平稳有序。疫情防控两战共赢。守好旅游市场、文化市场和公共文体场所三大阵地,精密智控不留死角。多举措助推文旅企业复工复产,嘉兴市内首家启动全市旅行社暂退质量保证金180万元。提前兑现落实专项纾困资金248万元,减免国有资产房租19.2万元,支持企业共抗疫情、共渡难关。处理疫情引发的旅游投诉19起,涉及游客152人次,为游客挽回损失559874元,满意率100%。保护文物坚守底线。始终坚持将文物安全放在首位,常态化开展文物安全检查和监管,检查文保单位(点)887家次,发现并整改隐患53处。全面升级更新博物馆视频监控系统。做好工程项目中的文物保护工作,坚持"禁碰红线,控用蓝线",对项目建设中新发现的文物,先停工

后再抢救性挖掘,确保文物得到有效保护。安全监管全面推进。结合疫情防控,统筹做好文旅市场安全生产工作,市场环境平稳有序。全年出动执法人员 2059人次,检查各类场所 9584 家次。开展联合执法 34 次,远程网络巡查 236 家次。取缔无证歌舞娱乐场所 1 家。受理举报 6 件,立案17 件,罚款 24 万元,没收违法物品 2 套。全面完成 218 个子项行政审批标准化的制定和权力清单梳理,实现"无差别一窗受理,后台分类审批",共办理行政审批165 件。

(李如月)

【桐乡市文化和广电旅游体育局】内设职能科室 7 个,下属单位 12个。2020 年末人员 141 人(其中:公务员 13 人,参公 19 人,事业 109 人;具有高级技术职务资格的 12 人,中级 54 人)。

2020 年,桐乡市文化和广电旅游体育局围绕"建设人文名城,打造风雅桐乡"的工作中心,在深化公共文化服务体系示范区创建成果,推进文旅融合,统筹城乡发展,提升公共服务水平,提高文化旅游治理能力,壮大文化旅游产业,保障人民群众文化权益,丰富人民群众精神生活等方面,取得明显成效。一是切实提升公共文化设施建设水平。完成 8 家城市社区文化设施提升工程。新建伯鸿城市书房 1 家、伯鸿乡村书屋28 家、伯鸿书屋 16 家、伯鸿校园书屋 12 家。新建 5 个嘉兴市乡村文化名师工作室。完成君匋艺术院展陈改造项目和茅盾故居消防提升工程。推进丰子恺纪念馆改扩建工程(一期)和博物馆、文

化馆、钱币馆展陈提升及维修工程。举行丰子恺艺术中心奠基仪式。二是深入开展文化惠民活动。举办"五月的阳光·风雅桐乡嘉年华"系列活动、"风雅桐乡·我们的村晚""走亲"展演活动、文化专职管理员才艺大赛、镇村级"三团三社"建设成果展示活动、"伯鸿讲堂(桐乡)"全民公益讲座、"桐乡记忆"乡土文化直播讲座、"淘艺吧"全民艺术普及培训活动等各类文化惠民活动5615 场(次),受众人口达 100 万人次;送戏下乡 1037 场,送书下乡 15.2 万册。三是文艺创作取得丰硕成果。评选出文化精品创作扶持作品 20 部,征集建党百年"三个地"主题文艺精品项目 29项,8 人加入国家级文艺家协会。文艺作品屡次获奖,小戏《盒睦》获浙江省新农村题材小戏会演银奖;桐乡三跳《小狐狸找妈妈》入围第九届全国少儿曲艺展演;高桥实验学校获第二十四届"中国少儿戏曲小梅花荟萃"传承类"小梅花集体节目"称号,陈冬雪获"小梅花"称号。名人文化创作与活动水平再上新台阶,完成"桐乡历史文化丛书"(第四辑)、《梧桐乡是凤凰家》编纂与出版;完成《桐乡红色四杰:沈雁冰、沈泽民、张琴秋、王会悟》传记撰写与出版工作、电影《丰子恺》和话剧《先辈爱情》的编剧创作和作品研讨工作;举办"丰子恺星"命名仪式暨"教惟以爱"丰子恺家庭教育展、第三届丰子恺散文奖、"子恺杯"第十三届中国漫画大展等。四是凸显文博事业发展水平。启动《桐乡市古镇古街古村古宅古桥保护利用三年行动计划》。出台《桐乡市文物保护专项资金管理

办法》,组织全市文物安全大巡查。完成徐自华故居等修缮保护项目 17 处。推进罗家角考古遗址公园环境整治工程和谭家湾遗址公园建设。完成崇福镇徐自华故居、崇福镇永丰当、大麻镇狮虎桥、洲泉镇富家桥等 17 处修缮保护项目。完成罗家角遗址展示馆建设和展陈布置工作,整治遗址公园环境。推进谭家湾遗址公园建设,入选浙江省第三批省级考古遗址公园。参与崇福镇横街保护整治项目方案设计和梧桐街道永宁街区保护开发。永宁街区、武庙街区入选浙江省历史文化街区。配合省考古所做好乌镇太庙头遗址考古发掘和朱家浜遗址抢救性清理。五是积极开展非遗保护传承工作。出台《桐乡市非遗传承人认定和管理办法》,公布桐乡市第一批非遗传承人名单。桐乡篆刻技艺、缧土丝、糖画等 15个项目入选嘉兴市非物质文化遗产代表性项目名录,21 名传承人入选嘉兴市非物质文化遗产代表性传承人名录,数量均居嘉兴首位。开展"我们的节日"端午民俗活动、中秋民俗活动等,拍摄濒临灭绝的非遗项目 3 个。六是全域旅游建设成效显著。通过浙江省全域旅游示范县(市)复核,承办全省文化和旅游资源开发专题培训班。指导鸟屋艺术小镇、百翠山居创建成为国家 3A 级旅游景区,江南湖羊庄园、锦绣大地石斛园创建成为国家 2A 级旅游景区。桐乡主城区创建成为 4A 级景区城,梧桐街道、崇福镇、濮院镇创建成为 4A 级景区镇(街道),石门镇、屠甸镇、洲泉镇创建成为 3A 级景区镇。培育建成景区村庄 48 处,其中横港村、陈庄

村、周墅塘村创建成为 3A 级景区村庄。做好旅游项目管理服务，二季度、三季度、四季度旅游项目投资综合指数均排名全省前三，其中二季度项目投资综合指数排名全省第一。七是彰显文旅融合活力。举办"桐聚上海·乡约乌镇"2020 风雅桐乡文旅产业招商推介会，参与第 2 季《中国地名大会》节目录制。开展《研学浙江·风雅桐乡》全省研学体验日活动、"畅游桐乡美食荟"活动、全国网络媒体聚焦桐乡行等活动。编印《文化场馆》《文物》《非遗》《读书讲堂》《全域旅游》《体育健身》《清廉文化》等 7 张手绘地图。完成旅游信息咨询中心高铁站、客运站项目建设。建设完成全省首个数字文旅体应用服务平台，

新增 3A 级旅游景区及景区村庄手绘电子导览图 10 张，新建线上全景数字展厅 5 个。隐河三居获评浙江省金宿级民宿，敬意堂等 5 家获评银宿级民宿，数量位居嘉兴第一；乌镇景区获评浙江省国际人文交流基地、茅盾纪念馆获评浙江省红色旅游教育基地、绿康菊业获评浙江省中医药文化养生旅游示范基地；从前慢、振石大酒店获评浙江省"诗画浙江·百县千碗"体验店，乌镇戏剧节获"浙江文化和旅游推广创新优秀案例"。推出"桐"你来消费——2020 桐乡购物节系列活动，以桐乡旅游护照样式发放旅游消费券 6 万多份，直接拉动本地消费 1 亿多元。八是加强文化市场管理。坚持净化文化市场环境，开

展安全生产宣传咨询日、"你我同心，反诈桐行"反诈宣传、"安全万里行"平安宣传月等主题活动，组织消防演练、反恐演练、应急突发事件抢救演练等实操演练 52 场，举办安全培训 12 期，分领域开展专项督察，全年共出动检查人员 3905 人次，检查各类场所 4690 家次，行政处罚立案调查 18 件，办结案件 18 件，罚款 2.2 万元，停业整顿 1 家次，没收违法物品 224 件。文化执法队在嘉兴市文化和旅游市场法律法规知识竞赛中获团体一等奖，并选送参赛队员代表嘉兴参加浙江省文化和旅游法律法规知识竞赛决赛。

（颜剑明）

绍兴市文化广电旅游局

【概况】 内设职能处室 12 个,直属单位 8 个。2020 年末人员 404 人(其中:公务员 33 人,参公 23 人,事业 348 人;具有高级技术职务资格的 100 人,中级 160 人)。

2020 年,绍兴市文化广电旅游局坚持以习近平新时代中国特色社会主义思想为指导,坚持和加强党的全面领导,紧紧围绕中央和省、市各项决策部署,继续锚定"重塑城市文化体系、打造最佳旅游目的地、争创文旅融合样板地"三大目标,以"融合、转化、创新、服务"四大工作理念为牵引,一手抓疫情防控,一手抓消费激活,着力提升文旅融合发展水平,更加主动、更加有效地服务"重要窗口"建设。

一、文化和旅游行业全面振兴

(一)文化旅游行业振兴政策不断细化

制定文旅企业"两战赢"工作"十大机制",支持旅游企业共渡难关《十条措施》、复兴行业《十条政策》等。第一时间以 3500 万元支持全市涉旅企业;与交通银行战略合作,授信 300 亿元给绍兴文旅企业;对接担保公司设立 1 亿元的文旅专项担保额度;落实专项奖励资金 2585.3 万元,累计惠及旅游企业 316 家。

(二)文化旅游行业消费潜力得到激发

发布"绍兴市十大夜间文旅消费集聚区",投入 4000 万元用于绍兴旅游线上优惠立减活动和

绍兴住宿消费激活行动,组织开展"美丽家乡·绍兴有约"线上宣推活动,获曝光量 2156.7 万人次,组织参与"千万红包游浙江"——浙江省文旅行业"春光计划"活动等。全市旅游总人次 9721.6 万人次,同比恢复 84.6%,实现旅游总收入 1074.2 亿元,同比恢复 82.2%。绍兴市、诸暨市成功创建"浙江省文化和旅游消费试点城市"。

(三)文化旅游项目落实落地

浙江省"四十百千"文旅重大项目计划中,绍兴市 30 个诗路项目总投资 415.59 亿元;文旅"金名片"项目 24 个,总投资 421.01 亿元。新开工全市文化和旅游重大项目 30 个,总投资 339.63 亿元;全市优选推进 167 个文化旅游项目,全年计划投资 202.20 亿元,完成投资 222.88 亿元,完成率为 111.38%。其中,阳明故里综合保护利用项目、绍兴东浦黄酒小镇等 7 个项目单体总投资超过 50 亿元。

二、文艺创作生产创新发展

(一)文艺精品剧目创作再创佳绩

越剧《周仁哭坟》《狸猫换太子·拷寇》,调腔《煤山》《汉宫秋·钱别》2 个项目入选 2020 年度"中华优秀传统艺术传承发展计划"戏曲专项扶持项目名单;绍剧《破指血书》《闹龙宫》获第二届长三角非物质文化遗产节金奖,浙江绍剧艺术研究院获优秀组织

奖;调腔《后山叶芽》、越剧《鉴湖风云》、越剧《傲雪芬芳》入选浙江文化艺术发展基金 2019 年度资助项目名单;绍剧现代小戏《情暖中秋》获 2020 浙江省新农村建设题材小戏会演银奖;《三打白骨精》入选文化和旅游部建党 100 周年"百年百部"精品创作工程。

(二)文化艺术人才层出不穷

浙江绍剧艺术研究院施洁净荣获 2020 全国先进工作者称号。张琳团队入选浙江省"文艺名家孵化计划"。张琳、董燕入选浙江省舞台艺术"1111"人才计划培养对象。6 名选手在 2020"新松计划"全省青年演奏员大赛中喜获 6 个奖项。浙江绍剧艺术研究院应林峰荣获第五届"浙江戏剧奖·金桂表演奖"。

(三)文艺演出活动丰富多彩

举办"2020 浙江好腔调"全省传统戏剧展演活动启动仪式暨绍兴专场演出,4 个绍兴地方剧种"串联"展演经典剧目《三请樊梨花》。举办中国越剧艺术·2020 绍兴有戏活动,举行第十八届越剧大展演活动,举办全市戏曲折子戏大赛,组织"百戏盛典"昆山采风活动等,艺术交流互鉴平台进一步拓展。

三、文旅公共服务优化升级

(一)文化场馆建设持续推进

绍兴博物馆新馆、绍兴美术馆、绍兴艺术学校改扩建工程等一批文化设施建设工程稳步推进。新建城市书房 15 家。启动

"民宿＋图书馆""驿站＋图书馆"等文旅服务新模式，省内首家"阳明书舍"开馆，鲁迅故里"大先生书房·文学主题馆""越牛书屋·传媒分馆"等建成开放。推进全省旅游厕所建设管理三年行动计划，全年计划建设旅游厕所90家，已建设完成140家。

（二）公共文化服务水平持续提升

推出"绍兴有戏·街艺角"活动，开展"文艺播撒乡镇行"活动。组织创作防控疫情为主题的文艺作品近2000件，编发"防控疫情绍兴文艺在行动"系列专版连载50期。推出纪念绍兴建城2510周年解码越文化系列讲座。开展阳明文化巡讲巡展活动等。全年共组织"越乡莲歌"绍兴剧院惠民演出48场，文化大巴下乡70场；全市共完成送演出下乡1052场，送图书下乡10.64万册，送讲座、展览下乡616场；开展线上文化服务活动734场，线上活动参与人次646.279万。

四、文化遗产保护利用成效明显

（一）文物考古工作硕果累累

联合浙江省文物考古研究所共同组建"浙东考古基地"，其建筑装修改造工程基本完成。宋六陵2号陵园二期考古发掘有新成果，《宋六陵保护规划》编制完成并通过国家文物局审批。实施平水盆地越国王陵区考古调查勘探工作，推进绍兴越国遗址公园建设。实施王阳明故居遗址考古勘探，完成一期考古发掘，已发现明清时期建筑基址，二期考古发掘推进中。

（二）非遗保护传承与创新发展卓有成效

绍兴"书圣故里历史街区复兴传统文化"入选全国2020非遗与旅游融合发展优秀案例；嵊州越剧诞生地文化生态保护区、上虞孝德文化传承生态保护区入选省级文化生态保护区创建名单；3个非遗项目入选"非遗薪传"浙江传统美食展评活动获奖名单；24件非遗旅游商品入选首批和第二批浙江省优秀非遗旅游商品名单。承办2020年"文化和自然遗产日"浙江省主场城市（绍兴）系列活动，举办"绍兴有戏——非遗兴乡大巡游"活动等。

五、文旅产品供给高质高效

（一）全域旅游发展稳中求进

新昌县创建为全国全域旅游示范县（市、区）；柯桥区被省文化和旅游厅列入全国全域旅游示范县（市、区）创建名单；东澄村、棠棣村、外婆坑村入选第二批全国乡村旅游重点村。上虞区入选浙江省第二批全域旅游示范县（市、区）；柯桥区王坛镇、上虞岭南乡、诸暨同山镇被列入省旅游风情小镇创建名单；诸暨同山镇入选浙江省首批山地休闲度假发展试点单位；鲁迅故里入选全国红色旅游发展典型案例。

（二）文旅资源转化成果丰硕

成立绍兴市文旅产业研究院和绍兴文旅IP研究中心，完成局校6个课题研究合作。启动"古城复兴计划"，实施一批总投资超过200亿元的重大项目，植入古城过大年、古城故事牌计划等软性项目，文商旅融合发展机制逐步健全。推出了乡村旅游——绍兴春季十大"网红打卡地"、十条精品茶游线路、十条经典研学游线路和一批红色旅游精品线路，完成《浙东唐诗之路遗迹图》和《浙东唐诗之路诗歌简史》。

六、文旅市场监管真抓实干

（一）文旅市场监管执法有力有效

组织开展全市文旅行业安全生产工作集中整治及专项督查、防汛防台隐患排查、护航复工复产安全生产攻坚行动、"安全生产月"活动、"护苗2020"专项行动等，召开全市文化旅游行业安全监管培训，确保文旅市场平安有序。全市共出动执法检查16262人次，检查各类经营单位13237家次，依法办理违法案件，立案调查118件，办结案件92件，其中重大行政处罚案件6件。全市受理并全部办结旅游投诉311件，受理并办结举报（督查）20件。

（二）行政审批工作规范实施

继续深化"最多跑一次"改革，优化服务流程，提升服务效能。做好全省涉外涉港澳台营业性驻场演出受理窗口下移工作。推进政务服务2.0改革工作，完成第一批省级部门目录拆解确认验收事项30余项。组织实施"证照分离"改革全覆盖试点工作，落实改革事项10项。推进所有事项网上办理工作，网办率达到99%。开展全市行政审批案卷评查工作。共受理办结行政审批事项1079件，群众满意率100%。

七、交流合作品牌打响

（一）绍兴文化持续输出

聚焦地方特色品牌，拓展对外交流渠道，成功创建2021年"东亚文化之都"。启动"越酒行天下"黄酒文化推广计划；中日合作拍摄黄酒题材电影，计划在"东亚文化之都"日本活动上全球首映。改版微信公众号"绍兴文旅发布"，在10月全国地级文化和旅游新媒体传播力指数榜单中名列前十。浙江绍剧艺术研究院《欢乐中国年》应邀开展美国芝加哥、底特律、马斯卡廷3地巡演，观众达2万余人次。

（二）绍兴文旅深度推广

牵头组织"活力浙东南旅游联合体"宣传营销活动。开展全国文化名家"活力浙东南"文旅地标打卡活动；推出中国作家协会原副主席黄亚洲绍兴文旅宣传推广文章《提到绍兴就是诗》；"抖游浙东南"一诗一景5地市10个短视频多平台持续发布。举办中国黄酒博览会。组织重点文旅企业参加中国义乌文化和旅游产品交易博览会、杭州都市圈长三角旅游合作采购大会、浙江省（北京）旅游交易会、宁波国际旅游展等。

八、行业服务标准化稳步提升

（一）文旅数字化建设全力推进

积极开展文旅数字化转型工作，建设绍兴市智慧文旅（指挥）中心，实现与省文化和旅游厅、市大数据平台和各县（市、区）大数据平台的互联互通。加强公共数据归集，完善公共数据资源目录。整合文化、旅游资源，升级优化智慧文旅平台。探索开发移动端服务应用与公共服务应用。对接"浙里好玩"文旅公共服务平台，实现省、市、县数据、视频的互联互通，绍兴市4A级景区省级监控平台接入率和"浙里好玩"文旅公共服务平台接入率分别达到100%和90%，实现了文旅信息实时更新。

（二）研学旅行标准化工作扎实开展

围绕创建中国最佳研学旅游目的地城市，制定发布《绍兴研学旅行标准》，编印《研学旅行画册》，启动编制《绍兴研学游专项规划》和"绍兴市研学旅行课程"。启动非遗研学游标准化建设。编制研学旅行标准列入2020年绍兴市"标准化＋"行动计划。公布绍兴市研学旅行标准试点单位12家。联合教育局组织开展第二批绍兴市中小学生研学实践教育基（营）地申报认定工作。

九、基础保障工作稳扎稳打

（一）干部人才队伍建设日趋重视

推荐2名高层次人才赴国（境）内外进修深造；推荐16名人才申报国家级广播电视和网络视听行业领军人才、视听行业青年创新人才、2020年度文化和旅游部优秀专家、乡村文化和旅游能人。绍兴研学游创新团队荣获2020年"浙江省文化和旅游创新团队"，1人获2020年浙江省首届"最美文旅人"，2人入选浙江省"金牌导游"培育资助项目，7名讲解员入围"浙江省首届诗路文化带讲解员大赛"决赛；1人获得"五四"青年提名奖。

（二）统计与财务保障不断强化

围绕文旅融合，盘活资金存量和增量，统筹安排部门预算经费。是年，文旅系统预算经费压缩25%。完成2019年财务决算工作，编制完成2019年度内部控制报告、政府财务报告、重点项目绩效评价；配合完成2019年度预算执行情况专项审计等。出台局财务管理制度、《小型项目采购招投标管理暂行办法（试行）》等规章制度，保障全局财务工作规范、有序运作。

【大事记】

1月

3日　柯桥区"羊山造像及摩崖石刻（含石佛寺）"、越城区"绍兴钱业会馆"、新昌县"天姥古道"3部记录档案被评为浙江省优秀记录档案。

21日至2月2日　绍剧剧组赴美参加2020年"欢乐春节"活动。演出期间，演职人员利用演出空隙，创作了《众志成城抗击疫情》《新八戒巡山》《人人都是孙悟空》等视频，为抗击疫情加油。

22日　发出紧急通知，排查旅行社赴武汉旅游情况。

24日　全系统启动疫情防控一级响应，关闭公共文化场馆、娱乐场所，暂停文化活动。

25日　全市通知关闭A级以上景区，星级饭店实行测量体温制度。

29日　浙江省文化和旅游厅副厅长刁玉泉一行到绍兴调研文旅行业疫情防控及企业困境、投诉等情况，慰问一线值班人员。

2月

4日　对全市A级景区、民宿、产业受疫情影响相关情况开展摸排。

12日　出台支持旅游企业共渡难关十条措施，出台暂退旅游质量保证金办法。

18日　下发《关于有序推进文化旅游企业复工的通知》，首批景区开放。

19日　下发《绍兴市文广旅游局致全国医务工作者的公开信》，是年12月31日前全市52家3A级以上景区对全国医护工作者实行免费开放。

28日　出台《关于应对疫情

支持旅游企业共渡难关的十条措施》等文件，以3500万元支持全市涉旅企业应对疫情，暂退旅游服务质量保证金2370万元。

3月

4日　印发绍兴市文广旅游局2020年工作要点，全面细化工作抓落实。

6日　参加文化和旅游部中国旅游研究院、中国旅游景区协会、中国游艺机游乐园协会联合发起的旅游景区振兴合作机制研讨会，就如何有序推进景区复工、做好防控措施、实施市场策略分享绍兴做法。

同日　绍兴小百花国家一级演员张琳、国家二级舞美设计师董燕入选浙江省舞台艺术"1111"人才计划培养对象名单。

14日　推出50个A级景区向全国游客免费开放（3月14日至6月30日）。

4月

10日　召开"打赢两战、振兴文旅"全系统工作推进会。

14日　省文物局局长柳河一行到绍兴开展复工复产期间文物安全专项督察工作。

18日至31日　组织开展"美丽家乡·绍兴有约——市长、主播带你游绍兴"网络直播推广活动。

19日　举行2020年公祭大禹陵典礼。省人大常委会副主任如健敏，省人民政府副省长彭佳学，省政协副主席张泽熙，省水利厅厅长马林云等领导出席。

22日　浙江省委书记车俊参观绍兴名人馆。

5月

1日　浙江省文化和旅游厅

副厅长许澎一行督查绍兴市"五一"假日旅游景区疫情防控和开放管理工作并召开座谈会。

14日　省政府新闻办举行新闻发布会，会上公布了首批20项"浙江文化印记"，绍兴的西施传说、绍兴黄酒、《兰亭序》和越剧入选。

18日　2020年"5·18国际博物馆日"暨"周游绍兴·互游共通"系列活动启动仪式在绍兴博物馆举行。市委常委、宣传部部长丁如兴，副市长顾涛出席。

6月

3日　由市文化广电旅游局牵头主持、绍兴博物馆组织实施的绍兴名人馆主题陈列"鉴湖越台名士乡"荣获第十四届（2019年度）全省博物馆陈列展览精品项目精品奖。

5日　2020"浙江好腔调"全省传统戏剧展演活动启动仪式绍兴专场演出在市文化馆百姓剧场拉开序幕并进行现场录制。浙江省文化和旅游厅副厅长叶菁等领导出席本场演出。

13日　2020年"文化和自然遗产日"浙江省主场城市（绍兴）系列活动在安昌古镇启幕。中共绍兴市委副书记、绍兴市市长盛阅春在开幕式上连线致辞，并与浙江省文化和旅游厅党组书记、厅长褚子育等共同在线上启动开幕仪式。

20日　"山河铸魂——公益中国·寒石书画艺术全国巡回展（第13站·绍兴）"在绍兴博物馆开幕。

23日　组织赴杭州市委宣传部对接杭绍两地联合举办2020年南宋文化节活动相关事宜。

同日　浙江省文化和旅游厅副厅长许澎一行赴绍兴市开展端午假期疫情防控、景区管理和旅游安全督查工作。

7月

2日　杭州都市圈旅游和文化专委会2020年度工作会议在湖州市南太湖山庄举行。专委会成员单位杭州、嘉兴、湖州、绍兴、衢州、黄山6地市文旅部门负责人参会。

3日　省文物局局长柳河一行视察阳明故里考古发掘、吕府古建筑保护工作，并赴绍兴博物馆检查工作。

8日　浙江省文化和旅游厅党组成员、二级巡视员朱海闵一行到绍兴开展工作调研。

20日　召开绍兴文旅新闻发布会，宣布开展绍兴旅游线上优惠立减活动，投入资金4000万元。

23日　2020浙东南旅游联合体理事会议在宁波奉化举行。理事会成员单位绍兴、宁波、温州、台州、舟山5地市文旅部门负责人参会。

27日　长三角·杭州都市圈旅游合作采购大会暨杭州市文旅消费季启动仪式在杭州举行，绍兴市20余家重点文旅企业（景区、酒店、旅行社等）参加了活动。

8月

12日　召开"东亚文化之都"创建工作专家座谈会。

18日至22日　绍兴图书馆文化志愿者走进西双版纳州图书馆，"遇见绍兴"——绍兴建城2510年特展在西双版纳州图书馆开幕。

28日　省级文化和旅游消

费试点城市启动仪式在迎恩门水街举行,省文化和旅游厅副厅长叶菁,市委常委、宣传部部长丁如兴等领导出席。

9月

4日　文化和旅游部组织评审专家委员会对2021年"东亚文化之都"候评城市进行集中评审,绍兴市委副书记、市长盛阅春现场答辩。最后,绍兴以92.21分的成绩获得"东亚文化之都"候选城市第1名。

10日　绍兴市、敦煌市当选中国2021年"东亚文化之都",另2座当选城市为日本的北九州市、韩国的顺天市。

23日　中共绍兴市委常委、宣传部部长丁如兴,绍兴市副市长顾涛前往文化和旅游部汇报沟通2021"东亚文化之都"·中国绍兴活动年实施方案。

同日至25日　由绍兴各县(市、区)多家重点文旅企业组成的代表团出席"诗画浙江"文旅周暨2020浙江(北京)旅游交易会开幕式。

10月

9日　"成都·绍兴周"的重要组成部分——"巴适绍兴·风雅名城"绍兴文化旅游推介会在成都新国际会议中心举行。

10日至13日　绍兴考察团赴四川阿坝州马尔康市、重庆渝中区分别开展了帮扶支援、市场推广工作。

18日　"行走的贝叶——西双版纳民族文化巡展"在绍兴图书馆开幕。

20日　全省民族团结进步创建"互观互检"组到绍兴图书馆检查工作,对该馆民族团结进步

创建工作进行实地观摩指导。

30日　绍兴图书馆、浙江省稽山王阳明研究院合作共建的"阳明书舍"正式开馆。市委常委、宣传部部长丁如兴和浙江省稽山王阳明研究院院长董平为"阳明书舍"揭幕。

同日　绍兴图书馆武警分馆("阳明书屋")正式开馆,省武警总队政治工作部主任张茂清和市委常委、纪委书记、监委主任陈灿共同为武警分馆揭牌。

11月

17日　绍兴文化旅游推介会在西安举行,绍兴市副市长顾涛,西安市文化和旅游局副局长余亚军等领导出席。

20日　第六届绍兴非遗集市启动仪式举行。

12月

4日　2020"相聚浙里"国际人文交流周活动在绍兴启动。

8日　绍兴文化旅游推介会在深圳举行。中共绍兴市委常委、宣传部部长丁如兴,深圳市文化广电旅游体育局副局长杨永群等领导出席。

9日至11日　"东亚文化之都"西安系列活动在西安举办,文化和旅游部等相关部委领导、日本驻华大使馆、全国14个省(市)及国内东亚文化之都的城市代表等参加。

18日　绍兴文化旅游推介会在国家会展中心(上海)举行,上海市文化和旅游局党组书记、局长于秀芬,绍兴市副市长顾涛等领导出席。

同日至20日　以"接轨大上海　聚力一体化"为主题的2020"上海·绍兴周"活动在上海举

行。中共绍兴市委书记马卫光,市委副书记、市长盛阅春等领导参观了展示活动,并与非遗代表性传承人亲切交流。

(童　谣)

绍兴市县(市、区)文化和旅游工作概况

【越城区文化广电旅游局】　内设职能科室5个,直属事业单位6个,镇街文化站17个。2020年末人员55人(其中:机关5人,事业50人;具有高级技术职务资格的3人,中级20人)。

2020年,越城区文化广电旅游局紧紧围绕市对区考核工作清单和"三个年"行动要求,严格落实部门岗位目标责任制,深入贯彻党的十八大、十九大和十九届三中、四中、五中全会精神,以习近平新时代中国特色社会主义思想为指引,坚定文化自信、实践文旅融合、强化行业管理、创新文物保护,推动各项工作全面落实落地、提质增效。一是疫情防控有保障。分阶段开展新冠肺炎疫情防控工作。第一阶段:主抓越城区文化旅游市场及公共文化场馆暂停经营或闭馆。第二阶段:深化防控工作举措,做到疫情防控与复工复产"两手硬"。督促指导全区15家星级酒店、52家旅行社、7家A级景区、54家网吧、4家游艺娱乐场所、47家歌舞娱乐场所有序复工,指导区图书馆、文化馆及重点文保单位做好对外开放工作;结合"三服务",帮助18家企业完成信用修复。第三阶段:常态化开展疫情防控工作。严格落实"守小门"工作,经常性开展实地检查,推进常态化疫情

防控工作。二是惠民服务有亮点。越城区图书馆馆藏图书达58.27万余册，全年服务读者89.65万余人次，新办读者证8005张，图书流通103.89万余册，送书下乡45245册，开展"不忘初心跟党走 笔尖翰墨年味浓"等42场线下活动及"漫步云端 书香抗'疫'"等37场线上活动。区文化馆推出400多门线上文雅慕课，线上服务10万人次；"相约若耶溪"等公益培训共开设书法、声乐、绘画等免费培训项目31个，免费培训460余场次，惠民服务累计8000余人次。举办新春送戏下乡活动7场、新春送福送春联活动12场；承办2020年"绍兴有戏"非遗兴乡大巡游（首站越城）暨鲁迅外婆家中秋夜市；举办"品味端午 传承文脉"2020文化遗产日系列活动、诗路主题文化活动、"2020年全面建成小康社会·相约沈园"雅集活动；举行敬老院慰问巡演20场、"送群文演出进基层"100场。面向15所中小学开展非遗进校园系列活动。全区有非遗项目96个，非遗传承人54人。绍兴咸亨食品有限公司的咸亨定制腐乳礼盒荣获第二批浙江省优秀非遗旅游商品。新创歌曲《感动你我感动中国》获第三届绍兴市音乐新作演唱（演奏）大赛银奖。三是阵地建设有拓展。试行"云"端借，深化图书借还"跑零次"，借力支付宝平台开放"云图书馆"、推出"E点到家"邮递借书；拓展文化馆微信公众号服务功能，开设"风采展示"等线上互动栏目及"古越遗韵"非遗风采线上展示平台。区文化馆人民路新址12月正式对外开放。指导建成开放灵

芝街道综合文化站、灵芝街道图书分馆和越西社区越城书房、绍兴树兰书房（越都社区）、绍兴树兰书房（外滩社区）。截至年底，全区共建成镇街图书分馆12家，开放城市书房7家、农村书屋1家，馆外图书流通站69个。四是文化工程有深化。结合绍兴历史文化名城保护规划和城市发展规划，申报"越文化传承生态保护核心区"规划纲要。启动"文化基因解码工程"，挖掘、研究、阐释越城"文化基因"，已基本摸清越城文化现象、文化元素的基本分布和概况，完成文化元素普查入库441个，建立了一张家底数据网；梳理最具有代表性、特异性的文化元素清单，形成了一份越城文化元素表，确定了区域重点文化元素20项。五是全域旅游有作为。经实地调研、座谈交流等，拟订《越城区全域旅游示范区创建的实施方案》《越城区创建浙江省景区城和景区镇（街道）实施方案》。东浦街道创建为省4A级景区镇，孙端街道、皋埠街道、富盛镇创建为省3A级景区镇，王家葑村、坡塘村、坝头山村、尚巷村、倪家溇村创建为3A级景区村，推进3A级旅游厕所创建，40个村完成A、2A、3A级景区村创建。截至年底，全区共有4A级景区镇1个，3A级景区镇3个，3A级景区村17个，2A级景区村7个，A级景区村62个，3A级旅游厕所4个。六是激活消费有实举。为缓解疫情对行业的影响，兑现旅游业奖励政策182万元，补助景区41万元。组织区属17家品质饭店参与"怡居行动"线上活动及区属48家旅行社参与"乐享青蓝周游绍兴·互游共通"线

下1000万元活动。迎恩门风情水街和迪荡文旅消费圈被列入成熟的夜间消费集聚区，尚1051文创园被列入培育的夜间消费集聚区。有序推出越城区"百县千碗"系列活动，共评选出"百县千碗·越宴十八味"区属旗舰店4家、示范店6家和体验店13家，打响了"游在绍兴、食在越地"的美食IP品牌。越城区全年共接待游客1496.80万人次，实现旅游收入174.52亿元。七是文物保护有创新。完成63项拟出让（划拨）和建设项目用地考古调查，累计调查面积约3967333平方米。在常禧路南延一、二期工程中，累计发掘面积近2000平方米，共清理战国至宋代各个时期的墓葬45座，发掘出土陶、石、玉、瓷等各类随葬品600余件。完成国保单位吕府消防工程、省保单位鲍氏旧宅建筑群老宅部分抢修工程等6项文保单位保护工程；完成国保单位绍兴古桥群（越城区）的首次全面清理养护，清理植物总计达4684公斤。以越城区51座文保单位（点）古桥为主题，制作完成以文物古桥为内容的《越城文物览胜》第一册《古桥》，并摄制宣传片《千年风华万虹卧波》。编印《文物保护法律法规政策汇编》。推出线上参观"越城云博物馆"活动。八是市场管理有举措。成立旅游投诉处置小组，及时调解因疫情产生的投诉103件，全区288个出境团队因疫情而停团，团队人数共计2028人，退还游客余款近630万元。对辖区内街道社区、企事业单位、宾馆饭店等共组织检查180次，开展联合行动3次。审批事项办理由"最多跑一次"向"跑零次"转变，已有

99%的事项实现"即办"。梳理本部门143个权力事项进驻区行政服务中心,推出网络预审,实行"一窗受理,集成服务"。以五一、端午、国庆等假日工作为契机,制定安全生产实施方案及应急预案,抓牢市场安全。与15家星级宾馆(饭店)、52家旅行社及101家文化经营单位签订了安全生产责任书,确保全区文化旅游市场安全有序。九是文化执法有行动。以"常规检查+'双随机'抽查""白加黑""5+2"的监管模式,不间断对文旅市场开展执法行动。抓实"扫黄打非"行动,深入推进"净网""护苗""秋风""固边"等专项整治。联合市、区级部门(单位)开展联合执法专项行动,进一步推进执法工作高效、规范。加大案件查办力度,已受理9件其他部门(单位)的移交案件。全年共出动检查5734人次,检查2867家次,查处违规20家次;举报(督查)受理47件;行政处罚立案调查20件,警告16家次,罚款163018.8元。十是勤政廉政有氛围。完成各下属事业单位"三定"方案,新增事业单位越城区文物保护所,修订局系统"三定一评"制度,进一步理顺部门架构,健全体系建设;有序推进文化市场执法队伍改革。从班子测评、中层互评及实际工作单位测评3个层面实施中层测评工作,总体情况良好。积极参与全区事业人员及党政储备人员招考工作,不断充实文旅干部队伍。夯实基层党组织战斗堡垒。疫情期间,由1名局领导带队16位干部职工支援塔山街道9个社区开展了近2个月的疫情防控工作;选派6名干部常态化联村、联企,为基

层、企业排忧解难;选派2名干部参与全区拆改工作3次、1名干部参加区专班组工作;建立领导班子"一镇(街)一项目一企一村(社)"共建联系制度,点对点联系属地及重点文旅企业,将"三驻三服务"工作升温升级。

(姚春叶)

【柯桥区文化广电旅游局】 内设职能科室8个,直属单位7个。2020年末人员192人(其中:机关14人,事业178人;具有高级技术职务资格的58人,中级59人)。

2020年,柯桥区文化广电旅游局对照中央、省、市对文旅工作的相关要求,围绕区委、区政府中心工作部署,结合柯桥文旅事业产业发展实际,主动担当、开拓进取,积极推动全区文旅融合高质量发展。一是积极提振文旅产业发展信心。落实新冠肺炎疫情补助政策。面向游客发放总额400余万元的文旅消费券;为文旅企业兑付奖补资金1880万元。率先面向全国游客推出免费游及特惠政策,24家A级景区免费开放,9家酒店和19家民宿推出全年特惠,并对医护人员实行免费政策。促进文旅夜间经济繁荣。深挖景区夜游潜能,举办首届柯桥文旅产品网络消费季直播活动,创新夜间文旅消费业态,开展全域旅游酷玩消费季系列活动12项、推出"夜鲁镇·周末市集"活动10场,相关工作经验在全省夜间文旅消费工作推进会上做典型发言,人民网、《浙江日报》等对柯桥夜间文旅消费热进行了聚焦报道。实现旅游经济正增长。绍兴龙之梦、兰亭野生动物园、柯桥

历史文化街区改造(一期)项目等40个总投资434亿元的项目建设稳步推进,其中总投资为373.95亿元的36个项目开工建设,当年度累计完成投资额58.58亿元,完成率为103.40%。全区共接待国内外游客总人数为2949.25万人次、旅游总收入306.13亿元,同比分别增长1.63%、1.68%,在绍兴各县(市、区)中首个实现旅游经济正增长。二是努力提升文旅公共服务水准。积极推进文旅创建工作。成功创建全省首批5A级景区城,全省仅有3家,在浙江省全域旅游示范区复核中位列A档,完成安昌街道5A级景区镇创建,完成王坛等4个镇街4A级景区镇创建,完成齐贤等3个镇街3A级景区镇创建,完成王坛镇省级风情小镇创建,柯岩街道被列入第四批旅游风情小镇培育名单。完成9个省3A级景区村创建,通过率全市领先,同步完成31个2A级景区村,41个A级景区村创建,全区景区村覆盖面达到82.5%。努力构建公共文化设施网络。柯桥区非遗馆新馆总建筑面积5000平方米,为当前省内最大的地方非遗综合性展馆,于2021年1月1日开馆。截至年底,全区共建成城市书房20家,城市书房建成数量全市第一。深入探索数字文旅服务手段。投资100万元,开发全域旅游App"柯好玩"。三是致力打响柯桥文旅品牌。擦亮文艺创作"金名片"。再现轻纺城改革奋进、凤凰涅槃历程,彰显柯桥人"四千精神"的越剧现代戏《云水渡》首演;越剧电影《李慧娘》亮相第十届北京国际电影节戏曲电影展映单元,获

第五届中国戏曲电影展映论坛"优秀戏曲电影奖"，入围第33届中国电影金鸡奖最佳戏曲片提名；莲花落小戏《阳光路上》参加2020浙江省新农村建设题材小戏会演获金奖；施金裕获第十一届中国曲艺牡丹奖表演奖提名，潘海良获入围奖。创新文旅惠民服务品牌。持续巩固"文艺五进"、"百花大舞台"、莲花书场天天演等文化惠民服务，安排"文艺五进""百花大舞台""文化走亲"等演出活动300场，"明珠课堂""群众带头人培训"等线上线下培训共140余场次。按照文旅融合思路，全新升级改版"金柯桥"文化旅游节，推出系列活动80余场。巩固"老绍兴·金柯桥"形象品牌。区长带队柯岩、湖塘、安昌等8个镇街主任（镇长）成立抖音主播团，为柯桥文旅品牌代言，短视频总播放量达到293万次，点赞量达5.1万次。创新推出"跟着小百花·享游金柯桥"推广季系列活动，赴上海、杭州、温州等地区主要商圈和剧院，配套"玩转48、享游72小时"等旅游线路产品，唱响"戏曲＋旅游"乐章。策划完成2020柯桥区全域旅游长三角推广季金秋旅游线路产品推介活动；借助布商大会、中国国际纺博会等重要活动，提升"老绍兴·金柯桥"影响力。开展"金柯桥文化旅游节"一直播平台"网红直播"活动9场，平均每场观看量达1000万次。四是传承保护柯桥历史文化遗产。落实文物资源保护。编制《绍兴市柯桥区乡村文物资源振兴三年行动计划》，启动第1批12处乡村文物修缮工程；实施舜王庙基础抢险加固工程和兰若寺宋代大墓（考古墓地）

环境修复综合整治等16项文物修缮工程；投资100余万元，实施古纤道碑亭公园环境整治工程。对齐贤街道羊山村等5处拆迁区块进行了现场勘察；完成柯桥经济开发区文物保护区域评估，报批7处考古建设用地，抢救性发掘20座古墓葬，准予许可2处项目选址地块。打击文物犯罪，配合公安机关鉴定被盗古墓16座，抓获21名犯罪嫌疑人，缴获1万余块魏晋南北朝时期古砖。传承非物质文化遗产。新增4个市级非遗项目、10名市级非遗传承人。开展非遗传承人抢救性记录工程，完成对绍兴莲花落国家级非遗代表性传承人倪齐全的记录拍摄，完成5位70岁以上市级非遗代表性传承人抢救性记录工作。绍兴王星记扇等3个非遗项目的3件非遗产品入选浙江省第二批优秀非遗旅游商品名单。安昌腊肠制作技艺和扯白糖技艺荣获"非遗薪传"浙江传统美食展评活动优秀展演奖。在安昌古镇举办"我们的节日"2020年中秋祭月暨绍兴滩簧传承演出活动，在漓渚镇九板桥村举办"绍兴有戏——非遗兴乡大巡游"柯桥站活动，举办以"乐享非遗健康生活"为主题的第四届柯桥非遗嘉年华活动及第三届绍兴宣卷交流演唱会。展示柯桥历史文化魅力。举办"文化和自然遗产日"浙江省主场城市（绍兴）系列活动，活动通过腾讯·大浙网进行了全程在线直播，共有485.9万人次在线观看，60个绍兴非物质文化遗产项目集中展示，"一眼千年——杭绍台高速柯桥区段考古成果展"同步推出，区内特色非遗旅游商品直播1小时内线上成交

量200余件，意向销售额近10万元。区博物馆全年接待观众29100余人次，推出"陶魂彩韵——甘肃彩陶展"等临时展览8个，在区行政中心推出"探古通今——柯桥区历年考古成果展"，探索开展了"与时空对话寻访越地文明"研学游活动。五是全面落实文旅市场安全监管。抓好疫情防控工作。1月下旬，按照上级部门部署，暂停全区A级景区、旅行社、星级饭店、网吧、娱乐场所、电子游艺、演出场所等文化旅游企业营业，16个镇（街道）综合文化站、208个村（社区）文化礼堂全部关停。自2月下旬起，积极协助文旅企业复工复产，落实各项常态化防控措施，要求文旅企业做好"亮码＋测温＋戴口罩"管控措施，要求A级景区按照"限量、预约、错峰"要求，全面推进景区预约常态化，星级饭店全面推行公勺公筷，倡导分餐制，要求旅行社将疫情防控和安全措施贯穿游客招徕组织、接待各环节。抓好平安市场建设。全年共出动检查1227人次，检查文化市场经营单位1456家次，立案查处6起，取缔"黑网吧"1家，收缴电脑及配件4组。做好假日旅游安全工作，强化旅游经营单位安全生产工作，重点开展了旅行社安全生产专项检查，国庆中秋期间，吸取山西太原骊山景区火灾事故教训，开展景区消防安全联合检查15次。全年文旅行业安全平稳无责任事故。联合区"扫黄打非"办，重点关注出版物市场"扫黄打非"工作，共出动检查155人次，检查215家次，立案2起，没收非法书籍224册。

（沈琛幸）

【上虞区文化广电旅游局】 内设职能科室5个，下属单位9个。2020年末人员132人（其中：机关11人，事业121人；具有高级技术职务资格的29人，中级38人）。

2020年，上虞区文化广电旅游局高质量推进省、市重点创新工作，高效率推进重点文旅项目，高标准提升重点领域发展水平，积极推动全区文化旅游事业再上新台阶。一是高质量推进省、市重点创新工作。全面启动国家级全域旅游示范区创建。会同曹娥江旅游度假区，对照《国家全域旅游示范区验收工作手册》标准，全面细化落实各项任务，重点抓好政策保障、公共服务、供给体系、品牌影响、示范创新等八大类项目提升。"文化基因解码工程"列入省级试点。对照省文化和旅游厅工作导则，制订区"文化基因解码"工作方案并列入省级首批工作试点，孝德"文化基因解码"经验在东阳推介会上做现场介绍。上虞区孝德文化传承生态保护区列入浙江省文化传承生态保护区创建培育名单。推进公共文化服务提档升级。上虞区在2019年度全省文博事业发展指标数据评估中晋级12位，列全省14位，全市第2名；在全省基层公共文化服务评估中晋级4位，列全省24位，全市第2名。与浙江小百花越剧院签订战略合作协议，创排越剧大戏《新农人记》，为建党100周年献礼。举办旧时明月——上虞300年名贤翰墨展，引发社会广泛关注，获得一致好评。区文化馆创编原创歌曲《青砖瓦房》获"2020年首届长三角原创流行歌曲大赛"金奖。二是

高效率推进重点文旅项目。推进曹娥江文创走廊建设。按照"两溯（塑）两化三特色"的工作思路，主动对接项目，加快产业发展，"人民文创"文化产业园项目签订战略合作协议，正式落户e游小镇。9月25日，"美好生活由我而创"首届人民文创国际创意大赛正式启动。推进博物馆异地新建项目。加快工程进度，完成土建标段主体结构验收，完成场外工程量的30%、幕墙工程量的20%，完成施工图深化设计。推进越窑青瓷传承发展项目。完成凤凰山考古遗址公园项目，通过省级考古遗址公园验收，成功打造文旅融合上虞样本；完成仿古龙窑建设，完成第一届上虞越窑青瓷柴烧开窑节、第二届全国越窑青瓷研发大奖赛等系列活动筹备工作；央视《远方的家》大运河系列栏目专篇报道上虞越窑青瓷文化和春晖文化，反响热烈。推进文保类古建筑修缮项目。完成马一浮故居维修工程，钱氏大宅院维修工程年底前开工建设；完成小越倪元璐故居、道墟东桑祠堂、上浦小坞土地庙等3个维修项目补助。三是高标准提升重点领域发展水平。推进文旅服务品质提升。组建消费专班文旅组，对标对表全力抓好各项工作落实。落实疫情期间文旅企业相关补助，文产政策兑现1345万元、民营博物馆兑现61.8万元、城市书房兑现50万元、旅行社质量保证金已退还352万元。引进民办博物馆2家（会稽金石、江南文房），推动集群发展。推进全民阅读，新建城市书房3家，"天香书吧"5家。抓好A级景区村、镇和"五星3A"争创，超额完成市3A

级村创建任务，3年共计争创3A级村33个，全区村庄景区化率已达62%，共有175个A级景区村庄通过创建，其中A级景区村庄96个，2A级景区村庄43个，3A级景区村庄36个；全区乡镇景区化率已达60%，其中4A级景区镇3个，3A级景区镇9个。指导"山居岭南"列入省级民宿助力乡村振兴改革试点，指导岭南乡成功创建第四批省级旅游风情小镇，丰惠镇列入第五批省级旅游风情小镇创建名单；长塘桃花源景区、竹隐陈溪景区通过国家4A级景区资源评估，下管耕读管溪景区列入国家3A级景区。推进文旅市场保障提升。提高政治站位，扎实开展相关领域专项整治。抓好疫情期间文旅市场管理，妥善做好疫情期间旅游团退团工作，共退团126个，涉及游客总数944人，涉退团费422余万元，实现退团处置率达100%，涉疫信访处置率达100%，投诉满意率达100%。五一、国庆等假日期间，周密部署，值守上岗，确保疫情防控平稳有序、假日市场提振恢复。文化市场综合行政执法队业务考核获评绍兴市第一，在市文化和旅游法律法规知识竞赛中获团体一等奖、个人第一；两名办案人员获文化和旅游部办公厅2019—2020年度全国文化市场综合执法重大案件办案单位及办案人员通报表扬。

（陆佳锋）

【诸暨市文化广电旅游局】 内设职能科室8个，下属单位10个。2020年末人员202人（其中：公务员22人，参公12人，事业168人；具有高级技术职务资格的32

人，中级 71 人）。

2020 年，诸暨市文化广电旅游局各项工作稳步推进。一是抓疫情防控有速度。行动迅速，筑牢疫情防线。组建工作专班，全面推进全市文旅系统疫情防控工作。第一时间按下"暂停键"，关停全市所有景区、公共文化场馆、文旅经营场所近 200 家；妥善处理旅游团队取消等疫情相关旅游投诉 52 起，处置率为 100%。文旅场馆开放后，进一步强化督查，尤其是五一、端午、中秋、国庆期间，全市 15 个开放景区均建立预约制度，实现游客间隔入园、错峰游览，防止人员集聚。二是抓复工复产有温度。暂退全市 27 家旅行社质量保证金 536 万元。制定出台《关于严格做好新冠肺炎疫情防控帮助旅游企业复工复产的资金补助细则》，发放补助资金 331 万元。加快兑现 2019 年全域旅游发展政策，发放奖补资金 552 万元。切实发挥桥梁纽带作用，第一时间捕捉企业难点、痛点，向上报送工作建议《跨省团队游重启利好我省旅游业发展但行业全面复苏仍需加大帮扶力度》，得到省长袁家军的批示。跟踪服务文旅企业融资需求，文旅集团获交通银行绍兴分行授信 30 亿元，获光大银行贷款 2 亿元。三是抓全域创建有广度。围绕《诸暨市全域旅游总体规划》，对标对表推进创建台账归集、硬件铺设等工作。指导同山镇创成浙江省首批山地休闲度假发展试点单位、绍兴市研学旅行实施标准试点单位，入选浙江省第四批省级旅游风情小镇创建单位。指导东和乡入选第五批浙江省旅游风情小镇培育名单。完成"枫和里"乡

村旅游示范区规划、编制。启动景区城创建，分解落实创建任务。指导 180 个 A 级景区村完成创建工作、12 个景区镇完成创建单位专家答辩，其中山下湖镇、同山镇创成 4A 级景区镇，五泄镇、枫桥镇等 10 个镇创成 3A 级景区镇。指导春风十里小镇、沉香湖景区创成国家 3A 级旅游景区。推进智慧旅游、咨询服务体系、旅游厕所、标识系统等全域旅游基础设施建设，建成投运游客集散中心、全域旅游大数据中心。四是抓项目建设有强度。积极推进文旅项目库建设，全国文旅项目库入库数量增加至 20 个，其中"云溪九里"文旅康养小镇、春风十里 2 个项目入选浙江省"四十百千"文化旅游重大项目"四条诗路"项目名单，枫桥经验文化旅游项目、珍珠小镇建设项目、秦皇古道开元度假村项目入选百张文旅"金名片"名单。投资 20 亿元的珍珠小镇项目已累计完成投资 7 亿元，珍珠客厅（博物馆）及珍珠文化街区项目已完工，博物馆开馆试运行结束并积极进行二次调试及修整；大地灯光秀项目珠宝城段亮化已完成，积极推进投影布置和后续的亮化工程。总投资 1.2 亿元的秦皇古道开元度假村项目已完成主体大楼及附属建筑的建设，建筑前绿化完成 90%，开元芳草地乡村酒店设施采购布置工作完成 80%，已正式对外营业。五是抓产业复苏有厚度。围绕"六稳""六保"，扎实推进省级文化和旅游消费试点城市工作。评定公布 23 家"诸暨老味道"示范店、体验店，深化诸暨十碗、西施宴等特色美食产品，唐韵广场成为"诗画浙江·百县千碗"——

诸暨老味道美食街和绍兴市文旅夜间消费集聚区，增加美食体验。组织开展 2020 诸暨市文化创意产品暨旅游商品大赛、全域旅游"产品研发推广奖"评选等活动，打造具有诸暨地域特色的优质旅游产品。着力推广一批特色旅游打卡点和旅游线路，市政府主要领导、7 个镇乡（街道）政府（办事处）主要负责人参与拍摄"西施故里好美诸暨"系列文旅抖音宣传片，并在"Hello 浙江"抖音平台上线。根据"与杭同城"战略部署，举办"同萍共振，荷力共赢"——2020 杭州西湖·诸暨西施荷花会暨杭州人免费游诸暨发布会，吸引 40 辆自驾游车队参与，通过今日头条、新浪微博、一直播等平台直播，近 70 万人次线上观看。完成诸暨元素进杭州地铁宣传推广，开启"地铁之旅"。结合 CBA 联赛、世界珍珠大会等节会赛事，借助 FM 93、FM 104.5、地铁等平台，做好城市旅游推介。全年接待游客 2303.05 万人次，恢复到去年的 84.6%，实现旅游总收入 249.25 亿元，恢复到去年的 87.9%。六是抓文化惠民有态度。先后创作了书画、戏剧、歌曲等抗疫题材作品 470 件。鼓励专业文艺干部开展文艺精品创作，围绕浙江"三个地"主题创作《光辉的足迹》、组歌《楷模》；围绕全域旅游、文旅融合主题创作组歌《好美诸暨》；围绕西施文化主题创排舞蹈《浣纱》并参加了全省舞蹈大赛；组织创作古筝协奏曲《越国西施》，申报浙江省文化艺术发展基金，并于 11 月 13 日在诸暨西施大剧院首演。汇集数字资源，推出网上博物馆、网上图书馆、线上主题展览、世界

读书日线上直播、线上讲座、市民学堂公益培训抖音直播等线上活动,观看量超 55 万次。有序恢复线下活动,开展各类阅读推广活动、讲座、展览 170 余场,举办第十届"唱响诸暨"十佳歌手大赛、第十一届"舞动诸暨"舞蹈大赛、第十二届群文创作大赛、第八届"梦想诸暨"团队秀等大型演出活动。开展"文明实践好美诸暨"文化下乡巡演 100 场次、"文化走亲"10 场次,书画、非遗下乡展览 50 场次、送书下乡 19 次。完成文明实践示范带 12 个村的村歌创作、教唱工作,成立乡镇文艺达人宣讲团 23 个,成员 282 人。新建大唐华海馆、唐韵广场馆 2 家浣江书房,全市城市书房总数达 15 家,且已实现门禁系统人脸识别全覆盖。浣江书房全年到馆人次 31.2 万人次,借还图书 9.7 万册次。七是抓遗产传承有深度。推进诸暨市"文化基因解码"工作,以枫桥、同山两镇为试点单位,完成枫桥经验、三贤文化、西施传说、革命文化和酒文化 5 个重点文化元素的解码工作。完成西施传说记录工作与保护研究项目课题,对"西施传说"相关的故事、古籍、出版物、文献资料、文物遗迹、高峰论坛、民俗、诗词及传承保护资料进行全面集成和梳理,并启动田野拍摄,形成"西施传说"影像志、文本(6 万余字)、照片(200 余张)等成果,顺利通过文化和旅游部民族民间文艺发展中心及浙江省文化和旅游厅验收。"西施传说"入选首批"浙江文化印记"。举办第九届西施文化节,推出华夏金石学馆开馆仪式、枫桥三贤文化馆开工仪式、《诸暨三贤》文化纪录片开播仪式

等九大系列活动。创排西路乱弹小戏《梅花催春》,获浙江省 2020 小品小戏比赛金奖,入选"中华颂"第十一届全国小戏小品曲艺大展。"新时代戏曲文化魅力影像工程"之"诸暨西路乱弹系列集锦"列入省文化和旅游厅创作类重要课题。"5·18 国际博物馆日"期间推出"烈酒一杯家千年——诸暨博物馆酒文化之旅"直播活动,观众点击量达 18 万余次。开展 2020 年自然和文化遗产日系列活动,举办"幸得有你,民安泰来"诸暨市抗击新冠肺炎疫情实物展暨艺术作品展、竹孟童心庆六一、诸暨西路乱弹兴乡大巡演等活动。编辑出版《诸暨百样老家生》等文化系列丛书。八是抓市场监管有力度。对歌舞娱乐场所、重点景区、星级宾馆、网吧和旅行社进行安全生产检查,开展清理网络安全风险隐患专项行动、"防风险 保平安 迎大庆"消防安全执法行动、安全隐患大排查大整治百日攻坚行动、夏季旅游市场专项整治工作、2020 年度文化和旅游市场整治工作等系列行动,不断深化扫黑除恶、"扫黄打非"工作,日常巡查出动检查 1814 人次,检查 2732 家次,立案调查 20 件,办结案件 10 件,罚款 49500 元,收缴非法音像制品 707 张(盒)。开展文化市场"双随机"检查 37 次,共计抽取执法人员 78 人次,检查网吧、歌舞娱乐场所、出版物等经营单位(场所)667 家次。九是抓队伍建设有高度。深入学习习近平总书记重要讲话精神、全国"两会"及省、市相关会议精神,推动广大党员干部学思践悟,补足精神之钙。按照要求开展"三会一课"、

主题党日等组织生活,深入开展"先锋微家"活动,发动党员干部积极参与社区志愿服务活动。抓好组织人事工作,制定下属事业单位"三定"方案。全力配合市委第五巡察组对局党组的巡察工作,积极主动落实整改,强化风险排查,加强系统内部的督促检查,做到节前必查,开展谈心谈话,要求系统内工作人员守牢底线、不碰"高压线"。

(石 飞)

【嵊州市文化广电旅游局】 内设职能科室 7 个,下属单位 12 个,乡镇(街道)文化站 21 个。2020 年末人员 209 人(其中:机关 14 人,事业 195 人;具有高级技术职务资格的 33 人,中级 37 人)。

2020 年,嵊州市文化广电旅游局按照市委、市政府的部署,坚持一手抓疫情防控,一手抓消费激活,深化文旅融合,嵊州市被省文化和旅游厅命名为"浙江省文旅产业融合试验区"。以"文化为魂,旅游为体,打响嵊州文旅名片"为工作目标,积极打造越剧文化生态圈、"浙东唐诗之路"核心区、创建全域旅游示范区,推动文旅产业步入新发展进程。全市总接待游客 1368.42 万人次,同比恢复至 85.96%,实现旅游总收入 114.78 亿元,同比恢复至 85.78%,文旅经济恢复发展总体呈现积极向好态势。一是构建越剧事业新生态。越剧文化传承生态保护区被列入省文化传承生态保护区创建名单,嵊州市被省文化和旅游厅授予"浙江省戏曲之乡"称号。积极推动越剧申报人类非物质文化遗产代表作名录相关工作,成立工作领导小组和专

班，赴杭州市余杭区良渚等地学习考察。推进爱越小站建设，是年新建爱越小站 50 个，累计建成 150 个。集中打造现代越剧大戏《傲雪芬芳》，入选绍兴市"五个一工程"创作扶持项目和浙江省文化艺术基金资助项目；《核桃树之恋》入选浙江省舞台艺术创作重点题材扶持项目及绍兴市精神文明建设"五个一工程"创作扶持项目；创排拍摄越剧小戏《一把手签协议》、越剧情景剧《越地古韵》。探索开展"越剧＋"研学游，推出"品越之旅""青春飞越——第五届全国越剧戏迷大会暨全国爱越小站大学生站魅力嵊州行"活动；3 月 27 日，举办第十九届嵊州·中国民间越剧节空中演唱会，点击量达 30 多万人次；10 月 27 日，举办首届"越剧千人唱"文旅活动，吸引 1000 名戏迷参加；10 月 29 日，举办"中国越剧艺术·2020 绍兴有戏"闭幕式晚会。嵊州市越剧团入选第八届全国服务农民、服务基层文化建设先进集体。嵊州市越剧艺术保护传承中心成建制从差额拨款单位转为全额拨款单位。推进嵊州市越剧艺术学校中本一体化等办学模式，加强与浙江音乐学院等的合作，提高办学水平。邀请省内一流专家组建嵊州市越剧团名家导师团，推进名家名师工作室建设，加强越剧人才培养。出台《嵊州市越剧传承创新发展基金管理办法》，推进社会力量参与越剧事业发展工作。二是推进全域旅游新建设。嵊州市入选浙江省第三批全域旅游示范县（市、区），积极推进"大花园"建设、"百城千镇万村"景区化建设、"十线百点"美丽乡村风景线建设，嵊州城区创建

成为 3A 级景区城，甘霖镇、下王镇创建成为 4A 级景区镇，剡湖街道、黄泽镇、石璜镇、谷来镇、贵门乡创建成为 3A 级景区镇；新增 3A 级旅游厕所 6 座，新增浙江省银宿级民宿 2 家。积极推进浙东唐诗之路核心区项目、越剧主题文旅融合项目、休闲度假项目等文旅重点项目建设，在建项目总投资 193 亿元。12 月 30 日，嵊州·中国唐诗之城文化旅游开发项目与浙江省二轻集团签约，项目总投资 53 亿元，旨在保护、传承和利用诗路文化，构建浙东唐诗之路文化高地。3 月 31 日起，开展"花样'嵊'行 越乡等你"系列直播活动，分 10 期多角度全方位介绍全市 15 个乡镇（街道），直播观看累计达 46 万人次；5 月 13 日，举办"诗路越韵·品味嵊州"暨 2020 中国电信 5G 点亮"诗画浙江"首场直播活动，点击量破 100 万次；12 月 24 日，"诗路建设浙东先行"浙东唐诗之路建设成果发布会在嵊州举行，发布了越歌《剡溪访戴》和越剧小戏《刘阮遇仙》，展出 20 多件"浙东唐诗之路"文化旅游商品。三是育强公共文化新阵地。积极推进文化惠民工作，共送戏 265 场、送书 32000 册、送电影 5000 场。"乡土文化进校园、人本文化进企业、孝悌文化进农村"文化"三走进"活动被省文化和旅游厅列为第四批浙江省公共文化服务体系示范区（项目）。组织开展线上线下"文耕艺作"文化惠民系列活动，包括空中直播课堂、网上视觉艺术系列微展、"圆梦青苗·以艺育美"美育课堂等活动。组织开展"诗画嵊州·行走阅读"诵读大赛，举办第十七届中国嵊州书法

朝圣活动。创作编排作品《蝶变的生命——巴贝故事》《采茶舞曲》和《乡村善治村嫂情》；创作抗疫作品《送"礼"》《你最美》《春暖花又开》《众志成城 防控疫情》等，为复工、复产、复市鼓劲加油。全面推进"文化走亲"，走进萧山、青田、莲都、龙游、温岭等地，接待来自岱山、余姚、奉贤、青田等地的"文化走亲"，全面完成年度目标任务。图书馆全年接待到馆读者 102950 人次，书房接待 25194 人次，图书流通 136023 册次。全年共建成越艺馆、科创馆、江湾馆 3 家城市书房，总计开放 8 家城市书房，4 处书吧，设立 6 个图书流通点。每月选定主题，举办专题趣味阅读活动，还推出"线上读书月"系列活动、节日系列线上知识竞赛活动、各类线上主题书展等。四是焕发非遗新活力。组织开展嵊州市第四批非遗传承基地评审工作，公布 14 个传承基地。推进"文化基因解码工程"，确定试点乡镇和试点文化形态，对越剧文化、剡溪文化等率先解码。出台嵊州市非遗项目、传承人认定管理办法，组织开展第五批非遗代表性项目和代表性传承人评选工作，新立项项目 28 个，"戴逵传说"等 7 个项目入选第七批绍兴市非物质文化遗产代表性项目名录，嵊州市各级非物质文化遗产名录项目累计达 123 个。21 人获评第六批绍兴市非物质文化遗产代表性项目代表性传承人，嵊州市各级传承人累计达 113 名。嵊州市扬名古沉木雕工作室的"嘻哈"、大志然工艺竹编厂的"四脚茶具"、嵊州市木马工艺服装厂的"微型戏服镜框文创"入选第二批浙江省优秀非遗旅游商品

名单。五是树立文物保护新风尚。加强文物安全检查,联合市消防大队对东王村、施家岙村、长乐镇、崇仁镇的文保单位进行检查。加强文物保护工作,持续推进文物修缮工作,着力推进崇仁村建筑群安消防工程、崇仁村建筑群(三期)修缮工程、嵊县城隍庙及溪山第一楼(二期)修缮工程、瞻山庙修缮工程(二期)等。3月21日,因强对流大风天气导致国保单位华堂王氏宗祠、省保王羲之墓碑亭损坏,指导做好应急抢修工作。向省文物局上报国保小黄山遗址保护规划。推进开发区等地的文物区域评估。开展越剧文化遗存调查工作,调查相关遗址200多个。澄潭江防洪能力提升应急工程(苍岩段)所涉及的市级文保点甘霖镇苍岩村基成台门以"无感平移"技术得到妥善保护,为省内第2例大体量古建筑整体平移工程,被中央电视台等媒体争相报道,引发社会较大关注。六是加强市场监管新力度。嵊州市文化广电旅游局防控疫情文艺宣传小分队入选全省文化和旅游系统2020抗疫"二月英雄榜"。根据疫情防控形势和上级部门要求,及时全面暂停线下文旅项目,为满足大众文化需求,丰富群众精神文化生活,线上打造移动剧院、居家云阅读、"馆长讲故事"。坚持"安全第一、预防为主、综合治理"工作方针,认真落实安全工作责任制,签订安全生产责任状,针对疫情期间复工复产安全生产工作特点,严格执行上级有关复工复产要求,杜绝各类生产安全事故发生。做好国庆、中秋等节假日安全生产工作,对各星际饭店、旅行社、A级景

区、网吧等文化娱乐场所开展实地安全生产隐患情况摸排,消除安全隐患。提升旅游行业经营管理和服务水平,鼓励优质旅行社和酒店评星晋级,大众旅行社有限公司被评为四星级品质旅行社,嵊州市江南文化旅游有限公司被评为三星级品质旅行社,柏星·超级大酒店被评为银桂品质饭店。

(支佳荧)

【新昌县文化广电旅游局】 内设职能科室7个,下属单位10个。2020年末人员129人(其中:公务员13人,参公12人,事业104人;具有高级技术职务资格的7人,中级38人)。

2020年是高水平建成小康社会和"十三五"规划收官之年,是新昌县争创国家全域旅游示范区、打造全省文旅融合样板地的关键之年。新昌县文化广电旅游局聚焦"两手都要硬、两战都要赢"的战略布局,以"两大创建"为载体深入推进全域旅游和浙东唐诗之路建设,抢抓"后疫情时代"经济回暖窗口,扎实推进各项工作,努力完成全年社会经济发展目标。成功创建第二批国家全域旅游示范区和浙江省首批5A级景区城,新昌成为全省同时荣获以上两项奖项的唯一县(市、区)。"百村成景、百业增效、百姓致富工程"入选"2020年度中国十大社会治理创新"奖。获评全域旅游精品目的地、2020中国城市创新百佳示范县市、2020中国县域旅游综合竞争力百强县市、"诗画浙江·百县千碗"工程示范县区(全市唯一)等奖项。一是疫情防控工作张弛有度。根据全县

疫情防控部署和经济发展要求,及时调整和部署对相关行业和产业的防控要求,"防疫期间全面收紧、复工复产有序放开",做到张弛有度、收放及时。第一时间启动应急响应,成立领导小组,制订工作方案和防控预案,组建"10+1"工作组,认真细致做好人员摸排和退房退团等行业矛盾纠纷处理工作,确保行业安全平稳。开创隔离点操作管理新模式,从零起步建立完善43项规章和管理规范,成为全县所有隔离观察点的模板并推广应用。充分发挥党员先锋模范作用,疫情期间成立7个临时党支部,将党旗插到了防控工作最前线,涌现出了一批优秀的党员干部。3人被列入省文化和旅游系统2020抗疫"英雄榜",1人被市委、市政府表彰为抗疫先进个人,县防控办对2人发文嘉奖,瑞和集中隔离观察点临时党支部被评为表现突出的基层党组织等。结合部门职责,发挥文艺优势,创作了调腔《万众一心战"疫"情》、快板《勇克时艰传捷报》、朗诵诗《致逆行者》等10部文艺作品。二是全域旅游工作成效显著。深入推进国家全域旅游示范区创建工作,以全省第一的分数报文化和旅游部,参加验收认定创建陈诉。12月2日,文化和旅游部公布第二批国家全域旅游示范区名单,新昌榜上有名。12月21日至23日,全省全域旅游"比学赶超"现场会在本县召开。12月23日,新昌县被命名为"浙江省文旅产业融合试验区"。天姥阆苑、外婆坑和万丰航空小镇成功创建国家3A旅游景区。进一步推进风情小镇建设,完成儒岙镇风情小镇专项规划评

审等工作。完成研学游旅游规划评审。国家全域旅游服务业标准化试点完成中期验收。乡村旅游做出精品，顺利推进乡村旅游重点发展村的东线、西线及连接线规划编制，东西线精品村项目达到整体形象进度的60％。成功创建省3A级景区村庄4个、2A级景区村庄13个，A级景区村庄19个。提升民宿（农家乐）水平，镜岭镇雅庄村建成民宿（农家乐）集聚村，新增4家银宿级民宿，建成澄潭梅渚村、回山中宅村2个天姥农味品购中心。8月5日至6日，承办绍兴市乡村旅游工作推进现场会，并就乡村旅游工作做典型发言。"三百工程"荣获2020年度中国十大社会治理创新典范；镜岭镇、儒岙镇被命名为4A级景区镇（乡、街道），澄潭街道、城南乡被命名为3A级景区镇（乡、街道）；新昌县十九峰片区乡村旅游产业集聚区获评2020年度省级乡村旅游产业集聚区；外婆坑村被评为第二批全国乡村旅游发展重点村；镜岭雅庄村被列为全省民宿集聚区助推乡村振兴改革试点。三是唐诗之路建设不断深化。注重文旅融合理念，在年初获评首批省4A级景区城的基础上，以诗为魂，启动5A级景区城创建，打造浙东唐诗名城。5月，召开全县动员大会，成立专班，制定实施方案，以"一城十景"为重点，推进一期32个项目，总投资7587万元，31个项目已全部完成。12月31日，经省级验收，认定新昌县城区为省5A级景区城。大力推广"寻梦唐诗"研学之旅，开展2020年"诗路芳菲，阅读最美"大型研学游、"世界读书日"吟走唐诗路等活动。利用

诗路文化委员会客厅，举办诗路研究论坛活动。积极开发天姥唐诗宴、"李梦白"诗路形象IP，举办全县天姥唐诗宴培训班和大赛，评选出16家体验店（其中示范店6家）。白云山庄、聚福园、百丈风情成为全省"百县千碗"美食体验店。拍摄唐诗之路歌曲，启动"越调唱唐诗"创作活动，举办"越调唱唐诗"演唱会，举办"诗路芳菲·梦游天姥"诗意双庆行进式文旅演出。"彰显东南山水眉目　建设诗路文化名城　新昌县高标准打造浙东唐诗之路精华地"案例积极申报省级争先创优"最佳实践"案例。四是旅游招商推广精彩纷呈。紧抓"后疫情"时期机遇，积极开展市场推广交流，进一步提升新昌文旅知名度。举办专题推介会，在西安、成都、深圳、上海举办4场专题招商推介会，承办了2020年"缘来新昌"云招商推介活动，赴南京参加"新天仙配"黄金旅游路线推介会，新昌旅游品牌进一步打响。浙江卫视"还有诗和远方"栏目组首站进驻新昌，以"活动＋节目＋直播"的融媒形式立体呈现诗画新昌，收视率排名全国第三，相关话题阅读量破2亿次。开展"行走唐诗路·寻梦天姥山"新昌十二时辰体验采风活动，邀请百家旅行社和"网红达人"为秋游新昌预热。不遗余力抓项目，全年共接待招商团队70批次，新签约1000万元以上文旅招商项目29个，总投资额达45亿元，其中亿元以上5个。2020年签约项目落地率超30％以上；2019年签约项目落地率100％。是年，完成实际新到位资金79380万元，内资招商到位资金59064万元。五是群众文

化事业持续进步。加快推进文化基础建设，万丰城市书房和旅游集散中心书房建成开放。城南乡综合文化站建成开放，澄潭街道、回山镇综合文化站基本完成装修，至此全县12个乡镇（街道）综合文化站均已完成建设提升。丰富群众文化生活，推进民生实事工程，以文化"三下乡"为载体，全年送演出56场、送电影3020场、送图书11626册；县图书馆、文化馆、博物馆等公共文化场所在做好疫情防控的前提下，推出各类线上文化服务，组织开展各类演出活动157场，讲座33场，展览36场，培训30场。以文促旅，推出"不看调腔，白来新昌"活动，每周末展演新昌调腔经典折子戏。六是文化遗产保护利用加大力度。启动"文化优雅工程"和"文化基因解码工程"，确定20项重点文化元素清单。积极开展各类非遗项目申报和活动，全年新增市级非遗项目3个、非遗传承人8个，新增县级非遗项目11个、非遗传承人24个。新昌调腔第8期传承班开班，招收学员35人。积极推进董村非遗旅游景区建设，举办了"绍兴有戏，董村懂你"2020新昌县非遗兴乡大巡游活动。推进文物政府投资项目建设，钦寸水库文物迁建工程完成胡大宗祠、乡主庙主体工程的65％；新北区抗日民主政府旧址迁建工程按计划推进，已完成基础工程，主体结构施工完成50％。积极做好呇桥里、下司巷、上石演等拆改区块文物建筑拆卸保护工作，指导里江北历史文化街区文物建筑修缮工程，做好全县文物保护单位（点）修缮指导工作，编制设计石弥勒像修缮方案。

七是市场管理服务水平提升。因疫情影响,旅游业遭受重挫,旅游相关指标大幅下降。上半年,率先在全市开展"健康游新昌"消费券发放活动,出台旅行企业专项奖补等优惠政策,加大推广宣传,多措并举,三季度实现了触底反弹,旅游相关指标逐渐回暖,特别是乡村旅游势头良好,全年乡村旅游人次为525.98万人次,实现收入1.7亿元,同比分别增长44.3%、13.39%,高于全市增速。全县旅游人次为1588.98万人次,实现收入140.14亿元,同比恢复87.5%和88.1%,高于全市平均水平。但由于"后疫情时代"游客消费习惯改变、部分酒店被拆除或征作隔离点等原因,限上住宿业下降了45%左右。加大旅游人才培养力度,举办酒店服务技能提升培训、乡村民宿培训等,共培训250人次。加强市场管理,守好重点场所防控"小门",常态化开展安全和执法检查,不断提升执法水平。全年检查1042次、1823家次。开展各类安全检查专项行动,组织酒店、娱乐场所、景区等开展消防应急演练培训,培训869人次,全年无重大安全事故发生。

(梁钱峰)

金华市文化广电旅游局

【概况】 内设职能处室9个，下属单位10个。2020年末人员347人（其中：公务员43人，参公19人，事业285人；具有高级技术职务资格的84人，中级126人）。

2020年，面对突如其来的新冠肺炎疫情，金华市文化广电旅游系统高举习近平新时代中国特色社会主义思想伟大旗帜，深入学习贯彻党的十九大和十九届二中、三中、四中、五中全会精神，全面贯彻全省文化和旅游局长会议、市委七届八次全会和全市宣传思想工作会议精神，统筹推进疫情防控和经济社会发展，紧紧围绕加快打造高质量文化供给地和高品质旅游目的地工作目标，大力推进"五力提升"，文旅融合初见成效，实现了"十三五"圆满收官。

一、"e家书房"全面上线

不因疫情关闭公共文化场馆而减少对群众公共文化的服务供给，从2月3日开始，整合各类文化资源，集结浙江婺剧艺术研究院、市图书馆、市少儿图书馆、市文化馆、市博物馆、市非遗保护中心等文化场馆力量，推出"e家书房"线上公共文旅服务平台，涵盖有声读物、在线书海、少儿读物、魅力婺剧等内容，一站式满足市民的精神文化需求，11个月访问量达82万人次。

二、复工复产取得成效

2月14日，出台《关于做好全市文旅企业复工和疫情防控工作的指导意见》，在全省较早实现等级民宿、A级景区全面复工复产到位。制订出台支持文旅企业复工复产16条政策意见，市本级发放4家等级民宿、230家A级景区村庄、46家旅游企业专项补助资金582万元。成立促消费专班，出台促进文旅消费、住餐消费17条政策举措，组织发放文旅消费券1.24亿元。义乌、东阳入选省级文化和旅游消费试点城市名单；婺城、义乌入选省级夜间经济试点城市名单；义乌、永康入选省级文旅产业融合示范区。

三、常态化防控措施严格落实

全市4A级以上景区严格执行预约制和限流要求，严格落实网吧、KTV等娱乐场所限流、限时规定。联合市中级人民法院出台《关于依法妥善处理新冠肺炎疫情期间旅游纠纷的通知》，得到市委书记批示肯定。疫情期间全市旅行社总退团人数约5万人，其中解除合同4万人，变更合同1万人。

四、文旅形象体系初步形成

以"一本宣传册、一个主题曲、一部专题片、非遗一台戏"为重点全方面构建以"浙江之心 水墨金华"为中心的文旅宣传体系。6月28日，确定"浙江之心 水墨金华"为金华文旅形象口号。编印"浙江之心 水墨金华"画册，通过"诗书画印、惠风和畅"8个板块，图文并茂地展示227家入选2019年金华文旅好评榜的文旅产品。金华知名音乐人陈越作曲《水墨金华》，将金华的知名景区一一写入歌中，充分展现了金华优雅、浪漫、文艺的城市气质。制作金华文旅形象宣传专题片，对金华文旅形象进行全新审视和诠释。创作完成"婺风遗韵·水墨金华"非遗一台戏，11月8日作为中非文化交流合作活动周重要内容首演。

五、文旅推介精彩不断

举行2020年"金华过大年"文旅发布会和第二届新春文化庙会，共组织1200余场春节、元宵活动，800多场新春主题灯展、景区新春节庆活动，吸引130多万市民现场参与，线上线下361.3万人次观看演出。举办"金华人游金华"文旅产品发布会，共推出"十元游十景"20万份总价值1.3亿元的"十景联票"优惠券。举行2020金华文旅融合宣传服务月暨乡村休闲旅游节，相继举办"婺上百年——陈尧山书画印展"、"霞客发现之旅"惠民活动等20多项形式多样、亮点纷呈的活动，推出10条省级休闲农业与乡村旅游精品线。举办金华研学旅行系列活动，开展第二届金华研学高地建设高峰论坛、发布金华研学旅行高地规划、公布第二批金华研学旅行基地22家、营地3家，并与国际地理联合会主席、南非科学院院士 Michael Meadows

教授现场"云交流"。全方面参与"上海-金华周"活动，启动"百万上海市民游金华"活动暨第二届中国（金华）李渔戏剧汇发布会，发放价值1000万元的旅游红包，开展"浙江之心　水墨金华"无人机秀表演，成为首个在黄浦江上做形象宣传的城市，一直播、抖音等直播平台在线观看人数超过3157万。在婺州古城举行"诗画浙江·金华有味"美食评比大赛，进一步打响金华美食品牌，并在全省"百县千碗"推进会做典型发言。

六、宣传交流亮点频出

举行"文旅赋能　东西共融"金华·阿坝文化旅游推介会，两地文旅部门签署"推进'十四五'文旅协同发展框架协议"，2地代表分别推介自然风光、人文景点、特色美食、线路产品等富有特色的文旅资源。全面参与中非文化合作交流周活动，举办"非洲情·婺州缘"中非文化合作交流摄影展、"婺风遗韵·水墨金华"金华非遗一台戏展示展演活动、中非文化和旅游论坛。举办第15届中国义乌文化和旅游产品交易博览会，"浙江之心　水墨金华"主题馆成为本届博览会的"网红打卡地"。举行"缤纷金丽温衢　悦享山水礼遇"2020年金丽温衢联合体客源互送万人游活动，开启"四养"之旅，实现旅游收入1000万元。

七、"文化基因解码"工作深入推进

全省"文化基因解码工程"工作推进会在东阳举行，全面推广东阳先行先试工作经验。东阳市通过"全面普查、重点解码、多维评价、实体应用"，对东阳木雕文化等进行系统梳理和重点解码，在激发文化新动能、打开发展新通道方面进行有效探索，已培育"文化基因"转化利用示范项目14个，建成"文化基因"传播"一馆一展一库"宣传点，收获文旅IP"卢宅故里""东阳马生""木雕文旅商""影视文旅"等一批"文化基因"转化利用成果，向全省提供可学可鉴的东阳样板。

八、文化精品创作屡获大奖

主办第二届中国（金华）李渔戏剧汇，婺剧《信仰的味道》入选2019年度浙江文化艺术发展基金资助项目、2020年全国舞台艺术重点主题创作计划、"庆祝中国共产党成立100周年舞台艺术精品创作工程"百年百部创作计划。浙江婺剧艺术研究院新创剧目《初心》和义乌市婺剧保护传承中心新创剧目《谢高华》入选2020年度浙江省舞台艺术创作重点题材扶持项目。市文化馆原创舞蹈《我和我的母亲》荣获2020年浙江省群众舞蹈大赛金奖。浙江婺剧艺术研究院第5次登上新年戏曲晚会、第4次登上央视春晚。

九、文化惠民活动持续深化

基本完成《市区公共文化设施布局专项规划》编制，金东区蒲塘村等18个村（社区）获评文化示范村区；建成2家"阅读吧"自助图书馆；建成旅游厕所193座，累计建成1788座，位列全省第一。开展第六届（线上）全民阅读节和第十六届未成年人读书节，举办百姓戏迷大赛、百姓才艺大赛、百姓街舞大赛，完成送戏下乡2522场、送图书下乡57.6万册，举办展览、讲座3661场，组织县级以上"文化走亲"159场，开展线上文化服务活动1843场，惠及群众4790万人次。

十、非遗活态保护不断推进

持续推进"婺风遗韵"非遗品牌，全年开展"婺风遗韵·金华非遗进万家"展演活动进景区、进社区、进文化礼堂、进福利院等共36场次。举办金华市首届"婺风遗韵·少年非遗说"大赛，10天征集1130件参赛作品，网络浏览量达到161万人次。强化非遗馆建设，在原有"明月书场"基础上新设"繁星悦读角""阳光讲堂"两处文化阵地。"繁星悦读角"提供600余册非遗类书籍杂志和地方文献供市民阅读，"阳光讲堂"特邀非遗工匠、文化学者传道授业，全年开设30场讲座，线上累计收看137万人次。"明月书场"重启后，全年举办曲艺展演50场，观众累计288万人次。婺城白沙溪三十六堰成为世界灌溉工程遗产。

十一、文保考古工作得到加强

市博物馆被评定为国家二级博物馆，义乌桥头考古遗址公园被评为省级考古遗址公园。国家一级珍贵文物"徐谓礼文书"在浙江省博物馆举行为期45天的杭州特展，南宋徐谓礼文书专题纪录片在CCTV-10播出。举行上山遗址发现20周年学术研讨会，成立"上山文化"遗址联盟，发布"浦江宣言"。义乌赤岸镇获评第二批浙江省"千年古镇"，义乌佛堂镇倍磊街（村）获评第二批浙江省"千年古村落"。全面完成通远门古城墙修缮工程，《寺平村乡土建筑保护规划》获国家文物局审查通过。

十二、项目建设有序推进

全市254个文旅项目完成投

资 241.8 亿元，比上年增长4.5%。市区项目逆势跑赢，同比增长 39.5%，完成投资额达到38.3 亿元。3 月，举行全市重点文旅项目集中开工仪式；5 月，梳理"2＋6"重大文旅项目共计 66个，总投资 1571 亿元，编印《金华重点文旅招商手册》，总投资 14亿元的磐安"云海方舟"旅游康养项目在全省文化和旅游项目建设暨乡村旅游（民宿）发展推进会上签约。3 个文旅项目列入《2020年浙江省稳投资清单》，总投资314 亿元；14 个项目入选"四条诗路"项目；9 个项目入选百张文旅"金名片"；58 个项目入选千亿投资项目，总投资 1544 亿元。横店影视产业园项目、浙江唐风温泉中医药康养旅居产业综合体项目入围全国文化和旅游投融资项目，入选数量居全省第一。

十三、全域旅游再获佳绩

所辖县（市）全部入选全国县域旅游综合实力百强县，东阳、武义、兰溪、浦江入选 2020 中国县域旅游综合竞争力百强县，义乌、磐安入选 2020 中国旅游潜力百强县，浦江获评"中国最美乡村旅游目的地"，义乌、永康获评省级全域旅游示范区。双龙风景区完成创 5A 提升规划方案设计和景区风貌提升方案，旅游集散中心主体结顶。武义温泉小镇获评国家 4A 级旅游景区，新增 7 家 3A级旅游景区。金华之光等 6 家景区入选 4A 级旅游景区创建预备名单，入选数量居全省第一。磐安乌石村等 3 个村庄入选第二批"全国乡村旅游重点村"，入选数量居全省第二。浦江虞宅乡、兰溪游埠镇、东阳湖溪镇入选第四批省级旅游风情小镇，入选数量

居全省第二。磐安方前镇、武义履坦镇、义乌后宅街道、永康象珠镇入选第五批省级旅游风情小镇培育名单。横店影视城入围全省首批未来景区改革试点名单和省服务业重点行业"亩产效益"领跑者名单，磐安盘峰乡入选浙江省首批山地休闲度假发展试点单位和第四批省级乡村旅游产业集聚区，磐安尖山镇乌石改革试点、武义县温泉改革试点入选浙江省首批民宿（农家乐）助力乡村振兴改革试点。

十四、市场主体有效提升

新增白金宿 1 家、金宿 1 家、银宿 16 家。百老汇酒家（江南店）等 25 家餐饮企业入选全省"诗画浙江·百县千碗"特色美食体验店。中国特色旅游商品大赛赢得 12 个奖项，为历年之最，其中金奖 5 个，数量全省第一。6件产品入选首届浙江特色伴手礼，13 件商品入选第二批浙江省优秀非遗旅游商品，数量居全省第二。全年出动文化市场综合执法 3.7 万人次，检查 12.4 万家次。

【大事记】

1 月

2 日　浙江婺剧艺术研究院（浙江婺剧团）连续 4 年登上新年戏曲晚会，是参演人数和节目数量最多的院团。

13 日　召开"不忘初心、牢记使命"主题教育总结会，学习和传达习近平总书记在主题教育总结大会上的重要讲话和中央、省委、市委主题教育总结大会精神，对本局主题教育进行全面系统总结，对巩固扩大主题教育成果进行部署。

18 日　"非遗过大年文化进万家"2020 婺州古城新春文化庙会正式拉开帷幕。

19 日至 20 日　全省文化和旅游局长会议召开，以《强化制度保障　注重人才培养　全面推动婺剧创新发展》为题做典型发言，介绍金华文旅工作特别是全面推动婺剧创新发展的成效举措和经验体会。

22 日　制定出台《金华市文化广电旅游局新型冠状病毒感染肺炎疫情防控方案》，成立疫情防控工作领导小组，建立一日两报和零报告制度，创建"市文旅系统新型冠状肺炎防控群""市文旅系统肺炎防控联络员群""钉钉"工作群。

23 日　召开疫情防控紧急会议，传达贯彻省、市疫情防控会议精神，启动"一级响应"，关停文旅场所，暂停文艺活动。

24 日　印发《金华市文化广电旅游局进一步做好新型冠状病毒感染的肺炎疫情防控工作的通知》，指导金华市饭店业协会下发《关于加强防范新型冠状病毒感染肺炎应急管理的通知》。

27 日　印发《关于进一步加强新型冠状病毒感染的肺炎疫情防控工作的通知》，全面升级防控措施。

同日　文旅特色疫情文宣专栏"全民共战'疫'""每日微提醒"上线。

28 日　印发《关于调整充实新型冠状病毒感染的肺炎疫情防控工作领导小组的通知》《关于进一步加强新型冠状病毒感染的肺炎疫情防控工作的通知》，全面排查全市文旅系统单位工作人员情况，落实每日上报制度。

29日 浙江省文化和旅游厅新冠肺炎防控情况调研组到金华调研,听取新冠肺炎疫情防控情况汇报,重点了解旅行社行业出境游合同处理情况、旅游饭店业经营状况。

30日 研究制定《关于加强新冠肺炎疫情限控措施的通知》,全面排查全市星级饭店、旅游推荐饭店、银宿以上等级民宿湖北籍入住人员及文旅系统人员赴鄂情况。

2月

3日 整合各类文化资源,推出"e家书房"线上公共文化服务平台,一站式满足特殊时期广大市民的精神文化需求。

8日 25名党员干部成立局党员突击队分批赴高铁金华站协助开展疫情查控防输出工作。

9日 排摸网吧娱乐场所、星级宾馆等文旅场所员工返岗情况,按照"四色管理"模式分类返岗员工。

14日 出台《关于做好全市文旅企业复工和疫情防控工作的指导意见》,指导文旅企业疫情防护和复工复产。

同日 启动"退款"服务,全市181家旅行社首批97家已退旅游服务质量保证金1512万元。

19日 公布推出景区开放优惠活动,全市82家旅游景区自疫情解除恢复营业之日起到2020年12月31日,对全国(含港澳台)医护人员实行凭证免票畅游政策。

26日 拟订《关于支持文旅企业复工复产的十二条政策意见》《金华市文旅企业复工规范》,给予文旅企业退还旅游服务质量保证金、退税等12项政策支持。

3月

4日 市委常委、宣传部部长吕伟强到浙江婺剧艺术研究院调研指导疫情防控和复工复产工作。

同日 副市长陶叶萍赴东阳市横店集团、横店旅行社、丰景嘉丽宾馆、清明上河图景区等单位调研,指导文旅企业复工复产工作。

6日 浙江省委宣传部副部长葛学斌赴浙江婺剧艺术研究院调研指导疫情防控和复工复产工作。

同日 全市181家旅行社、39家星级饭店、38家等级民宿、75个文化和旅游建设项目实现100%复工。

10日 举行全市文旅重点项目集中开工仪式,吕伟强、陶叶萍等市领导出席,总投资278.15亿元,2020年计划投资45.03亿元。

13日 市委书记陈龙赴金华山双龙景区调研5A级景区创建及复产复工情况,要求加快景区建设,拓展旅游市场,推动文旅产业全面复苏。

19日 市政协副主席荣安华,赴磐安县樱花谷、国药文化城、浙中影创城等单位调研,指导磐安文旅行业复工复产及项目建设工作。

20日 研究出台《关于支持文旅企业复工复产的政策意见》,16项举措支持和帮助全市文化旅游企业渡过难关。

24日 市委书记陈龙赴市区康泰旅行社、蝶来·原素酒店、老石桥三十六院溪山村综合体项目现场、山海云宿等文旅企业调研,了解旅游产业恢复运行及提

振发展情况。

27日 市人大实地走访国贸宾馆、红宝石网吧、康泰旅行社等市区文旅企业,调研疫情防控工作和复工复产情况,听取相关企业工作汇报。

31日 召开全市文化旅游行业护航复工复产安全生产工作会议,传达贯彻省、市复工复产安全工作视频会议精神,部署落实《金华市文化旅游行业护航复工复产安全生产攻坚行动方案》,签订《2020年安全生产责任书》。

4月

10日 浙江婺剧艺术研究院兰溪分院、兰溪李渔戏剧研究院成立,并举行揭牌仪式。

11日 落实浙江省文化和旅游厅、金华市防指精密防控措施,暂停网吧、娱乐场所营业。

14日 举行2020年"金华人游金华"文旅产品发布会,推出20万份总价值1.3亿元的"十元游十景"惠民旅游产品——十景联票。

15日 浙江省文物局局长柳河一行赴义乌市博物馆新馆、义乌桥头遗址开展复工复产期间文物安全专项督察工作。

23日 第六届(线上)全民阅读节"云端"启动。

27日 联合市文学艺术界联合会主办"同心抗疫——金华市美术作品系列大展"。

28日 召开全市"五一"假期景区管理和安全生产工作会议,学习传达文化和旅游部、浙江省文化和旅游厅劳动节假期旅游景区开放管理工作会议精神及全国安全生产工作会议精神,部署全市劳动节假期景区疫情防控、开放管理及安全生产工作。

30 日　召开局党委（扩大）会议，深入学习贯彻习近平总书记在中央政治局会议上的重要讲话及省、市委常委会会议精神，文化和旅游部、浙江省文化和旅游厅 2020 年劳动节假期旅游景区开放管理工作会议精神，听取第一季度经济工作和"稳企赋能双月攻坚"行动方案汇报，研究部署劳动节假期景区开放管理和二季度工作。

5 月

2 日　召开全市文化和旅游局长视频会议，传达文化和旅游部视频连线会议和部长雒树刚讲话精神、省文化和旅游厅厅长褚子育指示精神，对防范工作进行再强调再部署。

3 日　市委常委、宣传部部长吕伟强调研双龙景区，了解景区五一假期运营管理情况，慰问节假日坚守岗位工作人员。

4 日　召开县（市、区）文化和旅游局长视频连线会议，传达贯彻文化和旅游部视频连线会议、省文化和旅游厅厅长褚子育讲话精神，进一步落实习近平总书记"限量、预约、错峰"指示精神，慎终如始做好景区开放管理工作。

14 日　召开局党委（扩大）会议，学习贯彻习近平总书记在中共中央政治局常务委员会上重要讲话精神和省、市常委会议精神，听取关于市消费专班促进文旅消费工作情况汇报，研究二季度促消费工作。

同日　与市民卡公司联手推出 18 元购十大主题餐厅 1800 元美食风味卡活动。

同日　婺剧入选浙江省首批20 项"浙江文化印记"。

17 日　浙江省婺剧艺术研究院陈美兰当选为浙江省首批"浙江省文艺名家孵化计划"戏剧类专业素养导师，杨霞云和楼胜入选戏剧类孵化对象。

18 日　举行"2020 金华文旅融合宣传服务月暨乡村休闲旅游节"启动仪式，发布乡村休闲旅游精品线路、文明金华公筷公勺设计方案等，推出 10 条省级休闲农业与乡村旅游精品线等 20 余项文旅服务活动。

20 日　"金丽温衢区域旅游联合体"工作座谈会在金华举行。

25 日　组织各县（市、区）文旅局负责人参加浙江省文化和旅游厅重点工作推进电视电话会议，听取省文化和旅游厅就疫情防控常态化、全省文化和旅游投资、"文化基因解码"等工作部署。

27 日　金华市第十六届未成年人读书节启动仪式暨金华市少年儿童图书馆虹路分馆成立仪式举行。

6 月

4 日　市委常委、宣传部部长吕伟强一行赴市行政服务中心调研宣传系统"最多跑一次"办事事项。

5 日　发放价值 500 万元的住餐消费券，全市 300 多家限上餐住企业可凭券消费。

13 日　举行"婺风遗韵·少年非遗说"大赛决赛暨 2020"金华文旅融合宣传服务月"系列活动颁奖典礼。

21 日　举行横店影视文化产业集聚区成立大会暨授牌仪式。

22 日　发放 10 万份价值 800 万元的文旅消费券。

27 日　浙江省文化和旅游

厅副厅长叶菁一行到金华开展端午节文化和旅游假日市场督查工作，重点检查旅游景区疫情管控、景区开放及旅游安全管理等工作，并调研文旅产业恢复发展情况。

28 日　发布"金华文旅形象口号"——"浙江之心　水墨金华"，公布"2019 金华文旅好评榜"榜单。

29 日　联合金华市教育局举行"2020 年金华研学旅行系列活动"启动仪式，公布第二批金华研学旅行基地、营地名单。

30 日　联合市委组织部、市直属机关工委举办"九九为功——向党宣誓"主题党日暨同心抗疫——金华市党员干部美术·摄影作品展。

7 月

2 日　开展主题党日暨党员集体"政治生日"活动，党员集体上党课，表彰疫情防控和复工复产中的优秀党组织和党员。

18 日　与市民卡公司联手推出"金华旅游年卡·惠民版"，99 元即可全年畅游金华 20 家景区。

20 日　浙江婺剧艺术研究院新创剧目《初心》和义乌市婺剧保护传承中心新创剧目《谢高华》入选浙江省舞台艺术创作重点题材扶持项目名单。

31 日　金华市政协副主席、民盟市委会主委胡锦全一行开展深化文化领域供给侧结构性改革，加快构建现代公共文化服务体系调研座谈。

8 月

5 日　召开全市文化广电旅游局半年度工作推进会议，各县

（市、区）汇报交流上半年工作情况和下半年工作计划。

12日至14日　浙江省文化和旅游厅牵头的联合检查组组长骆文坚一行对东阳东白山生态旅游度假区、武义温泉旅游度假区、兰溪兰湖旅游度假区进行检查。

14日　召开《金华市研学旅行发展规划》座谈会，对进一步完善规划提出建议。

26日　举行"星耀八婺·文旅复兴"金华名人文化之旅启动仪式。

同日至28日　浙江省第二十二届公共文化论坛在金华举行。

9月

3日　全省"诗画浙江·百县千碗"工作推进会在金华召开，交流总结2020年"百县千碗"工作开展情况，部署下一阶段工作。

7日至9日　兰溪市博物馆李慧获2020"讲好浙江故事——全省博物馆优秀讲解案例推介活动""十佳"之冠。

10日　全省"文化基因解码工程"工作推进会在东阳召开，推行东阳先行先试经验。

11日　全国第二十一批网络文化执法以案施训活动在金华举行。

17日　百万上海市民游金华暨第二届中国（金华）李渔戏剧汇发布会在上海国际会议中心举行。

23日　金字金华火腿、寿仙谷牌灵芝孢子粉、小老黄金华酥饼等上榜首届浙江特色伴手礼。

同日　"水墨金华"亮相"诗画浙江"文旅周（杭州日）暨2020浙江（北京）旅游交易会。

25日　2020中国特色旅游

商品大赛颁奖典礼，金华夺得金奖5个、银奖4个、铜奖3个，金奖数量全省第一，总成绩及各单项成绩均为历年最佳。

30日　副市长陶叶萍带队赴市区文化和旅游场所开展节前安全生产和假日旅游市场督查。

10月

14日　召开全市文物安全工作会议，深入学习习近平总书记关于文物安全工作的重要指示批示精神，贯彻落实全省文物安全工作会议精神，分析全市当前文物安全形势及突出问题，部署今后一段时期重点工作任务。

17日　举行"天山梦城·山水温宿"2020温宿文化旅游金华推介会。

18日　2020年"平艺近人·转动金华"四平·金华文旅交流活动在金华拉开帷幕。

11月

7日　"戏聚金华，金华有戏"第二届中国（金华）李渔戏剧汇拉开帷幕。

同日　文化和旅游部党组成员王晓峰一行赴金华山旅游经济区考察调研，实地察看金华山旅游集散中心项目建设情况，考察毛泽东视察双龙电站纪念馆、双龙洞景区，了解金华山发展情况，听取双龙风景旅游区5A级景区创建工作开展情况汇报。

8日　第15届中国义乌文化和旅游产品交易博览会开幕，"缤纷金丽温衢　悦享山水礼遇"2020年金丽温衢联合体客源互送万人游活动开幕式同步举办。

同日至9日　"民心相通合作共赢"2020浙江（金华）中非文化合作交流周暨中非经贸论坛

举行。

12日　《中国县域旅游竞争力报告2020》发布，东阳市、武义县、兰溪市、浦江县4地入选"2020中国县域旅游综合竞争力百强县市"，义乌市、磐安县2地入选"2020中国县域旅游发展潜力百强县市"。

同日至14日　举行上山遗址发现20周年学术研讨会，深入贯彻落实习近平总书记重要讲话及袁家军书记讲话精神，成立"上山文化"遗址联盟，发布"浦江宣言"。

15日　"山海协作　文化同行"2020丽水、金华两地"文化走亲"文艺演出精彩上演。

21日至22日　2020第五届博鳌国际旅游传播论坛举行，"婺风遗韵·水墨金华"非遗展示展演创新品牌荣获2020年度博鳌国际旅游奖一年度非遗创新奖。

24日至26日　举行首届长三角原创流行歌曲大赛。

25日至26日　金华市在2020年全省文化和旅游法律法规知识竞赛中分别获得执法文书制作团体二等奖和知识竞赛团体三等奖。

12月

5日　开启"诗画浙江·金华有味"美食品鉴评比活动。

7日　金华市委常委、宣传部部长吕伟强开展文化和旅游"十四五"规划和明年工作思路调研，听取专题工作汇报。

11日　举行"浙中全域旅游协同创新中心"成立大会暨理事会第一次会议。

21日　金华市博物馆正式评定为国家二级博物馆。

23日　举行党的十九届五

中全会精神宣讲学习会,并传达学习省委十四届八次全体(扩大)会议、市委七届八次全体(扩大)会议及全市宣传思想文化系统党风廉政会议精神。

27日 金华市第二届欢欢喜喜"悦"读年大型阅读推广活动拉开帷幕。

30日 召开全市文化和旅游局长工作会议,总结交流"十三五"期间文化旅游工作情况及相关经验做法,着重对"十四五"规划编制情况及2021年工作思路进行谋划部署。

(程立民、朱康玲)

金华市县(市、区)文化和旅游工作概况

【婺城区文化和旅游体育局】 内设职能科室5个,下属单位6个。2020年末人员46人(其中:机关10人,事业36人;具有高级技术职务资格的5人,中级14人)。

2020年,婺城区文化和旅游体育局坚持以习近平新时代中国特色社会主义思想为指导,认真贯彻学习党的十九届四中、五中全会精神,完善公共文化服务体系建设,开展品牌文艺惠民活动繁荣婺城文化;推进"都市经济创新城美好生活幸福城"战略,以全域旅游目的地建设为总抓手,发展乡村休闲旅游,提升旅游公共服务水平,拓展客源市场。全年全区接待游客约1006万人次,实现旅游收入约92亿元,基本恢复去年同期水平。一是公共文化。强化基础文化设施建设,完善现代公共文化服务体系,按标准完善4家图书分馆建设,做好白龙桥分馆、天艺影城分馆、城东分馆

(城市书房)的功能设施提升,实现通借通还服务,增加公共阅读的产品供给和服务供给;新建图书馆分馆2家(书香礼堂蒋堂分馆、金华之光科技分馆);新建图书流通站5家,新建分馆和流通站共配送图书24000多册。丰富群众文化活动。以"花满婺城幸福生活"休闲旅游年为主线,举办竹马茶花节、箬阳茶文化旅游节、罗店枇杷节等大型文体活动30场。继续开展文化大过年百场系列活动44场,参与人数达10万人次。开展"视觉婺城"第5季暨"南山漫道"写生创作,百名画家走进10个文化礼堂创作500多件作品,赋能"诗路婺城"和"南山漫道"。举办"人文婺城幸福城"婺城区第五届百姓才艺大赛,13个乡镇街道200多支队伍、3000多演员及6500多观众参与活动,影响面广,颇受群众好评。同时开展道德模范文艺宣讲入景点活动6场,垃圾分类文艺汇演活动100场、"文化走亲"6场,实现周周有活动,月月有赛事。优化文化惠民服务。做好图书馆免费开放服务,完成免费开放8000个小时,读者服务18万余人次,接待读者15万人次;新增馆藏文献28964册,文献外借100849册;完成分馆、图书流通站和书香驿站图书流通流转19900册。开展形式多样的阅读推广活动。全年开展读者活动171场,其中阅读推广活动148场、讲座11场、展览5场、培训8场,总计服务2.6万余人次。创新服务供给。以"三服务婺城家服务"的理念为指导,创新性开展文化活动。文化馆原创文艺作品70余件,持续开展线上"云"教学,开设162个班

次,参与培训3738人次,涵盖十几种门类的视频教程。区图书馆利用线上资源推出"网络书香过大年"活动和"宅家课堂"84场,阅读推广活动115场,线上阅读人数1.2万人次,服务"宅家"群众的读书生活,确保"闭馆不打烊"。出台《关于支持商贸业、旅游业发展的若干意见》,其中8条"硬核"措施直接扶持旅游行业复工复产。加强非物质文化遗产保护。确定金华藕粉等15个项目为区级第八批非遗代表性名录参评项目。加强新昌桥非遗街区、安地岩头婺州扎染等5处非遗保护传承阵地建设工作。结合白沙溪三十六堰申报世界灌溉遗产、南山漫道建设、花满婺城十乡百村乡村振兴等工作,挖掘白沙地方文化,做好白沙八景设置的前期准备工作。通过安地岩头禾居文旅的浙中非遗小镇网络平台,开展"国庆非遗乐八天""文化和自然遗产日"系列活动,举办非遗购物节,打造"跟着非遗去旅行"婺城文旅品牌。加强文物管理。完成第四批传统村落文物保护项目申报工作,拟订栅川于氏宗祠、长山旌节牌坊、长山卢家卢氏宗祠等3处文物保护项目方案。推进乌云石拱桥、上范红军标语本体建筑、卢文台墓、交椅山红军标语、琅琊白沙庙、罗芳桥胡氏宗祠等6处文物修缮工作。强化文化市场管理。深入开展"扫黄打非""净网""护苗""秋风"等五大行动,强化对市场的监管。行政审批工作规范有序。全年办理各类审批事项342件,100%实现"跑零次",近90%的事项通过审批人员代办办结。严格文化执法。扎实做好节假日期间对文旅企业

的疫情防控和安全生产经营巡查。截至12月底，共出动检查1687人次，检查文旅场所1409家次，办理一般程序案件4起，举报（督查）受理7件。开展联合检查9次，发现各类安全隐患32处，已整改28处。开展文物安全专项检查共计108家次，发现隐患37处，整改完成30处，限期整改7处。二是旅游业。推进全域旅游建设。以创建全域旅游示范区为总目标，全面开展全域旅游工作，完成《婺城区全域旅游发展规划》和《婺城区文化旅游业发展"十四五"规划》的初稿。推进"百千万"工程创建工作，制定区三年（2020—2022年）创建计划，创建A级景区村庄18个，景区镇3个。指导安地镇列入第四批旅游风情小镇创建名单，争取通过省级验收。推进"厕所革命"新三年行动计划，改建完成6座旅游厕所。命名2家"诗画浙江·百县千碗"特色美食体验店，公布3家市中小学生研学实践教育基地。推进文旅项目建设。浙中花木之窗休闲观光产业园和长山国际设计走廊列入省"四十百千"的千亿投资文旅重大项目建设库。借助全省文化和旅游重大建设项目集中开工仪式金华分会场在铁路文化园召开契机，推进在建11个文旅项目建设，投资10.14亿元，完成年度任务的108.69%。激活文旅市场。景区联动初见成效，婺城首条"一山一城"旅游专线开通，打通婺城仅有的两大国家4A级景区之间的交通瓶颈。促进夜间文旅发展，巨龙温泉旅游度假村开放夜间水世界游乐项目，婺洲古城景区通过灯光设计打造景区夜游产品，动物园开展夜游活

动，给游客以奇妙的旅游体验。经过前期大量筛选、走访、动员，新增入库金华市婺城区哥小官餐饮管理有限公司和金华市东方国际大酒店有限公司2家住餐企业，新增入库的住餐企业数量全市第一。

（范雯思）

【**金东区文化和旅游局**】　内设职能科室4个，下属事业单位3个。2020年末人员19人（其中：机关3人，事业16人；具有高级技术职务资格的1人，中级3人）。

2020年，金东区文化和旅游局以"人文富区"战略决策为指引，以满足人民群众对美好生活的需要为目标，统筹推进文化事业全面发展，推动文化和旅游多方位深度融合，文化服务多元化格局初步形成，文化工作呈现出持续、快速、健康发展的良好态势。一是公共文化事业。公共服务迭代升级。不断完善硬件设施，提升文化活动水平，推进文化设施建设再上新台阶。金东人文博览中心全面开工建设，发挥区级公共图书馆和文化馆等服务功能，规划建成"5分钟文化生活圈"。投入1000万元，建设完成施光南音乐主题馆，并对外开放。新建或提升17个光南文化舞台，满足人民群众家门口的精神生活需求。文化惠民活动丰富。全年开展送戏下乡进农村、进社区、进学校、进企业、进景区619场，送书下乡16689册，送展览、讲座362场，举办4期免费开放培训，共开设舞蹈类、器乐类、剪纸等27个课程，270多节课，覆盖金东区12个乡镇，共培训5400人次。免费开放线上"云艺"课堂，共开

设8个课程，30余次网课，为群众提供多种艺术类线上公益课程。网络微信群学员累计达到632人，视频课程浏览量12578人次。全区乡村文艺团队"三团三社"覆盖率100%。赴丽水市莲都区，台州温岭市、椒江区、大陈岛，兰溪市开展"文化走亲"5场，传播、推广和交流金东深厚的文化底蕴及多彩的民俗文化。艺术创作成果丰硕。首届长三角原创流行歌曲大赛在金东区举行，浙江省文化和旅游厅副厅长叶菁、金华市副市长陶叶萍等领导参加颁奖晚会。活动总访问量近1700万次，直播总观看量近680万人次，点赞量近58万次，各级媒体报道、直播等100余次。联合省文化和旅游厅创作金东文旅原创歌曲《托起太阳》，在乡贤晚宴上首演。"群星荟萃"金东区群文视觉艺术作品邀请展在浙江省文化馆艺术展厅开展。音乐小品《美丽乡村总动员》获第十五届"华东六省一市戏剧小品大赛"金奖。原创歌曲《家乡的味道》获"光南故里音乐盛典"2020首届长三角原创流行歌曲大赛大奖（最高奖）。打造"金东记忆"工程。修缮13处历史建筑，修缮面积达9000平方米，区财政投资620多万元。区财政补助120多万元，建设8个私人收藏馆（主题博物馆）。编辑出版《铁船诗钞》《铁船乐府试律》《东山草堂诗钞》《古子城》等5本"金东丛书"。文化遗产保护传承取得成效。全年组织"文化和自然遗产日"等各类展演活动60多场。积极参与各项申报，开展金东区第六批非物质文化遗产项目传承人申报工作，评选出32位代表性传承人；

积极组织参加市第八批非物质文化遗产项目申报工作，7个项目获评市级非遗项目；横店村被评为市级民俗文化村；古婺窑火作品"山水旅行装茶具"入选第二批浙江省优秀非遗旅游商品。金华道情作品《抗疫先锋在身边》获浙江省非遗中心主办的"安吉杯"疫情防控主题非遗优秀作品评选活动入围奖。选送婺州窑作品《双耳饕餮尊》获第15届中国义乌文化和旅游产品交易博览会工艺美术金奖。文物保护持续加强。全区161处文物保护单位年度巡查2次以上，出动检查人员478人次，消除各类安全隐患32处。全年结合历史建筑修缮工程，修缮塘雅镇前溪边方氏宗祠、曹宅镇龙一村张氏宗祠和岭下镇岭三村楼下厅等市级文物保护单位8个，修缮面积达6000平方米。争取省、市级文物修缮保护资金340多万元，修缮琐园村乡土建筑之崇德堂和三斯堂、傅村镇惟善堂、省立实验农业学校旧址之学生宿舍。文化市场管理安全有序。紧抓重点工作，强化日常巡查。全年出动执法人员866人次，检查经营单位1747家次。深入开展扫黑除恶行动，筑牢市场安全底线。紧抓重要节点安全保障，确保市场繁荣稳定。继续开展"互联网＋"监管工作，提高工作效率。积极参与文明城市创建，用良好的文化市场环境为文明城市创建加分。认真开展"净网""清源""护苗""固边"等"扫黄打非"工作。二是旅游业。积极开展万村千镇百城、重点文旅项目建设、招商等工作，大力推进全域旅游"大花园"、大景区建设，着力打造浙江省全域旅游示范区。

由于疫情原因，全区旅游产业发展受到一定影响，全年全区共接待旅游1022.50万人次，恢复至去年同期的88.28％，旅游收入78.95亿元，恢复至去年同期的86.86％。推进积道山禅修景区提升改造工程。项目位于澧浦镇、岭下镇交界处，深入挖掘定光佛文化，总投资3500万元，本年度开展竹安小径、釜章步道两条古道（游步道）修缮工程建设，完成年度投资约580万元。推进大佛寺景区提升工程。项目位于金东区曹宅镇，将大佛寺以东的锣鼓洞、东岩禅寺、铁堰水库等纳入景区范围，本年度开展游步道、景观提升、观景台等项目建设，完成投资约3000万元。推进山山家文化产业园工程。项目位于岭下镇王溪村，总占地12万平方米（180亩），建设用地1.3万余平方米（20多亩），总投资3亿元。本年度开展观光生产线、烘焙博物馆、生态园体验区等创意景观建设，打造生日主题小镇，于12月18日正式对外营业。推进北山一三十六院溪工程。项目位于赤松镇老石桥村，通过30余栋老屋修缮改造，打造高端精品度假村。由浙江锦林生态旅游开发有限公司总投资额3亿元，本年度28栋民宿已完成基础改造，悬崖健身房等5栋公共设施框架、室外道路景观已完成，完成年度投资2500万元，一期15栋已经收尾，并交付使用。开展希望之光——施光南故里项目二期建设。项目位于源东乡东叶村，围绕"红色文化、音乐文化、乡村振兴、改革开放"四大主题进行提炼深化，在省3A级景区村庄基础上，打造以施光南为主题的全国

首个"改革先锋"文化旅游示范区。本年度开展庭院改造、王安溪水域整治工程，完成年度投资1000万元。开展"万村景区化"创建工作。本年度46个浙江省A级景区村庄全部完成创建，截至年底累计创建景区村庄159个，创建村庄占全区行政村比例达50％以上，建设速度领跑全市、全省。开展景区镇创建工作。在"万村景区化"创建基础上，打造景区村庄创建的升级版，开展特色"文旅品牌"建设。本年度源东乡、孝顺镇、江东镇通过省4A级景区镇评定，傅村镇、澧浦镇通过浙江省3A级景区镇评定。9个乡镇完成景区镇创建，创建比例达75％。开展景区城创建工作。创建休闲业态丰富多元、公共服务配套完善、标识标牌制作安装到位、综合管理保障有力的景区城，被评为浙江省3A级景区城。开展国家A级景区创建工作。积道山、孝顺古镇成功创建国家3A级景区，金华汽车城培成功创建国家2A级景区。招商项目进展较快。天堂庵森林康养基地项目位于金东区澧浦镇汪碗村天堂庵区块，开展索道、森林探险、休闲度假酒店等项目建设，打造森林康养基地。本年度一期工程开展基础施工，总体进度约25％。岭一村民宿精品村项目位于金东区岭下镇岭一村，由35栋村庄安置房组成，集合乡村休闲体验、乡村采摘等产业，探究乡村文旅盈利模式，打造婺派民居风格的民宿精品村。本年度望山居基础配套地下管网工程全部完成，开展地上围墙挡墙基础施工，总体进度约20％。文旅推介营销显成效。在锦林佛手文化园、

菊园等景区举办 3 场金义新区（金东区）文旅消费季，首次尝试网络销售，销售额 6 万余元。联合区经商局和农业农村局，承办2020 和美金东购物节金东智造展销会暨"庆端午夜金东"生活周活动，现场共有 30 多个具有金东特色的精美摊位，线上直播曝光超过 100 万次。借助"双 11"超级 IP 和网络经济，在金帆街 819号开展"金东好礼"首发仪式暨金东文旅市集"云开市"活动，通过"线上＋线下"模式实现销售渠道的创新与拓宽，以"共享、众孵、裂变"理念，让金东文旅市集在互联网上开市。6 位"网红达人"在金东文旅集市（古子城店）开展直播讲解活动，生动讲解了金年火腿、黄家春莲酥饼、锦林佛手等金东特色产品，点击量总数破 5.99万次。

（朱超逸）

【兰溪市文化和广电旅游体育局】内设职能科室 8 个，下属单位 8个。2020 年末人员 131 人（其中：公务员 21 人，参公 9 人，事业101 人；具有高级技术职务资格的 12 人，中级 36 人）。

2020 年，兰溪市文化和旅游各项工作稳步推进。一是公共文化事业。实施文化惠民工程。实施推进"五个百分百"建设工程，建成"芥子书屋·兰创自助分馆"，新建 3 个乡镇（街道）图书分馆，至年末，共建成 7 个乡镇（街道）图书分馆。举办乡村旅游文化节活动、非遗主题日活动、国庆中秋"双节"古城活动、第七届兰溪"兴"舞台，参与或承办了第二届中国（金华）李渔戏剧汇、浙江省文化馆群文摄影工作发展研讨

会暨采风活动、杨梅节等节庆文化活动。组织兰溪各界文艺人士以歌曲、书画、非遗多种形式创作33 组抗疫文艺作品，其中抗疫歌曲《为爱隔离》登上《光明日报》《人民日报》等媒体，并在美国纽约时代广场大屏滚动播出 72 次；抗疫歌曲《没有你的夜晚》荣获"天佑中华　全球联播""优秀国际展播奖"。全年送戏下乡 218场、送书下乡 15378 册、送电影下乡 4501 场次、送展览及讲座 82场次。专业干部下基层指导 60场次，培训辅导近 12000 名文艺骨干，为全市 16 个乡镇（街道）、企业、部队及学校配送服务超600 场次。启动文化大讲堂"云课堂"直播教学工作，开展培训58 场，累计在线观看 4.25 万人次，收获点赞量达 6 万次。打造兰溪首批统一 LOGO、统一标识的文旅轻骑兵，全市共有 51 支文旅轻骑兵团队，丰富群众精神文化生活。加强文艺精品创作。围绕全面建成小康社会、全省"三个地"等主题开展艺术创作，原创作品在各类比赛中获得好成绩。歌曲《诗路钱塘》获第十一届浙江省音乐舞蹈节浙江舞台艺术兰花奖优秀奖，金华市第二届音乐新作大赛创作、表演双金奖；歌曲《爷爷的手艺》获浙江省第十九届音乐新作大赛入围奖，金华市第二届音乐新作大赛创作银奖、表演铜奖；歌曲《瀫纹漾月》获金华市第二届音乐新作大赛创作铜奖。舞蹈《一直都在》获金华市第六届舞蹈大赛创作、表演双金奖；改编传统舞蹈《断头龙》获省级奖项入围 2021 浙江省大型民间舞蹈展演；由金华市文化馆创作、兰溪市文化馆参与演出的舞蹈《我和我

的母亲》获浙江省群众舞蹈大赛金奖。滩簧新作《渡考》受邀参加全国非遗曲艺周闭幕式展演及第二届"浙江曲艺奖"颁奖典礼演出。白描《提线木偶》《美人蕉》入选"诗画浙江·康旅泰顺"浙江省群众文化美术写生创作系列活动作品展。书法作品《次韵杨宰汲泉浸栀子花》入选"寻源"2020 金华市第六届视觉艺术联展（书法）。积极筹备参加浙江省旅游风情小镇专题展览、第五届"红船颂"全国美术作品展、第二届"乡风墨韵"全国中国画作品展等。开展特色活动。围绕市委、市政府"强工兴市、拥江兴城、文旅兴兰、环境兴人"战略主题，举办2020 第七届兰溪"兴"舞台活动。活动由中共兰溪市委宣传部、兰溪市文化和广电旅游体育局主办，兰溪市文化馆、各乡镇（街道）文化站、李渔戏剧研究院共同承办。共有 215 个动态类表演节目，近 300 幅视觉艺术类作品，2300 多位文艺爱好者参与，80 幅优秀视觉艺术类作品在市博物馆展出。歌曲《爷爷的老手艺》、双人舞《你》等 10 个优秀节目入选兰溪"兴"舞台年度十强，兰江街道、灵洞乡等 8 个文化站获优秀组织奖，颁奖晚会视频直播点击量达 60.30 万人次。活动挖掘优秀群众文化艺术人才 120 人，优秀文艺演出团队 38 支，对繁荣基层公共文化服务储备了人才队伍。此外，还推出了"闲情偶寄诗意兰溪"乡村旅游文化节活动、非物质文化遗产主题日活动、"寻找老字号复活旧味道"国庆中秋"双节"古城活动等。打响婺剧品牌。兰溪市李渔戏剧研究院、浙江婺剧艺术研究院兰溪分院挂牌

成立。李渔戏剧研究院复排、创排剧目26台，举办"李渔剧场"文化惠民演出218场，开展《白蛇传》巡演17场、《爱莲说》巡演20场、"文化走亲"演出36场；参与红色电影《井冈山道路》《血兰花》拍摄，12月登上央视《乡村大舞台》栏目获"出彩乡村之星"称号；承办第三届"婺星争辉"青年演员挑战赛；新版《李渔别传》作为中国戏剧家协会指定剧目在第二届中国（金华）李渔戏剧汇闭幕式上首演。加强文化遗产保护。组织举办中国古村落保护与发展论坛活动。制定《兰溪市古建筑认养使用实施意见（试行）》。开展天福山历史文化街区环境整治及章懋故居、胡应麟故居修缮与展陈工作。发现上华街道皂洞口村黄泥水山史前文化遗址。文物保护单位香山寺塔、曹聚仁故居修缮工程获金华市优秀案例。全年开展省级以上文保单位消防安全重点督查150余次，抽查文物建筑200余处。完成长乐村亦本堂、芝堰村建筑群陈玉春辅房、诸葛村消防工程等的竣工验收；完成赫灵寺等2处省保单位修缮、曹聚仁故居之慈母园等6处市保单位修缮；实施施宅新厅等9处省保单位修缮，已验收6处。完成市级视频监控工程系统数字化平台验收。报送洪塘里蒋氏宗祠周边环境整治方案、兰溪城墙修缮加固修改稿及展示利用方案等工作请示。举办"圣贤之道——阳明的故事""江南晨曦——良渚文化展""海岳外史——米芾书画展"等临时展览8场，举办馆际外展2场，走进校园展览7场。完成北宋晚期夫妻合葬壁画墓的迁移和陈列展示。与融媒体合作，

开设"兰溪藏宝"栏目。举办2020年环球自然日活动。设计制作文创产品7件（套），并参加中国义乌文化和旅游产品交易博览会。全年免费接待参观17.24万人次，接待27个学校学生团队到馆研学。加强文化市场管理。全市共有各类文化经营场所346家。全年共出动检查执法人员3128人次，检查各类文化经营单位2336家次，受理举报4件，查处违规经营行为案件17件，取缔无证书店14家，无证"黑网吧"1家，收缴各类出版物807册、电脑设备4套、路由设备1套，并查处金华地区首例旅游领域案件。联合相关职能部门开展各类专项检查行动14次，召开全市各经营单位业主培训及工作会议7次，圆满完成了全年任务。严格落实新冠肺炎疫情防控关停举措。共计关停网吧30家、歌舞娱乐场所18家、电影院4家。出动检查219人次，督查各类文旅经营场所519家次，确保全市所有网吧、歌舞娱乐场所、电影院、旅行社等暂停营业。在疫情防控取得阶段性胜利后，指导各场所做好疫情防控工作，并与各场所签订《文旅市场经营场所新型冠状病毒感染的肺炎疫情防控责任书》；主动了解场所遇到的困难和问题，联系电信等相关部门对接做好帮扶工作，帮助场所渡过疫情难关。二是旅游业。全年全市共接待游客2121.97万人次，同比下降12.43%；实现旅游总收入228.4亿元，同比下降14.27%，两项指标列金华第三。兰溪文旅在建项目47个，总投资额172.8亿元，完成年度投资额49.03亿元。全年限上住宿业营业额4242.4万

元，累计增速-17.9%，高于金华平均水平3.6%；限上餐饮业营业额17502.2万元，累计增速2.6%，高于金华平均水平13.9%。全市共有国家4A级旅游区2处（诸葛八卦村、六洞山风景区），有国家3A级旅游区3处（芝堰古村、游埠古镇、兰溪天下江南），国家2A级旅游区2处（黄大仙赤松园、新天地生态休闲农场）；省级旅游度假区1家（兰湖旅游度假区）；省级风景名胜区2处（六洞山风景名胜区、白露山－芝堰风景名胜区）；省旅游风情小镇2家（诸葛镇、游埠镇）。浙江省4A级景区镇1家（游埠镇），浙江省3A级景区镇8家，浙江省A级景区村庄130家，其中3A级景区村庄12家。推进全域旅游重点区域和重点项目建设。按照兰溪市全域旅游"一核、一带、两翼、六片区"的总体布局，加快"大古城、大诸葛、大金华山、大钱江（兰溪段）"核心景区打造，把兰溪古城区建设成为产业服务功能齐全、公共基础配套便利、富有休闲度假气息的核心休闲区；把诸葛长乐文化旅游区打造成旅游配套相对齐全、服务功能较为完善的国家5A级旅游景区；金华山旅游带打造成集山水观光、山地运动、度假休闲、康体养生、乡村休闲等多功能于一体的休闲度假产业聚集区；建设水上游游带，结合兰溪水上航运发展、三江六岸景观提升、水上滨江旅游项目开发，着力打造兰溪水上旅游品牌；越龙山国际旅游度假区打造成集禅修养生、山水观光、生态度假、文化体验、健康人居、山地运动、休闲娱乐等功能于一体的生活山地度假旅游区。积极推

动兰湖旅游度假区、六洞山风景名胜区、白露山休闲旅游区等重点项目建设,确保一批项目竣工运营,一批项目开工建设,一批项目签约储备。加强文旅项目招商。梳理全市旅游项目,完成《兰溪旅游项目招商手册》编制,28个重点招商项目宣传视频拍摄和PPT、H5制作。推进白露山旅游度假区项目、兰溪游艇小镇项目、飞鸿军事主题乐园项目等旅游项目招商洽谈进度。推进景区规划和品牌创建。启动《兰溪市公共文体和旅游发展"十四五"规划》,完成《兰溪天下江南4A级景区创建发展总体规划》,指导重点乡村旅游及旅游项目做好总规和控规编制工作。兰溪天下江南成功创建国家3A级景区,游埠古镇成功创建浙江省旅游风情小镇,永昌街道、赤溪街道、梅江镇、黄店镇、灵洞乡、水亭乡、柏社乡女埠街道成功创建浙江省3A级景区乡镇(街道)。游埠潦溪桥、洋港村、黄店王家村等130个村成功创建省A级景区村庄。做好市场开发与乡村旅游。继续深化文旅融合,积极传播兰溪印象,讲好兰溪故事,打响兰溪"诗画浙江·心有兰溪"文旅品牌,兰溪文旅"走出去",游客"请进来",让更多人知道兰溪、走进兰溪、品味兰溪。继续借助各类平台做好整体文旅形象宣传,打造"兰溪文旅"宣传小矩阵。全年开通6趟高铁旅游专列,全领域全方位接轨上海,高质量融入长三角一体化发展。策划开展乡村旅游文化节、文旅后备厢市集、《金华晚报》小记者研学活动等。组织开展"百县千碗·味道兰溪"美食推广活动,打造"味道兰溪"美食品牌。

举办"畅玩兰溪 抖出精彩"兰溪市抖音短视频大赛。设计推出红色旅游、研学旅游和兰溪康养游等特色线路,并联合相关部门外出推介。积极组织参加省、市组织的各类旅游交易会,做好兰溪旅游形象宣传与市场营销工作。制定出台《兰溪市关于加快全域旅游发展的扶持办法》《兰溪市2020年度文旅工作考核细则》,新冠疫情有所缓解后,号召全市所有A级旅游景区向全国医护人员免费开放,并出台疫后恢复期的惠民政策,诸葛八卦村推出年票政策,地下长河、兰湖等景区推出半价政策。牵头制定全市机关事业单位干部消费先行活动方案,通过畅游兰溪平台发放价值800多万元的文旅消费券,涵盖全市16000多家商户,助力企业,提振消费信心,拉动消费数千万元。参加金华组织的"诗画浙江·金华有味"美食品鉴评比活动,兰溪世贸大饭店获大赛金奖,满江红大酒店和四季兰湖餐厅获大赛银奖。兰溪满江红大酒店、兰溪世贸大酒店、兰湖风情小镇3家单位成功创建浙江省"百县千碗"美食体验店。满江红大酒店制作的"李渔家宴"代表金华市入选省"诗画浙江·百县千碗"工程成果展示项目,并获最佳组织奖。全年开展旅行社旅游案例分析、疫情下导游如何转型升级、乡村旅游讲解员培训等线上、线下培训12期,培训人数1500余人次。加强对旅游行业主体的服务和监管,推进旅游市场规范化经营。与旅行社、星级饭店签订《安全生产责任书》和《消防安全责任书》,层层抓落实。全年组织市场秩序及安全生产检查9次,检查

企业62家,发现隐患27处,整改隐患27处,无旅游安全事故发生。用好住餐企业新增入库奖励政策,经统计部门认定,对首次纳入统计范围的月度新增住餐企业给予10万元的一次性奖励,加快推进住餐业纳入统计范围,全市8家餐饮业新增入库。

(汪泉意)

【义乌市文化和广电旅游体育局】内设职能科室9个,下属单位7个。2020年末人员237人(其中:机关41人,事业196人;具有高级技术职务资格的26人,中级59人)。

2020年,义乌市共接待游客2173.74万人次,同比增长－19.46%,其中境外游客3.73万人次;实现旅游总收入273.22亿元,同比增长－18.60%,创旅游外汇1711.06万美元。全年累计举办各类文化活动共13400场次(含线上),获省级以上各类文艺赛事奖项54项。一是公共文化事业。是年,义乌市有文化馆1个,文化馆分馆14个,公共图书馆1个,图书分馆15个,通借通还悦读吧(主题馆)164个,农村文化礼堂449家,新建提升悦读吧14个。全年累计举办各类文化活动共13400场次(含线上),其中展览、演出2358场,讲座、培训6751场,赛事、节庆1219场,送书下乡10万册,图书外借51万册次,总服务人次122万人次;举办文化艺术节、"江滨之夜"文艺晚会等系列品牌文化活动,开展"送戏下乡""文明巡演"等公益演出350场;获省级以上各类文艺赛事奖项54项,金华市级36项。创作抗疫文艺作品37个,歌

曲《因为有你》被新华网、"学习强国"平台采用，点击量超100万次。由总政话剧团原团长、国家一级编剧王宏和国家一级导演杨小青领衔创排的婺剧现代戏《义乌高华》列入浙江省"三个地"主题文艺精品创作工程项目和2020年度浙江省舞台艺术创作重点题材扶持项目。青年演员季灵萃获第五届浙江戏剧奖·金桂表演奖。提升公共文化服务水平。义乌市非遗展示馆正式运营开放，博物馆新馆、美术馆项目主体工程进入收尾阶段，展陈设计工作提前展开。义乌市文化馆被文化和旅游部确定为国家公共文化机构和旅游服务中心功能融合试点单位；完成《义乌市鼓励和引导社会力量参与公共文化服务专项扶持资金管理办法》修订，出台并实施《义乌市图书分馆与悦读吧星级动态管理办法（试行）》。推进文化遗产保护传承。桥头遗址考古发掘项目被列入中国社会科学院年度12个重大考古新发现入围项目和国家文物局"2019年全国十大考古新发现"终评项目，考古遗址被评为第三批浙江省级遗址公园。"朱丹溪中医药文化"申报第五批国家级非物质文化遗产名录已通过二次评审。义乌市博物馆获评国家三级博物馆，共征集文物藏品419件（组），接受社会捐赠200余件（组）；完成黄山八面厅屋面维修等23项古建筑修缮工程，完成雅端村古建筑群、塘下方大宗祠、赤岸朱宅建筑群、陈望道故居、大安寺塔等5处国保单位的保护标志碑竖立工作。大力发展数字文化服务。义乌市文化馆开辟"蒲公英群文课堂"公益培训"掌上微课堂"，提

供戏曲鉴赏、书法等6个门类13个班级的公益课堂，累计完成70个课时，受众20000人次，原创"掌上微课堂"线上教学课程共23个艺术门类，小视频269个，时长194.72小时；开展线上展览5场，"云比赛"2场。文化广场剧院陆续推出"隔空献艺""围炉剧场""礼献英雄"等线上活动12场，全年开展线上活动的点击量达512万次。义乌市图书馆数字图书馆数据库访问量314.3万次，数据资源下载量19.31万次，超星移动图书馆点击量205.2万次，完成馆藏家谱数字化33.2万叶。图书馆微信公众号推送文章299篇，累计阅读量达到188215次，累计关注读者达23576人。结合"世界读书日"主题，录制微课堂视频20余个，线上进行绘本、诗歌的导读与推荐。智慧博物馆完成"海丝绝响"等3个虚拟数字展览。义乌市非遗中心与融媒体中心"义直播"直播间合作，为非遗产品东河肉饼、三溪堂黄精饼、红糖等直播带货，观看3.3万人次，成交金额达2.7万元。二是旅游业。出台《文化旅游企业帮扶十条意见》，出台疫情期间旅游业招徕奖励政策，全年1063个团队，共1.99万人次到义乌市购物旅游，其中一日游团队87批次，9980人；二日游976批次，游客9986人，共发放购物旅游奖励249.62万元。贯彻落实《义乌市旅游行业"红黑名单"管理办法》《义乌市旅游行业信用分级管理办法》《义乌市旅游领域信用承诺的实施办法》，营造"信用旅游"的良好氛围，在评优评先、行政审批等事项中联合奖惩应用48次。完成四星级旅游饭店复评2家，

新增1家三星级旅游饭店，1家浙江省银鼎级特色文化主题饭店，1家银树叶级绿色饭店，1家金桂级品质饭店。培育浙江省百强旅行社6家。丰富旅游产品体系，推进文旅产业融合、双江湖等项目规划，引导全市14个镇街，440个村庄积极开展清洁美化提升行动，改善和提升环境设施，植入旅游产业，到年底已完成1个4A级景区城，5个3A级景区镇、5个4A级景区街道和185个A级景区村创建。全方位开展"山海协作"、"义浦同城"、对口帮扶工作。贯彻落实"义浦同城"战略，举办"义浦同城·山水与共"双城旅游惠民政策发布会暨义浦旅游推介会，开展旅游推介、发布惠民信息，并在旅客互送、推广营销等方面开展合作。与丽水市莲都区文旅局签订战略合作协议，谋划"百团千车万人游"游客互送行动。与汶川签订东西文化旅游扶贫框架协议，在"文化走亲"交流、文博合作交流、文旅人才交流、旅游市场互动、旅游产品共建和文旅产业富民等方面深化合作帮扶。联合东阳文旅局，组织浙江中国小商品城集团、横店影视城等旅游企业分别在广西南宁、柳州开展了主题为"影视木雕·购物美食游"的旅游推介活动。全市旅游市场秩序平稳有序。执法队采取日常巡查、联合检查、错时检查等方式，进一步加大对旅行社的执法检查频度和力度，重点对侵害游客权益、非法经营旅行社业务、不签订旅游合同或签订旅游合同未载明规定事项、"不合理低价游"等违法违规行为进行检查，确保旅游市场安全有序。全年共出动297人次，检查旅游

企业96家次。积极开展旅游普法宣传，引导游客文明旅游、理性消费，树立群体新形象，制作并发放文明旅游和安全旅游宣传图片2000份。坚持投诉热线24小时畅通，全年接处各类投诉45起，处理有效旅游投诉21起，涉及旅行社18起、其他3起，协调理赔或补偿金额51.89万元。同时，加强对文旅企业的指导工作，倡导文旅行业及从业人员诚信经营、文明服务，重点针对旅游合同知识、旅游投诉受理和处置技巧进行讲解，进一步规范了旅游合同签订的基本要求和注意事项，普及了《中华人民共和国旅游法》等法律法规在旅行社业务中的运用。2月12日起，组织开展了暂退旅行社部分旅游服务质量保证金工作，全市19家旅行社暂退旅游质量保证金628万元。

（朱雨潇）

【东阳市文化和广电旅游体育局】内设职能科室8个，下属单位10个。2020年末人员194人（其中：公务员19人，参公11人，事业164人；具有高级技术职务资格的24人，中级47人）。

2020年，东阳市文化和广电旅游体育局针对新冠疫情，严守防线，推动公共文化服务方式转变和服务载体创新，加强文化阵地建设，注重文旅融合，推进项目建设，文化和旅游各项工作取得实效。一公共文化事业。针对新冠疫情，落实"一级响应"机制，第一时间组织文艺干部创作艺术作品，宣传、讴歌奋斗在抗疫一线的医护人员和坚守岗位无私奉献的"逆行者"，抗疫歌曲《风雨中前行》线上浏览超6万人次，登陆

"学习强国"浙江频道，抗疫舞蹈《春暖花开》，婺剧唱段《壮行》《愧母》《天使仁心驱瘟神》等广受好评。推动公共文化服务方式转变和服务载体创新，组织文化馆、图书馆、美术馆等单位开启线上文化服务活动。举办公益艺术培训"空中课堂"，在"东阳文化旅游体育"微信公众号推出音乐、舞蹈、戏曲、视觉艺术等各艺术门类的教学视频63期，线上浏览人数超5万人次；举办线上"我的战'疫'"阅读马拉松线上快闪赛、21天阅读好习惯、"阅读TA力量"青少年演讲大赛等活动24场，参与群众超5万人次；举办2020第九届儿童恐龙创意画比赛、"魅力声音抗击疫情我们在行动"少儿音频征集活动、"诗词助力同心抗疫"线上诵读等形式多样的线上文化活动，满足疫情期间市民精神文化生活需求。按照"一馆一策、一馆一案"原则，推动各文化场馆恢复开放，博物馆、图书馆、美术馆、非遗街区均采购安装热成像测温仪，每个场馆制定具体防疫工作方案和应急预案，落实"预约、限量、错峰、有序"工作要求，做到有据可查、有迹可循、有源可溯。打造"云端"文化服务，将文化资源与服务装进口袋，提供线上办证、图书查询、预约续借、图书荐购、电子资源查阅、文化活动报名、演出活动抢票、公益培训抢课等多类型掌上办服务。推进基层文化阵地建设。开展公共文化场馆服务大提升行动，制定下发《东阳市公共文化场馆大提升行动方案》。完成吴宁街道综合文化站整改提升和文化站、文化馆评估定级。建成虎鹿镇葛宅村、六石街道北后周村、马宅镇

杨岩村、佐村镇珊门村4个金华市文化示范村。完成武警东阳中队"军民融合阅读吧""横店自助悦读吧"工程。开展文化惠民活动，送出春联5000余幅，送戏下乡160场，送书下乡9.6万册次，送展览、讲座93场次，送电影下乡7836场。举办县级"文化走亲"7场，周末惠民剧场35场、阅读推广活动36场、江滨公益性文化演出35场，举办东阳市公共服务创新培训班，组织开展各类培训286场，惠及5万多人次。加强古建筑修缮保护。全国重点文物保护单位紫薇山民居之小厅、东阳卢宅茂槐堂后院，以及省级文物保护单位严济慈故居、下石塘德润堂的修缮工程通过竣工验收。协同各镇、村完成理和堂、九如堂等文物建筑修缮工程10处。完成第六批、第七批省保单位"四有"档案，初步划定市保单位"两划"范围。联合市财政局下拨2019年度文物保护项目补助资金230万元。加强文物安全巡查和"双随机"检查，开展全市木构类文保单位安全检查和革命文物专题检查，对1524处第三次全国不可移动文物普查登记点进行全面复核，共检查文保单位（点）256家次，参与文物安全巡查656人次，整改安全隐患17项。新公布文物保护点11处。东阳市博物馆共举办、联办各类主题研学活动69次。开展小志愿者培训和定时定岗讲解服务，被央视《新闻1+1》栏目报道。举办"真理的味道——陈望道首译《共产党宣言》中文版100周年纪念展"等特展4个，开展"口袋里的文物拼图""小小考古学家""我为祖国送祝福"等活动5场。全年接待国内

外游客 11 万余人次,提供讲解服务 643 批次。切实加强非遗保护传承。完善非遗街区常态化运行机制,完成非遗街区招营入驻。指导传统工艺工作站开展实践实训、学术调研、展示交流、传承对话等活动,协助推进工作站新址选择,东阳市入选浙江省传统民居文化传承生态保护区创建单位名单。联合卢宅景区举办卢宅民俗文化节、创意集市、非遗美食集市等系列活动。联合市职教中心开创非遗青创基地,组织非遗项目参加 2020 年"薪传奖"传统工艺大展、优秀非遗旅游商品、"少年非遗说"等国家、省、市级交流活动 7 场。完成非遗一台戏创排,演出 20 场。民歌《亲家母》参加金华"非遗一台戏"展示展演被评为金华优秀非遗展示节目。开展暑期非遗学堂 210 场,举办非遗研学游活动 3 场。推进名录体系建设,组建东阳市非遗保护协会;推荐申报金华市非遗项目 7 个、金华市级非遗旅游景区 2 个;出版《东阳非遗概览》《传承人口述史》。二是旅游业。出台《应对疫情促进商务发展十七条意见》。提请市政府制定《关于支持文旅企业战胜疫情,激发文旅消费潜力的意见》,与财政局联合出台《关于支持文旅企业战胜疫情,激发文旅消费潜力的实施办法》及《关于继续支持文旅企业激发文旅消费潜力战胜疫情的实施办法》,设立 1500 万元疫后旅游市场促销专项奖补资金,拉动社会消费 2 亿多元。制定下发《关于对疫中疫后旅行社退团退费纠纷风险隐患防范化解指导方案》,确保疫情后旅游市场的和谐稳定。成立以副市长为组长的影视文旅

专班,实行周例会和重要阶段每日研判工作制度,推出专项促销政策。注重文旅融合。将特色文化纳入市领导"三包五联"考核,制定相关考核细则。组织召开全市"文化优势转发展优势"成员单位会议。成立工作专班,整合各方力量和资源,挖掘东阳传统优秀文化。致力"文化基因解码"先行先试,梳理东阳文化元素 455 个,建立东阳文化元素数据档案库,形成《东阳"文化基因解码工程"报告》,创作推出微电影《东阳帮》,举办文化"基因解码"探索成果展,系统展示东阳"文化基因解码"探索成果,策划重点文化元素转化应用,推出一批延伸性成果,为全省各县(市、区)破题"文化基因解码"提供了强效示范。全省"文化基因解码工程"现场推进会在东阳召开。推进项目建设。卢宅游客服务中心 B 楼扩建工程基本完成,五云堂、太和堂二楼改造工程和艺海公园北侧绿化改造工程完成;卢宅景区"非遗夜市"活动在央视二套财经频道《第一时间》栏目专题播出;招商工作成效显著,招商面积 753 平方米,引入商户 36 家,年招商率达 89.33%。江滨文化中心项目完成室内装修,施明德艺术馆内部装修工程一期竣工验收。启动编制《东阳市文化旅游发展"十四五"规划》。深入实施"百千万"工程,新创建浙江省 A 级景区村 46 个,其中 3A 级 4 个,2A 级 27 个,1A 级 15 个;新创建浙江省 A 级景区镇 4 个;湖溪镇晋升为浙江省旅游风情小镇,东阳城区被评定为浙江省 A 级景区城。完成新建、改建旅游厕所 40 座。指导培育等级民宿 3 家,全年乡村

旅游接待游客人次与去年持平。加大推广交流力度,开展外出招商活动 3 次,提供招商线索 5 条,报送招商信息 14 条,与中旅智业签订《文化旅游战略合作意向书》,与东阳林栖文化传播有限公司签订《三单乡三十六院项目投资协议》。开展东西部协作对口帮扶,赴四川省阿坝藏族羌族自治州理县开展东西协作文化旅游交流活动。举办"歌山画水·梦归田园"2020 东阳市乡村休闲旅游节和"看大剧游横店·买红木到东阳——2020 惠民旅游"系列活动。组织企业参加省、市举办的奖项评比和各类推介活动,横店影视城、横店梦外滩影视主题酒店分别入选十佳研学旅游目的地和十佳特色主题酒店,28 个项目入选"2019 金华文旅好评榜"。培育"诗画浙江·百县千碗"特色美食体验(示范)店 4 家。全年接待游客 2534.52 万人次,恢复到去年的 85.81%;实现旅游收入 240.79 亿元,恢复到去年的 87.65%。全市实现限上住宿业营业额 7.74 亿元,恢复到去年的 76.8%;限上餐饮业营业额 1.36 亿元,恢复到去年的 82.9%。全年全市文旅项目建设实际完成投资 30.4 亿元,投资完成率 104.26%。加强行业市场监管。组织各文化旅游单位业主开展安全生产集中培训,与各经营场所签订企业安全生产责任书和守法经营承诺书,全面完成安全生产管理基础台账一户一档。深入实施安全生产网格化管理,落实文旅市场安全生产日常巡查制度,对全市 A 级景区、星级宾馆、旅行社、室内摄影棚等企业单位反复进行全面巡查,指导企业单位

做好疫情防控措施，累计检查指导文旅企业650多家次，对发现的25个安全隐患实行全闭环处置。开展全行业安全生产集中培训4次、消防安全模拟演练4次、组织或参加安全生产知识现场咨询活动2次，举办从业人员消防安全培训1900余人次。严格市场执法监管。开展"扫黄打非"专项行动、校园周边文化市场专项整治、演出市场专项执法等专项整治行动。深入实施"互联网＋监管""双随机、一公开"，实现"浙政钉"掌上执法开通率100％、执法使用率100％、监管对象行业覆盖率100％，监管事项覆盖率89.6％。全年出动执法检查2312人次，检查场所3150家次，查缴非法出版物音像制品220余册（盒）、非法书刊1178本、其他印刷品37408件；行政处罚案件19件，移送追刑案件1起，罚没款112596元。全年受理许可145件，办结145件。受理旅游投诉47件，办结47件，办理8890平台等投诉反映件97件，满意度接近100％。

（单国炉）

【永康市文化和广电旅游体育局】内设机构8个，下属事业单位5个。挂牌市文化市场综合行政执法队，实现局队合一。2020年末人员67人（其中：公务员15人，参公11人，事业41人；具有高级技术职业资格的6人，中级15人）。

2020年，永康市文化和广电旅游体育局高举习近平新时代中国特色社会主义思想伟大旗帜，全面贯彻党的十九大和十九届二中、三中、四中、五中全会精神，紧紧围绕"文化引领、品牌提升、创新融合、强化保障"，着力提升文化和广电旅游体育发展的质量和水平"工作主线，推进文化和旅游发展。一是推出"五金耀山水"文旅产业融合改革，成功创建浙江省文旅产业融合试验区。成立永康市创建省文旅产业融合改革试验工作领导小组，确定3个改革主攻方向。编制实施《永康市工业旅游专项规划》。举办"购五金，品十碗，五金之都游一游"推介活动，活动当日直播点击量达近70万次。获评浙江省工业旅游示范基地1家。基本完成炊具博物馆、门锁博物馆规划设计。全市工业旅游人次411.4万人次，恢复到2019年的89.9％。永康在全省文旅产业融合试验区创建工作会议上做典型经验介绍。《文化月刊》《人民日报》海外版、浙江新闻客户端与《金华日报》专题介绍文旅融合活动。12月，永康被省文化和旅游厅正式命名为浙江省文旅产业融合试验区。二是聚焦工作主线，全面完成文化和旅游各项工作任务。坚持文化引领。推进"燕入万家"党的创新理论文艺宣传与非公企业文化创新服务，培育文艺宣传队伍，重点提升党的创新理论文艺宣传项目14个，公布第二批《文艺宣传节目菜单》；创作10首鼓词类主题作品。全年直接指导完成党的创新理论文艺演出150场，覆盖190多个村、500多个企业、3万多农户，以及学校、社区、军营。《中国文化报》刊文介绍永康市"燕入万家"做法。指导非公企业"六个一"目标文化建设，新增重点文化建设非公企业25家，新增非公企业文旅体员25名，建立7所非公企业图书流通站，举办第二届非公企业文旅体员培训班，评选首批"永康市非公企业文化建设示范单位"和"永康市非公企业文化建设先行者"。永康市非公企业文化建设工作组被授予2020年浙江省文化和旅游创新团队。《金华日报》刊文介绍永康市做法。提升基础公共文化服务水平和设施建设，永康市基层公共文化服务评估指标全省排名从2018年度的87位提升到2019年度的67位，上升20名。召开永康市基层公共文化设施提升现场会，形成推广基层公共文化服务"象珠经验"。创建2家省文化示范村、3家金华市文化示范村，新建3个图书分馆，提升3个分馆为自助图书馆。流通外借图书61.86万册，服务读者84.36万人次。广泛开展文化惠民系列活动，全年送戏、送展览、送讲座2000余场；组织文艺培训，培训2.46万人次。举办"文化和自然遗产日"专题活动13项。举办系列阅读推广活动125场。举办群众文化活动64场。开展非遗精品节目展演与非物质文化遗产"五进"活动92场。坚持品牌提升。谋划打造永康文旅体"金名片"，谋划打造"燕入万家"、赫灵方岩、全域风景、上山文化、山水五金、解放老街、百企文化、永康十碗等10张永康文旅体"金名片"。印发实施《诗画浙江·百县千碗——永康十大碗"宣传推广方案》。获评"诗画浙江·百县千碗"美食体验店2家。成功创建5家省级银宿。持续提升文艺节目品位，开展"三个地"主题文艺精品创作、抗疫题材节目创作，组织参加各类省、市重点培训比赛8次,创作疫情防控主题文艺作品,登上《中国文化报》《文旅中国》《浙江非遗》《金华文化》等各级媒体。浙江中月婺剧演出公司婺剧《忠义九江口》代表浙江省参加全国基层戏曲院团网络会演,获得省2020年重点宣传文化活动创建补助资金。情景剧《路的三部曲》入选2020年度金华市文艺创作重点扶持项目。深化优秀传统文化传承发展,举办"民间民俗·多彩浙江"2020年方岩庙会系列活动,承办民俗文化传承发展与浙江非遗"重要窗口"建设暨胡公文化学术会议,获省委书记袁家军批示肯定。筹划湖西遗址公园项目,启动对湖西遗址的考古调查和勘探。公布第七批永康市级文物保护单位。编印下发《文物安全工作宣传手册》。完成2020年度"百幢文物建筑抢救"工程与城区适园修缮工程。举办文博系列活动16个。"永康铸铁"被列入第五批国家级非物质文化遗产代表性项目公示名单;入选第二批浙江省优秀非遗旅游商品名单2项。新华网、光明网专题介绍了永康市非遗保护工作成效。着手开展《永康文献》丛书整理出版前期工作。坚持创新融合。成功创建浙江省全域旅游示范县,梳理十大类重点创建短板问题,对标作战,设立旅游巡回法庭、旅游警察、市场监管旅游中队,建立市级旅游集散中心。指导方岩景区提升整改,完成投资1.2亿元,景区通过金华市级复核初审。永康市获评省3A级景区城,成功创建国家3A级旅游景区1家、省4A级景区镇1个、省3A级景区镇3个、省A级景区村庄83个(其中省3A级景区

村3个),新改建旅游厕所31个(其中国家3A级旅游厕所3个)。全域旅游大数据中心系统建设一期工程完成验收。全市旅游总收入、旅游总人次分别恢复到去年的79.73%和79.9%。12月,永康市被省文化和旅游厅列入浙江省全域旅游示范县公示名单。推进重点项目建设,完成重点项目清单梳理,建立文旅产业融合项目库,公布8类122个文旅体重点项目。指导推进方岩景区换乘中心、方岩老街抗战遗址修缮等项目;培育芝英中国历史文化名村、省级旅游风情小镇;开展国保厚吴古建筑修缮与精品民宿建设;完成赴江西大觉山景区考察报告。15个文化和旅游部入库旅游项目完成投资18.84亿元,完成率131.09%。坚持强化保障。确保各项安全监管责任落实,组织召开文旅年度安全工作会议,签订安全生产责任书。开展疫情防控与复工复产工作,第一时间成立新冠肺炎疫情防控工作指挥小组,召开专题会议12次,第一时间关停231处场馆或单位;主要领导亲自抓防控工作,带领局班子及全局人员检查场所累计977家次;组建8个复工复产服务小组,逐步实现复工复产、行业复苏。积极引导全系统干部职工和经营业主树立文化安全的观念。做好厚吴村乡土建筑存在重大火灾安全隐患挂牌整改的督导工作,并通过金华市安委会验收,协调推进文物平安工程项目建设。组织开展全行业常态化安全检查,文化市场综合行政执法队全年共出动检查2338人次,检查场所2730家次,行政处罚立案调查并办结案件18件,罚款

5.75万元,没收违法物品3041件。深化"最多跑一次"审批制度改革,完成各类许可证年审年检746家次,完成各类审批件105件。优化文旅发展环境,编制《永康市"十四五"文化和旅游体育发展规划》。出台实施《永康市金属艺术大师认定与奖励办法》。调研上报《关于进一步推进文旅产业融合与旅游全域化发展若干意见》等。积极参与市委"五个一"之一的文旅发展调研,参考温州、武义等地经验,进一步完善文旅发展政策。三是培育文旅精神,打造"忠诚、融合、担当、为民"的文旅铁军。提高干部队伍政治站位。紧扣市委、市府提出的"文化永康"建设,从项目、政策、机制3个方面入手,抓好"胡公文化、陈亮文化、五金文化、上山文化"等文化建设。加强干部队伍建设。全年召开局党委会41次,研究决定事项446个;召开局长办公会26次,研究决定事项207个。加强党支部标准化建设。组建文化市场综合行政执法队、文化遗产保护中心。全面落实党风廉政责任制。全面受领永康市委第五巡察组反馈的33个问题,建立巡察反馈意见整改落实工作领导小组,制定实施了详细的整改计划,33个问题已完成整改30个,整改完成率91%。

(翁冰蓉)

【武义县文化和广电旅游体育局】 内设职能科室6个,下属事业单位6个。武义县文化市场综合行政执法队为正科级单位,局队合一。2020年末人员81人(其中:公务员12人,工勤2人,参公11人,事业56人;具有高级技术职

务资格的 8 人,中级 23 人)。

2020 年,武义县文化和广电旅游体育局积极推动文化和旅游事业发展,全年接待国内外游客1877.92 万人次,同比下降11.57%;实现旅游综合收入186.29 亿元,同比增长 12.41%。其中,国内游客 1877.81 万人次,同比下降 11.54%;入境游客 0.1万人次,同比下降 86.21%。一是公共文化事业。县文化馆举办"文艺百花会"10 场次,送戏下乡251 场。完成"文化走亲"16 场。举办全县文化站干部业务培训班。指导创建 3 个市级文化示范村。落实文化员下派制度。完成1 名乡镇文化员定向培养生落实工作。开展群众文化活动。举办"文艺百花会"10 场次。采用"云直播"的方式,举办"壶山之夏"纳凉文化节活动 8 场,有效推广数字文化馆平台,观看直播量达 30万人次。举办武义县"2020 文化和自然遗产日"活动。举办"民星讲台"、"以耕山播海"免费培训培班 63 期和非遗研学活动 8 期。在牛头山举办"2020 武义清凉嬉水节",带动了武义一水间民宿、十里荷花景区及大斗山飞行基地的旅游热潮。清凉嬉水节为期两个月,包括直播秀、景区招募等 6个板块共 13 项子活动,利用浙江广电集团平台开展直播 3 场,全网观看量累计达到 1 亿次以上,图文直播链接点击量突破 30 万次。依托网络智慧平台陆续开展"邀金华市民 0 元游景区"、价值300 万元文旅消费券发放等优惠活动,并同步推出线下"主播带你游武义"系列短视频,有力刺激旅游市场回暖。举办履坦第三届湿地旅游文化节,采用"线上云发

布、线下小活动"的新形式,做好疫情防控的同时丰富活动内容。县博物馆全年接待观众 252384人次。完成文博服务"一平台"的建设,通过整合数字资源,推出"云展览"9 个,"数字文物"42 套。通过"互联网＋"模式,推出智慧化服务,为观众提供参观预约、自助讲解、讲解线上预约等服务,入选金华市公共场所服务大提升引领性、标志性项目,首批浙江省公共博物馆质量提升试点单位,省级"平安单位"暨省级"智慧安防单位"。"国宝·重光"南宋徐谓礼文书陈列展览获评第十四届(2019 年度)全省博物馆陈列展览精品项目精品奖。举办"瓷之源——东苕溪流域的原始瓷""乘物游心——沉香雅集展""名家画畲乡大型画作展"等高品质临展8 个。举办研学活动 64 场,参加人数逾 1 万人,获评"2020 浙江十佳影响力博物馆"。出版《风物撷珍》《南宋徐谓礼文书》《宋元墓志集录》等专著。新增藏品 57 件(套),其中新定级 21 件(套)珍贵文物,包括一级文物 3 件、二级文物 4 件、三级文物 14 件。举办馆藏文物交流活动 3 场。拍摄 10家武义县特色博物馆(展示馆)宣传视频,全力带动特色博物馆(展示馆)建设。举办全民阅读活动。县图书馆以线上线下相结合的方式,开展了全民阅读节、未成年人读书节、图书馆服务宣传周等阅读活动 140 余场,参与人数 17 万余人次。县图书馆接待读者517268 人次,书刊文献外借314953 册次,有效持证读者15299 人。新增馆藏图书30528册;入藏报刊合订本 898 册;征集到地方文献 200 种 211 册,对其

中的珍贵文献资料 15 种 15 册进行数字化。新增 5 家旅游图书分馆,10 家图书流通站。完成县图书馆"'泉'看武义"项目,共拍摄"泉"看武义系列微视频 10 期,在掌上武义 App、微信、抖音等多个平台发布,总点击量达 25 万余次。该项目是金华市县级馆唯一入选的"浙江省公共数字文化工程 2020 年中央补助地方公共数字文化建设项目"。积极开展编纂工作。邀请本土专家学者,联合下属单位及乡镇文化站,启动"文化基因解码工程"、《武义县文化志》及传统剧目丛书的编纂工作。成立"文化基因解码工程"工作专班和专家组,梳理形成 20 个重点文化元素清单,完成首批解码任务。对 13 部武义婺剧、昆曲经典剧目和曲谱进行整理,形成《武义传统戏曲经典剧目丛书》,挖掘和传承地方戏曲文化遗产。保护非物质文化遗产。做好文化和自然遗产日活动,联合文保、文创单位,推出非遗项目展示、征文、展览、文创产品发布等活动。开发设计 3 条武义非遗旅游路线,开展非遗研学体验活动 8 期,共有 300 余名中小学生参加了研学活动。结合武义文化旅游艺术节,重点推出武义首届传统技艺作品展,武义大漆髹饰技艺、婺州窑传统烧制技艺、武义根艺等 10个项目参展。加强文物保护。积极推进吕祖谦及家族墓考古遗址公园建设,完成省级专家现场评估工作、吕祖谦及家族墓省级考古遗址公园方案初稿。俞源村古建筑群文物保护相关工作取得较大进展,完成 5 处修缮工程、6 处建筑的预算审核、5 处建筑的预算编制,完成文物建筑分级评估

方案初稿。稳步实施俞源村古建筑群消防工程。完成岭下汤石祠修缮工程、王村花厅抢修工程、陈家厅消防工程及草马湖大厅（二期）、寺后林氏宗祠、柳城镇云溪潘人龙民居、上新屋民居修缮工程。履坦徐氏民居开展概算编制。配合做好忠孝堂修缮工程。开展革命文物保护利用调研，完成不可移动革命文物保护利用方案设计并立项。完成"民办公助"补助 17 处、"三改一拆"危旧房修缮 24 处，有效改善文物建筑安全。本年度累计投入资金 1000 余万元。联合省考古所完成经济开发区、温泉小镇文物区域评估工作。开展俞源村壁画课题研究、《不可移动文物保护利用》编制工作。完成铁树厅、林江楼、一心亭、履坦花厅"四有"档案编制。开展文物研学 3 次、开发文创笔记本 2 本，举办文物主题讲座 3 场及文物主题征文活动、全县文物保护巡回展览，吸引了 1000 余人参加。加强文化市场管理。实现 162 项群众和企业到政府办事事项"最多跑一次"100％全覆盖，并根据"八统一"标准进行事项规范和材料精简，开展"无差别全科受理"业务。推行掌上办、网上办，162 个事项可通过"浙里办"App 办理，全年办件 278 件。加强文化执法。开展"扫黄打非""平安浙江"等专项整治行动，参与"平安武义""省级文明示范县城创建"等活动。全年出动执法 4865 人次，检查经营场所 9519 家次，处理举报 134 起，取缔无证摊贩 5 家，查缴非法出版物 179 件，立案查处 8 件。二是旅游业。武义县有国家级旅游景区 12 个，其中 4A 级景区 4 个、3A 级景区

8 个；国家级风景名胜区 1 个；国家级森林公园 1 个；浙江省中医药文化养生旅游示范基地 1 个；浙江省工业旅游示范基地 5 个；浙江省文化旅游示范基地 1 个；浙江省果蔬采摘旅游基地 2 个；浙江省采摘旅游体验基地 3 个；浙江省休闲农业与乡村旅游示范点 2 个；浙江省休闲旅游示范村 4 个；国家级重点文物保护单位 3 处；国家首批历史文化名村 2 个、省级历史文化名村 4 个；漂流企业 4 家。开展旅游资源管理与 A 级景区创建工作。全年计划投资 1000 万元以上的旅游重点项目共 33 个，总投资 191.45 亿元，年度计划投资 20.09 亿元，实际完成投资 21.21 亿元。温泉小镇创成国家 4A 级旅游景区、俞源通过 4A 级景观质量评审。此外，大红岩、璟园、骆驼九龙、坛头 4 家景区通过旅游景区复评。安凤村、后陈村、徐村、叶长埠村创成省级 3A 级景区村庄，全县 3A 级景区村庄增至 15 家。熟溪街道水碓后村获评金华市红色旅游教育基地。武义县博物馆、城市展示馆及县骆驼九龙研学基地、县随园研学基地、武义清水湾研学营地获评金华市中小学生研学实践教育基地（营地）。发展乡村民宿。全县有精品民宿 17 家，农家乐经营户 337 户，省、市级农家乐集聚村 17 个，特色点 10 个。全县乡村旅游全年接待游客 844.28 万人次，同比下降 13.95％。开发旅游市场。组织旅游企业开展推介会 2 场。对接嘉兴地区旅行社，宣传旅游政策，做好游客组织工作。继续在浙江高速公路 33 对服务区、杭州东站到达层及浙江卫视《天气预报》栏

目等媒体投放广告，通过品牌宣传加深武义温泉康养品牌印象。在杭州举办第十四届温泉节（杭州）启动仪式暨温泉康养文旅推介会。举办清凉嬉水节、温泉营销大会、湿地文化旅游节等活动，宣传武义文旅产品，通过省内游客、主流媒体、行业大咖、渠道经理营销武义文旅产品，打响武义文旅温泉康养品牌。举办 9 场乡镇文艺百花会，1 场县级文艺百花会，将群众文化活动和旅游景区相结合，将线下活动和线上直播相结合，开创群众文化活动新模式。着重开展"线上网红营销"，邀请"网红达人"拍摄武义旅游宣传片。全年共邀请 15 名"网红达人"从风光、美宿、运动、古村等方面挖掘武义文旅资源，发布武义原创视频和美文。与马蜂窝平台合作，开通"武义文旅"官方攻略号，在杭州目的地页面前三入口内定制发布武义专题入口，借助杭州大目的地流量吸引游客关注，通过国内主流旅游攻略平台吸引游客自驾游。邀请旅游达人 14 位，创作短视频 14 个、美文游记 20 篇，全方位宣传武义县温泉康养旅游品牌。在全国县级文旅新媒体传播力指数排行榜（4月）中，"武义旅游"位列第 4 名。"武义旅游"微信公众号粉丝人数 8.27 万人，新媒体全网粉丝 11 万人。运营"武义文旅"抖音号，拍摄发布系列短视频，武义文旅抖音号已从原先的 0.9 万粉丝增加至 1.7 万。加强旅游行业管理。和全县 45 家旅游企业签订年度安全生产责任书，明确全年安全工作重点。联合相关部门开展节前安全大检查，督促各旅游企业落实节前安全隐患整改工

作。节假日期间安排值班人员，电话保持24小时畅通，并到各大景点走访检查，确保游客出行安全。牵头组织相关部门对旅行社、旅游推荐酒店、A级景区开展旅游市场专项整治工作。累计出动检查人员4865人次，检查文旅经营单位等9515家次。实现零旅游安全责任事故的目标。完善省、市、县、企业4级培训体系，开展饭店服务技能、农家乐及民宿管家技能、大漆髹饰等各类旅游培训14期，累计培训1193人次。受理旅游投诉案件134起，其中国家12301投诉平台转办旅游投诉案件5起，金华市信访局转交的信访答复件和县8890便民服务平台交办旅游投诉案件129起，结案率100%，反馈满意率100%。

（潘海健）

【浦江县文化和广电旅游体育局】 内设职能科室7个，下属单位17个。2020年末人员112人（其中：公务员17人，参公9人，行政工勤1人，事业85人；具有高级技术职务资格的11人，中级28人）。

2020年，浦江县文化和广电旅游体育局精准落实疫情防控和复工复产各项举措，坚持"两手抓、两手硬"，在抓好疫情防控的基础上，坚持突出重点、项目为王、创新为要，全力做好招商引资、项目建设和产业发展，推动全县文化旅游事业高质量发展。全年共接待游客1923万人次，恢复到2019年的93.5%；实现旅游收入196亿元，恢复到2019年的93.4%。获评全国县域旅游综合实力百强县、全省文化和旅游产业融合发展十佳县。一是公共文化事业。丰富群众文化活动。持续开展"文化惠民·四送六进"工作，举办浦江·第十三届中国书画节、上山遗址发现20周年学术研讨会等重大活动。疫情防控和复工复产统筹推进。疫情发生后，第一时间关停各类文化旅游经营类场所，从1月23日起持续4个月，全面强化值班值守和场所排查，落实落细各项管控措施，做到分类施策、不漏一家。精准服务企业复工复产。出台《浦江县文化和广电旅游体育局企业复工和景区有序开放指导意见》，严把复工开头关，逐家开展复工指导检查。兑现旅游发展扶持资金378.56万元，给予旅游企业直接补助67万元。积极采取措施，助推文旅市场加快复苏。推出千万旅游券活动，总计发放价值800万元的旅游券；联合旅行社组织开展"万人游仙华 健康养生游""春风和畅 浦江健康游""万年浦江千人行"等系列活动，促进旅游市场复苏；积极开展"乡贤回归游""浦义同城游"，吸引在外乡贤回家乡畅游；开展网络直播活动，积极参与"48小时云游浙江"活动，线上直播江南第一家，观看量逾103万次，FM107联合新浪直播平台开展"期待的旅行——浦江民生花海"直播活动，累计观看量达113万人次。举办浦江·中国书画节。9月26日，2020浦江·第十三届中国书画节暨2020"万年浦江"全国中国画（手卷）作品展在文景园仙龙广场开幕。本届书画节为期13天，安排活动18项，其中书画活动14项，文化活动4项。本届书画节注重文旅融合，挖掘浦江文化，聚焦全域旅游，内容丰富、形式新颖，打造浦江文旅IP，促进产业创新。书画节自1995年举办第一届以来，累计吸引观赏游玩人数100余万人次，展出各类作品上万件，成为浦江最富特色的文化品牌。各书画场馆积极开展各类书画活动，提高场馆利用率，举办了"新桐画社中国工笔画作品展""仙华清韵——中国画雅集""笔墨寄情——第十四回迎春中国画联展"等书画展览活动，做到了"月月有展览、日日有活动"。各书画场馆制定了"学、采、送、种"系列活动，多次开展书画文化下乡进社区活动。假期、周末书画培训持续开展，并结合旅游活动积极开展绘画体验等活动。定期举办书画讲坛和书画沙龙活动，丰富城乡居民的精神文化生活。举办浦江·第十三届中国书画节。落实文化民生实事。完成县民生实事——文化惠民提升人民幸福感。开展"文化走亲"14次，举办展览40次、上山文化宣传巡展16场，送文化进社区、进农村14次，非遗进景区10场，送戏下乡100场，送电影下乡（学校）3900场，开展拥军活动2场。完成图书馆总馆、各分馆RFID信息项目及水晶园区图书馆分馆建设并投入使用。实施"文化基因解码工程"。5月启动实施，成立"文化基因解码"工作小组，制定"文化基因解码"实施方案。建立本土专家库并召开专家座谈会，完成重点文化元素清单梳理，授牌成立首个"文化基因解码工程示范基地"，基本完成5个项目的解码工作。保护非物质文化遗产。"文化和自然遗产日"暨浦江非遗进景区展示展演活动在江南第一家牌坊群广场举行。共有 12 家非遗美食项目和 12 项手工技艺项目参与展示展演，并且引入网络直播，线上线下推广活动同步进行。浦江什锦《板凳龙》、浦江乱弹《巡营》、戏曲舞蹈《袖舞蹁跹》等众多非遗特色节目进景区展演。此外，还举办了浦江首届陶瓷展、上山文化图片展、非遗代表性传承人培训会等活动。中国浦江万年上山文化村项目开工。5 月 22 日，浦江县 2020 年二季度重大项目集中开工暨中国浦江万年上山文化村项目开工仪式举行。省委宣传部副部长、省电影局局长葛学斌，省国资委党委书记、主任冯波声，省文化和旅游厅党组书记、厅长褚子育等出席开工仪式。万年上山文化村项目以弘扬和传承上山文化为出发点，依托上山文化资源，整合二轻集团等开发单位优势，旨在打造集上山文化体验、主题 IP 游乐、自然文化研学、康养度假旅居和企业总部办公为一体的国家级上山文旅康养综合体。项目规划总建筑面积 33.46 万平方米，计划建设上山文化国际会议中心、上山文化艺术中心、上山非遗街、上山驿精品酒店、上山健康管理中心等。项目总投资 42 亿元，年度计划投资 5 亿元。二是旅游业。推进全域旅游建设。浦江县被评为全国县域旅游综合实力百强县、全省文化和旅游产业融合发展十佳县。"走进浦江发现文旅"登上央视频道。"茜溪—上河"线路获评全省美丽乡村夜经济精品线。完成浦江全域旅游总体规划和壶源江旅游规划。培育文旅融合示范村 10 个、农旅示范农庄 10 个，创建旅游特产销售中心 10 个，完

成 20 个 A 级景区村创建、5 个 3A 级景区村提升、3 个景区镇创建和 13 座旅游公厕新建。嵩溪村通过国家 4A 级景区景观质量评审，虞宅乡评为省级风景小镇。举办第七届全县乡村旅游节，开展"百县千碗·拾味浦江"推介活动，不断深化"旅游+"文章，推进"旅游+"文化、非遗、美食、农业、体育等活动，充分展示全县旅游特色。加强文旅市场管理。全年日常巡查出动检查 4160 家次，出动执法人员 2913 人次，查处违规 7 家次，行政处罚立案调查 6 件，办结案件 6 件，移交 1 件，警告 3 家次，罚款 3000 元，没收非法所得 2014 元，没收非法财物 73 件。通过日常监管、专项整治、联合执法相结合，遏制文化旅游市场非法经营活动，保障各场所的经营规范有序。

（陈畅捷）

【磐安县文化和广电旅游体育局】内设职能科室 7 个，下属事业单位 7 个，与磐安县文化市场综合行政执法队实行局队合一。2020年末人员 52 人（其中：机关 20人，事业 32 人；具有高级技术职务资格的 3 人，中级 8 人）。

2020 年，磐安县文化和旅游各项工作稳步推进。一是公共文化事业。送戏下乡 140 场，举办公益性展览 58 场、送培训 452场、送讲座 32 场、送书下乡 28796 册次，县域外"文化走亲"6场。举办磐安县第七届文化旅游艺术节，组织承办大型文艺活动 26 场；评选出 31 支特色业余文艺团队，创作艺术作品 1000 余件。以专场推介或结合展会活动推介等形式开展旅游营销活动

15 次，推出新浪微博"云赏樱花节"系列活动、星推官景区直播、氧气三部曲等"云游磐安"直播活动 30 余场次，举办"我的日子你的年"2020 磐安原味年、"樱花季"系列活动、杜鹃花节等活动 22 场次，开展磐安文旅推广月系列活动。全年修缮不可移动文物 10 处。出台《关于进一步加强我县文物工作的实施意见》《全县民居类古建筑消防安全专项整治行动方案》。出土唐代婺州窑青釉四系罐 1 个。县文化馆获金华市第二届音乐新作大赛优秀组织奖、金华市第七届"文化礼堂"广场舞大赛暨金华市第十二届广场舞大赛最佳组织奖、2020"欢乐金华"百姓文化节"我爱我家"百姓才艺大赛组织奖。磐安茶文化博物馆、大盘山博物馆接待游客 18.73 万人次，开展临展活动 13次、免费培训讲座 1 次、社会教育活动 12 次。2 项非遗项目（炼火、迎大旗）通过文化和旅游部国家级非遗项目公示，新增县级非遗代表性传承人 19 名、市级非遗旅游景区 3 家。组织参加非遗展示展演 104 场次。打造磐安药染、传统体育民间游戏 2 处非遗体验点。编撰出版《磐安非遗图志》。开设非遗传承人工作室 4家。新建乡村非遗主题馆 5 家。新建图书分馆 5 个，提升农村文化礼堂 15 家，创建基层综合性服务中心 14 家。方前镇方前村、尖山张楼界村、新渥街道屋楼村 3个村荣获金华市文化示范村。全年共开展旅游市场检查 196 次，检查涉旅企业 536 家次，出动检查 436 人次，文化市场出动执法检查 327 人次，立案 4 起；共办理行政权力事项 43 件；召开涉旅企

业工作会议 7 次，约谈涉旅企业 3 家，暂停旅游推荐单位资格 1 家；本年度未发生重大安全责任事故。二是旅游业。全县旅游产业项目完成年度投资约 18.57 亿元，占年度计划的 107.6%，同比增长 13.9%；十大重点旅游产业项目完成年度投资 15.56 亿元，占年度计划的 108.8%。全年共签约文旅项目 17 个，签约额 122 亿元。磐安县源头谷休闲山庄有限公司成功创建省级中医药文化养生旅游示范基地；浙江省磐安外贸药业股份成功创建省工业旅游示范基地，成为本县首家省工业旅游示范基地；盘峰乡成功创建省级乡村旅游产业集聚区；磐安县山水涧旅游开发股份有限公司在浙江省股权交易中心成长板挂牌。5 个旅游特色小镇新增康巴克咖啡馆、野樱小酒馆、宫灯

馆、农耕体验区等 25 项新业态产品。开发文创类、土特产类、竹木工艺品类、实用商品类、中药保健品类特色旅游商品 5 个系列 184 款，双峰磐安心意门店投入运营。新创建省 3A 级景区村 7 个、省 2A 级景区村 3 个、省 A 级景区村 9 个；新创建省 4A 级景区镇 1 家，省 3A 级景区镇 4 家。新增民宿 100 家、床位 1471 张；新增银宿级民宿 4 家、白金宿级民宿 1 家。新建、改扩建旅游厕所 27 座。提升县内公路旅游服务站 11 处，增设公交站台旅游宣传背景 18 处。新增文化经营场所 11 家、旅游推荐单位 3 家，新评定金树叶级绿色旅游饭店 1 家（宝得丽大酒店）、三星级旅行社 1 家（鹏翔国旅），新增旅行社 2 家（新诗途国旅、卓成旅行社），新增客房 196 间、床位 320 张。磐安县

获评 2019"诗画浙江·百县千碗"工程示范县；灵江源森林公园、宝得丽酒店、乌石村、汇森绘舍民宿等 25 家单位获金华好景色、金华好味道、金华好传承、金华好饭店等荣誉称号；湖滨酒楼、大盘山温泉山庄创建省"诗画浙江·百县千碗"特色美食体验店。县文旅局获 2019 年度美丽金华建设突出贡献集体、2020 年度整合传播创新奖。蓝莲研基地成功创建 2020 年金华市中小学生研学实践教育基地，全年接待研学游活动近 3 万人次。方前镇列入省级旅游风情小镇培育单位名单，乌石村入选第二批全国乡村旅游重点村。盘峰乡山地休闲度假发展、尖山镇乌石民宿（农家乐）助力乡村振兴改革列为省文化和旅游厅试点工作。

（周晗璐）

衢州市文化广电旅游局

【概况】　内设职能处室10个,下属单位8个。2020年末人员197人(其中:公务员35人,参公32人,事业130人;具有高级技术职务资格的54人,中级46人)。

2020年是高水平全面建成小康社会、实施"十三五"规划的收官之年,衢州市文化广电旅游系统紧紧围绕市委"1433"发展战略体系,坚决贯彻落实党的十九届五次全会,省委十四届八次全会,市委七届七次、八次全会精神,坚持文旅融合发展、深化改革发展、创新驱动发展,文化旅游事业稳中有进。尤其是在全省文旅市场受新冠肺炎疫情影响持续低迷的情况下,衢州市国内(省内市外)游客团接待量在5月逆势翻红,成为全省率先实现正增长的地市,复工复产亮点做法获市政府"十条军规"通报表扬,并被文化和旅游部列为全国典型经验。

一、疫情防控及时有力

在全省率先关停公共文娱场所、停止一切集聚性文旅活动。建立"1＋7"指挥领导体系,实施"量化细化闭环管控",从严加强日常防控,切实抓好"三控一稳",即控场所关停、控运行场所(部分被指挥部征用酒店)、控复工复产和稳游客投诉。出动检查人员1704人次,检查场所4906家次,确保文旅市场100%防控到位。后疫情阶段,严控公共文化场馆"测温＋亮码＋登记"和旅游景区分时预约进入机制,全市文旅市

场各项安全工作平稳有序,未发生重大疫情和安全事故。

二、复工复产成效显著

第一时间成立工作组,精准指导企业复工复产,出台《关于全力支持旅游企业应对疫情稳定发展的政策意见》,包括应对疫情促进发展的金融、保险、财政、减费降税等14条硬核政策,提前兑现免费游补助资金1700余万元,为全市97家旅行社总计退还质量保证金1716.8万元,设立旅游企业贷款贴息资金200万元,调整加大游客组织奖励力度,有效解决企业经营困境。通过重组升级市旅行社协会、举办文旅产品采购会、打造现代旅游根据地等举措,形成"政府＋协会＋企业"的复工复产应对模式。组织开展"乡村绿码健康行""云游衢州"等活动,强势推动文旅产业复苏。据综合测算,全年全市旅游总接待游客人数为5983.8万人次,旅游总收入403.53亿元,分别恢复至去年的86.43%和83.69%,两项指标位列全省第四和第五;全市旅行社累计接待国内游客82.93万人,恢复至去年的98.06%,恢复程度全省第一;全市A级景区接待游客3394.14万人次,恢复至去年的82.51%;全市星级酒店营收达4.76亿元,客房出租率为46.07%,分别恢复至去年的79.25%和88.38%。

三、全域旅游示范引领

继2019年开化县创成省级

全域旅游示范县、江山市创成全国首批全域旅游示范区之后,龙游县被列为省级全域旅游示范县,市、县联动构建形成争创国家级、省级全域旅游示范单位梯队。全国全域旅游培训班暨全域旅游发展绿色对话在江山市举行,全国32个省(区、市)共500多名代表参加了活动,文化和旅游部党组成员王晓峰出席并讲话,在全国推广江山市全域旅游示范做法。加强乡村旅游建设。廿八都镇浔里村、石门镇清漾村入选第二批全国乡村旅游重点村,常山县新昌乡、开化县马金镇列入第四批省级旅游风情小镇。持续推进"百千万"工程,10个乡镇通过4A级景区镇验收,21个乡镇通过3A级景区镇验收。认定江山市大陈乡早田坂村、开化县何田乡禾丰村等25个村为3A级景区村。

四、区域协作打开格局

加强与上海、杭州等长三角重点城市的协作,尤其是与当地大型文旅企业在项目洽谈、产品推介、客源输送等方面达成长期合作,和上海春秋旅行社签订合作协议,和杭州运河集团共同开展杭衢游轮紧密合作。与上海闵行区开展文旅合作,组织本地美食企业、旅游企业参加"2020江南吃货节"(上海)、"上海旅游节"等推介活动。衢州市全年免费游接待长三角游客达201.78万人次,占比达81%。履行协作区秘

书处职责,完善协作区 19 个市的生态旅游协作联络平台、会商机制,会同上饶市共同筹办协作区第二次推进大会,举办第十七届浙皖闽赣 4 省 4 市民间艺术节。积极主动推动衢黄南饶"联盟花园"建设,参与起草《浙皖闽赣(衢黄南饶)"联盟花园"合作共建方案》《浙皖闽赣(衢黄南饶)"联盟花园"2021 年度行动计划》等,从规划设计、旅游交通、基础配套、产品开发、管理服务、营销推介 6 个方面推进 4 市旅游一体化发展,力争将这一区域打造成为协作区的先行区、核心区。免费游全年共接待 4 省游客达到 207.5 万人次,占比达 82.77%。

五、民宿产业提质增效

深入实施民宿提升发展工程。数量规模进一步增加,全市民宿 1655 家,同比增长近 18%。民宿规模进一步扩大,从单体民宿向集聚化、综合性发展,评定常山县金源村等 6 个民宿集聚村,涌现出大山的房子等一批民宿综合体。服务品质进一步提升,创建省白金级、金宿级、银宿级民宿 21 家,涌现出汉唐香府、抱山书院、三缘堂等一批品质优良、主题鲜明的省级高等级民宿。衢州市省级高等级民宿数量,尤其是白金宿的数量在全省位居第 5 位,民宿整体发展水平位于省内中上水平。品牌影响力进一步扩大,"阙里人家"衢州市民宿区域公共品牌的宣传短视频合计播放量超过 300 万次。

六、公共文化难中求进

加快推进市文化艺术中心、市博物馆改造提升等一批公共文化设施建设。市文化艺术中心完成主体结构工程量的 95%,完成

投资额约 4.5 亿元。新建 5 家南孔书屋全部对外开放运营,全市累计建成南孔书屋 37 家,超额完成 3 年任务数,南孔书屋成为点亮历史文化名城的一盏明灯。以"建设 3 家示范型公共文化服务场馆"市政府民生实事项目为契机,在全市全面开展公共文化场所服务大提升"五化"行动,提升博物馆、图书馆和文化馆服务水平。深化打造"四好衢州"文旅品牌,受疫情影响,全年共举办"好听衢州"礼乐草原音乐会 2 场、"南孔大讲堂·国学论衡"5 期,举办各类文化艺术活动近 100 场。全市开展送戏下乡 1170 场、送书下乡 128516 册,送讲座、展览下乡 1495 场,"文化走亲"67 次,线上文化服务活动 904 场,线上活动参与 425.8 万人次。

七、遗产保护善作善成

贯彻执行"保护为主、抢救第一、合理利用、传承发展"的工作方针,文化遗产保护利用传承体系不断完善。升级文化遗产名录体系,全市新增 37 项衢州市级非遗名录项目和 8 处衢州市级文保单位。立春文化传承生态保护区列入浙江省文化传承生态保护区名单。考古发掘工作取得新突破。新发掘的衢江区孟姜村西周土墩墓群,出土玉器、原始青瓷器等文物,经专家论证,认为该区域是商周时期周边地区的文化中心,被评为 2020 年度浙江十大考古重要发现。江山市新发现 1 处先秦遗址——姜家遗址,年代上限距今 5000 年。龙游县荷花山考古遗址公园被评为第三批省级考古遗址公园。

八、艺术事业创新发展

通过与浙江交响乐团合作,

组建衢州本土何天乐团,在曲目创作、乐团排练培训等方面取得成果。乐团有西洋管弦乐团、民乐团两个分部,共有成员 60 余人。何天乐团的成立,打破了衢州本土交响(民)乐团的空白,有效弥补了本市在音乐艺术事业中的短板,为彰显文化自信、打响城市品牌夯实基础,丰富内涵。12 月 14 日,何天乐团首场专场演奏会"好听衢州·我们的礼乐"在柯城文化艺术中心上演。

【大事记】

1 月

20 日 全省文化和旅游局长会议在杭州召开,衢州市文旅局局长受衢州市人民政府委托与浙江省文化和旅游厅签署《培育文旅"金名片"共建合作协作》。

21 日 衢州南孔文化发展中心在衢州儒学馆正式揭牌成立,衢州市委常委、宣传部部长钱伟刚出席揭牌仪式并致辞。

2 月

29 日 为深入贯彻落实中央、省、市关于新冠肺炎疫情防控工作的系列决策部署,全力支持全市旅游企业积极提振信心,应对疫情、弥补损失、稳定发展,出台《关于全力支持旅游企业应对疫情稳定发展的政策意见》。

3 月

10 日 全省文化和旅游重大建设项目集中开工仪式衢州分会场在龙游县双江口主题公园项目现场举行,衢州市 28 个重点项目参与,总计划投资 255.92 亿元。衢州市委常委、宣传部部长钱伟刚,副市长徐利水出席开工仪式。

31日　衢州市产业创新发展大会在市工人文化宫召开。市委书记徐文光、市长汤飞凡出席会议并讲话。会上举行了2019年度衢州市政府特别奖颁奖仪式，8家文旅企业荣获幸福产业之星奖。

4月

21日　衢州市旅行社协会正式成立，第一届会员代表大会顺利召开，全市108家旅行社会员单位代表参加成立大会。

28日　衢州市美丽沿江公路全线贯通暨"衢州有礼"诗画风光带产业项目签约仪式在衢江区举行。市委书记徐文光、市长汤飞凡出席仪式。12个产业项目顺利签约，投资总额65.76亿元，构建起衢州快进慢游的全域旅游交通体系。

5月

14日　衢州孔氏南宗家庙入选首批"浙江文化印记"。

16日至18日　"衢州有礼"号游轮从杭州滨江码头启航，抵达衢州水亭门码头，完成首航。浙江省文化和旅游厅厅长褚子育、衢州市人民政府副市长徐利水等参加杭州首航式。浙江省文化和旅游厅副厅长刁玉泉，浙江省交通运输厅副厅长夏炳荣，衢州市市长汤飞帆，衢州市人大常委会主任吴国升，衢州市政协主席周伟江，衢州市委常委、宣传部部长钱伟刚，衢州市人民政府副市长王良春、徐利水参加衢州首航式。

26日　2020年"全球免费游衢州"政策发布暨浙皖闽赣国家生态旅游协作区文旅产品采购签约大会举办。浙江省文化和旅游厅副厅长许澎，衢州市委常委、宣传部部长钱伟刚，衢州市副市长徐利水等出席。大会发布了"全球免费游衢州"新政，签订69万人次游客订单，有效推进衢州文旅行业复工复产工作。

6月

是月　据统计，5月份全市旅行社接待国内游客12.97万人次，同比增长15.11％；组织游客3.98万人，同比增长61％，成为全省唯一一个旅行社国内游客接待量实现正增长的地市。

7月

22日　浙江省文化和旅游厅公布省级文化和旅游消费试点城市，衢州市列入5个设区市、开化县列入18个县（市、区）省级文化与旅游消费试点城市名单。

24日　浙江省文化和旅游厅党组成员、副厅长王峻一行到衢州调研文旅融合发展，衢州市委常委、宣传部部长钱伟刚一同调研。

31日至8月1日　全省文旅企业纾困与产业创新发展经验交流会在衢州召开。浙江省文化和旅游厅党组书记、厅长褚子育，党组成员、副厅长王峻，衢州市委副书记、市长汤飞凡，市委常委、宣传部部长钱伟刚，副市长徐利水等出席。会议号召全省学习借鉴衢州市"政府＋协会＋公司"的文旅复工复产新模式，推动浙江省"双万亿"产业高质量发展。

8月

18日　信安湖水上夜游画舫船开船试航。

28日　衢黄上旅游协作区合作共建会商座谈会在衢州市召开，衢州、黄山、上饶3市市政府副秘书长及文旅、交通、区域协作等相关部门负责人参加。

9月

6日　衢州举办推进南孔文化创造性转化、创新性发展研讨会。省委宣传部副部长、省社会科学界联合会主席盛世豪，市政协主席周伟江，省文化和旅游厅党组成员、副厅长叶菁，市委常委、宣传部部长钱伟刚出席。来自亚洲文化交流协会、国际儒学联合会、中国社科院、华东师范大学、浙江省文史研究院等众多机构的专家学者参加。

17日　全省文化和旅游项目建设暨乡村旅游（民宿）发展推进会在江山召开。总结当年文旅项目建设、乡村旅游发展情况，贯彻落实全国乡村旅游与民宿工作现场会精神。浙江省文化和旅游厅党组书记、厅长褚子育，党组成员、副厅长杨建武，衢州市委常委、宣传部部长钱伟刚出席会议并讲话。

同日至20日　全国全域旅游培训班暨首届全域旅游发展绿色对话在江山举行。文化和旅游部党组成员王晓峰现场授课，浙江省文化和旅游厅党组书记、厅长褚子育，衢州市委副书记、市长汤飞凡，浙江省文化和旅游厅党组成员、副厅长杨建武，衢州市委常委、宣传部部长钱伟刚出席。全国各省级文化和旅游行政部门分管领导、首批71家国家全域旅游示范区人民政府和文旅部门有关负责人、浙江省各设区市文化和旅游部门主要负责人，以及专家学者、企业代表、媒体代表380余人参加。江山市在会上做推广发言。

10 月

1 日 文化和旅游部下发关于开展第二批国家级文化产业示范园区创建工作的通知,衢州市文化广电旅游局委托中国人民大学文化产业研究院编制创建方案,并上报创建主体申报文件、创建方案及相关资料。

11 日 2020"好听衢州"——礼乐·草原音乐会交响乐专场在衢州智慧新城大草原奏响,数千市民近距离聆听了高水准音乐会。

15 日 作为 2020 龙游国际音乐节的节目之一"琴韵朗音"郎朗专场音乐会在龙游石窟正式拉开帷幕。

21 日 全国文化和旅游市场信用和质量工作研讨培训班在衢州举行。文化和旅游部市场管理司司长刘克智,浙江省文化和旅游厅副厅长许澎,衢州市委常委、宣传部部长钱伟刚出席。

29 日 合作共建浙皖闽赣(衢黄南饶)大花园旅游示范区筹备会议在衢州召开。衢州市副市长徐利水、黄山市副市长程红、南平市副市长朱仁秀,上饶市委常委、宣传部部长丁晓胜及相关部门负责人出席会议。

11 月

14 日至 15 日 第十七届浙皖闽赣四省四市民间艺术节在衢州举办,来自浙江省衢州市、安徽省黄山市、福建省南平市、江西省上饶市的 500 余名演员通过多种艺术形式为观众带去视觉、听觉和心灵的艺术盛宴,展现四省四市浓郁的地方特色及传统民间文化的艺术魅力,现场观众超过 5 万,线上观看人数超过 30 万

人次。

20 日 省文化和旅游厅公布 2020 浙江省旅游商品评选结果,衢州 4 家企业、6 件商品入选优秀旅游商品,其中素邦洗衣巾、卡露伽鱼子酱和光伏户外背包代表浙江省参加 2020 年中国(特色)旅游商品大赛,分别荣获金、银、铜奖。

26 日 2020 年全省文化和旅游法律法规知识竞赛决赛在衢州举行,浙江省文化和旅游厅党组成员、副厅长许澎出席活动并致辞。

12 月

14 日 何天乐团首场专场演奏会"好听衢州·我们的礼乐"在柯城文化中心上演,这是衢州本土音乐艺术的首秀。

22 日 浙江考古重要发现汇报会在绍兴举行。衢江区孟姜村古墓葬入选浙江省考古十大重要发现。

25 日 确定衢州儒学文化产业园区保留"国家级文化产业试验园区"称号,并获得国家级文化产业示范园区创建资格(全国仅 18 家)。

(程梓朔)

衢州市县(市、区)文化和旅游工作概况

【柯城区文化和旅游体育局】 内设职能科室 6 个,下属单位 3 个。2020 年末人员 33 人(其中:公务员 5 人,参公 12 人,事业 16 人;具有高级技术职务资格的 2 人,中级 6 人)。

2020 年,柯城区文化和广电旅游体育局重点聚焦"四省边际中心城市"建设,以打响柯城城市

品牌为引领,坚持全面从严治党,统筹各项改革任务,不断健全公共服务体系,加快重点项目建设,强化行业安全意识,全面促进文旅工作融合。一是疫情防控工作。制定疫情防控工作应急预案,成立疫情防控工作领导小组,开展服务社区、服务企业等工作。下派社区服务干部职工 32 人,通过实地走访、电话连线等形式联系居民 1100 余户,向社区捐赠一次性口罩 500 只,红外线体温仪 5 只。出台文旅行业专项扶持政策《柯城区应对新冠肺炎疫情支持文旅体企业发展的 16 条意见》,通过"政企通"平台全面上线疫情补助政策,实现补助申领"零跑腿",共补助文旅体企业 80 万余元。积极帮扶 14 家旅游企业争取贴息贷款,全面落实旅游服务质量保证金暂退政策,已退还全区 45 家旅行社质量保证金 487 万元。编制《星级饭店复工 23 条》《民宿复工 11 条》工作指南,帮扶企业细化防控计划、防控措施,开展科学研判,为有序复工、平稳过渡提供有力保障。二是立春文化生态保护区创建。依托九华立春祭、梧桐祖殿等资源,加大立春文化的传承、保护和利用。3 月,中国民间文艺家协会发布决定正式命名柯城为"中国立春文化之乡"。9 月,浙江省文化和旅游厅公布了浙江省省级文化传承生态保护区(创建)名单,共 17 个省级文化传承生态保护区(创建)地区入选,本区立春文化传承生态保护区位列其中。三是灵鹫山旅游度假区创建。注重资源挖掘,柯城灵鹫山山地休闲度假发展试点被评为浙江省首批山地休闲度假发展试点。按照"3

年成型、5年成名"的要求，明确2021年创建省级旅游度假区，2025年冲刺国家级旅游度假区的工作目标，区级层面成立创建领导小组，下设综合推进、项目推进、政策保障、产业发展、宣传赛事等7个工作小组，确保创建工作有序推进。同时，确定了汽车运动城、飞鸿神网谷、徐莫岩路、千里岗森林营道等一批核心项目。进一步加大招商引资力度，举办运动柯城文化旅游发展大会暨灵鹫山名山开发启动仪式，通过了浙江省文化和旅游厅组织的资源评估及基础评价工作。四是"一乡千宿"工程实施。柯城区"一乡千宿"改革试点被评为浙江首批民宿（农家乐）助力乡村振兴改革试点。重点推进九华乡、七里乡民宿集聚区建设，建成七里大头村、九华妙源村民宿集聚村，新增星级民宿19家，成功创建省白金宿1家，金宿1家，银宿3家。五是运动柯城品牌打造。系统推进"衢州有礼•运动柯城"城市品牌建设，积极开展"1415"专项行动，即"1个品牌、4大体系、15项专项工作"。组织举办第二届"烂柯棋院杯"全国名校教授围棋邀请赛、"浙里诗路"2020浙江省新农村定向健康越野跑大赛（钱塘江诗路•柯城站）等赛事，借力打响运动柯城品牌。六是公共文化服务。进一步抓实乡镇（街道）综合文化站标准化管理工作，社会化运行工作全面试行。文化中心提升改造项目入选省"改革在身边•浙江公共场所服务大提升新闻行动"10月亮点项目。举办浙江美术馆流动分馆（柯城美术馆）开馆暨春风又绿——当代浙江国画名家作品

展、"我们的中国梦，文化进万家"柯城区2020年迎新春"送春联、送图书"、"军民携手 同心筑梦"庆祝建军93周年暨双拥共建文艺晚会等活动。全年图书馆流通65.36万人次，办理读者证1.13万张，图书流通85.7万册次，新增图书4万册，举办"线上＋线下"活动225场，惠及群众15万余人，全力打造"运动柯城•书香满城"全民阅读品牌。落实各项文化惠民活动，举办免费展览67场、阅读推广活动168场，送书下乡13752册、送戏下乡220场次，举办线上文化慕课14次、线下培训讲座15个门类共247课时。七是文化传承与创作。积极开展文艺精品创作，创作50余件微视频作品，其中微视频《2020我们晚些再见》《不见外只见爱》《柯城余东：寻访当代田园毕加索聚落》等多件作品登上"学习强国"平台。创作舞蹈《山坳里的医疗队》、小戏《画里画外》和男声小组唱《立春》，均在省级赛事中精彩亮相。加大非遗传承保护力度，世界非遗•九华立春祭获海南博鳌国际旅游奖——非遗创新奖，衢州白瓷和邵永丰麻饼双双列入第五批国家级非遗名录公示项目，九华立春祭被文化和旅游部列入2021年"非遗过大年 文化进万家"活动。八是重点项目建设。不断扩大文旅项目投资，积极主动服务全区重大文旅项目，协调解决忘忧田园萱草未来村、花彩小镇等项目推进过程中存在的问题，快速有序推进项目前期工作和建设进度。积极对接谋划项目招商，谋划灵鹫山旅游度假区综合配套项目、妙源立春主题度假酒店、龙滩度假村等一批"十

四五"期间重点文旅体融合项目，积极对接大蜂集团的花鬘荆溪和开元集团的一然村等文旅项目，争取项目早日落地。九是文旅市场推广。策划开展"带着绿码游花海"活动，全面启动"百县千碗•味道柯城"2020年柯城区特色美食评选推广工作，挖掘一批柯城特色美食及故事，古铺良食、衢州东方大酒店等5家饭店入围市级"百县千碗"体验店名单。举办2020年橘子音乐节，邀请木马、五条人等知名乐队，吸引游客30000余人次，并在新华社云、爱奇艺、哔哩哔哩等平台同步直播，观看达150余万人次，有力地推动了"好听衢州"文化品牌打造。编辑"想见你，柯城""五一去哪儿"等旅游系列主题推文，定期向游客推送柯城美景、美食、美宿、美购等旅游资讯，多次被"学习强国""诗画浙江""衢州文旅""无线衢州"等国家、省、市媒体平台转发，累计点击量达10万余次。十是市场安全监管。行业品质提升取得新突破，衢州光大旅行社被评定为四星级品质旅行社，衢州四省边际旅游集散中心通过四星级旅行社复评，衢州帝京大酒店、西区东方大酒店被评为浙江省品质饭店，衢州东方大酒店、衢州饭店通过四星级旅游饭店复评。强化行业安全监管，制定年度安全生产监督检查工作计划，通过行政监管、执法检查等形式，出动检查人员1067人次、检查485家次，全区120余家文化旅游企业未发生一起文旅安全责任事故。及时处理投诉咨询，通过12345、12301、96118等平台共收到投诉、咨询50余件，处理率、满意率达100%。切实开展文化执法工

作,以推进综合执法与"互联网＋监管"、文明城市创建、扫黑除恶专项斗争、"扫黄打非"相结合为主线,以开展文化市场经营场所专项整治、网络文化市场专项整治、"不合理低价游"及非法经营旅行社业务专项整治工作为重点,不断加强文化市场巡查力度,及时发现和查处违法经营行为,全年办理4起行政处罚案件。

(张　晟)

【衢江区文化和旅游体育局】 内设职能科室5个,下属事业单位7个。2020年末人员39人(其中:机关12人,事业27人;具有高级技术职务资格的4人,中级6人)。

2020年,衢江区文化和旅游体育局全面贯彻党的十九届三中、四中、五中全会精神和习近平新时代中国特色社会主义思想,以区委"1136"战略为总纲,围绕"打造空港新城、四省边际枢纽港"目标,狠抓消费提升,聚力项目推进,夯实发展基础,文化和旅游各项工作齐头并进。全区接待游客906.95万人次,实现旅游综合收入50.31亿元,旅游消费呈现良好复苏态势。作为浙西生态屏障,衢江自然资源丰沛,境内有天脊龙门、药王山两个国家4A级景区,悦龙湾、紫微星谷、隐柿东坪、楼山后、红色千里岗5个国家3A级景区;杜泽镇、峡川镇、莲花镇、湖南镇、黄坛口乡5个省4A级景区镇,上方镇、廿里镇2个省3A级景区镇,40个A级景区村;有各级文保单位51处,其中国家级2处(吴氏宗祠、仙岩洞摩崖题记),省级13处,市(县)级36处;有各类非物质文化遗产项目126个,其中省级11个,市级48个,区级67个。一是重点项目有序推进。围绕"全年红"目标,以重点项目推进为抓手,提效增速,建立文旅重点项目局主要领导亲自牵头、班子分工联系制度,与各有关部门、乡镇、企业有效协作,大力推进铜山源休闲度假旅游区、杜泽衢北旅游综合体、千里岗极限运动旅游度假区、绿春湖景区、绿心莲乡、尺方间文化创意园等文旅重点项目建设进度。全年全区文旅项目管理系统实际完成投资19.13亿元,全省89个县(市、区)文化、旅游投资推进综合评价指数排名第54位,衢州市排名第2位。积极谋划文化创业园、西周文化公园遗址等新项目,西周文化遗址公园项目获得2020年衢江项目谋划擂台赛雄鹰奖。邀请北京巅峰智业开展全区"十四五"文旅体规划和衢北全域旅游规划编制工作。编制全区文旅项目招商手册。完成莲花乡村未来社区招商手册。以"万村千镇百城"工程为抓手,成功创建莲花镇、黄坛口乡2个4A级景区镇,廿里镇、上方镇2个3A级景区镇,峡川镇大桥村、莲花镇莲花村2个3A级景区村。深入实施厕所革命,完成新、改建旅游厕所28座,其中衢州市示范性旅游厕所2座。二是服务供给日益丰富。稳步推进区文化艺术中心(衢江区科教产业园一期)建设,总投资10亿元,包含有文化馆、图书馆、非遗馆、青少年活动中心,计划2023年10月建成。实现衢江区21个乡镇综合文化站社会化运营,全年运营投入209.1万元,激活乡镇文化潜力。拓展图书流通点覆盖面,新建包含"月明仓屋""忆宿·隐柿东坪"两家精品民宿在内的8家图书流通点。实施公共场馆"五化"大提升工程,区图书馆获评衢州市首批"示范文化场馆"。培养了一批草根文艺能人,创作了一批衢江特色节目,原创歌曲《衢州古城》获得2020年浙江省第十一届音乐舞蹈节声乐类优秀奖,抗疫宣传作品《斗冠状病毒瘟神》获评省文化馆"以文致敬　同心战'疫'"十佳作品。10个项目入选衢州市第七批非物质文化遗产代表性项目名录。民生实事项目落地落实,完成送书下乡1.68万册、送戏下乡181场,送展览105场,举办公益培训班57期。出台衢江区《关于加快民宿提质富民扶持奖励办法》,完成民宿招商图谱,太真乡王家山村被评为衢州市民宿集聚村,衢江区忆宿·隐柿东坪伴手礼荣获"浙宿好礼"综合奖。推进"诗画浙江·百县千碗"工程,衢州圣效景澜大酒店、东方大酒店、古枫农庄被浙江省文化和旅游厅、省商务厅联合评为"百县千碗"美食体验店。三是城市品牌持续提升。强化热点引导,以"活力新衢江,康养大花园"为重点,打造主题突出、传播广泛、社会认可度高的文旅活动品牌。举办"活力衢江　莲动未来"2020莲花乡村国际未来社区开园仪式、"听着村歌游衢江"2020衢江区村歌大赛等有影响力的大型文旅体活动50余场,赴鄞州、桐庐等地开展跨区域"文化走亲"活动6场,吸引包括中央电视台、新华社、浙江卫视等主流媒体持续关注。"活力新衢江,康养大花园"城市品牌持续发热,其中全国首个"田园型"乡村未来社区开园、国内最大的盒马村在衢江正式"开村",被作为衢江区执行市委、市政府"十条军规"典型事项,获通报表扬2次。四是文化保护取得突破。做好孟姜村土墩墓群挖掘工作,出土了青铜器、原始瓷器、玉石器、陶器等一批珍贵文物,并召开孟姜村土墩墓考古发掘研讨会。孟姜村土墩墓群被评为"2020年浙江考古十大重要发现",是全市唯一,先后登上央视新闻、"学习强国"平台、新华社、浙江新闻联播、《浙江日报》、中国蓝新闻等知名新闻媒体,被作为衢江区执行市委、市政府"十条军规"典型事项,获通报表扬1次。推进"文化基因解码工程",共普查梳理"文化基因"200余个,确定重点"文化基因"16个,其中高家千年古镇、西周古墓文化、楼山后娘娘孝贤文化作为2020年工作重点已完成解码工作。完成衢江区文化遗产系列丛书《衢江古陶瓷》《衢江老腔调》编纂工作及《衢江区古代交通运输相关文物资源调查研究》课题报告编制。五是防疫发展统筹兼顾。做好圣效大酒店隔离点、衢州花园小区、东方单身公寓3处公共场所的疫情防控工作。圣效大酒店隔离点团队被评为全省文化和旅游系统疫情防控一线先进典型团队。衢江区文旅局被市委组织部、市委直属机关工委评为"包区清楼"行动先进集体。举办"花果周家·云上枇杷"文化节、"浙里来消费,放心游衢江"、"网红"直播、"万人游衢江"等线上线下相结合的促消费活动10余场,引入衢江乡村旅游游客1万余人,累计帮助销售农产品10万余斤,带动消费500余万元。六是市场管理日趋

规范。坚持"预防为主,安全第一",贯彻"管行业就要管安全"的要求,切实落实文旅安全监管责任,日常巡查950人次,检查670家次,全年未发生一起安全责任事故。以全省文旅行业信用体系建设试点为契机,建立健全区文旅行业信用档案。根据"最多跑一次"要求,做好"互联网＋政务服务",全面梳理本部门行政权力事项共155项,向乡镇(街道)延伸事项7项,其中赋权事项1项,全年受理办结审批事项164件,办结率、满意率均为100%。在创建全国文明城市国测、省测中,衢江文旅系统所涉及的网吧、宾馆饭店、主干道、旅游景点、居民小区、公益性文化场所(爱国主义教育基地)、交通路口等17个点位全部实现零失分,被评为衢州市创建全国文明城市工作先进集体。

(李燕芬)

【江山市文化广电旅游局】 内设职能科室6个,下属单位6个。2020年末人员93人(其中:公务员13人,参公3人,事业77人;具有高级技术职务资格的29人,中级25人)。

2020年,江山市文化广电旅游局贯彻落实市委、市政府"四个年"决策部署,积极应对新冠肺炎疫情影响,主动调结构、抓复产、促融合,全市文化和旅游产业实现平稳有序发展。承办2020年全国全域旅游培训班暨首届全域旅游发展绿色对话活动,举行"庆丰收·迎小康"中国村歌大赛全国总决赛,在全省率先举办以健康为主题的"健康江山动起来"活动。石门镇清漾村、廿八都镇浔

里村列入全国乡村旅游重点村名录,江山西砚被列入"浙江省文化产业示范基地",江山东方文华饭店获"金鼎级"特色文化主题饭店,江山市被评为2020中国县域旅游竞争力百强县市。一是疫情防控举措有力。严格按照疫情防控要求,第一时间实现疫情防控全行业覆盖。以艺抗疫,先后创作《听令》《每个人》等5首主题文艺歌曲;连续创作5期"方言大喇叭",阅读量超3000万人次;创作《居家封门》《公筷风波》等多部防疫短视频作品,网络总点击量突破50万人次。向友好交流城市法国勃朗圣泉市捐赠医用防护设备,相关做法得到文化和旅游部"文旅中国"及"学习强国"等媒体的转载肯定。二是复工复产精准施策。制定出台《关于全力支持旅游企业应对疫情稳定发展的政策意见》《关于尽快恢复振兴旅游消费市场 进一步激发旅游消费潜力的政策意见》,加大扶持力度,降低补助门槛,对星级饭店、等级民宿、旅行社和参加免费游的相关A级景区给予支持,提振市场信心,稳定行业发展。制定《关于江山市全域旅游聚人气促消费工作考核办法》,围绕全域旅游聚人气、促消费,对全市各乡镇(街道)、部门引进的会务、疗休养、赛事和文旅节会按人次进行考核,纳入全市年度综合考核评分项,工作成效显著。三是民宿培育卓有成效。制定出台《江山市民宿提质富民三年行动计划(2020—2022)》和《江山市民宿提质富民扶持奖励办法》,设立1000万元专项资金,支持民宿专业设计、品牌创建、宣传营销、集聚发展及环境优化,全力弥补江

山高端精品民宿短板。坚持地方特色文化融入民宿发展,重点推进"4＋8"民宿提升工程,其中石门山田花舍、保安西坡·箬山开业运营,云端觅境、廿八都仙霞驿(归野)品牌民宿加速落地;新增如归、蓝天白云、大山明珠、和悦·红豆山居、初夜5家银宿。四是公共文化服务均等化稳步推进。完成全市16个综合文化站整改验收,项目化巩固推进乡镇(街道)综合文化站整改提升,完成清湖街道、长台镇、虎山街道、新塘边镇、廿八都镇、保安乡6个乡镇文化站标准化提升和大陈乡、坛石镇2个乡镇文化站精品化提质。做好军民双拥共建工作,与江山武警中队合作,举办舞龙、水墨画、摄影、合唱等培训活动。完成送戏下乡65场,公益演出3场,举办培训班18场,组织公益性讲座28场,观看和培训总人数达到3万多人次;承办展览7期,累计接待游客16万人次,旅游团200批次;策划举办"景上添书"、线上阅读马拉松快闪赛、"书香浙里 云享阅读"等各类活动阅读推广活动25次,送书下乡15773册。五是文化遗产保护工作不断加强。紧抓枫石村被衢州市委、市政府列为开发旅游试点村的契机,完成国保单位三卿口制瓷作坊碗厂11号民居工程修缮作坊展示利用方案编制,全面完成75处市保单位保护范围和建控地带划定及全市文物区域评估。推进文保单位保护和利用,加快推进大夫第文旅综合开发、三卿口古瓷村等地有效招商。六是各类大型活动丰富多彩。仅用3周时间筹备,举办全国全域旅游培训班暨首届全域旅游发展绿色对话活动,举行"庆丰收·迎小康"中国村歌大赛全国总决赛。策划举办"健康江山动起来"启动仪式,活动首发《健康江山动起来》主题曲及健康江山养生操,并联合浙江卫视新闻频道举办"健康江山动起来"浙江省第七届新农村冲击波助推"多娇江山"云直播,吸引2000多万人次关注江山;策划甜蜜春"蜂"工业游启动仪式,首批活动吸引近1500人次到江山旅游;举办"游江山 健康购"——"健康江山动起来"直播带货等一系列健康主题节会活动,观看量累计2000多万人次。

(鲁迁浅、陈荣贤)

【龙游县文化和旅游广电体育局】
内设职能科室10个,下属单位7个。2020年末人员81人(其中:公务员20人,参公5人,事业56人;具有高级技术职务资格的5人,中级12人)。

2020年,龙游县文化和旅游广电体育局以全域旅游示范县、公共文化服务体系示范区、文旅产业融合试验区建设为载体,坚持事业、产业双轮驱动,成功创建省级全域旅游示范县和省级文旅产业融合试验区,举办2020龙游石窟国际音乐盛典,完成公共文化服务体系示范区考核验收。全县共接待游客1454.8万人次,旅游总收入93.27亿元,分别恢复到去年的84.8％和85.5％,文旅发展在"后疫情时代"全面复苏。一是深化公共服务效能建设,推进幸福龙游建设。顺利完成省级公共文化服务体系示范区创建验收,是26个加快发展地区的唯一一个。公共服务设施加速完善。县公共文化综合体项目奠基开建。县博物馆正式开馆。全年新建博物馆、印江南南孔书屋2家,完成南孔书屋、市民驿站等7家城区文旅驿站和石佛、社阳、溪口等6家乡村文旅驿站建设,完成8个图书分馆、15个文化分馆挂牌。实施15个乡镇(街道)综合文化站改造提升,12个综合文化站建成省定一级站及以上标准。完成11座旅游厕所建设。公共服务效能全面提升。文化阵地服务时间不断延长,"四馆"节假日均开放,文化站每周免费开放60个小时以上。县博物馆配置智能交互设备,全面建设智慧化场馆;县图书馆、南孔书屋、乡镇图书分馆等全部实现智能化通借通还,配置有声图书和电子书站点11个,建成地方特色资源数据库2个,年新增图书5万册,读者办证量、进馆人次较上年增长2.5倍;在"龙游通"上开设"公共文化服务"模块,图书借阅、场馆开放、活动点单,数据均实现实时共享;开展活动直播、培训讲座等线上文化服务300余场,惠及群众250余万人次。全年开展各类群众文化活动3000余场,打造了"龙游县乡村文艺精品节目创作大赛""书香龙游全民阅读"等全县性群众文化品牌活动,逐步实现"一乡一节会,一村一品牌"。文艺精品硕果累累。组织文艺骨干创作文艺作品,荣获省、市、县多项荣誉。舞蹈《睡在我上铺的兄弟》荣获浙江省群众舞蹈大赛银奖;抗疫歌曲《等你凯旋》荣获浙江省十佳抗疫歌曲,抗疫歌曲《他乡走天涯》在浙江新闻客户端、湖北日报客户端、"学习强国"等平台上宣传推广,影响广泛;《荷塘月色》等5幅美术作品入围浙江省群星美术

20家展。文物保护工作扎实推进。新增第五批县级文物保护单位48处，红军标语墙和傅氏民居列为第一批省级革命文物，傅氏民居保护利用申报为省级优秀案例。完善第七批省保单位18处89点的"四有"档案，完成"三普"登记文物点复核工作。完成省保大南门建筑群和沐尘塔的工程方案报批。全年完成不可移动文物保护工程32处，其中国保1处，省保7处，县保单位11处，文保点1处，"三普"登记12处。荷花山遗址入选省级第三批考古遗址公园，启动遗址公园项目前期工作，编制《荷花山遗址保护规划》。非遗保护有序推进。新增市级非遗保护名录项目5个、县级10个。全县有国家级非遗保护名录项目1个，省级15个，市级49个，县级170个。龙游皮纸制作技艺、龙游发糕制作技艺、龙游酥饼制作技艺传承基地入选衢州市首批非遗体验基地。全年开展非遗培训传承活动19场次，"走亲"活动11场次，送戏下乡100场次。二是深化全域旅游发展，推进美丽龙游建设。围绕"两江"风情文化旅游带建设战略布局，大力实施"龙头项目引领工程、核心产品培育工程、文旅融合改革工程、市场营销聚人气工程、配套服务提升工程"等五大工程，强化组织领导、要素供给、监督考核、氛围营造，不断提升龙游旅游新形象，成功创建浙江省全域旅游示范县。优化规划政策体系。研究出台《关于加快推进全域旅游发展的若干政策意见》，深化《关于全力支持旅游企业应对疫情稳定发展的政策意见》《龙游县提振文旅体市场消费促进经济发展实施

方案》等政策意见的贯彻落实，提振疫情后文旅市场。基本完成《龙游县文化旅游"十四五"发展规划》《姜席堰世界灌溉工程遗产旅游区规划》《龙游县文物保护规划》等规划编制，推进龙南"一镇带三乡"协同发展。重点文旅项目加码推进。聚焦旅游开发"两江化一龙"专项行动，加快推进六春湖景区、姜席堰景区、红木小镇、龙山运动小镇等重大旅游项目建设。年度计划投资17.79亿元，实际完成投资19.23亿元，投资完成率达108%。六春湖项目纳入省文化和旅游厅重点项目及全省首批山地休闲度假试点，完成衢龙公司组建，总投资2亿元的"浙江第一索"开通运营。红木小镇6月通过省级特色小镇验收命名，9月正式开园，并获得省政府66666.67平方米（100亩）用地指标奖励；完成《姜席堰世界灌溉工程遗产旅游区规划》初稿；龙山运动休闲康养小镇项目二期谋划落地；姑蔑城生态园景区项目稳步推进。双江口主题酒店公园、城东商业综合体等一批文旅项目开工建设，龙游石窟、民居苑、大南门历史文化街区等一批改造提升项目稳步推进。乡村旅游复苏发展。出台《龙游县民宿提升发展三年行动计划（2020—2022年）》，全年验收新开办民宿17家。开展乡村旅游推介宣传活动，拍摄"县长带您游乡村"1分钟推介视频，举办大街乡芍药花节、塔石镇油菜花节、小南海镇枇杷采摘节等系列线上活动。全年乡村休闲旅游业共接待游客465万人次，恢复至2019年的67.79%；实现直接营业收入3.829亿元，恢复至2019年的

69.32%。重大文旅活动集聚人气。先后谋划举办了"匠心筑梦潮起龙游"红木小镇开园、2020龙游石窟国际音乐盛典、绿色中国行——走进美丽龙游等一系列重大文旅活动，结合地摊经济、美食夜市、旅游采风等方式吸引了大批周边地区人员到龙游消费，首次"试水"市场化运作，累计吸引线下观众6000余人次，线上关注超1500万人次。国庆中秋期间，龙游县共接待游客124.72万人次，同比增长2.7%，实现旅游总收入7.46亿元，同比增长2.86%。"旅游+"产品质量提升。推动"百千万"工程创建，累计创成3个4A级景区镇、23个3A级景区村。溪口镇列入省文化和旅游厅省级风情小镇创建名单；新增博物馆、庙下乡、畲竹社里等研学基地9家；新增省级中医药文化养生旅游示范基地1家，省级工业旅游示范基地1家；龙游冯家饭店、龙游兴龙路王阿盖手工小吃店、龙游县杨爱珍大排档、龙游金秋园时尚餐厅等入选省级"百县千碗"美食体验店名单。市场监管职能到位。紧紧围绕文化旅游场所监管、疫情防控常态化检查、扫黑除恶、"扫黄打非"整治等重点工作，积极对景区、星级酒店、网吧、娱乐场所等开展安全监管巡查工作。全年出动日常巡查635人次，检查场所1229家次，发现违规场所6家次，行政处罚立案调查6件，办结案件6件，收缴非法出版物900余册。三是深化文旅产业融合，探索文旅高质量发展。大力实施"文化基因解码工程"、文旅精品IP工程、体制创新改革工程等，文旅融合在推动幸福产业、绿色

经济高质量发展方面取得实效。入围省级文旅产业融合发展试验区培育名单。12月23日,龙游县被正式命名为"浙江省文旅产业融合试验区"。深化文化内核挖掘。大力实施"文化基因解码工程",梳理完成全县文化元素清单,筛选出552个文化元素纳入全省"文化基因库",从生命力、凝聚力、影响力、发展力等维度进行评价,遴选出龙游商帮、龙游石窟、徐偃王文化、姑蔑文化、姜席堰、龙游发糕等19个重点文化元素,从物质、精神、制度、语言与象征符号等方面开展基因解码。整合博物馆、南孔书屋、综合文化站、市民驿站、农村文化礼堂等阵地资源,融入旅游元素,实现文旅功能叠加,打造城乡文旅驿站。积极打造红木小镇、2020龙游石窟国际音乐盛典等文旅融合精品IP,进一步打响"衢州有礼 天下龙游"的城市品牌,集聚了旅游人气。推进体制机制改革。衢龙两地政府按照"一体两翼,衢龙合作"的政府合作开发模式,探索和创新六春湖山地度假旅游可持续发展机制。红木小镇以产业发展基金入股的方式注入资金2.23亿元,以省政府特色小镇建设扶持政策为依据、对小镇的公共基础设施进行评估回购,形成扶持资金2.22亿元,总计4.45亿元。

(杨　露、周佳俊)

【常山县文化和广电旅游体育局】内设职能科室7个,下属单位6个。2020年末人员70人(其中:公务员11人,参公6人,事业53人;具有高级技术职务资格的6人,中级18人)。

2020年,常山县文化和广电旅游体育局紧紧围绕县委"强发展、求突破"八大行动工作总纲,统筹打好疫情防控阻击战和经济发展总体战。通过全省首个乡村民宿产品体系团体标准。西源革命纪念馆被评为浙江省红色旅游基地。村上酒舍入选乡村遗产酒店示范项目,彤弓山居入选省级白金宿,自在梅林、老油坊、宋邸入选省级银宿。华府胡柚文化主题酒店获评金鼎级文化主题酒店。赛得健康小镇荣获2020博鳌国际旅游奖"年度文旅小镇品牌奖"。梅树底村入选全国第二批乡村旅游重点村。常山县泓影剧团获评"第八届全国服务农民、服务基础文化建设基层文艺院团先进集体"。天马街道入选"浙江省戏曲之乡"。新增东方巨石阵等6家市级研学营(基)地,基本形成3家省级、9家市级、3家县级的全县域布局。推出中国观赏石之乡地质探秘游、宋诗之河国学体验游、中国胡柚之乡画里乡村游、国家茶油公园古法传承游、重走麻山路红色追忆游、鲜辣之乡美食康养游等6条研学路线,浙西研学走廊略具雏形。是年,常山被评为年度"全球绿色城市",并被列入浙江省首批文化和旅游行业信用体系试点县和浙江省文旅标准化委员会成员单位。一是经济指标触底回暖。通过"政企通"平台,累计上架旅游奖励政策10个,兑现资金225万元,受惠企业和个人共30余家(个)。在全市率先推出"百万红包游慢城"旅游消费券刺激活动,出台旅游行业新增贷款贴息政策,开展"云游常山"系列引流活动,举办全市首场5G景区直播,四省边际红色纪念馆联盟"云上游馆"等活动,累计获得千万阅读量。全县旅游人数792.44万人,恢复至2019年的80%,旅游收入52.93亿元,恢复至2019年的78%。特别是十一假期期间,全县游客接待量实现正增长,旅游人数达26.35万人,同比增长5.7%;旅游收入14195万元,同比增长4.37%,旅游市场不断复苏并保持韧性增长。二是文旅活动有序开展。深化"黄鹂振翅飞·文化进万家"品牌惠民活动,开展送戏下乡、送电影下乡、送展览及讲座、"文化走亲"、公益培训等3000余场,送书下乡1万余册,惠及基层群众23万人次。完成浙闽赣皖四省边际纪念馆红色联盟成立大会、"春暖花开,云游常山""网红"直播大赛、"畅游常山·礼遇慢城"自驾采风主题活动、万人游常山、清凉火车专列游、长三角(上海)文旅推介会、鲜辣美食汇、三山艺术节等大型活动,被新华社、《人民日报》、中央电视台等知名媒体报道,单次活动在线率和阅读量均高达100万人次以上。新冠肺炎疫情期间,利用"三微一抖",推出"抗疫文体四部曲",开设网络直播公益课程,实现"闭馆不打烊,服务不打折"。三是文化遗产有效保护。常态化开展非遗"三进"活动,完成钢叉舞、洗马舞等省级非遗项目传承基地建设和验收。开展胡村建筑群、岩前民国建筑群、里择祠、樊家尚书坊、球川建筑群的修缮设计工作,开展省级文物保护单位文峰塔修缮工程、里择祠和樊氏大宗祠屋面抢修工程,实施招贤镇樊村村樊氏大宗祠、芳村镇大处村郑氏宗祠、天马街道屏山社区程氏民居3处文保单位电线整改工程。启动馆藏文物鉴定评级，新增馆藏国家三级文物49件，编撰出版《常山馆藏文物荟萃》。全市率先建立文物安全信息化巡检系统，覆盖县域范围内57处文保单位。四是文艺创作成果丰硕。组织"黄鹂鸟"文艺团队共创作原创短视频12部、曲艺作品12个、小戏小品5个、舞蹈作品5个、音乐作品8首。创作出全省首部抗疫情广播剧《去吧！兄弟》，全市第一首抗疫情宣传歌曲《相信》。《同心之歌》获评"全国百佳村歌"；《中国汉字》获浙江省第十九届音乐新作大赛入围奖；《魔数师》获长三角流行音乐大赛银奖；《投票时代》获全省喜剧小品入围奖；《最美时代·一生喝彩》参加全省农村文化礼堂展演深受好评。五是产业项目快速推进。远山云间旅游度假区完成一期土地出让，浙江泓影戏曲与影视文创园开工建设，金源村现代旅游根据地获得省、市领导点赞，文化企业顺利复工复产。获批"百县千碗"旗舰店，"鲜辣常山"日趋丰富。六是全域旅游提质加速。深入推进浙江省全域旅游示范县创建。全年新增A级旅游厕所30个，新昌乡获批第四批省级旅游风情小镇，常山县成为全市唯一具有两个风情小镇的县。完成41个A级景区村、7个景区镇创建，景区镇数量全市第一，全域景区化率全省领先。七是市场监管全面升级。加强文旅行业监管和服务，建立健全部门联合"双随机"抽查机制，深化"互联网＋监管"执法体系，全面应用"掌上执法"落实执法闭环，实现执法行为智能化覆盖。推进"信用＋执法监管"体系，开展企业信

用修复。扎实开展文化旅游市场"扫黄打非"、扫黑除恶和禁毒工作专项斗争。全年共出动检查执法人员1248人次，检查经营单位1381家次，依法取缔无证销售音像制品游商1处，查缴非法出版物214册，立案查处违法违规单位3家。

（周　静、凌　昊）

【开化县文化和广电旅游体育局】内设机构5个，下属事业单位10家。2020年末人员93人（其中：机关10人，事业83人；具有高级技术职务资格的2人，中级16人）。

2020年，开化县文化和广电旅游体育局坚持文旅大融合发展战略，紧盯世界一流生态旅游目的地，抓好旅游营销聚人气，开展品牌创建扬名气、狠抓项目和招商促发展、提升行业管理保安全，突出党建引领明方向，全力推进文化旅游产业高质量发展，夯实了软实力，壮大了硬实力，为建设社会主义现代化国家公园城市贡献文旅力量。开化县获评浙江文化和旅游总评榜产业融合发展十佳县区和"诗画浙江·百县千碗"工程示范县区，成为全省唯一获得"双十佳"的县。一是"百千万"工程品牌创建。发布全省首个县级文旅IP。高标准打造"百千万"工程，创成全市首个省4A级景区城、省4A级景区镇4个、省3A级景区镇4个，数量和质量均位居衢州市第一。马金镇创成省级旅游风情小镇。新打造浙江省A级景区村庄40个，提升创建3A级景区村庄7个，省A级景区村总数达到203个，数量和质量均位居全市第一。三缘堂获评

金宿级民宿，隐乡、九曲水养心谷、丰盈茶舍、久山半获评银宿级民宿。金星村获评首批市级民宿集聚村，纳入首批浙江省民宿（农家乐）助力乡村振兴改革试点。茗博园红茶坊获评首批市级民宿综合体。全县共有高等级民宿白金级1家、金宿级3家、银宿级11家，数量和质量高居全市第一，全县中高端民宿达50余家。九溪龙门、花牵谷分别通过国家4A级、3A级景区质量景观评审。二是全国首趟春季旅游专列开通。3月28日8点25分，300余名游客乘坐D9525次"钱江源"号旅游专列从杭州启程，驶向开化，揭开了"拥抱春天·乐游开化"长三角国民休闲旅游节序幕，这也是全国首趟春季旅游专列。3月20日，联合浙江新闻频道联合推出"开化：一个意想不到的好地方——小强带你游开化"景区云直播，全网播放量超1.6亿人次。实现疫后旅游人气逆势上扬，成为全省人气恢复最快、成效最明显、亮点最突出的地区之一。三是千万浙江人畅游钱江源。主动融入长三角一体化，深化做实"千万浙江人畅游钱江源"系列活动。6月20日，在上海南京路步行街世纪广场举办2020浙江开化·长三角国民休闲旅游节（上海周）活动；7月23日，在杭州西湖天地广场举办2020浙江开化·长三角国民休闲旅游节（杭州周）活动，与中青旅、上海春秋旅行社、省中旅等全国知名旅行社签订200万游客输入合作协议。四是列入首批省级文化和旅游消费试点城市。深入践行"绿水青山就是金山银山"理念，大力发展"旅游＋"产业融合新业态，

列入首批省级文化和旅游消费试点城市,成功创建中兴粮油浙江省工业旅游示范基地和森古生物科技中医药文化养生旅游示范基地。安排100万元参与"这很开化"消费嘉年华活动,竭力帮助文旅企业在消费券活动中得到实实在在的红利,全面助力文旅企业疫后复苏。五是全国首个地方菜标准发布。积极谋划和打造开化菜标准,不断将开化美食做大做强。12月29日,"诗画浙江·百县千碗"钱江源味道《开化菜地方标准》发布会在杭州举行,全省首个地方菜标准正式诞生。该标准进一步明确了开化菜的定义和范围,构建了开化菜标准体系,为开化清水鱼、开化青蛳等"开化十碗"制订烹饪技术规范和经营服务标准。制定实施了《开化美食产业"十百千万亿"工程三年行动方案》,在全省"百县千碗"视频工作推进会上做典型发言,省长郑栅洁到开化调研时给予开化美食高度评价。六是文化惠民活动开展。制定《"百团千场乐万家"文化惠民活动实施方案》,规范文艺团队建设,激发团队积极性,促进群众性文化活动开展。全县百支文艺团队在乡镇综合文化站、农村文化礼堂、文化广场等场所,举办"保苗节""余玠文化节""中秋民俗文化节"等民俗节庆活动20余场,"我们的节日""乡村音乐节"等文艺展演60余场,戏曲演出、知识讲座、舞蹈培训等文化活动900余场,用活动丰富群众业余文化生活,提升群众文化获得感和幸福感。七是打造"非遗＋旅游"新模式。全年共策划举办"衢州有礼·遗韵开化"非遗常态化演出活动14场,将非遗元素与霞山古民居的旅游业态充分融合,以文促旅,以旅彰文,成为开化旅游的一张"金名片"。运用近体诗、词、散曲等传统诗词形式,宣传、挖掘、颂扬开化18项省级非物质文化遗产项目的保护和传承。举办"花开开花·诗情遗韵"开化县首届非遗主题诗词全国大奖赛,共收到来自全国各地363名参赛者的诗词作品1022首。

八是疫情防控。成立新冠肺炎疫情防控工作领导小组、制定疫情防控工作应急预案、编制文旅行业疫情防控分工责任包干制等,全局干部分成6个小组,赴全县89家文广旅体企事业单位开展每日巡查和人员信息排摸。全行业上下排除万难,全面投入到疫情防控工作当中,以最快的速度完成重点人员排摸并且停业停产,确保全县文旅行业安全和疫情防控工作平稳有序,全面实现行业安全生产零事故,行业疫情零感染的目标。干部汪昕、王弘磊先后被列入浙江省文旅系统防疫"英雄榜"。重点围绕"影响会如何、怎么看走势、怎样找对策"3个方面,重塑文旅企业信心。推进"暖企十条"政策落地,通过对文旅企业及时发放奖励资金、暂退部分旅游服务质量保证金、开辟政策兑现绿色通道等,为文旅企业注入强心剂。

(陈贤敏)

舟山市文化和广电旅游体育局

【概况】 内设职能处室 12 个,党群机构 3 个;下属单位 15 个。2020 年末人员 321 人(其中:机关 56 人,事业 228 人,企业 37 人;具有高级技术职务资格的 47 人,中级 93 人)。

2020 年,舟山市文化和广电旅游体育系统积极应对新冠肺炎疫情对文广旅体行业带来的冲击,统筹抓好疫情防控和复工复产,同时以推进文广旅体"五线谱"建设为主线,着力为市场复苏聚力,为产业发展赋能,为公共服务提质,为行业治理增效,实现全市文广旅体工作新发展,各项工作进入全省前列。

一、坚持"两手硬、两战赢",疫情防控和复工复产工作有力有效

(一)疫情防控坚决有力

全市旅游景区、旅游饭店、旅行社、公共文化场馆和文化娱乐场所自 1 月 22 日起落实"应关尽关,应停尽停",并开展常态化督查,构建全市文广旅体系统疫情防控工作闭环。全市文旅企业坚决遵守执行"场馆关停、业务暂停"政策,积极采取企业自救举措对抗行业"凛冬"。广大文艺工作者和非遗工作者以小锣书、翁洲走书、方言快板等特色传统形式,创作抗击新冠肺炎疫情主题的文艺作品 230 多件。建立"常态化"防控机制,打造"三码合一"的"云游群岛"购票平台,落实景区门票预约制度。普陀山景区整合原有

4 个票务系统实现"一票通",实施景区分时预约制度。

(二)文旅经济提振切实有效

开展旅游经济提振计划,出台《应对疫情影响加快促进文旅体产业复苏的十条措施》,安排专项资金和体彩公益金 2000 万元扶持行业复苏。落实暂退 80% 旅游服务质量保证金,做好 141 家旅行社共计 2086 万元的质量保证金暂退工作。海都旅行社、海中洲旅行社、港城旅行社列为"全省百强旅行社",普陀山旅行社列入"十强省小微旅行社"。市、县联动推出"疫去福自来 还你惠民季""春暖古城·乐享定海""面朝大海·约'惠'普陀"等全民消费季活动。与驴妈妈集团合作开展以"舟游列岛"为主题的市长直播带货线上营销活动,吸引了 400 余万人次观看,总销售额达 1085 余万元。开展"阿拉过端午嘞""文化习俗分享+直播带货"活动。谋划"夜经济"市场活动,相约"定海·东海晚风市集"、普陀 520 幸福街、岱山"仙岛夜精彩"等文旅夜市内容精彩纷呈,并适时推出新城滨海湾夜游。舟山市全年旅游接待人次达到 5943.99 万人次,实现旅游收入 871.1 亿元,均恢复至 2019 年同期八成以上。海岛旅游在法定节假日及暑期等"黄金时期"表现亮眼,特别是国庆、中秋假期,舟山市游客人次、旅游收入两项增幅均列全省第一,同时也是全省唯

一实现正增长的地市。

二、以打造"海岛公园"为牵引,突出产业主线,创新产品供给

(一)以全域布局启动海岛公园建设

编制海岛公园建设总体规划和三年行动计划,初步明确各海岛公园规划范围、主题定位和样板区,海岛公园全域升级的方向更加清晰。建立海岛公园联席会议制度,强化资金保障、招商引资、宣传营销等保障机制。强化海岛公园政策配套,出台《促进游艇经济发展的实施意见》。

(二)以全域旅游创建引领品质提升

岱山成功创建全域旅游示范县,舟山具备成为首批省级全域旅游示范市的重要条件。定海南洞艺谷景区、嵊泗花鸟岛景区创成国家 4A 级景区。嵊泗县被认定为全省首批 4A 级景区城。定海马岙、嵊泗黄龙被认定为省级旅游风情小镇。岱山素海民宿等 15 家海岛民宿入选省级白金宿、金宿及银宿。

(三)以项目投资优化文旅产品业态

推进海岛公园重点建设项目 39 个,总投资达 348 亿元。普陀山观音法界项目、"南洞·大乐之野"精品民宿群竣工并投入运营。朱家尖保利航空小镇、普陀水街旅游综合开发、南洞艺谷文旅融合示范项目等 12 个项目顺利开工。谋划海岛公园建设招商对接

会,编制海岛公园建设招商项目手册。

(四)以赛事活动激发体旅融合活力

打造贯穿全年的海岛公园赛事活动体系,盘活体育市场拉动文旅消费。举办舟山群岛马拉松、环舟山自行车骑游大会、国际铁人三项赛等精品赛事,累计举办国际级赛事1项、全国性(长三角)产业类赛事21项,1000人以上规模赛事达10余项,导流10万人次以上。其中,2020年舟山群岛马拉松赛获得14987.24万元的赛事综合效益。

(五)以多维营销强化目的地品牌推广

线下依托新航线开辟赴郑州、西安开展营销推介,拓展中西部市场,线上打造"舟游列岛"品牌营销体系,策划征集"舟游列岛"品牌LOGO,建立"图游舟山""云图库"。构建微信、微博、抖音全系统集成的新媒体宣传矩阵,微博、微信多次跻身全省总榜前列,传播力持续增强。甄选2020年度舟山文旅体"十大网红"。

三、完善提升公共文旅服务体系,夯实事业底线,提供精准服务

(一)公共服务高效供给有新探索

稳步推进公共图书馆、A级旅游景区公共场所服务大提升。图书馆电子网证服务已在市图书馆试运行。A级旅游景区——花鸟岛被省跑改办评为全省亮点项目。

(二)传统文化保护传承有新举措

市博物馆首次入选全国热搜百强馆。打造首批非遗体验基地5家。建立普陀山宗教活动场所文物保护部门联动协调机制。定海区率先实施一般不可移动文物"亮牌工程"。完成六横双屿港遗址调查、衢山海洋文化遗产资源调查,完成全市范围内摩崖石刻传拓保护。定海区入选国家第二批革命文物保护利用片区分县名单。

(三)公共服务设施配套有新推进

舟山博物馆成功创建国家一级馆,有序推进嵊泗博物馆建设,完成马岙博物馆改造提升。新建定海城东、城南城市书房2家,加强对全市20家城市书房的管理提升。完成沈家门街道、东极镇综合文化站、桃花镇对峙村等10家综合性文化服务中心提升改建工程。全面完成旅游厕所三年行动计划,新(改)建旅游厕所148座,完成率达120.3%。

(四)文旅活动全民共享有新成效

举办庆祝舟山解放70周年主题美术、书法、摄影作品展,办好"阿拉过节嘞"、非遗"三进·四季行"、新区越剧(戏剧)节、旅游惠民季等活动。完成2020年"淘文化"三大惠民项目471场。开展"淘文化"进夜间经济街区活动,举办大比武8场、艺术剧院专场2场和广场舞排舞大展演1场,共计11场。完成送戏下乡615场、送书下乡11.5万册、送讲座及展览下乡353场,举办"文化走亲"45场、线上文化服务活动479场,参与477万人次。开展农村放映公益电影超过5000场次。实施博物馆系列四大教育品牌项目活动115场、群文素养提升工程课程200节。

(五)公共服务水平有新提升

基本公共文化领域排名全省第四。群文创作取得新成绩,在全省群文音乐、舞蹈、戏剧小品三大门类赛事中获得6个金奖,占比达到1/4。

四、提升文旅行业治理能力,筑牢行业生命线,实施全程监管

(一)政府数字化转型加快步伐

搭建完成全市文旅数字化平台主体框架,建立团队、景区等行业运行监测应用,交通客流、气象灾害和热点舆情等关联行业监测应用及"假日旅游应急指挥"数字化监管综合应用。收录涵盖景区、场馆、公共服务设施等在内的2400余万条基础数据。接入各类景区、场馆、交通等监控共计1000余路。

(二)"最多跑一次"改革稳中有进

15个事项在全省率先实行告知承诺制审批。推进政务服务2.0建设,梳理接入验收政务服务2.0事项目录清单,确保依申请政务服务事项网上受理率达100%。全面梳理"无证明化"改革事项清单,通过数据共享直接取消45项证明材料。

(三)事中事后监管不断完善

全面梳理系统事中事后监管事项清单。综合运用"互联网+监管""双随机、一公开""综合查一次"等手段,全面落实事中事后监管。推进"浙政钉·掌上执法"系统的应用,执行全流程数字化管理,实现省、市、县(区)大数据互联共享,实现执法业务"掌上办事"全覆盖。推广应用"E查通"小程序,依托数字化监管手段建

立"企业自查＋县(区)抽查＋市级督查"的3级联动,牢牢掌握行业监管主动权。开展导游分类规范化管理,制定出台《舟山市导游员信用评价与诚信分管理办法(试行)》,导游信用管理案例被市信用办评为全市信用试点推广项目。部署文旅市场"春季战役""暑期整治""秋冬会战",建立线上线下巡查机制,确保文旅市场运行有序。

(四)文明创城圆满告捷

层层压实全市文化市场管理和文明旅游专项组创建任务,抓好薄弱环节查漏补缺和整改落实。建立全市文旅行业创建长效机制,推进文明旅游、公筷公勺、垃圾分类等专项机制。舟山市文化和广电旅游体育局被评为全市创城先进集体。舟山市海洋文化艺术中心被授予国家级节约型公共示范单位。

(五)旅游行业贯标工作成绩显著

普陀山开元观堂等4家饭店被评为浙江省品质饭店,东港铂尔曼等2家饭店被评为浙江省绿色饭店。高佳庄等15家餐饮店被评为"诗画浙江·百县千碗"特色美食体验店。全市星级饭店及旅行社复核工作圆满完成。

(六)安全责任持续强化

深入开展文化和旅游市场安全生产专项整治3年行动,完成A级景区旅游新业态排摸。组织全省文化和旅游安全应急培训演练、行业系统消防安全综合演练、旅游安全应急演练。开展旅行社安全用车、娱乐场所消防安全、防汛防台防地质灾害等专项整治,确保市场安全稳定。舟山市文化和广电旅游体育局获评

"安全生产月"活动省级优秀单位。

(七)法治政府建设全面夯实

局机关成立政策法规处,严格落实行政规范性文件和机关合同合法性审查,建立局公平竞争审查工作制度,全面推进涉及市场主体经济活动的行政规范性文件和其他政策措施公平竞争审查,落实重大行政决策目录化管理,推进专家评审、群众参与、风险管控等流程机制,确保行政决策民主、科学、高效。

【大事记】

1月

2日至3日　舟山市图书馆分别在普陀区下徐文化礼堂、定海区滨海社区毛峙文化礼堂开展赠书、发放舟山海洋数字图书馆宣传资料等文化下乡活动。

10日　根据《舟山市文化和广电旅游体育局关于评选2019年度全市文化广电旅游体育系统"文明细胞"和"最美创城人"的通知》的精神,舟山市图书馆等22家单位获得"文明细胞"称号,曾燕等45位同志获得"最美创城人"荣誉称号。

16日　因旅游团款退款僵持近10月的舟山市定海春蕾旅行社在舟山市旅游协会调解下与游客达成调解协议。这是舟山市旅游纠纷人民调解委员会自2018年9月成立以来,成功调处的首例具有较大社会影响的旅游团款纠纷案件。

17日　舟山博物馆推出原创展览"海风拂面——馆藏精品海派书画展",展出馆藏文物21件(套)。这是该馆首次采用"模板化策展",以"一个模块,多样文

物"的形式,可以根据需要随时调换展览文物及局部内容,将馆藏资源充分整合。展览持续到2月10日。

18日至19日　"阿拉过春节嘞"庙会暨"舟山味道"游园会在舟山市体育馆举办。活动广泛传播舟山民俗类非物质文化遗产,为百姓带送上一道极富"年味"的文化旅游盛宴。

22日　下发《关于切实做好新型冠状病毒感染的肺炎疫情防控工作的紧急通知》,切实增强责任意识和危机意识,科学有效地抓好文化、广电、旅游领域的疫情防控工作。

2月

1日至11日　及时暂停全市文旅公共场所对外开放,关停公共文化场馆461家、A级旅游景区40家、网吧48家、娱乐场所229家。取消文旅体活动680场次、文艺演出活动164场次。全市3534家海岛民宿暂停营业,取消和退订7767间房间,合计游客数约15000人。取消旅行团600余个,涉及游客3万余人。

18日　舟山博物馆举办"宅家闹元宵,线上一样嗨"元宵节线上活动,利用微信公众号等平台积极开展元宵猜灯谜、公共卫生教育宣传及科学普及等活动。

27日　为全面展现抗击疫情工作成效,传递抗疫正能量,舟山博物馆面向社会各界广泛征集与抗击新冠肺炎疫情相关的资料和实物。

3月

4日　2019年"舟山海岛休闲示范点"名单公布,定海区兰魅坊华侨店、普陀区清宴书屋、岱山

县迟留书店等7家经营场所（点）活动榜上有名。

10日 浙江省文化和旅游重大项目集中开工仪式舟山分会场在定海区干览镇新建社区的南洞艺谷文旅融合示范项目现场举行。此次参加集中开工的重大文旅项目12个，总投资103亿元，年度计划投资35亿元。

11日 开放舟山图书馆、舟山博物馆、黄龙体育中心（舟山分中心）等公共文体场馆，做到防控不缺位，服务不断档。同时，各场馆继续通过"云游"等线上数字平台做好线上服务，为群众提供公共数字文化服务。

13日 舟山博物馆获评浙江省中小学研学实践教育基地。

17日至23日 组织开展13处第九批市级文物保护单位候选文物点实地复核工作，包括古墓葬1处，古建筑5处，摩崖石刻3处，近现代重要史迹及代表性建筑4处。

18日 联动全市20余家景区，市内100余家相关企业共同开展"疫去福自来，还你惠民季"惠民消费活动，发放美景、美宿、美食、美乐、美体5类消费券50万张。

26日 为了宣扬在防控和抗击疫情工作中的感人事迹，舟山市图书馆开展"魅力声音·抗击疫情，我们在行动"少儿音频征集活动，通过朗读抗疫主题原创作品，向防控和抗击疫情一线的工作者致敬。

31日 浙江省文化和旅游厅公布全省文化和旅游系统2020抗疫"三月英雄榜"，舟山市文化和广电旅游体育局督查巡查组及舟山市定海文化市场综合行政执法队上榜。

4月

7日 截至当天17时，清明假期全市共接待游客11.13万人次，同比增长28.37%，旅游收入14060.82万元，同比增长26.35%。舟山跨海大桥双桥口进入本岛车辆12474辆次，同比增长21.40%，出岛17301辆次。旅游部门受理旅游投诉1起，已妥善处理。无旅游安全事故，旅游秩序总体平稳有序。

10日 "舟山名厨委"·郭金伟技能大师工作室暨舟山味道研发中心挂牌仪式在舟山希尔顿酒店举行，进一步打响了"舟山味道"品牌。

15日 下发《关于进一步精准做好疫情防控工作的通知》。

21日 为庆祝舟山解放70周年，"解放·奋斗·辉煌"古风书社书法作品展在舟山美术馆开展。本次展览由舟山市文化和广电旅游体育局主办，舟山市文化馆承办，共展出24位书法家的70件优秀作品。

23日 舟山市在新城举行"书香千岛 智慧舟山"全民阅读月活动启动仪式。市委宣传部、市文化和广电旅游体育局领导，全市文旅系统工作人员代表及部分阅读爱好者参加活动。本次读书月活动以线上和线下相结合的方式，设置线上阅读、演讲比赛、短视频征集等活动，让"云上阅读"成为文化新时尚，营造全民阅读的良好氛围。

5月

8日 舟山博物馆联合驻军31610部队、舟山市公安局、舟山市档案馆、普陀区档案馆等多家单位，推出"蹈海——纪念舟山解放70周年特展"。

16日 舟山博物馆举办"故'镶'的诗与画——舟山传统黄杨木高嵌艺术"展览，共展出舟山民间藏家李国良收藏的黄杨木高嵌作品54件（组），展现了舟山民间传统家具的装饰工艺。

18日 在"国际博物馆日"围绕主题"致力于平等的博物馆：多元和包容"，全市博物馆深挖文物内涵，利用"互联网＋"方式，精心筹划了一系列线上线下主题活动，共举办展览10场，各类活动15场，参与人数超1万人。

19日 2020年"中国旅游日"安游舟山旅游主题活动——"最美海岸线"荧光夜跑活动在普陀东港拉开序幕。活动由舟山市文化和广电旅游体育局主办，普陀区文化和广电旅游体育局、舟山市体育中心（市全民健身中心）承办。夜跑全程约6.5千米，共有260名市内外游客、夜跑健身爱好者报名参加。

23日 "舟游列岛·GOU，GOU，GOU"市长联手景域驴妈妈集团董事长直播卖货专场活动举办。活动由舟山市人民政府、景域驴妈妈集团联合主办，舟山市文化和广电旅游体育局、舟山市商务局、定海区政府、普陀区政府、岱山县政府、嵊泗县政府、普陀山-朱家尖管委会、新城管委会承办。整场直播吸引400余万人次观看，产品涵盖海岛精品线路、酒店民宿、特色文创产品等共50余种，上架产品总额约1350万元，总销售额达到1085万元，其中酒店民宿类产品全线售罄，销售额达1052万元。

同日至24日 "2020乡约

定海·东海晚风市集"活动在定海区干览镇新建社区南洞艺谷举办。本次活动是中国（定海）美丽乡村周的配套活动，立足文旅融合，以更高的站位、更大的格局、更宽的视野，打造了一场海洋文旅盛典，吸引了众多市民游客。

24日　首届中国东海自驾游旅游节在南洞艺谷景区正式开幕。开幕会上，定海区和华东6省1市自驾游协会签订战略合作协议。同时，定海区文化和广电旅游体育局还发布了定海自驾游旅游计划，推出4条自驾旅游精品路线和若干旅游产品，并举行了《自驾游目的地等级划分》行业标准试点验证城市、最佳自驾游目的地、最佳休闲养生度假基地、自驾游游客服务中心授牌仪式和自驾车后备厢工程启动仪式。

25日　舟山博物馆荣膺"第四届全省博物馆免费开放最佳社会教育推介项目"。

27日　"2020舟山文物故事"线上讲解比赛圆满落幕。此次比赛由舟山市博物馆协会、舟山市旅游协会主办，舟山博物馆承办。岱山县海洋文化博物馆1名讲解员和舟山博物馆1名宣教员获专业组一等奖，舟山博物馆1名宣教员获非专业组一等奖。

是月　由文旅产业指数实验室发布的2020年4月浙江省文旅新媒体传播力指数榜单中，"舟山市文广旅体局"官方微博和"舟山群岛旅游"微信公众号均居榜首，"舟山群岛旅游"抖音号位居第三，其综合传播指数在浙江省下辖的11个地市级中名列前茅。

6月

1日至12日　舟山市艺术剧院分别赴定海七中、舟山小学、南海实验小学等7所中小学开展戏曲进校园活动，进一步弘扬中华优秀传统文化，提高学生艺术修养。

3日　中央宣传部、财政部、文化和旅游部、国家文物局公布了第二批革命文物保护利用片区分县名单，舟山市定海区入选浙东片区分县名单。

4日　舟山市文物保护考古所组织开展双屿港古遗址田野调查工作，同时兼顾六横区块地面文物调查，复核2019年六横遥感测绘项目成果等任务。调查过程中发现了一批包括商周时期古遗址在内的线索资料。此项工作至7月7日完成。

13日　由舟山市文化和广电旅游体育局主办，普陀区文化和广电旅游体育局、舟山市非遗保护中心、舟山市文物保护考古所和舟山博物馆承办的2020"文化和自然遗产日"宣传活动暨文化遗产进景区系列展示活动在普陀田园综合体举行。本次展示活动还颁发了舟山市文物故事征文比赛、舟山文物故事线上讲解比赛等证书。

同日　举行舟山市非遗生产性保护示范基地、舟山市非遗体验基地及浙江省非遗旅游景区授牌仪式。

同日　年度首场"文博大讲堂"在舟山博物馆举办。本次讲座围绕"丝绸之路：互学互鉴　促进未来合作"主题，论述了舟山作为海上丝绸之路重要枢纽的独特地位，并对舟山出土的古钱进行了断代和分析。

15日　舟山博物馆积极参与"2020丝绸之路周"活动，并精心挑选了馆内珍藏的9件相关文物，在线通过"丝路百馆百物"短视频接力、"一花一世界"丝路文物海报接力的形式，讲述舟山丝路故事，描绘舟山丝路画卷。

16日　公布一批市级非物质文化遗产体验基地，干施岙海岛乡村传统乐园、国和木船技艺馆、东极海潮渔民画体验基地、东沙渔文化体验基地、长涂倭井潭硬糕技艺体验基地入选。

18日　由舟山市文化和广电旅游体育局主办，舟山市艺术剧院承办的"2020舟山市文化暖心公益义演活动"——送文化进军营文艺演出在武警舟山支队执勤一中队举行，进一步加深了军民鱼水情谊，营造了军民"同呼吸、共命运、心连心"的浓厚氛围。

20日　和舟山市精神文明建设委员会办公室共同主办"幸福舟山　端午有礼"线上带货直播活动。普陀福粽、舟山黄酒、端午香囊受到市民热捧，网上观看量突破155万人次。

25日　由舟山市文化和广电旅游体育局、舟山市精神文明建设委员会办公室、舟山市中华传统文化促进会共同主办的"体验民宿韵味　共度文明端午"——2020年舟山市第四届端午节传统文化主题活动在临城海城广场举行。同时，有1000多名热爱传统文化的市民线上参与了当天的活动。

26日　由舟山市文化和广电旅游体育局和舟山市精神文明建设委员会办公室共同主办，普陀田园综合体指挥部、普陀区文化和广电旅游体育局、舟山报业传媒集团、舟山市海洋文化艺术管理处承办的2020年舟山市"阿拉过端午嘞"系列文化活动在普陀田园综合体举办。近 3000 名市民、游客参加。

27 日　端午节期间舟山共接待游客 6.69 万人次,旅游收入 8766.29 万元。

7 月

7 日　舟山市图书馆开展第八届"小小图书管理员"暑期实践活动,共分为 7 期,每周 1 期,每期 7 人。

10 日　"小城大爱:致敬抗疫战场上的凡人英雄"展览在舟山博物馆举办。展览汇聚 82 件(组)抗疫实物,展示战"疫"中的舟山力量。展览到 9 月 20 日结束。

23 日　市政府公布了定海区朱葆三墓等 13 处第九批市级文物保护单位名单。至此,市级文保单位增加到 67 处。

同日　舟山影城正式恢复营业,当日观影 340 人次,票房 4569.35 元,据统计为全市第一。

24 日　浙江省第二批优秀非遗旅游商品名单公布,舟山市 5 件非遗旅游商品列入其中,分别是定海区的螺钿漆器果盘、木质古帆船,普陀山的普陀山佛茶,普陀区的渔民画衍生产品及嵊泗县嵊泗渔歌 MV 专辑。

27 日至 29 日　由舟山市文化和广电旅游体育局主办,舟山市文化馆、舟山市艺术剧院共同承办的"追梦新时代　谱写新篇章"2020 年舟山市文艺创作作品展演在市艺术剧院举行。此次展演共计创作优秀作品 40 个。

31 日　舟山博物馆多媒体互动墙文物数据采集工作进入尾声,共计采集制作器物类文物(三维数据)122 件,书画类文物(平面高清数据)81 件。

8 月

1 日　为庆祝中国人民解放军建军 93 周年,和武警舟山支队共同举办了八一会演暨军民融合发展主题联欢晚会。

同日　"博物馆之夜"正式启幕。活动期间,舟山博物馆每周六开放时间延长至 20 点 30 分,夜间开放时间段入馆观众控制在 500 人以内。

2 日　"2020 环球自然日——青少年自然科学知识挑战赛浙江分站决选"圆满落幕。舟山市共选送 19 组参赛作品参加浙江分站决选,其中 5 组荣获一等奖,6 组荣获二等奖,8 组荣获三等奖。此外,展览组的《又闻墨香》《年年有"鱼"》等 8 组作品,表演组的《再见大黄鱼》等 3 组作品入围全球总决选。

3 日　正式发文公布了舟山市第四批市级非物质文化遗产项目代表性传承人,19 位传承人入选。

5 日　舟山影城"和谐社区公益电影"放映活动正式启动,全年计划放映电影 80 场。活动主要面向低保家庭、残疾人士、外来学子、老年人等社会弱势群体,通过"淘文化"平台进行放映预约并发放影券。"和谐社区公益电影"自 2009 年举办以来,已累积放映 918 场,惠及群众 5 万余人次。

8 日　舟山市艺术剧院着力打造"潮生夜市·东海夜剧场",即日起陆续推出越剧《双狮宝图》《半夜夫妻》、滑稽戏《唐伯虎点春香》、"千寻·天空的城——久石让作品音乐会"等一批高质量的演出。活动至 9 月 12 日结束。

14 日　国家文物局向社会推介 100 项 2020 年度"弘扬优秀传统文化、培育社会主义核心价值观"主题展览,舟山博物馆"蹈海——纪念舟山解放 70 周年特展"入选。

同日　雅昌文化集团制作的 100 位摄影人 100 种抗疫摄影纪实画册入藏国家博物馆。其中,舟山市文化馆摄影干部包丽霞拍摄的组图《重回校园的喜悦》入选。

同日　由舟山市文化和广电旅游体育局主办,舟山市非遗保护中心承办的 2020 浙江好腔调·海韵遗风——舟山市传统戏剧系列展演在舟山市海洋文化艺术中心开演,在丰富群众精神文化生活的同时,积极营造传承和保护非物质文化遗产的良好社会氛围。展演持续到 10 月。

19 日　"浙里小康——浙江书法篆刻征评系列大展"评审结果揭晓,舟山市文化馆古风书社共有 14 人次作品获奖、入选或入展,其中王维芳荣获浙江省书协基层会员书法篆刻大展书法优秀作品奖。

24 日　舟山市文化馆徐锋、姜东波入选浙江省群星美术二十家展。同时,参展画作入选《浙江群星美术二十家优秀作品集》和《诗画浙江,秀山丽水》——2020 浙江省群文美术写生创作作品展》画册。

25 日　由舟山市文化和广电旅游体育局、舟山市精神文明办公室主办的 2020 年"阿拉过七夕嘞"系列传统文化活动在白泉镇传奇山庄举办。活动现场,近 20 位单身男女体验了"走鹊桥""对诗词""缝荷包""做巧果"等趣味活动,感受七夕佳节的传统文化氛围。

同日至30日 "昆仑圣殿格尔木"中国长江沿线生态摄影联展在青海省格尔木市奥体广场举行。舟山市文化馆摄影干部包丽霞创作的《群鸥闹海》《绿野仙踪》等6幅生态摄影作品入展，对舟山市文明城市形象的树立和旅游资源的推广起到了良好的宣传作用。

27日 舟山渔民画在"决胜全面小康"第二届全国农民画作品展中再创佳绩，其中20件作品入选，3件作品获得入会资格。

9月

2日 浙江省文化传承生态保护区（创建）名单公布，普陀山文化传承生态保护区榜上有名。

3日 舟山博物馆对门户网站进行了升级改版，新网站全面改版运营，微信小程序同步上线。新版网站学术性、专业性、娱乐性、服务性持续增强，"典藏栏目"展示馆藏文物3500余件，实现了藏品数据库的全公开全透明。

12至20日 由舟山市文化和广电旅游体育局、人民日报社《民生周刊》书画艺术院等共同主办的"时闻精钟"唐文国山水画作品展在舟山美术馆开幕，共展出唐文国创作的人物、山水、风景等新作50余幅。

14日 第六届舟山群岛新区越剧（戏剧）节在舟山市艺术剧院拉开帷幕。本届越剧（戏剧）节由舟山市文化和广电旅游体育局主办，舟山市艺术剧院承办，秉承"创新、传承、惠民"的宗旨为岛城观众推出6部经典戏剧。本届越剧节除了传统越剧大戏，还首次引进了婺剧。

同日至20日 舟山市文化馆以"同讲普通话，携手进小康"为主题，开展了少儿戏剧表演课、演讲与礼仪课、传统书法课等一系列普通话推广活动，引领社会大众树立语言规范意识，重视汉字书写，亲近中华传统文化。

15日 舟山博物馆与云南省楚雄州博物馆合作开展"威楚彝韵——楚雄彝族历史文化展"，展出彝族特色展品100余件。

23日 由舟山市文化和广电旅游体育局主办、舟山市文化馆承办的2020年"淘文化"业余文艺团队大比武活动在定海宋都滨海新天地正式启动。参加这次大比武的46支团队，还以"串门走亲"的形式奔赴各县（区），为群众带去越剧、舞蹈、表演唱、小品、木偶剧等丰富多彩的节目。

同日 大型原创越剧《观世音》2020全省巡演首站在舟山市艺术剧院开演。之后该剧奔赴杭州、宁波、金华、湖州等地进行演出，到10月28日结束。

25日至27日 2020海丝之路（中国·宁波）文化旅游博览会在宁波国际会展中心举行。舟山市文化和广电旅游体育局组团参展，特设"群岛海岛公园"展区，集中展示了舟山特色文旅产品、渔民画衍生品、民俗风情、旅游线路及非物质文化遗产项目等。

28日 由舟山市文化和广电旅游体育局主办、舟山市文化馆承办的"润物无声——徐家三代人画展"在舟山美术馆开展。此次画展从题材上涵盖了风景、人物、山水、生活等，从技法上分为国画、水彩、钢笔淡彩、插画等。展览截至10月11日结束。

29日 2020年舟山市广场舞展演在普陀·杉杉天地举行。此次活动由舟山市文化和广电旅

游体育局主办，舟山市文化馆、舟山市广场健身舞协会、定海区广场舞指导中心、普陀区广场舞指导中心、岱山县广场舞指导中心和嵊泗县广场舞指导中心共同承办。29支优秀团队的400余名广场舞爱好者参演，现场观众3000多人。

同日 由舟山博物馆和国网舟山供电公司跨界联合举办的"电舞百年 世纪追光——纪念舟山有电100周年特展"在舟山博物馆开展。展览用近100件实物，展示了舟山电力事业的百年足迹和电力工业的发展对舟山的繁荣、百姓的生活所产生的深远影响。展览截止到11月15日结束。

10月

1日 舟山市文化和广电旅游体育局大数据中心正式启用。大数据中心建设坚持"整体智治"的理念，以一体化的数字文旅综合平台为关键支撑，以构建业务协同、数据共享为基本方法，综合"智慧管理""智慧服务""智慧产业"等应用管理模块，实现对全市交通客流监测、景区运行管理、假日旅游应急、突发应急指挥等的数字化管理功能。

同日 2020"阿拉过中秋嘞"新城滨海湾夜游赏月活动在临城双阳码头举办。此次活动由舟山市文化和广电旅游体育局、新城管委会主办，吸引了近1万名市民游客。

9日 舟山博物馆收到市外事办移交的日本友城宫城县气仙沼市赠送的"大渔旗"一面。作为两个城市的友好见证，大渔旗将被舟山博物馆永久收藏。

12日 市文物保护考古所

完成衢山区域海洋文化遗产资源调查年度阶段性任务并取得丰硕成果，为科学挖掘全市海洋历史文化内涵助力。

同日至16日 2020年舟山市渔民画创作培训班在舟山市文化馆举办，来自全市各县（区）的21名渔民画作者参训。

14日 "中国博物馆热搜榜"——2020年第三季度全国热搜博物馆百强榜出炉，舟山博物馆首次入选全国热搜百强榜，排名第77位，同时在"浙江十大热搜博物馆"中排名第8位。

16日至18日 2020年第十届东海音乐节在朱家尖南沙举办。本次音乐节现场舞台表演共计20余组，邀请了《都市快报》、新浪、搜狐、网易、腾讯、豆瓣等门户网站及广播电台、微信自媒体等500多家国内外媒体平台进行宣传。

17日 舟山普陀走进苏州吴中开展"蓝绿畅享·嗨游普陀"2020舟山普陀（苏州）文旅推介会暨"文化走亲"活动。活动共吸引了20家苏州旅行社参与，促成了苏州大地国际旅行社有限公司和浙江海中洲国际旅行社有限公司、苏州康泰国际旅行社有限公司和舟山金秋国际旅行社有限公司的战略合作签约。

23日 舟山市图书馆积极应对疫情，充分运用新媒体平台，借助哔哩哔哩第三方直播平台，通过直播、录播等方式，开展"遇见抑郁"系列线上讲座。

26日 嵊泗黄家台遗址考古发掘正式入场实施。遗址位于嵊泗县菜园镇基湖村，是全省最东北的史前古遗址，也是全省第1个正式考古发掘的沙丘型古遗址。发掘工作持续3个月，发掘面积600平方米，分东、西2个区域，清理采集大量的器物标本，主要包括陶器、石器、动物遗骨、贝壳等。文化属性汇集崧泽文化、河姆渡文化、良渚文化等多源文化元素，年代距今4800—4300年。

30日 舟山渔民画、舟山海洋鱼类传统加工技艺、沙洋晒生制作技艺等5个非遗项目受邀参加2020年丽水市"多彩非遗乡村四季行"之秋季行活动，为丽水市民展示了别具特色的舟山非遗文化。

11月

4日 舟山市首届书坛新人新作展在舟山美术馆展出，共展出作品110件。展出作品风格各异、形式多样，充分展现了新一批书法创作者们的艺术才华和审美追求。

3日至10日 舟山市艺术剧院开展"海岛文艺轻骑兵"走进敬老院系列文化暖心活动，共开展文化暖心慰问演出9场次，演出范围覆盖定海、普陀2区，惠及老人1000余人次。

5日 由绍兴市文化广电旅游局、舟山市文化和广电旅游体育局主办的"绍兴有戏"之"醉美绍兴"专场演出在舟山市艺术剧院举办。绍兴市多位上海白玉兰奖得主、国家一级演员等参演。

8日至10日 舟山市50余家文化旅游企业参展第15届中国义乌文化和旅游产品交易博览会，舟山市文化体育发展有限公司获优秀展台奖、组织二等奖、优秀参展企业奖、工艺美术铜奖。在本次博览会上，舟山馆结合"线上＋线下"混合模式，通过"云直播""云洽谈"的方式，在"屏对屏"中完成交易，实现双轨流量变现。

17日至21日 舟山市在郑州、西安组织举办了"舟游列岛 豫见美好""舟游列岛 丝路相会"2场主题文旅推介会及地推路演活动。200余家郑州、西安当地旅游企业及舟山市旅行社协会、旅游企业代表，40多家当地主流媒体代表等参加了活动。

18日 舟山市图书馆与宁波图书馆签订了《甬舟家谱资源、信息、研究服务合作协议书》，浙东家谱研究中心建立工作跨出的实质性的一步，双方在推进甬舟家谱资源一体化共享，家谱数字资源互通互融，加强甬舟两地族缘文化的交流和联系及家谱编修、学术研究等方面达成了合作共识。

24日 舟山市艺术剧院开展"海岛文艺轻骑兵 文化惠民暖人心"百团百艺进社区活动，已陆续在长白前湾、朱家尖庙根、岑港烟墩、马岙团结等社区演出6场次。

26日 舟山市姜东波中国画作品《冬至》入展第二届"香凝如故"全国美术作品展。

12月

1日 "忆江南——长三角文创博览"在浙江省博物馆孤山馆区浙江西湖美术馆开幕，舟山博物馆选送的文创产品"龙茗·陶瓷马克杯""溢香·檀木熏香器""清音·墨竹伞"等参展。

2日 浙江省文化和旅游厅公布5项示范性群文活动获奖名单，舟山市的舞蹈、音乐和戏剧小品类6件作品获金奖。

同日 舟山市非物质文化遗产保护中心与宁波市非物质文化

遗产保护中心共同签署了《甬舟非遗保护一体化战略合作协议》，协议围绕政策互鉴、人才培养、资源共享、市场推广、品牌打造等方面开展一体化合作与探索，计划用5年时间初步建成交流机制顺畅、资源充分共享、社会影响广泛、非遗保护事业持续进步的甬舟非物质文化遗产保护和发展共同体。

同日　浙江省"新时代风采"群文人物事迹征文比赛结果揭晓，共有36件作品获奖，舟山市文化馆获优秀组织奖。

同日　舟山博物馆新征集丝绸之路银币83枚，其中包括安息王朝银币31枚、萨珊王朝银币36枚、波西斯王国银币16枚，至此已累计征集丝绸之路钱币1700多枚。

同日　公布舟山市2020年度"岛居舟山"最美民宿名单，嵊泗县白岛民宿等35家民宿入选。

同日　由中共舟山市委宣传部、舟山市精神文明建设指导中心、共青团舟山市委员会、舟山市残疾人联合会主办，舟山市图书馆协办的舟山市"观影无障碍·志愿暖人心"专项活动启动仪式在舟山市图书馆举行，现场组织观看了无障碍电影《我和我的祖国》，市图书馆还向市残联提供了50台智能听书机设备，向视障人士开展免费借阅服务。

9日　在浙江省文化和旅游厅主办的2020"相聚浙里"国际人文交流周活动启动仪式上，普陀山风景名胜区被评为省国际人文交流优秀单位。

同日　"礼赞新时代·同心奔小康"2020年舟山市文艺创作作品展演活动评选结果公布，表

演唱《新手奶爸》《渔家》8个文艺作品获得创作一等奖，定海区文化和广电旅游体育局、普陀区文化和广电旅游体育局获得优秀组织奖。

同日　舟山市图书馆首家部队分馆——武警分馆揭牌仪式在武警支队举行。该馆配置图书近6000册，阅览座席50个，采用国内最先进的RFID技术，配备自助办证机、自助借阅机等设备，与舟山市各公共图书馆、各城市书房实行借阅"一卡通"及图书通借通还。

10日　浙江省群星行草书法大展获奖名单公布，舟山市刘海忠作品《草书辛弃疾诗》获银奖。

11日　"群星璀璨　共谱时代华章"浙江省群众文化展演展示系列活动在义乌举行。舟山市作品中国画《休渔》入选视觉类展览，表演唱《阿家里格啰》入选舞台艺术精品展演。活动中，主办方集中表彰了2020年浙江省示范性群众文化各类大赛的优秀作品，舟山市选送的实时采样演奏与演唱《在四季等你》、小品《父亲的快递》等作品代表上台领奖。

同日　2020年度浙江省志愿服务最美（最佳）典型公布，舟山市民营文艺表演团体——市青年越剧团团长陈艳萍荣获省"最美志愿者"称号。

15日　舟山市人民政府正式发文公布第六批市非遗名录（传统医药类）项目，岱山县的毛伟平六环水罐定位瘀痹通络疗法和嵊泗县的针灸（嵊泗温针灸）两个项目入选。至此，舟山市已公布市级非遗项目81项。

同日　普陀渔民画创作团队

4幅作品入选浙江省农村文化礼堂建设成果展演暨"三团三社"成果展演展示。

同日　舟山市姜东波、徐锋、张海虹等6位文化馆干部创作的8幅作品入展浙江省群星美术写生汇报展。

16日　舟山市文化馆理事会成立大会举行。首届舟山市文化馆理事会由9名理事组成。会议审议通过了《舟山市文化馆章程》及配套制度。

17日　舟山市舒信虎获2020浙江"最美文旅人"特别提名奖。

18日　发文公布舟山市第四批市级非物质文化遗产项目（传统医药类）代表性传承人，定海区的顾国和等4人入选。至此，舟山市已公布了60位市级非遗传承人。

21日　舟山博物馆入选新一批国家一级博物馆，成为全省13家国家一级博物馆之一。

（冯贞巧）

舟山市县（区）文化和旅游工作概况

【定海区文化和广电旅游体育局】内设职能科室6个，下属单位6个。2020年末人员67人（其中：机关21人，事业46人；具有高级技术职务资格的3人，中级17人）。

2020年，定海区文化和广电旅游体育局以推进"重要窗口"海岛风景线建设为主线，贯彻落实"两手硬、两战赢"要求，强抓市场回暖、经济复苏，力提文旅公共服务能级，全区文化和旅游工作稳步推进。定海区获评全国县域旅游综合实力百强县、入选第二批

国家革命文物保护利用片区名单,干览新建村获评全国乡村旅游重点村、省文艺创作采风基地,金塘和建村获评省文化示范村。全年定海区旅游总人次 1032.21 万人次,同比减少 30.4%;实现旅游收入 105.7 亿元,同比减少 49.89%。一是疫情防控、复工复产有力。建立常态疫情防控机制,以"人治+智治"形式强化"闭环式"疫情防控管理。开展战"疫"主题文艺作品创作活动,创作优秀文艺作品 140 件,以文艺传播抗击疫情正能量。围绕"六稳""六保"工作,退还旅行社质量保证金 300 余万元,统筹纾困奖补资金 200 余万元,出台《2020年定海区旅行社、旅游饭店行业发展促进奖励办法(试用)》,参与直播带货、网上文旅等促进消费活动。推出"春暖古城·乐享定海"消费季节活动,发放"定海嗨购券"300 万元。举办"美丽乡村周"活动,以"诗画浙江·百县千碗——定海米道""2020 相约定海·东海晚风市集""首届东海自驾旅游节"为主要载体,带动 2 万余游客。二是公共服务效能有力提升。拓展城市生活空间,新建城东、环南城市书房,建构城区"15 分钟阅读圈"。新增提升 A 级景区村庄 39 个,创建 A 级旅游厕所 5 座,主客共享空间品质进一步提升。跟进直播、短视频等新风潮数字供给服务,推出"学艺直播间"线上艺术教学项目,开展"云阅读""云培训""云展览"等"云端公共活动"120 余场,线上线下并进开展"唱响定海""书香定海"系列活动 77 场,满足疫情期间群众多元精神需求。数字赋能新体验,完成文旅智慧项目 1

期建设,建成定海非遗民俗馆、古越昌国史跡馆、舟山名人馆、蓝理纪念馆等数字展馆,为群众提供"虚拟游"体验。深入实施文化惠民工程,全年送戏下乡 120 场、送讲座及展览下乡 49 场、送书下乡 3.3 万余册,开展"文化走亲"10 场,开办"百姓课堂"文化公益培训 100 余期,有效丰富群众精神文化生活。三是文物博物生态得到优化。对 10 余处涉军产权文物进行安全检查并下发整改通知,填补涉军产权文物建筑监管空白。组建文物修缮专家库,扩大业余文保员队伍,充实文物保护管理力量。完成 400 余处文物资源数据普查、44 处文物古井水源普查及复翁堂、姚公殉难处、黄氏宗祠、包祖才墓 4 处市级文保单位"四有"档案编制,修缮市级文保单位瞭望楼,创新实施一般不可移动文物"亮牌工程"。推进文物活化利用,设计制作文物保护胸章、文物服装等文创产品,编制文物地图、《海上古城 千年定海》画册、文物法律法规汇编等进行发放、展示,推进文化遗产物化、生活化。徐正国博物馆被评为四星级非国有博物馆。四是非物质文化遗产活力有效激发。新增市区 2 级非遗代表性传承人 19 人,以"名师带徒"活动为载体新培育非遗后备人才 10 人,壮大非遗传承力量。丰富非遗宣传推广载体,举办 2020 年定海区庆祝"文化和自然遗产日"非遗宣传展示活动等各类宣传展示活动 20 余场,在非遗馆举办"美在其钟:古董钟表收藏展""古城记忆:定海老字号文化展"等临展 4 期,深入景区、社区送木偶戏、翁洲走书 116 场,大力弘扬优秀传统文化。

探索"非遗+互联网"模式,推动非遗项目入驻电商平台,通过与新零售跨界合作提升非遗市场认知度。编纂《定海区非遗大观》。五是文艺精品创作取得成果。精心创作文艺精品,全年 40 余件作品获省级以上奖项,其中组唱《为了春天而来》获浙江省十九届新作演唱演奏大赛"三地一窗口"专场金奖,美术作品《渔随潮-鱼汛旺》获得 2020 首届中国(洞头)渔民画大展最高奖项,表演唱《数幸福》登上国家大剧院舞台。六是文旅产业焕发活力。全面推进定海海岛公园建设,编制总体规划和 3 年行动计划,初步确定样板区、主题定位、样板区,落实海岛公园重点项目 10 个。"南洞·大乐之野"精品民宿群一期竣工投入运营,建成村回·未见海民宿群,推进盐仓秘境观海民宿度假村,初步形成精品民宿集聚区。根据后疫情时代游客需求,创新设计短途游、一日游"定海微旅行"全域旅游精品线路 10 条,联动"华东六省一市自驾游协会"打造自驾游精品线路,定海区获评"华东六省一市自驾游示范城市"。深度开发利用文化资源,以"品读定海"活动为载体解码定海"文化基因",梳理重点文化元素 17 个;打造"定海故事"文创 IP,研发设计"定海故事"螺钿瓷杯、"定海山"文具盒等 7 个品类的文创产品。浙江省重大文旅项目集中开工仪式舟山分会场在南洞艺谷景区举行。七是客源市场得到拓展。紧抓跨省游重启契机,在上海虹口首次举办"海上古城"文旅专题推介会,发布针对性优惠政策,深化两地旅游客源互通、市场共拓。构建立体式宣传矩阵,与马蜂窝等新媒体平台合作打造"定海故事"线上互动体验专题，针对长三角客源地城市曝光50万次以上；组织记者、旅游达人团队赴定采风打卡，撰写原创攻略、软文同步在新媒体账号、纸媒、广播平台推广。积极参与2020海峡旅游博览会、第15届中国义乌文化和旅游产品交易博览会等会展活动，向外展示风采、展销产品，螺钿作品"开国典礼"获第15届中国义乌文化和旅游产品交易博览会工艺美术金奖。八是行业监管规范有序。提升行业品质，深入打造"诗画浙江·百县千碗——定海米道"IP，高佳庄大酒店、新钻石楼大酒店分获"诗画浙江·百县千碗"旗舰店、示范店称号，马岙村回民宿、新钻石楼大酒店、高佳庄大酒店获定海米道特色体验店称号。构建局系统行业监管点、线、面管理机制，处置1起非法挂牌旅行社门市业务经营场所，协助查处侵害游客权益吊销旅行社许可证案，旅游投诉办结率100%。完成文化市场管理专项组、文明旅游专项组文明城市创建任务，定海区图书馆被评为舟山市创城先进集体。充分运用"互联网＋监管""E善通"等数字手段开展市场监督执法，全年完成掌上执法1727次。开展"春风行动"、暑期文化市场经营场所专项整治行动、跨境赌博专项整治等，共出动检查1016人次，依法检查经营场所1644家次，立案查处违规经营场所4家次，文化市场更加清朗。

（方优维）

【普陀区文化和广电旅游体育局】内设职能机构8个，下属单位7

个。2020年末人员83人（其中：机关14人，事业69人；具有高级技术职务资格的4人，中级15人）。

2020年，普陀区成功创建省文旅产业融合试验区，入选省级文化和旅游消费试点城市，获评2020年度全国市辖区旅游综合实力百强区、2019"诗画浙江·百县千碗"工程示范县区。普陀区文化和广电旅游体育局获评第五届龙雀奖"年度最佳文旅消费复苏示范单位"、全国文明城市创建工作市级先进集体。桃花镇被评为浙江省文化强镇，省基层公共文化服务评估连续7年位居全市第一。全年全区（含普陀山-朱家尖管委会）累计创旅游收入533.368亿元，同比减少6.56%；区本级累计创旅游收入315.594亿元，同比增长11.93%。一是建设宜居宜游空间。完成普陀大剧院外墙LED灯光维修、10家基层综合性文化服务中心建设和10座旅游厕所新改扩建。全区有文化馆1个，镇（街道）综合文化站7个，渔农村文化礼堂65家。通过省全域旅游示范区复核，围绕海岛公园建设，重点做好东极旅游环境综合提升，全面打造东极岛海岛旅游样板地，加快"百千万"工程建设，创成省3A级景区城1个；景区镇6个，其中桃花镇、东极镇为4A级景区镇，虾峙镇、沈家门街道、东港街道、展茅街道为3A级景区镇；创建公前村等26个A级景区村，全区累计创成景区村61个，基本实现景区村全覆盖。二是活跃群众文化生活。开展文化惠民活动。全区送戏、送讲座、送展览109场次，7万余人次参与；举办人文大

讲堂、百姓大舞台、文化大展厅、艺术大课堂四大公共文化服务品牌活动68场次，吸引4万余人次参与。普陀大剧院全年完成演出、活动32场，接待观众17341人次，观众满意度96.6%。文化队伍日益健全，全区共有215名专业文化干部，各类业余文艺团队487支，文化志愿者3190人。大型节庆丰富多彩。举办第十二届中国国际普陀佛茶文化节、中国沈家门渔港诗会、"文化和自然遗产日"宣传活动等活动271场次。探索以节庆激活乡村旅游新模式，举办2020海稻音乐节，吸引观众近1万人次，旅游收入近200万元。策划展茅田园综合体国庆中秋假日文艺演出、篝火音乐会，以小而精的活动营造文旅沉浸式新场景。文艺精品创作繁荣。挖掘和弘扬普陀优秀海洋文化，创作一批贴近时代和群众的优秀文艺作品，27个作品获省级以上奖项。其中舞蹈《可咸可甜》获2020年浙江省群众舞蹈大赛金奖。三是推进文化遗产保护。文物保护持续推进。全区有文物保护单位27处，其中国家级1处、省级1处、市级4处、区级21处，区级文物保护点7处。成功申报"蚂蚁岛人民公社旧址"为第九批市级文物保护单位。非遗传承扎实有力。全区共有非物质文化遗产项目107项，非物质文化遗产代表性传承人39名，省优秀民间文艺人才30名，区优秀民间艺人21名，非物质文化遗产传承（教学）基地31个。有国家级非物质文化遗产项目保护单位1个、省级非物质文化遗产宣传展示基地1个、市级非物质文化遗产生产保护性示范基地3个、市

级非物质文化遗产体验基地 3 个。打造了省级非物质文化遗产旅游景区——民俗文化旅游村 2 个、非遗主题小镇 1 个。举办"文化和自然遗产日"系列宣传活动等 40 场次，举行戏曲专场演出 12 场次。四是加快文旅产业发展。项目开发建设。全区在建项目 21 个，总投资规模超 170 亿元，年计划投资 34.7 亿元，实际完成投资 33.78 亿元。其中，百里滨海大道普陀段项目累计完成投资 22 亿元，展茅至东港最美公路累计完成投资 1.2 亿元，东极岛旅游品质综合提升累计完成投资 0.25 亿元，美丽海岛田园综合体累计完成投资 3.8 亿元，半升洞高端休闲街区累计完成投资 19 亿元。扶持产业发展。出台《支持文化产业健康持续发展的八条措施》，推出"文创贷"，完成 1063 万元文化产业发展专项资金的拨付。冠素堂食品文化体验园创建省级文化产业发展基地，桃花仙岛绿园中医药养生园创建省级中医药文化养生旅游示范基地。完成《泥螺》等孝文化微视频短剧的拍摄。举办"筑梦东海创享普陀"文化产业系列培训、"城市文化 IP 赋能"专题讲座，组织文化企业参展深圳文博会、长三角文博会，赴南京等地参观学习，1 家文化企业获评市成长型文化企业，1 名人才获市创新型文化人才，1 个街区入围省级文创街区复选。五是促进文旅资源开发。开展线上活动。举办"云旅游"，推出主播带你游白沙岛活动，实施"百万消费"免费领等文旅优惠 7 条措施，开拓"局长带货"模式，在"嗨普陀"平台发放 10 季文旅体消费券 797.7 万元，

发出文旅体优惠大礼包等 14666 份，拉动消费 2000 余万元。拍摄"百县千碗 普陀鲜味"宣传片，助力普陀美景美食"走出去"。优化"嗨普陀"平台，已入驻商家 642 家，拥有文旅产品 4530 种，服务 115 万余人次，平台交易 224 万元。"舟山普陀文旅"抖音号粉丝量 9.3 万，在全国县级文旅部门抖音号传播力指数排行榜上排名第二。注重线下营销。开展"东海极地，逅会如期"线下体验游。举办"5·19 中国旅游日"普陀主题活动、"蓝绿畅享·嗨游普陀"苏州推介会，参加第十六届海峡旅游博览会暨第六届中国（厦门）国际休闲旅游博览会、"诗画浙江"文旅周暨 2020 浙江（北京）旅游交易会、"世界看见·诗画浙江海外推广文旅'金名片'展示周"等，对外推介普陀文旅资源，2 件旅游商品获 2020 中国特色旅游商品大赛入围奖。六是加强文旅市场管理。提升文旅行业品质。三盛铂尔曼酒店、康桥望湖酒店分别通过绿色饭店、省级品质旅游饭店评定验收，希尔顿酒店成为全市首家"诗画浙江·百县千碗"示范店，三盛铂尔曼酒店、海中洲国际大酒店、中瀚酒店、老同学排挡（宁兴店）获评"诗画浙江·百县千碗"美食体验店。加快民宿品质提升，新建民宿 9 家，共计投资 6500 万元；对 2019 年度评定的海岛精品民宿发放奖励资金 192 万元；普陀区民宿协会成立，首届成员单位 31 家。至年底，全区拥有海岛精品民宿 34 家，市级最美民宿 23 家，省金宿级民宿 2 家、银宿级民宿 11 家。筑牢安全生产底线。建立常态化疫情防控机制，累计出动检查人

员 4513 人次，检查场所 6596 家次，确保行业疫情防控不留死角。完善防汛防台防旱、旅游突发公共事件应急预案，开展文物建筑消防安全 3 年专项整治行动和重点时段文旅行业安全隐患排查，做到不留隐患、不留漏洞。加强行业监管力度。全区共有网吧 18 家，歌舞娱乐场所 49 家，游艺娱乐场所 1 家，演出场所 6 家，旅行社企业 51 家，持证导游员 950 名。举办培训班 3 期、2020 年普陀区导游技能大赛，提升从业人员素质。持续深化"最多跑一次"改革，推行行政审批网上办、掌上办，落实"互联网＋监管"工作，实现入库人员账号开通率 100%、清单事项监管覆盖率 100%、执法信息公开率 100%。完成文化市场综合行政执法改革，规范化建立全市唯一执法室。受理各类旅游投诉案件 43 起，均已处理完毕。开展"双随机"抽查、"扫黄打非"、"春风行动"等文化旅游市场专项整治行动，全年出动检查执法人员 1364 人次，检查经营单位 1153 家次。

（孔凡雪）

【岱山县文化和广电旅游体育局】内设职能科室 6 个，下属单位 6 个。2020 年末人员 84 人（其中：机关 16 人，事业 68 人；具有高级技术职务资格的 3 人，中级 24 人）。

2020 年，岱山县文化和广电旅游体育局各项工作稳步推进。一是疫情防控坚决有力。在全市范围内率先关停各文旅场所、场馆及景区并积极做好各项疫情防控工作。开展常态化督查，构建全县文旅系统疫情防控闭环。全

县文旅企业对于"场馆关停、业务暂停"政策坚决遵照执行，并通过企业自救、内部软硬件提升等举措对抗行业"凛冬"。广大文艺工作者和非遗工作者以快板、广播剧、唱新闻、木偶戏等特色传统形式，创作抗击新冠肺炎疫情主题的文艺作品数十件。建立常态化防控机制，实施景区分时预约制度，使"预约、错峰、限流"成为常态。二是文旅经济提振切实有效。省委、省政府提出复工复产后，积极响应"两手硬、两战赢"的要求，做到了全市"关停最早""开门最早"。通过强化文旅营销、丰富旅游业态、提升旅游服务等手段，落实旅游经济提振计划。第一时间制定出台《岱山县关于应对疫情影响加快促进文旅体产业复苏的十条措施》《岱山县疗休养团队奖励政策》《2020年旅游企业营销补助资金方案》《岱山县支持民宿产业高质量发展的实施意见》等帮扶政策。复工以来，补贴全县所有开业民宿水电、防疫费用共计20万元。积极主动对接涉旅企业做好"三服务"工作，帮扶企业申报纾困项目，提升了EMI指数排名。文旅项目投资推进位列全省第7名。围绕岱山零确诊、零疑似的防疫优势，以"岱山有仙气、双零好空气"为宣传主题，整合各种省内外优势资源、平台合力做好岱山文章，讲好岱山故事。会同各涉旅企业，在4县区中率先发放60万元消费券，面向全国游客发放，有力地刺激了消费，提振了市场信心。推出免费岱山1日游，为全市免费第1家。答谢医务人员、基层志愿者。丰富旅游供给，上线"岱你游"新型旅游产品，推出秀山健康

游、长涂非遗体验线、古镇挑战线等定制精品线路。借力市文旅局"舟游列岛"直播带货，推广岱山文旅产品，吸引超320万网友观看，活动当天单场成交1652单，金额28.35万元，进一步提振文旅行业发展信心，激活文旅消费市场。全年累计接待旅游人次800.56万人次，比上年增加7.31%，累计旅游总收入114.59亿元，比上年增加7.29%。旅客人数、旅游收入增幅稳居全市第一。全年接待疗休养团队205个，接待疗休养游客8663人次，同比增长80.86%以上。岱山海岛旅游在节假日表现抢眼，岱山限上住宿、餐饮指数长时间稳居全市第一。三是成功创建省级全域旅游示范县。通过高粘度推进"旅游＋"发展、高起点推进海岛旅游交通建设、高质量提升旅游品质，全面做好全域旅游创建的各项工作和目标。经过台账申报、实地暗访、评审汇报等流程，通过省级全域旅游示范县评定。加快推进岱山海岛公园建设，完成《岱山海岛公园建设规划》评审稿，经市级初审，排名全市第一。秀山文化旅游主题岛建设有序推进，三大项目库板块、海岛公园样板区磨心谷项目、省级体育休闲小镇创建全面铺开。运动休闲小镇完成培育候选资格申报。磨心谷、长漕情人岛、东沙湾景区建设有序推进，东沙古镇创国家4A级景区通过资源评估，东沙镇获评2020年浙江省美丽城镇达标城镇。招商引资助推文旅业态优化。锁定开元旅游集团、西博文化、中南旅业等知名企业，就文旅业态招引、景区专业化运营、项目落地等事宜到岱山实地考察、洽

商;同时，积极发动岱籍浙商，支援家乡文化旅游事业发展，引入旅游项目6个，完成注册资金1.7533亿元。合力打造运动休闲岛。举办中国岱山岛气排球精英赛、中国岱山岛沙滩高尔夫球挑战赛、第十一届全国风筝锦标赛等精品旅游赛事。岱山秀山滑泥项目入选全省运动休闲旅游优秀项目。强化目的地品牌推广。开发"岱你玩"微信小程序，打通景区景点、旅行社、交通、住宿餐饮、休闲娱乐、购物等消费环节，囊括了全县范围内的图书馆、文化客厅、博物馆等应用场景，同步推广数字文旅大平台和岱山旅游一卡通产品。加快文创产销体系构建，完成《岱山旅游文创总体策划及文创产品设计方案》编制，构建"岱走岱山""仙岛鲜味""仙岛怡宿"系列特色文创体系，完成了叶啵茶礼盒等系列文创产品30余种，打造集文创产品展销、时尚休闲、互动体验等功能于一体的文创产业发展平台。岱西石全石美文创体验店、东沙古镇文创店开业。构建微信、微博、抖音全系统集成的新媒体宣传矩阵，品牌传播力持续增强。东沙香干、倭井潭硬糕、东海阿金嫂下饭宝入围"2020年舟山特色产品伴手礼"，东海阿金嫂下饭宝入选首届浙江特色伴手礼产品，入围浙江省特色旅游商品大赛商品。沙瓶画和绿眉毛（舟山鸟船船模）荣获第15届中国义乌文化和旅游产品交易博览会工艺美术铜奖。磨心山和双合石壁被列入2020年"舟山十景"。四是推广行业标准化建设。积极实施"标准化＋"行动，联合县市监局出台《海岛导游服务规范》《海洋文化博物馆服务

规范》《沙滩游乐和户外拓展活动管理规范》等地方性文旅标准规范,有效推进文旅服务标准化建设工作。鼓励住宿、餐饮、民宿等相关服务业企业进行标准化改造,积极开展岱山开元大酒店、雅理卉大酒店申报浙江省"诗画浙江·百县千碗"特色美食企业工作。岱山素海民宿获评省级白金宿(岱山首家,全市第3家),夏至民宿、潇禾别院获评省级银宿,4家民宿获评市级最美民宿;开元大酒店获评绿色饭店。五是完善提升公共文旅服务体系。稳步推进公共图书馆、A级旅游景区等公共场所服务大提升,县图书馆依托"刷脸通办"项目,成为全市首家实现"刷脸借书"的公共图书馆。促进非遗活态传承,开通"岱山非遗"微信公众号。组织非遗课堂"三进"(进学校、进社区文化礼堂、进景区)活动103场,专家授课14次。创建非遗传承人工作室,做好传承人抢救记录保护工作。东沙渔文化体验基地、长涂倭井潭硬糕制作体验基地入选首批舟山市非物质文化遗产体验基地。3处文保单位入选第九批市级文保单位。启用基层文化配送车,开展"幸福点单·快乐配送"文化礼堂点单式服务,推进"三团三社""三下乡"基层文化活动,完成送戏下乡社会化采购90场,共计18万元。新建三余书屋11家,全面完成旅游厕所3年行动计划。举办庆祝舟山解放70周年主题美术、书法、摄影作品展。打造全市品牌夜市"潮生东海·仙岛夜精彩",累计举办推广活动24期192场次,成为集文化、旅游、休闲为一体的岱山文旅打卡地。持续开展文化下基层,

全年完成送戏下乡114场、送书下乡1.7万册,开展农村放映公益电影1190余场次。完成服务保障浙石化工作任务,共计流通图书2500册,放映电影30场,举办"油走岛迹"2020岱山县美术团队作品展、"爱上岱山"文艺演出等主题服务活动。群文创作取得新成绩,2件作品获省级奖项,作品音乐《渔民老爸玩直播》获浙江省新作演唱(演奏大赛)入围奖,戏剧小品《父亲的快递》获省级金奖。六是提升文旅行业治理能力。加快数字化转型步伐。完成图书馆及竹屿港城市书房视频监控平台建设,数据接入县大数据中心。全县3A级旅游景区视频监控均接入大数据中心和市级平台。全面梳理系统事中事后监管事项清单,综合运用"互联网＋监管""双随机、一公开"等手段,不断完善事中事后监管。立足行业特点,推广应用"E查通"小程序,依托数字化监管手段,牢牢掌握行业监管主动权。部署文旅市场"春风行动""暑期整治""秋冬会战",确保文旅市场运行有序。文明创城稳步推进。层层压实全县文化市场管理和文明旅游专项组创建任务,抓好薄弱环节查漏补缺和整改落实。建立创建长效,推进文明旅游、"公筷公勺"、垃圾分类等专项机制。安全责任持续强化。深入开展文化和旅游市场安全生产专项整治3年行动,完成A级景区旅游新业态排摸,组织行业系统消防安全综合演练、旅游安全应急演练,提升应急处置能力水平。开展旅行社安全用车、娱乐场所消防安全、防汛防台防地质灾害等专项整治,确保市场安全稳定。1个案卷获评

舟山市2020年行政执法案卷评查优秀案卷。

(刘斌泽)

【嵊泗县文化和广电旅游体育局】内设职能科室8个,挂牌嵊泗县文化市场综合行政执法队,下属事业单位6个。2020年末人员65人(其中:行政14人,事业50人,工勤1人;具有高级技术职务资格的1人,中级16人)。

2020年,嵊泗县文化和广电旅游体育局立足部门职能,全力以赴做好疫情防控和复工复产工作。全局以习近平新时代中国特色社会主义思想为指导,牢固树立"以文促旅、以旅彰文、和合共生"理念,以创建省级海岛公园为主线,以公共文化发展、旅游品质提升、文旅深度融合为抓手,全面推进基本公共文化服务标准化建设,全面启动全域旅游升级版打造,全面提升文旅服务能级,努力形成发展新优势。一是群众文化活动。以打造"美好生活·全民乐和"文化活动品牌为主线,根据群众需求开展各类文化活动,引导群众学起来、唱起来、念起来、跳起来、动起来,全年主办、承办、协办新年流行歌会、"童心颂双拥"少儿朗诵比赛等各类群众文化活动58场次。以优秀业余艺术表演团队为主要载体,举办了"民星动舞台"业余文艺团队大比武系列活动。组织开展菜园五龙"文化走亲"活动。二是文艺创作。共创作各类文艺作品10余件,积极组织音乐作品《就喜欢这种感觉》、舞蹈作品《天天有鱼》、小品《蜡烛》等参加省、市各类赛事。其中,音乐作品《就喜欢这种感觉》获新乡村音乐全国歌词大

会三等奖;舞蹈作品《天天有鱼》入围 2020 年浙江省群众舞蹈大赛决赛。同时,积极弘扬抗疫正能量,歌曲《老公,咱就是去搭把手》在天目新闻客户端发布。三是文化遗产。全县有不可移动文物 63 处,其中国家级文物保护单位 3 处,省级文物保护单位 1 处,市级文物保护单位 3 处,县级文物保护单位 16 处。全县有省级非物质文化遗产项目 4 项,市级非物质文化遗产项目 16 项,县级非物质文化遗产项目 51 项。举办舟山市非遗"三进·四季行"嵊泗行、首届"少年非遗说"嵊泗传说故事大赛等 3 次活动,营造全民传承和保护文化遗产的氛围。完成市级非遗代表性传承人项目推荐申报,新增 3 项县级非遗项目、7 名县级代表性传承人、3 个县级非遗体验基地,制定《非遗传承人工作室运行管理办法》。组建嵊泗县博物馆筹建工作小组并启动嵊泗县博物馆前期考察、策划等工作,博物馆主体工程已完成。《助乡村振兴促文旅融合——黄龙乡创建省级非遗主题小镇进行时》入选 2019 年浙江省非物质文化遗产保护发展创新案例。四是旅游宣传推广。政策引领,率先发起"浙沪援鄂医护战士嵊泗列岛海上疗休养公益行动",出台"疫后八策"护航企业。宣传发力,线上发起"好久不见·嵊泗想念"话题,在微博、微信、小红书、抖音等多平台发布,单微博话题阅读量达到 2.8 亿次,讨论量达 3 万余次;完成"期待的旅行""2020 云旅游——对话文旅当家人"系列访谈、"离岛微城慢生活""云上直播"和"我和春天有个约会"3 场直播活动;配合完成《看

我的生活》和《反击》拍摄,为海岛影视基地打造铺设基础;继续投放地铁、社区、高铁、杂志等传统媒体广告,并荣获"美丽中国全域旅游精品目的地"评选活动荣誉称号。平台借力,与携程、同程和驴妈妈三大 OTA 行业巨头合作。与携程集团签订战略合作协议,先后组织中外 KOL 嵊泗采风活动、千万优惠券发放、上海游轮文旅品牌推介会等活动,并在携程全球合作伙伴年度峰会上荣获年度营销内容奖,其中优惠券发放政府补贴 100 万元,带动 490 多万元消费。加入同程城市"方舟联盟",组织"好久不见·嵊泗想念"主题产品消费季直播活动,合计售出价值 10 万元的各类产品 355 件,举办中国嵊泗(南京)文旅品牌推介会活动,组织开展全球旅行达人推广季活动。同景域驴妈妈合作,组织参与"舟游列岛"直播卖货专场活动,成交 1123 单,销售额突破 70 万元。节庆推广活动。立足各岛形象主题,积极培育"一乡一品"文旅节庆,创新节庆嘉年华模式,举办东海五渔节、枸杞贻贝文化节、洋山港口文化节等。发挥重大赛事引流效应,精心举办女子国际公路自行车赛、国际划骑跑 3 项公开赛等赛事活动。重点推出海岛运动季体旅产品,举办长三角万人徒步大会、全民骑游大会、海岛夏日荧光跑等大众休闲运动项目。推进水上项目与体验旅游相结合,发展体育旅游,引进游艇、摩托艇等水上运动项目,以及滑翔伞、热气球等低空运动项目。培育文旅 IP。创新推出海岛公园产品 IP,立足海岛特色,创新发展"跳岛游 2.0 升级版","跳岛

游"产品推广荣获 2020 年长三角文旅融合推广优秀案例。全面实施"百县千碗·嵊泗渔味"工程,解码海岛美食"文化基因",重点打造"十二渔味"成为"舌尖嵊泗 IP",创新推出贻贝宴、带鱼饭等吸引眼球产品。解码嵊泗"渔文化基因",加大"渔小鱼"特色旅游商品的研发与布点推广,推动渔民画、渔绳结、渔家剪纸从创作向产品研发转变,打造海岛文创产品 IP。五是全域旅游工作。按照"一岛一韵、一村一品"的建设格局精心打造一批特色精品村镇。全县 A 级景区村覆盖率达 100%,在全省率先实现"村村镇镇城城景区化"全覆盖。花鸟岛创成国家 4A 级旅游景区完;黄龙岛创成省级旅游风情小镇。六是重点项目建设。十里金滩特色小镇区域开元名庭酒店完成基层施工,进入内部装修阶段;小镇会客厅工程基础验收完成,进入主体结构施工阶段。黄金海岸雷孟德旅游小镇取得土地证并进行项目方案深化。黄龙岛东咀头艺术聚落项目启动,大乐之野接手运营石村船说综合体,3 家品牌民宿已签订投资协议,东咀头土地征收和农房收购正式启动。七是海岛公园建设。完成《关于嵊泗海岛公园建设的调研报告》。编制完成《嵊泗县海岛公园建设规划(2020—2025 年)》规划评审稿;组建成立嵊泗海岛公园建设工作领导小组,建立联席会议制度;举办专题研讨班;明确 2020 年嵊泗海岛公园建设 4 张清单。围绕 2020 年嵊泗海岛公园建设计划,排定全域景区化工程、交通畅通工程、主题 IP 和线路工程、绿色景观建设工程、零碳产业工

程、幸福渔村工程六大项目建设共30个子项目,计划完成投资37.26亿元,累计完成投资34.5亿元。八是旅游执法监管。做好对文旅行业的疫情防控指导、监管、宣传工作和复工复产的指导工作。持续完善旅游市场监管机制,东部乡镇联合执法由乡镇统筹协调,西部区域继续执行联合执法监管模式。共梳理涉及旅游交通、民宿经营、景区管理等问题的整改清单22条,及时跟踪整改进度,确保完成整改。全年举行旅行社、导游和餐饮协会3次行业培训和技能比武,促进行业服务品质提升。九是民宿管理。发行《2020嵊泗县民宿发展白皮书》,出台《关于促进民宿经济高质量发展的若干意见》,拟定《关于嵊泗县扶持发展民宿综合体的实施意见(征求意见稿)》。申报省级白金宿1家、金宿1家、银宿5家、省级主题民宿4家、全市最美民宿15家、市精品民宿165家。民宿规范化成效明显,全县民宿持证率达97.2%。民宿品质化持续提升,省级金银宿总量达20家,市级最美民宿30家,市级精品民宿385家,占全县民宿总量38%以上,高端民宿旺季入住率达98%以上。民宿户均净收入达21.8万元/年,其中单户民宿净收入最高超过200万元/年。十是数字化转型。全域旅游大数据中心搭建完成,接入176路景区景点高清视频监控。全县A级景区完成智能闸机设备安装和景区预约系统运行。花鸟岛数字海岛建设,项目硬件场外施工已完成90%,掌上花鸟已开发完成。

（夏　赟）

台州市文化和广电旅游体育局

【概况】 内设职能处室 9 个,下属单位 6 个。2020 年末人员 115 人(其中:机关 22 人,事业 93 人;具有高级技术职务资格的 14 人,中级 33 人)。

一、"追着阳光去台州"文旅品牌

(一)打造特色品牌

精心策划全国首个文旅疫后振兴品牌"追着阳光去台州"。3 月,在上海举办"追着阳光去台州"百天千万游客游台州活动。4 月,市政府与小红书科技有限公司签订战略合作协议,启动"台州环游季"活动。11 月,市政府与上海市文化和旅游局签署战略合作协议。

(二)打造专业营销

线上,"追着阳光去台州"台州文旅特色旗舰馆在驴妈妈正式上线;联合湖州开展小红书"端午·双城记"文旅种草直播活动;依托台州智慧旅游平台,开发首张台州文旅畅游卡。线下,积极组织文旅企业参加"诗画浙江"文旅周暨 2020 浙江(北京)旅游交易会、2020 海丝之路(中国·宁波)文化和旅游博览会等展会。在台州沿海高速服务区设置"追着阳光去台州"文旅专题宣传推介展区。

(三)打造专题活动

举办"追着阳光去台州"第十五届浙江山水旅游节暨第三届"唐诗之路"文化旅游节、"浙东唐诗之路"文旅产业融合发展峰会。

6 月,在上海杨浦举办"追着阳光去台州"浙江台州文旅周活动;11 月,"台州好文旅"精彩亮相上海·台州周。以"追着阳光去台州"为主题,联合各县(市、区)举办了"甬台文旅大走亲之鲜游三门""'新天仙配'黄金旅游线台州府城开城迎客仪式"等 20 多场大型主题宣传推介活动。

(四)打造"鲜在台州"美食品牌

全年组织举办主打"百县千碗·鲜在台州"及与之相关的活动近 100 场,先后动员 1000 多个企业和个人、3000 多道台州传统菜肴参与,吸引国内外美食爱好者,经验做法在全省"百县千碗"工作交流会上做典型介绍,得到了副省长成岳冲的批示肯定。

二、文旅行业提振复苏

出台《应对疫情影响振兴文旅产业发展十一条措施》。出台实施《关于金融支持台州市全域旅游发展的指导意见》,联合台州银行推出"台州文旅贷"。在全国地级市率先承诺全市所有 A 级景区全年向全国医护工作者免费开放、"五一"前向全国游客免费开放。成立文旅消费专班和旅游专班,派发"千店万铺连一家"酒店(民宿)文旅消费券 2 期共 1.1 亿元。积极指导县(市、区)加大企业扶持力度,共兑现扶持资金近 1.1 亿元。实施旅游企业奖励扶持政策,政策含金量达到 7408 万元。针对疫情影响复苏文旅市

场,专门出台阶段性奖励扶持企业政策,政策含金量达到 1048.5 万元。

三、国家公共文化服务体系示范区发展

召开国家公共文化服务体系示范区创新发展工作推进会,出台《台州市国家公共文化服务体系示范区创新发展五年行动计划(2020—2024 年)》。温岭市创成浙江省第四批公共文化服务体系示范区;路桥区文化礼堂"4Z"管理模式创成第四批浙江省公共文化服务体系示范项目;天台"和合文化"和路桥"乡村十礼"入选省级重点"基因解码"项目;临海汛桥等 4 个乡镇入选浙江省文化强镇;玉环市干江镇被评为浙江省戏曲之乡;黄岩区沙埠镇横溪村等 8 个村入选浙江省文化示范村。

四、文旅设施建设

台州市博物馆、黄岩区博物馆、临海市博物馆获评国家二级博物馆。椒江文化艺术中心、黄岩图书馆和文化馆新馆等一批县级文旅设施相继建设、使用。新改建旅游厕所 130 座,评出最美旅游厕所 20 座、3A 级旅游厕所 17 座。新建农村文化礼堂 400 家,举办全市乡镇(街道)文化员暨新建农村文化礼堂管理员培训班、文旅公共基础设施标准化培训班等。新建和合书吧 15 家,总数达到 98 家,开放面积超 23000 平方米。

五、文旅惠民活动

全市文化惠民送戏下乡1553场,送图书下乡约36万册,送展览、讲座下乡5046场,"文化走亲"268场次。市文化馆新增特色资料10万册、视频2000多个,用户浏览总数超20万次;市图书馆全年到馆读者约60万人次,文献外借册次约70万;市博物馆征集藏品27件(套),举办临展9场次。开通网上在线服务,上线全市经典演出和超星资源库视频4000多部,推出30个数据库100余万本免费电子书和虚拟展厅导览。"文化超市4.0"搬进"云课堂"获《人民日报》刊登点赞。连续3年开展"台州人免费游台州"活动,全市27家收费景区景点共提供免费门票340万多张,共有116多万人次享受活动福利。

六、文艺精品创作

以"众志成城战'疫'情"为主题的《春天来了》《祥瑞花开》等一批作品登上主流媒体。话剧《和合》获得浙江文化艺术发展基金资助,乱弹《我的大陈岛》入选2020年度浙江省当代舞台艺术精品创作扶持工程。声乐《为你而来》、器乐《丹丘和音》、舞蹈《诗路遐想》获省十一届音乐舞蹈节优秀奖。越剧小戏《柿子红了》等30多个文艺作品及个人摘得省级以上赛事桂冠。举办2020中国红色旅游推广联盟年会暨革命精神传承发展现场会,承办浙江省当代音乐创作精品工程——2020系列主题歌曲创作活动、浙江省群文美术干部中国画创作活动、"在灿烂的阳光下"浙江省农村文化礼堂建设成果展演暨"三团三社"成果展演等高规格文艺赛事。"台州文献丛书"(第六辑)正式出版。

七、文化遗产保护利用

章安古郡遗址基础性工程完工,出土重要器物23件。黄岩沙埠窑成为省第三批省级考古遗址公园,主动性考古发掘启动,出版研究成果《丹丘瓷韵——台州窑陶瓷简史》。完成《下汤遗址保护规划》《下汤省级考古遗址公园规划》修编,启动下汤遗址核心区保护展示工程项目。市博物馆成功创建省级文明单位,天台县"和合文化"传承生态保护区进入省级文化传承生态保护区创建名单。

八、浙东唐诗之路目的地文旅经济带打造

出台《台州市浙东唐诗之路目的地建设(2020—2022)实施方案》,充分挖掘文化名山、名城古镇、诗路古村等诗路"珍珠",通过对诗路文化创造性转化和创新性发展,加快实现诗路文化的活化、物化和升华。浙江省"诗路文化带"建设暨"浙东唐诗之路"启动大会在天台县召开,省委书记袁家军做出批示,省长郑栅洁出席大会并按下"浙东唐诗之路"启动键。《临海浙东唐诗之路策划方案》《天台县打造"浙东唐诗之路"目的地工作方案》等规划编制完成。开展唐诗之路的研究、保护、宣传工作,《司马承祯与天台山》《天台山唐诗总集》《项斯诗集》等20多部专业著作相继出版。大力推进诗路文化项目建设,石梁云端唐诗小镇、天台始丰溪和合文化唐诗廊、赭溪历史文化街区等项目加速推进,总投资3.3亿元的天台山大瀑布景区"五一"试运营并登上央视新闻联播《大美中国》栏目,成为浙江省新的旅游"网红打卡点"。

九、文旅项目建设

全市在建重点文旅项目177个,总投资1594.06亿元,年度计划投资192.13亿元,完成200亿。119个文旅项目纳入省"四十百千"工程,其中"四条诗路"项目31个,"十大海岛公园"项目72个,百张文旅"金名片"项目35个。全力推进招商引资工作,黄岩区官河古道文旅项目、玉环慧心湾旅游度假项目、天沐温泉度假颐养小镇等一批重大文旅项目达成投资协议。

十、全域旅游创建

完成《台州市全域旅游发展规划》编制,制定《台州市海岛大花园项目计划》。仙居县入选第二批国家全域旅游示范区。椒江大陈岛景区和天台山大瀑布获评国家4A级旅游景区。全年创建省级旅游风情小镇10家,创建景区城、镇、村283个。三门县横渡镇岩下潘村、天台县赤城街道塔后村入选第二批全国乡村旅游重点村。天台县石梁镇入选浙江省首批山地休闲旅游发展试点名单。天台寒山、仙居淡竹入选全省首批民宿助力乡村振兴改革试点名单。

十一、数字化转型

完成文旅数据仓建设、基础数据采集、"诗画浙江"台州分平台搭建。"一部手机游台州"导游导览系统集成了A级景区、省级风情小镇、景区村庄、红色景点、文博场馆和精品民宿等数据2万余条,全年点击量突破150万人次。台州文旅畅游卡成为第1张文旅"惠民卡"。天台山等重点景区内商户全部支持电子支付,实现语音导览或电子讲解全覆盖。

十二、文旅市场监管

举行长三角文化和旅游治理协同发展大会暨台州市文化和旅游治理现代化创新实验城市启动仪式。实施文旅市场"非现场"监管模式，通过开展远程视频监控、随机电话访查、定期报送和查阅台账、邀请第三方暗访评价等手段，提升监管实效。开展不可移动文物安全分级分色管理，进行"挂牌亮相"接受监督。创新文旅市场"全链式"执法体系，形成集社会监督、隐患排查、联网执法为一体的全方位智慧监管。试点地区通过"平安通"和"移动监督眼"系统收集到的排查信息5000余条，交办项目办结率达100%。全市参与文旅市场网格排查的人员有6900余名，企业内控员1300余名，社会监督员34.7万人。组建文化市场综合行政执法监管指导专家委员会，探索发布文化和旅游治理指数。

十三、行政审批领域"最多跑一次"改革

实现所有审批事项网上办、掌上办，全市通办率100%、即办率93.83%、承诺日期压缩比99.08%、跑零次实现率100%、好评率100%，市本级共办理行政审批事项1410件，完成法制审核125件。推进A级旅游景区和公共图书馆服务大提升，召开台州市创建放心景区、满意图书馆暨台州府城文化旅游区服务大提升推进会，出台《台州市A级旅游景区服务大提升三年行动方案（2020—2022年）》《台州市公共图书馆服务大提升三年行动方案（2020—2022年）》。全市4个文旅场所服务大提升项目入选"改革在身边"浙江公共场所服务

大提升新闻行动亮点项目展评，临海台州府城文化旅游区项目入选全省十大亮点项目。率先在全省实现公共图书馆与高校图书馆的通借通还，新创成"放心景区"7家，总计达到52家，覆盖率52%。

十四、文旅行业提升

承办浙江省文明旅游主题宣传活动启动仪式，成立市文化和旅游研究院，举办全市全域旅游示范区建设专题研讨班、台州旅游饭店品质提升培训会、导游人员业务（法律）知识培训班、全市导游大赛。天台济公旅行社郑龙荣获2020年文化和旅游部"金牌导游"培养项目。黄岩耀达酒店成功创建五星级旅游饭店。中国国旅（台州）国际旅行社有限公司、天台县济公旅行社有限公司成功创建浙江省四星级品质旅行社。中国国旅（台州）国际旅行社有限公司等6家旅行社入围全省百强旅行社。浙江华夏国际旅行社荣获第三届中国旅行社协会行业榜单"旅行社会责任榜样"单位。

十五、文旅队伍建设

全年组织召开了15次党组理论中心组（扩大）学习会，局系统7个支部、103名党员，累计开展集中自学12场、专题研讨6场次，通过全面系统学、深入思考学、联系实际学，加强政治理论修养，进一步树牢"四个意识"，坚定"四个自信"，践行"两个维护"，自觉地在思想上政治上行动上同以习近平同志为核心的党中央保持高度一致。完成"清廉文化进机关示范点"创建，利用文旅论坛、文化超市、非遗传承、主题党日、警示教育、廉政党课等载体开展

廉政文化活动，各支部书记开展廉政党课"讲廉"、干部"学廉"并撰写体会文章，向全体人员征集名言警句128条，征集书法作品14幅、摄影作品1幅、剪纸作品2幅、绘画作品4幅，营造浓厚的廉政文化氛围。全面锻造忠诚坦荡、担当有为、干净干事的文旅铁军。张焯军、杨政2名同志入选省文化和旅游系统抗疫"英雄榜"，黄卓同志获评台州市担当作为好干部，"海岛老百花"黄再青获评浙江省"最美文旅人"特别提名奖。朱峰获浙江戏剧金桂奖，丁淑慧、方力平获"新松计划"浙江舞台艺术兰花奖。

【大事记】

1月

13日 2020年台州市送万场演出下乡暨"文化暖冬"行动启动仪式在黄岩区南城街道山前村举行。

16日 "台州市文献丛书"（第六辑）首发仪式在台州市图书馆举行。

3月

10日 台州市2020年重大文旅项目暨临海市台州府城文旅改造提升项目开工仪式在临海台州府城举行。

16日 台州黄岩耀达酒店获评五星级旅游饭店。

28日 "追着阳光去台州"百天千万游客游台州活动上海启动仪式暨台州市人民政府与景域集团有限公司战略合作签约仪式在上海举行。

4月

8日 全市文化和广电旅游体育局局长会议、2020年度安全

生产暨消防安全工作会议、2020年度党风廉政建设和反腐败工作会议召开。

15日　台州市人民政府与小红书科技有限公司战略合作签约暨小红书"台州环游季"启动仪式在台州市人民政府举行。

19日　临海市汛桥镇、温岭市箬横镇、玉环市大麦屿街道、三门县亭旁镇获评浙江省文化强镇；黄岩区沙埠镇横溪村、路桥区螺洋街道水滨村等8个村（社区）获评"浙江省文化示范村（社区）"。

22日　举办台州市世界读书日特别活动线上朗读会"为地球朗读"。

23日　"台州文献丛书"古籍编委会、文化研究编委会年度工作会议暨项目评审会在台州市文化馆召开。

5月

9日　台州市文化和广电旅游体育局、台州银行股份有限公司文旅业务战略合作框架协议签约仪式在台州银行举行。

11日　台州市2020年文物保护单位消防安全"整治月"工作部署会召开。

14日　天台山入选首批"浙江文化印记"。

15日　"追着阳光去台州——台州市'妇联＋文旅'小红书巾帼博主孵化行动"启动仪式在椒江大陈岛启动。

16日　天台县获2019浙江文化和旅游产业融合发展十佳县称号。

18日　浙江省"文明旅游健康出行　为中国加分"暨浙江省文明旅游主题宣传活动启动仪式在天台县举行。

30日至31日　湖州、温州、台州3地"乡村旅游大走亲"走进台州活动举办。

6月

13日　2020年"文化和自然遗产日"台州主场暨黄岩区首届非遗节在黄岩举行。

15日　"追着阳光去台州"浙江台州文旅周启动仪式暨第五届上海杨浦非遗节在上海市开幕。

19日　台州市文化和旅游研究院成立仪式暨"十四五"台州文化和旅游业发展战略规划研讨会在台州学院举行。

7月

9日　全市文旅系统全国文明城市复评工作现场观摩会在黄岩召开。

14日　丁淑慧、方力平分别获得2020"新松计划"浙江省青年演奏员大赛一等奖和二等奖。

18日　"追着阳光去台州""百万浙江人游台州"启动仪式暨"甬台文旅大走亲之鲜游三门"活动举办。

22日　台州市文化和旅游项目暨"金名片"工程推进现场会在天台召开。

24日　国家公共文化服务体系示范区创新发展工作推进会在台州市政府召开。

8月

7日　台州市创建放心景区、满意图书馆暨台州府城文化旅游区服务大提升推进会在临海召开。

26日　天台县塔后村、三门县岩下潘村入选第二批全国乡村旅游重点村。

27日　台州市文化和旅游

发展"十四五"规划编制工作座谈会在温岭召开。

9月

8日至15日　第二届上海杨浦·浙江台州书法交流展在上海举行。

22日　"追着阳光去台州·百万长三角人游台州"2020年天台山文旅（上海）推介会暨台州文旅畅游卡首发、"一部手机游台州"导游导览系统上线仪式在上海市举行。

23日至30日　2020台州戏剧周在台州文化艺术中心剧场举行。

25日　"追着阳光去台州"百万长三角游台州·甬台文旅"万团大走亲"旅行社战略合作签约仪式在宁波国际博览中心举行。

同日　wenwu·旅行便携可折叠加湿器、欧亿嘉·旅行一次性雨衣、钐歌手作·艺术首饰"温岭非物质文化遗产"系列产品，烛景堂·DIY仙居花灯分别获2020中国特色旅游商品大赛银奖和铜奖。

10月

12日　浙江省"诗路文化带"建设暨"浙东唐诗之路"启动大会在天台县召开。

17日　"追着阳光去台州"2020"百县千碗·鲜在台州"美食品味之旅启动仪式在台州广电总台正式启动。

25日至28日　2020中国红色旅游推广联盟年会暨革命精神传承发展现场会在台州举行。

11月

10日　台州市文化和广电旅游体育局获第15届中国义乌

文化和旅游产品交易博览会展会组织奖一等奖、优秀展台奖。

19日 台州市人民政府与上海市文化和旅游局签署战略合作协议。

同日至20日 台州好文旅亮相"2020年上海台州周"。

25日 "浙东唐诗之路"文旅产业融合发展峰会举行。

12月

5日 第十六届长三角民族乐团展演活动开幕式暨专场音乐会在台州举行。

11日 中国八方旅游联合体2020台州峰会暨全国200名旅行商走进台州活动举办。

17日 台州仙居获批第二批国家全域旅游示范区。

21日 台州市博物馆获批国家二级博物馆。

22日 天台山易筋经、椒江送大暑船入选第五批国家级非物质文化遗产代表性项目名录推荐项目名单。

29日 台州市旅游专班成立并召开第一次工作会议。

（周　佩）

台州市县（市、区）文化和旅游工作概况

【椒江区文化和广电旅游体育局】
内设职能科室6个，下属事业单位10个。2020年末人员99人（其中：公务员16人，工勤人员2人，参公7人，事业74人；具有高级技术职务资格的8人，中级14人）。

2020年，椒江区文化和广电旅游体育局坚持把疫情防控作为压倒一切的重大政治任务，把提振产业复苏作为第一要务，盯紧盯牢各项重点工作，上下同心、聚力攻坚，科学研判、扎实推进各项工作。考古挖掘，提升城市底蕴，章安故城遗址考古勘探成功；传承保护，打造本土文化，椒江"送大暑船"入选国家级非物质文化遗产代表性名录；精准谋划，壮大文旅产业，大陈岛、大陈镇分别创成国家级4A级旅游景区、浙江省4A级景区镇。一是防疫复产工作顺利。织密疫情阻击"防护网"。区文化市场综合行政执法队累计共出动2904次，检查场所4018家次，停止文体活动38项次，取消旅行社团数157个，取消旅行人数8192人次，安排专人处置旅游投诉62起，并入选省文化和旅游系统2020抗疫"三月英雄榜"。组织人员下沉到对口社区、高速路口、动车站参与疫情防控工作，累计出动968人次，凝聚起群防群治的坚固防线。设立复工复产专班，对网吧、歌舞娱乐、电子游艺等场所逐项检查验收，累计出动1000余人次展开巡查指导，分级分类分时推进复工复产。二是民生实事工程有序。有序推进椒江文化艺术中心改建，建成和合书吧2个、民宿书吧8个。举办惠民剧场13场，推出戏剧周。"365公益课堂"推出剪纸、少儿跆拳道等16个门类，累计开展培训720场次，受益群众10530人次。举办（承办）老粮坊庙会、"百县千碗·海味椒江"、椒江区第五届农民运动会暨农村文化礼堂运动会等各类文体活动60余场，舞剧《大陈岛》入选台州市（2020—2021年）重点精品扶持项目。组织"文化非遗走亲"5次、名家讲堂19场，送书10226册，讲座35场（含线上）、评书2场、展览19场（含线上）、沙龙活动2场。依托微信公众号，推出"枫山故事会""非遗云收看"等栏目，推出"中华诗词大赛""听书马拉松"等线上比赛，举办大陈岛影像69年摄影作品展、天台·椒江"云端走亲""影像有范"父子摄影展、"山海水韵"黄岩·椒江"文化走亲"美术作品展等网络展览，共开展活动27次。三是旅游产业提升。在建重点文旅项目9个，完成投资额28.9亿元。编制《大陈海岛公园建设发展规划》，完成市、区2级评审。大陈岛、大陈镇分别创成国家级4A级旅游景区、浙江省4A级景区镇。积极对接做好心海文旅综合体、台州市婚礼创意文化产业园项目前期和落地及室内冰雪馆招引和跟进相关工作。精心编制《椒江区文旅地图》《大陈岛旅游地图》，成功创建省级"诗话浙江·百县千碗"特色美食示范点一家。以"追着阳光去台州"为抓手，与景域驴妈妈、小红书等合作，举办或承办红色旅游推广联盟年会、大陈岛小红书旅游日、甬台"文旅大走亲"·美游大陈岛首航等活动，有力推动全区文化旅游业回暖复苏。出台《关于扶持我区旅游产业发展奖补政策》，设立旅游业复苏奖补资金500万元，对大陈岛旅游产品套餐和椒江工贸1日游进行补贴，457批旅行团16687人次受益。四是文化遗产保护加强。章安故城遗址考古勘探工程进展顺利，戚继光祠修缮工程初步通过国家文物局审批。葭沚水城区块栅浦堂等不可移动文物迁移异地工作完成。椒江"送大暑船"入选国家级非物质文化遗产代表性项目名录。公布戚家刀等区级非遗

项目5项,山兵高腔入选市级非遗项目。中国义乌文化和旅游产品交易博览会台州刺绣作品《生》等获特别金奖1个、金奖2个、银奖3个。台州刺绣《和合花韵》入选第二批浙江省优秀非遗旅游商品,1人获第三届全省"少年非遗说"二等奖。出版《椒江史话》,推出戚继光抗倭文创产品"鸳鸯阵人物"书签、帆布袋等。举办椒江区"2020年文化和自然遗产日""十里红妆之台州桶盘展""小小戚家军重走戚继光抗倭路"等活动。推出不可移动文物系列报道21期、非遗手艺人1期,用视频记录椒江"文保"10集,提高全民文遗保护意识。五是审批流程优化。形成主要领导亲自抓,分管领导具体抓,审批科专门抓的模式,推进文旅系统"最多跑一次"改革、"容缺受理"改革、"无证明城市"审批改革、全市通办改革、证照分离改革、政务服务2.0等一系列审批改革工作。严格依法审批,全年通过窗口完成新设立、变更、延续、注销、备案等审批工作38件。落实高危项目安全监督与检查。六是文旅市场稳控。在全市文旅市场率先推出"邻里互助、安全互防"联助式消防管理模式,按中心站为基准,以3分钟为路程时间,划定"联助圈","互查、互学、互救",引入民间救援专业队伍,形成多层次的消防应急力量。深化区、街道、村3级文化综合执法"全链式技术管理平台",通过部门联合检查、日常巡查、"双随机"抽查、错时检查等方式,开展安全生产集中整治、护航复工复产安全生产等专项行动,全年共检查文旅市场1596家次,立案查处17件,没收非法财物

381件。

（张镇洋）

【黄岩区文化和广电旅游体育局】

内设职能科室6个,下属单位8个。2020年末人员111人(其中:公务员17人,参公22人,事业72人;具有高级技术职务资格的8人,中级26人)。

2020年,黄岩区文化和广电旅游体育局坚持以习近平新时代中国特色社会主义思想为指导,全面贯彻党的十九届四中、五中全会精神,紧紧围绕区委、区政府"两手硬、两战赢"总体部署,积极开展群众文化活动,统筹抓好疫情防控和复工复产工作,着力加强文化市场管理,着力推动旅游产业复苏,较好地完成了全年各项工作任务。一是严格落实新冠肺炎疫情防控工作。即时控停各项文旅活动,关闭文化场馆、景区等场所,暂停聚集性群众文化活动。建立层层督查、巡查制度,落实网格责任,做好酒店住客、出入境游客排摸管控及各相关行业健康码管理。严格落实景区限流、预约、错峰出行等措施,对全区景区进行最高承载量核算并在景区公示,严格按照要求限流。加强景区检查,确保景区在五一、十一等重要节假日期间安全平稳有序运行。紧紧围绕文旅行业复工复业指引相关要求,检查监督经营场所防控工作是否落实到位,以整改促行业常态防控工作水平提升,为全区新冠肺炎防控常态化创造良好条件。二是做好文旅企业服务纾困工作。为文旅企业编制政策汇编,指导7家旅行社办理质量保证金退回,涉及金额91.2万元。按照相关补助文件,

对受疫情影响的文旅企业提前兑现扶持奖励。妥善处理旅游企业的各类投诉纠纷,走访企业帮助指导、化解矛盾纠纷,及时处理因疫情造成的相关旅游团队退款退团投诉纠纷32件,全部调解处理完毕,满意率100%。三是抓好规划编制和基础设施建设。组织编制《黄岩区文化旅游体育发展"十四五"规划》《黄岩区全域旅游发展规划》,全面梳理黄岩文化旅游资源,构建未来融合发展的总体格局;区图书馆新馆进入内装阶段,区文化馆新馆进入主体建筑施工,完成模具小镇和合书吧建设,区博物馆通过国家4A级旅游景区景观质量评审并完成规划招标工作;全力抓好"百千万"工程,指导宁溪、屿头、新前、茅畲等乡镇创建景区镇和20个村创建景区村庄。推动景区标准化建设和景区管理提升,柔川景区等6个景区通过A级景区复核。四是提升公共服务能力。持续开展"文化下乡"和文艺演出、艺术培训、"文化走亲"等形式多样的文化活动。举办"清廉颂"文艺演出和古筝音乐会、滑稽戏《南湖人家》、话剧《孔子》等文化惠民演出,承办台州市第八届新人新作演唱会。疫情期间不断拓宽线上服务渠道,区文化馆联合全区文艺骨干创作了30余篇文艺作品,举办"抗击疫情 翰墨传情"作品展和2期文体超市公益培训;区图书馆举办"4·23世界读书日""我的战'疫'"阅读马拉松线上快闪赛、"书香浙里、云享阅读"全民阅读月等系列活动。开展公共场所服务大提升工作,指导柔川景区、黄岩智能模具小镇服务优化提升工作,图书馆完成76家

村级文化礼堂纳入图书馆通借通还服务体系的业务对接;加强对农村文化礼堂和基层文化阵地的业务指导,指导乡镇(街道)文化站组建"三团三社",组织"乡村艺苑"文艺骨干培训。五是推进文化遗产保护工作。沙埠窑遗址文物保护规划上报省文物局审批,着手编制沙埠窑考古遗址公园规划,并完成申报省第三批省级考古遗址公园,列为厅、市联建"金名片";实施沙埠窑保护棚建设,完成沙埠窑遗址凤凰山窑址考古发掘。举办黄岩沙埠青瓷窑址考古发掘专家论证会,进一步探讨黄岩沙埠青瓷窑址的学术研究价值。设立省文物考古研究所黄岩沙埠工作站和南宋服饰研究基地,积极传承和发展浙江优秀文化项目,争取沙埠窑遗址考古调查保护及利用工作列入省激励名单。抢抓窗口期争取国家支持重点项目,争取到文化遗产保护工程专项债700万元。黄岩孔庙大成殿孔子、四圣十二哲塑像展陈完工,基本完成核心保护区块内万仞宫墙、棂星门、名宦祠等建筑复原,省保单位徐昌积宅维修工程开始施工。举办2020年"文化和自然遗产日"台州主场暨黄岩区首届非遗节系列活动,组织沈宝山国药号有限公司、得舒堂及金山陵糟烧白酒等参加"浙江非遗健康养生购"活动、省第二批非遗旅游商品申报,完成3个市非物质文化遗产旅游景区(非遗小镇、民俗文化村)和2个第二批台州市非物质文化遗产展示体验点推荐申报工作。开展数字博物馆建设,完成灵石寺展厅大场景及文物三维数字化,任政书法展数字化列为省级数字化平台项目;

启动非遗馆布展工作。六是激发旅游产业发展活力。以"相约四方客·橘乡休闲游"为主题,举办了澄江橘花节、江口东魁杨梅节、江口柿子节等节庆活动,推动乡村旅游发展。全年接待国内游客人数541.53万人次,实现国内旅游收入59.1亿元。多渠道加强旅游宣传推介,积极参加第15届中国义乌文化和旅游产品交易博览会、"诗画浙江"文旅周暨2020浙江(北京)旅游交易会、2020中国国际旅游交易会等;开展"追着阳光去台州"——百名台州人徒步"演太线"、"半城山水满城橘·寻味永宁正当时"等活动和"百万浙江人游台州"甬台温婺"文旅大走亲"暨黄岩文化旅游季·"百县千碗"畅享宴启动仪式,进一步加强省内区域文化旅游合作;派送文旅消费优惠礼包,推出区3A级以上景区和4家星级酒店民宿"千万红包游浙江"——浙江省文旅行业"春光计划"优惠活动,总优惠金额达297.68万元。区内3A级以上景区联合推出"追着阳光去台州"百天千万游客文旅大礼包,总价值250万元,面向全国游客免费派发免费门票50000张。黄岩国际大酒店顺记餐饮和枕山酒店被认定为"百县千碗"示范店,黄岩智能模具小镇和金山陵酒业成功申报为浙江省工业旅游示范基地。做好旅游企业星级创建指导、评定、复核及服务质量建设工作,台州黄岩耀达酒店被全国旅游饭店评定委员会评定为五星级旅游饭店,指导黄岩中话模具主题酒店创建浙江省品质饭店。积极融入"长三角一体化"国家战略,接轨大上海,进一步深入开拓长三角客源市场,举办"千年

永宁橘乡韵 百里长潭竞风流"2020长三角地区自行车赛暨浙江·黄岩第七届环长潭湖自行车挑战赛,以"体育+文化+旅游"形式,结合赛期增加黄岩旅游推介、乡村民谣音乐节、特色美食节等活动,更好地提升黄岩区的文化软实力和影响力。启动"上海万人游黄岩"活动并开通上海黄岩旅游直通车,组织上海市民到黄岩旅游,推动与长三角地区尤其是上海的全方位、多领域的合作交流。七是维护文化旅游市场健康稳定。以打击非法演出等作为重要内容,出动检查868人次,检查1128家次。举报(督查)受理48件,行政处罚立案调查2件,罚款166592.35元。开展"双随机"抽查9次,覆盖网吧、娱乐场所、旅行社、文物等场所类型,其中跨部门7个,检查124家次,事项覆盖率100%;以安全生产监管为根基,举办全区旅游行业消防安全宣传业务培训会,进一步提高全区旅游企业安全责任意识。对列入黄岩区消防安全重点单位C类等级的6家文旅企业进行了集中约谈,督促其落实主体责任。开展清明、五一、十一等节假日前夕安全生产专项检查,确保行业秩序平稳有序,助推平安旅游。扎实开展全区文物保护单位消防安全"整治月"行动,做好全区不可移动文物安全分级分色管理工作,增强消防安全防控能力,预防和遏制火灾事故发生。督促场所做好疫情防控工作,坚持疫情防控常态化管理,开展"防控疫情 法治同行"专项法治宣传活动,做到以案释法。

(何 宁)

【路桥区文化和广电旅游体育局】 内设职能科室 5 个,下属单位 6 个。2020 年末人员 65 人(其中:公务员 12 人,参公 4 人,事业 49 人;具有高级技术职务资格的 10 人,中级 17 人)。

2020 年,路桥区文化和广电旅游体育局疫情防控卓有成效,复工复产平稳有序,文化和旅游各项工作稳步推进,取得成效。台州市委、市政府发文表彰台州市路桥区文化和广电旅游体育局为"全市文化工作突出贡献集体"。一是疫情防控卓有成效。年初防疫工作紧急启动以来,迅速行动,周密部署,及时关停全区 71 个重点文旅点位,停止星级酒店餐饮业务并取消 408 桌,停止旅行社业务并劝退游客 1639 人,取消全区 200 多场文旅体活动,累计出动人员 488 人次,巡查企业 965 家次,排查涉鄂人员 118 人,涉温人员 35 人,全力筑牢战"疫"堡垒。二是复工复产平稳有序。坚持"两手抓、两手硬",分类指导推进 79 家文旅企业有序复工,及时兑现地接奖励资金 4.8 万元,暂退 13 家旅行社 208 万质量保证金,申请省市"纾困""两直"补助 35.75 万元,妥善调解 17 起金额总计 33.8 万元的涉疫旅游投诉。督促公共文化场馆、景区、民宿、旅行社、文化娱乐场所有效落实"预约、限流、错峰"等措施,全系统未发生疫情。深化"云端行动"、文艺战"疫",举办"云阅读""云展厅""云课堂""云平台"活动数十场,创作各类抗疫文艺作品 500 余件。其中,路桥莲花《战疫情颂党恩》荣获全省"安吉杯"疫情防控主题非遗优秀作品三等奖;《生命挽起生命》获

台州市抗疫题材音乐作品一等奖、《勇往直前》获二等奖,《一起守护》和《只因一路有你》获三等奖。三是文化服务提质扩面。路桥区入选全省首批"文化基因解码工程"25 个重点指导单位,完成 538 项文化元素梳理和首批 5 个重点基因解码。"4z 运营管理模式"在全区 174 家已投用的文化礼堂推广,其中众筹模式 18 家、众创模式 25 家、志愿者模式 103 家、资本采购模式 28 家,以全省第二的优异成绩通过省文化和旅游厅验收。文化馆新馆进入内部装修和设备采购阶段,新建 6 家文化分馆、1 家和合书吧、4 家馆外流通服务点,1 个文化馆慕课拍摄基地,30% 村级基层综合文化中心、农村文化礼堂纳入图书馆业务管理。举办新春团拜会、基层文化俱乐部文艺汇演、"艺多多"文化超市等各类文化活动 2000 多场次,参与群众 30 多万人次,送演出 100 场次、图书 19200 册,满足了群众多样化文化需求。图书馆全年借阅图书 4.7 万人次 31.76 万册次,还书 5.4 万人次 30.83 万册次。创成全省首家村级信阅服务点水心草堂信阅服务点;区图书馆被评为台州市级标杆公共场所,是全市唯一一家获此荣誉的区县级图书馆。四是精品创作成果丰硕。全区文艺作品入展国家级展览 5 件、省级 26 件、市级 4 件;获省级金奖 1 件、银奖 1 件,市级金奖 3 件、银奖 8 件。首次囊括省文化和旅游厅 5 个示范性群文活动奖项,其中独唱《东海陈情》荣获第十九届音乐新作演唱(演奏)大赛"三地一窗口"专场银奖;舞蹈《筑塘人》入展浙江省农村文化礼堂

建设成果展演暨"三团三社"成果展演展示;群舞《筑塘·逐梦》入围 2020 年浙江省群众舞蹈大赛;小品《亲情砝码》入围浙江省第三十一届戏剧小品邀请赛;书法《绘事微言》获浙江省群星行草书法大展提名奖。同时,"叩刀问道"王宇根书刻艺术作品展被中国新闻网和"学习强国"平台报道,越剧小戏《柿子红了》获 2020 浙江省新农村建设题材小戏会演金奖,"金大田村创意'花田市集'"入选省文化馆《浙江农村文化礼堂品牌案例选编》。五是文物保护系统严谨。博物馆新馆《陈列展览设计方案》通过评审,布展装饰工程启动,陈列展品征集工作有序进行。完成 396 枚古钱币征集、750 余件(套)征集文物藏品专家鉴定评估和 179 件市民捐赠文物登记入馆工作。启动总投资 733.95 万元的新桥爱吾庐(五凤楼)二期修缮工程,划定并公布桐屿窑址群保护范围和建设控制地带,推进白石驿道、海神庙、石曲方庚甫炮台等的维修工作,实现全区文物保护单位"四有"档案编制、"两划"工作完成率 100%,实施不可移动文物安全分级分色管理,开展文保单位安全检查 20 余次,检查文保单位 110 余处。六是文化传承有声有色。新增市级非遗代表性项目 2 项、区级 11 项,新增市非遗代表性传承人 2 人、区级 17 人。开展非遗市集、展示展演、公益培训、曲艺四进(进景区、进社区、进校园、进企业)等活动 100 多场次。路桥莲花《致富路上》受邀参加 2020 年全国非遗曲艺周闭幕式,与 6 个国家级曲艺项目同台唱响"浙江好腔调";2020 年路桥区非遗保

护发展评估指数名列台州地区第4名,全省第41名,创历年最好排名。七是资源开发成绩斐然。首次创成省级工业旅游示范基地1家(欧路莎卫浴)、省级旅游风情小镇1个(横街镇)、省4A级景区镇2个(横街镇、新桥镇)、省等级民宿银宿1家(无问西东民宿)。同时创成国家3A级旅游景区1个(台州花木城)、省3A级景区村庄6个、省级"百县千碗"美食体验店1家(王林大酒店)。积极推动省文旅"四十百千"重大项目和文旅"金名片"建设,路桥区文化活动中心、路桥游艇小镇、飞龙山庄、路桥吉利汽车小镇、南官新天地等5个在建文旅项目完成投资额约12.3亿元。开展千人免费游路桥、湖温台"旅游大走亲"、路桥旅游长三角推介会等"寻味路桥"主题系列活动,主动深入接轨大上海,融入长三角。编制完成《路桥工业旅游策划方案》,推出欧路莎卫浴、西马智能科技、兴欣席业3个首批工业旅游点,开发工贸之都探索之旅、寻访田园生态之旅、探寻历史传承之旅、追忆红色初心之旅4条旅游精品路线,创新做法被浙江卫视等媒体报道。发布文旅宣传片——《寻爱·路桥》,区委书记1分钟文旅宣传视频,开通"寻味路桥"抖音官方号,旅游商品旅行便携可折叠加湿器和旅行一次性雨衣获2020年中国特色旅游商品大赛银奖。推出"路桥十大碗",培育10家"路桥十大碗"体验店,"路桥十大碗"抖音短视频累积播放量突破110万次,被"视频中国""学习强国""路桥发布"等平台转载。八是市场监管高压不减。开展"扫黄打非"、扫黑除

恶、文旅市场专项整治行动等专项行动,全年共出动执法人员1100余人次,检查文旅经营单位1200余家次,累计办结案件11件,其中查处重大行政案件3件,1件已移送公安部门刑事立案;罚没款总额14.54万元。推行"浙政钉"App应用,落实"一单两库、一表一平台"工作机制,全年开展文化、旅游等"双随机"抽查34次,跨部门联合检查12次,实现"双随机"抽查事项覆盖率100%,检查实施清单编制完成率100%。推进"最多跑一次"改革向纵深发展,深化文旅审批事项"八统一",提升"跑零次"实现率。实行"多城同创"一对一点位联系制度,网格到人,责任到人,助力全市全国文明城市"两连冠"。紧抓安全生产不松懈,针对文旅市场重点行业、重点区域,查制度、查管理、查隐患,全年累计排查消除安全隐患120余处,实现了安全无事故。圆满完成13件议提案办理,代表、委员满意率100%。

(陈虹希)

【临海市文化和广电旅游体育局】 内设职能科室8个,下属单位11个。2020年末人员156人(其中:公务员20人,事业136人;具有高级技术职务资格的12人,中级33人)。

2020年,临海市文化和广电旅游体育局坚持以习近平新时代特色社会主义思想为指导,继续围绕全域旅游"五联创",聚焦台州府城文化旅游区创5A级景区,推进文旅融合,进一步构建了"全境景区,全域旅游"的新格局。全市共接待旅游总人数1830.34万人次,累计增幅在台州市排并

列第一;实现旅游总收入204.14亿元,累计增幅在台州市排第一。延恩景区创成国家3A级旅游景区,尤溪镇创成省4A级景区镇,孔丘村、竹家山村创成省3A级景区村。一是践行初心使命,全力防控疫情。新冠肺炎疫情发生以来,深入贯彻习近平总书记关于疫情防控工作的重要讲话和指示批示精神,认真落实中央和省委、市委各项决策部署,迅速响应、积极行动,强化责任担当之勇、科学防控之智,统筹兼顾之谋、组织实施之能,一手抓疫情防控,一手抓复工复产,"两手都要硬、两战都要赢",努力实现全年文化旅游发展目标任务。二是文化旅游产业持续繁荣发展。狠抓文旅项目。台州市2020年重大文旅项目开工仪式在临海召开,本市文旅项目共计71个,总投资额330.3095亿元,其中省"四十百千"项目共计35项。是年,完成投资计划的90%。集结全市各部门力量冲刺台州府城创5A级景区工作,以"工程类项目建设十大改造行动"为载体,全方位改造和完善景区风貌,以"环境与服务质量提升十大行动"为基础,全面提升环境质量和服务质量;实行创建任务"网格化"包干制度,做好台州府城精细化管理。全面启动东矶列岛海岛公园建设,全年完成投入6.28亿元。"深耕"文旅融合。通过紫阳街省级高品质步行街和临湖邀月省级文化创意街区的示范引领,开展"一月一集市""一月一活动",确保"季季有主题、月月有活动",浙江省民间巧女秀、古城文化节、柴古唐斯越野赛等一系列活动为景区集聚流量,培植府城文化,丰富景区内

涵。编制"浙东唐诗之路"文旅发展3年行动计划，打造"唐诗之路-台州府城"全国研学游营地。制定出台《临海市文化和旅游产业扶持办法》等政策，鼓励文化旅游区内文创企业、民宿书店等组织开展"城下乐事"音乐会、"长城下读诗"等文化活动，带动景区"网红化""年轻化"。"复活"文旅消费。书记、市长化身"带货主播"，开启党政直播口，为临海特色农产品、旅游等火热"打call"，已举办3场直播带货，其中一场与驴妈妈平台合作的民宿和茶叶带货合计销售额近50万元，在全国同批150个县（市、区）长助农兴旅直播带货中排名第二。面向全民发放全品类消费券，自4月20日发放消费券以来，参与商户5300家，累计核销消费券16.8万张，拉动交易额近1500万元。派送价值超过3000万元的文旅惠民大礼包。同时以网上抢票的形式，面向全国游客免费派发超6万张总价值195万元的门票（全年可用），涉及台州府城等各精品景区景点。发放总价值100万元的民宿消费券，助力民宿回暖。临海市进入浙江省文旅消费试点市。三是公共文化服务效能不断提升。提升公共文化设施建设。新建100家农村文化礼堂，充实了全市文化活动阵地力量。新建尤溪、东塍自助图书馆2家，已建成自助图书馆11家，镇（街道）图书分馆9家，新增图书馆藏书30万册，读者阅读量较去年翻一番，实现图书馆总馆与自助图书馆高效运转，为"书香临海"建设添砖加瓦。加速推进涵盖图书馆、文化馆、大剧院、青少年活动中心等的市文化广场综合体项目

建设，健全游客服务中心等公共服务设施建设，陆续建成开放15个民办博物馆、12个非遗主题展示馆，形成临海市民营博物馆群。创新公共文化服务模式。建立市、镇、村3级文化礼堂管理体系，依托文化站专业文化队伍，为基层提供专业指导，全年培训文化礼堂文化队伍近500支、文艺骨干超5000人。指导开展"文化下乡"、"文化讲座进村居"、文化"百花园"等系列活动，将意识形态工作与文化惠民工作结合起来，使农村文化礼堂成为乡村传播正能量的文化高地、精神家园，成为繁荣农村文化、助推乡村振兴的重要载体。开展丰富多彩的文化惠民活动。利用临海得天独厚的旅游资源，以大型节会为契机，开展一系列沉浸式文化活动，组织举办乐在其"粽"线上音乐会、《我和我的祖国》"瓮城快闪"、括苍星空帐篷音乐会、临海第九届"10＋1"当代艺术展。举办天生狂野音乐节，邀请到五条人等乐队，吸引全国各地现场及点位观众近1万人。借力文化礼堂，开展文化礼堂新春巡礼、"万家农村文化礼堂庆丰收"等专题文化活动，全年举办活动5352场次，参与演出（活动）人员7万余人，现场观众累计超70万余人次。全年送戏下乡244场次，送书35000册，送讲座、展览218场次，送电影6616场，跨市、县（市、区）"文化走亲"6场次，超额完成文化下乡任务。四是传统文化得以传承弘扬。非遗工作有序推进。构建古城墙保护、古城历史街巷整治改造、古城文化资源融合转化的古城类旅游开发的"台州模式"。举办"自然和文化遗产

日"非遗展演活动，深度挖掘各类文化资源，进行显化和固化。文物保护稳打稳扎。台州府城墙申遗工作继续推进，撰写编著的申遗相关文丛《台州府城墙砖录》《府城旧影》《台州府城墙研究》等书籍已出版，完成"台州府城墙砖录""台州府城墙保护利用和文旅融合实践"课题研究和成果撰写。州府城墙防洪封闭工程灵江一桥缺口封闭工程建设和保养维修城墙遗址段已完工，桃渚城城墙及柳宅等8处古建筑修缮工程稳步推进，其中4个工程完成初验收，3个工程已开展交底会。完成东湖碑林的改建提升并于十一期间重新开放。文博工作创新有效。市博物馆获评国家二级博物馆，积极整合丰富的馆藏文物资源，共办临展9场，取得良好的社会效益。采取线上与线下相结合的形式，共推出26场宣教活动，组织了2场直播活动和3场线上问答，推动"临博八雅"系列不断向纵深发展。开展"中国博物馆协会培训交流"和"谈谈书法欣赏"等16场专题讲座，不断满足临海市民日益增长的精神文化需求。五是文旅市场营销亮点纷呈。营造良好的创建5A级景区氛围。多渠道、全方位营造5A级景区创建氛围，让5A级景区创建深入人心。在台州机场、市区火车站、汽车站、高速出口主要街道重要交通位置设置大型户外广告10多块；在市区主要交通干道投放道旗广告近1500个；在市区各商场、交通节点的户外大型LED屏投放宣传视频；在全市100辆出租车上投放出租车后车窗贴广告；在211、218、220公交车上投放公交车身广告；在城区主要道

路公交车停靠站、公共自行车停放点投放广告宣传 50 多块，全市旅游企业播放或悬挂台州府城创 5A 宣传标语。探索新的宣传模式。与湖南卫视宣传团队、腾讯音乐团队等长期深度合作，策划一系列"线上有热度、线下有温度"的宣传活动，台州府城版《Yes！OK！》舞蹈视频，"粽想对你表白"台州府城端午抖音直播，《还有诗和远方》《很高兴认识你》《美好的时光》综艺录制等，明星效应配合临海的美丽风光，让临海旅游品牌形象得到更广泛的传播。提高节庆会展宣传成效。联合相关部门组织 1100 余人开展"感恩大爱·致敬英雄"临海千人暖心·春之旅活动，激活文旅市场，推动行业复苏。落实"新天仙配"旅游目的地联合捆绑营销，策划举办了 2020"新天仙配"黄金旅游线路南京推介会、江苏旅行商踩线活动等系列主题旅游活动，提高临海游客人次。括苍镇第十二届网上桃花观赏节、汛桥镇网上枇杷节、白水洋镇 2020 年"云上东魁杨梅节"等一系列乡村旅游节庆活动精彩上演，带动乡村旅游经济。六是文旅发展环境优化完善。强化人才队伍建设。通过组织外出学习考察、邀请专家举办讲座、组织专题培训班等多种方式，加强文化旅游专题培训，全年举办各类培训班 6 次，培训约 500 人次，提高了管理人员和从业人员业务水平。完善公共服务设施。新建改建旅游厕所 10 座、完善提升乡村游客中心 5 处，继续指导景区完善道路、停车场和引导标识建设，改善发展环境，全面提高综合接待能力。加强文旅市场监管。全年动检查

372 次，出动执法人员 825 人次，检查各类文化经营场所 1057 家次。办结行政处罚案件 9 件，均为一般程序，罚款 24000 元。通过"宣、导、查、禁、关、罚"等措施严治网吧吸烟行为。

（陈乐怡）

【温岭市文化和广电旅游体育局】设职能科室 6 个，挂牌执法机构（市文化市场综合行政执法队）1个，下属单位（含市电影文化发展服务中心）7 个。2020 年末人员 141 人（其中：公务员 14 人，参公 21 人，事业编制 106 人；具有高级职称 9 人，中级职称 16 人）。

2020 年，温岭市文化和广电旅游体育系统紧紧围绕年初提出的目标任务，统筹抓好疫情防控和复工复产工作，配合中心、服务大局，谋划融合、致力民生，抓基层基础，创特色亮点，各项工作圆满完成。一是现代公共文化服务体系建设实现新提升。成功创建省级公共文化服务示范区。箬横镇获评省级文化强镇，石塘镇入选第二批浙江文艺创作采风基地。推进 4 个镇（街道）综合文化站搬迁工程。新建农村文化礼堂 85 家、村级文化广场 20 个、自助图书馆 4 家。帮扶文化贫困村 9 个。深入开展公共图书馆"最多跑一次"改革，实现镇（街道）图书分馆自助借阅设备全覆盖。二是全域旅游发展激发新动能。受疫情影响，全年全市接待游客 1834.33 万人次，同比下降 12.1%；实现旅游收入 200.41 亿元，同比下降 13.9%。全面推进长屿硐天创 5A 级景区、曙光金沙湾景区创 4A 级景区，成功创建坞根旅游风情小镇，完成 9 个

旅游厕所建设工程和 6 家 3A 级旅游厕所创建工作，培育提升 20 个 A 级景区村庄，布局沈岙村、小箬村和花坞溪夜景工程，耀达国际大酒店创成五星级旅游饭店，温岭国际大酒店创成浙江省金叶级绿色饭店、浙江省金桂级品质饭店，旅游市场回温成效显著。开展等级民宿培育和安全防疫指导工作，新增旅游民宿 7 家，创成省级白金宿 1 家、银宿 2 家，"百县千碗"特色美食体验店 2家，景区镇 3 家。聚力服务招商引资旅游综合体项目，城南"后岭花开"投入使用，城南"田园牧歌"开工建设。三是文旅惠民工程推进取得新成效。举办第三届文化礼堂艺术节，创新打造"乡村艺校"公益文艺培训，招收学员 1.1 万人次。承办浙江省农村文化礼堂建设成果展演暨"三团三社"成果展演。举办文艺名家（名团）展演工程台州市级 3 个、温岭市级 1 个。送戏曲下乡 85 场、送书下乡 12.01 万册，非遗巡演 16 场、巡展 85 场。持续实施"台州人免费游台州""温岭人免费游温岭"活动，其中"台州人免费游台州"活动通过台州智慧旅游平台入园约 44151 人次，免费门票价值 1372200 元；"温岭人免费游温岭"活动参与景区（点）共计接待游客 102404 人次，免费门票价值 2589655 元。四是公共文化场馆释放新活力。文化中心开工建设。文化馆举办展览 18 场、演出 63 场、名家讲座 19 期，公益培训 4 万余人次，开展"文化走亲"11场、"文化采风"3 场，启动大型实景舞台剧《印象·石塘》创作。图书馆借阅量 98.1 万册，服务读者 49.3 万人次，开展各类活动 103

场,开展汽车图书馆下乡65次,服务基层群众3.7万人次。博物馆举办文博特展7场,线上线下活动35场,参观人数超7万人次,接受捐赠的藏品共计439件(套)。王伯敏艺术史学馆举办吴昌硕书画篆刻艺术展等展览6场,文史讲堂6场,社教活动2场。五是文化遗产保护走出新路径。完成编制文保单位维修方案3个,审批文物方案5个,补助300万元用于文保单位维修,验收6处文物维修工程。补充完善新公布2处全国重点文物保护"四有"档案并划定保护范围与建设控制地带。完成保护措施牌制作安装82处,完成省保单位消防安全工程的省级立项、方案审批4处,完成白蚁防治1万平方米,开展文物安全与消防检查4次。文物安全工作在台州文物安全现场工作推进会上做典型发言。草编非遗保护传承标准化试点项目被列为全省首个立项的非遗保护传承标准化试点项目。"温岭非物质文化遗产"系列饰品斩获2020中国特色旅游商品大赛银奖。新增市级非物质文化遗产项目9个,常态化开展非遗传承和保护工作,25位台州市代表性传承人共签约带薪授徒29人。完成"文化基因解码工程"80个非遗项目的基础信息填报。举办"文化和自然遗产日""美丽非遗走进美好乡村"巡演等大型非遗传承活动10场。六是文旅市场复苏强有劲。扎实开展文化市场综合执法机构改革,全力以赴参与疫情防控、省示范文明城市创建、国家卫生城市复检专项行动,出动检查1325人次,检查场所1037家次,办结案件28件,完成

崇国寺等2处文保单位的执法处罚。积极应对疫情影响,指导涉旅企业利用自有渠道和OTA平台预售门票开展复工复产、市场运营等工作,推出首批38家旅游民宿公务接待名单,鼓励机关企事业单位在本市开展工会疗休养和业务接待。及时调整2020年全市地接奖补比例和奖励范围,完成拨付2019年度地接奖励资金152万元,同比增加50%,惠及13家涉旅企业。七是"十四五"规划编制高质量推进。坚持在全市经济社会发展和"追着阳光去台州"文旅品牌建设、"诗画浙江"建设等大局中思考和谋划温岭文旅"十四五"规划,进一步对标先进、找准定位,加强前瞻性、引领性、赶超性研究,科学确定发展定位、奋斗目标、工作重点、特色项目。完成石塘半岛省级旅游度假区"十四五"发展行动方案。建立规划衔接协调机制,强化统筹推进,凸显"曙光首照地、东海好望角"的品牌内涵。

(应佳琪)

【玉环市文化和广电旅游体育局】内设职能科室5个,下属参公单位1个、事业单位5个。2020年末人员87人(其中:公务员9人,参公18人,事业60人;具有高级技术职务资格的3人,中级23人)。

2020年,玉环市文化和广电旅游体育局立足"新时代美丽玉环建设"目标,按照年初工作部署,各项工作有序开展,工作创新亮点频出,获玉环市"2020年度经济社会发展目标责任制考核优秀单位""2020年度党建工作责任制考核优秀单位""2019年度台州市文化工作突出贡献集体"

荣誉;4名党员赴一线驻守疫情隔离点,并先后上榜(获评)"全省文化和旅游系统2020抗疫'英雄榜'""全市疫情防控一线表现突出的党员干部"。一是不断完善文旅设施网络体系,公共文化服务成效显著提升。完成市图书馆新馆、市博物馆室内装修工程,市图书馆新馆进入试运营倒计时,市博物馆2021年启动展陈工程。以"15分钟美丽生活文化圈"为服务半径,持续开展乡镇综合文化站提档升级和农村文化礼堂建管用育工作。完成"文化名家楼"二期改造,成为全市文化"智汇大脑集聚地";青少年宫和合书吧建成投用。通过高标准构建服务体系,着力丰富文化产品供给。在大麦屿街道、龙溪镇、干江镇推广省级公共文化服务体系示范项目"第三方托管"模式,引入天宜社工组织、文化下派员等参与乡镇文化设施的综合运营,打造基层文化治理"样板工程"。深化"文化嘉年华"等文化品牌,在台州市首创"艺术云诊""云中书"等项目,举办"以艺战'疫'""以读攻毒"全民文化活动,推出战"疫"作品15期,开展公益培训826场、展览及讲座263场、送文化下乡157次、"文化走亲"10次,惠及群众逾5万人次。深入开展"三个地"主题文艺精品创作活动,发挥"十年排舞"影响力,打造《海岛老百花》《柚见红马甲》等舞台作品,荣获国家、省、市各级赛事奖项43项。健全农村文化礼堂总分部制,开展"四千工程"进礼堂、"文化三巡行动"等惠民活动;实施图书馆等公共服务场所大提升行动,实现借阅"倒跑上门",配送图书100余本,并做好省级公共

文化服务体系示范区创建筹备工作。二是着力丰富产业区块统计类别，文旅产业矩阵张力日渐凸显。助力三木控股集团有限公司创成省级文化产业示范基地，形成以 2 家省级示范基地为龙头，以楚门湖滨路、清港文旦花开和大麦屿青年路等 3 个文创园区（街区）为主平台，以秉坤机械等重点文创企业为重要支点，以文创设计协会、娱乐场所协会等为主要支撑的现代文化产业矩阵体系。围绕市委、市政府"两手硬、两战赢"部署要求，指导智建、湖韵等企业入统文化产业类别，建成全市最大型演艺场所奢缇酒吧，打造夜间消费板块。以文化产业扶持政策为导向，充分发挥文艺生态与产业经济的协同效应，鼓励资本投身于影视制作、动漫创作、创意设计等分量较重、前景较广的文化内容产业领域。全年共兑现产业扶持资金 300 万元，新认定 2 家重点文化企业。三是纵深推进文化遗产保护传承力度，消费市场赋能水平全力开发。推进文物平安工程监控项目，开展古籍书画修复和民间文物征集，联系跟进省级文保单位海山潮汐电站保护事宜和苔山寨城遗址建控地带内潘心元烈士纪念馆选址建设事宜。配合开展芦浦分水梁氏碉楼、楚门西岙陈氏碉楼、纪恩诗摩崖石刻等文物周边环境破坏问题的安全管理调查及执法工作。以"文化基因解码工程"为抓手，结合"文化和自然遗产日"，开展非遗购物节、工艺美食展等线上线下活动，20 余个项目参与展示展演和展销；参与全省美丽城镇建设现场会，打造玉环时尚家居小镇"文创一条街

展区"，活动得到副省长陈奕君的充分肯定。围绕"文旅消费季"，配合打造全市"乐活节""闯海节""文旦旅游节"等活动，鱼面小吃、玉环鼓词、渔民画主题丝巾等参展（演）上海·玉环活动月、新疆阿拉尔"文化走亲"、长三角民间文创产品展等交流活动。全年新增 4 个台州市级非遗代表性项目、13 个台州市级及以下非遗代表性传承人、3 个传承教学基地和 4 个非遗展示体验点，初步构建了名录项目与传承基地、传承人群为一体的传承体系。四是持续开拓文旅市场监管模式，改革善治服务成果惠及群众。加速简化审批程序，拓宽各项审批事项公开覆盖面，创新推出"友间驿站"公共文化政务服务品牌，实现"窗口前移""送证上门""服务集成"，打造政务服务升级版，让"最多跑一次""跑"出了新气象。指导清港镇创成省"扫黄打非"进基层示范点和示范标兵，开创了部门基层联动共建新模式，打造了基层治理改革"新样板"，荣获 2020 年度县级单位优秀法治宣传项目二等奖。完成执法队"三定"方案和人员转隶。制定文旅系统重要事项报告和行政执法协调两项工作制度，明确文旅领域执法与管理职责范围。对全市文化经营场所和非学历艺术类培训机构开展常态化标准化消防安全管理工作，将执法检查同安全生产、疫情防控同部署、同落实。

（蒋冰琼）

【天台县文化和广电旅游体育局】
内设职能科室 7 个，下属单位 5 个。2020 年末人员 75 人（其中：机关 32 人，事业 43 人；具有高级

技术职务资格的 3 人，中级 9 人）。

2020 年，面对突如其来的新冠肺炎疫情，天台县文旅系统的广大干部以强烈的号令意识，切实抓好疫情防控和产业提振，深入贯彻落实县委、县政府关于 2020 年"深化'两抓'、争先创优"工作部署，紧紧围绕"两手硬、两战赢"目标要求，统筹推进全县文旅产业融合一体化发展，实施文旅产业提振行动，各项工作稳中有进。天台县连续 3 年获评中国县域旅游竞争力百强县，位列全国县域旅游综合实力百强县第 23 位。天台山易筋经入选第五批国家级非遗项目公示名录。天台山入选首批"浙江文化印记"，"和合天台"入选省首批示范级文旅 IP 榜单。一是疫情防控。从 1 月 24 日起，天台山各大景区第一时间暂停对外开放，推迟一切大型文化旅游活动，关闭文旅相关人员密集场所。同时，成立 6 个督查组，每日对严控企业进行督查，以最仔细手段排查疫情危险源与风险点。做到防得牢，零感染。县文化市场综合行政执法队上榜省文化和旅游厅"抗疫英雄榜"。二是复工复产。坚持疫情防控与复工复产两手抓，从供需两端发力科学谋划文旅市场复苏，将疫情影响降至最低。出台《关于全力支持旅游企业战胜疫情稳定发展的十条措施》，帮助文旅企业渡过难关。开展文旅行业"春光计划"活动，推出"折扣"景区门票 6 万张、酒店 5.2 万间、民宿 2460 间。县委审时度势，适时推出天台山大瀑布景区，成为"后疫情时期"省内第一"网红打卡点"。县党政主要领导为天台美

景美食代言带货,提升线上文旅热度,邀请当红博主赴天台山打卡、直播,引燃旅游爆点。启动"追着阳光去台州"活动,国有景区限时向全国人民免费开放,发放100万张、总额2000万元的旅游消费券,唱响"浙江人游浙江""台州人游台州"前奏。三是全域旅游。天台县入选省文旅产业融合试验区,在全省文旅产业融合试验区创建工作培训班上作为全省7家优秀创建单位之一,做了题为《以三项改革赋能文旅产业高质量发展》的典型经验交流发言。天台县和合文化传承生态保护区入选省级创建名单,全省共17个县(市、区)入选,台州市仅天台1个。在全省"文化基因解码工程"工作推进会上做典型发言。天台山风景旅游区获评省国际人文交流优秀单位。主城区创成4A级景区城,街头创成4A级景区镇,平桥、白鹤创成3A级景区镇。平桥获评省级旅游风情小镇。新增4A级景区1家,3A级景区2家,A级景区村59个,3A级景区村8个,银宿级民宿5家。华顶旅行社获评省百强旅行社,济公旅行社新晋四星级,庐境酒店获评金桂级品质酒店。四是项目推进。深化"狠抓产业项目、大抓实体经济"活动,谋划文旅项目25个,总投资136.1亿元,截至12月底,在建项目累计完成投资额28.3亿元,完成率124.2%。在全省文化和旅游重大项目建设推进会上,做了题为《厚植发展优势 对标"重要窗口" 聚力名县美城建设》的典型发言,获得省文化和旅游厅厅长褚子育的高度肯定,称赞天台文旅"项目实、底子清、举措硬"。出台《天台县打造

"浙东唐诗之路"目的地三年行动计划》,谋划重点项目19个,总投资148.6亿元。加快推进天台山大瀑布景区建设,震撼重现"中华第一高瀑"。10月12日,浙江省"诗路文化带"建设暨"浙东唐诗之路"启动大会在天台召开,省委书记袁家军做出批示,省长郑栅洁出席大会并按下浙东唐诗之路启动键。五是宣传推广。深耕长三角,接轨大都市,在上海、苏南和周边地市高频次举办市场推介会。促成《中国诗词大会》到天台拍摄题库外景,县委书记上《中国地名大会》亲自推介天台山文旅资源。举办浙江省第十五届山水旅游节暨台州市第三届唐诗之路文化旅游节。六是文艺精品。创作以大瀑布为背景的歌曲《为你而来》,以"唐诗之路"文化为背景的舞蹈《诗路遐想》,分别获台州市音乐新作大赛、群众舞蹈大赛创作金奖,表演金奖,两个作品均入围省第十一届音乐舞蹈节决赛并获优秀奖。七是文化遗产。制定实施全县各级文物保护单位分色分级安全管理办法,落实属地管理主体责任。编制国保单位《国清寺文物保护总体规划》,完成省保单位大房文昌阁、妙山花楼民居群等修缮维护工作,黄精传统加工技艺列入台州市第七批非遗名录。八是市场监管。在文旅市场监管执法过程中,将打击、处罚和警示、指导相结合,及时发现苗头性问题,教育和引导文旅市场经营者自觉守法经营。开展文旅行业专项整治、暑期文化市场专项整治、文物执法等,促进文旅市场稳定健康发展。县文化市场综合行政执法队获评中宣部第八届全国服务农民、服务基层先

进集体、上榜省文化和旅游厅抗疫英雄榜。

(施慧未)

【仙居县文化和广电旅游体育局】内设职能科室6个,下属单位8个。2020年末人员89人(其中:机关45人,事业44人;具有高级技术职务资格的2人,中级9人)。

2020年,仙居县文化和广电旅游体育局坚持以习近平新时代中国特色社会主义思想为指导,深入贯彻落实党的十九大和十九届四中、五中全会精神,秉持"绿水青山就是金山银山"理念,以绿色化发展改革为统领,以精品打造为导向,以全域旅游创建为抓手,以保护传承为脉络,以品牌创建为路径,全县文化和旅游事业取得了新的成效。全县各景区(点)共接待游客1449.69万人次,景点门票收入2.18亿元,旅游总收入158.4亿元。一是机构改革。3月,仙居县文化和广电旅游体育局下属事业单位改革完成,印发了《仙居县文化和广电旅游体育局所属仙居县博物馆等7家事业单位机构编制规定》和《仙居县体育事业发展中心主要职责、内设机构和人员编制规定》。6月,仙居县文化市场综合行政执法队改革完成,印发了《仙居县文化市场综合行政执法队主要职责、内设机构和人员编制规定主要职责、内设机构和人员编制规定》,按照"编随事走、人随编走"的原则,共转隶人员33名。二是公共服务体系建设。全年新增文化礼堂52家、文化广场6家、"仙近"文旅小站1家、旅游厕所21座、和合书吧2家、图书馆乡镇分

馆 3 家（实现乡镇分馆全覆盖）、图书馆主题分馆 7 家、文化馆乡镇分馆 9 家（实现乡镇分馆全覆盖），城市文化综合体建设稳步推进，完成了主体结顶。开展"文艺绿道"公益培训，总结往年经验，扩大各分馆的场地并根据基层实际需要增设新课程，全年培训学员 3000 余人，并举办 2020 年仙居县《文艺绿道》公益培训展演。积极开展"文化基因解码工程"。成立"文化基因解码工程"推进专项小组，出台《仙居县"文化基因解码工程"实施方案（试行）》，成立专家组，召开工作部署会、座谈会等多次会议，排摸文化元素，完成 300 条文化元素清单整理和录入，筛选 20 项重点元素进行逐一"解码"。据省、市"文化基因解码"工作要求，结合仙居实际，着手编撰"仙居文化丛书"，共 1 套 7 册，包括《仙居非遗》《仙居岩画》《仙居风俗》《仙居历代人文诗选》《仙居历史人物传略》《仙居史迹》《仙居旧影》，从历史人物、风俗、文物史迹 3 个方面展现仙居的历史传承和文化底蕴。不断加强基层文化队伍建设。做好乡镇文化员定向培养，3 名应届高中毕业生参与培养，首届定向培养的 2 名文化员入职到岗。加强文化队伍培训力度，举办全县文化人才队伍培训班，培训人数达 136 人，覆盖县乡村各级及优秀社会文化团队。抓好乡镇"三团三社"建设，全县共有各类文体团队 1500 多支，极大丰富和活跃了基层群众文化生活。进一步完善文化志愿者协会建设和管理机制，推动文化志愿者向文旅志愿者的转变提升，结合仙居全域旅游示范区创建工作，组织参加文

旅志愿活动 10 余次，参与志愿者 500 多人次，志愿服务时长达 13 小时/人。三是品牌创建。仙居县获评国家级全域旅游示范区称号；获得中国图书馆学会授予的"书香城市"称号，成为浙江省唯一入选的城市；县图书馆被中国图书馆学会授予"2019 年全民阅读先进单位"称号；成功创建省级文化示范村 1 家——白塔镇下崔中宅村；仙居县被评为 3A 级景区城；淡山乡淡山村、淡山乡溪东村、横溪镇河塘村央田自然村、白塔镇景园村关后自然村、白塔镇高迁村、淡竹乡下陈朱村、田市镇景东村、广度乡里岙村被评为浙江省 3A 级景区村庄；福应街道、南峰街道、安洲街道、埠头镇、皤滩乡、淡山乡、广度乡被评为 3A 级景区镇；杜若山居获评白金级民宿；县图书馆被评为台州市文明单位。四是节庆活动。结合仙居历史文化、民俗风情和自然资源，举办 2020 仙居马拉松、"台州市戏剧（小戏、小品）、曲艺大赛"、百里仙居——2020 年第五届社群精英挑战赛等重大文旅活动，为不同人群、不同年龄提供了多样化的活动选择，进一步丰富仙居旅游业态。文化惠民活动深入开展，全年共组织送戏下乡 400 余场、送电影 4050 场次；送书下乡 9.2 万册，"文化走亲"12 次，送专题讲座 57 场次、展览 69 场次、培训 25 场次；组织各类"一乡一节"品牌文旅活动 37 场，受众人数达 26 万人次。五是宣传营销。建设线上与线下并重的整体营销局面，多渠道宣传推广仙居旅游产品。线上，参与大型融媒公益活动"暖春行动"走进仙居并开展公益助农直播、开展"我和春

天有个约会——来神仙居，许个天荒地老的愿"等直播活动。线下，积极参加"千万红包游浙江"活动、"追着阳光去台州"百天千万游客游台州活动上海启动仪式、"百县千碗·鲜在台州"美食品味之旅等活动；举办上海台州文化旅游周启动仪式、2020 中国浙江·仙居杨梅上海推介会等活动；与新昌、天台、临海 3 地结成"新天仙配"联合体，在江苏南京举办推介会，不断拓展仙居旅游市场。六是文物保护。下汤遗址公园建设有序推进，考古挖掘有序开展，编制了《万年浙江的缩影——仙居下汤考古图录》；完成"仙居县下汤遗址核心区保护展示工程建议书"批复、"下汤遗址核心区保护展示工程"建设项目选址论证报告、《下汤遗址核心区保护展示工程设计方案》初稿、《下汤遗址保护规划修编》初稿、《下汤省级考古遗址公园规划修编》初稿；遗址本体安全保护方案进入单一采购流程；保护棚展示方案等有序推进。做好不可移动文物修缮，加强文物修缮项目监管，督促吴蒂赐谥敕碑牌环境整治方案设计，成氏宗祠、王氏宗祠、陈氏宗祠修缮工程完成设计方案，上江垟古建筑群修缮工程启动招投标。完成"博物馆文本大纲＋概念设计"公开招标文书初稿。馆藏古籍数字化工作有序开展，对虫蛀、破损书目优先进行扫描，截至年底已扫描古籍文献 175 册，11500 页。完成不可移动文物复查，全县有不可移动文物 748 处，其中全国重点文物保护单位 3 处（共 7 点）、省级文物保护单位 13 处、县级文物保护单位 58 处，未核定为文物保护单位的

不可移动文物670处（县文保点48处）。七是非物质文化遗产传承创新。开展抗疫非遗作品创作，共创作出《抗疫十劝》等9个作品，并组织稻草画《最美逆行者》、仙居花灯《逆行之光》2个优秀非遗抗疫作品参加"安吉杯"疫情防控主题非遗优秀作品评选活动。探索非遗传承创新，与高校、基地合作培育非遗衍生文创和旅游商品，启动"当非遗遇上旅游"2020非遗活化（仙居针刺无骨花灯）全球文创设计大赛，推动非遗产品化、产业化。开展"非遗购物节"，举办线上线下活动。线上，指导仙居花灯、蓝花布印染等项目入驻拼多多、淘宝等网购平台，并探索线上非遗直播带货；线下，推动仙居花灯走进商业综合体——杭州西溪印象城，购物节期间非遗产品销售额达4万余元。组织参加"当非遗遇上旅游"台州共享会，蓝花布、稻草画、花灯等深受欢迎，2天时间销售额达6000余元；参加2020年中国特色旅游商品大赛，烛景堂·DIY仙居花灯获得铜奖；参加第二批浙江省优秀非遗旅游商品评选活动，彩石镶嵌、龙凤八卦小夜灯入选；组织仙居花灯和彩石镶嵌亮相浙江台州文旅周启动仪式暨第五届上海杨浦非遗街活动。八是行业监管。以日常巡查为基础，"双随机"抽查、错时夜查、联合检查等相结合，全年日常巡查出动检查1271人次，检查场所950家次。落实经营场所常态化疫情防控工作并开展人员密集场所安全生产月专项整治检查、文化旅游行业消防安全综合整治、旅游市场专项整治等各类文化旅游市场检查，排查并督促经营场

所整改疫情防控问题109处、整改消防安全隐患问题44处，办理案件8起。切实加强旅游行业管理，指导东方大酒店、东方旅行社、大唐旅行社做好复评工作。加强旅游从业人员培训，举办2020年仙居县全域旅游导游专题培训班，进一步提升导游员的服务质量，积极参与台州市文化和广电旅游体育局举办的导游大赛，并获得团队二等奖优异成绩。"最多跑一次"改革进一步深化，所有事项实现网上办、跑零次、掌上办开通率100%，承诺压缩时限100%，便民优化力度极大。九是图书情况。全年图书采购金额92万元，馆藏新增图书40320册；新办借书证5000张，举办专题讲座46场次，展览46场次；订阅报纸期刊256种，仙居县图书馆馆藏总量达到772270册（不含报刊），全年到馆105.2万人次，外借图书达679334册次。"书香仙居"建设不断推进，线上、线下齐头并进，举办了一系列全民阅读活动。线上，推出"非凡阅读——声优课堂"，组织开展了线上阅马快闪赛、"4·23世界读书日"活动、"阅读TA力量"线上青少年演讲大赛等系列活动；线下，举办了"书香致远，礼赞英雄"——世界读书日公益诵读、"春天的声音·抗疫诗歌朗诵会"、纪念抗日战争暨反法西斯战争胜利75周年专题巡回展览等阅读推广活动。全年共举办阅读推广活动81场次。

（郭瑶坤）

【三门县文化和广电旅游体育局】内设职能科室4个，下属单位9个。2020年末人员101人（其

中：机关34人，事业67人；具有高级技术职务资格的5人，中级12人）。

2020年，面对突如其来的新冠疫情，三门县文化和广电旅游体育局紧紧围绕县委、县政府"两手硬、两战赢"总体部署，聚焦打造文化发展高地、湾区旅游最佳目的地，全力推进全县文化建设和旅游发展再上新台阶。一是防疫复工有力度。坚持疫情防控与复工复产两手抓，及时成立文旅市场安全管理专班。疫情期间，以最仔细手段排查疫情危险源与风险点，停止一切公众集聚的文化娱乐活动和旅游节庆活动，全县文旅阵地及责任包干区块管控井然有序，未发生一起涉疫安全责任事故。复工阶段，出台《三门县应对疫情影响振兴文旅产业发展若干意见》《三门县拓展客源市场奖励政策》《鲜游三门专项奖励政策》等优惠政策，在资金保障、市场营销、人才支撑等方面给予企业支持。暂退旅行社旅游服务质量保证金共计48万余元，网上面向全国发放蛇蟠岛、栖心谷、潘家小镇等各景区门票5000张（合计8万元），补助电影院等文旅企业57.68万元，为文旅行业的复苏发展送去及时雨。县"文艺轻骑兵"用文艺作品展现了党和政府带领广大干部群众众志成城抗击疫情的英勇壮举，凝聚起共克时艰的强大正能量。举办书画摄影展览6次，创作文艺作品690件。二是惠民服务有温度。设施建设规范化。文创1号美术展馆装修完成并投入使用，"海开三门"三门县历史文化主题展厅、3个县文化示范村、5个文化数字广场、2个村史馆等建成完工。

10 个乡镇（街道）综合文化站全部实现"站舍面积达标、功能区块齐全、服务项目多样"的建设目标。21 家旅游厕所、2 家"百县千碗·鲜甜三门"旗舰店建设完成。惠民活动常态化。线下，大力整合县级 3 馆的文化志愿者和"文化超市"团队、乡镇（街道）文化员、农村文化礼堂管理员，以"三团三社"形式做好送文化下乡工作。举办"疫去春来·鲜甜依旧"乡村旅游系列活动，邀请绍兴小百花越剧团、浙江曲艺杂技总团到三门县演出。线上，推出文化超市升级版、全民战"疫"知识问答、国图公开课讲坛视频精选 100 场、2020"我的战'疫'"阅读马拉松线上快闪赛、宅家讲故事、声临千万家线上故事大赛及"信阅"服务等线上活动，真正打通惠民服务的"最后一公里"。全年开展送戏下乡 150 场，送书下乡 1 万余册。开展跨区域文化交流 8 次，戏曲进校园培训活动 20 次，图片巡展 30 次，培训讲座 100 次，"四万工程"进文化礼堂活动 60 余次，流通图书 1500 余册。三是项目推进有速度。把"文化基因解码工程"做活。系统提炼、展示海洋文化、冬至文化、红色文化和小海鲜美食文化等特色文化精髓，推进优秀文化的创造性转化和创新性发展。组建"文化基因解码工程"工作专班，对全县 275 个行政村开展"文化基因"普查，并确定三门石窗文化、亭旁起义革命文化、围塘文化等 3 个代表性重点解码项目。开发利用亭旁"浙江红旗第一飘"、蛇蟠岛"围垦精神"教育基地、城西村"八任书记"精神等特色红色资源，协助亭旁镇、珠岙镇祥里村创成省级

文化强镇和文化示范村。把湾区旅游项目做特。启动三门湾湾区旅游试验区建设，建立健全 2 市 3 地湾区旅游发展联席会议机制。成立三门县湾区工作专班，制定湾区三门县域工作思路及 3 年工作计划，排摸在建、新建、谋划项目共 37 个，总投资近 105 亿元。其中，十大海岛公园项目入省库项目 21 个，总投资额超 46 亿元。签约华茂·美堉小镇、花鼓漫岛项目等省市级项目 5 个。把数字化转型项目做优。推广应用"诗画浙江·文化和旅游信息服务平台"。整合"三门旅游"和"文化三门"公众号，粉丝量超过 2 万人，推送图文 1000 余篇，接受群众预定活动服务 5 万余人次，公众阅读量达 70 万余人次，被省、市媒体转载发布的共 30 篇，其中"诗画浙江文旅资讯"转载 10 篇。四是文化遗产保护利用有深度。做好文物保护工作。配合省考古研究所做好亭旁上蔡山头遗迹考古工作。完成省保单位祁氏宗祠验收工作，指导太尉庙、樟树下郑氏宗祠等的修缮。亭旁红色文创、博物馆地方文化特色的文创开发进入设计阶段。做好非遗传承工作。配合完成 2020 年省级非遗代表性项目（三门石窗）保护工作评估，试行分类开展省级非遗代表性传承人评估工作。参加"2020 文化和自然遗产日"台州主场（黄岩）宣传活动，开展三门县"2020 文化和自然遗产日"活动，做好非遗购物节的线下场景布置。完成三门祭冬国家级传承人杨兴亚抢救性记录工作，配合省文化和旅游厅编撰出版"国家级非遗代表性传承人口述史丛书"。与三门县传媒中心

合作拍摄"浙江好腔调"人物专访系列片。五是品牌培树有热度。创建工作有成果。创成省级全域旅游示范县，省级旅游风情小镇 1 个、省级 3A 级景区镇 1 个、省级银宿 2 个、全国乡村旅游重点村 1 个、省级 3A 级放心景区 1 个、省级 3A 级景区村庄 1 个，潘家小镇水坊街入选浙江省首批"诗画浙江·百县千碗"特色美食街区。促销活动更精准。针对湾区联盟合作，推出湾区文旅联盟精品旅游线路，深度推进区域合作。承办"追着阳光去台州"——"百万浙江人游台州"启动仪式暨"甬台文旅大走亲之鲜游三门"活动，让更多游客走进台州；针对疗休养市场，举办 2 场台州疗休养三门专场踩线、推介活动，共接待近 100 名市直机关及县（市、区）相关单位工会负责人，疗休养人员 5000 名，有效刺激了文旅消费；针对美食推广，开展"鲜甜·妈妈的味道"大型美食推广活动和"美食网红""流量大咖"走进三门"吃播"等活动，抖音直播观众 61.4 万人次，大幅提升了三门小海鲜的知名度和美誉度。旅游产品更精细。针对湾区文旅 IP，积极组织三门·象山"文化走亲"摄影交流采风创作活动，共同打造三门湾文旅特色产品；针对红色文旅 IP，推出红色旅游精品路线、亭旁—蛇蟠—城西村的主题党日线路。积极创建亭旁红色街区、影剧院区块夜经济、文旅消费集聚区，其中亭旁街区采取"浙江红旗第一飘景区镇"与"红色研学景区村"联动模式共招募摊位 380 家，客流量高达 3 万余人次，创造经济收益 30 余万元。六是市场管控有强度。行业管理提质

增效。利用网上"云课堂",组织开展两期旅行社行业市场抗风险和生存能力培训,共培训150人次。开展线上导游换证程序培训,帮助52位导游换证。湫水山旅游有限公司成功创建省三星级旅行社。组织参加2020年台州市导游大赛,蛇蟠岛旅游开发有限公司3位参赛选手获优胜奖。组织参加市文旅局"导游眼中的大美台州"征文比赛,荣获1个二等奖、1个三等奖和2个优胜奖。牵头开展"防控疫情 法治同行"

专项法治宣传行动和《中华人民共和国社区矫正法》集中宣传月活动。开展旅游行业"推行公筷公勺、共建文明餐桌"行动。市场监管全面落实。深化"放管服"改革,实现83个事项为跑零次,实现率100%;实现83个事项为网上办、掌上办,实现率100%。以疫情防控、"扫黄打非"和"两会"期间市场安全检查为重心,开展"地毯式"排查。全年共出动执法人员1562人次,检查各类文旅经营单位1701家次,受理举报10

次。开展安全宣传、法制宣传等20余次,辐射带动群众10万余人次,形成合力共建的良好氛围。扎实开展"双随机"抽查工作19次,共出动执法巡查62人次,检查场所81家次,实现掌上执法应用率达100%。通过"互联网＋监管"平台,认领监管事项225项,认领率及标准化率均为100%,事项覆盖率为100%。

(潘灵燕)

丽水市文化和广电旅游体育局

【概况】 内设职能处室 9 个，下属单位 5 个。2020 年末人员 136 人（其中：局机关含文化市场综合行政执法队 46 人，事业 90 人；具有高级技术职务资格的 19 人，中级 37 人）。

2020 年，面对突如其来的新冠肺炎疫情，丽水市文化和广电旅游体育系统以"两手抓、两手硬、两战赢"为目标，在坚决打赢疫情防控阻击战的基础上，紧扣高质量发展主题，勇于担当、锐意进取，突出重点、狠抓落实，推进直属事业单位机构改革，文化、旅游发展取得新成绩。文化示范建设取得新成效，获评 2019 年度"传承发展浙江优秀传统文化工作积极主动、成效明显的设区市"。市委、市政府召开丽水市旅游业发展大会暨缙云仙都成功创建国家 5A 级景区总结大会，为打造丽水旅游业加快发展升级版吹响"进军号"、发起"冲锋令"。丽水市全年实现旅游总收入 655.99 亿元，恢复至上年同期的 84%，旅游收入恢复率并列全省第三。

一、公共文化服务

（一）公共文化服务体系建设

持续深化文化惠民，全年完成送戏下乡 1396 场，送书下乡 157488 册。遂昌县通过《浙江省基本公共文化服务标准（2015—2020 年）》认定，市图书馆新馆试运行开放，全面完成浙江省基本公共文化服务标准建设，丽水市达标率 100%。城市 15 分钟、乡村 30 分钟"文化圈"布局不断优化，图书馆实现丽水市通借通还，走在全省前列。新获评文化强镇 3 个，浙江省文化示范村（社区）4 个。

（二）文化标准化体系建设

积极推进文化标准化体系建设，《乡村春晚建设规范》、莲都《数字文化馆建设规范》两个标准通过验收。莲都《爱心书屋建设规范》、遂昌《乡村文化理事会建设规范》、丽水市本级《乡村春晚品牌建设规范》《乡村春晚评价规范》4 个规范立项，《公共文化设施美化规范》完成编制。莲都、松阳、景宁、龙泉 4 个县（市、区）率先颁布县级公共文化服务标准。

（三）文化品牌建设

主动推进乡村"春晚"变"村晚"，培育特色乡村春晚 100 台，评选乡村春晚示范基地 36 个，全市共有 20 多个乡村纳入市"艺术助推乡村振兴专项资金"并获奖励。文化与旅游部公共服务司把乡村春晚作为"凝聚人民力量、向建党 100 周年献礼"开局内容，在全国所有省份开展 2021 年全国村晚示范展示活动。乡村春晚"一带三区"IP 研究，分别列为 2020 年浙江省文化和旅游厅重大文旅融合课题、重大科研创新项目。"二十四节气"品牌建设稳步推进，启动首批"二十四节气"文旅融合示范项目申报，共有 49 个项目入库。

二、文艺精品创作

（一）文艺精品创作

围绕中国共产党成立 100 周年和"中国梦"等重大主题，全市文艺工作者创作推出原创文艺作品 50 件。以"三个地"文艺创作为基础，打造情景音画诗剧《云和故事》、舞台艺术《畲山黎明》等精品剧目 15 个。《因为有你》等 10 首原创歌曲被"学习强国"平台选登。《诗画浙江》《清风有情》被评为 2020 年度浙江省十佳优秀歌曲。丽水市在 2020 年全省示范性群文活动中斩获"一金三银"，书法作品《詹宝诗》荣获浙江省群星行草书法大展金奖，书法作品《白居易诗》《世说新语》荣获浙江省群星行草书法大展银奖，小品《洗碗》荣获浙江省第三十一届戏剧小品邀请赛银奖。

（二）抗疫主题作品创作

全市文化系统积极响应"文化抗疫"之战，发动市、县文化艺术家，创作大批积极向上、鼓舞士气的文艺作品，营造抗疫必胜的舆论氛围。共创作美术作品 382 件，音乐歌曲 66 首，音乐歌词 58 件，视觉艺术作品 37 件，戏剧曲艺作品 11 件，向浙江省红十字会艺术筹捐爱心款 66500 元。代表作品有《让平凡不平凡》《回家过年》《幸福可期》《这么近 那么远》《因为有你》《空城之爱》等。

（三）庆祝丽水撤地设市 20 周年主题活动

围绕庆祝丽水撤地设市 20

周年主题,组织开展"你好丽水"庆祝撤地建市20周年暨丽水市第一届群星视觉大展、丽水市第十五届原创歌曲大赛、丽水市中小学生主题读书、第三届丽水市女画家女书法家小幅作品展、首届"清廉文化进村晚"展演等文艺活动。

三、文物保护与非物质文化遗产保护

（一）浙西南革命文物保护利用

组织浙西南革命文物保护利用专题研究,完成编制《浙西南革命文物保护利用规划》,参与起草完成《丽水市革命遗址保护条例》,61处不可移动革命文物和55件(套)可移动革命文物入选浙江省第一批革命文物名录。积极推进丽水市革命文物保护利用9个特色片区建设,黄景之律师事务所旧址工程项目完工。

（二）旧城改造文物保护

完成原丽水建筑公司办公楼墙面堆砌丽阳门古城墙砖人工拆除与收集工作,完成古城墙考古勘探任务,编制保护与展示方案。分步分类实施青林村门楼迁移、吴埠古戏台迁移等保护工程。联合水利部门开展古井水源普查,全市共实地核查第三次全国文物普查登记古井252个。完成省级以上平台文物区域评估任务总量的94.4%。启动文物保护单位消防安全风险红、黄、绿"三色"分级管理,组织开展丽水市民居类文物建筑消防安全隐患排查整治行动与文物保护单位白蚁危害专项调查行动。

（三）博物馆体系建设

启动"丽水市博物馆馆藏文物预防性保护项目"建设,争取到国家专项补助资金477万元。龙泉市博物馆获评国家二级博物馆,景宁畲族博物馆荣获浙江省文物局全省博物馆免费开放最佳做法项目评选最佳文旅融合奖。松阳县博物馆"这里是我们的家"展览获第十四届全省博物馆陈列展览优秀奖。

（四）非遗保护传承体系

致力打造省级非遗保护和优秀传统文化"双创"发展示范引领区,丽水市非遗工作取得重大突破,畲族彩带编织技艺、缙云烧饼制作技艺、梅源芒种开犁3个项目入选第五批国家级非物质文化遗产代表性项目名录推荐项目名单。

（五）非遗展示展演。

组织开展线上线下非遗展示展演,举办以"非遗传承 健康生活"为主题的"文化和自然遗产日"系列活动并开展丽水市"多彩非遗乡村四季行"活动,进行处州板龙、丽水提线木偶戏、畲族医药、缙云剪纸的网络直播教学,联合淘宝、拼多多、京东、抖音等多家网络直播销售平台,引导非遗企业、非遗传承人积极入驻平台,拓宽销售渠道。

四、文化旅游市场管理

（一）文旅市场疫情防控和复工复产

面对突如其来的新冠肺炎疫情,第一时间采取严格措施,关停A级景区和文化娱乐场所,暂停文化活动,有效防止疫情传播扩散。丽水市在全省最早启动并最快完成了疫情期间"无见面式"旅游质量保证金暂退业务83件,共发放质量保证金1110万元。出台系列政策促进复工复产,从财政资金支持、减轻企业负担、加大宣传营销、提振行业信心等4个方面,帮助受新冠肺炎疫情影响、生产经营遇到困难的丽水市旅游企业渡过难关,全年支付扶持资金303万元。

（二）市场管理

加速丽水市文化、旅游、广电、体育、电影、文物、出版七大领域执法业务融合发展,出动日常巡查15038人次,检查经营场所12854家次。受理举报(督查)线索9条,行政处罚立案调查45件,办结案件47件,实行警告17家次,罚款108750元,停业整顿2家次,没收非法所得2110.4元,没收违法物品1539个。

（三）行业发展

新获评五星级饭店1家,新增三星级旅游饭店3家,金树叶级绿色旅游饭店1家,银树叶级绿色旅游饭店2家,金鼎级特色文化主题饭店1家,银鼎级特色文化主题饭店1家,银桂级品质饭店3家,三星级品质旅行社3家。组织开展丽水市政务讲解员、导游员培训,组织2020年度全国导游员资格考试工作,提升导游员队伍素质。

五、全域旅游与旅游资源开发

（一）全域旅游创建

积极推进全域旅游创建工作,松阳创成国家全域旅游示范县,龙泉、青田成功创建省级全域旅游示范县,创建新增量与总量均居全省第一。缙云、遂昌、松阳完成首次全域旅游示范县复核工作。全域旅游高速(丽水)服务区项目完成验收。遂昌"全域共建、全业共融、全民共享",松阳"文化引领、品质建设"创建经验列入《浙江全域旅游发展模式》典型案

例。新获评省中医药文化养生旅游示范基地 1 家、省工业旅游示范基地 1 家、省文化产业示范基地 1 家、省红色旅游教育基地 1 家。龙泉住龙获评省红色旅游教育基地。丽水市主要红色景区、景点共接待游客 209.19 万人次。完成"浙西南革命红色故事导游词"编写。举办年度优秀导游员红色故事讲解培训班和丽水市红色政务接待讲解员培训班各 1 期。

（二）文旅项目招引

共实施文旅新建及续建项目 242 个，累计完成文旅项目投资 278.6 亿元，同比增长 13.8%，完成省里下达年度任务计划总量的 121%，圆满完成"十三五"期间"千亿"投资任务。丽水市列入省"四条诗路"项目 29 个，完成投资 42.1 亿元；列入省百张文旅"金名片"项目 14 个，完成投资 22.9 亿元；列入省"千亿投资"项目 40 个，完成投资 95.1 亿元。全年计划新开工五星级酒店 4 家，实际开工率达到 100%，丽水市 19 家续建高品位项目按计划稳步推进。全年新建、改造提升景区厕所 100 座。全年新签订正式投资项目协议或框架协议 51 个，项目总投资 478 亿元，按照"签约项目抓落地、落地项目抓开工、开工项目抓进度"工作机制，实现新开工招商项目 10 个，项目总投资 116 亿元。

（三）高等级景区（旅游度假区）创建

指导推进古堰画乡、云和梯田、遂昌金矿等景区做好 5A 级景区创建工作，其中云和梯田景区顺利通过国家 5A 级旅游景区景观质量评审。松阳双童山创成

4A 级景区，丽水市 4A 级旅游景区达到 23 家。新增 5 家国家 3A 级旅游景区。龙泉创成省级 4A 级景区城，松阳、青田创成省 3A 级景区城，23 个镇（乡、街道）创成省 3A 级景区镇（乡、街道），24 个创成省 4A 级景区镇（乡、街道）。与市农业农村局联合认定莲都区黄村乡黄村村 22 个村庄为省 3A 级景区村庄。

七、旅游宣传促销

（一）"云上宣传"

在本地主流媒体和线上媒体开展"春暖花开·相约浙丽"等"云游丽水"系列宣传推广，整合推出 10 条健康养生游线路。主动借力携程等线上平台开展旅游市场营销，入选"携程旅游国庆私家团全国十大黑马目的地城市"。

（二）长三角系列营销

精心组织举办 2020 丽水（上海）文旅推介会，第 11 次到上海开展高规格的文化旅游推介活动。与上海都市旅游卡公司合作推出丽水"99 玩 1 城"旅游年卡和长三角 PASS（沪丽版）旅游年卡，高质量融入长三角文旅大市场。组织开展"九城联动·丽水人游丽水"系列活动，推进丽水本地短途游旅游市场复苏。举办 2020 浙江·丽水（上海）文化旅游夜市活动，组织参加"烟火长三角"亲子美食旅游活动、2020 江南吃货节等长三角联动系列美食活动。

（三）精品线路

精心推出休闲度假、乡愁体验、畲乡风情等十大主题精品线路，并在"学习强国"、抖音、小红书等平台开展立体式传播。组织开展浙西南革命精神红色之旅主题宣传活动，发布 10 条红色之旅

精品线路，并在上海、江苏及省内宣传营销活动中重点推广。积极开发独具特色的丽水山路探险特色主题产品，发布推出"丽水山路"十大自驾特色线路、丽水十大徒步旅游精品线路。

【大事记】

1 月

8 日　2020 年全国乡村春晚集中展示活动启动仪式在莲都区古堰画乡举行。活动在"国家公共文云"线上全国同步直播，除丽水主会场外，还设立了安徽省、四川省、广东省、河南省、内蒙古自治区、陕西省、黑龙江省、湖南省等 8 个分会场。

同日　文化和旅游部公布 22 家国家 5A 级旅游景区名单，缙云仙都景区名列其中，是丽水市首家，也是本次全省唯一入选的景区。

9 日　浙江省文化和旅游厅发文认定首批 4A 级景区城、5A 级景区镇，景宁县被认定为 4A 级景区城、遂昌县王村口镇被认定为 5A 级景区镇。

10 日　省民宿等级评定管理委员会公布了 2019 年度 13 家白金宿、21 家金宿和 149 家银宿名单，丽水市新获评白金宿 1 家、金宿 4 家、银宿 22 家。

18 日　省重点文化旅游项目"处州府城"开街暨新春文化旅游启动仪式在处州府城南广场举行。

2 月

8 日　印发《关于落实暂退部分旅游服务质量保证金工作的通知》，落实旅游业扶持政策。

18 日　发布《丽水市 A 级旅

游景区恢复开放公告》，在全国率先推进景区全面恢复开放。所有游客可凭"绿色健康码"（或健康证明）实名制购票和游览。此外，还面向全国医护人员及其家属推出景区免门票政策。

19日　浙江省文化和旅游厅发文公布浙江省文旅产业融合试验区培育名单，龙泉市、缙云县、遂昌县、松阳县位列其中，入选数量居全省首位。

20日　与丽水市财政局联合出台《关于应对疫情支持旅游企业共渡难关的十一条措施》。

同日　制定出台《丽水市A级旅游景区新冠肺炎疫情防控和复工复产指导意见》，要求各A级旅游景区规范做好疫情防控工作。

28日　省景评委发布公告，批准松阳双童山景区为国家4A级旅游景区。

同日　制定印发《关于应对新冠肺炎疫情开展丽水文旅宣传推广工作方案》，助力丽水文旅市场复苏。

29日　发布《丽水市关于面向全国医护人员免A级旅游景区门票优惠政策说明的公告》，明确了免门票的对象、时间、办理手续和景区名单。

3月

1日　《丽水市大窑龙泉窑遗址保护管理条例》正式施行。

10日　浙江省文化和旅游重大项目集中开工仪式丽水分会场活动在丽水市花园路精品酒店项目现场举行。

同日　与阳光产险公司举行签约仪式，正式推出全省首创的"安心游"防控传染病公众责任险，通过创新"旅游保险+安全服

务"的政保合作新模式，为参加旅游团队或者自助方式到丽水旅游的市外游客保驾护航。

16日　全国旅游星级饭店评定委员会发布公告，批准浙江丽水东方文廷酒店为五星级旅游饭店。

23日　与中国农业银行丽水分行举行战略合作签约仪式。根据协议，中国农业银行丽水分行将在未来5年内提供100亿元意向性信用额度，助力丽水文旅体产业高质量发展。

25日　"此刻，丽水最美"2020丽水健康养生游"云推介"暨订购会在丽水网、"指尖丽水"移动客户端同步开启，这是丽水首次通过互联网方式面向全国推介健康养生游。

26日　2020年丽水市文化和广电旅游体育局长会议在市区召开。

30日　与市财政局联合印发《应对疫情支持旅游企业共渡难关的十一条措施实施细则》。

同日　《全国重点文物保护单位处州廊桥保护规划》通过国家文物局终审。

4月

3日　"九城联动·丽水人游丽水"活动正式启动。

10至11日　浙江省文化和旅游厅副厅长杨建武赴丽水调研检查美丽城镇建设和旅游工作，先后赴景宁、云和、莲都等地实地调研。

15日　莲都区举办"哈喽莲都——2020莲都春季旅游推介会"。会上公布了《莲都区促进文旅产业消费八条措施》政策，展示了莲都3条旅游精品线路。

19日　丽水市莲都区万象

街道、松阳县大东坝镇、景宁畲族自治县鸬鹚乡入选浙江省文化强镇，遂昌县云峰街道湖边村、青田县小舟乡黄员平村、缙云县壶镇镇湖川村、松阳县赤寿乡界首村入选浙江省文化示范村（社区）。

20日至21日　浙江省文化和旅游厅党组成员、副厅长、一级巡视员许澎一行到丽水督查疫情防控及节前安全生产工作。

22日　龙泉市竹垟畲族乡盖竹村、青田县仁庄镇仁庄村、松阳县南直街、松阳县北直街、松阳县汤兰公所-文庙入选第六批浙江省历史文化名镇名村街区名单。

29日　丽水市图书馆新馆试运行开放。

30日　"胡海峰邀您游丽水""丽水市市长吴晓东邀您品味丽水"宣传微视频分别在"学习强国"平台、人民网、新浪网、腾讯网、凤凰网、人民视频、今日头条等40余个平台推出。

5月

1日　浙江省文化和旅游厅党组成员、省文物局局长柳河一行到缙云督查"五一"景区开放安全管理和疫情防控工作。

8日　省政协副主席张泽熙一行到丽水开展"文化特色小镇建设"调研。

同日　省文物局公布第四届全省博物馆免费开放最佳做法推荐项目名单，景宁畲族博物馆荣获最佳文旅融合奖，是全市唯一。

9日　2019浙江文化和旅游总评榜评选结果公布，松阳县入选文化和旅游产业融合发展十佳县区，缙云县、景宁县被评为2019"诗画浙江·百县千碗"工程示范县区，松阳县石仓鸣珂里文

化民宿荣获 2019 浙江非遗特色民宿。

10 日至 11 日 丽水市文化工作（公共文化、文化艺术、非遗）会议在缙云爽面博物馆举行。

13 日 浙江省文化和旅游厅党组成员、副厅长刁玉泉一行到缙云就推动文旅行业恢复发展、文旅融合等重点工作开展调研。

14 日 首批 20 个"浙江文化印记"名单正式发布，丽水青瓷、婺剧顺利入选。

21 日 浙江十大茶旅精品线路发布，"快时代慢生活"秀山丽水茶香游入选。

6 月

1 日 丽水市遂昌浙西川藏线汽车越野线路入选"2020 年度长三角地区精品体育旅游项目"精品体育旅游线路。

4 日 省人大常委会党组书记、副主任梁黎明带队走访云和梯田景区，调研云和梯田 5A 级景区创建工作。

9 日至 11 日 省人大常委会副主任史济锡到丽水调研粮食安全、乡村振兴、全域旅游等工作。

11 日 浙江省文化和旅游厅公布第二批浙江文艺创作采风基地名单，景宁畲族自治县毛垟畲族乡入选，是全市唯一。

同日 丽水市文物保护与文物安全工作专题部署会议在云和召开。

同日至 12 日 首届浙江省民族乡村振兴"百村大会堂"在龙游县举行，活动现场公布了浙江首批"农文旅"融合开发培育民族村名单，丽水市 10 个村入选，数量居全省第一。

16 日 浙江省文化和旅游厅发文公布全省首批未来景区改革试点名单，丽水市莲都区古堰画乡景区上榜。

18 日 浙江省文化和旅游厅、省林业局联合发文公布全省首批山地休闲度假发展试点名单，龙泉青瓷文化、遂昌"天工之城"、云和梯田等 3 家单位入选，数量与杭州、湖州并列全省第一。

30 日 浙江省文化和旅游厅、省农业农村厅联合发文公布全省首批民宿（农家乐）助力乡村振兴改革试点名单，松阳县四都乡成为丽水市唯一入选单位。

7 月

15 日 浙江省文化和旅游厅发文公布"非遗薪传"浙江传统美食展评活动获奖名单。丽水市景宁畲族医药、缙云烧饼制作技艺获"薪传奖"，缙云索面制作技艺获"优秀展演奖"，缙云县非遗中心获"优秀组织奖"。

17 日 举办"训赛合一"的丽水市研学旅行产品策划设计大赛。

20 日 云和佛儿岩景区入选新一批通过国家 4A 级旅游景区景观质量评名单。

21 日 浙江省级文化和旅游消费试点城市名单公布，丽水市莲都区、松阳县入选。

同日 第二批浙江省优秀非遗旅游商品名单公布，丽水市共有缙云烧饼、景宁会友茶、云和"游家木玩"中国古典益智玩具 4 件套、龙泉青瓷比翼鸟杯、龙泉青瓷舒云杯、青田石雕金玉良缘系列产品等 6 项商品入选。

27 日 2020 年浙江省全域旅游示范县（市、区）复核评估结果发布，松阳县入围 A 档单位，

顺利通过国家级示范区省级初审。

28 日至 30 日 2020 浙江·丽水文化旅游衢宁铁路（福州、宁德）联合推广活动顺利举办。

31 日 2020 全国县域旅游综合实力百强县名单公布，丽水市遂昌县、缙云县、龙泉市名列其中，分列第 45、48、91 位。此外，青田县入围 2020 全国县域旅游发展潜力百佳县。

8 月

10 日至 12 日 浙江省文化和旅游厅党组成员、副厅长杨建武带队的专家组到莲都区、遂昌县、松阳县检查指导度假区建设、全域旅游工作并召开反馈会。

11 日 遂昌县首个全国重点文物保护单位——好川遗址保护规划获省政府批复。

18 日 2020 年全市文旅系统半年工作会议暨安全生产工作会议在青田召开。

19 日 第四批省级旅游风情小镇创建名单公布，丽水市莲都区老竹畲族镇、庆元县百山祖镇、景宁县大均乡、龙泉市住龙镇名列其中。

24 日 2020 浙江·丽水（上海）文化旅游推介会在上海举办。

26 日 第二批全国乡村旅游重点村名单公布，缙云县新建镇河阳村、松阳县大东坝镇茶排村入选。

27 日至 28 日 浙江省文化和旅游厅党组成员、副厅长杨建武一行赴景宁、龙泉市调研指导文化和旅游工作。

28 日 第二届丽水"巴比松"国际研讨会暨 2020 古堰画乡小镇艺术节在古堰画乡开幕。

同日 2020 丽水市"多彩非

遗乡村行"夏季庆元(非遗夜市)活动在庆元香菇市场广场举行。

30日 举办"浙江好腔调"全省传统戏剧展演丽水专场暨丽水市第五届传统戏剧展演。

31日 首批省级文化传承生态保护区(创建)名单公布,丽水市龙泉青瓷文化传承生态保护区、松阳田园文化传承生态保护区入选。

同日 2020年浙江省饭店业高质量发展暨饭店品质提升活动在杭州举行,丽水市华侨开元名都大酒店、丽水东方文廷酒店、缙云中维香溢大酒店、景宁畲乡鸿宾大酒店、青田侨乡世贸大酒店等5家星级饭店获全省首批"银桂品质饭店"荣誉称号。

9月

2日 第二批国家农村产业融合发展示范园名单发布,缙云县舒洪黄龙国家农村产业融合发展示范园名列其中。

7日 丽水市全域旅游专题研讨班在浙江大学华家池校区正式开班。

17日 江南之巅剑瓷龙泉休闲避暑自驾线路入选长三角十佳自驾精品线路,成为丽水市唯一入选的自驾线路。

18日 文化和旅游部党组成员王晓峰赴缙云县调研文化旅游产业发展工作。

同日至19日 由中央芭蕾舞团倾情演绎的中国芭蕾经典巨作《红色娘子军》在丽水大剧院精彩上演。

24日 市委、市政府召开全市旅游业发展大会暨缙云仙都成功创建国家5A级景区总结大会。市委书记胡海峰强调,要坚持全域型发展,打造旅游规划建

设升级版;坚持内涵型发展,打造旅游产品供给升级版;坚持开放型发展,打造旅游区域协作升级版;坚持创新型发展,打造旅游机制改革升级版;坚持体验型发展,打造旅游服务功能升级版。市委副书记、市长吴晓东主持会议。市领导沈根花、卢彩柳、朱山华等出席。

同日 浙江省文化和旅游厅党组成员、省文物局局长柳河带队到莲都区碧湖镇开展国庆节前文物安全检查调研工作,并召开座谈会。

25日 组织召开学习贯彻全市旅游业发展大会精神专题会。

26日至27日 省文化和旅游厅党组成员、副厅长杨建武到丽水开展节前假日市场工作督查,分别赴云和、庆元、遂昌进行实地检查。

27日 衢宁铁路(浙江段)通车首发仪式在庆元站举行。穿越丽水西南部庆元县、龙泉市、松阳县、遂昌县的衢宁铁路,正式运营通车。

10月

10日 "世界旅游联盟旅游减贫案例100"新闻发布会在北京举办,全省2个村级入选案例,遂昌县龙洋乡茶园村以"用'情境乡村'建设新路径破解乡村活化难题"入选。

14日 浙江省总工会公布首批119家浙江省职工疗休养基地名单,丽水市莲都古堰画乡小镇、龙泉住龙镇、青田千峡湖生态旅游度假区等10地入选。

18日 "全国非遗主题旅游线路征集宣传"活动入选线路正式发布,"浙西南畲乡非遗技艺体

验游"成为浙江省唯一入选线路。

22日 国家体育总局体育发展文化中心评选并公布了191个中国体育旅游精品项目,缙云羊上飞行航空营地、松阳双童山山地生态运动休闲基地入选。

同日至23日 上海市文化和旅游局局长于秀芬、副局长程梅红率队赴丽水深入考察文旅产业发展,探索沪丽合作新方向。省文化和旅游厅党组书记、厅长褚子育参与座谈。

23日 云和县文物保护中心在县城周边及际口、雾溪、灵漈山等地发现60多处岩画,特别是梅花形凹穴岩画,是省内首次发现。

24日 第二届全国"非遗进校园"优秀实践案例发布"十大优秀实践案例""十大创新实践案例"。景宁县"银杏树下共成长,畲乡红领巾永传承"非遗走进青少年宫案例入选十大优秀实践案例,是全省唯一。

25日 "浙宿好礼"浙江省首届乡村民宿伴手礼大赛获奖名单公布,丽水市有7项产品获奖。

27日 省农村文化礼堂建设工作领导小组办公室公布农村文化礼堂建设示范县(市、区)、示范乡镇(街道)名单。遂昌县入选示范县,莲都区大港头镇、龙泉市锦溪镇、青田县船寮镇等9个乡镇(街道)入选示范乡镇(街道)。

29日 2020携程集团全球合作伙伴峰会在成都举行,丽水市文化和广电旅游体育局荣获年度新锐营销奖。

同日至30日 在2020年成都酒店行业全球招商峰会暨中国·彭州第三届龙门山民宿发展大会上,丽水市松阳县飞茑集民

宿入围中国民宿榜"黑松露"奖TOP 10、桃野民宿入围中国民宿榜"黑松露"奖新锐 TOP 10。

30 日　BCC 国际建筑科技大会现场公布了获得 2020 年世界未来城市计划（简称 IUPA）奖的 5 个项目并颁奖。松阳县"文里·松阳三庙文化交流中心"项目获 2020 世界未来城市计划特别奖。

11 月

9 日　第四届"浙江最美绿道"名单公布，龙泉市兰巨宏山休闲绿道名列其中。

11 日　浙江省运动休闲旅游示范基地、精品线路、优秀项目（2021—2023）认定名单公布。丽水市缙云羊上航空飞行营地、松阳双童山山地生态运动休闲基地等 2 个项目入选省级运动休闲旅游示范基地；青田乐园室内滑雪、龙泉屏南越野小镇越野跑、遂昌浙西川藏线汽车越野、松阳七沐山滑草等 4 个项目入选省级运动休闲旅游优秀项目。

同日　"木偶情缘"第六届丽水市提线木偶戏展演在市区开演。

12 日　召开 2021 年丽水市文化和广电旅游体育工作务虚会。

同日　缙云县上榜"2020 中国县域旅游综合竞争力百强县市"。

13 日　新一批 10 个全省"大花园"示范县建设单位名单公布，缙云县、松阳县、青田县、庆元县、莲都区入选。

19 日　2020 年全省示范性群文活动获奖名单公布，丽水市斩获 1 金 3 银。其中，书法作品《詹宝诗》荣获浙江省群星行草书

法大展金奖。

20 日　迈点研究院发布"2020 年 1—10 月山岳型景区品牌 100 强榜单"，遂昌县千佛山景区列第 49 位。

21 日　2020 博鳌国际旅游奖（TC 奖）颁奖盛典举办，丽水市古堰画乡荣获年度美丽乡村品牌奖。

26 日　《浙江省打造大花园耀眼明珠实施方案》印发，丽水市共有 18 项目列入省耀眼明珠培育对象，数量位居全省第一。

27 日　"乘着高铁游丽水"2020 丽水文旅特色产品分享会在苏州举行。

30 日　全省第九批（2021 年度）历史文化（传统）村落保护利用重点村和一般村名单公布。丽水市 9 地被列为重点村，66 个村被列为一般村，入选数量均居全省第一。

12 月

1 日至 2 日　全市等级旅游民宿宣传推广培训在莲都区举办。

2 日　第二批国家全域旅游示范区名单公布，松阳县名列其中，成为丽水市首个国家级全域旅游示范区。

3 日至 5 日　浙江省文化和旅游厅组织专家组到龙泉市、景宁县开展浙江省 4A 级、5A 级景区城评定验收工作。

8 日　丽水市首个"信阅"线下服务点在莲都图书馆碧湖分馆启用。

同日　"时尚之都　魔力上海"2020 上海文化和旅游推介会在丽水举办。上海市文化和旅游局副局长程梅红、丽水市副市长卢彩柳出席并致辞。

同日　全市"清廉文化进村晚"系列活动启动仪式在市文化馆举行。

9 日　文化和旅游部资源开发司发文通报云和梯田景区通过国家 5A 级旅游景区景观质量评审，正式列入国家 5A 级旅游景区创建名单。

11 日　丽水瓯江山水诗路启动启航仪式在龙泉举行。市委书记胡海峰宣布丽水"瓯江山水诗路"开启通航。省政府副秘书长蔡晓春、省侨联主席连小敏、省委宣传部副部长葛学斌、省文化和旅游厅副厅长叶菁、市领导任淑女、戚永远、卢彩柳、汤家友等出席。

13 日至 16 日　"乘着高铁游丽水"2020 丽水文旅（江苏）推广活动先后在江苏常州、南京举办。

14 日　市委第五巡察组巡察丽水市文旅局党组工作动员会召开。

21 日　全国第四批国家二级博物馆名单公布，龙泉市博物馆名列其中，成为丽水市第二家国家二级博物馆。

23 日　全省首批 25 个文旅产业融合试验区名单公布，丽水市龙泉市、缙云县、遂昌县、松阳县入选。试验区有效期至 2023 年 12 月 31 日。

25 日　2020 年浙江省中医药文化养生旅游示范基地公布，遂昌县木槿花康养基地入选。

29 日　丽水市饭店星级评定委员会发文批复同意授予景宁畲族自治县凤凰国际大酒店有限公司、庆元山水九章酒店管理有限公司、松阳隐巷艺术酒店管理有限公司三星级旅游饭店称号。

30日 受文化和旅游部公共服务司邀请，庆元"月山春晚"特色节目《一个村的集体记忆》，走进央视演播中心，参加"欢乐过大年 迈向新征程"2021年全国"村晚"示范展示活动启动仪式。

同日 《关于认定2020年3A级景区镇（乡、街道）的公告》发布，莲都区仙渡乡等16个镇（乡、街道）为浙江省3A级景区镇（乡、街道）。

同日 2020年度全省4A级以上景区城和5A级景区镇名单公布，龙泉市入选4A级景区城。至此，丽水市已创成4A级景区城2个、5A级景区镇1个、4A级景区镇5个、3A级景区镇6个。

（孙 楠）

丽水市县（市、区）文化和旅游工作概况

【莲都区文化和广电旅游体育局】内设职能科室6个，下属单位11个。2020年末人员130人（其中：机关11人，事业119人；具有高级技术职务资格的9人，中级51人）。

2020年，莲都区文化和广电旅游体育局守土有责、守土担责、守土尽责，积极应对新冠疫情大考和复工复产大赛，有效开展全区文化旅游各项工作。一是围绕"一个目标"，开创文旅事业新局面。坚持防疫在前，以民生恢复为主要发展目标，抓住关键窗口期，精准有序扎实推动复工复产，力争全区文旅产业发展早日全面步入正常轨道。"双战双赢"，规范疫情防控和复工复产。充分发挥系统干部才能，创作出《感谢有你》《一封请战书》《巡城》等47件

抗疫主题文艺作品，为抗疫一线加油鼓劲；推出"莲都区图书馆数字阅读平台"小程序，推出10万余本正版电子书、超过30万小时的有声书和视频资源，免费向所有读者开放；制定《宾馆酒店新型冠状病毒感染的肺炎疫情的应急预案》《莲都区宾馆酒店复工验收工作方案》《莲都区酒店（宾馆）100以下复工"三服务"指导操作手册》《饭店业复工顺序和条件》和《莲都区酒店（宾馆）复工验收操作手册》。多措并举，加快文旅市场回暖复苏。为助力旅游市场加快回暖，全力推动旅游业健康发展，以"政策引导，部门助力，企业让利"为手段，以系列活动为载体，在4月15日至6月15日期间开展"助农旅，促消费"活动。制定出台《莲都区促进文旅产业消费的八条措施》，以景区免门票、旅游消费券发放和奖励旅行社招揽游客等方式刺激旅游消费。7月21日，莲都区被列入省级文化和旅游消费试点城市。二是聚焦"两个重点"，激发文旅事业新活力。将文旅经济发展和文旅品牌打造作为头等大事，育新机、开新局，带动现代服务业发展，打好高质量发展主动战。重点做好项目招引攻坚工作。立足资源优势，狠抓旅游招商。推出一批旅游招商项目，重点推出瓯江漂流、九龙湿地周边、石牛温泉附近区块、古堰画乡区域的招商项目，重点跟踪"九龙阁"摄影主题度假院落酒店及下南山精品度假酒店项目；对接"九龙阁"摄影主题度假院落酒店项目。立足自身特色，狠抓项目建设。郎奇——白桥康养旅游小镇项目完成投资13.5亿元，基本完成一号

地块项目、二号地块文元学校主楼的主体工程，三号地块的配套幼儿园开工建设。石牛温泉项目完成投资3.6亿元，一期石牛温泉酒店项目开始实施酒店室内、外装修工程；二期御泉湾项目主体工程基本完工并已经推向市场。梦里水乡·欢乐谷项目，已解决土地闲置问题，争取尽快开工。重点做好品牌活动打造工作。举办2020古堰画乡小镇艺术节开幕式、2020"欢乐莲城"莲都区社区（乡村）文化艺术节开幕式等大型文化活动。举办2020莲都区乡村春晚启动仪式暨太平乡巨溪村特色春晚等32场乡村春晚。1月8日，2020全国乡村春晚集中展示活动启动仪式在莲都区古堰画乡举行。11月，莲都区的三位"村晚"领头人在全国乡村"村晚"培训班讲"村晚"故事，分享组织举办"乡村春晚"成果案例。三是把握"三条主线"，推动文旅事业新提升。以满足人民群众日益增长的美好生活需求为根本目的，以精准需求为导向，通过构建"三条主线"，增强人民群众获得感、幸福感、安全感。坚持公共服务提升主线。基础设施建设再提速。组织开展"公共数字文化馆建设与服务规范"建设，莲都区文化馆作为唯一的县级项目在2020年全省文化馆长视频会议上做数字文化服务经验典型发言；莲都区图书馆"爱心书屋"拥有自主知识产权，获得3项发明专利，被全国智标委列为未来智慧社区首批白名单产品，并获得全国智标委颁发的"标准贡献奖"。完成丽新乡和太平乡文化站项目建设并投入使用。继续推进厕所革命，创建旅游厕所11

座。文化惠民成效再升级。完成送书下乡 1 万册、送文化下乡 271 场，举办各类大中小型非遗传承活动 36 场，传承人参与 100 余人次。开展线上和线下阅读推广活动 278 场，参与 47550 人。举办"瓯江山水诗路"丽水莲都·温州鹿城油画联展、"扫黄打非"、防疫抗疫和"两会"精神等主题展览 40 次，征集地方文献 340 余册。坚持"最多跑一次"改革主线。全年办理审批 149 件，其中行政许可 131 件，其他权力事项 18 件，完成文化市场企业年报的数据采集和审核及审批办结的行政权力事项的电子归档。大力推行"互联网＋"服务模式。所有审批事项全面接入浙江政务服务 2.0 系统，完成 126 个事项的办理流程、表单、材料、情形、法律依据等信息的梳理与确认，申请人可以通过浙江政务服务网和浙里办 App 全程在线办理，全面提升了服务的质量和速度。大力推进"证照分离"改革工作。实现"告知承诺"事项零的突破，进一步优化审批服务，促进改革落地、改革提质、改革增效。在"证照分离"改革中，6 项审批服务调整为"实行告知承诺"。坚持文化遗产保护主线。常态化开展文物保护工程。加强通济堰保护利用，实施国保通济堰附属建筑修缮工程，编制通济堰（石函至开拓概段）保护维修设计方案。开展第三次全国文物普查不可移动文物复核工作。共复核"三普"登录点 619 处，其中国保 1 处，省保 5 处（按总体计算），市保 7 处，区保 6 处，尚未核定公布为文物保护单位的不可移动文物 580 处。开展保定窑址专题调查研究。有序做好红

色资源挖掘。谋划保护利用项目 51 个上报省文物局，其中浙江铁工厂、中共丽水县委旧址、三岩寺红军革命斗争遗址等 20 个革命遗址对象被列入浙西南革命文物保护利用工程计划书，涉及保护工程预算资金约 1500 万元。四是狠抓"四个方面"，绘就文旅事业新图景。注重顶层设计、加强监督、扩展渠道、创建区域旅游，明确文旅发展方向、产业定位，努力培育文旅"金名片"。加强顶层设计。始终把机关党建工作放到文旅各项工作中去思考把握，坚持和健全民主集中制，不断加强自身建设，坚持学习制度常态化。增强监管合力。共出动文化市场综合行政执法 3508 人次，检查 4962 家次。创建全域旅游。牵头编制考核制度及创建工作方案，倒排进度，梳理并明确各个时间节点工作任务，积极推进各专项组工作任务、政策制定、台账资料收集等。同时，以丽水市全国文明城市复评为契机，借用相关宣传平台，构建层次丰富、针对性强、扩散力好的全域旅游宣传体系。扩展营销渠道。激发线上消费活力。开展百家旅行社踩线、莲都旅游春季推介会、"致敬最美逆行者"系列活动等大小型活动 50 余场，通过直播、短视频大赛等"云上"宣传，各类直播、短视频观看量达 2000 万余次，打响莲都旅游市场知名度，带动了旅游市场消费。做好线下宣传文章。加强营销推介，开展客源互送和"文化走亲"活动，与上海市黄浦区文化和旅游局签订山海合作框架协议书；走访义乌文化和广电旅游体育局，签订 FM 93 合作渠道，在义乌火车投放义乌·莲都"山

海协作"宣传广告。推进"百县千碗"工作，举办"诗画浙江·百县千碗·寻找莲都的味道"——莲都区"十大碗"专家评选活动，推出麻雀尚膳馆、庆春里餐厅、莲城宾馆 3 家"百县千碗"美食体验（示范）店。

（马学俊）

【龙泉市文化和广电旅游体育局】内设职能科室 6 个，下属单位 7 个。2020 年末人员 88 人（其中：机关 26 人，事业 62 人；具有高级技术职务资格的 6 人，中级 23 人）。

2020 年，龙泉市文化和广电旅游体育局创新实践"绿水青山就是金山银山"理念，聚力践行"浙西南革命精神"，秉持"全域旅游"的发展理念和"文旅兴市"的坚定信念，有力恢复市场，促消费抓投资强管理，以文旅魅力增强"重要窗口"文化自信，入选省级全域旅游示范县、省 4A 级景区城、省首批文旅产业融合试验区，龙泉青瓷文化生态保护区入选省级文化传承生态保护区创建名单，龙泉青瓷文化山地休闲度假发展试点入选省首批山地休闲度假发展试点名单。全年实现旅游总收入 124.40 亿元，恢复至 2019 年的 92.9％。一是管理服务实现新提升。坚持防控为先。新冠肺炎疫情防控期间全市文旅领域果断按下"暂停键"，第一时间关停所有文化和旅游场所，累计取消文旅活动 100 余场。指导督促各级公共文化场馆、文旅企业常态化执行防控措施，确保文化和旅游市场秩序井然。助力复工复产。随着疫情形势的积极向好，龙泉文旅市场及时按下"重启键"，为纾解文旅企业经营困难，

制定出台《应对疫情支持旅游企业共渡难关的十二条措施》,提前拨付344万元2019年度文旅企业奖补资金,暂退156万元旅行社旅游服务质量保证金,发放3000万元大礼包,通过景区整合营销、区域串线合作、旅游消费券等"组合拳"催热文旅市场。加强市场管理。持续推动党员干部下沉一线,联系全市61家文旅企业,深化"三服务",助力打好疫情防控总体战、阻击战。有序推进文旅领域行政许可改革,全年受理行政许可34件,办结率100%。积极培育新旅游市场主体,新增旅行社2家,指导红豆林酒店、龙泉国际大酒店、金沙温泉酒店分别创成特色主题饭店、银树叶级绿色饭店、银鼎级品质饭店等省级品牌饭店。二是项目建设迈开新步伐。积极开展"百千万"工程。聚焦特色化平台打造和旗帜性项目建设,成功创建浙江省全域旅游示范县、省4A级景区城,指导上垟镇、竹垟畲族乡、宝溪乡等成功创建省4A级景区镇,全力支持和指导住龙景区创4A级景区、青瓷小镇创3A级景区以及20个A级景区村创建工作。重点打造城市旅游。启动编制《龙泉市文化和旅游发展"十四五"规划》,完成《龙泉市景区城(城市旅游)发展规划》审查论证,设计"一剑钟情·从瓷开始"城市旅游精品路线,开通城市旅游公交专线,新建全域旅游集散中心、5个景区城旅游咨询服务点等旅游服务配套项目。全年涉旅项目固定资产投资达30.8亿元,同比上升15.36%。积极开展省级文旅专项改革试点。入选浙江省文旅产业融合试验区,

龙泉青瓷文化山地休闲度假发展试点入选省首批山地休闲度假发展试点名单,加快推进龙泉青瓷文化省级旅游度假区建设,《龙泉青瓷文化省级旅游度假区总体规划》通过省级联席审查。三是市场营销展现新作为。加大市场宣传推广。持续做好"走出去"文章,深化与文化和旅游部中外文化中心合作,参加中国-摩洛哥旅游论坛和旅游推介会,在首尔、马德里中国文化中心落成海外"龙泉青瓷展示角"。在上海举办"问海借力·沪享龙泉"健康生活畅享季系列推广活动,揭牌成立龙泉(上海)文化旅游推广中心,开通"天下龙泉"衢宁铁路品牌专列,加速开拓主客源地市场。加大招游引客奖励力度,在原有基础上增加30%的补助。"江南之巅 剑瓷龙泉"休闲避暑自驾线路入选长三角精品自驾游线路。创新开展组团营销。与11家零病例县(市、区)共同成立安心游"零零联盟",牵头衢宁铁路沿线各地赴福州、宁德联合开展推广活动,积极组织参加南京、苏州、福州、上海、杭州等11个城市的文旅推介活动,举办"山海并利山海共赢"秀洲·龙泉文化旅游活动,省内外涉旅企业到龙泉踩线等营销活动。创新以公开招投标形式与上海、江苏、武夷山地区的旅行社开展"附条件"引客合作,对达到引客要求的企业给予一定补助,确保疫后旅游市场迅速复苏。实施全覆盖旅游优惠政策。通过支付宝平台发放价值200万元的景区、酒店、餐饮旅游消费券。同时,在"浙里好玩"文旅公共服务平台发放价值205万元的龙泉旅游大礼包,在"问海借

力 沪享龙泉"活动期间,向上海市民投放价值400万元的龙泉旅游大礼包。市内所有A级景区对游客实行门票优惠。四是融合发展迈上新台阶。坚持文旅融合工作理念。坚持"文化旅游+",突出文化引领、旅游推动,强调差异发展、主动融合,在全市高规格开展"文化旅游大融合活动",成立了以党政主要领导为双组长的工作领导小组,组建专班,抽调专人,统筹推进,创新性提出"三创联动,五制一体"体制,实现合力兴旅。开展文旅融合品牌活动。疫情稳定后持续举办了32场乡村文化漫游节、20场"不灭窑火"、3场"长三角"青瓷宝剑巡展等500余场精彩纷呈的文旅活动,以及第三届世界青瓷大会、丽水瓯江山水诗路启动启航仪式、"岁月如歌"庆祝撤县设市30周年文艺晚会等大型活动。屏南越野小镇入选省(2021—2023年)运动休闲旅游优秀项目。启动"文化基因解码工程"。成立"文化基因解码工程"领导小组,制定实施《龙泉市"文化基因解码工程"实施方案》,完成第一轮文化元素普查,共收集文化元素268个,涉及2个主类、22个亚类、62个基本类型。围绕青瓷文化、宝剑文化、菇民文化、浙江大学龙泉分校旧址4个重点元素"解码",推动"文化基因解码"成果现代化转化运用,龙泉青瓷文化传承生态保护区入选省级文化传承生态保护区创建名单。提升"不灭窑火"龙窑开窑活动的仪式感和互动性,推进大窑龙泉窑国家考古遗址公园建设,正式发布2021年《故宫龙泉日历》,龙泉宝剑、"不灭窑火"入选首批省文化和旅游

IP库,用"文化基因"讲好龙泉故事。五是惠民工程凸显新风貌。丰富公共文化供给。常态化开展文化惠民活动,全年共开展各类文艺工作培训172次、各类演出活动400余场、线上活动113场、"文化走亲"55场、"百姓大舞台"7场。完成送书下乡图书1.86万册、送展览培训191次、送戏下乡115场,引进艺术剧目5场。"三馆一院四书房"持续免费开放,图书馆(含城市书房)接待读者47.45万人次,博物馆接待游客24.86万人次。推进文化遗产保护。《丽水市大窑龙泉窑遗址保护管理条例》于3月1日正式施行,大窑龙泉窑国家考古遗址公园建设有序推进。启动龙泉市第五批非物质文化遗产代表性项目和非遗传承人评选,共评选出7个代表性项目和41位传承人。持续开展文博展览,并在上海举办"天下龙泉——龙泉青瓷·宝剑传承与创新展"巡展,本次巡展计划延续至2021年12月,将在上海多个博物馆进行14个月无间断展览。优化文旅人才队伍。强化与规范575支文艺团队建设,推行群众文化星级示范团队评选办法,举办评星团队文艺活动比赛,强化与规范群众文化团队建设。全年举办A级景区村讲解员业务培训、全市乡村旅游统计人员培训、旅游饭店服务技能大赛等系列活动,共计培训10870人次。

(张 羽)

【青田县文化和广电旅游体育局】内设职能科室5个,下属单位9个。2020年末人员78人(其中:机关12人,事业66人;具有高级技术职务资格的4人,中级21人)。

2020年,青田县文化和广电旅游体育局紧扣县委、县政府总体工作要求,以文旅融合为抓手,以繁荣文旅事业、发展文旅产业为重点,积极探索创新举措,建设文化高地、最佳旅游目的地及文化和旅游融合发展样板地。一是疫情防控聚合力。年初新冠肺炎疫情发生后,坚持以"疫情防控、复产复工"为主抓手,迎难而上、共克时艰,强化宣传引导,及时在微信公众号和相关网络媒体上发布景区和文化场所开放情况、疫情防控要求等信息,出台《青田县提振旅游消费市场信心的十项举措》政策文件,精准支持文旅企业复产复工,解决帮困资金240万元,特别是县旅发公司管理的石门洞景区、石雕文化旅游区得到县政府300万元帮困资金。景区、旅行社、酒店、KTV、网吧等文旅企业正常运营,经营状况逐步好转。落实疫情智控,以"六严格"举措抓好公共文化疫情防控工作,组织开展每日疫情防控落实情况巡查,累计出动执法人员约1000人次,巡查各景区和文化体育场所约4000家次。二是文化活动展魅力。优化阅读服务模式。图书馆升级文献管理软件和借阅系统,拓宽借阅方式,开展"指尖上的文化课堂"活动、"情系山水 声润瓯江 纵览诗路之美"千峡湖朗读活动等,打造品牌化、精品化阅读活动。举办侨乡中国年、国际村晚、非遗过大年等品牌节庆活动,全年举办乡村村晚148台,协助举办青田县春节团拜会、"侨乡中国年"系列活动、庆祝中国农民丰收节暨青田稻鱼共生系统入选重要农业文化遗产

15周年活动等大型活动。紧密结合疫情实际,创新举办"我的故乡叫青田"2020年青田县乡镇文艺会演暨曳步舞大赛、"咔嚓青田印象"青田摄影大赛。创作13首抗疫歌曲,创作抗疫小品《突击生产队》等,原创抗疫小品《守村口》参加丽水市第五届原创小品大赛,青田原创歌曲《小城微巴》入选浙江省第十九届音乐新作演唱(演奏)大赛。开展"我的故乡叫青田"家乡歌曲传唱及推广实施计划,将歌曲《我的故乡叫青田》改编成曳步舞版本。继续开展文化下乡活动,累计送图书下乡83227册、送戏下乡740余场。依托基层文化工作业务、"三团三社"骨干、"侨之"系列等培训班,提升干部、队伍业务水平。三是文化保护更有力。落实文化安全保护责任,签订《文物安全目标责任书》《业余文物保护员责任书》各28份,省级文物保护单位山口林宅修缮工程顺利通过竣工验收,夏超旧居零星修缮工程、巨浦乡陈尔芳宅门楼纠偏修缮工程、刘府祠零星修缮工程顺利完工。组织参加第三届"少年非遗说"浙江传说故事讲述大赛活动,举办2020年中青年青田石雕艺人技艺培训班,开展"八个一"为内容的"服务传承人月"活动,建立青田县非物质文化遗产保护工作专家库。组织开展庆祝"2020文化和自然遗产日"非遗宣传展示系列活动,举办"青田县非物质文化遗产保护成果展"和"青田县馆藏文物图片展"。组织7人21件作品参加2020年"薪传奖"传统工艺大展作品评选活动。邀请省曲艺专家新编创《磨垟降生》《菩萨搬家》《语暖融冰好"叶姐"》等青

田鼓词曲本。结合青田石门洞文化,在石门洞景区开发了一条以"刘伯温传说"为主线的非遗研学旅行路线,围绕"走瓯江山水诗路,与伯温一起读书"主题,结合青田石门洞文化,研学旅行课程包含礼拜先师、一举夺魁、"诗路"寻宝、"三立"课堂、"非遗万花筒"、美食创意坊、营地大练兵和自然大课堂等8个课程。四是全域旅游注动力。培育了48个省A级景区村庄、8个省3A级景区镇。签订温溪镇侨商智造酒店综合体项目、方山奇云山仙竞小镇文旅度假项目,总投资38.5亿元。积极与意向投资商洽谈合作旅游投资项目3个。有序推进欧陆风情酒店综合体、威尼斯乐园、温溪镇侨商智造酒店综合体等文旅项目。全面推进全域旅游示范县创建,不断强化创建合力,浓厚创建氛围,持续推进村庄景区化、省级旅游风情小镇、精品民宿、产业融合基地等创建工作,成功创建省级全域旅游示范县、3A级景区城。加快欧陆风情小镇建设,初步形成临江路"欧陆风情一条街"、龙津路品牌服饰一条街、少年宫路珠宝金融一条街、圣旨巷美食一条街等特色街区。制定《关于推动咖啡进机关促进咖啡消费的实施方案》,举办第三届侨博会暨首届国际咖啡博览会,现场发布青咖LOGO、咖啡进机关服务标准、咖啡拉花比赛等活动,有效带动咖啡产业的快速发展和壮大。完成万山红色旅游基地建设,露营场地游乐设施、真人CS场地投入使用,完成广告牌、指引标志、雕塑布置。祯旺吴畲红色旅游景点创成3A级红色景点,持续开展村庄环境整治和垃圾分

类工作,营造和谐美丽的村居环境。方山稻鱼小镇进入省2020年旅游风情小镇培育名单。五是营销宣传添助力。紧跟省、市文化和旅游部门步伐,开展一系列组合营销宣传,赴温州、上海等地开展青田专场旅游推介活动。6月,举办百名乡贤自驾采摘游青田活动;7月,举行青田高铁专列盛夏之约活动,吸引了500余名杭州游客;8月,前往上海,考察青田(上海)全域旅游推广中心,与上海结对区金山区旅行社代表开展座谈交流活动;9月,前往上海举办"问海借力、沪青共赢"青田专场推介活动。强化青田文旅自媒体运营,开展"我为青田文旅代言"暨全民短视频线上宣传青田活动,动员全民拍摄青田文化旅游主题短视频,多角度展现青田的美食美景和特色人文。加强与上海旅游时报社文化传播中心、丽水市广播电视台等多家媒体的合作。重点推进"百县千碗"建设工作。完成青田美食书籍《寻味青田》的编写与刊发,推进落实本土特色菜馆美食体验店的建设工作,完成神仙居菜馆、百家私房菜、新印象土灶3家"百县千碗"体验店建设。7月28日,联合宁波梅山物流产业集聚区休闲旅游产业发展中心举办2020青田·梅山"山海协作"文化旅游对接会,持续做好"山海协作"单位的沟通交流,通过线上互推的方式进行文旅业态交流。六是行业管理再发力。积极落实和推进文化市场领域"互联网+监管"工作,全面应用"掌上执法",开展"双随机"执法检查9次,专项检查3次,共录入掌上执法记录591条次。在"疫情防控"和"复

工复产"的背景下,严格依法依规开展市场巡查和执法活动,先后查处了非法开展互联网视听服务、旅行社违规经营、未落实疫情防控要求等7起案件。做好元旦、春节、"两会"、清明等重点时段的安全隐患专项排查行动,特别是国庆中秋双节期间,全面开展文化旅游安全生产排摸检查,重点对常态化防疫、消防安全、旅游用车安全等进行全面排查,严格做好安全防范工作。共出动检查人员106人次,检查各经营单位210家次。

(陈晓宁)

【云和县文化和广电旅游体育局】内设机构5个,下属单位6个。2020年末人员57人(其中:机关10人,事业47人;具有高级技术职务资格的6人,中级14人)。

2020年,云和县文化和广电旅游体育局以建设"重要窗口"为使命担当,高质量推进全县文化和旅游发展,紧紧围绕打造"山区新型城镇化样板县域"总目标,紧扣全域5A级景区建设要求,服务中心、主动作为,文旅事业实现了高质量跨越式发展。云和梯田景区顺利通过文化和旅游部景观质量评审,成为改革开放以来全省取得5A级景区创建"入场券"的第22家景区,创5A工作迈出实质性关键一步。梅源芒种开犁节入围第五批国家非物质文化遗产代表性项目名录,填补了芒种在二十四节气国家级非遗目录中的最后空白。佛儿岩创4A级景区顺利通过省文化和旅游厅景观质量评审。创成崇头镇、紧水滩镇、赤石乡3个省4A级景区镇。云谷山房民宿获评全省最高等级

"白金宿"称号,是本年度丽水市唯一一家。全年累计接待游客444.3万人次,实现旅游收入43.2亿元,其中云和梯田景区综合营业收入2916.7万元,同比增长10.8%。云和梯田、云和湖仙宫景区在全市高等级景区中率先实现综合营业收入正增长。一是抢抓发展机遇,文旅创建取得历史性突破。云和梯田景区获5A级景区创建"入场券"。11月,云和梯田顺利通过国家文化和旅游部景区景观质量评审,列入国家5A级旅游景区创建名单,标志着云和梯田景区5A创建工作取得实质性进展。旅游跨越发展3610工程建设全面铺开。6月,佛儿岩4A级景区创建顺利通过省文化和旅游厅景观质量评审;12月,赤石玫瑰小镇创成国家3A级景区,创成崇头镇、紧水滩镇和赤石乡等3个4A级景区乡镇,创成石浦村、沈村等11个景区村。文旅产业呈现良好发展态势。出台《云和县"旅游+"产业融合创建实施方案》,切实提高文旅融合专业化、规范化水平,全力推进文化旅游产业融合高质量发展。云和梯田景区被列入浙江省首批山地休闲度假发展试点、浙江省打造大花园耀眼明珠培育对象名单。二是聚焦项目建设,文旅发展后劲进一步增强。坚持规划引领,抓实要素保障。完成《灵漈山4A级景区总体规划和重点项目策划》《白鹤尖4A级景区项目策划》《云和湖仙宫景区橘山半岛项目策划》等编制工作。启动《云和县文化旅游体育"十四五"规划》《白鹤尖景区总体规划》《龙门片区乡村旅游规划》等编制工作。抢抓项目进度,全力推进建

设。坚持在常态化疫情防控中加快推进生产秩序全面恢复,抢时间、抢进度,全力以赴推进重点项目建设,全年完成纯文旅项目投资3.67亿元。梯田区块一级游客接待中心项目主体结构完成总工程量的80%;观云索道项目3个站房主体全部完工,设备调试顺利;二、三级游客接待中心项目前期工作有序推进、基础配套工程建设基本完工。湖上区块云和东旅游集散中心酒店区块主体完工;三江口区块继续推进遗留政策处理,与杭商旅、莱茵体育深化招商对接;燕庐文化创作基地土地完成土地挂牌出让;聚仙岛文旅综合体童话城堡主体完工,进入全面装修阶段。县城区块佛儿岩游客中心项目主体完工;嘉瑞养生文化村独山区块主体结顶,8幢养生公寓主体进入扫尾阶段;温泉度假酒店项目完成土方开挖量的80%。推进招商引资,助力景区发展。配合梯田景区实现精准招商,顺利完成1.5亿元二次项目招商,后续"网红观景台"、太空舱体验、梯田滑雪场等"网红"项目将在梯田景区逐步落地。与杭商旅集团二度合作,成功签约白鹤尖4A级景区项目投资框架协议。与宏地嘉华集团达成总投资45亿元的云和湖生态康养小镇项目投资意向。统筹推进三江口文旅综合体、灵漈山景区、小顺度假区等旅游项目招商工作。三是聚力文旅惠民,公共民生得到有力保障。公共文化服务标准化建设成效明显。对照省定公共文化设施建设标准,统筹推进县、乡、村3级公共文化基础设施建设,"县有四馆、乡有一站、村有一室"的城乡公共文化设施一体化

格局基本形成。乡村文艺团队"三团三社"组建覆盖率达100%。"书香云和"加快打造。新建乡镇分馆2家、社区分馆2家,漫享书屋·民宿书吧4个,悦读吧5个。先后举办"书香浙里,云享阅读""阅读TA力量"等系列阅读推广活动100余场,参与人数达11.40万人次。文化遗产保护不断深入。梅源芒种开犁节入选第五批国家级非物质文化遗产代表性项目公示名录,填补了芒种在二十四节气国家级非遗目录中的最后空白。积极挖掘非遗旅游商品,"中国古典玩具四件套"入选第二批浙江省优秀非遗旅游商品名单。完成全县"三普"名录核查和历史建筑补充调查工作。文艺创作演出精彩纷呈。创编《火神与雷神》《感谢你》《将爱传递》等防疫文艺歌曲,用文化的力量筑起云和抗疫"新战线"。情景音画诗剧《云和故事》精编版上演。完成送书下乡20604册,送戏下乡100场,开展各类公益培训、展览共114场。四是坚持统一策划,文旅营销活动爆点不断。瞄准"大活动",文旅品牌更加响亮。举办第十四届云和梯田开犁节、第二届"寻瓯溯源"文旅周等大型文体活动19场,通过线上线下合力互动的方式,联合开展活动品牌营销,展现云和当地生态风貌、风土人情,云和旅游形象和知名度得到进一步提升。依托"大平台",文旅营销更加精准。紧盯目的地营销,在上海、福建、江苏等重点客源市场组织开展"童话云和 逐梦山海""童话云和 相约沪上"等各类特色主题文旅推介活动26场,力求点、线、面立体化精准营销,助力旅游市

场复苏。借用"大资源",智慧旅游更有质量。与马蜂窝、携程、美团等平台合作,推出云和最美游线路、山水康养旅游线路推广宣传。积极探索"云端"消费、预约式消费等模式,抢抓"云端经济"发展新机遇。五是坚持强化监管,行业监管体系不断完善。狠抓文化旅游市场监管。严格落实疫情防控要求,以疫情为命令,坚持网格化管理全面管控网吧、KTV、景区景点等文旅经营场所。根据疫情发展态势,指导文旅企业落实疫情防控、健康管理和安全生产主体责任,护航文旅企业复工复产,确保文旅行业健康繁荣。加强执法体制机制建设。主动对接省、市相关单位,做好文旅市场综合执法职能梳理工作,制定文化市场综合行政执法队"三定"方案,人员配置到位,机构改革快速、有序、高效推进。抓服务品质提升。开展文化旅游市场整治行动,委托第三方对全县景区、酒店等文旅企业进行实地暗访检查,营造良好的文旅消费市场环境。指导全县金宿、银宿及星级酒店评定,云谷山房获评全省最高等级民宿——白金宿,泊岸汀风、山都雅舍民宿获评为银宿级。

(涂红燕、廖和燕)

【庆元县文化和广电旅游体育局】 内设职能科室 6 个,下属事业单位 6 个,乡镇文化中心站 6 个。2020 年末人员 87 人(其中:机关 30 人,事业 57 人;具有高级技术职务资格的 6 人,中级 26 人)。

2020 年,庆元县文化和广电旅游体育局坚持"两手抓、两战赢",在疫情防控阻击战中获得全省文化和旅游系统 2020 年抗疫"二月英雄榜"团队,在经济发展总体战中稳中有进。通过"GOOD 庆元"文旅消费券、衢宁铁路开通营销宣传、廊桥国际越野赛等活动,取得了一定成果。一是积极应对疫情对市场冲击,多措并举复苏市场活力。为积极解决疫情带给旅游行业的影响,对 4 家旅行社退还 48 万元质量保证金,出台《支持旅游企业共渡难关的八条激励措施》《2020 年文旅"一事一议"奖励办法的通知》等奖励文件。派发 200 万元疫情消费券,刺激市场消费。举办 4 场百山祖国家公园文化旅游消费月暨周末经济展销活动,并派发 4 期"GOOD 庆元"庆元文旅消费券,涉及美食、住宿、购物等,价值共计 200 万元,活动成交订单 45328 笔,订单金额 268 万余元。二是攻坚克难有序推进,全力保障项目建设。全年完成涉旅项目投资 16.61 亿元。其中,文体中心项目有序推进;生态古民居项目完成总工程量的 80%;廊桥古道绿道项目已竣工验收,并投入使用;观景平台项目已完成 10 个平台建设;半湾休闲养生文化园项目开工建设并纳入统计;西川生态乡村旅游度假区项目古村土地流转基本完成,12 月 22—24 日组织赴上海金山、湖州德清学习集体土地入市试点经验,进一步完善招商政策。全县 29 个村达到 A、2A 级景区村庄创建标准。组织专家对香菇小镇 3A 级景区、4A 级景区乡镇(举水乡、百山祖镇)、3A 级景区乡镇(龙溪乡、贤良镇)、3A 级景区村庄(大济村、薰山下村、坑里村)进行评定验收。新建改扩建旅游厕所 13 座,并录入全国旅游厕所管理系统及百度地图定位,完成年度任务。省民生实事项目全部完成。国保龙济桥完成修缮并通过验收,省保吾际下宗祠修缮项目等有序推进。旅游景区服务提升,开展景区电子导览系统升级、旅游咨询地图免费提供、旅游购物场所规范升级等工作。三是线上线下搭台服务,创新文化惠民方式。利用科技开展线上活动。疫情期间开展"书香助力战'疫',阅读通达未来"线上读书月系列活动、"廊桥博物馆奇妙夜"线上直播等线上培训、讲座、比赛等活动 63 场,线上活动参与群众 13000 余人次。开展 2020 长三角阅读马拉松大赛(庆元赛区)比赛,推进全民阅读。庆元县城市书房正式开放。开展线上下线 2020 年春季、秋季"菇星璀璨"免费培训班,共开设 13 个课程,学员近 400 人。结合民众需求开展线下活动。先后举办第九届广场舞大赛、庆祝 2020 年衢宁铁路通车(庆元始发站)文艺晚会、第十三届农村文艺汇演暨民星歌手赛等活动近 50 场,送戏下乡 114 场、送电影下乡 2500 余场,流通图书 11000 余册,送讲座、展览 40 余场,不断满足基层群众多层次、多样化的文化需求。发挥专业才能创作创新。创作女子双人舞《隔》、广场舞《请到我们庆元来》、原创歌曲《乡镇干部》《菇乡之恋》等,部分作品通过微信公众号等发布。建立地方特色资源项目"庆元廊桥多媒体数据库",顺利通过浙江省文化信息工程的验收。四是组织开展专场活动,做好旅游营销推广工作。举办"云启百山 心动庆元"百山祖国家公园创建云推介暨书记、县长邀您五一游庆元活动。通过书记推介庆元，副县长进行庆元旅游线路产品和庆元特产推介售卖等形式，活动吸引了 380 多万人关注，直播带货 15 分钟内完成 249 单交易，观看人数近 12 万人。举办百山祖国家公园文化旅游消费月暨周末经济启动仪式。活动现场设有展示展销区、直播间、打卡点、知识有奖竞答等环节，在支付宝平台派发文旅消费券等，共设置 35 个展位，吸引了 5000 余人次参与，全天总销售额 51 万余元。为迎接和庆祝衢宁铁路通车，7 月开始在杭州、上海、厦门、福建宁德等地开展文旅宣传推介、文旅夜市等营销活动 10 余场，在上海南站举办"菇乡庆元"专列首发仪式，向铁路沿线城市宣传推介庆元。同时，在火车站通道投放庆元文旅宣传广告、LED 宣传片，在"绿巨人"复兴号列车上投放具有庆元元素的头片、桌贴、天幕和海报等 4 种形式的广告。在菇乡庆元专列绿巨人广告项目列车上放置有庆元元素的铅笔、香菇、廊桥等，宣传推介庆元康养旅游线路产品。五是重拳出击强力执法，保障文化市场环境平稳有序。全年出动检查 1961 人次，检查经营单位 1432 家次。全面落实疫情防控要求，助力企业复工复产。成为全市首个完成行业场所关停的县，采用"5＋2""白＋黑"和部门联动的模式进行全方位巡查，对开放的场所进行现场检查和指导，全面落实疫情防控要求，严格落实疫情防控措施。开展专项整治行动，确保文化市场有序稳定。开展文化市场专项整治，严格落实 24 小

时值班值守制度，全力做好文化市场保障行动。加强文旅市场执法规范化建设。完成"互联网＋监管"平台攻坚任务，"双随机"、监管事项覆盖率、"浙政钉"掌上执法量和国库目录清单认领率等指标均达到 100％。六是加大文物保护力度，扎实推进文物平安工程建设。加大文物巡查力度。采取日常巡查与专项巡查相结合的方式开展，全年下乡 150 余次，对全县文保单位进行定期、详细的安全巡查。积极开展 2020 年"文化和自然遗产日"庆元县文化遗传保护系列宣传展示活动。全力做好文物保护工作。季氏宗祠修缮保护项目、胡纮夫妇墓修缮项目、济川桥修缮保护方案等按计划推进。

（张丹萍）

【缙云县文化和广电旅游体育局】内设职能科室 9 个，下属单位 7 个。2020 年人员 81 人（其中：公务员 11 人，机关工勤 2 人，参公 17 人，事业 51 人；具有高级技术职务资格的 11 人，中级 16 人）。

2020 年，缙云县文化和广电旅游体育局全面贯彻党的十九大和十九届五中全会精神，以创建浙江省文旅产业融合试验区、国家全域旅游示范区为抓手，深挖缙云文化旅游资源，努力探索跨越发展新路径，为建设魅力之城，打造世界文化旅游目的地奠定坚实基础。受疫情持续影响，全年实现旅游总收入 143.05 亿元，同比恢复 77.1％。成功创建全省首批文旅产业融合试验区、"文化基因解码工程"试点县、"交旅融合发展"试点县、"诗画浙江·百县千碗"工程示范县区。新建镇

河阳村入选全国第二批乡村旅游重点村；舒洪镇仁岸村入选 2020 年中国美丽休闲乡村。培育缙云黄帝文化、缙云烧饼等一批省级文旅融合 IP，其中"缙云烧饼"入选"浙江省文旅示范级 IP"；缙云烧饼制作技艺入选第五批国家级非物质文化遗产代表性项目公示名录；缙云"戏剧上山下乡"工程入选第四批浙江省公共文化服务体系示范项目。缙云县入选 2020 年全国县域旅游综合实力百强县。一是提升"缙"争力，打造高水平文旅产业融合示范区。实施"文化基因解码工程"。制定《缙云县"文化基因解码工程"实施方案（试行）》，全县摸底文化重要元素 317 条，梳理重点文化元素 15 条，开展解码溯源和应用研究。祭祀颂歌《轩辕颂》、实景演艺《轩辕赞》、婺剧《轩辕飞天》《老鼠娶亲》等一系列常态化演艺活动推动"文化基因解码"落地见形见物；仙都黄帝小镇列入浙江旅游"金名片"培育名单。积极推广"百县千碗·缙云味道"美食品牌，推出缙云烧饼、缙云爽面等"缙云十大碗"，推出黄帝系列养生餐。宋哥香墅的仙都龙须团扇获得首届"浙宿好礼"乡村民宿伴手礼大赛贡献奖，子衿民宿的蒲草旧事多功能蒲草袋获得故事奖。传承保护优秀历史文化。开展 200 余件恐龙化石标本的研究鉴定工作。组织邀请专家开展摩崖石刻、岩画考察工作。发布缙云县第七批非遗项目名录共计 26 个项目。出版《缙云古桥》，完成"缙云历史文化丛书"（《缙云黄帝文化》《缙云民间故事》《缙云民俗》《缙云杂剧》）编辑工作，整理出版"七七张山寨庙会"国家级传

承人胡文相的口述史文字资料。组织召开"张山寨七七会"省级研讨会、溶江乡"胡相公"文化研讨会、杜光庭传家兼做学习研讨会等。创作精品文艺作品。全年开展大型文化活动18场。承办2020丽水市文化工作会议。受疫情影响,31个村完成2020年乡村春晚演出活动。全年组织开展送戏下乡135场次、"文化走亲"32场次、线上文化服务38场次,完成乡村戏苑修缮补助23家。广泛组织创作书法、剪纸、篆刻等各类战"疫"文艺作品42件,以文化力量为疫情防控与复工复产注入强动力。原创歌曲《寻找》《西乡记》参加丽水市第十五届原创歌曲大赛,获创作、演唱双金双银;现代婺剧小戏《三担米》入选市文艺精品创作扶持(奖励)项目。二是创建"缙"名片,打造高质量国家全域旅游示范区。开展全域旅游创建。积极巩固全域旅游创建成果,完成省级全域旅游示范县复核评估工作。对照国家全域旅游示范区创建标准,出台《缙云县创建国家全域旅游示范区工作实施方案》,完成宣传方案、任务清单、短板清单。全年举办文旅节庆活动21场次,吸引游客100多万人次。以5A级景区仙都景区为龙头指引,推进仙都景区提质扩容,有序推进岩下创4A工作;创建景区乡镇6个,其中4A级景区乡镇3个;创建景区村庄46个,其中3A级景区村庄4个。开展老城有机更新。对老城区开展全面系统地调查摸底工作,初步梳理出415处(排、幢)历史文化遗存和条石特色建筑、4处文保点、18处"三普"登录点。深入挖掘老城区"李阳冰传说"

"缙云菜干晒制技艺""施氏髹漆堆沙贴金技艺"等传统技艺、非遗传承人,加快推进老电影院改造非遗馆布展,梳理省级非遗展演项目,筹备展演活动。谋划景区城服务中心及旅游节点打造,提升缙云老城文化旅游品质。积极推动体旅融合。组织举办"亚运加速度·骑迹满浙江"缙云站、浙江省首届生态运动会"缙云醉美绿道"骑游活动、2020年浙江省青少年摩托车越野联赛等省级以上赛事活动,吸引来自全国各地体育运动爱好者感受缙云山水风光、人文风韵、美食风味。羊上飞行航空营地入选中国体育旅游精品景区、浙江省运动休闲旅游示范基地;三溪乡汽车越野小镇列入第三批省级运动休闲小镇培育名单。三是慢享"缙"情游,打造高品质世界文化旅游目的地。加强文旅项目建设。落实在建重点项目,全年完成旅游项目总投资26.7亿元;西寮休闲旅游度假中心和石头城文化主题酒店均已完成主体结构验收;潜明水库文物搬迁工程完成项目验收。推进一批农旅项目,黄龙景区素质教育基地、千鹦鸟舍、蜂王谷等项目用地已成功摘牌。谋划重大项目前期,签约户九三秋民宿项目、大佑山农旅项目和羊上航空运动康养中心项目。完善配套基础设施,完成8个旅游厕所建设;成功培育梨园客栈、栖心别苑、步虚人家、诗想家等4家民宿成为银宿级民宿。加强全域市场营销。全年共组织、参加营销活动33场次,先后与杭州市富阳区、上城区,宁波市奉化区、德清县、仙居县等地开展"文化走亲",搭建"山海协作"文化桥梁。设计推出5

条职工疗休养主题精品线路,开通缙云高铁专列。举办缙云仙都晋升国家5A级旅游景区上海发布会,上海市文化和旅游局、闵行区政协、闵行区文化和旅游局、闵行区总工会等单位和100余家旅游企业和新闻媒体等负责人出席发布会。加强组织人才保障。文化方面,举办民间职业剧团团长培训班暨民间职业剧团骨干演员表演能力提升培训班;组织开展非遗保护、婺剧公益线上微课堂、民间婺剧器乐培训等公益培训活动。旅游方面,全力做好"缙争力"农旅融合班培训工作,举办乡村旅游讲解员培训、导游素质提升培训、文旅行业安全生产培训、全县导游大赛等系列活动。执法方面,顺利完成文化市场综合行政执法队机构改革和人员配置工作,负责文化、旅游、文物等7个领域的执法工作。四是发展"缙"行时,打造高效率便民惠民服务新形象。开展"线上+线下"图书服务。图书馆全年接待读者517400人次,图书总流通149033册次;举办"未成年人读书节""好书名师导读""阅读+荧光夜跑"等阅读活动454场次,参加活动143267人次,全年送书下乡34656册次。先后开通疫情防控、独峰讲堂、绘本故事等一系列线上阅读服务,开展"听书马拉松"大赛、"天籁浙江 印象诗路"朗诵大会等线上活动。设立"缙云网络作家工作室";升级改造笕川村"书香礼堂";率先完成丽水市公共图书馆服务大提升工作。推进"最多跑一次"改革。围绕"智能导服、收办分离、线上线下融合"建设目标,全面推进政务服务2.0建设。全年完成文化经营场所、文艺表演团体、互联网文化年检共计 68 家。推进"互联网＋监管"，接入省行政执法监管平台，掌上执法激活率达 100％，设置抽查事项检查覆盖率 100％。认领浙江省权力事项库（监管库）实施清单 333 项，认领清单编制率 100％。推进"双随机、一公开"，进一步完善制度，加强日常巡查，开展交叉检查；全面推进掌上执法在"双随机"中的落实、运用，"双随机"检查任务完成率 100％。强化安全生产监管。实行文旅系统季度安全例会制度；委托第三方专业服务机构对全县 54 家文旅体经营场所开展安全生产隐患排查，及时形成问题清单和情况报告并责令整改。积极开展"安全生产月"活动，深入开展安全生产大排查大整治活动，开展多种形式安全生产应急演练。提升行业服务品质，新增三星级品质旅行社 2 家，新增旅游团队定点餐厅 2 家。维护行业市场秩序，开展"扫黄打非""净网""清源""固边""护苗""秋风"专项行动。

（潘浩川）

【遂昌县文化和广电旅游体育局】内设职能科室 7 个，下属事业单位 9 个。2020 年末人员 76 人（其中：机关 8 人，事业 68 人；具有高级技术职务资格的 6 人，中级 23 人）。

2020 年，遂昌县文化和广电旅游体育局克服疫情影响，努力推动文化旅游工作回归正轨，以"长三角数字户外运动目的地"建设为目标，以创建全省文旅产业融合试验区为契机，集聚要素、创新思路、抓实举措，着力探索文旅发展新路径。遂昌入选"2020 年全国旅游综合实力百强县"，全域旅游发展案例入选由浙江省文化和旅游厅主编的《浙江全域旅游发展模式——走进现代版富春山居图》。全年共实现旅游综合收入 127.31 亿元。一是旅游项目与招引情况。文旅项目建设投资稳步开展。全县共实施文化旅游项目 21 个，年度计划投资 27 亿元，完成投资 27.8 亿元，完成年度计划的 102.96％。环湖绿道全线贯通，地心温泉、温泉养生岛、汤显祖戏曲小镇等项目有序推进。重点围绕遂昌"天工之城"湖山区块开展项目招引，与浙旅集团、蓝城集团、加拿大庞巴迪公司等 30 余批次客商就投资开发事宜进行接洽，已签约遂昌汽车运动之城、湖山水上运动中心项目。二是创建情况。遂昌县入选首批浙江省文旅产业融合试验区，"天工之城"山地休闲度假发展项目入选首批浙江省山地休闲度假发展试点单位。创建 1 家金宿、2 家银宿，创成 1 个 4A 级景区镇、1 个 3A 级景区镇、2 个 3A 级景区村。龙洋乡茶园村凭借"乡村活化"建设成果入选世界旅游联盟旅游减贫案例 100，红星坪温泉精品酒店创成金鼎级特色文化主题饭店，木槿花康养基地入选 2020 浙江省中医药文化养生旅游示范基地。三是打好体旅融合康养品牌。户外自驾越野游成为新热门，全年参与"浙西川藏线"自驾越野的车辆 10300 余辆，人数 24680 余人，带动沿线住宿、餐饮、农特产品销售 1486 余万元。浙西川藏线汽车越野线路荣获长三角地区精品体育旅游项目的体旅融合项目，其创始人周功

斌入选"浙江省乡村旅游带头人培育对象"，并被央广网《山中青年》、CCTV-1《遍地英雄下夕烟》栏目专题报道。承办浙江省首届生态运动会（遂昌站），完成百里红军古道定向越野赛、第九届浙江自行车联赛（第二站）大柘茶园越野赛和"绿水青山"骑游活动，并通过新华社现场云、爱奇艺等知名平台直播宣传。四是全面提升公共文化服务水平。文化服务不间断。充分发挥数字公共文化服务功能，上线"文化四季风"公益网络培训、世界读书日系列活动、"文化走亲"云端艺术作品展、汤显祖纪念馆线上展厅等。启动"送戏下乡"，开展诸暨、三门等地"文化走亲"18 场，以及摄影、书画等主题展览。积极开展未成年人读书节、相圃系列品牌等活动，全年举办 288 场次，参加人员 20718 人次。文化阵地有提升。通过省基本公共文化服务标准化建设专家组认定检查。云峰街道湖边村入选浙江省文化示范村（社区）。出台《遂昌县群众文艺团队星级考评管理办法》，立项《乡村文艺"三团三社"建设和服务规范》和《乡村文化理事会建设规范》。举办浙江省摄影理论高端研修班、文化礼堂管理员业务提升培训班等提升文艺队伍业务素养。新建 1 家城市书房、3 家图书馆分馆，县文化馆和石练镇分馆投入使用文化一体机。文艺作品有成果。在"我要上全运·2020 浙江省广场舞排舞锦标赛"中获得规定曲目、自选曲目特等奖。原创小品获丽水市第五届原创戏剧小品大赛表演银奖、创组铜奖，原创歌曲获丽水市第十五届原创歌曲大赛创作、表演、辅导

金奖,少儿婺剧获得丽水市"小金花"集体节目称号并入选省赛,县文化馆荣获丽水市第十三届乡村文化艺术节团体总分第2名。《瓯江,在我血脉中奔跑》获浙江省"天籁浙江·印象诗路"朗诵大会决赛青少年组一等奖,《哦,那一身迷彩》获浙江省未成年人读书节"阅读TA力量演讲大赛"决赛二等奖。五是进一步加强文化遗产保护。非遗保护创新开展。利用"互联网+"弘扬和传承优质非遗文化,首次举办线上"班春劝农"典礼,以动画的形式复原仪式。开展"非遗传承·健康生活""文化和自然遗产日""美丽非遗进乡镇"等活动,参展2020年"薪传奖"传统工艺大展、中国义乌文化和旅游产品交易博览会。组织县内8个企业、10余个非遗商品参加浙江非遗健康养生购线上推广活动,销售额达160余万元。"非遗进校园"活动被评为"多彩非遗·相伴成长"全国优秀实践案例。新增12个县级非物质文化遗产项目和32个代表性传承人。市非物质文化遗产代表性传承人汤建华上榜2020年度乡村文化和旅游能人支持项目入选人员。当选"二十四节气保护传承联盟"第一届理事会常务理事单位。文物保护有序推进。在2019年度全省文博事业发展水平评估指标数据排名中位于县(市、区)第21位。好川遗址保护规划获得省政府批复同意。完成省级考古遗址公园评定评估工作。开展尚未核定公布为文物保护单位的不可移动文物复核工作和全县古井水源普查工作。全年实地安全检查218次,检查文物单位201家,整改安全隐患158

处。六是多线齐发促进文旅营销。创新"云上"营销。与省内无疫情县(市、区)共同发起"零零联盟"联合推介活动,开展"山河无恙 自驾重逢"主题宣传。通过省文化和旅游厅"浙里好玩"文旅公共服务平台发放旅游消费优惠券。参与丽水市健康养生游(江苏市场)云推介暨订购会、九城联动丽水人游丽水线上启动仪式等。举办驴妈妈"春暖花开 山河无恙"全国100位县长"文旅助农"直播大会、2020端午遂昌行"遂昌长粽推广订货会"、"大咖带你云游遂昌"101场直播活动,为遂昌文旅农产品带货,累计带动直播流量3000余万人次,销售650余万元。邀请抖音达人拍摄遂昌原创短视频,获得千万级曝光量。开拓客源市场。推出"万物开源·年味遂昌"杭州宣传推广活动、"云游遂昌"自驾越野活动、无人机航拍山路挑战赛等。与上海市虹口区文旅局签订文旅合作交流协作备忘录。开通"万物开源·遂昌"号衢宁铁路品牌专列。参加上海旅游节、江南吃货节。举办"绿色南平·福地政和"文化旅游(浙江遂昌)活动、长三角融媒体走进万物开源·遂昌采风活动,参与"乘着衢宁高铁游丽水"福建文旅推介会、"丽色撩人,一见倾心"遂缙云景文化旅游(中三角)推介会等。投放衢宁铁路车体广告,推出福建到遂昌大型铁路旅游专列。增加营销特色。启动"百县千碗·遂昌风炉"美食季活动,发布遂昌风炉宴主题宣传片,举办仙侠湖"弄潮节",发布遂昌旅游宣传原创歌曲。加强"遂昌旅游"微信公众号、抖音号的粉丝影响力,持续经营"遂昌

旅游"抖音号,委托专业抖音团队每周推送2条以上高质量短视频。七是不断优化市场环境。重抓安全生产。召开安全生产工作会议,层层签订"安全生产责任书"。围绕安全生产"三管"原则,推行政府购买服务与行业主管部门监管相结合模式,完善安全应急预案,开展消防安全应急演练,提升文旅场所消防、医疗、急救等服务水平。规范市场秩序。结合日常监管、联合检查与"双随机"抽查,全年出动检查908人次,检查经营单位877家次。针对重大节假日、夏季、汛期活动,组织开展"节前安全""护航学考选考"等专项整治行动。做好统计测算和服务业发展工作。据测算,2019年全县旅游产业增加值为12.48亿元,增速13.33%。旅游产业增加值占GDP的比重为10.01%,占比同期提高了0.42个百分点。

(徐 丹)

【松阳县文化和广电旅游体育局】内设职能科室5个,下属事业单位6个。2020年末人员72人(其中:机关9人,事业63人;具有高级技术职务资格的5人,中级21人)。

2020年,因新型冠状病毒的影响,文旅行业受到较大冲击,松阳县文化和广电旅游体育局聚焦工作要点难点,一手抓疫情防控,一手抓行业复苏,以改革创新为抓手,推进文旅产业深度融合、文旅消费提质升级,全力推进国家全域旅游示范区建设。全县实现旅游总收入53.67亿元,同比下降2.6%,文旅经济基本恢复。《松阳县"三维度"构筑旅游经济复苏空间跑出旅游业发展"加速

度"》受到副省长成岳冲批示。松阳县创成国家全域旅游示范区、省级文旅产业融合试验区、省级文旅消费试点城市、省级运动休闲基地，入选省级文化传承生态保护区培育单位，被评为"浙江文化和旅游产业融合发展十佳县区"。松阳县文化和广电旅游体育局获评"丽水之干"先进集体。一是文旅新政有效落实。出台《共同抗击疫情·展现文旅担当·松阳文旅新政十条》，作为全省率先出台文旅新政的县，松阳受到了省、市领导的肯定，并为其他县（市、区）文旅行业疫后重振，提供了良好思路。完成2019年度旅游奖励资金拨付，两批共497.4万元；完成9家旅行社质量保证金退订共88万元；免除对承租国有资产经营用房的小微企业租金共48.39万元；完成文旅新政十条奖励审核，奖励资金达8.4万元；推出了"探秘松阳　清凉一夏"活动，审核奖励资金达96.25万元；针对全国游客，整合景区、酒店、民宿等旅游资源，发放了价值500万元的旅游消费券；针对文旅市场实际情况，开展《全域旅游若干意见》政策修订工作。积极配合制定《2020年度松阳县激活旅游市场扶持政策》，培育旅游市场主体上规上限。二是产业发展成效显著。品牌创建有序推进。全域旅游示范区创建方面，以优异的成绩完成省级全域旅游示范县复评，并创成国家全域旅游示范区，是全市唯一。"万千百"创建方面，印发《松阳县创建浙江省景区城和景区镇（乡、街道）实施方案》，松阳老城创成3A级景区城，新兴镇、大东坝镇和象溪镇创成4A级景区镇，四都乡

创成4A级景区乡，三都乡和安民乡创成3A级景区乡，完成28家省级A级景区村庄创建，其中横坑村、横溪村、上田村创成省级3A级景区村庄。省级旅游风情小镇方面，巩固松阳老城及四都乡省级旅游风情小镇建设成果，培育老城历史文化街区业态，推进椰树民宿综合体二期、云夕摩家国际共享空间等项目建设，同时纵深推进大东坝镇、象溪镇省级旅游风情小镇培育。此外，大东坝茶排村被评为全国乡村旅游重点村。文旅项目加快建设。是年，共有固定资产投资项目15个，其中市、县重点项目5个，重大预备项目1个，重点前期项目1个，年度投资计划47872万元，实际完成投资48554万元，完成年度计划的101.4%；完成2个中央预算内投资项目和9个财政专项债券项目申报，最终下达4个专项债项目，累计下达资金7000万元。清露乡隐旅游度假区、椰树主题民宿二期、南山大健康文化园等项目有序推进。此外，积极开展马蹄泉国际康旅小镇、横岗主题民宿等重点项目的对外招商引资。三是公共服务效能提升。不断夯实公共文化服务基础。加强公共文化服务阵地建设，大东坝镇文化馆分馆、图书馆分馆对外开放，组建成立松阳高腔传承发展中心，大东坝镇被评为省文化强镇，赤寿乡界首村被评成为省文化示范村。持续推动文化艺术创作，提升《箬寮风雷》《永远的英雄》等5部文艺作品，与浙江婺剧艺术研究院联合打造的松阳高腔折子戏《琴诗祭忠烈》与《元宵闹婚》《古井捞钗》等作品参加2020浙江省传统戏曲演出

季松阳高腔专场。启动原创现代戏曲（松阳高腔）电视剧《红色浙西南》（暂定）拍摄。收集、创编戏曲舞蹈等抗疫作品37件并整理成册。积极开展"文化基因解码工程"，完成《松阳县"文化基因解码工程"实施方案》《松阳县县级非物质文化遗产传承人认定和管理办法》制定和重点"文化基因"摸排工作，"松阳高腔传承保护实践团"入选2020年浙江省文化和旅游创新团队，鸣珂里文化民宿荣获浙江非遗特色民宿。开展文化惠民活动，新增圆梦书屋3家，举办"圆梦四季"、"文明餐桌"故事员等线上线下培训28期、"以声传爱、以文传情、以读攻读"等全民阅读活动90余场，"早安朗读"188周，送书下乡11515册。不断提升旅游配套服务水平。进一步落实大交通微循环方式，推进赤卯公路等通景公路建设，优化大木山茶园景区、松阴溪景区内部换乘体系，构建"快进慢游"旅游交通系统。完善旅游标识系统建设，推广中国首款城市字体"汉仪松阳体"，打造具有地域特色的多国语言标识系统，完成松阳县全域旅游全景图制作安装。深入推进厕所革命，完成旅游厕所新改建10座，评定8座A级旅游厕所。完成松阳数字文旅平台项目建设，为游客提供旅游信息咨询、产品预订、交通集散等多种服务。整合涉旅企业网络营销数据及各大电子商务网站的相关数据，实施智能旅游营销战略，实现目标客源市场精准营销。不断加强文物保护修缮利用。公布第六批县级文物保护单位25处151点位，完成全国重点文物保护单位延庆寺塔环境清理工程，

有序推进安岱后红军主会场、红军食堂、红军桥等文保单位修缮工作。启动编制《松阳县革命文物保护利用规划》，梳理革命文物保护项目32个，上报革命文物名录75处，安排1700万元资金对75处革命文物予以修缮。此外，利用修缮后的文保点位，做好展陈展示。完成枫坪小吉会议旧址布展及松阳县弘扬践行"浙西南革命精神"红色氛围营造雕塑展，积极推进安岱后村红军主会场展览和斗潭革命纪念馆设计展布展工作。"这里是我们的家"展览荣获"第十四届（2019年度）全省博物馆陈列展览优秀奖"。四是营销模式与时俱进。积极开展线上营销。运用"松阳文旅"微信公众号和抖音官方账号发布200余条推文，推送4条"乘着火车游松阳"系列线路、9条自驾徒步线路等。开展"FM 93百城局长带你游浙江"等8场直播活动，进行"云游松阳"线上营销，点击量达4300万余次。依托"春光计划"，整合景区、酒店、民宿等旅游资源，整合发放价值500万元的旅游消费券，为湖北一线抗疫医护人员送上社会温暖"礼包"。积极拓展客源市场。巩固"江浙沪"地区文旅市场，加速融入长三角一体化。推出9条以古村落、古建筑、古树为主题的"自驾＋徒步"线路及12条以农耕文化、自然教育、建筑设计、中医药康养等为主体的研学线路，办好2020杭州（国际）未来生活节"预见未来乡村田园梦"活动、江苏推广周等活动。借助衢宁铁路开通，针对上海、福建等客源市场，开展"绿巨人＋和谐号"媒体组合列车广告宣传合作，提高全年曝光率和知晓度，拓宽铁路沿线客源市场。积极举办系列活动赛事。借势衢宁铁路开通，办好"松阳周"活动、省级文旅消费试点城市暨松古物语·老街文旅市集启动仪式、"陈妙林带你探索江南秘境·田园松阳"的户外体育直播活动等系列文旅推介活动，强化活动赛事营销。借助"山海协作""文化走亲"等，举办第十三届农民文化节、2020年"文化和自然遗产日"、传统锡器匠艺文化展等线上线下文化活动42场，"文化走亲"10场，展览49场次，送戏下乡135场。五是文旅市场全面复苏。加强行业管理，助力复工复产。通过"三服务"工作，加强与各企业、项目业主的沟通联系，指导企业有序复工复产。重点围绕疫情防控、安全生产等开展检查，共检查文旅企业302家次，完善防疫措施10余处，排查隐患25个，解决旅游投诉10起，完成行政许可办件量306件。对全县67家文旅体企业（项目）开展第三方机构安全风险评估，提高全县文旅行业风险管控能力。加强行业统计，明晰产业现状。完成省对26县考核（旅游产业增加值占GDP比重及年度变化程度），2019年本县旅游产业增加值占GDP比重为9.59%，较上年提升0.6个百分点，考核得分位居全省首位。运用"文旅中国"App，完成文化市场信息直报，将全县旅行社、网点等33家旅游数据接入系统。加强基础统计，注重文化旅游市场日常统计和审核工作，加强假日统计分析。强化行业引导，提升服务品质。推进饭店业品牌创建，举办首届旅游饭店服务技能大赛，隐巷艺术酒店创成三星级旅游饭店，指导松泰酒店开展银桂级品质饭店评定；指导无心云舍、近水楼台、青峰远映和静觅民宿开展银宿级民宿评定；开展"最多跑一次"工作，跑零次、网上办、掌上办、即办件、承诺期限压缩比均实现100%，材料电子化率实现98.79%。

（王高云）

【景宁畲族自治县文化和广电旅游体育局】 内设职能科室5个，下属事业单位6家、参公单位1家、国企3家。2020年末人员75人（其中：公务员11人，参公6人，事业58人；具有高级技术职务资格的7人，中级20人）。

2020年，景宁畲族自治县文化和广电旅游体育局一手抓防疫，一手抓经济，启动编制《"十四五"文化和旅游体育发展规划》，修订出台《关于加快全域旅游发展的若干意见》，全系统呈现出"防控有力、落实有方、复苏有劲、安全有序"的良好态势。一是推进项目建设。全县安排涉旅项目21个，全年完成投资24亿元。其中，"天空之城"项目完成投资1.53亿元，完成二次业态招商，总投资从5亿元增加到15亿元；惠明禅茶文化产业园项目产业园道路工程、引水工程开工建设，子项目惠明寺扩建项目完成土地农转用审批、土地政策处理、城规委方案审查、选址意见书办理等前期工作；李宝畲王寨项目顺利开工；百鸟朝凤项目设计方案通过城规委审议，政策处理和土地招拍挂前期工作有序推进，投资商已开展图纸设计；云上天池项目与敏实集团、王力集团和市旅投集团等多家有意向企业进行深入洽谈，择优招商引资；畲族博物馆提升工程扩建部分完成项目建设，等待规划和消防验收；展陈部分完成展陈考察、发改赋码和立项，已编制完成招投标方案。二是提升旅游景区品质。红色毛垟景区、封金山景区创成国家 3A 级旅游景区。畲乡之窗景区完成婚嫁基础配套设施及婚嫁演艺产品提升、标识标牌、接待中心旅游厕所等项目，全年开展婚嫁表演 334 场次，接待团队 318 个，实现婚嫁表演门票收入 72 万元，漂流门票收入 8.4 万元。大漈乡、大均乡创成浙江省 4A 级景区镇，大漈村、上标村、渤海村创成浙江省 3A 级景区村庄，新增 18 个 A 级景区村庄。大均乡创成浙江省旅游风情小镇。新增三星级旅游饭店 1 家，金宿 1 家，银宿 2 家。完成 10 座旅游厕所建设任务。三是正式启动"文化基因解码工程"。成立"文化基因解码工程"工作领导小组和专家团队，完成 300 余项"一张清单"普查、100 余项系统录入、启动 15 项重点元素解码工作。策划提升歌舞剧《印象山哈》、"畲乡之窗"景区婚嫁演等演绎剧目，实现"畲家十大碗""畲乡十小蝶""畲家十药膳"市场化运作。推进产业融合基地创建，景宁县在"2019 浙江文化和旅游总评榜"中获评"2019 浙江'百县千碗'工程示范县（区）"，博物馆文化旅游经验做法获第四届全省博物馆免费开放最佳做法最佳文旅融合奖。完成浙江省中医药文化养生旅游示范基地、畲银博物馆文化产业示范基地、"百县千碗"美食示范街区、毛垟畲族乡和梅岐乡红色旅游教育基地培育申报工作。四是加大旅游区域

合作营销力度。与上海、江苏、杭州、宁波、温州、台州、嘉兴 7 地签订旅游合作协议，设立七大旅游联络处，全年实现引客 5.14 万余人次。联合各大主流媒体和直播平台，先后举办长三角"云推介"会、旅游精品线路发布会等线上活动，形成多网联播矩阵，累计在线观看人次超 5000 万。发放百万文旅消费券，最终核销 171.6 万元，拉动消费 684 万元，促进文旅消费回补和潜力释放。举办"风情景宁""清爽景宁""秋收景宁""年味景宁"系列活动及百家旅行社踩线活动，吸引众多自驾游、家庭群体参观体验，营造全域旅游主客共享的浓厚氛围。全年前往 16 个城市举办、参加推介会 32 场，发放景宁宣传资料 8 万余份、旅游纪念品 7000 余份。通过"线上＋线下"全渠道加码，实现"客源地"与"目的地"联动，助力景宁文化旅游品牌打造和市场拓展。五是深入实施精品战略。扎实推进创优工程，文艺精品创作和生产取得可喜成果。全年创作防疫作品 13 个，并在文旅公众号、"学习强国"等平台推出优秀防疫作品集。举办景宁莱西尼亚友好交流系列活动，启动景宁 IP 文创产品设计国际大赛，推动景宁优秀传统文化"走出去"。畲族文创产品在第 15 届中国义乌文化和旅游产品交易博览会上获工艺美术金奖，在 2020 年全省博物馆十佳文创产品推介活动上获文创产品优秀奖和最佳趣味奖。原创歌曲《如果没有星星来做伴》和《回忆是一本长篇故事集》分别荣获全市原创歌曲大赛的创作金奖、表演银奖和创作银奖、表演铜奖。小品《凤凰飞回来》荣获全市

第五届原创戏剧小品大赛创作银奖、表演铜奖。原创情景歌舞剧《畲歌传唱颂清廉》获得丽水市"清廉文化进村晚"文化成果展演比赛一等奖。原创情景表演《唱说畲乡》受邀参加浙江省"我们的村晚"节目录制。7 个乡村和 1 个精品节目入选丽水市乡村春晚"六个一"先进名单。县文化馆举办全市第十五届原创歌曲大赛、第二届全县少年儿童才艺大赛等活动，为全县大小艺术团队提供培训指导及技术支持 50 余次。畲族歌舞团完成婚嫁表演、市场促销、各类演出等活动 139 场次。《印》剧常态化演出共 41 场，市场促销 23 场，接待各地游客 7000 余人次。六是加强文化服务体系建设。省级示范项目"文化物流"通过验收，通过"文化物流"数字平台点单，全年完成向基层送戏 140 场、送书 22839 册、送电影 1600 场、送服务 363 场次，文化服务更加精准。全年举办线上文化活动 40 余场、在线展览 300 余个；线下举办群众性活动 80 余场、全民阅读系列活动 60 余场、精品展览 20 余个、"文化走亲"22 场次，举办培训和讲座 30 余场，培训人数 4000 余人。加强文化阵地建设，文化馆完成场馆提升改造工程，新增 2 个排练厅和 1 个多媒体教室，并通过国家一级馆复评。推进图书馆总分馆服务体系建设，完成大均民族分馆、城南社区 24 小时自助书房及 7 个特色书房建设并对外开放。畲族博物馆作为全市唯一的县级馆纳入省文物局"博物官——浙江博物馆聚落平台"首批建设，提升了微信小程序智慧导览的数字化服务能力。建成数字文化馆、移动

图书馆、图书馆微信公众号微服务大厅、大智慧数据墙及智能互动视窗等。提升智慧文旅综合服务平台，融合旅游厕所、游客服务、特色餐饮、娱乐活动等公共信息，实现在线预订、智慧停车、在线支付等自助服务，为游客打造随身的智慧旅游服务"云管家"。七是加强文化遗产保护。2019年度景宁县非遗工作在全省非物质文化遗产保护发展指数评估指标数据中，排名第八。"银杏树下共成长　畲乡红领巾永传承"非遗走进青少年宫案例入选全国十大优秀实践案例。"畲医畲药（畲药膳）"参加"非遗薪传"浙江传统美食展评活动，获"薪传奖"。非遗衍生品"会友茶"入选第二批浙江省优秀非遗旅游商品。畲族民歌、畲族彩带疫情防控作品获浙江省"安吉杯"疫情防控主题非遗作品优秀奖。畲族民歌《高皇歌》获长三角民歌邀请赛最高奖项最佳传承奖。开展传统戏剧进乡村展演活动、畲乡非遗线上课堂、畲乡传说故事讲述大赛等活动，进一步加强民间口头文学保护传承。开展文物安全大排查大整治，对木质结构的34处文物保护单位进行重点消防安全检查，更换消防器338只。不定期开展文保单位消防安全检查，共检查文物保护单位31家次，及时发现处置各类问题隐患11起，整改到位11起。八是加强市场监管。全年共出动执法人员1033人次，检查各类文化经营场所834家次，立案4起，结案4起。全年未接到有效旅游投诉，未发生旅游安全事故。开展"护苗2020"、扫黑除恶、"安全生产月"、法律法规等主题宣传活动。

（林　丽）

文献资料

ZHEJIANG CULTURE AND TOURISM YEARBOOK

浙江省大运河世界文化遗产保护条例

浙江省第十三届人民代表大会常务委员会公告第 31 号

《浙江省大运河世界文化遗产保护条例》已于 2020 年 9 月 24 日经浙江省第十三届人民代表大会常务委员会第二十四次会议通过,现予公布,自 2021 年 1 月 1 日起施行。

浙江省人民代表大会常务委员会
2020 年 9 月 24 日

浙江省大运河世界文化遗产保护条例

(2020 年 9 月 24 日浙江省第十三届人民代表大会常务委员会第二十四次会议通过)

第一条　为了加强中国大运河世界文化遗产(以下简称大运河遗产)的保护,弘扬优秀文化、传承人类文明,促进经济社会协调可持续发展,根据《中华人民共和国文物保护法》等有关法律、行政法规,结合本省实际,制定本条例。

第二条　本省行政区域内的大运河遗产保护适用本条例。

本条例所称大运河遗产,是指列入《世界遗产名录》的中国大运河浙江段的河道和遗产点。

未列入《世界遗产名录》的具有保护价值的大运河历史文化遗存,应当依法核定公布为文物保护单位、文物保护点、历史建筑,予以保护。

第三条　大运河遗产保护应当贯彻文物工作方针,坚持保护优先、活态传承、合理利用的原则,维护大运河遗产的真实性、完整性和延续性。

第四条　省和相关设区的市、县(市、区)人民政府(以下简称县级以上人民政府)负责本行政区域内大运河遗产保护工作,建立健全保护综合协调机制,保障工作力量,将大运河遗产保护纳入国民经济和社会发展规划、国土空间规划,所需必要经费纳入财政预算。大运河遗产保护工作纳入地方政府绩效考核评价体系。

大运河遗产保护综合协调机制应当明确部门职责,协调解决遗产保护的重大事项。综合协调的具体工作由文物行政部门承担。

第五条　县级以上人民政府文物行政部门负责大运河遗产保护的组织、指导和监督管理工作。

县级以上人民政府其他有关部门应当按照各自职责,做好大运河遗产保护管理的相关工作。

乡(镇)人民政府、街道办事处应当按照规定做好辖区内大运河遗产保护的相关工作。

村(居)民委员会应当配合做好大运河遗产保护工作。

第六条　负责河长制工作的机构应当将大运河遗产河道保护纳入工作范围,并列入各级河长履职考核内容。

文物行政部门应当将大运河遗产河道保护的具体范围和事项书面告知各级河长。

第七条　省和相关设区的市人民政府应当组织编制大运河遗产保护规划,在征得上一级文物行政部门同意后公布实施。

编制大运河遗产保护规划,应当广泛征求有关部门、专家和公众的意见。

在报送上一级文物行政部门审查前,省和相关设区的市人民政府应当将大运河遗产保护规划提请本级人民代表大会常务委员会会议审议。常务委员会组成人员的审议意见应当交由本级人民政府研究处理。

经批准公布的大运河遗产保护规划，不得擅自调整或者修改；确需对规划内容进行调整或者修改的，应当重新履行报批程序。

第八条　大运河遗产保护规划是大运河保护和管理工作的重要依据。

省大运河遗产保护规划应当明确全省大运河遗产的总体保护要求、保护区划、分段分类分级标准、保护重点以及保障措施。

相关设区的市大运河遗产保护规划应当根据省大运河遗产保护规划，明确具体保护措施和管控要求。

涉及大运河水体、岸线和环境的各类区域规划、专项规划，应当符合大运河遗产保护规划。

第九条　大运河遗产保护区划由遗产区、缓冲区组成。遗产区是指对大运河遗产本体及周围一定范围实施重点保护的区域。缓冲区是指遗产区外为保护大运河遗产的安全环境、历史风貌和视廊景观，对建设活动加以限制的区域。

已公布为全国重点文物保护单位的大运河遗产，其保护范围和建设控制地带与遗产区、缓冲区不一致的，省人民政府可以依法予以调整，但保护范围不得小于遗产区，建设控制地带不得小于缓冲区。

第十条　遗产区内不得进行工程建设或者爆破、钻探、挖掘等作业；但是，遗产区内确需进行下列工程建设或者爆破、钻探、挖掘等作业的，应当依照《中华人民共和国文物保护法》有关规定履行报批程序：

（一）大运河遗产保护有关的工程建设、景观维护、环境整治、历史文化街区整治；

（二）防洪排涝工程和水文水质、气象监测设施建设；

（三）航道和港口、跨河桥梁和隧道、水上交通安全设施建设；

（四）因特殊情况需要进行的其他工程建设。

在遗产区内进行工程建设，应当符合大运河遗产保护规划，避开大运河水利工程遗存相关古迹、遗址，并采取对大运河遗产影响最小的施工工艺。因特殊情况不能避开的，应当按照有关法律、法规的规定尽可能实施原址保护。

第十一条　缓冲区新建、改建、扩建建筑物或者构筑物，不得破坏大运河遗产的安全环境、历史风貌和视廊景观，建设工程设计方案应当依照《中华人民共和国文物保护法》有关规定履行报批程序。建设单位应当按照批准的设计方案进行工程建设。

自然资源主管部门确定缓冲区内建设用地规划条件时，应当限制土地开发利用强度，相关控制指标应当符合大运河遗产保护要求。

第十二条　遗产区和缓冲区内的建设项目，依照《中华人民共和国文物保护法》有关规定履行报批程序时，建设单位应当同时提交该项目的遗产影响评价材料。

第十三条　已有的不符合大运河遗产保护规划要求的建设项目和设施，相关设区的市、县（市、区）人民政府应当依法逐步拆除、外迁或者整改；其中，属于危害大运河遗产安全或者污染大运河遗产环境的建设项目和设施，应当依法限期拆除、外迁或者整改。依法应当给予补偿的，按照有关法律、法规规定执行。

第十四条　遗产区和缓冲区内的河道清淤疏浚、设施维护、居民住宅维修和树木种植等活动，应当符合大运河遗产保护规划的要求，并报所在地县（市、区）文物行政部门备案。

第十五条　划拨、出让遗产区或者缓冲区内土地使用权的，县级以上人民政府应当在划拨、出让土地使用权前报请省文物行政部门对该土地组织考古调查、勘探，必要时由省文物行政部门组织考古发掘。

已划拨、出让的遗产区或者缓冲区内的土地，尚未进行考古调查、勘探的，建设单位应当在工程建设前报请省文物行政部门组织考古调查、勘探，必要时由省文物行政部门组织考古发掘。

第十六条　县级以上人民政府应当按照国家规定建立大运河遗产标识系统，设置界桩界标，配设相应标志说明。

第十七条　禁止在遗产区和缓冲区内实施下列行为：

（一）擅自占用、填堵、围圈、覆盖大运河遗产河道水域；

（二）涂污、损毁或者擅自移动、拆除大运河遗产保护标识标志、界桩界标；

（三）破坏、侵占大运河遗产保护和监测设施；

（四）其他破坏或者妨碍大运河遗产保护的行为。

第十八条　县级以上人民政府应当根据需要明确或者设立大运河遗产保护监测专业机构，配备必要的工作人员。

大运河遗产保护监测专业机构负责大运河遗产保护的监测工作,建立完善监测档案,并按照国家和省有关规定报送监测报告。自然资源、生态环境、住房城乡建设、交通运输、水利、文化旅游、综合行政执法、气象等部门,应当配合做好相关监测工作,提供相关监测数据。

大运河遗产监测数据应当纳入政府公共数据平台。

第十九条 文物行政部门应当建立大运河遗产保护记录档案及其数据库,记录和保存大运河遗产的信息和资料。

文物行政部门应当建立健全大运河遗产保护的预警处置机制,制定应急预案,发现威胁大运河遗产安全的隐患,应当及时发布预警信息,及时处置。其他有关部门应当协同开展预警信息处置。

第二十条 相关设区的市、县(市、区)人民政府应当组织相关部门全面治理大运河遗产河道及其支线水系,综合整治岸线和区域环境,构建生态良好的连续滨河空间。

大运河遗产河道及其支线水系的水体水质应当符合水功能要求并持续改善。

第二十一条 相关设区的市、县(市、区)人民政府及其有关部门应当加强大运河沿线历史文化名城、名镇、名村、街区的整体保护,保持与大运河遗产相互依存的传统格局、历史风貌和生产生活延续性。

第二十二条 县级以上人民政府及其有关部门应当组织大运河文化精神和文化价值的发掘、研究,开展大运河沿岸戏曲、节庆、民俗、典故、传统技艺等非物质文化及其相关资料和实物的普查、收集和整理,开展大运河文化的活态展示展演工作,推进大运河文化精神的传承和发展。

第二十三条 相关设区的市、县(市、区)人民政府应当建立集文物陈列、非物质文化遗产展示、科普教育、文化宣传等功能于一体的大运河遗产博物馆(展示馆),讲好大运河文化故事,推动大运河文化传播。

鼓励依托沿线的名人故居、会馆商号、传统村落、工业遗址、考古遗址等,开展大运河遗产的展示和宣传。

第二十四条 县级以上人民政府及其有关部门应当开展大运河遗产保护的宣传教育,将大运河遗产保护的有关内容纳入中小学地方教材,大运河遗产开放展示场所列入研学实践教育基地,并采取措施鼓励单位和个人开展大运河遗产研究宣传、文艺创作、文艺演出和国内国际交流合作。

每年6月22日所在周为浙江大运河世界文化遗产宣传周。

第二十五条 大运河主河道两岸各两千米范围划定为核心监控区。

遗产区、缓冲区以外的核心监控区的开发利用,应当符合生态环境保护、国土空间管控等要求,并与大运河遗产及其历史风貌相适应。

遗产区、缓冲区以外的核心监控区的开发利用,实行负面清单管理制度。负面清单管理制度由省发展改革部门会同省自然资源、生态环境、经济和信息化、住房城乡建设、文物等部门制定,报省人民政府批准后实施。

第二十六条 大运河文化带、大运河国家文化公园建设,以及发展大运河航运、水利功能,应当符合国家和省保护规划相关要求,与大运河遗产的文化属性和承载力相适应,不得影响大运河遗产的价值。

鼓励大运河遗产的利用与科技融合,开发相关特色文化产品服务,推动大运河遗产数字化应用。

第二十七条 鼓励依托历史街区、码头古渡等景观,开发诗画江南游、古越风情游、丝绸文化游等特色旅游,推广传承戏曲、书法、茶叶、丝绸、青瓷、湖笔、黄酒等特色文化。

第二十八条 任何单位和个人有权对破坏大运河遗产及其历史风貌的行为劝阻、检举和控告。

鼓励开展大运河遗产保护志愿服务活动。相关设区的市、县(市、区)人民政府及其有关部门应当建立公众参与大运河遗产保护工作平台,为志愿者开展志愿服务提供便利。

与大运河遗产保护相关的志愿服务,政府及其有关部门可以依法通过购买服务等方式支持志愿服务运营管理。

第二十九条 鼓励单位和个人通过捐赠等方式设立大运河遗产保护基金。

第三十条 县级以上人民政府及其文物行政部门应当按照国家和省有关规定,对在大运河遗产保护、传承和利用工作中做出突出贡献的单位、个人给予奖励。

第三十一条 相关设区的市、县(市、区)人民政府及其有关部门未按本条例规定履行职责或者履行职责不到位的,省文物行政部门可以约谈相关人民政府负责人。

约谈的主要问题、整改措施、整改要求、整改结果等应当向社会公开。

第三十二条 违反本条例规定的行为,法律、行政法规已有法律责任规定的,从其规定。

对违反本条例规定破坏大运河遗产,损害国家利益或者社会公共利益的行为,法律规定的机关和有关组织可以依法提起公益诉讼。

第三十三条 违反本条例第十条第一款、第十一条第一款规定,擅自在遗产区或者缓冲区内进行工程建设或者爆破、钻探、挖掘等作业,或者未按批准建设工程设计方案进行工程建设的,由文物行政部门责令改正,造成大运河遗产本体破坏等严重后果的,处五万元以上五十万元以下罚款;情节严重的,由原发证机关依法吊销施工单位资质证书。

第三十四条 违反本条例第十五条第二款规定,建设单位未按规定报请考古调查、勘探或者发掘的,由文物行政部门责令改正;造成严重后果的,处五万元以上五十万元以下罚款。

第三十五条 违反本条例第十七条第一项规定,造成大运河遗产河道岸线改变或者破坏的,由文物行政部门责令限期恢复原状或者采取其他补救措施;造成严重后果的,处五万元以上五十万元以下罚款。

违反本条例第十七条第二项至第四项规定,破坏或者妨碍大运河遗产保护的,由文物行政部门责令改正、限期恢复原状或者采取其他补救措施,给予警告,可以并处五万元以下罚款。

第三十六条 本条例自2021年1月1日起施行。

浙江省历史文化名城名镇名村保护条例(修正文本)

(2012 年 9 月 28 日浙江省第十一届人民代表大会常务委员会第三十五次会议通过根据
2020 年 9 月 24 日浙江省第十三届人民代表大会常务委员会
第二十四次会议《关于修改〈浙江省房屋使用安全管理条例〉等七件地方性法规的决定》修正)

第一章 总 则

第一条 为了加强历史文化名城、街区、名镇、名村的保护与管理,继承优秀历史文化遗产,根据国务院《历史文化名城名镇名村保护条例》和其他有关法律、行政法规的规定,结合本省实际,制定本条例。

第二条 本省行政区域内历史文化名城、街区、名镇、名村的保护与管理,适用本条例。

本省行政区域内历史建筑的保护与管理,按照本条例有关规定执行。

第三条 各级人民政府负责本行政区域内历史文化名城、街区、名镇、名村的保护与监督管理工作,将历史文化名城、街区、名镇、名村的保护纳入国民经济和社会发展规划,所需资金纳入本级财政预算。

第四条 历史文化名城所在地城市、县人民政府应当成立保护委员会,历史文化街区、名镇、名村所在地城市、县级人民政府可以成立保护委员会。

保护委员会由人民政府负责人、相关部门负责人以及有关专家和公众代表组成,负责研究历史文化名城、街区、名镇、名村保护和管理中的重大问题,协调和监督保护规划的实施等工作。

第五条 县级以上人民政府城乡建设主管部门会同同级文物主管部门,负责本行政区域内历史文化名城、街区、名镇、名村的申报、保护规划的编制与实施、监督检查等具体工作。

县级以上人民政府其他有关部门应当按照各自职责,共同做好历史文化名城、街区、名镇、名村的保护与监督管理工作。

村(居)民委员会应当配合做好历史文化名城、街区、名镇、名村的保护工作。

第六条 省人民政府和历史文化名城、街区、名镇、名村所在地城市、县级人民政府设立保护专项资金,用于保护规划编制、基础设施和居住环境改善以及历史建筑保护等工作。

保护专项资金的来源包括：

（一）本级财政预算安排的资金；

（二）上级财政专项补助的资金；

（三）境内外单位和个人的捐赠；

（四）其他合法筹集的资金。

第七条　各级人民政府和有关部门应当组织开展历史文化遗产保护的宣传教育活动，普及保护知识，增强全社会保护意识。

第八条　历史文化街区、名镇、名村的保护与监督管理，应当保证原住居民的参与，保障原住居民的合法权益。

各级人民政府应当采取措施，鼓励和支持单位和个人以捐赠、资助、提供技术服务等方式，参与历史文化名城、街区、名镇、名村的保护。

第二章　申报与确定

第九条　历史文化名城包括国家历史文化名城和省历史文化名城。

历史文化名镇、名村和国家历史文化名城的申报、批准和直接确定的条件与程序，依照国务院《历史文化名城名镇名村保护条例》的规定执行。

第十条　具备下列条件的城市，可以申报省历史文化名城：

（一）保存文物特别丰富；

（二）历史建筑集中成片；

（三）保留着传统格局和历史风貌；

（四）历史上曾经作为政治、经济、文化、交通中心或者军事要地，或者发生过重要历史事件，或者其传统产业、历史上建设的重大工程对本地区的发展产生过重要影响；

（五）在所申报的历史文化名城保护范围内有两个以上经省人民政府批准公布的历史文化街区。

第十一条　具备下列条件的街区，可以申报历史文化街区：

（一）保存文物特别丰富；

（二）历史建筑集中成片；

（三）较完整和真实地保留着传统格局和历史风貌；

（四）规模达到国家规定的标准。

第十二条　具备下列条件之一，未公布为文物保护单位或者文物保护点的建筑物、构筑物，可以确定为历史建筑：

（一）建筑样式、结构、材料、施工工艺或者工程技术具有历史、科学、艺术价值的；

（二）反映当地历史文化和民俗传统，具有特定时代特征和地域特色的；

（三）在当地产业发展史上具有一定代表性的作坊、商铺、厂房和仓库；

（四）与历史事件、著名人物有关的近现代建筑物、构筑物；

（五）其他具有历史价值的建筑物、构筑物。

第十三条　申报省历史文化名城或者历史文化街区，应当提交说明下列情况的材料：

（一）历史沿革、地方特色和历史文化价值；

（二）传统格局和历史风貌的现状；

（三）保护范围；

（四）文物保护单位、文物保护点、历史建筑和非物质文化遗产的清单；

（五）保护工作情况、保护目标和保护要求。

申报省历史文化名城，还应当提交历史文化街区的清单和说明材料。

第十四条　申报省历史文化名城或者历史文化街区，由所在地城市、县人民政府提出申请，经省城乡建设主管部门会同省文物主管部门组织有关部门、专家进行论证，提出审查意见，报省人民政府批准公布。

第十五条　城市、县人民政府城乡建设主管部门应当会同同级文物主管部门组织本行政区域的历史建筑普查，提出历史建筑建议名录，并征求利害关系人和专家、公众的意见后，报本级人民政府确定公布。

建筑的所有权人可以向所在地城乡建设主管部门或者文物主管部门提出确定为历史建筑的建议。

第三章　保护规划

第十六条　历史文化名城、街区、名镇、名村经批准公布后，所在地城市、县级人民政府应当自批准公布之日起30日内通过政府门户网站、现场公告牌、新闻媒体等形式，向社会公布经依法批准的保护范围。

历史文化名城、街区、名镇、名村所在地城市、县级人民政府，应当自批准公布之日起1年内组织编制完成相应的保护规划，并报送省人民政府审批。

第十七条　保护规划应当包括下列主要内容：

（一）保护原则、保护内容和保护范围；

（二）保护措施、改造利用强

度和建设控制要求;

(三)传统格局、历史风貌和传统文化生态保护要求;

(四)历史文化街区、名镇、名村的核心保护范围、建设控制地带及其保护要求;

(五)文物保护单位、文物保护点名录及其保护措施;

(六)历史建筑名录及其保护要求;

(七)非物质文化遗产保护传承要求;

(八)保护规划分期实施方案。

第十八条 承担历史文化名城、街区、名镇、名村保护规划编制工作的单位,应当具有国家规定的资质。

第十九条 保护规划报送审批前,组织编制机关应当将保护规划草案予以公告,并通过论证会等方式征求专家和公众的意见。公告时间不少于30日。

保护规划草案涉及房屋征收、土地征用的,应当举行听证。

组织编制机关应当充分考虑专家和公众的意见,并在报送审批的材料中附具意见采纳情况以及理由;经听证的,还应当附具听证笔录。

第二十条 保护规划报送审批前,应当先经组织编制机关的本级人民代表大会常务委员会审议。保护规划报送审批时,应当将审议意见和根据审议意见修改规划的情况一并报送。

第二十一条 省城乡建设主管部门应当会同省文物主管部门自收到报批的保护规划之日起3个月内,组织有关部门、专家进行审查,提出审查意见,报省人民政府批准。

第二十二条 组织编制机关应当自保护规划批准之日起30日内公布经依法批准的保护规划。

经依法批准的保护规划是保护和管理历史文化名城、街区、名镇、名村的依据。任何单位和个人应当遵守保护规划,服从规划管理。

第二十三条 经依法批准的历史文化名城、街区、名镇、名村保护规划,不得擅自修改。

有下列情形之一,确需修改保护规划的,城市、县级人民政府应当专题报经省人民政府同意后,方可编制修改方案;修改后的保护规划,应当按照本条例规定的程序重新报送审批和公布:

(一)保护规划所依据的法律、法规发生调整,影响原保护规划实施的;

(二)新发现地下遗址等重要历史文化遗存,确需修改的;

(三)因自然灾害或者重大事故等原因,致使历史文化名城、街区、名镇、名村保护范围内的历史文化遗存与环境发生重大变化的;

(四)因国家重大工程建设,确需修改的。

第二十四条 编制或者修改国民经济和社会发展规划、国土空间规划等规划,应当体现历史文化名城、街区、名镇、名村保护的要求。

经依法批准的历史文化街区、名镇、名村保护规划,应当作为建设项目规划许可的依据。

第四章 保护措施

第二十五条 历史文化名城、街区、名镇、名村应当整体保护,保持传统格局、历史风貌和空间尺度,不得改变与其相互依存的自然景观和环境。

第二十六条 在历史文化名城、街区、名镇、名村保护范围内禁止进行下列活动:

(一)开山、采石、开矿等破坏传统格局和历史风貌的活动;

(二)占用保护规划确定保留的园林绿地、河湖水系、道路等;

(三)修建生产、储存爆炸性、易燃性、放射性、毒害性、腐蚀性物品的工厂、仓库等;

(四)法律、法规禁止的其他行为。

第二十七条 在历史文化街区、名镇、名村核心保护范围内,不得进行新建、扩建活动。但是,新建、扩建必要的基础设施和公共服务设施除外。

公路、铁路、高压电力线路、输油管线、燃气干线管道不得穿越历史文化街区、名镇、名村核心保护范围;已经建设的,应当按照保护规划逐步迁出。

第二十八条 在历史文化街区、名镇、名村保护范围内的建设活动,自然资源主管部门依法核发选址意见书、提出规划条件或者核定规划要求前,应当征求同级文物、城乡建设主管部门的意见。

第二十九条 在历史文化街区、名镇、名村保护范围内的建设活动,自然资源主管部门依法核发建设工程规划许可证或者乡村建设规划许可证前,应当将建设工程设计方案通过政府门户网站、现场公告牌等形式予以公示,征求公众意见,告知利害关系人有要求举行听证的权利。公示时间不少于20日。必要时,可以组织专家论证。

利害关系人或者公众对建设工程设计方案提出异议的,自然资源主管部门应当研究处理,并及时回复处理结果。利害关系人要求听证的,应当在公示期间提出,自然资源主管部门应当在公示期满后及时举行听证。

第三十条　在历史文化街区、名镇、名村保护范围内新建、扩建基础设施以及进行绿化配置的,应当符合国家和省有关标准、规范。确因保护需要,无法按照标准、规范新建、扩建基础设施以及进行绿化配置的,由城市、县人民政府城乡建设主管部门会同相关主管部门制订相应的保障方案,明确相关布局、措施等。

在历史文化街区、名镇、名村保护范围内改建、翻建建筑物,因保持或者恢复其传统格局、历史风貌的需要,难以符合相关建设标准和规范的,在不突破原有建筑基底、建筑高度和建筑面积且不减少相邻居住建筑原有日照时间的前提下,可以办理规划许可手续。

第三十一条　城市、县级人民政府应当在历史文化街区、名镇、名村核心保护范围的主要出入口设置保护标志。保护标志应当在保护规划批准后3个月内设置完毕。

第三十二条　在历史文化街区、名镇、名村保护范围内,因实施保护规划需要依法征收房屋,以及依法批准设置的项目和设施需要停业、转产、关闭或者拆除,导致所有权人或者经营者的合法权益损害的,实施保护规划的人民政府应当依法予以补偿。

第三十三条　县级以上人民政府应当统筹安排建设用地指标,优先保障因历史文化名镇、名村保护规划实施需要进行的农村住宅建设。

第三十四条　城市、县人民政府应当对公布的历史建筑设置保护标志,依照国务院《历史文化名城名镇名村保护条例》规定的要求建立历史建筑档案,并报省城乡建设主管部门和省文物主管部门备案。

第三十五条　对历史建筑应当根据其历史、科学、艺术价值以及存续年份等不同情况,采取相应措施,实行分类保护。

第三十六条　城市、县人民政府城乡建设主管部门应当会同同级文物、自然资源主管部门编制历史建筑保护图则,报本级人民政府批准后公布。

前款所称历史建筑保护图则,是指为历史建筑的保护、利用提供科学依据,包含历史建筑基本信息、保护范围、使用要求等内容的文本以及图纸。

第三十七条　城市、县人民政府城乡建设主管部门应当根据历史建筑保护图则,将历史建筑的保护和使用要求书面告知所有权人、使用人和物业管理单位。

第三十八条　历史建筑的所有权人应当按照保护规划和历史建筑保护图则的要求,负责历史建筑的维护和修缮。国有历史建筑可以约定由使用人负责维护和修缮。

非国有历史建筑所有权人维护和修缮历史建筑的,城市、县人民政府应当按照规定的标准给予补助。

城市、县人民政府可以与国有历史建筑使用人、非国有历史建筑所有权人签订历史建筑保护协议,对历史建筑的保护义务和享受补助等事项做出约定。

非国有历史建筑有损毁危险,所有权人应当及时予以维护和修缮。所有权人不具备维护和修缮能力的,城市、县人民政府应当采取措施进行保护。

第三十九条　历史建筑可以结合其自身特点进行保护性利用。鼓励利用历史建筑开设博物馆、陈列馆、纪念馆和传统作坊、传统商铺等,对历史文化遗产进行展示。

历史建筑的保护性利用应当与其历史价值、内部结构相适应,不得擅自改变历史建筑主体结构和外观,不得危害历史建筑及其附属设施的安全。

第四十条　禁止任何单位或者个人进行下列活动:

(一)在历史建筑上刻划、涂污;

(二)在历史建筑内堆放易燃、易爆和腐蚀性的物品;

(三)拆卸、转让历史建筑的构件;

(四)擅自对历史建筑进行外部修缮装饰、添加设施以及改变历史建筑的结构或者使用性质;

(五)擅自迁移、拆除历史建筑;

(六)其他损害历史建筑的活动。

第四十一条　在历史文化名城、街区、名镇、名村保护范围内涉及文物和非物质文化遗产保护的,应当执行文物和非物质文化遗产保护相关法律、法规的规定。

第五章　监督检查

第四十二条　县级以上人民

政府应当定期组织有关部门和专家对本行政区域内历史文化名城、街区、名镇、名村的保护情况进行检查与评估，检查与评估情况应当向本级人民代表大会常务委员会报告。

第四十三条　历史文化名城、街区、名镇、名村经批准公布后，省城乡建设主管部门应当会同省文物主管部门对保护状况和保护规划编制及实施情况进行定期检查和跟踪监测。

在定期检查和跟踪监测中，发现存在未及时组织编制保护规划、违反保护规划开发建设、对传统格局及历史建筑保护不力等问题的，省城乡建设主管部门应当会同省文物主管部门及时向所在地城市、县级人民政府提出整改意见。

定期检查和跟踪监测信息应当通过政府门户网站、新闻媒体等向社会公布，接受社会监督。

第四十四条　已批准公布的历史文化街区、名镇、名村和省历史文化名城，因保护不力导致历史文化价值受到严重影响的，由省城乡建设主管部门会同省文物主管部门组织专家进行评估论证后，提请省人民政府将其列入濒危名单并公布，并由省人民政府责成所在地城市、县级人民政府限期整改，采取补救措施。

整改期限届满后，由省城乡建设主管部门会同省文物主管部门组织专家进行审核。审核通过的，由省城乡建设主管部门会同省文物主管部门提请省人民政府不再列入濒危名单；审核未通过的，提请省人民政府撤销其称号。

第六章　法律责任

第四十五条　违反本条例规定的行为，法律、行政法规已有法律责任规定的，从其规定。

第四十六条　违反本条例规定，在历史文化名城、街区、名镇、名村保护范围内有下列行为之一的，由城市、县人民政府城乡建设主管部门责令停止违法行为、限期恢复原状或者采取其他补救措施；有违法所得的，没收违法所得；造成严重后果的，对单位并处50万元以上100万元以下的罚款，对个人并处5万元以上10万元以下的罚款：

（一）开山、采石、开矿等破坏传统格局和历史风貌的；

（二）占用保护规划确定保留的园林绿地、河湖水系、道路等的；

（三）修建生产、储存爆炸性、易燃性、放射性、毒害性、腐蚀性物品的工厂、仓库等的。

在历史文化街区、名镇、名村核心保护范围内实施前款所列行为，造成严重后果的，对单位并处70万元以上100万元以下的罚款，对个人并处7万元以上10万元以下的罚款。

第四十七条　违反本条例规定，在历史建筑内堆放易燃、易爆和腐蚀性的物品，或者拆卸、转让历史建筑的构件的，由城市、县人民政府城乡建设主管部门责令停止违法行为、限期恢复原状或者采取其他补救措施；有违法所得的，没收违法所得；造成严重后果的，对单位并处5万元以上10万元以下的罚款，对个人并处1万元以上5万元以下的罚款。

第四十八条　违反本条例规

定，城市、县级人民政府有下列情形之一的，由上级人民政府责令改正；对直接负责的主管人员和其他直接责任人员，依法给予处分：

（一）未组织编制保护规划的；

（二）未按照法定程序组织编制保护规划的；

（三）未在规定期限内将保护规划报送审批的；

（四）擅自修改保护规划的；

（五）未将批准的保护规划予以公布的。

第四十九条　违反本条例规定，城市、县级人民政府因保护不力或者决策失误，导致已批准公布的历史文化名城、街区、名镇、名村被列入濒危名单或者撤销称号的，由省人民政府予以通报批评；对直接负责的主管人员和其他直接责任人员，依法给予处分。

第五十条　违反本条例规定，县级以上人民政府及其城乡建设主管部门、文物主管部门以及其他有关部门的工作人员有下列情形之一的，对直接负责的主管人员和其他直接责任人员，依法给予处分：

（一）不依法履行审批职责的；

（二）发现违法行为不依法查处的；

（三）不依法履行监督管理职责的；

（四）其他玩忽职守、徇私舞弊、滥用职权的行为。

第七章　附　则

第五十一条　本条例施行前已设立的市县级历史文化保护区，符合规定条件的，所在地城市、县级人民政府可以申报历史文化街区、名镇、名村。

第五十二条 本条例自2012年12月1日起施行。《浙江省历史文化名城保护条例》同时废止。

浙江省人民政府办公厅关于印发浙江省省级旅游度假区管理办法的通知

浙政办发〔2020〕15号

各市、县（市、区）人民政府，省政府直属各单位：

《浙江省省级旅游度假区管理办法》已经省政府同意，现印发给你们，请结合实际认真组织实施。

浙江省人民政府办公厅
2020年4月7日

浙江省省级旅游度假区管理办法

第一章 总 则

第一条 为保护和合理开发利用旅游资源，促进文化和旅游融合发展，有序推进我省旅游度假区高质量发展，根据《浙江省旅游条例》有关规定，制定本办法。

第二条 本办法所称省级旅游度假区，是指有明确的空间边界，依托优质的度假资源与环境，具备高质量的度假设施和服务，能够满足旅游休闲度假需求的综合性旅游区。

第三条 省级旅游度假区发展定位为文化和旅游产业集聚区、高质量发展示范区、改革创新先行区。

第二章 申报与设立

第四条 申报省级旅游度假区，应符合《旅游度假区等级划分》

国家标准（GB/T 26358—2010），同时具备下列条件：

1. 旅游度假资源丰富，生态环境质量优良；

2. 区位优势明显，具备良好的交通、通信、供水、供电、供气等公用设施；

3. 符合国家有关自然资源、历史文化遗产保护等方面法律法规的规定；

4. 突出文化和旅游融合发展，注重优秀文化保护、传承和利用；

5. 有一批具备一定投资规模和影响力且投资主体明确的旅游项目，建成、在建和已签订合同的旅游项目总投资达50亿元以上（26个加快发展县〔市、区〕达30亿元以上）；

6. 具有明确的地域界限，无泥石流、崩塌、滑坡等可预测地质

灾害威胁，无明显的旅游安全隐患和污染源；

7. 与所在地文化和旅游发展规划、国土空间规划、环境保护规划、林地保护利用规划、流域和区域水利规划等相衔接；

8. 总占地面积在5平方公里以上。

第五条 省级旅游度假区的申报与设立，坚持统筹布局、优中选优、成熟一个批准一个的原则，分为预审和正式审批两个阶段。

第六条 预审阶段。旅游度假区所在地市或县（市、区）政府向省文化和旅游行政部门提出资源评估与基础评价书面申请。省文化和旅游行政部门对申请材料进行审核；组织专家进行资源评估与基础评价；对通过预审的旅游度假区予以公示；对公示无异议或异议不成立的，反馈预审

结果。

第七条 正式审批阶段。旅游度假区所在地市或县（市、区）政府根据预审结果编制可行性研究报告，经论证审核通过后，向省政府提出设立省级旅游度假区的书面申请（附可行性研究报告和相关材料）。省文化和旅游行政部门牵头会同宣传、发展改革、司法行政、自然资源、生态环境、水利、林业等部门，在6个月内完成可行性研究报告审核，符合条件的报请省政府批复设立，不符合条件的做出书面说明。

第八条 省级旅游度假区名称一般由"所在地县（市、区）行政区划名称＋类型＋省级旅游度假区"组成。类型包括但不限于海滨、海岛、湖泊、山地森林、温泉、乡村田园、特色文化等。确需调整名称的，由申报单位向省文化和旅游行政部门提出申请，经审核批准后予以调整，并由省文化和旅游行政部门报省政府备案。名称调整原则上不得超过1次。

第三章　建设与管理

第九条 省级旅游度假区的建设与管理，应坚持统一规划、科学管理、注重特色、生态优先的原则，实现经济效益、社会效益、生态效益、文化效益的有机结合。

第十条 旅游度假区所在地市或县（市、区）政府应理顺管理体制，明确与省级旅游度假区发展相适应的专门管理机构，负责旅游度假区的建设和管理，做好项目招引、业态培育、配套设施建设、行业管理、服务质量和安全监督检查、人员培训及品牌宣传推广等工作。

第十一条 旅游度假区所在地市或县（市、区）政府应在省级旅游度假区批复设立后两年内完成总体规划编制和规划环境影响评价工作，总体规划经省文化和旅游行政部门会同有关部门审查后，报请省政府批准。

第十二条 省级旅游度假区总体规划，一经批准应严格执行，不得擅自变更。在实施过程中，因调整总体布局、建设规模、用地性质和功能分区、重大建设项目等，确需对总体规划进行修编的，应按照总体规划报批程序进行。

第十三条 因扩容等原因，确需调整省级旅游度假区空间范围的，应按照申报与设立正式审批程序进行。在批复规划期限内调整空间范围的，空间范围调整和总体规划修编审批程序可同步开展。空间范围调整原则上不得超过1次。

第十四条 省级旅游度假区应重视风貌管控和生态保护，严格控制房地产项目和环境污染项目建设，适当控制项目容积率。省级旅游度假区内用于出售的房地产项目总建筑面积与旅游接待设施总建筑面积的比例不应超过1∶2。

第四章　评价与考核

第十五条 完善省级旅游度假区评价考核机制，每两年考核1次，考核结果分为优秀、良好、合格、不合格4个等次，并向社会公布。考核周期内被认定为国家级旅游度假区或上一个考核周期评价考核优秀的，可不参加当期考核。

第十六条 对评价考核优秀的，优先推荐申报国家级旅游度假区。对评价考核不合格的，予以通报批评并责成限期整改。限期整改后仍不合格或连续两个考核周期不合格的，由省文化和旅游行政部门报请省政府予以撤销。

第十七条 省文化和旅游行政部门牵头制定省级旅游度假区评价考核细则，会同发展改革、自然资源、生态环境、水利、林业等部门开展评价考核。对省级旅游度假区的评价考核，应将游客满意度作为核心指标之一。

第十八条 建立省级旅游度假区发展统计制度，加强信息统计和管理，全面真实反映度假区发展水平。省级旅游度假区管理机构应按规定及时报送各项统计数据信息。统计数据信息作为评价考核的重要依据。

第五章　附　则

第十九条 本办法自2020年5月1日起施行。

中共浙江省委宣传部　浙江省文化和旅游厅
关于印发《浙江省国际人文交流基地建设工作方案》的通知

浙文旅外〔2020〕13 号

各市党委宣传部、文化和旅游局：

现将《关于浙江省国际人文交流基地建设工作方案》印发给你们，请结合本地实际认真抓好落实。

请各市认真做好 2020 年度浙江省国际人文交流基地培育试点对象推荐申报工作，并于 6 月 30 日前将申报材料报送省文化和旅游厅。

附件：2020 年度浙江省国际人文交流基地培育试点申报书

中共浙江省委宣传部
浙江省文化和旅游厅
2020 年 6 月 5 日

浙江省国际人文交流基地建设工作方案

为贯彻落实中央和省委关于提升中华文化影响力、推动中华文化走出去重要部署，大力推进我省国际人文交流，积极展示美丽浙江良好形象，现就开展浙江省国际人文交流基地建设制定如下工作方案。

一、总体要求

以习近平新时代中国特色社会主义思想为指导，充分发挥浙江"三个地"政治优势和丰富人文资源优势，围绕"努力成为新时代全面展示中国特色社会主义制度优越性的重要窗口"新目标新定位，以国际交流合作、文化海外传播、国际形象塑造为重点，建设一批体现浙江特色、代表中国形象、具有国际影响的人文交流基地，使之成为"世界看浙江"的闪亮窗口，助推我省高水平建成"一带一路"国际人文交流枢纽。

二、建设目标

培育试点阶段（2020 年）。在全省范围内遴选部分国际影响力较大、条件较为成熟的机构或单位作为重点培育对象，对照标准要求，加强工作指导，提升建设水平。及时做好经验总结，树立工作标杆，发挥好典型示范作用。到 2020 年底，培育建成 10 个左右国际人文交流基地。

规范发展阶段（2021—2022年）。建立较为完善的建设标准体系，完善各项运行制度，推动国际人文交流基地常态长效发展。到 2022 年底，建成 30 个左右国际人文交流基地。

优化提升阶段（2023—2025年）。提升建设工作水平，推动提质扩面，在此基础上打造一批国际人文交流精品路线和特色品牌。到 2025 年底，高标准建成 50 个以上国际人文交流基地。

三、培育对象

（一）文化机构

承载浙江文化印记、具有较强文化传播功能、国际交往活跃的文博机构、艺术院团、遗址文物保护场所、经典产品展示馆等文化场所。

（二）文旅景点

具有深厚人文底蕴和较高国际知名度的风景名胜区、文旅特色小镇、文化街区、美丽乡村等。

（三）高校院所

具有较大外国留学生和外籍教师规模、中外交流活动丰富的学校，或从事国别研究、国际关系研究、国际传播研究等积极开展人文交流的教研院所。

（四）其他对象

在传播中华文化、促进中外交流、服务在浙外国人等方面发挥积极作用的单位。

四、重点任务

（一）培育一支人才队伍

围绕对外文化交流需求，建有一支政治过硬、素质优良、结构合理、专兼结合的管理人员和专业人才队伍。建设对象配有较为固定的管理人员，统筹调配资源，推动对外文化交流各项任务落地落实；配有专兼职翻译和讲解人员，为参观考察对象提供高水平翻译和讲解服务；建有志愿服务队伍，充分发挥退休党员、教师、归国华侨、在浙留学生等人员优势，参与人文交流志愿服务；开展教育培训，确保人员队伍具有与岗位相匹配的能力和素质。

（二）开展一批交流活动

建立对外人文交流活动项目库，形成一批适合不同场合、满足不同需求的文化交流项目。打造文化交流品牌，多角度多形式阐释中华优秀文化，提升中华文化的亲和力和影响力。培育对象结合自身特点，开展经常性的特色人文交流活动，使外国参访者在体验中感知中华文化深厚内涵。加强与国际人文交流组织、机构交流互动，形成较为稳定的合作关系和有一定影响力的合作成果。

（三）搭建一个宣传平台

适应信息化、数字化发展趋势，注重互联网对外宣传推广，提升国际人文交流基地知名度和影响力。培育对象通过建设门户网站、手机 App、开设境内外社交媒体账号等，及时发布动态和资讯，扩大外国人"朋友圈"和"粉丝群"。积极培育"国际交流网红"主播，运用微视频、"动新闻"、网络直播等新的传播形态，打造现象级国际交流网络产品。

（四）讲好一批文化故事

立足培育对象承载的优秀传统文化，积极挖掘浙江历史上的重要人物、重大事件和生动故事，以外国人听得懂、易接受的方式，讲好浙江文化故事，传播中国文化价值，提升浙江国际美誉度。

（五）形成一个运行机制

建立一套行之有效的管理服务体系。每年制定国际人文交流活动计划，统筹各方国际人文交流资源，力求各项交流任务出新出彩。完善培育对象功能设施，根据实际情况配备会议室、观影室、活动室，配置音响、同声翻译设备和无线网络。制定国际接待流程和标准，制作中英文宣传手册和服务指南。科学合理设计参观考察路线，突出重点、内容丰富。重视安全应急管理，加强安保、医疗、饮食等安全保障。

五、保障措施

（一）加强组织领导

各地各有关单位要站在建设"重要窗口"的政治高度，充分认识推进国际人文交流基地建设的重要意义，切实加强组织领导，精心谋划部署。要结合各自实际，认真制定国际人文交流基地建设工作方案，确立培育对象，加强过程管理，真正打造一批有国际影响力的文化交流基地。

（二）加强政策扶持

做好政策配套，制定和落实国际人文交流基地扶持措施。支持培育对象优先承办重要国际人文交流活动，优先引进涉外项目，优先对接优质涉外平台，推动国家和省部级重大国际人文交流项目落地。强化经费保障，争取公共财政支持，用于基地建设、运营和活动开展。制定激励措施，对文化交流活跃、社会影响力大、境外反响好的培育对象给予重点支持。

（三）加强服务指导

积极引导培育对象把握正确政治方向，弘扬社会主义核心价值观，凸显中华文化内涵。要加强统一规划，注重整体化推进和差异化发展，打造特色品牌和精品路线。坚持公平、公正、透明原则，科学做好评价工作，搭建经验交流平台，完善信息共享机制，推动国际人文交流基地持续健康发展。

附件（略）

浙江省文化和旅游厅关于全力支持
文化和旅游企业战胜疫情稳定发展的通知

浙文旅发〔2020〕4号

各市、县(市、区)文化和旅游局:

为深入贯彻习近平总书记关于坚决打赢新冠肺炎疫情防控阻击战的重要指示精神,全面落实党中央、国务院和省委、省政府有关决策部署,认真贯彻《中共浙江省委浙江省人民政府关于坚决打赢新冠肺炎疫情防控阻击战全力稳企业稳经济稳发展的若干意见》《浙江省新型冠状病毒感染的肺炎疫情防控领导小组关于支持小微企业渡过难关的意见》《浙江省人民政府办公厅关于有效应对疫情支持服务业稳定健康发展的若干意见》《文化和旅游部办公厅关于暂退部分旅游服务质量保证金支持旅行社应对经营困难的通知》等政策文件,全力支持文化和旅游企业战胜疫情、稳定发展,现就有关工作通知如下。

一、用好税收减免政策

要主动加强与财政、税务等部门的沟通对接,帮助文化和旅游企业明晰税收政策适用口径和标准,用足用好中央和省深化增值税改革、小微企业普惠性税收减免等一揽子减税政策。指导受疫情影响经营困难的文化和旅游企业申请房产税、城镇土地使用税减免。疫情防控期间可延期申报纳税,确有特殊困难而不能按期缴纳税款的文化和旅游企业可申请办理最长不超过3个月延期缴纳税款。因疫情防控停业的定期定额个体工商户,免缴当月定额税款。指导受疫情影响困难的旅行社、旅游星级饭店、A级景区、度假区等旅游企业,在2020年度发生的亏损,最长结转年限由5年延长至8年。

二、用好费用减免政策

要主动加强与发改、经信、财政、国资等部门的沟通对接,帮助文化和旅游企业了解和掌握费用减免政策落实的实施细则。指导受疫情影响经营困难的文化和旅游企业申请行政事业性收费和政府性基金减免。协调落实宾馆饭店与一般工业企业同等的用水、用电、用气价格政策,用气、用水费用可在疫情结束后3个月内补缴。指导文化和旅游企业用好房屋租金减免政策,对承租国有资产类经营性房产(包括各类开发区和产业园区、专业市场、工业厂房、产业基地及科技企业孵化器等)从事生产经营活动的,可免交2、3月两个月租金;对租用其他经营用房的,鼓励业主(房东)为租户减免租金,具体由双方协商解决。

三、用好金融支持政策

要主动加强与金融办、银保监局等部门的沟通对接,帮助文化和旅游企业准确了解和充分享受金融支持政策。指导受疫情影响较大、暂时出现还款困难的文化和旅游企业,用好信贷纾困政策,可申请延期还款、分期还款、展期、无还本续贷等金融支持。积极协调金融机构,争取在省级疫情防控一级响应期间免除文化和旅游企业贷款利率;对疫情防控相关和受疫情影响的企业适当下调贷款利率,减免金融服务手续费;对因疫情影响产生逾期的企业贷款,减免逾期利息、罚息和违约金。

四、用好社保支持政策

要主动加强与人力社保、住建等部门的沟通对接,帮助文化和旅游企业充分用好社保支持政策。指导不裁员或少裁员的参保文化和旅游企业,申请返还其上年度实际缴纳失业保险费的50%;受疫情影响的参保文化和旅游企业,争取返还1—3个月不等的社会保险费,月返标准按2019年12月企业及其职工缴纳的社会保险费确定;因疫情影响,面临暂时性生产经营困难,无力足额缴纳社会保险费的文化和旅游企业,可缓缴社会保险费,相关补缴手续可在疫情解除后3个月内完成;对受疫情影响导致经营困难的文化和旅游企业,未及时缴存住房公积金的,其职工补缴之后视为正常缴存。

五、用好劳资支持政策

要指导文化和旅游企业认真执行《浙江省人力资源和社会保障厅关于积极应对新型冠状病

感染肺炎疫情切实做好劳动关系工作的通知》要求,精准指导做好复工复产服务。指导受疫情影响导致生产经营困难的文化和旅游企业与职工集体协商,可采取协商薪酬、调整工时、轮岗轮休、在岗培训等措施,稳定与职工劳动关系。指导受疫情影响在停工期间组织职工(含劳务派遣人员)参加线上职业培训的文化和旅游企业,可申报按照实际培训费用享受不超过95%的补贴。鼓励疫情防控期间,由文化和旅游行业主管部门通过网络课程等在线培训形式免费开展导游员、讲解员培训,提高导游员、讲解员业务水平。

六、用好旅游服务质量保证金暂退政策

要认真落实《文化和旅游部办公厅关于暂退部分旅游服务质量保证金支持旅行社应对经营困难的通知》精神,组织实施旅游服务质量保证金暂退工作,暂退标准为现有交纳数额的80%。被法院冻结的保证金不在此次暂退范围之内。暂退保工作要在2020年3月5日前完成。

七、用好文化和旅游发展资金

积极争取文化和旅游部国家旅游发展基金补助。争取财政部门的支持,运用省级和设区市文化和旅游专项资金,增设困难企业纾困专项资金,用于稳定全省

文化和旅游市场,支持文化和旅游企业疫后恢复生产;通过政府债形式,对本次疫情中受损特别严重的旅行社、旅游星级饭店、A级景区给予支持;安排专项资金,给予贷款贴息补助。各地文化和旅游部门在争取疫后重振专项经费的同时,争取适当调整2020年度部门预算中专项经费的使用方式,鼓励向大众发放旅游消费券,促进文化和旅游市场的复苏。

八、用好文化和旅游消费提振措施

省文化和旅游厅将协调省级相关部门尽快制定《关于尽快恢复振兴文化和旅游消费市场 进一步激发文化和旅游消费潜力的实施意见》。各地也要争取出台促进文化和旅游消费相关政策措施。积极做好准备,抢抓疫情过后广大群众更加关注健康、热爱生命的有利时机,有序开放文化场馆和A级景区,适时推出以"生态浙江·健康旅游"为主题的旅游活动,开展"浙江人游浙江"优惠体验活动;全面落实带薪休假制度,推动旅游消费活力释放。大力推行线上线下文化和旅游消费活动。利用5G等新一代信息技术广泛应用的契机,培育文化和旅游领域网络消费、体验消费、智能消费等消费新模式。利用"5·19中国旅游日"等特殊时段,推出各类惠民措施,提振旅游消费市场。

九、用好"三服务"惠企帮扶机制

要深入文化和旅游企业调查研究,统计因疫情造成的损失,全面了解企业的困难,向企业宣传防控疫情期间支持政策。积极寻求当地党委、政府和有关部门的支持,争取出台针对文化和旅游企业的专项扶持政策。建立省、市文化和旅游部门领导联系重点项目、重点企业制度,支持各地符合条件的文化和旅游项目列入省重点项目、"4+1"重大项目建设计划或省市县长项目,主动协调解决重点企业在恢复生产中遇到的困难与问题。优化审批服务,对已审批的涉外演出项目,因疫情影响需要延期举办的,不需再办理报批手续,以备案形式上报省文化和旅游厅。2020年6月底前,对各级文物保护单位保护区划和地下文物埋藏区以外占地5万平方米以上的一般企业投资项目,实行承诺制前置审批;对生产疫情防控所需物资的新上投资建设项目,实行远程前置审批。

各地支持文化和旅游企业稳定发展的政策措施及经验做法,请及时报送至省文化和旅游厅政策法规处。

浙江省文化和旅游厅
2020年2月12日

浙江省文化和旅游厅关于印发
《浙江省省级非物质文化遗产代表性传承人管理办法》的通知

浙文旅非遗〔2020〕1 号

各市、县（市、区）文化和旅游局，有关单位：

为推进我省非物质文化遗产保护工作，完善省级非物质文化遗产代表性传承人认定与管理制度，根据《中华人民共和国非物质文化遗产法》《浙江省非物质文化遗产保护条例》及有关法律法规，立足当前保护工作实际情况，我厅研究制定了《浙江省省级非物质文化遗产代表性传承人管理办法》。现印发给你们，请认真遵照执行。

浙江省文化和旅游厅

2020 年 2 月 26 日

浙江省省级非物质文化遗产代表性传承人管理办法

第一条 为传承发展浙江省优秀传统文化，支持和鼓励省级非物质文化遗产代表性传承人开展传承活动，加强动态管理，根据《中华人民共和国非物质文化遗产法》《浙江省非物质文化遗产保护条例》等有关规定，参照《国家级非物质文化遗产代表性传承人认定与管理办法》制定本办法。

第二条 本办法所称省级非物质文化遗产代表性传承人，是指经省级文化和旅游主管部门认定，承担省级非物质文化遗产代表性项目传承、传播、弘扬、振兴等责任，在特定领域和区域内被公认具有代表性和影响力的传承人。

第三条 省级非物质文化遗产代表性传承人的认定与管理，应当立足完善非物质文化遗产传承体系，增强非物质文化遗产的存续力，尊重传承人的主体地位和权利，增强社区和群体的认同感，推动非物质文化遗产创造性转化和创新性发展。

第四条 省级非物质文化遗产代表性传承人应当锤炼忠诚、执着、朴实的品格，增强使命和担当意识，提高传承实践能力，在开展传承、传播等活动时遵守宪法和法律法规，遵守社会公德，坚持正确的历史观、国家观、民族观、文化观，铸牢中华民族共同体意识，不得以歪曲、贬损等方式使用非物质文化遗产。

第五条 省级文化和旅游主管部门根据全省非物质文化遗产保护实际，定期组织开展省级非物质文化遗产代表性传承人认定工作。

第六条 认定省级非物质文化遗产代表性传承人，应当坚持公开、公平、公正的原则，严格履行申请、审核、评审、公示、公布等程序。

第七条 符合下列条件的公民可以申请或被推荐为省级非物质文化遗产代表性传承人：

（一）遵纪守法，爱国敬业，德艺双馨；

（二）居住或长期工作在省级非物质文化遗产代表性项目流布地区；

（三）熟练掌握其传承的省级非物质文化遗产代表性项目知识和核心技艺，在项目所在领域和区域内公认具有代表性和影响力；

（四）在该项非物质文化遗产传承实践中具有核心、带头、示范作用，积极开展传承活动，培养后继人才。

仅从事非物质文化遗产资料

搜集、整理和研究的人员不得认定为省级非物质文化遗产代表性传承人。

第八条 公民提出省级非物质文化遗产代表性传承人申请的,应当向省级非物质文化遗产代表性项目申报地文化和旅游主管部门提出。申请人应当提交下列材料:

(一)申请人基本情况;

(二)申请人的传承谱系或师承脉络、学习与实践经历;

(三)申请人所掌握的非物质文化遗产知识和核心技艺、成就及相关的证明材料;

(四)申请人授徒传艺、参与社会公益性活动等情况;

(五)申请人持有该项目的相关实物、资料的情况;

(六)申请人志愿从事非物质文化遗产传承活动,履行代表性传承人相关义务的声明;

(七)其他有助于说明申请人具有代表性和影响力的材料。

项目保护单位为省属单位的,可直接向省级文化和旅游主管部门提出省级非物质文化遗产代表性传承人认定申请,推荐材料应当包括前款各项内容。

第九条 申请人所在地文化和旅游主管部门收到申请材料后,应当组织专家进行审核并逐级上报。

设区市文化和旅游主管部门收到上述材料后,应当组织审核,提出推荐人选和审核意见,连同申报材料一并报送省级文化和旅游主管部门。

第十条 省级文化和旅游主管部门对收到的申请材料进行复核。符合要求的,进入评审程序;不符合要求的,退回材料并说明理由。

第十一条 省级文化和旅游主管部门组织成立评审委员会,对推荐认定为省级非物质文化遗产代表性传承人的人选进行初评和审议。

第十二条 省级文化和旅游主管部门对评审委员提出的省级非物质文化遗产代表性传承人推荐人选向社会公示,公示期为15日。

第十三条 公民、法人或者其他组织对省级非物质文化遗产代表性传承人推荐人选有异议的,可以在公示期间以书面形式实名向省级文化和旅游主管部门提出。

第十四条 省级文化和旅游主管部门根据评审委员会的审议意见和公示结果,审定省级非物质文化遗产代表性传承人名单,并予以公布。

第十五条 省级非物质文化遗产代表性传承人享有下列权利:

(一)开展传承活动,进行创造性实践;

(二)参加教育培训,学习新知识和技艺;

(三)参与非物质文化遗产宣传和交流;

(四)获得各级政府给予的传习补助经费;

(五)对非物质文化遗产保护工作提出意见和建议。

第十六条 省级非物质文化遗产代表性传承人承担下列义务:

(一)开展传承活动,培养后继人才;

(二)妥善保存相关的实物、资料;

(三)配合文化和旅游主管部门与其他有关部门进行非物质文化遗产调查、记录和研究;

(四)积极参与非物质文化遗产公益性宣传等活动;

(五)接受文化和旅游主管部门指导、管理和考核评估;定期向所在地设区市文化和旅游主管部门提交传承情况报告;

(六)其他非物质文化遗产保护传承的相关义务。

第十七条 所在地文化和旅游主管部门根据需要采取下列措施,对省级非物质文化遗产代表性传承人予以支持:

(一)提供必要的传承场所;

(二)提供必要的经费,资助其开展授徒、传艺、交流等活动;

(三)指导、支持其开展非物质文化遗产记录、建档、整理、研究等活动;

(四)支持其参与展览、展示等社会公益性活动;

(五)支持其开展传承、传播活动的其他措施。

第十八条 省级文化和旅游主管部门应当定期对省级非物质文化遗产代表性传承人传承活动进行评估。省级文化和旅游主管部门另行制定《浙江省省级非物质文化遗产代表性传承人评估实施细则》。

考核评估结果是继续享有省级非物质文化遗产代表性传承人资格及相关权益的主要依据。

第十九条 省级非物质文化遗产代表性传承人有下列情形之一的,由设区市文化和旅游主管部门核实后,报省级文化和旅游主管部门批准,取消其代表性传承人资格,重新认定该项目的代表性传承人:

（一）丧失中华人民共和国国籍；

（二）采取弄虚作假等不正当手段取得资格；

（三）连续两次传承活动评估不合格；

（四）违背社会公德和国家法律，造成重大不良社会影响；

（五）其他应当取消代表性传承人资格的情形。

第二十条　省级非物质文化遗产代表性传承人丧失传承能力无法履行传承义务的，经设区市文化和旅游主管部门核实后，报省级文化和旅游主管部门审核备案，省级文化和旅游主管部门将把做出积极贡献的传承人列为"省级非物质文化遗产荣誉传承人"，并鼓励地方给予其一定的优抚。

第二十一条　省级非物质文化遗产代表性传承人去世的，设区市文化和旅游主管部门应当采取适当方式表示哀悼，组织开展传承人生平事迹和传承事迹的宣传报道，并及时将相关情况向省级文化和旅游主管部门报告。

第二十二条　本办法由省级文化和旅游主管部门负责解释。

第二十三条　本办法自2020年4月1日起施行。原浙江省文化厅发布的《浙江省非物质文化遗产代表性传承人申报与认定办法》（浙文社〔2007〕10号）同时废止。

浙江省文化和旅游厅　浙江省发展和改革委员会关于印发《浙江省十大海岛公园建设三年行动计划（2020—2022）》的通知

浙文旅资源〔2020〕4号

宁波市、温州市、舟山市、台州市及有关县（市、区）人民政府，省级各有关部门：

经省政府同意，现将《浙江省十大海岛公园建设三年行动计划（2020—2022）》印发给你们，请结合实际，认真组织实施。

附件：省级和各市有关单位名单

浙江省文化和旅游厅
浙江省发展和改革委员会
2020年3月11日

浙江省十大海岛公园建设三年行动计划（2020—2022）

以习近平新时代中国特色社会主义思想为指导，深入贯彻落实党的十九大精神，紧紧围绕国家"一带一路"倡议和长三角区域一体化战略布局，积极践行"两山"理论，遵循《浙江省海岛大花园建设规划（2019—2025）》的要求，特制订本计划。

一、总体要求

高举习近平新时代中国特色社会主义思想伟大旗帜，坚定不移沿着"八八战略"指引的路子阔步前进，深入践行"绿水青山就是金山银山"理念，围绕海岛大花园建设，坚持"共抓大保护、不搞大开发"，把生态保护型开发作为第一理念，以和谐共生为本，以陆岛联动、文旅融合、科技创新、生态修复为路径，发展海洋海岛旅游，加快推进海岛公园绿色、可持续、高质量发展，高水平推进美丽浙江建设。

二、发展目标

到2022年，全面建成嵊泗、岱山、定海、普陀、花岙、蛇蟠、东矶、大陈、大鹿、洞头等十大海岛公园。海岛公园地区年接待游客总数达到1亿人次,旅游总收入超过1500亿元,项目总投资突破1000亿元,带动20万群众参与旅游产业共建。按照全域旅游要求,海岛公园率先实现A级景区村庄、乡镇、城区全覆盖。围绕"一岛一特色、一岛一主题",着力打造十大海岛公园"诗画浙江·海上花园"统一旅游品牌,进一步扩大国际海岛旅游大会、海洋音乐节等影响力,将浙江省海岛公园建设成为海岛旅游的示范区、海岛地区发展的先行区、海岛大花园建设的核心区和文旅融合的创新区,全面建成"诗画浙江·海上花园"中国最佳海岛旅游目的

地、国际海鲜美食旅游目的地、中国海洋海岛旅游强省。

(一)树标杆·中国最佳海岛旅游目的地

以舟山群岛为龙头,以浙江省海岛大花园建设为契机,统筹浙江海洋海岛优势资源,培育游艇邮轮、海洋海岛度假、海洋运动休闲、渔村体验、宗教朝觐、海洋探奇、海鲜美食、生态研学等优质旅游产品,打造"诗画浙江·海上花园"国际海岛旅游目的地。

(二)展特色·国际海鲜美食旅游目的地

发挥浙江海洋海岛食材之丰富,东海小海鲜之鲜美的优势,重点培育沿海各地菜系,深入挖掘中

国海鲜之都品牌文化内涵,提升沈家门夜排挡中华美食街区品牌的影响力,以美食餐饮、美食体验、美食节庆等特色为核心,构建具有浙江海岛特色的美食旅游产品,打造国际海鲜美食旅游目的地。

(三)立潮头·中国海洋海岛旅游强省

浙江省十大海岛公园,积极创建国家蓝色旅游示范基地、国家级省级全域旅游示范区、国家高等级旅游景区、浙江省级旅游度假区,打造海洋旅游强省,助力浙江海洋经济走在前列,勇立潮头。

表1 主要发展目标

序号	主要指标	2022 年
1	年接待游客总人数	1 亿人次
2	年接待入境旅游人数	10 万人次
3	旅游总收入	1500 亿元
4	项目总投资	1000 亿元
5	达到国家 4A 级以上景区标准的景区(度假区)	20 个以上
6	3A 级景区村庄	100 个以上
7	A 级景区村庄覆盖率	100％
8	A 级景区镇覆盖率	100％
9	新增、改扩建旅游厕所	300 座以上
10	文化旅游体育节庆活动	20 场以上
11	年均空气质量优良率	95％以上
12	住宿的床位数	10000 张以上

三、重点任务

(一)提升美丽海岛风貌

——推进绿化。推广适宜海岛生长的树种,做到林相、植被丰富,营造最为野趣的海岛自然景观空间。加大对海岛公园水体保护、生态修复投入,积极开展海岛

沙滩、植被、红树林、珊瑚礁等生态系统修复及保护技术研究与示范。(责任单位:省林业局、省生态环境厅、省农业农村厅、相关市县)

——推进美化。结合美丽城镇、美丽乡村、美丽田园、美丽庭院等建设,打造一批特色渔港渔

村,提升一批海岛精品民宿,建立健全排污、保洁、道路、植物等方面的长效管护机制,全面提升人居环境风貌。(责任单位:省农业农村厅、省建设厅、省文化和旅游厅、相关市县)

——推进净化。十大海岛公

园提升垃圾集中处理与循环利用,推广应用污水处理与回用。大力推进"厕所革命",提升海岛厕所建设标准化、设施现代化、运营专业化和管理规范化。(责任单位:省建设厅、省生态环境厅、省农业农村厅、省文化和旅游厅、相关市县)

——推进亮化。鼓励有条件的海岛公园,利用原生态材料、应用LED技术对道路、山体、游览路径节点等有机串联,形成独具海滩风光特色的照明系统。(责任单位:省林业局、相关市县)

(二)加强交通连岛建设

——推进铁路连岛。加快甬舟铁路、杭绍台铁路温岭至玉环段建设,实现大容量、经济、便捷交通。(责任单位:省发展改革委、省交通运输厅、相关市县)

——推进公路连岛。加快实施甬舟高速公路复线、六横公路大桥、象山湾疏港高速、S215省道延伸线等,提高陆岛通行能力。(责任单位:省交通运输厅、相关市县)

——推进通用航空。开辟短途通勤航线,打造海岛百万级空港。规划布局十大海岛公园通用机场、直升机起降点等,开辟低空航线,发展岛际航空和短途航空运输。(责任单位:省发展改革委、省交通运输厅、省文化和旅游厅、相关市县)

——推进水上客运。全面提升海岛公园码头候船设施、靠泊等级、接线公路、停车场等水平,加快布局"一岛两码头",加快旅游码头布局,实现"交通码头"向"交旅融合"转变。提高定期通航班次和节假日增设航次,提供优质客运服务。(责任单位:省交通运

输厅、省文化和旅游厅、相关市县)

——推进邮轮游艇。加快舟山、温州状元岙一南一北两个国际邮轮码头发展,积极拓展国际国内邮轮航线,实现日韩、台湾等邮轮线路常态化运营,争取纳入以上海、厦门为始发港的国际邮轮线路。大力培育游艇产业新业态,建设游艇公共码头,进一步规范提升游艇运营安全管理水平,打造特色鲜明、布局合理、优势互补、管理规范的江海联动、跳岛游船、帆船游艇旅游产品。(责任单位:省交通运输厅、省文化和旅游厅、省发展改革委、省海事局、相关市县)

(三)推进陆岛协同发展

加强海岛公园与大陆海岸、滨海旅游区、海岛、岛群的有机联系,与周边文化旅游活动形成协同性、差异性、互补性发展。

——加强陆岛联动。依托全省大湾区建设,建设三门湾湾区旅游试验区。强化主岛与大陆桥头堡的互动,加强岛群与大陆的联系,增强交通便捷性和物质供应保障,充分利用大陆上的基础设施,降低海岛开发难度。将海岛公园打造为大陆城市休闲旅游的重要组成部分,全面对接全省生态海岸带建设,建设毗邻海岸景区的海岛型游览景点,预留慢行系统接口,承载并分流大陆旅游溢出客源。(责任单位:省文化和旅游厅、省发展改革委、相关市县)

——加强大小互补。以"大"岛带动"小"岛发展,重点提升"大"岛的旅游综合吸引力,各"小"岛依托"大"岛拓展差异化的专项旅游产品。"大"岛优先发展大众游和综合游,周边的"小"岛重点发展高端游、特色游和体验

游。(责任单位:相关市县)

——加强岛群协同。注重整体规划统筹利用,以主岛为核心集中建设,完善基础设施建设,为岛群内其他岛屿提供完善的配套服务,发挥"旅游+"作用,带动岛群周边农林渔业和公共服务用岛协同发展。借鉴国外产品,以核心岛为基础,串联相近热门岛屿,开设具有浙江特色的跳岛游、联岛游路线。(责任单位:相关市县)

——加快滨海优质旅游产品开发。依托浙江沿海高速及沿线旅游码头,强化资源整合和区域协作,推进海上海岛旅游向滨海旅游拓展,重点发展海洋文化体验、滨海度假、海洋运动、城市休闲、商务会展、宗教朝拜等高端和大众兼备的旅游产品,培育滨海高等级旅游景区、旅游度假区、邮轮母(泊)港、游艇基地、帆船基地、海钓基地等项目,将滨海区域打造成为浙江陆海旅游统筹发展的支点。(责任单位:相关市县)

(四)打造海岛公园主题IP和产品

按照"一岛一主题、一岛一特色",明确海岛公园的主题特色,打造海岛公园的IP,不断增强海岛公园的品牌知名度和美誉度。深入挖掘海岛文化资源,把海岛特色文化元素更好融入旅游产业各领域和旅游活动各环节,打造一批彰显地域特色和时代精神的旅游文化演艺精品节目,打造一批兼具观赏性和参与性的国际化体育赛事活动,加快建成一批具有市场吸引力的文旅融合精品项目,推出一批满足大众旅游和全域旅游需求的旅游产品和线路。(责任单位:相关市县)

——推进打造诗路文化类产

品。加大浙东唐诗之路海上延伸段建设,开发以渔文化、红色文化、诗路文化、海防文化、大桥文化、灯塔文化、海底考古文化、生态文化等海岛研学旅游产品,开发一批海岛文化研学旅游基地(营地)。深入挖掘梳理浙江海洋文化家底,恢复作为海上丝绸之路起点的宁波、舟山的海丝文化遗址,加强海洋优秀文化的传承、展示,加大舟山渔民号子、温岭大奏鼓、印象普陀等非遗或旅游演艺节目扶持力度,继续办好经审批保留的节庆,可以申报象山开渔节、温岭曙光节、洞头七夕节、岱山祭海谢洋大典、嵊泗贻贝节等民俗节庆活动,强化海洋文化体验性。(责任单位:省文化和旅游厅、省委宣传部、省教育厅、相关市县)

——推进打造海上运动类产品。积极创新多样化的职工疗休养产品和线路,开发海岛帆船、潜水、骑行、跑步、海钓等体育产品,积极举办专业的海钓、帆船、海岛骑行、国际马拉松、国际铁人三项等赛事活动。(责任单位:省体育局、省总工会、相关市县)

——推进打造渔村体验类产品。开发"滩涂赶海""当一天渔民、吃一天海鲜"等旅游产品,加大海岛地区"百县千碗"宣传活动,充分挖掘渔家美食文化。推进打造红色教育类产品。加快建设下大陈岛垦荒纪念区、一江山岛战役遗址、上大陈岛军事遗址、舟山定海鸦片战争遗址公园、岱山中国海防博物馆、嵊泗大悲山军事拓展训练基地、洞头海霞民兵小镇等基地,大力宣传垦荒精神,加强海防爱国主义教育、海上红色旅游发展。(责任单位:省文化和旅游厅、相关市县)

——推进打造海洋地质文化类产品。积极推进海洋地质文化科普基地建设,充分挖掘开发海洋生物、海洋地质文化科普产品,进一步提升海洋公园、地质公园等自然保护地博物馆等科普场所的科普功能和展示水平,形成海洋地质文化旅游网络。积极推进海洋地质科考基地建设,加强与海洋、地质等大专院校合作,以"地质+""海洋+"科考为主线,把海洋地质科考打造成为浙江科考旅游的新亮点。(责任单位:省

林业局、省文化和旅游厅、有关市县)

(五)打造海岛公园旅游精品线路

依托日益完善的海上陆上两大交通网络,整合沿线旅游资源,强化高铁站、高速服务区、客运码头等交通枢纽的旅游集散功能,串珠成链,推出主题鲜明的特色精品旅游线路。

——培育县域旅游精品线路。强化山海协同发展,构建"嵊泗24小时"主题精品旅游线、"蓬莱海韵"人文精品旅游线、"花园港城"休闲精品旅游线、"东方佛国"文化精品旅游线等县域内部旅游线路。(责任单位:省文化和旅游厅、相关市县)

——培育主题旅游精品线路。深入挖掘海洋海岛文化内涵,跨区域构建"海上诗路"人文自然精品旅游线、"东海巡礼"海岛游轮观光精品线、"山海名刹"文化禅修精品旅游线、"海蚀胜境"地质风貌精品旅游线、"蓝海天堂"观光度假精品旅游线。(责任单位:省文化和旅游厅、相关市县)

表 2　县域十大精品旅游线路

序号	线路名称	主要内容
1	"嵊泗24小时"主题精品旅游线	以泗礁本岛、黄龙岛、花鸟岛、嵊山岛等旅游主题岛为载体,以24小时跳岛游的形式,串联"九岛八线"的主题航线,包括:蓝色牧海、百年渔镇(菜园—嵊山枸杞—菜园);海钓天堂(菜园—浪岗山列岛—菜园);海岛风电、养生观日(菜园—绿华—花鸟—菜园);魅力渔村(菜园—黄龙—菜园);魅力渔村、养生观日(菜园—黄龙—花鸟—菜园);养生观日(菜园—花鸟—菜园);海港观光(沈家湾—大洋山石龙景区—圣姑庙—小洋山—沈家湾);慢城体验(沈家湾—李柱山—沈家湾)。
2	"蓬莱海韵"人文精品旅游线	以岱山岛为核心,结合秀山岛、衢山岛,串联中国灯塔博物馆、鹿栏晴沙、中国海防博物馆、中国台风博物馆、东沙古镇、海洋渔业博物馆、秀山滑泥主题乐园、衢山岛风车公路等节点,形成融运动休闲、海洋文化体验于一体的文体精品旅游线路。
3	"花园港城"休闲精品旅游线	把握定海"花园港城"和爱国主义教育基地特色,串联东岠岛、凤凰岛、大五奎山岛等度假、运动主题岛,形成港城度假精品线;串联定海古城、摘箬山岛、盘峙岛、团鸡山、五峙山列岛等海岛,打造海岛科普精品线。

序号	线路名称	主要内容
4	"东方佛国"文化精品旅游线	以路为媒,串线整合,打造普陀区全域旅游陆上休闲线路,包括极地风情度假岛、东海岸国际休闲旅游度假区、沈家门渔港小镇、禅意小镇、朱家尖沙滩主题岛、侠骨柔情主题岛、葫芦岛、蚂蚁岛等。
5	"多彩象山"深度体验精品旅游线	结合象山县全域旅游的发展,山海联动,串联松兰山滨海旅游度假区、象山民俗文化村、灵岩山攀岩基地、象山影视城、中国海影城、中国渔村、石浦渔港古城、象山海之湾户外大本营及花岙海岛公园等景区,打造涵盖民俗体验、影视拍摄、户外运动、滨海度假、农业休闲于一体的精品旅游线路。
6	"休闲港湾"美食精品旅游线	结合三门县滨海及海岛旅游的发展规划,以特有的海、岛、城、山资源为基础,蛇蟠岛、五子岛群、扩塘山岛 3 岛联动,以养生康体、滨海休闲为主题,通过陆地交通串联整合健跳港、木杓沙滩、山后涂、牛头门等区域资源,打造滨海度假精品旅游线路。
7	"活力山海"探索精品旅游线	"以活力山海"为主题,串联台州府城文化旅游区、安基山滑翔基地、括苍山山顶滑雪拓展基地、牛头山和羊岩山亲子科普基地、江南大峡谷军事运动基地、东矶列岛海钓基地等项目,形成以山地、海洋运动休闲为主线,以千年海防文化为脉络的临海旅游精品线。
8	"红色之旅"研学精品旅游线	以大陈丰富的红色文化资源为依托,串联上下大陈、竹屿、洋旗、一江山等岛屿,联合一江山岛战役遗址、大陈岛红色记忆广场、甲午岩景区、胡宗南指挥所遗址、潜艇观光基地等景区景点,融入参观教育、修学寻踪、户外体验等产品,打造红色之旅精品旅游线路。
9	"活力海湾"生态精品旅游线	开通海上巴士,辅以游艇、快艇等海上旅游交通设施,把海上旅游岛进行有效链接,打造海上海岛黄金旅游线路,并把海上旅游岛与本岛、楚门半岛中的旅游设施进行一体化无缝对接,打造网状旅游目的地空间结构体系,构建岛海一体化的游览线路。 西线:茅埏—横床—大青—江岩岛、大小乌岛、鹰婆岛; 东线:坎门渔都龙文化游—大鹿岛森林生态观光—鸡山岛海鲜美食—羊屿岛高端度假—披山岛军事体育—中鹿岛海洋牧场观光—栈台码头; 南线:大麦屿至大龙湾海滨游。
10	"海上花园"人文旅游精品线	"海上花园,诗画洞头",百岛洞头以丰富的"五海"优势为依托,衍生出蓝色海岛度假游、红色海霞拓展游、海岛非遗文化游、海外离岛探险游和运动休闲动感游多个主题的游线。 蓝色海岛度假游:整合望海楼、仙叠岩景区、半屏山景区 3 大经典景区,洞头村、花岗村、白迭村等美丽乡村,出海捕鱼等多种形式体验点,打造海岛经典线路; 红色海霞拓展游:寻访海霞村、仙叠岩(南炮台山)、先锋女子连纪念馆、海霞军事主题公园等红色旅游景点,重温海霞精神,融入教育参观、户外体验等产品,打造红色旅游精品线路; 海岛非遗文化游:探秘东沙村(妈祖宫)、东岙村(民俗体验馆、七夕古巷)、九亩丘海创园,打造涵盖民俗参观、民俗体验、DIY 于一体的深度游旅游线路; 海外离岛探险游:推荐鹿西岛、大门岛、竹峙岛、大瞿岛、南策岛 5 个岛屿开展离岛探险活动,包括露营、烧烤、海钓等离岛休闲活动,打造趣味性高、记忆点深的海岛探险旅游线路; 运动休闲动感游:串联奥帆航海(帆船、摩托艇、风筝滑浪等),环岛骑行,放生台蹦极,休闲渔船,百岛森林公园,百岛梦幻冰雪王国等运动休闲业态,打造文体融合精品线路。

表 3　跨区域五大精品海岛旅游线路

序号	线路名称	主要内容
1	"海上诗路"人文自然精品旅游线	结合全省"四条诗路"建设中十大文化高地之一的"海上诗路起航地",依托"宁波—舟山"联岛交通线,充分融入诗路文化、海上丝绸之路文化、佛道文化、渔文化、海防红色文化、美食文化,串联舟山本岛、朱家尖岛、普陀山、桃花岛、岱山岛、秀山岛、嵊泗列岛等海岛及宁波天一阁·月湖、天童寺、老外滩等景区。
2	"东海巡礼"海岛游轮观光精品线	以大型海上游轮为载体,融入海岛观光、文艺表演、海鲜美食等旅游产品,开发以"嵊泗—岱山—普陀—象山—临海"沿海航线为主线的海洋海岛观光游精品线,串联嵊泗列岛、中街山列岛、普陀山-朱家尖、桃花岛、渔山列岛、东矶列岛等沿海岛屿。

序号	线路名称	主要内容
3	"山海名刹"文化禅修精品旅游线	以舟山、宁波、台州地区丰富的佛文化为主线,串联中国佛教四大名山—普陀山、佛教天台宗祖庭—天台国清寺、曹洞宗祖庭—宁波天童寺、弥勒道场—雪窦寺、禅宗名寺—宁波阿育王寺等名寺古刹,打造融合山海自然胜境和佛道人文积淀的文化禅修精品旅游线。
4	"海蚀胜境"地质风貌精品旅游线	依托沿海高速公路和沿海航线,联通象山湾、三门湾、台州湾三大湾区,串联花岙岛、蛇蟠岛、东矶列岛、大陈岛等岛屿,展现亿万年来海蚀和海积形成的海蚀崖、海蚀平台、海蚀洞和砾石滩等神奇自然景观,同时结合象山半岛、温岭石塘半岛,发展滨海度假和渔港旅游。
5	"蓝海天堂"观光度假精品旅游线	以华东蓝色海洋观光度假为主题,依托洞头、玉环等地联岛交通线和海上航线,串联乐清西门岛、茅埏岛、大青山岛、玉环岛、大鹿岛、洞头列岛等沿海岛屿,打造沿乐清湾至温州海域的蓝色海洋海岛观光度假精品线。

(六)加大绿色科技支撑

加强与浙江大学、浙江海洋大学、海洋二所等单位的科研、人才和技术合作,将海岛公园打造为科研成果实践应用的样板地。

——推进清洁能源应用。因地制宜开发海岛太阳能、海上风能、海洋能等清洁能源,逐步提高海岛可再生能源占一次能源比重。推广应用渔光互补、沼气综合利用、智能电网等经济、环保的成熟应用成果,鼓励推广新能源汽车。(责任单位:省能源局、省生态环境厅、省科技厅、相关市县)

——推进5G技术应用。加大5G时代的信息化设施建设和服务支持力度,加快实现海岛公园免费Wi-Fi、智能导游、电子讲解、在线预订、信息推送等功能全覆盖,打造"数字岛"。(责任单位:相关市县)

——推进海水淡化应用。加快建设嵊泗、大陈岛海水淡化工程,开发再生水利用设施,提高供水保障能力。(责任单位:省发展改革委、省科技厅、相关市县)

(七)优化旅游宣传服务

——宣传引导。发挥主流媒体宣传引导作用,增强海岛公园影响力,完善岛内休闲旅游配套设施建设。深入开展"人人都是导游、人人都是形象"行动,凝聚全社会力量全面提升海岛公园的服务品质。(责任单位:省文化和旅游厅、相关市县)

——服务先导。建立完善的海岛地接旅行社和导游服务提供商等旅游服务企业体系;建立旅游信息咨询、网络信息发布和旅游标识解说等信息咨询服务体系;建立方便快捷的银行服务和移动支付服务等便民商业服务体系;建立旅游安全环境、旅游安全设施、旅游安全机制等保障服务体系;建立旅游行业规范与标准、旅游从业者教育培训、旅游者消费保障服务等旅游行政服务体系。(责任单位:省文化和旅游厅、相关市县)

——创新主导。大力鼓励海岛乡贤返乡创业创新,鼓励海岛公园的党政领导争当业余导游和讲解员。着力提高旅游对外开放合作水平,着力推进对外开放,努力争取在国际航线、国际邮轮、落地签证、免税购物和国际旅游合作等领域有更大突破。(责任单位:相关市县)

表4 十大标志性工程

序号	工程名称	主要内容	责任单位
1	全域景区化工程	推进全域旅游建设,打造A级景区县城、城镇、村庄,实现村村景区化、镇镇景区化。	省文化和旅游厅、省建设厅、省农业农村厅、相关市县
2	海岛文化基因解码工程	从方言、美术、音乐、戏曲、小说、故事、文物、非遗等文化形态入手,提炼海岛文化基因,做好传承和弘扬。	省文化和旅游厅、相关市县
3	交通畅通工程	提高陆与岛、岛与岛之间通行能力,通达主要码头公路等级达到二级以上;实现海岛公园"一岛两码头"、旅游码头全覆盖;加快嵊泗本岛等水上机场建设,布局十大海岛公园通用机场或直升机起降点等。	省交通运输厅、省发展改革委、省文化和旅游厅

续　表

序号	工程名称	主要内容	责任单位
4	主题 IP 和线路工程	按照"一岛一主题、一岛一特色",量身打造十大海岛公园主题 IP,推出浙江"海上游"线路,增强海岛公园的品牌知名度和美誉度。	省文化和旅游厅、相关市县
5	"点睛亮景"标志性景点打造工程	打造十大海岛公园标志性景点。	省文化和旅游厅、相关市县
6	绿色景观建设工程	推广适宜海岛生长的树种,做到林相、植被丰富,营造最为野趣的海岛自然景观空间。	省林业局、相关市县
7	金色沙滩修复工程	因地制宜开展沙滩修复,重点修复提升嵊泗、洞头、大陈等地沙滩,到2022年,海岛公园优质沙滩达到 20 处以上。	省自然资源厅、相关市县
8	"零碳岛"建设工程	因地制宜开发海岛太阳能、海上风能、海洋能等清洁能源,加大 5G 时代的信息化设施建设和服务支持力度,加快建设嵊泗、大陈岛海水淡化工程,开发再生水利用设施,提高供水保障能力。大力推进健康、养老、文化旅游、体育等产业发展,建设一批体育、海钓、休闲渔业、疗养小镇和综合体。	省能源局、省生态环境厅、省委宣传部、省科技厅、省文化和旅游厅、省卫生健康委、省体育局、省民政厅、相关市县
9	幸福渔村工程	到 2022 年,海岛公园实现所有行政村生活垃圾分类、生活垃圾处理全覆盖;持续深化"厕所革命",渔村无害化卫生厕所普及率保持在 90% 以上;实现海岛公园地区渔村资源变资产、资金变股金、农民变股东,社会主义核心价值观深入人心,形成文明和谐的乡村风尚。	省文化和旅游厅、省建设厅、省农业农村厅、相关市县
10	生态环境监测工程	完成海岛公园生态容量测算,确定最大游客承载量。严控海岛自然岸线开发,全面监测海岛公园近岸海域水质。建立健全全省海岛公园 PM2.5 和负氧离子监测体系,并定期发布。	省生态环境厅、相关市县

四、保障措施

（一）加大对海岛公园建设的财政支持力度

加大政府财政投入。多元筹资支持海岛公园建设,加强省市县各级财政资金整合统筹使用,集中财力、形成合力,为推动海岛公园建设提供资金支持。拓宽市场融投资渠道。鼓励旅游企业通过发行股票、发行债券和私募股权等方式筹措海岛旅游发展资金;积极引导民间资本、境外资本投入海岛旅游发展,鼓励通过政府与社会资本合作模式（PPP）参与政府主导的海岛旅游基础设施建设。（责任单位:省财政厅、省文化和旅游厅、相关市县）

（二）建立海岛公园的生态补偿机制

协调海岛旅游开发与生态保护。规划先行,明确海岛的功能主题,避免重复建设、资源浪费与恶性竞争。在海岛旅游交通上倡导电动观光车、骑行等生态低碳交通方式,降低环境压力。严守海洋生态红线。严格按照《浙江省海洋生态红线划定方案》实施管控,确保红线区生态功能不降低、面积不减少、性质不改变。加强海岛生态修复与景观建设。以生物修复为基础,结合物理修复、化学修复、工程技术修复等措施,通过优化组合,实施海岛陆域生态系统受损修复试点工程。提升海岛防灾减灾能力。针对可能发生的自然或人为灾害,通过智慧监控预警、防灾设施提升和应急预案制定、应急机制建立等措施提高对台风、洪涝等气象灾害的防御能力。完善生态安全监督机制。加快生态安全监管队伍建设,做好生态补偿机制相关法律准备,着手研究海岛生态补偿体系和跨区域的补偿办法,从而更好地保护海岛生态。（责任单位:省自然资源厅、省生态环境厅、省水利厅、相关市县）

（三）因地制宜制定用地政策和规划

积极探索海岛旅游发展用地改革路径和创新模式,努力实现海岛旅游发展在海岛权属、海岛出让、海岛集约用海与节约利用等方面的新突破。高标准编制规划。各市县要注重多规合一,结合国土空间规划编制,以及国家确定的生态保护红线、国家、省级海洋自然保护区、海洋公园等规划,划定海岛公园边界,强化规划引领和管控。加快用地审批。优先保障海岛公园重大旅游项目的用地、用林,对列入国家投资计划和浙江省重点建设项目库的项目开辟审批绿色通道,加快审批。探索用地改革路径。对使用荒山、荒地、荒滩建设的旅游项目,

优先安排新增建设用地计划指标。(责任单位:省自然资源厅、相关市县)

(四)规范休闲渔船(海钓船)的管理

启动休闲船管理规定研究工作,制定落实管理举措,进一步加大休闲船规范管理力度。(责任单位:省农业农村厅、省交通运输厅、相关市县)

五、考核体系

(一)加强组织领导

建议省政府设立支持海岛公园建设联席会议制度,由省政府领导,省委宣传部、省发展改革委、财政厅、自然资源厅、生态环境厅、交通运输厅、农业农村厅、文化和旅游厅、林业局等省级相

关部门,宁波、舟山、台州、温州四市及沿海县(市、区)参加,组织协调重大事项。相关市及县(市、区)成立相应的协调机构。建立全省海岛公园联盟,共同研究推进十大海岛公园跨区域品牌宣传、项目建设和文化旅游交流合作。(责任单位:省政府办公厅、省委宣传部、省发展改革委、省财政厅、省自然资源厅、省生态环境厅、省交通运输厅、省农业农村厅、省文化和旅游厅、省林业局、相关市县)

(二)加强规划引领

启动《浙江省海岛公园创建工作导则》编制工作,制定十大海岛公园评价考核体系。全省各海岛公园建设单位根据省政府工作

报告精神和创建导则,因地制宜编制海岛公园建设发展规划和行动计划,明确发展定位、目标、主要任务、保障措施和年度计划,提高创建工作的科学性。(责任单位:省委宣传部、省文化和旅游厅、省发展改革委、相关市县)

(三)加强督查考核

结合建设行动计划和年度重点任务分解,建立考核评估体系,对照各责任单位工作推进情况进行评分。将海岛大花园建设成效纳入全省"四大建设"对各县(市、区)和有关部门年度评估内容。(责任单位:省委宣传部、省发展改革委、省生态环境厅、省文化和旅游厅、相关市县)

附件

省级和各市有关单位名单

省级有关部门:

省委宣传部、省政府办公厅、省教育厅、省科技厅、省财政厅、省自然资源厅、省生态环境厅、省

建设厅、省交通运输厅、省农业农村厅、省体育局、省林业局、省总工会、省能源局

有关市:

宁波市、温州市、舟山市、台州市及有关县(市、区)人民政府

浙江省文化和旅游厅等 10 部门印发
《关于尽快恢复振兴文化和旅游消费市场
进一步激发文化和旅游消费潜力的实施意见》的通知

浙文旅产〔2020〕2 号

各市、县(市、区)人民政府:

为贯彻落实《国务院办公厅

关于进一步激发文化和旅游消费潜力的意见》《中共浙江省委 浙

江省人民政府关于完善促进消费体制机制 进一步激发居民消费

潜力的实施意见》《中共浙江省委 浙江省人民政府关于坚决打赢新冠肺炎疫情防控阻击战 全力稳企业稳经济稳发展的若干意见》等文件精神,经省政府同意,现将《关于尽快恢复振兴文化和旅游消费市场 进一步激发文化和旅游消费潜力的实施意见》印发给你们,请认真抓好落实。

浙江省文化和旅游厅
浙江省发展和改革委员会
浙江省经济和信息化厅
浙江省公安厅
浙江省财政厅
浙江省自然资源厅
浙江省交通运输厅
浙江省农业农村厅
浙江省商务厅

浙江省市场监督管理局
2020 年 3 月 19 日

关于尽快恢复振兴文化和旅游消费市场
进一步激发文化和旅游消费潜力的实施意见

为坚决打赢新冠肺炎疫情防控阻击战,全面提振疫情结束后文化和旅游市场消费信心,加快激发文化和旅游消费潜力,促进我省文化和旅游"双万亿"产业高质量发展,助推经济复苏和转型升级,根据《国务院办公厅关于进一步激发文化和旅游消费潜力的意见》《中共浙江省委 浙江省人民政府关于完善促进消费体制机制 进一步激发居民消费潜力的实施意见》《中共浙江省委 浙江省人民政府关于坚决打赢新冠肺炎疫情防控阻击战 全力稳企业稳经济稳发展的若干意见》等文件精神,结合我省文化和旅游系统实际,提出如下意见。

一、总体目标

以习近平新时代中国特色社会主义思想为指导,以省委、省政府稳企业稳经济稳发展的若干意见为牵引,突出文化和旅游两大万亿产业的综合贡献度,助推我省经济高质量发展。加快建设现代文化和旅游消费体系,以供给侧结构性改革为主线,坚持供需两端发力,调整优化供需结构,不断壮大文化和旅游产业综合实力,努力建设具有国际影响力的文化和旅游消费大省。

——消费市场快速复苏。以助力确保完成 2020 年经济社会发展目标任务为重点,在科学防控的前提下,因地制宜、顺势而为,迅速有效组织文化和旅游企业复工复产,最大限度地减少疫情造成影响,促进文化和旅游产业快速转入正常状态,产业链有序衔接、健康运行,民众的消费信心得到提振,消费市场快速升温。

——消费规模稳步增长。全省文化和旅游消费总量、人均消费支出实现大幅提升。到 2022 年,文化和旅游消费年均增幅保持在 10％以上;全省旅游接待总人数达到 7.5 亿人次以上,其中接待过夜游客达到 2.5 亿人次。

——消费惠民成效明显。消费结构不断升级,消费的选择性、便捷性和自主性持续增强,性价比更加合理,本地居民获得感与外来游客的消费满意度进一步提升,到 2022 年,居民和游客满意度普遍达到 85％以上。

——消费引领作用突出。文化和旅游融合作用有效发挥,文化和旅游消费对经济社会发展作用进一步凸显。力争到 2022 年,文化和旅游产业增加值占全省 GDP 比重均超过 8％,文化和旅游行业税收收入对地方财政收入贡献率逐年提高。

——消费环境显著改善。弘扬社会主义核心价值观,倡导文明旅游新风尚。公共服务不断优化,市场监管体系更加健全,力争每年投诉率下降 10％以上。督办案件办结率、诉转案结案率、12301 旅游服务热线覆盖率等均达到 100％。

二、主要任务

(一)加快文旅产业复苏,促市场振兴

1. 全面深入开展"三服务"活动。按照《省委办公厅关于全力开展"三服务"活动建立驻企服务员机制的通知》要求,选派精干力量赴文化和旅游企业精准服务。协调开通审批绿色通道,指导落实文化和旅游企业做好疫情应对各类减(缓)税、降费、免租、金融纾困、退还保证金等优惠政策。帮助文化和旅游建设工程尽快复工,指导企业既抓疫情防控,又抓复工复产。鼓励各地因地制宜制订扶持激励文化和旅游业的政策,帮助文化和旅游系统困难企业减压力、振信心。(责任单位:各地人民政府,省文化和旅游厅、省发展改革委、省财政厅、省经信厅等相关部门)

2. 推动出台产业复苏政策。新冠肺炎疫情防控时期,用足用好中央和省有关扶持政策,积极争取国家文化和旅游发展资金补助,支持文化和旅游企业渡过难关、恢复生产;鼓励市县根据实际从文化产业专项资金和旅游发展专项资金中,调剂部分资金用于支持优化文化和旅游市场环境,恢复市场活力;疫情结束后短期内,鼓励各地通过发放文化和旅游消费券等方式促进文旅经济复苏。(责任单位:各地人民政府,省文化和旅游厅、省发展改革委、省财政厅、省经信厅等相关部门)

3. 抢抓文旅消费新机遇。指导各类文化和旅游企业抢抓机遇,抓住疫情结束可能出现的旅游高峰和社会公众更加关注健康、珍爱生命的有利时机,开展周边的、近程的"错峰游""健康游""亲子游"等个性化、特色化的主题旅游产品。结合文化和旅游消费的新趋势、新需求,大力推动线上线下融合创新,发展文化和旅游消费新业态。结合山海协作生态旅游文化产业

园建设,加大旅游资源整合联动以及市场营销力度,策划推出一批新产品、新线路,加快推进文化旅游市场回暖。(责任单位:各地人民政府,省文化和旅游厅、省发展改革委等相关部门)

(二)以市场需求为导向,促有效供给

4. 全面实施旅游示范区创建工作。以"万千百"工程为抓手,推进"万村景区化"和A级景区县城、小城镇建设,全面带动乡村旅游提升发展。到2022年,力争全省70%以上的县(市、区)达到国家、省全域旅游示范区验收标准,100%的县(市、区)城、80%以上的乡镇、50%以上的村要达到A级景区化。大力发展乡村旅游及民宿产业,鼓励社会资本投资兴建、提升研学旅游、山地旅游、休闲农庄、乡村酒店、特色民宿、自驾露营、户外运动和养老养生等乡村休闲住宿项目。(责任单位:各地人民政府,省文化和旅游厅、省发展改革委、省自然资源厅、省农业农村厅等相关部门)

5. 大力推进"文化和旅游+"产业融合发展。推动演艺、非物质文化遗产和文物资源等文化资源与旅游产业融合发展,重点培育文化创意、红色旅游、影视演艺、动漫游戏、遗址探秘、工业展陈、农事体验、商务会展、运动休闲、康体养生等"文化和旅游+"新业态。鼓励建设集文创商店、特色书店、小剧场、文化娱乐场所等多种业态的消费集聚地。到2022年,全省建设3—5个国家文化产业和旅游产业融合发展示范区,3个以上旅游演艺精品项目;推进博物馆的文旅融合改革创新,鼓励有条件的博物馆完成

旅游景区创建工作。推动一批文化旅游街区创建省级高品质步行街。(责任单位:各地人民政府,省文化和旅游厅、省发展改革委、省经信厅、省农业农村厅、省商务厅等相关部门)

6. 着力打造"四条诗路"文化旅游带、建设大运河国家文化公园浙江段。围绕《浙江省诗路文化带发展规划》,推进遗存挖掘保护工程、产业振兴工程、旅游精品工程、名城古镇(村)提升工程、交通廊道建设工程、生态文化综保工程、教育普及工程及交流合作工程等八大工程实施。推出一批彰显诗路文化的重大历史价值、文化价值、经济价值和时代价值的大花园文旅消费重点项目。(责任单位:各地人民政府,省文化和旅游厅、省发展改革委、省经信厅、省农业农村厅、省商务厅等相关部门)

7. 扎实推进海洋海岛旅游。根据《浙江省海岛大花园建设规划》《浙江省十大海岛公园建设三年行动计划》,加快建设展现海岛风情的"十大海岛公园"。重点建设嵊泗、岱山、定海、普陀、花岙、蛇蟠、大陈、洞头、大鹿、东矶等十大海岛公园,培育海岛特色旅游产品。探索运用直升机、水上飞机、地效飞行器等新兴交通工具,打造低空游览产品,开发海岛文化研学旅游产品。按照湾区旅游一体化发展的思路,设立三门湾等湾区旅游试验区,集聚发展要素、挖掘旅游资源、完善旅游设施,使三门湾成为全国湾区旅游发展样板地、海鲜美食旅游目的地、海洋旅游经济发展示范区。围绕国际海岛旅游目的地建设,培育邮轮游艇、休闲度假岛和海

洋探险等特色旅游产品,加快舟山、洞头国际邮轮码头等设施建设,在舟山、温州等地培育游艇旅游试点。大力拓展境内外海洋旅游线路,形成浙江沿海一日游、多日游和跨境海上旅游线路。(责任单位:各地人民政府,省文化和旅游厅、省发展改革委、省自然资源厅、省交通运输厅等相关部门)

8.大力推进生态海岸带建设。通过生态海岸带规划建设,以绿道有机串联沿海的自然、人文景观资源,实现湾区海岸带生态化、景观化和休闲化。依托沿线文化风情、旅游景点、山海场景,精心设计旅游开发、体育赛事等各种衍生场景,实施沿湾历史街区、历史遗迹、名人故居、名胜古迹等保护利用工程,强化并展示特色传统生产生活场景、民俗风情、民间工艺、文化聚落的人文价值,彰显浙江生态海岸带"诗心自在、画境天成、浙学博义、东方意蕴"的文化精彩。加强生态海岸带文体设施配套,设立海上体育运动休闲中心,在驿站等节点建设运动场地、健身设施,结合生态海岸带自然资源禀赋开展相关体育赛事活动。(责任单位:各地人民政府,省发展改革委、省文化和旅游厅、省自然资源厅、省交通运输厅等相关部门)

9.深入开展研学旅行。鼓励开展多种形式的研学旅行活动,把研学旅行作为全省中小学生素质教育和实践能力提升的有机环节。推动建立适合不同阶段、不同类型、不同层次的中小学生研学旅行体系,对研学旅行给予价格优惠。支持各地依托自然和文化遗产、古城古村、特色小镇、美丽乡村、生态保护区、大型公共设施、知名院校、工矿企业、产业园区、科研机构等资源,建设一批主题突出、课程丰富、配套完善、服务规范、安全有序的国家级、省级中小学生研学实践教育基地、营地。(责任单位:各地人民政府,省文化和旅游厅、省发展改革委、省自然资源厅、省农业农村厅等相关部门)

10.扎实推进"诗画浙江·百县千碗"工程。实施《"诗画浙江·百县千碗"工程三年行动计划(2019—2021年)》,到2021年,完成美食体验店(示范店)、美食街旗舰店、美食街区、美食小镇等消费平台的全省布局,在省外投资开设"百县千碗"美食体验店。实现"百县千碗"进100个A级景区、100家旅游饭店、100所大中学校、100个机关食堂、10个高速服务区。实行"持证上岗"制度,培育10名"百县千碗"美食大师、100名"百县千碗"美食工匠、1000名"百县千碗"美食手艺人、10000名"百县千碗"美食从业者和传承技师。(责任单位:各地人民政府,省文化和旅游厅、省交通运输厅、省商务厅、省市场监管局等相关部门)

11.着力开发文创产品和旅游商品。深入推进文化文物单位文创试点,推动文化和旅游市场主体积极参与开发特色文创产品和旅游商品。充分发挥茶叶、丝绸、黄酒、中药、青瓷、宝剑、木雕、根雕、石雕、文房等十大历史经典产业的优势和潜力,加大对浙江老字号品牌的保护传播力度,讲好"浙江老字号"故事。办好文创产品和旅游商品大赛、中国义乌文化和旅游产品交易博览会、浙江旅游交易会等大型会展活动。(责任单位:各地人民政府,省文化和旅游厅、省商务厅等相关部门)

12.大力发展夜间文旅经济。探索文化和旅游夜间消费新模式,积极发展大运河、钱塘江、瓯江、温瑞塘河等游船夜游、夜间演艺、城市夜场灯光秀、24小时书店、特色风情街、美食网红店、文创集市等夜间经济业态。精心策划组织一批"小而精"的地方戏曲、音乐、读书会等文化休闲活动,推动博物馆、图书馆等文化设施夜间开放,提升城市和乡村夜生活服务品质,实现文化和旅游消费市场"白+黑"式可持续发展,满足不同消费群体的夜间消费需求。到2022年,认定一批省级夜间文旅消费集聚区,建设5个以上国家级夜间文旅消费集聚区。(责任单位:各地人民政府,省文化和旅游厅、省发展改革委、省公安厅、省财政厅、省交通运输厅、省商务厅等相关部门)

(三)突出项目示范引领,促竞争力提升

13.实施文化和旅游标准化工程。健全公共文化和旅游标准体系,推进公共文化服务和旅游标准化,创建文化和旅游公共服务区域品牌。到2022年,完成文旅国家标准1项、行业标准3项、省地方标准10项以上,团体标准3项,形成以国际标准为引领,国家标准、行业标准为基础,地方标准为特色,团体标准为创新,企业标准为核心竞争力的浙江特色文旅标准化体系。建立长三角文旅标准化工作会商制度,共建长三角区域标准文旅协同标准体系。探索建立重要标准的实施评价机制,组织开展标准化试点示范创建,提升标准实施成效。(责任单

位:各地人民政府,省文化和旅游厅、省发展改革委、省市场监管局等相关部门)

14.着力打造文旅融合IP集群。实施文旅融合IP工程,开展文旅融合IP资源普查,充分挖掘利用当地文化和旅游资源禀赋,重点培育认定一批成长性好、综合带动大、市场前景广的文旅融合IP示范项目。探索形成文旅融合IP的衍生机制和商业模式。建立文旅融合IP发展工作绩效评估机制。到2022年,认定100个省级文旅融合IP,其中10个为国家级文旅融合IP,使浙江文旅融合产品专利、商标、版权注册申请总量和规模位居全国前列。(责任单位:各地人民政府,省文化和旅游厅、省商务厅、省市场监管局等相关部门)

15.创新发展文化和旅游消费模式。利用5G等新一代信息技术广泛应用的契机,培育网络消费、体验消费、智能消费等文化和旅游消费新模式。在具备条件且用户需求较强的地方,优先部署第五代移动通信(5G)网络,发展基于5G、超高清、增强现实、虚拟现实、人工智能等技术的新一代沉浸式体验型文化和旅游消费。(责任单位:各地人民政府,省文化和旅游厅、省经信厅、省交通运输厅、省市场监管局等相关部门)

16.深入开展文化和旅游消费试点工作。会同上海、江苏、安徽等文化和旅游部门,共同打造面向全省及长三角地区的"一卡通"文化和旅游消费服务,推出长三角"一卡通"文旅系列产品。积极推动杭州、宁波创建国家文化和旅游消费示范城市;开展省文

化和旅游消费试点工作,到2022年,在全省范围内确定5个设区市、15个县(市、区)为省文化和旅游消费试点城市,推动全省文化和旅游消费提质转型升级。(责任单位:各地人民政府,省文化和旅游厅、省发展改革委、省财政厅、省商务厅、省市场监管局等相关部门)

(四)提升国际化水平,促入境消费

17.全面提高入境旅游便捷度。抢抓2022年杭州亚运会的重大机遇,推进杭州、宁波、温州和义乌等国际航空港建设,积极开辟国际和地区航线,重点是洲际航线。推动"旅游＋航空"发展,进一步提高浙江的国际知名度。加快把宁波、温州、舟山等地纳入海上丝绸之路国际邮轮旅游线路,有条件地开放无目的地邮轮航线。积极探索在杭州、舟山、义乌等地设立国际货币兑换点,完善入境游客在省内消费移动支付的解决方案。积极推进与上海等地口岸签证机关的联动,提供口岸签证和入境的便利。(责任单位:各地人民政府,省发展改革委、省公安厅、省财政厅、省交通运输厅、省文化和旅游厅、省商务厅等相关部门)

(五)开展行业信用体系建设,促放心消费

18.加快构建行业信用体系。有效利用"全省公共信用信息平台"和"全省大数据平台",加快构建"全覆盖、无死角"的文化和旅游行业信用体系。建立健全"全省文化和旅游行业信用监管平台",统筹推进行业信用评价体系、分类监管体系和应用体系建设。贯通"公共＋行业"信用评价

结果,努力建设文化和旅游行业信用评价的"浙江模式"。(责任单位:各地人民政府,省文化和旅游厅、省发展改革委、省公安厅、省市场监管局等相关部门)

19.积极创建消费信得过单位。按照全省实施信用"531X"工程总体部署,充分应用公共信用评价结果,推动文化和旅游消费企业建设成为放心消费单位。到2022年,在基本完成名录基础上,培育品质饭店200家,培育放心景区120家。(责任单位:各地人民政府、省文化和旅游厅、省发展改革委、省市场监管局等相关部门)

20.全面加强市场监管。深化"最多跑一次"改革,增强服务意识,提高服务效能。强化各级政府对文化和旅游市场治理规范的主体责任,构建省、设区市、县(市、区)3级负责,明察暗访结合,线上线下统一的工作体系,健全以"双随机、一公开"监管为基本手段,以重点监管为补充,以信用监管为基础的新型监管机制。建立健全文化和旅游市场主体信用记录,依法依规完善守信激励和失信联合惩戒机制。依托省统一执法监管平台,使用掌上执法系统开展检查。以问题导向加强目的地综合管理,建立以游客评价为导向的服务质量评价体系。(责任单位:各地人民政府,省文化和旅游厅、省发展改革委、省公安厅、省市场监管局等相关部门)

(六)健全管理服务体系,促满意消费

21.完善公共服务体系。完善文化和旅游基本公共服务设施建设,鼓励发展与自驾游相适应的服务,合理配置高速公路服务

区、加油站点的旅游咨询和配套服务功能,加强旅游交通标识系统建设,重点建设供水供电、信息网络、安全防范、消防救援、垃圾污水处理等基础设施和旅游景区停车场、绿道、房车营地、应急救援等配套设施。开展旅游轨道交通规划研究,加快构建高铁、航空省内"1小时交通圈",进一步提升交通便捷性。巩固厕所革命成果,采用生态厕所、循环马桶等技术创新,鼓励以商建厕、以商养厕、以商管厕。建设旅游、法院、检察、司法、公安、信访等联合参加的"一站式"法律服务和调解机制。(责任单位:各地人民政府,省文化和旅游厅、省发展改革委、省公安厅、省自然资源厅、省交通运输厅、省农业农村厅等相关部门)

22.实施智慧旅游便民示范工程。各类文化和旅游场所消费预定、结算以及地铁、公交、汽车租赁等实现手机移动支付或人脸识别支付,做到"一机在手,游遍浙江"。以杭州等城市为试点,推出"10秒找空房""20秒景点入园""30秒酒店入住""数字旅游专线"等智慧旅游便民服务场景。(责任单位:各地人民政府,省文化和旅游厅、省经信厅、省交通运输厅等相关部门)

23.建设"一中心"数据平台。依托省公共数据平台打造一站式公共服务、一体化市场监管、一网式品牌推广、"一张卡"体验消费等体系,推广使用集咨询、电商、公共服务等功能于一体的区域性综合服务平台——"浙里好玩"平台。(责任单位:各地人民政府,省文化和旅游厅、省交通运输厅、省市场监管局等相关部门)

24.着力打造消费活动品牌。每年举办浙江文化和旅游消费季、消费月等活动,开展"浙江人游浙江"优惠体验活动,积极融入"浙里来消费",开展商旅文联动促消费系列活动,联合打造金秋购物节、消费促进月、"淘宝造物节"等综合性品牌消费活动。举办具有国际影响力的演艺论坛、传统戏曲演出季(周)、优秀舞台艺术作品展演、文化和旅游产品交易博览会等。鼓励各地利用地方特色文化资源,开展群众参与性强的主题文化旅游节庆活动,形成"一城一品""一城一策""一城一剧"等特色文化和旅游推介品牌。(责任单位:各地人民政府,省文化和旅游厅、省发展改革委、省商务厅、省农业农村厅等相关部门)

25.加大消费惠民举措。加强景区门票价格监管,对利用公共资源建设的景区的门票以及景区内另行收费的游览场所、交通工具等项目,实行政府定价或者政府指导价。积极落实对儿童、学生、老年人、现役军人、消防救援人员、残疾人、宗教人士等的优惠政策,鼓励景区面向教龄30年以上教师、"最美"人物、省级以上劳模等特殊功勋人群推出优惠政策。有序推动景区门票降价。鼓励A级景区周一至周五低价或者免费开放,国有控股旅游景区试行免费开放日和免费开放周(月)制度。举办淡季促销、推广消费年卡等普惠性活动。(责任单位:各地人民政府,省文化和旅游厅、省发展改革委、省交通运输厅等相关部门)

三、保障措施

26.加大资金支持。各地要整合现有资金渠道加大对促进文化和旅游消费的支持力度,重点用于公共服务、消费惠民、宣传推广等。积极利用产业基金撬动重大文化和旅游项目投资落地。引导和鼓励社会资本参与文化和旅游项目投资,重点引导和服务民营企业家在浙江投资创业,促进资源整合和文旅市场繁荣。(责任单位:各地人民政府,省文化和旅游厅、省发展改革委、省财政厅、省商务厅等相关部门)

27.创新金融合作。指导文旅企业用好国家、省级金融信贷支持政策,深化与金融机构合作,创新金融产品,为文旅企业提供强有力融资服务。在依法合规前提下支持金融机构发行文旅消费联名银行卡,给予特惠文旅商户折扣、消费分期等用户权益。鼓励金融机构简化信贷审批流程,创新消费信贷模式,开发不同类别的信贷产品,加大对中小微文旅企业的信贷支持力度。支持宁波创建国家文化与金融合作示范区。(责任单位:各地人民政府,省文化和旅游厅、省财政厅等相关部门)

28.保障土地供给。探索"点状供地"政策,支持重点文化和旅游项目建设用地保障。利用闲置建筑物、废弃矿山、腾退宅基地、旧厂房、校舍等存量建设用地房产资源,开发建设文化和旅游项目。支持农村集体经济组织流转激活土地,在不改变土地性质的前提下采取作价入股、土地合作等方式参与旅游开发。(责任单位:各地人民政府,省自然资源厅、省农业农村厅、省文化和旅游厅等相关部门)

29.落实休假制度。保障职工带薪休假权利,加强对带薪休假制度的宣传引导。引导、鼓励职工和其所在单位更加灵活地安排带薪休假,优先考虑子女上学的职工在寒暑假和春秋假的休假安排。鼓励机关企事业单位开展组织方式灵活、消费形式多样的疗休养活动,以解决景区峰谷差和区域不平衡问题。行政机关、企事业单位、社会团体或组织可按规定采购文化和旅游相关服务。(责任单位:各地人民政府,省文化和旅游厅、省财政厅等相关部门)

30.争取免税政策。在全省推动实施境外旅客购物离境退税政策。推出全球名品、一线高端品牌购物的旅游专线。争取增设省内口岸免税店,争取实施境外旅客购物现场"即买即退"等便利化退税服务方式。打造在线旅游企业第三方支付平台,推动跨境消费退税便捷化。(责任单位:各地人民政府,省公安厅、省财政厅、省商务厅、省文化和旅游厅等相关部门)

四、评价体系

各地要建立激发文化和旅游消费潜力的工作机制,加强组织领导和协调,把激发文化和旅游消费作为促进经济增长重要工作抓实抓好。要结合实际情况,尽快研究制订激发文化和旅游消费潜力的实施方案,明确工作目标任务、政策保障及评价体系。健全统计评价制度,依托浙江省文化和旅游数据统计中心,构建文化和旅游消费大数据平台与绩效评价体系,对文化和旅游消费指数进行监测分析,定期公布,动态管理。建立健全相关行业协会,坚持标准化引领,加强安全生产监管,强化行业评价和自律管理,促进文化和旅游消费健康规范有序发展。(责任单位:各地人民政府,省文化和旅游厅、省发展改革委、省商务厅、省市场监管局等相关部门)

浙江省文化和旅游厅　浙江省发展和改革委员会
关于印发《高质量打造未来社区公共文化空间的实施意见》的通知

浙文旅公共〔2020〕1 号

各市、县(市、区)文化和旅游局、发展改革委(局):

现将《高质量打造未来社区公共文化空间的实施意见》印发给你们。请结合当地未来社区试点建设,认真贯彻落实。

浙江省文化和旅游厅
浙江省发展和改革委员会
2020 年 3 月 25 日

高质量打造未来社区公共文化空间的实施意见

根据省政府《关于印发浙江省未来社区建设试点工作方案的通知》(浙政发〔2019〕8 号)和省政府办公厅《关于高质量加快推进未来社试点建设工作的意见》(浙政办发〔2019〕60 号)精神,现就高质量打造未来社区公共文化空间提出如下意见:

一、总体要求

(一)指导思想

高举习近平新时代中国特色社会主义思想伟大旗帜,深入贯彻落实党的十九大、十九届四中全会和省十四次党代会、省委十四届六次全会精神,坚持以满足人民美好生活向往为中心,聚焦未来社区三维价值坐标和九大创新场景建设,充分挖掘梳理城市乡愁记忆和社区历史文化脉络，精心打造"记得住过去，看得见未来"的公共文化空间，使之成为弘扬主流价值、展示特色文化、凝聚社区居民、引领时代风尚的社区文化平台，助推未来社区试点高标准高质量建设。

（二）主要内涵

未来社区公共文化空间是社区一站式的公共文化服务中心和文化活动交流场所，是社区邻里中心的重要组成，也是10分钟未来社区生活圈的重要环节。公共文化空间立足未来邻里、教育、健康等九大场景建设，落实未来社区约束性指标要求，整合社区礼堂、公园、共享书房、幸福学堂、运动中心及健身点、创客厅等社区生活圈模块功能，实现城市公共资源向基层社区下沉，打造未来社区公共文化活动、邻里交往交流的精神家园。

（三）基本原则

坚持以人为本，彰显特色。充分挖掘当地优秀传统和特色文化，组织开展丰富多元的社区文化活动，打造社区居民共享文化发展成果和交往交融交心的公共文化场所。

坚持资源整合，共建共享。整合未来社区内公共文化、社会教育、党群服务、体育健身、全域旅游等各类资源，共同谋划、共同建设、共同管理，构建集宣传教育、科学普及、文化娱乐、体育活动等于一体，"场景混合""跨界融合"的公共文化空间。

坚持因地制宜，社会参与。结合各地实际，一区一策，以面积不少、功能不缺、服务不减为前提，实现公共文化空间一网多点、全面覆盖。鼓励和引导社会力量参与未来社区公共文化空间的建设、管理和运行，探索形成社区居民、第三方组织和产业联盟相互支撑的发展格局。

（四）总体目标

到2020年底，完善未来社区公共文化空间建设政策体系，形成具有先行示范作用的案例和经验。到2022年底，列入省级试点的未来社区逐步建成布局合理、特色鲜明、舒适美观的公共文化空间，探索形成服务规范、活动丰富、便捷高效的运行模式，打造具有浙江特色的城市公共文化服务样本。

二、空间形式

未来社区的公共文化空间分室内和室外两个部分，并与周边区域性公共设施整体布局相衔接。

（一）室内公共文化空间

室内空间按"标准＋订制"的方式进行。基本功能包括公共阅读、培训讲座、文艺排练、文化交流、运动健身、文化展陈（展览展示）等，设置阅览室、培训室、书画室、健身室和展示厅、多功能厅等基本场所。条件允许的社区，可以扩展配置学习空间、创客空间、非遗客厅、敬老互助、四点半课堂、党群服务、数字体验等个性化功能。

（二）室外公共文化空间

按照"整个未来社区就是一个文化公园"要求，以中心公园、口袋公园、屋顶花园、庭院游园、空中花园等多元化的社区公园为主体，打造"无处不在"的室外公共文化空间。通过系统性设置文化广场、文化长廊、儿童游乐场、运动场地等场所设施，以及社区雕塑、建筑物墙饰等景观小品，打造有辨识度的社区文化地景，彰显未来社区的历史文脉和文化个性。

三、建设要求

（一）文化解码

认真分析城市历史脉络、社区文化肌理和社区居民构成及需求，从历史背景、文化传承、精神实质、表现形式等方面，进行文化要素分析和当代价值提炼，形成能让社区居民切身感受和体验到的文化元素及内容。推动文化和旅游的融合发展，把体现地方特色的文化基因以邻里公约、社区博物馆、文化体验点、社区微景观等形式展示出来，成为社区居民浸润地方文化、提升个人素养的重要平台。

（二）规划布局

将公共文化空间作为标准配置，纳入未来社区建设整体规划，落实到申报方案、实施方案之中，同步规划、同步设计、同步施工、同步投用。公共文化空间规划要体现便捷便利、功能优先、统筹共享、融合发展的思路，可采取盘活存量、调整置换等方式，合理利用社区原有文化设施、公共用房、历史建筑等空间，推动公共文化空间和社区居民生活有机融合。推动公共文化空间与未来教育、健康、创业、服务等其他场景资源叠加，鼓励空间功能复合利用，着力打造环境优雅、富有人文气息的精神家园，打响未来社区公共文化空间品牌。

（三）规模标准

根据未来社区人口数量和结构，按照室内不少于1000平方米／万人（最低不少于1000平方米）、室外不少于3000平方米／万人的规模，设置公共文化空间。

鼓励未来社区集中建设具有社区标志性的一站式室内公共文化空间。条件受限的未来社区，可根据居民分布特点、文化需求等因素，依托其他功能建筑，因地制宜地设置分散式室内公共文化空间，实行统一标识多个主题（如公共阅读、培训讲座、社区议事等），单处建筑面积不得少于 200 平方米。充分挖掘建筑架空层、风雨连廊、庭院等空间资源，拓展延伸未来社区公共文化空间。

（四）智慧服务

依托未来社区智慧服务平台，整合浙江智慧文化云各类在线资源，搭建未来社区公共文化空间线上数字内容库，加快优质公共文化资源在未来社区落地。广泛应用人脸识别、物联网、语音交互、视觉传导等新技术，推进公共文化空间智能化管理，优先推广第五代移动通信技术（5G）应用，提高公共文化空间使用效能和体验满意度。

四、管理运行

（一）实现资源分享化

未来社区公共文化空间是城市公共文化服务的重要节点，要不断加大资源建设力度，做到服务资源常新常在常精。高标准建设公共阅读空间，藏书总量不少于 15000 册，与县级公共图书馆通借通还、资源共享，并实现阅读资源与阅读活动下沉；鼓励建设社区"无人值守"图书馆，配备自助借还设施，具备 24 小时开放条件。县级公共文化机构要通过建设分设机构和专家工作站等方式，定期安排专业人员到未来社区公共文化空间开展文艺辅导、培训、讲座等活动，确保未来社区每周活动不少于 1 次。鼓励省、

市两级优质公共资源下沉未来社区。未来社区公共文化空间每周免费开放时间不少于 56 小时。

（二）推进监管网格化

坚持以效能为核心，建设基于公共文化空间的网格化监管机制，每个网格有阵地、有团队、有活动、有志愿者，确保公共文化空间大门常开、活动常新、群众常来。将未来社区公共文化空间建设布局、服务提供、品牌打造、团队培育等涉及文化民生的事项，都纳入网格化监管范畴，并随着网格化监管的日益成熟，逐步增加服务内容，提高服务品质。公共文化空间网格化管理的相关规章制度、活动信息、开放时间等要上墙公示，接受社区群众的监督。

（三）引导运维社会化

坚持政府引导、社会参与，鼓励社会力量参与未来社区公共文化空间建设、管理和运行。通过新建一批、改造一批、合作一批等方式，把符合条件的私营公共空间吸纳进来，按照未来社区公共文化空间的要求加以改造提升。激活小区商铺、中心商圈、休闲公园、开放空间、建筑架空层等已有资源，不断拓展公共文化空间的范围。鼓励未来社区公共文化空间采取委托管理、连锁经营、合作运营等方式运维，提高使用效能。

（四）推动参与全民化

通过自助申请等形式开放居民使用公共文化空间的渠道，创新社区居民参与公共文化空间管理的工作机制，增强社区居民的认同感和归属感，吸引社区居民共谋共建共享公共文化空间，真正成为社区公共文化活动的策划者、组织者和参与者。建立通畅高效的需求反馈机制，采取"百姓

点单""文化超市"等方式，提高社区公共文化服务的针对性和有效性，满足社区居民的文化需求。完善志愿者参与通道，制定志愿者规范服务和积分管理等制度，与社区积分体系互通，吸纳社区居民以志愿服务的方式参与公共文化空间的管理和服务。

五、保障措施

（一）加强组织领导

市、县两级人民政府要积极落实未来社区试点创建主体责任，加强公共文化空间建设的协调统筹，研究解决建设中出现的问题，落实相关政策制定、重大项目推进、各类资源整合等事宜。文化和旅游部门要抓紧制定未来社区公共文化空间建设和服务的细化标准，制定系统化运行、管理、监督等实施细则，具体指导公共文化空间建设管理和运行。试点工作专班其他成员单位要明确任务分工，牢固树立协调推进意识，推动各级各类公共资源实现互联互通、共享共惠。

（二）强化要素保障

组建未来社区公共文化空间建设专家组，负责未来社区公共文化空间的制度设计，定点定人定期指导未来社区公共文化空间建设。开展课题研究，重点解决制约未来社区公共文化空间建设的体制机制问题。将未来社区公共文化空间建设作为重点内容，在公共文化服务示范项目申报和其他要素保障方面加大扶持力度，对认定达标的项目给予一定的奖励，并适当向加快发展地区倾斜。自 2020 年起，全省文化和旅游专项资金中每年争取安排一定资金，用于支持未来社区公共文化空间建设。积极争取中央预

算内投资补助支持。研究制定吸引社会力量参与未来社区公共文化空间建设的相关政策,加快形成政府引导、市场运作、社会力量广泛参与的多方联动的管理运行体制。

(三)完善评估机制

当地政府要把未来社区公共文化空间的建设与运营情况纳入年度考核指标。文化和旅游部门要把未来社区公共文化空间的建设和管理作为城市公共文化服务体系的重要内容,把社会效益最大化作为评价公共文化空间的重要指标,研究制定科学的评价体系。要把社区居民的参与度和满意度作为考核公共文化空间效能的重要内容,定期开展公共文化空间满意度测评,建立完善社区居民信息反馈通道。

本实施意见自 2020 年 5 月 1 日起实施。

浙江省文化和旅游厅
关于加强生态文化建设和生态旅游发展的指导意见

浙文旅政法〔2020〕3 号

各市、县(市、区)文化和旅游局,省文物局,厅属各单位:

为助推生态文化体系构建和生态文明建设,根据《中共中央国务院关于加快推进生态文明建设的意见》《中共浙江省委关于建设美丽浙江创造美好生活的决定》《浙江省生态文明示范创建行动计划》《浙江省大花园建设行动计划》等决策部署,结合我省文化和旅游工作实际,现就加强生态文化建设和生态旅游发展提出如下意见。

一、指导思想

以习近平新时代中国特色社会主义思想为指导,践行"绿水青山就是金山银山"理念,认真落实"美丽浙江""大花园建设"等决策部署,坚持"山水为体,人文为魂",把加强生态文化建设和生态旅游发展作为文化建设和旅游发展的重要内容,发挥文化和旅游的引导作用,倡导人与自然和谐共生的生态价值理念,促进发展方式、生产方式、消费方式、生活方式的转变,使生态文明的理念深入人心、落实到行动,更加有力地服务美丽浙江建设、美好生活创造。

二、发展目标

力争经过 3 年努力,使我省生态文化价值体系更加凸显,生态文化应用体系更加高效,形成自然与人文交相辉映的动人画卷,打响浙江生态文化和生态旅游品牌,打造生态文化体系建设的浙江样板,努力建成全国最佳生态旅游目的地之一。

——构建生态文化资源体系。加强对传统生态文化资源的挖掘与整理,传承优秀传统生态文化,探索富有时代印迹和地域风格的生态文化载体,构建生态文化重点资源目录,将生态文化融入各类文化和旅游产品与服务。

——构建生态文化创作体系。坚持省地合作,实施生态文化重点题材扶持计划,建立生态文艺创作题材库,面向全省选拔一批优秀题材文艺作品予以扶持,推出一批生态题材文艺精品。

——构建生态文化展示体系。以浙江自然博物院为示范,以公共文化场馆、生态旅游区为依托,建成一批生态文化长廊和生态文化展示馆,建成 50 家省级生态文明教育基地。

——构建生态旅游产品体系。创建 20 个省级生态旅游示范区,推出 10 条生态旅游精品线路,推进景区连点成线、串珠成链,建成全域"大景区""大花园"。

——构建高能级跨区域生态旅游示范体系。完善生态旅游合作平台,建设具有国际影响力的浙皖闽赣国家生态旅游协作区、杭黄世界级自然生态和文化旅游廊道、环太湖生态文化旅游圈,全面提升我省生态旅游格局。

三、主要任务

(一)挖掘利用生态文化资源

大力实施文化基因解码工程,挖掘、研究、阐释优质生态文化元素,抓住关键价值点,解码

"生态文化基因"。实施《浙江省文化和旅游资源调查方案》，深入挖掘各地生态民宿文化、山水文化、森林文化、传统农耕文化、茶文化、竹文化、石文化等生态文化资源，挖掘名胜古迹、古代建筑、考古遗址、诗词歌赋、民风民俗等蕴藏的生态文化内涵，建立生态文化资源库和重点目录。推动文化遗产的创造性转化与创新性发展，深化传统村落民居保护利用工程，推广松阳县"拯救老屋行动"经验和做法，推进国保省保集中成片传统村落保护项目。实施"千年古城"复兴计划。推进国家级海洋渔文化（象山）生态保护区建设，建成10个左右省级文化传承生态保护区，建设培育100家浙江省非遗体验基地、120家浙江省非遗生产性保护基地、130家非遗旅游景区、10条非遗精品旅游线路。

（二）实施生态文化和生态旅游"金名片"工程

用好生态文化资源，结合文化和旅游发展重大项目，建设一批具有国际影响力的生态文化"金名片"。实施良渚遗址保护利用工程，深化遗址核心区生态环境整治，研究良渚文化国家公园建设，建成浙江省考古与文物保护基地，全面展示历史风貌和生态文明。实施大运河（浙江）文化带建设工程，配合省人大常委会制定实施《浙江省大运河世界文化遗产保护条例》，推进大运河综合环境保护整治，协同相关部门建设大运河国家文化公园（浙江），建成浙东运河文化园（浙东运河博物馆）等一批运河专题博物馆和运河遗产现场展示馆，全面展示大运河文化生态。推进浙

东唐诗之路、钱塘江诗路、瓯江山水诗路建设，对诗路文化带沿线文物、非遗资源与生态文化建设的关系、赋予的内涵进行系统梳理和研究，打造有灵魂、有美景、有历史、有文化的现代版"富春山居图"。

（三）着力抓好生态主题文艺作品创作

主动加强与生态环境、水利等部门的合作，争取生态主题文艺创作资金支持。实施生态主题文艺精品创作工程，充分发挥全省各专业院团、艺术单位的积极性，将生态文明渗透到艺术创作之中，继续打磨弘扬"绿水青山就是金山银山"生态理念的话剧《青青余村》等重点作品，计划打造10个左右生态文化题材文艺作品，100部小戏小品，1000幅书画作品，10000幅摄影作品。实施歌颂生态文明主题歌曲创作精品工程，推出30首左右优美动听广泛传唱的优秀歌曲。鼓励文化企业大力推进生态文化特色创意设计，开发适应市场需求的生态文化创意产品，发展新兴生态文化产业。将生态文化作品纳入送文化活动重点内容，深入开展生态文化进校园、进社区、进企业、进农村文化礼堂活动，促进生态文明新风尚的形成。

（四）强化生态文化宣传阵地建设

积极建设生态文化主题宣教阵地体系，以博物馆、美术馆、图书馆、文化馆、非遗馆以及乡镇综合文化站、农村文化礼堂、游客中心等为依托，设立生态文明主题展示区域或宣传栏。推进浙江自然博物院安吉馆区长期举办"绿水青山就是金山银山——从余村

到世界的生态文明践行"展览和生态科普讲座。依托浙江自然博物院建设"浙江生态研究院"，与中国计量大学联合培养研究生，以浙江动植物研究、现场讲学、远程教育等方式，展示浙江深入践行"绿水青山就是金山银山"理念的鲜活案例和生动实践。以浙江自然博物院为龙头，研发涵盖亲子教育、自然课程、研学实践、社团活动4个类别的博物馆生态文化青少年教育课程项目，组织包括院士在内的高级别专家"生态大讲堂"讲座15个。开展生态文化特色主题展览，结合世界地球日、世界环境日、世界海洋日、国际湿地日、生物多样性日、"浙江生态日"等重要主题节日，利用"文化和自然遗产日""5·18"国际博物馆日等特定时间节点，策划开展生态文化主题活动20次、主题展览30次。鼓励和支持市、县综合博物馆建设项目中增加与自然生态有关的展览内容。在浙江"智慧文化云"建设中增加生态文化相关内容，在"浙江文化和旅游信息网""浙江文化通""文澜讲坛"等App和讲座、论坛上开设生态文化专题。支持新时代浙江（安吉）县域践行"绿水青山就是金山银山"理念综合改革创新试验区建设。

（五）提升旅游景区生态环境

推进"百千万"工程，2022年，建成100个景区县城（城区）、1000个景区乡镇、10000个景区村庄。鼓励建设以低碳环保为特征的新型生态旅游景区。深入实施《浙江省旅游景区品质提升专项行动计划》，扎实推进景区软硬件提升，严格加强水资源保护，强化生态文明教育，加强资源与环

境保护，强化生态文明的示范和引领作用。深入开展厕所革命，实施智慧旅游厕所工程，建立等级旅游厕所退出机制，提升旅游厕所的建管水平。加强旅游度假区管理，杜绝各类破坏行为，不断提升我省旅游度假区生态环境。

（六）大力发展生态旅游

推动生态文化旅游、绿色休闲旅游，积极推进国家生态旅游示范区和省级生态旅游示范区创建活动。大力发展山地旅游，推广山地观光、休闲度假、户外运动、探险考古等特色旅游项目和业态，协同推进十大名山公园建设工程。加快发展海洋旅游，积极开发海洋旅游产品和线路，实施十大海岛公园建设三年行动计划，设立三门湾湾区旅游试验区，争取建成"诗画浙江·海上花园"中国最佳海岛旅游目的地。培育发展森林旅游，建成100个森林旅游休闲养生区。支持发展古道探险之旅，打造50条最美古道。引导发展水利旅游，以水利和水域工程为依托，加强旅游与水利的融合。积极发展康体养生旅游，充分利用整容整形、内外科、中医药等优质医疗资源，发展特色医疗、中医药疗养，美容保健、老年养生等康养旅游产品。开展1000个"文旅＋"产业融合示范基地创建，开发趣味性、体验性、参与性的生态文化旅游线路和项目。实施"陌上花开，可缓缓归矣"绿色乡村、田野撒欢乡村游计划。持续开展绿色旅游饭店创建活动。

（七）推进重大生态旅游协作区建设

积极参与长三角生态绿色一体化发展示范区建设。推进浙皖闽赣国家生态旅游协作区建设，指导衢州、丽水以及杭州、温州部分县市在国家生态旅游协作区创建中先行先试，探索在生态资源保护、生态旅游开发、旅游精准富民、区域无障碍旅游等重点领域率先突破。同时，积极推进国家公园生态屏障试点，切实将生态旅游协作区建设融入全省旅游业发展各项工作。指导杭州制定实施杭黄世界级自然生态和文化旅游廊道规划建设方案，联合推广杭黄世界遗产经典游（西湖、大运河、良渚、黄山、西递宏村等），打造世界闻名的中国度假区样板区。指导湖州市制定实施环太湖生态文化旅游圈规划建设方案，积极推进湖州南太湖百里文化长廊、旅游景区、主题文化酒店和农家民宿发展，搭建环太湖旅游联盟，举办环太湖国际旅游活动，共同打造具有国际影响力的环太湖生态文化旅游圈。

（八）推进文化和旅游产业与生态文化融合发展

加快木雕、根雕、石刻、文房等原生态历史经典产业的结构调整，培育一批重点企业，打造一批知名品牌，建成4个以上在全国有重要影响力的产业名城或特色小镇。推进省级旅游风情小镇培育创建，充分挖掘利用各地自然、建筑、民俗、人物等风情元素，建成100个省级旅游风情小镇。指导建设温州戏曲主题文化公园、金华婺剧文化公园、遂昌关雎文化园，培育杭州西溪戏曲小镇、龙之梦太湖演艺小镇、乌镇国际戏剧小镇、嵊州越剧小镇、遂昌汤显祖戏曲小镇等，推动传统文化与旅游、康养、观光农业等生态项目融合发展。

四、保障体系

（一）强化责任落实

全省文化和旅游系统要把生态文化建设和生态旅游发展作为落实中国特色社会主义事业"五位一体"总体布局的重要任务，深化认识、提高站位，切实加强领导，加大投入，强化责任担当，认真对照各项目标任务，紧密结合文化和旅游工作，拉高标杆、补齐短板，以扎实有力的举措落实各项任务。

（二）强化理论研究

组织开展生态文化体系建设理论和应用研究，举办生态文明讲坛和各种形式的学术研讨会，在生态文化内涵、标准、路径、制度等方面形成一批高水平理论研究成果，为培育弘扬浙江特色生态文化奠定坚实基础。

（三）加大宣传引导

注重总结全省文化和旅游系统先进经验和做法，大力开展线上线下立体式宣传活动，让浙江好经验、好做法在更大范围传播推广，不断提升浙江生态文化建设和生态旅游发展品牌的知名度、美誉度，为全省乃至全国生态文明建设营造良好氛围。

（四）建立考评机制

将生态文化建设和生态旅游发展纳入年度目标责任制考核内容，纳入厅督查督办重点内容。建立激励机制，树立典型、激励先进，对做出突出贡献的集体和个人给予表扬。

浙江省文化和旅游厅
2020年3月27日

浙江省文化和旅游厅关于印发
《浙江省省级文化传承生态保护区建设的意见》的通知

浙文旅非遗〔2020〕4号

各市、县(市、区)文化和旅游局:

为贯彻落实文化和旅游部《国家级文化生态保护区管理办法》(文化和旅游部1号令),经省政府同意,现将《浙江省省级文化传承生态保护区建设的意见》印发给你们,请各地在创建过程中结合实际,认真贯彻实施。

浙江省文化和旅游厅
2020年3月30日

浙江省省级文化传承生态保护区建设的意见

浙江省省级文化传承生态保护区是指立足非物质文化遗产整体性保护,通过项目融合、产业融合、市场融合,凸显区域文化特征、培育特色产业集群,提升优秀传统文化传承发展能力,促进地方经济、社会、文化全面协调发展而设定的区域。根据《中华人民共和国非物质文化遗产法》《国家级文化生态保护区管理办法》(文化和旅游部1号令)、《浙江省非物质文化遗产保护条例》和《浙江省诗路文化带发展规划》(浙政发〔2019〕22号)精神和要求,经省政府同意,现就浙江省省级文化传承生态保护区建设提出如下意见:

一、总体要求

(一)指导思想

以习近平新时代中国特色社会主义思想为指引,以"八八战略"为总纲,全面助推文化浙江、"四大建设"行动和诗路文化带建设。以非遗保护传承为核心,以区域社会整体协调发展为要义,以体制机制创新为突破点,坚持"保护优先、特色发展、文旅融合、提升福祉",推动浙江优秀传统文化的活化、升华和转化,高质量建设"守正创新、融合发展"的文化传承生态保护区"浙江样本"。

(二)基本原则

坚持保护优先,提升传承能力,促进非遗融入现实生活;坚持整体保护,护育文化生态,厚植优秀传统文化传承发展土壤;坚持融合发展,促进共建共享,助推乡村振兴与诗路文化带建设;坚持政府主导,社会力量参与,形成全社会共同参与建设的合力;坚持群众主体,提升社区福祉,增强群众的认同感、获得感和幸福感;坚持改革创新,增强发展后劲,促进区域社会全面协调可持续发展。

(三)工作目标

到2022年,建成10个左右的省级文化传承生态保护区。秉承非遗传承保护、创新发展理念,通过积极举措,形成非遗区域整体性高水平保护和高质量发展。通过促进特色产业培育发展和各项工作联动开展,促进区域整体风貌和社会文明水平显著提升,地方经济社会文化全面协调发展,成为浙江非遗保护和优秀传统文化"双创"发展示范引领区、文旅融合发展示范区,实现"遗产丰富、氛围浓厚、特色鲜明、群众受益"。

二、主要任务

(一)强化基础支撑,厚植整体发展优势

1.开展文化基因解码。以县(市、区)为单位,围绕优秀传统文化、革命文化和社会主义先进文化,对每个文化形态的历史、内容、特征、构成、联系机制、文化精神与意义、与自然人文环境关系等开展深入研究;加强分析解码,按照物质要素、精神要素、语言和符号要素、制度规范等维度提炼最具价值、最为核心、必须传承的关键点(基因),并对其生命力、凝聚力、影响力、发展力开展评价,为整体保护、活化、转化和升华奠定良好的前提基础。

2.夯实非遗保护基础。严格落实非遗保护各项政策措施,提升完善普查和建档工作;建设非遗综合数据库,接入省非遗数字化保护平台;制定非遗保护清单,落实分类分级保护政策;健全"一馆一中心",建好用好各类传承设施,资助传承人开展授徒传艺、教学、交流等活动;提质增量,开展代表性项目存续评估和代表性传承人传承活动评估。

3.强化文化生态培育。制定森林公园、地质公园、湿地公园、自然保护区、风景名胜区等国家公园重点区域和文物保护单位、历史文化(传统)村落、历史文化名城、农业文化遗产等重要场所的清单,采取切实可行的保护措施维护、培育和提升景观风貌;注重文化表现形式及文化与自然环境、自然资源的关联性、互动性。乡村规模调整工作,按照法律法规要求,以处理好非物质文化遗产和物质文化遗产保护工作为前提。

4.加强文化传承生态宣传。积极运用各种媒介手段,面向不同群体宣传非遗保护知识和项目知识;利用重要节日节点或相关重大活动开展全方位的非遗宣传活动;通过多种形式宣传推介非遗景区景点和非遗主题旅游线路;拓展渠道推介非遗产品及其衍生品;全面宣传文化传承生态保护区建设进展、成效、意义等,营造全民参与的良好氛围。

(二)构建发展平台,带动资源优势转化

1.构建传统工艺传承发展平台。利用高校资源、设计机构和创意企业优势,联合建设传统工艺工作站(基地),构建传统工艺创作、交流、展示平台和技能培训平台,重点解决设计、技术与材料瓶颈,提高传承人群的传承发展能力;鼓励和支持职业院校设立传统工艺相关专业(方向)或开设专题培训班,培育后备人才。

2.打造特色产业产品发展平台。加快落实传统工艺振兴计划,成立非遗文创产品研发中心,大力促进非遗衍生品设计研发,打造传统工艺品牌,丰富非遗系列产品供给;开展全域性传统工艺大赛、非遗主题文创或衍生品设计竞赛和传承人创新作品展,并做好后续落地生产与市场化工作;建立传承人与设计师联合创作机制,提升设计、制作与产品开发能力;扶持一批具有发展潜力的非遗文创企业、领军企业和成长型文创企业,加快形成非遗特色产业优势和规模。

3.打造和对接展示销售平台。积极举办和参加省内外重要展览、展示、展演、展销活动,依托相关专业网站设立网络销售平台,提升产品、衍生品的能见度与市场活力;开办非遗集市、非遗超市、非遗夜市等,整合销售场所和网点,形成具有一定广度和深度的销售网。

(三)强化深度融合,助推全面协调发展

1.加快推进文旅深度融合。积极推动"商、养、学、闲、情、奇"旅游新要素之间和"吃、住、行、游、购、娱"传统旅游六要素融合发展。

——推进非遗经典景区建设。因地制宜,加快推进非遗主题的乡村旅游示范点、旅游风情小镇、特色小镇、旅游景区、旅游度假区建设;对接省"大花园"建设行动,大幅提升非遗主题特色明显的A级景区村(镇、城)的覆盖率。

——打造非遗旅游精品线。加强景点整合,"串珠成链",设计非遗主题旅游精品线,鼓励和支持有条件的区域设计开发非遗夜游线路和非遗夜间演艺活动。诗路文化带"十大高地"创建地要将非遗景区、非遗精品旅游线路对接融入其建设任务,全面借力和助力诗路文化带建设。

——完善文化旅游配套服务。加快推进旅游服务设施建设,加快建设服务中心、非遗主题民宿和非遗主题酒店;建设配套设施完善的非遗主题旅游购物休闲美食街区,满足居民和游客的文化消费需求。

2.深入推进文教有序融合。加强与地方教育主管部门的合作,推进非遗知识进校园、进课堂、进教材;有序建设若干非遗体验基地(点)和一批非遗主题研学旅行实践营地(基地),设计研发非遗主题研学旅行线路和面向不同受众群体的非遗主题研学课程。

3.推进业态融合和项目联合。鼓励将非遗项目、非遗元素融入或对接影视、动漫、游戏、时尚、健康养生等产业;鼓励非遗项目间的联合保护、创新发展,突破非遗传承发展的"单体保护"困境,整体提升非遗融入现代生活的能力。

(四)构建共享机制,推进惠民富民育民

1.加强融入共享建设,提升民生福祉。充分发挥传统工艺工作站(基地)作用,鼓励相对低收入群体、残疾人参加相关技能培训;积极鼓励非遗文创类企业吸收具有传统工艺或技能人员就业,促进就业增收;以非遗特色产业发展和文旅融合为支撑,深化"融入和共享",让发展成果惠及更多民众。

2.合理利用非遗元素,优化社区风情风貌。鼓励和支持运用非遗或非遗元素建设中小型城市非遗主题广场、社区公园、景观大道、城市雕塑、乡村改造和融入当地民众生产生活;鼓励和支持民众依法依规举办积极有益的民俗活动。

3.培育乡风文明,推动乡村振兴。鼓励和支持将非遗资源或相关设施对接融入公共文化服务体系建设,利用乡村文化礼堂举办常态化的非遗展示、展演活动;鼓励有条件的村建设非遗微展馆,凸显"一村一品",提高乡风文明,带动乡村治理与乡村振兴。

(五)加强要素保障,持续增强发展后劲

1.拓展投入渠道。创建地人民政府应将省级文化传承生态保护区建设资金纳入本级财政资金预算;鼓励各类专项资金基金向建设项目、地区倾斜;鼓励社会力量通过投资、入股、捐赠等方式参与建设;按规定减免非遗与文创

相关企业的税费,形成财政支持、社会资本参与的多元投入机制。

2.建强人才队伍。加强人才队伍建设,组织面向管理干部队伍的业务培训,提升业务素养;围绕传承、传播、研究、经营、设计、展示展览等,打造形成若干人才队伍,为建设工作开展提供智力支持;建立若干支志愿者队伍,协助开展相关工作。

3.保障土地要素。综合区域范围内产业发展、环境整治、生态保护、公共服务和非遗传承等用地需求,采取多种方式,努力满足建设与发展用地需求。

4.加强研究支撑。开展文化基因解码工程研究和文化传承生态保护区建设专题研究,及时总结经验,形成理论体系;积极学习借鉴国家级保护区先进经验和做法,定期召开建设专题研讨会,每年发布一次建设发展报告。

三、创建程序

(一)区域范围

创建区域原则上确定在县(市、区)范围,也可根据非物质文化遗产的特性,适当考虑在跨县(市、区)设立。

(二)申报条件

申报省级文化传承生态保护区应同时具备以下条件:一是传统文化历史积淀丰厚,传承条件优良,与非遗密切相关的文物古迹、实物、场所保存利用较好,文化生态和环境风貌保持较好;二是非遗资源具有鲜明地域或民族特色,保护机制健全完善,当地群众认同感强,参与度高;三是非遗传承实践富有活力,产业和文旅融合发展潜力大,所在地至少有三类非遗项目能够成为特色产业发展和文旅融合的有力支撑;四

是所在地人民政府重视文化传承生态保护,已制定实施相关办法和措施,并取得明显成效。

鼓励和支持诗路文化带"十大高地"所在地结合自身实际,创建省级文化传承生态保护区。

(三)申报程序

坚持公平、公正、公开原则,履行考察论证、培育创建、验收命名等程序,开展省级文化传承生态保护区建设。凡在县(市、区)范围内设立保护区的,由所在县(市、区)人民政府征求设区市文化和旅游主管部门意见后提出申请,凡多个县(市、区)设立的,由上一级人民政府或创建地人民政府联合提出申请。

(四)考察论证

省文化和旅游厅组织专家审核材料、实地考察论证,论证通过并公示后,批准公布为省级文化传承生态保护区(创建)。

(五)培育创建

创建地区应在半年内细化形成科学、合理的总体规划及创建实施方案,报省文化和旅游厅审核备案。培育中期,省文化和旅游厅组织专家进行中期检查,并征求当地群众的评价意见。

(六)验收命名

通过2年左右培育创建,省文化和旅游厅组织专家考核验收,并征求当地群众的评价意见。验收合格后,经省委宣传部同意,报浙江省人民政府批准正式命名为省级文化传承生态保护区。

四、组织领导

(一)健全组织体系

建立由创建地人民政府领导牵头协调,发改、文旅、财政、教育、自然资源等多部门共同参与联动协作的联席会议机制,将省

级文化传承生态保护区建设纳入政府日常重要议事日程;建立专门管理机构,配备专职工作人员,落实各项建设任务。跨县域建设的省级文化传承生态保护区,由设区市人民政府统筹管理,或在省文化和旅游厅指导协调下,由创建地人民政府共同管理。

(二)科学编制总体规划

通过审核论证后,应组织多领域专家将规划纲要细化形成科学、合理的总体规划。总体规划要与区域内其他专门性规划、专项规划相衔接,原则上应纳入当地国民经济与社会发展总体规划。

(三)完善制度体系

创建地应当制定出台文化传承生态保护区管理办法;建立文化传承生态保护区建设责任制度和责任追究制度;建立由多领域专家和社区代表共同组成的专家咨询委员会,为建设发展提供智力支持。

(四)建立评价体系

省级文化传承生态保护区建设工作纳入文化和旅游工作相关考核体系,省文化和旅游厅将不定期对建设情况进行督查;每两年对总体规划实施情况和建设成效评估,评估报告向社会公布。对督查或评估结果不理想且整改不到位的,取消省级文化传承生态保护区培育创建资格或命名。

附件:浙江省省级文化传承生态保护区建设标准化参考内容

附件

浙江省省级文化传承生态保护区建设标准化参考内容

本指标分为基础指标和提升指标。基础指标是省级文化传承生态保护区建设规定指标,提升指标是省级文化传承生态保护区建设的自选指标。

一级指标	二级指标	三级指标	数量	指标要求	指标性质
保护基础与发展平台	保护基础建设	文化基因解码工程	/	开展优秀传统文化研究、分析和解码,开展生命力、凝聚力、影响力与发展力评价。参照相关意见或方案。	基础性
		清单制定	3个	制定文化传承生态保护区域内非遗清单,落实分类保护措施;制定重点区域和重要场所清单,制定有效保护措施;制定传承人清单。	基础性
		非遗综合数据库	1个	信息完备,方便检索;接入浙江省非遗信息管理平台。	基础性
		非遗项目与传承人评估	2次	建设周期内开展1次县级及以上传承人传承活动评估和1次项目存续情况评估。	基础性
		传承设施	/	传承中心、传习所、传习点布局合理,设施完善,活动丰富、常态运营,符合非遗保护政策要求。	基础性
		非遗综合展示馆	1个	面积不低于600平方米,集展示、展演、观光旅游等功能于一体。参照《浙江省文化厅办公室关于开展非物质文化遗产馆建设相关数据复核工作的通知》。	基础性
				拓展销售、研发和游客集散等功能。	提升性
		非遗微展示馆	1个	60—100平方米,单个或多个非遗主题,展示、传播与销售一体,展现方式借助现代信息技术手段。	提升性
		非遗体验基地(点)	3个	对接诗路文化带诗路"明珠"遴选标准及建设方案。	基础性

一级指标	二级指标	三级指标	数量	指标要求	指标性质
保护基础与发展平台	发展平台建设	传统工艺工作站（基地）	1个	创作、交流、展示平台和技能培训平台,并常年有效实施。	基础性
		传承人群研培计划	1班次/年	省文化和旅游厅指导实施。	基础性
		传统工艺专业	1个	职业学校开设1个及以上传统工艺相关专业（方向）。	提升性
		非遗文创及衍生品开发设计竞赛	1次	建设周期内开展1次非遗文创或衍生品竞赛,并组织好落地生产与市场化工作。	基础性
		全域性传统工艺大赛	1次	建设周期内开展1次全域性传统工艺大赛。	基础性
		非遗文创及衍生品系列产品	/	非遗文创及衍生品系列不少于5个,产品类型不少于20个。	提升性
		传承人与设计师联合创作机制	/	签订联合设计协议或成立机构,联合设计产品不少于3个。	提升性
		文创骨干企业	2家	由所在地相关部门认定。	基础性
		展览、展示、展演、展销活动	4次	每年参加设区市级及以上组织的相关活动4次以上。	基础性
		网络销售平台	1个	设置1个及以上综合性销售平台。	提升性
	风貌提升建设	非遗主题广场	1个	有条件的地区可利用非遗元素建设中小型城市公园。	提升性
		非遗主题公园或社区公园	5个	有条件的地区可利用非遗主题元素建设非遗主题公园或社区公园。	提升性
		非遗主题雕塑	若干	有条件的地区可利用非遗元素设置非遗主题雕塑或小品。	提升性
		非遗主题景观街道	1条	鼓励支持利用非遗元素建设景观街区,凸显城市特色。	提升性
创新性与特色化发展	文旅融合与特色发展	游客服务中心	1家	参照相关标准建设,并设置非遗展示、展销功能。	提升性
		非遗主题小镇	1个	参见建设标准或指导意见。	基础性
		非遗主题特色明显的A级景区村（镇、城）的覆盖率	40%	其中4A级景区城（镇）不少于1个,3A级景区村不少于2个。	基础性
		非遗景区	2个	省级乡村旅游示范点、省级旅游风情小镇、省级特色小镇或省级旅游度假区1个及以上;4A级旅游景区1个及以上。参见行业相关标准。	基础性
		非遗主题精品旅游线	2条	部分地区对接诗路文化带建设、四大建设行动。	基础性
		非遗主题民宿	2家	参照浙江省级标准。	基础性
		非遗主题酒店	1家	参见相关部门建设标准或指导意见。	提升性
		非遗主题特色街区	1条	长度在150米以上,非遗特色产品店铺不少于50%、非遗美食店铺不少于20%、配套设施完善。	基础性
		非遗品牌培育	2个	围绕非遗活动品牌、非遗演艺品牌、传统工艺品牌、非遗老字号等展开培育建设。	基础性
		非遗集市、超市、夜市	1个	自主实施,形式灵活,满足民众和游客文化消费需求。	提升性
		非遗夜间演艺活动	1个	需有固定场所和规律性常态演出。	提升性
		夜游线路	1条	研发具有特色的非遗主题夜景旅游路线。	提升性
	推进文教有序融合	非遗进校园、进课堂、进教材	/	非遗进不少于30%的中小学,每月能进1次课堂,非遗主题内容能进乡土教材。	基础性
		非遗主题研学实践教育基地（营地）	1个	参照《关于推进中小学生研学旅行的实施意见》实施建设。	提升性
		非遗研学旅行线路	2条	开设不少于2门非遗主体研学课程。参照《关于推进中小学生研学旅行的实施意见》实施建设。	提升性

续　表

一级指标	二级指标	三级指标	数量	指标要求	指标性质
保障机制建设内容	组织机构建设	多部门联席会议机制	1个	建立创建地人民政府领导牵头协调,文化和旅游、发改、教育、财政、农业农村等多部门联合的联席会议机制。	基础性
		专职管理机构	1个	配备人员不少于3人,落实文化传承生态保护区建设任务。	基础性
	科学研究建设	建设研讨会	1次/2年	每2年召开1次建设研讨会。	基础性
		建设发展报告	1次/年	每年发布1次建设发展报告。	基础性
	机制措施建设	总体规划	1个	定位准确,目标清晰、科学合理、可操作,与其他专项规划、专门规划相衔接。	基础性
				纳入创建地国民经济与社会发展总体规划。	提升性
		生态区建设管理办法	1部	创建地人民政府制定出台。	基础性
		专家咨询委员会	1个	由非遗、旅游、知识产权、传承人、社区(村民)代表等共同组成。	基础性
		纳入地方政府财政预算	/	原则上应纳入地方财政预算。	基础性
		人才队伍	/	打造研究、管理、运营、传播等多支队伍;至少建设1支志愿者队伍。	基础性
		考核评估	/	纳入文化和旅游工作相关考核评估体系,每2年进行一次综合评估。	基础性

浙江省文化和旅游厅关于印发
《浙江省"文化基因解码工程"实施方案(试行)》的通知

浙文旅〔2020〕47号

各市、县(市、区)文化和旅游局:

现将《浙江省"文化基因解码工程"实施方案(试行)》印发给你们,请结合实际情况认真贯彻落实。请于6月10日前将"文化基因解码工程"工作方案及工作机构人员名单电子稿(各设区市只报送工作机构人员名单)上报省文化和旅游厅文化基因解码工程领导小组办公室。联系人:韩昱,电话：0571-85212757,邮箱：whjyjm@sina.com。

特此通知

附件:1.浙江省"文化基因解码工程"实施方案(试行)

2."文化基因解码工程"工作机构人员名单表

浙江省文化和旅游厅
2020年5月19日

附件 1

浙江省"文化基因解码工程"实施方案(试行)

全面挖掘文化内涵,解码每一种文化形态,找到文化存在的内在"基因",是促进文化建设和旅游发展的基础性、全局性、前提性工作。根据 2020 年省政府工作报告"实施文化基因解码工程"和全国文化和旅游资源普查试点工作的要求,制订本实施方案。

一、指导思想

以习近平新时代中国特色社会主义思想为指导,按照习近平总书记赋予浙江"努力成为新时代全面展示中国特色社会主义制度优越性的重要窗口"的新目标新定位,围绕中华优秀传统文化、革命文化和社会主义先进文化,以解码文化基因为切入点,深入挖掘阳明文化、和合文化、南孔文化等丰富内涵,系统阐述文化价值,更加扎实地推进优秀文化的创造性转化、创新性发展,在建设全国文化高地、全国最佳旅游目的地、全国文旅融合发展样板地的征程上迈出更加坚定的步伐。

二、基本原则

(一)坚持全面系统

立足全地域、全时空、全要素开展文化基因解码,做到城市乡村、平原山区海岛、不同民族、不同群体全覆盖。在全面调研、挖掘、记录的基础上,力求抓住文化元素中最具有代表性、最核心的文化要素,精准把握浙江文化基因及其形成、发展、变革的历史脉络,从而做到精准精确解码、精细

精致用码。

(二)坚持通俗实用

结合各地文化特点,既要用科学的方法进行研究阐释,又要深入浅出,通俗易懂地进行解码呈现。梳理提炼的解码成果,要使社会大众广泛接受并易于推广便于应用。在专家咨询团队组建中,除专家学者外,要注重吸纳基层一线文化工作者、民间文化爱好者、有经验的退休老同志等。对于优秀乡村文化,要问计于"土专家",求证于基层群众。要通过艺术创作、文化活动、文旅融合等途径,把优秀文化基因润物细无声地加以传承和弘扬。

(三)坚持轻重缓急

要分别轻重缓急,把握好工作节奏。对能彰显"重要窗口"的标志性、唯一性文化元素的解码工作,如西湖、大运河、良渚、江郎山等世界文化自然遗产,湖州楼港世界灌溉工程遗产,龙泉青瓷等世界非物质文化遗产,婺剧、绍剧、丝瓷茶等区域独有文化元素以及"四条诗路"、海岛公园等省委、省政府重点工程,要集中力量,先行解码。

(四)坚持闭环管理

加强总体谋划,做好顶层设计。鼓励以应用为目的、以需求为导向,统筹安排、弹好"钢琴"。制订文化元素清单,研究阐释文化要素,做好成果归集;加强实践应用,开展统计评价,完善工作流

程,形成工作闭环,做到"说一件、做一件、成一件"。

(五)坚持迭代更新

要准确把握基因解码工作的动态管理与迭代更新。由浅入深,先易后难,先粗后精,有序推动文化基因解码工程。过去已经开展或部分有效成果,都要合理地加以整合吸收,提高工作集成效益。在推出浙江文化基因解码1.0 版本后,要随着认知水平的变化和方法手段的革新,不断对原有的解码结果加以丰富升级,形成后续升级版本,提高解码质量和水平。

三、主要任务

(一)梳理文化元素清单

围绕中华优秀传统文化、革命文化、社会主义先进文化,从当地文化现象入手,根据地理气候、文物古迹、非物质文化遗产、历史人文、生活习俗、文史典籍等基本文化形态类别,对当地文化元素进行梳理,明确对应关系,形成工作清单。按照工作清单再组织力量逐一开展文化基因解码工作。

(二)研究发掘文化要素

依托文化元素的梳理,从物质要素、精神要素、语言和象征符号要素、制度规范要素等 4 个维度提炼出其中最关键、最为核心、不可替代的"知识(技术)点"总结形成体现浙江精神、地域特色的文化基因密码,并加以记录、存证、保护和发展。

（三）评价文化基因特点

对梳理研究得出的文化基因，从生命力、凝聚力、影响力、发展力4个维度进行特点评价，作为今后开展应用工作的参考。本次解码评价，不对文化优劣和等级做出结论。

（四）构建文化基因库

在对文化基因进行科学的、系统的解码基础上，编制图谱，构建浙江省文化基因库。形成文化基因解码工程的"一表、一文、一谱、一库"。一表，即文化基因调查表；一文，即文化基因解码报告；一谱，即优质文化基因展示图谱；一库，即全省文化基因电子数据库。

（五）推动解码成果应用

解码的目的是为了应用。要充分发挥优质文化基因的内在力量，把文化优势转变为发展优势。根据文化基因的类别、特点和价值，通过艺术作品创作、文化节庆活动、景区规划设计建设、旅游商品和文创产品研发等手段，加强多种文化基因的集成，推动文化创造性转化和创新性发展。

四、工作步骤

"文化基因解码工程"分3个阶段推进：

（一）工程启动阶段（2020年5月—2020年12月）

省、市、县3级文化和旅游行政部门组建工作机构和解码工作组；召开文化基因解码工程启动会及组织相关培训；印发《浙江省"文化基因解码工程"工作导则》和试点案例集；推出文化基因解码信息采集管理系统（1.0版）；2020年下半年，每个县（市、区）选择2个乡镇（街道）和县域内2个主要的文旅融合项目先行试点，积极探索。

（二）全面推进阶段（2021年1月—2021年12月）

全面推进"文化基因解码工程"。印发《浙江省文化基因解码工程统计评价办法》。在全省分片开展巡回督导，开展中期和年度评估。一边解码，一边应用，积极培育一批文化基因转化发展示范项目和示范县、乡镇。

（三）成果汇编阶段（2022年1月—2022年12月）

基本完成省、市、县3级文化基因解码工作，"一表、一文、一谱、一库"基本建成；书面成果结集出版，建成浙江文化基因库（1.0版本）；以文化基因为基础的文旅产业融合发展环境和机制基本成型。

五、工作要求

（一）构建工作体系

建立省、市、县（市、区）共同负责，以县为主的"文化基因解码工程"工作体系。各级文化和旅游行政部门要成立以主要负责人为组长的领导机构，组建工作队伍和专家咨询队伍。省文化和旅游厅建立文化基因解码工程领导小组，具体负责文化基因解码工程的组织、协调和推进。

（二）建立工作机制

各地要根据本实施方案精神和《工作导则》建立解码工作推进机制，制订文化基因解码的路线图、时间老，做好任务分解、时间安排。要建立推广应用机制，将解码威果及时应用于文化建设和旅游产业的发展。要建立协同机制，会同有关部门和有关研究机构协同推进。

（三）强化财政保障

加大公共财政对"文化基因解码工程"的投入，省文化和旅游厅设立"文化基因解码工程"专项资金。用于工程实施及对有关市、县（市、区）的补助。各级文化和旅游部门应通过财政部门积极筹措资金，保障工程顺利开展。

（四）完善统计评价

省文化和旅游厅将建立"文化基因解码工程"工作统计评价制度，根据工作导则、工作时序的安排，设置文化基因工程评价指标。评价结果作为各类文化和旅游评优评先评奖工作的重点条件和省级专项资金补助的重要依据。

浙江省文化和旅游厅关于印发
《浙江省文化和旅游厅科研与创作项目管理办法(试行)》的通知

浙文旅科教〔2020〕8 号

各市文化和旅游局,厅属各单位:

为进一步加强浙江省文化和旅游厅科研与创作项目的管理,提高全省文化和旅游科学研究及创作水平,服务文化和旅游高质量发展,特制订《浙江省文化和旅游厅科研与创作项目管理办法(试行)》。现印发给你们,请遵照执行。

特此通知。

浙江省文化和旅游厅
2020 年 6 月 1 日

浙江省文化和旅游厅科研与创作项目管理办法(试行)

第一章 总 则

第一条 为进一步加强浙江省文化和旅游厅科研与创作项目的管理,提高全省文化和旅游科学研究以及创作水平,服务文化和旅游高质量发展,根据国家、省、省部科研项目和艺术创作项目管理的有关规定,参照国家社科基金项目、国家艺术基金、全国艺术科学规划项目等管理办法,特制订本管理办法。

第二条 浙江省文化和旅游厅科研与创作项目遵循公开、公平、公正的原则,采取宏观引导、自主申报、平等竞争、专家评审、择优支持的机制。

第三条 本办法适用于被列入浙江省文化和旅游厅计划内的科研与创作项目,内容如下:

(一)基础研究项目要跟踪文化和旅游相关学科研究领域的最新进展和学术前沿动态,体现开拓性和较高的学术思想价值;

(二)应用研究项目围绕我省文化建设和旅游发展的重大问题,突出当前文化和旅游工作中的热点和难点问题,进行前瞻性、战略性和预判性研究,体现规律性和创造性,推动文旅科研为行政决策服务;

(三)创新研究项目要围绕文化和旅游发展的重大战略和现实需求,开展发展理论和科学技术的研究与实践应用,促进文化和旅游行业新技术、新模式和新业态的创新发展;

(四)艺术创作类项目要阐释中国精神、中国价值、中国力量,结合浙江的文化脉络发展,将浙江丰富的文化内涵以艺术作品的形式展现,主要包括舞台艺术创作和美术创作。

第二章 项目申报

第四条 浙江省文化和旅游厅科研项目原则上面向全省文化和旅游领域,凡热心于文化和旅游科学研究的机构及文旅工作者、科研人员均可根据第三条内容,及文旅事业和产业发展的现状及趋势,选择和设计项目,并向省文化和旅游厅申报。创作项目原则上面向省内文化和旅游领域高校及科学研究机构,根据第三条要求,向省文化和旅游厅申报。

第五条 文旅科研与创作项目的设计要结合浙江地域特色,重点加强我省文旅建设中关系全局的重大问题研究,为科学决策提供有力的依据;项目设计要突出前瞻性、重要性、科学性、应用性、学术性,促进文旅科研学术的繁荣;要将选题与学科建设、队伍建设、人才培养及科研结构的调整与合理布局结合起来,为繁荣和发展我省文旅事业和产业服务。

第六条 申报浙江省文化和旅游厅科研项目必须具备下列条件:

(一)申报人及项目组成员具有独立开展研究和组织开展研究的能力、基本工作条件、研究时间,能够承担实质性研究工作,并具有相关专业中级及以上技术职务;申报单位应有一定的科研管理能力和科研实施条件,以保障科研项目的正常进行;

(二)申报项目必须结合我省文化和旅游发展需要,有重要科学意义和应用价值,立论根据充分,内容和目标明确、具体、先进,能广泛推广应用并可产生一定的社会效益和经济效益;

(三)申报人当年度只能申报一个项目,且不能作为项目组成员参与其他省文化和旅游厅科研项目的申报。项目组成员同年最多可参与两个省文化和旅游厅科研项目的申报;

(四)科研项目的持续时间,一般不超过两年。

第七条 申报浙江省文化和旅游厅创作项目必须具备下列条件:

(一)申报单位应具有一定的创作演出能力和创作实施条件,以保障创作项目的正常进行;

(二)申报单位对申报项目依法享有完整的知识产权,不侵犯任何第三方的知识产权或其他合法权益;

(三)申报项目的编剧、导演、作曲、表演、舞美设计等主创主演人员应为本省创作人才,原则上不得从省外聘请;

(四)由多家单位或机构合作完成的项目,应由其中一家单位或机构作为申报主体进行申报,并由主要合作方在申报书上签署同意意见并加盖公章。

第八条 申报浙江省文化和旅游厅科研与创作项目必须如实填写《浙江省文化和旅游厅科研与创作项目申报书》,按要求在申报期内寄交省文化和旅游厅科研管理部门。申报单位要对申报书进行审查和筛选,对其项目的合法性、内容的真实性、研究的可行性等负全部责任,签署审核意见,并加盖公章,同时承担项目管理及信誉保证。

第九条 浙江省文化和旅游厅每年对项目承担单位的项目按时结项率进行统计,按时结项率低于70%的,上报申报项目数不得超过其上一次申报项目的70%;按时结项率低于60%的,当年度不得申报。

第十条 凡有下列情形之一者,省文化和旅游厅不受理新的项目申报:

(一)有原文化部和原国家旅游局在研项目逾期不结项的;

(二)有历年原浙江省文化厅和原浙江省旅游局科研项目、全国艺术科学规划项目、国家艺术基金逾期不结项的;

(三)在研的省文化和旅游厅(包括原省文化厅、原省旅游局)以负责人身份申报科研项目的;

(四)申报中存在弄虚作假行为,或申报项目中存在意识形态问题和知识产权争议的;

(五)已获厅局级及以上立项的选题,论证中无新的研究内容的。

第三章 立项评审

第十一条 浙江省文化和旅游厅科研与创作项目评审工作由省文化和旅游厅科研管理部门承担,负责申报项目的资格审查,并将资格审查结果记录备案。

第十二条 浙江省文化和旅游厅推行专家评审和行政决策相结合的立项评审制度,坚持公平公正的原则,充分发扬学术民主。

第十三条 浙江省文化和旅游厅科研与创作项目经资格审查后,先组织专家进行通讯评审,再以会议方式进行集体评议,最后确定拟立项名单,并在省文化和旅游厅官网公示。在公示期内,凡对拟立项项目有异议的,需实名制提出书面意见,并附以佐证材料。

第十四条 申报项目要有比较充分的前期研究,同等条件下,有充分前期准备和阶段性成果者优先立项。

第十五条 批准立项的项目,由省文化和旅游厅发文公布。一经批准立项,其申报的《浙江省文化和旅游厅科研与创作项目申报书》即成为具有约束力的项目承担协议书,项目负责人和成员必须严格履行,研究、创作成果的内容不能违背申报书要求。项目负责人及所在单位对项目的质量承担全部责任。

第四章 项目中期管理

第十六条 浙江省文化和旅游厅科研与创作项目实行年度检查制度,检查项目的进度、管理情况。立项后次年6月,由项目负责人认真填写《浙江省文化和旅游厅科研与创作项目年度检查表》,经由项目承担单位自行检查管理。省文化和旅游厅科研管理部门对项目进展情况进行抽查。

第十七条 凡有下列情况之一者,须由项目负责人或其所在单位,向省文化和旅游厅提出书面申请:

(一)变更项目负责人;

(二)变更项目名称;

(三)变更最终成果形式;

(四)研究、创作内容有重大调整;

(五)变更项目管理单位;

(六)未能按时完成项目,需延期(延期时间不得超过半年,且只允许申请延期1次);

(七)中止或撤销协议;

(八)其他重要事项的变更。

第十八条 项目负责人所在单位必须建立文旅科研与创作档案,规范管理,档案内容应包括:项目组成员及人员调整情况,立项时间、研究周期,项目进展及经费资助和使用情况,项目完成、结题、鉴定、发表、演出或出版情况,奖惩及成果推广应用情况等。

第五章　结项管理

第十九条 为科学地评估文旅科研与创作项目研究成果的质量,项目最终成果必须通过鉴定(评估、验收等)、正式出版、正式公演或在省级以上专业学术刊物上正式发表方可结项。

第二十条 申请鉴定的科研与创作项目由项目承担单位以书面形式提出,并提交鉴定必需的相关材料,由省文化和旅游厅参照《科学技术成果鉴定办法》以及国家、省、部有关科研与创作项目鉴定、评估、验收的相关规定组织实施。

第二十一条 具备下列条件之一的成果可免于鉴定:

(一)获得厅局级及以上奖励的;

(二)提出的理论观点、政策建议等获得省部级以上党政领导机关肯定性批示的;

(三)研究报告被省级管理部门采纳认可的;

(四)已经正式出版著作或在省级以上专业学术刊物正式发表论文的;

(五)同题获得省部级及以上科研项目立项的;

(六)创作项目获得省级以上奖项或荣誉的。

属于上述情况者,仍须以书面报告的形式申请结项,注明免于鉴定的理由,并附有关证明材料,连同最终成果上报省文化和旅游厅。

第二十二条 科研与创作成果在正式出版、发表或向有关领导、决策部门报送时,应在醒目位置标明"浙江省文化和旅游厅科研与创作项目(项目编号:××××)"字样。凡经省文化和旅游厅同意结项的项目,由省文化和旅游厅发布结项通知,官网公布。

第六章　知识产权与成果宣传

第二十三条 加强科技成果和知识产权的管理和保护,成果归属和管理按照有关知识产权的法律法规和政策规范性文件的规定执行。项目承担单位应当加强知识产权管理和保护工作。

第二十四条 各级项目承担单位和项目组应积极采取各种措施加强对科研成果的宣传、推广和转化,充分发挥其在党政部门决策、繁荣文旅事业和发展文旅产业中的作用。

第二十五条 浙江省文化和旅游厅将逐步建立科研成果库,汇总出版优秀科研项目的成果,并设立经费用于编审、校对、出版及其他相关费用。

第七章　经　费

第二十六条 重点项目给予一定的经费资助,一般项目鼓励由项目负责人所在单位或产学研合作单位对浙江省文化和旅游厅科研与创作项目给予经费支持。

第二十七条 根据文化和旅游发展中面临的科技瓶颈和需求,鼓励文化和旅游行政主管部门会同相关部门和专家主动设计重大文旅科研项目。重大科研和攻关项目,经省文化和旅游厅科研管理部门审定后,由省文化和旅游厅采取招标或实行委托的方式对项目进行研究。

第八章　附　则

第二十八条 本办法自公布之日起施行。

浙江省文化和旅游厅印发
《关于加快文旅"金名片"培育工程建设的意见》的通知

浙文旅资源〔2020〕16 号

各市文化和旅游局：

为打造展示浙江文旅融合的重要窗口，加快实施文旅"金名片"培育工程，《关于加快文旅"金名片"培育工程建设的意见》和工作任务分解已审议通过，现印发给你们，请结合实际，抓好落实。

特此通知。

浙江省文化和旅游厅
2020 年 6 月 9 日

浙江省文化和旅游厅关于加快文旅"金名片"培育工程建设的意见

第一条 为高水平建设全国文化高地、中国最佳旅游目的地、全国文化和旅游融合发展样板地，实施文旅"金名片"培育工程，打造展示浙江文旅融合的重要窗口，特制定本意见。

第二条 实施文旅"金名片"培育工程，坚持以习近平新时代中国特色社会主义思想为指导，深入践行"两山"理念，立足浙江"三个地"的政治优势，按照"见形见物、文旅融合、三年见效、全国知名"的要求，通过三年的努力，高质量建成 100 张文旅"金名片"。

第三条 坚持"一盘棋"理念，将培育"金名片"纳入各地经济社会和文化旅游发展总体布局，统筹谋划、统筹推进、统筹协调，切实保障培育工作顺利开展。

第四条 建立文旅"金名片"培育工程厅市合作推进工作领导小组，每年组织专题会商，共同研究推进文化和旅游金名片培育工作。

第五条 坚持文化引领、融合发展，充分挖掘深厚的文化底蕴和自然禀赋，实施文化基因解码工程，提炼优质的文化基因融入项目与产品，打造既有民族文化底蕴，又富有时代精神的文旅精品。

第六条 坚持市场主导、创新发展，充分发挥企业的市场主体作用，加强政企联动发展，构建政府主导、市场主体、社会参与的培育机制。

第七条 推行培育工作项目化管理，建立厅市领导领衔项目推进制，围绕"目标、任务、政策、评价"四个体系，建立项目清单，明确任务书、时间表，落实责任制、路线图，形成培育工作推进闭环管理模式。

第八条 建立季度督查、通报等工作评价机制，定期对各市和各相关处室项目推进情况进行专项督查，定期通报培育工作开展情况，协调解决相应的问题。

第九条 强化规划衔接，各市要结合全省国土空间规划编制，优化文旅用地布局，为金名片培育项目建设预留空间。省文化和旅游厅积极加强与自然资源部门的对接，力争协调文旅"金名片"用地保障。

第十条 实行滚动发展、动态管理，对发展前景好、潜力强的项目，经协商可随时补充；对推进不力，进展缓慢的项目予以淘汰。

第十一条 省文化和旅游厅在旅游规划编制、重点平台建设、重大项目推进、旅游产品打造、市场整合营销等方面优先支持文旅"金名片"培育。

第十二条 各市要统筹安排"金名片"培育工程的资金，省文化和旅游厅将"金名片"作为资金分配的主要因素，每年安排资金

3000 万元,为项目建设提供资金保障。

第十三条 省文化和旅游厅在高等级景区、国家级和省级旅游度假区、全域旅游示范区、公共文化服务体系示范区、文化传承生态保护区、文物保护利用示范区、国家和省级考古遗址公园、文化和旅游消费示范城市等品牌创建中,对金名片培育工作优异的县(市、区)给予优先支持。

第十四条 加强金名片宣传推介,纳入年度宣传推广计划,组织参加境内外文旅宣传活动,提升文旅"金名片"的影响力和知名度。

第十五条 本意见由浙江省文化和旅游厅负责解释。

第十六条 本意见自发布之日施行。

浙江省文化和旅游厅印发《浙江省文化和旅游厅关于推进治理现代化积极服务"重要窗口"建设的实施意见》的通知

浙文旅〔2020〕66 号

各市、县(市、区)文化和旅游局,省文物局,厅属各单位,厅机关各处室(专班):

《浙江省文化和旅游厅关于推进治理现代化积极服务"重要窗口"建设的实施意见》已经厅党组会审议通过,现印发给你们,请结合实际认真贯彻落实,切实增强"窗口"意识、树立"窗口"标准、强化"窗口"担当,努力为"重要窗口"建设做出积极贡献。

浙江省文化和旅游厅
2020 年 7 月 19 日

浙江省文化和旅游厅关于推进治理现代化积极服务"重要窗口"建设的实施意见

为全面贯彻省委十四届六次、七次全会精神,着力推进文化和旅游领域治理体系和治理能力现代化,进一步提升文化和旅游发展水平,更加主动更加有效地服务"重要窗口"建设,特制订本意见。

一、总体要求

以习近平新时代中国特色社会主义思想为指导,以"八八战略"为统领,深入学习贯彻习近平总书记在浙江考察时重要讲话精神,充分发挥浙江"三个地"的政治优势,聚焦高质量、竞争力、现代化,把"窗口"意识、"窗口"标准、"窗口"担当贯穿文化和旅游工作全过程,积极培育和增强"重要窗口"文化自信,力争通过 3 年努力,基本建成全国文化高地、中国最佳旅游目的地、全国文化和旅游融合发展样板地,推出一批具有国际影响、中国气派、浙江辨识度的文化和旅游标志性成果,着力形成 8 个方面的特色与优势,为我省"努力成为新时代全面展示中国特色社会主义制度优越性的重要窗口"增添文化底色和旅游魅力。

二、重点任务

(一)加快形成文化和旅游整体智治的特色与优势

按照整体智治、唯实惟先的理念,统筹推动数字技术应用和制度创新,对文化和旅游施政理念、机制、工具、手段进行系统性变革,率先建成现代文化和旅游治理体系,成为全国数字文旅领航地、文旅现代化治理标杆地。

打造"整体智治"现代机关。

按照整体政府的理念推进机关内部"最多跑一次",加强省级部门之间协作和省市县之间贯通,加快推进公共数据的开放共享与创新应用。加强省文化和旅游厅部门职能梳理、流程再造、集成应用和精密智控,建立谋划、决策、执行、监管的闭环工作机制,加快形成即时感知、科学决策、主动服务、高效运行、智能监管的新型治理形态。加快政府数字化转型,将文化和旅游办事事项接入政务服务2.0平台和浙政钉2.0平台,推进"互联网+政务服务"和"互联网+监管",实现掌上办事和掌上办公,加强场景化多业务协同应用。

建设文化和旅游"一张网""一朵云"。以浙江文化和旅游数据仓为基础,不断迭代"诗画浙江"文化和旅游信息服务系统,实现省市县互联互通、跨部门数据充分共享,拓展数据综合分析维度和深度,推动文旅数据开放共享。提升"浙里好玩"公共服务平台,为游客提供一站式、智能化、个性化的旅游综合服务,实现"一部手机畅游浙江"。升级"浙江智慧文化云",打造现代数字公共文化服务空间,面向公众提供更精准、更匹配、更个性化的服务。

实施景区"精密智控"。加快建立与疫情防控常态化相适应的"预约限流错峰"管控工作新机制,全面推广应用省级统一预订系统,推动全省3A级以上景区全面入驻"浙里好玩"公共服务平台,建设全省统一预约预订入口。加强全省3A级以上景区实时客流监测和预约预订数据监测,提前预判客流态势,实施基于钉钉的短消息实时预警,对游客流量进行"精密智控",有效控制客流潮汐。整合、优化各类文旅产品供给,推出一批错峰旅游产品。推进"浙里好玩"文旅公共服务,力争年服务3000万人次。

建设基于大数据的文化和旅游风险预警系统。整合景区客流量、景区安防、防汛防台、地质灾害、文物安防、游客自助上报预警等数据,构建全省文化和旅游风险隐患预警"一张图"。强化文化和旅游大数据的政府决策支撑功能,加强文化和旅游应急治理能力建设,夯实文化和旅游安全基础。利用大数据加强旅游景区、度假区、酒店、旅行社等互联网舆情监测,完善舆情引导机制和负面舆情处置机制。

(二)加快形成弘扬优秀文化激扬文化自信的特色与优势

以加强文化遗产保护为前提,以文化基因解码为抓手,以文化和旅游融合为途径,打造浙江重大文化标识,着力提升文化引领力、创造力、传播力、服务力、竞争力,使浙江文化改革发展各项主要指标走在全国前列,把浙江建设成为文化发展先行区。

实施文化基因解码工程。开展全省文化和旅游资源普查,分类编制资源保护利用名录和数据库。深入挖掘文化资源蕴含的核心思想理念、中华传统美德、浙江人文精神,系统研究梳理浙江历史文脉,构建文化基因库,描绘浙江文化基因图谱,努力推出一批有重要影响的原创性成果。到2022年底,全省核心文化资源的基因解码工程基本完成;到2025年,以文化基因为基础的文旅产业融合发展环境和机制基本成型,浙江文化价值体系更加清晰,文化应用体系更加高效。

实施优秀传统文化活化计划。以浙江特色传统文化资源为依托,进一步擦亮西湖、大运河、良渚古城等世界文化遗产,高水平建设浙江省大运河国家文化公园,打造诗路文化、良渚文化、上山文化、河姆渡文化、越文化、南宋文化、南孔文化、和合文化、丝瓷茶文化等浙江标志性文化旅游目的地品牌。充分用好文物资源,实施文物保护利用项目,推进"千年古城"复兴计划、"拯救老屋"行动,推动50个博物馆(美术馆)创建成为旅游景区。加强非物质文化遗产传承发展,建立健全组织体系、工作体系、制度体系和评价体系,打造非遗展、非遗说、非遗+、非遗购、非遗游"五个平台",将非遗展示馆、非遗体验基地和非遗传统民俗活动场所纳入重点旅游线路,引导游客体验非遗制作、参与非遗表演,培育10个文化传承生态保护区、100个非遗旅游景区、1000个非遗体验点。充分利用浙江历史名人辈出的优势,打造阳明故里、书圣故居、刘基故里、西施故里等历史名人故里(故居)主题旅游线路和研学旅游目的地。

实施革命文化和红色基因传承计划。充分挖掘浙江革命遗址、遗存、遗迹,把革命足迹和革命精神融入红色旅游线路设计、展陈展示、讲解体验。充分利用嘉兴南湖红船起航地、浙西南革命根据地等优势资源,实施100项重大革命文物保护利用项目,重点打造50个红色旅游景区、10条"寻访红色足迹、传承红色基因"主题精品旅游线路,在全省范围内创建一批富有感染力和震撼力的红色旅游教育基地。通过发展红色旅游，弘扬"红船精神""浙西南革命精神"，使浙江成为全国红色旅游圣地。

实施社会主义先进文化弘扬计划。大力配合省委宣传部实施"三个地"文艺精品创优工程，打造具有重大影响力和标志性的文艺精品佳作。重点做好共和国历史、改革开放史上我省重要标识地（标志性事件）的开发建设，规划好大陈岛垦荒精神、温州模式、义乌模式等旅游目的地建设，推出改革开放主题旅游线路，生动展现我省中华人民共和国成立以来特别是改革开放以来的伟大奋进历程，激发奋斗新时代的精神力量。

（三）加快形成文化和旅游深度融合的特色与优势

建立文化和旅游融合发展的制度体系和工作机制，推动文化和旅游在更广范围、更深层次、更高水平上深度融合发展，使"三个地"的文化自信进一步增强，浙江文化在中华文明中的地位与作用进一步凸显，对外文化形象进一步提升，文化产业和旅游产业发展成为主导性产业，浙江成为全国文化和旅游融合发展样板地。

培育百张文旅融合"金名片"。完善厅市县合作推进工作机制，共同培育100张文旅融合"金名片"，其中力争10张成为世界级和国家级"金名片"。推出10个具有全国影响力的文旅融合IP。大力推进"四十百千"工程，积极扩大文化和旅游有效投资，谋划、储备、实施一批具有牵引性的文化和旅游融合重大项目，争取一批项目列入省重点项目、省服务业重点项目、省市县长

项目，使"金名片"落地见效。加大对"金名片"宣传力度，探索基于大数据分析的精准宣传推广模式，扩大吸引力和影响力。

培育文旅融合系列产品。开展全省旅游景区文化内涵提升行动，打造200个文化旅游特色景区，推出100条文化旅游线路，提供有温度有记忆的文化之旅。支持文创产品开发，推出100个浙派文化符号伴手礼，评定1000个星级旅游商品购物点，形成"浙江有礼"旅游购物特色品牌体系。鼓励文创企业与旅游景区的合作，搭建旅游景区的文化产品销售平台。抓住"后疫情时期"数字消费新机遇，丰富云艺术、云旅游、空中剧场、网络音乐、线上游戏等文化和旅游产品，推广沉浸式体验型前沿产品。

培育文旅消费集聚区。探索打造浙江文化和旅游线上营销平台、线上美食销售专区、旅游线上预售平台，确定5个设区市、15个县（市、区）作为省级文化和旅游消费试点，培育5个左右国家级夜间文化和旅游消费集聚区，拉动文化和旅游消费。实施"诗画浙江·百县千碗"工程，培育3—5个特色美食小镇、30个特色美食街区和美食园区、500家特色美食店等美食文化体验场所。推出10部具有全国影响力的演艺力作，打造10个旅游演艺集聚区，打响浙江旅游演艺品牌。支持文化和旅游企业跨界做优做强，推动形成一批具有较强竞争力的领军企业、文旅集团。

培育文旅融合新业态。推动文化创意、音乐、影视、动漫、网络文学、工艺美术、特色节庆等文化业态与旅游业融合，形成"文化创

意＋旅游""音乐节＋旅游""影视＋旅游""动漫IP＋旅游""网络文学IP＋旅游""工艺美术＋旅游""特色节庆＋旅游"等文化旅游新形态，拓展文化旅游空间。推动文化旅游与教育、体育、科技、康养、会展等现代服务业深度融合，创新推出研学、体育赛事、科技博览、养生养老、商务会展等旅游新业态，延长文化旅游产业链。

培育文旅融合发展平台。会同相关部门着力打造之江文化产业带、"四条诗路"文化带、"两山"文化发展示范带、滨海文化旅游带等重大平台，拉动文化和旅游产业发展。打造浙江省文化和旅游产业投融资服务平台，促进项目资源、投资企业、金融机构、文旅中介服务机构和文旅资产运营管理机构的对接合作。办好中国义乌文化和旅游产品交易博览会、中国国际动漫节、世界海岛大会、世界乡村旅游大会、浙江旅游交易会等重要展会，充分发挥综合性平台拉动和促进作用。支持创建一批国家文化产业和旅游产业融合发展示范区，建设20个以上省级文旅产业融合试验区，引领文化和旅游产业融合发展。

（四）加快形成"诗画浙江"全域旅游高水平发展的特色与优势

进一步优化布局、提升能级，积极构建现代旅游产业体系，高水平建成旅游经济强省、全域旅游示范省，打造"诗画浙江"中国最佳旅游目的地和国际知名旅游目的地。

探索浙江全域旅游3.0版。推进国家全域旅游示范区和浙江省全域旅游示范县（市、区）创建工作，创成国家全域旅游示范区

10 家左右，省级全域旅游示范县（市、区）50 家左右。举办全域旅游绿色发展论坛。实施 100 条精品旅游线路打造计划。推进百城千镇万村景区化工程，将 10000 个村，1000 个乡镇，100 个县城（城区）按照 A 级景区标准进行打造。到 2022 年，全省 70%的镇（乡、街道）达到 A 级景区镇标准，45%的村达到 A 级景区村庄标准。积极引导乡村旅游集中连片发展，提升乡村旅游集群化水平，提高乡村旅游的组织化程度，使乡村旅游真正成为实施乡村振兴战略的有效路径。

实施旅游高品质提升工程。实施高等级景区建设计划，成功创建 1—2 家 5A 级旅游景区，2 家景区通过 5A 级景区景观质量评价，评定 4A 级景区 30 家左右，培育千万亿级核心大景区 40 家左右，高等级景区人均消费达 500 元/天以上，力争 20%的景区开展夜游活动。实施高品质度假区打造计划，力争创成 3 家国家级旅游度假区。实施高水平旅游风情小镇建设计划，到 2022 年，全省培育建设 100 家高水平旅游风情小镇。实施高品位民宿建设计划，培育等级民宿 800 家，民宿集聚区 30 个；实施酒店品质提升计划，评定一批浙江省品质饭店、星级饭店、绿色旅游饭店、特色文化主题饭店。

培育旅游产业创新发展试验区。推进旅游产业与其他一、二、三产的融合发展，创新商业模式，培育产业新动能。突出浙江的资源优势，探索建设十大旅游产业创新发展试验区：三门湾湾区旅游试验区、山地休闲度假旅游试验区、红色研学旅游试验区、绿色全域旅游发展试验区、民宿（农家乐）助推乡村振兴试验区、滨湖度假旅游试验区、夜间旅游经济发展试验区、城市休闲旅游试验区、影视演艺旅游试验区、邮轮游艇旅游试验区。

（五）加快形成现代文化和旅游公共服务体系的特色与优势

着眼人民群众的美好生活新需求，加大优质文化和旅游产品供给，着力解决城乡之间、区域之间、人群之间不平衡问题，构建城乡一体、文旅融合、主客共享的现代文化和旅游公共服务体系，实现基本文化公共服务标准化、均衡化、城乡一体化。

实施基本公共文化服务标准 2.0 行动。实施文化设施提升计划，建成之江文化中心、浙江紫金港音乐厅（暂名）等省级文化地标，实现"市有五馆一院（文化馆、图书馆、博物馆、非物质文化遗产馆、美术馆、剧院），县有四馆一院［文化馆、图书馆、博物馆、非物质文化遗产馆（展示场所）、剧院（场）］，乡镇有综合文化站，500 人以上行政村有农村文化礼堂"。加快建设数字图书馆、数字文化馆、数字博物馆等新型文化空间。推进音乐场馆、音乐教育、音乐团体建设，打造音乐强省。建立群众文化需求征集和反馈机制，推进订制式、菜单式服务。深化县级文化馆、图书馆总分馆制建设。强化以"三团三社"为核心的乡村文艺团队建设。

积极推进城市文化空间建设。因地制宜在城市主干道、市民广场、步行绿道、文化街区、文化园区、4A 级（含）以上旅游景区、五星级酒店建设一批"文化景观道路、文化休闲绿道、文化广场公园、文化街区园区、文化阅读空间"。大力推进未来社区公共文化服务，建设 100 个左右未来社区公共文化空间。完善夜间公共文化服务，推行全省公共图书馆通借通还和线上买线下还的"信阅"服务。建设 100 个以"城市书房""书吧"等为主要形式的城市公共阅读空间，打造"10 分钟阅读圈"。

完善旅游公共服务体系。将公共文化服务体系融入旅游公共服务体系建设规划，探索建立主客共享的文化和旅游公共服务体系。探索制定旅游公共服务标准体系。深入实施"厕所革命"，加快第三卫生间建设步伐，提高女性厕位比例，建立等级厕所退出机制。推进智慧旅游公共咨询服务进社区、进高速服务区、进文博场馆，形成全省统一导览服务体系。探索"最多跑一地"改革，健全旅游与公安、市场监管、法院等部门联合参加的协同监管机制。

完善"快进慢游"旅游交通体系。开展交通与旅游融合发展试点，实现海陆空"一小时旅游交通圈"。建设多级协同、运游一体的风景道路系统，努力实现全省 4A 级及以上旅游景区 2 级以上公路通达率达到 95%以上，5A 级旅游景区、国家级旅游度假区 1 级以上公路通达率达到 100%。会同相关部门实施"内河航线复兴"计划，建设内河水上交通旅游网络。加强交通连岛项目建设，实现海岛公园"一岛两码头"、旅游码头全覆盖。构建航空旅游体系，开通旅游航线的 A 类通用机场达到 60 个。

（六）加快形成"绿水青山就是金山银山"理念文旅转化的特色与优势

立足浙江作为"两山"理念发源地，高标准打造生态文旅品牌，"两山"理念文旅转化路径更加明确，努力建成具有国际影响力的生态旅游目的地。

支持新时代浙江（安吉）县域践行"绿水青山就是金山银山"理念综合改革创新试验区建设。推动文化和旅游产业成为"绿水青山就是金山银山"理念转化的主通道，建成具有全国影响力的"两山"理念文旅实践样板地，奋力打造全国文化和旅游高质量发展的县域样本，努力成为全面展示新时代美丽中国的县域窗口。

推进重大生态旅游协作区建设。协同周边省（市）文化和旅游部门，共同实施一批生态旅游重大工程。打造杭黄世界级自然生态和文化旅游廊道，建设"名城—名江—名湖—名山—名镇—名村"国际黄金旅游线。推进浙皖闽赣国家生态旅游协作区建设。打造具有国际影响力的环太湖生态文化旅游圈。

丰富生态旅游产品。推动生态文化旅游、绿色休闲旅游发展，积极推进国家生态旅游示范区和省级生态旅游示范区创建活动。创建20个省级生态旅游示范区，推出10条生态旅游精品线路，推进景区连点成线、串珠成链，建成全域"大景区""大花园"。大力发展山地旅游，推广山地观光、休闲度假、户外运动、探险考古等特色旅游项目和业态，协同推进十大名山公园建设工程。加快发展海洋旅游，实施十大海岛公园建设三年行动计划，争取建成"诗画浙江·海上花园"中国最佳海岛旅游目的地。

构建生态文化展示体系。以浙江自然博物院为示范，以公共文化场馆、生态旅游区为依托，建成一批生态文化长廊和生态文化展示馆，建成50家省级生态文明教育基地。实施生态文化重点题材扶持计划，建立生态文艺创作题材库，推出一批生态题材文艺精品。实施歌颂生态文明主题歌曲创作精品工程，推出30首左右优美动听广泛传唱的优秀歌曲。

（七）加快形成"世界看浙江"文化和旅游对外交流传播的特色与优势

进一步完善交流传播合作机制，提升合作平台，拓展交流渠道，发挥品牌效应，使浙江成为我国文化和旅游交流传播推广的典范。

构建浙江文化和旅游宣传推广全球网络。借助驻各国使领馆、孔子学院等渠道，合作设立浙江文旅宣传推广平台。在重要国家、重点城市和国际友城，与海外浙商商会、当地旅行社或会务机构合作，谋划布局5—10个境外浙江文旅推广中心。鼓励浙江旅游企业"走出去"，在境外重点客源市场设立分支机构。邀请全球华人艺术家等各界知名人士参与浙江文旅推广活动，开展"诗画浙江"国际友好使者、文旅网络大Ⅴ等评选工作，聘选培育100名左右浙江文旅国际"代言人"和"宣传员"。加快打造浙江文旅网上窗口。

建设省内国际文化交流基地。以国际交流合作、文化海外传播、国际形象塑造为重点，建设10个左右体现浙江特色、代表中国形象、具有国际影响的人文交流基地，策划实施一系列面向境内外国人的人文交流活动，助推我省高水平建成"一带一路"国际人文交流枢纽。

进一步提升"美丽中国·诗画浙江"品牌。立足浙江特色文化资源，打造对外交流"金名片"。设立浙江省对外文化交流精品项目库，打造100项供海外交流推广的精品。策划制作一批线上推广精品。精心打造"丝路之绸""丝路之茶""丝路之瓷"三大交流品牌，做强"浙江文化旅游年（节）""诗画浙江与世界对话"等一批品牌交流活动，推进浙江"文化印记"海外宣传。

共建长三角世界级文化和旅游发展圈。共同推进江南水乡古镇联合申报世界文化遗产，联合开发"一程多站"旅游精品路线，加强客源市场互动、游客互送，联合开展旅游主题推广活动。用足用好过境144小时免签政策，探索共同打造入境旅游精品线路。谋划一体化对外文旅交流推广平台，探索一体化文旅海外推广联动模式。支持嘉善县建设长三角生态绿色一体化发展示范区，指导实施文化和旅游发展"543工程"，打造长三角文化和旅游一体化发展样板地。

（八）加快形成文化和旅游创新活力竞相迸发的特色与优势

以"最多跑一次"改革为牵引，坚持问题导向和效果导向，持续加大各领域改革攻坚力度，做到体制创新与机制创新相结合、存量改革与增量改革相结合，争当改革"轻骑兵"、发展"模范生"，营造良好体制机制环境。

深化"最多跑一次"改革。深

化行政审批权下放,推行行政审批告知承诺制,实施《行政审批告知承诺制办法》,持续优化营商环境。围绕公共场所服务提升,在旅游景区、文化场所等开展服务便利化、智慧化、人性化、特色化、规范化提升计划,推进"最多跑一次"改革向公共文化和旅游服务各相关场所、领域延伸扩面。

支持自贸区文化和旅游改革发展。研究制订《浙江省文化和旅游厅关于推进浙江自由贸易区文化和旅游改革发展的指导意见》,加大对自贸区文旅发展支持力度,鼓励自贸区和联动创新区用好政策,进一步深化改革创新,积极探索文化和旅游产业发展新业态,努力打造新时代文旅对外开放新高地。

深化文化和旅游系统企事业单位改革。探索省属文艺院团"一团一策",争取提升财政保障水平,完善内部分配机制,推进改革单位资产"非转经"处置,激发文艺院团活力。推广省地协同创演模式,形成全省文艺精品创作合力。持续深化事业单位改革,贯彻落实事业单位分类改革配套绩效工资政策,探索市场收益奖励制度,鼓励文化文物事业单位积极参与文创产品开发、公共文化场所景区化建设。

探索"文教结合、校团合作"模式。全面落实省文化和旅游厅与浙江大学签订的战略合作协议,合作搭建产学研平台。指导推进浙江美术馆与中国美术学院、中国丝绸博物馆与浙江理工大学、浙江自然博物院与中国计量大学等合作,提高厅属单位办馆水平。深化校团合作,指导推进浙江音乐学院与浙江交响乐团

等合作共建,促进高水平学科建设和创作排演。

完善社会力量参与机制。实现公共文化服务机构法人治理结构改革全覆盖。完善社会力量兴办文化和旅游事业体制机制,健全公建民营、民办公助等制度,探索引导社会力量参与公共文化和旅游设施建设和运营、公共文化活动、基层文化队伍建设、文化和旅游资源统筹利用等,拓展基层文化和旅游服务的新路径,促进文化和旅游公共服务多元化供给。探索文化和旅游志愿服务管理新模式。

三、保障措施

(一)强化党的领导

深入学习贯彻习近平新时代中国特色社会主义思想和习近平总书记在浙江考察时重要讲话精神,坚定不移坚持党对文化和旅游工作的全面领导,切实增强"四个意识",坚定"四个自信",做到"两个维护"。进一步压实管党治党责任,贯彻落实好新时代党的组织路线,加强省级文化和旅游系统各单位领导班子政治建设。开展"堡垒指数""先锋指数"评价,夯实党建工作基础。落实意识形态工作责任制,守住文旅阵地意识形态安全底线。落实全面从严治党要求,持续加强作风建设和党风廉政建设,完善和落实"1+10+N"党风廉政建设体系,开展省级文化和旅游系统巡察工作,全面推进"清廉文化"建设,着力营造干事创业、争先创优的良好氛围。

(二)强化人才培育

全面贯彻《中共浙江省委关于建设高素质强大人才队伍打造高水平创新型省份的决定》,研究

制定文化和旅游人才培育措施,着力建设全国文化和旅游人才培育高地。支持浙江音乐学院建设高水平一流音乐院校,支持浙江旅游职业学院、浙江艺术职业学院"双高"计划建设,打造文化和旅游人才培育基地。深入实施"新松计划""新鼎计划"、舞台艺术"1111"人才计划、紧缺人才提质计划等,启动实施"大师回家"高层次艺术人才引聚计划。探索推进高校和科研院所高层次人才激励制度。支持各地采取人才引进费、安家补助费以及科研成果奖励等政策吸引文化和旅游高端人才、紧缺人才。加强文化和旅游研究机构、智库建设。

(三)强化法治保障

加强文化和旅游法治建设,制定实施《"十四五"时期浙江省文化和旅游领域立法调研项目库》。配合省人大常委会制定实施《浙江省大运河世界文化遗产保护条例》,争取制定《浙江省文化产业促进条例》《浙江省公共图书馆条例》,争取修订《浙江省文物保护管理条例》《浙江省非物质文化遗产保护条例》《浙江省旅游条例》等。健全依法决策机制,运用法治思维和法治方式推进文化和旅游发展。深入贯彻落实《民法典》《优化营商环境条例》等法律法规。

(四)强化标准引领

坚持工作内容、工作流程、绩效评价标准化的要求,深入实施《浙江省文化和旅游标准化建设行动计划》,重点制定实施一批抢占发展制高点的文旅标准,强化紧缺、空白标准供给,建成覆盖文旅各领域、支撑高质量发展的文旅标准体系。争取新制定或修订

文旅国家标准、行业标准和地方标准 10 项以上。推进长三角文旅标准一体化，推动成立长三角文旅标准化联盟，共同制定、统一发布一批长三角通用的地方标准。成立浙江省文化和旅游标准化技术委员会。

（五）强化信用建设

推进浙江省文化和旅游信用体系建设，健全文化和旅游市场信用管理制度体系，完善浙江省旅行社信用监管评价指标模型、浙江省演出经纪机构信用监管评价指标模型。构建"一网一平台三体系"，深入打造浙江省文化和旅游行业信用监管平台，深化行业信用评价体系、信用分类监管体系和信用应用体系建设，探索"信用绿码"等应用。

（六）强化科技驱动

推动产学研用协同创新，以省内外高校、科研院所和科技公司为基地，建设一批浙江省文旅科技研发协同中心。积极创建全国文旅和科技融合示范基地。推进国家文化遗产保护科技创新联盟（浙江省）建设。探索浙江省"文旅新基建"建设计划，推动 5G、云计算、大数据、VR/AR、物联网、人工智能、区块链等新技术在文旅领域的应用，促进"5G＋文旅""区块链＋文旅""开展科技＋文旅试点"。加快推进智慧景区、智慧文化场馆建设。

四、组织实施

（一）完善领导机制

加强对服务"重要窗口"建设的组织领导和统筹协调，加强工作任务梳理与分解，压实主体责任。厅党组每个季度听取工作进展情况汇报，研究解决重大问题。建立省地联动工作机制，形成上下联动、协同推进、齐抓共管的工作格局。

（二）强化研究宣传

深入学习研究习近平总书记考察浙江重要讲话精神，深入挖掘"重要窗口"的文化内涵。加强"重要窗口"主题创作，培育"窗口"文化，凝聚"窗口精神"。开展宣传策划，加强与新闻媒体的联络合作，用好自有宣传载体开设"重要窗口"专栏、专窗，持续开展宣传报道。加强对先进典型和经验的宣传，全面展示建设成果，营造良好氛围。

（三）加强统计分析

持续推进文旅统计体系创新与改革，以健全完善的指标体系、科学规范的统计方法、真实准确的统计数据、优质高效的统计分析，更好地服务全省文化和旅游发展重大战略。开展现代信息技术统计应用研究，加强文化和旅游大数据的统计应用规范研究，科学运用大数据对传统统计数据进行评估和校验。

（四）开展考核评价

把服务"重要窗口"建设纳入对厅局机关处室和厅属单位的年度目标责任制考核，纳入厅重点工作督查内容，强化督促、检查和考核工作，定期通报任务落实进度和成效，探索建立激励机制，确保高质量完成目标任务。

浙江省文化和旅游厅关于印发

《浙江省文化和旅游行业信用评价管理办法（试行）》的通知

浙文旅市〔2020〕9 号

各市文化和旅游局：

为加快推进我省文化和旅游行业信用体系建设，构建文化和旅游领域以信用为基础的新型监管机制，我厅制定了《浙江省文化和旅游行业信用评价管理办法（试行）》，现印发给你们，请认真贯彻执行。

特此通知。

浙江省文化和旅游厅

2020 年 7 月 19 日

浙江省文化和旅游行业信用评价管理办法（试行）

第一章　总　则

第一条　为加快推进我省文化和旅游信用体系建设，构建文化和旅游领域以信用为基础的新型监管机制，根据国务院办公厅《关于加快推进社会信用体系建设　构建以信用为基础的新型监管机制的指导意见》和《浙江省公共信用信息管理条例》，以及省委办公厅、省政府办公厅《关于加快推进信用"531X"工程　构建以信用为基础的新型监管机制的实施意见》、省发展改革委《关于印发〈浙江省行业信用监管责任体系构建工作方案〉的通知》等规定，结合我省文化和旅游行业工作实际，制定本办法。

第二条　本办法适用于浙江省行政区域内对文化和旅游行业市场主体信用评价的信息归集、信用等级评定、评价结果应用。

第三条　本办法所称市场主体，是指从事文化和旅游行业经营活动的法人组织和自然人。

本办法所称信用评价，是指由省级文化和旅游主管部门根据"公正、客观、科学"原则，运用公共信用数据、行业信用数据和市场主体自主报送的数据，按照公开的指标、算法和程序，对市场主体信用状况进行量化，确定信用等级，并向社会公开，供公众监督和有关部门、机构及组织应用的管理手段。

第四条　省级文化和旅游主管部门负责组织开展全省文化和旅游行业信用评价，制定发布全省统一的行业信用评价方法、标准和指标体系，建设省级行业信用监管平台，依据市场主体信用评价结果实施分级分类监管。

市、县（市、区）级文化和旅游主管部门负责及时归集、上报市场主体信用评价所需的信用数据，依申请对市场主体信用评价结果进行复核，负责辖区内信用分级分类监管，以及公共信用产品和行业信用产品的落地应用。

第五条　省级文化和旅游主管部门建设省文化和旅游行业信用信息服务网，定期发布或更新全省文化和旅游行业主体相关信用信息。

省级文化和旅游主管部门与省级公共信用信息平台共享行业信用信息，通过"信用浙江"网向社会公开全省文化和旅游行业市场主体相关信用信息。

第二章　信用评价

第六条　浙江省文化和旅游信用评价结果总分为1000分，评价结果等级分为A（优秀）、B（良好）、C（中等）、D（较差）、E（差）5类。

评价结果等级的具体划分标准由省级文化和旅游主管部门另行分类制定。

第七条　省级文化和旅游主管部门应当分类编制文化和旅游行业市场主体评价指引，明确评价指标、评价方法和权重设置。

第三章　评价结果应用

第八条　各级文化和旅游主管部门依据市场主体信用评价结果实施分级分类监管。

将行业信用评价结果纳入"双随机"抽查监管事项，对于行业信用评价为A级的市场主体，抽查比例设置为原抽查比例的30%；对于行业信用评价为B级的市场主体，抽查比例设置为原抽查比例的50%；对于行业信用评价为C级的市场主体，抽查比例保持不变；对于行业信用评价为D级的市场主体，抽查比例设置为原抽查比例的1.5倍；对于行业信用评价为E级市场主体，抽查比例设置为原抽查比例的3倍。

第九条　对于A级和B级市场主体，各级文化和旅游主管部门可以采取以下激励性措施：

（一）在其办理文化和旅游行业的行政许可事项时提供便捷服务，在同等条件下予以积极支持；

（二）优先安排相关专项资金或者其他资金补助；

（三）优先在信用便民惠企应用中予以推荐；

（四）优先利用"信用浙江"网、省文化和旅游行业信用信息服务网开展宣传；

（五）在各级文化和旅游主管部门组织的有关表彰奖励活动中，优先授予其有关荣誉称号；

（六）国家或地方规定的其他激励性措施。

第十条 对于 D 级和 E 级市场主体，各级文化和旅游主管部门应当采取以下惩戒性措施：

（一）重点审查文化和旅游行业的行政许可申请事项；

（二）利用"信用浙江"网、省文化和旅游行业信用信息服务网进行信用预警公示；

（三）限制参加各级文化和旅游主管部门组织的各类表彰奖励活动；

（四）国家或地方规定的其他惩戒性措施。

第十一条 省级文化和旅游主管部门将市场主体行业信用评价结果共享给省级大数据主管部门、省级信用主管部门及开展联合奖惩的相关省级部门，推动文化和旅游行业信用评价结果在行政许可、采购招标、评先评优、信贷支持、资质等级评定、安排和拨付有关财政补贴资金等工作中广泛应用，促进文化和旅游行业市场主体加强信用管理、提升诚信意识。

第四章 权益保护

第十二条 文化和旅游行业市场主体对评价结果有异议的，可向所在地设区市文化和旅游主管部门提出复核申请，并提供相关证明材料。

各设区市文化和旅游主管部门应当在收到市场主体异议复核申请之日起 15 个工作日内完成信用数据核查，并将核查结果告知市场主体。若复核中发现情况比较复杂，可适当延长处理期限，但累计不得超过 20 个工作日。

各设区市文化和旅游主管部门应当告知市场主体复核结果的同时，将相关结果报送至省级文化和旅游行业信用监管平台。

第五章 附 则

第十三条 各级文化和旅游主管部门工作人员在开展行业信用评价工作中违反本办法规定，滥用职权、徇私舞弊、玩忽职守的，依法依规追究相关责任人责任。

第十四条 本办法由浙江省文化和旅游厅负责解释。

第十五条 本办法自印发之日起实施。

浙江省文化和旅游厅 浙江省文物局关于印发《浙江省文物安全工作全面提升三年行动计划（2020 年—2023 年）》的通知

浙文旅〔2020〕90 号

各市、县（市、区）文化和旅游局（文物局），杭州市园林文物局，杭州良渚遗址管委会，省级各文博单位：

为深入贯彻落实习近平总书记关于文物安全工作的重要指示批示精神，落实国家文物局和省委、省政府有关决策部署，切实加强全省文物安全工作，省文化和旅游厅、省文物局制定了《浙江省文物安全工作全面提升三年行动计划（2020 年—2023 年）》，现印发给你们，请结合本地实际，认真贯彻落实，确保三年行动取得实质性成效。

特此通知。

浙江省文化和旅游厅
浙江省文物局
2020 年 9 月 16 日

浙江省文物安全工作全面提升三年行动计划（2020 年—2023 年）

为认真贯彻落实《浙江省人民政府办公厅关于进一步加强文物安全工作的若干意见》（浙政办发〔2018〕17 号）、《浙江省安全生产委员会关于印发〈浙江省第二轮安全生产综合治理三年行动计划〉的通知》（浙安委〔2020〕10号），坚决筑牢文物安全防线，全面提升文物安全工作，经研究，特制定本行动计划。

一、总体要求

以习近平新时代中国特色社会主义思想为指引，深入贯彻落实习近平总书记关于文物工作重要论述和重要指示批示精神，牢固树立安全发展理念，对标对表"三地一窗口"新目标新定位，聚焦法人违法、盗窃盗掘、火灾事故三类风险，健全安全防控体系，加大执法督察力度，完善安全防护设施，强化人才队伍建设，更加扎实地筑牢文物安全防线，为我省文物事业发展提供强有力的安全保障。

二、主要目标

通过 3 年努力，文物安全防范和问题处置能力得到有力提升，文物安全标准化监管和精密智控机制得到有效落实，文物机构和人才队伍建设得到稳步加强，实现"三降三升"工作目标，推动全省文物安全形势根本性好转。

——实现"三降"。较上一个 3 年段文物保护单位火灾事故总数下降 50％以上；文物法人违法案件总数下降 30％以上；文物盗窃盗掘案件总数下降 30％以上，其中，全国重点文物保护单位力争零事故。

——实现"三升"。实现文物安全隐患整改率较上一个 3 年段提高 10％以上；培养文物安全"明白人"不少于 100 名；全国重点文物保护单位、省级文物保护单位安全防护基础设施建设覆盖率分别达到 100％和 60％，其中省级文物保护单位覆盖率力争在 2025 年前达到 100％。

三、重点任务

（一）实施文物安全精密智控工程

全面建立文物保护单位分色分类分级动态监管，推动文物安全监管由"传统式管控"向"精密性智控"转变。强化数字赋能，构建文物安全监管"一图一库一清单"。"一图"是指文物安全风险隐患分色图，分色图分红、黄、绿 3 种颜色，相应等级为高风险、中风险、低风险；"一库"为文物安全状况电子档案库；"一清单"是指文物消防安全隐患整治清单，包括责任主体、具体隐患、改正措施及整改落实情况等。持续推进文物平安工程（二期），加强文物安全防护（安防、消防和防雷）设施建设，3 年内按目标完成田野文物、民居类文物建筑等省级以上文物保护单位的防火、防盗、防破坏技术装备配置，提升文物安全防范能力和水平。应用推广现代技术，推进无人机、机器人等先进智能技术装备在文物安全检查与执法巡查领域的普及应用，鼓励有条件的地方委托第三方专业机构开展文物安全技术监管和人工智能巡检，确保对安全事故和违法行为的早发现、早研判、早处理。

（二）实施文物安全守护工程

重点实施 3 项专项整治行动。一是开展全省民居类文物建筑消防安全专项整治三年行动。以省级以上文物保护单位中民居类文物建筑为重点整治对象，集中排查整治消防安全主体责任落实、生产用火用电、易燃易爆等危险物品管理、消防系统及设施设备配置、消防队及微型消防站建设等方面存在的突出隐患和问题。通过 3 年整治行动，消除一批民居类文物建筑重大火灾风险，打造一批文物消防安全专项整治标杆单位，制定一批地方性标准或规范性文件，推动我省文物消防安全工作标准化管理和高质量发展。二是开展文物法人违法案件专项整治行动。重点督察针对机关、团体、企事业等法人单位实施破坏、损毁不可移动文物本体，擅自迁移、拆除、修缮和原址重建不可移动文物，在文物保护单位保护范围、建设控制地带内违法建设，擅自改变国有文物保护单位用途等法人违法案件的查处工作，形成有效震慑。到 2023 年，基本实现存量案件清零，新增案件得到有力遏制。三是开展打击文物犯罪专项行动。配合公安机关深入排查、收集和梳理文物犯罪线索，重点打击盗窃、盗掘文物等犯罪行为，全力追缴被盗流失文物；加强对古遗址、古墓葬等野外文物和文物流通市场的巡查工作，发现线索及时报告公安机关；做好涉案文物的司法鉴定和接受保管工作；增强文物、博物馆单位预警防控能力，切实预防文物犯罪行为发生。

（三）实施民居类文物建筑以利用促保护工程

深化文物保护利用改革，积极探索民居类文物建筑以利用促保护的典型经验和做法，在全省加以推广运用，切实找到有效解决民居类文物建筑保护的新路子、新模式。针对我省民居类文物保护单位存在建筑耐火等级低、农村留守人员消防安全意识薄弱、用火用电不规范等消防隐患问题，鼓励各地通过依法流转、征收、租赁等方式，集中文物建筑的所有权或使用权，在严格遵守文物保护要求的前提下，促进文物建筑融入文化、旅游等业态，适当开辟公共文化空间，开展文物展陈、文化展示；积极引进民宿、书吧等新业态，做好空间活化利用；视条件开放文物保护点为景点，纳入地方全域旅游精品线路，实现发展性保护。到2023年，力争完成省级以上文物保护单位以利用促保护的改革任务。

（四）实施文物安全监管标准化工程

建立完善我省文物安全工作标准化管理体系，严格执行文物安全工程相关标准，以标准化改革促全省文物安全监管质量和水平全面提升。逐步形成科学规范、易于掌握、便于操作的文物安全隐患排查、文物安全事故应急处置演练等工作规程，切实提升我省文物安全管理工作规范化、制度化、科学化水平。优化文物安全防护工程管理工作，做到严格方案审批，规范审查程序，强化工程监管，提升服务水平，确保将每个安防项目打造成精品工程、放心工程。

（五）实施文物安全人才培训工程

每年通过现场培训、网络教学等形式深入开展文物安全和执法业务培训，优化教学内容，丰富培训方式，提升轮训效果，着力突出理论学习和实战能力，切实提高工作实际能力。同时，实行文物安全人员培训合格证书制度，保证培训质量。依托长三角区域文物专家库平台，每年开展骨干人才培训不少于1次，做好"传、帮、带"工作，努力壮大全省安全监管和行政执法中坚力量。到2023年，实现文物安全和执法培训的地区和人员全覆盖。

四、保障措施

（一）加强组织领导

各地各单位要切实提高政治站位，落实主体责任，认真部署安排，集中力量打好3年文物安全攻坚战。发挥好省级文物安全工作联席会议制度作用，定期召开文物安全工作例会，研究解决文物保护重点难点堵点问题。各设区市应建立文物安全工作例会制度，加强沟通协调，强化部门联动，形成工作合力。文物部门配合公安、海关等有关部门重点开展打击文物走私犯罪专项行动；联合消防、宗教等部门重点开展消防安全隐患专项排查；联合市场监管部门重点开展文物市场流通领域执法监管等；协同自然资源部门重点开展涉及文物的建设工程前置监管；协调建设、交通、水利等有关部门配合文物部门开展文物违法案件查处工作等，形成齐抓共管工作格局。推动建立"浙江省文物保护联盟"，引导文物研究机构、文保组织、志愿者等社会力量参与文物保护工作。

（二）建立完善常态化文物执法和监管机制

建立健全以日常巡查为主，"双随机"抽查、专项督察和交叉检查相结合的文物执法监管工作机制。全面落实文化市场综合执法队伍文物行政执法和日常巡查监管责任，对省级及以上文物保护单位巡查每月不少于1次，对其他文物保护单位和文物保护点巡查每季不少于1次。构建以政府主导的县（市、区）、乡镇（街道）、村（社区）3级文物安全监管网络，和县、乡、村、使用人"4级责任制"，确保文保员对文物保护单位一日一查，在重点时段对重点单位进行24小时值守。进一步建立健全文物突发应急预案工作机制，省级以上文物保护单位做到"一处一策、一家一预案"，做到精准施策、科学防控。

（三）强化人员保障和资金投入

各地文化和旅游、文物部门要主动担当作为，积极争取当地党委、政府对文物保护机构队伍建设的重视与支持，从实际工作出发，适当增加文物专业机构和人员编制，保持文物队伍稳定。各地文化和旅游、文物部门要积极争取财政支持，通过现有资金渠道，对文物保护单位、博物馆等风险单位的安全防护基础设施建设、运行及维护经费应予积极保障。加强经费绩效管理和监督审计,提高资金使用效益。建立健全激励机制,积极引导和鼓励社会资本参与文物保护和安全监管。

(四)加强文物安全督察和评价问责机制

省文物局将每年开展一次全省文物安全工作督察评估,通报全省文物安全工作情况,对重大文物案件和安全事故进行督办或行政约谈,对存在重大火灾隐患的文物单位提请省安全生产委员会挂牌督办。此外,文物安全事项将纳入"创建文明城市""全域旅游示范区""A级旅游景区"等评优创先活动的评查指标。各地各单位要建立并落实文物安全工作督察和评价问责制度,推动文物安全工作纳入党政领导班子和领导干部政绩考核综合评价体系,切实增强各级领导干部文物保护利用的意识;落实文物保护责任终身追究制,责任人因不依法履行职责、失职渎职等导致文物遭受破坏,造成损失的,依法追究党纪政务责任。

浙江省文化和旅游厅关于印发《浙江省红色旅游教育基地管理办法(试行)》的通知

浙文旅资源〔2020〕43号

各市、县(市、区)文化和旅游局:

为充分发挥我省"三个地"政治优势,进一步加强红色旅游教育基地建设和管理,以实际行动为建设"重要窗口"贡献红色力量,浙江省文化和旅游厅结合我省实际,研究制定了《浙江省红色旅游教育基地管理办法(试行)》。现印发给你们,请认真贯彻执行。

浙江省文化和旅游厅
2020年11月18日

浙江省红色旅游教育基地管理办法(试行)

第一章 总 则

第一条 为进一步加强红色旅游教育基地建设和管理,以实际行动为建设"重要窗口"贡献红色力量,依据《中共中央 国务院关于开展质量提升行动的指导意见》《浙江省爱国主义教育基地建设管理使用办法(试行)》等法律法规和文件精神,结合我省实际制定本办法。

第二条 本办法所指的浙江省红色旅游教育基地,是指以在革命、建设和改革的各个历史时期所遗存的纪念地、标志物等为载体,以其所承载的革命历史、革命事迹和革命精神为内涵,具有接待游客开展瞻仰缅怀、游览教育主题活动等功能,具备相应服务设施、提供相应旅游服务的旅游区。

第三条 加强浙江省红色旅游教育基地管理要坚持以习近平新时代中国特色社会主义思想为指导,以培育和践行社会主义核心价值观为根本,以红色旅游教育、革命传统教育、国防军事教育为主题,深入挖掘思想文化内涵,不断丰富教育内容,创新展示方式,提升教育效果,打造全省红色旅游发展的示范区、引领区、创新区。

第二章　申报和命名

第四条　浙江省红色旅游教育基地应符合下列标准：

（一）红色主题鲜明。红色资源保存完整，革命历史、革命文化、革命事迹、国防教育等主题突出，红色元素鲜明。

（二）公共设施齐全。具有一定规模的固定建筑和展陈场所，道路、通讯、水电等基础设施完备，安保、卫生、停车场、无障碍通道等服务设施健全，定期开展文物维修保护工作。

（三）教育功能突出。突出红色教育功能，提供免费开放或减免门票服务，建立与周边机关、企事业单位、学校、社区、驻地部队共建共享机制，针对党员干部、青少年、部队官兵、基层群众等开展主题教育活动。

（四）管理服务规范。有专门机构和专职人员，负责开展红色旅游教育基地工作。具有和基地规模相匹配，能够满足工作需要的专业技术人才和讲解员队伍。全面落实基地文物维修保护、展陈布展等各项经费。

（五）综合效益明显。对旅游者具有吸引力和教育意义，红色旅游产业和事业融合发展，"旅游＋"发展良好，对当地经济社会发展具有明显带动作用，能产生良好的政治效益、经济效益和文化效益。

第五条　浙江省红色旅游教育基地的申报和命名工作由省文化和旅游厅组织实施，遵循自愿申报、分级审核、动态管理的原则，由申报单位对照《浙江省红色旅游教育基地评价标准》自评，自评达标的，向设区市文化和旅游局提出书面申请，并递交相关申请材料，各设区市文化和旅游局审核后向省文化和旅游厅推荐申报。

第六条　申报浙江省红色旅游教育基地，须提供以下材料：

（一）浙江省红色旅游教育基地申报表；

（二）红色旅游教育基地简介、硬件设施、展陈内容和形式、队伍建设、制度保障、活动开展情况等资料；

（三）展品目录、展陈大纲、讲解词；

（四）专业研究人员资质介绍。

第七条　浙江省文化和旅游厅组织有关人员，依据有关申报标准，对申报单位进行实地评价，评价结果在浙江省文化和旅游厅官网进行公示，公示期限为7个工作日，期满无异议的，由浙江省文化和旅游厅正式命名为省级红色旅游教育基地。

第三章　管理服务

第八条　省级红色旅游教育基地要有相应管理机构，工作职责明确，人员队伍稳定，管理制度健全，日常管理规范，服务品质优良。

第九条　省级红色旅游教育基地，应严格落实党中央、省委关于红色旅游工作部署要求，不断完善教育功能，加强宣传推广力度，提供高效优质服务，充分发挥红色旅游教育作用。

第十条　省级红色旅游教育基地实行动态评价机制，每2年进行一次复核。复核中发现问题，将视情分别给予责令改正、撤销称号等处理。被撤销省级红色旅游教育基地称号的，满3年后方可再次申请。

第四章　附　则

第十一条　本办法由浙江省文化和旅游厅负责解释，市、县（市、区）两级的红色旅游教育基地建设、管理可参照本办法制定具体实施细则和评价标准。

第十二条　本办法自2020年12月1日起施行。

浙江省红色旅游教育基地评价标准

考评项目	考评内容	评价标准	评分方法与说明	总分值	分项值	考评方式
红色文化	红色文化	基地的红色资源保存完整；重大事件、标志性人物和代表性事件等主题明确。	保存完整、主题突出、资料齐全得15分，较好10分，一般5分，较差不得分。	15	15	现场检查材料审核
主题教育	教育性强	传递优秀文化，开展红色教育，主题突出，以史育人；围绕思想教育、文化建设组织教育活动。	有课程设置和授课教师，课程丰富，主题教育活动开展好得15分，较好10分，一般5分，较差不得分。	15	15	现场检查材料审核

续　表

考评项目	考评内容	评价标准	评分方法与说明	总分值	分项值	考评方式
基础设施	场馆设施	基地场馆设施修缮、建设应尊重历史原貌，突出历史感，建筑风格应符合历史文化内涵，明确事件遗址的范围。	较好得 5 分，一般 3 分，较差不得分。	10	5	现场检查
		基地场馆内应展陈与主题相关的文物、实物，种类丰富，保存完好。	较好得 5 分，一般 3 分，较差不得分。		5	现场检查
	接待设施	应设置游客服务（咨询）中心；有特殊人群需要的设施、休息场地，如盲道、轮椅、残疾人无障碍通道等。	游客服务中心设施完备得 3 分，有特殊人群需求设施 2 分。	10	5	现场检查
		应配备开展教育宣传活动的场所和设施，配置通信、网络等设施，标识标牌规范。	场所和设施不足的酌情扣分。		5	现场检查材料审核
游览服务	游览体验	展陈逻辑关系清晰，表现方式多样，主题突出，教育性强，宜通过传统手段和现代技术相结合，丰富展陈形式。	展陈形式多样性好得 4 分，一般 2 分，较差不得分。	4	4	现场检查
		体验游览围绕主题，还原历史，故事性强，为研学旅行、生活体验、模拟体验等游览形式设计体验项目。	体验游览围绕主题得 2 分，还原历史 2 分，创新研学旅行的线路和产品 2 分。	6	6	现场检查
		解说词严谨，尊重历史，区分详细讲解词、一般讲解词、特殊游客讲解词。	较好得 2 分，一般 1 分，较差不得分。	2	2	现场检查
	讲解员队伍	注重讲解员队伍培养，讲解员可包括专职讲解员、志愿者、亲历者和相关人员，宜建立兼职讲解员和志愿者讲解员队伍。	数量与游客接待规模和旅游基地性质相适应，酌情打分。基地少于 2 名讲解员不得分。	3	3	现场检查
	交通服务	应设置基地交通引导标志，在道路连接线基地出、入口设置引导标识。	缺失 1 处扣 1 分。	5	3	现场检查
		应设置与基地规模相匹配的停车场。	酌情给分。		2	现场检查
管理服务	投诉管理	应设立投诉受理机构，配备专职人员，制定受理和处置制度。	有 1 项得 1 分，最高得 3 分。	8	3	现场检查
		应在游客中心、宣传资料和网站、门票上公布监督投诉电话，宜设置多渠道投诉平台。	有 1 项得 1 分，最高得 3 分。		3	现场检查
		对于游客投诉，应迅速调查核实受理，在时限内将处理结果告知投诉者。	查询有关行政管理部门和基地自身记录，酌情给分。		2	材料审核
	咨询服务	应在网站和宣传资料上提供基地方位、开放时间、基地概况、游览内容和联系方式等基本信息。提供现场信息咨询服务。	缺失 1 处扣 1 分。	2	2	现场检查

考评项目	考评内容	评价标准	评分方法与说明	总分值	分项值	考评方式
管理服务	宣传推广	积极组织各类宣传推广活动,利用电视、网站、公众号等媒介开展宣传推广。	较好得3分,一般1分,较差不得分。	3	3	现场检查
卫生安全	卫生	教育基地环境卫生整洁,无乱堆、乱放、乱建现象。	发现1处不合格扣1分。	2	2	现场检查
	安全	安全风险地段警示标识和防护设施应齐全、醒目、规范。	设置不规范,每处扣1分,没有设置不得分。	6	3	现场检查材料审核
		各项安全管理制度规范,安全岗位职责明确,建立安全检查制度,应建有突发事件应急预案。	酌情扣分。		3	现场检查
综合效益	资源保护	在旧址、遗址的修缮和文物、文献资料的收集、整理过程中保持历史原真性,对文物本体进行妥善保护和管理。	较好得3分,一般1分,较差不得分。	3	3	现场检查
	文创开发	开发主题文创产品、伴手礼等。	较好得3分,一般1分,较差不得分。	3	3	现场检查
	社会效益	基地促进所在地经济和社会发展,与所在地发展和谐,具有带动效应。	较好得3分,一般1分,较差不得分。	3	3	现场检查

备注:1. 本细则共计100分,参加评选的基地总分达到80分为合格。

2. 在基地内发生严重违法现象,并被依法查处的,实行一票否决制。

浙江省文化和旅游厅关于推进文化和旅游深度融合发展的意见

浙文旅〔2020〕131号

各市、县(市、区)文化和旅游局,省文物局,厅属各单位,厅机关各处室(专班):

为深入贯彻党中央、国务院和省委、省政府关于推进文化和旅游融合发展的决策部署,推进全国文化高地、中国最佳旅游目的地、全国文化和旅游融合发展样板地建设,现就推进文化和旅游深度融合发展提出如下意见。

一、总体要求

(一)指导思想

高举习近平新时代中国特色社会主义思想伟大旗帜,深入贯彻党的十九届五中全会和省委十四届八次全会精神,坚持新发展理念,以推动高质量发展为主题,以深化供给侧结构性改革为主线,以改革创新为根本动力,以满足人民日益增长的美好生活需要为根本目的,加快把文化和旅游资源优势转化为发展优势,更加有效地传播优秀文化,更加有力地助推经济社会发展,全面提升人民群众获得感幸福感,为争创社会主义现代化先行省贡献力量,为全国文化和旅游融合发展贡献经验。

(二)基本原则

1. 以文塑旅,以旅彰文。充分发挥文化和旅游的各自优势,促成化学反应、形成发展动能,实现文化和旅游相互促进、相辅相成,提高发展质量和效益。

2. 宜融则融,能融尽融。积极探索文化和旅游融合规律,找准最大公约数和最佳连接点,实现资源共享、优势互补,拓展新的发展空间、形成新的发展优势。

3. 提升品质,主客共享。坚持以人民为中心的发展思想,突出游客和居民"双满意",营造主客共享的文化和旅游生活空间，让游客和居民共享文化和旅游融合发展红利，不断满足人民群众对美好生活的新期待。

4.因地制宜，分类指导。从各地、各单位的实际出发，立足区位特点，依据资源禀赋，大胆探索新方法、新路径、新模式，走特色化、差异化发展道路。

5.数字驱动，改革创新。创新科技和数字化手段运用，促进供给侧、需求侧全面变革，努力形成文化和旅游现代化治理体系，促进文化和旅游深度融合。

6.系统谋划，整体推进。以系统性思维，加强前瞻性思考、全局性谋划，健全文化和旅游融合发展体制机制，强化协调联动，调动一切积极因素，提升文化和旅游融合的整体效益。

（三）发展目标

到2025年，文化和旅游融合工作重点难点取得突破，整体水平明显提升，路径和方法日臻成熟，高质量融合发展的制度体系和工作机制基本完善，文化和旅游在更宽领域、更深层次、更高水平上实现融合发展。文化产业和旅游产业均成为全省主导产业，文化建设和旅游发展各项主要指标位居全国前列，形成一批国内领先、有国际影响力的"单打冠军"，全面形成领先优势和领航态势，成为全国文化和旅游融合样板地，为我省"重要窗口"建设增添文化底色和旅游魅力。

——浙江文化的传播力和影响力显著提升。形成寓文于旅的高效传播体系，形成一批全国示范辐射的最佳实践案例。创建一批富有文化底蕴的世界级旅游景区和度假区，打造一批文化特色

鲜明的国家级旅游休闲城市和街区，重大文化标识体系更加清晰，浙江文化精神得到广泛传播，浙江文化在中华文明中的地位更加凸显，对外文化形象不断提升。

——浙江旅游产业的发展品质和核心竞争力显著提升。旅游产业的文化内涵更加丰富，旅游产业规模不断扩大、效益进一步提升，形成较完备的现代旅游产业体系，率先成为国内旅游大循环战略支点、国内国际旅游双循环的战略枢纽，努力建成现代化旅游经济强省，成为中国最佳旅游目的地和全域旅游示范省。旅游业对国民经济的综合贡献达到19%以上。

——人民群众对文化和旅游的满意度和获得感显著提升。建成文旅融合、主客共享的现代文化和旅游公共服务体系，文化和旅游高质量产品供给极大丰富，有效供给、精准供给水平进一步提升，文化和旅游成为新时代人民群众体验美好生活的重要方式和消费时尚，游客、居民的满意度达到90%以上。

二、积极探索新时代文化和旅游深度融合的主要路径与方法

（一）建立文化和旅游资源库

1.实施全省文化资源普查工程。全面调查、梳理我省文化资源状况。推进文化基因解码工程，深入挖掘浙江优秀传统文化、革命文化、社会主义先进文化资源蕴含的核心思想理念、中华传统美德、浙江人文精神，系统研究梳理浙江历史文脉，重点整理提炼"八八战略"实施以来现代文化价值，构建文化基因库，描绘浙江文化基因图谱，努力推出一批有重要影响的原创性成果，为下一

步成果转化利用、推出一批高质量的艺术精品和旅游产品、服务文化和旅游融合发展创造前提条件。到2022年底，全省核心文化资源基因解码工程基本完成。到2025年，以文化基因为基础的产业融合发展环境和机制基本成型，浙江文化价值体系更加清晰，文化应用体系更加完善，为全国资源分类与评价国家标准的制订提供"浙江样本"。

2.实施全省旅游资源普查工程。根据新时代旅游业发展的特点，拓展旅游资源的范围，厘清旅游资源的类别标准，对旅游资源进行科学评价，建立浙江省旅游资源数据库。聚焦可利用、可转化的资源，构建资源保护和利用体系。

（二）架构文化和旅游融合主要路径

1.实施"优秀传统文化＋旅游"。以浙江特色优秀传统文化资源为依托，加快建设"四条诗路"文化带、大运河国家文化公园、宋韵文化传承展示中心等重大项目和载体，重点打造诗路文化、良渚文化、南宋文化、越文化、南孔文化、和合文化、阳明文化、丝瓷茶文化、江南水乡古镇等浙江标志性文化旅游目的地品牌。充分利用浙江人文优势，打造与标志性文化主题相匹配的历史名人故里（故居）主题旅游线路和研学旅游目的地。加强文物资源活化利用，推进"千年古城"复兴计划、"拯救老屋"行动，打造"跟着考古去旅游"系列研学体验产品。充分用好浙江丰富非遗资源，重点建设10个文化传承生态保护区、100个非遗展示馆、100个非遗生活馆、100条非遗街区、100

家非遗旅游景区、100 家非遗民宿、100 家非遗文创园。

2.实施"革命文化＋旅游"。充分利用嘉兴南湖红船起航地、浙西南革命根据地等浙江革命遗址、遗存、遗迹,实施 100 项重大革命文物保护利用项目。把革命足迹和革命精神融入红色旅游线路设计、展陈展示、讲解体验,重点打造 100 个经典红色旅游景区、10 条"寻访红色足迹、传承红色基因"主题精品旅游线路;联合上海打造"重走一大路"主题红色旅游精品线路。在全省范围内创建一批富有感染力和震撼力的红色旅游教育基地,使浙江成为全国红色旅游圣地。

3.实施"社会主义先进文化＋旅游"。认真做好共和国历史、改革开放史上,特别是"八八战略"实施以来我省重要标识地、标志性事件的规划设计,实施建设彰显绿水青山就是金山银山理念、大陈岛垦荒精神、温州模式、义乌模式、枫桥经验等旅游目的地,推出主题旅游线路。发扬浙江精神,干在实处、走在前列、勇立潮头,加快开发创新文化、生态文化、数字文化、法治文化主题旅游产品。充分利用浙江文化建设新成果,推动文化创意、音乐、影视、动漫、网络文学、工艺美术、特色节庆等文化业态与旅游业融合,形成"文化创意＋旅游""音乐节＋旅游""影视＋旅游""动漫IP＋旅游""网络文学IP＋旅游""工艺美术＋旅游""特色节庆＋旅游"等新业态。

（三）丰富文化和旅游融合形态

1.促进农业文化旅游发展。进一步推动旅游与乡村振兴融合发展,充分发挥绿色生态、乡土文化、特色农产品优势,大力发展乡村休闲度假、乡村观光、创意农业、农渔体验、森林康养、乡村手工艺、乡村民宿等产品与业态,促进乡村生态环境优化和农民增收致富。

2.促进工业文化旅游发展。促进旅游与新型工业化融合发展,大力发展食品工业、工业遗迹、工业科普等工业旅游,建设 100 家以上工业旅游景点;依托浙江先进制造业,发展旅游装备制造业,形成浙江特色工业旅游体系。

3.促进数字文化旅游发展。推进数字赋能,加快把浙江数字文化优势转化为旅游优势。推进5G、云计算、大数据、VR/AR、物联网、人工智能、区块链等新技术在文化和旅游领域的应用,推广沉浸式体验型前沿产品。依托数字技术创新经营模式,创新多元消费场景,助推文化和旅游消费数字生态建设。

4.促进其他文化形态与旅游融合发展。创新推动教育与旅游业深度融合,探索全省中小学研学旅行学分制,打造"跟着课本游浙江"品牌;创新推动体育与旅游业深度融合,以杭州亚运会为契机,举办有影响力有分量的体育旅游活动;创新推动科技与旅游业深度融合,支持科技旅游,开发低空旅游、高科技视觉体验等文化和旅游新产品;创新推动卫生健康与旅游业深度融合,充分利用浙江生态、中医药、温泉等资源优势,打造一批高品质的中医药养生、温泉度假、天然氧吧等绿色康养旅游产品;创新推动商务与旅游业深度融合,依托互联网、先进制造、电子信息、新材料、新能源、纺织等领域的国际级展会,创新发展商务会展旅游;发展自贸试验区文化旅游业,加快形成新的增长点。

（四）探索文化和旅游融合方法

1.把文化资源转化为旅游产品。推进文化场馆景区化建设,推动博物馆、美术馆、高校等创建成为 A 级旅游景区。推动一批农村文化礼堂具备乡村旅游服务中心功能。推进考古遗址公园建设,建成绍兴宋六陵、安吉龙山八亩墩等 25 处以上考古遗址公园。推进非遗资源转化为旅游线路,将非遗传习基地和传统民俗活动场所纳入重点旅游线路,引导游客体验非遗制作、参与非遗表演。推进文创产品转化为旅游商品,推出 100 个浙派文化符号伴手礼。

2.为旅游产品植入文化元素。推进"文化润景"计划,深入挖掘地域特色文化,把民间传说、节日习俗、历史名人、地方戏剧、诗歌等文化元素,通过文化策划和设计有机融入旅游产品。支持公共图书、文化活动植入旅游景区、度假区,引导文化艺术活动向旅游者延伸服务,推动旅游景区、度假区文化消费升级。制定《关于促进旅游演艺发展的指导意见》,推进演艺业进旅游景区。

3.以文化和旅游融合的思路规划建设新项目。推进浙东唐诗之路等"四条诗路"和"十大海岛公园""十大名山公园"建设,积极扩大文化和旅游有效投资,在解码文化基因、梳理文化脉络的基础上,谋划、储备、实施一批具有牵引性的文化和旅游融合重大项目,争取"十四五"时期有150个以上项目列入省重点项目、省服务业重点项目、省市县长项目。探索试行重大文化和旅游项目文化评价制度。

三、聚力推进重点领域文化和旅游深度融合

（一）推进文化和旅游产业融合

1.壮大市场主体。鼓励文化企业和旅游企业共享发展平台和载体,在产品开发和服务创新上互相融通,通过双向赋能、跨界做优做强,推动形成一批具有较强竞争力的领军企业、骨干企业。支持浙商回归投资兴办文化和旅游企业,有计划引进一批国内外大型文化和旅游集团,培育100家文化和旅游融合骨干示范企业。

2.丰富文化和旅游产品。以"诗画浙江·美丽大花园"建设为统领,创建全国全域旅游示范省。突出创新创意,推动文化产业全要素与旅游产业"吃住行游购娱"等要素深度融合,丰富产品供给。深入实施"诗画浙江·百县千碗"工程,强化标准引领、质量提升、文化挖掘、技术传承,培育3—5个特色美食小镇、30个特色美食街区和美食园区、500家特色美食店等美食文化体验场所,展现舌尖上的浙派美食文化魅力。建设200家省级特色文化主题饭店和200家文化主题民宿,彰显"此心安处是吾乡"住宿文化魅力。建成1万公里自行车文化体验骑行绿道,10条自驾车文化旅游绿道,1000个兼具文化体验功能的旅游驿站,提供有温度有记忆的文化之旅。评定1000个星级旅游商品购物点,形成"浙江有礼"

旅游购物特色品牌体系。大力发展旅游演艺,推出《宋城千古情》《最忆是杭州》《X绮幻之境》等10部具有全国影响力的演艺力作;探索"景区＋游乐"等景区娱乐新模式,打造20个左右品牌主题公园。

3.搭建产业平台。打造浙江省文化和旅游产业投融资服务平台,促进项目资源、投资企业、金融机构、中介服务机构和资产运营管理机构的对接合作。立足构建完善产业链,支持创建一批国家文化产业和旅游产业融合发展示范区,建设20个以上省级文化产业和旅游产业融合发展试验区,引领文化和旅游产业融合。建立文化和旅游产品研创平台,集成各优质科研创作资源,集聚优秀人才,促进创新产品不断涌现,引领产业优化和升级。

（二）推进文化和旅游市场融合

1.融合市场推介。充分利用报刊、广播、电视等传统媒体,加大与各大门户网站、大型旅游网站、搜索引擎的合作,策划开展全方位、多层级、立体化的宣传营销。建立代言人队伍,鼓励景区导游、民宿经营者、非遗传承人等运用微博、微信、抖音App等新媒体、新技术为家乡宣传代言,开展"短平快"智慧宣传。积极参与各类展销、展览,高水平办好中国义乌文化和旅游产品交易博览会、中国国际网络文化博览会、中国国际动漫节等重要展会,充分发挥文化和旅游产业综合性平台作用,有针对性地开展客源目的地推介。创作一批有浙江辨识度的名歌、名曲、名剧。

2.创设大客流量消费载体。

以特色优质产品和良好服务,吸引国内外游客,加快观光旅游向休闲度假转变。充分发挥特色文体活动的魅力,因地制宜积极创设节庆论坛、文艺演出、体育赛事、直播带货等活动载体,创新举办各地特色民俗活动,集聚市场人气,让游客多游一天、多住一晚。

3.促进消费升级。推广杭州、宁波两个国家文化和旅游消费示范试点城市经验,指导推进温州等23个省级文化和旅游消费试点城市建设,培育5个以上国家级、20个以上省级夜间文化和旅游消费集聚区,打造长兴龙之梦等10个旅游演艺集聚区。利用浙江自贸试验区扩区契机,积极发展国际邮轮游艇旅游、国际医疗康养旅游、国际会展会议旅游等文化和旅游业态,实现跨境文化和旅游集成消费。积极打造历史文化街区、休闲文化街区,集成娱乐演艺、影视产业、文化休闲、美食餐饮、酒店住宿、购物旅游等业态,让游客方便在集中区域集成消费。完善促进消费政策,扩大国际旅游144小时过境免签政策覆盖面,积极推进与上海等地口岸签证机关的联动,提供口岸签证和入境的便利。全面落实带薪休假制度,探索弹性工作制。继续发挥文化和旅游消费券带动作用,激发消费潜能。

4.促进文化和旅游市场监管融合。全面完成市场综合执法队伍整合组建任务,统一文化、文物、出版、广播电视、电影、旅游市场行政执法职责。加强文化市场执法能力建设,健全文化市场综合执法绩效考评制度。加强对新主体新业态新群体的引导、管理

和服务。加速推进文化和旅游领域信用体系建设，着力打造"全省文化和旅游行业信用监管平台"，建立信用监管机制。

（三）推进对外和对港澳台文化和旅游交流融合

1. 培育交流传播品牌。持续打造"美丽中国·诗画浙江"浙江文化旅游传播品牌，实施全球推广计划，同步推进文化交流和旅游推广。设立浙江省对外文化交流精品项目库，兼容文物展、非遗展、美术展和歌舞剧、话剧、音乐剧等形式，打造100项最具浙江标识度的文化和旅游海外交流推广精品。积极推进中国丝绸博物馆、乌镇景区等一批省级国际人文交流基地建设，使之成为"世界看浙江"的创新品牌。

2. 优化传播渠道。借助文化和旅游部海外中国文化中心和旅游办事处、国际友城、海外浙商力量，借助浙籍华人在国外创办的电视台、报纸等媒体，利用海外中餐馆等，广泛开展交流传播。鼓励支持各类文化和旅游相关机构组织联合创立或参与知名的国际产业联盟或组织。谋划布局5—10个境外浙江文化和旅游推广中心，统筹安排交流项目和活动。把握入境游客旅游需求和接受习惯，打造入境旅游精品景区和线路，把提升服务品质和改善文化体验结合起来，更好地向国外游客展示文化的思想内涵和精髓。借助网络媒体载体，有效开展网络文化和旅游交流传播。重点打造旅游和文化艺术两个国际性展示平台。

3. 建强交流传播队伍。聘选培育100名左右"诗画浙江"国际推广"代言人"和"宣传员"。实施

导游、领队和讲解员文化素养研培计划及"金牌导游"培养项目，提升讲好文化故事的能力，成为优秀文化故事的生动讲述者、传播者。实施文明旅游行动计划，加强对出境游客的教育引导，提升文明素质，遵守境外的法律法规，尊重当地的风俗习惯，努力让每一个出国的游客当好中国形象体现者、中国故事讲述者和中华文明传播者。

（四）推进文化和旅游公共服务融合

1. 优化交通服务。将旅游和交通的融合发展纳入浙江省交通强国建设试点任务，推进现代铁路、公路、港航、航空、绿道等交通基础设施建设，提升各类交通接驳能力，有力支撑文化和旅游产业发展。推进旅游集聚区交通环线架构和实施，加快通景公路建设，打通"最后一公里"，增强通达性。加快邮轮码头建设，提升景区停车场设施。谋划实施利用通用机场发展低空旅游。加快发展邮轮等旅游交通制造业。

2. 优化生活服务。深化旅游"厕所革命"，加强厕所文化建设。加快5G网络、游客休憩点在旅游景区和文化场馆的布局，提高消费支付的即时性和便捷度。提升旅游餐饮服务品质。在游客聚集区积极引入影院、剧场、书店等文化设施，构建主客共享的文化和旅游新空间。

3. 优化信息服务。优化升级"浙里好玩"平台，完善文化和旅游产品与旅游线路数据库，整合市场优质平台，面向公众提供更精准、更匹配、更个性化的文化和旅游服务。加强信息集成，提升游客获取资讯和游览服务便捷

度。加强区域合作，加快建设全省统一导览服务，主动对接长三角一体化文化和旅游信息服务体系。

4. 优化安全服务。利用大数据平台，加大口碑、市场负面舆情监测，把问题解决在萌芽状态。突出景区内玻璃栈道、索道、缆车、大型游乐设施等特种设备以及滑雪、低空旅游、涉水旅游等新型业态的安全薄弱环节，制订相关标准，加强安全监管。加强对景区景点、服务设施的消防设施、森林防火等有效监管，做好消防安全。加强道路、水路旅游交通、旅游车辆安全监管和驾乘人员安全教育工作，确保交通安全。

5. 优化法律服务。争取制定《浙江省文化产业促进条例》《浙江省公共图书馆条例》《浙江省全域旅游促进办法》等，修订《浙江省旅游条例》《浙江省文物保护管理条例》《浙江省非物质文化遗产保护条例》等。鼓励推进旅游行政调解以适当方式进驻当地社会矛盾纠纷调处化解中心并实质性运行。健全旅游、法院、检察、司法、公安、信访等联合参加的"一站式"法律服务和调解机制。

四、强化文化和旅游深度融合的支持体系

（一）强化政策支撑

鼓励各地设立文化和旅游融合发展专项资金。深化政银战略合作，鼓励金融机构加大对文化类景区、度假区、酒店和文旅融合项目的信贷支持力度。探索开展"文化型景区、度假区"等文化和旅游融合示范单位认定工作。将文化和旅游融合纳入景区、度假区、全域旅游示范区、旅游风情小镇考核办法以及景区城、景区镇、

景区村建设指南。推动文化和旅游融合纳入浙江省文化产业重点县评选、浙江省公共文化服务体系示范区创建的重要内容。

（二）强化项目牵引

以"四条诗路""十大海岛公园""十大名山公园""百张金名片""万亿投资""全域旅游"等重大项目为牵引，促进文化和旅游融合发展。实施领航计划，筛选一批全国领先、世界有影响力的"单打冠军"项目集中攻坚。在合力打造"百张金名片"的基础上，叠加推进，形成世界性、国家级文化和旅游品牌。实施文旅融合IP工程，重点建设和提升100个左右文旅融合发展IP，探索形成IP的衍生机制和商业模式。

（三）强化科技赋能

探索打造省级文化和旅游科技创新平台，支持文化和旅游科研重点实验室建设。完善文化和旅游系统科研立项制度，扶持文化和旅游科技项目。鼓励文化和旅游科技企业申报科技型中小企业、高新技术企业、技术先进型服务企业。建成"浙里好玩"全域旅游智慧化服务平台，升级浙江智慧文化云。建成基于大数据的旅游风险预警系统，实施智慧化监管。

（四）强化标准推动

研究制定《研学旅行课程与线路设计指南》《文化和旅游融合工作指南》等一批地方标准，建成覆盖文化和旅游各领域、支撑高质量发展的标准体系，以标准引领文化和旅游深度融合。

（五）强化人才保障

推进浙江音乐学院、浙江旅游职业学院和浙江艺术职业学院改革发展，支持浙江旅游职业学院、浙江艺术职业学院在推动高质量高水平发展的基础上，开展本科层次职业教育试点。加强文化和旅游部门与浙江大学、中国美术学院、中国计量大学、浙江理工大学、浙江外国语学院等高校的战略合作，大力培育文化和旅游复合型人才，联合开展协同攻关。实施80个左右文化和旅游导师工作室培育计划，推行"导师＋团队＋项目＋传承"人才培养模式。支持引进文化和旅游高端人才、紧缺人才。探索试行文化和旅行设计师培育计划。

（六）强化改革驱动

按照整体智治的理念，统筹推动数字技术应用和制度创新，对文化和旅游施政理念、机制、工具、手段进行全方位、系统性、重塑性变革。深化文化和旅游领域"最多跑一次"改革，开展"一件事"综合集成改革，推行行政审批告知承诺制。支持国有文艺院团"一团一策"改革、文化事业单位收入分配制度改革，鼓励参与文化和旅游融合发展。

五、切实抓好对文化和旅游深度融合的组织实施

（一）加强组织领导

加强对文化和旅游深度融合发展的领导和统筹协调，将文化和旅游深度融合作为深化文化和旅游体制机制改革的重点任务，定期研究解决重大问题。要对照任务细化工作举措，切实抓紧抓好。要将文化和旅游融合发展纳入"十四五"文化和旅游发展规划，谋划设计一批重大平台、重大项目、重大改革、重大政策，加强上下联动，形成协同推进的工作格局。

（二）开展考核评价

探索制订全省文化和旅游融合发展评价指标体系，建立融合成效晾晒制度。争取将文化和旅游融合发展纳入各市、县（市、区）绩效目标考核，推动各地抓好落实。

（三）加强统计分析

持续推进文化和旅游统计改革与创新，完善统计体系。建立文化和旅游融合发展监测系统，为客观决策提供数据支撑和咨询服务。

（四）强化宣传推广

注重总结经验，组织编辑《浙江省文化和旅游融合发展最佳实践案例》。用好各类宣传媒介，加强对先进典型和经验的宣传报道，营造文化和旅游融合发展良好社会氛围。

浙江省文化和旅游厅
2020年12月15日

浙江省文化和旅游厅　浙江省促进中小企业和民营企业发展工作领导小组办公室关于印发《浙江省文化和旅游企业梯度培育计划（2020—2022年）》的通知

浙文旅产〔2020〕31号

各市、县（市、区）文化和旅游局、领导小组办公室：

为进一步贯彻落实《浙江省人民政府关于印发浙江省推进企业上市和并购重组"凤凰行动"计划的通知》（浙政发〔2017〕40号）、《浙江省人民政府办公厅关于实施"雄鹰行动"培育具有全球竞争力一流企业的通知》（浙政办发〔2018〕121号）、《浙江省人民政府办公厅关于开展"雏鹰行动"培育隐形冠军企业的实施意见》（浙政办发〔2019〕28号）等文件精神，梯度培育文化和旅游领域中小企业，加快推进文化和旅游"双万亿"产业高质量发展，经研究制定《浙江省文化和旅游企业梯度培育计划（2020—2022年）》，现印发给你们，请结合实际贯彻落实。

浙江省文化和旅游厅
浙江省促进中小企业和
民营企业发展工作领导
小组办公室
2020年12月28日

浙江省文化和旅游企业梯度培育计划（2020—2022年）

为深入推动省政府"凤凰行动""雄鹰行动""雏鹰行动"在文化和旅游领域落地实施，全面提振疫后文化和旅游企业发展信心，探索建立"双循环"背景下，文化和旅游企业梯度培育机制，培育一批优质的文化和旅游企业，助推经济复苏和转型升级，推动文化和旅游产业高质量发展，现制定本培育计划（2020—2022年）。

一、总体要求

（一）指导思想

深入贯彻十九届五中全会、习近平总书记考察浙江重要讲话和省委十四届八次全委会精神，坚持以新发展理念为引领、市场为导向、创新为动力、质量为根本，围绕"文化浙江""诗画浙江"建设目标，打造文化和旅游企业创业创新良好生态，引导企业走"专精特新"发展之路，做强产业链、做深价值链，提升企业核心竞争力。建立健全文化和旅游企业梯度培育机制，培育细分行业文化和旅游企业发展梯队，加快形成浙江文化和旅游产业发展特色和优势，为我省"努力成为新时代全面展示中国特色社会主义制度优越性的重要窗口"贡献文化和旅游力量。

（二）主要目标

分层次、分行业、分梯队建立文化和旅游企业梯队库，培育一批在国内外具有核心竞争力、创新力、引领力和综合实力领先、优质的文化和旅游企业集群，进一步提升文化和旅游产业增加值占GDP比重，巩固提升我省文化和旅游产业在全国的领先地位。

——领军示范企业显著提升。聚焦行业龙头企业，到2022年，培育100家左右发展速度快、创新能力强、盈利能力好、与资本市场对接紧密、具备一定规模实力、具有较好示范引领和带动作用的重点文化和旅游企业。

——骨干成长企业有新突破。聚焦规上企业培育，结合重点产业发展目标和行业发展特点，到2022年，培育300家左右成长性好、竞争力较强、技术优势明显的"专精特新"骨干型文化和旅游企业。

——新锐创新企业不断涌现。聚焦重点行业、新兴产业创业创新,到2022年,培育不少于600家发展势头强劲、商业模式得到资本和市场初步认可,具有较强自主创新能力和发展潜力的新锐型文化和旅游企业。

二、主要任务

(一)实施数字赋能服务工程

顺应数字产业化和产业数字化发展趋势,贯彻落实《文化和旅游部关于推动数字文化产业高质量发展的意见》,深化《推动数字文化产业发展三年行动计划(2018—2020年)》建设成果,深入实施文化产业数字化战略。培育一批具有较强核心竞争力的大型数字文化企业,引导互联网及其他领域龙头企业布局数字文化产业,形成特色鲜明、技术先进、布局合理、链条完善的数字文化产业发展格局。通过数字赋能,升级一批未来景区、未来酒店、未来民宿、未来剧院等"未来系列"市场主体,引领新时代发展,占领未来制高点。推动数字文化产业规模、质量和发展潜能领跑全国,力争成为浙江万亿级文化产业发展的重要增长极,争创成为国家数字文化产业示范省。

(二)实施创新创业服务工程

深化文化和旅游产业供给侧结构性改革,鼓励文化和旅游企业加大研发投入,开展技术、产品、服务创新,以及生产、组织、管理和商业模式等创新,探索开拓文化和旅游产业新领域、新技术、新业态、新模式,重点培育文化创意、工业展陈、研学旅行、商务会展、运动休闲、海洋海岛、康体养生、购物置业等新型旅游业态。支持文化和旅游企业围绕产业主攻方向,加大产学研合作,开展技术攻关,突破一批具有战略性、前瞻性的重大核心技术,带动产业升级和创新发展。鼓励市场主体打造文化和旅游产业众创空间、双创服务平台,依托中国义乌文化和旅游产品交易博览会、中国国际网络文化博览会、中国国际动漫节等会展平台,做好文化和旅游企业"双创"成果展示推广。完善人才培养、评价激励、流动配置机制,突出导向管理、思维创新和实务培养,把文化和旅游创业创新人才培育作为推动文化和旅游企业发展的重要引擎。

(三)实施品牌培育服务工程

提炼文旅企业IP元素,提升文旅企业IP品牌,逐步建立文旅企业IP体系与集群,通过优化文旅企业IP资源,做深"文化浙江"内涵,打响"诗画浙江"品牌。重点打造和提升100个具有全国影响力的文旅融合IP,推动文化和旅游企业利用IP营造产业可持续发展生态圈,辐射和带动产业结构调整与转型升级。鼓励企业引进顶尖IP、管理团队、商业模式、营销渠道等资源,形成一批影响大、质量好、产业带动性强的行业龙头企业。遵循文旅产业发展规律,充分发挥市场的主体性作用,引导各类资本集聚,探索形成文化和旅游融合的IP衍生机制和商业模式,全面提升我省文化和旅游企业IP的核心竞争力和市场影响力。

(四)实施融合提升服务工程

坚持"宜融则融、能融尽融,以文塑旅、以旅彰文"的总体思路,推动演艺、非物质文化遗产和文物资源等文化资源与旅游产业融合发展,重点培育文化创意、红色旅游、动漫游戏、旅游演艺、遗址探秘、工业展陈、农事体验、商务会展、运动休闲、康体养生等"文化和旅游+"业态。鼓励建设集文创商店、特色书店、小剧场、文化娱乐场所等多种业态的消费集聚场景,激发居民文化和旅游消费潜力。推进博物馆文化和旅游融合改革创新,鼓励有条件的博物馆完成旅游景区创建工作。扩大旅游产业发展平台,拓展旅游产业文化内涵,推动产业间融合发展、互惠发展,使融合发展成为促进产业转型发展的重要抓手,成为新亮点和新焦点。

(五)实施金融支持服务工程

加大与金融机构合作力度,通过贷款、债券、基金等多种途径,为全省文化和旅游企业提供不低于1000亿元的综合性意向资金服务。鼓励金融机构在依法合规、风险可控、商业可持续前提下,创新开发符合文化和旅游产业特点的金融产品。支持符合条件的文化和旅游企业合理对接多层次资本市场,通过主板、中小企业板、创业板、科创板、新三板上市或在浙江省股权交易中心、宁波股权交易中心挂牌交易,利用资产重组、股份合作、资源整合、品牌输出等形式做大做强。支持民间资本参与国有企业改革重组,支持引进国内外大型企业、文化和旅游集团投资落户浙江。支持金融机构通过文化和旅游企业相关收费权、经营权抵(质)押等方式开展融资筹资服务。支持保险机构创新文化和旅游保险产品和服务。支持宁波探索文化和旅游金融合作新路子,积极创建国家文化与金融合作示范区。

三、保障措施

（一）加强组织领导

省市县三级文化和旅游部门、促进中小企业和民营企业发展工作领导小组办公室统筹推进全省文化和旅游企业梯度培育工作，建立领导联系培育重点文化和旅游企业制度，加强指导和协调。完善文化和旅游产业"云、网、端"基础设施，打通"数字化采集—网络化传输—智能化计算"数字链条，提升文化和旅游产业经济运行分析能力，加强对产业发展的宏观分析与指导。每年制定目标任务，定期通报工作进展，并对纳入梯度培育计划的重点文化企业、旅游企业给予分类指导、精准服务、定期评价、动态跟踪。

（二）加大政策扶持

省文化和旅游厅、省促进中小企业和民营企业发展工作领导

小组办公室负责对接协调省级有关部门，推动各项扶持政策在文化和旅游企业领域落地实施。对纳入梯度培育计划的文化和旅游企业，在省级或国家级各类项目、示范基地（园区）、宣传推广，以及"凤凰行动""雄鹰行动""雏鹰行动"名单推荐等方面给予优先支持。各市、县（市、区）要结合文件精神，全面落实国家、省关于支持文化产业和旅游业发展的财政、金融、税费和用地等政策措施，制定和完善当地文化和旅游企业梯度培育计划配套政策和优先措施，加大政策措施惠企力度。对境外重大并购行为，在不违反法律规定的前提下，按照放松管制、加强监督、优化服务的原则，为上市公司"走出去"提供政策支持和便利服务。

（三）优化发展环境

贯彻落实《中小企业促进法》

《优化营商环境条例》《浙江省民营企业发展促进条例》，完善市场运行机制，提高市场运行效率，形成公平、开放、透明的市场规则，依法依规加大正向激励，积极营造市场化法治化营商环境。深化"最多跑一次"改革，进一步放宽准入条件、简化审批程序，提升管理服务水平。坚持市场在资源配置中的决定性作用，强化企业主体意识，政府做好引导、服务和保障，推动有效市场和有为政府更好结合。推广"企业码"应用，进一步减轻文化和旅游企业负担。加大工作宣传力度，及时报道典型案例，营造浓厚的社会氛围。

附件：浙江省文化和旅游企业培育计划领军型、骨干型、新锐型企业遴选标准（试行）

附件

浙江省文化和旅游企业培育计划领军型企业遴选标准（试行）

1. 企业必须坚持党的领导，坚持新时代中国特色社会主义思想的价值观，坚持社会效益与经济效益相统一。

2. 注册地为浙江省行政区域内法人的文化和旅游企业或独立核算的分支机构，符合浙江省文化和旅游产业发展导向要求。

3. 企业合法设立并正常持续

经营应在3年以上。

4. 近两年年营业收入在1.5亿人民币以上，且文化和旅游主营业务收入比例不低于50%。

5. 近两年营业收入保持增速。

6. 企业员工人数不少于200人。

7. 技术、品牌、知名度等影响

力处于行业前列。

8. 已在主板或科创板上市，或已处于上市审核通道内。

9. 企业申请认定前两年内未发生重大安全（包括意识形态安全）事故、重大质量事故、严重环境违法行为或严重失信行为。

10. 其他主管部门认为应达到的指标。

浙江省文化和旅游企业培育计划骨干型企业遴选标准（试行）

1.企业必须坚持党的领导，坚持新时代中国特色社会主义思想的价值观，坚持社会效益与经济效益相统一。

2.注册地为浙江省行政区域内法人的文化和旅游企业或独立核算的分支机构，符合浙江省文化和旅游产业发展导向要求。

3.企业合法设立并正常持续经营应在3年以上。

4.近两年年营业收入在3000万元人民币以上，且文化和旅游主营业务收入比例不低于50%。

5.近两年营业收入保持增速。

6.企业员工人数不少于50人。

7.技术、品牌、知名度等影响力处于行业中坚。

8.已被列入省统计局规模以上企业统计口径。

9.企业有"专精特新"型发展内容和获得国家高新技术企业认定。

10.企业申请认定前两年内未发生重大安全（包括意识形态安全）事故、重大质量事故、严重环境违法行为或严重失信行为。

11.其他主管部门认为应达到的指标。

浙江省文化和旅游企业培育计划新锐型企业遴选标准（试行）

1.企业必须坚持党的领导，坚持新时代中国特色社会主义思想的价值观，坚持社会效益与经济效益相统一。

2.注册地为浙江省行政区域内法人的文化和旅游企业或独立核算的分支机构，符合浙江省文化和旅游产业发展导向要求。

3.企业合法设立并正常持续经营应在2年以上。

4.近两年年营业收入在1000万元人民币以上，且文化和旅游主营业务收入比例不低于50%。

5.近两年营业收入保持增速。

6.企业员工人数不少于20人。

7.在技术、品牌、知名度中至少有一项有特别突出影响力。

8.企业申请认定前两年内未发生重大安全事故（包括意识形态安全）、重大质量事故、严重环境违法行为或严重失信行为。

9.有文化和旅游新兴产业或创新业态。

10.在技术、产品、服务以及生产、组织、管理与商业模式等方面具有创新的企业。

11.其他主管部门认为应达到的指标。

统计资料

ZHEJIANG CULTURE AND TOURISM YEARBOOK

2020 年浙江省文化发展指标

主要指标	计量单位	绝对量
文化事业费	亿元	85.0
人均文化事业费	元	131.6
文化事业费占财政支出的比重	％	0.8
平均每万人拥有公共图书馆建筑面积	平方米	204.0
人均拥有公共图书馆藏量	册	1.5
人均购书费	元	3.9
每万人拥有群众文化设施建筑面积	平方米	795.4
人均群众文化业务活动专项经费	元	14.1
艺术表演团体个数	个	1228
艺术表演团体国内演出观众人次	千人次	6932
艺术表演团体演出收入	千元	951529
文化部门艺术表演团体经费自给率（事业）	％	16.9
文物藏品数量	件（套）	1666243
博物馆参观总人次	千人次	30765

说明：1.人均购书费＝（新增藏量购置费＋新增数字资源购置费）/年末常住人口。
2.艺术表演团体包含非文化部门数据。
3.艺术表演团体经费自给率＝（总收入 - 财政补贴收入）/总支出。

2020 年浙江省旅游业主要指标

指标		计量单位	绝对量	比上年增长（％）
旅游产业	旅游产业总产出	亿元	—	—
	旅游产业增加值	亿元	4361.2	−10.8
	旅游产业增加值占 GDP 比重	％	6.8	−1.1
旅游收入	旅游总收入	亿元	8275.1	−24.2
	其中：国际旅游（外汇）收入	亿美元	1.6	−93.9
	国内旅游收入	亿元	8263.9	−23.0
旅游人数	接待游客总人数	亿人次	5.7	−21.5
	其中：入境游客	万人次	38.3	−91.8
	国内游客	亿人次	5.7	−21.1
	旅行社组织出境游客	万人次	12.8	−95.8

说明：1.全省入境旅游统计口径为"入境过夜游客"。
2.2020 年旅游产业总产出省统计局还未测算。

2020 年浙江省分市主要文化发展指标（一）

地区	文化事业费（万元）	人均文化事业费（元）	文化事业费占财政支出的比重（%）	平均每万人拥有公共图书馆建筑面积（平方米）	人均拥有公共图书馆藏量（册）	人均购书费（元）	每万人拥有群众文化设施建筑面积（平方米）
杭州市	130550.7	109.4	0.6	145.3	1.6	3.6	636.0
宁波市	90949.1	96.7	0.5	179.0	1.2	2.7	1093.8
温州市	88250.2	92.2	0.9	224.4	1.5	4.1	1038.3
嘉兴市	74425.7	137.8	1.0	261.0	2.0	5.9	746.0
湖州市	41946.6	124.6	0.9	204.5	1.1	4.2	687.4
绍兴市	65983.4	125.2	1.0	181.1	1.4	2.5	627.6
金华市	45608.6	64.7	0.6	143.5	0.8	1.7	538.0
衢州市	23276.4	102.3	0.5	156.7	1.7	3.1	662.1
舟山市	20509.4	177.1	0.7	300.1	2.1	4.9	854.2
台州市	60423.2	91.2	0.9	211.3	1.4	1.9	584.0
丽水市	40918.8	163.2	0.8	354.9	1.3	3.3	1453.7

2020 年浙江省分市主要文化发展指标（二）

地区	人均群众文化业务活动专项经费（元）	艺术表演团体个数（个）	艺术表演团体国内演出观众人次（千人次）	艺术表演团体演出收入（千元）	文化部门艺术表演团体经费自给率（事业）（%）	文物藏品数量［件（套）］	博物馆参观总人次（千人次）
杭州市	14.8	131	903	265058	24.1	181457	4105
宁波市	14.0	204	1237	170368	20.1	299149	4829
温州市	15.1	114	658	49661	6.5	122685	3412
嘉兴市	26.2	20	95	9693	12.8	173118	2924
湖州市	21.7	84	373	17147	—	61497	2290
绍兴市	9.3	190	909	66145	15.9	124832	1825
金华市	7.4	101	1291	174158	19.8	105053	2082
衢州市	8.4	36	272	17561	11.2	25435	502
舟山市	21.1	21	63	23717	18.2	40844	683
台州市	8.9	175	441	62110	0	110223	2587
丽水市	12.4	143	558	42731	0	63280	3171

2020 年浙江省分市主要文化发展指标（三）

地区	每万人拥有 公共文化设 施建筑面积 （平方米）	人均观看艺 术表演、文博 展览次数 （人次）	图书馆 流通率 （人次）	每万人拥有 非物质文化 遗产项目 个数（个）	每百万人拥有 非遗项目 传承人数（人）
杭州市	1223.8	0.8	1.0	0.2	16.9
宁波市	2248.8	1.3	1.2	0.1	8.3
温州市	1674.5	0.7	1.6	0.2	21.5
嘉兴市	1680.7	0.2	1.5	0.1	13.1
湖州市	1940.9	1.1	1.1	0.1	14.6
绍兴市	1784.0	1.7	1.2	0.2	20.5
金华市	1019.1	1.8	0.7	0.2	19.6
衢州市	1090.9	1.2	1.5	0.3	40.9
舟山市	2633.4	0.5	1.1	0.3	19.9
台州市	1483.1	0.7	1.1	0.2	14.0
丽水市	2493.4	2.2	1.6	0.4	55.0

2020 年浙江省分市旅游产业主要指标

地区	旅游产业增加值 （亿元）	旅游产业增加值增速 （％）	旅游产业增加值占 GDP 比重 （％）
杭州市	1110.3	−9.6	6.9
宁波市	810.2	−7.2	6.5
温州市	526.8	−8.6	7.7
嘉兴市	359.1	−10.9	6.5
湖州市	250.2	−7.0	7.8
绍兴市	353.9	−8.6	5.9
金华市	330.7	−12.9	7.0
衢州市	120.9	−9.0	7.4
舟山市	85.2	−13.5	5.6
台州市	295.6	−12.7	5.6
丽水市	131.1	−6.8	8.5

2020 年浙江省分市接待游客总人数和旅游总收入

地区	接待游客总人数		旅游总收入	
	绝对量（万人次）	比上年增长（%）	绝对量（亿元）	比上年增长（%）
杭州市	17573.1	−15.6	3335.4	−16.7
宁波市	12529.6	−10.6	1999.5	−14.2
温州市	11942.0	−13.0	1294.1	−16.6
嘉兴市	10108.8	−16.0	1172.6	−17.6
湖州市	11212.5	−15.2	1284.6	−16.0
绍兴市	9721.6	−15.4	1074.2	−17.8
金华市	11816.6	−15.6	1298.6	−17.8
衢州市	5983.9	−13.6	403.6	−16.4
舟山市	5237.6	−15.9	731.6	−17.9
台州市	11415.3	−13.3	1247.2	−15.2
丽水市	6586.3	−15.5	656.0	−16.0

2020 年浙江省分市接待入境游客人数、国际旅游（外汇）收入

地区	入境游客人数		国际旅游（外汇）收入	
	绝对量（万人次）	比上年增长（%）	绝对量（万美元）	比上年增长（%）
杭州市	14.3	−87.4	5902.9	−92.0
宁波市	5.6	−92.7	1595.8	−96.0
温州市	2.9	−95.0	1391.5	−95.6
嘉兴市	4.7	−91.8	3036.4	−90.3
湖州市	1.8	−92.9	670.0	−95.5
绍兴市	1.0	−93.1	404.3	−94.5
金华市	4.6	−94.8	2076.6	−96.1
衢州市	0.1	−89.9	46.4	−92.2
舟山市	1.6	−89.8	815.5	−90.4
台州市	1.5	−89.4	354.6	−92.4
丽水市	0.2	−84.4	72.9	−85.3

说明：全省入境旅游统计口径为"入境过夜游客"。

2020年浙江省分市国内旅游接待统计体系主要指标（一）

地区	接待国内过夜游客人数		住宿单位接待国内过夜游客人数		住宿单位接待人数占国内游客人数比重	
	绝对量（万人次）	排名	绝对量（万人次）	排名	占比（%）	排名
全　省	28295.7	—	22104.6	—	38.8	—
杭州市	7833.9	1	6180.9	1	35.2	1
宁波市	4511.9	3	3321.2	3	26.5	7
温州市	5250.7	2	4101.9	2	34.4	2
嘉兴市	3277.0	8	1998.8	9	19.8	9
湖州市	4431.0	4	3133.6	4	28.0	5
绍兴市	3912.3	6	2762.1	6	28.4	4
金华市	4218.2	5	3062.0	5	25.9	8
衢州市	1363.2	11	900.9	11	15.1	11
舟山市	2235.8	10	1457.9	10	27.8	6
台州市	2803.8	9	2190.3	7	19.2	10
丽水市	3286.2	7	2080.1	8	31.6	3

说明：全省数据不等于各市数据简单累加。

2020年浙江省分市国内旅游接待统计体系主要指标（二）

地区	住宿单位接待国内过夜游客平均停留时间		常住居民人均接待住宿单位国内过夜游客数		旅行社接待人数占国内游客人数比重	
	绝对量（天）	排名	绝对量（人次）	排名	占比（%）	排名
全　省	2.2	—	3.4	—	1.5	—
杭州市	1.3	10	5.2	5	1.2	3
宁波市	1.8	3	3.5	10	0.5	8
温州市	1.9	2	4.3	7	0.6	6
嘉兴市	1.5	7	3.7	9	0.6	7
湖州市	1.4	8	9.3	2	0.4	10
绍兴市	1.2	11	5.2	4	0.4	11
金华市	1.7	5	4.3	6	0.5	9
衢州市	1.7	6	4.0	8	1.4	1
舟山市	1.3	9	12.6	1	1.2	4
台州市	1.9	1	3.3	11	0.7	5
丽水市	1.8	4	8.3	3	1.3	2

2020 年浙江省国内旅游收入构成

项目	国内旅游收入构成		
	2020 年(%)	2019 年(%)	增减(百分点)
总计	100	100	0.0
一、长途交通	12.1	17.8	−5.7
二、景区游览	7.7	9.1	−1.4
三、住宿	21.9	23.4	−1.5
四、餐饮	20.6	21.3	−0.7
五、娱乐	2.1	4.0	−1.9
六、购物	29.2	17.4	11.8
七、邮电通讯	0.4	0.4	0.0
八、市内交通	2.4	1.2	1.2
九、其他	3.5	5.5	−2.0

2020 年浙江省游客分市人均停留时间、人均花费

地区	人均停留时间		人均花费	
	国内过夜游客(天/人次)	入境游客(天/人次)	国内游客(元/人次)	入境游客(美元/人次)
全　省	2.3	2.4	1450	427
杭州市	1.6	2.4	1897	413
宁波市	2.3	1.6	1596	285
温州市	1.9	2.7	1083	479
嘉兴市	1.6	3.7	1158	647
湖州市	1.5	2.2	1145	367
绍兴市	1.4	2.2	1105	388
金华市	1.8	2.6	1098	452
衢州市	1.9	2.3	674	356
舟山市	1.5	2.9	1396	509
台州市	2.0	1.4	1092	241
丽水市	1.9	2.2	996	393

2020 年浙江省接待外国游客客源分布

	客源地	绝对量（人次）	占外国游客（%）	比上年增长（%）
按地区分组	亚洲	113516	41.0	−92.8
	欧洲	46658	16.9	−93.2
	美洲	31920	11.5	−94.0
	非洲	14094	5.1	−89.5
	大洋洲	5343	1.9	−95.2
接待主要国家	韩国	25569	9.2	−94.7
	日本	25130	9.1	−90.9
	美国	21119	7.6	−93.9
	马来西亚	17137	6.2	−88.6
	印度尼西亚	16035	5.8	−63.7
	德国	8245	3.0	−92.6
	意大利	5864	2.1	−90.7
	加拿大	5410	2.0	−92.7
	英国	5060	1.8	−94.6
	西班牙	4917	1.8	−86.4
	法国	4723	1.7	−93.6
	新加坡	4686	1.7	−93.7
	俄罗斯	4339	1.6	−91.8
	印度	2962	1.1	−97.7
	泰国	2309	0.8	−96.2
	荷兰	2018	0.7	−95.2
	瑞典	1663	0.6	−95.3
	菲律宾	1583	0.6	−95.0
	朝鲜	1168	0.4	−89.2
	希腊	1131	0.4	−89.4
	埃及	1072	0.4	−94.9
	南非	1014	0.4	−94.4

说明：外国游客不包括港澳台游客。

2020 年浙江省接待国内游客客源分布

省(区、市)	占国内游客比重		
	2020 年(%)	2019 年(%)	占比增减(百分点)
北京	0.8	1.0	−0.2
天津	0.5	0.3	0.2
河北	1.2	0.4	0.8
山西	0.7	0.3	0.4
内蒙古	0.1	0.1	0.0
辽宁	0.6	0.3	0.3
吉林	0.3	0.3	0.0
黑龙江	0.4	0.4	0.0
上海	8.9	7.3	1.6
江苏	11.6	8.3	3.3
浙江	57.1	65.8	−8.7
安徽	3.4	2.6	0.8
福建	3.0	2.1	0.9
江西	2.8	2.3	0.5
山东	1.5	1.0	0.5
河南	1.2	1.0	0.2
湖北	0.7	1.1	−0.4
湖南	0.8	1.1	−0.3
广东	1.4	1.0	0.4
广西	0.2	0.3	−0.1
海南	0.1	0.1	0.0
重庆	0.6	0.4	0.2
四川	0.9	0.9	0.0
贵州	0.2	0.4	−0.2
云南	0.2	0.3	−0.1
西藏	0.0	0.0	0.0
陕西	0.4	0.7	−0.4
甘肃	0.1	0.2	−0.1
青海	0.0	0.1	−0.1
宁夏	0.1	0.1	−0.1
新疆	0.1	0.1	−0.1

2020 年浙江省旅行社组织出境旅游目的地分布

	客源地	绝对量（人次）	相当于出境游客的比重（％）	比上年增长（％）
地区	亚洲	116359	90.1	−95.8
	欧洲	5747	4.4	−98.2
	美洲	3052	2.4	−96.1
	大洋洲	2739	2.1	−96.3
	非洲	1298	1.0	−90.5
前往主要国家和地区	香港地区	919	0.7	−99.0
	澳门地区	865	0.7	−98.7
	台湾地区	2743	2.1	−94.1
	泰国	31730	24.6	−94.2
	日本	26010	20.1	−96.2
	越南	14150	11.0	−97.7
	韩国	12463	9.6	−89.5
	新加坡	7006	5.4	−95.6
	印度尼西亚	5925	4.6	−96.2
	马来西亚	5535	4.3	−95.9
	缅甸	4583	3.5	−92.3
	菲律宾	3820	3.0	−96.9
	美国	2866	2.2	−95.7
	澳大利亚	2280	1.8	−95.5
	柬埔寨	1996	1.5	−97.4
	俄罗斯	992	0.8	−98.6
	埃及	948	0.7	−83.3
	阿拉伯联合酋长国	885	0.7	−96.2
	法国	756	0.6	−98.2
	意大利	736	0.6	−97.8
	瑞士	628	0.5	−97.6
	德国	561	0.4	−98.1
	斯里兰卡	506	0.4	−95.8

2016—2020 年浙江省文化发展指标

主要指标	计量单位	2016 年	2017 年	2018 年	2019 年	2020 年
文化事业费	亿元	54.5	59.4	66.9	79.9	85.0
人均文化事业费	元	97.4	105.1	116.6	136.6	131.6
文化事业费占财政支出的比重	%	0.8	0.8	0.8	0.8	0.8
平均每万人拥有公共图书馆建筑面积	平方米	189.0	190.4	208.8	223.4	204.0
人均拥有公共图书馆藏量	册	1.3	1.4	1.5	1.6	1.5
人均购书费	元	3.5	3.8	4.1	4.3	3.9
每万人拥有群众文化设施建筑面积	平方米	732.2	744.0	785.1	840.9	795.4
人均群众文化业务活动专项经费	元	14.5	14.9	15.4	17.5	14.1
艺术表演团体个数	个	1245	1420	1573	1550	1228
艺术表演团体国内演出观众人次	千人次	180405	210970	207876	182612	6932
艺术表演团体演出收入	千元	4542775	4571377	4418731	1746101	951529
文化部门艺术表演团体经费自给率(事业)	%	21.3	20.2	20.5	19.0	16.9
文物藏品数量	件(套)	1446109	1532324	1504325	1558407	1666243
博物馆参观总人次	千人次	59565	64855	70054	80296	30765

说明:1.人均购书费＝(新增藏量购置费＋新增数字资源购置费)/年末常住人口。

2.艺术表演团体包含非文化部门数据。

3.艺术表演团体经费自给率＝(总收入－财政补贴收入)/总支出。

2016—2020 年浙江省旅游产业主要指标

年份	旅游产业总产出 （亿元）	旅游产业增加值 （亿元）	旅游产业增加值占地区生产总值比重 （％）
2016	8713	3356	7.1
2017	10023	3991	7.7
2018	10766	4507	7.8
2019	11499	4889	7.8
2020	—	4361	6.7

说明:1.自 2017 年开始,全省旅游产业统计口径调整为"全域旅游产业"。

2.2020 年旅游产业总产出省统计局还未测算。

2016—2020 年浙江省接待入境游客人数、国际旅游(外汇)收入

年份	接待入境游客人数		国际旅游(外汇)收入	
	绝对值(万人次)	比上年增长(%)	绝对值(亿美元)	比上年增长(%)
2016	1120.3	10.7	74.3	9.5
2017	1211.7	8.3	82.8	10.5
2018	456.8	−4.2	26.0	−0.7
2019	467.1	1.9	26.7	2.9
2020	38.3	−91.8	1.6	−93.9

说明:从 2018 年开始,全省入境旅游统计口径调整为"入境过夜游客","比上年增长"为可比口径。

2016—2020 年浙江省接待入境过夜外国游客和港澳台同胞人数

年份	外国游客		港澳同胞		台湾同胞	
	绝对量(人次)	比上年增长(%)	绝对量(人次)	比上年增长(%)	绝对量(人次)	比上年增长(%)
2016	7316202	8.8	1871789	19.2	2015028	10.3
2017	8014956	7.6	1922931	8.5	2179452	10.8
2018	3234062	−4.3	478914	−12.8	854601	1.7
2019	3298281	2.8	469372	−5.7	903483	2.8
2020	276711	−91.6	43874	−90.6	62899	−93.0

说明:从 2018 年开始,全省入境旅游统计口径调整为"入境过夜游客","比上年增长"为可比口径。

2016—2020 年浙江省接待国内游客人数和国内旅游收入

年份	接待国内游客人数		国内旅游收入	
	绝对量(万人次)	比上年增长(%)	绝对量(亿元)	比上年增长(%)
2016	57330.3	9.1	7599.7	13.1
2017	62868.4	9.7	8763.9	15.3
2018	68386.4	8.8	9834.0	12.2
2019	72180.4	5.5	10726.7	9.1
2020	56977.6	−21.1	8263.9	−23.0

2016—2020 年浙江省假日旅游接待收入情况

年份	假日	接待人数		旅游收入	
		绝对量 （万人次）	比上年增长 （％）	绝对量 （亿元）	比上年增长 （％）
2016	春节	1806.9	18.9	157.4	20.5
	国庆	4655.6	9.1	431.5	12.8
2017	春节	2048.5	13.4	185.9	18.1
	国庆	5952.3	11.9	576.2	16.8
2018	春节	2227.9	8.8	211.1	13.6
	国庆	5742.9	10.3	565.5	12.2
2019	春节	2412.8	8.3	232.4	10.1
	国庆	5917.1	3.0	587.4	3.9
2020	春节	164.6	—93.2	24.2	—89.6
	国庆	5628.9	—16.8	504.4	—24.9

说明：假日接待数据"比上年增长"为可比口径。

附 录

ZHEJIANG CULTURE AND TOURISM YEARBOOK

浙江省国家历史文化名城

杭州 国家级 第一批 1982 年	金华 国家级 2007 年
绍兴 国家级 第一批 1982 年	嘉兴 国家级 2011 年
宁波 国家级 第二批 1986 年	湖州 国家级 2014 年
衢州 国家级 第三批 1994 年	温州 国家级 2016 年
临海 国家级 第三批 1994 年	龙泉 国家级 2017 年

浙江省省级历史文化名城

余姚 省级 第一批 1991 年	松阳 省级 第二批 2000 年
舟山 省级 第一批 1991 年	瑞安 省级 第二批 2000 年
东阳 省级 第一批补 1996 年	海宁 省级 单独 2010 年
兰溪 省级 第二批 2000 年	丽水 省级 单独 2014 年
天台 省级 第二批 2000 年	平阳 省级 单独 2015 年

浙江省全国文化先进单位

1995 年　诸暨市、萧山市

1996 年　慈溪市、嵊州市

1997 年　东阳市、平阳县、海宁市、宁波市海曙区

1998 年　嘉善县、义乌市、宁波市镇海区、上虞市

2000 年　乐清市、宁波市北仑区

2002 年　鄞县、兰溪市、海盐县

2005 年　长兴县、桐庐县、德清县

2009 年　平湖市、临海市、杭州市拱墅区

2014 年　杭州市江干区、龙泉市、玉环县、宁海县、瑞安市

全国文化工作模范地区

1995 年　余姚市、桐乡市

全国文化工作先进地区

1991 年　绍兴县、余杭区

浙江省 2018—2020 年度中国民间文化艺术之乡

杭州市西湖区蒋村街道　龙舟竞渡　　　　　　绍兴市嵊州市　越剧

嘉兴市秀洲区　秀洲农民画　　　　　　　　　金华市东阳市湖溪镇　罗汉班

湖州市南浔区善琏镇　湖笔　　　　　　　　　丽水市景宁畲族自治县　畲族歌舞

浙江省国家级非物质文化遗产名录项目

序号	项目名称	项目类别	所属地区	批次	保护单位
1	梁祝传说	民间文学	杭州市、宁波市、绍兴市上虞区	第一批	杭州市文化馆
2	白蛇传传说	民间文学	杭州市	第一批	杭州市文化馆
3	西施传说	民间文学	诸暨市	第一批	诸暨市文化馆
4	济公传说	民间文学	天台县	第一批	台州市天台山文化研究会
5	西湖传说	民间文学	杭州市	第二批	杭州图书馆
6	徐福东渡传说	民间文学	象山县、慈溪市	第二批	慈溪市徐福研究会、象山县文化馆
7	刘伯温传说	民间文学	文成县、青田县	第二批	文成县非物质文化遗产保护中心、青田县刘基研究会
8	徐文长故事	民间文学	绍兴市	第二批	绍兴市文化馆（绍兴市非物质文化遗产保护中心）
9	黄初平（黄大仙）传说	民间文学	金华市	第二批	金华黄大仙文化研究会
10	观音传说	民间文学	舟山市	第二批	舟山市普陀山风景名胜区管理委员会
11	苏东坡传说	民间文学	杭州市	第三批	杭州名人纪念馆（唐云艺术馆）
12	钱王传说	民间文学	杭州市临安区	第三批	杭州市临安区文化馆
13	布袋和尚传说	民间文学	宁波市奉化区	第三批	宁波市奉化区弥勒文化研究会
14	海洋动物故事	民间文学	温州市洞头区	第三批	温州市洞头区民间文艺工作者协会
15	王羲之传说	民间文学	绍兴市	第三批	绍兴市文化馆（绍兴市非物质文化遗产保护中心）
16	烂柯山的传说	民间文学	衢州市	第三批	衢州市非物质文化遗产保护中心
17	防风传说	民间文学	德清县	第三批	德清县文化馆
18	童谣（绍兴童谣）	民间文学	绍兴市	第四批扩展	绍兴市文化馆（绍兴市非物质文化遗产保护中心）
19	常山喝彩歌谣	民间文学	常山县	第四批	常山县文化馆

续　表

序号	项目名称	项目类别	所属地区	批次	保护单位
20	刘阮传说	民间文学	天台县	第四批	台州市天台山文化研究会
21	古琴艺术（浙派）	传统音乐	杭州市	第二批	杭州市非物质文化遗产保护中心
22	江南丝竹	传统音乐	杭州市	第二批	杭州艺术学校
23	十番音乐（楼塔细十番）	传统音乐	杭州市萧山区	第二批	杭州市萧山区楼塔细十番协会
24	十番音乐（遂昌昆曲十番）	传统音乐	遂昌县	第二批	遂昌县非物质文化遗产保护中心
25	海洋号子（象山渔民号子）	传统音乐	象山县	第三批扩展	象山县石浦文化馆
26	海洋号子（舟山渔民号子）	传统音乐	岱山县	第二批	岱山县非物质文化遗产保护中心
27	道教音乐（东岳观道教音乐）	传统音乐	平阳县	第三批扩展	平阳县非物质文化遗产
28	道教音乐（苍南正一派科仪音乐）	传统音乐	苍南县	第四批扩展	苍南县玉音乐团
29	畲族民歌	传统音乐	泰顺县、景宁畲族自治县	第三批扩展、第二批	泰顺县非物质文化遗产保护中心、景宁畲族自治县文物和非遗保护中心
30	嵊州吹打	传统音乐	嵊州市	第一批	嵊州市文化馆（嵊州市非物质文化遗产保护中心）
31	嘉善田歌	传统音乐	嘉善县	第二批	嘉善县文化馆
32	琵琶艺术（平湖派琵琶）	传统音乐	平湖市	第二批	平湖市非物质文化遗产保护管理中心
33	舟山锣鼓	传统音乐	舟山市	第一批	舟山市定海区非物质文化遗产保护中心
34	嘉善田歌	传统音乐	嘉善县	第二批	嘉善县文化馆
35	余杭滚灯	传统舞蹈	杭州市余杭区	第一批	杭州市余杭区文化馆
36	浦江板凳龙	传统舞蹈	浦江县	第一批	浦江县文化馆
37	黄沙狮子	传统舞蹈	临海市	第一批	临海市非物质文化遗产保护中心
38	滚灯（海盐滚灯）	传统舞蹈	海盐县	第二批	海盐县非物质文化遗产保护中心
39	十八蝴蝶	传统舞蹈	永康市	第二批	永康市民间艺术表演协会
40	大奏鼓	传统舞蹈	温岭市	第二批	温岭市石塘镇里箬村股份经济合作社
41	青田鱼灯舞	传统舞蹈	青田县	第二批	青田县非物质文化遗产研究保护中心
42	盾牌舞（藤牌舞）	传统舞蹈	瑞安市	第三批扩展	瑞安市非物质文化遗产保护中心
43	龙舞（奉化布龙）	传统舞蹈	宁波市奉化区	第一批	宁波市奉化区文化馆
44	龙舞（长兴百叶龙）	传统舞蹈	长兴县	第一批	长兴县文化馆
45	龙舞（兰溪断头龙）	传统舞蹈	兰溪市	第二批	兰溪市畲乡风情旅游发展有限公司
46	龙舞（碇步龙）	传统舞蹈	泰顺县	第三批扩展	泰顺县非物质文化遗产保护中心
47	龙舞（开化香火草龙）	传统舞蹈	开化县	第三批扩展	开化县非物质文化遗产保护中心
48	龙舞（坎门花龙）	传统舞蹈	玉环市	第三批扩展	玉环市坎门花龙活动中心
49	灯舞（上舍化龙灯）	传统舞蹈	安吉县	第四批扩展	安吉县上舍龙舞艺术团

序号	项目名称	项目类别	所属地区	批次	保护单位
50	灯舞(青田百鸟灯舞)	传统舞蹈	青田县	第四批扩展	青田县非物质文化遗产研究保护中心
51	竹马(淳安竹马)	传统舞蹈	淳安县	第四批	淳安县博物馆(淳安县文物管理委员会办公室、淳安县文物保护管理所、淳安县非物质文化遗产保护中心)
52	昆曲	传统戏剧	永嘉县	第一批	永嘉昆剧团(浙江永嘉昆曲传习所)
53	越剧	传统戏剧	嵊州市	第一批	嵊州市越剧艺术保护传承中心
54	宁海平调	传统戏剧	宁海县	第一批	宁海县平调艺术传承中心
55	泰顺药发木偶戏	传统戏剧	泰顺县	第一批	泰顺县非物质文化遗产保护中心
56	新昌调腔	传统戏剧	新昌县	第一批	新昌县调腔保护传承发展中心
57	海宁皮影戏	传统戏剧	海宁市	第一批	海宁市文化馆(海宁市非物质文化遗产保护中心)
58	浦江乱弹	传统戏剧	浦江县	第一批	浦江县文化馆
59	西安高腔	传统戏剧	衢州市	第一批	衢州市西安高腔传习所
60	台州乱弹	传统戏剧	台州市	第一批	浙江台州乱弹剧团
61	松阳高腔	传统戏剧	松阳县	第一批	松阳县文化馆
62	木偶戏(平阳木偶戏)	传统戏剧	平阳县	第二批	平阳木偶戏
63	木偶戏(单档布袋戏)	传统戏剧	苍南县	第二批	苍南县非物质文化遗产保护中心
64	木偶戏(泰顺提线木偶戏)	传统戏剧	泰顺县	第三批扩展	泰顺县非物质文化遗产保护中心
65	木偶戏(廿八都木偶戏)	传统戏剧	江山市	第三批扩展	江山市文化馆(市非物质文化遗产保护中心)
66	甬剧	传统戏剧	宁波市	第二批	宁波市甬剧团有限公司
67	姚剧	传统戏剧	余姚市	第二批	余姚市姚剧保护传承中心
68	瓯剧	传统戏剧	温州市	第二批	温州市瓯剧艺术研究院
69	绍剧	传统戏剧	绍兴市	第二批	浙江绍剧艺术研究院
70	婺剧	传统戏剧	金华市、江山市	第二批	浙江婺剧艺术研究院(浙江婺剧团)、江山市文化馆(市非物质文化遗产保护中心)
71	乱弹(诸暨西路乱弹)	传统戏剧	诸暨市	第三批扩展	诸暨市文化馆
72	淳安三角戏	传统戏剧	淳安县	第三批	淳安县文化馆
73	湖剧	传统戏剧	湖州市	第三批	湖州市文化馆、湖州市非物质文化遗产保护中心
74	醒感戏	传统戏剧	永康市	第三批	永康市民间艺术表演协会
75	目连戏(绍兴目连戏)	传统戏剧	绍兴市	第四批扩展	浙江绍剧艺术研究院
76	杭州小热昏	曲艺	杭州市	第一批	杭州滑稽艺术剧院演艺有限公司
77	温州鼓词	曲艺	瑞安市、平阳县	第一批、第三批扩展	瑞安市非物质文化遗产保护中心、平阳县非物质文化遗产保护中心
78	绍兴平湖调	曲艺	绍兴市	第一批	绍兴市文化馆(绍兴市非物质文化遗产保护中心)

续　表

序号	项目名称	项目类别	所属地区	批次	保护单位
79	绍兴莲花落	曲艺	绍兴市	第一批	绍兴市柯桥区文化发展中心（绍兴市柯桥区文化馆、绍兴市柯桥区图书馆、绍兴市柯桥区博物馆、绍兴市柯桥区文物保护管理所）
80	兰溪滩簧	曲艺	兰溪市	第一批	兰溪市文化馆（兰溪市非物质文化遗产保护中心）
81	滩簧（杭州滩簧）	曲艺	杭州市	第二批	杭州滑稽艺术剧院演艺有限公司
82	滩簧（绍兴滩簧）	曲艺	绍兴市	第二批	绍兴市文化馆（绍兴市非物质文化遗产保护中心）
83	杭州评词	曲艺	杭州市	第二批	杭州滑稽艺术剧院演艺有限公司
84	杭州评话	曲艺	杭州市	第二批	杭州滑稽艺术剧院演艺有限公司
85	独脚戏	曲艺	杭州市	第二批	杭州滑稽艺术剧院演艺有限公司
86	武林调	曲艺	杭州市	第二批	杭州滑稽艺术剧院演艺有限公司
87	四明南词	曲艺	宁波市	第二批	宁波市海曙区文化馆
88	宁波走书	曲艺	宁波市鄞州区、奉化区	第二批	宁波市鄞州区咸祥镇咸六村股份经济合作社、宁波市奉化区文化馆
89	温州莲花	曲艺	温州市鹿城区、永嘉县	第二批	温州市温馨瓯韵说唱团（普通合伙）、永嘉县曲艺家协会
90	绍兴词调	曲艺	绍兴市	第二批	绍兴市文化馆（绍兴市非物质文化遗产保护中心）
91	绍兴宣卷	曲艺	绍兴市柯桥区	第二批	绍兴市柯桥区非物质文化遗产保护中心
92	平湖钹子书	曲艺	平湖市	第二批	平湖市非物质文化遗产保护管理中心
93	金华道情	曲艺	金华市、义乌市	第二批	金华市非物质文化遗产保护中心
94	临海词调	曲艺	临海市	第二批	临海市非物质文化遗产保护中心
95	苏州评弹（苏州弹词）	曲艺	浙江曲艺杂技总团	第三批扩展	浙江曲艺杂技总团有限公司
96	唱新闻	曲艺	象山县	第三批	象山县文化馆
97	永康鼓词	曲艺	永康市	第三批扩展	永康市民间艺术表演协会
98	丽水鼓词	曲艺	丽水市莲都区	第四批	丽水市莲都区非物质文化遗产保护中心
99	线狮（九狮图）	传统体育、游艺与杂技	永康市、仙居县	第二批	永康市民间艺术表演协会、仙居县文化遗产保护中心
100	翻九楼	传统体育、游艺与杂技	杭州市、东阳市	第二批	杭州市萧山区浦阳镇民间文化研究协会
101	调吊	传统体育、游艺与杂技	绍兴市	第二批	绍兴市金寿昌调吊传习所
102	十八般武艺	传统体育、游艺与杂技	杭州市余杭区	第三批	杭州市余杭区文化馆
103	掼牛	传统体育、游艺与杂技	嘉兴市南湖区	第三批	嘉兴市海华武术馆
104	高杆船技	传统体育、游艺与杂技	桐乡市	第三批	桐乡市文化馆（桐乡市非物质文化遗产保护中心、桐乡市子恺画院）

序号	项目名称	项目类别	所属地区	批次	保护单位
105	迎罗汉	传统体育、游艺与杂技	缙云县	第三批	缙云县非物质文化遗产保护中心
106	线狮(草塔抖狮子)	传统体育、游艺与杂技	诸暨市	第四批扩展	诸暨市文化馆
107	金石篆刻(西泠印社)	传统美术	杭州市	第一批	西泠印社社务委员会
108	宁波朱金漆木雕	传统美术	宁波市	第一批	宁波市朱金漆木雕文化发展有限公司
109	乐清细纹刻纸	传统美术	乐清市	第一批	乐清市非物质文化遗产保护中心
110	乐清黄杨木雕	传统美术	乐清市	第一批	乐清市非物质文化遗产保护中心
111	嵊州竹编	传统美术	嵊州市	第一批	嵊州市文化馆(嵊州市非物质文化遗产保护中心)
112	硖石灯彩	传统美术	海宁市	第一批	海宁市文化馆(海宁市非物质文化遗产保护中心)
113	东阳木雕	传统美术	东阳市	第一批	东阳市非物质文化遗产保护中心
114	仙居花灯	传统美术	仙居县	第一批	仙居县文化遗产保护中心
115	青田石雕	传统美术	青田县	第一批	青田县石雕产业保护和发展中心
116	竹编(东阳竹编)	传统美术	东阳市	第二批	东阳市非物质文化遗产保护中心
117	剪纸(浦江剪纸)	传统美术	浦江县	第二批	浦江县文化馆
118	剪纸(桐庐剪纸)	传统美术	桐庐县	第四批	桐庐县文化遗产保护中心(博物馆、非遗馆)
119	竹刻(黄岩翻簧竹雕)	传统美术	台州市黄岩区	第二批	黄岩希望工艺厂
120	鸡血石雕	传统美术	杭州市临安区	第二批	浙江省昌化石雕厂
121	骨木镶嵌	传统美术	宁波市	第二批	宁波市江北腾骁骨木镶嵌制品有限公司
122	瓯绣	传统美术	温州市	第二批	温州市工艺美术研究院
123	瓯塑	传统美术	温州市	第二批	浙江云艺装饰有限公司
124	彩石镶嵌	传统美术	温州市鹿城区、瓯海区，仙居县	第二批	温州崇林斋工艺品有限公司、温州市瓯海区文化馆、仙居县文化遗产保护中心
125	乐清龙档	传统美术	乐清市	第二批	乐清市黄家龙档木雕艺术研究所
126	锡雕	传统美术	永康市	第二批	浙江荣盛达锡制品有限公司
127	麦秆剪贴	传统美术	浦江县	第二批	浦江云花工艺美术有限公司
128	宁波金银彩绣	传统美术	宁波市	第三批	宁波金银彩绣有限公司
129	宁波泥金彩漆	传统美术	宁海县	第三批	宁波东方艺术品有限公司
130	嘉兴灶头画	传统美术	嘉兴市	第三批	嘉兴市文化馆(嘉兴市非物质文化遗产保护中心)
131	木偶头雕刻(泰顺木偶头雕刻)	传统美术	泰顺县	第四批扩展	泰顺县方圆木偶工艺有限公司
132	张小泉剪刀锻制技艺	传统技艺	杭州市拱墅区	第一批	杭州张小泉集团有限公司
133	竹纸制作技艺	传统技艺	杭州市富阳区	第一批	杭州市富阳区富阳竹纸文化保护与传承发展促进会

续 表

序号	项目名称	项目类别	所属地区	批次	保护单位
134	绍兴黄酒酿制技艺	传统技艺	绍兴市	第一批	绍兴市黄酒行业协会
135	湖笔制作技艺	传统技艺	湖州市	第一批	湖州市善琏湖笔厂
136	天台山干漆夹纻髹饰技艺	传统技艺	天台县	第一批	台州传统艺术博物院
137	龙泉青瓷烧制技艺	传统技艺	龙泉市	第一批	龙泉市非物质文化遗产保护中心
138	龙泉宝剑锻制技艺	传统技艺	龙泉市	第一批	龙泉市非物质文化遗产保护中心
139	制扇技艺（王星记扇）	传统技艺	杭州市下城区	第二批	杭州王星记扇业有限公司
140	铜雕技艺	传统技艺	杭州市	第二批	金星铜集团有限公司
141	西湖绸伞制作技艺	传统技艺	杭州市	第二批	杭州宋记绸伞有限公司
142	西湖龙井茶制作技艺	传统技艺	杭州市	第二批	杭州市西湖区龙井茶产业协会
143	余杭清水丝绵制作技艺	传统技艺	余杭区	第二批	杭州余杭塘北股份经济合作社
144	杭罗织造技艺	传统技艺	杭州市	第二批	杭州福兴丝绸有限公司
145	海盐晒制技艺	传统技艺	象山县	第二批	宁波信丰泰盐业科技有限公司
146	木活字印刷技术	传统技艺	瑞安市	第二批	瑞安市活字印刷协会
147	木拱桥传统营造技艺	传统技艺	泰顺县、庆元县	第二批	泰顺县非物质文化遗产保护中心、庆元县文化馆
148	石桥营造技艺	传统技艺	绍兴市	第二批	绍兴市古桥学会
149	双林绫绢织造技艺	传统技艺	湖州市	第二批	湖州云鹤双林绫绢有限公司
150	金华酒传统酿造技艺	传统技艺	金华市	第二批	金华酒行业协会
151	婺州举岩茶制作技艺	传统技艺	金华市	第二批	浙江采云间茶业有限公司
152	金华火腿腌制技艺	传统技艺	金华市	第二批	金华火腿行业协会
153	诸葛村古村落营造技艺	传统技艺	兰溪市	第二批	兰溪市诸葛旅游发展有限公司
154	东阳卢宅营造技艺	传统技艺	东阳市	第二批	东阳市非物质文化遗产保护中心
155	浦江郑义门营造技艺	传统技艺	浦江县	第二批	浦江县文物保护管理所（浦江县郑义门文物保护管理所）
156	俞源村古建筑群营造技艺	传统技艺	武义县	第二批	武义县文化馆
157	传统木船制造技艺	传统技艺	舟山市普陀区	第二批	浙江岑家木船文化发展有限公司
158	蚕丝织造技艺（杭州织锦技艺）	传统技艺	杭州市	第三批扩展	杭州都锦生实业有限公司
159	蚕丝织造技艺（辑里湖丝手工制作技艺）	传统技艺	湖州市南浔区	第三批扩展	湖州市南浔区文化馆
160	雕版印刷技艺（杭州雕版印刷技艺）	传统技艺	杭州市西湖区	第三批扩展	杭州黄小建雕版艺术工作室
161	传统棉纺织技艺（余姚土布制作技艺）	传统技艺	余姚市	第三批扩展	余姚市小曹娥镇朗海村股份经济合作社
162	绿茶制作技艺（紫笋茶制作技艺）	传统技艺	长兴县	第三批扩展	长兴县紫笋茶文化研究会
163	皮纸制作技艺（龙游皮纸制作技艺）	传统技艺	龙游县	第三批扩展	浙江龙游辰港宣纸有限公司

序号	项目名称	项目类别	所属地区	批次	保护单位
164	中式服装制作技艺（振兴祥中式服装制作技艺）	传统技艺	杭州市上城区	第三批	杭州利民中式服装股份有限公司
165	越窑青瓷烧制技艺	传统技艺	杭州市西湖区、慈溪市、绍兴市上虞区	第三批	杭州市西湖区贵山窑陶瓷艺术研究室、慈溪市越窑青瓷有限公司、绍兴上虞三雄陶瓷有限公司
166	蓝夹缬技艺	传统技艺	温州市	第三批	苍南县非物质文化遗产保护中心
167	白茶制作技艺（安吉白茶制作技艺）	传统技艺	安吉县	第三批扩展	安吉县溪龙乡黄杜村村民委员会
168	五芳斋粽子制作技艺	传统技艺	嘉兴市	第三批	五芳斋集团股份有限公司
169	木版水印技艺	传统技艺	杭州市下城区	第四批扩展	杭州十竹斋艺术馆
170	竹纸制作技艺（泽雅屏纸制作技艺）	传统技艺	温州市瓯海区	第四批扩展	温州市瓯海区文化馆
171	龙档（乐清首饰龙）	传统技艺	乐清市	第四批扩展	乐清市非物质文化遗产保护中心
172	蓝印花布印染技艺	传统技艺	桐乡市	第四批扩展	桐乡市文化馆（桐乡市非物质文化遗产保护中心、桐乡市子恺画院）
173	婺州窑陶瓷烧制技艺	传统技艺	金华市婺城区	第四批	金华市婺窑小镇文化发展有限公司
174	传统制糖技艺（义乌红糖制作技艺）	传统技艺	义乌市	第四批	义乌市五亭现代农业开发有限公司
175	胡庆余堂中药文化	传统医药	杭州市	第一批	杭州胡庆余堂国药号有限公司
176	畲族医药（痧症疗法）	传统医药	丽水市	第二批	丽水市畲族医药研究会
177	中医传统制剂方法（朱养心传统膏药制作技艺）	传统医药	杭州市拱墅区	第三批扩展	杭州朱养心药业有限公司
178	中医传统制剂方法（方回春堂传统膏方制作技艺）	传统医药	杭州市上城区	第四批扩展	杭州方回春堂国药馆有限公司
179	正骨疗法（张氏骨伤疗法）	传统医药	杭州市富阳区	第三批扩展	杭州市富阳中医骨伤医院
180	正骨疗法（章氏骨伤疗）	传统医药	台州市	第三批扩展	台州章氏骨伤医院
181	中医诊疗法（董氏儿科医术）	传统医药	宁波市海曙区	第四批扩展	宁波市中医院
182	中药炮制技艺（武义寿仙谷中药炮制技艺）	传统医药	武义县	第四批扩展	金华寿仙谷药业有限公司
183	针灸（杨继洲针灸）	传统医药	衢州市	第四批扩展	衢州市中医医院
184	大禹祭典	民俗	绍兴市	第一批	绍兴市大禹陵景区管理处（绍兴市大禹陵文物保护所）
185	端午节（蒋村龙舟胜会）	民俗	杭州市西湖区	第三批扩展	杭州市西湖区蒋村龙舟协会
186	端午节（嘉兴端午习俗）	民俗	嘉兴市	第三批扩展	嘉兴市文化馆（嘉兴市非物质文化遗产保护中心）
187	端午节（五常龙舟胜会）	民俗	余杭区	第二批	杭州市余杭区非物质文化遗产保护办公室
188	宁海十里红妆婚俗	民俗	宁海县	第二批	宁海县十里红妆博物馆
189	汤和信俗	民俗	温州市龙湾区	第二批	温州市龙湾区海滨街道宁村村村民委员会

序号	项目名称	项目类别	所属地区	批次	保护单位
190	水乡社戏	民俗	绍兴市	第二批	绍兴市文化馆（绍兴市非物质文化遗产保护中心）
191	扫蚕花地	民俗	德清县	第二批	德清县文化馆
192	浦江迎会	民俗	浦江县	第二批	浦江县民间艺术表演协会
193	赶茶场	民俗	磐安县	第二批	磐安县文化馆
194	畲族三月三	民俗	景宁畲族自治县	第二批	景宁畲族自治县文物和非遗保护中心
195	渔民开洋	民俗	象山县	第二批	象山县文化馆
196	谢洋节	民俗	岱山县	第二批	岱山县非物质文化遗产保护中心
197	石浦—富岗如意信俗	民俗	象山县	第二批	象山县石浦文化馆
198	含山轧蚕花	民俗	桐乡市	第二批	湖州市南浔区善琏镇便民服务中心（湖州市南浔区善琏镇退役军人服务站）
199	庙会（方岩庙会）	民俗	永康市	第三批扩展	永康市方岩风景区投资经营有限公司
200	庙会（张山寨七七会）	民俗	缙云县	第三批扩展	缙云县非物质文化遗产保护中心
201	祭孔大典（南孔祭典）	民俗	衢州市	第三批扩展	衢州孔氏南宗家庙管理委员会
202	农历二十四节气（班春劝农）	民俗	遂昌县	第三批扩展	遂昌县非物质文化遗产保护中心
203	农历二十四节气（九华立春祭）	民俗	衢州市柯城区	第三批扩展	衢州市柯城区文化馆
204	农历二十四节气（三门祭冬）	民俗	三门县	第四批扩展	三门县非物质文化遗产保护中心
205	七夕节（石塘七夕习俗）	民俗	温岭市	第三批扩展	温岭市石塘镇东海村股份经济合作社
206	妈祖祭典（洞头妈祖祭典）	民俗	温州市洞头区	第三批扩展	温州市洞头区妈祖文化交流协会
207	祭祖习俗（太公祭）	民俗	文成县	第三批扩展	文成县非物质文化遗产保护中心
208	黄帝祭典（缙云轩辕祭典）	民俗	缙云县	第三批扩展	缙云县仙都旅游文化产业有限公司
209	网船会	民俗	嘉兴市秀洲区	第三批	嘉兴市秀洲区文物保护所（嘉兴市秀洲区非物质文化遗产保护中心）
210	径山茶宴	民俗	杭州市余杭区	第三批	杭州市余杭区径山万寿禅寺
211	元宵节（河上龙灯胜会）	民俗	杭州市萧山区	第四批扩展	杭州市萧山区河上龙灯胜会协会
212	元宵节（前童元宵行会）	民俗	宁海县	第四批扩展	宁海县文化馆
213	民间信俗（潮神祭祀）	民俗	海宁市	第四批扩展	海宁市文化馆（海宁市非物质文化遗产保护中心）
214	民间信俗（孝子祭）	民俗	杭州市富阳区	第四批扩展	杭州市富阳区周雄孝文化研究会
215	祭祖习俗（诸葛后裔祭祖）	民俗	兰溪市	第四批扩展	兰溪市诸葛旅游发展有限公司
216	婚俗（畲族婚俗）	民俗	景宁畲族自治县	第四批扩展	景宁畲族自治县文物和非遗保护中心
217	龙舞（鳌江划大龙）	民俗	平阳县	第四批扩展	平阳县鳌江镇大龙文化研究会

浙江省国家级非物质文化遗产代表性项目代表性传承人

序号	所属市	所属地区	姓名	项目名称	项目类别	批次
1			冯根生	胡庆余堂中药文化	传统医药	第一批
2		上城区	朱炳仁	杭州铜雕工艺	传统技艺	第三批
3			包文其	振兴祥中式服装制作技艺	传统技艺	第四批
4			俞柏堂	方回春堂传统膏方制作技艺	传统医药	第五批
5		下城区	魏立中	木版水印技艺	传统技艺	第五批
6		江干区	邵官兴	杭罗织造技艺	传统技艺	第五批
7			施金水	张小泉剪刀锻制技艺	传统技艺	第一批
8		拱墅区	徐祖兴	张小泉剪刀锻制技艺	传统技艺	第一批
9			张忠尧	张小泉剪刀锻制技艺	传统技艺	第五批
10		西湖区	嵇锡贵	越窑青瓷	传统技艺	第四批
11			黄小建	杭州雕版印刷术	传统技艺	第五批
12			楼正寿	楼塔细十番	传统音乐	第三批
13		萧山区	钱小占	翻九楼	传统体育、游艺与竞技	第五批
14			傅叶茂	河上龙灯胜会	民俗	第五批
15		余杭区	汪妙林	余杭滚灯	传统舞蹈	第四批
16	杭州市 （34 人）		俞彩根	蚕丝织造技艺 （余杭清水丝绵制作技艺）	传统技艺	第五批
17			庄富泉	竹纸制作技艺	传统技艺	第一批
18		富阳区	李法儿	竹纸制作技艺	传统技艺	第四批
19			张玉柱	中医正骨疗法（张氏骨伤疗法）	传统医药	第四批
20		临安区	钱高潮	石雕（鸡血石雕）	传统美术	第三批
21		淳安县	方炳坤	竹马（淳安竹马）	传统舞蹈	第五批
22			周志华	小热昏	曲艺	第二批
23			安忠文	小热昏	曲艺	第二批
24			沈凤泉	江南丝竹	传统音乐	第三批
25			刘树根 （刘笑声）	独脚戏	曲艺	第三批
26			李自新	杭州评话	曲艺	第三批
27			胡正华	杭州评词	曲艺	第三批
28		杭州市本级	杨继昌	西湖龙井茶制作技艺	传统技艺	第三批
29			宋志明	杭州西湖绸伞	传统技艺	第三批
30			徐晓英	古琴艺术（浙派）	传统音乐	第四批
31			郑云飞	古琴艺术（浙派）	传统音乐	第四批
32			徐长根 （徐筱安）	小热昏	曲艺	第五批
33			王桂凤	武林调	曲艺	第五批
34			孙亚青	王星记扇	传统美术	第五批

序号	所属市	所属地区	姓名	项目名称	项目类别	批次
35		海曙区	陈祥源	四明南词	曲艺	第五批
36			董幼祺	中医诊疗法(董氏儿科医术)	传统医药	第五批
37			陈明伟	镶嵌(骨木镶嵌)	传统美术	第三批
38		鄞州区	陈盖洪	宁波朱金漆木雕	传统美术	第三批
39			许谨伦	宁波金银彩绣技艺	传统技艺	第四批
40		余姚市	沈守良	姚剧	传统戏剧	第三批
41			王桂凤	传统纺织技艺(余姚土布制作技艺)	传统技艺	第五批
42	宁波市	奉化区	陈行国	龙舞(奉化布龙)	传统舞蹈	第二批
43	(16人)		张嘉国	布袋和尚传说	民间文学	第五批
44			史奇刚	晒盐技艺(海盐晒制技艺)	传统技艺	第三批
45		象山县	叶胜建	唱新闻	曲艺	第五批
46			韩素莲	渔民开洋节、谢洋节(开洋节)	民俗	第五批
47			黄才良	宁波泥金彩漆	传统技艺	第四批
48		宁海县	叶全民	宁海平调	传统戏剧	第四批
49			童全灿	元宵节(前童元宵行会)	民俗	第五批
50		宁波市本级	杨柳汀	甬剧	传统戏剧	第四批
51			缪成金	彩石镶嵌	传统美术	第三批
52		鹿城区	戴春兰	温州莲花	曲艺	第三批
53			陈志雄	温州鼓词	曲艺	第四批
54		龙湾区	徐顺炜	民间信俗(汤和信俗)	民俗	第五批
55		瓯海区	林志文	泽雅屏纸制作技艺	传统技艺	第五批
56			谢炳华	镶嵌(彩石镶嵌)	传统美术	第五批
57			阮世池	温州鼓词	曲艺	第二批
58		瑞安市	林初寅	瑞安木活字印刷术	传统技艺	第三批
59			王超辉	瑞安木活字印刷术	传统技艺	第三批
60			徐巧青	盾牌舞(藤牌舞)	传统舞蹈	第五批
61			林邦栋	剪纸(乐清细纹刻纸)	传统美术	第一批
62			陈余华	剪纸(乐清细纹刻纸)	传统美术	第一批
63			王笃纯	乐清黄杨木雕	传统美术	第三批
64		乐清市	黄德清	龙档(乐清龙档)	传统美术	第三批
65			高公博	乐清黄杨木雕	传统美术	第四批
66			虞金顺	乐清黄杨木雕	传统美术	第四批
67			林顺奎	灯彩(乐清首饰龙)	传统技艺	第五批
68	温州市	洞头区	吴　江	妈祖祭典(洞头妈祖祭典)	民俗	第五批
69	(37人)		许根才	海洋动物故事	民间文学	第五批
70		永嘉县	林天文	永嘉昆剧	传统戏剧	第二批
71			林媚媚	永嘉昆剧	传统戏剧	第三批
72			方克多	温州鼓词	曲艺	第二批
73		平阳县	卓乃金	木偶戏(平阳木偶戏)	传统戏剧	第三批
74			吴立勋	道教音乐(东岳观道教音乐)	传统音乐	第五批
75		苍南县	吴明月	木偶戏(单档布袋戏)	传统戏剧	第三批
76		文成县	刘一侠	祭祖习俗(太公祭)	民俗	第五批
77			周尔禄	木偶戏(泰顺药发木偶戏)	传统戏剧	第二批
78			董直机	编梁木拱桥营造技艺	传统技艺	第三批
79		泰顺县	季桂芳	木偶戏(泰顺提线木偶戏)	传统戏剧	第四批
80			季天渊	木偶头雕刻(泰顺木偶头雕刻)	传统美术	第五批
81			林实乐	龙舞(碇步龙)	传统舞蹈	第五批
82			张良华	木偶戏(泰顺提线木偶戏)	传统戏剧	第五批
83			李子敏	瓯剧	传统戏剧	第三批
84			陈茶花	瓯剧	传统戏剧	第三批
85		温州市本级	周锦云	瓯塑	传统美术	第三批
86			孙来来	瓯剧	传统戏剧	第五批
87			施成权	瓯绣	传统美术	第五批

序号	所属市	所属地区	姓名	项目名称	项目类别	批次
88	嘉兴市（12人）	南湖区	韩海华	嘉兴掼牛	传统体育、游艺与杂技	第五批
89		海宁市	陈伟炎	灯彩（硖石灯彩）	传统美术	第一批
90			徐二男	皮影戏（海宁皮影戏）	传统戏剧	第二批
91			王钱松	皮影戏（海宁皮影戏）	传统戏剧	第三批
92			张坤荣	皮影戏（海宁皮影戏）	传统戏剧	第三批
93			沈圣标	皮影戏（海宁皮影戏）	传统戏剧	第三批
94			胡金龙	灯彩（硖石灯彩）	传统美术	第五批
95		平湖市	朱大祯	琵琶艺术（平湖派）	传统音乐	第三批
96			徐文珠	平湖钹子书	曲艺	第三批
97		桐乡市	屠荣祥	高杆船技	传统体育、游艺与杂技	第五批
98			周继明	蓝印花布印染技艺	传统美术	第五批
99		嘉善县	顾友珍	嘉善田歌	传统音乐	第三批
100	湖州市（7人）	南浔区	周康明	蚕丝织造技艺（双林绫绢织造技艺）	传统技艺	第三批
101			顾明琪	蚕丝织造技艺（辑里湖丝手工制作技艺）	传统技艺	第五批
102		长兴县	谈小明	龙舞（长兴百叶龙）	传统舞蹈	第二批
103			郑福年	绿茶制作技艺（长兴紫笋茶的制作技艺）	传统技艺	第五批
104		安吉县	杨森芳	灯舞（上舍化龙灯）	传统舞蹈	第五批
105		湖州市本级	邱昌明	湖笔制作技艺	传统技艺	第一批
106			许丽娟	湖剧	传统戏剧	第五批
107	绍兴市（21人）	诸暨市	蒋桂凤	诸暨西路乱弹	传统戏剧	第五批
108			赵伯林	线狮（草塔抖狮子）	传统体育、游艺与杂技	第五批
109		上虞区	陈秋强	梁祝传说	民间文学	第五批
110		嵊州市	俞樟根	嵊州竹编	传统美术	第一批
111			尹功祥	嵊州吹打	传统音乐	第二批
112		柯桥区	何云根	绍兴宣卷	曲艺	第三批
113		新昌县	蔡德锦	新昌调腔	传统戏剧	第二批
114			章华琴	新昌调腔	传统戏剧	第二批
115			吕月明	新昌调腔	传统戏剧	第五批
116		绍兴市本级	王阿牛	绍兴黄酒酿制技艺	传统技艺	第一批
117			郑关富	绍兴平湖调	曲艺	第二批
118			王玉英	绍兴平湖调	曲艺	第二批
119			倪齐全	绍兴莲花落	曲艺	第二批
120			胡兆海	绍兴莲花落	曲艺	第二批
121			金寿昌（金长林）	调吊	传统体育、游艺与杂技	第三批
122			宋小青	滩簧（绍兴滩簧）	曲艺	第三批
123			章宗义	绍剧	传统戏剧	第四批
124			刘建杨	绍剧	传统戏剧	第四批
125			姚百青	绍剧	传统戏剧	第五批
126			杨乃浚	王羲之传说	民间文学	第五批
127			吴传来	徐文长故事	民间文学	第五批

序号	所属市	所属地区	姓名	项目名称	项目类别	批次
128	金华市 (26人)	婺城区	陈新华	婺州窑陶瓷烧制技艺	传统技艺	第五批
129		兰溪市	王柏成	龙舞(兰溪断头龙)	传统舞蹈	第五批
130			诸葛议	祭祖习俗(诸葛后裔祭祖)	民俗	第五批
131		义乌市	叶英盛	金华道情	曲艺	第三批
132		东阳市	冯文土	东阳木雕	传统美术	第一批
133			陆光正	东阳木雕	传统美术	第一批
134			何福礼	东阳竹编	传统美术	第三批
135			吴初伟	东阳木雕	传统美术	第四批
136			黄小明	东阳木雕	传统美术	第五批
137			楼玉龙	翻九楼	传统体育、 游艺与杂技	第五批
138		永康市	应业根	锡雕	传统美术	第三批
139			胡金超	线狮(九狮图)	传统体育、 游艺与杂技	第三批
140			盛一原	永康锡雕	传统技艺	第五批
141			程忠信	庙会(方岩庙会)	民俗	第五批
142		武义县	李明炎	武义寿仙谷中药炮制技艺	传统医药	第五批
143		浦江县	吴善增	剪纸(浦江剪纸)	传统美术	第三批
144			张根志	抬阁(浦江迎会)	传统舞蹈	第三批
145			蒋云花	麦秆剪贴	传统美术	第五批
146		金华市本级	于良坤	火腿制作技艺(金华火腿腌制技艺)	传统技艺	第三批
147			朱顺根	金华道情	曲艺	第三批
148			郑兰香	婺剧	传统戏剧	第三批
149			葛素云	婺剧	传统戏剧	第三批
150			张建敏	婺剧	传统戏剧	第四批
151			陈美兰	婺剧	传统戏剧	第四批
152			吕敏湘	金华酒酿制技艺	传统技艺	第五批
153			徐勤纳	婺剧	传统戏剧	第五批
154	衢州市 (8人)	江山市	姜志谦	婺剧(变脸、耍牙)	传统戏剧	第三批
155			金宗怀	木偶戏(廿八都木偶戏)	传统戏剧	第五批
156		常山县	曾祥泰	常山喝彩歌谣	民间文学	第五批
157		龙游县	万爱珠	皮纸制作技艺(龙游皮纸制作技艺)	传统技艺	第四批
158		衢州市本级	汪家惠	高腔(西安高腔)	传统戏剧	第二批
159			严邦镇	高腔(西安高腔)	传统戏剧	第二批
160			金瑛	针灸(杨继洲针灸)	传统医药	第五批
161			孔祥楷	祭孔大典(南孔祭典)	民俗	第五批
162	舟山市 (2人)	定海区	高如丰	舟山锣鼓	传统音乐	第二批
163		普陀区	岑国和	传统木船制造技艺	传统技艺	第四批

序号	所属市	所属地区	姓名	项目名称	项目类别	批次
164	台州市 （12位）	黄岩区	罗启松	竹刻（黄岩翻簧竹雕）	传统美术	第三批
165		温岭市	陈其才	七夕节（石塘七夕习俗）	民俗	第四批
166			陈德福	鼓舞（大奏鼓）	传统舞蹈	第五批
167		临海市	王曰友	狮舞（黄沙狮子）	传统舞蹈	第二批
168		玉环市	鲍木顺	龙舞（坎门花龙）	传统舞蹈	第五批
169		三门县	杨兴亚	农历二十四节气（三门祭冬）	民俗	第五批
170		天台县	汤春甫	天台山干漆夹苎技艺	传统技艺	第四批
171		仙居县	李湘满	灯彩（仙居花灯）	传统美术	第一批
172			王汝兰	灯彩（仙居花灯）	传统美术	第五批
173		台州市本级	许定龙	台州乱弹	传统戏剧	第二批
174			傅林华	台州乱弹	传统戏剧	第二批
175			章岩友	中医正骨疗法（章氏骨伤疗法）	传统医药	第五批
176	丽水市 （16人）	龙泉市	沈新培	龙泉宝剑锻制技艺	传统技艺	第一批
177			徐朝兴	龙泉青瓷烧制技艺	传统技艺	第一批
178			夏侯文	龙泉青瓷烧制技艺	传统技艺	第四批
179			毛正聪	龙泉青瓷烧制技艺	传统技艺	第四批
180			张绍斌	龙泉青瓷烧制技艺	传统技艺	第五批
181		青田县	倪东方	青田石雕	传统美术	第三批
182			张爱廷	青田石雕	传统美术	第四批
183			张爱光	青田石雕	传统美术	第五批
184			郭秉强	灯舞（青田鱼灯舞）	传统舞蹈	第五批
185		缙云县	胡文相	庙会（张山寨七七会）	民俗	第四批
186		松阳县	吴陈基	松阳高腔	传统戏剧	第二批
187			陈春林	松阳高腔	传统戏剧	第二批
188			吴陈俊	松阳高腔	传统戏剧	第三批
189		庆元县	胡淼	木拱桥传统营造技艺	传统技艺	第五批
190		景宁县	蓝陈启	畲族民歌	传统音乐	第三批
191			蓝余根	婚俗（畲族婚俗）	民俗	第五批
192	浙江省 （5人）	浙江昆剧团	汪世瑜	昆曲	传统戏剧	第二批
193		浙江音乐学院	林为林	昆曲	传统戏剧	第二批
194		浙江小百花越剧团	茅威涛	越剧	传统戏剧	第二批
195		浙江小百花越剧团	董柯娣	越剧	传统戏剧	第二批
196		浙江昆剧团	王世瑶	昆曲	传统戏剧	第五批

浙江省中国历史文化名镇（村）

中国历史文化名镇（27 个）

第一批

桐乡市乌镇

嘉善县西塘镇

第二批

宁波市江北区慈城镇

象山县石浦镇

湖州市南浔区南浔镇

绍兴县安昌镇

第三批

宁海县前童镇

绍兴市越城区东浦镇

义乌市佛堂镇

江山市廿八都镇

第四批

德清县新市镇

富阳市龙门镇

永嘉县岩头镇

仙居县皤滩镇

第五批

景宁畲族自治县鹤溪镇

海宁市盐官镇

第六批

嵊州市崇仁镇

永康市芝英镇

松阳县西屏镇

岱山县东沙镇

第七批

慈溪市观海卫镇（鸣鹤）

平阳县顺溪镇

湖州市南浔区双林镇

湖州市南浔区菱湖镇

诸暨市枫桥镇

临海市桃渚镇

龙泉市住龙镇

中国历史文化名村（44 个）

第一批

武义县武阳镇郭洞村

武义县俞源乡俞源村

第三批

桐庐县江南镇深奥村

永康市前仓镇厚吴村

第四批

龙游县石佛乡三门源村

第五批

建德市大慈岩镇新叶村

永嘉县岩坦镇屿北村

金华市金东区傅村镇山头下村

仙居县白塔镇高迁村

庆元县松源镇大济村

乐清市仙溪镇南阁村

宁海县茶院乡许家山村

金华市婺城区汤溪镇寺平村

绍兴县稽东镇冢斜村

第六批

苍南县桥墩镇碗窑村

浦江县白马镇嵩溪村

缙云县新建镇河阳村

江山市大陈乡大陈村

湖州市南浔区和孚镇荻港村

磐安县盘峰乡榉溪村

淳安县浪川乡芹川村

苍南县矾山镇福德湾村

龙泉市西街街道下樟村

开化县马金镇霞山村

遂昌县焦滩乡独山村

安吉县鄣吴镇鄣吴村

丽水市莲都区雅溪镇西溪村

宁海县深甽镇龙宫村

第七批

建德市大慈岩镇上吴方村

建德市大慈岩镇李村村

桐庐县富春江镇茆坪村

宁波市海曙区章水镇李家坑村

宁波市鄞州区姜山镇走马塘村

慈溪市龙山镇方家河头村

余姚市大岚镇柿林村

义乌市佛堂镇倍磊村

磐安县尖山镇管头村

磐安县双溪乡梓誉村

江山市凤林镇南坞村

江山市石门镇清漾村

龙游县溪口镇灵山村

龙游县塔石镇泽随村

临海市东塍镇岭根村

天台县平桥镇张思村

说明：

第一批 2003 年 10 月 8 日公布

第二批 2005 年 9 月 16 日公布

第三批 2007 年 5 月 31 日公布

第四批 2008 年 10 月 14 日公布

第五批 2010 年 7 月 22 日公布

第六批 2014 年 2 月 19 日公布

第七批 2019 年 1 月 21 日公布

浙江省中国历史文化街区

第一批

杭州市中山中路历史文化街区

龙泉市西街历史文化街区

兰溪市天福山历史文化街区

绍兴市蕺山（书圣故里）历史文化街区

2020 年浙江省历史文化名镇名村街区（第六批）

一、历史文化名镇（共 7 个）

建德市寿昌镇

余姚市泗门镇

乐清市蒲岐镇

绍兴市上虞区丰惠镇

永康市唐先镇

龙游县溪口镇

临海市尤溪镇

二、历史文化名村（共 59 个）

桐庐县富春江镇俞赵村

桐庐县新合乡松山村

建德市大慈岩镇里叶村

建德市大慈岩镇双泉村

建德市三都镇乌祥村

宁波市镇海区澥浦镇十七房村

宁波市鄞州区塘溪镇上周村

宁波市鄞州区塘溪镇童夏家村（雁村）

宁波市奉化区大堰镇董家村

宁波市奉化区萧王庙街道青云村

宁波市奉化区裘村镇马头村

宁波市东钱湖旅游度假区东钱湖镇韩岭村

宁波市东钱湖旅游度假区东钱湖镇陶公村、建设村、利民村

慈溪市掌起镇洪魏村

慈溪市龙山镇龙山所村

宁海县深甽镇马岙村

宁海县梅林街道河洪村

宁海县桑洲镇麻岙村

象山县石浦镇东门渔村

象山县墙头镇墙头村

长兴县泗安镇上泗安村

诸暨市暨南街道周村

诸暨市暨南街道金杜岭村

诸暨市暨南街道新胜村

诸暨市应店街道紫阆村

新昌县回山镇上下宅村

义乌市大陈镇红峰村

义乌市义亭镇何店村

义乌市义亭镇陇头朱村

义乌市赤岸镇朱店村

义乌市赤岸镇乔亭村

永康市古山镇胡库下村

浦江县杭坪镇石宅村

磐安县尖山镇里岙村

磐安县九和乡三水潭村

磐安县安文街道墨林村

磐安县冷水镇朱山村

衢州市柯城区九华乡新宅村

衢州市柯城区九华乡妙源村

龙游县社阳乡大公村

龙游县社阳乡源头村

龙游县小南海镇鸿陆夏村

龙游县石佛乡西金源村

龙游县横山镇志棠村

龙游县横山镇天池村

龙游县湖镇镇张家埠村

江山市保安乡保安村

江山市峡口镇柴村村

江山市新塘边镇勤俭村

江山市凤林镇茅坂村

江山市凤林镇凤里村

常山县东案乡金源村

常山县东案乡东案村

嵊泗县黄龙乡峙岙村

台州市黄岩区茅畲乡下街村

三门县横渡镇东屏村

三门县珠岙镇高枧村

龙泉市竹垟畲族乡盖竹村

青田县仁庄镇仁庄村

三、历史文化街区（共 30 个）

名城内的街区（共 26 个）

宁波市海曙区鼓楼公园路

宁波市海曙区郡庙天封塔

宁波市奉化区西街南大路

余姚市武胜门

余姚市府前路

余姚市保庆路

温州市龙湾区寺前街

温州市龙湾区宁村所

温州市瓯海区瞿溪老街

温州市瓯海区梧田老街

瑞安市飞云西路

瑞安市丰湖街

瑞安市公园路

瑞安市会文里

金华市婺城区古子城

金华市婺城区雅畈

衢州市柯城区水亭门

衢州市柯城区北门街

临海市紫阳街府前街

临海市西门街

临海市三井巷

天台县中山西路

天台县中山东路

松阳县南直街

松阳县北直街

松阳县汤兰公所-文庙

非名城内的街区（共 4 个）

桐乡市武庙街

桐乡市永宁街区

龙游县河西街

常山县北门街区

浙江省全国重点文物保护单位

序号	名称	时代	地址	批次
1	七里亭遗址	旧石器时代	长兴县	7
2	上马坎遗址	旧石器时代	安吉县	7
3	乌龟洞遗址	旧石器时代	建德市	7
4	上山遗址	新石器时代	浦江县	6
5	跨湖桥遗址	新石器时代	杭州市萧山区	6
6	小黄山遗址	新石器时代	嵊州市	7
7	河姆渡遗址	新石器时代	余姚市	2
8	田螺山遗址	新石器时代	余姚市	7
9	鲻山遗址	新石器时代	余姚市	7
10	罗家角遗址	新石器时代	桐乡市	5
11	谭家湾遗址	新石器时代	桐乡市	6
12	马家浜遗址	新石器时代	嘉兴市南湖区	5
13	南河浜遗址	新石器时代	嘉兴市南湖区	6
14	良渚古城遗址	新石器时代	杭州市余杭区、德清县	4
15	庄桥坟遗址	新石器时代	平湖市	7
16	新地里遗址	新石器时代	桐乡市	7
17	好川遗址	新石器时代	遂昌县	7
18	曹湾山遗址	新石器时代	温州市鹿城区	7
19	小古城遗址	新石器时代	杭州市余杭区	7
20	钱山漾遗址	新石器时代至周	湖州市吴兴区	6
21	塔山遗址	新石器时代至周	象山县	7
22	毘山遗址	新石器时代至周	湖州市吴兴区	7
23	德清原始瓷窑址	商至战国	德清县	7
24	富盛窑址	周	绍兴市越城区	6
25	茅湾里窑址	春秋战国	杭州市萧山区	6
26	小仙坛窑址	东汉	绍兴市上虞区	6
27	上林湖越窑遗址	东汉至宋	慈溪市	3、6、7
28	凤凰山窑址群	三国至晋	绍兴市上虞区	7
29	大窑龙泉窑遗址	宋至明	龙泉市、庆元县	3、7、8
30	郊坛下和老虎洞窑址	宋至元	杭州市西湖区	6

续　表

序号	名称	时代	地址	批次
31	天目窑遗址群	宋至元	杭州市临安区	7
32	铁店窑遗址	宋、元	金华市婺城区	5
33	泗洲造纸作坊遗址	宋	杭州市富阳区	7
34	大溪东瓯古城遗址	西汉	温岭市	7
35	城山古城遗址	东汉	长兴县	7
36	下菰城遗址	春秋	湖州市吴兴区	5
37	安吉古城遗址、龙山越国贵族墓群	春秋至南北朝	安吉县	6、7
38	临安城遗址	南宋	杭州市上城区	5
39	永丰库遗址	元	宁波市海曙区	6
40	小南海石室	宋至清	龙游县	7
41	云和银矿遗址	明	云和县	7
42	花岙兵营遗址	明至清	象山县	7
43	鲤鱼山-老虎岭水坝遗址	新石器时代	杭州市余杭区	8
44	嘉兴子城遗址	唐至清	嘉兴市南湖区	8
45	坦头窑遗址	唐	永嘉县	8
46	沙埠窑遗址	唐宋	台州市黄岩区	8
47	浙南石棚墓群	商、周	瑞安市、平阳县、苍南县	5
48	东阳土墩墓群	周	东阳市	6
49	绍兴越国贵族墓群	春秋至战国	绍兴市柯桥区	7
50	吕祖谦及家族墓	宋	武义县	7
51	宋六陵	南宋	绍兴市越城区	7
52	东钱湖墓葬群	宋至明	宁波市鄞州区	5、7
53	高氏家族墓地	明	乐清市	6
54	印山越国王陵	春秋、战国	绍兴市柯桥区	5
55	长安画像石墓	汉至三国	海宁市	7
56	吴越国王陵	五代	杭州市临安区、上城区	5、6
57	大禹陵	清	绍兴市越城区	4
58	岳飞墓	南宋	杭州市西湖区	1
59	赵孟頫墓	元	德清县	7
60	吴镇墓	元	嘉善县	7
61	于谦墓	明至清	杭州市西湖区	6
62	台州府城墙	宋至清	临海市	5
63	衢州城墙	明至清	衢州市柯城区	6
64	安城城墙	明至清	安吉县	6

序号	名称	时代	地址	批次
65	桃渚城	明	临海市	5
66	永昌堡	明	温州市龙湾区	5
67	蒲壮所城	明至清	苍南县	4、6
68	俞源村古建筑群	元至清	武义县	5
69	诸葛、长乐村民居	明、清	兰溪市	4
70	芙蓉村古建筑群	明至清	永嘉县	6
71	芝堰村建筑群	明至民国	兰溪市	6
72	寺平村乡土建筑	明至清	金华市婺城区	7
73	鸡鸣山民居苑	明至清	龙游县	7
74	河阳村乡土建筑	明至清	缙云县	7
75	新叶村乡土建筑	明至民国	建德市	7
76	崇仁村建筑群	清	嵊州市	6
77	斯氏古民居建筑群	清	诸暨市	5
78	郑义门古建筑群	清	浦江县	5
79	顺溪古建筑群	清	平阳县	6
80	东阳卢宅	明至清	东阳市	3
81	慈城古建筑群	明至清	宁波市江北区	6
82	泰顺土楼	清至民国	泰顺县	7
83	吕府	明	绍兴市越城区	5
84	七家厅	明	金华市婺城区	7
85	莫氏庄园	清	平湖市	6
86	黄山八面厅	清	义乌市	5
87	林宅	清	宁波市海曙区	7
88	雪溪胡氏大院	清	泰顺县	7
89	陈阁老宅	清	海宁市	7
90	马上桥花厅	清	东阳市	7
91	三门源叶氏民居	清	龙游县	7
92	王守仁故居和墓	明	余姚市、绍兴市柯桥区	6
93	孔氏南宗家庙	南宋至清	衢州市柯城区	4
94	刘基庙及墓	明	文成县	5
95	榉溪孔氏家庙	清	磐安县	6
96	关西世家	明	龙游县	7
97	绍衣堂和横山塔	明	龙游县	7
98	西姜祠堂	明	兰溪市	7

续　表

序号	名称	时代	地址	批次
99	楠溪江宗祠建筑群	明至清	永嘉县	7
100	南坞杨氏宗祠	明至清	江山市	7
101	玉岩包氏宗祠	明至清	泰顺县	7
102	华堂王氏宗祠	明至清	嵊州市	7
103	世德堂	明至清	兰溪市	7
104	上族祠	明至清	兰溪市	7
105	积庆堂	明至清	兰溪市	7
106	余庆堂	明至清	兰溪市	7
107	吴氏宗祠	明至清	衢州市衢江区	7
108	三槐堂	明至清	龙游县	7
109	北二蓝氏宗祠	清	衢州市柯城区	7
110	宁海古戏台	清至民国	宁海县	6
111	青藤书屋和徐渭墓	明	绍兴市越城区、柯桥区	6
112	天一阁	明至近代	宁波市海曙区	2、5
113	文澜阁	清	杭州市西湖区	5
114	玉海楼	清	瑞安市	4
115	嘉业堂藏书楼及小莲庄	清	湖州市南浔区	5
116	白云庄和黄宗羲、万斯同、全祖望墓	明至民国	宁波市海曙区、余姚市、奉化区	6
117	庆安会馆	清	宁波市鄞州区	5
118	玉山古茶场	清	磐安县	6
119	胡庆余堂	清	杭州市上城区	3、6
120	兰亭	清	绍兴市柯桥区	7
121	四连碓造纸作坊	明	温州市瓯海区	5
122	三卿口制瓷作坊	清	江山市	6
123	庙沟后、横省石牌坊	宋、元	宁波市鄞州区	5
124	南阁牌楼群	明	乐清市	5
125	金昭牌坊和宪台牌坊	明	永嘉县	7
126	舜王庙	清	绍兴市柯桥区	7
127	周宣灵王庙	清	衢州市柯城区	7
128	西洋殿	清	庆元县	7
129	保国寺	北宋	宁波市江北区	1
130	延福寺	元	武义县	4
131	天宁寺大殿	宋至元	金华市婺城区	3
132	时思寺	元至清	景宁县	5

序号	名称	时代	地址	批次
133	阿育王寺	元至清	宁波市鄞州区	6
134	法雨寺	清	舟山市普陀区	6
135	国清寺	清	天台县	5
136	天童寺	明至清	宁波市鄞州区	6
137	凤凰寺	元至清	杭州市上城区	5
138	圣井山石殿	明至清	瑞安市	6
139	普陀山普济寺	清	舟山市普陀区	7
140	宁波天宁寺	唐	宁波市海曙区	6
141	功臣塔及功臣寺遗址	唐、五代	杭州市临安区	5、7
142	闸口白塔	五代	杭州市上城区	3
143	瑞隆感应塔	五代	台州市黄岩区	7
144	灵隐寺石塔和经幢	五代、北宋	杭州市西湖区	7
145	保俶塔	五代、明、民国	杭州市西湖区	7
146	湖镇舍利塔	宋	龙游县	5
147	松阳延庆寺塔	宋	松阳县	6
148	二灵塔	宋	宁波市鄞州区	7
149	国安寺塔	宋	温州市龙湾区	7
150	观音寺石塔	宋	瑞安市	7
151	护法寺桥和塔	宋	苍南县	7
152	东化成寺塔	宋	诸暨市	7
153	龙德寺塔	宋	浦江县	7
154	南峰塔和福印山塔	宋	仙居县	7
155	乐清东塔	宋	乐清市	7
156	八卦桥和河西桥	宋	瑞安市	7
157	栖真寺五佛塔	宋	平阳县	7
158	六和塔	南宋	杭州市上城区	1
159	飞英塔	南宋	湖州市吴兴区	3
160	普陀山多宝塔	元	舟山市普陀区	6
161	真如寺石塔	元	乐清市	7
162	普庆寺石塔	元	杭州市临安区	7
163	巾山塔群	元	临海市	7、8
164	绮园	清	海盐县	5
165	镇海口海防遗址	明至近代	宁波市镇海区、北仑区	4
166	赤溪五洞桥	宋	苍南县	6

序号	名称	时代	地址	批次
167	绍兴古桥群	宋至民国	绍兴市越城区、柯桥区	5、7
168	德清古桥群	宋、元、明	德清县	6、7
169	古月桥	宋	义乌市	5
170	西山桥	南宋	建德市	7
171	新河闸桥群	宋至清	温岭市	6
172	处州廊桥	明至民国	庆元县、龙泉市、景宁畲族自治县、青田县、松阳县	5、7
173	古纤道	明至清	绍兴市柯桥区	3
174	潘公桥及潘孝墓	明至清	湖州市吴兴区	7
175	泰顺廊桥	清	泰顺县	6
176	仕水碇步	清	泰顺县	6
177	双林三桥	清	湖州市南浔区	7
178	通济堰	南朝至清	丽水市莲都区	5
179	它山堰	唐	宁波市海曙区	3
180	狭漵湖避塘	明至清	绍兴市越城区	7
181	盐官海塘及海神庙	清	海宁市	5
182	独松关和古驿道	宋至清	安吉县、杭州市余杭区	6
183	大运河	春秋至今	杭州市区、余杭区、萧山区,嘉兴市区、海宁市、桐乡市,湖州市南浔区、德清县,绍兴市区、柯桥区、上虞区,宁波市区、余姚市	6、7
184	安吉永安寺塔	五代至南宋	安吉县	8
185	义乌大安寺塔	北宋	义乌市	8
186	杭州忠义桥	南宋	杭州市西湖区	8
187	灵鹫寺石塔	南宋	丽水市莲都区	8
188	绍兴大善寺塔	南宋	绍兴市越城区	8
189	南渡广济桥	元、清	宁波市奉化区	8
190	詹宝兄弟牌坊	明	松阳县	8
191	梅城南峰塔和北峰塔	明	建德市	8
192	独山石牌坊	明	遂昌县	8
193	湖州潮音桥	明	湖州市吴兴区	8
194	林应麒功德牌坊	明	仙居县	8
195	紫薇山民居	明清	东阳市	8
196	石楠塘徐氏宗祠	明清	金华市婺城区	8
197	赤岸朱宅建筑群	明至民国	义乌市	8
198	厚吴村古建筑群	明至民国	永康市	8

序号	名称	时代	地址	批次
199	吴文简祠	清	庆元县	8
200	下柏石陈大宗祠	清	永康市	8
201	余姚通济桥	清	余姚市	8
202	金清大桥	清	温岭市	8
203	江山文昌宫	清	江山市	8
204	兰溪通洲桥	清	兰溪市	8
205	雅端村古建筑群	清	义乌市	8
206	塘下方大宗祠	清	义乌市	8
207	椒江戚继光祠	清	台州市椒江区	8
208	东阳白坦民宅	清	东阳市	8
209	仙居古越族岩画群	春秋、战国	仙居县	7
210	安国寺经幢	唐	海宁市	6
211	法隆寺经幢	唐	金华市婺城区	6
212	龙兴寺经幢	唐	杭州市下城区	7
213	惠力寺经幢	唐	海宁市	7
214	梵天寺经幢	五代	杭州市上城区	5
215	大佛寺石弥勒像和千佛岩造像	南北朝	新昌县	7
216	飞来峰造像	五代至元	杭州市西湖区	2、6
217	柯岩造像及摩崖题刻	宋、清	绍兴市柯桥区	7
218	宝成寺麻曷葛剌造像	元	杭州市上城区	5
219	南山造像	元	杭州市余杭区	7
220	南明山摩崖题刻	晋至民国	丽水市莲都区	7
221	石门洞摩崖题刻	南北朝至民国	青田县	7
222	顾渚贡茶院遗址及摩崖	唐至宋	长兴县	6
223	仙都摩崖题记	唐至近代	缙云县	5
224	汉建初元年买地刻石	东汉	绍兴市越城区	8
225	雁荡山龙鼻洞摩崖题记	唐至民国	乐清市	8
226	杭州孔庙碑林	唐至民国	杭州市上城区	8
227	仙岩洞摩崖题记	宋、清	衢州市衢江区	8
228	道场山祈年题记	元	湖州市吴兴区	8
229	太平天国侍王府	1861 年	金华市婺城区	3
230	乍浦炮台	清	平湖市	7
231	中国共产党第一次全国代表大会会址——嘉兴南湖中共"一大"会址	1921 年	嘉兴市南湖区	5
232	红十三军军部旧址	1930 年	永嘉县	7

续　表

序号	名称	时代	地址	批次
233	浙东抗日根据地旧址	1942—1945年	余姚市、慈溪市	6
234	新四军苏浙军区旧址	1943—1954年	长兴县	5
235	蒋氏故居	清至民国	奉化区	4、6
236	绍兴鲁迅故居	1881—1898年	绍兴市越城区	3
237	浙江秋瑾故居	1907年(民国)	绍兴市越城区	3、6
238	蔡元培故居	近代	绍兴市越城区	5
239	章太炎故居	民国	杭州市余杭区	6
240	尊德堂	1877年	湖州市南浔区	7
241	王国维故居	1886—1898年	海宁市	6
242	茅盾故居	1896—1910年	桐乡市	3
243	马寅初故居	清至民国	嵊州市、杭州市下城区	6
244	龙山虞氏旧宅建筑群	1916—1929年	慈溪市	5
245	南浔张氏旧宅建筑群	1899—1906年	湖州市南浔区	5
246	莫干山别墅群	清至民国	德清县	6、7
247	江北天主教堂	清	宁波市江北区	6
248	嘉兴文生修道院与天主堂	1903年、1930年	嘉兴市南湖区	7
249	曹娥庙	1936年	绍兴市上虞区	7
250	陈英士墓	1916年	湖州市吴兴区	6
251	钱塘江大桥	民国	杭州市西湖区	6
252	钱业会馆	民国	宁波市海曙区	6
253	浙江兴业银行旧址	1923年	杭州市上城区	7
254	西泠印社	近代	杭州市西湖区	5
255	利济医学堂旧址	1885—1902年	瑞安市	6
256	大通学堂和徐锡麟故居	清	绍兴市越城区	6
257	春晖中学旧址	清至民国	绍兴市上虞区	7
258	锦堂学校旧址	1909年	慈溪市	7
259	之江大学旧址	民国	杭州市西湖区	6
260	笕桥中央航校旧址	民国	杭州市江干区	6
261	浙江大学龙泉分校旧址	1939年	龙泉市	7
262	仓前粮仓	清至今	杭州市余杭区	7
263	浙东沿海灯塔	清至民国	舟山市定海区、普陀区、嵊泗县、岱山县，宁波市镇海区、北仑区、象山县	5、7
264	坎门验潮所	1929年	玉环市	7
265	沈钧儒故居	1921年	嘉兴市南湖区	8
266	英国驻温州领事馆旧址	1894—1924年	温州市鹿城区	8

序号	名称	时代	地址	批次
267	求是书院旧址	1897—1914 年	杭州市上城区	8
268	恩泽医局旧址	1901—1951 年	临海市	8
269	浙江图书馆旧址	1909—1936 年	杭州市上城区、西湖区	8
270	陈望道故居	清至民国	义乌市	8
271	史家庄花厅	民国	东阳市	8
272	仁爱医院旧址	1922 年	杭州市下城区	8
273	第一届西湖博览会工业馆旧址	1928 年	杭州市西湖区	8
274	五四宪法起草地旧址	1953—1954 年	杭州市西湖区	8
275	一江山岛战役遗址	1955 年	台州市椒江区	8
276	王店粮仓群	20 世纪 50 年代	嘉兴市秀洲区	8
277	江厦潮汐试验电站	1979 年	温岭市	8
278	西湖十景	南宋至清	杭州市西湖区	7
279	太湖溇港	春秋至今	湖州市吴兴区	8
280	钱塘江海塘海盐救海庙段和海宁段	明清至今	海盐县、海宁市	8
281	矾山矾矿遗址	清至 1994 年	苍南县	8

浙江省国家级公共文化服务体系示范区（项目）

第一批

一、示范区

宁波市鄞州区

二、示范项目

1.嘉兴市：城乡一体化公共图书馆服务体系建设

2.温州市：苍南农村文化中心建设创新模式

第二批

一、示范区

嘉兴市

二、示范项目

1.杭州市余杭区：乡镇综合文化站服务效能提升工程

2.绍兴市：电视图书馆绍兴模式

第三批

一、示范区

台州市

二、示范项目

1.丽水市：乡村春晚

2.温州市："城市书网"公共图书馆现代服务模式

浙江省国家文化产业示范基地

浙江乐富创意产业投资有限公司

浙江中南卡通股份有限公司

杭州金海岸文化发展股份有限公司

华宝斋富翰文化有限公司

杭州宋城旅游发展股份有限公司

杭州神采飞扬娱乐有限公司

西泠印社集团有限公司

海伦钢琴股份有限公司

浙江大丰实业股份有限公司

宁波音王电声股份有限公司

美盛文化创意股份有限公司

华鸿控股集团有限公司

衢州醉根艺品有限公司

浙江台绣服饰有限公司

台州市绣都服饰有限公司

龙泉市金宏瓷业有限公司

浙江省国家文化产业示范园区

杭州市白马湖生态创意城

浙江省全国爱国主义教育示范基地

第一批
  南湖革命纪念馆
  鲁迅故居及纪念馆
  镇海口海防遗址
  禹陵
  河姆渡遗址博物馆

第二批
  解放一江山岛烈士陵园
  鄞县四明山革命烈士陵园
  舟山鸦片战争纪念馆

第三批
  侵浙日军投降仪式旧址（千人坑遗址）

第四批
  浙江省博物馆、新四军苏浙军区纪念馆、温州浙南平阳革命根据地旧址群

2017 年新增
  洞头先锋女子民兵连纪念馆

2019 年新增
  秦山核电站

浙江省全国博物馆十大陈列展览精品获奖项目

第二届（1998 年度）
  恐龙与海洋动物精品陈列（浙江自然博物馆）

第四届（2000 年度）
  浙江七千年（浙江省博物馆）
  最佳创意奖：
  宁波清代官宅陈列（宁波天一阁博物馆）
  最受观众欢迎奖：
  浙江七千年（浙江省博物馆）

第五届（2001—2002 年度）
  中国茶叶文化展（中国茶叶博物馆）

第六届（2003—2004 年度）
  中国丝绸文化陈列（中国丝绸博物馆）
  最佳内容设计奖：
  温州人（温州博物馆）
  最佳服务奖：
  江南水乡文化陈列（杭州中国水乡文化博物馆）

第七届（2005—2006 年度）

吴兴赋——湖州历史与人文陈列（湖州市博物馆）

第八届（2007—2008 年度）

良渚文化——实证中华五千年文明（良渚博物院）

最佳创意奖：

东方"神舟"——宁波海上丝绸之路主题展（宁波博物馆）

最佳服务奖：

东方"神舟"——宁波海上丝绸之路主题展（宁波博物馆）

第九届（2009—2010 年度）

"自然·生命·人"浙江自然博物馆基本陈列（浙江自然博物馆）

越地长歌——浙江历史文化陈列（浙江省博物馆）

第十届（2011—2012 年度）

南湖革命纪念馆新馆基本陈列（嘉兴南湖革命纪念馆）

钱塘匠心·天工集粹——杭州工艺美术精品陈列（杭州工艺美术馆）

惠世天工——中国古代发明创造文物展（浙江省博物馆）

优秀奖

珍藏杭州——杭州博物馆馆藏文物精品陈列（杭州博物馆）

第十二届（2014 年度）

优胜奖

"港通天下"中国港口历史陈列（宁波港口博物馆）

禾兴之源——史前时期的嘉兴（嘉兴博物馆）

第十三届（2015 年度）

中兴纪胜——南宋风物观止（浙江省博物馆）

生命·超越——中原文化中的动物映像（浙江自然博物馆）

优胜奖

最忆是杭州——杭州通史陈列（杭州博物馆）

第十四届（2016 年度）

中国丝绸和丝绸之路——锦程·更衣记（中国丝绸博物馆）

第十五届（2017 年度）

精品奖

明月入怀·中国团扇文化印象展（杭州工艺美术博物馆）

优胜奖

古道新知——丝绸之路文化遗产保护科技成果展（中国丝绸博物馆）

第十六届（2018 年度）

精品奖

良渚遗址是实证中华五千年文明史的圣地（良渚博物院）

优胜奖

越地宝藏——100 件文物讲述浙江故事（浙江省博物馆）

第十七届（2019 年度）

精品奖

浙江自然博物院安吉馆基本陈列（浙江自然博物院）

优胜奖

海市蜃楼:17 至 20 世纪中国外销装饰艺术展（杭州工艺美术博物馆）

浙江省博物馆（纪念馆）名录

名称	所属地区	性质	质量等级	是否免费开放	地址
中国丝绸博物馆		文物系统国有博物馆	一级	是	杭州市西湖区玉皇山路 73-1 号
浙江省博物馆（浙江革命历史纪念馆）		文物系统国有博物馆	一级	是	武林馆区（浙江革命历史纪念馆）：杭州市拱墅区西湖文化广场 29 号 孤山馆区：杭州市西湖区孤山路 25 号
浙江自然博物院		文物系统国有博物馆	一级	是	杭州馆：杭州市拱墅区朝晖街道西湖文化广场 6 号 安吉馆：安吉县梅园路 1 号
杭州博物馆［杭州博物院（筹）］		文物系统国有博物馆	一级	是	杭州市上城区粮道山 18 号
杭州西湖博物总馆（西湖学研究院）		文物系统国有博物馆	一级	是	杭州市上城区南山路 89 号
中国茶叶博物馆		文物系统国有博物馆	一级	是	双峰馆区：杭州市西湖区龙井路 88 号 龙井馆区：杭州市西湖区翁家山 268 区
杭州工艺美术博物馆（杭州中国刀剪剑、扇业、伞业博物馆）		文物系统国有博物馆	一级	是	中国扇博物馆：杭州市拱墅区小河路 450 号 杭州工艺美术博物馆：杭州市拱墅区小河路 334 号 中国刀剪剑、中国伞博物馆：杭州市拱墅区小河路 336 号
杭州南宋官窑博物馆	杭州市	文物系统国有博物馆	二级	是	杭州市上城区南复路 60 号
中国湿地博物馆（杭州西溪研究所）		其他行业国有博物馆	二级	是	杭州市西湖区天目山路 402 号
萧山博物馆		文物系统国有博物馆	二级	是	杭州市萧山区北干山南路 651 号
中国江南水乡文化博物馆		文物系统国有博物馆	二级	是	杭州市临平区临平南大街 95 号
胡庆余堂中药博物馆		非国有博物馆	二级	否	杭州市上城区大井巷 95 号
桐庐博物馆		文物系统国有博物馆	三级	是	桐庐县城南街道学圣路 646 号
中国财税博物馆		其他行业国有博物馆	未定级	是	杭州市上城区吴山广场 28 号
中国水利博物馆		其他行业国有博物馆	未定级	是	杭州市萧山区水博大道 1 号
浙江大学考古与艺术博物馆		文物系统国有博物馆	未定级	是	杭州市西湖区余杭塘路 866 号浙江大学紫金港校区内
中国美术学院民艺博物馆		文物系统国有博物馆	未定级	否	杭州市西湖区转塘街道象山路 352 号中国美术学院象山校区内
杭州名人纪念馆（唐云艺术馆）		文物系统国有博物馆	未定级	是	杭州市西湖区南山路 2 - 1 号
韩美林艺术馆		文物系统国有博物馆	未定级	是	杭州市西湖区桃源岭 3 号
岳飞纪念馆（俞曲园纪念馆）		文物系统国有博物馆	未定级	是	岳飞纪念馆：杭州市西湖区北山路 80 号 俞曲园纪念馆：杭州市西湖区后孤山路 32 号
连横纪念馆		文物系统国有博物馆	未定级	是	杭州市西湖区葛岭路 17 号
浙江辛亥革命纪念馆		文物系统国有博物馆	未定级	是	杭州市西湖区龙井路 138 号
马一浮纪念馆		文物系统国有博物馆	未定级	是	杭州市西湖区杨公堤 10 号花港公园蒋庄内
杭州李叔同纪念馆		文物系统国有博物馆	未定级	是	杭州市西湖区虎跑路 39 号虎跑公园内
杭州孔庙		文物系统国有博物馆	未定级	是	杭州市上城区府学巷 8 号
中国印学博物馆		其他行业国有博物馆	未定级	是	杭州市西湖区孤山后山路 10 号
浙江革命烈士纪念馆		其他行业国有博物馆	未定级	是	杭州市上城区万松岭路 100 - 1 号
杭州京杭大运河博物馆		文物系统国有博物馆	未定级	是	杭州市拱墅区运河文化广场 1 号
大韩民国临时政府杭州旧址纪念馆		其他行业国有博物馆	未定级	是	杭州市上城区长生路 55 号

续　表

名称	所属地区	性质	质量等级	是否免费开放	地址
"五四宪法"历史资料陈列馆		其他行业国有博物馆	未定级	是	北山街馆区:杭州市西湖区北山街 84 号 栖霞岭馆区:杭州市西湖区栖霞岭 54 号
西湖博览会博物馆		其他行业国有博物馆	未定级	是	杭州市西湖区北山路 41—42 号
钱塘江大桥纪念馆		其他行业国有博物馆	未定级	是	杭州市西湖区之江路 6 号
潘天寿纪念馆		其他行业国有博物馆	未定级	是	杭州市上城区南山路 212 号
浙江中医药博物馆		其他行业国有博物馆	未定级	是	杭州市滨江区滨文路 548 号
浙江旅游博物馆		其他行业国有博物馆	未定级	是	杭州市萧山区耕文路 399 号
龚自珍纪念馆		文物系统国有博物馆	未定级	是	杭州市上城区马坡巷 16 号
浙商博物馆		其他行业国有博物馆	未定级	是	杭州市西湖区教工路 149 号
良渚博物院		文物系统国有博物馆	未定级	是	杭州市余杭区美丽洲路 1 号
杭州市余杭章太炎故居纪念馆(杭州市余杭区章太炎研究中心)		文物系统国有博物馆	未定级	是	杭州市余杭区仓前街道仓前塘路 59 号
杭州市萧山跨湖桥遗址博物馆		文物系统国有博物馆	未定级	是	杭州市萧山区湘湖路 978 号
中国工农红军北上抗日先遣队纪念馆		其他行业国有博物馆	未定级	是	淳安县中洲镇厦山村泰夏自然村 1-1 号
叶浅予艺术馆		文物系统国有博物馆	未定级	是	桐庐县大奇山路 519 号
杭州万事利丝绸文化博物馆	杭州市	非国有博物馆	未定级	是	杭州市上城区天城路 68 号万事利科技大厦 B 座 3 楼
杭州高氏照相机博物馆		非国有博物馆	未定级	是	鉴定部:杭州市拱北永和坊 7 幢 1 楼 陈列部:杭州市拱墅区陆家坞 111 号
杭州南宋钱币博物馆		非国有博物馆	未定级	是	杭州市上城区酱园弄 12 号
杭州大光明眼镜博物馆		非国有博物馆	未定级	是	杭州市上城区延安路 238 号大光明眼镜
杭州华夏紫砂博物馆		非国有博物馆	未定级	是	杭州市上城区长生路 58 号西湖国贸中心 622 室
杭州笕桥抗战纪念馆		非国有博物馆	未定级	是	杭州市上城区机场路 250 号
杭州江南锡器博物馆		非国有博物馆	未定级	是	杭州市上城区机场路 250 号 6 幢 2 楼
马寅初纪念馆		非国有博物馆	未定级	是	杭州市拱墅区庆春路 210 号
杭州世界钱币博物馆		非国有博物馆	未定级	是	杭州市上城区景昙路 9 号西子国际 A 座 31 楼
杭州土火斋古陶瓷博物馆		非国有博物馆	未定级	是	杭州市上城区杭海路 1191 号
杭州西湖本山龙井茶叶博物馆		非国有博物馆	未定级	是	杭州市西湖区云栖路 7 号
浙江安贤生命博物馆		非国有博物馆	未定级	是	杭州市拱墅区半山临半路 181 号
浙江淳德中医药博物馆		非国有博物馆	未定级	是	杭州市上城区中山南路 453 号
浙江朱炳仁铜雕艺术博物馆		非国有博物馆	未定级	是	杭州市上城区河坊街 207—221 号
杭州江南明清古建筑博物馆		非国有博物馆	未定级	是	杭州市余杭区访溪路 38 号西溪国家湿地公园内
杭州西湖丝绸文化博物馆		非国有博物馆	未定级	是	杭州市西湖区梅岭南路梵村感应桥 1 号
杭州余杭禹昊博物馆		非国有博物馆	未定级	是	杭州市余杭区塘栖镇塘栖路 146 号
杭州市萧山区吴越历史文书博物馆		非国有博物馆	未定级	是	杭州市萧山区湘湖路 47 号
杭州市萧山区开运通宝民俗博物馆		非国有博物馆	未定级	是	杭州市萧山区潘水路山水苑 34－9 号
杭州市萧山区东沙农耕博物馆		非国有博物馆	未定级	是	杭州市萧山区瓜沥(坎山)纵五路 8 号
杭州市萧山区天福龟鳖博物馆		非国有博物馆	未定级	是	杭州市萧山区通惠北路 35 号
杭州市萧山区梦娜斯酒文化博物馆		非国有博物馆	未定级	是	杭州市萧山区河上镇凤坞村梦娜斯庄园 1 号楼
杭州市余杭区颉德文化博物馆		非国有博物馆	未定级	是	杭州市余杭区南苑街道世纪大道 652 号
淳安千岛湖自然博物馆		非国有博物馆	未定级	是	淳安县千岛湖镇梦姑路 158 号

名称	所属地区	性质	质量等级	是否免费开放	地址
杭州市萧山区湘湖吴越古文化博物馆	杭州市	非国有博物馆	未定级	是	杭州市萧山区北干山南路 453 号
浙江省现代陶瓷艺术博物馆		非国有博物馆	未定级	是	杭州市萧山区湘湖旅游度假区眉山路湘湖陶瓷艺术岛
杭州西湖龙井茶博物馆		非国有博物馆	未定级	是	杭州市西湖区龙坞茶镇九街 33 号
杭州海塘遗址博物馆		文物系统国有博物馆	未定级	是	杭州市上城区九睦路 109 号阿里体育中心 1 楼
杭州市临安区昌化鸡血石博物馆		其他行业国有博物馆	未定级	是	杭州市临安区锦城街道苕溪南路 11 号
临安博物馆		文物系统国有博物馆	未定级	是	杭州市临安区锦城街道天目路 800 号
淳安博物馆		文物系统国有博物馆	未定级	是	淳安县千岛湖镇青溪新城珍珠一路 113 号
富阳博物馆		文物系统国有博物馆	未定级	是	杭州市富阳区江滨西大道 159 号富春山馆内
宁波博物馆	宁波市	文物系统国有博物馆	一级	是	宁波市鄞州区首南中路 1000 号
宁波市天一阁博物馆		文物系统国有博物馆	一级	否	宁波市海曙区天一街 10 号
宁波中国港口博物馆		文物系统国有博物馆	一级	是	宁波市北仑区春晓街道港路 6 号
宁波帮博物馆		文物系统国有博物馆	二级	是	宁波市镇海区思源路 225 号
宁波市保国寺古建筑博物馆		文物系统国有博物馆	二级	否	宁波市江北区洪塘街道鞍山村安东 49 号
河姆渡遗址博物馆		文物系统国有博物馆	二级	是	余姚市河姆渡镇浪墅桥村
余姚博物馆		文物系统国有博物馆	二级	是	余姚市舜水南路 1 号
浙东海事民俗博物馆		文物系统国有博物馆	三级	否	宁波市鄞州区江东北路 156 号
宁海县十里红妆博物馆		非国有博物馆	三级	是	宁海县徐霞客大道 1 号
柔石故居		文物系统国有博物馆	三级	是	宁海县跃龙街道柔石路 1 号
慈溪市博物馆		文物系统国有博物馆	三级	是	慈溪市科技路 909 号
镇海口海防历史纪念馆		文物系统国有博物馆	三级	是	宁波市镇海区招宝山路 10 号
溪口博物馆		文物系统国有博物馆	三级	是	宁波市奉化区溪口镇武岭西路 159 号
宁海县江南民间艺术馆		非国有博物馆	未定级	是	宁海县大佳何镇大佳何村
宁海县海洋生物博物馆		非国有博物馆	未定级	是	宁海县强蛟镇振兴东路 83 号
宁海环球海洋古船博物馆		非国有博物馆	未定级	是	宁海县强蛟镇新兴街 63 号
宁海县得心坊艺术馆		非国有博物馆	未定级	是	宁海县胡陈乡东张村
宁海东方艺术造像博物馆		非国有博物馆	未定级	是	宁海县跃龙街道外环西路 369 号
宁海县许家山石文化展示馆		非国有博物馆	未定级	是	宁海县茶院乡许家山
王锡桐起义遗址		文物系统国有博物馆	未定级	是	宁海县跃龙街道桃源南路 20 号
潘天寿故居		文物系统国有博物馆	未定级	是	宁海县桃源街道冠庄村
宁波市海曙区婚俗博物馆		非国有博物馆	未定级	是	宁波市海曙区石源路 410 号
宁波市海曙区居家博物园		非国有博物馆	未定级	是	宁波市海曙区高桥镇民乐村
宁波市海曙区王升大粮油工艺博物馆		非国有博物馆	未定级	是	宁波市海曙区高桥镇新庄村
宁波市海曙区赵大有宁式糕点博物馆		非国有博物馆	未定级	是	宁波市海曙区联丰中路 499 号
宁波市海曙区知青博物馆		非国有博物馆	未定级	是	宁波市海曙区横街镇乌岩许家
宁波市海曙区耕泽石刻博物馆		非国有博物馆	未定级	是	宁波市海曙区高桥镇岐阳村下边 1 号
宁波市海曙区黄古林草编博物馆		非国有博物馆	未定级	是	宁波市海曙区鄞县大道古林段 312 号
宁波市海曙区鱼文化博物馆		非国有博物馆	未定级	是	宁波市海曙区鄞江镇悬慈村鲍家墈 293 号
张苍水纪念馆		文物系统国有博物馆	未定级	是	宁波市海曙区苍水街 194 号
开明街鼠疫灾难陈列馆		文物系统国有博物馆	未定级	是	宁波市海曙区华楼巷 15 号天一广场党员服务中心 2 楼
大革命时期中共宁波地委旧址纪念馆		文物系统国有博物馆	未定级	是	宁波市解放南路 206 弄 17 号
鄞州革命烈士纪念馆		文物系统国有博物馆	未定级	是	宁波市海曙区章水镇通远路 1022 号
慈溪市东方博物馆		非国有博物馆	未定级	是	慈溪市孙塘南路南段 382 号
慈溪市吴越青瓷博物馆		非国有博物馆	未定级	是	慈溪市桥头镇五丰村周塘路 860 号

名称	所属地区	性质	质量等级	是否免费开放	地址
慈溪越韵陈列馆		非国有博物馆	未定级	是	慈溪市匡堰镇王家埭村南路 1 号
慈溪市赵府檀艺博物馆		非国有博物馆	未定级	是	慈溪市天元镇天潭路 86 号
慈溪市东方红像章博物馆		非国有博物馆	未定级	是	慈溪市横河镇秦堰村秦堰桥北区 5 号
慈溪市上林湖越窑青瓷博物馆		非国有博物馆	未定级	是	慈溪市新浦镇老街路 389 号
慈溪市上林遗风博物馆		非国有博物馆	未定级	是	慈溪市浒山街道世纪花园 21 号
慈溪市徐福红木博物馆		非国有博物馆	未定级	是	慈溪市龙山镇范市工业开发区湖滨北路 26 号
浙江中立古陶瓷博物馆		非国有博物馆	未定级	是	慈溪市古塘街道坎墩大道 155 号
慈溪市珍丽民俗博物馆		非国有博物馆	未定级	是	慈溪市白沙路街道三北大街 2323—2327 号
浙海关旧址博物馆		文物系统国有博物馆	未定级	是	宁波市江北区中马路 542 号
宁波服装博物馆		文物系统国有博物馆	未定级	是	宁波市鄞州区下应街道天工路蓝海巷 80 号
沙孟海书学院		文物系统国有博物馆	未定级	是	宁波市鄞州区钱湖东路 99 号
周尧昆虫博物馆		文物系统国有博物馆	未定级	是	宁波市鄞州区日丽西路 336 号
鄞州滨海博物馆		其他行业国有博物馆	未定级	是	宁波市鄞州区合兴路 188 号
宁波市鄞州区朱金漆木雕艺术馆		非国有博物馆	未定级	是	宁波市鄞州区横溪镇横溪村上街
宁波市鄞州区千工甬式家具博物馆		非国有博物馆	未定级	是	宁波市鄞州区邱隘镇人民南路 200 号
宁波市鄞州区甬宝斋锡镴器熨斗博物馆		非国有博物馆	未定级	是	宁波市鄞州区潘火街道潘火桥村蔡氏祠内
宁波市鄞州区沧海农耕博物馆		非国有博物馆	未定级	是	宁波市鄞州区首南街道桃江村
浙江华茂艺术教育博物馆	宁波市	非国有博物馆	未定级	是	宁波市鄞州区鄞县大道中段 2 号（华茂外国语学校内）
宁波鄞州陶瓷文化艺术馆		非国有博物馆	未定级	是	宁波市鄞州区云龙镇云莫路 88 号
鄞州区雪菜博物馆		非国有博物馆	未定级	是	宁波市鄞州区鄞县大道东吴段 58 号
宁波市鄞州区插花艺术馆		非国有博物馆	未定级	是	宁波市鄞州区天工路蓝海巷 58 号
宁波市鄞州紫林坊艺术馆		非国有博物馆	未定级	是	宁波市鄞州区日丽中路 666 号
宁波市鄞州区地质宝藏博物馆		非国有博物馆	未定级	是	宁波市鄞州区天童南路 2365 号五楼 509
宁波市鄞州区金银彩绣艺术馆		非国有博物馆	未定级	是	宁波市鄞州区启明路 818 号创新 128 园区 9 幢 68 号
象山县博物馆		文物系统国有博物馆	未定级	是	象山县丹东街道新华路 279 号
象山德和根艺美术馆		非国有博物馆	未定级	是	象山县丹东街道湖滨路 101 号
象山县才华剪纸博物馆		非国有博物馆	未定级	是	象山县东陈乡樟岙村伊兰山脚
象山县大晹博物馆		非国有博物馆	未定级	是	象山县丹东街道新华路 269 号
奉化历史文物陈列馆		文物系统国有博物馆	未定级	是	宁波市奉化区体育场路 56 号
王康乐艺术馆		其他行业国有博物馆	未定级	是	宁波市奉化区溪口镇溪南路 270 号
宁波市奉化区民间中医药博物馆		非国有博物馆	未定级	是	宁波市奉化区莼湖镇漂溪村
宁波市奉化区布袋弥勒博物馆		非国有博物馆	未定级	是	宁波市奉化区锦屏街道中塔路 12 号
浙东革命根据地纪念馆		文物系统国有博物馆	未定级	是	余姚市梁弄镇横坎头村
中国农机博物馆		其他行业国有博物馆	未定级	是	余姚市马渚镇渚北东路 36 号
中国浙东越窑青瓷博物馆		非国有博物馆	未定级	是	余姚市梁弄镇高南村宋家岙
余姚市看云楼科举文化博物馆		非国有博物馆	未定级	是	余姚市泗门镇望安路 14 号成之庄
余姚市四明山书画院		非国有博物馆	未定级	是	余姚市大岚镇丹山路 1 号
余姚市寿宝斋工艺藏品博物馆		非国有博物馆	未定级	是	余姚市城区丰山路 358 号 4 楼
余姚市金桥奇石艺术馆		非国有博物馆	未定级	是	余姚市舜宇路 84 号
东钱湖民俗文化艺术馆		非国有博物馆	未定级	是	宁波市鄞州区钱东湖镇钱湖人家三期 96 幢
余姚市大呈博物馆		非国有博物馆	未定级	是	余姚市梁辉开发区中兴路 1 号
宁波市千峰越窑青瓷博物馆		非国有博物馆	未定级	是	宁波市鄞州区下应街道湾底村西江古村民国老街 D 区

名称	所属地区	性质	质量等级	是否免费开放	地址
温州博物馆		文物系统国有博物馆	一级	是	温州市鹿城区市府路 491 号
瑞安博物馆		文物系统国有博物馆	二级	是	瑞安市嘉宁路 23 号
文成博物馆		文物系统国有博物馆	二级	是	文成县文青路 1 号
温州市龙湾区文博馆		文物系统国有博物馆	三级	是	温州市龙湾区机场大道 501 号
瓯海博物馆		文物系统国有博物馆	三级	是	温州市瓯海区行政管理中心 10 号楼
乐清市博物馆		文物系统国有博物馆	三级	是	乐清市晨曦路 299 号
平阳县博物馆		文物系统国有博物馆	未定级	是	平阳县昆阳镇西城下南路 8 号
苏步青励志教育馆		文物系统国有博物馆	未定级	是	平阳县腾蛟镇腾带村励志路 8 号
苍南博物馆		文物系统国有博物馆	未定级	是	苍南县灵溪镇车站大道 563—583 号
泰顺县博物馆		文物系统国有博物馆	未定级	是	泰顺县罗阳镇文祥一路科技文化中心 4 楼
温州市文天祥祠纪念馆		文物系统国有博物馆	未定级	是	温州市鹿城区江心屿公园东首
温州教育史馆		其他行业国有博物馆	未定级	是	温州市鹿城区松台街道胜昔桥路 54 号
洞头先锋女子民兵连纪念馆		其他行业国有博物馆	未定级	是	温州市洞头区北岙街道海霞村
永嘉红十三军军部旧址纪念馆		其他行业国有博物馆	未定级	是	永嘉县岩头镇五尺村
平阳县闽浙边抗日救亡干部学校纪念馆		其他行业国有博物馆	未定级	是	平阳县山门镇凤岭村
中共浙江省一大陈列馆		其他行业国有博物馆	未定级	是	平阳县凤卧镇凤林村
平阳县烈士纪念馆		其他行业国有博物馆	未定级	是	平阳县昆阳镇昆鳌路 275 号
温州龙湾区永昌博物馆	温州市	非国有博物馆	未定级	是	温州市龙湾区永中街道新城村王氏宗祠
白水民俗博物馆		非国有博物馆	未定级	是	温州市龙湾区永中街道天柱路 211—223 号
温州市维日康树贤艺术博物馆		非国有博物馆	未定级	是	温州市瓯海区森茂路 28 号
温州市洞头区东海贝雕艺术博物馆		其他行业国有博物馆	未定级	是	温州市洞头区南塘工业区九亩丘海创园
温州金洲动物博物馆		非国有博物馆	未定级	是	温州市洞头灵昆街道双昆村龙昌路西 100 米
瑞安市季月泉纪念馆		非国有博物馆	未定级	是	瑞安市莘塍街道仙甲季村
瑞安市叶适纪念馆		非国有博物馆	未定级	是	瑞安市莘塍东街 446 号
瑞安市隆山知青纪念馆		非国有博物馆	未定级	是	瑞安市瑞光大道隆山公园南入口门楼
雷高升烈士纪念馆		非国有博物馆	未定级	是	瑞安市马屿镇后岬村
瑞安市杨衙里博物馆		非国有博物馆	未定级	是	瑞安市安阳路安庆小区 7 幢 102 室
瑞安市叶茂钱收藏馆		非国有博物馆	未定级	是	瑞安市公园路 84 号
瑞安市陈傅良纪念馆		非国有博物馆	未定级	是	瑞安市塘下镇陈宅村
肇平垟革命纪念馆		非国有博物馆	未定级	是	瑞安市塘下镇肇平垟中村
瑞安市瑞祥堂青铜镜收藏馆		非国有博物馆	未定级	是	瑞安市沿江西路 500 号
瑞安市抗美援朝历史教育馆		非国有博物馆	未定级	是	瑞安市烈士陵园内
瑞安市维加斯服装文化博物馆		非国有博物馆	未定级	是	瑞安市经济开发区三路 588 号
温州市采成蓝夹缬博物馆		非国有博物馆	未定级	是	瑞安市马屿镇净水村
苍南县鹅峰古籍馆		非国有博物馆	未定级	是	苍南县桥墩镇古树村 181 号
苍南县天韵奇石博物馆		非国有博物馆	未定级	是	苍南县藻溪镇建光村
苍南县碗窑博物馆		非国有博物馆	未定级	是	苍南县桥墩镇碗窑村
温州矾矿博物馆		非国有博物馆	未定级	是	苍南县矾山镇八一路 38 号
苍南县刘基文化博物馆		非国有博物馆	未定级	是	苍南县莒溪镇桥南村
永嘉县吴超征烈士纪念馆		非国有博物馆	未定级	是	永嘉县桥下镇韩埠村
永嘉瓯渠民俗博物馆		非国有博物馆	未定级	是	永嘉县金溪镇瓯渠村
温州尊越瓯菜博物馆		非国有博物馆	未定级	是	温州市瓯海区南白象镇头陀寺 4 号
温州市红欣盆景艺术博物馆		非国有博物馆	未定级	是	温州市黎明东路山下前巷 59 号
温州叶同仁中医药博物馆		其他行业国有博物馆	未定级	是	温州市瓯江路望江公园

名称	所属地区	性质	质量等级	是否免费开放	地址
湖州博物馆		文物系统国有博物馆	二级	是	湖州市吴兴区仁皇山街道吴兴路 1 号
长兴太湖博物馆		文物系统国有博物馆	二级	是	长兴县太湖街道中央大道 1 号
安吉县博物馆（安吉生态博物馆、诸乐三艺术馆）		文物系统国有博物馆	二级	是	安吉县递铺镇东庄路 2 号
德清博物馆		文物系统国有博物馆	三级	是	德清县武康街道云岫南路 7 号
吴昌硕纪念馆		文物系统国有博物馆	三级	是	安吉县昌硕街道安吉大道 2 号
长兴县新四军苏浙军区纪念馆		文物系统国有博物馆	三级	是	长兴县煤山镇温塘村 55-1 号
湖州市南浔区徐迟文学馆		非国有博物馆	未定级	是	湖州市南浔区南浔镇园林路 98 号南浔文园内
湖州市南浔区姚珠珠舞蹈艺术博物馆		非国有博物馆	未定级	是	湖州市南浔区南浔镇园林路 98 号南浔文园内
湖州市南浔区红军长征追踪馆		非国有博物馆	未定级	是	湖州市南浔区南浔镇园林路 98 号南浔文园内
湖州市南浔区辑里湖丝博物馆		非国有博物馆	未定级	是	湖州市南浔区南浔镇辑里村 20 号
湖州菰城博物馆		非国有博物馆	未定级	是	湖州市吴兴区乌盆巷 1 弄 3 号
湖州瑞一历史文物博物馆		非国有博物馆	未定级	是	湖州市吴兴区太湖路 259—273 号
湖州知青博物馆		非国有博物馆	未定级	是	湖州市吴兴区妙西镇鸟之家庄园内
湖州太湖古木艺术博物馆		非国有博物馆	未定级	否	湖州太湖旅游度假区内
湖州太湖船模馆	湖州市	非国有博物馆	未定级	是	湖州市吴兴区红门馆前 106—108 号
湖州德泰恒博物馆		非国有博物馆	未定级	是	湖州市吴兴区衣裳街历史文化街区吉安巷 1 号
湖州谭建丞艺术馆		非国有博物馆	未定级	是	湖州市吴兴区田盛街 263 号
中国湖笔博物馆		其他行业国有博物馆	未定级	否	湖州市吴兴区莲花庄路 258 号
德清县莫干山陆有仁中草药博物馆		非国有博物馆	未定级	是	德清县舞阳街道舞阳街 1001 号
德清县蛇文化馆		非国有博物馆	未定级	是	德清县新市镇子思桥村
德清县莫干山艺术邮票馆		非国有博物馆	未定级	是	德清县莫干山镇黄郛西路 48 号
德清水样年华婚俗文化艺术馆		非国有博物馆	未定级	是	德清县舞阳街道舞阳街 939—969 号
德清桃花庄艺术博物馆		非国有博物馆	未定级	是	德清县阜溪街道临溪街 778 号
德清县欧诗漫珍珠博物院		非国有博物馆	未定级	是	德清县珍珠街 9 号
中国竹子博物馆		其他行业国有博物馆	未定级	否	安吉县中国竹子博览园内
春山收藏馆		非国有博物馆	未定级	是	安吉县中国竹子博览园内
和也睡眠文化博物馆		非国有博物馆	未定级	是	安吉县阳光工业园二区光竹山路 77 号
永裕现代竹产业生态博物馆		非国有博物馆	未定级	是	安吉孝丰竹产业园区内
安吉上张山民文化生态博物馆		非国有博物馆	未定级	是	安吉县报福镇上张村
长兴金钉子地质博物馆		其他行业国有博物馆	未定级	否	长兴县煤山镇新槐村葆青山麓
长兴一品堂雕刻博物馆		非国有博物馆	未定级	是	长兴县雉城街道太平洋商贸城 15 幢 25 号
长兴浙北古人类生活博物馆		非国有博物馆	未定级	是	长兴县和平镇中央广场 168 号
湖州通灵奇石艺术博物馆		非国有博物馆	未定级	是	湖州市吴兴区妙西镇龙山村柳佳村 188 号
南湖革命纪念馆		其他行业国有博物馆	一级	是	嘉兴市南湖区烟雨路 186 号
嘉兴博物馆（马家浜文化博物馆）		文物系统国有博物馆	二级	是	嘉兴博物馆：嘉兴市南湖区海盐塘路 485 号 马家浜文化博物馆：嘉兴市南湖区马家浜路 297 号
平湖李叔同纪念馆	嘉兴市	文物系统国有博物馆	三级	是	平湖市当湖街道叔同路 29 号叔同公园内
平湖市莫氏庄园陈列馆		文物系统国有博物馆	三级	否	平湖市当湖街道人民西路 39 号
海盐县博物馆		文物系统国有博物馆	三级	是	海盐县武原街道新桥北路 122 号
海宁博物馆		文物系统国有博物馆	三级	是	海宁市西山路 542 号
桐乡市博物馆		文物系统国有博物馆	三级	是	桐乡市环园路 399 号
茅盾纪念馆		文物系统国有博物馆	三级	是	桐乡市乌镇镇观前街 17 号

名称	所属地区	性质	质量等级	是否免费开放	地址
君匋艺术院		文物系统国有博物馆	三级	是	桐乡市庆丰南路 59 号
丰子恺纪念馆		文物系统国有博物馆	三级	是	桐乡市石门镇大井弄 1 号
桐乡市钟旭洲钱币艺术博物馆		文物系统国有博物馆	三级	是	桐乡市环园路 399 号
嘉兴美术馆（嘉兴市蒲华美术馆、嘉兴画院）		文物系统国有博物馆	未定级	是	嘉兴市南湖区中和街 28 号
嘉兴船文化博物馆		其他行业国有博物馆	未定级	是	嘉兴市南湖区栅堰路 278 号
嘉兴地方党史陈列馆		其他行业国有博物馆	未定级	是	嘉兴市秀洲区新塍镇蓬莱路 506 号
嘉兴毛泽东像章书画展览馆		非国有博物馆	未定级	是	嘉兴市南湖区海盐塘路 201 号
嘉兴五四文化博物馆		非国有博物馆	未定级	是	嘉兴市南湖区新文化广场文博楼 2 楼
嘉兴邮电博物馆		其他行业国有博物馆	未定级	是	嘉兴市南湖区环城东路 508 号
嘉兴电力博物馆		其他行业国有博物馆	未定级	是	嘉兴市南湖区环城西路 671 号
浙江东方地质博物馆		非国有博物馆	未定级	是	嘉兴市南湖区广益路 555 号国际中港城五楼
嘉兴丝绸博物馆	嘉兴市	非国有博物馆	未定级	是	嘉兴市秀洲区中山西路 2710 号嘉欣丝绸工业园内
嘉兴市影上摄影史料馆		非国有博物馆	未定级	是	嘉兴市南湖区农翔路 805 号
嘉兴粽子文化博物馆		非国有博物馆	未定级	是	嘉兴市南湖区中基路 35 号
嘉善县博物馆		文物系统国有博物馆	未定级	是	嘉善县阳光东路 178 号
嘉善县吴镇纪念馆		文物系统国有博物馆	未定级	是	嘉善县花园路 178 号
嘉善县孙道临电影艺术馆		文物系统国有博物馆	未定级	是	嘉善县罗星街道嘉善大道 1 号
陆维钊书画院		文物系统国有博物馆	未定级	是	平湖市当湖街道乐园路 80—136 号
吴一峰艺术馆		文物系统国有博物馆	未定级	是	平湖市当湖街道当湖路 161 号当湖公园内
平湖博物馆		文物系统国有博物馆	未定级	是	平湖市当湖街道新华南路 999 号
张乐平纪念馆		其他行业国有博物馆	未定级	是	嘉兴市海盐县文昌东路 10 号
钱君匋艺术研究馆		文物系统国有博物馆	未定级	是	海宁市硖石街道西山路 493 号
海宁市张宗祥书画院		文物系统国有博物馆	未定级	是	海宁市仓基街 41 号
徐邦达艺术馆		文物系统国有博物馆	未定级	是	海宁市建设路 122 号
海宁谢氏艺术收藏馆		非国有博物馆	未定级	是	海宁市西山路 1000 号
海宁市晴雨楼藏砚馆		非国有博物馆	未定级	是	海宁市盐官镇古邑路 1 号海宁盐官观潮景区盐官古城内
绍兴博物馆		文物系统国有博物馆	二级	是	绍兴市越城区偏门直街 75 号
鲁迅纪念馆		文物系统国有博物馆	二级	是	绍兴市越城区鲁迅中路 235 号
上虞博物馆		文物系统国有博物馆	二级	是	绍兴市上虞区人民中路 228 号
浙江中鑫艺术博物馆		非国有博物馆	二级	是	绍兴市上虞区舜耕大道 518 号
诸暨市博物馆		文物系统国有博物馆	三级	是	诸暨市东一路 18 号
越剧博物馆		文物系统国有博物馆	三级	是	嵊州市百步街 8 号
兰亭书法博物馆	绍兴市	其他行业国有博物馆	三级	否	绍兴市柯桥区兰亭镇兰亭景区内
柯桥区博物馆		文物系统国有博物馆	三级	是	绍兴市柯桥区明珠路 398 号
新昌博物馆		文物系统国有博物馆	三级	是	新昌县鼓山西路 130 号
陆游纪念馆		其他行业国有博物馆	未定级	否	绍兴市越城区延安路 439 号
绍兴周恩来纪念馆		文物系统国有博物馆	未定级	是	绍兴市越城区劳动路 369 号
绍兴美术馆		非国有博物馆	未定级	是	绍兴市越城区城市广场 22 号
绍兴市越龙钱币博物馆		非国有博物馆	未定级	是	绍兴市越城区笔飞弄 7 号钱业会馆内
绍兴市荷湖乡土文化博物馆		非国有博物馆	未定级	是	绍兴市越城区斗门街道荷湖村
绍兴市石语堂玉石文化博物馆		非国有博物馆	未定级	是	绍兴市越城区东浦街道运河园内
绍兴市会稽金石博物馆		非国有博物馆	未定级	是	绍兴市越城区鉴湖镇坡塘小学西

名称	所属地区	性质	质量等级	是否免费开放	地址
绍兴市华脉书画博物馆	绍兴市	非国有博物馆	未定级	否	绍兴市越城区越西路 237 号
绍兴市镜湖湿地自然科学博物馆		非国有博物馆	未定级	否	绍兴市越城区群贤中路镜湖湿地儿童乐园内
中国酱文化博物馆		非国有博物馆	未定级	是	绍兴市柯桥区平水镇新桥村
绍兴市越中艺术博物馆		非国有博物馆	未定级	是	绍兴市柯桥区大香林景区内兜率天宫 2 楼
诸暨市裕昌号民间艺术馆		非国有博物馆	未定级	是	诸暨市东白湖镇斯宅村 160 号
新昌县天姥中医博物馆		非国有博物馆	未定级	是	新昌县七星街道中柴路 2 号
新昌江南博物馆		非国有博物馆	未定级	是	新昌县七星街道浙江江南名茶市场 B8 幢 2001 号
绍兴汉生根雕艺术馆		非国有博物馆	未定级	是	绍兴市东浦街道环北路 1 号
绍兴市戴葆庭钱币文化博物馆		非国有博物馆	未定级	是	绍兴市越城区树下王路 15 号水街壹号文创园 3 号楼
金华市博物馆	金华市	文物系统国有博物馆	二级	是	金华市婺城区东市北街 128 号
永康博物馆		文物系统国有博物馆	二级	是	永康市文博路 1 号
东阳博物馆（中国木雕博物馆）		文物系统国有博物馆	三级	是	东阳博物馆：东阳市城南东路 77 号 中国木雕博物馆：东阳市世贸大道 180 号
兰溪市博物馆		文物系统国有博物馆	三级	是	兰溪市兰江街道横山路 11 号
浦江博物馆		文物系统国有博物馆	三级	是	浦江县浦阳街道新华东路 68 号
义乌市博物馆		文物系统国有博物馆	三级	是	义乌市城中北路 126 号
潘絜兹艺术馆		其他行业国有博物馆	未定级	是	武义县柳城畲族镇龙山公园内
艾青纪念馆		文物系统国有博物馆	未定级	是	金华市婺城区婺江东路 248 号
金华市婺城区婺江艺品博物馆（原金华婺州博物馆）		非国有博物馆	未定级	是	金华市婺城区白龙桥镇叶店村文化街 2 号
何氏三杰陈列馆		其他行业国有博物馆	未定级	是	金华市婺城区东市街 66 号
金华市剪纸博物馆		非国有博物馆	未定级	是	金华市婺城区东市街 50 号
金华市木版年画博物馆		非国有博物馆	未定级	是	金华市金东区塘雅镇盘龙山庄内
金华满堂书画博物馆		非国有博物馆	未定级	是	金华市婺城区飘萍路 98 号
台湾义勇队纪念馆		其他行业国有博物馆	未定级	是	金华市婺城区酒坊巷 84 号
太平天国侍王府纪念馆		文物系统国有博物馆	未定级	是	金华市婺城区鼓楼里 70 号
金华市图书馆（严济慈纪念馆）		文物系统国有博物馆	未定级	是	金华市婺城区永康街 288 号
严军艺术馆		文物系统国有博物馆	未定级	是	金华市婺城区熙春巷 39 号
叶一苇艺术馆		文物系统国有博物馆	未定级	是	武义县武川中路 18 号
吴远谋绘画陈列馆		文物系统国有博物馆	未定级	是	武义县武川中路 18 号
吴有发绘画陈展馆		文物系统国有博物馆	未定级	是	武义县武川中路 18 号
磐安茶文化博物馆		文物系统国有博物馆	未定级	是	金华市磐安县玉山镇马塘村
吴茀之纪念馆		文物系统国有博物馆	未定级	是	浦江县书画街 5 号
浦江民间工艺博物馆		非国有博物馆	未定级	是	浦江县江滨西路 15 号
永康市五金博物馆		其他行业国有博物馆	未定级	是	永康市五湖路 1 号
浙江林炎古陶瓷博物馆		非国有博物馆	未定级	是	永康市武义巷 50 号
永康市一原锡雕博物馆		非国有博物馆	未定级	是	永康市金山西路金山大厦 25 楼
永康市神雕铜文化博物馆		非国有博物馆	未定级	是	永康市望春东路 172 号
永康市知新博物馆		非国有博物馆	未定级	是	永康市紫薇中路 138 号
金华市南科古生物博物馆		非国有博物馆	未定级	是	永康市东城街道丽州中路 20 号
武义博物馆		文物系统国有博物馆	未定级	是	武义县温泉北路以东芳华路北侧地块
衢州博物馆	衢州市	文物系统国有博物馆	二级	是	衢州市柯城区新桥街 98 号
江山博物馆		文物系统国有博物馆	三级	是	江山市鹿溪北路 297 号
龙游县博物馆		文物系统国有博物馆	未定级	是	龙游县宝塔路 46 号
衢州市雅趣黄蜡石博物馆		非国有博物馆	未定级	是	衢州市迎和中路 165—169、171—175 号

名称	所属地区	性质	质量等级	是否免费开放	地址
舟山博物馆	舟山市	文物系统国有博物馆	一级	是	舟山市定海区海天大道 610 号海洋文化艺术中心内
舟山市徐正国博物馆		非国有博物馆	未定级	是	舟山市定海区环城南路 453 号
舟山市观音佛像美术馆		非国有博物馆	未定级	是	舟山市定海区人民北路 89 号
马岙博物馆		其他行业国有博物馆	未定级	是	舟山市定海区马岙街道白马街 199 号
舟山名人馆		其他行业国有博物馆	未定级	是	舟山市定海区总府路 132 号
舟山鸦片战争纪念馆		其他行业国有博物馆	未定级	是	舟山市定海区竹山公园内
舟山市莲花洋陨石博物馆		非国有博物馆	未定级	是	舟山市定海区临城街道融信·新新家园 18 幢 104 室
普陀博物馆		文物系统国有博物馆	未定级	是	舟山市普陀区沈家门街道缪家塘路 60 号
普陀五匠博物馆		非国有博物馆	未定级	是	舟山市普陀区展茅街道干施岙村中横路 1 号
岱山县海洋文化博物馆（中国台风博物馆、中国海洋渔业博物馆、中国海防博物馆、中国盐业博物馆、中国灯塔博物馆、中国岛礁博物馆）		其他行业国有博物馆	未定级	是	中国灯塔博物馆:岱山县高亭镇竹屿新区长剑大道 201 号 中国台风博物馆:岱山县东沙镇拷门大坝 中国海洋渔业博物馆:岱山县东沙镇解放路 203 号 中国海防博物馆:岱山县岱东镇黄嘴头 中国盐业博物馆:岱山县岱西镇万亩盐田 中国岛礁博物馆岱山县长涂镇铁登山
岱山县海曙综艺珍藏馆		非国有博物馆	未定级	是	岱山县高亭镇银舟公寓 14 幢
舟山市妙有堂艺术馆		非国有博物馆	未定级	是	舟山市定海区临城街道海月道 36 号
舟山平和民间文化博物馆		非国有博物馆	未定级	是	舟山市普陀区朱家尖月岙村
舟山瀛洲民间博物馆		非国有博物馆	未定级	是	舟山市定海区临城街道金岛路 153—155 号
台州博物馆	台州市	文物系统国有博物馆	二级	是	台州市椒江区爱华路 168 号
黄岩博物馆		文物系统国有博物馆	二级	是	台州市黄岩区二环南路 288 号
临海市博物馆		文物系统国有博物馆	二级	是	临海市临海大道 288 号
台州刺绣博物馆		非国有博物馆	未定级	是	台州市椒江区前所街道椒北大街 20 号
台州心海书画艺术博物馆		非国有博物馆	未定级	是	台州市市府大道西段 2 号
椒江博物馆		文物系统国有博物馆	未定级	是	台州市椒江区海门老街 87 号
戚继光纪念馆		文物系统国有博物馆	未定级	是	台州市椒江区戚继光路 100 号
一江山岛登陆战纪念馆		其他行业国有博物馆	未定级	是	台州市椒江区青年路 518 号
台州市黄岩区永宁书画博物馆		非国有博物馆	未定级	是	台州市黄岩区黄轴路 159 号
台州市黄岩区虔存艺术博物馆		非国有博物馆	未定级	是	台州市黄岩区头陀镇小里灰村
台州市黄岩区老俞民俗博物馆		非国有博物馆	未定级	是	台州市黄岩区宁溪镇乌岩头村
台州市路桥区博物馆		文物系统国有博物馆	未定级	是	台州市路桥区樱花路 505 号
三门县博物馆		文物系统国有博物馆	未定级	是	三门县玉城路 8 号
亭旁起义纪念馆		文物系统国有博物馆	未定级	是	三门县亭旁镇亭山路 55 号
浙江启明博物馆		非国有博物馆	未定级	是	三门县朝晖路 71 号
三门县高天祥艺术馆		非国有博物馆	未定级	是	三门县健跳镇大冲村
三门县章一山纪念馆		非国有博物馆	未定级	是	三门县朝晖路 8 号
天台博物馆		文物系统国有博物馆	未定级	是	天台县赤城街道国清路 333 号
天台山民俗博物馆		非国有博物馆	未定级	是	天台县始丰街道云锦路 199 号
仙居县委旧址纪念馆		文物系统国有博物馆	未定级	是	仙居县上张乡姚岸村
仙居竺梅枕文化博物馆		非国有博物馆	未定级	是	仙居县安洲街道艺城中路 11 号
王伯敏艺术史学馆		文物系统国有博物馆	未定级	是	温岭市太平街道锦屏南路 60 号

续　表

名称	所属地区	性质	质量等级	是否免费开放	地址
台州市永红珍珠博物馆	台州市	非国有博物馆	未定级	是	温岭市城市新区中心大道 688 号
温岭市赵大佑纪念馆		非国有博物馆	未定级	是	温岭市大溪镇桥里村中心路 899 号
温岭市滨海革命纪念馆		非国有博物馆	未定级	是	温岭市滨海镇新北村
玉环市龙山民俗博物馆		非国有博物馆	未定级	是	玉环市玉城街道外马道村
临海市郑广文纪念馆		文物系统国有博物馆	未定级	是	临海市古城街道望天台路 24 号
临海市兰文化博物馆		非国有博物馆	未定级	是	临海市古城街道紫砂岙路九畹兰花专业合作社
临海市梦宝来民俗博物馆		非国有博物馆	未定级	是	临海市江南长城望江门平海楼
台州府城刺绣博物馆		非国有博物馆	未定级	是	临海市古城街道天宁路 29 号
台州府城民俗博物馆		非国有博物馆	未定级	是	临海市古城街道灵江长塘岸村 1-1 号
临海市府城灯具博物馆		非国有博物馆	未定级	是	临海市古城街道灵江长塘岸村 1-1 号
临海市羊岩山文化博物馆		非国有博物馆	未定级	是	临海市河头镇羊岩茶文化园内
台州电影博物馆		非国有博物馆	未定级	是	临海市绿化路与柏叶路东北角(大洋影城内)
临海市洞港青年农场文博馆		非国有博物馆	未定级	是	临海市桃渚镇洞港青年农场内
张秀娟剪纸博物馆		非国有博物馆	未定级	是	临海市紫阳街 82 号
浙江省珠算协会国华珠算博物馆		非国有博物馆	未定级	是	临海市深甫西路 117 号
临海市永丰农耕文化博物馆		非国有博物馆	未定级	是	临海市永丰镇下塘园村
临海市老将军书画博物馆		非国有博物馆	未定级	是	临海市大洋街道柳堤 1 号
台州市吴子熊水晶艺术博物馆		非国有博物馆	未定级	是	台州市椒江区中心大道 398 号
台州市同康酒文化博物馆		非国有博物馆	未定级	是	台州市椒江区东海大道东段 989 号
临海市于至楼庭院艺术博物馆		非国有博物馆	未定级	是	临海市邵家渡街道邵牛东路 129 号
台州市台绣刺绣博物馆		非国有博物馆	未定级	是	台州市椒江区云西路 157—173 号
天台和合博物馆		非国有博物馆	未定级	是	天台县赤城街道国清路 102 号
丽水市博物馆	丽水市	文物系统国有博物馆	二级	是	丽水市莲都区大猷街 30 号
龙泉市博物馆(龙泉青瓷博物馆、龙泉宝剑博物馆)		文物系统国有博物馆	三级	是	龙泉青瓷博物馆:龙泉市剑川大道 256 号 龙泉宝剑博物馆:龙泉市公园路 1 号九姑山
中国庆元香菇博物馆		文物系统国有博物馆	三级	是	庆元县咏归路 6 号
缙云博物馆(李震坚艺术馆)		文物系统国有博物馆	三级	是	缙云县黄龙路 140 号
中国畲族博物馆		文物系统国有博物馆	三级	是	景宁畲族自治县人民南路 350 号
丽水摄影博物馆		其他行业国有博物馆	未定级	是	丽水市莲都区括苍路 583 号
丽水市处州青瓷博物馆		非国有博物馆	未定级	是	丽水市莲都区丽水学院东校区 15 栋 1 楼
丽水市处州三宝博物馆		非国有博物馆	未定级	是	丽水市莲都区中山街北 1—9 号
青田县石雕博物馆		其他行业国有博物馆	未定级	是	青田县瓯南街道江南大道 136-6 号
云和县匠心博物馆		非国有博物馆	未定级	是	云和县城西路 68-8 号
庆元县廊桥博物馆		文物系统国有博物馆	未定级	是	庆元县石龙街 1-1 号
遂昌汤显祖纪念馆		文物系统国有博物馆	未定级	是	遂昌县北街四弄 12 号
遂昌竹炭博物馆		非国有博物馆	未定级	是	遂昌县上江工业园区炭缘路 1 号
遂昌民俗博物馆		非国有博物馆	未定级	是	遂昌县水阁路 428 号
松阳博物馆		文物系统国有博物馆	未定级	是	松阳县西屏街道吴家山脚 1 号
景宁畲族自治县晓琴畲族民间陈列馆		非国有博物馆	未定级	是	景宁畲族自治县人民中路 211 号
景宁畲族自治县畲银博物馆		非国有博物馆	未定级	是	景宁畲族自治县鹤溪北路廊桥旁四合院
浙江紫竹艺术博物馆		非国有博物馆	未定级	是	龙泉市青瓷文化创意基地 17 号地块

浙江省国家级 5A 级景区

杭州市西湖风景名胜区　2007 年

温州市雁荡山风景名胜区　2007 年

舟山市普陀山风景名胜区　2007 年

杭州市千岛湖风景名胜区　2010 年

宁波市奉化溪口·滕头旅游景区　2010 年

嘉兴市桐乡乌镇古镇旅游区　2010 年

金华市东阳横店影视城景区　2011 年

嘉兴市南湖旅游区　2011 年

杭州市西溪湿地旅游区　2011 年

绍兴市鲁迅故里·沈园景区　2012 年

衢州市开化根宫佛国文化旅游景区　2013 年

湖州市南浔古镇景区　2015 年

台州市天台山景区　2015 年

台州市神仙居景区　2015 年

衢州市江郎山·廿八都景区　2017 年

嘉兴市西塘古镇旅游景区　2017 年

宁波市天一阁·月湖景区　2018 年

丽水市缙云仙都景区　2019 年

温州市刘伯温故里景区　2020 年

浙江省国家级旅游度假区

杭州市湘湖旅游度假区　2015 年

宁波市东钱湖旅游度假区　2015 年

湖州市太湖旅游度假区　2015 年

湖州市安吉灵峰旅游度假区　2018 年

杭州市淳安千岛湖旅游度假区　2020 年

湖州市德清莫干山国际旅游度假区　2020 年

浙江省国家全域旅游示范区

安吉县、江山市、宁海县　2019 年

新昌县、松阳县、仙居县、桐庐县、嘉善县　2020 年

浙江省全国乡村旅游重点村镇

第一批(14 个)

杭州市:淳安县枫树岭镇下姜村

宁波市:奉化区萧王庙街道滕头村、宁海县前童

镇鹿山村

温州市:泰顺县竹里畲乡竹里村

湖州市:安吉县天荒坪镇余村村、长兴县水口乡

顾渚村

嘉兴市：秀洲区新塍镇潘家浜村

金华市：兰溪市诸葛镇诸葛八卦村

衢州市：开化县华埠镇金星村、江山市大陈乡大陈村

舟山市：嵊泗县花鸟乡花鸟村

台州市：仙居县淡竹乡下叶村

丽水市：遂昌县湖山乡红星坪村、龙泉市宝溪乡溪头村

第二批（26个）

杭州市：西湖区转塘街道上城埭村、杭州市临安区高虹镇石门村、建德市大慈岩镇新叶村

宁波市：象山县墙头镇方家岙村、宁海县桥头胡街道双林村、宁海县大佳何镇葛家村

温州市：文成县南田镇武阳村、永嘉县岩头镇苍坡村

湖州市：南浔区和孚镇荻港村、德清县莫干山镇劳岭村、安吉县递铺街道鲁家村、安吉县灵峰街道横山坞村

嘉兴市：海宁市丁桥镇新仓村

绍兴市：柯桥区漓渚镇棠棣村、绍兴市上虞区岭南乡东澄村、新昌县镜岭镇外婆坑村

金华市：磐安县尖山镇乌石村、浦江县虞宅乡新光村、东阳市南马镇花园村

衢州市：江山市石门镇清漾村、江山市廿八都镇浔里村

舟山市：定海区干览镇新建村

台州市：天台县赤城街道塔后村、三门县横渡镇岩下潘村

丽水市：缙云县新建镇河阳村、松阳县大东坝镇茶排村

浙江省全国红色旅游经典景区

嘉兴市南湖风景名胜区（中共一大旧址）

绍兴市鲁迅故居及纪念馆

台州市解放一江山岛战役纪念地

温州市浙南（平阳）抗日根据地旧址

宁波市浙东（四明山）抗日根据地旧址

浙西南革命根据地旧址群（丽水市夏河中共浙江省委机关旧址、龙泉市披云山苏维埃旧址、松阳县安岱后苏维埃旧址、遂昌县王村口苏维埃旧址，衢州市开化县中共浙皖特委旧址、中共闽浙赣省委旧址，

温州市泰顺县中共浙闽边临时省委成立旧址）

湖州市新四军苏浙军区旧址群（长兴县新四军苏浙军区旧址、新四军苏浙军区一纵队司令部旧址、新四军苏浙公学旧址，安吉县反顽自卫战指挥部旧址）

温州市永嘉县中国工农红军第十三军军部旧址群

杭州市富阳区侵浙日军投降仪式旧址

温州市洞头先锋女子民兵连纪念馆

浙江省 4A 级景区

序号	名称	所属地区
1	京杭大运河·杭州景区	
2	建德市七里扬帆景区	
3	建德市灵栖洞景区	
4	雷峰塔景区	
5	建德市大慈岩景区	
6	良渚博物院	
7	杭州山沟沟旅游景区	
8	杭州市余杭区双溪漂流景区	
9	玉皇山南基金小镇景区	
10	桐庐县浪石金滩景区	
11	运河·塘栖古镇景区	
12	杭州市富阳区景区名称杭州野生动物世界景区	
13	杭州梦想小镇景区	
14	杭州市上城区清河坊历史文化街区	
15	龙坞茶镇景区	
16	超山风景区	杭州市
17	千岛湖乐水小镇.文渊狮城景区	
18	杭州市富阳区富春桃源景区	
19	杭州宋城景区	
20	杭州市临安区浙西大峡谷景区	
21	浙旅院国际教育旅游体验区	
22	杭州龙门古镇景区	
23	杭州市萧山区杭州长乔极地海洋公园景区	
24	桐庐县天子地生态风景区	
25	建德航空小镇景区	
26	杭州湘湖跨湖桥景区	
27	杭州市萧山区杭州东方文化园景区	
28	大明山景区	
29	杭州市萧山区杭州乐园景区	
30	杭州临安太湖源景区	

序号	名称	所属地区
31	黄公望隐居地景区	杭州市
32	杭州市临安区天目山景区	
33	杭州市上城区皋亭山景区	
34	桐庐县桐庐垂云通天河景区	
35	桐庐县江南古村落景区	
36	桐庐县严子陵钓台景区	
37	桐庐县瑶琳仙境景区	
38	中国丝绸博物馆	
39	余杭径山景区	
40	梁祝文化园	宁波市
41	黄贤森林公园景区	
42	宁海县前童古镇旅游区	
43	宁波市杭州湾新区方特东方神画景区	
44	宁波市江北区慈城古县城景区	
45	宁波市东钱湖旅游度假区马山休闲旅游景区	
46	余姚市浙东"四明山"抗日根据地旧址群景区	
47	宁波市镇海区宁波帮博物馆景区	
48	宁波科学探索中心景区	
49	老外滩景区	
50	宁海县森林温泉景区	
51	宁海县伍山石窟景区	
52	余姚市天下玉苑风景区	
53	宁波市海曙区五龙潭景区	
54	宁波市鄞州区宁波海洋世界	
55	宁波市镇海区澥浦镇郑氏十七房景区	
56	宁波博物馆景区	
57	象山县象山影视城景区	
58	石浦渔港古城景区	
59	宁波松兰山旅游度假区	
60	天宫庄园景区	
61	象山县石浦中国渔村景区	
62	慈溪市龙山镇达蓬山景区	
63	宁波市江北区慈城镇五星村绿野山居	
64	余姚市丹山赤水景区	

序号	名称	所属地区
65	宁波市北仑区九峰山旅游区	宁波市
66	宁波市镇海区九龙湖旅游区	
67	海天一洲景区	
68	宁波市杭州湾新区海皮岛景区	
69	宁波雅戈尔动物园景区	
70	宁波市镇海区招宝山旅游风景区	
71	宁波市江北区宁波市保国寺古建筑博物馆(景区)	
72	慈溪鸣鹤古镇景区	
73	寨寮溪风景区	温州市
74	文成县森林氧吧小镇	
75	乐清市中雁荡山旅游区	
76	永嘉县楠溪江风景区	
77	温州市瓯海区茶山镇温州乐园	
78	氡泉景区	
79	温州瓯海泽雅景区	
80	泰顺县乌岩岭景区	
81	泰顺县廊桥文化园景区	
82	洞头半屏山-仙叠岩(同心小镇)	
83	温州市鹿城区江心屿景区	
84	玉苍山森林公园	
85	温州市鹿城区温州南塘文化旅游区	
86	苍南县碗窑景区	
87	文成县龙麒源景区	
88	平阳县南麂列岛景区	
89	平阳县南雁荡山景区	
90	文成县铜铃山镇	
91	苍南渔寮景区	
92	中南百草原景区	湖州市
93	安吉县中国竹子博览园	
94	安吉县浙北大峡谷景区	
95	湖州市吴兴区移沿山生态景区	
96	安吉县杭州 Hello Kitty 乐园	
97	庾村景区	
98	长兴县水口乡水口茶文化景区	

续　表

序号	名称	所属地区
99	仙山湖景区	湖州市
100	长兴县金钉子远古世界景区	
101	湖州原乡小镇景区	
102	湖州市菰城景区	
103	下渚湖湿地风景区	
104	安吉县余村景区	
105	长兴县中国扬子鳄村景区	
106	湖州市德清莫干山风景区	
107	长兴县新四军苏浙军区旧址群景区	
108	湖州市吴兴区黄金湖岸景区	
109	安吉县江南天池景区	
110	长兴县太湖演艺小镇(太湖图影生态湿地文化园)景区	
111	安吉县浪漫山川景区	
112	荻港景区	
113	浙江自然博物院安吉馆	
114	德清新市古镇景区	
115	海盐县南北湖风景区	嘉兴市
116	海宁盐官观潮景区	
117	歌斐颂巧克力小镇	
118	海宁中国皮革城景区	
119	东湖景区	
120	碧云花海·十里水乡景区	
121	嘉兴云澜湾温泉景区	
122	嘉兴市南湖区湘家荡环湖景区	
123	嘉兴市南湖区梅花洲景区	
124	海盐县绮园景区	
125	绍兴市东湖景区	绍兴市
126	绍兴市市辖区兰亭景区	
127	绍兴市上虞区中华孝德园	
128	新昌县十九峰景区	
129	绍兴市大禹陵景区	
130	诸暨市珍珠小镇景区	
131	大佛寺文化旅游区	
132	绍兴市上虞区覆卮山景区	

序号	名称	所属地区
133	新昌县丝绸世界旅游区	绍兴市
134	五泄风景区	
135	诸暨市西施故里旅游区	
136	杭州湾海上花田景区	
137	绍兴市柯桥区绍兴乔波冰雪世界旅游区	
138	诸暨市米果果小镇景区	
139	绍兴东方山水乐园	
140	柯岩风景区	
141	绍兴市柯桥区大香林景区	
142	绍兴市柯桥区安昌古镇景区	
143	武义县璟园景区	金华市
144	武义县大红岩景区	
145	义乌国际商贸城购物旅游区	
146	兰溪市诸葛八卦村景区	
147	兰溪市六洞山风景区	
148	永康市方岩风景区	
149	金华双龙风景旅游区	
150	东阳市花园村景区	
151	金华市金东区锦林佛手文化园景区	
152	仙华山景区	
153	磐安县十八涡景区	
154	磐安县百杖潭景区	
155	浦江县神丽峡景区	
156	磐安县舞龙峡景区	
157	东阳中国木雕城景区	
158	牛头山景区	
159	东阳市横店镇明清民居博览城景区	
160	东阳市横店镇华夏文化园景区	
161	武义温泉小镇景区	
162	龙天红木小镇景区	衢州市
163	衢州江南儒城·水亭门景区	
164	梅树底景区	
165	龙游石窟旅游区	
166	民居苑景区	

序号	名称	所属地区
167	衢州市柯城区桃源七里景区	衢州市
168	浮盖山景区	
169	古田山风景旅游区	
170	江山市仙霞关景区	
171	七彩长虹景区	
172	衢州市衢江区药王山景区	
173	衢州市衢江区天脊龙门景区	
174	三衢石林风景区	
175	舟山市普陀区朱家尖旅游景区	舟山市
176	嵊泗东海五渔村	
177	沈家门渔港小镇景区	
178	舟山桃花岛风景旅游区	
179	嵊泗花鸟岛景区	
180	舟山南洞艺谷景区	
181	玉环市大鹿岛景区	台州市
182	仙居氧吧小镇景区	
183	玉环市漩门湾观光农业园景区	
184	仙居县永安溪休闲绿道景区	
185	天台县后岸乡居旅游	
186	三门县蛇蟠岛景区	
187	台州市黄岩区九峰景区	
188	台州市黄岩区柔川景区	
189	天台县南屏乡旅游景区	
190	台州市椒江区台州海洋世界	
191	临海市灵湖景区	
192	长屿硐天旅游区	
193	方山景区	
194	临海市江南长城旅游区	
195	天台山大瀑布（琼台仙谷）景区	
196	椒江大陈岛景区	
197	丽水市莲都区古堰画乡景区	丽水市
198	丽水市龙泉市宝溪景区	
199	松阴溪景区	
200	大木山茶园景区	
201	景宁畲族自治县云中大漈景区	

序号	名称	所属地区
202	中国青瓷小镇·披云青瓷文化园景区	丽水市
203	松阳县箬寮原始林景区	
204	遂昌县南尖岩景区	
205	丽水市莲都区东西岩景区	
206	景宁畲族自治县畲乡之窗景区	
207	云和县梯田景区	
208	云和湖仙宫景区	
209	缙云县黄龙景区	
210	遂昌县神龙飞瀑景区	
211	庆元县百山祖景区	
212	庆元县巾子峰景区	
213	遂昌金矿国家矿山公园景区	
214	遂昌县千佛山景区	
215	中国青田石雕文化旅游区	
216	青田县石门洞景区	
217	龙泉市龙泉山旅游度假景区	

浙江省省级旅游度假区

序号	名称	所属地区
1	临安清凉峰旅游度假区	杭州市
2	宁波松兰山旅游度假区	宁波市
3	镇海九龙湖旅游度假区	
4	宁海森林温泉旅游度假区	
5	宁波梅山湾旅游度假区	
6	余姚四明山旅游度假区	
7	宁波苏湖旅游度假区	
8	文成天湖旅游度假区	温州市
9	泰顺廊桥-氡泉旅游度假区	
10	长兴太湖图影旅游度假区	湖州市
11	吴兴西塞山旅游度假区	
12	南浔古镇旅游度假区	

序号	名称	所属地区
13	安吉山川旅游度假区	湖州市
14	嘉兴湘家荡旅游度假区	嘉兴市
15	平湖九龙山旅游度假区	
16	嘉善大云温泉旅游度假区	
17	海宁盐官旅游度假区	
18	乌镇-石门旅游度假区	
19	嘉兴运河文化旅游度假区	
20	会稽山旅游度假区	绍兴市
21	鉴湖旅游度假区	
22	嵊州温泉旅游度假区	
23	五泄旅游度假区	
24	上虞曹娥江旅游度假区	
25	新昌天姥山·十里潜溪旅游度假区	
26	兰溪兰湖旅游度假区	金华市
27	武义温泉旅游度假区	
28	金华仙源湖旅游度假区	
29	磐安云山旅游度假区	
30	东阳东白山旅游度假区	
31	浦江仙华山旅游度假区	金华市
32	义乌市佛堂旅游度假区	
33	龙游石窟旅游度假区	衢州市
34	开化钱江源旅游度假区	
35	常山三衢湖旅游度假区	
36	舟山群岛定海国际旅游度假区	舟山市
37	舟山群岛普陀国际旅游度假区	
38	临海牛头山旅游度假区	台州市
39	神仙居旅游度假区	
40	台州绿心旅游度假区	
41	石塘半岛旅游度假区	
42	椒江大陈岛旅游度假区	
43	丽水瓯江风情旅游度假区	丽水市
44	景宁畲族风情旅游度假区	
45	松阳田园风情旅游度假区	
46	遂昌黄金旅游度假区	

序号	名称	所属地区
47	云和湖旅游度假区	丽水市
48	龙泉青瓷文化旅游度假区	

2020 年浙江省工业旅游示范基地

杭州顶益食品有限公司-康师傅梦想探索乐园（杭州市钱塘新区）

浙江太古可口可乐饮料有限公司（杭州市钱塘新区）

杭州博可生物科技股份有限公司（杭州市西湖区）

海通食品集团有限公司（慈溪市）

余姚领克汽车部件有限公司（余姚市）

浙江百强乳业有限公司（瑞安市）

德华集团控股股份有限公司（德清县）

湖州市织里国际童装城股份有限公司（湖州市吴兴区）

光大环保能源（海盐）有限公司（海盐县）

万丰奥特控股集团有限公司（新昌县）

会稽山绍兴酒股份有限公司（绍兴市柯桥区）

浙江珍珠生活科技有限公司（诸暨市）

浙江省磐安外贸药业股份有限公司（磐安县）

浙江年年红家居有限公司（龙游县）

浙江中兴粮油有限公司（开化县）

岱山县长涂老万顺食品有限公司（岱山县）

台州市黄岩智能模具小镇开发有限公司（台州市黄岩区）

浙江台州金山陵酒业有限公司（台州市黄岩区）

欧路莎股份有限公司（台州市路桥区）

艾莱依集团有限公司（丽水市莲都区）

2020 年浙江省中医药文化养生旅游示范基地

杭州九仙生物科技有限公司（建德市）

中国千岛湖中医药博物馆（淳安县）

宁波市慈城古县城景区（药商博物馆）（宁波市江北区）

利济医学院（瑞安市）

乐清市玉禾庄园农业开发有限公司（乐清市）

安吉牛牯坞农业有限公司（安吉县）

桐乡市绿康菊业有限公司（桐乡市）

新昌县天姥中医博物馆（新昌县）

浙江康舟生物科技有限公司（金华市金东区）

磐安县源头谷休闲山庄有限公司（磐安县）

神农谷中草药田园综合体（龙游县）

森古·琪琅山铁皮石斛仿野生种植基地（开化县）

普陀区桃花仙岛绿园中医药养生园（舟山市普陀区）

天台山艾草文化体验中心（天台县）

木槿花康养基地（遂昌县）

2020年浙江省红色旅游教育基地

杭州市建德市千鹤妇女精神教育基地　　　金华市毛主席视察双龙电站纪念馆
宁波市张人亚党章学堂　　　　　　　　　衢州市常山西源革命纪念馆
温州市泰顺县中共闽浙边临时省委成立旧址　舟山市蚂蚁岛精神红色教育基地
嘉兴市桐乡市茅盾纪念馆　　　　　　　　台州市温岭市坞根镇红色旅游教育基地
绍兴市俞秀松纪念馆　　　　　　　　　　丽水市龙泉市住龙红色小镇

浙江省五星级品质旅行社

序号	名称	地址
1	中国国旅（浙江）国际旅行社有限公司	杭州市上城区金隆花园南区2层商场3号
2	浙江省中国旅行社集团有限公司	杭州上城区光复路200号
3	杭州海外旅游有限公司	杭州市上城区西湖大道239号耀江广厦写字楼3楼
4	浙江海峡国际旅行社有限公司	杭州市上城区凤凰城4号1304室
5	浙江省中国国际旅行社有限公司	杭州市上城区钱江路639号12楼、15楼
6	浙江中山国际旅行社有限责任公司	杭州市上城区延安路135号涌金广场6楼A座
7	杭州市职工国际旅行社有限公司	杭州市上城区东宁路501号杭州市职工文化中心
8	浙江捷登旅游有限公司	杭州市拱墅区武林广场29号杭州剧院内2楼
9	浙江新世界国际旅游股份有限公司	杭州市拱墅区凤起路361号国都商务大厦4楼A、B房
10	杭州市中国旅行社集团有限公司	杭州市拱墅区湖墅南路103号百大花园C区701、702、703
11	浙江光大国际旅游有限公司	杭州市西湖区学院路64号集锦饭店6号楼
12	浙江省中青国际旅游有限公司	杭州市西湖区黄龙路5号黄龙恒励大厦3楼
13	杭州国际旅行社有限公司	杭州市西湖区文三路90号东部软件园创新大厦（科技创新基地）B座四层
14	浙江光大星辰国际旅行社有限公司	杭州市西湖区天目山路238号华鸿大厦1号楼1101室
15	杭州开元国际旅游有限公司	杭州市萧山区市心南路146号
16	杭州假日国际旅游有限公司	杭州市临平区南苑街道南大街326号21层2101室
17	宁波中国青年旅行社有限公司	宁波市海曙区柳汀街201号
18	浙江飞扬国际旅游集团股份有限公司	宁波市海曙区大沙泥街88号富茂大厦裙楼8—9楼
19	浙江达人旅业股份有限公司	宁波市江北区扬善路36号玛瑙大厦F座9楼
20	宁波康泰国际旅游有限公司	宁波市江北区环城北路东段647号

序号	名称	地址
21	中国国旅（宁波）国际旅行社有限公司	宁波市鄞州区鄞县大道中段 1357 号 503 室
22	宁波中国旅行社集团有限公司	宁波市鄞州区天童北路 939 号
23	宁波中青旅旅游有限公司	宁波市鄞州区中兴路 737 号天润高座 2 幢 2 号 4-1、4-2、4-3、4-1
24	宁波浙仑海外旅业集团有限公司	宁波市鄞州区和济街 68 号
25	温州市精诚国际旅行社有限公司	温州市鹿城区人民东路 13 号楼华宫大厦 9 楼
26	温州海外旅游有限公司	温州市鹿城区锦绣路锦城商务楼 302、303 室
27	温州国旅旅游有限公司	温州市鹿城区锦源路 1 号商贸楼 2 楼
28	瑞安市顺达国际旅游服务有限公司	瑞安市万松西路 59—60 号
29	嘉兴市假日国际旅行社有限公司	嘉兴市南湖区建国中路 611 号港澳商城 E 幢 308 室
30	湖州新国际旅行社有限公司	湖州市吴兴区飞英新村 15 幢
31	浙江美都旅游有限公司	德清县武康镇五里牌路 70 号 2301 室
32	湖州春秋国际旅行社有限公司	长兴县雉城镇金陵北路 22 号
33	湖州易行旅行服务有限公司	浙江省湖州市吴兴区爱山街道富城商楼南区 A 座 403 室
34	绍兴海外国际旅行社有限责任公司	绍兴市越城区环城西路 438 号 9—12 号
35	浙江三清国际旅游股份有限公司	金华市婺城区五一路 666 号通园大厦 9 楼
36	浙江华夏国际旅行社有限公司	台州市椒江区云西路 1 号 601 室
37	浙江商务国际旅行社有限公司	台州市路桥区路北管淋村新安西街 748—752 号
38	浙江假日国际旅行社有限公司	温岭市太平街道三星大道 23 幢 A207 室
39	丽水市旅游集散中心有限公司	丽水市莲都区大洋路 192 号

2020 年浙江省白金级民宿

名称	所属地区
潭心谷民宿	杭州市
张家大院	宁波市
霖野精品民宿	温州市
妙溪民宿、塔莎杜朵民宿	湖州市
汇森绘舍	金华市
抱山民宿、彤弓山居	衢州市
素海民宿	舟山市
杜若山居	台州市
云谷山房	丽水市

浙江省文化和旅游机构简址

名称	简址	邮编	负责人
浙江省文化和旅游厅	杭州市曙光路 53 号	310007	褚子育
浙江省文物局	杭州市拱墅区教场路 26 号	310006	柳 河
浙江音乐学院	杭州市西湖区转塘街道浙音路 1 号	310012	王 瑞
浙江旅游职业学院	杭州市萧山区耕文路 399 号	311231	韦国潭
浙江艺术职业学院	杭州市滨江区滨文路 518 号	310053	黄杭娟
中国丝绸博物馆	杭州市西湖玉皇山路 73-1 号	310002	赵 丰
浙江图书馆	杭州市西湖区曙光路 73 号	310007	褚树青
浙江省文化馆	杭州市拱墅区武林路 71 号	310006	顾 炯
浙江美术馆	杭州市西湖区南山路 138 号	310002	应金飞
浙江省博物馆	杭州市西湖区孤山路 25 号	310007	陈水华
浙江自然博物院	杭州市拱墅区西湖文化广场 6 号	310014	严洪明
浙江省文物考古研究所	杭州市拱墅区假山路假山新村 26 号	310014	方向明
浙江省非物质文化遗产保护中心（浙江省非物质文化遗产馆）	杭州市西湖区石函路 1 号	310007	郭 艺
浙江京昆艺术中心	杭州市上城区延安路 126 号耀江广厦 A 座 4 楼	310002	翁国生
浙江小百花越剧院	杭州市拱墅区西湖文化广场 C 区 8 号	310014	王滨梅
浙江交响乐团	杭州市西湖区转塘街道浙音路 1 号浙江音乐学院音乐厅 5 楼	310006	郭义江
浙江省文化和旅游宣传推广信息中心	杭州市西湖区西溪路 531 号西溪商务大厦 4 楼	310063	林仁状
浙江省文物鉴定站（国家文物进出境审核浙江管理处）	杭州市拱墅区教场路 26 号	310006	黄 斌
浙江演艺集团有限责任公司	杭州市拱墅区桥弄街 399 号运河大剧院	310011	王文龙
浙江省古建筑设计研究院	杭州市西湖区文二西路 808 号西溪壹号 4 号楼	310030	卢远征
杭州市文化广电旅游局	杭州市上城区解放东路 18 号市民中心 A 座 7—9 楼	310026	楼倻捷
上城区文化和广电旅游体育局	杭州市上城区望潮 77 号东楼 14 层	310002	张 敏
下城区文化和广电旅游体育局	杭州市原下城区东晖路 101 号	310014	高晓岚
江干区文化和广电旅游体育局	杭州市原江干区庆春东路 1 号原江干区政府综合楼南 6 楼	310016	余梅芳
拱墅区文化和广电旅游体育局	杭州市拱墅区北城街 55 号人防大厦 A 座 13 楼	310015	张路红
西湖区文化和广电旅游体育局	杭州市西湖区文一西路 858 号西溪大厦西楼 5 楼	310012	裘国英
滨江区社会发展局	杭州市滨江区春晓路 580 号	310051	陈月利
萧山区文化和广电旅游体育局	杭州市萧山区市心中路 958 号	311202	陆佳伟
余杭区文化和广电旅游体育局	杭州市原余杭区东湖南路 52-2 号华源综合楼	311199	何军芳

名称	简址	邮编	负责人
富阳区文化和广电旅游体育局	杭州市富阳区江滨西大道 358 号文化中心 A 座 5—6 楼	311407	夏朝明
临安区文化和广电旅游体育局	杭州市临安区锦城街道钱王街 28 号	311300	凌　理
建德市文化和广电旅游体育局	建德市新安江街道国信路 166 号	311600	谢黎琴
桐庐县文化和广电旅游体育局	桐庐县城南街道白云源路 1388 号	311500	雷启迪
淳安县文化和广电旅游体育局	淳安县千岛湖镇珍珠大道 136 号西侧	311700	方必盛
宁波市文化广电旅游局	宁波市鄞州区宁东路 835 号行政中心 9 号楼	315151	王　程
海曙区文化和广电旅游体育局	宁波市海曙区解放北路 148 号	315099	郭　波
江北区文化广电旅游局	宁波市江北区江北大道 1 号深悦广场 7 号楼 5 楼	315020	李善基
镇海区文化和广电旅游体育局	宁波市镇海区沿江东路 618 号	315299	阮一心
北仑区文化和广电旅游体育局	宁波市北仑区四明山路 700 号太河商务楼 7 楼	315899	蔡建萍
鄞州区文化和广电旅游体育局	宁波市鄞州区惠风东路 568 号	315145	王力波
奉化区文化和广电旅游体育局	宁波市奉化区大成路 2 号城市文化中心 1 号楼	315599	胡玉珍
余姚市文化和广电旅游体育局	余姚市谭家岭东路 2 号	315400	杨玉红
慈溪市文化和广电旅游体育局	慈溪市新城大道北路 99 号	315300	房伟迪
宁海县文化和广电旅游体育局	宁海县桃源街道南畈路 5 号桃源大厦 B 座	315600	林仙菊
象山县文化和广电旅游体育局	象山县天安路 999 号南部新城商务楼 3 号楼	315709	陈淑萍
温州市文化广电旅游局	温州市鹿城区市府路 500 号市行政管理中心 6 楼、19 楼	325000	朱云华
鹿城区文化和广电旅游体育局	温州市鹿城区江滨西路怡浦园 2 幢 2 楼	325000	戴海波
龙湾区文化和广电旅游体育局	温州市龙湾区永中街道龙康路 91 号图书馆大楼 8 楼	325011	邱朝瀚
瓯海区文化和广电旅游体育局	温州市瓯海区娄桥街道瓯海区行政服务中心 3 号楼	325000	孙小丹
洞头区文化和广电旅游体育局	温州市洞头区北岙街道通港路 2 号	325700	郑雪园
乐清市文化和广电旅游体育局	乐清市城东街道伯乐东路 888 号乐清市行政中心 3 楼	325600	徐晓斌
瑞安市文化和广电旅游体育局	瑞安市万松东路 178 号安阳大厦 21 楼	325200	陈健
永嘉县文化和广电旅游体育局	永嘉县北城街道县前路 94 号县行政中心主楼 4 楼	325100	潘教勤
文成县文化和广电旅游体育局	文成县大峃镇文青路 1 号文化中心 6 楼	325300	王孟森
平阳县文化和广电旅游体育局	平阳县昆阳镇天来巷 8 号	325400	王扎艇
泰顺县文化和广电旅游体育局	泰顺县罗阳镇新城大道 117 号行政审批中心 9 楼	335599	赖立军
苍南县文化和广电旅游体育局	苍南县灵溪镇人民大道 555 号行政中心 3 楼	325800	林天望
中共龙港市委宣传统战部	龙港市镇前路 195 号	325802	彭思藏
湖州市文化广电旅游局	湖州市吴兴区安吉路 299 号	313000	楼　婷
吴兴区文化和广电旅游体育局	湖州市吴兴区八里店镇西山社区南区 58 幢	313000	蔡滨斌
南浔区文化和广电旅游体育局	湖州市南浔区南浔镇向阳路 601 号	313009	郭凤娟
德清县文化和广电旅游体育局	德清县武康街道千秋东街 1 号县行政中心 B 座 8 楼	313200	朱海平
长兴县文化和广电旅游体育局	长兴县雉城街道锦绣路 8 号县行政服务中心 D 座 5—6 楼	303100	何杰雄

续 表

名称	简址	邮编	负责人
安吉县文化和广电旅游体育局	安吉县天目路389号体育健身中心大楼	313300	彭忠心
嘉兴市文化广电旅游局	嘉兴市南湖区中山东路922号	314001	张　硕
南湖区文化和旅游局	嘉兴市南湖区湘溪路22号南湖区第二行政中心	314021	步伟军
秀洲区文化和旅游局	嘉兴市秀洲区大德路368号	314031	沈晓珍
嘉善县文化和广电旅游体育局	嘉善县罗星街道钱家汇8号	314100	董铭勤
平湖市文化和广电旅游体育局	平湖市胜利路380号2号楼4楼	314200	吴东伟
海盐县文化和广电旅游体育局	海盐县武原街道中兴路9号	314300	张　妩
海宁市文化和广电旅游体育局	海宁市海州西路226号行政中心2号楼3楼	314400	张国华
桐乡市文化和广电旅游体育局	桐乡市梧桐街道环园路578号	314500	李新荣
绍兴市文化广电旅游局	绍兴市越城区洋江西路530号	312000	何俊杰
越城区文化广电旅游局	绍兴市越城区胜利东路600号迪荡综合服务大楼11楼	312000	周志红
柯桥区文化广电旅游局	绍兴市柯桥区百花路20号	312030	鲁立新
上虞区文化广电旅游局	绍兴市上虞区百官街道市民大道二路1号文化艺术中心	312300	王忠良
诸暨市文化广电旅游局	诸暨市东二路39号	311800	何永钢
嵊州市文化广电旅游局	嵊州市剡湖街道官河路528号	312400	汪正浩
新昌县文化广电旅游局	新昌县七星街道坎头村茶壶岭自然村39号	312500	高雪军
金华市文化广电旅游局	金华市婺城区丹溪路1388号财富大厦23楼	321017	方宪文
婺城区文化和旅游体育局	金华市婺城区宾虹西路2666号	321013	周文虎
金东区文化和旅游局	金华市金东区兰台街33号	321017	方伟红
兰溪市文化和广电旅游体育局	兰溪市振兴路500号企业服务中心13楼	321100	张　靓
东阳市文化和广电旅游体育局	东阳市江滨北街18号市政府东楼2楼	322103	马景斌
义乌市文化和广电旅游体育局	义乌市南门街302号	322099	王东升
永康市文化和广电旅游体育局	永康市金城路15号5楼	321300	徐广涛
浦江县文化和广电旅游体育局	浦江县浦阳街道人民东路38号	322200	张国樟
武义县文化和广电旅游体育局	武义县壶山街道北岭四路10号	321200	董三军
磐安县文化和广电旅游体育局	磐安县安文街道壶厅西路133号	322300	陈　辉
衢州市文化广电旅游局	衢州市柯城区仙霞路27号	324003	周红燕
柯城区文化和旅游体育局	衢州市柯城区荷花西路109号	324002	郑　亮
衢江区文化和旅游体育局	衢州市衢江区求真路525号	324022	杜莹莹
江山市文化广电旅游局	江山市南门路1号	324199	姜淑芬
龙游县文化和旅游广电体育局	龙游县文化东路536号	324402	严建军
常山县文化和广电旅游体育局	常山县文峰东路115号	324299	邹伟良
开化县文化和广电旅游体育局	开化县芹阳办事处江滨南路10号	324300	金树明
舟山市文化和广电旅游体育局	舟山市海天大道681号市行政中心2号楼	316021	曹　泓

名称	简址	邮编	负责人
定海区文化和广电旅游体育局	舟山市定海区港务码头 1 号港务大厦 12 楼	316002	孙艳青
普陀区文化和广电旅游体育局	舟山市普陀区东港街道昌正街 169 号 东港商务中心 3 号楼西 1—3 楼	316100	孙燕芬
岱山县文化和广电旅游体育局	岱山县高亭镇兰秀大道 481 号	316299	李仲仪
嵊泗县文化和广电旅游体育局	嵊泗县菜园镇望海路 265 号海景大厦 9—10 楼	202450	金飞珍
台州市文化和广电旅游体育局	台州市椒江区白云山南路 323 号	318001	吕振兴
椒江区文化和广电旅游体育局	台州市椒江区星明路 9 号 3—4 楼	318001	李先供
黄岩区文化和广电旅游体育局	台州市黄岩区行政大楼 15 楼	318020	叶慧洁
路桥区文化和广电旅游体育局	台州市路桥区财富大道 999 号	318053	姜金宇
临海市文化和广电旅游体育局	临海市临海大道 401 号	317000	王荣杰
温岭市文化和广电旅游体育局	温岭市太平街道方城路 58 号	317599	李东飞
玉环市文化和广电旅游体育局	玉环市玉环街道三潭路 1 号科技文化艺术中心	317600	舒建秋
天台县文化和广电旅游体育局	天台县始丰街道济公大道 80 号	317200	蒋朝永
仙居县文化和广电旅游体育局	仙居县安洲街道上林湾 55 号 3 号楼	317399	王牡丹
三门县文化和广电旅游体育局	三门县广场路 18 号县行政中心	317100	戴　峥
丽水市文化和广电旅游体育局	丽水市莲都区寿尔福北路 6 号	323000	徐兼明
莲都区文化和广电旅游体育局	丽水市莲都区解放街 288 号	323000	留红伟
龙泉市文化和广电旅游体育局	龙泉市中山东路 114 号	323700	胡武海
青田县文化和广电旅游体育局	青田县鹤城街道新大街 58 号	323900	徐啸放
云和县文化和广电旅游体育局	云和县浮云街道车站路 28 号	323600	朱振华
庆元县文化和广电旅游体育局	庆元县濛洲街道云鹤路 24 号	323800	叶其娇
缙云县文化和广电旅游体育局	缙云县五云街道黄龙路 48 号	321400	施德金
遂昌县文化和广电旅游体育局	遂昌县妙高街道古院文化综合体	323300	叶孔贤
松阳县文化和广电旅游体育局	松阳县西屏街道白露岭路 29 号	323400	方建来
景宁畲族自治县文化和广电旅游体育局	景宁县人民中路 171 号	323500	蓝利明

索 引

ZHEJIANG CULTURE AND TOURISM YEARBOOK

索　引